图书在版编目(CIP)数据

中国铁建年鉴. 2012/中国铁道建筑总公司史志编审委员会编. —北京:中国铁道出版社,2013.6

ISBN 978-7-113-16586-4

Ⅰ.①中… Ⅱ.①中… Ⅲ.①铁路工程-中国-2012-年鉴 Ⅳ.①F532.3-54

中国版本图书馆CIP数据核字(2013)第104990号

书　　名:中国铁建年鉴(2012)
作　　者:中国铁道建筑总公司史志编审委员会
出版发行:中国铁道出版社(100054,北京市西城区右安门西街8号)
责任编辑:罗桂英
封面设计:杨启燕
印　　刷:北京中铁建印刷有限公司
开　　本:787毫米×1092毫米　1/16　印张:45　插页:60　字数:170万
版　　本:2013年6月第1版　2013年6月第1次印刷
书　　号:ISBN 978-7-113-16586-4
定　　价:300.00元

编辑说明

一、《中国铁建年鉴》是一部概览中国铁建系统的综合性、资料性工具书，1993年创刊，逐年连续出版，本期年鉴为第20卷。年鉴全面、系统地反映2011年度中国铁建系统企业改革、施工生产、经营管理、科技教育、党群工作等方面的成果、经验和重要活动信息。

二、年鉴内容采用文章、条目、图片、表格等表现形式。年鉴体例采用分类编辑法，全书由类目、分目、条目三个层次组成，个别类目如工程施工、科技文化，为表述清楚设次分目。本期年鉴设类目16个，类目下设分目71个、次分目32个、条目1432条、表格82份、文章30篇。

三、本期年鉴随着企业的改革发展，在彩页中增设"战略合作"、"企业发展"等栏目。

四、年鉴稿件来源于中国铁建总部机关各部门及所属各单位，并经其主管领导审核把关。年鉴文章、条目、图表中涉及的某些数据，是按不同口径、通过不同渠道提供的，如有矛盾之处，应以经营计划和财务部门提供的数据为准。

五、本年鉴根据行文实际需要，对单位名称采用全称和简称并用的办法。

六、本年鉴卷首有详细的目录，卷末有按汉语拼音顺序排列的主题分析索引，文中所有信息均可由目录、索引、书眉获得。

七、本年鉴坚持"质量第一、读者第一、服务第一"的宗旨，从年鉴内容到格式均按《编辑出版法规手册》的有关规定进行规范。如有疏漏不当之处，欢迎提出宝贵意见。

八、《中国铁建年鉴》的编辑出版，得到中国版协年鉴工作委员会、中国铁道出版社和兄弟单位的指导、帮助，得到中国铁建系统各级领导、部门的关心、支持，得到各单位史志工作者的密切配合，我们在此一并致谢。

2011 年 5 月 23 日，时任中共中央政治局常委、第十一届全国人大常委会委员长吴邦国在安哥拉访问期间，接见中铁二十局集团公司等中资企业代表。（刘文君 提供）

2011 年 6 月 30 日，时任中共中央政治局常委、国务院总理温家宝出席在北京南站举行的京沪高速铁路开通仪式。图为温家宝总理亲切接见中铁十五局集团公司副总经理习仲伟等建设者代表。（范刚军 提供）

2011 年 10 月 24 日，时任中共中央政治局委员、国务院副总理张德江（现任中共中央政治局常委、第十二届全国人大常委会委员长）视察中铁十五局集团成都公司参建的映汶高速公路工程。图为张德江副总理在施工现场与建设者亲切握手。（张秋莲　提供）

2011 年 3 月 20～25 日，时任中共中央政治局委员、国务院副总理王岐山（现任中共中央政治局常委、中央纪律检查委员会书记）到安哥拉社会住房项目视察，并接见参建单位代表。图为王岐山副总理（右）亲切接见中铁十四、十七局集团公司等中资企业负责人。

（成善平　提供）

2011 年 6 月 29 日，时任中共中央政治局委员、天津市委书记张高丽（现任中央政治局常委、国务院副总理）到中铁二十局集团公司承建的天津西站交通枢纽工程现场，慰问广大参建人员、察看工程建设成果和开站运营准备情况。图为张高丽亲切接见天津西站建设者代表。

（刘文君　提供）

2011年7月5日，时任中共中央政治局委员、第十一届全国人大常委会副委员长、中华全国总工会主席王兆国视察中国铁建承建的哈尔滨西客站工程。图为王兆国副委员长(中)在车站施工现场听取工程建设情况介绍。

（刘文君 提供）

2011年9月29日，时任中共中央政治局委员、中共北京市委书记刘淇(前排左二，现任中央精神文明建设指导委员会副主任）到中铁建设集团公司承建的永定河莲石湖项目主景区参加景区开放活动。（章梅 提供）

2011年4月11日，时任新疆维吾尔自治区党委书记张春贤(右二，现任中共中央政治局委员、新疆维吾尔自治区党委书记）视察中铁十八局集团公司承建的阿苇灌区引水隧洞工程，称赞十八局集团是一支能打硬仗的铁军，在新疆树立起了中国铁建形象。（伍振 陈志成 摄）

2011年6月21日，时任第十一届全国人大常委会副委员长路甬祥（前排左二）在云南考察期间，专程到昆明中铁大型养路机械集团公司考察大型养路机械的研发制造情况。（袁国强 摄）

2011年7月31日，时任国家发展和改革委员会主任张平（左二，现任第十二届全国人大常委会副委员长）到中国铁建玉树灾后重建现场调研。（高秋风 提供）

2011年8月22日，时任国务院国资委主任王勇（右三，现任国务委员）、国资委副主任黄丹华（左二）到中国铁建玉树地震灾后重建工地视察。（刘文 摄）

2011年7月26日，时任湖南省省委书记、省人大常委会主任周强（现任最高人民法院院长、湖南省省人大常委会主任）亲切接见湖南杰出（优秀）青年农民工代表、中铁二十五局集团三公司长株潭城际铁路项目农民工袁增伟。（张 目 摄）

2011年6月16日，时任海南省省委书记、省人大常委会主任卫留成（前排中，现任全国人大环境与资源保护委员会副主任委员）视察由北京铁城建设监理公司监理的文昌清澜跨海大桥工程。（龚成术 提供）

2011年9月14日，时任中国商务部部长陈德铭（左二，现任海峡两岸关系协会会长）专程到特立尼达和多巴哥视察中铁建加勒比公司负责实施的斯卡博罗总医院项目工地。（韩文华 提供）

2011 年 4 月 13 日，时任宁夏回族自治区党委书记张毅（前排右一，现任国务院国资委党委书记、副主任）视察中铁十三局集团一公司承建的青铜峡黄河公路特大桥工程。（李升旺 提供）

2011 年 6 月 13 日，时任青海省省委书记、省人大常委会主任强卫（前排右一，现任江西省省委书记、省人大常委会主任，青海省省人大常委会主任）到中国铁建承建的玉树县结古镇代格村、当代居住组团工程施工现场看望慰问职工。（高秋风 提供）

2011 年 5 月 12 日，安徽省省委书记、省人大常委会主任张宝顺（右二）视察中铁二十四局集团安徽公司承建的合肥南北高架工程。（袁明云 摄）

2011年5月30日，时任铁道部部长盛光祖（现任中国铁路总公司总经理）视察中国土木工程集团尼日利亚公司。（郭子岩 提供）

2011年10月12日，时任铁道部副部长卢春房（前排中，现任中国铁路总公司副总经理）视察中铁二十一局集团公司承建的拉日铁路盆因拉隧道施工现场。（高秋凤 提供）

2011年6月14日，国务院国资委监事会主席李克（前排左三）到北京中国铁建·国际城、花语城项目调研。（张恒 摄）

2011年5月26日，股份公司董事长、党委书记孟凤朝(前排左二)到中铁二十四局集团贵溪桥梁公司阿布贾IDU梁枕厂视察。 (张光辉 摄)

2011年7月19日，股份公司总裁赵广发参加在台北举办的两岸公共建设工程合作研讨会，并在会上作为大陆建筑企业代表就高速铁路建设作主旨演讲。图为赵广发总裁(左一)与参会代表合影。 (秉文 摄)

2011 年 10 月 31 日，时任股份公司副总裁张宗言（前排左一，现任股份公司总裁）代表中国铁建与青岛市签署合作框架协议书。

（刘建国 摄）

2011 年 11 月 10 日，股份公司副董事长、党委副书记、工会主席彭树贵（左二）视察中国铁建重工集团公司，高度评价铁建重工的发展是健康、快速和有效的。

（王策 摄）

2011 年 9 月 10 日，股份公司党委副书记、纪委书记、监事会主席齐晓飞在出席中国铁建大路画家美术作品邀请展时接受媒体记者采访。（孔祥文 摄）

2011 年 5 月 13 日，股份公司副总裁兼总经济师扈振衣在中国铁建与亚洲国家铁路建设规划及施工管理研修班官员代表团座谈会上作主旨演讲，介绍中国铁建以及中国高速铁路的发展状况。

（刘建国 摄）

2011 年 1 月 6 日，股份公司副总裁夏国斌（右二）到中铁十二局集团公司贵广铁路 6 标段天平山隧道施工现场检查指导。

（张明泉 提供）

2011 年 9 月 5 日，股份公司副总裁范德（左二）到中铁建设集团西安侨隆置业有限公司检查指导。（章梅 提供）

2011 年 5 月 20 日，股份公司副总裁、总会计师兼总法律顾问庄尚标（中）到昆明中铁大型养路机械集团公司进行产业调研。（袁国强 摄）

2011 年 6 月 16 日，股份公司副总裁刘汝臣（右二）到中铁二十三局集团公司贵广铁路宝峰山隧道工地检查施工情况。（张光林 提供）

2011 年 9 月 19 日，中国铁建与湖北省签署战略合作协议。 （徐云华 摄）

2011 年 7 月 8 日，中国铁建与湛江市经济技术开发区签署战略合作框架协议。 （刘建国 摄）

2011 年 3 月 12 日，中国铁建与武汉市政府签署战略合作框架协议。 （刘 文 摄）

2011 年 5 月 21 日，中国铁建与兰州市政府签署战略合作框架协议。 （高秋凤 提供）

2011 年 12 月 23 日，中国铁建与中国通用技术（集团）控股有限责任公司签署战略合作框架协议。（刘 文 摄）

2011 年 10 月 19 日，中国铁建与北京德稻集团签署合作框架协议。根据协议，双方将在经济适用房、廉租房、安置房等保障性住房建设中开展合作。（刘建国 摄）

2011 年 12 月 28 日，中国铁建与北京中关村发展集团股份有限公司签署战略合作框架协议。（刘 文 摄）

2011 年 7 月 26 日，中铁物资集团有限公司与酒泉钢铁集团有限公司签署战略合作协议。（刘建国 摄）

中国铁建港航局集团有限公司

CRCC HARBOUR & CHANNEL ENGINEERING BUREAU GROUP CO., LTD.

中国铁建港航局集团有限公司（以下简称港航局）由中国铁建股份有限公司(以下简称中国铁建)独家出资组建，2011 年 8 月在广东省珠海市正式挂牌成立，注册资本金 12 亿元人民币，是中国铁建唯一一家以水工建设为主业，集投资、设计、科研、施工于一体的专业化企业。

港航局以“立足水工，多元经营，发展成为资本技术管理密集，能提供全方位服务能力的国内领先、具有国际竞争力的水工领域专业化集团公司”为总体发展战略。主业为港口与航道工程施工，水利、水电、能源工程施工，公路、桥梁、隧道工程施工，铁路工程施工，市政公用工程施工，房屋建筑施工等。具有港口与航道、公路、房屋建筑施工总承包一级，水运行业工程设计、工程测量和港口河海工程咨询甲级，地基与基础、桥梁、隧道、路基、市政公用、钢结构工程专业承包一级，混凝土构件预制二级，特种专业工程承包资质。拥有船机设备 2000 余台（套）。先后承接港口航道、公路桥梁、软基处理、钢结构、铁路、市政、房建等工程 200 余项，工程业务范围遍布全国各地，并涉足港澳地区。

港航局将传承“铁道兵前无险阻，铁道兵前无困难”的优良传统，秉承“诚信、创新永恒，精品、人品同在”的核心价值观，发扬“不畏艰险、勇攀高峰、领先行业、创誉中外”的企业精神，充分依托中国铁建的品牌优势，努力把港航局打造成国内领先、具有国际竞争力的水工领域大型专业化集团公司，成为中国铁建的创效板块和支柱产业。（周宏威 撰文并提供图片）

董事长、党委书记许四发（右四），总经理张小平（左四），党委副书记、纪委书记、工会主席、监事会主席任保义（右三），副总经理、总经济师赵峰（左三），副总经理、总会计师金国亮（左二），副总经理、总工程师刘齐辉（右二），副总经理王永东（左一），副总经理谭世霖（右一）。

2011 年 9 月 23 日，中国铁建股份有限公司并购重组广东省航盛建设集团有限公司现场工作会。

2011 年 11 月 18 日，中国铁建与湛江市联合开发东海岛石化产业园工程建设启动。图为中国铁建建设者在开工典礼仪式上。

中国铁建投资有限公司

CHINA RAILWAY CONSTRUCTION INVESTMENT CO.,LTD.

打造专业化投资平台 实现资本价值最大

2011 年 5 月 18 日，中国铁建投资有限公司（以下简称投资公司）在北京揭牌成立。投资公司的成立，标志着中国铁建资本经营工作进入一个新的阶段。

为实现企业的产业结构调整和转型升级，提高企业盈利能力，保持增长和有效利用投资资本，中国铁建股份有限公司独家注入 30 亿元人民币现金，成立中国铁建投资有限公司。投资公司将致力于境内外交通、能源、市政、城市综合体、公用事业、环保、造地工程等基础设施及资源、物流、房地产、原材料、新设备、高新技术、新能源、金融等领域的投资、建设和经营管理。

投资公司作为中国铁建资本经营的专业化平台，将进一步优化中国铁建的投资结构，有效防范风险，提升资本经营能力和水平，实现资本投资价值的最大化。投资公司在生产经营规模不断扩大的同时，也对资本经营进行积极探索和有益尝试，先后进军基础设施建设 BT、BOT 和矿产资源开发项目投资等领域。截至 2011 年底，中国铁建系统资本经营已初具规模、初见成效，企业呈现生产经营和资本经营双轮驱动、协调发展的良好态势。

投资公司将加强发展战略的研究，不断夯实管理基础，建立健全风险管控制度，积累管理经验。对投资项目进行科学论证，优化投资结构，增强融资能力，使投资经营成为中国铁建利润的重要来源，带动中国铁建产业结构调整，更好地应对建筑市场的波动，实现资本投资价值最大化。

（郝 迪 撰稿并提供图片）

2011 年 5 月 18 日，中国铁建投资有限公司在北京揭牌成立。

中国铁建投资有限公司党委书记、总经理李宁宣布揭牌成立庆典仪式开始。

2011 年 11 月 18 日，中国铁建首次实施区域性综合投资湛江石化产业园工程破土动工。

◀中铁第四勘察设计院集团公司、中铁十四局集团公司参与开发的“大型及复杂水下隧道结构分析理论与设计关键技术”成果获2011年度国家科学技术进步二等奖。图为原型试验。
（孙文昊 提供）

▶中铁二十三局集团公司在石武铁路客运专线工程施工中开发的“CRTSIII 型无砟轨道板研制及路基纵连板施工维修技术”成果获中国施工企业管理协会科技进步一等奖。
（邓 军 提供）

◀中铁二十四局集团公司“既有城市轨道交通高架桥移梁接驳综合技术”成果获中国施工企业管理协会科技进步二等奖。
（乐 伟 摄）

▶中铁十一局集团公司承建的中国首座高速铁路主跨140米钢箱系杆拱桥——武广高速铁路汀泗河特大桥获中国施工企业协会科学技术奖技术创新成果奖。
（徐云华 摄）

▶中铁第一勘察设计院集团公司设计的那曲物流中心综合物流区太阳能集中采暖工程获陕西省建筑节能设计一等奖。（邓保顺 提供）

◀中铁十三局集团公司在福建南平闽江大桥施工中开发的“深水裸岩不等边跨单向纵坡大跨度斜拉桥施工技术”成果，经吉林省科技厅鉴定，达到国际领先水平。（李升旺 提供）

▶中铁十四局集团五公司在莞深高速公路附城至石碣段第2合同段东江大桥施工中开发的“双层公路钢桁桥施工力学行为与安装技术研究”成果获中国公路学会科学技术二等奖。（张泉滨 董会领 摄）

◀中铁十四局集团一公司在荣乌高速公路孤庄营跨线特大桥施工中开发的“T型钢构大型悬臂箱梁转体球铰质量控制”成果获山东省优秀QC成果一等奖。（李佩山 摄）

▶中铁十七局集团公司在宁波站改建工程施工中，采用国内首创的“格构柱钢便桥”技术，攻克铁路线下大跨度深基坑开挖的技术难题。（孟庆财 提供）

中铁第四勘察设计院集团公司参建的武汉至广州高速铁路武汉站工程获2011年度中国土木工程詹天佑奖。

（刘时运　提供）

中铁第四勘察设计院集团公司参建的武汉至广州高速铁路浏阳河隧道工程获2011年度中国土木工程詹天佑奖。

（马涛　提供）

中铁十九局集团三公司参建的安徽铜陵至黄山高速公路工程获2011年度中国土木工程詹天佑奖。（王晓明　提供）

中铁第一勘察设计院集团公司设计、监理的青藏铁路那曲物流中心工程获2011年度中国土木工程詹天佑奖。

（张孟桥　提供）

中铁十七局集团公司承建，中铁十一、十四、十八、二十二局集团公司参建的新建北京至天津城际轨道交通工程获2010～2011年度中国建设工程鲁班奖。

（姜书范　摄）

中铁第一勘察设计院集团公司设计、中铁十二局集团公司承建的新建武汉北编组站工程获2010～2011年度中国建设工程鲁班奖。

（丁　洋　摄）

中铁十七局集团公司承建及其四、五公司参建的合武铁路大别山隧道工程获2010～2011年度中国建设工程鲁班奖。　（王晋生　提供）

中铁二十二局集团公司承建及其哈尔滨铁路建设集团公司参建的哈尔滨市道外二十道街松花江大桥及引道工程获 2010～2011 年度中国建设工程鲁班奖。

（万红梅 提供）

中铁十六局集团公司参建的常州高架道路一期工程获 2010～2011 年度中国建设工程鲁班奖。

（刘承宝 提供）

中铁十九局集团公司参建的杭州湾跨海大桥工程获 2010～2011 年度中国建设工程鲁班奖。

（杨秀权 摄）

中铁十四局集团三公司承建的天津滨海新区海河开启桥工程获2010～2011年度中国建设工程鲁班奖。（杜振珂 摄）

中铁十三局集团公司承建及其一公司参建的沪蓉西高速公路支井河特大桥工程获2010～2011年度中国建设工程鲁班奖。（李升旺 提供）

中铁十八局集团公司承建，中铁十一、二十、二十二局集团公司及十四局集团电气化公司、十九局集团电务公司参建的沈阳地铁1号线工程获2010～2011年度中国建设工程鲁班奖。（段旭红 摄）

中铁建设集团公司参建的上海保利广场工程获2010～2011年度中国建设工程鲁班奖。（章梅 提供）

中铁十三、十五、十七局集团公司参建的河南省驻马店至泌阳高速公路工程获 2011 年度国家优质工程银质奖。图为十五局集团公司承建的驻泌高速公路 14 标段工程。
（郑凤华 提供）

中铁十五局集团公司参建的蓝商高速公路李家河 3 号隧道工程获 2011 年度国家优质工程银质奖。（郑凤华 提供）

中铁二十三局集团公司、中铁第五勘察设计院集团公司参建的大连铁路集装箱中心站工程获 2011 年度国家优质工程银质奖。
（乔宏 提供）

中铁十七、十九局集团公司参建的河北省石家庄市石环公路(省道 S101)307 国道东互通立交工程获 2011 年度国家优质工程银质奖。

（张振宇 摄）

中铁十八局集团公司、中铁第四勘察设计院集团公司、北京铁城建设监理公司参建的温福铁路鼓山隧道群工程获 2011 年度国家优质工程银质奖。

（阎世杰 提供）

中铁二十二局集团公司参建的张石公路化稍营至蔚县(张保界)段高速公路工程获 2011 年度国家优质工程银质奖。

（万红梅 提供）

中铁十九局集团公司参建的中国黄金集团公司乌努格吐山铜钼矿项目获2011年度国家优质工程银质奖。（张振宇 摄）

中铁二十四局集团安徽公司承建的华能昌邑第一风力发电49.5兆瓦工程获2011年国家优质工程银质奖和中国电力优质工程奖。（江涛 摄）

中铁十八局集团公司参建的华能通辽珠日河风电一场147兆瓦工程获2011年度国家优质工程银质奖和中国电力优质工程奖。（张骥 摄）

中铁十八局集团二公司参建的华能启东风一期 91.5 兆瓦风电场工程获 2011 年度中国电力优质工程奖。 （阎世杰 提供）

中铁十四局集团二公司、十八局集团二公司、十三局集团五公司、二十二局集团电气化公司参建的华能阜新风电场一、二、三期工程获 2011 年度中国电力优质工程奖。

（李升旺 提供）

中铁十四局集团公司承建的华能乐亭风电场一期 49.5 兆瓦工程获 2011 年度中国电力优质工程奖。 （杜崇德 提供）

中国土木工程(澳门)公司承建的澳门关闸边检大楼钢结构及屋面系统工程获港澳特区钢结构金奖。 (郭子岩 提供)

中铁十九局集团轨道公司承建的上海轨道交通 7 号线工程获中国市政金杯优质工程奖。 (杨秀权 摄)

中铁十一局集团三公司承建的上海市浦江镇公共交通配套轨道工程获中国市政金杯示范工程奖。 (徐云华 摄)

中铁二十五局集团公司承建的衡阳市衡州大道被评为2011年中国城市建设优秀项目。
（罗贵业　提供）

中铁建设集团公司承建的北京东直门交通枢纽工程获2010年度中国钢结构金奖。
（章　梅　提供）

中铁建设集团公司承建的常州北站站房钢结构工程获2010年度中国钢结构金奖。　（章　梅　提供）

2011 年 11 月 9 日，中国铁建总裁赵广发在匈牙利驻中国大使馆与匈牙利国家发展部部长菲莱基就全面加强合作进行亲切友好的会谈，并签署中国铁建与匈牙利国家铁路公司布达佩斯机场快线项目合作备忘录。（秉 文 摄）

2011 年 7 月 6 日，埃塞俄比亚总理梅莱斯·泽纳维在总理府与中国铁建副总裁扈振衣会面。（雷 勇 摄）

2011 年 12 月 5 日，中国土木工程集团公司董事长刘志明(左)、总经理袁立(右)在北京会见汤加王国副首相瓦普鲁·萨缪(中)。（任 嘉 摄）

中国土木工程集团公司承建的阿尔及利亚编组站项目获中阿合作杰出贡献奖。 （郭子岩 提供）

中铁二十局集团公司承建的安哥拉本格拉铁路工程。 （刘文君 提供）

中国土木工程集团东非公司承建的坦桑尼亚情报局大楼工程。 （郭子岩 提供）

中国土木工程集团公司承建的尼日利亚拉各斯防波堤工程。 （郭子岩 提供）

中国铁建十八局集团国际公司承建的苏丹杜维姆大桥工程。 （马剑平 提供）

中铁十八局集团二、三公司承建的厦深铁路长沙湾特大桥工程。（曹战锋 摄）

中铁二十二局集团公司承建的广珠铁路西江特大桥工程。（万红梅 提供）

中铁十七局集团公司承建的邯黄铁路跨青蓝高速公路特大桥工程。（傅玉厚 摄）

中铁十三局集团公司承建的哈齐铁路客运专线扎龙特大桥工程。（李升旺 提供）

中铁二十一局集团路桥公司鹿泉梁场石太直通线跨青银高速公路特大桥箱梁架设场景。（高秋凤 提供）

中铁二十局集团公司承建的兰渝铁路黄河特大桥工程。（刘文君 提供）

中铁十一局集团电务公司承建的亚洲最大的动车检修基地——武汉动车段获湖北省“楚天杯”奖。（桑 勇 摄）

中铁十二局集团公司承建的广州客专维修基地。（梁建平 摄）

中铁二十四局集团公司参建的上海虹桥站工程。
（凡 军 摄）

中铁二十二局集团公司承建的广州南站工程。
（万红梅 提供）

中铁十二局集团公司承建的西安北站工程。
（王喜波 提供）

中铁十一局集团公司承建的内蒙古甘库铁路库伦站工程。
（腾红俊 摄）

中国铁建电气化局集团公司承建的亚洲最大牵引变电所工程——郑州东站牵引变电所。（袁小安 摄）

中铁二十一局集团电务电化公司承建的乌阿铁路电气化工程。（高秋凤 提供）

北京铁城建设监理公司监理的甬台温铁路温州南站获浙江省“钱江杯”优质工程奖。（龚成术 提供）

北京铁城建设监理公司监理的成绵乐铁路客运专线谭家坝特大桥工程。（龚成术 提供）

中铁十五局集团公司承建的天津集疏港公路新建海河大桥工程。（张仲先 摄）

中铁十五局集团二公司承建的汉江二桥工程。（马金荣 提供）

中铁十三局集团一公司承建的大连长兴岛 30 万吨级原油码头钢栈桥工程。（李升旺 提供）

中铁十四局集团四公司参建的青岛海湾大桥工程。（刘宁 提供）

中铁十七局集团公司承建的太佳高速公路汾河特大桥工程获2011年度火车头优质工程奖。（王华峰 摄）

中铁二十二局集团五公司承建的板江高速公路这打高架桥工程。（赖迪 摄）

中铁二十局集团三公司承建的宝汉高速公路五里坡特大桥工程。（刘文君 提供）

中铁二十三局集团公司承建的世界最长的全钢管桁架结构连续梁桥——四川雅泸高速公路干海子特大桥工程。（董凌 提供）

中铁十八局集团二公司承建的国家高速公路网G65线(包头至茂名线)陕西省西安至铜川段赵氏河特大桥工程。（王秀杰 提供）

中铁十八局集团三公司承建的青海315线湟西一级公路福海1、2、3号大桥工程。（周波臣 摄）

中铁十九局集团公司承建的辽宁省皮炮高速公路工程。（倪作霖 摄）

中铁十一局集团公司参建的辽开高速公路工程。（吴剑 摄）

中铁十一局集团二公司参建的青兰高速公路羊泉隧道工程获火车头优质工程奖。（赵 敏 摄）

中铁十二局集团公司承建的陕西西商高速公路秦岭灞源隧道工程。（高 山 摄）

中铁十九局集团公司承建的渝湘高速公路葡萄山隧道获火车头优质工程奖。（徐金跃 摄）

中铁十一局集团三公司承建的湖北黄石谈山隧道工程。（徐新斌 提供）

◀中铁十二局集团建筑安装公司承建的山西体育中心工程。（梁建平 摄）

▶中铁建设集团公司承建的海口乐成恭和苑老年公寓工程获 2011 年度海南省建筑施工优质结构工程奖。（章 梅 提供）

◀中铁十三局集团公司承建的赛维太阳能 P2 多晶电池片生产车间工程。（李升旺 提供）

▶中铁十七局集团公司承建的山西省图书馆工程。（周福荣 摄）

◀中铁建设集团公司承建的中科院过程大厦工程获 2010 年度北京市结构“长城杯”金质奖。（章 梅 提供）

中铁建设集团公司承建的宣武体育中心游泳馆、网球馆工程获2010年度北京市建筑(竣工)“长城杯”金质奖。
(章 梅 提供)

中铁建设集团公司承建的福熙大道工程获2010年度北京市结构“长城杯”金质奖。
(章 梅 提供)

中铁十二局集团建筑安装公司承建的成都中铁新城一期群体建筑工程。
(梁建平 摄)

中铁十八局集团六公司承建的天津远洋城工程。
(伍 振 摄)

中铁十八局集团三公司承建的西安地铁新行政中心站 B2 入口工程。
（周汝臣 摄）

中铁十七局集团建筑公司承建的西安地铁大明宫西站工程。（赵桂军 曲鹏 摄）

中铁十九局集团电务公司承建的北京地铁魏公村站至灵境胡同站 B 部 II 标段机电安装工程。（刘长勇 摄）

中铁二十二局集团六公司承建的武汉轨道交通工程。（万红梅 提供）

中铁十三局集团公司承建的天津地铁电务工程。（李升旺 提供）

中铁二十四局集团上海公司承建的上海城市轨道交通 12 号线 5 标段工程。（高 扬 摄）

中铁十一局集团公司参建的上海地铁 8 号线工程。（徐新斌 提供）

中铁十九局集团公司承建的南水北调项目中线一期工程总干渠漳古 SG14 工程。（冯洪超 提供）

中铁二十三局集团四公司承建的四川木里河俄公堡水电站工程。（贺晓东 提供）

2011 年 6 月 7 日，中铁十八局集团隧道公司承建的锦屏项目部二级水电站 1 号引水隧洞贯通。（王会堂 提供）

中铁十九局集团公司承建的宁夏华能集团月亮山风电项目一期工程。图为首台风机成功安装。（文 俊 摄）

中国铁建和贵阳市政府合作建设的第一个 BT 项目——贵阳市北二环路工程。图为中铁十八局集团公司承建的偏坡隧道全景。（阎世杰 提供）

中铁十三局集团公司承建的贵阳市北二环路偏坡大桥工程。（李升旺 提供）

中国铁建在昆明第二个 BT 项目——禄大公路。图为中铁十五局集团公司承建的禄大公路 13 跨舒西大桥工程。（吴世星 提供）

中铁

启用。

中铁十九局集团公司承建的禄大公路 1 标段工程。（郭明明 摄）

中铁

宁大桥。

为改变革命圣地西柏坡的农村面貌、改善农民生活条件，中铁建设集团公司援助建设西柏坡华润希望小镇。左图为该集团公司董事长、党委书记汪文忠将象征开启“幸福希望之门”的钥匙移交给河北省省委副书记付志方。下图为小镇实景。（章 梅 提供）

昆明中铁大型养路机械集团公司在云南禄劝县屏山镇克梯大木厂村小学开展“奉献爱心，传递温暖”捐资助学公益活动。（富建强 摄）

中铁二十二局集团一公司云南禄大公路项目部重视加强路地关系，营造良好的施工环境。图为驻地学校和政府代表为项目部赠送锦旗表示感谢。（万红梅 提供）

2011 年 8 月 18 日，玉树州民族中学师生从援建单位中国铁建代表手中接过“钥匙”高高举起。下图为即将竣工交验的玉树州民族中学。
（刘 文 提供）

中国土木工程集团尼日利亚公司 IDU 钢结构厂车间当地雇员正在工作。
（郭子岩 提供）

中国土木工程集团尼日利亚公司梁枕厂当地雇员正在工作。
（郭子岩 提供）

昆明中铁大型养路机械集团公司职工自编的音诗画《穿越梦想》获庆祝中国共产党建党 90 周年“感动铁路”全路职工文艺汇演二等奖。（富建强 摄）

中铁十八局集团公司 2011 年“和谐之春”联欢晚会。（王会堂 摄）

中铁二十四局集团公司“阔步向前”文艺汇演。（高扬 摄）

2011 年 10 月 21 日，中国铁建“践行企业价值观，提升发展软实力”巡回演讲第 9 场在铁道兵“登高英雄”杨连第生前所在师、现中铁十一局集团公司举行。（徐云华 摄）

目 录
Contents

特 载
Special Records

大 事 记
Record of Major Events

概 况
CRCC in Brief

董事会工作

Activities of the Board of Directors

工程施工

Engineering Construction

工程管理

Engineering Management

城市轨道交通工程
City track traffic engineering

市政工程
Municipal Engineering

安全质量监督
Safety and Quality Supervise

设备物资
Equipment and Material

海外经营　境外工程
Overseas Operation & Projects

海外经营
Overseas Operation

·海外业务·

· *Overseas Business* ·

·海外及港澳资源管理·

· *Overseas and Hong Kong and Macao Resource Management* ·

境外工程
Overseas Projects

经 营 管 理
Operation & Management

企业管理
Enterprise Management

经营计划
Operation Planning

房地产开发与监管

Real Estate Development and Supervision

资本运营与管理

Capital Operation and Management

财　务
Financial Affairs

审计监事
Audit Supervisors

·审计工作·
·*Audit Work*·

·监事会工作·
·*Work of Board of Supervisors*·

·审计与风险管理·
·*Audit and Risk Management Committee*·

综 合 管 理
Comprehensive Administration

机关政务　行政事务
Office Affairs & Administration

人力资源
Human Resources

信息化建设

Information Construction

法律事务

Legal Affairs

机关房地产管理

Administrative Real Estate Management

离退休职工管理

Retired Staff Management

公　安

Public Security

科技　文化

Science, Technology & Culture

科　技

Science and Technology

宣　传

Publicity

纪检监察

Discipline & Supervision

报　纸

Newspaper

工会　共青团

Labor Union & CYL

工　会

Labor Union

所属单位

CRCC's Subsidiaries

中国土木工程集团有限公司

China Civil Engineering Construction Corporation

中铁十一局集团有限公司

China Railway 11th Bureau Group Co., Ltd.

中铁十二局集团有限公司

China Railway 12th Bureau Group Co., Ltd.

中铁十七局集团有限公司

China Railway 17th Bureau Group Co. , Ltd.

中铁十八局集团有限公司

China Railway 18th Bureau Group Co. , Ltd.

中铁十九局集团有限公司

China Railway 19th Bureau Group Co. , Ltd.

中铁二十局集团有限公司

China Railway 20th Bureau Group Co. , Ltd.

中铁二十一局集团有限公司

China Railway 21st Bureau Group Co., Ltd.

中铁二十二局集团有限公司

China Railway 22nd Bureau Group Co., Ltd.

中铁二十三局集团有限公司

China Railway 23rd Bureau Group Co., Ltd.

中铁二十四局集团有限公司

China Railway 24th Bureau Group Co., Ltd.

中铁二十五局集团有限公司

China Railway 25th Bureau Group Co. , Ltd.

中铁建设集团有限公司

China Railway Construction Group Ltd.

中国铁建电气化局集团有限公司

China Railway Construction Electrification Bureau Group Co. , Ltd.

中铁第五勘察设计院集团有限公司
China Railway Fifth Survey and Design Institute Group Co., Ltd.

中铁上海设计院集团有限公司
China Railway Shanghai Design Institute Group Co., Ltd.

中铁物资集团有限公司
China Railway Goods and Materials Co., Ltd.

昆明中铁大型养路机械集团有限公司
Kunming China Railway Large Road Maintenance Machinery Co., Ltd.

中国铁建(加勒比)有限公司

China Railway Construction (Caribbean) Co., Ltd.

中国铁道建设(香港)有限公司

China Railway Construction (Hongkong) Ltd.

中国铁建股份有限公司北京培训中心

China Railway Construction Corporation Beijing Training Center

人　物

Elite

新闻人物

Media Elite

科技人物

Science and Technology Elite

模范人物

Model Workers

先进集体

Advanced Groups

逝世人物

Deceased Elite

光荣榜

Honor Roll

统计资料

Statistics

文献辑要
Documentation Abstract

附　录
Appendix

中国铁建所属单位名录

索　引
Index

2012年2月10日，中国铁建一届三次职工代表大会暨2012年工作会议在北京隆重召开。

（刘建国 摄）

特　载

本栏责任编辑　杨启燕

发挥政治优势　助推转型升级
促进企业持续平稳较快发展

——党委书记、董事长孟凤朝在中国铁建股份有限公司党委二届七次全体会议上的报告

（摘　要）

（2012 年 2 月 9 日）

2011 年党委工作简要回顾

2011 年，是国家“十二五”规划的开局之年，也是中国铁建“十二五”战略规划的起步之年。正当我们厉兵秣马、豪情满怀、奋力书写企业改革发展新篇章的时候，国内外形势风云突变。国际金融危机深度发展，主权债务危机不断蔓延，中东、北非政局动荡；国内宏观调控趋紧，银根紧缩，铁路建设“急刹车”。国内外形势双重影响，使中国铁建遭遇兵改工以来最为复杂的困难，面临最为艰难的挑战。面对急转直下的严峻形势，各级党委和领导及时转变观念，果断调整思路，紧紧围绕“十二五”战略规划，充分发挥党组织的政治优势和组织优势，团结带领各级党组织和广大党员、干部员工，坚定信心，沉着应对，迎难而上，保持了企业的平稳有序发展，实现了“十二五”的良好开局。这个成绩，是在国内外极为严峻复杂的形势下取得的，来之不易，弥足珍贵！各级党组织和广大党员立足本职，较好地发挥了先进模范作用，党组织的创造力、凝聚力、战斗力进一步增强。

一、创先争优活动不断深化

股份公司党委认真贯彻落实中央企业创先争优活动领导小组的工作要求，继续深入开展创先争优活动。

1. 精心组织，整体推进。一是反复进行深入动员。在 2011 年初召开的党委全会上、3 月召开的经验交流会和 6 月底召开的庆祝建党 90 周年大会上，股份公司党委就深入开展创先争优活动反复进行动员，引导各级党组织和广大党员在调整优化产业结构、转变经济发展方式、推动企业科学发展中创先争优。二是有效开展系列活动。各级党组织结合实际，认真开展党员岗位承诺、践诺情况自评、领导人员点评和群众满意度测评等活动，全面落实各项工作要求。三是坚持典型引路。2011 年 3 月，股份公司党委召开创先争优活动经验交流会，观摩了中铁十二、十四局集团公司两个北京地铁项目部现场，中铁十一局集团公司兰新铁路甘青段项目部党工委等 12 家基层党组织介绍了经验。结合庆祝建党 90 周年，表彰了一批先进基层党组织、优秀共产党员和优秀党务工作者，有效发挥了先进典型的示范带头作用。

2. 围绕中心，服务大局。股份公司党委审时度势，把推动企业科学发展、加快转变发展方式作为创先争优的重要目标。各级党组织着眼科学发展、破解发展难题，自觉把优化产业结构、创新发展模式、提高发展质量的具体目标任务纳入创先争优活动，组织动员广大党员干部紧紧围绕企业改革、发展、稳定大局创先争优，把广大党员干部激发出来的工作热情，作为推动企业转方式、调结构、谋发展的强大精神动力，促进了企业经济发展质量的不断提升，推动了核心竞争力的显著增强。

3. 注重实效，激发活力。各级基层党组织紧贴基层一线生产经营实际，普遍开展创“党员先锋岗”、建“红旗责任区”和“党员身边无事故”、“保质量创先进、保安全争优秀”、“降本增效比贡献，优质安全争先进”等主题实践活动，大大增强了创先争优活动的生机与活力，有力促进了基层党组织建设。2011 年下半年，股份公司党委组成两个调研检查组，对所属各级党组织贯彻落实股份公司《关于加强和改进工程项目部党的建设的决定》情况进行了重点抽查调研，有效推动了工程项目部的党建工作。

4. 党群共建，齐争共创。各级党委坚持党建带工建、党建带团建，把创先争优拓展到广大职工和团员青年当中，实现了创先争优活动全覆盖。股份公司工会系统以“党建带动工建、工建服务党建”为主题，以创建“模范职工之家”、争当“优秀工会工作者”、“劳动模范”为主要内容，以服务科学发展、服务职工群众、实现企业又好又快发展为基本目标，深入开展党工共建创先争优活动。股份公司团委以“扩大组织覆盖、增强组织活力，增强团员意识、发挥带头作用”为主题，以“比学赶超争先进，强基固本展作为”为主线，以“积极创建五四红旗团组织，争当优秀共青团员”为主要内容，在全系统共青团组织和团员中迅速掀起创先争优的热潮，带动青年职工创造优秀，争当先进，为实现企业又好又快发展再作新贡献、再建新功业。

二、领导班子建设显著加强

股份公司党委始终坚持把抓领导班子建设作为加强企业党组织建设，推动企业全面发展的一项十分重要的工作抓好抓实。

1. 抓学习型党组织建设，提升领导班子治企能力。一是以抓学习型党组织建设为载体，注重提升各级领导班子战略思维能力。股份公司党委中心组采取集体学习、邀请中央政策研究室和中央党校专家作专题辅导报告等形式，学习研讨胡锦涛总书记“七一”重要讲话、十七届六中全会精神等内容，在注重提高班子自身政治理论素养的同时，研究解决企业全局性、方向性、前瞻性问题，进一步明确企业发展思路。各级党组织也采取各种方式抓好中心组学习，不断提升领导班子的战略思维能力，制定和完善了企业中、长期发展战略，有力地推动了学习型党组织建设的落地。股份公司党委召开了全系统学习型党组织建设工作经验交流视频会，总结经验，表彰先进，对下一步工作作出部署。在中央企业学习型党组织建设工作经验交流会上，股份公司作了经验交流。铁建重工的《以学习型党组织建设培育企业学习力提升核心竞争力》经验材料被中宣部、国资委、湖南省委等转发。二是以抓整体功能有效发挥为着力点，注重提升各级领导班子统揽大局能力。2011 年，国家接连出台经济调控政策致使宏观经济急速下行、铁路建设“急刹车”导致铁路工程新签合同额急剧减少、铁路在建工程项目资金严重不到位引发外部劳务队伍和材料供应商稳定风险，各级党委和领导注重发挥班子整体功能，正确研判形势，沉着冷静应对，提前谋划部署，扎实做好工作，团结带领广大党员、干部和职工，化解各种风险，确保了生产经营活动的正常进行，确保了企业的平稳发展，确保了职工队伍的和谐稳定，各级领导班子统领大局的能力经受住了严峻的考验。

2. 抓领导人员制度建设，推进干部管理规范化。为推进领导人员管理工作的科学化、制度化和规范化，股份公司党委制定下发《企业领导人员管理暂行办法》，初步建立起一整套关于所属企业领导人员培养、选拔、使用及奖惩的管理机制。对 13 个单位进行补充缺员考核，提拔、调整领导人员涉及 26 个单位 99 人。坚持所属单位领导班子成员正常退出制度。下发《关于所属二级公司董事会、监事会人员配备有关问题的通知》，规范二级企业董事会、监事会人员的配备，保证各单位法人治理结构的正常运转。

3. 抓领导班子考核监督，转变领导人员思想作风。一是加强对领导班子和领导人员的考核。按照《中央企业领导班子和领导人员综合考核评价办法》，落实领导班子和领导人员的年度考核和任期考核制度，全面、客观、科学地对领导班子和领导人员的德才表现和工作业绩作出综合考核评价。二是加强对领导人员的监督。坚决贯彻落实中央《关于进一步从严管理干部的意见》以及股份公司管理规定，实行谈话谈心制度，认真执行问责制度，落实个人有关事项报告制度。加强对领导人员“8 小时之外”的监督，对出现苗头性问题早提醒早教育早纠正。股份公司对所有提拔人员进行任前及廉政谈话，对出现问题的单位和个人进行严肃处理。三是指导各单位开好党员领导干部民主生活会。股份公司党委始终把加强对党员领导干部民主生活会的检查指导，作为加强各级领导班子思想政治建设的一项重要举措，通过确立会议主题、明确会议要求、指派党委常委和机关有关部门领导到会参与检查指导的方式，强化民主生活会的效果，引导各级领导干部不断改进思想作风和工作作风，牢固树立群众观点，千方百计为职工办实事、办好事。

三、宣传思想工作成效凸显

各级党委加强组织领导，宣传思想文化工作紧贴企业中心任务，紧扣科学发展主题，外树形象、内聚人心，深入生产经营主战场，唱响改革发展主旋律，为企业“十二五”开好局、起好步，营造良好环境。

1. 凝聚力量，思想政治工作效果显著。针对企业转型面临的新要求、发展面临的新挑战和职工思想观念的新变化，股份公司党委认真贯彻落实《中央宣传部、国务院国资委关于加强和改进新形势下国有及国有控股企业思想政治工作的意见》（以下简称《意见》），着力加强形势任务教育，着力加强现场思想政治工作，确保职工队伍和农民工队伍的思想稳定。在国资委召开的学习贯彻《意见》座谈会上，中国铁建的典型经验引起较大反响。全系统以学习宣传股份公司“十二五”发展战略规划和纪念建党 90 周年为契机，广泛开展“学习规划明任务，转型升级谋发展”和“坚定信念跟党走,奉献铁建争先锋”等主题教育活动,统一思想、振奋精神、激发活力。各级党建政研会结合企业改革发展中的热点难点问题,主动跟踪职工思想动态,提高了课题研究的针对性、创新性和指导性,取得了可喜的成绩,1篇政研论文获中央企业政研成果一等奖,2篇获三等奖,中国铁建党建政研会获优秀组织奖。

2. 示范引领,精神文明建设再上新台阶。坚持“精神引导、先进引路”的工作思路,精心选树、大力宣传企业两个文明建设的先进集体和个人。结合纪念建党90周年活动,选树并宣传29名扎根基层、业绩突出、事迹感人的“党员先锋”。在各单位推荐的基础上,评选产生10名中国铁建第二届“十佳道德模范”。同时,追授十八局集团三公司原副总经理石明记为“中国铁建敬业奉献道德模范”。深入开展文明单位创建活动,8家企业被评为全国文明单位,2人获第三届全国道德模范提名奖。精神文明创建活动获得的奖励位居中央企业前列,全系统形成了崇尚典型、学习先进、争创文明的良好氛围。

3. 文化铸魂,企业发展软实力有效提升。深入学习贯彻《中共中央关于深化文化体制改革推动社会主义文化大发展大繁荣若干重大问题的决定》,选取10名员工组成“践行企业价值观,提升发展软实力”专题教育演讲团,深入基层和重难点工程项目进行巡回演讲10场,从不同角度,用不同的故事,生动诠释了“诚信、创新永恒,精品、人品同在”的企业价值观,弘扬了伟大的铁道兵精神,传播了优秀企业文化,激励了斗志士气,为企业改革发展稳定提供了精神动力和文化支撑。29个局集团公司、25个工程公司和23个项目部近3000名代表现场观看了演讲,引起强烈反响。成功举办第二届“中国铁建杯”职工书画摄影大赛,其中获国资委“国企新风貌摄影大赛”三等奖2幅、优秀奖2幅。在厦门举办“大路美术作品精品展”,展示了中国铁建独特的文化和品牌形象,成为企业文化建设的一个亮丽平台。所属各单位结合自身实际,对企业文化理念元素进行提炼,扎实开展诚信文化、安全质量文化、廉洁文化建设,丰富了企业文化体系。

4. 外树形象,企业典型宣传取得新突破。2011年,股份公司总部在新华社、中央电视台等中央主流媒体刊发新闻及图片129篇(幅)。特别是围绕建党90周年展开的典型宣传,在全社会引起强烈反响,受到中宣部、国资委党委的充分肯定。先后推出了“时代先锋”黄昌富、祁连山隧道掘进队等典型人物和集体。中央电视台等主流媒体还多次在《红旗飘飘》栏目中重点报道了京沪高速铁路中的共产党员夏吉军、利比亚撤离中的共产党员陈志杰夫妇等。敬业奉献道德模范石明记、“穿山硬汉”孔凡成还双双入选中央电视台的名牌栏目《身边的感动》。中国铁建选树和宣传典型的经验在2011年中央企业新闻工作大会上进行了交流。同时,积极妥善地对19起重大突发事件展开危机公关,有效维护和提升了企业良好的外部形象。《中国铁道建筑报》圆满完成股份公司重大活动、重大事件和重要工作的新闻报道工作。其中,获产业经济好新闻奖和中国铁路好新闻奖一等奖12篇、二等奖17篇、三等奖23篇;1人获行业报十佳编辑、1人获全国优秀新闻工作者称号,受到党和国家领导人的亲切接见。

四、党风建设和反腐倡廉扎实有效

各级党委以构建惩防体系为主线,不断加强反腐倡廉建设,努力营造管理规范、风清气正、奋发有为、干事创业的良好环境,促进企业改革、发展和稳定。

1. 加强学习教育,筑牢思想防线。全系统以纪念建党90周年为契机,深入开展反腐倡廉形势教育,重点突出示范教育、警示教育和岗位廉洁从业教育,营造党风建设和反腐倡廉工作良好舆论氛围。股份公司根据系统内近几年发生的违法违纪典型案例,编印了警示教育读本《覆鉴》,购买了国资委纪委、监察局编写的《镜鉴》,下发各单位组织干部职工阅读学习;以党委中心组学习(扩大)会议的形式,组织观看警示教育片;开办廉洁从业专版、专栏,刊登党员干部创作的摄影、书画、文艺等廉洁文化作品。通过多种形式的宣传教育,各级企业领导人员从源头上筑牢了思想防线。

2. 加强责任落实,完善促廉机制。全系统各级纪委充分发挥组织协调作用,协助党委抓好2011年党风廉政建设责任制的落实,并逐级签订党风廉政建设责任书。股份公司召开第三次反腐倡廉建设联席会议,分解落实全年党风建设和反腐倡廉工作。所属各单位为保证责任书落到实处,认真开展廉洁从业承诺、民主生活会述廉议廉,以及责任制考核等活动。据统计,全系统共签订责任书5284份,考核单位2385个,对违规违纪行为进行了严肃处理。

3. 加强监督检查,惩治违纪违法。全系统按照统一部署,结合自身实际,积极开展各种专项检查和效能监察,强化从源头治理到过程控制的全方位立体监督体系。股份公司纪委、监察局派出工作组,清理整顿中介包工队,规范项目管理,指出存在问题,责令限期整改,取得了很好的成效。

五、工团工作蓬勃开展

各级党委切实加强领导,支持工会、共青团充分发挥联系群众、联系青年、服务群众、服务青年的独特优势和作用,紧贴生产经营中心,积极开展工作。

1. 工会工作大展作为。各级工会组织坚持融入中心、服务大局、履行职责、维护权益、构建和谐，在维护职工稳定、推进企业和谐发展中作用突出。一是劳动竞赛凝心聚力，融入中心促进发展。各级工会紧紧围绕企业生产经营中心，以劳动竞赛为载体，有力促进了各项施工生产任务安全、优质、高效完成，达到了项目创优、企业增效、职工增收的多赢效果。全系统荣获省部级以上劳动竞赛优秀组织单位163个、"安康杯"竞赛优胜单位64个、合理化建议和技术创新成果奖110项，有5个职工创新工作室被省、直辖市总工会命名。中铁十五、十八局集团公司工会"安全管理六到位"、"一法三卡"两项成果在全国班组安全建设与管理优秀成果发布会上获得创新成果特等奖，扩大了中国铁建的社会影响力。二是评先创模成绩优异，建树企业良好形象。2011年，全系统有20人荣获全国五一劳动奖章、2个单位荣获全国五一劳动奖状、7个先进集体荣获全国"工人先锋号"、6名工会干部被评为全国优秀工会工作者，是历年来受到全国表彰人数最多的一年。有6人被授予省部级劳动模范、76人荣获火车头奖章和省市五一劳动奖章、51个单位荣获火车头奖杯和省市五一劳动奖状。特别是有5人受邀参加人民大会堂表彰，2人接受党和国家领导人颁奖，为中国铁建赢得了荣誉。三是有效维护职工权益，构建和谐彰显作为。各级工会把职工最关心、最直接、最现实的利益问题作为工会维权的出发点，全面推进工资集体协商，着力构建和谐劳动关系，促进企业健康发展；加大建家建线投入，为一线职工创造良好的生产生活条件，实现体面劳动；积极开展送温暖活动，深化落实"三不让"帮扶，温暖了职工，凝聚了人心。2011年，全系统发放"三不让"专项资金9530万元，帮扶特重困职工家庭8530余户，资助职工子女上学2940人次，救助患病职工3350人次。"两节"期间，开展"心系职工情，温暖进万家"活动，筹集送温暖资金4996万元，慰问困难职工家庭18986户，慰问劳动模范、离退休职工、一线职工和农民工42080人。四是组织民管建设不断加强，履职服务能力显著提升。各级工会积极建立和完善职代会制度，广泛征集职工代表提案，深入推进评议领导人员和企务公开，职代会集体合同签订率达100%，履约质量大幅提高，较好地保障了广大职工的民主政治权利，促进企业发展更和谐、更阳光。不断加强自身组织建设，新建单位组建工会、项目建会有效落实，女职工组织建设取得了突破性进展，完成了女职工委员会换届。工会财务经审工作成绩突出，被全国总工会授予财务工作先进单位称号。各类兼职工会干部培训和业务建设，使工会干部履职能力明显增强，服务企业、服务职工的本领全面提升。

2. 共青团工作独具特色。一是紧跟形势，强化青年思想引导，凝心聚力职能得到提升。以建党90周年为契机，在青年中广泛开展"学党史、知党情、跟党走"主题教育活动，增强了团员青年对党和社会主义祖国的认同和热爱。圆满完成"我与祖国共奋进，我与铁建同发展"形势政策教育活动，引导团员青年踊跃投身企业"十二五"建设。二是紧贴中心，深化岗位实践活动，青年生力军作用充分发挥。各级团组织团结带领广大团员青年围绕企业中心任务，在企业生产、经营、科研、管理等主战场，开展系列岗位实践活动，投身企业科学发展。三是贴近青年，服务青年，青年成长环境得到优化。股份公司团委成功开展第五届"十大杰出青年"、"十佳青年技术工人"评选活动。广泛开展"导师带徒"活动，帮助青年人才成长提速。大力开展"团组织就在我身边"关爱行动，营造浓厚关爱氛围。四是热心公益，服务社会，塑造良好社会形象。各级团组织以"中国青年志愿者服务日"活动为载体，开展"保护母亲河"环保志愿者服务行动、"书香传递温暖，真情汇聚人间"图书捐赠等富有青年特点、独具中国铁建特色的主题实践活动。以为农民工子女健康成长提供形式多样、切实有效的关爱帮助为主要内容，开展"共青团关爱农民工子女行动"。铁建青年"心手相牵—情系家乡孩童"、"百元奖励、万分关爱"活动被中央企业青年网广泛报道。股份公司团委获2010～2011年度中央企业青年志愿者工作先进单位称号。五是以"带"为关键，以"建"为根本，党建带团建工作成绩喜人。各单位普遍将团建纳入党建的总体部署和整体格局中，做到同部署、同检查、同评比、同奖惩，促进共青团工作的有效落实，提升共青团的影响力和凝聚力。中铁十七局集团公司、中铁第一勘察设计院集团公司被评为中央企业党建带团建工作先进单位。

2012年企业发展面临的形势

2012年，中国铁建面临的形势，概括地讲，就是困难与希望同在，挑战与机遇并存。

面临的主要困难与挑战有：

一是国际形势更加复杂多变。美国经济复苏缓慢，欧洲主权债务危机持续蔓延，发达经济体国家的主权信用评级纷纷遭受降级，全球经济复苏困难。中国铁建传统的北非、中东等市场，局势持续动荡，地缘政治更趋复杂。企业将面临国际市场投资减少、需求萎缩、门槛提高和竞争激烈、贸易保护升温的局面，经营难度和风险不断加大。

二是中国经济增长继续放缓。经济增长下行、物价仍处高位，劳动力成本上涨、人民币预期升值，已成为中国经济社会发展必须面对的突出矛盾和问题。减少投资、放缓经济，有保有压、稳中求进，将成为中国

2012 年经济工作的总趋势，中国铁建将面临国家经济周期性回落的严峻考验。

三是铁路建设市场将持续萎缩。2012 年，铁路基本建设计划投资 4000 亿元，比 2011 年实际完成投资压缩 690 亿元。相比 2010 年超过 7000 亿元的基建规模更是大幅减少。大量铁路在建项目进度放缓，有的已经停建、缓建。公司将面临铁路项目收入进一步减少、成本相对上升的挑战，确保公司生产经营指标持续增长的形势十分严峻。

四是路外市场出现新的变数。国家紧缩银根，地方政府普遍缺乏建设资金，要求企业投资承揽、垫资承建的项目越来越多，大量新上项目的大额保证金、质保金和三方监管资金给企业生产经营活动带来巨大的压力，企业利用自有资金滚动发展、实现效益最大化的难度日趋加大。同时，地方在拆迁、土地补偿等方面带来的公共关系的变化，使企业和谐发展面临来自外部的冲击。

五是企业转型升级遭遇新的困局。全系统资金紧张，有的企业资产负债率较高，贷款利息负担沉重，转型升级成本大幅增加。全系统高度紧张的资金状况，不仅影响工程承揽，其他创效板块的发展也会受到掣肘。同时，一些企业对调结构、转方式的方向还在探索中，转型升级所需要的高级管理及复合型人才还相当紧缺。中国铁建在国家投资非景气周期情况下实现转型升级面临重重困难。

在看到困难、挑战的同时，我们更应该看到希望和机遇：

一是世界经济正在呈现缓慢复苏趋势，建筑及其相关产业市场前景广阔。至 2011 年第三季度，美国 GDP 已连续九个季度、欧元区 GDP 连续七个季度呈现增长态势。美国开始扭转失衡的货币与金融体系，同时美元贬值，实体经济回归，作为世界经济火车头的美国经济正重回缓慢的复苏轨道。基础设施投资成为世界各国实现经济复苏的有效动力。

二是中国工业化、城镇化、市场化远未完成，蕴含的市场潜力巨大。中国社会科学院最新发布的《2012 年中国社会形势分析与预测》指出，2011 年中国历史上第一次城市人口超过乡村人口，城市化水平超过 50%。这一比例比西方发达国家仍然低很多，甚至低于拉丁美洲国家。而要将农村常住城市人口真正纳入城市发展体系，并完成城镇化和工业化进程，至少需要 20 年以上的时间。这期间，全社会固定资产投资将继续保持适度规模，城市建设、交通建设、工业厂区（园区）建设和物流等领域市场前景看好。

三是中国基本建设投资仍处在活跃期，建筑业仍是国民经济的支柱产业。中央经济工作会议明确指出，2012 年要优化投资结构，重点抓好在建和续建项目，确保国家已批准开工的水利、铁路、重大装备等项目资金需求。铁路投资回归“常态”，全系统实现“由路内向路外的转变”具有良好的机遇。特别是城市轨道交通、保障性住房、水利水电、港口码头、围海造地、电网改造、新兴能源等工程领域，具有较大的发展空间。同时，按照有关部委和省市的“十二五”规划，矿山资源、市政规划与建设改造、公路、机场、内河干线航道、水运港区等工程建设领域也具有较大的市场规模。

四是区域和行业合作具有无限的商机，企业产业链的拓展空间较大。近年来，中国铁建与 20 多个省市和知名企业签订了合作框架协议，开展了广泛的合作，为公司的发展搭建了新的平台。同时，全系统从集团公司到工程公司，企业区域经营布局更趋合理，区位优势更加明显。生产经营“游击战”转变为“阵地战”已成为一大批企业的战略选择，许多工程公司已成为一些二线城市的品牌企业。在与地方和其他知名企业的合作中，集团公司、工程公司的产业链得到拓展和延伸。

五是企业内生发展动力比较强劲，挖潜增效具有较大的可塑性和成长性。全系统现代企业制度还有深化完善的空间；调结构、促转型越来越成为广大干部职工的共识；铁路建设从“高潮”回归“常态”也将对企业转型升级形成“倒逼机制”，企业科学发展具有较强的内在动力。集中采购等增效措施和精细化管理对效益的提升还存在较大的空间，企业发展具有强劲的活力。

关于 2012 年主要工作

根据面临的新形势，2012 年党委工作的主要思路是：全面贯彻落实党的十七大和十七届历次全会精神，深入贯彻落实中央经济工作会议和中央企业负责人会议精神，以“迎接十八大、贯彻十八大”为主线，组织引导各级党组织和全体共产党员、广大员工，紧紧围绕企业改革发展和生产经营中心，自觉把工作干劲凝聚到转型升级上，把主要精力放到降本增效上，把干事热情转化到风险管控上，坚定信心，振奋精神，励精图治，开拓创新，为企业转型升级、做强做优，实现持续平稳较快发展，提供坚强保证，以优异成绩迎接党的十八大胜利召开。

一、开拓创新，扎实工作，以实际行动迎接十八大、贯彻十八大

党的十八大是我们党在全面建设小康社会的关键时期和深化改革开放、加快转变经济发展方式的攻坚时期召开的一次十分重要的会议，是全党全国各族人民政治生活中的一件大事。我们要立足企业，开拓创新，扎实工作，把迎接十八大召开、贯彻十八大精神的过程，作为推动企业做强做优、促进企业科学发展的过程。

1. 扎实做好党的十八大代表选举工作。做好十八大代表选举工作，是各级党组织的一项重大政治任务。我们要按照中央、国资委党委的统一部署，以高度的政治责任感，认真做好有关工作。按照要求，股份公司党委将于3月底召开党代表大会，选举产生出席中央企业系统（在京）党代表会议代表。各单位一定要提高认识，统一思想，认真落实中央和国资委党委要求，把这项工作做实做好。

2. 深入学习贯彻十八大精神。十八大闭幕后，要按照中央和国资委党委的要求，迅速行动，掀起学习宣传贯彻落实十八大精神的热潮。要把各级党组织和广大党员、职工在学习中迸发出来的政治热情转化为促进企业科学发展的强大动力，为建设世界一流现代企业再立新功。同时，要以迎接十八大召开、贯彻十八大精神为契机，督促各单位认真贯彻执行党代表大会制度。

3. 进一步增强加快转变经济发展方式的责任感紧迫感。近年来，我们紧紧抓住国家加大基础设施建设和铁路建设高潮的难得机遇，实现了规模上的快速扩张，迅速成长为全球最大的建筑企业集团之一。但是，一场席卷全球的金融危机让我们一度形势严峻、压力空前，而突如其来的铁路建设“急刹车”让我们几近伤筋动骨，陷入兵改工以来最困难的“寒冬”。一方面，这反映出市场形势发展瞬息万变、竞争残酷无情；另一方面，也说明我们应对危机、抵御风险能力的严重不足，暴露出我们经济发展方式、产业结构的先天不足，不平衡、不协调、不可持续的问题日益凸显。我们还仅仅是形式上的“大”，而不是实质上的“强”，更不是真正的“世界一流”。如果说之前我们对加快转变经济发展方式、推动企业科学发展的认识只是停留在字面上的话，那么，这场空前的严峻挑战和国际金融危机的深入发展，应该可以让我们许多人醍醐灌顶、如梦初醒了。现实告诉我们：转变经济发展方式，调整传统产业结构，推动企业科学发展刻不容缓！这是绕不开、躲不过的重大任务和现实课题。各级党委必须教育引导党员干部和广大员工特别是各级领导班子，深化认识，统一思想，切实增强加快经济发展方式转变的主动性、紧迫感、责任感，以更大的决心和勇气，推动企业加快经济发展方式转变取得实实在在的成效，以实际行动迎接十八大、贯彻十八大。

二、加强基层，夯实基础，不断拓展深化创先争优活动

中央确定，2012年为“基层组织建设年”。我们要按照抓落实、全覆盖、求实效、受欢迎的要求，着力破解基层组织建设难题，全面提升基层党建工作水平，不断把创先争优活动引向深入。

1. 全面推进基层组织建设。一是继续推进生产一线党组织建设。要在一年多来规范工程项目部党组织设置、建立健全项目部领导体制等工作基础上，加强薄弱环节，巩固扩大成果，提高项目党建整体水平。要认真贯彻落实国资委党委即将印发的关于加强和改进中央企业所属海外企业和海外项目党建工作的指导意见，为实施“走出去”战略保驾护航。各级党委要加强对海外企业和海外项目党建工作的指导。在深入调研的基础上，股份公司党委将研究制定加强海外企业和海外项目党建工作的实施意见。二是加强企业总部机关党组织建设。要以把股份公司机关、各集团公司机关建设成为效率型、责任型、学习型、服务型、廉洁型总部机关为目标，引导各级机关党组织和党员进一步增强责任感、使命感，在本职岗位上创先进、在日常工作中争优秀，全面提升各级机关工作能力和水平，为推动企业科学发展提供服务保障。三是切实加强党务干部队伍建设。首先，要解决缺人干的问题。适当地有意识地招收和培养一些文科或管理专业类别的大学生。同时，对从专业技术岗位和经营管理岗位交流到党务工作岗位上、愿意从事党务工作的人员，允许其既可以参加政工系列职称的评定，也可以继续参加原有技术职称的评定，任职年限可以连续计算。其次，要解决不会干的问题。股份公司2012年将继续在党校举办项目书记培训班。同时，采取到系统内外先进单位观摩交流的方式，扩大视野，开启思路。第三，要解决凑合干的问题。尽快建立健全党建工作考核机制和党务工作激励机制，最大限度地激发广大基层党务工作者的工作的热情和干劲。四是整顿软弱涣散基层组织。对那些不认真履行职责、先进模范作用不突出、群众反映不好的基层党组织，要按照有关规定进行整顿。

2. 着力构建创先争优长效机制。创先争优活动开展以来，各级党组织在实践基础上形成了一些好经验好做法，必须以制度的形式固化下来，使之长期发挥作用，形成推动创先争优的长效机制。要在总结经验的基础上，对现有的创先争优活动的制度和办法作进一步完善，使创先争优活动制度化、常态化。通过建立健全并认真贯彻落实党建工作制度，构建长效机制，使创先争优等党内创建活动始终保持健康发展。

当前的一项重点工作，就是指导各单位建立健全党委发挥政治核心作用的体制机制。在广泛征求意见和修改的基础上，中组部和国资委党委即将出台关于现代企业制度条件下中央企业党委发挥政治核心作用的指导意见。我们要以深入贯彻指导意见为契机，构建企业党委发挥政治核心作用的体制机制。当前的主要任务是推动各单位加强党委议事规则等党委工作制度建设，督促检查各单位认真贯彻执行“三重一大”集体决策制度，有效执行民主集中制。股份公司党委将于适当时候组织对各集团公司、公司党委建立健全和贯彻执行党委议事规则，发挥政治核心作用情况进行深入调研检查。

三、转变作风，看重责任，建设求真务实奋发有为的领导班子和干部队伍

作风就是形象，就是责任。领导人员能否看重责任，求真务实、奋发有为，关系到企业科学发展的实际成效。因此，必须按照“四好”标准，突出转变作风、增强责任感，努力建设求真务实、奋发有为的领导班子和领导干部队伍。

1. 选准干部，配强班子。要坚持德才兼备、以德为先的用人标准，坚持五湖四海、任人唯贤，切实把政治坚定、业绩突出、作风过硬、群众公认的干部选拔上来。特别要注意选拔那些原则性强、对职工群众感情深、一身正气、敢抓善管和工作中有思路、有激情、有韧劲、贡献大的干部，进一步树立正确用人导向。

2. 转变作风，看重责任。各级党委要教育引导领导班子和领导人员切实转变作风，牢记责任使命，把心思放在研究问题上，把时间花在谋划发展上，把气力下在推动工作上。一要保持求真务实、奋发有为的作风。引导各级领导班子和领导人员保持昂扬向上的精神状态、锐意进取的干事激情、拼搏奉献的意志品质，自我加压、奋发进取，努力创造出经得起实践和历史检验的业绩。二要坚持严抓敢管、看重责任。面对企业改革发展稳定中存在的突出问题，各级领导人员必须勇于担当，敢于负责，雷厉风行地抓，理直气壮地管，不懈怠、不退缩，直至抓出成效。三要践行以人为本、治企为民理念。要深入群众、调查研究，问计于民、问需于民，以看得见、摸得着的发展成果惠及广大职工群众。各单位对本单位党员领导干部民主生活会征求到的群众意见建议，要虚心接受认真研究，制定整改方案，落实工作责任，给职工群众一个满意交代。

3. 健全制度，规范管理。一是进一步健全完善领导人员管理办法。在2011年实行《企业领导人员管理暂行办法》的基础上，研究制定相关配套政策，逐步形成比较完善的管理机制。二是做好领导班子考察调整和领导人员选拔任免。加大公开选拔和竞争上岗的力度，全面建设在状态、有活力、负责任、讲团结的坚强领导集体。三是着力推进领导班子和领导人员的考核评价。结合单位年度工作会议、领导班子考察、任期审计、民主生活会、纪委巡视等工作，对所属单位的领导班子和领导人员进行年度考核或任期考核，全面、客观、科学地对领导班子和领导人员的德才表现、工作业绩等作出综合考核评价。

在注重加强领导班子和领导干部队伍建设的同时，继续推进专业人才队伍建设。牢固确立“人才是第一资源”的观念，积极营造一个培养人、使用人、留住人的良好企业环境，努力培养和造就一支忠诚企业、结构合理、作风过硬、素质优良的人才队伍，为企业科学发展提供人才保障和智力支持。

四、思想先导，文化引领，着力打造企业发展精神动力

各级党委要高度重视加强宣传思想文化建设，坚持思想先导、文化引领和形象塑造，为企业转型升级、科学发展提供强有力的思想保证、精神动力和文化支撑。

1. 以“转方式调结构，控风险增效益”为主线，深化学习型党组织建设。各级党组织要把迎接党的十八大和学习贯彻十八大精神，作为学习型党组织建设的重要内容落在实处。各级党委中心组要继续发挥示范引导作用，深入推进理论武装工程，在引领企业“转方式、调结构，控风险、增效益”上谋求新思路，制定新举措，展现新作为，推动学习型企业建设。组织员工广泛开展“创佳绩、促和谐、迎盛会”形势任务教育活动，以发展保稳定，以和谐促发展，为迎接十八大召开、学习贯彻十八大精神奠定良好的思想和群众基础。

2. 以主题教育为载体，为企业科学发展提供精神动力。深入开展“坚定信心保发展，凝聚力量促转型”主题教育活动，引导员工既要认识到国内外复杂形势给企业带来的严峻挑战，又要认识到这正是企业调结构、促转型、提素质、强管理的良好机遇。要把主题教育和深入细致的思想政治工作结合起来，进一步贯彻落实好《中央宣传部、国务院国资委关于加强和改进新形势下国有及国有控股企业思想政治工作的意见》，把全员思想统一到2012年股份公司“四会”精神上来。要把主题教育和精神文明建设、公民道德建设结合起来，广泛开展社会主义核心价值体系学习教育和精神文明创建活动，提升员工综合素质。要把主题教育和探索实践EAP(员工帮助计划)结合起来，充分保护和调动各方面的积极性，为企业科学、和谐发展提供精神动力。

3. 以文化强企为主题，全面深化企业文化建设。文化是企业的命脉和灵魂，是企业软实力的重要体现。要认真贯彻落实党的十七届六中全会精神，把文化建设摆在全局工作的重要位置，强化科学的治企理念，丰富员工文化生活，满足员工文化需求，建设员工精神家园。制定下发《关于进一步加强企业文化建设的决定》，把六中全会精神落在实处，切实使文化力真正成为企业核心竞争力。修订、完善企业文化视觉识别系统、理念识别系统和员工行为规范,形成与企业发展战略相适应、与企业实际相统一、与员工要求相一致的企业文化体系。开展“绩效为先,执行为上”为主要内容的企业文化专题教育活动,倡导以绩效论英雄、以执行看作风,为转变作风、树立正气、提高效率、推动发展提供良好的文化条件。

4. 以典型宣传为推手,大力提升企业良好形象。要围绕党的十八大的胜利召开,围绕股份公司转型升级的发展思路和今年的工作重点,继续深挖、推荐先进典型,及时跟踪报道股份公司重要活动、重大项目、重点工程中的亮点、节点,加大对外宣传力度,努力提升企业的知名度、美誉度,为企业的科学发展营造良好和谐的舆论氛围。各级党委要强化新闻危机公关意识,完善应对突发事件管理机制,加强与各级新闻主管部门和媒体的沟通联系,加强舆情监测,建立网评员队伍,妥善做好突发事件中的新闻处置工作,积极维护企业形象和利益。充分发挥《中国铁道建筑报》和股份公司网站的平台作用,营造企业发展良好氛围。

五、突出重点,狠抓落实,深入推进党风建设和反腐倡廉工作

2012 年党风建设和反腐倡廉工作,要在做好学习教育、制度建设、监督检查等经常性工作的同时,突出抓好“五个注重”:

1. 更加注重党风廉政建设责任制落实。要运用系统思维的方法,统筹好责任制落实的各项工作。既要发挥各级纪检监察组织的组织协调作用,又要发挥各业务部门的职能监督作用;既要注重责任状的签订,又要注重责任状的履行和考核;既要注重兑现奖励,又要落实责任追究。2012 年,股份公司与二级单位之间责任状的签订率要达到100%。

2. 更加注重廉洁风险防控。廉洁风险防控,是惩防体系建设的重要组成部分,也是我们惩防体系建设的薄弱环节。要针对权力运行的重点部位和关键环节,以及职工反映的突出问题,查找风险点,融入企业内控管理,形成以岗位为点、以程序为线、以制度为面的防控机制,努力实现对廉洁风险的超前识别、实时监测、有效控制和及时化解。

3. 更加注重经营风险化解。要认真总结经验教训,引导和教育各级领导人员和广大经营工作者依法、合规经营,为企业创造“阳光下的利润”,不断促进企业经营管理的科学化、规范化、精细化、廉洁化。要广泛开展“企检共建”活动,加强与司法机关的沟通与联系,主动取得理解与支持,增强企业纪检监察工作在防范企业风险中的主动性。

4. 更加注重违纪违法案件查办。各级纪检监察组织要增强执纪意识,端正办案态度,提高办案能力,追求办案效果,从严打击震慑违纪违法行为。要继续加大对工程建设领域投标承揽环节使用中介、侵占挪用,项目管理环节违规转包分包、使用亲属队伍,设备物资采购环节暗箱操作、吃拿回扣等违纪违法行为的打击力度。

5. 更加注重纪检监察组织建设。认真贯彻落实好《关于加强和改进中央企业和中央金融机构纪检监察组织建设的若干意见》。按照要求切实建立健全组织,完善体制机制,落实各项任务,为促进企业健康发展、科学发展提供坚强保证。

六、加强领导,党群共建,不断推动工会共青团工作上水平

各级党委要加强领导,坚持党群共建、党建带群建,不断推动工会共青团工作上水平上台阶。

坚持“依靠”方针,充分发挥工会组织联系职工群众的桥梁和纽带作用。一是营造奋发向上的企业文化舆论氛围,促进员工与企业和谐发展。大力推进“创建学习型组织,争做知识型职工”活动的深化创新。大力实施职工素质工程,培养和选拔一批行业状元、技术标兵、革新能手,促进企业做强做优。二是打造劳动竞赛新亮点,推进群众生产工作深化创新。切实抓好劳动保护工作,把劳动保护关口前移,把事故消灭在萌芽状态。深入开展争先创模活动,充分发挥劳模的标杆榜样作用,激励广大职工为做强做优中国铁建充分发挥自己的聪明才智。三是深化企务公开,推进民主管理上台阶。与纪委、行政财务组成联合调研组,对企务公开工作进行检查。坚持民主评议领导干部。继续深化落实“三不让”承诺,加大送温暖资金投入,进一步做好困难职工帮扶救助工作,为职工生活筑起多层保护屏障。

坚持党建带团建,充分发挥团组织党的助手和后备军作用。深入开展共青团工作“活力建设年”,不断激发团员青年思想活力、组织活力、队伍活力、创造活力、形象活力和文化活力,团结带领广大团员青年开拓创新、奋勇拼搏,为加快中国铁建调结构、促转型、上水平的发展步伐作出新的贡献。

转方式　调结构　促升级
推动企业持续平稳较快发展
——董事长、党委书记孟凤朝在中国铁建一届三次职工代表大会暨2012年工作会议上的报告
（摘 要）
（2012年2月10日）

这次会议的主要任务是：深入贯彻落实党的十七大和十七届历次全会精神，深入贯彻落实中央经济工作会议和中央企业负责人会议精神，总结2011年工作，分析研判形势，研究部署2012年工作，推动企业持续平稳较快发展。

一、2011年工作的简要回顾

2011年，中国铁建面临兵改工以来最为严峻的挑战。美欧债务危机愈演愈烈，世界经济低迷徘徊；西亚北非剧烈动荡，海外市场屡遭冲击；国内通胀高位运行，人工材料成本节节攀升；国家银根紧缩，基建投资放缓；铁路市场急转直下，在建工程部分停摆。面对严峻形势，我们沉着应对，果断决策，迎难而上，奋力突围，取得了调结构、促转型的历史性突破，赢得了"十二五""开门红"，为企业持续健康发展奠定了坚实基础。

1. 经济运行质量明显提升。路外市场全面开花，海外经营成绩喜人，安全质量稳中有升，经济效益不断增长，各项经济指标在历史高位运行。

一是市场开发成效显著。面对严峻的经营环境，我们及时提出了"市场经营以路外为主、铁路经营以补差索赔为主、突出保障房市场开发"的工作方针，统筹路内路外两个市场，全面深化区域经营，先后与20多个省市和大型企业集团签订了战略合作框架协议，搭建了合作平台，为开拓市场创造了有利条件。特别是在加强与中央企业合作方面，得到了国资委领导高度认可，并号召在广大中央企业中学习推广。经过全系统上下的顽强拼搏，市场开发取得了优异成绩。中铁建设集团公司积极与大型企业、政府、部队建立长期的战略合作关系，抢抓保障房建设的机遇，新签合同额在全系统排名第一。中国土木工程集团公司深度开发海外市场，新签合同额在全系统排名第二。

二是生产经营运行平稳。针对在建项目特别是铁路项目资金状况紧张的情况，我们及时采取了有保有压、原则上不垫资的对策，确保了施工生产大局的稳定，一大批重难点工程取得突破，安全质量总体可控，安全责任事故同比大幅减少。

三是经济效益稳步增长。在部分在建项目停工半停工、成本压力增大的情况下，我们抓重点，抓关键，集中财力，统筹安排，科学组织，重点突破，取得了经济效益的稳步增长。2011年，中国铁建在ENR全球225家最大承包商中继续保持第一位；在《财富》世界500强中排名第105位，上升了28位；在中国企业500强中排名第7位。

2. 战略性结构调整成效凸显。2011年初，我们制定了"十二五"发展战略，对企业转变经济增长方式和发展方向作出科学、准确定位，对加快战略转型，转变发展思路，促进产业结构调整和升级，实现规模与效益、结构与布局的合理匹配起到了引领作用。

一是产业链条更加完善。组建港航局集团公司，迅速打开了经营承揽的局面，实现了良好开局，使中国铁建获得了"水陆两栖"的新优势，"陆地缚虎豹，水下擒蛟龙"。收购重组财务公司，打造了新的融资平台和利润增长点，对于加强资金集中管理、发挥集团优势将起到积极作用。成立投资公司，加大了对投

资项目的管控力度，提升了对资本经营风险的防控能力，使企业第一次有了资本运营的专业化平台。这些举措对我们推进企业转型升级、持续发展具有重大战略意义。

二是非工程承包板块亮点纷呈。勘察设计板块开疆拓土。铁一院奋力开拓海外市场，铁四院设计施工总承包能力又有新的提高，铁五院在铁路专运线、水底隧道等领域取得了进展，上海设计院在轨道交通市场展示实力。在国铁市场急剧萎缩的严峻形势下，大力开拓路外和海外市场。铁建重工专注于装备制造业，掌控了多项具有世界领先水平和完全自主知识产权的核心技术，盾构高端设备生产达到国内领先水平。昆明中铁成功研发多项新产品，并在产品出口上取得重大突破。房地产板块逆势上行。中国铁建国际城、山语城品牌名声鹊起。房地产集团精心谋划，审慎运作。物流与物资贸易板块更具活力。物资集团大力开展现货贸易、国际贸易，在中国物流50强中排第5位。资本经营板块高端运作。湛江东海岛开发扬帆起航，全年成功运作10个BT项目，形成了生产经营与资本经营双轮驱动的良好态势。

3. 公司治理规范高效。作为国资委建设规范董事会企业和A+H上市公司，我们始终把规范公司治理放在突出位置来抓。

一是进一步加强了组织和制度建设，持续完善公司治理机制。在国资委指导下，进行了董事会、监事会换届选举工作，重新聘任了经理层，制定和修订了一系列公司治理制度；规范了二级企业董事会、监事会的配备，研究批复了21家单位75名董事、监事人选的调整意见。董事会、监事会、经理层各负其责、有效制衡、协调运转的体制机制更加规范顺畅。

二是始终关注企业生存发展的重大问题，不断提高决策水平和效率。制定了“十二五”总体发展战略，组织人员围绕发展中的重大问题开展调研。加大推进内部控制与风险管理工作力度。2011年组织了4次外部董事调研活动；共召开股东大会1次、董事会会议11次、董事会专门委员会会议20次，审议各类议题、议案115项；召开监事会会议5次，审议议案11项。外部董事的作用得到了较好地发挥，各项决策依法合规，科学高效。

三是坚持及时合规进行信息披露，有效管理内幕信息和投资者关系。全年发布定期报告、临时公告等各类文件116个，信息披露做到真实、准确、完整、及时、公平，受到了监管机构的好评。进一步加强内幕信息管理工作，明确责任和工作流程。高度重视投资者关系管理工作，及时、准确解答投资者的各类疑问。在中国证券金紫荆奖评选中，荣获“十二五”期间最具投资价值的上市公司和海外最具品牌影响力的上市公司两个奖项，被中国上市公司企业联合会评为2011年中国上市公司综合实力100强。

4. 管控能力不断加强。强兵以固国，造林以防沙，疏浚以排涝，强身以祛病。针对企业经营管理中的突出问题和薄弱环节，我们强化集中管控，增收节支，降本增效，应对风险于未萌之前，确保了企业健康平稳发展。

一是资金集中管控力度空前。对外继续深化银企合作，探索多渠道的融资方式，降低融资成本，为企业渡过难关提供有力的资金保障。对内充分发挥各级资金中心的作用，加强资金集中管理；加强资金风险监控，积极运用法律等手段加大清欠清收力度，对偿债困难的单位超前预控，确保了资金链安全。

二是责任成本管理增效明显。预算编制水平不断提高，责任成本管理制度得到进一步落实。大力压缩非生产性支出，管理费用上升趋势得到遏制。加强对亏损项目的清理整顿，扭亏增盈、减亏增效工作取得实效。

三是集中采购显著加强。从思想认识、组织领导、细化制度、采购源头、现场管理、队伍建设等环节入手，推进集中采购工作，提高了设备、物资、保险、机票等集中采购管理水平，降低了采购成本。

四是项目管理更加规范。积极推进现场精益管理，完善安全、质量、信誉、风险四级责任体系及预控机制，认真落实安全质量责任制，深入开展安全质量大检查，保证施工生产的平稳受控。中铁十一、十二、十七、十九局集团公司进入铁道部信誉评价A类行列。

五是风险管控逐步加强。健全和完善三级审计监督体系，严查细审，有责必纠，促进经济运行质量的提升；配合审计署对铁路建设项目的审计，控制化解合规风险，维护企业权益。通过“四项”法律审核、重大项目全程法律服务、内外部法律纠纷案件处理，严格法律风险前期防范、中期控制和后期救济，加强法律风险防控。注重海外突发事件的处置，在利比亚发生动乱时，高效组织，平安迅速地撤离3572人，千方百计保全资产，受到国务院和国资委领导的充分肯定。

六是科技支撑成绩斐然。进一步加强科技管理体系建设，继续保持在高速铁路设计建造、铁路大型养护机械、盾构设计制造、长大隧道、桥梁设计施工等方面的领先优势。中国铁建重工集团公司TBM研发项目获得国家“863”计划支持；中铁十二局集团公司技术中心通过国家级企业技术中心的认定，实现股份公司国家级创新平台零的突破。科技水平的显著提高，为企业提升发展质量、加强现场管控提供了有力支撑。

5. 党群工作卓有成效。各级党群组织坚持融入中心、服务中心，创造性地开展工作，为中国铁建的发展提供了坚强的思想组织保证。

一是创先争优活动进一步深化。深入贯彻落实十七届五中全会精神，对创先争优活动进行再动员再部署，通过领导干部点评、群众评议、检查督促等多种手段，推动创先争优活动健康持续有序开展，受到国资委党委和中央企业创先争优活动领导小组的充分肯定。

二是领导班子和人才队伍素质进一步提升。深入开展创建“四好领导班子”活动，建立和完善领导人员任用、管理的系列制度，及时调整、提拔 26 个单位的 99 名领导人员，领导班子的结构得到优化，素质得到提升。大力推进人才强企战略，加强专业技术职务评审工作，新增各类高级专业人才 2237 名，其中教授级高级工程师 193 人。

三是宣传思想文化工作进一步加强。强化学习型党组织建设，理论武装工程取得新进展。大力开展“学习规划明任务，转型升级谋发展”和“坚定信念跟党走，奉献铁建争先锋”等主题教育活动，思想政治工作有效开展。通过选树、宣传“党员先锋”、“十佳道德模范”等活动，大力推进精神文明建设。举办“践行企业价值观，提升发展软实力”巡回演讲活动，传播了优秀文化，凝聚了职工力量。利用京沪高速铁路通车、利比亚大撤离等重大事件和题材，展开立体宣传，提升了品牌影响力。在中央主流媒体上推出了 8 个叫得响、影响大的先进典型，在国资委召开的有关会议上 4 次介绍经验，得到中宣部、国资委的充分肯定。

四是反腐倡廉工作成效进一步显现。各级纪检监察组织深入开展学习教育活动，营造党风建设和反腐倡廉工作良好舆论氛围。逐级签订了党风廉政建设责任状，认真开展廉洁从业承诺、民主生活会述廉议廉和责任制考核等活动，努力完善廉政建设的体制机制，加大对违纪违法行为的惩处力度，有效化解了企业风险，最大程度地维护了企业形象和信誉。

五是群团组织作用进一步发挥。各级工会组织坚持“依靠”方针，发挥“维护”职能，服务发展大局，不断深化民主管理、民主参与、民主监督，促进劳动关系和谐，维护职工队伍稳定，较好地发挥了党联系群众的桥梁和纽带作用。各级共青团组织全力推进共青团创先争优活动，着力强化组织制度建设，扎实开展青年特色活动，在服务党政工作大局、促进青年成长成才的实践中不断建功立业，充分发挥了生力军和突击队作用。

回首 2011 年艰辛曲折的发展历程，我们所取得的每一点成绩、每一个进步，都彰显着中国铁建各级党委和领导应对危机的智慧和驾驭复杂局面的能力，都见证着各级干部和广大职工砥砺奋进的勇气和决心。不经彻骨寒，哪得梅花香！我们所经历的困难与挑战，创新与变革，都将成为我们这支队伍的宝贵财富，推动着企业在未来的挑战与竞争中淬火成长。

二、面临的形势

2012 年是中国铁建实施“十二五”规划承上启下的重要一年。综合分析国内外政治经济形势、行业发展趋势、企业发展态势，当前企业面临的形势依然非常严峻：

1. 国际形势更加复杂多变，增加了企业发展的不稳定性和不确定性。世界经济复苏的步伐缓慢，主要发达经济体的各类经济风险明显增多。西亚北非的政局动荡仍存在蔓延的可能，直接影响公司的海外经营，中国铁建将面临国际市场萎缩、需求不足、门槛提高、贸易保护升温的局面，经营难度和风险不断加大。

2. 全球经济增速下行和通胀上行的压力同在，对企业盈利带来较大影响。受美元贬值、全球流动性过剩等不利因素的影响，国际大宗商品价格持续高位，国内输入性通胀压力较大，原材料和劳动力成本上升，对企业的盈利能力形成较大的挑战。同时，稳健的货币政策将给企业带来持续的资金压力，企业内部资金短缺，对企业发展和转型升级形成掣肘。

3. 建筑行业竞争更加激烈，加剧了企业规模稳定的难度和压力。国际上，受经济不景气的影响，主要发达国家都在推动经济结构加速转型，发达国家工程承包商因传统市场萎缩而更多地关注中低端海外市场，公司在海外市场的竞争将更加激烈。从国内看，中央明确提出 2012 年工作的总基调是稳中求进，保持适度投资规模，优化投资结构，重点抓好在建和续建工程，建筑市场仍将低迷。2012 年，铁路基本建设投资计划同比减少 14.7%，地方政府资金紧张、融资困难，公路、城市轨道交通、市政等领域的投资将受到制约，对企业保持规模发展的趋势不容乐观。

4. 企业管控存在突出问题和薄弱环节，影响了企业的转型升级和科学发展。按照国资委要求，对标国内外先进企业，我们的资源配置效率和效益不高，盈利水平较低;业务结构仍不合理,转型升级较慢;企业管理相对粗放,安全质量风险常在;资本和项目运作能力、技术创新能力有待提高;各类风险日益聚集,维稳压力逐渐加大。这对我们加快转型升级、推进资源整合、提高竞争能力提出了更为迫切的要求。

在认清挑战和困难的同时,我们更要坚定信心,保持清醒和冷静。要看到,前所未有的挑战也是前所未有的机遇,前所未有的困难也是前所未有的希望。

1. 建筑产业市场前景广阔。2012 年和今后较长的一个时期,中国发展仍处在重要的战略机遇期,工业化、城镇化、市场化远未完成,经济社会发展的宏观环境总体较好,蕴含的市场潜力惊人。其中,基础设施建设,特别是水利、地产、围海造地、市政基建和地铁工程等,在较长时期内仍将保持相对平稳的增长。同时,中央企业基本建设投资增长趋势日趋明显,这些都为公司的业务发展提供了广阔的空间。

2. 铁路建设领域依然向好。国务院明确,建设发展高速铁路的方向是正确的。铁路"十二五"规划目标没有变化,铁路建设的需求仍然很大,铁路建设投融资体制改革正在推进,铁路工程招投标正在向着规范、公开、透明的方向改革发展。这些,都将对 2012 年铁路建设市场产生积极的影响,也必将推动铁路建设市场的长期稳健发展。

3. 海外市场大有作为。世界经济格局正在发生的深刻变化,给我们"走出去"在更大范围内配置资源提供了契机,有利于我们更好地利用国外的资源、技术和人才。国家继续大力实施"走出去"战略,对外工程承包行业发展的政策环境将更加宽松有利。企业传统的亚非拉市场,在金融风暴中受直接冲击较小,经济发展和基础设施建设仍有一定的需求,许多国家特别看重中国高速铁路技术,使用中国贷款建铁路的呼声四起,为我们发挥优势、实施项目提供了得天独厚的机遇。经过多年的发展,我们在海外市场积累了丰富的经验和优势,为中国铁建更快更好地"走出去"奠定了基础。

总之,当前企业面临的内外部形势可以概括为:机遇与挑战并存,困难与希望同在。我们既要看到形势的严峻性,切实增强忧患意识,把困难估计得严重些,把问题设想得充分些,把应对措施考虑得周到些;又要对加快企业发展充满信心,努力提高机遇意识,扬长避短,趋利避害,转危为机,在复杂多变的外部环境中谋求企业的持续平稳较快发展。

三、2012 年工作的总体要求和主要任务

按照中央经济工作会议精神和中央企业负责人会议的具体部署,根据企业的内外部形势,2012 年工作的总体要求是:以科学发展为主题,以发展战略为引领,以"转方式、调结构、促升级"为主线,狠抓经营工作,狠抓企业管理,狠抓班子建设,狠抓党建与宣传思想文化工作,强化转型升级,强化降本增效,强化风险管控,确保企业和谐稳定和持续平稳较快发展,以优异成绩迎接党的十八大胜利召开。

2012 年,要着力抓好以下五项重点工作:

1. 坚持稳定增长,确保平稳较快发展。保增长,既是贯彻落实中央经济工作会议、中央企业负责人会议精神的具体要求,更是企业自身发展的客观需要。面对依然严峻的内外部形势,确保平稳较快增长是 2012 年全部工作的重中之重。

一是经营规模要稳定增长。做到"四个结合":要把巩固传统市场和开发新兴市场结合起来。维护好铁路核心客户,加强和深化与大客户的战略合作,培育和形成路外核心客户群。积极巩固房建、公路和轨道交通市场,积极拓展水利水电、市政环保、疏浚填海、能源矿山等新兴市场,积极开发和占领国外市场。加大勘察设计、工业制造、房地产开发、物流和物资贸易等业务板块的经营力度。要把稳定经营规模和提高经营质量结合起来。坚持统筹兼顾、理性经营的原则,防止"饥不择食",严把承揽效益关口,确保经营质量。通过经营协调,遏制无序竞争,发挥集团优势,深化经营创效。要把生产经营和资本经营结合起来。适度实施"双轮驱动"战略,积极推动生产经营和资本经营的良性互动,以小投资撬动大市场,以小投入获取大收益。要把经营公关和风险防范结合起来。既要积极经营,又要依法经营。经营、法律、审计、纪检监察等部门要对依法经营问题高度重视,尽最大努力防范、化解风险,确保经营规模稳定增长。

二是安全质量要平稳受控。安全重于泰山,质量是企业的生命。要高度重视安全质量工作,健全和细化安全质量管理制度,狠抓各项制度的落实。加大投入,推进全员、全过程、全方位安全质量管理,不断提升安全质量管理工作的规范化、科学化水平。要深入开展安全管理达标活动,抓好高风险项目专项整治,努力建设本质安全型企业,确保在建工程平稳推进。要确保工程质量达标创优,加大鲁班奖、詹天佑奖、国优工程奖等奖项的申报力度,建优质工程,树企业形象。

三是经济效益要持续增长。经济效益的持续增长是企业平稳较快发展的根本保证。要切实加强工程项目管理,妥善处理"中介项目"遗留问题,坚决杜绝违

法违规的转包分包,下工夫消灭亏损项目,从源头上提高创效能力。高度重视工程项目变更索赔工作,提高"二次经营"对项目效益的贡献率。各单位都要认真查找影响本单位经济效益的主要问题,分析原因,制定措施,尽快提高创效能力,形成新的经济增长点和利润支撑。

2. 加快转型升级,推进企业做强做优。转型升级是实现可持续发展的必然选择,是推动企业由规模扩张向内涵发展转变的有效途径。

一要加快推进工程承包业务的转型升级。要深入研究国家关于推进工程总承包的政策法规,充分发挥中国铁建在勘察设计咨询、工程施工、物资供应、运营管理等方面的优势,积极探索和推进工程总承包业务的开展。对于BT、BOT项目,要尽可能实行工程总承包。鼓励工程集团公司并购外部设计院所,提升工程总承包能力。工程承包业务要进一步拓宽领域,重点发展技术含量和利润水平较高的业务;提高专业化水平,大力推进专业化工程公司、差异化工程集团建设。港航局已有良好开端,要坚定信心,克服困难,尽快做强做大。

二要着力做强做大非工程承包业务。勘察设计咨询板块要适应国铁项目大幅减少的形势,积极开拓路外市场,择机并购建筑、市政交通等专业研究设计院所,提升综合设计能力和服务水平。要积极推动设计院与内部单位的合作经营,优势互补,实现整体效益最大化。工业制造板块要加强自主创新,研发和掌握核心技术,注重产品升级,提升产品质量,完善生产布局,扩大市场占有率。房地产板块要把握好投资力度和建设节奏,提升产品质量和品位,积极推盘销售,不断提升"中国铁建地产"品牌的知名度、美誉度和含金量,成为企业利润提升和可持续发展的重要支柱。物流和物资贸易板块要加大系统内协调力度,整合物流资源,开发高附加值业务,优化经营模式,加快构建全国性、一体化的物流网络,提升物流业务的产业集成能力。同时要加大资金回收力度,规避资金风险。资本运营要遵循"量力而行、控制风险、确保收益"的原则,积极稳妥地开展BT、BOT、矿产资源等方面的投资,为中国铁建转型升级和提高经济效益作出贡献。

三要强力推进海外业务的整合和升级。积极推进海外经营,是中国铁建的长远战略,我们一定要坚定不移。要加快海外资源整合步伐。进一步理清海外经营的发展思路,整合海外经营的机构和资源,构建全系统各单位分工明确、相互合作、统一协调的经营模式,发挥好整体优势。海外资源的整合要在2012年内见到实际效果。要全面提高海外经营能力。以现有海外项目为基础,深耕当地,辐射周边。深度开发非洲、中东市场,加强拓展美洲、东南亚、东欧等市场。紧随国家外交趋向,紧盯政府援外项目、优惠贷款项目和买方信贷项目,加大信息跟踪和公关力度,全力拓展东盟、上合组织等区域市场。要加强海外经营复合型人才的引进和培养,快速提升商务谈判、设计咨询、施工组织、运营管理能力。要防范海外经营风险。加强研判,制定预案,降低、分散、转移和规避政局动荡、政府更迭、法律法规、合同履约、税务筹划、汇率波动、环境保护、劳务用工等各方面的风险,促进海外经营业务稳健发展。

四要努力提升科技创新水平。要研究核心技术,提高核心竞争力。紧紧围绕企业转型升级、提高核心竞争力这个目标,研究核心技术。要抓住国资委支持并推荐中央企业建设国家级研发机构的机遇,积极创建国家级研发平台。股份公司将继续对新认定的国家级研发平台给予奖励和费用支持。各局集团公司要结合各自技术优势,抓紧筹备和申报国家级企业技术中心;设计院要做好省级工程实验室和国家级工程实验室的认定准备工作;昆明中铁和铁建重工要做好国家工程研究中心的认定规划,争取早日突破。要积极推进知识产权的形成和应用。重视专利申请,提高发明专利比重,提高专利和知识产权的利用实施率。加大知识产权的创造、应用、管理和保护力度,力争在拥有核心技术、运用新技术和技术储备等方面占据先机,努力把企业建设成为技术领先、拥有自主知识产权、核心竞争力突出的创新型企业。

3. 强化企业管控,全面提升管理水平。2012年,国资委将在中央企业全面开展"管理提升年"活动,我们要以此为契机,细化措施,针对企业存在的突出问题和薄弱环节,强化管控,提高效益。

一要持续完善公司治理。进一步完善公司治理的各项规章制度,确保股东大会、董事会、监事会、经理层依法合规地履行职责。进一步加强与外部董事的沟通与联系,保证外部董事及时充分了解和掌握有关信息。发挥好董事会各专门委员会的作用,提高决策的科学性。进一步做好信息报告、信息披露和内幕信息保密工作,严格进行内幕信息知情人管理,确保公司信息管理依法合规。进一步做好投资者关系工作,增强投资者对公司价值的认同,提升企业形象和社会影响力。

二要坚持战略引领。战略规划对企业的生存发展具有决定性、全局性、长远性的影响。要强化战略规划的贯彻落实，广泛开展战略规划宣贯活动，变书面文字为广大干部职工的自觉意识。要维护战略规划的权威性、稳定性，重大决策要符合、服从既定战略目标。要进一步完善规划体系，尽快编制出台人才发展规划、经营规划、海外发展规划以及工业制造、物资物流发展规划等子规划；编制三年滚动规划；逐年分解规划指标，构建战略规划与经营计划、绩效考核的衔接机制，充分发挥战略规划的引领作用。

三要强化内控和风险管理。按照国资委和证监会等有关部门的要求，做好内部控制和风险管理的各项工作。加快建立风险管控体系和工作机制，建立起覆盖各级各单位所有业务流程的内部控制制度。深入分析经营中面临的风险因素，制定风险防控的措施和应对预案。要建立健全以总法律顾问制度为核心的法律风险防范机制，完善以职能部门为基础，集内部控制、审计、监察和法律合规为一体的风险防线，强化事前预防、事中控制、事后处置的应急机制，有效化解各类风险，保障企业依法经营、依法决策、合规管理。

四要大力推进精益管理。企业管理实践证明，精益管理是促进企业转型升级的重要途径。要狠抓生产过程的精益管理。“精益管理”理论是在“精益生产”的基础上发展起来的，“精益生产”是美国麻省理工学院教授沃麦克等专家从日本丰田汽车公司的“精益企业”概念及丰田公司生产方式中提升总结出来的。精益生产是精益管理的基础。产品质量是生产出来的，产品成本是在生产过程中形成的。生产过程的管理直接影响着产量、产值、利润、质量、安全等主要指标。因此，推行精益管理，首先要抓好精益生产，即生产过程的精益管理。铁建重工、中铁建设在精益管理上有很好的经验，值得各单位学习借鉴。要大力推进责任成本管理。责任成本管理是一种涵盖生产经营全过程的精益管理制度，要进一步加大推进力度，做到纵向到底，横向到边。要全面推行设备物资集中采购和劳务队伍的阳光录用，严格控制非生产性开支，压缩管理费用，努力降本增效。要继续加强财务资金管理。实施积极稳健的财务战略，把聚财、用财、理财、生财作为财务管理的主线，提升财务管理水平。进一步优化资产质量，降低资产负债率，提升净资产收益率。加强资金的集中管理，确保全系统的资金都处于可控状态。加强对债务负担重、资金链脆弱单位的重点监控，防止资金链断裂。加大清欠工作力度，加快资金回收。最大程度地集中资金，最大可能地降低资金使用成本，最大限度地提高资金使用效益。要强化对投资项目的监管。规范投资决策，严格投资项目过程管理，完善投资责任追究制度，防控投资风险，确保投资收益。要强化总部机关的管控。进一步规范责权体系和管理流程，建立和完善业绩评价体系，提高总部机关的管控力、执行力和服务水平。

4. 狠抓班子建设，引领企业科学发展。领导班子是企业的核心，领导班子的素质和能力，决定着企业的命运，决定着企业战略目标能否实现。要按照创“四好”的要求，把领导班子建设放在首要位置来抓。

一要坚持德才兼备、以德为先的用人标准。一个干部有德无才，难以胜任工作；有才无德，终将祸及企业；唯有德才兼备，才能担当大任。看干部的德，重点要看是否忠于企业、忠于事业，是否确立了正确的人生观、权力观，是否真抓实干、敢于负责、锐意进取，是否作风正派、清正廉洁、情趣健康。看干部的才，既要看理论素养、文化素养和专业知识，更要看业绩，看工作能力。只有德才兼备的干部，才能团结带领广大员工努力实现企业改革发展目标，一心一意谋发展，聚精会神抓建设。

二要完善用人机制。坚持民主、公开、竞争、择优的原则，创新和完善干部选拔任用机制，全面建设在状态、有活力、负责任、讲团结的坚强领导集体。要健全领导班子考核评价制度，全面、客观、科学地对领导班子和领导人员的德才表现、工作业绩等做出综合考核评价，据此作为领导人员选拔任用、培养教育、管理监督和诫勉退出的重要依据。要加大通过竞争选拔干部工作的力度，完善民主测评、公开选拔、竞争上岗制度，注重在企业改革发展进程中、完成急难险重任务和复杂环境中，考察、识别、使用干部。严格执行党员领导干部报告个人有关事项、述职述廉、经济责任审计制度，真正把那些治企能力突出、具备国际视野、作风优良的干部选拔到领导岗位上来。在领导班子选配中，决不能照顾关系，决不能照顾情绪，决不能搞安置型干部。宁可虚位以待，决不降格以求。

三要狠抓执行力的提高。“为政贵在行”。执行力是领导工作中极为重要的环节，是衡量领导干部治企能力和工作状态的重要标志，也是检验领导干部的思想品质和考察选用干部的重要依据。提高执行力，就是要把上级和组织做出的指示和决定不折不扣执行好、落实好。当前，企业发展处于转型升级的重要战略机遇期，前进中会遇到不少困难和风险，各级领导干部必须始终保持奋发进取、迎难而上的精神，攻坚克难，咬定青山不放松，不达目的不罢休，千方百计地完成任务,赢得企业发展的主动权。

5. 创新企业党建,充分发挥政治优势。党的建设是企业建设的重要组成部分,党的政治优势是企业竞争优势的突出体现。为此,党的建设和群团工作只能加强,不能削弱,要为企业持续平稳较快发展提供坚强的政治保证、思想保证和组织保证。

一要不断深化创先争优活动。按照抓落实、全覆盖、求实效、受欢迎的要求,着力破解党组织建设难题,全面提升党建工作水平。做好党的十八大代表选举工作,扎实推进生产一线党组织特别是海外项目党组织建设、总部和各集团公司机关党组织建设,切实解决党务工作缺人干、不会干、凑合干的问题,努力构建创先争优长效机制。

二要努力建设坚强政治堡垒。积极探索现代企业制度下党组织充分发挥政治核心作用的途径和方法,坚持"三重一大"集体决策,坚持民主集中制,把方向、议大事,谋发展、出思路,建班子、管干部,育人才、带队伍,把党组织的政治优势转化为企业核心竞争力。

三要着力打造企业发展精神动力。以转方式、促转型为主线,深化学习型党组织建设;深入开展"提振信心保发展,凝聚力量促转型"主题教育活动,为企业科学发展提供精神动力;开展"绩效为先,执行为上"为主要内容的企业文化专题教育活动,全面深化企业文化建设;以典型宣传和重点工程新闻宣传为推手,鼓士气,树形象,为企业发展营造良好和谐的舆论环境。

四要深入推进党风建设和反腐倡廉工作。更加注重党风廉政建设责任制落实,签订和履行好党风廉政建设责任状,并加大考核力度。更加注重纪检监察的组织建设和人员素质的提高,配齐配强人员,提高自身水平。更加注重廉洁风险防控,加强反腐倡廉宣传教育工作,形成以岗位为点、以程序为线、以制度为面的防控机制。更加注重经营风险化解,广泛开展"企检共建"活动,加强与司法机关的沟通与联系,增强企业纪检监察工作在防范企业风险中的主动性。更加注重违纪违法案件查办,从严打击震慑违纪违法行为。在中国铁建干部队伍作风建设中,逐渐形成风清气正的氛围和环境。

五要切实加强对群团工作的领导。坚持"依靠"方针,不断深化创新"创建学习型组织,争做知识型职工"活动,推进职工素质工程的实施;深化职工劳动竞赛,推进群众生产工作深化创新;深化企务公开,推进民主管理上台阶。坚持党建带团建,深入开展共青团工作"活力建设年",不断激发团员青年的活力,为企业发展作出新的贡献。

六要精心营造和谐稳定的企业生态环境。切实抓好各类风险的防范和化解,努力防止矛盾激化,做好农民工工资发放和职工上访的处理工作,严防群体性事件的发生,确保企业发展大局的和谐稳定。要认真履行社会责任,用企业发展成果回馈社会、回报股东。要关心呵护企业员工,坚持企业和员工共同成长、共同发展的理念,要始终关注和加强员工的培训成长、权益保障、劳动保护等工作,不断增强企业员工的归属感和忠诚度,提升企业的凝聚力和向心力。此外,还要从思想上关心、生活上照顾好离退休人员,今天企业的发展是他们打下的基础。

坚持稳中求进 提升发展质量 为做强做优中国铁建而努力奋斗

——总裁赵广发在中国铁建一届三次职工代表大会暨2012年工作会议上的报告

（摘 要）

（2012年2月10日）

这次会议的主要任务是：认真贯彻党的十七届五中、六中全会精神，落实中央经济工作会议和中央企业负责人会议要求，总结2011年工作，分析面临的形势，部署2012年工作，动员全系统上下统一思想，坚定信心，知难而进，扎实工作，为做强做优中国铁建而努力奋斗。

一、2011年工作回顾

2011年，是极不平凡的一年。国际形势风云变幻，动荡不安，战火不断；国内形势复杂多变，银根紧缩，经济下行；铁路建设紧急刹车，在建工程停建缓建，企业在高位运行中遭受突如其来的“冰雪灾害”，遇到前所未有的困难！面对严峻形势，我们在压力面前不低头，困难面前不退缩，及时召开会议，统一思想，坚定信心，明确提出“目标不变，指标不减”，果断调整思路，采取有力措施，各项工作都取得了优异成绩。

——经济运行质量明显提升。

——在建工程平稳推进。安全质量形势好于往年。

——转型升级取得重大进展。非工程承包业务成为企业重要的经济支撑。组建了投资公司、财务公司、港航局集团，产业链进一步完善。勘察设计、工业制造、房地产开发、物流贸易等业务板块的综合实力持续提高。

——全面建设不断加强。基础管理、队伍建设、思想政治工作、党群工作、文化建设等不断加强和改进；党政工团齐抓共管，围绕中心、服务大局，凝心聚力，企业政通人和，充满生机与活力。

——企业知名度和影响力进一步提升。在世界和中国企业500强中，排名上升至第105位和第7位，被评为海外最具品牌影响力的中国上市公司和“十二五”期间最具投资价值的上市公司。胡锦涛、温家宝、贾庆林、习近平等党和国家领导人以及10多个国家的元首和政府首脑，先后视察了我们的在建项目，并亲切接见干部职工，给予充分肯定和高度评价。

一年来，我们主要做了以下工作：

（一）积极应对市场变化，经营工作成效显著。面对铁路市场危机，我们理性分析，积极应对：一是及时调整经营思路。召开经济运行分析会议，制定“五个转变”的经营策略；先后在新疆、川渝、昆明等片区召开经营座谈会，全面部署经营工作；与重庆、天津、湖北、甘肃、神华集团等20多个省市和大型企业集团签订战略合作协议，搭建战略合作平台；与美国、匈牙利、格鲁吉亚、尼日利亚、伊朗等全球20多个国家和地区的代表团进行洽谈和沟通，为经营工作创造了条件。二是全力开发路外市场。大力开展股份公司本级经营，新成立的川渝、云贵、山东、上海等四个区域经营管理平台积极开展工作。三是大力拓展海外市场。面对严峻的海外市场形势，我们坚定不移地实施“走出去”战略，完善经营布局、优化资源配置、加大协调力度，海外经营取得重大突破。中土集团签约乍得铁路和埃塞俄比亚铁路项目；铁四院中标香港南港岛线供电系统项目，开创了以设计院牵头实施设计施工总承包“走出去”的先例。一年来，各单位认真贯彻股份公司工作部署，突出重点，全面出击，较好地完成了经营承揽任务。经营工作取得的成绩是在铁路一级市场招标总额同比大幅锐减、基建市场普遍萎缩、经营系统备受冲击的艰难条件下取得的，实属难能可贵。

（二）加强在建工程管理，施工生产有序推进。面对严峻形势，我们准确研判、提前预警，及时进行部署，统筹规划，有保有压，科学组织，确保施工生产有序推进。一是重难点工程相继取得突破。京沪高速铁路、广深港铁路客运专线（广深段）、太中银铁路、广珠城际铁路、狮子洋隧道、青岛海底隧道、青岛胶州湾大桥等一大批重难点和标志性工程建成通车。沙特麦加轻轨铁路2011年朝觐运营任务圆满完成，采用全自动模式累计运送朝觐人员322.4万人次，超过每小时7.2万人的设计最大运能，受到沙特社会各界、世界各地朝觐者和国内外媒体的广泛赞誉，得到中央领导和国资委、商务部、外交部、铁道部等有关部委领导的充分肯定，为变更索赔工作奠定了坚实基础。利比亚铁路项目，在局势紧张、形势危急的情况下，安全撤回参建人员，妥善做好资产保全，受到国资委的表扬。沙特阿卜杜拉国王大道、阿尔及利亚94公里铁路、苏丹杜威姆大桥、安哥拉本格拉铁路（万博段）等一批重难点项目建成通车。中铁十八局集团公司承建的沙特朱拜尔石油管道基础项目，获得安全生产和最佳项目经理等多项大奖，成为沙特皇家委员会唯一授此殊荣的建筑企业。二是在建工程和项目管理水平稳步提升。各单位按照股份公司要求，及时掌握重点工程调整情况，对在建项目进行全面梳理，调整施工计划，优化施工组织。中铁十二、十九局集团公司大西铁路，中铁十六局集团公司贵广铁路等一大批项目，深入推进标准化建设，管理规范，组织有力，受到业主好评。在铁道部信誉评价中，中铁十一、十二、十七、十九局集团公司进入A类行列。三是安全质量管理进一步加强。深入开展大检查、大排查、大整改和安全质量月活动，认真落实安全质量责任制，不断健全群防群治的安全质量管理体系，加强安全质量过程控制，各类生产安全事故大幅减少，质量创优成果丰硕，安全质量形势总体平稳。

（三）加快转变发展方式，结构调整实现新突破。我们始终坚持“调结构、促转型”，推进企业可持续发展。一是进一步完善产业链。成立投资公司，将股份公司投资的项目纳入统一管理，优化投资结构，提高管理效率。组建港航局集团，弥补在水工市场的经营短板。成立财务公司，搭建专业化融资平台，提升资金运作能力和管理水平，开创产融结合的新路子。二是加快发展非工程承包板块。设计咨询板块继续保持稳步增长。各设计院克服铁路市场急剧下滑带来的困难，迅速转向路外和海外市场。中铁第一勘察设计院集团公司坚持“三技治企”，以中国技术打开海外市场，先后在阿联酋、俄罗斯等国家铁路项目建设中占得先机；中铁第四勘察设计院集团公司成为全国城市轨道交通设计市场的排头兵，业务已拓展到20个城市，在手项目48个；中铁第五勘察设计院集团公司、中铁上海设计院集团公司潜心技术储备，注重区域经营，发展势头良好。工业制造板块取得长足进步。昆明中铁大型养路机械集团公司的大型铁路养护系列产品不断推陈出新，牢牢占据市场制高点。中国铁建重工集团公司盾构高端设备生产达到国内领先水平，已生产28台（套），成功应用于西安、北京、长沙等地铁市场。房地产板块实现新跨越。在国家调控不断加码、市场不景气的情况下，房地产业务逆势而上，品牌深入人心，规模逐步扩大。物流贸易发展规模得到提升，经营范围涵盖钢材、水泥、铁路线上材料、民爆器材、油料、煤炭等领域。中铁物资集团公司在中国物流企业50强排名中上升至第5位。矿产资源开发稳步推进。厄瓜多尔铜矿项目，加强与铜陵有色的沟通，配强项目公司人员，各项工作有序推进。

（四）积极稳妥开展资本经营，投资拉动效应进一步显现。我们始终坚持生产经营和资本经营双轮驱动、协调发展，注重优选项目、加强管理、提升效益。一是加大新项目开发力度。二是加强投资项目监管和运营管理。投资公司和各项目公司认真履行职责，把握投融资和施工建设节奏，注重加强运营管理，确保了投资项目有序推进、有效运转。三是注重以小投资撬动大市场。昆明二环路BT项目和遂渝高速公路BOT项目的成功实施，为开拓云南和重庆市场发挥了重要作用，全系统在云南和重庆的轨道交通、市政、房建市场份额大幅提升。

（五）全面推行精益化管理，经济效益稳步提高。我们坚持“稳字当头、现金为王、开源节流、增收节支”的指导思想和“严管、强收、少投、确保”八字方针，全面推行精益化管理，确保企业经济运行平稳。一是千方百计筹措资金。深化银企合作，拓宽融资渠道，发行中期票据和短期融资券，确保资金需求。各单位落实清欠责任，加大清欠力度，缓解了在建项目资金高度紧张局面。二是切实抓好“三次经营”。三是强力推行集中管控。各级资金管理中心“蓄水池”作用得到有效发挥。设备物资集中管理初见成效。保险和机票集中采购效果显现。四是充分发挥纪检监察和审计职能作用。深入开展内控制度、经济责任、经营绩效、工程项目和基建项目审计，加大各种专项治理和效能监察工作力度，严肃惩处各类违法违纪案件。

（六）坚持创新驱动发展，科技工作取得丰硕成果。编制出台“十二五”科技发展规划和勘察设计咨询“十二五”发展规划，深入推进科技创新。一是加大科技创新平台建设。中铁十二局集团公司技术中心通过国家级企业技术中心认定，实现股份公司国家级创新平台零的突破；中国铁建重工集团公司主持的“大直径全断面隧道掘进装备及重大工程机械装备”列入国家“863”计划;北京轨道建筑学会正式成立,成为总公司唯一一家直接管理的学术性社团组织;中铁第一勘察设计院集团公司的陕西省铁道及地下交通工程重点实验室通过批复。二是持续提升科技水平。依托重点项目和前沿领域,围绕工程建设和工业制造,积极开展科研攻关和技术创新。2011 年列入国家重大科研项目 3 项,新增省部级科研项目 22 项;获得国家科技进步二等奖 2 项,省部级科技进步奖 126 项,全国优秀工程勘察设计奖 3 项,全国优秀工程勘察设计行业奖 8 项,发明专利 57 项,国家级工法 42 项,为历年之最。

(七)着力夯实基础管理,风险管控能力进一步增强。我们始终以加强风险管控为重点,不断强化基础管理。一是风险内控机制逐步完善。启动了风险内控体系建设,建立健全风险内控制度,开展重大、重要风险评估,发布内控与全面风险管理报告,风险管控能力进一步提升。大力推进以总法律顾问为核心的法律风险防范机制建设,法务工作在国资委专项考评中,由第 45 名上升到第 5 名。各级审计和纪检监察部门始终围绕企业中心工作,加强惩防体系建设,积极履行监督职能,维护了企业利益。二是工程公司、工程队建设深入推进。工程公司综合实力进一步提升。“工程公司 20 强”的营业收入和利润总额有较大增长。一大批三级公司突出主业、注重专业,发展势头喜人。工程队建设受到各单位的普遍重视,施工现场依赖包工队的局面得到有效扭转。三是信息化建设取得新进展。规划的“五纵”、“四横”基本成形,信息化治理体系基本建立。企业应用中心和资本运营、法律合规、外事管理等一批重点业务管理系统投入使用,施工项目管理系统全面启动。信息化水平在中央企业的排名由 68 位跃升至 37 位,行业排名上升至第 2 位。在国资委中央企业网站绩效评估中,股份公司网站排名第 4 位,行业排名第 1 位。四是资质就位工作取得阶段性成果。中铁建设集团公司通过全国首批房建新特级资质评审,成为全国首家取得房建总承包特级资质和设计专业甲级资质的企业,8 家单位的铁路特级资质申报材料通过复审。五是人才队伍建设取得新成效。2011 年接收高校毕业生 1.5 万人,举办各类培训班 980 期,参培人员 8.5 万人次,有 2237 人通过高级职称评审,其中 193 人取得教授级高级工程师任职资格,人员结构不断改善,队伍素质进一步提升。

(八)坚持“以人为本”,企业保持和谐稳定。我们始终坚持把企业发展与改善职工生活相结合,维护稳定,构建和谐企业。一是着力保持企业稳定。积极采取应对措施,千方百计筹措资金,按时发放农民工工资,避免了因工资拖欠引发的群体性事件。果断有效处置了一些重大突发事件,较好地维护了企业利益和形象。二是着力维护职工权益。注重解决好职工群众最关心、最直接、最现实的利益问题。确保职工工资正常发放和“五险两金”按时足额缴纳,基本实现了职工收入与企业效益的同步增长。加大保障房建设力度,加大建家建线投入,为一线职工创造良好的生产生活条件。积极开展送温暖活动,深化落实“三不让”承诺,加强“关心下一代”工作、女工工作和离退休职工工作。三是着力开展劳动竞赛和评先创模活动。全系统荣获省部级以上劳动竞赛优秀组织单位 163 个、“安康杯”竞赛优胜单位 64 个,20 人荣获全国五一劳动奖章、2 个单位荣获全国五一劳动奖状,7 个先进集体获全国“工人先锋号”称号。四是着力凝聚人心、共谋发展。认真落实职代会制度,抓好职工代表提案的征集和办理工作,推进企务公开,维护广大职工的民主权利。加强宣传和思想政治工作,使企业重大决策和工作部署深入人心。大力选树和宣传先进典型,开展践行企业价值观巡回演讲,激发广大职工爱岗敬业的热情,切实加强重点工程宣传工作,在中央媒体推出一批先进典型,提升企业发展软实力。围绕中心工作,党政工团齐心协力,系统上下团结一致,形成了推动企业建设的强大合力。

二、2012 年面临的形势和任务

2012 年,是全面落实“十二五”规划承上启下的关键一年。做好 2012 年工作必须深入分析当前形势,正确认识面临的机遇和挑战,扬长避短,趋利避害,在复杂环境中掌握工作主动权。

总体看,2012 年的国内外形势将比 2011 年更为严峻。国际金融危机尚未结束,欧债危机进一步恶化,美国经济复苏乏力,新兴经济体面临经济增速放缓和通胀的双重压力,世界经济下行压力加大。中东、北非地区依然动荡不安,尤其是美国对伊朗制裁趋紧,叙利亚局势剑拔弩张,导致国际石油市场恐慌,局势异常紧张。中国经济发展中不平衡、不协调、不可持续的矛盾和问题比较突出,经济增速缓慢回落与物价相对高位相互交织,就业总量压力与结构性矛盾相互叠加,外部问题和内部矛盾相互联系,投资拉动减弱,内需萎靡不振,出口增速下滑,经济发展处于“过冬”阶段,而且这个“冬天”有可能持续较长时间。

从建筑市场看,国内市场经过近几年的高速发展后,必将步入增速放缓、平稳发展的阶段。铁路、公路等传统基础设施建设大干快上的形势短期难以再现。国内劳动力、原材料等生产要素价格持续上涨,企业成本加大,盈利更加困难。尽管地方政府投资热情不减,但资金紧张,提取巨额项目保证金,加重企业负担。国际建筑市场,受金融危机影响,投资更趋谨慎。西方发达国家针对中国的贸易保护主义明显抬头,贸易壁垒不断加剧，海外经营难度加大。中东、北非地区的动荡局势直接影响在建项目的正常施工。

虽然2012年的工作面临着空前的严峻挑战和考验，但越是困难的时候，我们越要坚定必胜的信心和决心，越要看到机遇和有利条件。一是在全世界各大经济体都萎靡不振的情况下，中国经济继续保持平稳较快增长，社会和谐稳定，仍处于重要战略机遇期。二是中国经济正处于调整转型的关键时期，国家坚持稳中求进，继续实施积极的财政政策和稳健的货币政策，作为拉动经济增长的重要支柱，基建投资必将保持适度规模。三是随着中国区域经济发展、城镇化步伐加快、城市群建设以及解决与民生息息相关的“吃、住、行”等问题，国家必将进一步加大住房、城市轨道交通、水利电力、新能源、环保等项目的建设力度。2012年，中央已经明确重点抓好在建和续建工程，确保国家已经批准开工的在建水利、铁路、重大装备等项目资金需求，在建工程资金紧张状况会有所缓解。四是经过多年的发展，我们已经具备了中国乃至全世界建筑行业较强的设计、施工、技术、投融资、品牌等方面的优势，核心竞争力明显提高，为企业可持续发展提供了支撑。

根据面临形势和企业可持续发展的要求，2012年工作的指导思想是：认真贯彻落实中央经济工作会议和中央企业负责人会议精神，坚持以科学发展为主题，以加快转变经济发展方式为主线，以改革创新为动力，加大结构调整力度，着力抓好市场开发，加强企业管理，提升发展质量与效益，努力改善职工生活，维护和谐稳定，建设具有国际竞争力的世界一流企业。

总体思路是：贯彻中央“稳中求进”的总基调，围绕“一个目标”，注重“四个突出”，做到“两个确保”，抓好“一个关键”。

一个目标，就是要进一步提升经营规模和经济效益，提升企业运行质量，提升价值创造能力，全面完成各项经济指标。强调“一个目标”，意义重大，目的在于动员全系统上下统一思想，振奋精神，坚持稳中求进、稳中求好、稳中求快，实现“保增长”的目标，做强做优企业，促进科学发展。

四个突出，即突出转型升级、突出降本增效、突出风险管控、突出改革创新，这是实现“一个目标”的支撑。“突出转型升级”，就是要进一步加快结构调整步伐，完善产业链，推进企业发展由量的扩张向质的提升转变，由粗放型向集约型转变，由业务高度集中、同质化竞争向产业链完善、专业化差异化发展转变，由劳动密集型向管理技术资本一体化转变，提升企业发展的质量和效益。“突出降本增效”，就是要把降低成本、提高效益作为核心工作，着力抓好流程再造，强化集团管控，实施精益化管理，提高经济运行质量。“突出风险管控”，就是始终要把加强风险防控作为工作的重中之重，增强风险防范意识，进一步建立健全风险管控体系和预警机制，确保企业良好运行。“突出改革创新”，就是要加快推进体制机制创新、科技创新、管理创新，以改革创新的精神抓好各项工作，为企业发展提供不竭动力。

两个确保，即保安全、保稳定，这是实现“一个目标”的基础。“保安全”，要确保政治安全、经济安全、生产安全，坚决遏制较大及以上生产安全事故。“保稳定”，发展是硬道理，稳定是硬任务。党的十八大即将召开，稳定压倒一切。要加大隐患排查力度，妥善处理矛盾纠纷，千方百计确保企业和谐稳定。

一个关键，就是抓落实。说千道万，关键在干，贵在坚持，重在落实。目标已经明确，措施已经制定，要切实提高执行力，真抓实干，一抓到底，抓出成效。

三、2012年要着力抓好的几项工作

2012年，困难更多、任务更重、责任更大，我们要紧紧围绕奋斗目标和中心任务，着力抓好以下几项工作：

（一）进一步加大市场开发力度，确保经营规模稳步增长

这是企业可持续发展的前提，必须坚定信心不动摇，抓好市场不懈怠。

一是坚持以市场为导向，因势利导、顺势而为。注重加强市场形势研判，适时调整工作思路和经营布局，创造性地开展经营工作。要抓好重点行业、重点项目、重点区域和重点客户的经营承揽，继续紧跟铁路、公路市场，保持优势；重点抓好房建、市政、水利电力和城市轨道交通等投资热点领域的承揽，积极拓展能源矿业、疏浚填海、环境保护等新兴市场，提高市场份额。

二是深入推进战略协作，增强市场话语权。要继续深化与国家各部委、各级地方政府、中国驻外机构和大型企业的战略合作，广泛结成联盟，做到资源共享、风险共担、优势互补。各单位、各部门要密切跟进，切实贯彻执行好战略合作协议条款，尤其要抓好具体项目落实，把潜在市场发展成为既有市场。

三是创新经营模式，充分发挥资本杠杆作用。开展资本经营，一方面是为了促进发展方式转变，提高经济效益；另一方面就是发挥资本杠杆作用，带动市场开发。要继续坚持“双轮驱动”的思路，在狠抓生产经营的同时，积极审慎开展资本经营，注重提升资本运作能力和工程总承包能力，争取承建一些风险低、效益好、回收快、能滚动发展的项目。要注重投资项目的可行性研究，建立一套科学完善的评估体系，为投资决策提供科学依据。要发挥投资辐射作用，以小投资撬动大市场，通过投资建厂、合资入股等方式，取得市场经营

权，先入为主、滚动经营。当前，资金高度紧张，开展资本经营要量力而行，必须规范运作、决策程序，规避风险。

四是加大协调力度，实现抱团竞争。要深入落实国内和海外工程经营协调办法，加强统筹协调，坚决杜绝内部单位恶性竞争；要整合系统内资金、技术、设备、人脉等资源，健全完善协调机制，加大股份公司区域经营协调力度，强化考核奖惩，促进系统内各单位抱团竞争，实现整体利益最大化。

（二）科学组织施工生产，确保在建工程有序推进

目前，全系统在建重难点项目多、风险高、难度大，任务艰巨，必须高度重视，稳步推进。

一是突出重点，整体推进。坚持理性建设的原则，合理组织施工。要注重在建项目过程控制，确保工期、安全、质量、效益。对于重点工程，各单位要加大力度，优化设计方案，优化施组方案，优化资源配置，实现重点突破。

二是强化项目管理。工程建设成败的关键在项目管理，项目管理的关键在于项目经理。对项目经理的选拔任用一定要慎之又慎，真正选拔那些德才兼备的优秀人才担任项目经理。股份公司年内要出台项目经理管理办法，进一步健全项目考核奖惩机制，加大奖惩力度，并不折不扣地付诸实施。要深入推进“法人管项目”，切实加强项目监管，各级法人特别是工程公司要对项目实施进行全过程监控，发现问题及时纠正。

三是高度重视安全质量。安全第一，质量为本，必须警钟长鸣，常抓不懈。要认真贯彻落实股份公司安全质量视频会议精神，着力抓好“基础、基本、基层”。首先要从基础管理入手，健全规章制度，完善风险管控体系和应急预案，打牢基础。其次要抓好安全质量教育培训、安全质量宣传、安全质量责任制落实等基本工作，提高全员安全生产和质量意识。第三要从施工生产一线抓起，从安全生产和质量管理最薄弱的环节抓起，建立层层抓安全的保障体系，尤其要高度重视分包队伍安全管理，确保安全无事故、质量无瑕疵。

四是深化工程队、架子队建设。各单位要继续深入推进工程队、架子队建设，采用切实可行、灵活高效的管理模式，从体制、机制、理念和制度上加以完善和提高。要对劳务用工模式进行深入研究，理顺法律关系，探索建立规范、完善的考核激励制度。工程公司可采用多种形式建立劳务基地，健全劳务派遣机制。

（三）加大结构调整力度，促进企业转型升级

推进结构调整，加快转型升级，是做强做优企业的迫切要求。要依据发展需要，加快形成布局合理、产业集聚的发展格局。

一是进一步优化产业结构。要充分利用当前市场的“倒逼机制”，创新商业模式，加快结构调整，优化产业结构，继续做强做大非工程承包板块，提升贡献率。

勘察设计咨询，要高度重视科技创新，积极拓展经营领域，加强前沿技术研究，注重科技人才队伍培养。要发挥设计咨询工程总承包“龙头”作用，努力向咨询、设计、采购、施工等全过程、多领域拓展，提升设计施工总承包能力和国际竞争力。要加强与系统内施工、工业制造企业的融合，组成联合体，共同开发市场，共享发展成果。

工业制造，要以科技为先导，提高产品研发与制造水平。要着眼长远，研发制造具有自主知识产权的产品，努力做到“人无我有，人有我优，人优我新”。当前，重点要提高产品质量，扩大产能，打开销路。昆明中铁要努力提升自主创新能力，加大海外市场开拓力度，建设国际一流的铁路养护机械设备制造基地。铁建重工盾构生产要依托国家“863”立项，加强与地方政府及相关企业的合作，大力推广“长沙模式”，提高市场占有率。

物流贸易，要进一步整合、盘活系统内仓储、铁路专用线等有效资源，支撑物流板块发展。物资集团是股份公司物流贸易的旗舰，要发挥领军作用，不断完善产业链条，提高对上下游优质资源的掌控能力，着力健全风险防控体系，逐步形成上控资源、中联物流、下建网络的产业闭环，提升核心竞争力。

房地产开发，要重点加大在建项目的开发和销售力度，要以“地理位置好、规划设计好、施工质量好、经济效益好、物业管理好”为标准，在全系统开展“五好楼盘”创建活动。要尽快形成中国铁建统一的房地产开发管理模式，打造投资、设计、咨询、施工、监理、物资供应、物业管理一体化服务链条，不断扩大中国铁建房地产品牌影响力。要对标优秀企业，创新开发模式，在做好风险防控的基础上，积极对商业地产、城市综合开发、自有土地开发、保障房项目开发等进行探索和实践。

二是逐步改善产品结构。各单位要坚持“突出主业、相关多元”的原则，细分市场和区域，明确战略定位，充分发挥自身优势，加快产品结构调整，既要努力形成具有独特优势的支柱产业和产品，也要向核心产品的上下游延伸，向相关领域拓展，提升抵御市场风险的能力。积极推动企业内部战略重组，完善产业链，形成若干具有较强综合实力的骨干企业和一批具有明显竞争优势的专业企业。

三是不断优化组织结构。按照精简、统一、高效的原则，积极推动各级组织架构由传统的行政管理型向适应市场、符合企业发展需要的市场化管理型转变。加大各级机构的清理整合力度，解决机构重叠、人浮于

事,职能交叉、效率低下的问题。要着力推进组织结构创新,全面推进扁平化管理,缩短管理链条,减少管理层级,提高管理效率。

(四)加大资源整合力度,加快“走出去”步伐

要坚定不移地实施“走出去”战略,构建“大海外”格局,做强做大海外业务,大力提升国际化经营能力,建设具有国际竞争力的世界一流企业。

一是整合资源,理顺关系。按照“设立责任主体、集中有限人才、减少内部竞争、强化核心优势”和“能力为先、循序渐进、统一旗号、严格监管”的原则,加快整合海外资源。中土集团要充分发挥商务优势、管理优势和品牌优势,深耕成熟市场,发展新兴市场,开发潜在市场,提升市场份额。

二是转变观念,创新模式。要认真总结多年来“走出去”的经验和教训,促进海外经营从传统施工承包模式向设计、施工、采购、运营、维护一体化总承包模式转变;由输出劳务向输出管理、技术标准、机械设备转变;由依靠中国劳务的传统思维向中方人员带领外籍劳务、走属地化管理之路转变,总结出一套适应所在国政治、经济、社会环境并与国际惯例接轨的管理模式,指导规范海外经营发展,提升国际竞争力。

三是夯实基础,防控风险。海外经营,要坚持“基础工作优先”和“外事无小事”的原则,贯彻落实好国资委《中央企业境外国有资产监督管理暂行办法》和股份公司《境外工程经营管理协调办法》,注重项目前期研究和可行性分析,强化法律审核,做好合同谈判与条款审定,加强对设计权的控制,强化投融资拉动意识,审慎决策,步步为营,稳扎稳打。开展重点区域国家的法律收集、分析、研究工作,妥善处置好海外纠纷。注重理顺与业主、监理、合作方和分包商的关系,加强与中国驻外使领馆的沟通联系,处理好与国内外各大金融机构特别是国家开发银行、中国进出口银行的关系,为海外经营创造有利环境。要重视和关心长期在国外工作的干部职工,解决实际困难和问题,解除他们的后顾之忧。要健全风险防范机制,制订应急预案,严防所在国政局动荡危及职工人身安全。

(五)强化企业管控能力,不断提高经济效益和质量

企业以盈利为目的,以效益论英雄。各单位要开展“管理提升年”活动,大力推进精益化管理,努力挖潜增效。

一是强化过程控制。要全面落实责任成本“双预控”,切实抓好“二次经营”,尤其要做好基础工作,加强领导,责任到人,确保预期效益。要千方百计降低“三项费用”,厉行节约,严控各类非生产性开支,把降本增效的理念融入企业管理的方方面面,落实到每一个员工,形成全方位管控、全员参与的良好氛围。

二是强化集团管控。要全面推进“工程要素、金融保险、商贸服务”三项集中管理。工程要素,主要包括物资设备等方面,要继续发挥两级平台作用,强力推进设备物资的集中管理和采购。金融保险,主要是资金和保险业务的集中。财务公司作为资金集中管理和融资平台,要坚持产融结合,争取更多资金支持,注重提高资金使用效率,助推企业发展;诚合保险要统筹全系统的保险业务,尽快健全机制、完善服务。商贸服务,主要涉及吃、住、行等方面,要由机票集中采购逐步向办公用品、酒店餐饮领域延伸,降低成本,提高效益。

三是强化监督检查。要以“做实账本、改进绩效、提升质量、管控风险”为重点,进一步加强财务监督管理。要发挥审计“免疫”作用,强化对债权债务高、净现金流出、银行贷款高等财务状况异常的单位以及大额亏损项目的审计监督。要进一步落实法律审核制度,保障企业依法经营、依法决策、合规管理。要积极探索并逐步建立境外资产监控机制,防止境外资产流失。要充分发挥纪检监察组织的作用,加快效能监察体系建设,深入推进专项治理和专项效能监察工作,深化和拓展工作内容,建立健全长效机制,为企业发展保驾护航。

(六)坚持以科技为先导,努力提升自主创新能力

企业转型升级、市场开发和安全质量都离不开科技进步的先导和支撑作用,必须加快企业自主创新能力建设。

一是加大重点领域科技攻关。要紧紧围绕企业发展战略,加强技术研发。一方面,要加强传统强项技术的创新,加大对高速铁路系统、地下工程和桥梁施工领域以及国家“863”重大科研课题的攻关,占据技术制高点;另一方面,要加强弱势领域和空白技术的研发,通过人才引进、重点攻关等方式提升科研水平和建造能力。

二是加快科技成果转化。要把推进科技创新成果产业化摆在突出位置,加快技术成果向现实生产力的转化。一要探索完善“科技 + 人才 + 资本”的新型创新模式,形成科技引领、人才支撑、资本助推的合力,进一步提高科技成果转化效率。二要探索建立科技创新成果“育成化 + 产业化”的新型创新机制,通过实现创新育成化与成果产业化共同驱动,增强产业的技术优势和竞争优势,加快推进科技创新成果实现产业化。

三是建立和完善保障机制。高度重视科技研发,加大科研投入;继续抓好国家级、省部级技术中心申报和复审工作,抓紧省部级重点实验室的认证,为技术创新搭建平台。

(七)深化企业改革,推进企业管理创新

要以改革创新的精神,不断提高企业管理水平,增强企业发展内生动力和活力。

一是要深化管理体制机制改革。要进一步完善议事规则,根据《公司法》和公司章程,按照"各司其职、协调运转、科学决策、有效监督"的要求,遵循规则程序,履行各自职责,建立决策高效、运作规范、管理科学的经营管理体制。

二是要深化人事制度改革。坚持"德才兼备、以德为先"的用人标准,继续完善和改进干部考评办法和用人程序,既要充分发扬民主、尊重民意,又不能简单地以票数取人。要坚持五湖四海、任人唯贤的用人原则,破除论资排辈、求全责备的陈旧观念,敢于破格任用优秀青年人才。积极搭建平台,营造良好环境,使人才进得来、留得住、用得好。班子配备,要充分考虑专业、年龄、地域等因素,合理搭配,优势互补。要建立能进能出的人员流动机制,控制人员规模,防止人员过快增长。

三是要深化薪酬制度改革。健全工资总额能增能减的激励约束机制和职工工资正常增长机制,科学引导工资增长预期。进一步规范企业负责人薪酬管理,完善经营绩效考核,体现战略引领和价值导向。要兼顾现实环境差异,逐步建立全员绩效考核体系,严格考核和奖惩兑现,确保个人收入与业绩和贡献相一致。

四是要加强制度建设。建立以制度管理为核心的企业管理体系,依法管理,照章办事。健全督察督办和责任追究制度,凡是股份公司出台的制度,总部对口部门要定期对执行情况进行督察,并严格责任追究,坚决纠正有令不行、有禁不止的行为。

五是要切实加强机关建设。要以机制建设、作风建设、能力建设"三项建设"为抓手,进一步健全和完善高效运转的管理机制,培养和形成服务基层的良好作风,提高机关对所属企业和项目的管控能力,降低机关管理费用,提升机关人员素质,改进机关作风。

六是要以信息化促进企业管理变革。各单位要加强信息化建设,优化业务流程,以信息化建设促进管理变革。要认真贯彻国资委信息化工作会议精神,全面落实"十二五"信息化规划,确保收到预期效果。要重点抓好施工项目管理系统的建设,完善人力资源管理系统和财务管理平台建设,加强信息安全建设。要强化信息化成果的推广应用,推进人力资源、财务和部分业务板块管理初步实现信息化,提升集中管控能力。继续实施"登高计划",争取部分项目入选国资委示范项目,信息化水平进入中央企业A级行列。

(八)加强企业和谐建设,维护企业安宁稳定

"和谐稳定"是企业追求的永恒目标,也是促进企业发展的重要保证。我们要始终坚持一手抓企业生产经营,一手抓精神文明建设,做到两手抓两手硬。

一是强化风险控制。在形势日益复杂、网络媒介高度发展的今天,企业面临各种各样的潜在风险。各级领导要提高认识,制定周密的防范措施和应急预案,防患未然,确保安全。

二是切实维护职工权益。企业改革发展取得的每一份成绩,都凝结了广大职工群众的心血和汗水,广大职工是企业的主人,是办好企业最可靠的力量。要始终坚持"以人为本"的理念,全心全意依靠职工办企业,提高他们的生活待遇,特别是提高基层一线职工的收入,及时足额缴纳"五险两金"。要积极开展送温暖活动,切实解决好困难家庭的大病医疗、子女就学等问题。真心诚意地关心离退休职工生活,帮助解决实际问题,让他们切身感受到企业大家庭的温暖。

三是努力构建和谐企业。各单位要未雨绸缪,特别是各级领导班子要高度重视,守土有责,对群体性事件和进京上访事件,务必依靠业主、政府及有关部门,妥善处理,防止矛盾激化。要加强群众工作,充分发挥各级党组织和工会、共青团组织在改革发展中的重要作用,创新工作思路,建立联动平台,凝聚各方力量,建设和谐企业。

四是深化企业文化建设。企业文化是企业的灵魂,体现了企业的价值取向和精神追求。要认真贯彻党的十七届六中全会精神,加强企业文化建设,传承和弘扬铁道兵优良传统,不断总结提升企业文化内涵,真正使企业具有强大的精神动力。各级领导干部要发挥表率作用,倡导求实、科学、严谨、创新的工作作风,以企业精神凝聚人心,以先进文化助推发展。要高度重视新形势下的新闻宣传工作,围绕中心,突出重点,主动宣传,为企业改革发展创造良好的舆论环境。

围绕转型升级发展　促进依法合规经营
努力开创党风建设和反腐倡廉工作新局面

——党委副书记、纪委书记齐晓飞在中国铁建股份有限公司2012年党风建设和反腐倡廉工作会议上的报告

（摘　要）

（2012年2月12日）

这次会议的任务是：贯彻党的十七届六中全会、十七届中央纪委七次全会精神，落实2012年中央企业反腐倡廉建设工作会议要求，围绕股份公司党委二届七次全委会和2012年工作会议的总体部署，总结回顾2011年工作，研究布置2012年任务。

一、2011年工作回顾

过去的一年，是企业发展历史上极其不平凡的一年。面对国际国内经济形势的重大变化，各级纪检监察组织在国资委纪委和股份公司党委、纪委坚强领导下，沉着应对复杂局面，围绕企业中心工作，服务改革发展大局，以惩防体系建设为主线，以作风建设为重点，创新思路，完善机制，着力解决党风建设和反腐倡廉工作中的突出问题，为推进企业和谐稳健发展提供了有力保障。

以完善基本制度为依托，推进惩防体系建设

全系统把建立健全反腐倡廉基本制度，作为推进惩防体系建设的基础性工作常抓不懈。股份公司围绕重大决策、项目管理、投资管理、招标采购等重点部位和关键环节，陆续制定出台《贯彻落实"三重一大"决策制度实施办法》《房地产开发与经营管理暂行办法》《内部控制与全面风险管理办法（暂行）》《财务管理及内控制度》《物资设备集中采购管理规定》《合同法律风险管理指引（试行）》《内部审计人员职业道德规范》等30余项规章制度。中铁建设集团公司、中铁物资集团公司、中国铁建房地产集团公司结合自身实际，在选人用人、薪酬分配、三项招标、资金管理、企务党务公开、绩效考评、责任追究等方面，形成以岗位为点、以程序为线、以制度为面的防控机制。一年来，全系统以完善基本制度为依托，以落实党风廉政建设责任制为龙头，以反腐倡廉联席会议为载体，以"三重一大"制度执行情况专项检查为重点，探索廉洁风险防控有效途径，推动各项制度落实，初步形成惩防体系有效运行的工作机制。据统计，全系统新建反腐倡廉配套制度132项，修订完善281项，废止46项。2011年签订党风廉政建设责任书5284份，考核单位2385个，责任追究228人。其中，纪律处分67人；减扣薪酬162人。

以反腐倡廉教育为基础，构筑思想道德防线

全系统发挥宣传教育在反腐倡廉建设中的先导作用，努力建立党委统一领导、党政齐抓共管、纪委组织协调、部门密切配合、群众广泛参与的宣教格局。各单位认真学习胡锦涛总书记在建党90周年庆祝大会上的重要讲话，以创先争优活动为契机，以落实《中国共产党党员领导干部廉洁从政若干准则》（以下简称《廉政准则》）、《国有企业领导人员廉洁从业若干规定》（以下简称《若干规定》）为主线，以转变领导人员作风为着力点，广泛开展反腐倡廉形势任务教育、党性党风教育、党纪条规教育，发挥先进模范的示范引导效应和反面典型的警示教育作用，营造"廉荣贪耻"的廉洁文化氛围。股份公司纪委编印警示教育读本《覆鉴》9200册。中铁十三局集团公司开展"重修身、勤思廉、正风气"主题教育活动。中铁第一勘察设计院集团公司、北京铁城建设监理公司提炼廉洁理念，建立起"述廉评廉"制度。中铁十六局集团公司一年一度的"反腐倡廉教育月活动"持续开展，组织内部典型案例剖析宣讲150多场次、"反腐倡廉人人有责"演讲活动104场次。中铁二十、二十一局集团公司和中铁第五

勘察设计院集团公司、中铁建(北京)商务管理公司加强廉洁风险防控,完善领导人员廉洁从业档案。党校发挥"三个阵地、一个熔炉"作用,利用培训平台,推动"反腐倡廉"教育进课堂。一年来,全系统组织学习《廉政准则》《若干规定》2043场次,参加人员94765人次;开展警示教育950场次,参加人员69277人次;廉洁承诺10724人次。

以查办大案要案为重点,加大惩处与保护力度

全系统把查办大案要案作为惩治腐败现象、震慑违纪违法行为最直接的手段,以惩促防,标本兼治,努力遏止腐败案件易发高发势头。在严肃查办案件的同时,各单位坚持积极主动、安全文明、依纪依法办案,落实"一案两报告"制度,办案质量进一步提高。中铁十一局集团公司制定《案件检查工作流程图》《案件审理工作流程图》,推进办案工作的规范化。各级还高度重视和积极化解企业对外经营风险,全力以赴保护为企业勤勉敬业、自身清白的经营管理人员,有力维护了大局的稳定,促进了企业持续健康发展。

以效能监察为抓手,促进企业创效能力提升

全系统认真开展效能监察,规范经营管理行为,提高了管理水平和创效能力。按照国资委的统一部署,全系统扎实推进工程建设领域突出问题专项治理、"三重一大"制度执行情况专项检查、商业贿赂专项治理,共派出102个检查组,对8264个在建项目的资金管理、物资设备招标采购、责任成本管理、合同管理、安全质量管理等方面进行了监督检查。按照股份公司统一要求,全系统还开展亏损项目专项整治、"小金库"检查"回头看"、外部劳务使用管理效能监察,以及加快转变经济发展方式监督检查,均取得明显效果。中铁十七局集团公司实施"物资设备采购管理2531监督法",采购成本降低了3%。中铁十九局集团公司组织开展"反对浪费、节约增效"活动,共收缴节约资金6913万元。中铁十五局集团公司把新开工铁路项目、重点难点项目、子(分)公司领导班子成员担任项目经理的项目作为效能监察的重点,提出监察建议58项,促进突出问题有效整改。中铁二十四局集团公司将"红牌"工程项目作为重点目标,做到督查措施及时跟进,5个项目扭亏增盈823万元。

以加强监督制约为关键,规范领导人员权力运行

全系统把强化权力监督制约,作为防止滥权和腐败的关键环节,完善约束机制,落实监督措施,努力规范权力运行。在拓宽监督渠道方面,开展企务公开、党务公开活动,4801个基层党组织制定党务公开目录;推行述职述廉和评绩评廉活动,领导人员述职述廉5678人次,职工参加评绩评廉26000余人次。各单位还根据自身实际,延伸监督触角,细化监督举措:中国土木工程集团公司落实特派监察员制度,探索海外项目监督管理之道;中铁十二局集团公司推广《项目管理"三严禁、六不准"监察规定》,规范项目部领导和关键岗位人员的用权行为;中国铁建重工集团公司对委外产品进出厂区进行严格管理,有效预防不廉洁行为和企业效益流失现象的发生。在整合监督资源方面,通过组织协调、机构调整、企检共建等多种方式,整合监督资源,健全统一、高效的监督体系。昆明中铁大型养路机械集团公司构建纪检监察、审计、法务、监事会"四位一体"的大监督格局;中铁二十二局集团公司、中铁第四勘察设计院集团公司等单位扎实推进"企检共建"、"企检共防",增强监督手段,提升监督效能。在开展巡视调研方面,推行股份公司、集团公司两级巡视制度,对执行党纪条规、"三重一大"决策制度、《若干规定》、党风廉政建设责任制情况进行监督检查,全系统派出巡视组37个,巡视所属单位180个,对发现的问题及时提出整改建议,对一些领导人员进行提醒或诫勉谈话,警示和震慑作用明显。在狠抓专项检查方面,开展使用中介承建工程项目专项检查,清退中介劳务队伍,加强项目管控;开展公务用车专项检查,纠正公车私用、超标配车、使用关系车辆等问题,规范职务消费,促进廉洁从业。

以提升履职能力为目标,加强纪检监察组织建设

全系统贯彻中央纪委、中组部、监察部、国资委四部委联合下发的《关于加强和改进中央企业和中央金融机构纪检监察组织建设的若干意见》(中纪发〔2010〕12号),队伍建设不断加强,整体素质有所提高。中铁十四、十八局集团公司和中国铁建电气化局集团公司、中铁上海设计院集团公司等单位在完善机构设置、充实人员配备、打造过硬作风、提高执纪能力等方面,取得新进展。与2010年同期相比,全系统各级纪委由251个增加到273个,监察机构由181个增加到190个,专职纪检监察队伍同时得到相应加强。围绕综合素质的提升,各级采取办班培训、岗位交流、以会代训等多种形式,不断提高纪检监察人员依纪依法办案、化解风险、防腐拒变的能力。全年举办纪检监察业务培训班152期,培训专兼职纪检监察人员2935人次。

回顾一年来的工作,我们的体会是:

1. 提高思想认识是前提。认识是行动的先导。只有把党风建设和反腐倡廉工作上升到关系企业生存发展的高度,强化“廉洁兴企”意识,增强反腐倡廉建设的使命感和紧迫感,才能坚决惩治和有效预防腐败,为企业发展营造风清气正的环境。

2. 融入中心工作是根本。企业是纪检监察组织安身立命的根本。党风建设和反腐倡廉工作只有围绕“调结构、促转型、上水平”的中心任务,着眼企业改革发展的大局,才能抓住有利时机,找准有效途径,把握工作重点,在监督检查中展示作为,在保驾护航中体现价值。

3. 完善制度体系是保障。制度是惩防体系建设的核心。只有把促进企业依法合规经营作为重要目标,强化制度建设,形成一套用制度管权、按制度办事、靠制度管人的机制,才能堵塞经营管理的漏洞,最大限度防范和降低企业运行的各类风险,不断促进企业管理的规范化、科学化、精细化、廉洁化。

4. 坚持改革创新是动力。面临反腐倡廉建设的新形势、新挑战,只有突出时代性,把握规律性,体现创新性,积极推进反腐倡廉建设理念思路、工作内容、方式方法、体制机制的改革创新,统筹兼顾,系统推进,才能不断推动纪检监察工作取得新成效,整体提高党风建设和反腐倡廉工作的科学化水平。

在取得成绩的同时,也必须清醒地看到,当前中国正处在体制转轨时期,政策法规、体制机制还不完善,滋生腐败的土壤仍然存在,党风建设和反腐倡廉工作面临不少新情况、新问题,反腐败斗争形势依然严峻,任务依然艰巨。从全系统来看,存在的问题不容忽视:一是思想认识上还有偏差。有些单位领导,对党风建设和反腐倡廉工作的重要性认识不足,反腐倡廉建设“说起来重要,做起来次要,忙起来不要”,执行上级政策变形走调,面对组织要求置若罔闻。二是企业监管上还有死角。有些单位监管体系建设与企业“调结构,促转型,上水平”的步伐还不适应、不匹配,监管领域没有实现全方位覆盖,存在死角。特别是在一些新进领域、新兴板块、新拓市场、新建单位,自我监管机制尚不健全、上级监管还不到位。三是规范经营上还有差距。在生产经营活动中,个别领导和少数管理人员突破思想道德底线,假公济私、损公肥私。四是责任追究上还有短板。有的单位忽视制度的建设和落实,惩防体系还不健全,存在无章可循或有规不依的现象;责任追究体系不健全,责任主体不明、追究依据不清、追究力度不够,难以对违纪违规行为形成有效制约和威慑。五是文化建设上还有缺失。“廉荣贪耻”的廉洁文化理念还没有成为普遍的自觉。廉洁文化建设不同程度地存在着有体无魂、形神分离的现象。

二、2012 年工作安排

2012 年党风建设和反腐倡廉工作的总体思路是:以落实党风廉政建设责任制为龙头,以健全惩防体系为主线,夯实教育基础,完善制度体系,强化监督制约,加大惩处力度,突出抓好廉洁风险防控、大案要案查办和廉洁文化建设,为推动企业持续、健康、和谐发展提供有力保障,以优异成绩迎接党的十八大胜利召开。

(一)强化理念引领,系统推进廉洁文化建设

廉洁文化建设是以“廉荣贪耻”理念为核心,以宣传教育为支撑,以员工普遍自觉为目标的系统工程,需要统筹规划、精心培育、整体推进。首先,要开展廉洁文化核心理念提炼培育活动。在推动企业建立社会主义核心价值体系和创先争优活动中,要组织全员结合生产经营管理、企业文化建设和反腐倡廉建设实践,征集、提炼、宣传具有中国铁建特色的廉洁文化核心理念,要让这个核心理念得到大力宣传,形成良好的舆论氛围和文化氛围,并化转为全员职工的自觉意识,形成广泛的思想共识。各级领导特别是党政主管,要勇于践行廉洁文化理念,率先参加廉洁文化建设活动,带头执行廉洁从业规章制度,充分发挥表率作用,引领全员将廉洁文化核心理念内化于心,外化于行,固化于制。一个企业如果没有文化就没有灵魂。中国铁建有光荣的铁道兵传统文化,可以为我们的廉洁文化提供滋养的成分,值得大力弘扬,它最能引起广大员工的广泛共鸣和塑造企业文化的普遍自觉,但是要注意我们的传统文化里也有糟粕,事实上,上下 5000 年的中华文化里也有糟粕,但主流是好的,中国铁建是与时俱进的现代企业,所以我们推进廉洁文化建设既要重视铁道兵优秀传统文化的弘扬,也要与时俱进,继承与创新相结合。其次,要深化反腐倡廉教育工作。把廉洁从业教育纳入企业培训计划,分层次实施。对各级领导尤其是党政主管,重点开展科学发展观、理想信念、优良传统教育和警示教育,使之增强宗旨意识,树立正确的权力观、地位观、利益观、业绩观,自觉做到依法合规经营、廉洁勤勉从业;对广大员工特别是关键岗位人员,突出法规纪律、规章制度、职业道德教育,发挥正反典型的示范和警示作用,培养良好的社会公德和职业道德,增强其廉洁自律意识,自觉养成爱岗敬业、诚实守信、遵章守纪、廉洁从业的行为习惯。最后,不断丰富廉洁文化创建载体。

通过开展廉洁文化书法绘画作品创作、廉洁文艺演出、“读书思廉”等丰富多彩的活动，培育崇廉风尚；通过廉洁文化“上台面、上墙面、上桌面、上页面、上版面”等形式，拓展覆盖领域和空间；通过廉洁文化“进班子、进机关、进项目、进岗位、进家庭”等途径，增强互动性、渗透性和影响力。要努力形成学廉、倡廉、崇廉、守廉的良好风气，推进建设与现代企业制度相适应、与惩防体系和企业文化相协调、与企业经营管理和制度体系相融合，具有鲜明特色的廉洁文化体系。

（二）突出风险防控，持续构建惩防腐败体系

以制度建设为重点，以现代信息技术为支撑，构建前期预防、中期监控、后期处置的廉洁风险防控机制，是从源头上防治腐败，完善惩防体系的重要内容，也是规范权力运行的关键举措。2012 年，要全面开展廉洁风险防控工作。一要抓住关键环节。在明权确责的基础上，编制规范的业务流程；在流程梳理的过程中，查找各单位、部门和岗位存在的廉洁风险点；在明确风险等级的前提下，实施分级管理。要深化廉洁教育，优化权力结构，强化权力制衡，完善管控制度，全面落实企务公开、党务公开制度，通过多种途径公开权力运行过程，自觉接受职工群众监督。二要突出防控重点。把各级领导人员和关键岗位人员，违纪违规和腐败现象易发多发领域，投资决策、资金运行、大额采购、产品销售和资产管理等关键环节，作为防控的重点对象，切实做到权力运行前先查找风险点，制定落实防控措施；权力运行中实时动态监控，及时发现苗头性、倾向性问题；权力运行后及时总结经验教训，避免廉洁风险演化为腐败行为。三要探索长效机制。把廉洁风险防控作为党风廉政建设责任制的重要内容，明确责任目标，建立责任体系，增强各级抓好廉洁风险防控的积极性、主动性。2012 年，股份公司党委、纪委要针对所属单位落实“党风廉政建设责任书”情况，组织全面检查评比和考核兑现。要制定出台企业领导和管理人员违纪违规行为处分规定，完善责任追究体系，强化惩治和责任追究力度，在以惩促防方面取得新突破。

（三）加强监督制约，不断完善权力运行机制

加强对权力运行的监督制约，是防止企业利益不受侵害、职工权益不受侵犯、领导人员不被侵蚀的有效手段。要发挥组织协调作用，强化监督检查职能，规范权力运行。一是完善和落实“三重一大”决策制度。各单位要抓紧制定并认真落实“三重一大”决策制度的实施办法，形成决策议事有监督把关、决策执行有检查纠偏、决策失误有问责惩戒的监督制约机制；要以反腐倡廉联席会议为纽带，健全监督部门和业务部门信息沟通制度，着力构建党组织监督、职工民主监督、经营管理监督、业务部门监督、纪检监察和审计等专门监督相结合的大监督格局；要加强对领导人员的教育、管理和监督，将“三重一大”决策制度执行情况作为领导人员任免和奖惩的重要依据。二是全面开展巡视工作。认真总结前期巡视调研经验，抓紧制定出台股份公司巡视工作管理办法，规范巡视工作。股份公司和所属单位要按照分级管理、下管一级的原则，在全系统开展巡视工作，检查各级贯彻党的路线方针政策、落实科学发展观、执行股份公司转型升级重大决策等情况，重点监督领导班子落实“三重一大”制度、领导人员履职用权和廉洁从业、单位依法合规经营等情况，及时摸清情况、找准问题、提出对策、督促整改。三是要周密组织开展专项治理。全系统要认真开展使用中介承建的项目、清理公务用车、领导人员职务消费等专项检查，规范经营工作，提升管理效益，压缩非生产性开支，防范以权谋私。

（四）加大办案力度，始终保持惩处高压态势

查办案件是各级纪检监察组织的基本职能，是完善不敢腐败机制的有效手段。要继续加大办案力度，有效惩治腐败现象，震慑违纪违法行为。一要明确工作责任。查办案件工作，各级党政要负全面领导责任，各级纪检监察组织要负直接责任，纪委书记是第一责任人。2012 年，要在全系统推行办案工作目标管理责任制。明确各级办案指标，加强对大要案件的督办、直办，加强对各单位查办案件工作的考核奖惩。对有案不查、瞒案不报、拖案不结、阻挠办案的单位及人员，要严肃追究责任。二要突出办案重点。严肃查办违反政治纪律的案件，严厉查处领导人员以权谋私、权钱交易、失职渎职、滥用职权、贪污受贿、跑官卖官的案件，坚决查办重点领域、关键环节的违纪违法案件，着力查办管理混乱、经营亏损背后隐藏的腐败案件。三要拓宽案源渠道。建立案件线索定期排查制度、职能部门案件线索移送制度，注重从信访举报、效能监察、专项治理、巡视调研、审计督查、合同纠纷、法律诉讼中发现案件线索，从查办案件、配合办案、化解风险中把握案件线索，从职工群众反映强烈的问题、安全质量问题、管理混乱问题中捕捉案件线索。四要丰富办案手段。着力整合办案资源，实行联合办案、交叉办案，对重大案件统一协调力量。加强办案工作硬件建设，提高办案工作科技水平。全面推进企检共建、企检共防工作，借助地方办案力量，既突破关

键障碍,又化解企业风险。五要提高办案质量。认真贯彻“二十四字”办案方针及《关于进一步加强和规范办案工作的意见》等规定,进一步规范办案程序,加强内部监督制约,严肃办案纪律,不断提高依纪依法、安全文明办案水平,切实保障党员的民主权利和被调查人员的合法权益。六要发挥治本功能。注重把查办案件与加强警示教育、推进建章立制、强化监督制约及转变作风等结合起来,促进办案成果更好地转化为预防效果。

需要注意的是,查办案件要严格政策界限,正确处理惩处与保护的关系。要严格区分个人行为与企业行为、改革创新中的工作失误与失职渎职、正常合法收入与贪污受贿所得的界限,惩处违纪违法者,保护无辜者,支持改革者,挽救失足者,教育失误者。

(五)深化效能监察,着力提升企业管理效益

效能监察是各级纪检监察组织围绕中心、服务大局、提升企业管理效益的有效途径,必须高度重视,抓出成效。一要健全体制机制。完善党政共同负责、行政主管挂帅、部门密切配合、纪检监察机构组织协调、职工群众广泛参与的效能监察领导体制和工作机制,规范业务流程,落实责任指标,实施过程控制,防止流于形式。二要把握工作全局。要全面落实国资委纪委、监察局部署的效能监察任务,在维护国民经济稳中求进的大局中发挥“共和国长子”的独特作用;要扎实开展股份公司统一立项的“亏损项目持续整治”、“海外项目强化管理”、“转变经济发展方式监督检查”三项效能监察工作,为推进企业转型升级发展、依法合规经营作出突出贡献;要积极实施自主立项的效能监察工作,在促进企业提升管理水平、提高经济效益上展示独特作为。三要突出工作重点。紧盯亏损项目和违纪违法行为多发易发单位、部门和关键岗位人员,抓住人、财、物等生产要素运行的关键环节,检查领导和管理人员作风转变情况,着重提高各级的执行力;检查领导和关键岗位人员遵规守纪依法履职情况,着重促进廉洁从业;检查管理制度体系运行情况,着重堵塞管理漏洞;检查突出问题,着重找准发生问题的原因,提出解决问题的有效对策。

(六)夯实组织基础,切实提高队伍整体素质

建设一支政治坚强、公正清廉、纪律严明、业务精通、作风优良且机构健全能打硬仗的纪检监察队伍,既是贯彻落实中纪发〔2010〕12号文件精神的政治任务,更是保障企业健康和谐发展的现实需要。各级党委、行政和纪检监察组织,要进一步抓好落实。一要落实机构编制。确保机构设置到位、人员编制落实,原则是只能加强,不能削弱。二要加强业务培训。以提高查办案件和效能监察的业务能力为重点,实施全覆盖、多手段、高质量的培训。三要实施业绩考核。制定考核评价办法,健全激励机制,对做出突出业绩的纪检监察工作者,及时予以奖励,适时提拔使用。年内,股份公司纪委、监察局要对各单位纪检监察工作实施业绩考评,在全系统评选表彰一批纪检监察先进单位和优秀个人,引导广大纪检监察干部“做党的忠诚卫士,当群众的贴心人”。

夯实基础 提升能力
为打造跨国建筑产业集团提供技术
——副总裁夏国斌在2011年中国铁建科技工作会上的报告
(摘 要)
(2011年4月28日)

一、"十一五"科技工作基本情况

"十一五"期间,股份公司科技工作紧紧围绕企业发展规划,认真履行"科技兴企"的重要职责,积极推动企业技术中心建设,认真贯彻落实全国科技大会提出的"加快建设以企业为主体,以市场为导向,产学研相结合的技术创新体系"的要求,不断加大研发投入,有效整合科技资源,加强改进科技管理,自主创新能力不断增强,科技产出成效显著,创新平台从无到有、科技管理机构不断健全、管理职能逐步增加、技术创新全面突破,高速铁路建造技术从起步到完全掌握,高原铁路技术显著突破,隧道技术实现了穿江过海,机具装备创新能力迅速强大,"四电"技术由弱到强,较好地实现了股份公司"十一五"科技发展规划中提出的预期目标,为中国铁建成为全球最大的建筑集团起到了重要支撑作用。

1. 科技创新体系初具规模

2006年,结合建筑行业的发展形势和企业快速发展的要求,将技术中心设在总公司本部,原总公司各分技术中心转为各集团公司技术中心。为充分发挥各自企业的专业特点,相继组建桥梁、隧道、轨道、电气化、大型养路机械、施工机械与工艺6个专业工程实验室。2009年,根据企业上市后的新形势,重新明确技术创新体系的架构及运作模式,即以股份公司为龙头,以各集团公司为主体,以各专业工程实验室和博士后流动站为骨干,以各工程公司和创新项目为落脚点,以联合社会科研力量为补充,分工明确的技术创新体系。

2. 科技研发能力逐步增强

科技投入逐年增加。通过建立科技专项基金,初步建立科技投入稳定增长的长效机制,科技投入逐年提高。2010年,科技投入达到88亿元,是2006年(3.6亿元)的24.4倍,远高于同期营业收入和利润增幅,科技投入占营业收入的1.4%,中铁第一、第四勘察设计院集团公司,昆明中铁大型养路机械集团公司、中铁十二局集团公司等单位科技投入总量均超过亿元,中国铁建重工集团公司、中国铁建电气化局集团公司等单位科技投入达3%以上。

科技创新平台建设初具成效。目前,股份公司拥有22家省级企业技术中心、5个博士后流动站、2个省级工程技术研究中心及6家股份公司认定的工程实验室。创新平台的搭建,为科技创新工作奠定了良好基础,中国铁建电化局集团公司以电气化工程实验室为基础,引进德国力倍公司先进的高速电气化铁路接触网零部件生产技术,进行消化吸收再创新,实现了高速铁路接触网零部件全面国产化;昆明中铁大型养路机械集团公司从国外引进大型自动化养路机械先进技术合作生产,并联合多家科研单位进行科研攻关,在引进、消化、吸收的基础上再创新,推进了国产化目标的实现;中铁第四勘察设计院集团公司无砟轨道工程实验室在股份公司高速铁路建设中发挥了重要作用。

人才强企战略得到有效落实。实施"人才强企"战略,努力营造一个"创造成果有荣誉、作出贡献很光荣"的舆论氛围。各集团公司分别制定《工程技术专家及青年科技拔尖人才选择管理办法》《科技贡献奖评选办法》《优秀项目总工评选办法》等一系列管理办法和激励措施,实施了技术专家和青年拔尖人才津贴制度,探索委托院校规模化培养科研一线紧缺人才。通过这些制度和措施,营造了以待遇吸引人,以事业发展人的良好氛围,对于调动工程技术人员积极性、激发他们的工作热情都起到了积极的作用,有力地促进了科技创新工作的开展,培养了一批具有创新能力的高层次人才,"十一五"末,拥有中国工程院院士1人,设计大师6人,享受国务院特殊津贴的专家191人,教授级高级工程师925人。

3. 科技管理水平稳步提升

大多数集团公司能够紧密结合企业战略定位制定科技发展规划。探索建立了一系列的规章制度和办法,促进了企业科技管理水平的普遍提升。科技交流平台建设初见成效。科技管理机构有所完善。

4. 科技产出成果丰硕

"十一五"期间,各集团公司坚持以市场为导向,以重大科研项目为依托,紧紧围绕行业关键技术、共性技术和企业技术瓶颈开展技术创新活动,取得丰硕成果,股份公司荣获国资委颁发的科技创新特别奖。

以支撑引领企业发展为宗旨,承担大批国家、省部级重大科研项目。结合企业生产需要,在新产品研制及高速铁路、高原高寒铁路和过江过海隧道等工程技术领域,承担国家、省部级重点科研项目159项,获得政府资助23251万元。在项目研究过程中,坚持以自我力量为主,与科研院所、大专院校、大型企业集团进行广泛合作,贴近工程实际,开发大量先进实用技术,占据高速铁路建设技术的制高点,配合铁道部形成具有自主知识产权的高速铁路标准体系,系统掌握了各种地质条件下路基、桥梁、隧道、无砟轨道、"四电"工程的设计施工技术,攻克高原铁路建设的世界三大难题和各种水下隧道的技术难关。开发并制造适合于时速350公里及以上高速电气化铁路的铜合金接触线,研制了高速铁路道岔以及盾构设备。

专利数量快速增长,质量明显提高。截至2010年底,拥有有效专利723项,是"十一五"以前的13倍。在专利申请快速增长的同时,专利的申请质量也大幅提高,其中"一种中跨连续梁造桥机"荣获第十二届中国专利奖优秀奖。

取得一批具有国际先进水平的科技成果。"青藏铁路"获国家科技进步特等奖,"秦岭终南山公路隧道建设与运营管理关键技术"等3项科技成果获国家科技进步一等奖,"高速铁路900吨简支箱梁建造成套技术与装备"等7项科技成果获国家科技进步二等奖,新增国家级工法70项,百年精品工程12项,国家勘察设计"四优"奖60项,中国土木工程詹天佑奖33项,中国建设工程鲁班奖65项,国家优质工程奖111项,省部级科技进步奖185项。

5. 重难点工程技术不断突破

高原铁路建设攻克世界三大难题。青藏铁路是世界海拔最高的高原铁路,科技含量高,代表当今世界高原铁路建设的领先水平。中国铁建承担了青藏铁路全部的设计任务及一期全部施工任务,二期50%以上施工任务;承建了全线海拔4600米以上的绝大部分重点难点工程、海拔4900米以上的全部工程,主持了50多个部级科研项目的研究任务,解决了高寒缺氧、多年冻土、生态脆弱三大世界级技术难题。2008年"青藏铁路"获国家科技进步特等奖,是国家恢复特等奖后在基础设施建设领域的第一个特等奖。

占据高速铁路建设技术的制高点。2003年,铁四院专门成立轨道研究所,专攻高速铁路无砟轨道,各集团公司也分别组建不同的研究团队,由于前期技术准备充分,股份公司成为中国高速铁路建设中"设计任务过半,系统技术最全,施工任务最多"的单位。通过对关键技术的专题试验研究及大量的工程实践,开发并应用CRTS Ⅰ、CRTS Ⅱ、CRTS Ⅲ板式无砟轨道建造技术,解决了大梁缝地段无砟轨道结构设计等一系列技术难题,配合铁道部开创性地建立了具有自主知识产权的高速铁路标准体系,主持参加了30多个规范的制定,全面掌握了高速铁路系统成套的建造技术。承建的武广、京津、郑西、福厦、成灌、沪宁、昌九城际、沪杭高速铁路相继建成通车。2010年10月在股份公司承担建设的京沪高速铁路试验段上创造时速486.1公里世界运营最高速度。

路基基础处理技术不断拓实。针对不同的地质条件和严格的工后沉降要求,通过深入研究,解决了郑西高速铁路湿陷性黄土地基、武广铁路客运专线岩溶地基、广深港铁路和甬台温铁路淤泥地基、合宁铁路客运专线膨胀地基、哈大铁路客运专线高寒软土地基的基础处理难题,系统掌握各种特殊地质条件下高速铁路路基建造技术。郑西高速铁路的成功开通,标志着中国铁建已经攻克湿陷性黄土地区修建高速铁路的世界级难题。

隧道工程始终保持领先水平。攻克复杂地质条件隧道建造技术,实现隧道技术的重大突破。在保持山岭隧道水平领先的同时,水下隧道设计、施工技术迅速提高,隧道工程实现穿江过海。宜万铁路高岩溶复杂山区铁路隧道——齐岳山隧道建成通车,国内首座海底隧道——厦门翔安海底隧道顺利通车,郑西高速铁路大断面富水隧道——张茅隧道顺利通车,中国第一座高速铁路水下盾构隧道——广深港铁路客运专线狮子洋海底隧道建设成功及世界上修建难度最大的水下盾构隧道——南京长江隧道的建设成功,标志着中国铁建隧道及地下工程技术的领先优势不断巩固。

桥梁工程技术水平稳步提升。全面掌握高速铁路900吨桥梁建造技术,首创350公里/小时简支箱梁液压自动收放内模,研制具有自主知识产权系列化成套架桥机和运梁车,发明350公里/小时箱梁移动支架造桥机,该成套技术获2010年度国家科技进步二等奖;天津海河开启桥西主桥的成功开启,填补了中国同类桥梁施工空白;设计施工完成的沪杭高速铁路跨沪杭高速公路主跨160米自锚上承式转体拱桥，为目前高速铁路同类桥型中跨度最大、转体重量最大的无砟轨道桥梁；施工的沪蓉西高速公路支井河大桥，是上承式拱桥世界第一跨度；设计的湘潭四桥斜拉—拱组合式桥梁是世界首次采用的新型组合结构。

铁路“四电”技术迅速突破。通过开展新建350公里/小时“四电”系统集成技术研究，解决高速铁路“四电”系统集成的一系列技术难题，在新型施工装备研制、额定恒张力放线工艺、接触网施工调整技术、330千伏牵引变电设备安装调试技术、GSM－R无线网络优化技术、列控系统接口及安全管理技术等方面填补了国内空白。形成一整套协调匹配的子系统接口技术和系统设备综合联调联试技术，为中国首次由一家企业完成350公里/小时“四电”系统集成的郑西高速铁路提供了技术支撑；研制的拥有完全自主知识产权的适合于350公里/小时及以上高速电气化铁路的铜合金接触线，各种指标优于引进产品，已经成功应用于郑西高速铁路，运行效果良好；通过强强联合和再创新，电气化关键技术装备生产取得突破性进展，接触网零部件制造正在形成规模。

装备制造技术快速提升。生产的大型养路机械拥有自主知识产权的产品种类达70%以上，占据市场份额的80%，其中DWL－48Ⅱ连续走行捣稳车居国内领先，占据大型养路机械的高端领域，为6次大提速的顺利实施提供了技术支撑；通过引进消化吸收再创新，系统掌握了250公里/小时、350公里/小时道岔生产技术和生产工艺，目前已形成产业；盾构研制从零起步，在已完全具备独立设计制造能力的基础上，从单一类型向系列化发展；研制的平衡冲击式压路机、混凝土喷射机组等工程机械为施工主业提供了设备支撑。

大型公共建筑水平大幅度提高。建造了武汉站、新广州站、福田车站等一批高速铁路新型客站，将大跨空间结构、多层框架结构、桥梁结构有机地融为一体，设计理念及设计施工技术水平得到大幅提升。

二、当前科技工作存在的主要问题

总体来说，“十一五”期间科技工作所取得的成绩是显著的，但在成绩面前我们要清醒地认识到当前科技工作中存在的问题和不足，主要表现在以下几个方面：

1. 科技管理机构不够健全。
2. 缺乏高层次创新平台。
3. 缺少社会学术交流平台。
4. 科技创新领军人才不足。
5. 科技投入机制不健全。
6. 缺乏创新主动性，技术储备不足。

三、“十二五”科技工作思路及重点

“十二五”期间科技工作的总体思路及指导原则为：市场牵引，系统配套，持续创新，引领发展。

市场牵引就是紧密围绕铁路、城市轨道交通、高速公路、市政、水利水电、航空港等土木工程建设需要，以市场需求为导向，以重大工程项目为依托，以内部资源为主体，广泛联合高校院所，开展科技创新活动。

系统配套就是加强对专业技术的系统配套研究，形成综合完善的配套系统及产业链条。

持续创新就是对系统配套工程进行持续创新和完善，稳步提高产业技术水平。

引领发展就是加强对新兴产业科技需求的前瞻布局，加大前瞻性技术研究，引领企业健康持续发展。

“十二五”期间的科技工作，要在总体发展思路的指导下，重点做好以下几个方面工作：

1. 加强科技规划与企业发展战略的融合，谋划“十二五”科技创新工作

一是结合各单位“十二五”发展规划，抓紧制定与之相适应的科技发展规划，从战略上把握、整体上谋划科技发展道路。

二是坚持“有所为、有所不为”的方针，将有限的科技资源集中到主业上来，聚焦主业、服务主业、做强主业。紧密围绕主业和自身技术优势选择正确的突破口，进一步提高企业创新能力、核心竞争力。

三是加强技术创新的顶层设计，紧紧抓住带动主业发展上台阶的重点领域和重点项目，实现一批关键核心技术的重大突破，推动企业由“生产要素驱动型”向“科技创新驱动型”的转变。

2. 加强科技创新平台建设，健全科技创新体系

为加快股份公司创新平台建设，股份公司专门出台《关于加强集团公司创新平台建设的指导意见》，对设计院集团公司、综合性工程局集团公司、专业性工程局集团公司、工业类集团公司分别提出建设指导意见及目标要求。各单位要根据此指导意见，把创新平台建设作为“十二五”科技工作的重点，专人负责，抓好落实。股份公司将制定具体的检查考核办法，对各集团公司创新平台建设及运行情况进行年度检查考核，从资金、政策等方面给予支持和引导。对通过国家认定的创新平台，股份公司除给予一次性奖励外，每年还将补助一定的建设费用。通过做好做实创新平台，逐步完善科技创新体系，为企业健康发展打下坚实基础。

3. 规范科技投入统计范畴，建立有效的研发投入机制

科技投入是企业创新的根本保障，是支撑企业技术创新能力不断提升的重要手段，也是衡量企业科技投入产出效率的一项重要指标。针对目前科技投入统

计不规范等现象，股份公司将根据国家相关政策并结合我们企业实际情况，对科技投入的统计范畴提出指导意见，规范统计数据，规避税务风险，为企业科技决策提供依据。

各集团公司要建立规范有效的研发投入机制，加强研发的主动性，加大主动性科技投入，确保企业前瞻性技术开发、战略性技术诸备和共性技术总结的资金支持，确保研发投入能够随着企业的发展而不断加大。

4. 加强高端人才培养，稳定基层科技队伍

“十二五”期间，要通过出台一系列人才培养计划及相关激励措施，在勘察设计、工程承包、工业制造等重点领域培养一批具有较高研发水平和科研组织管理能力的领军人才。同时，加强一线工程技术人员的培养和使用，有针对性地出台教育和激励措施，保持基层科技队伍的稳定。

5. 切实做好科技研发工作，支撑引领企业发展

“十二五”期间，我们要以股份公司发展战略和规划为指导，做好三方面的创新工作，切实发挥科技的支撑和引领作用。首先，以满足企业生产需要为目的，结合重难点项目进行科技创新，紧紧围绕在建工程，切实解决生产中不断出现的新问题，通过项目的建设，实现技术的创新；其次，以做强企业为目的，针对前沿技术、长远技术开展科技创新，开展对当前主业的前沿技术和未来其他领域的相关技术的超前研究，提高股份公司的核心竞争力；最后就是以提升企业经济效益为目的，针对共性技术、安全技术开展科技创新，要加大共性技术、安全技术等对股份公司普遍适用的技术标准的研究，支撑股份公司规模，通过技术创新，提升企业经济效益。

6. 加强工程项目施工技术方案审查

工程项目施工技术方案是工程项目施工组织设计中最重要的内容，是工程施工安全、质量、进度和效益的技术保障。技术方案审查是工程项目管理的重要工作之一，更是各级总工程师、技术管理部门的重要工作内容。股份公司、集团公司两个层面要根据项目特点和风险情况，确定各级技术重难点项目，并采取适当的形式，组织技术方案审查；对于没有列入技术重难点项目的一般工程项目，工程公司要组织审查，确保全部覆盖。要建立股份公司、集团公司、工程公司三级技术管理体系和三级专家系统，做到技术方案审查工作有组织、有专家，在方案阶段控制技术风险、安全风险和投入风险。

7. 加强科技管理力量，规范科技管理工作

“十二五”要彻底扭转科技管理力量不强、科技管理不到位、科技管理制度跟不上科技快速发展等问题。各集团公司技术主管必须在岗在位，配足科技管理人员，完善科技管理办法，建立并执行好科技工作会、技术交流会、观摩会、业务会、工作会等各项会议制度。

8. 重视标准和知识产权工作

标准及专利是企业特级资质的指标之一，是企业技术水平的重要体现。各单位要本着“成果专利化，标准国际化”的目标高度重视标准及专利工作，积极争取参与国家和行业标准编制；同时，要逐步建立健全企业内部技术标准，使技术管理程序化、标准化、科学化。加强知识产权的管理工作，及时、科学地将本单位技术创新成果转化为专利，对专有技术、商标、技术秘密等进行有效保护。

9. 搭建学会平台，吸引社会资源

股份公司正着手筹建相关学会平台，争取在“十二五”期间成立并运作成为面向世界的具有法人资格的学会组织，发挥学会平台的作用，充分利用平台吸引社会科技力量，广泛开展学术交流，降低人才使用成本，推荐奖励优秀人才，为企业参与市场竞争，培养有益的支撑力量。

企业改革发展面临新的形势，对科技工作提出了更高要求。广大科技工作者责任重大、使命艰巨。我们要认清形势，坚定信心，紧紧围绕支撑和引领企业科学发展这一目标，加强管理，夯实基础，真正提升科技创新能力，为把中国铁建建设成为具有国际竞争力的世界一流企业作出新的更大的贡献。

强化管控　提升能力
在企业做强做优中发挥财务推动作用
——副总裁、总会计师庄尚标在中国铁建财务工作会议上的讲话
（摘要）
（2011年11月16日）

这次会议的主要任务是：总结回顾2011年财务工作，传达贯彻国资委、财政部财务工作会议精神，分析讨论财务工作面临的形势和问题，研究部署2012年财务工作，布置2011年决算和年度工作报告编报工作。

第一部分　2011年财务工作回顾

2011年是极不平凡的一年，受到国家宏观调控、铁路形势急转直下的影响，企业面临十分困难的经济形势，财务工作面临着自股改上市以来最为严峻的挑战。各级财务部门认真贯彻落实股份公司有关会议精神，强力推进各项财务工作的开展，为企业经济健康平稳运行作出突出贡献。

一、统一思想认识，全力应对困难和挑战

2011年以来，在国家加大宏观调控力度、银行信贷不断收紧、铁路市场急刹车、通货膨胀高位运行以及国际形势起伏波动等多重因素综合影响下，全系统出现前所未有的资金紧张状况，新签合同额大幅度下降，营业收入、净利润等主要指标压力加重，经营性现金净流量由正转负，银行贷款规模剧增，财务费用急速增长，债权和存货大幅度攀高，资产负债率持续上升，全系统面临的经济形势异常严峻。

针对“市场没活干、在建没有钱、银行不贷款”的不利环境，股份公司及时提出“稳字当头，现金为王，开源节流，增收节支”的指导思想，制定“严管、强收、少投、确保”的八字工作方针，各单位根据股份公司的部署，相继召开经济运行分析会议，深入分析面临的严峻形势，及时调整经营思路，重新评估资金保障能力，转变投资融资策略，坚持量力而行，力保经济平稳。一是调整经营思路，将经营重点迅速转向路外、西部、地下、水电、房建、海外等工程领域，减少对铁路市场的过度依赖。二是坚持眼睛向内挖潜增效，紧抓资金主线、成本底线、债权清收三大抓手，狠抓增收节支、降本提效，实现外延式生产和内涵式管理两条腿走路。三是认真开展经济活动分析，股份公司连续召开3个季度的经济运行分析视频会议，通报经济运行情况、分析形势和问题，有针对性地制定各项管控措施，对于指导全系统明确工作方向、化解危机、渡过难关收到很好效果。7月，财务系统在长春召开财务形势分析专题会议，研究形势，提出具体应对方案，并向主管领导进行专项汇报，得到充分肯定和高度重视。各集团公司、工程公司、项目部三级都开展定期的经济活动分析，通过分析为经济运行把脉诊断，为保持稳定和完成指标提供重要参考依据。四是全系统上下全力开展“保经济稳定，保资金安全，保指标实现”等一系列经济管理活动，统一思想，坚定信心，练好内功，共克时艰，为确保经济平稳“过冬”打下坚实基础。

二、采取有力有效措施，保证经济平稳运行

各单位积极行动起来，采取各种有效措施，强化资金管控，加强成本费用控制，严格控制对外投资，开源节流、增收节支、严管严控、清收清欠、有保有压、加强监管，有效应对各种挑战。

（一）确保资金链安全。一是各单位针对银根紧缩、经营性现金回流大幅度减少的状况，积极与银行沟通，深化银企合作关系，探索多渠道的融资方式，除流动资金贷款、银行承兑汇票等方式外，积极拓展融资租赁、售后回租、应收账款保理、短期融资债券等多种融资方式，严格控制利率浮动上限，最大限度地降低融资成本，为企业渡过难关提供有力的资金保障。二是各

级资金中心充分发挥融、蓄、调的“蓄水池”功能,加强资金集中管理,清理各种银行账户,提高“资金池”账户上限比例,把有限的资金集中使用,发挥资金规模效应,通过资金集中管理,加大内部调剂力度。三是加强资金风险监控,加大监测预警密度,对有息负债、资产负债率、净现金、经营性现金净流量等指标进行重点监测,将生产经营困难、资金状况紧张、负债规模较大的项目纳入重点监测范围,对到期贷款、即期承兑制定偿还方案,对偿债困难的单位超前预控,确保资金链安全。全系统没有出现任何贷款逾期和银行承兑违约现象,保证了企业在金融机构的良好信用,维护了企业社会信誉。

(二)强化成本费用控制。针对物价上涨、成本上升、费用难控的现状,各单位采取多种有效措施,千方百计控制成本费用。一是认真落实责任成本管理相关规定,加强工程项目成本管理,严格控制材料费、机械费、租赁费、间接费、劳务分包成本,加强责任成本分析考核,使项目成本得到有效控制。二是加强各级管理费开支控制,各单位按照股份公司要求,及时调整管理费预算,大力压缩非生产性支出,在通货膨胀继续高位运行和人工成本大幅上涨的情况下,管理费用上升趋势得到有效遏制。三是清理整顿亏损项目,对过程亏损项目逐一清理,加大扭亏增盈、减亏增效工作力度,对完工亏损项目实行问责,加大处理力度。四是积极撤并完工收尾项目,努力清收质保金和尾工款,收账并户,收款清债,减少资金消耗,防止效益流失。例如,中铁十一局集团公司机关本级和各工程公司共撤并收尾项目 76 个,堵塞了效益流失的口子。

(三)加大清收清欠力度。股份公司成立清欠领导小组,下发《应收款项管理暂行办法》,加大对清欠工作的组织领导和推动力。各单位根据股份公司的统一部署,相继成立以主管领导为组长、总会计师或其他班子成员具体负责的清欠领导组织机构,完善各类清欠办法,认真落实清欠工作责任制度,对清欠责任和清欠目标逐级分解,将清欠指标和责任分解落实到集团公司、工程公司、项目部三级层面,落实到单位负责人、清欠负责人、项目负责人和债权责任人四个责任主体上,加大了对清欠工作的考核力度,实行“三挂钩”制度,即清欠效果与单位负责人经营业绩考核相挂钩,与项目负责人的责任承包奖励挂钩,与清欠责任人的奖罚挂钩。通过上述措施,保证了清欠工作的有力开展。

(四)为生产经营保驾护航。在保障资金供应,维护资金链安全的同时,财务工作着力为生产经营提供强力支持。在银根紧缩、银行处于无贷款可放的不利条件下,各级财务部门主动出击,充分利用与银行金融机构多年的合作关系,说服他们与企业同舟共济,共渡难关,争取他们的理解和支持,使银行由锦上添花变为雪中送炭,为企业生产经营提供充足的保函和信贷额度、授信证明等强有力的财务保障。与此同时,对于必须确保的一大批重、难点工程,财务部门积极通过外部融资、内部调剂、加速周转等方式筹措资金,保证资金周转。

(五)经济运行平稳有序。通过全系统上下的共同努力,股份公司财务状况保持稳定,主要财务指标同比实现一定幅度的增长。

三、科学制定“十二五”财务战略规划,全面引领财务工作实现新的跨越

(一)财务规划明确了财务工作的前进方向。在 2010 年财务工作会上,股份公司根据企业“十二五”发展规划的总体部署,提出“十二五”财务战略规划的征求意见稿,在经过各单位反复讨论、充分征求股份公司有关部门意见的前提下,又在 7 月召开的财务形势分析会议上进行集体研究,以此为基础,财务部对规划进行多次修改,形成正式的规划文件。规划明确今后五年财务工作的指导思想,确定今后五年财务工作的总体目标。即坚持四项原则,提升五大能力,健全十大体系,完成十四项主要任务,保持合理优化的资本结构,创造持续稳定的现金流,有效防范财务风险,有效提升财会队伍整体素质,有效实施规范化、标准化、系统化、统一化的财务管理模式,财务管理能力和财务管理水平达到同业领先,国内一流的水平。“十二五”财务战略规划为股份公司财务工作统一了行动原则,厘清了发展路径。各单位要认真学习,深入贯彻执行,并努力通过规划的实施,使全系统财务工作水平实现新的跨越。

(二)财务规划符合国资委中央企业财务战略要求。中央企业财务工作会议上,国资委明确中央企业“十二五”财务规划,确立“完善财务功能,提升财务能力,加快财务转型,实现管理一流”的总体思路,提出“创造世界一流的财务绩效成果,达到世界一流的财务管理水平,建成世界一流的财务管控体系”的奋斗目标,国资委对中央企业提出四项要求:树立以实施战略和支撑为导向的财务管理理念,构建以权责清晰、管控有效为特征的财务治理结构,优化以面向业务、创造价值为目标的财务管理模式,打造以专业高效、结构优化为标准的财会人才队伍。国资委要求中央企业着力提升五大能力,即决策支撑能力、价值创造能力、风险管控能力、统筹协同能力、协调服务能力。

(三)各单位子规划基本完成。2011 年,各单位根据股份公司财务规划的统一部署,结合本单位企业规划和财务工作实际情况,分别制定本单位的实施规划,这些规划作为股份公司财务规划的分单位实施规划,是股份公司财务规划的子规划，也是股份公司财务规划有效落实的重要保证，各单位要按照“统一目标、同步推进、提高执行力、确保实效性、实现一体化”的总要求，尽快修改完善本单位的“十二五”实施规划，并在年底前上报股份公司财务部，由股份公司批复后执行。

四、充分发挥财务管理作用，财务控制能力有效提升

2011年是“十二五”开局之年，也是落实“十二五”财务规划的起步之年，各单位在应对经济危机的同时，进一步加大财务管理力度，财务管理能力和水平逐步提升。

（一）预算控制作用突出。按照全面预算管理的要求，各单位积极推进预算管理，充分发挥预算的权威性和导向性作用，加强收入、成本、利润、净利润、管理费用、有息负债、债权、债务等关键指标的控制，逐级分解指标、逐级下达预算考核责任书，使预算管理贯穿经济运行全过程。中铁十一、十五局集团公司和中铁建设集团公司将预算指标落实到差旅费报销、固定资产采购等管控活动中；中铁十三、十四、十六、十八、二十五局集团公司和中国铁建房地产集团公司制定按月度分析通报预算执行情况的制度，动态控制预算指标。中铁第四勘察设计院集团公司、中铁上海设计院集团公司、昆明中铁大型养路机械集团公司、中国铁建重工集团公司对预算指标的执行情况进行严格考评，并将考评结果和单位负责人的薪酬挂钩。预算管理在企业优化资源配置、提高运行质量、改善经营效益、加强风险管控中的作用日益显现。

（二）内控管理逐步加强。一是健全财务内控制度。股份公司下发《财务管理及内控制度》，对近年来的各项规章制度进行逐项细致的梳理和规范，形成较为系统完善的内控管理制度体系，对于规范企业财务行为，防范风险起到重要作用。二是强化总部机关对重大经济事项的管控力度。股份公司加大对于2000万元以上亏损项目的监控，通过分析，锁定大额亏损和有挂账成本的项目，督促其分析原因，制定扭亏增盈措施，并实施跟踪监控。中铁十七局集团公司实施亏损（潜亏）项目总会计师和财务部长全程跟踪制度和部门领导划片分工包保制度，收到很好的监督效果。南京长江隧道工程指挥部经过努力解除了总公司在该项目融资的担保责任，有效规避了担保风险。三是以财务监察为手段，突出重点，进一步强化风险控制。多数集团公司制定年度财务监察计划，规范财务监察行为和内容，确保财务监察活动的有效开展。中铁十一局集团公司对210个单位实施财务监察，对在建的102个单位实施审计督察，出具财务监察报告206份，审计督察报告102份。中铁十六局集团公司连续3年推行财务督导制度，组织5个财务督导组分单位、分项目实施包保责任管理。中铁二十四局集团公司财务监察工作开展面为100%，安排监察计划项目65个。中铁第四勘察设计院集团公司对所属20余家单位实施财务监察，出具监察报告，并由集团公司领导组织召开所属单位负责人参加的整改落实专题会议。

（三）绩效考评发挥导向作用。股份公司按时完成对各子企业2010年财务绩效考核工作，考核结果已经兑现。通过科学制定财务绩效考评办法，将绩效考评与预算管理紧密结合，通过不断优化调整公共指标、个性指标及其他考核指标的权重，促使企业在注重外延式发展的同时，更加注重内涵管理和发展质量，促使内部管理水平与规模发展相协调，使规模和效益、安全、质量、信誉等战略要素协调发展，发挥业绩考核正确导向作用。中铁建设集团公司通过积极完善科学的业绩考核办法，引导生产经营向重规模、重效益、重现金流平衡的方向发展，2011年不仅实现任务承揽的历史性突破，在实现净利润、保持银行无贷款方面成绩卓著，实现又好又快的发展目标。

（四）税务筹划效果明显。近年来，面对税赋加重、税检频繁、系统内部法人众多的纳税环境，各单位加大税务工作力度，增强税务管理力量，借助中介机构、大专院校等社会力量，认真研究税务政策，充分利用各项税务优惠政策降低企业税务成本。三季度末，有18家集团公司享受15%优惠税率，占比为56.3%。全系统三级以上子企业中，有44家享受高新技术企业所得税15%的优惠政策，有39家（集团公司本级5家）享受西部大开发所得税15%的优惠政策，有76家（集团公司本级19家）聘请中介机构进行研发费用鉴定，实现研发费用税前加计扣除。中铁十三、十五、十七、二十局集团公司和中国铁建重工集团公司等单位利用增值税出口退税的优惠政策申请出口退税，中铁二十局集团公司安哥拉项目实现出口退税4100万元，为企业减负创效作出突出贡献。

（五）海外监管步入常态化。近年来，随着海外经营规模的扩大和海外市场竞争的日趋激烈，海外经营环境变得日趋复杂，海外项目经营状况对企业整体财务状况的影响越来越大，从股份公司总部到各集团公司，都进一步加大了海外管理力度。一是更加注重境外资产安全。中国土木工程集团公司面临利比亚战局混乱的局面，克服重重困难，摸清了利比亚资产状况，为今后进行资产保全工作和未来重返利比亚恢复运作，打下重要基础。二是加大变更索赔力度。阿尔及利亚东西高速公路项目财务部门协助相关部门认真研究境外政策和合同条款，细致整理各类资料，为第一期补偿合同3.7亿美元顺利获得业务合同委员会审批通过创造了条件。三是强化境外项目资金回收。中铁二十局集团公司加大安哥拉项目验工计价力度，经过努力争取拨款2.46亿美元，有效地缓解了股份公司的资金压力。四是加强风险监控。中铁十五局集团公司为有效防范境外项目汇率和应收款风险，规定尽可能签订以“固定汇率”结算的合同和对海外项目应收款项进行投保等多种措施，以降低汇率风险和应收款风险。中铁十八局集团公司派出工作组对尼日利亚、沙特等国家的海外项目进行一次拉网式大检查，针对发现的问题限期进行整改，有效防范了海外项目风险。

五、加快建立健全基础体系，稳步推进各项基础工作

（一）会计基础工作有力有序。针对会计基础工作中存在的日常会计基础工作不到位、会计核算不规范、会计业务处理随意性较大等问题，各单位结合实际，有针对性地夯实基础工作中的薄弱环节。一是进一步健全会计基础工作规范制度，使会计基础工作标准化有据可依。中铁十三、十四、二十五局集团公司编制会计工作手册或细则，统一全集团的会计基础工作。中铁十七局集团公司制定《工程队财务管理与会计核算暂行办法》，进一步规范基层财务管理与会计核算工作。中铁二十二局集团公司制定《铁路项目劳务管控与核算指导意见》，填补“架子队”财务管理的空白。二是积极推进会计基础工作达标。中铁十六、二十、二十一、二十三局集团公司等单位在2011年开展会计基础工作达标，以规范的会计基础工作来防控风险，提高会计信息质量。中铁十八局集团公司制定《项目财务基础工作考评办法》，通过加强考评，促使会计人员积极履行职责。三是加强现金盘库、资产盘点、债权债务核对、备用金清理等基础管理，完善相关手续，进一步规范建造合同收入成本的确认、大型施工设备、周转材料核算及境外会计核算等行为，使基础工作薄弱环节得到加强。

（二）财务信息化扎实推进。一是股份公司按照国资委加强中央企业财务信息化工作的要求，结合股份公司财务战略规划，着手编制“十二五”财务信息化发展规划，进一步明确“十二五”期间财务信息化工作的指导思想、目标任务、重点工程和保障措施，为财务信息化建设的长远发展奠定基础。二是中国铁建报表大厅系统如期上线，实现11000家单位的在线填报，整合了财务月报、财务决算、财务预算等十几个报表体系，累积4万多个财务指标、3亿多条数据，为下一步建设财务风险预警系统打下坚实基础。三是按照银行的标准，完成财务公司核心业务系统的建设，实现资金结算、信贷管理、网上金融、票据管理等12大功能，并与工商、农业、中国、建设、交通等5家银行连接，能够为各级成员单位提供优质的金融服务，该系统上线标志着股份公司资金管理系统实现了质的飞跃。四是各集团公司结合管理需求对财务信息化系统进行拓展。股份公司总部、中铁二十二局集团公司等单位在费用预算控制等方面进行实施，中铁十二局集团公司在内部交易实时对账、财务报告自动生成和海外项目离线应用等方面成绩突出，中国铁建电气化局集团公司、中铁建设集团公司的成本管理系统已趋于成熟。五是加大财务信息化人才的培养力度，努力提高财会人员的操作水平和信息化技能，全系统分地区、分单位组织了五批次以上较大规模的培训，取得了良好的效果。

（三）产权管理得到进一步重视。企业国有产权是连接国资监管机构和企业的纽带，是实现管资产与管人、管事相结合的基础。一是按照国资委关于产权管理工作“基础性、枢纽性、战略性”的要求，股份公司确定“十二五”规划产权管理的工作指导思路，制定并下发《产（股）权转让管理暂行办法》及《资产评估管理办法》等制度，为整个系统的产权交易和资产评估工作的顺利开展奠定基础。二是完成总公司产权登记证法定代表人的变更，完成中铁建资产管理有限公司验资报告及产权登记，配合资产评估公司完成财务公司改制资产评估工作，完成中铁二十一局集团公司等单位土地置换资产评估等一系列工作，保证产权的归属清晰、权责明确、保护严格、流转顺畅。三是制定《总公司战备资产财务管理及会计核算暂行办法》，为探索战备资产管理新模式，保证资产安全完整发挥重要作用。

（四）财会队伍建设和财会学会活动呈现新的亮点。企业上市后，财务工作量成倍增加，工作难度越来越大，对财会人员要求的标准也越来越高，加强财会队伍建设，提高队伍素质日益迫切。各单位根据企业形势发展和财会队伍体系建设的总要求，进一步加大财会队伍建设力度。股份公司与新东方培训学校密切合作，举办第一期财会人员英语培训班，培训人员53人，脱产培训时间4个月，为积极实施“走出去”战略，储备海外财会骨干力量奠定基础。中铁十八、二十一局集团公司，中国铁建房地产集团公司、中铁建（北京）商务管理公司、中铁第一勘察设计院集团公司注重对大学毕业生的岗前教育和培训，通过“以师带徒”的方式，让大学生尽快熟悉岗位职责和业务，尽快提高个人工作能力和专业素质，逐渐构建起一套具有中国铁建特色的岗前培训模式。中铁十一、十三、十五、十七局集团公司和中铁建设集团公司在对会计人员进行继续教育的同时，积极鼓励参加注册、职称、外语等考试，储备后备力量。中铁二十二、二十五局集团公司和中国铁建电气化局集团公司制定内部财会人员考核办法，昆明中铁大型养路机械集团公司进行会计人员述职。各种形式的财会学会活动有声有色，中铁二十四局集团公司举办财会人员知识竞赛活动，中铁二十五局集团公司召开财务专题研讨会，中铁第四勘察设计院集团公司举办勘察设计系统财会学会年会等活动。全系统组织人员在省级以上刊物发表论文 62 篇，参与省级以上财会学会研究课题 13 个，为提高业务水平发挥积极作用。

（五）财务报告与财务分析质量稳步提高。2011 年以来，面对复杂多变的经济运行形势，财务报告与财务分析对于企业经营管理与各种决策活动的支持与参考作用越发明显，股份公司总部和各单位进一步提高财务报告质量，加强财务分析工作。一是及时、准确、完整地报送财务报告，有效提供内部管理报表，保证时效性。与中介机构密切沟通，出具无保留意见的审计报告，为经营活动出具报表资料提供必不可少的财务信息。二是为各级管理者进行经营决策提供参考。股份公司和各单位均实现了按季度进行财务分析，通过对毛利率、成本费用利润率、净利润率等指标分析，对企业的盈利质量、资本回报水平及持续发展能力进行评判，分不同行业、不同地区加强纵向及横向对比，传递国内外宏观及微观经济信息，使各单位能够准确定位，对提高企业运行效率和盈利能力提出建议。三是通过财务分析强化对财务风险的监控。各单位加强经营性现金流的分析、债务结构与偿付能力分析、资金成本水平的分析，关注盈利质量、资金回笼速度、亏损项目动态，结合经营性现金流、净利润与应收及应付款项变化情况等进行综合分析，验证盈亏的真实性，同时将风险反馈到决策层，从而达到预警目的。

（六）财务集中管理再上新台阶。在资金集中管理方面，各单位按照股份公司的要求积极探索各种新方法、新思路，确保有序推进。中国铁建电气化局集团公司突破业主监管和地域限制等障碍，强力推行账户归集、超额资金上存、利息定期收缴、上存物资保证金等措施，通过内部参建单位、控股公司等多种渠道集中资金，保证资金集中效果。中铁十二、十八、二十三局集团公司在集中有困难的项目所在地设立分中心，先形成“小资金池”，再分次、分批的向集团集中。中铁十七局集团公司在京福指挥部试点集中支付，指挥部下辖的 6 个工区的大额付款必须通过网银由指挥部审批后方可支付，促进了生产资金的统筹。在整合保险资源方面，股份公司以诚合保险经纪公司为平台，通过与各大保险公司签订战略协议或公开招标等方式，降低保险费率。在机票集中采购方面，中铁航服已与 15 家内部单位开展了业务，累计节约资金近 900 万元，效果初步显现。

六、有效应对各类监督检查，切实维护企业合法权益

（一）全力应对税务稽查风暴。2011 年，股份公司被国税总局列为重点检查的 9 家中央企业之一，各省市国税稽查局、地税稽查局对股份公司所属单位的税务检查全面展开，跨期之长，力度之大，涉及面之广，检查之严格前所未有。很多地方从单一的发票检查转变为全面检查，从本年度延伸到以前年度。面对严峻的检查形势，股份公司专门召开会议研究部署迎接检查工作，并积极组织实施内部自查，化解风险。各单位结合本企业实际，加强领导，成立机构，制定方案，全面部署，通过自查自纠和整改工作，最大限度地把问题解决在自查阶段，自查结果得到税务机关的认同。从各单位反映情况看，查补税款处于可控范围，全系统没有出现较大涉税案件。

（二）切实做好外部审计整改工作。一是按照铁路项目审计工作的要求，认真组织得力人员，积极配合审计署、各地专员办以及中介机构、业主开展审计工作，对铁路项目的专项审计、延伸审计、跟踪审计和竣工审计等工作紧盯不放，毫不松懈，确保了不出问题，不受损失，取得较好效果。二是各单位通过与审计人员沟通协调，积极采取有效措施，进一步规范大额资金使用、材料物资管理、安全费用提取和使用、分包管理与核算等棘手问题，避免了违法违规风险。三是积极配合铁路以外的项目中期审计、竣工审计等，实现项目结算、移交等工作顺利进行，没有出现违法违纪、核减投资等问题，确保了企业经济和信誉不受损。中铁十五局集团公司推行迎接审计片区财务总监委派制，对分管单位进行监督、指导和做好审计配合；中国铁建电气化局集团公司建立迎检迎审常态机制，这些措施有力地推动了业务规范，为通过审计奠定了基础。

（三）积极配合相关监督检查。在迎接税务稽查和审计检查的同时，各级财务部门还积极配合各省市高新技术企业专项检查、高新技术资格复审、企业特级资质就位、财政部会计信息质量检查、“小金库”专项治理、中纪委对铁道部案件调查等系列检查工作。在各种检查相互交织、影响叠加、工作量繁重的巨大压力下，经过各级总会计师和财务部门的艰苦努力，检查风险总体可控，没有出现较大问题，说明全系统的各项工作是到位的。

综上所述，2011 年以来，在形势严峻和极度困难的情况下，各级财务部门不等不靠，奋力拼搏，扎扎实实地推动各项工作的开展，取得了显著成效，企业经济运行和财务状况继续保持稳定发展态势，实属不易，难能可贵。这是全系统上下共同努力的结果，也凝聚着各单位总会计师、各级财务部门和广大财会人员的辛劳和汗水，这次会议上受到表彰的先进单位和先进个人就是其中的优秀代表，值得大家学习和尊重。在肯定成绩的同时，我们也必须清醒地认识到，财务状况是企业经济运行和财务管理的晴雨表，通过这次经济危机的冲击，使企业在经济运行中一些长期积累下来的难题更加凸显，一些深层次的经济弊病表现的更加突出。

一是企业过度依赖于工程承包主业，过度依赖于铁路市场，过度依赖于国内市场的弊端愈发显现，调结构、促转型、上水平已经刻不容缓。二是管理粗放、产高利低、微利生存、造血功能不足的现状已经形成倒逼态势，个别子企业的资金链安全已经受到严重威胁，转变经济增长方式、走质量效益型发展道路是必然选择。三是企业的财务状况欠佳，资产质量不高，债权、债务长期居高不下，资产运营能力较差的问题更加突出，财务风险逐步加大，必须下大力量改善资产负债结构，降低债务依存度，增强抗御财务风险的能力。

总结成绩是为了更好地发扬成绩，查找问题是为了扫清前进道路上的障碍。一年来抗压克难、沐雨栉风的财务工作也使我们感触很深，体会良多。

体会之一：做好财务工作必须紧跟企业发展步伐，明确工作思路和目标，在企业发展中体现财务工作自身的价值。经济越发展，财务越重要。当前，股份公司正处于实施"十二五"战略规划，实现结构调整和转型升级，提升发展质量和提高价值创造力，由做大向做强、做优转变的关键时期，财务工作必须按照股份公司战略规划和财务战略规划的总体要求，全面实施，扎实推进。各单位、各级财务部门必须思想统一，步调一致，团结拼搏，体现价值，经过不懈努力，实现财务管理能力和财务管理水平达到同业领先、国内一流的奋斗目标。

体会之二：做好财务工作必须坚持与时俱进，敢于抗压克难，善于积极主动、创造性地开展工作。世界上唯一不变的法则就是变化。面对激烈的市场竞争，直面严峻的经济环境，肩负日益繁重的工作压力，我们必须以饱满的热情，良好的心态，积极进取，迎难而上，在思维上保持高度敏感和弹性，在工作上充满创意和活力，用发展的办法解决问题，用智慧的方式破解难题，用顽强的毅力拼搏取胜，唯有如此，我们才能在激烈的竞争环境中不断地超越自我，才能使财务工作永葆生命力和创造力。

体会之三：做好财务工作必须有一支恪尽职守、吃苦耐劳、拼搏奉献、具有强大凝聚力和战斗力的财会队伍。股份公司财会队伍总数已经达到15000人，占企业员工总数的5%，这是一支继承铁道兵传统，特别能吃苦、特别能战斗、特别能奉献的优秀队伍。广大财会人员恪尽职守、兢兢业业、埋头苦干、默默无闻，"五加二"、"白加黑"加班加点，忘我工作，创造了"股改精神"、"报表作风"、"财务套餐"，充分发挥财务职能作用，为提高财务工作整体质量和水平，提升企业核心竞争力，加快企业发展作出突出贡献，这是我们做好财务事业的坚实基础和保障。

第二部分　财务工作面临的形势和问题

从当前的经济形势分析，后金融危机时代的世界经济形势尚不明朗，中国经济面临的不确定性因素增多，企业发展既面临调结构、促转型、上水平的重大机遇，也面对规模缩减、资金短缺、风险加大的严峻考验。综合各方面的形势判断，在2011年后期和2012年上半年，企业将会面临国家宏观调控力度不减、经营规模有所萎缩、营业收入增幅下滑、效益总量同比下降的压力，财务工作将面临更大的困难和挑战，我们必须紧跟形势的发展与变化，细心观察，冷静分析，正确研判，沉着应对。

一、从国际、国内宏观经济形势分析，企业正面临复杂多变的经济环境

一方面，从国际形势看，国际金融危机的影响还在持续，世界经济复苏进程缓慢曲折，西方主要经济体的经济发展方式可持续性面临挑战，欧洲国家主权债务危机的影响仍在蔓延，北非、中东的乱局尚未平息，国际大宗商品价格在波动中上升，主要货币币值不稳定，人民币升值压力巨大；另一方面，从国内形势看，中国经济开始进入工业化中期，将继续保持较快的增长，国家积极推动落实"十二五"发展战略规划将给我们提供较长一段时期的发展机遇，铁路项目建设资金短缺的问题已经得到部分改善，铁路建设速度在放缓的情况下趋于稳定增长，企业经济将从依靠政策性刺激转为主要依靠自主式增长。但同时，"稳物价、防通胀"与"调结构、保增长"将始终是政府经济政策的主基调，能源、原材料等大宗商品价格仍将会缓慢上扬，劳动力成本节节攀升，企业成本压力不断上涨将导致利润空间持续受到挤压，适度从紧的货币政策将使企业继续面临融资难和融资成本大幅增加的困境，多数行业将步入微利和高风险时期，企业之间的竞争将更加激烈，生存的压力将进一步加重。

二、从企业经济运行态势分析，传统的经济增长方式面临重大挑战

由于国家经济增长放缓和刺激性政策的退出，将直接减少投资总量，争夺建筑市场份额的竞争将更加白热化，价格大战已经是企业难以承受的成本之痛。与此同时，铁路市场减速造成了企业经营规模的急剧缩减，使企业依赖规模创效的发展模式不可持续，如果没有新的利润增长点作为支撑，将会使企业总体效益水平逐步下降。从铁路市场分析，铁路在建项目停工、半停工现象虽然有所缓解，但由于资金短缺所形成的工程项目计价、结算、付款滞后问题将不会发生根本性改变，工期成本的压力仍在，因停工、复工所造成的劳务队伍频繁下场、上场必然增加成本负担，铁道部对铁路项目变更、索赔、调概、补差的批复确认工作仍然没有定论，工程项目预期利润缩水和潜亏的风险必须引起各单位高度重视。在成本负担增加的同时，过度膨胀的有息负债和高昂的利息费用直接吞噬了企业利润，各种形式的项目垫资、投标、履约现金保证金占用了企业大量资金，应收款和存货居高难下，且回款困难，经营性现金净流量为负数的问题短期内恐怕难以有效解决，企业的资金周转压力依然巨大。

三、从财务工作自身看，财务管理中面临许多新情况、新问题

一是从生态环境看，财务保障压力加重和财务风险持续加大。企业的经营、生产、投资、运营对资金的需求量越来越大，对财务支持的要求越来越高，由于建筑市场不规范所形成的带资承揽、投资承揽、保证金承揽，使部分单位已经超出了财务资源可承受力，甚至可能导致财务状况恶化。各级审计、财政、税务机关的检查日益频繁，企业不规范的经营管理行为面临的检查监督风险越来越大。海外项目经营风险与日俱增，国际经营环境中不可控、不确定性因素增多。

二是从管理能力看，财务管控的难度加大。主要表现为总部对各级财务的垂直管理和控制力不强，财务政策执行不统一，会计核算口径不一致，财务资源集中度较低，财务一体化运作水平较差，企业经营行为、生产行为、投资行为、管理行为、财务行为尚未实现管理目标的高度一致性。

三是从发展理念看，经营风险转移为财务风险的趋势明显。一些单位过度追求规模扩张与发展速度，重规模、轻效益，重生产、轻管理，重投入、轻产出，重指标考核、轻现金回流，导致债权债务长期居高不下，资产负债结构失衡，资产负债率超过警戒线，已经呈现较大的财务风险。

四是从保障支撑看，基础管理体系建设滞后。财务信息反馈和预警能力不足，基础控制与管理能力较弱，参与决策与事前预控功能存在缺失，财务工作基本上仍处于事后反映与被动接受的状态。全面预算管理、资金集中管理、会计基础工作、财务信息化建设、内控制度执行和财务风险预警等仍然跟不上形势发展要求，与同行业先进单位有差距拉大的趋势，与世界500强中优秀企业的差距更加明显，财务基础管理体系建设急需提升。

第三部分　2012年财务工作部署

2012年，是企业发展的关键之年，国资委对中央企业结构调整、转型升级、做强做优的推动力将进一步加大，中国建筑、中国交通、中国水电等兄弟中央企业发展势头迅猛，形势逼人，股份公司发展如逆水行舟，不进则退。面对紧迫的形势，我们没有更多的选择，只有变压力为动力，变挑战为机遇，迎难而上，奋起直追。

2012年要成为股份公司“财务管控年”，各级财务部门要加大工作力度，狠抓各项工作落实，通过进一步提升能力，强化管控，统筹财务资源，夯实财务基础，健全财务体系，履行财务职责，发挥财务支撑、推动和保障作用，兼顾规模、速度、效益、质量与风险的平衡，努力推动各项财务价值目标的实现。

2012年财务工作的思路是：深入贯彻国资委中央企业财务工作会议精神，遵循公司“十二五”发展战略规划和财务战略规划指导思想，坚持依法理财、稳健理财、科学理财，以现金流管理为中心，以全面预算管理为主线，以效益管理为根本，以创造价值为目标，强化成本费用控制，改善资金状况，优化资产负债结构，提高资产运营能力，加强财务内控管理，有效防范财务风险，推进会计基础工作标准化、财务信息化和责任成本管理精细化，发挥财务绩效考评导向作用，着力提高财会队伍素质，促进财务转型，提升财务能力，增强财务实力，在企业做强做优中发挥财务推动作用。

2012年要重点抓好以下几个方面的工作。

一、审时度势，确保财务安全和经济运行平稳

各单位要按照股份公司的要求，做好“过紧日子”的长期准备，审时度势，把握形势，理清思路，积极应对，抓住关键，细化措施，坚持稳健理财，确保经济运行平稳、有序、可控。

（一）把确保资金安全作为生存底线。各单位要按照量入为出、收支平衡的原则，充分考虑财务承受力，捂住“钱袋子”，看好“保险箱”，坚持资金收放有度，对项目有保有压，坚决防止出现资金链断裂、企业上银行“黑名单”等恶性事件，这是企业的生存底线，也是各级财务部门必须坚守的安全防线。

（二）把确保经济运行平稳放在首位。全系统要积极开展增收入、降费用、清应收、压库存、盘活资产等有效措施，通过开源节流、增收节支、降本增效等一系列活动，苦练内功，提升精益化管理水平，抑制不顾财力的盲目扩张冲动，堵住亏损项目效益流失黑洞，促进管理短板及时跟进，有效提高企业的创利能力、偿债能力、营运能力和发展能力。2012年，各单位要立足于上市公司的高度和发展的角度，突出预算指标、实际完成指标与“十二五”规划指标的对标管理,加大对主要财务指标的预控微调和修偏纠正力度,加强对营业收入、净利润、有息负债、经营性现金净流量等关键指标的控制与把握,防止主要财务指标出现大起大落的现象,预算指标一经批复确定,无特殊情况将不能更改。

(三)加强风险监控和财务预警。为促进企业健康、平稳和持续发展,股份公司将尽快建立财务风险预警机制,分析企业生产经营与财务状况变化,评判面临的风险及程度,根据财务风险程度对各单位实施分类监管,对债务负担重、资金链脆弱的单位重点监控,防止局部资金链断裂产生连锁反应。各单位对重点项目、重点单位要进行跟踪,加强对重大投资、重大工程项目、重大亏损、海外项目、重点债务、重组并购及重要财务事项可视化动态监控,加强风险评估,制定危机处理预案。要针对相应风险源,采取有效地控制措施,规避风险或将风险控制在可承受度之内,防止企业因过度借贷导致财务状况迅速恶化,防止出现管理滞后于发展、效益与质量未同步提升的问题,更要防止因内控制度流于形式,发生资金损失等低级管理失误,甚至出现重大违法违规问题。

二、促进转型,着力提升财务价值创造力

未来企业之间的竞争更多地表现为内涵发展能力的竞争,企业经营管理水平在核心竞争力中的作用将更加凸显。财务管理是企业管理的中心环节,是战略实施的重要支撑,更是运营决策的必要基础和依据。财务工作必须及时更新观念,从传统的核算反映型向管理控制型转变。通过加强财务管控、参与决策支持和财务绩效创造,不断提升价值创造力。

一是推进财务管理模式的转型。坚持以价值创造水平作为资金支付的导向,作为核定资本性支出以及各类费用标准的依据,同时要积极组织或参与全面预算管理、成本费用控制、资本运作、资金筹集与融通、税务筹划、风险管理、价值链管理等业务,努力提升企业价值。二是强化总部管控能力。围绕母子公司权责、增强集团管控能力的目标,强化股份公司总部、各集团公司机关对各级财务的垂直管理和控制力度,在集团范围内形成一体化财务组织,确保财务信息贯通和财务管控落地,紧密结合企业经营模式和内部控制机制建设的要求,梳理财务流程,合理设计集团与各级子企业之间的财务职责与权限,确保全系统财务资源运行有序可控。三是增强财务支持与保障能力。积极适应面向业务、创造价值的要求,从核算分析、监督评价、决策支持、资源保障等方面,增强与业务的融合与共享,深入业务前端,为业务经营提供服务与支持,以价值尺度衡量业务实施效果,有效推动符合战略、提升价值的发展业务。2012年,股份公司将加大推动财务转型工作力度,以价值创造为导向,以财务业务一体化为纽带,提升公司总部和各集团机关财务的管控能力,变对经济运行活动的事后反映向事前控制转变,变对经济业务事项的被动应对向主动管控转变,切实防范财务风险,为提高经济运行质量,实现企业价值最大化发挥积极作用。

三、现金为王,切实提高资金运作水平

企业发展的规律告诉我们,在市场经济社会中,企业之间的竞争,更多地表现为资金实力的竞争,资金是企业发展壮大不可或缺的基本要素。作为世界500强企业,股份公司在上市融资方面已经迈出历史性步伐,但仍然存在过度依赖银行融资、融资成本较高和短借长投等问题,因此,我们必须要走产融结合的道路,通过设立财务公司等方式探索新的融资渠道。同时,要结合企业实际,有力推进以资金预算为核心、以资金集中管理为手段的资金管理体系,全面覆盖每一个核算单位,垂直管理每一个银行账户,动态监控每一笔资金流向,强化资金控制,加速资金周转,提高资金效率,努力实现资金长期动态的平衡。

(一)尽快发挥财务公司的功能作用。3月,银监会已批准总公司对中国长城财务公司进行重组。目前,中国铁建财务有限公司开业的各项准备工作已经就绪,只待银监会批准后正式运营。由于股份公司涉及行业众多,分布地区很广,每个单位的特点和要求都不同,传统的结算中心已经很难实现对口的专业金融服务。同时,股份公司旗下有500多家法人企业,累计起来的银行账户沉淀资金非常可观,因此,我们必须通过设立财务公司,最大限度的集中资金,最大程度的发挥资金效率,尽可能的降低资金使用成本,建立和完善内部金融服务体系,这是股份公司成立财务公司最主要的目的之一。与此同时,财务公司成立后,作为非银行性质的金融机构,将为成员单位提供存贷款、票据贴现、担保、结算等一系列金融服务,并在未来担当对金融机构的股权投资、经批准发行财务公司债券、承销成员单位的企业债券、有价证券投资、成员单位产品的买方信贷及融资租赁、经批准的保险代理业务等金融投资及经营行为,成为股份公司多渠道融资的重要平台,并有望成为股份公司实现产融结合后新的利润增长点。希望各单位要服从服务于股份公司的整体战略,积极做好配合,早日发挥财务公司功能作用。

(二)进一步强化资金预算管理。各单位要切实加强资金预算管理,以保障流动资金为重点,以财务承受能力为依据,以收定支,量入为出,合理确定经营活动、投资活动、筹资活动产生的现金净流量,准确计算货币资金余缺,努力实现资金动态平衡。要进一步强化资金预算的刚性约束作用:一要统筹确定年度资金收支规模，对年内重大资金的收付做好计划，及时回笼资金，在资金承受范围内，通过加强资金预算的执行控制，稳健、有效地将资源配置在风险可控、价值最大的项目上。二要严控资本性支出，着力推动大型物资设备的集中采购、保险、服务等社会资源的进一步集中，对于资本运作及对外投资项目要进行充分论证，科学评估，确保投入产出效益。三要合理控制经营性支出，限制施工项目流动资金投入，杜绝垫资施工行为，严格控制费用支出比例，三项费用支出预算一经确定，不得超标。各单位要充分利用信息化平台，做好日常的资金支出审批和节点控制工作，保证预算指标对实际运行数据的控制。

（三）继续加大资金集中管理力度。各级单位要进一步加强资金集中管理，加大总部资金筹集和调配力度，提高银行账户授权比例，千方百计把分散的资金纳入"资金池"管理。最近，铁道部在资金"三方监管"的问题上已经放松，各单位应抓住有利时机，积极与业主紧密沟通，将监管资金纳入集中范围。对于路外存在"三方监管"的项目，可以采取设立分中心等方式，分次、分批的向集团集中。2012 年，股份公司要针对海外业务发展的情况，积极探索境外资金集中管理的有效方法。针对各单位保证金总额较大的问题，要力争在投标和履约阶段采用保函替代保证金等方式，缓解现金流压力。要继续加大对完工项目的收尾并账力度，及时撤并银行账户，减少资金消耗与流失，积极清收质保金和尾工款，确保效益货币化。要认真清理外部银行定期存款，除保证金性质的定期存款外，要全部转到各单位资金中心或股份公司财务公司。

四、强力推动，从严从紧从细控制成本费用

成本费用管理是企业财务管理永恒的主题。各单位要密切关注成本费用的驱动因素，运用价值链分析工具，重新审视成本费用管理在提升企业管理水平、提高降本增效能力中的功能定位，构建将成本动因分析、价值链分折、成本费用控制融为一体的战略成本的管理流程和基本框架。在经济形势趋紧，企业"过紧日子"的时期，各单位要从维系生存、保证可持续发展的高度进一步强化成本费用控制。

一是细化成本费用控制措施。点滴入手，厉行节约，从一张纸、一度电、一吨水、一升油、一袋水泥、一方砂石料做起，积少成多，聚沙成塔，以量的节约换取成本的下降。二是发挥集中批量采购作用。除了材料物资、机械设备实行集中采购以外，还要研究各项费用的集中采购，比如统一招待用烟、酒，统一办公用电脑、耗材、纸张，指定住宿酒店，统一机票代理，充分利用视频会议和网络化办公节约成本等。三是有效推行经费包干办法。对于项目的间接费、机关差旅费、办公费、会议费、低值易耗品，甚至招待费用等，要尝试包干办法，节余留用，超支不补，充分调动各方积极性，但包干费用的列支必须以合理合法、真实有效的票据为列账依据，不得变相发放补贴和奖金。在这方面，中铁第一勘察设计院集团公司对于项目现场费用、部门经费实行指标控制、经费包干办法，效果明显。四是严格成本费用考核。将成本费用指标控制的责任落实到项目、部门、车间、班组，落实到每一个责任人身上，敢于"晒成本"、"亮支出"，真奖真罚，真正体现约束力。中铁十二局集团公司在这方面已经先行先试，在完善责任成本管理相关体系建设的基础上，积极推行《项目重大成本开支公示制度》，要求各项目设立"成本开支情况公示专栏"，将项目重大成本开支情况定期予以公示，对于全员参与、监督成本控制，共享成本控制成果起到很好效果。

五、综合用力，有效改善和优化财务状况

从股份公司财务状况看，资产负债结构极不合理，应收款和存货居高不下，债权债务对比失衡，外欠款清收乏力，偿债压力巨大。2012 年各单位要切实加大清欠偿债力度，增资减债，有效改善资产负债结构，降低有息负债规模，减轻利息负担。

（一）紧抓清收清欠工作不放松。各单位要统一思想，提高认识，健全机构，明确职责，增强做好清欠工作的紧迫感和自觉性，立足于通过清收清欠解决企业面临的资金短缺问题，减少对外部融资的依赖。一是要在年底财务决算数据的基础上，组织专门人员对拖欠工程款的情况进行全面详细的统计、分析，按债权类型、形成时间、欠款性质以及清收难易程度等对拖欠款项进行分类。二是要明确责任和指标，加大清欠工作推动力，通过签订清欠责任书或下达具体量化指标等方式，做到"定指标、定责任人、定方案、定期限、定奖罚"，建立清欠工作终身责任制，确保"债权不清收、责任不解除、奖励不兑现"。三是紧盯铁路项目资金回收。抓住铁路项目建设资金缓解的有利时机，主动出击，上下联动，加强与业主沟通，争取理解和支持，加大已完工程量的计价结算力度，最大限度地实现经营性现金回流，努力改善资金状况。要认真落实国资委、股份公司制定的铁路项目资金周报和资金日报制度，及时、准确、完整地统计铁路项目资金动态信息，保证资金安全合理有效地使用。

（二）千方百计降低债务依存度。借钱容易还钱难。2011 年，各单位为保资金链安全、保经济运行稳定不得不进行大规模的外部融资，承担巨额的利息支出，巨额有息负债已经威胁到股份公司财务结构、信用体系和资金链条的安全。随着经济形势逐步好转，特别是经营性现金流趋于正常的情况下，必须把严格控制融资规模和努力偿还银行贷款作为重要工作。一是认真梳理各类有息负债的用途，逐项目进行清理，凡属企业从银行借贷存出的现金保证金、对项目投入、垫资使用的资金，在回款后要确保原渠道收回，偿还银行贷款，禁止未经批准转移用途。二是有效实施债务重组、表外融资、资产置换等方式，合理清偿债务，压缩债务规模，平衡资产负债关系，努力把债务水平控制到一个合理、可承受限度，千方百计降低资产负债率。股份公司要求，资产负债率在90%以上的子企业，要针对经营规模缩减，债权、债务可能呈现高峰回落态势，制定出切实可行地降低资产负债率的操作方案，在2012年努力使资产负债率下降到90%以下。三是紧盯购买大型机械设备使用借贷资金的回流，以折旧、摊销或利润的形式尽快回流资金，确保按时偿还银行负债，防止出现设备沉淀资金，甚至因设备闲置导致资金浪费的问题。四是改善和优化负债结构，适度将短期借款转化为长期负债，减轻短借长投和流动性负债周转的压力。

（三）积极配合做好概算梳理与变更的批复工作。铁道部已经明确，对2011年11月底前上报的概算梳理和变更设计进行清理，争取12月底前全部批复完毕。各级财务部门要积极配合经营等部门，做好投资梳理、概算清理、变更索赔和调差补差工作，抓紧报送相关资料，紧盯批复确认的文件和各类手续，将应收客户合同工程款变为有效债权，最大限度地进行垫资款回收和成本的补偿，努力减少存货和应收款资金占用，防止垫资风险和潜亏问题发生。

六、加强管控，提高财务管理和风险防范能力

（一）确保内控机制的有效性。一是做好迎接内控制度评价的准备。国资委将于2012年全面推动企业内部控制建设工作，即全部推行《企业内部控制基本规范》和配套指引，并将启动内部控制评价工作，对于主营业务整体上市的企业，将于2012年6月上报内部控制评价报告。各单位要根据股份公司的统一部署，做好制度规范、流程梳理、风险识别等基础工作，控制好关键节点，落实细化措施。二是认真梳理内控环节，准确评估内控机制的效率和效果。各单位要结合落实《内部控制指引》及股份公司内控制度、“十二五”规划对内控制度建设的要求，全面梳理内部控制环节，开展内部控制穿行测试，厘清风险点，屏蔽风险源，同时对内部控制机制的效率和效果进行评估，修正和完善内部控制程序和手段，着力规范财务行为，防止出现“小金库”等低级错误。三是提高内控机制的管控力度，提高执行力和落实力。要建立上下级联动的内控机制，夯实内部基础，严管涉外环节。要国内、国外并举建立完善的内控体系，确保企业生产经营始终处于受控状态，确保企业内部控制机制高效运转。

（二）加强会计集中核算工作。要以财务信息化为平台，以会计集中核算为手段，对财务管理与会计核算实施流程再造，从资金流、信息流和管控体制机制上进行变革。要继续巩固会计集中核算取得的成果，保持国内全覆盖，努力实现海外项目100%上线。2012年，全系统要逐步升级财务集中核算软件系统，开发与网络报表的接口程序，加快实现账务自动生成报表，实现账表对接，从根本上解决账表不一致问题。要积极推行“法人一套账”核算模式，选择试点单位推行“一套账”的核算管理。股份公司要求，各集团公司2012年至少要选择一个工程公司或其他法人单位作为“一套账”核算试点单位，同时，要研究对于实行“两级核算”的集团公司所属指挥部实施集中核算的有效途径，努力减少全系统的账套数量，提高核算集中度，提高核算质量和会计信息质量，为实现财务集中管理奠定基础。

具备条件的单位，可以在业务集中的地区探索设立区域性财务管理中心，集中处理区域内非法人单位的业务，并履行区域资金集中、核算集中、管控集中三大职能。资金的“统收统支”是区域性财务管理中心开展工作的必备前提。实行会计集中后，区域内成员单位的财务人员、部分财务管理职能仍然可以保留，而会计核算、报表编制及资金集中管理的职能上移。成员单位的会计人员通过收集原始单据、整理与审核原始凭证后，报送区域财务管理中心作为进行资金支付、会计处理的依据，记账、大额资金收支、报表编制及出具财务报告等工作将由区域财务管理中心负责，从而实现财务集中管理的目的。各单位要仔细分析自身管理特点，对财务组织、业务流程、岗位职责等进行优化，有序实施集中管理，切勿出现“一刀切”式的盲目推进，尤其要防范在财务集中管理变革中因内控漏洞可能形成的风险。

（三）提高资产管理与运营能力。一是加速应收款项周转。加强应收款项事前、事中、事后的全过程管控，在回收过程中掌握主动权，边施工边收款。加强与业主沟通，加快工程结算进度，确保债权的有效性。在日常工作中树立法律意识，规范工作程序，注意收集整理各方面资料，为以后可能的债权诉讼做好准备，防患未然。二是确定最佳存货批量。要按施工进度计划，采用定额购料、限额领料制度，确定最佳存货批量，积极推行施工现场“零存货”管理模式，降低保存成本，实现最小的货币资金占用。三是提高固定资产使用效率。各单位要对固定资产进行全面清理，实现管理网络化，在加强内部调剂同时，利用资产租赁或对外投资形式，积极盘活房产、土地、机械设备等闲置资产。对于低效、无效资产,可以进行拍卖转让,加速资产变现。要重点加强对客运专线移、提、运、架等专用设备、TBM、盾构机等大型施工机械以及大型钢模板等周转材料的调剂和使用,努力提高使用效率,防止出现闲置浪费现象。

(四)加强税务筹划与管理。一是设立专门的税务管理机构或专职岗位。随着中国税收法制的健全、税收体系的完善,企业涉税事务越来越复杂。各集团公司应设置专门的税务管理机构或专职岗位,建立起合理的岗位体系,并配备专业素质和业务水平较高的管理人员。二是采取各种行之有效的措施,利用各种渠道,加强税务管理人员的业务培训,促使其提高税收知识修养,掌握节税筹划的理论和技能,更重要的是具备税务筹划的意识,从而能够依法高效地为企业开展节税筹划工作。在中国税收法律法规日趋完善,企业所面临的税务筹划环境不断变化的情况下,这种培训工作更显得必要。三是要加强与税务部门沟通,争取得到税务部门在税法执行方面的指导、理解和支持,同时,要充分利用社会中介机构的力量,争取获得有关税收优惠政策。四是进行合理有效的纳税筹划,充分发挥纳税筹划作用,力争使企业的各项涉税业务能做到未雨绸缪,灵活、充分利用现行税收优惠政策,重点是高新技术企业、西部大开发、研发费用的加计扣除和增值税出口退税等优惠政策。五是要高度重视高新技术企业复审和专项检查工作,完善相关文件和基础资料,规范核算信息,防范税务筹划风险。

(五)进一步强化财务监察。各单位要建立和完善财务监察体系和运行机制,并使之有效运转。财务监察要规范化、常规化,做到年初有计划、有目标、有布置,年终有检查、有评比、有结果。财务监察既要与内部审计、纪检监察相结合,又要独立地履行财务监督职责;既要利用好有限资源,又要避免重复工作。要在研究企业面临的形势和存在问题的基础上,对财务活动、财务管理过程以及经营活动的财务结果进行监管督察,严格工作程序,确保监察工作质量。要加大对发现问题的整改力度,认真制定切实有效的整改措施,落实整改责任,确保整改到位,并注重举一反三,剖析原因,健全长效机制,有效防范风险。

七、提高水平,积极推进财务基础体系建设

(一)推进会计基础标准化。以制度建设为基础,制度落实为核心,推进会计基础工作标准化建设,通过强化会计基础工作提升企业财务管理水平,提高企业会计信息质量。进一步梳理业务流程,编制财务管理与会计核算业务流程图,全面推进会计基础工作规范化达标。进一步扩展会计基础工作标准化的深度和广度,以基层为重点,夯实基础,进一步加强原始单据管理、会计凭证管理、会计账簿管理、会计核算管理、财务报告管理以及其他会计资料管理,以规范的会计基础工作来防控风险。深入开展会计基础工作标准化考核,对达到规范化标准的单位进行达标检查验收,对存在问题的单位,督促其对会计基础薄弱的环节进行梳理并有效整改。探索推动财务组织体系变革,推动扁平化、垂直式财务管理模式,逐步建立适合财务集中管理的组织管理体制,缩短管理链条,减少管理层级,提高管理效率。

(二)完善绩效考核体系。2011 年,根据国资委制定的新的经营业绩考核办法,股份公司对绩效考核办法进行了重新修订,新办法突出效益优先,发挥激励作用,体现按业务特点实施个性考核,注重管理过程考核辅助经营结果考核,同时,增加由审计部门对于考核结果的复核机制,引导企业加强全面管控,精耕细作,努力实现价值最大化。各单位要认真学习股份公司绩效考核办法,充分理解股份公司绩效考核办法的引导意图,结合本单位实际制定科学合理的业绩考核办法或实施细则,有意识地引导所属单位补齐绩效短板,优化产业业务结构,提升绩效创造能力。要确保财务绩效考核的真实性,使年度考核和任期考核相结合,客观公正地兑现奖罚。要组织力量认真开展年度绩效审计,对经营成果进行复核和确认,确保绩效考核的质量。各单位要充分发挥财务绩效评价体系的评判、诊断、引导和推动作用,以绩效考评提高集团战略管控能力和资源整合能力,努力推进精益化管理,提高经济效益和经济运行质量。

(三)提高财务信息化水平。各单位要紧紧围绕股份公司“十二五”财务信息化发展规划,以保证资金系统、账务系统、报表系统和预算系统等重点工作任务的落实为主线,以完成已有系统的优化和整合为抓手,进一步夯实信息化基础,促进信息化管控能力的有效提升,推动财务信息化建设的全面发展。各单位要充分认识到,推行财务信息化绝不是简单地应用计算机替代手工劳动,将传统的管理方式照搬到计算机网络中去,而是要首先对传统落后的管理观念、臃肿的管理体制,反应迟钝的管理流程等各个方面进行深刻的变革。要围绕强化管控、提升能力、实现做强做优的总目标,针对当前和今后一个时期的财务工作,以全面预算管理为统领,统筹各专业分支的财务信息化建设需求,做好全面预算系统的分析、设计、论证和立项工作。在满足国资委产权登记工作需要的基础上,结合股份公司产权管理的实际需要,进行产权管理系统的建设。以现有财务数据和信息系统为基础,进行财务分析和风险预警系统一期的规划和建设,优先选择重点子企业、重点项目进行试点,为完善风险应对措施积累经验。

（四）加快财会队伍建设步伐。一是通过竞争机制选拔人才。加强财会人员遵章守纪、坚持原则、忠诚企业等思想品德修养，净化财务环境，弘扬财务正气，切实推行总会计师、财务负责人委派制度，落实委派效果，试行财务人员内部交流制度、建立优胜劣汰的考评机制，促使优秀人才脱颖而出。二要优化人员结构。股份公司现有122名注册会计师、3534名中高级会计人员，仅占会计人员总数的23.2%，高素质的人才比例严重不足。各单位应加强对现有人员的培训工作，鼓励达到资格的财务人员获取中高级职称证书，并将这一指标列为各单位评先的标准之一。同时，要创造条件支持财务人员取得各类国家注册资格证书，做好职业发展规划，对复合型人才建立引进机制，推进人才有序的流动。三要营造学术研究氛围，有组织地鼓励财务人员进行实践总结和理论创新，加强财务软科研课题的研究，组织省级以上学会、刊物优秀论文的选评，提高股份公司财会队伍的理论实践水平。

八、强化责任，进一步落实各级工作职责

（一）落实会计信息真实性的责任。作为上市公司，股份公司必须主动接受中国证券监督管理委员会、香港证券交易所、上海证券交易所等监管机构以及审计机构、社会公众的监督，及时、规范、准确地进行会计信息披露。保证会计信息质量的真实性和有效性既是股份公司管理层的责任，也是各子企业管理层、各级总会计师和财务部门的重要职责。各单位要进一步强化会计信息管理职责，针对安永事务所等中介机构管理建议书中所揭示的有关问题，从会计基础工作入手，以财务内控制度执行的有效性为保证，着力解决资产不实、账表不符、盈亏信息不准、成本长期挂账、减值准备不足、资产未定期盘点、债权债务未有效确认、财务指标忽高忽低等关系会计信息质量的突出问题，完善会计信息确认和审批程序，实现会计信息管理流程的责任闭环，有效防范会计信息失真的风险。

（二）落实会计核算规范性的责任。一是规范财务入账基础，严格审核发票、合同等有效票据，明确原始单据从开具、取得、验证、审核、入账等环节的责任，从源头上杜绝“假发票”、“白条入账”等现象发生。二是保证核算准确性，严格遵守股份公司统一的会计核算办法，防止出现应提未提、应摊未摊、多计或少计收入成本、跨期入账、结转不及时等低级错误，以及安全费和研发费等核算不规范的问题。三是规范工程队、架子队的核算，要针对近年来迎接铁路项目审计、税务检查等发现的问题，从工程队、架子队的管理模式、合同样本、结算方式、核算方法认真研究，细致梳理，制定办法，切实规范工程队、架子队的核算行为。要以资金流和核算为中心，以防范审计和税务检查风险为强制力，倒逼对现有劳务队、外协队管理不规范行为的变革，进一步理顺管理关系与核算流程，防止经营管理风险转移为会计核算风险。

（三）落实财务风险动态监控的责任。对财务可能面临的风险茫然不知，对财务已经到来的风险措施不力，可能给财务工作带来重大负面影响，甚至给企业带来重大损失。各级财务领导和财务部门要进一步强化财务风险动态监管意识，认真履行财务风险动态监管职责。要加强对重大财务风险的前瞻性管控，对于重大财务事项要及时监控、动态跟踪，统筹安排，早做预案。要防止出现资金链断裂、信息披露违规、项目成本失控、债务危机、审计和税务检查情况不明、风险不可控等严重问题。要坚持重大财务事项的反馈和报告制度，对于资金链安全风险、重大项目预亏、预计重大资产损失以及各类检查风险等要及时向主管领导汇报，并按规定向上级业务部门反映，提出管控意见和应对措施，防止工作处于被动状态。古人云，“天下事，为之则难者亦易，不为则易者亦难”。面对复杂多变的经济形势，直面财务工作的各种挑战，我们必须要坚定信心，团结拼搏，以智慧、勇气、决心和毅力，沉潜笃实，攻坚克难，努力完成各项工作任务，奋力开创我们事业的新局面！

中铁第四勘察设计院集团有限公司的简称“铁四院”三字被武汉市地名管理委员会确定为城市规范地名。2011 年 4 月 10 日，正式设置全市统一制作的“铁四院路”和“铁四院天桥”标示牌。

（刘时运 摄）

大事记

本栏责任编辑 **杨启燕**

2011 年大事记

1 月

▲6 日　中国铁建召开安全质量工作视频会议，总结分析 2010 年安全生产和工程质量工作，兑现安全工作包保责任状，部署 2011 年安全质量工作任务。中国铁建董事长、党委书记孟凤朝，总裁赵广发，党委副书记霍金贵，党委副书记、纪委书记、工会主席、监事会主席彭树贵，副总裁周志亮、庄尚标、张宗言、刘汝臣及三副总、各部门负责人在主会场出席会议。会议由彭树贵主持。会议还明确了 2011 年安全质量指导思想、目标和工作思路。全系统设 376 个分会场，各集团公司、有关工程公司、项目部的领导班子成员及其机关部门负责人 9616 人在分会场参加会议。

▲同日　国务院国资委建设规范董事会中央企业新春联谊会在中国铁建大厦举行。国资委副主任邵宁、监事会主席李克和国资委各司局负责人，30 家建设规范董事会中央企业董事长、董事会秘书等 100 余人参加联谊会。中国铁建董事长、党委书记孟凤朝和总裁赵广发参加联谊会并代表中国铁建致辞。

▲7 日　中国铁建召开战略与规划研讨会，研讨企业战略和未来发展规划。董事长、党委书记孟凤朝，党委副书记霍金贵，副总裁周志亮出席会议，所属 31 家企业的主管、分管领导和战略规划部门的负责人、总部机关部门负责人等 130 余人参加会议。

▲8 日　中国铁建召开资质管理暨新特级资质就位工作会议，全面总结分析资质管理工作，按照新特级资质就位的政策要求，全方位研究探索和部署新特级资质就位工作。副总裁周志亮作题为《坚持以科学发展观为指导，积极稳妥推进新特级资质就位，全面提高企业资质管理水平》的讲话。

▲9 日　中铁十六局集团公司党委副书记兼京沪高速铁路项目经理郭品云当选 2010 山东年度十大新闻人物。

▲10 日　昆明新机场快速公交基础设施工程施工项目合同签字仪式暨中国铁建昆明地铁工程建设动员大会在昆明世纪金源大饭店举行。中国铁建副总裁张宗言，副总经济师琚建明，昆明市副市长何波出席会议。琚建明与昆明轨道公司副总经理宗庆生分别代表中国铁建和昆明轨道公司签订昆明新机场快速公交基础设施工程施工项目合同，合同额 16.03 亿元。

▲同日　中铁二十二局集团公司党委书记、董事长刘国志被增补为政协北京市十一届委员会委员。

▲11 日　山西省省长王君在新建太原站参加中国铁建承建的太中银铁路全线开通仪式，并开启通车信号。

▲14 日　中国铁建总裁赵广发、副总裁周志亮在总部机关会见镇江市委书记许津荣、常务副市长陈照煌一行。双方就加强合作事宜进行沟通交流，并达成共识。

▲同日　中铁十六、十二、十八局集团公司分别开发的“西气东输工程技术及应用”、“秦岭终南山公路隧道建设与运营管理关键技术”、“遂渝线无砟轨道关键技术研究与应用”3 项科技成果获国家科学技术进步一等奖；中铁第五勘察设计院集团公司主持，中国铁建和中铁十三、十七、十六、十二局集团公司参加的“高速铁路 900 吨简支箱梁建造成套技术与装备”科技成果获国家科学技术进步二等奖。

▲16 日　中铁第四勘察设计院集团公司开发的“铁路设计院勘测设计一体化管理系统建设”成果获第十七届全国企业管理现代化创新成果一等奖。

▲19 日　中国铁建总裁赵广发、副总裁张宗言率中铁十二、十三、十五、十六、十八、二十、二十二、二十三、二十四局集团公司和中铁建电气化局集团公司、中铁第五勘察设计院集团公司、中铁上海设计院集团公司的主要领导，与天津市城乡建设和交通委员会主任李全喜、天津城市基础设施建设投资集团有限公司董事长王周喜等座谈，双方就推进天津城市建设，加强合作、实现共赢深入交换意见，并达成广泛共识，进一步加深彼此友好合作关系。

▲同日　北京市海淀区常务副区长杨志强带领海淀区经济部门的主要负责人到中国铁建总部调研，对中国铁建在海淀区作出的突出贡献表示感谢，并就区政府为企业提供服务征求意见。中国铁建副总裁范德会见杨志强一行。

▲同日　北京市公安局铁道建筑公安局 2010 年安全保卫工作总结表彰会在中国铁建召开，北京市公安局铁道建筑公安局党委书记、局长沈仲岳，副局长魏民、赵守存出席会议。中铁十六局集团公司北京站至西站地下直径线项目部保卫部荣立集体二等功，中铁建设集团公司保卫部荣立集体三等功，中铁十六局集团公司北京地铁 10 号线 2 期 11 标段项目部安全质量

部、中铁十四局集团公司北京中铁房山桥梁公司保卫部、中铁第五勘察设计院集团公司保卫部、中铁十六局集团公司地铁7号线4标段项目部、中铁十九局集团公司地铁7号线7标段项目部获得集体嘉奖。中铁十六局集团公司王炜荣立个人二等功,中国铁建樊祜修、姬保兵等12人荣立个人三等功,鲍敬、梁振文、戴秋平等59人获得个人嘉奖。

▲23日　中国铁建第二届党委第六次全体会议在北京召开。

▲24～25日　中国铁建一届二次职工代表大会暨2011年工作会议在北京召开。大会提出中国铁建的总体发展战略:建筑为本、相关多元、一体运营、转型升级,发展成为经济实力国际领先、技术实力国际领先、竞争实力国际领先,具有高价值创造力的跨国建筑产业集团。

▲25日　中国铁建党风建设和反腐倡廉工作会议在北京召开。

2月

▲9日　湖南省省委书记、省人大常委会主任周强视察中铁二十五局集团公司承建的长株潭城际铁路工程。

▲11日　黑龙江省省长王宪魁、省铁路建设领导小组副组长张秋阳,哈尔滨市市委书记盖如垠、市长林铎视察中铁二十二局集团公司承建的哈齐铁路客运专线松花江特大桥工程,并代表省委、省政府向建设者致以新春问候和衷心感谢。

▲12日　中国外交部副部长吕国增在中国对外承包工程商会会长刁春和,中国铁建党委副书记霍金贵、副总裁扈振衣陪同下,到位于北京经济技术开发区的中铁十九局集团公司机关调研。

▲15日　中国铁建董事长、党委书记孟凤朝,副总裁周志亮受邀出席深圳市政府在北京举行的深圳轨道交通建设发展新春联谊会。孟凤朝向出席会议的深圳市市长许勤、常务副市长吕锐锋、副市长袁宝成等表达中国铁建助力特区发展,实现合作双赢的良好意愿,并向特区政府展示了企业的实力。

▲16日　中国铁建与中国农业银行战略合作签字仪式在中国农业银行总行举行。中国农业银行董事长项俊波、中国铁建董事长孟凤朝出席签字仪式。中国农业银行副行长郭浩达、中国铁建副总裁庄尚标分别代表双方在战略合作协议书上签字。

▲21日　中国铁建总裁赵广发、副总裁张宗言一行与武汉市市委书记阮成发、市长唐良智、副市长孙亚等市领导会谈,双方就加强战略合作、促进武汉发展达成广泛共识。

▲同日　中国铁建副总裁周志亮在总部机关会见昆明市委常委、副市长黄云波一行,双方就加大与中国铁建合作一事进行沟通、交流。

▲22日　中国铁建副总裁扈振衣在总部机关会见阿根廷圣克鲁斯省省长丹尼尔·佩拉尔塔先生一行。双方就在阿根廷铁路及水电站项目合作进行交流。

▲24日　中国铁建总裁赵广发,副总裁周志亮、张宗言率中铁十二、十八局集团公司,中铁建电气化局集团公司、中铁建房地产集团公司、中铁第四勘察设计院集团公司、中铁轨道系统集团公司的相关负责人在长沙湘麓山庄会见长沙市市长张剑飞等领导,双方就进一步加强合作进行友好会谈。

▲25日　国务院国资委监事会主席李克、国务院监事会第十六办事处副主任樊华等一行在中国铁建副总裁、总会计师、总法律顾问庄尚标陪同下,到中铁二十二局集团公司机关调研和检查。李克对中铁二十二局组建7年来的发展成绩给予充分肯定,并对中国铁建及该集团公司下一步发展提出具体要求。

▲26日　中国铁建党委书记、董事长孟凤朝在北京总部机关主持召开第7次利比亚工作紧急会议,研究部署参加利比亚铁路建设所有人员安全撤离工作。党委副书记霍金贵,副总裁、总经济师扈振衣,副总裁、总会计师、总法律顾问庄尚标及总部机关有关部门、相关集团公司负责人参加会议。会议传达国务院关于利比亚应急情况处理第6次会议精神,参会的集团公司通报了利比亚人员撤离、财产保护情况。

▲同日　中国铁建总裁赵广发,副总裁周志亮、张宗言率中铁第四勘察设计院集团公司、中铁建房地产集团公司、中铁物资集团公司、中铁轨道系统集团公司和总部机关相关部门负责人在长沙会见湖南省省委副书记、省长徐守盛。双方就进一步在更高层次、更广领域开展合作进行会谈。

▲26～28日　中国铁建安全质量管理干部培训班在西安举办。中国铁建副总裁刘汝臣出席开班仪式,全系统220余名安全质量管理人员参加培训。陕西省安全生产监督管理局副局长国强应邀出席开班仪式。铁道部工程质量安全监督总站站长杨陆海、国家安全监督总局规划科技司副司长施卫祖和中国铁建副总工程师张播琦等专家分别作安全质量讲座。

▲28日　中国铁建和中国外运在北京签署综合物流业务战略合作协议。中国铁建董事长、党委书记孟凤朝,副总裁张宗言参加签字仪式。

▲同日　中国铁建副总裁周志亮在中国铁建党校举办的“十二五”第一期领导干部后备干部培训班作

关于《中国铁建发展战略与规划》解读报告。培训班于2月23日开班，是落实“十二五”以及2011年干部培训计划的首期主体班次，全系统各集团公司的160余名学员参加培训。

▲28日~3月1日　中铁十一局集团公司利比亚铁路项目部2975名员工先后分别安全撤离到突尼斯、希腊和马耳他。

3月

▲1日　中国铁建机关正式运行办公自动化系统，结束电子、纸质文件双轨并行机制，步入深入运用阶段。这标志着中国铁建机关办公自动化迈出了新的步伐。

▲同日　中铁十三局集团四公司123名驻利比亚铁路项目员工搭乘中国南方航空公司专机抵达广州白云机场。至此，该集团125名员工全部顺利回国。

▲同日　中国土木工程集团公司利比亚铁路项目125名员工全部安全回国。

▲2日　中国铁建女职工工作会议暨庆三八表彰大会在北京召开。中华全国铁路总工会副主席、女职工委员会主任郭润英，中国铁建党委书记、董事长孟凤朝，总裁赵广发，党委副书记霍金贵等领导出席会议。大会由中国铁建党委副书记、纪委书记、工会主席、监事会主席彭树贵主持。郭润英、孟凤朝、赵广发等领导为荣获全国三八红旗集体称号的中铁二十二局集团六公司经营部、荣获全国五一巾帼标兵岗称号的中铁十一局集团三公司包西项目部轨排一队等4个单位、荣获全国五一巾帼标兵称号的李红英等5人，以及全国铁路先进集体和先进女职工个人颁奖。中国铁建系统各单位女工委主任或负责人、中国铁建机关和驻京单位女工干部等160人参加会议。会上，8名女职工先进代表作事迹报告，29名直管单位的女工委主任或女职工工作负责人作工作汇报。中国铁建工会副主席柴顺林作大会总结发言。

▲同日　中铁十四局集团五公司驻利比亚的6名员工搭乘中国东方航空公司包机平安抵达上海浦东机场。至此，该公司7名员工全部顺利回国。

▲3日　中国土木工程集团公司副总经理、中国铁建利比亚应急指挥部总指挥陈志杰在中国铁建大厦接受中央电视台著名主持人柴静一行的专题采访。

▲5日　中国铁建总裁赵广发、副总裁周志亮在中国铁建机关会见珠海市市委书记甘霖等一行。双方就珠海市西部中心城区交通设施建设、房地产开发和横琴岛的投资开发、物流建设等相关事宜进行有益的探讨和交流。

▲同日　中铁第四勘察设计院集团公司利比亚沿海铁路项目部2名第三批撤离员工安全抵达武汉。至此，铁四院11名员工全部顺利回国。

▲同日　中国铁建驻利比亚的3572名员工全部安全撤回国内。

▲7~9日　中国铁建团委一届三次全委（扩大）会在北京召开。中国铁建党委副书记、纪委书记、工会主席、监事会主席彭树贵出席会议，并作重要讲话。团委委员、部分青工代表及各集团公司团组织负责人参加会议。

▲10日　中国铁建董事长、党委书记孟凤朝到北京铁城建设监理公司调研，并与中层以上干部进行座谈。

▲10~11日　中国铁建副总裁周志亮率总部机关科技设计、发展规划、资本运营、财务、法律合规部等部门负责人到广东省珠海市调研。周志亮一行主要考察国家级新区——横琴新区开发建设情况。

▲11日　中国铁建党委在中国铁建大厦三层报告厅举行中心组视频学习扩大会，特邀中共中央党校党建教研部副主任、教授、博士生导师戴焰军作题为《中国共产党的90年历程》专题辅导。报告会由中国铁建董事长、党委书记孟凤朝主持。

▲同日　中铁十二局集团公司承建的广深港铁路狮子洋隧道全线贯通，实现零误差、零距离江中对接，填补世界盾构法施工多项技术空白。

▲12日　中国铁建与武汉市政府在北京签署战略合作框架协议。中国铁建总裁赵广发，副总裁夏国斌、张宗言和武汉市市长唐良智，副市长孙亚，秘书长龙正才等出席签字仪式。张宗言与孙亚分别代表双方在协议上签字。夏国斌主持签字仪式。

▲同日　尼日利亚联邦政府总统乔纳森在中国土木工程集团公司副总经理、中土集团尼日利亚有限公司总经理曹保刚陪同下，乘坐专列视察由中国土木工程集团公司承建的尼日利亚铁路既有线修复改造工程。

▲14日　中国铁建与深圳市政府签署战略合作协议。中国铁建董事长孟凤朝代表中国铁建在协议上签字。

▲15日　国务院国资委监事会主席李克、监事会第16办事处主任金丹阳到中铁十六局集团公司宁波象山港项目、绕城8标段项目调研。

▲18日　中铁物资集团有限公司与中国五矿旗下的五矿发展股份有限公司在北京钓鱼台国宾馆签署战略合作协议。中国铁建董事长、党委书记孟凤朝，副总裁夏国斌和中国五矿党组书记、总裁周中枢，副总裁冯贵权等出席签约仪式。中铁物资集团有限公司总经

理王涛和中国五矿发展股份有限公司总经理姚子平分别代表双方签署合作协议。

▲同日　中铁十四局集团公司承建的、中国政府援建尼日尔二桥通车典礼在尼亚美举行。中国政府代表团和尼日尔民主复兴最高委员会主席、国家元首吉博以及过渡政府总理丹达、中国驻尼大使夏煌、多国驻尼使节参加通车典礼。

▲同日　中铁十四局集团公司总经理张挺军、尼日尔二桥项目经理吴景文分别获尼日尔国家劳动金质和银质勋章。

▲19 日　沙特阿拉伯王国在首都利雅得举办2011 年国际教育博览会。中铁十五局集团公司在博览会上获得2011 年沙特国际教育突出贡献奖杯。

▲21 日　贝宁总统亚伊在驻贝大使耿文兵、商务参赞张胜利陪同下，到中铁十四局集团公司承建的科托努立交桥工地视察，亲切慰问并看望中国铁建员工。

▲23 日　中国铁建创先争优活动经验交流大会在北京召开。会议强调，要通过深化创先争优活动，激发基层党组织和广大党员干部职工投身“十二五”建设的积极性和创造性，推动企业又好又快发展。

▲24 日　北京市副市长陈刚在中铁十六局集团公司总经理赵瑞亮等陪同下，到中铁十六局集团公司承建的地铁8 号线8 标段施工现场调研。在调研过程中，陈刚对中铁十六局在隧道施工中运用信息化手段加强管理的做法及在施工环境艰难的情况下取得的成绩表示赞赏。

▲25 日　中国国务院副总理王岐山在访问安哥拉期间，考察中铁十四、十七局集团公司等单位参建的安哥拉社会住房项目，亲切接见并慰问中国铁建等中资企业领导和参建员工。

▲同日　中国铁建编印的《玉树灾后重建报道集》在青海省人民政府组织召开的玉树地震灾后重建省外援建地区和单位先进事迹座谈会上展示。

▲29 日　四川省省委书记刘奇葆到北京铁城建设监理公司监理的成兰铁路 CLZQ－2 标段施工现场调研。

▲30 日　中国土木工程集团公司实验检测中心在尼日利亚首都阿布贾 IDU 地区正式挂牌成立。

▲31 日　中国铁建审计工作会议在北京召开。

▲3 月　中铁第四勘察设计院集团公司自主完成的“铁路设计院勘测设计一体化管理系统建设”成果获第十七届国家级管理创新成果一等奖。

4 月

▲1 日　中国铁建总裁赵广发在中国铁建总部会见中国驻阿尔及利亚大使刘玉和一行。双方就进一步推进中国铁建阿尔及利亚项目工程施工、合同签订等工作进行友好商谈。

▲同日　中国铁建玉树地震灾后重建指挥部、中铁二十一局集团四公司玉树地震灾后重建项目部被评为青海省 2010 年度玉树地震灾后重建先进集体，中国铁建玉树地震灾后重建指挥部副指挥长达文斌、中铁二十一局集团公司柴生虎、王化平、余国生被评为先进个人。

▲同日　中国建设监理协会副会长、秘书长林之毅，副秘书长吴江一行到北京铁城建设监理公司调研，高度评价监理公司企业文化和主动担当社会责任的央企风范。

▲3 日　中国土木工程集团公司出席在坦桑尼亚首都达累斯萨拉姆召开的坦桑尼亚—卢旺达—布隆迪铁路项目国际投资论坛高峰会。高峰会主题是“振兴东非铁路，推动东非融合和经济增长”。

▲8 日　中铁十八局集团三公司党委召开追授石明记“创先争优模范”荣誉称号命名暨事迹报告会。

▲10 日　中铁第四勘察设计院集团有限公司的简称“铁四院”三字被武汉市地名管理委员会确定为城市规范地名，正式设置全市统一制作的“铁四院路”和“铁四院天桥”标示牌。

▲11 日　新疆维吾尔自治区党委书记张春贤视察中铁十八局集团公司承建的阿苇灌区引水隧洞工程，称赞中铁十八局是一支能打硬仗的铁军，在新疆树立起了中国铁建形象。

▲12 日　中铁二十局集团公司承建的新疆维吾尔自治区首条沙漠高速公路——G216 线五彩湾至大黄山高速公路正式开工建设。自治区主席努尔·白克力出席开工仪式。

▲12～13 日　中国铁建在江西婺源中铁十一局集团公司京福铁路客运专线施工现场召开工程爆破技术交流会。中国铁建副总裁夏国斌出席会议并讲话。

▲13 日　中国铁建非执行董事朱明暹，独立非执行董事李克成、赵广杰、吴太石在中国铁建董事、党委副书记霍金贵陪同下，到中铁建设集团公司、中铁二十二局集团公司就落实中国铁建“十二五”发展规划的情况进行调研。

▲同日　中国铁建第三次反腐倡廉联席会议在北京召开。联席会议成员单位和有关部门负责人参加会议。

▲13～15 日　中国铁建工业板块发展座谈会在长沙召开。会议旨在通过中国铁建各工业企业决策者的共同研讨，探寻如何在当前国内外形势下，更好更快地做大做强工业板块，实现中国铁建战略发展规划及

“十二五”发展目标中为工业板块确定的指标以及各工业企业2011年发展目标。

▲14日　中国、俄罗斯、美国等10多个国家驻安哥拉的武官从首都罗安达飞抵本格拉，参观中铁二十局集团公司承建的本格拉铁路工程。

▲15日　中国铁建非执行董事朱明暹，独立非执行董事李克成、赵广杰、吴太石、魏伟峰在中国铁建董事、党委副书记霍金贵陪同下，到中铁十五局集团公司就落实中国铁建“十二五”发展规划的情况进行调研。

▲18日　匈牙利国家发展部代表团到中国铁建总部访问。19日，中国铁建与匈牙利国家铁路公司在匈牙利驻华大使馆签署战略合作谅解备忘录。

▲19日　中国铁建非执行董事朱明暹，独立非执行董事李克成、赵广杰、魏伟峰，在中国铁建董事、党委副书记霍金贵陪同下，到中铁十三局集团公司就落实中国铁建“十二五”发展规划情况进行调研。

▲21日　中国铁建工会授予中国土木工程集团国内工程部项目部等47个集体“工人先锋号”称号，授予中铁十一局集团三公司焊轨分公司探伤工温家礼等29人“工人先锋号标兵”称号。

▲22日　《人民日报》、新华社、《光明日报》、《经济日报》、中央人民广播电台、中央电视台、《科技日报》、《工人日报》等11家中央主流媒体的13名记者组成“时代先锋”采访团，集中采访全国劳动模范、中铁十六局集团公司副总经理兼北京工程指挥部指挥长黄昌富，宣传报道他10多年来在地下工程建设中取得的巨大成绩和先进事迹。

▲22～23日　中国铁建总裁赵广发、副总裁周志亮率股份公司机关有关人员和中铁二十一局集团公司、中铁第一勘察设计院集团公司、中铁轨道系统集团公司等单位的负责人在兰州分别会见甘肃省省委书记陆浩、省长刘伟平、副省长石军，兰州铁路局局长吴云天、党委书记刘生荣和兰渝铁路公司总经理徐双永，围绕加强战略合作、实现互利共赢进行广泛的交流。

▲23日　中铁建轨道系统集团公司研制的ZTE6250型复合式土压平衡盾构机、HPS3016混凝土喷射机械手两项产品在国家工业和信息化部第七届中国工业论坛上获中国工业首台(套)重大技术装备示范项目称号。中铁建轨道系统集团公司董事长、总经理刘飞香获2010年度中国工业经济先锋人物称号。

▲24日　中国铁建总裁赵广发在兰州会见甘肃省省委常委、兰州市市委书记陆武成和市长袁占亭，双方围绕加强战略合作，促进优势互补，实现互利共赢进行深入交流，并就兰州地铁建设的设计、施工、盾构制造等领域的合作达成广泛共识。

▲26日　中央电视台、中央人民广播电台、北京电视台等10多家中央和地方媒体到中铁十六局集团公司天津直径线盾构机施工现场采访。中国铁建总裁赵广发就企业培养的“时代先锋”黄昌富的先进事迹接受记者采访。

▲同日　中国铁建系统有5个单位获得火车头奖杯，3个集体获得中国铁路“工人先锋号”称号，27名先进个人获得火车头奖章。

▲28日　中国铁建团委、中铁十八局集团公司党委在天津举行追授石明记中国铁建“杰出青年”、“献身企业的党员先锋”荣誉称号暨先进事迹报告会。

▲同日　山西省省委书记、省人大常委会主任袁纯清到中铁二十局集团公司运城至灵宝高速公路LJ3标段项目部中条山隧道工地调研，对中铁二十局承建的长大隧道——中条山隧道建设情况表示赞赏，并勉励参建员工确保安全、干好工程。

▲同日　中国铁建20人获得全国五一劳动奖章，2个单位获得全国五一劳动奖状，7个集体获得全国“工人先锋号”称号。

▲28～29日　中国铁建2011年科技工作会在长沙召开，会议高度评价“十一五”科技工作所取得的成绩，号召企业面向“十二五”新的发展时期，提出要着力发挥科技创新对主业发展的支撑作用，以及对调整产业结构、提升核心竞争力、推动企业科学发展的引领作用。

▲29日　青海省省委书记强卫在青藏铁路公司总经理包楚雄、副总经理江泽海等陪同下，视察由北京铁城建设监理公司监理的兰新铁路二线青藏铁路公司代建段西宁隧道并亲切接近监理人员。

5月

▲3日　中铁十八局集团二公司参建的华能通辽珠日河风电一场147光瓦风电场工程、华能启东风一期91.5兆瓦风电场工程，中铁十八局集团二公司、中铁十四局集团二公司、中铁十三局集团五公司、中铁二十二局集团电气化公司参建的华能阜新风电场一、二、三期工程，中铁十四局集团公司承建的华能乐亭风电场一期49.5兆瓦工程，中铁二十四局集团公司承建的华能昌邑第一风力发电场49.5兆瓦工程被评为2011年度中国电力优质工程。

▲8～20日　中国铁建董事长孟凤朝率团赴土耳其访问。期间，代表团先后拜会了土耳其铁路总局局长苏莱曼先生和中国驻土耳其大使宫小生，会见了土耳其高速铁路项目业主现场代表和土方伙伴代表，并冒雨赴中国铁建土耳其高速铁路项目施工现场办公。

▲9日　中国铁建总裁赵广发陪同铁道部部长盛

光祖会见尼日利亚交通部部长苏莱曼一行。会谈中，苏莱曼对中国铁路建设取得的成绩表示由衷钦佩，对中国铁建、中国土木工程集团公司多年来为尼日利亚基础设施建设作出的贡献给予高度评价。盛光祖表示，中国铁建、中土集团的国际工程承包经验丰富，铁道部将全力支持他们在尼日利亚的铁路项目建设。

▲12 日 安徽省省委书记、省人大常委会主任张宝顺在省常委、合肥市市委书记孙金龙等陪同下，视察中铁二十四局集团安徽公司承建的合肥南北高架工程。

▲13 日 中国铁建与亚洲国家铁路建设规划及施工管理研修班官员代表团座谈会在中国铁建总部大厦举行。亚洲国家铁路建设规划及施工管理研修班由中国商务部承办，学员来自巴基斯坦、菲律宾、缅甸、蒙古、越南、孟加拉、马来西亚、斯里兰卡、柬埔寨、土库曼斯坦、伊拉克、叙利亚、黎巴嫩 13 个国家。参加座谈会的有 29 人，均为所在国司级或处级铁路官员。中国铁建总裁赵广发致欢迎词，副总裁、总经济师扈振衣介绍中国铁建以及中国高速铁路的发展状况。

▲16 日 中国铁建股份有限公司与中国普天股份有限公司在北京中关村普天大厦签订战略合作框架协议。中国铁建董事长孟凤朝，副总裁范德、张宗言和中国普天总裁邢炜等参加签字仪式。

▲16～17 日 中国铁道建筑总公司在吉林省长春市召开战备工作会议暨战备储备规范化管理会。

▲17～20 日 中国铁建在无锡召开设备物资集中采购工作座谈会和设备物资管理座谈会。

▲18 日 中国铁建投资有限公司在北京成立。

▲同日 中国铁建工会经费审查工作会议在山西省忻州市召开。中国铁建工会经费审查委员会委员、各集团公司工会经费审查委员会主任参加会议。中国铁建工会副主席柴顺林作题为《履行职责，强化监督，全面推进工会经审工作上水平》的工作报告。

▲同日 中国土木工程集团公司签约尼日利亚十字河州乡村公路项目，合同额 1700 万美元，公路全长 54 公里，合同工期 24 个月。

▲19 日 中国铁建总裁赵广发、副总裁张宗言出席在重庆召开的第十四届中国（重庆）国际投资暨全球采购会。赵广发在“重庆市领导与央企高管恳谈会”上，与重庆市市长黄奇帆、副市长凌月明就进一步深入推进与重庆的战略合作进行亲切坦诚的交流。

▲同日 多米尼克总统尼古拉斯·利物浦在总统府接见中铁十七局集团公司董事长、党委书记段东明和副总经理吴万良一行。宾主就中国援建多国罗索至朴茨茅斯公路修复工程进行亲切友好的会谈。

▲20 日 中国铁建副总裁、总会计师兼总法律顾问庄尚标到昆明中铁大型养路机械集团公司进行产业调研。

▲21 日 中国铁建与兰州市战略合作框架协议签约仪式在甘肃省兰州市举行。中国铁建总裁赵广发，甘肃省副省长石军，兰州市市长袁占亭，中国铁建副总裁张宗言等出席签约仪式。

▲22～23 日 中国铁建董事长孟凤朝到尼日利亚莱基自由贸易区调研。期间，孟凤朝会见尼日利亚拉各斯州长法萧拉先生和中国驻拉各斯总领馆郭昆总领事。

▲23 日 中共中央政治局常委、全国人大常委会委员长吴邦国在安哥拉访问期间，接见中铁二十局集团公司安哥拉工程指挥部指挥长刘峰等中资企业代表。

▲同日 铁道部副部长卢春房到中铁十九局集团公司承建的南钦铁路 NQ1 标段施工现场检查，对隧道按照设计方案施工、路基质量、桥梁附属施工、制梁场工厂化生产、现场施工标准化管理非常满意。

▲24 日 中国铁建副总裁周志亮与厦门市市委常委、常务副市长丁国炎进行会谈，双方就建立战略合作伙伴关系、进一步加强合作等事宜进行深入交流。

▲同日 中国铁建被国务院国资委评为保密工作先进单位。

▲26 日 中国铁建董事长、党委书记孟凤朝到中铁二十四局集团贵溪桥梁公司阿布贾 IDU 梁枕厂视察。

▲27 日 中国铁建董事长孟凤朝在尼日利亚首都阿布贾总统府拜会尼日利亚副总统萨姆博阁下。萨姆博感谢中国政府、中国铁建对尼日利亚基础设施建设领域作出的突出贡献，对中国土木工程集团公司在尼日利亚承包工程领域的杰出表现给予高度评价，并介绍尼日利亚新一届政府 2020 年基础设施建设规划，希望并欢迎中国铁建、中土集团参与相关项目建设。孟凤朝表示，中国铁建将积极参与尼日利亚基础设施建设，为中尼友谊、为尼日利亚经济发展作出新的贡献。

▲同日 在国家商务部国际商务官员研修学院院长金旭带领下，来自巴基斯坦、菲律宾、缅甸、蒙古、越南、孟加拉、马来西亚、斯里兰卡、柬埔寨、土库曼斯坦、伊拉克、叙利亚、黎巴嫩 13 个国家的亚洲国家铁路建设规划及施工管理研修班官员代表团到昆明中铁大型养路机械集团公司考察。

▲28 日 中国铁建董事长孟凤朝在尼日利亚阿布贾希尔顿宾馆拜会应邀参加尼日利亚新任总统就职典礼仪式的塞拉利昂总统欧内斯特·巴伊·科罗马。中国铁建总裁助理陈晓星陪同参加会见。此次会晤，

将推动中国铁建与塞拉利昂政府于4月11日签署的一揽子项目合作谅解备忘录得以尽早落实。

▲30日　铁道部部长盛光祖在中国驻尼日利亚大使邓波清等使馆领导陪同下，视察中国土木工程集团尼日利亚公司总部。

▲31日　中国铁建2010年度股东大会在中国铁建大厦召开。18名股东及股东代理人，股份公司董事、监事、董事会秘书出席会议，公司其他高级管理人员、总部机关相关部门负责人列席会议，公司境内外律师等有关中介机构人员参加会议。

6月

▲2日　中国铁建在总部召开隧道施工质量安全工作专题会议。会议要求时刻紧绷质量安全之弦，坚决杜绝质量安全事故，努力构建平安和谐铁建。

▲10日　中铁十一、十二、十四、十七、十八、十九、二十、二十二、二十三局集团公司和中铁二十二局集团四公司、中铁二十三局集团四公司11家施工企业被中国水利工程协会评为水利建设市场主体信用AAA级企业。中国铁建副总裁张宗言当选中国水利工程协会副会长。

▲11日　南部非洲发展共同体14个成员国代表100余人抵达安格拉洛比托港，对中铁二十局集团公司承建的本格拉铁路工程展开观摩访问。

▲13日　青海省省委书记、省人大常委会主任强卫在青海省住房和城乡建设厅、玉树州、县相关领导陪同下，到中国铁建承建的玉树县结古镇代格村、当代居住组团工程施工现场看望慰问职工。

▲14日　沙特城乡事务部大臣曼苏尔亲王在中国铁建副总裁、总经济师扈振衣等陪同下，到麦加轻轨铁路的阿拉法特1车站视察。

▲同日　国务院国资委监事会主席李克、监事会第16办事处主任金丹阳在中国铁建董事长、党委书记孟凤朝，副总裁范德，副总裁、总会计师、总法律顾问庄尚标陪同下，到中国铁建房地产集团公司北京中国铁建国际城、花语城项目调研。

▲16日　海南省省委书记、省人大常委会主任卫留成视察由北京铁城建设监理公司监理的清澜跨海大桥工程。

▲同日　中国铁建副总裁刘汝臣到中铁二十三局集团公司承建的贵广铁路GGTJ－7标段现场办公。

▲18日　重庆铁发遂渝高速公路有限公司获得“十一五”中国交通运输企业创新贡献奖，重庆铁发遂渝公司总经理许顺生获2010～2011年全国交通运输企业管理十大杰出人物称号。

▲21日　全国人大常委会副委员长路甬祥在云南考察期间，专程到昆明中铁大型养路机械集团公司，考察大型养路机械的研发制造情况。

▲23日　吉林省省委书记孙政才、省长王儒林在吉林站二楼大厅，亲切接见中铁二十二局集团公司副总经理兼指挥长陈宏伟等吉图珲铁路客运专线施工单位代表。孙政才要求，吉林省各级政府领导要加大铁路征迁工作力度，努力为铁路施工营造良好的氛围和环境。

▲同日　中国人民大学2011届专业硕士学位授予仪式在人民大学明德堂举行，中国铁建12个集团公司的38名会计人员获得中国人民大学授予的会计专业硕士学位。中国铁建副总裁、总会计师、总法律顾问庄尚标出席中国人民大学学位授予仪式，并与获得会计专业硕士学位证书的学员合影留念。

▲24日　中铁物资集团公司被中国物流与采购联合会授予国家5A级综合服务型物流企业称号。

▲同日　中国铁建副总裁夏国斌到中铁二十三局集团川东水泥有限公司，就企业生产经营及发展瓶颈问题进行实地考察调研。

▲26日～7月7日　应埃塞俄比亚驻华大使塞尤姆・梅斯芬邀请，中国铁建董事、副总裁兼总经济师扈振衣一行9人，分别对埃塞俄比亚、南苏丹市场进行考察。期间，考察团先后受到南苏丹总统萨尔瓦・基尔、埃塞俄比亚副总理赫尔马瑞姆・德塞利、埃塞俄比亚总理梅莱斯・泽纳维的亲切接见。

▲27日～7月7日　中央媒体对中铁二十局集团公司祁连山隧道掘进队的先进事迹连续进行集中报道，在社会上引起广泛关注。中宣部领导就此专门致谢国资委宣传局：国资委选送的祁连山隧道掘进队这个典型选得准、选得好，既有历史的厚重感，又有与时俱进的先进性。

▲28日　中国铁建重工集团兰州新区高端装备制造基地开工建设。甘肃省省委书记、省人大常委会主任陆浩，政协主席冯健身，中国铁建总裁赵广发、副总裁张宗言，甘肃省副省长石军，兰州市市委书记陆武成、市长袁占亭出席奠基仪式。

▲同日　中铁十四局集团公司及其四公司获江西省“十一五”重点工程建设先进单位称号。

▲同日　中铁十八局集团公司锦屏二级水电站引水隧洞工程项目经理孔凡成被中铁十八局集团公司授予“爱企敬业的项目经理楷模”荣誉称号。

▲29日　中共中央政治局委员、天津市委书记张高丽到中铁二十局集团六公司承建的天津西站交通枢纽工程现场，慰问广大参建人员、察看工程建设成果和开站运营准备情况。

▲同日　湖北省省委书记李鸿忠、省长王国生在武汉会见中国铁建总裁赵广发、独立非执行董事赵广杰、副总裁张宗言一行。双方就加强战略合作、促进互利双赢进行会谈，并达成广泛共识。

▲30 日　中共中央政治局常委、国务院总理温家宝出席在北京南站举行的京沪高速铁路开通仪式，亲切接见京沪高速铁路建设者代表，并乘首发列车视察运营情况。京沪高速铁路于 2008 年 4 月 18 日开工，总投资 2209.4 亿元，中国铁建承担的设计、施工任务分别约占总额的 50% 和 46%。

▲同日　中国驻格鲁吉亚大使陈建福视察中铁二十三局集团公司格鲁吉亚第比利斯绕城铁路项目。

▲同日　中国铁建庆祝中国共产党成立 90 周年暨创先争优活动表彰大会在北京举行。会上，中国土木工程集团利比亚分公司机关党支部等 43 个先进基层党组织、陈志杰等 74 名优秀共产党员、冯来刚等 44 名优秀党务工作者受到表彰。

▲同日　中铁十六、十八、十九局集团公司参建的青岛胶州湾海底隧道建成通车。

▲同日　中铁十四局集团四公司参建的青岛海湾大桥建成通车。

7 月

▲3 日　云南省省委常委、昆明市市委书记仇和率领昆明市委工作会议的 500 余名领导干部到昆明中铁大型养路机械集团公司观摩“十一五”期间取得的成绩和“十二五”发展战略规划建设情况。

▲5 日　中铁建设集团公司承建的哈尔滨西客站站房主体屋面钢结构成功封顶，标志着哈尔滨西站站房主体结构工程全部完成，转入装饰装修和设备安装阶段。封顶成功后，中央政治局委员、全国人大常委会副委员长、中华全国总工会主席王兆国在黑龙江省委书记吉炳轩、省长王宪魁的陪同下，走上哈尔滨西站北翼洛克平台视察施工现场并对所有参建人员表示慰问。

▲6 日　中国铁建总裁赵广发会见由总裁伊拉克里·祖格贝伊阿率领的格鲁吉亚铁路公司代表团。

▲7 日　铁道部副部长卢春房视察中铁二十三局集团公司承建的湘桂铁路 5 标段洛清江特大桥工程，对中铁二十三局落实铁道部“三整治一提高”（招标投标专项整治、质量安全专项整治、投资及资金管理专项整治，提高监察有效性）活动给予高度肯定。

▲同日　中铁十八局集团国际公司承建的苏丹杜维姆大桥竣工通车。苏丹总统巴希尔出席通车仪式，并亲自为大桥剪彩。

▲8 日　中国铁建董事长、党委书记孟凤朝在中国铁建总部，会见广东省湛江市市委常委、常务副市长王中丙。双方就湛江市经济技术开发区东海岛开发达成共识，并共同出席中国铁建与湛江市经济技术开发区战略合作框架协议签字仪式。

▲15 日　中国铁道兵时期创作的《我们是志愿军铁道兵团》《革命熔炉火最红》《铁道兵志在四方》《前进！人民铁道兵》《党啊，你是祖国的春天》《理想是不灭的火光》和《铁道兵之歌》等多部作品被《中国人民解放军音乐经典文献库》收录。

▲17 日　中铁十九局集团五公司工会副主席李军当选为西藏自治区解放 60 周年 60 位感动人物之一。

▲19 日　中国对外承包工程商会与台湾营造公会联合举办的两岸公共建设工程合作研讨会在台北国际会议中心举行。商务部副部长、海峡两岸经贸交流协会名誉会长蒋耀平，中国对外承包工程商会会长刁春和，台湾民主基金会董事长王金平、台北世贸中心董事长王志刚、台湾营造公会理事长潘俊荣出席会议并致辞。中国铁建总裁赵广发作为大陆建筑企业代表就高速铁路建设作主旨演讲。两岸数十家大型建筑企业的代表参加会议。这是两岸工程建筑界 60 多年来首次举办此类型的会议，对加强两岸在基础建设领域的合作，实现互利共赢具有重要意义。

▲19 日～8 月 3 日　中国铁建机关党委按照中央企业创先争优活动领导小组工作部署和中国铁建创先争优活动安排，组织机关党员和入党积极分子 143 名分五批赴著名的“铁道游击队”抗日战争主要战场——台儿庄和微山湖革命老区开展红色旅游活动。

▲23～24 日　昆明中铁大型养路机械集团公司职工自编自演的音诗画《穿越梦想》，获庆祝中国共产党建党 90 周年“感动铁路”全路职工文艺汇演二等奖。

▲24～29 日　国务院国资委监事会主席李克在中国铁建副总裁、总会计师、总法律顾问庄尚标陪同下，到中铁十四局集团三公司新疆乌拉斯台至托克逊公路项目调研。李克强调，要建设学习型组织，勇于突破创新。

▲26 日　中铁物资集团公司与酒泉钢铁集团公司在北京香格里拉饭店签署战略合作协议。

▲同日　湖南省省委书记、省人大常委会主任周强亲切接见湖南杰出（优秀）青年农民工代表、中铁二十五局集团三公司长株潭城际铁路项目农民工袁增伟。

▲28 日　中铁轨道系统集团有限公司更名为中国铁建重工集团有限公司。

▲31 日　国家发展和改革委员会主任张平到中国铁建玉树灾后重建现场调研。

8 月

▲1 日　中国铁建在湖北襄阳召开内部工业产品交流会，落实中国铁建领导指示和无锡设备物资集中采购管理座谈会会议精神，加大内部工业产品的内部销售，并通过交流，促进工业企业的产品研发更加符合施工现场的实际，实现工程施工与产品生产的有效对接。中国铁建副总裁夏国斌出席会议并作重要讲话。

▲2 日　中铁十一局集团公司汉江装备制造基地一期工程在湖北襄阳航空航天工业园建成投产。

▲同日　中铁二十三局集团公司中标格鲁吉亚铁路现代化改造设计施工总承包项目。该项目投资 2.676 亿瑞士法郎（不含增值税），折合人民币 21.92 亿元，线路全长 56.56 公里，合同工期 55 个月。

▲6 日　中国铁建在云南昆明召开昆明地铁 3 号线及草海北片区安置房建设动员大会。昆明市副市长何波、中国铁建总裁赵广发出席会议并讲话。昆明地铁 3 号线项目，中国铁建承建西起昆明市体育馆站、东至东部客运站的东标段工程，全长 9.18 公里，工期 23 个月，由中铁十一、十二、十三、十五、十六、十八、十九局集团公司承担施工任务。草海北片区安置房项目，中铁建设集团公司承建 45 号地块安置房工程，总建筑面积 145.8 万平方米，工期 18 个月。

▲同日　中国铁建总裁赵广发、副总裁张宗言分别拜会云南省省委常委、昆明市市委书记仇和，昆明市市委副书记、市长张祖林。仇和与张祖林对中国铁建积极参与昆明的建设表示感谢，并介绍昆明独特的区位优势和特点，希望中国铁建继续支持昆明的建设。

▲7 日　中国铁建在云南昆明召开经营工作座谈会。中国铁建总裁赵广发、副总裁张宗言出席会议并讲话。

▲7～8 日　中国铁建斜拉桥建造技术观摩交流会在中铁十五局集团公司天津集疏港公路海河特大桥施工现场召开。

▲8 日　珠海市人民政府与中国铁建战略合作框架协议签署暨中国铁建港航局集团有限公司揭牌仪式在珠海举行。

▲9 日　中国铁建总裁赵广发、副总裁周志亮考察深圳轨道交通市场，并与深圳市常务副市长吕锐锋等政府和深圳轨道交通部门领导就深化深圳轨道交通建设战略合作关系进行沟通与交流，坚定双方的合作信心。

▲10 日　中国铁建在广东深圳召开深圳地铁工作座谈会，积极应对市场变化，转变发展方式，实施“双轮驱动”战略，加快发展，做大深圳市场。

▲11～14 日　甘肃省人大副主任、省总工会主席孙效东，副主席马方率领省工会慰问组，在中铁二十一局集团公司党委副书记、工会主席张克勤等陪同下，亲切看望中铁二十一局拉日铁路参建干部职工和劳务工，并发放价值 17.5 万元的慰问品。

▲13 日　中国铁建投资兴建的重庆鱼洞长江大桥二期工程正式通车。

▲15 日　中国铁建在北京召开经济运行分析视频会。会议充分肯定上半年生产经营取得的成绩，分析当前企业发展面临的内外形势以及运营中存在的问题，动员全系统广大干部职工，统一思想，坚定信心，采取有效措施，加快结构调整，全力以赴确保年度生产经营目标的实现。

▲同日　中铁十七局集团公司获全国模范劳动关系和谐企业称号。

▲18 日　中国铁建总裁赵广发，副总裁周志亮、张宗言率系统内部分集团公司负责人在乌鲁木齐拜会新疆维吾尔自治区党委书记张春贤。双方就进一步加强战略合作等进行会谈，并达成广泛共识。

▲同日　中国铁建在乌鲁木齐召开新疆生产经营工作座谈会，研究进一步转变观念，抢抓机遇，迎难而上，加快发展，抓住新疆跨越式发展的新机遇，做大新疆市场。中国铁建总裁赵广发在会上作重要讲话，副总裁周志亮针对资本经营工作提出要求。副总裁张宗言主持会议。

▲同日　中国铁建援建的玉树灾后重建首座州级高中——玉树州民族中学，在玉树县结古镇举行竣工暨“交钥匙”仪式。

▲19 日　中国铁建总裁赵广发，副总裁周志亮、张宗言率总部机关有关人员和部分集团公司负责人拜会新疆维吾尔自治区党委常委、乌鲁木齐市委书记朱海仑，副书记焦亦民等领导。双方就进一步加强战略合作、扩大合作领域等事宜进行会谈，并达成广泛共识。

▲同日　斯里兰卡交通部代表团访问中铁第五勘察设计院集团公司。此次访问对顺利推进斯里兰卡南部铁路项目设计进程，促进双方今后在更广范围内合作具有积极的意义。

▲22 日　国务院国资委主任王勇、副主任黄丹华一行，在青海省省长骆惠宁、副省长王令浚和中国铁建总裁赵广发等陪同下，深入中国铁建玉树地震灾后重建工地了解援建进展情况，并慰问现场干部职工。

▲23 日　吉林省委常委、常务副省长、省政府党组副书记竺延风率吉林省交通厅一行，到吉林省对川

援建工程——阿坝州黑水县垭口山隧道，亲切慰问中铁二十三局集团四公司垭口山隧道建设者。

▲24 日　国资委召开中央企业学习型党组织建设工作经验交流视频会，国资委党委委员、副主任、中央企业建设学习型党组织工作协调小组组长黄丹华出席会议并讲话。中国铁建经验材料在会上作书面交流。

▲同日　全国公路代建工作会议在乌鲁木齐召开期间，交通部原部长、全国人大常委会内务司法委员会主任委员黄镇东，交通运输部副部长冯正霖和全国 19 个省、市、自治区交通运输部门主要负责人，到中铁二十局集团公司 G216 线五彩湾至大黄山高速公路项目部进行现场观摩。

▲26 日　中国神华能源股份有限公司轨道机械化维护分公司总经理南杰与昆明中铁大型养路机械集团公司总经理任延军签订大型养路机械采购合同。

▲30 日　安哥拉共和国总统多斯桑托斯为中铁二十局集团公司承建的本格拉铁路万博段开通暨万博市火车站站房落成剪彩揭牌。

9 月

▲2 日　中国铁建总裁赵广发、副总裁张宗言率机关有关部门人员和相关单位的主管领导会见山东省省委常委、青岛市市委书记李群。双方就加强战略合作、实现互利共赢进行会谈，并达成广泛共识。

▲5 日　中国铁建和贵阳市政府合作建设的第一个 BT 项目——贵阳市北二环路工程举行通车仪式。贵阳市 12.48 公里的北二环项目按照"企业投资建设，政府组织回购，资金分期支付"的 BT 方式实施建设，BT 方是中国铁建股份有限公司，回购方是贵阳金阳建设投资(集团)有限公司，合同工期 17 个月，因征地拆迁、施工图滞后等原因实际工期只有 13 个月。中铁十三、十八、二十五局集团公司参加工程施工。

▲8 日　重庆两江新区与中国铁建工作对接会暨隧道装备制造项目签约仪式在重庆举行。重庆市委常委、重庆两江新区党工委书记兼管委会主任翁杰明与中国铁建总裁赵广发，针对两江新区开发建设开展深度合作、实现互利双赢进行深入交流。中国铁建重工集团公司董事长刘飞香、两江新区工业开发区管委会主任陈建伟代表双方签署隧道装备制造项目协议。

▲8 ~9 日　中国铁建工会一届三次全委(扩大)会在天津召开。全委会委员及经费审查委员会委员、部分单位工会副主席等 36 人出席和列席会议。会议除增免委员外，主要研究部署下一步工会工作。党委副书记、副董事长、工会主席彭树贵在讲话中指出，要努力构建企业和谐劳动关系，展示工会应有作为，为企业又好又快发展创造有利条件和良好环境。

▲9 日　重庆市市委副书记、市长黄奇帆在市政府会见中国铁建总裁赵广发、副总裁张宗言和副总经济师许顺生。黄奇帆对重庆市与中国铁建的合作进展表示满意，并强调中国铁建是重庆发展的依靠力量。

▲同日　中国铁建董事长孟凤朝在北京总部机关，会见来华访问的波兰基础设施部副部长安德烈·马赛尔一行。双方就中国铁建在波兰铁路建设市场开展合作问题进行深入而广泛的交流。

▲同日　中国铁建川渝地区工程经营工作会在重庆召开。总裁赵广发就如何依靠品牌闯市场、依靠优势占市场和抢抓机遇破危局、打造川渝经营平台、通力合作树好中国铁建形象、确保完成中国铁建年度经营承揽、营业收入和在建任务指标分别作重要讲话。副总裁张宗言主持会议，并就川渝地区经营工作提出要求。

▲10 日　中国铁建大路画家美术作品邀请展在厦门举行。中国铁建总裁赵广发为中国铁建大路美术厦门创作中心题名。中国铁建党委副书记、纪委书记、监事会主席齐晓飞，厦门市人大常委会党组书记、常务副主任杜明聪，中铁二十二局集团公司董事长、党委书记刘国志，中国美术家协会展览部副主任董竟成等为画展剪彩。

▲13 日　中国商务部部长陈德铭到中国铁建(加勒比)公司承建的特立尼达和多巴哥共和国斯卡伯罗总医院项目工地视察。

▲14 日　中国商务部部长陈德铭在中国土木工程集团公司董事长刘志明、中国铁建(加勒比)公司副总经理韩文华等陪同下，专程到特立尼达和多巴哥视察加勒比公司负责实施的斯卡博罗总医院项目工地。

▲同日　中国铁道建筑总公司审计局、中铁十九局集团公司审计处获全国内部审计先进集体称号，王铁兵、孙伟、周京波获全国内部审计先进工作者称号。

▲15 日　中国铁建副总裁夏国斌到中铁十四局集团四公司常熟电厂项目检查指导工作，强调要开拓施工新领域，要求进一步做优做强企业。

▲16 日　中国铁建召开学习型党组织建设工作经验交流会。

▲同日　中国铁建所属中铁十三、十四、十七、十八、十九、二十、二十一局集团公司参建的西安地铁 2 号线一期工程通车试运营首发仪式在中铁十八局集团三公司承建的行政中心站举行。

▲18 日　陪同国务院副总理王岐山参加第三届中国—加勒比经贸合作论坛开幕式的中国商务部部长陈德铭，到中国铁建(加勒比)公司负责实施的位于特

立尼达和多巴哥共和国的斯卡伯罗总医院项目工地视察。

▲19 日　国务院国资委主任、党委书记王勇率领 121 家中央企业负责人，在武昌洪山宾馆参加由湖北省委、省政府举办的湖北省与中央企业深化合作会议暨项目签约仪式。中国铁建董事长、党委书记孟凤朝作为中央企业代表在会上发言，并与湖北省省长王国生签署战略合作协议。

▲20 日　中铁十七局集团五公司员工赵海生获第三届全国道德模范提名奖。

▲21 日　中国铁建工会第一届女职工委员会第一次会议在北京召开，为女职工工作进一步明确定位、彰显特色，充分发挥职能，实现中国铁建“十二五”各项目标发挥应有的作用提出新的标准。这是中国铁建间隔 16 年后召开的一次女职工工作会议，标志着女职工工作进入一个崭新的发展时期和重要发展阶段。

▲27 ~ 29 日　中铁第一勘察设计院集团公司应阿拉伯联合酋长国 Etihad 铁路总公司、国家铁路主开发商和运营商的邀请，在阿联酋首都阿布扎比举办中国沙漠铁路综合修建技术专题讲座。

▲27 日　青海省省委书记、省人大常委会主任强卫，青海省委常委、省委秘书长王小青，青海省副省长、青海省玉树地震灾后重建指挥部指挥长王令浚看望中国铁建援建玉树职工。

▲同日　中国铁建 2011 年纪委书记座谈会在北京召开。

▲29 日　中共中央政治局委员、北京市市委书记刘淇参加永定河莲石湖项目主景区开放活动，并对中铁十九、二十二局集团公司和中铁建设集团公司等参建单位给予高度赞誉。

▲9 月　中国铁建董事长、党委书记孟凤朝撰写的论文《创先争优重实效 科学发展上水平》获中央国家机关工委征文优秀论文奖，是国资委系统唯一获此殊荣的中央企业负责人。

▲9 月　中铁第一勘察设计院集团公司党委获中央企业党建带团建工作先进单位称号。

▲9 月　中国土木工程集团尼日利亚公司获尼日利亚国家警民协会 2011 年度杰出贡献奖。

10 月

▲10 日　中国铁建党建政研会 2011 ~ 2012 年度第四课题组立项课题研讨会在西安中铁十七局集团二公司举行。会议围绕企业法律风险、人才队伍建设、劳动关系、企业社会责任等政研课题开展研讨与交流。

▲12 日　铁道部副部长卢春房到中铁二十一局集团公司承建的拉日铁路盆因拉隧道检查指导。

▲13 日　中国铁建总裁赵广发在北京总部机关会见肯尼亚公共服务国务部长达尔马斯·阿尼扬戈·奥蒂诺率领的肯尼亚经济发展部级官员研讨班代表团。

▲同日　中国铁建“践行企业价值观，提升发展软实力”巡回演讲报告会在中国铁建总部机关三层报告厅举行。

▲16 日　中国铁建副总裁周志亮在北京总部机关与长春市市委副书记、市长崔杰率领的长春市政府代表团举行会谈。双方本着真诚合作、互利共赢的原则，就中国铁建进一步参与长春市基础设施建设的合作，推动长春经济发展交换意见，并达成广泛共识。

▲同日　中国铁建董事长孟凤朝出席国资委在土耳其举行的中央企业座谈会。会议由国资委副主任黄淑和主持，中国铁建等 6 家驻土耳其中央企业代表参加会议。黄淑和对中国铁建贯彻落实中央“走出去”战略给予充分肯定。

▲18 ~ 24 日　由铁道兵“登高英雄”杨连第的长子杨长林和来自中铁十六、十七、十八、二十、二十一、二十二局集团公司及中铁第四勘察设计院集团公司的演讲者组成的演讲报告团，用身边人、身边事阐释“诚信、创新永恒，精品、人品同在”的企业价值观，演讲 10 场，全系统近 3000 人现场观看演讲。

▲19 日　中国铁建与北京德稻集团在北京钓鱼台国宾馆举行合作框架协议签约仪式。根据协议，双方将在经济适用房、廉租房、安置房等保障性住房建设中开展合作。中国铁建总裁赵广发、德稻集团董事长李卓智出席签约仪式。中国铁建副总裁张宗言与李卓智分别代表双方在协议书上签字。

▲20 日　中国铁建总裁赵广发、副总裁周志亮在总部会见中国铝业总裁罗建川一行。双方就共同“走出去”，合作开发非洲市场以及相关的具体项目进行深入交流，并达成广泛共识。

▲21 日　中国铁建总裁赵广发、副总裁张宗言出席在成都举行的国务院国资委和四川省政府合作备忘录签署仪式暨“央企四川行”合作项目签约仪式。

▲23 日　甘肃省兰州市市委副书记、市长袁占亭率领兰州市政府代表团访问中国铁建。中国铁建总裁赵广发，副总裁夏国斌、周志亮、张宗言与兰州市政府代表团成员进行会谈，双方就进一步加强兰州新区和老城区基础设施建设项目合作交换意见。

▲24 日　中共中央政治局委员，国务院副总理张德江视察中铁十五局集团成都公司参建的映汶高速公路工程。

▲同日　中国铁建总裁赵广发在北京总部会见即

将赴任的中国驻沙特大使李成文。双方就中国铁建“走出去”后如何继续发挥企业优势，为国家创造更大利益，为中沙关系发展多作贡献交换了意见。

▲26 日　铁道建筑公安局服务来京务工人员“四个一”活动现场会在中铁十九局集团公司北京地铁 14 号线项目部召开。北京市市委常委、公安局局长傅政华，中国铁建董事长、党委书记孟凤朝共同为“法律咨询服务热线”揭牌，并向来京务工人员代表发放《务工人员服务手册》。

▲28 日　中国铁建总裁赵广发出席中央企业业务合作会并作经验发言。会上，45 家中央企业负责人代表签署业务合作协议。赵广发与中国神华集团董事长张喜武签署《采用盾构施工煤矿长距离斜井试验研究》战略合作协议。

▲31 日　中国铁建党委发出《关于认真学习贯彻党的十七届六中全会精神的通知》。

▲同日　中国铁建副总裁张宗言出席在北京国际饭店举行的青岛市工业转型升级定向招标会，与青岛市签署战略合作框架协议。

▲10 月　中铁二十五局集团公司获全国科技创新企业称号。

▲10 月　中铁十六局集团公司总法律顾问张兴霖获中央企业“十大优秀总法律顾问”称号，中国铁建法律合规部副部长刘兵、中铁十五局集团公司总法律顾问解金辉、中铁十九局集团公司总法律顾问张桂新、中铁二十二局集团公司法律合规部副部长张宏获中央企业“法律事务先进工作者”称号。

▲10 月　《中国铁道建筑报》驻中铁十一局集团公司记者站站长张荣文获 2011 年度全国优秀新闻工作者称号。

11 月

▲3 ~ 4 日　中国铁建保密工作会议在北京大兴中国铁建党校召开。中国铁建董事长、党委书记孟凤朝对会议作出批示，副董事长、党委副书记、工会主席、保密委主任彭树贵到会讲话。会议由副总经济师、机关党委书记、党委办公室主任赵登善主持。中国铁建所属各集团和机关各部门的 60 多名保密工作干部参加会议。会议邀请国资委相关领导进行保密法规辅导，国家保密技术研究所进行计算机攻防演练；会上播放保密教育警示片，中铁十一、十四局集团公司和中铁第四勘察设计院集团公司、昆明中铁大型养路机械集团公司代表作典型经验发言，中国土木工程集团公司和中铁十六、二十二局集团公司及中国铁建电气化局集团公司代表作书面经验交流，中土集团等 10 家保密工作先进单位和 34 名优秀保密工作者受到表彰。会议期间，与会人员参观中国铁建房地产集团公司中国铁建·国际城项目和中铁建设集团公司北京国家地理信息科技产业园项目。

▲5 日　中共中央委员、黑龙江省省委书记吉炳轩视察中铁建设集团公司承建的哈尔滨西站工程。

▲同日　中铁二十四局集团合肥轨道制品有限公司正式成立。

▲7 日　中国铁建承建和参建的新建北京至天津城际轨道交通工程、新建武汉北编组站、合武铁路大别山隧道、沈阳地铁 1 号线、哈尔滨市道外二十道街松花江大桥及引道工程、常州高架道路一期工程、杭州湾跨海大桥工程、沪蓉西高速公路支井河特大桥、天津滨海新区海河开启桥工程、上海保利广场 10 项工程获 2010 ~ 2011 年度中国建设工程鲁班奖（国家优质工程）。

▲同日　中铁十五局集团六公司京沪高速铁路铺架项目部的“安全管理六到位”和中铁十八局集团公司兰渝铁路项目部的“‘一法三卡’工作法”两项创新成果，在全国班组安全建设与管理优秀成果发布会上获特等奖。同时，两个集体被中华全国总工会授予全国“工人先锋号”称号。

▲同日　中国铁建在北京召开三季度经济运行分析视频会议。会议号召全系统要坚定信心，鼓足干劲，抢抓机遇，力争实现年度目标；加快转变经济发展方式，推动企业调结构、促转型、上水平，促进企业持续稳定健康发展。

▲8 日　中国铁建总裁赵广发在北京总部会见尼日利亚贸易投资部部长阿甘加一行。双方就莱基自由贸易区建设相关事宜进行深入交流，并达成广泛共识，表示将精诚合作，克服困难，加快建设步伐。

▲9 日　中国铁建总裁赵广发在匈牙利驻中国大使馆与匈牙利国家发展部部长菲莱基一行就全面加强合作进行亲切友好的会谈，并签署中国铁建与匈牙利国家铁路公司布达佩斯机场快线项目合作备忘录。

▲同日　海南省省委书记罗保铭、省长蒋定之视察中铁建设集团公司承建的三亚凤凰机场贵宾航站楼工程。

▲10 日　中国铁建副董事长、党委副书记、工会主席彭树贵视察中国铁建重工集团公司，高度评价铁建重工的发展是健康、快速和有效的。

▲同日　中国铁建副总裁范德在中铁十四局集团公司总经理张挺军等陪同下，到中铁十四局集团凯华置业南京江佑铂庭项目检查指导工作。

▲11 日　中国铁建总裁赵广发、副总裁张宗言出席在江西南昌举行的第二届世界低碳与生态经济暨技

术博览会。全国人大常委会副委员长蒋树声,江西省省委书记苏荣、代省长鹿心社,国务院国资委党委委员杜渊泉出席会议。

▲同日　中国铁建总裁赵广发在江西省与中央企业合作洽谈会暨项目签约仪式上代表中央企业作主旨发言,副总裁张宗言代表中国铁建与江西省签署战略合作框架协议。

▲14 日　中国铁建贯彻执行《关于实行党风廉政建设责任制的规定》《廉政准则》《廉洁从业若干规定》《关于进一步推进国有企业贯彻落实"三重一大"决策制度的意见》《关于加强和改进中央企业和中央金融机构纪检监察组织建设的若干意见》"五项制度"汇报会在北京总部召开,国务院国资委贯彻执行"五项制度"检查组一行 7 人听取情况汇报。

▲同日　中国铁建董事长、党委书记孟凤朝,副总裁周志亮在北京会见南京市副市长陆冰一行。双方就加强合作、加快南京市基础设施建设达成广泛共识。

▲同日　中国铁建副总裁刘汝臣到中铁二十五局集团公司沪昆铁路客运专线项目部检查指导。

▲15 日　中国和土耳其最大的工程合作项目——土耳其安卡拉至伊斯坦布尔高速铁路项目二期工程铺轨开工仪式在土耳其中西部城市帕姆科奥瓦举行。土耳其安—伊高速铁路项目二期工程在 2005 年底由中国铁建牵头组成 CCCI 合包集团中标。工程分两个标段,全长 158 公里,合同总额 12.7 亿美元,根据土中双方协商,工期顺延到 2013 年 12 月 15 日。该工程是目前中国与土耳其合作规模最大的项目。

▲15 ~ 16 日　中国铁建董事长、党委书记孟凤朝,纪委副书记王国平一行深入中铁二十一局集团公司,就企业经营战略调整、职工队伍建设和反腐倡廉等事关企业生死存亡的关键性问题进行指导,并参加该集团公司组织召开的党员领导干部专题民主生活会。

▲16 日　中国铁建铁道兵文化联谊会理事会成立大会在北京召开。原铁道兵参谋长龙桂林、政治部主任徐诚之致信祝贺。贺信说:铁兵铁建一脉传,铁道兵文化和铁道兵精神万古永存。

▲同日　中国铁建副总裁张宗言一行到中铁二十局集团公司调研生产经营情况。

▲16 ~ 18 日　中国铁建 2011 年度财务工作会在北京召开。会议强调,要积极应对国内外复杂多变的经济环境,深入贯彻国资委中央企业财务工作会议精神,夯实财务管理基础,通过加强财务管控,提高财务管理和风险防范能力,促进财务工作向管理控制型转变,努力提升经济运行质量,提高价值创造力,推动企业做强做优。中国铁建副总裁、总会计师兼总法律顾问庄尚标作题为《强化管控,提升能力,在企业做强做优中发挥财务推动作用》的财务工作报告。

▲17 日　国家交通战备办公室考察组到中铁二十局集团六公司就国防交通物资器材储备、交通专业保障队伍以及相关企业经费补助及优惠政策等进行广泛调研。

▲18 日　中国铁建与湛江市联合开发的湛江石化产业园工程破土动工。中共中央政治局委员、广东省委书记汪洋与广东省委副书记、代省长朱小丹,中国铁建董事长、党委书记孟凤朝,湛江市委书记、市人大常委会主任刘小华,湛江市委副书记、代市长王中丙共同开启工程建设启动仪。中国铁建副总裁周志亮主持开工典礼。

▲18 日　云南省第一条市域铁路——安宁至嵩明试验段开工仪式在昆明西山区碧鸡关隧道西口举行。中国铁建总裁赵广发出席开工仪式并致辞。

▲21 日　中国铁道建筑总公司在全系统召开视频会议,推进"铁道兵纪念馆(中国铁建展览馆)"建设工作。总公司党委书记、股份公司总裁赵广发作重要讲话,中国铁建党委副书记、纪委书记、监事会主席齐晓飞主持会议并总结,纪念馆筹备工作领导小组顾问霍金贵总结前期筹备工作情况,副董事长、党委副书记、工会主席彭树贵,副总裁范德、周志亮、张宗言出席会议。

▲同日　中国铁建圆满完成 2011 年玉树灾后援建任务。截至 11 月 20 日,由中国铁建援建的玉树灾后重建项目累计开工 104 个,建筑面积 65.04 万平方米,占总建筑面积 71.39 万平方米的 91%。仲达乡 688 户农牧民全部搬进新居。琼龙路住宅小区 74 幢居民楼,开工建设 69 幢,封顶 33 幢。仲达乡 13 个公建项目基本完工。结古镇当代组团、红卫路组团 733 户居民拿到新房钥匙。按照施工图工程数量及青海省建筑工程预算编制原则实际测算,中国铁建累计完成投资 154631 万元,实现青海省委、省政府提出的"农牧民全部入住新房,城镇居民的 80% 入住新房以及公建项目绝大部分开工,学校、医院全面竣工"的"三个确保"目标。

▲21 日 ~ 12 月 1 日　中国铁建党委副书记、纪委书记、监事会主席齐晓飞到沙特阿拉伯和阿联酋进行调研。齐晓飞先后深入麦加轻轨铁路项目、十八局集团沙特麦麦高铁项目、十五局集团沙特 200 所学校项目、中土集团沙特南北铁路 CTW400 标项目和十八局集团迪拜运动城商住两用房建设项目一线,考察施工进展情况,亲切看望干部员工。

▲23 日　中国铁建房地产工作会暨项目观摩会在北京召开。会议总结了房地产业务取得的成绩和发展现状,分析了当前面临的形势和存在的问题;确立了

房地产板块未来发展的总体思路和原则，号召全系统坚定信心，迎难而上，促进房地产业务持续健康科学发展。副总裁范德作中国铁建房地产工作报告。会议期间，与会代表观摩了北京中国铁建·国际城项目。

▲24～25日　中国铁建董事长、党委书记孟凤朝，副总裁周志亮赴河北省石家庄市参加“央企走进河北战略合作恳谈会”。国务院国资委主任王勇，副主任黄丹华、姜志刚及100多家中央企业领导和代表出席此次恳谈会。会议期间，孟凤朝与河北省代省长张庆伟就合作达成重要共识：中国铁建将加强与河北省的全面战略合作，并决定先期开展劳务合作。为解决中铁建设集团公司劳动力不足问题，河北省每年向中铁建设集团输送不少于5000名劳务人员。为落实高层共识，25日上午，中铁建设集团公司与河北省人力资源和社会保障厅签署《劳务合作框架协议》。

▲25日　中国铁建董事长、党委书记孟凤朝，副总裁周志亮到中铁建设集团公司承建的石家庄勒泰中心工程和中铁二十二局集团公司投资开发的中国铁建·京南一品房地产项目现场办公。孟凤朝强调，要坚定不移地发展房地产，进一步解放思想，转变观念，大胆探索，加快推进企业转型。

▲26日　在沙特阿拉伯王国调研的中国铁建党委副书记、纪委书记、监事会主席齐晓飞拜会中国驻沙特大使李成文，双方在亲切友好的气氛中进行广泛交谈。

▲30日　中铁十一局集团公司党委在武汉隆重举行表彰大会，授予7名抬车救人工人“大义善举、见危施救”模范称号，并为每人颁发证书和千元奖金；集团公司工会授予胡家年班组“见危施救”模范班组称号，发放奖金1万元。

▲11月　中铁十一局集团五公司获全国“工人先锋号”称号。

▲11月　中铁十二局集团公司技术中心在第13届中国国际高新技术成果交易会暨第18批国家级企业技术中心授牌仪式上获“国家认定企业技术中心”称号。

▲11月　中铁十五局集团公司京沪高速铁路指挥部独立研发的测量对中标志埋设方法获得国家发明专利。

▲11月　中铁建设集团公司获中国企业文化竞争力十强称号，集团公司董事长、党委书记汪文忠获中国企业文化建设突出贡献人物称号。

▲11月　中国铁建重工集团公司获全国企业文化建设2011年度优秀单位称号。

▲11月　中国铁建在美国《新闻周刊》2011年全球500绿色企业排名中名列第429位。

▲11月　香港《大公报》联合香港中国企业协会、香港证券业协会、中国证券业协会、中国企业联合会等两地证券业权威机构首次举办“中国证券金紫荆奖”颁奖典礼。在中国证券金紫荆奖评选活动中，中国铁建获海外最具品牌影响力的中国上市公司和“十二五”期间最具投资价值的上市公司两个奖项。

12月

▲2日　中国和哈萨克斯坦霍尔果斯国际边境合作中心启动暨中哈第二条铁路对接仪式在新疆霍尔果斯口岸隆重举行。中共中央政治局委员、国务院副总理张德江，哈萨克斯坦副总理伊谢克舍夫在启动仪式上致辞，并为国际边境合作中心剪彩，下达两国铁路对接指令。新疆霍尔果斯铁路口岸站工程，由中铁第四勘察设计院集团公司设计，中铁十五局集团公司承建。

▲4日　国务院国资委国有重点大型企业监事会主席李克及国资委监事会第16办事处全体人员到中国铁建举行党日活动，了解中国高速铁路建设技术现状及未来发展。中国铁建副总裁夏国斌，副总裁、总会计师兼总法律顾问庄尚标，总工程师韩风险出席座谈会并分别作工作汇报。夏国斌在《中国高铁和中国铁建》专题汇报中介绍了世界高速铁路的技术创新情况以及中国铁建参与高速铁路建设的历程。庄尚标、韩风险分别从财务和技术角度汇报了高速铁路建设现状对中国铁建的冲击和影响。

▲5日　中铁二十四局集团南昌建设公司李艳光获江西省希望工程实施20周年“致敬个人”荣誉。

▲6日　中国铁建在北京召开机票集中采购推进会。总裁赵广发，副总裁、总会计师兼总法律顾问庄尚标出席会议并作重要讲话。财务部资金管理中心主任黄健民主持会议，财务部部长曹锡锐宣读中国铁建《关于驻京单位因公出差实行国内机票集中采购的通知》。

▲同日　由中铁第五勘察设计院集团公司负责设计，中铁二十二局集团哈尔滨建设集团公司承建的前抚铁路正式开通运营，标志着有“中国东极”之称的对俄口岸——抚远结束了不通火车的历史。

▲8日　陕西省“引汉济渭”工程建设动员大会在陕西周至秦岭输水隧洞出口中铁十七局集团公司工地举行。秦岭特长输水隧洞全长98.3公里，由中铁第一勘察设计院集团公司主持设计，中铁十七、十八局集团公司等单位参加建设。工期约6年半。

▲同日　中国铁建与中国出口信用保险公司战略合作协议签字仪式在中国铁建大厦举行。中国铁建将借助双方合作平台，在贯彻实施“走出去”战略中，利

用出口信用保险产品，加强海外经营保障，提升风险管理水平。中国铁建董事长、党委书记孟凤朝，中国出口信用保险公司总经理王毅出席签字仪式。中国铁建副总裁、总经济师扈振衣与中国出口信用保险公司副总经理周纪安代表双方在协议书上签字。仪式由中国铁建副总裁、总会计师兼总法律顾问庄尚标主持。

▲9日　新任中国驻沙特大使李成文、经济商务参赞王友和即将离任的经济商务参赞俞子荣，在中国驻吉达总领事王勇、经济商务参赞吴毅以及中国铁建沙特麦加轻轨铁路项目公司领导的陪同下，到中国铁建麦加轻轨铁路项目调研。

▲9～10日　中国铁建非执行董事朱明暹，独立非执行董事李克成、赵广杰、吴太石、魏伟峰，在中国铁建副总裁范德、董事会秘书余兴喜陪同下，到内部风险防控体系建设试点单位中国铁建房地产集团公司调研。

▲11日　中国铁建非执行董事朱明暹，独立非执行董事李克成、赵广杰、吴太石、魏伟峰，在中国铁建副总裁周志亮等陪同下，到中国铁建内部控制与风险管理试点单位中铁十二局集团公司调研。

▲13日　中铁十八局集团公司沙特南北铁路工程指挥部指挥长周文海获2011年度沙特优秀中资企业项目经理称号。

▲14日　中铁二十局集团公司副总经理兼蒙古国工程指挥部指挥长李令选蒙古国最高建筑荣誉奖。

▲16日　赞比亚前总统卡翁达博士在访问尼日利亚期间，参观中国铁建中土尼日利亚公司阿布贾总部，称赞中土集团为非洲发展作出巨大贡献。

▲18日　渝遂高速公路工程建设总结表彰大会在重庆召开。中国铁建副总裁兼总经济师、铁发渝遂公司董事长扈振衣，副总裁刘汝臣，重庆市交委副主任章勇武及重庆高速集团董事长李祖伟等出席会议并讲话。中国铁建副总经济师、铁发渝遂公司总经理许顺生主持大会。会议对10个参建先进单位、周先进等10名“十佳优秀项目经理”、吴松海等4名“征地拆迁先进个人”进行表彰。

▲23日　中国铁建与中国通用技术（集团）控股有限责任公司在中土大厦签署战略合作框架协议。中国铁建董事长、党委书记孟凤朝和中国通用总经理李说代表双方在协议上签字。

▲同日　全国政协委员、中国新闻文化促进会会长、原新闻出版总署副署长李东东到中国铁建调研，并就企业新闻宣传和文化建设与中国铁建总裁赵广发进行亲切交谈。

▲24日　中铁十一局集团公司获湖北省经济建设2011年度领军企业称号，集团公司董事长、党委书记王桂林被评为湖北省经济建设2011年度最佳领军人物。

▲27日　中国铁建董事长、党委书记孟凤朝，副总裁周志亮率部分集团公司负责人在南京拜会江苏省省委书记、省人大常委会主任罗志军，双方就进一步加强战略合作等进行会谈，并达成广泛共识。

▲同日　中国铁建与厦门签署战略合作框架协议。中国铁建副总裁夏国斌和厦门市常务副市长丁国炎代表双方在协议上签字。福建省委常委、厦门市委书记于伟国，市长刘可清等省市领导出席签字仪式。

▲28日　中国铁建与北京中关村发展集团在中国铁建大厦举行双方战略合作框架协议签字仪式。

▲29日　中国铁建总裁赵广发、副总裁张宗言一行在天津迎宾馆拜会天津市市委副书记、市长黄兴国，副市长熊建平。双方就天津城市发展和滨海新区建设开展深度合作、实现互利共赢进行深入交流，并达成广泛共识。

▲12月　中铁物资集团公司董事长、党委书记金跃良被评为全国物流行业劳动模范。

▲12月　中铁建设集团公司荣列2010年度中国建筑业企业竞争力百强第49位；中铁十六局集团公司、中铁十七局集团三公司、中铁二十一局集团公司、中铁建设集团公司获全国建筑业先进企业称号；中铁十六局集团公司董事长、党委书记覃正标，中铁十七局集团公司总经理卢朋，中铁十七局集团建筑公司董事长、总经理杨琼东，中铁建设集团公司董事长、党委书记汪文忠获全国建筑业优秀企业家称号。

▲12月　中铁第一勘察设计院集团兰州铁道设计院承担的“西北地区人工湿地污水处理技术研究”项目，经国家知识产权局批准，取得国家实用新型专利。

▲12月　中铁二十局集团房地产公司获2009～2010年度中国房地产诚信企业奖。

▲12月　中铁建设集团物资公司获2011年度中国钢贸企业百强及建筑钢材百强称号。

▲2011年　中铁二十五局集团公司开发的“一种重叠既有地下连续墙施工新的地下连续墙的成槽工艺”、“一种过空跨上承式移动模架造桥机及其过空跨施工方法”、“一种用于地下掘进工程中的隐患电法超前预报方法”、“一种架桥机的掉头方法”4项成果取得国家发明专利。

中国土木工程集团公司承建的阿尔及利亚编组站项目获中阿合作杰出贡献奖。图为中国驻阿大使刘玉和(右)为中土阿尔及利亚公司总经理严学斌颁奖。（郭子岩 提供）

概况

本栏责任编辑 **杨启燕**

【简况】 中国铁建股份有限公司(中文简称中国铁建,英文简称 CRCC)的前身为组建于 1948 年 7 月的中国人民解放军铁道兵,1984 年集体转业并入铁道部,改称铁道部工程指挥部;1989 年成立中国铁道建筑总公司,2000 年 9 月 28 日与铁道部脱钩,先后划归中央企业工作委员会和国务院国有资产管理委员会管理;2007 年 11 月 5 日,由中国铁道建筑总公司独家发起成立中国铁建股份有限公司,于 2008 年 3 月 10 日、13 日分别在上海证券交易所和香港联合证券交易所成功上市。

中国铁建下辖 36 家二级单位。截至 2011 年底,在岗职工 241621 人。其中,管理人员 43571 人,占 18.03%;专业技术人员 95275 人,占 39.43%;技能人才 104257 人,占 43.15%。拥有工程院院士 1 名、国家勘察设计大师 6 名、享受国务院政府特殊津贴的专家 199 名。资产总额 4229.83 亿元,比 2010 年增长 20.76%。主要机械动力设备 86754 台(套),总功率 763 万千瓦,技术装备率 9.24 万元/人,动力装备率 29.37 千瓦/人。业务涵盖工程建筑、房地产、特许经营、工业制造、物资物流、矿产资源及金融保险等,已经从以工程承包为主,发展成为具有科研、规划、勘察、设计、施工、监理、维护、运营和投融资的完善的行业产业链,具备为业主提供一站式综合服务的能力。并在高原铁路、高速铁路、高速公路、桥梁、隧道和城市轨道交通工程设计及铁路大型养路装备领域确立了行业领导地位。兵改工以来,在工程承包、勘察设计等领域获得国家级奖项 446 项。其中,国家科技进步奖 61 项;国家勘察设计"四优"奖 101 项;中国土木工程詹天佑奖 50 项;中国建设工程鲁班奖 81 项;国家优质工程奖 156 项。

中国铁建经营范围遍及除台湾以外的 31 个省、直辖市、自治区,香港、澳门特别行政区,以及世界 40 多个国家和地区,是中国乃至全球最具实力、最具规模的特大型综合建设集团之一。连续 6 年入选"世界企业 500 强",2011 年排名第 105 位;连续 14 年入选"全球 225 家最大承包商",2011 年继续保持第 1 位;连续 7 年入选"中国企业 500 强",2011 年排名第 7 位。年内被评为海外最具品牌影响力的中国上市公司和"十二五"期间最具投资价值的上市公司。 (杨启燕)

【主要经济技术指标完成情况】 (1)市场开发成效显著。2011 年,中国铁建新签合同总额 6811.8 亿元,完成年度新签合同额计划的 123.8%。其中,新签铁路外合同 5438.2 亿元,同比增长 73.5%;新签海外合同 760.3 亿元,同比增长 193.4%。受中国铁路建设市场大幅萎缩的影响,中国铁建铁路工程新签合同大幅减少,年内铁路新签合同 1373.6 亿元,比 2010 年减少 68.3%。除铁路工程外,其他工程类别新签合同均保持不同程度的增长,为中国铁建保持经营规模稳定提供了有力支撑。其中,房屋建筑工程新签合同 1636.3 亿元,同比增长 208.4%;公路工程新签合同 1081.8 亿元,同比增长 14.9%;城市轨道工程新签合同 429.7 亿元,同比增长 8.4%;市政工程新签合同 563.7 亿元,同比增长 77.3%;水利电力工程新签合同 312.7 亿元,同比增长 165.6%。

(2)经济运行质量明显提升。2011 年,中国铁建实现营业收入 4573.66 亿元,比 2010 年减少 2.72%。其中,工程承包业务实现营业收入 4075.41 亿元,占营业收入总额的 86.64%;海外业务实现营业收入 171.99 亿元,占营业收入总额的 3.76%。实现净利润 78.82 亿元,比 2010 年增长 82.59%,效益水平再创历史新高。

(3)转型升级取得重大进展。2011 年,中国铁建非工程承包业务新签合同额 938.6 亿元,完成营业收入 628.4 亿元,实现净利润 32.5 亿元,占比分别达到 13.8%、13.4% 和 39.9%,成为中国铁建重要的经济支撑。其中,勘察设计咨询业务新签合同 75.89 亿元,完成营业收入 74.64 亿元,实现利润 9.79 亿元;工业制造业务新签合同 119.68 亿元,完成营业收入 89.15 亿元,实现利润 5.77 亿元;房地产业务新签合同 140.77 亿元,完成营业收入 135.38 亿元;物流与物资贸易业务新签合同 577.19 亿元,完成营业收入 311.86 亿元。

(4)资产总额稳步提升。2011 年,中国铁建资产总额 4229.83 亿元,比 2010 年增长 20.76%。其中,货币资金 830.58 亿元,占资产总额的 19.64%,比 2010 年增长 27.38%。 (杨启燕)

【主要财务指标完成情况】 2011 年,中国铁建实现营业收入 4573.66 亿元,比 2010 年的 4701.59 亿元减少 127.93 亿元,下降 2.72%。其中,工程承包下降 4.89%;勘察设计咨询下降 10.43%;工业制造增长 3.68%;物流贸易增长 20.37%;房地产增长 160.9%。2011 年,海外营业收入 171.99 亿元,比 2010 年的 224.69 亿元减少 52.7 亿元,下降 23.45%。实现利润总额 100.56 亿元,与 2010 年的 60.89 亿元相比增加 39.67 亿元,增长 65.16%。实现净利润 78.82 亿元,比 2010 年的 43.17 亿元增加 35.65 亿元,增长 82.59%。年末资产总额 4229.83 亿元,负债总额 3572.64 亿元,所有者权益 657.19 亿元。截至 2011 年底,货币资金余额 830.58 亿元,比 2010 年的 652.07 亿元增加 178.51 亿元,增长 27.38%。 (丁亚杰)

中国铁建主要经济技术指标完成情况比较

项　　目	2010 年	2011 年	同比增长或下降(%)
资产总额(亿元)	3501.94	4229.83	20.76
所有者权益	582.31	657.19	12.86
营业收入(亿元)	4701.59	4573.66	-2.72
利润总额(亿元)	60.89	100.56	65.15
净利润(亿元)	43.17	78.82	82.58
归属于母公司所有者的净利润	42.46	78.54	84.97
技术开发投入(亿元)	88.29	85.95	-2.65
利税总额(亿元)	227.93	289.00	26.79
应缴税金总额(亿元)	167.04	188.44	12.81
加权平均净资产收益率(%)	7.85	12.98	增长 5.13 个百分点
总资产报酬率(%)	2.30	3.42	增长 1.12 个百分点
总公司国有资本保值增值率(%)	96.90	110.8	增长 13.9 个百分点

制表:杨启燕

【企业资质】 2011 年是中国铁建资质管理的关键年,根据住房和城乡建设部新特级资质标准要求,全系统开展新特级资质就位,并初步取得就位工作的阶段性目标,正在按照要求全力推进。截至 2011 年底,中国铁建系统具有施工资质企业 159 家。其中,主项资质为总承包特级资质企业 16 家;主项资质为施工总承包一级资质企业 106 家;主项资质为专业承包一级资质企业 37 家。具有房屋建筑工程施工总承包一级资质企业 51 家,公路工程施工总承包一级资质企业 68 家,市政公用工程施工总承包一级资质企业 100 家,水利水电工程施工总承包一级资质企业 21 家,铁路工程施工总承包一级资质企业 18 家,矿山工程施工总承包一级资质企业 3 家,城市轨道交通工程专业承包资质企业 27 家,铁路电气化工程专业承包一级资质企业 23 家。 (董跃君　刘军锋)

【管辖单位】 截至 2011 年底,中国铁建股份有限公司下辖中国土木工程集团有限公司,中铁十一至二十五局集团有限公司,中铁建设集团有限公司,中国铁建电气化局集团有限公司,中国铁建港航局集团有限公司,中国铁建房地产集团有限公司,中铁第一、第四、第五勘察设计院集团有限公司,中铁上海设计院集团有限公司,中铁物资集团有限公司,昆明中铁大型养路机械集团有限公司,中国铁建重工集团有限公司,北京铁城建设监理有限责任公司,中国铁建投资有限公司,中国铁建财务有限公司,中铁建中非建设有限公司,中国铁建(加勒比)有限公司,中国铁道建设(香港)有限公司,诚合保险经纪有限责任公司,中铁建(北京)商务管理有限公司,北京培训中心 36 家二级子公司和单位;有三级企业 369 家,其中工程公司 148 家。

(陈　维　李学红)

【二级单位更名】 4 月 14 日,为统一和规范中国铁建所属企业名称,经国务院、国资委、国家工商总局批准,股份公司二级企业更名,将"中铁 XXXX 集团有限公司"更名为"中国铁建 XXXX 集团有限公司",中铁建电气化局集团有限公司更名为中国铁建电气化局集团有限公司、中铁房地产集团有限公司更名为中国铁建房地产集团有限公司、中铁轨道系统集团有限公司更名为中国铁建重工集团有限公司。10 月 31 日,诚合保险经纪(北京)有限责任公司更名为诚合保险经纪有限责任公司。 (陈　维　李学红)

【组建二级机构】 中国铁建投资有限公司,注册地北京市,注册资本人民币 30 亿元。

中国铁建港航局集团有限公司,注册地广东省珠海市,注册资本人民币 10 亿元。

将中国铁道建筑总公司名下的中国长城财务公司改制并更名为中国铁建财务有限公司,增加注册资本至 130000 万元。其中,中国铁道建筑总公司 7800 万元,占 6% 股权;中国铁建股份有限公司认购本次增资 122200 万元,占 94% 股权。改制增资后为股份公司所属二级单位。 (陈　维　李学红)

【所属单位机构编制变更情况】 2 月 18 日,中铁建电气化局集团第五工程有限公司从广西壮族自治区柳州市迁址四川省成都市。

2月28日，中铁第四勘察设计院集团有限公司与无锡轨道交通有限责任公司、无锡市政设计有限公司共同出资，成立无锡市政交通工程设计有限责任公司（铁四院占45%股权）。

同日，中铁十二局集团电气化工程有限公司从山西省太原市迁址天津市。

同日，中铁十八局集团有限公司成立隧道工程有限公司、轨道交通工程有限公司。

3月7日，中铁十六局集团有限公司成立地铁工程有限公司。

同日，中铁十七局集团有限公司成立勘察设计院、房地产开发有限公司。

3月9日，中铁十五局集团收购宜宾市建筑勘察设计院。

3月23日，中铁十八局集团有限公司撤销天津中铁滨海建筑设计有限公司。

3月29日，中铁二十四局集团有限公司成立合肥轨道制品有限公司。

3月30日，中铁十一局集团有限公司成立新疆分公司（仅限于经营承揽）。

4月8日，中铁二十三局集团有限公司成立研究设计院。

同日，中铁十四局集团有限公司成立西安建设投资有限公司（运作BT项目）。

4月27日，中铁十四局集团有限公司成立厄瓜多尔有限公司、加纳有限公司。

同日，中铁十三局集团有限公司成立安哥拉分公司。

5月3日，中铁十二局集团有限公司成立安徽分公司（仅限于经营承揽）。

5月11日，中铁二十五局集团有限公司成立中国铁建珠海物流有限公司。

同日，中铁十二局集团有限公司成立吉林省分公司（仅限于经营承揽）。

同日，中铁物资集团有限公司成立海南有限公司、成都物流有限公司和新疆有限公司。

5月16日，中铁二十一局集团有限公司成立北京工程有限公司、路桥工程有限公司。

5月26日，中铁物资集团有限公司成立东北有限公司内蒙古分公司、华东有限公司天津分公司、中南有限公司郑州分公司、中南有限公司青岛分公司、北京中铁工业有限公司大同分公司、芜湖中铁科吉富轨道销售有限公司。

6月16日，中铁建中非建设有限公司设立中非建设南非办事处。

同日，中铁十六局集团有限公司成立置业投资有限公司。

7月1日，中铁二十五局集团有限公司成立中铁建珠海重工有限公司。

7月8日，中铁建设集团有限公司成立北京佳景晟房地产项目公司。

8月2日，中铁十七局集团有限公司成立哈尔滨分公司、贵阳分公司（仅限于经营承揽）。

同日，中铁十二局集团有限公司成立黑龙江省分公司（仅限于经营承揽）。

8月17日，中铁十四局集团有限公司成立泰安市凯华房地产开发项目公司。

8月18日，中铁十一局集团有限公司成立新加坡分公司。

8月25日，中铁建设集团有限公司成立天津有限公司、华东工程有限公司、海南有限公司、济南工程有限公司。

8月30日，北京铁城建设监理有限责任公司成立北京铁城公路咨询管理有限公司。

同日，中铁二十二局集团有限公司成立南京分公司、青海分公司（均仅限于经营承揽）。

同日，上海中土实业有限公司更名为中土集团南方建设有限公司。

9月19日，中铁二十五局集团广州工程有限公司更名为中铁二十五局集团第一工程有限公司，中铁二十五局集团柳州工程有限公司更名为中铁二十五局集团第四工程有限公司，中铁二十五局集团恒元工程有限公司更名为中铁二十五局集团第六工程有限公司，中铁二十五局集团有限公司北方分公司更名为中铁二十五局集团第五工程有限公司，管理性质由分公司变更为子公司。

同日，中国铁建房地产集团有限公司成立北京丰昊置业有限公司、宁波京城投资有限公司。

同日，中铁二十一局集团有限公司成立甘肃房地产开发有限公司。

同日，中铁十一局集团有限公司成立重庆壁和房地产开发项目公司。

9月29日，北京铁城建设监理有限责任公司成立郑州铁城管理咨询有限公司。

9月30日，中铁二十三局集团有限公司成立外贸进出口公司。

同日，中铁十二局集团有限公司成立湖南分公司、福州市城市轨道工程公司（仅限于经营承揽）。

10月20日，中铁二十二局集团有限公司成立（广西）矿业有限公司。

同日，中国铁建房地产集团有限公司成立武汉有限公司。

10月26日，中铁二十五局集团有限公司成立柳州龙泰房地产项目公司。

10月30日，中国铁建房地产集团有限公司成立北京顺捷金海置业有限公司。

10月31日，中铁十五局集团有限公司收购宜宾设计院，更名为中铁十五局集团四川建筑勘察设计院有限公司。

11月4日，中铁第四勘察设计院集团有限公司成立徐州分公司。

11月10日，中国铁建投资有限公司成立中铁建湛江开发有限公司。

同日，中铁二十二局集团有限公司成立兰州分公司、贵阳分公司(均仅限于经营承揽)。

11月14日，中铁二十二局集团有限公司成立广西分公司(仅限于经营承揽)。

同日，中铁十二局集团有限公司成立湖北分公司(仅限于经营承揽)。

同日，中铁建设集团有限公司成立金日房地产有限公司。

同日，中铁物资集团有限公司成立北京有限公司煤炭分公司。

同日，中铁十六局集团有限公司成立梧州置业有限公司。

12月29日，中铁第四勘察设计院集团有限公司成立昆明建设投资有限公司。

同日，中铁十二局集团有限公司成立浙江分公司、江西分公司(均仅限于经营承揽)。(陈 维 李学红)

【部分单位管理规格调整】 11月1日，将北京铁城建设监理有限责任公司、中铁建(北京)商务管理有限公司、诚合保险经纪有限公司按工程局集团同等规格管理。至此36家二级单位全部为同一规格。

(陈 维 李学红)

【总部机关部分部门编制定员调整】 8月4日，审计监事局增加定员5人，领导职数增加副局长1人；法律合规部增加定员3人，部内增设法律处、合规处；财务部增设副部长1名，资金结算中心更名为资金管理中心；工程管理部增设节能环保处，定员2人；党委宣传部定员由10人调整为12人；办公室文书处增加定员1人；安全质量监督部贯标办公室职员岗位改设为贯标办主任岗位，不另增加定员。 (陈 维 李学红)

【设立直管项目管理机构】 4月18日，成立中国铁建禄大和九宜公路建设指挥部，定员15人，负责昆明市禄大和九宜公路工程项目的投资建设管理。

5月30日，成立中国铁建昆明轨道交通3号线工程指挥部，定员17人，负责昆明轨道交通3号线东标段项目的施工组织管理。 (陈 维 李学红)

【人员状况】 截至2011年底，在岗职工241621人，其中长期职工236522人、临时职工5099人。增加在岗长期职工27873人。其中，新录用大学、中专、技校毕业生19407人；非在岗职工回归1590人；从农村、城镇招收1734人；录用退伍军人424人。减少在岗长期职工15332人。其中，退休1275人；死亡316人；在岗长期职工减为非在岗职工3335人；终止解除劳动合同5748人；开除、除名、辞退753人。在岗职工中息工放假人员13515人，为在岗职工人数的5.59%，比2010年增加7571人。非在岗职工47673人，比2010年增加144人。在岗职工和非在岗职工289294人，比2010年增加12695人。其他从业人员33340人，其主要成分是零散外部劳务人员。建制单位外部劳务人员597079人。 (徐博华)

【干部构成】 截至2011年底，中国铁建系统干部总数139035人。其中，专业技术干部130406人，占干部总数的93.79%；女干部28782人，占干部总数的2.07%；少数民族干部4607人，占干部总数的0.33%；党员干部54749人，占干部总数的39.38%。专业技术干部中，高级技术职务15791人，中级技术职务30807人，初级技术职务71902人。干部学历结构：研究生及以上毕业3327人，大学本科毕业79145人，大专毕业42324人，中专毕业6933人，高中毕业5128人，初中以下2178人。大专以上学历干部124796人，占干部总数的89.76%。干部年龄结构：30岁以下74289人，31~40岁33856人，41~50岁18601人，51岁以上12288人。 (王 谐)

【工人构成】 截至2011年底，股份公司工人总数134339人，比2010年总公司工人总数136585人减少2246人。女工人29886人，占工人总数的22.25%。文化程度：本科及以上3152人，占工人总数的2.35%；大专和高技16879人，占工人总数的12.56%；中专技校和职高29587人，占工人总数的22.02%；高中36444人，占工人总数的27.13%；初中及以下48277人，占工人总数的35.94%。134339人签订劳动合同，占工人总数的100%，其中有固定期限的54785人、无固定期限的79554人。各类技术工人100664人，占工人总数的74.93%。95607人获得国家职业资格证书，持证率为技术工人总数的75.11%，其中初级工7652

人、中级工 19161 人、高级工 37420 人、技师 9607 人、高级技师 1767 人。（徐博华）

【主要技术设备】 截至 2011 年底，中国铁建系统保有机械动力设备 86754 台（套），原值 389.3 亿元、净值 240.36 亿元，其中大型设备 4187 台（套），原值 216 亿元、净值 128 亿元。机械设备总功率 763 万千瓦，技术装备率和动力装备率分别为 9.24 万元/人和 29.37 千瓦/人。拥有盾构（TBM）137 台，铁路客运专线施工专用 900 吨混凝土箱梁运架一体机 4 台，架桥机 89 台、运梁车 95 台、提移梁机 160 台（套）、移动模架 138 套，常规铁路架桥机 41 台、铺轨机 27 台，电气化施工设备 316 台（套）、大型机械化整道设备 46 台。中国铁建系统机械设备成新率 61.73%，大型施工机械设备完好率 92.7%、利用率 78.78%、闲置率 6.26%。2011 年更新机械设备 9146 台，价值 83.68 亿元。主要施工设备实现机电液一体化、智能化、多功能化。

（郭春雷）

【改革发展】 1. 公司治理机制持续完善。2011 年，中国铁建严格按照相关法律法规和公司章程，认真履行相关审批程序，顺利完成公司董事会、监事会换届选举工作，重新聘任经理层，同时规范二级企业董事会、监事会的配备，研究批复 21 家单位 75 名董事、监事人选的调整意见。制定《中国铁建股份有限公司关联方资金往来管理制度》《中国铁建股份有限公司内部控制与全面风险管理办法（暂行）》，修订完善《中国铁建股份有限公司章程》《中国铁建股份有限公司董事会秘书工作制度》《中国铁建股份有限公司内幕信息知情人管理制度》等规章制度。严格按照各上市地上市规则的规定，及时、准确、完整地进行信息披露，不断改善投资者关系，提升信息披露水平，使公司所有股东和投资者能够在公开、公平、真实、准确的基础上获取公司的信息，公司透明度不断提高。

2. 经营工作成效显著。面对严峻的经营环境，及时调整经营思路，提出"市场经营以路外为主，铁路经营以补差索赔为主，突出保障房市场开发"的工作方针，先后与 20 多个省市和大型企业集团签订战略合作框架协议，与美国、匈牙利、格鲁吉亚、尼日利亚、伊朗等 20 多个国家和地区的代表团进行洽谈、沟通，为经营工作创造条件。全力开发铁路外市场，大力开展股份公司本级经营，新成立的川渝、云贵、山东、上海四个区域经营管理平台积极开展工作。

3. 战略性结构调整成效凸显。一是进一步完善产业链。成立中国铁建投资有限公司，将股份公司投资的项目纳入统一管理，优化投资结构，提高管理效率。组建中国铁建港航局集团有限公司，弥补在水工市场的经营短板。成立中国铁建财务有限公司，搭建专业化融资平台，提升资金运作能力和管理水平，开创产融结合的新路子。二是加快发展非工程承包板块。设计咨询板块继续保持稳步增长，各设计院克服铁路市场急剧下滑带来的困难，迅速转向路外和海外市场。工业制造板块取得长足进步。昆明中铁大型养路机械集团有限公司的大型铁路养护系列产品不断推陈出新，牢牢占据市场制高点。中国铁建重工集团有限公司的盾构高端设备生产达到国内领先水平，已生产 28 台（套），成功应用于西安、北京、长沙等地铁市场。房地产板块实现新跨越。在国家调控政策不断深入、房地产市场不景气的情况下，中国铁建房地产业务逆势而上，品牌深入人心，规模逐步扩大。物流贸易发展规模得到提升，经营范围涵盖钢材、水泥、铁路线上材料、民爆器材、油料、煤炭等领域。中铁物资集团有限公司在中国物流企业 50 强排名中上升至第 5 位。矿产资源开发稳步推进。厄瓜多尔铜矿项目，加强与铜陵有色的沟通，配强项目公司人员，各项工作有序推进。

4. 资本经营积极稳妥开展。始终坚持生产经营和资本经营双轮驱动、协调发展，注重优选项目、加强管理、提升效益。一是加大新项目开发力度。年内成功运作昆明禄大公路、九宜公路及扬州瘦西湖隧道、昆明外环东路、湛江东海岛开发、福建南安石井港开发等 10 个 BT、BOT 项目，特别是湛江东海岛开发项目，有力地带动了水工市场的发展，在区域性综合投资项目运作等方面进行了有益探索。二是加强投资项目监管和运营管理。中国铁建投资有限公司和各项目公司认真履行职责，把握投融资和施工建设节奏，注重加强运营管理，确保投资项目有序推进、有效运转。三是注重以小投资撬动大市场。昆明二环路 BT 项目和遂渝高速公路 BOT 项目的成功实施，为开拓云南和重庆市场发挥了重要作用，全系统在云南和重庆的轨道交通、市政、房建市场份额大幅提升。（杨启燕）

【企业管理】 1. 在建工程和项目管理。所属单位按照股份公司要求，及时掌握重点工程调整情况，对在建项目进行全面梳理，调整施工计划，优化施工组织。对于资金保证项目，适度超前安排，安全快速推进，确保资金回笼和工期兑现；对于资金不足项目，稳妥安排后续工作。十二、十九局集团公司大西铁路，十六局集团公司贵广铁路等一大批项目，深入推进标准化建设，管理规范，组织有力，受到业主好评。在铁道部信誉评价中，十一、十二、十七、十九局集团公司进入 A 类行列。

2. 安全质量管理。2011 年，中国铁建始终坚持"安全第一，预防为主，综合治理"的安全生产方针和

"质量取胜,以质创誉"的质量管理理念,深入开展大检查、大排查、大整改和安全质量月活动,认真落实安全质量责任制,不断健全群防群治的安全质量管理体系,加强安全质量过程控制,各类生产安全事故大幅减少,质量创优成果丰硕,安全质量形势总体平稳。年内,50个质量管理小组获全国工程建设优秀质量管理小组奖,6家企业被评为全国工程建设质量管理小组活动优秀企业;获中国建设工程鲁班奖7项,国家优质工程奖15项。

3. 精益化管理。深化银企合作,拓宽融资渠道,发行中期票据和短期融资券,确保资金需求。强力推行集中管控,各级资金管理中心"蓄水池"作用得到有效发挥,设备物资集中管理初见成效,保险和机票集中采购效果显现。

4. 内部控制与风险管理。注重内部控制与风险管理机制的建立与完善,保证企业健康、可持续发展。横向方面,股份公司总部确立董事会、经理层、职能部门、业务部门、监督部门各司其职、四位一体的"4+1"内控与风险管理体系;纵向层面,确立"股份公司总部—集团公司—工程公司—指挥部(项目部)"四级内控风险管理架构。各个层级、各个部门根据不同的管控模式和业务特点,各司其职,分工协作,上下贯通,有效保证中国铁建内控和风险管理工作的顺利开展。

5. 资质管理。年内,中铁建设集团有限公司通过全国首批房屋建筑新特级资质评审,成为全国首家取得房屋建筑总承包特级资质和设计专业甲级资质的企业;8家单位的铁路特级资质申报材料通过复审。

6. 法规体系建设。坚持依法经营、依法决策、合规管理,建立以总法律顾问制度为核心的法律风险防范组织体系,树立"法制央企"良好形象。2011年审核经济合同158份、规章制度29项、重大决策24项、授权书28份。

7. 审计监督。按照"督导制度措施落实,严格经营绩效问责,保证资金安全,促进精益化管理和结构调整"的工作方针,深入开展内部控制审计、经济责任审计、经营绩效审计、工程项目审计和企业基建项目审计,促进企业经济质量运行有效提升。2011年完成审计项目2667项,提交审计报告2229份,提出整改建议10062条。

8. 二级企业管理。2011年制定下发《企业领导人员管理暂行办法》,明确所属企业领导人员培养、选拔、使用及奖惩的管理机制;下发《关下所属二级公司董事会、监事会人员配备有关问题的通知》,规范所属企业董事会、监事会人员的配备,保证所属单位法人治理结构的正常运转。 (杨启燕)

【科技创新】 2011年,中国铁建大力推进"科技兴企"战略,注重科技和创新环境的打造、创新观念的引导、充足资金的支持和有效制度的保障。(1)加大科技创新平台建设。中铁十二局集团有限公司技术中心通过国家级企业技术中心认定,实现中国铁建国家级创新平台零的突破;成立北京轨道建筑学会,该学会为中国铁道建筑总公司直接管理的学术性社团组织;主持的"大直径全断面隧道掘进装备及重大工程机械装备"首次列入国家"863"计划;中铁第一勘察设计院集团有限公司陕西省铁道及地下交通工程重点实验室通过认定,获得政府资助经费50万元。(2)持续提升科技水平。依托重点项目和前沿领域,围绕工程建设和工业制造,积极开展科研攻关和技术创新。全年科技投入84.72亿元,列入国家重大科研项目3项,新增省部级科研项目22项。(3)科技成果显著。参建的安徽铜陵至黄山高速公路、青藏铁路那曲物流中心、武汉至广州高速铁路武汉站、武汉至广州高速铁路浏阳河隧道4项工程获2011年度中国土木工程詹天佑奖。全年获国家科技进步二等奖2项,省部级科技进步奖126项,全国优秀工程勘察设计奖3项,全国优秀工程勘察设计行业奖8项,中国建筑学会优秀建筑结构设计奖1项,省部级勘察设计奖71项,发明专利57项、国家级工法42项。 (杨启燕)

【工程创优】 2011年,中国铁建注重新技术、新工艺、新设备的采用,不断加大安全质量投入力度,提高工程创优能力,实现企业本质安全。全年创火车头优质工程54项、中国电力优质工程6项、国家优质工程25项。其中,新建北京至天津城际轨道交通、新建武汉北编组站、合武铁路大别山隧道、沈阳地铁1号线、哈尔滨市道外二十道街松花江大桥及引道工程、常州高架道路一期工程、杭州湾跨海大桥、天津滨海新区海河开启桥、沪蓉西高速公路支井河特大桥、上海保利广场10项工程获2010~2011年度中国建设工程鲁班奖;大唐国际发电股份公司胜利东二号露天煤矿一期工程、国道(GZ40)云南新街至河口高速公路工程获2011年度国家优质工程金质奖,13项工程获2011年度国家优质工程银质奖。 (杨启燕)

【国内工程施工】 2011年,中国铁建完成施工产值3932.1亿元。5000万元以上的在建工程2311项,在建重点工程29项。全年承建桥梁10959座6441公里,完成4343公里;承建隧道3176座5967公里,完成3477公里。6月30日,京沪高速铁路正式开通运营,创造486.1公里的世界高速铁路运营试验时速最高纪录,成为中国高速铁路建设新的里程碑。广深港铁路客运专线狮子洋隧道继左线2010年12月8日实现江中对接后，右线于2011年3月16日完成盾构机对接。8月30日，中国铁建和贵阳市政府合作建设的BT项目——贵阳北二环路工程建成通车。中国铁建投资兴建的重庆鱼洞长江大桥8月13日正式通车。6月30日，全长36.48公里的青岛胶州湾大桥建成通车。被铁道部列为一级风险隧道的六沾铁路复线乌蒙山1号隧道于6月29日贯通。全长6.17公里的青岛胶州湾隧道4月28日贯通，6月30日正式通车。西安北站是一座集铁路、公路、城市交通于一体的现代化大型铁路客运车站，1月11日正式投入运营。太中银铁路、长吉城际铁路、广珠城际铁路、青藏铁路西宁至格尔木增建二线电气化铁路年内相继建成通车。锦屏二级水电站1～4号洞贯通。（杨启燕）

【海外工程施工】 2010年，中国铁建面对严峻的海外市场形势，坚定不移地实施“走出去”战略，完善经营布局、优化资源配置、加大协调力度，海外经营取得重大突破。全年新签海外工程合同118项，合同额760.3亿元，占新签合同总额的11.16%；实现营业收入171.99亿元，占营业收入总额的3.76%。年内，沙特阿卜杜拉国王大道、阿尔及利亚94公里铁路、苏丹杜威姆大桥、安哥拉本格拉铁路（万博段）等一批重难点项目建成通车；沙特麦加轻轨铁路2011年朝觐运营任务圆满完成，采用全自动模式累计运送朝觐人员322.4万人次，超过每小时7.2万人的设计最大运能，受到沙特社会各界、世界各地朝觐者和国内外媒体的广泛赞誉，得到中央领导和国资委、商务部、外交部、铁道部等有关部委领导的充分肯定，为变更索赔工作奠定了坚实基础；中铁十八局集团公司承建的沙特朱拜尔石油管道基础项目，获得安全生产和最佳项目经理等多项大奖，成为沙特皇家委员会唯一授此殊荣的建筑企业；利比亚铁路项目，在局势紧张、形势危急的情况下，安全撤回参建人员，妥善做好资产保全，受到国资委的表扬。中国土木工程集团公司签约乍得铁路和埃塞俄比亚铁路项目；阿尔及利亚东西高速公路补充合同谈判取得重大突破，第一期批复3.76亿美元。截至2011年底，中国铁建在建海外工程283项，合同额2022.08亿元。在建主要工程：安哥拉社会住房项目和本格拉铁路大修工程，土耳其安卡拉—伊斯坦布尔高速铁路二期工程，沙特麦加地铁（南线）、南北铁路、200所学校、麦麦高速铁路工程，尼日利亚铁路现代化工程和阿布贾城市铁路、达迈高速公路工程，阿尔及利亚55公里铁路、东西高速西标段W8标段工程，格鲁吉亚第比利斯绕城铁路、格鲁吉亚铁路现代化设计施工工程，科威特别墅和公用建筑工程，印度Mandi医药大学工程，坦桑尼亚松—马—卡公路改建工程。（杨启燕）

【房地产开发】 2011年，中国铁建房地产开发业务在国家调控政策走向深入、市场不景气的情况下，逆势而上，“中国铁建国际城”、“中国铁建山语城”等品牌深入人心，初步形成合理的区域布局和比较丰富的战略纵深。中国铁建全年完成房地产开发投资270亿元，其中企业自有资金投入165亿元，分别完成计划的65%和96%。中国铁建房地产集团有限公司（以下简称中铁地产）完成房地产开发投资196亿元，其中企业自有资金投入112亿元，分别完成计划的64%和140%。截至年底，中国铁建分别在北京、天津、广州、杭州、重庆、西安、长沙、贵阳、南宁、成都、合肥、长春、济南、厦门、宁波、株洲、临沂、泰安、梧州等30个城市获得房地产开发项目59项，建设用地总面积724万平方米，规划总建筑面积2346万平方米。其中，中铁地产建设用地总面积487万平方米，规划总建筑面积1590万平方米。年内有36个项目在24个城市销售，销售面积178万平方米，销售金额146.5亿元，实现营业收入135.38亿元。中铁地产开发的南宁中国铁建·凤岭山语城被评为2011年南宁住宅建筑新地标。（杨启燕）

【工业制造】 2011年，中国铁建工业制造业务完成企业总产值69.3亿元，占年度计划的80.4%；新签合同额74.3亿元，占年度计划的92.1%；实现营业收入62.5亿元，占年度计划的78.4%。其中，昆明中铁大型养路机械集团有限公司完成产值35亿元，新签合同额25亿元，实现营业收入28.8亿元；中国铁建重工集团有限公司完成产值22亿元，新签合同额38.6亿元，实现营业收入23.2亿元。年内完成道岔清筛机、桥梁检查车、轨道吸污车和恒张力放线车4种新产品的样机试制；高效清筛机、连续式正线道岔捣固稳定车的设计方案通过铁道部评审；除雪轨道车项目正式启动，完成除雪装置、破冰装置初步方案设计；TBM研发项目被列入国家“863”计划，预切槽隧道施工装备关键技术研究获国家科技计划支持；土压平衡盾构机具有自主知识产权，已生产23台，其中16台成功应用于施工一线，贯通11个盾构区间，累计掘进里程15公里；开发道岔新产品50余项，高锰钢辙叉新品种10个。（杨启燕）

【党建工作】 （1）创先争优活动。深入贯彻落实十七届五中全会精神，对创先争优活动进行再动员再部署，通过领导干部点评、群众评议、检查督促等多种手段，推动创先争优活动健康持续有序开展，受到国资委党委和中央企业创先争优活动领导小组的充分肯定。(2)领导班子建设。深入开展创建“四好领导班子”活动，建立和完善领导人员任用、管理的系列制度，及时调整、提拔26个单位的99名领导人员，领导班子的结构得到优化，素质得到提升。(3)宣传思想文化工作。强化学习型党组织建设，理论武装工程取得新进展。大力开展“学习规划明任务，转型升级谋发展”和“坚定信念跟党走，奉献铁建争先锋”等主题教育活动，思想政治工作有效开展。通过选树、宣传“党员先锋”、“十佳道德模范”等活动，大力推进精神文明建设。举办“践行企业价值观，提升发展软实力”巡回演讲活动，传播优秀文化，凝聚职工力量。利用京沪高速铁路通车、利比亚大撤离等重大事件和题材，展开立体宣传，提升品牌影响力。在中央主流媒体推出8个叫得响、影响大的先进典型，在国资委召开的有关会议上4次介绍经验，得到中宣部、国资委的充分肯定。(4)反腐倡廉工作。2011年围绕重大决策、项目管理、投资管理、招标采购等重点部位和关键环节，出台相关制度30余项，新建反腐倡廉制度132项、修订完善281项；开展警示教育950场次，69277人次接受教育；对8264个在建项目的资金管理、物资设备招标采购、责任成本管理、合同管理、安全质量管理等方面进行监督检查。

（杨启燕）

【信息化建设】 2011年，中国铁建信息化工作以“全面建设年”为主题，紧紧把握信息化支撑业务发展的战略思想，全面加强信息化管理基础工作，认真贯彻落实《中国铁建“十二五”信息化规划》，“五纵四横”九大应用平台基本形成。中国铁建人力资源管理系统进一步优化，业务功能建设逐步展开；总部机关费用预算与报账系统建成投入应用；电子商务平台基本建成，股份公司设备集中招标采购、物资集采供应商管理等业务上线试运行；统一管理支持平台逐步展开建设，其中法律合规管理系统实现阶段性目标、外事管理系统基本建成；总部机关协同办公系统正式投入应用。各业务板块信息化进程不断深入，项目管理系统全面启动，房地产、资本运营、工程监理业务信息化基本建成；工业制造ERP项目取得突破，中国铁建财务有限公司经营业务管理系统一次性建成并通过审查验收；企业应用中心进一步优化与完善，中国铁建特色的信息化道路向前再迈进一步。

加强信息化治理体系建设。建立中国铁建信息化标准体系和信息化绩效评价体系，开展信息网络规划和信息安全建设；加强业务培训，51人通过“企业信息管理师国家职业资格”认证。中国铁建信息化水平在中央企业的排名由68位跃升至37位，行业排名上升至第2位；在国资委中央企业网站绩效评估中，股份公司网站排名第4位，行业排名第1位。

（杨启燕）

【履行社会责任】 中国铁建坚持依法经营、依法决策、合规管理，在企业快速发展的同时，积极参与和支持社会公益事业，树立中央企业的良好形象，努力成为优秀的企业公民。(1)吸纳社会就业。2011年，中国铁建在国内不断提供就业机会，全年接收高校毕业生15075人，生产一线吸纳农民工近200万人；在海外坚持属地化原则，在48个国家和地区直接招用外籍劳务2.4万人，劳务属地化比例67%，有效解决当地就业问题，并促进当地经济发展。(2)多样化参与助力公益事业。年内，中国铁建按照国务院扶贫办公室、国资委的扶贫要求，继续对河北省尚义、万全两县以及新疆阿尔泰市进行定点扶贫。全年投入130余万元帮助尚义、万全两县居民改善生活条件；捐助120万元帮助阿尔泰市当地政府应对自然灾害，保障农牧生产。“金秋助学”活动继续开展，全年资助困难及受灾职工子女2697人，发放助学资金420.96万元；救助困难农民工子女193人，发放助学资金21.45万元。(3)玉树灾后重建。中国铁建承担青海省玉树州结古镇城东片区和仲达乡灾后援建任务137项，总建筑面积71.39万平方米，计划投资20.65亿元，其中108项由中国铁建设计施工。截至2011年底，累计开工104项，完成建筑面积65.04万平方米。(4)节能减排。认真贯彻落实国家节能减排政策，把节能减排作为企业转变发展方式、优化产业和产品结构、履行社会责任的重要手段，以构建资源节约型、环境友好型企业为目标，切实加强领导，健全节能减排组织管理体系；务实基础，健全节能减排统计监测体系；强化管理，健全节能减排规章制度；结合2011年全国节能宣传周活动，加大对国家节能减排政策宣传力度，扎实推进节能减排各项管理工作的开展。2011年，中国铁建非工业企业万元营业收入综合能耗同比下降3.38%，较好地完成了企业节能减排工作目标。

（杨启燕）

中国铁道建筑总公司领导人员名单

中国铁道建筑总公司领导

董事长、总经理、党委副书记	孟凤朝
董事、党委书记	赵广发
副董事长、党委副书记、工会主席	彭树贵（4月任副董事长、免纪委书记职务）
党委副书记	霍金贵（4月免职退休）
党委副书记、纪委书记	齐晓飞（4月任）
党委常委	扈振衣
	夏国斌
	范　德
	周志亮
	庄尚标
	张宗言
	刘汝臣

中国铁建股份有限公司领导人员

董事长、党委书记	孟凤朝
执行董事、总裁、党委副书记	赵广发
副董事长、党委副书记、工会主席	彭树贵（5月任副董事长、免纪委书记职务）
非执行董事、党委副书记	霍金贵（5月免职退休）
党委副书记、纪委书记、监事会主席	齐晓飞（5月任）
执行董事、党委常委、副总裁	扈振衣（5月任执行董事）
非执行董事	朱明暹
独立非执行董事	李克成
	赵广杰
	吴太石
	魏伟峰
副总裁、党委常委	夏国斌
副总裁、党委常委	范　德
副总裁、党委常委	周志亮
副总裁、党委常委、总会计师	庄尚标
副总裁、党委常委	张宗言
副总裁、党委常委	刘汝臣

中国铁建股份有限公司总法律顾问、总工程师、董事会秘书、监事、总裁助理、三总师副职、安全总监、纪委副书记、工会副主席

总法律顾问	庄尚标（兼）
总工程师	韩风险
董事会秘书	余兴喜
监事	黄少军
总裁助理	林兰生
	王学伟
	李友才
	卓　磊
	陈大洋（8月调离）
	李明申
	陈晓星
副总工程师	彭江鸿
	辛　实
	张播琦（6月退休）
副总经济师	尚清喜（5月退休）
	刘发林
	张永宝
	许顺生
	琚建明
	孟乔然
副总经济师兼直属机关党委书记	廖大球（8月免直属机关党委书记职务）
副总经济师、职工监事	于凤丽（5月退休）
副总经济师	房光辉
副总经济师兼直属机关党委书记	赵登善（8月任）
安全总监	王　峰（3月任）
纪委副书记	王国平
	郭品云（3月任）
工会副主席、机关工会主席	柴顺林（8月免）
工会副主席	白　晶（8月任）

中国铁建股份有限公司机关各部门及二级机构负责人以上人员名单

董事会秘书局

主任	李学甫
副主任	靖　菁
秘书处处长	靖　菁（兼，10月免）
	吴　笛（10月任）
股权代表管理处处长	谢华刚

办公室

主任	冯中海
副主任	韩明莉（享受部门正职待遇，6月退休）
	戴开扬
部员	曹　军
	卜锦华
秘书处处长	梁树峰（10月免）
	李　冰（10月任）
文书处处长	崔友峰（8月任）
信息处处长	孙永利（3月免）
行政保卫处处长	樊祐修
信访处处长	邵长亮
信访处副处长	牛凤忠
档案馆馆长	汪枞华
档案馆副馆长	晋爱萍

发展规划部

部长兼企协秘书长	扆守义
副部长	陈　维（享受部门正职待遇）
部员	杜经红
战略规划处处长	任保义（8月免）
政策研究处处长	李吉锋
企协副秘书长兼企业管理处处长	董跃君（享受部门副职待遇）
风险内控处处长	张世杰（8月任）
编制处处长	李学红

人力资源部（党委干部部）

部长	陈大洋（兼，8月调离）
	鲁　斌（8月任）
副部长	宋旭东
	张晓明
领导干部处处长	陈建军（6月调离）
	康福祥（10月任）
人事处处长	张晓明（兼）
劳资处处长	张介鹏
社会保险管理处处长	王玉平（7月退休）
	李　倩（10月任）
培训与技能鉴定处处长	刘爱波

科技设计部（技术中心办公室）

部长兼技术中心办公室主任	王清明（3月任技术中心办公室主任）
技术中心办公室副主任	贾志武（3月任）
副部长	许和平（3月任）
综合处处长	张育红（10月任）
科研处处长	贾志武（兼）
技术处处长	许和平（3月免）
	李庆民（10月任）
设计咨询管理处处长	李重阳（8月免）

经营计划部

部长	孙国富
副部长	张国峰
	王旭永
	齐　伟（3月任）
市场开发处处长	吴文钊
市场开发处副处长	吕　琳
造价合同处处长	王旭永（兼，10月免）
	范永芳（10月任）
计划统计处处长	户苏予

工程管理部

部长	陈勇鹏
副部长	高晓东（享受部门正职待遇）
	曾宗根
部员	刘　晖
综合处处长	贾国林
工程管理处处长	陈洪波
调度处处长	安惠泽（8月任）

安全质量监督部
部长 王　峰（兼）
安全副总监 胡学义（3月任）
副部长 彭　峰
秦正刚
安全监督处处长 程明薪
质量监督处处长 仇　发

房地产开发部
部长 楼　翱（8月任）
开发处处长 刘建光（6月任）

设备物资部
部长 覃为刚
总机械师 沙明元（享受部门正职待遇）
副部长 白云飞
设备处处长 白云飞（兼，8月免）
郭春雷（8月任）
物资处处长 刘宝庆（8月任）
工业处处长 康　琳
工业处副处长 郭春雷（8月免）

资本运营部
部长 张沛然（8月任）
总经济师 荀照杰
部员 李学智
尹　华
汪起帆
咨询评估处处长 陈梦月
投资管理处处长 王　闯（8月免）
罗　芳（10月任）
矿产资源处处长 鞠小华
资产管理处处长 汪起帆（兼）

财务部
部长 曹锡锐
副部长 冀　涛（8月免）
黄健民（12月任）
资金结算中心主任 黄健民（12月免）
部员 彭长林
财务处处长 王　磊
会计处处长 李　彤
机关财务处处长 杨现庆
产权处处长 汪兆启

审计监事局
局长 黄少军（兼）
副局长 董海军
部员 李忠心
审计一处处长 王铁兵
审计二处处长 边元双

法律合规部
部长 王甲国
副部长 刘　兵
合规处处长 文荣周（10月任）

国际部
部长 武宪功
副部长 廖　军（3月任）
外事处处长 蔡显琨（8月任）

信息中心
主任 肖新华（8月任）
副主任 孙永利（3月任）
规划需求处处长 张一鸣（8月任）
建设运维处处长 孟浩雅（8月任）

党委办公室
主任 赵登善（兼）
党委秘书处处长 梁树峰（10月任）

党委组织部
部长、直属机关党委常务副书记 张良才（8月免直属机关党委常务副书记职务）
副部长 林立人（享受部门正职待遇）
组织员 高学存
组织处处长 杨　赳
党员教育管理处（机关党委工作处）处长 王子利

党委宣传部（企业文化部）
部长兼政研会秘书长 钱桂林
副部长 刘　渝
政研会副秘书长兼宣传教育处处长 李昌明（10月免宣传教育处处长职务）
宣传教育处处长 汪元章（10月任）
企业文化处处长 钱东锋
新闻处处长 刘　渝（兼，10月免）
新闻处副处长 刘　文（10月任）

纪委办公室

主任　白　晶（8月免）

纪委纪检监察室

主任　王兆刚

纪检监察专员　杜庆吉

执法监察处处长　王共鸣

工会生产综合部

部长兼火车头体协秘书长　李　睿（3月任）

生产宣教处处长　李青颖

工会组织权益部和女工部

部长　孙启业（7月退休）

组织女工处处长　孙秀伟

财务处处长　吕向东（2月任）

团委

书记　赵佃龙

副书记　沈玉泉

海外事业部

部长　郝桂林

副部长　于洪忠

李重阳（8月任）

经济合作处处长　王永强

中国铁道建筑总公司机关各部门及二级机构负责人以上人员名单

机关离退休职工管理部

部长、党总支书记　马吉财

副部长　高尚升

生活服务处处长　曾楚雄

事务管理处处长　赵兰芳（8月任）

健康服务处处长　杨建群（8月任）

组宣处处长　谭李平

机关房地产管理中心

主任　吕殿义

副主任　张家年

部员　张宏德

基建处处长　童联合

房地产管理处处长　杜学文

中国铁道建筑报社

社长兼总编辑　钱桂林（兼）

副社长　韩传荣

副总编辑　王　洋

总编辑助理　罗光明（享受部门副职待遇）

办公室主任　韩传荣（兼）

新闻部主任　何大成

政文部主任　梅梓祥

美术摄影部主任　王沂光

广告部主任　杨晓志

（王　谐）

中国铁道建筑总公司所属单位组织序列表

（2011年）

- 中国铁道建筑总公司
  - 中国铁建股份有限公司
    - 中国土木工程集团有限公司
    - 中铁十一至二十五局集团有限公司
    - 中铁建设集团有限公司
    - 中国铁建电气化局集团有限公司
    - 中国铁建港航局集团有限公司
    - 中国铁建房地产集团有限公司
    - 中铁第一、第四、第五勘察设计院集团有限公司
    - 中铁上海设计院集团有限公司
    - 中铁物资集团有限公司
    - 昆明中铁大型养路机械集团有限公司
    - 中国铁建重工集团有限公司
    - 北京铁城建设监理有限责任公司
    - 中国铁建投资有限公司
    - 中国铁建财务有限公司
    - 中铁建中非建设有限公司
    - 中国铁建（加勒比）有限公司
    - 中国铁道建设（香港）有限公司
    - 诚合保险经纪有限责任公司
    - 中铁建（北京）商务管理有限公司
    - 北京培训中心
  - 锦鲤资产管理中心
    - 划入总公司存续企业的中国铁道建筑（香港）有限公司等四十一家单位（股权）
  - 其他控股公司
    - 北京通达京承高速公路有限公司
    - 重庆铁发遂渝高速公路有限公司

制表：李学红

中国铁建股份有限公司机关组织序列表

（2011年）

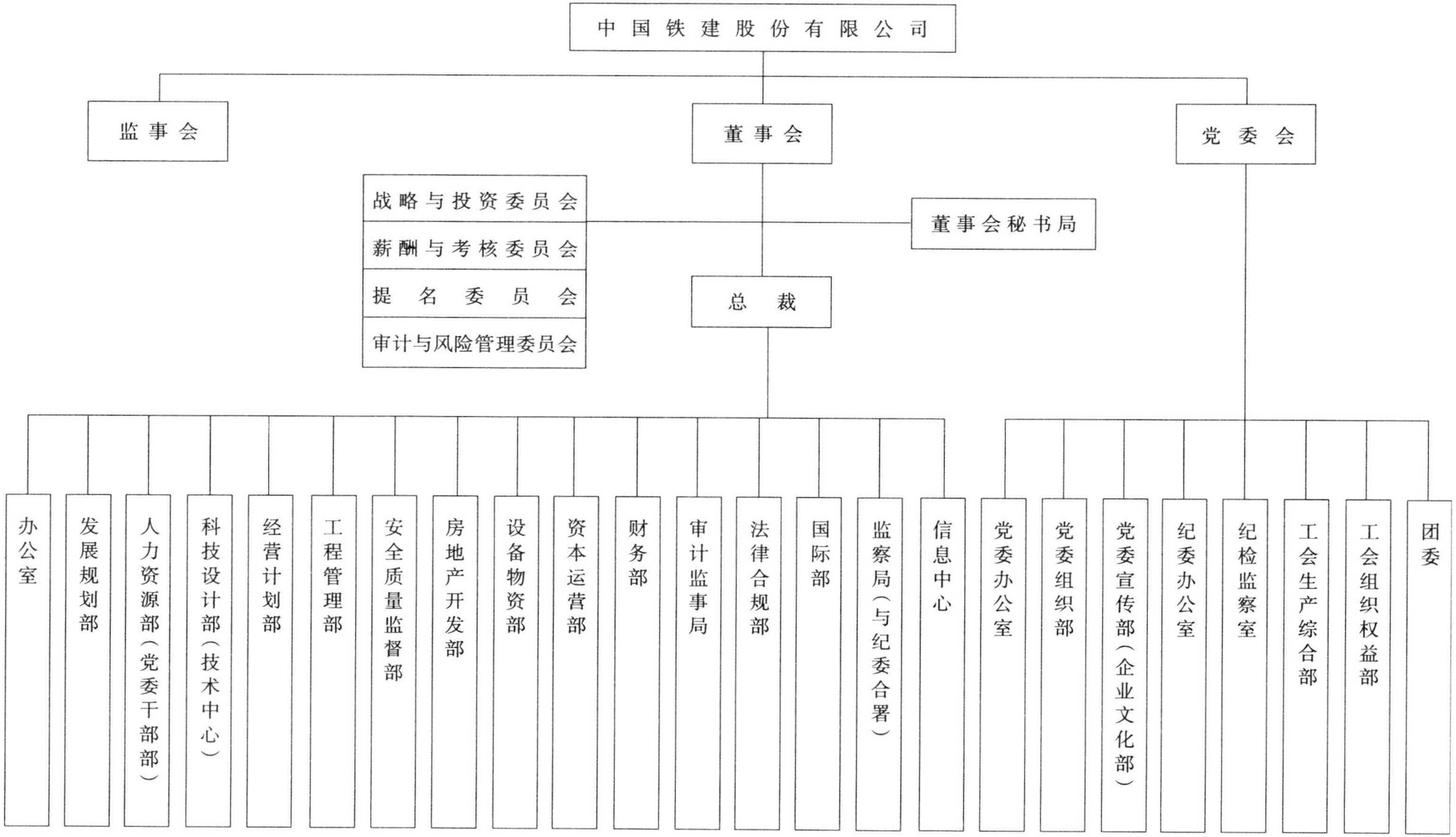

制表：李学红

中国铁建股份有限公司所属二级单位组织序列表

（2011年）

中国铁建股份有限公司

- 中国土木工程集团有限公司
- 中铁十一局集团有限公司
- 中铁十二局集团有限公司
- 中铁十三局集团有限公司
- 中铁十四局集团有限公司
- 中铁十五局集团有限公司
- 中铁十六局集团有限公司
- 中铁十七局集团有限公司
- 中铁十八局集团有限公司
- 中铁十九局集团有限公司
- 中铁二十局集团有限公司
- 中铁二十一局集团有限公司
- 中铁二十二局集团有限公司
- 中铁二十三局集团有限公司
- 中铁二十四局集团有限公司
- 中铁二十五局集团有限公司
- 中铁建设集团有限公司
- 中国铁建电气化局集团有限公司
- 中国铁建港航局集团有限公司
- 中国铁建房地产集团有限公司
- 中铁第一勘察设计院集团有限公司
- 中铁第四勘察设计院集团有限公司
- 中铁第五勘察设计院集团有限公司
- 中铁上海设计院集团有限公司
- 中铁物资集团有限公司
- 昆明中铁大型养路机械集团有限公司
- 中国铁建重工集团有限公司
- 北京铁城建设监理有限责任公司
- 中国铁建投资有限公司
- 中国铁建财务有限公司
- 中铁建中非建设有限公司
- 中国铁建（加勒比）有限公司
- 中国铁道建设（香港）有限公司
- 诚合保险经纪有限责任公司
- 中铁建（北京）商务管理有限公司
- 北京培训中心

制表：李学红

中国铁道建筑总公司党组织序列表

（2011年）

- 中国铁道建筑总公司党委
  - 中国铁建股份有限公司党委
    - 中国土木工程集团有限公司党委
    - 中铁十一局集团有限公司党委
    - 中铁十二局集团有限公司党委
    - 中铁十三局集团有限公司党委
    - 中铁十四局集团有限公司党委
    - 中铁十五局集团有限公司党委
    - 中铁十六局集团有限公司党委
    - 中铁十七局集团有限公司党委
    - 中铁十八局集团有限公司党委
    - 中铁十九局集团有限公司党委
    - 中铁二十局集团有限公司党委
    - 中铁二十一局集团有限公司党委
    - 中铁二十二局集团有限公司党委
    - 中铁二十三局集团有限公司党委
    - 中铁二十四局集团有限公司党委
    - 中铁二十五局集团有限公司党委
    - 中铁建设集团有限公司党委
    - 中国铁建电气化局集团有限公司党委
    - 中国铁建港航局集团有限公司党委
    - 中国铁建房地产集团有限公司党委
    - 中铁第一勘察设计院集团有限公司党委
    - 中铁第四勘察设计院集团有限公司党委
    - 中铁第五勘察设计院集团有限公司党委
    - 中铁上海设计院集团有限公司党委
    - 中铁物资集团有限公司党委
    - 昆明中铁大型养路机械集团有限公司党委
    - 中国铁建重工集团有限公司党委
    - 北京铁城建设监理有限责任公司党委
    - 中国铁建投资有限公司
    - 中铁建（北京）商务管理有限公司党委
    - 中铁建中非建设有限公司党委
    - 股份公司党校（北京培训中心）党委
    - 总公司（股份公司）直属机关党委

制表：杨 赳

中国铁道建筑总公司工会组织序列表

（2011年）

- 中国铁道建筑总公司工会
  - 中国铁建股份有限公司工会
    - 中国土木工程集团有限公司工会
    - 中铁十一局集团有限公司工会
    - 中铁十二局集团有限公司工会
    - 中铁十三局集团有限公司工会
    - 中铁十四局集团有限公司工会
    - 中铁十五局集团有限公司工会
    - 中铁十六局集团有限公司工会
    - 中铁十七局集团有限公司工会
    - 中铁十八局集团有限公司工会
    - 中铁十九局集团有限公司工会
    - 中铁二十局集团有限公司工会
    - 中铁二十一局集团有限公司工会
    - 中铁二十二局集团有限公司工会
    - 中铁二十三局集团有限公司工会
    - 中铁二十四局集团有限公司工会
    - 中铁二十五局集团有限公司工会
    - 中铁建设集团有限公司工会
    - 中国铁建电气化局集团有限公司工会
    - 中国铁建房地产集团有限公司工会
    - 中铁第一勘察设计院集团有限公司工会
    - 中铁第四勘察设计院集团有限公司工会
    - 中铁第五勘察设计院集团有限公司工会
    - 中铁上海设计院集团有限公司工会
    - 中铁物资集团有限公司工会
    - 昆明中铁大型养路机械集团有限公司工会
    - 中国铁建重工集团有限公司工会
    - 北京铁城建设监理有限责任公司工会
    - 中铁建（北京）商务管理有限公司工会
    - 股份公司党校（北京培训中心）工会
    - 总公司（股份公司）直属机关工会

制表：杨 赳

中国铁道建筑总公司共青团组织序列表

（2011年）

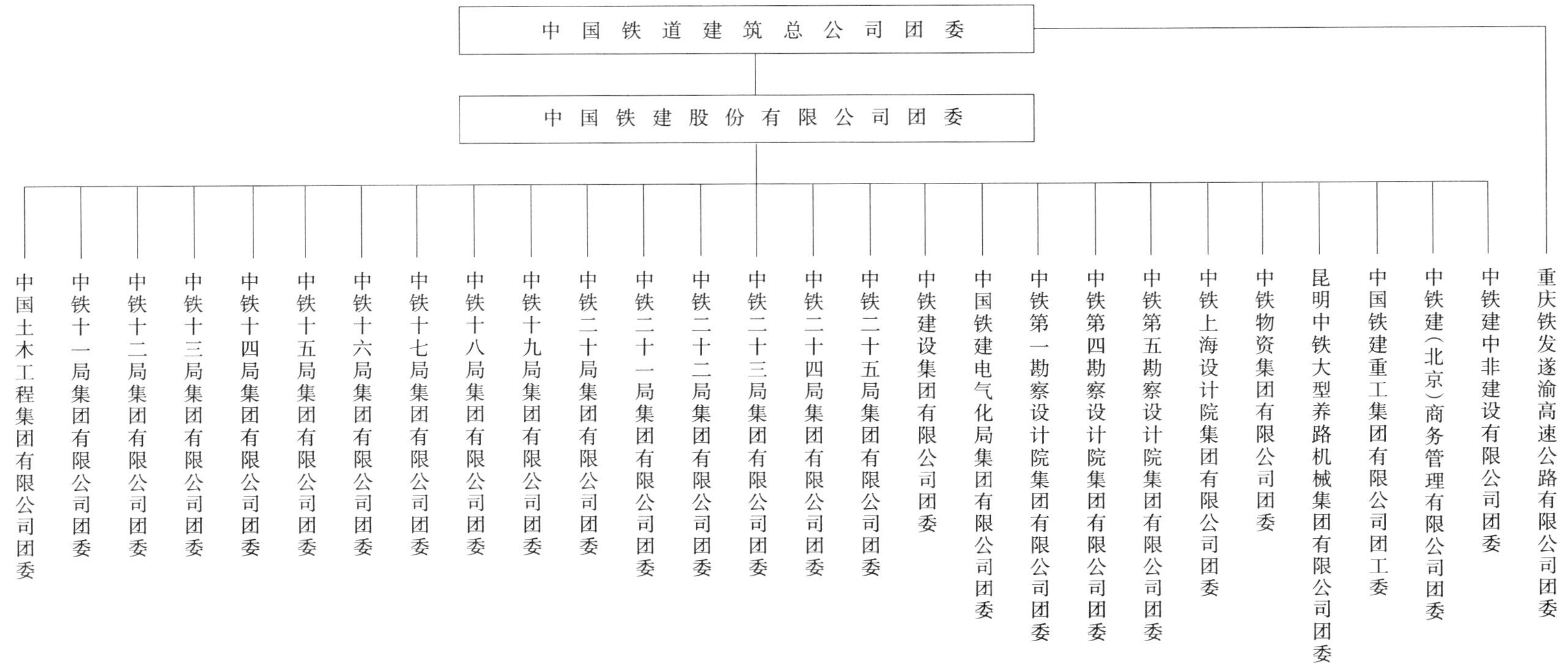

制表：杨 赳

中国铁建股份有限公司主要子公司2011年主要财务指标完成情况

单位：百万元

公 司 名 称	注册资本	总资产	净资产	净利润	主营业务
中国土木工程集团有限公司	1210.00	13878.69	2684.40	152.45	建筑施工
中铁十一局集团有限公司	1031.85	22666.12	2654.51	501.74	建筑施工
中铁十二局集团有限公司	1060.68	34054.11	3548.26	451.79	建筑施工
中铁十三局集团有限公司	1044.81	16680.13	1906.69	329.82	建筑施工
中铁十四局集团有限公司	1110.00	21408.20	2518.15	339.53	建筑施工
中铁十五局集团有限公司	1117.21	19049.89	1799.46	320.59	建筑施工
中铁十六局集团有限公司	1068.30	20798.01	1979.88	380.96	建筑施工
中铁十七局集团有限公司	1044.21	24175.75	2425.01	394.74	建筑施工
中铁十八局集团有限公司	1130.00	21852.56	1710.07	339.35	建筑施工
中铁十九局集团有限公司	1095.47	17675.14	2028.90	345.29	建筑施工
中铁二十局集团有限公司	1110.00	18111.33	2048.48	301.76	建筑施工
中铁二十一局集团有限公司	950.00	17006.28	1646.60	200.17	建筑施工
中铁二十二局集团有限公司	926.00	12309.31	1556.24	270.27	建筑施工
中铁二十三局集团有限公司	900.00	13732.21	1706.05	162.11	建筑施工
中铁二十四局集团有限公司	953.24	12853.38	1676.31	184.41	建筑施工
中铁二十五局集团有限公司	910.72	10123.60	1280.06	107.76	建筑施工
中铁建设集团有限公司	1300.00	19421.11	2888.91	560.57	建筑施工
中国铁建电气化局集团有限公司	710.00	11691.87	1844.81	415.65	建筑施工
中国铁建港航局集团有限公司	1000.00	988.83	985.84	-14.16	港口与航道工程施工
中国铁建房地产集团有限公司	7000.00	49244.78	9509.84	1417.61	房地产开发、经营
中铁第一勘察设计院集团有限公司	200.00	3750.64	915.21	185.23	勘察设计咨询监理
中铁第四勘察设计院集团有限公司	150.00	8219.25	1645.61	410.41	勘察设计咨询监理
中铁第五勘察设计院集团有限公司	155.00	846.70	453.58	106.22	勘察设计咨询监理
中铁上海设计院集团有限公司	130.00	573.33	376.06	69.68	勘察设计咨询监理
中铁物资集团有限公司	1000.00	12654.48	1715.31	200.62	物资采购销售
昆明中铁大型养路机械集团有限公司	587.98	4563.83	1703.86	219.35	工业制造
中国铁建重工集团有限公司	750.00	4306.97	1605.80	276.07	工业制造
北京铁城建设监理有限公司	6.00	254.89	60.56	18.87	勘察设计咨询监理
中国铁道建设（香港）有限公司	港币600万元	426.58	-10.07	-3.02	建筑管理
诚合保险经纪有限责任公司	50.00	89.17	69.11	12.70	保险经纪
中铁建（北京）商务管理有限公司	8.83	131.86	24.04	3.02	物业管理
中国铁建（加勒比）有限公司	特多元100万元	55.54	13.27	10.03	建筑施工
中铁建中非建设有限公司	1000.00	1183.62	1029.04	16.32	建筑施工
中国铁建（美国）有限责任公司	美元300万元	16.38	16.38	-2.53	建筑施工
中国铁建投资有限公司	3000.00	14163.45	3391.65	42.95	项目投资

注：中国铁建房地产集团有限公司2011年竣工交付面积263万平方米，同比增长196.54%，由于多个项目在年内竣工交付，使营业收入和利润获得较快增长。（摘自《中国铁建股份有限公司2011年度报告》）

2011年4月13日，中国铁建非执行董事朱明暹，独立非执行董事李克成、赵广杰、吴太石到中铁建设集团公司就落实中国铁建“十二五”发展规划情况进行调研。（章 梅 提供）

董事会工作

附录	文献辑要	统计资料	人物	所属单位	工会 共青团	党的工作	科技 文化	综合管理	经营管理	海外经营 境外工程	工程施工	董事会工作	概况	大事记	特载

本栏责任编辑 **杨启燕**

【中国铁道建筑总公司董事会】 中国铁道建筑总公司董事会(以下简称总公司董事会)由孟凤朝、赵广发、彭树贵3名董事组成。董事会按照《公司法》《公司章程》的规定行使职权。2011年按照国务院国资委要求,继续做好建设规范董事会各项工作。在国务院国资委指导下,建立健全公司法人治理相关制度,继续完善董事会决策机制,组织董事参加国资委董事会专题培训及试点企业工作座谈等,董事会运行不断完善。(余兴喜)

【总公司董事会向国资委报告年度工作】 4月28日,董事会审议通过关于向国资委报告2010年度工作的议案,5月5日正式向国资委上报《关于中国铁建董事会2010年度工作情况的报告》(中铁建董〔2011〕41号)。12月2日,国资委召开部分中央企业负责人座谈会,孟凤朝董事长代表总公司董事会汇报2011年主要工作和2012年工作计划,国资委主任王勇和国资委机关相关部门负责人听取汇报。(李学甫)

【总公司董事会第13次临时会议】 1月20日,总公司董事会第13次临时会议在中国铁建大厦办公楼15层第1会议室召开,会议审议通过关于沙特麦加轻轨项目相关事项安排的议案、关于重庆渝遂高速公路高青段政府回购的议案。(靖 菁)

【总公司董事会第14次临时会议】 3月25日,总公司董事会第14次临时会议在中国铁建大厦办公楼15层第1会议室召开,会议审议通过关于《中国铁建股份有限公司内幕信息保密管理及内幕信息知情人登记制度》的议案。(靖 菁)

【总公司董事会第15次临时会议】 4月19日,总公司董事会第15次临时会议在中国铁建大厦办公楼15层第1会议室召开,会议审议通过关于咸阳市政府提前终止渭河3号桥特许经营并给予补偿的议案。(李 静)

【总公司董事会第16次临时会议】 5月11日,总公司董事会第16次临时会议在中国铁建大厦办公楼15层第1会议室召开,会议审议通过关于向中国铁建股份有限公司2010年度股东大会提交临时提案及选举中国铁建股份有限公司第二届董事会董事和第二届监事会股东代表监事的议案、关于改制并增资财务公司的议案和关于修订《中国铁道建筑总公司章程》的议案。(李 静)

【中国铁建股份有限公司股东大会】 股东大会是股份公司的权力机构,依法行使下列职权:决定公司的经营方针和投资计划;选举和更换非由职工代表担任的董事、监事,决定有关董事、监事的报酬事项;审议批准董事会报告;审议批准监事会报告;审议批准公司的年度财务预算方案和决算方案;审议批准公司的利润分配方案和弥补亏损方案;对公司增加或者减少注册资本作出决议;对发行公司债券作出决议;对公司合并、分立、解散、清算或者变更公司形式作出决议;制定和修改公司章程,并批准《股东大会议事规则》《董事会议事规则》和《监事会议事规则》;对公司聘用、解聘或者不再续聘会计师事务所作出决议;审议单独或者合计持有公司3%以上有表决权股份的股东提出的议案;审议批准公司在一年内购买、出售重大资产超过公司最近一期经审计总资产30%的事项;审议批准变更募集资金用途事项;审议批准股权激励计划;审议批准公司章程规定的对外担保事项;审议法律和公司股票上市地的证券监督规则规定的应当由股东大会审议批准的关联交易;审议法律、公司股票上市地的证券监督管理机构的相关规定及公司章程规定应当由股东大会决定的其他事项。(余兴喜)

【2010年年度股东大会】 5月31日,公司2010年年度股东大会在北京市复兴路40号中国铁建大厦召开,会议审议并通过关于董事会2010年度报告的议案、关于监事会2010年度工作报告的议案、关于公司2010年度财务决算报告的议案、关于公司2010年度利润分配方案的议案、关于公司2010年年报及其摘要的议案、关于聘请2011年度外部审计机构及支付2010年度审计费用的议案、关于2010年度董事薪酬标准的议案、关于核定公司2011年内部担保额度的议案、关于选举第二届董事会董事和第二届监事会股东代表监事的议案、关于公司发行中期票据的议案、关于公司发行短期融资券的议案、关于修订《中国铁建股份有限公司章程》的议案、关于授予董事会发行公司H股股份一般性授权的议案,听取独立董事2010年度履职情况报告。(李学甫)

【中国铁建股份有限公司董事会】 5月31日,中国铁建股份有限公司董事会(以下简称股份公司董事会)进行换届选举,第二届董事会由9名董事组成:执行董事、董事长孟凤朝,执行董事、副董事长彭树贵,执行董事、总裁赵广发,执行董事、副总裁扈振衣,非执行董事朱明暹,独立非执行董事李克成、赵广杰、吴太石、魏伟峰。董事会对股东大会负责,按照《中国铁建股份有限公司公司章程》依法行使职权。董事会下设提名、战略与投资、薪酬与考核、审计与风险管理4个专门委员会。董事会制定《股东大会议事规则》《董事会议事规则》《独立董事工作制度》及各专门委员会工作细则等法人治理相关工作制度。（余兴喜）

【股份公司董事会提名委员会】 提名委员会的主要职责为定期检讨董事会的架构、人数及组成（包括专业能力、知识及经验方面），并就任何拟作出的变动向董事会提出建议；研究董事、总裁和其他高级管理人员的选择标准和程序，并向董事会提出建议；广泛搜寻具备合适资格可担任董事、总裁和其他高级管理人员的人选；对董事候选人、总裁候选人和其他高级管理人员人选进行审查并提出建议；评核独立非执行董事的独立性；就董事、总裁和其他高级管理人员的委任或重新委任以及董事、总裁和其他高级管理人员（尤其是董事长和总裁）继任计划的有关事宜向董事会提出建议；董事会授权的其他事项。股份公司董事会提名委员会由孟风朝、彭树贵、朱明暹、李克成、赵广杰5名董事组成，孟风朝任提名委员会主席。

2011年，提名委员会于5月31日召开会议，审议关于聘任股份公司总裁的议案、关于聘任股份公司副总裁等高级管理人员的议案、关于聘任股份公司董事会秘书的议案。（余兴喜）

【股份公司董事会战略与投资委员会】 战略与投资委员会的主要职责为对公司长期发展战略规划和重大战略性投资决策进行研究并提出建议；审核公司年度经营计划，对须经董事会批准的重大投资、融资和担保方案进行研究并提出建议；对须经董事会批准的重大资本运作、资产经营项目进行研究并提出建议，对需经董事会批准的公司重组、并购及转让公司所持股权、改制、组织结构调整的方案进行研究并提出建议；监督、指导公司的安全风险管理工作；对以上事项的实施进行评估检查；董事会授权的其他事项。股份公司董事会战略与投资委员会由赵广发、扈振衣、朱明暹、李克成、吴太石5名董事组成，赵广发任战略与投资委员会主席。

2011年，战略与投资委员会分别于1月20日、5月13日、5月31日、6月17日、8月15日、10月27日、12月21日召开会议，审议关于中国铁建股份有限公司战略规划的议案、关于投资中国铁建财务有限公司的议案、关于增加中国铁建房地产集团有限公司注册资本的议案、关于增加中铁物资集团有限公司注册资本的议案、关于成立中国铁建港航局有限公司的议案、关于变更对中国铁建房地产集团有限公司增加注册资本金方式的议案、关于中国铁建投资有限公司与湛江经济技术开发区合作成立公司进行东海岛开发的议案、关于中铁十四局集团有限公司以BT方式承建江苏省扬州市瘦西湖隧道的议案、关于中铁第四勘察设计院集团有限公司以BT方式投资建设昆明东外环中路及其上部道路工程的议案、关于收购广东省航盛建设集团有限公司股权的议案、关于在年度投资额度内授权总裁办公会审批30亿元以内BT项目投资的议案、关于中铁十八局集团有限公司以BT方式投资建设贵州省平坝至贵阳城市快速干道马场至花溪段的议案，关于中铁二十五局集团有限公司、中国铁建投资有限公司和中国铁建港航局集团有限公司联合成立项目公司以BT方式投资建设福建南安市石井港区项目的议案，听取关于中国铁建投资有限公司投资福建南平至光泽高速公路（闽赣通道）BOT项目的汇报、资本运营项目情况汇报。（余兴喜）

【股份公司董事会薪酬与考核委员会】 薪酬与考核委员会主要职责为制定、审查公司董事及高级管理人员的薪酬政策与方案；研究公司董事及高级管理人员的考核标准、进行考核并提出建议；监督公司薪酬制度执行情况；董事会授权的其他事项。股份公司董事会薪酬与考核委员会由赵广杰、李克成、吴太石3名董事组成，赵广杰任薪酬与考核委员会主席。

2011年，薪酬与考核委员会分别于1月21日、4月27日、8月29日、10月27日召开会议，审议关于董事会对总裁2010年度绩效考核结果及2011年考核方案的议案、关于调整经理层基薪的议案、总裁及其他高级管理人员2010年度薪酬的议案，听取财务部、人力资源部对2011年绩效考核安排的汇报、关于董事会对总裁2010年绩效考核结果与国资委对总公司2010年测试评价结果不一致的情况汇报。（余兴喜）

【股份公司董事会审计与风险管理委员会】 审计与风险管理委员会的主要职责为负责提议公司外部审计机构的聘请、更换；公司内部审计制度的监督；公司内外部审计的沟通、监督和核查；财务信息及其披露的审阅；内控制度的审查；公司风险管理策略和解决方案的制定，重大决策、重大事件和重要业务流程的风险控制、管理、监督和评估等；董事会授权的其他事项。股份公司董事会审计与风险管理委员会由吴太石、赵广杰、魏伟峰3名董事组成，吴太石任审计与风险管理委员会主席。

2011年，审计与风险管理委员会分别于3月2日、3月28日、4月12日、4月27日、8月29日、10月27日、12月8日、12月9日召开会议，听取安永华明会计师事务所关于股份公司2010年度年审进展情况的汇报(第2次沟通会)、发展规划部关于公司2010年内控与风险管理工作和2011年内控与风险管理情况的汇报、审计监事局关于2011年审计计划的汇报、安永会计师事务所关于股份公司2011年度中报审阅情况的汇报、发展规划部内控审计机构选聘情况的汇报、发展规划部内控审计工作计划的汇报、财务部关于股份公司2011年度第三季度报情况的汇报、安永华明会计师事务所关于公司2011年度年审计划的汇报、审计监事局关于2011年度审计费用谈判进展情况的汇报、中国土木工程集团有限公司关于海外项目风险管理情况的汇报、国际部关于股份公司海外项目风险与内控管理情况的汇报,讨论安永会计师事务所关于股份公司2010年度年审报告(第3次沟通会),审议关于聘请2011年度外部审计机构及支付2010年度审计费用的议案、关于股份公司2010年度内部控制评价报告的议案、股份公司2011年度第一季度报告、发展规划部《中国铁建股份有限公司内部控制与全面风险管理办法(暂行)》。 (余兴喜)

【董事会秘书】 股份公司设董事会秘书1名,由董事会聘任和解聘。董事会秘书为公司的高级管理人员,对董事会负责。其主要职责:(1)组织筹备董事会会议和股东大会,准备会议材料,安排有关会务,负责会议记录,保障记录的准确性,保管会议文件和记录,主动掌握有关决议的执行情况。对实施中的重要问题,应向董事会报告并提出建议。(2)确保公司董事会决策的重大事项严格按规定的程序进行。根据董事会的要求,参加组织董事会决策事项的咨询、分析,提出相应的意见和建议。受委托承办董事会及其有关委员会的日常工作。(3)作为公司与证券监管部门的联络人,负责组织准备和及时递交监管部门所要求的文件,负责接受监管部门下达的有关任务并组织完成。(4)负责协调和组织公司信息披露事宜,建立健全有关信息披露的制度,参加公司所有涉及信息披露的有关会议,及时知晓公司重大经营决策及有关信息资料。(5)负责公司股价敏感资料的保密工作,并制定行之有效的保密制度和措施。对于各种原因引起公司股价敏感资料外泄,要采取必要的补救措施,及时加以解释和澄清,并通告公司股票上市地监管机构。(6)负责协调来访接待,保持与新闻媒体的联系,负责协调解答社会公众的提问,并组织向中国证监会报告有关事宜。(7)保证公司的股东名册妥善设立,保证有权得到公司有关记录和文件的人及时得到有关记录和文件。(8)协助董事及总裁在行使职权时切实履行境内外法律、本章程及其他有关规定。在知悉公司作出或可能作出违反有关规定的决议时,有义务及时提醒,并有权如实向中国证监会及其他监管机构反映情况。(9)协调向公司监事会及其他审核机构履行监督职能提供必要的信息资料,协助做好对有关公司财务负责人、公司董事和总裁履行诚信责任的调查。(10)履行董事会授予的其他职权以及公司股票上市地要求具有的其他职权。 (余兴喜)

【中国铁建股份有限公司第一届董事会第41次会议】 1月20~21日在中国铁建大厦14层第2会议室召开,会议审议通过关于中国铁建股份有限公司发展战略与规划的议案、关于2011年生产经营计划的议案、关于沙特麦加轻轨项目相关事项安排的议案。

(靖 菁)

【中国铁建股份有限公司第一届董事会第42次会议】 3月29~30日在中国铁建大厦14层第2会议室召开,会议审议通过关于公司2010年度财务决算报告的议案、关于公司2010年度利润分配方案的议案、关于公司2010年年报及其摘要的议案,关于公司A股、H股募集资金存放与实际使用情况的专项报告的议案,关于公司2011年度预算的议案、关于应收子公司部分股利转增投资的议案、关于核定公司2011年信贷规模的议案、关于核定公司2011年内部担保额度的议案、关于公司本部银行综合授信的议案、关于公司发行中期票据的议案、关于公司发行短期融资券的议案、关于董事会2010年度报告的议案、关于总裁2010年度工作报告的议案、关于企业2011年度全面风险管理报告的议案、关于企业2010年度社会责任报告的议案、关于公司2010年度内部控制评价报告的议案、关于公司内部控制规范实施工作方案的议案、关于聘请2011年度外部审计机构及支付2010年度审计费用的议案、关于2010年度董事薪酬标准的议案、关于2011年企业投资方案的议案、关于向城市轨道协会(筹)捐资300万元的议案,关于以BT方式建设昆明禄大公路禄劝至半角段、九乡至宜良公路的议案,关于中铁第四勘察设计院集团有限公司以BT方式建设武汉市花山大道化学工业区段项目的议案、关于公司为中铁十九局集团公司申请利用德国促进性贷款购买矿山采矿剥离设备的议案、关于《公司关联方资金往来管理制度》的议案、关于修订《中国铁建股份有限公司章程》的议案、关于《中国铁建董事会2011年工作要点》的议案、关于授予董事会发行公司H股股份一般性授权的议案、关于召开公司2010年年度股东大会审议相关事宜的议案、关于香港联合交易所电子呈交系统授权人变更的议案。 (靖 菁)

【中国铁建股份有限公司第一届董事会第 43 次会议】 4 月 28 日在中国铁建大厦 14 层第 2 会议室召开，会议审议通过关于公司 2011 年第一季度报告的议案、关于董事会向国资委报告 2010 年度工作的议案。

（李 静）

【中国铁建股份有限公司第一届董事会第 44 次会议】 5 月 13 日在中国铁建大厦 14 层第 2 会议室召开，会议审议通过关于投资中国铁建财务有限公司的议案、关于董事会对总裁 2010 年度绩效考核结果及 2011 年考核方案的议案、关于《中国铁建股份有限公司董事会秘书工作制度》的议案、关于将中国铁道建筑总公司提交的《关于选举第二届董事会董事和第二届监事会股东代表监事的议案》提交股份公司 2010 年度股东大会审议的议案。（李 静）

【中国铁建股份有限公司第二届董事会第 1 次会议】 5 月 31 日在中国铁建大厦 14 层第 2 会议室召开，会议审议通过关于选举股份公司董事长、副董事长的议案，关于第二届董事会各专门委员会组成人员的议案、关于聘任股份公司总裁的议案、关于聘任股份公司副总裁等高级管理人员的议案、关于聘任股份公司董事会秘书的议案、关于增加中国铁建房地产集团有限公司注册资本的议案、关于增加中铁物资集团有限公司注册资本的议案。（李 静）

【中国铁建股份有限公司第二届董事会第 2 次会议】 6 月 22 日以通讯方式召开，会议审议通过关于成立中国铁建港航局集团有限公司的议案。（李 静）

【中国铁建股份有限公司第二届董事会第 3 次会议】 8 月 16 日在中国铁建大厦 14 层第 2 会议室召开，会议审议通过关于变更对中国铁建房地产集团有限公司增加注册资本金方式的议案。（李 静）

【中国铁建股份有限公司第二届董事会第 4 次会议】 8 月 29～30 日在中国铁建大厦 14 层第 2 会议室召开，会议审议通过关于公司 2011 年上半年财务决算的议案、关于公司 2011 年半年报及其摘要的议案、关于公司募集资金存放与实际使用情况的专项报告、关于聘请 2011 年度内部控制审计机构的议案。（李 静）

【中国铁建股份有限公司第二届董事会第 5 次会议】 10 月 28 日在中国铁建大厦 14 层第 2 会议室召开，会议审议通过关于公司 2011 年第三季度报告的议案、关于《中国铁建股份有限公司内部控制与全面风险管理办法（暂行）》的议案、关于中国铁建投资有限公司与广东省湛江经济技术开发区合作成立公司进行湛江东海岛开发的议案、关于中铁十四局集团有限公司以 BT 方式投资建设江苏省扬州市瘦西湖隧道工程的议案、关于中铁第四勘察设计院集团有限公司以 BT 加工程总承包方式投资建设昆明东外环中路及其上部道路工程的议案，关于补充核定中国铁建投资有限公司、中国铁建港航局集团有限公司内部担保额度的议案。

（李 静）

【中国铁建股份有限公司第二届董事会第 6 次会议】 11 月 25 日以通讯方式召开，会议审议通过关于召开公司 2012 年第一次临时股东大会的议案。

（李 静）

【中国铁建股份有限公司第二届董事会第 7 次会议】 12 月 22 日在中国铁建大厦 14 层第 2 会议室召开，会议审议通过关于 2010 年度总裁薪酬的议案、关于中铁十八局集团有限公司以 BT 方式投资建设贵州省平坝至贵阳城市快速干道马场至花溪段的议案，关于中国铁建投资有限公司、中铁二十五局集团有限公司和中国铁建港航局集团有限公司联合成立项目公司以 BT 方式投资建设福建南安市石井港区项目的议案，关于《中国铁建股份有限公司内幕信息知情人管理制度》的议案。（李 静）

【董事会秘书局】 董事会秘书局为公司董事会的常设工作机构，负责公司董事会日常工作事务，负责筹备、组织股东大会、董事会会议，负责董事会决议执行情况的监督和信息反馈；负责起草董事会重要文件，建立健全董事会各项工作制度；负责董事会印章管理，处理法人代表授权委托事项；负责为董事履职提供工作服务；负责公司投资者关系管理，管理股东名册，接待投资者来访，与投资者保持良好的日常沟通与交流；组织编制年报、半年报、季度报告等定期报告；负责安排、组织业绩路演、推介活动；负责董事会与公司内外部的联络与沟通，协调与境内外监管机构的关系；负责公司内部重大信息的收集、整理与汇总，对外进行信息披露；负责公司委派的专职外部董事的日常管理、工作服务；负责委派的专职外部董事代表出资人行使决策意见的沟通与协调；负责公司董事会与全资、控股子公司董事会的业务联系；参与公司股票、债券及其衍生品的发行工作；参与公司全面风险管理、内部控制、履行社会责任等工作；承办总公司董事会相关工作；完成领导交办的其他工作。董事会秘书局下设秘书处、投资者关系处和股权代表管理处，定员 14 人，设主任、副主任各1人,现员11人。

2011年,董事会秘书局依据部门职责和中国证券监督管理委员会及北京监管局,上海、香港两地交易所等的监管要求,按照年初《董事会2011年工作安排》的总体部署,主要围绕公司董事会规范运作开展工作,进一步完善公司治理结构与制度建设,做好信息披露与投资者关系管理,对二级公司董事会建设进行业务指导,为企业改革与发展服务,依法合规办事,注重工作实效。（李学甫）

【完善公司法人治理制度】 2011年,公司继续加强董事会制度建设,按照国资委、中国证监会、证券交易所等监管机构的有关规定,结合企业实际情况,进一步完善法人治理制度。年内,总公司制定《中国铁道建筑总公司内幕信息保密管理及内幕信息知情人登记制度》,修订《中国铁道建筑总公司章程》;股份公司制定《中国铁建股份有限公司董事会秘书工作制度》和《中国铁建股份有限公司内幕信息知情人管理制度》,修订《中国铁建股份有限公司章程》。按照国资委要求,股份公司制定《中国铁建股份有限公司贯彻落实“三重一大”决策制度实施办法》,经董事会讨论后正式上报国资委。（靖 菁）

【制定《中国铁道建筑总公司内幕信息保密管理及内幕信息知情人登记制度》】 为规范中国铁道建筑公司的内幕信息管理工作,切实提高公司及其他内幕信息知情人的法制、自律意识,杜绝内幕交易、股价操纵等违法违规交易行为,制定《中国铁道建筑总公司内幕信息保密管理及内幕信息知情人登记制度》,并经3月25日股份公司董事会第14次临时会议审议通过,于3月31日正式印发。（李 静）

【修订《中国铁道建筑总公司章程》】 经5月11日董事会第16次临时会议审议,公司修订《中国铁道建筑总公司章程》部分条款,并经7月29日国务院国有资产监督管理委员会批准,于9月1日正式印发。（李 静）

【制定《中国铁建股份有限公司董事会秘书工作制度》】 为进一步规范上市公司董事会秘书的选任、履职、培训和考核工作,根据上海证券交易所《上海证券交易所上市公司董事会秘书管理办法》的规定,公司在原《中国铁建股份有限公司董事会秘书工作细则》的基础上,制定《中国铁建股份有限公司董事会秘书工作制度》,并经5月13日第一届董事会第44次会议审议通过,于5月17日正式印发。（李 静）

【制定《中国铁建股份有限公司内幕信息知情人管理制度》】 为进一步规范公司的内幕信息知情人管理工作,根据中国证券监督管理委员会《关于上市公司建立内幕信息知情人登记管理制度的规定》、上海证券交易所《关于做好上市公司内幕信息知情人档案报送工作的通知》和中国证券监督管理委员会北京监管局《关于建立健全上市公司内幕信息知情人登记管理制度的通知》要求,公司在原《中国铁建股份有限公司内幕信息知情人和外部信息使用人管理制度》的基础上,制定《中国铁建股份有限公司内幕信息知情人管理制度》,并经12月22日第二届董事会第7次会议审议通过,于12月31日正式印发。（李 静）

【修订《中国铁建股份有限公司章程》】 经2011年5月31日公司2010年度股东大会审议,对《中国铁建股份有限公司章程》部分条款进行修订,并经8月19日国务院国有资产监督管理委员会批准,于9月1日正式印发。（李 静）

【外部董事就“十二五”规划执行情况进行专题调研】 4月13～19日,股份公司非执行董事朱明暹,独立非执行董事李克成、赵广杰、吴太石、魏伟峰,在霍金贵董事、余兴喜董事会秘书和董事会秘书局的陪同下,先后考察调研中铁建设集团有限公司和中铁二十二、十五、二十五、十三局集团有限公司及中铁二十五局集团广州公司、中铁十三局集团二公司。此次调研使外部董事了解了各调研单位的基本情况、“十二五”发展规划目标及保障措施,为董事会科学决策提供了翔实的信息。（孙 瞻）

【外部董事到拟投资项目进行现场考察】 7月22～24日,股份公司非执行董事朱明暹,独立董事赵广杰、吴太石,在股份公司副总裁周志亮、董事会秘书余兴喜和董事会秘书局、资本运营部、中国铁建投资有限公司的陪同下,考察福建省南平至光泽高速公路(闽赣通道)BOT项目。外部董事通过现场研勘、与南平市政府座谈,详细了解项目基本情况和投资前景,从宏观政策、预期收益和风险防范等多角度进行深入论证分析,考察成果为董事会科学决策提供了依据。（孙 瞻）

【外部董事到部分海外项目调研】 10月12～22日,股份公司副董事长彭树贵、董事会秘书余兴喜和董事会秘书局负责人陪同非执行董事朱明暹,独立非执行董事李克成、吴太石、魏伟峰,到沙特和坦桑尼亚,对沙特麦加轻轨项目、沙特麦加至麦地那高速铁路项目、沙特北南线铁路项目、沙特教育部200所学校项目和中国土木工程集团东非公司进行现场调研。外部董事通过调研，对中国铁建海外经营布局和运营模式有较为直观的认识，了解了重点海外项目的进展情况。

（孙 瞻）

【外部董事就内部控制与全面风险管理进行专题调研】 12月9～12日，股份公司非执行董事朱明暹，独立非执行董事李克成、赵广杰、吴太石、魏伟峰，先后在股份公司副总裁范德、周志亮，董事会秘书余兴喜和董事会秘书局、发展规划部、房地产开发部的陪同下，以内部控制与全面风险管理为重点，到中国铁建房地产集团有限公司和中铁十二、十七局集团有限公司调研。外部董事充分肯定3个单位内部控制与全面风险管理方面取得的成绩，对进一步推进相关工作提出了建设性的意见和建议。

（孙 瞻）

【中国铁建获得两项荣誉】 11月，在香港《大公报》举办的中国证券金紫荆奖评选活动中，中国铁建被评为海外最具品牌影响力的中国上市公司和"十二五"期间最具投资价值的上市公司。

（赫东娜）

【信息披露工作规范有序】 中国铁建信息披露工作严格按照上海、香港两地监管机构的要求，做到真实、准确、完整、及时、公平，保证了信息披露的质量和水平。2011年是国内和国际会计准则统一后的第一年，中国铁建按照上海、香港两地交易所不同的监管要求制定定期报告，完成2010年年度报告、2011年半年度报告和两个季度报告的编制及披露工作。年内，在上海证券交易所披露文件资料61份，其中定期报告6份、临时公告41份、公司治理文件3份、H股公告5份、股东大会会议资料等其他文件6份；在香港联合交易所披露中文公告与通告55份、通函20份、财务报表2份、月报表12份、委任代表表格3份、披露英文文件65份。

信息披露文件在报送交易所的同时按监管机构要求同时抄送北京证监局，并分别在《中国证券报》《上海证券报》《证券日报》《证券时报》4家指定报纸和《中国铁道建筑报》及公司网站进行披露。公司网站发布的海外监管公告，包括董事会决议、重大工程中标公告等，经过翻译之后在公司网站上同时披露中英文稿，方便海外投资者了解公司信息。

（赫东娜）

【编制公司定期报告】 为做好定期报告编制工作，提前制订定期报告编制实施意见及工作安排，明确时间节点和部门分工，保障定期报告按要求编制、及时发布。2011年完成2010年年度报告和2011年一季度报告、中期报告、三季度报告的编制与披露工作，定期报告未出现重大差错或遗漏，并按期完成H股年度报告和中期报告的翻译校对、封面排版、印刷、邮寄等后续工作。

（卢富平 谢华刚 何 珊）

【投资者关系管理】 股份公司高度重视投资者关系管理工作，通过召开各类分析师和投资者会议，安排分析师和投资者与公司领导层进行全面的沟通，使他们及时了解行业发展前景和最新动态，以及公司的生产经营情况；通过定期报告路演、业绩发布会、接待投资者来访、电话会议等多种形式的交流活动，公司获得投资者的认同，努力使其对公司作出较为公正客观的评价。2011年安排接待机构投资者近300人次，接入并参加投资者电话会40余个，处理投资者电邮超过1000封。每天接听回答投资者咨询电话10多个，以积极、坦诚和负责的态度，耐心解答投资者提出的问题，并向公司领导及时反映，完善与投资者的沟通渠道。

（何 珊）

【业绩发布和路演】 配合定期报告的发布，组织各类定期报告业绩发布活动以及相关的路演活动。2011年，股份公司召开2010年年度报告（A股）、2011年半年度报告的现场业绩发布会，以及2010年年度报告（H股）、2011年半年度报告电话业绩发布会。公司及时发布经营业绩，如实回答投资者和分析师普遍关注的问题，得到投资者的信任与支持。

（卢富平）

【内幕信息管理】 股份公司先后下发《关于加强公司内幕信息管理的通知》《关于印发〈内幕信息知情人责任告知书〉的通知》，对涉及内幕信息的知情人员填制相应的《责任告知书》，形成一项日常工作制度。8月，印发《关于订立重要合同、协议信息报告与信息保密的通知》，明确有关的具体规定和责任。

（卢富平）

【与监管机构的信息沟通】 注重做好与监管机构的信息沟通工作。日常定期浏览上海证券交易所、香港联合交易所和北京上市公司协会网站上的最新信息动态，将监管部门网站上发布的最新通知和文件及时下载进行传阅，并根据领导批示进行处理。年内接收中国证监会、北京证监局、上海证券交易所、香港联合交易所、北京上市公司协会、中国证券登记结算公司上海分公司下发通知及文件139份，对其中的76份进行重点传阅和处理。股份公司通过对监管机构最新政策、法规和动态情况的了解，保证了与监管机构的信息沟通和反馈的顺畅。

（赫东娜）

【分红派息】 2011 年起草《关于中国铁建股份有限公司 2010 年度分红派息工作的报告》，明确该项工作办理的流程和规定，具体安排及时间节点，主要工作事项的分工及建议等。（卢富平）

【中介机构的重新选聘和合同签订】 年内完成公司所聘中介机构的重新选聘、合同签定工作，所聘中介机构有北京德恒律师事务所（境内律师）、贝克·麦坚时律师事务所（境外律师）、香港中央证券登记有限公司（境外股东登记服务机构）、香港皓天财经集团有限公司（境外财经公关公司和印刷商）。（卢富平）

【股东名册管理】 中国铁建 A 股和 H 股股东情况和相关数据分别由中国证券登记结算公司上海分公司和香港中央证券进行管理并按公司需求提供。A 股股东名册管理主要是 PROP 系统的日常管理工作，需要每月月末从 PROP 系统下载公司前百名大股东名册数据，以及在召开股东大会等期间需要特定日期股东名册，按时进行股东名册的申请、下载、汇总、对比和查询。H 股股东名册每月月末从香港中央证券网站下载公司的全部股东名册及地域分布、大股东名单等统计。（赫东娜）

2011 年 12 月 17 日，国务院监事会第 16 办事处主任金丹阳到中铁建设集团公司中国铁建·瑞园项目检查指导工作。（章 梅 提供）

2011 年 4 月 14 日，中国铁建工业板块发展座谈会在湖南长沙召开。　（王 策 摄）

工程施工

本栏责任编辑　杨启燕

工程管理

【工程管理部】 是股份公司工程管理、工程调度、抗洪抢险、抗震救灾、环境保护及铁路战备综合管理职能部门。主要职责:管理、指导全系统工程管理工作,负责组织制定建设项目施工管理、竣工验收管理等各项规章制度,负责交流推广先进项目管理经验,负责组织有关部门处理和解决公司承建的重点工程中的施工组织、施工难点问题和竣工验收交接工作,负责工程调度和重难点工程的信息工作,负责公司总承包项目和本级工程项目的施工组织管理指导工作,负责工程(劳务)分包商审核和架子队建设指导工作,负责工程项目环境保护、节能减排、防洪、抗震减灾等工作;参与公司总体发展战略及中长期规划的研究制定、社会责任报告编纂工作,参与全面风险管理和内控相关工作,参与绩效考核、经济对标、信息化建设、责任成本管理、全面预算管理及概预算梳理、设计变更、经济索赔工作;承办总公司管理的国家铁路战备及总公司经营项目工程管理工作。(刘　辉)

【施工生产综述】 2011 年,国际国内形势风云变幻,跌宕起伏,是中国铁建甚至是铁道兵成立以来面临形势最为复杂、接受考验最为严峻的一年,是企业发展历史上极不平凡、极为关键的一年。按照胡锦涛总书记对中国铁建提出的“建优质工程,树企业形象”的要求,认真贯彻落实 2011 年工作会议精神,努力加强工程项目管理,不断优化资源配置,深入推行法人管项目,切实转变项目管理模式,持续推行标准化管理,确保在建工程有序、可控。

2011 年,全系统超过 5000 万元的国内在建项目 2311 项,完成施工产值 3932.1 亿元。承建桥梁 10959 座 6441 公里,年内完成 4343 公里;承建隧道 3176 座 5967 公里,年内完成 3477 公里。截至年底,由于财政紧缩、经济下行、铁路建设急刹车等原因,全系统 328 项工程停工,其中铁路项目 249 项,涉及沪昆、哈齐、大西、京福、成渝、兰新、兰渝、向莆、贵广、湘桂等铁路项目。中国铁建 2011 年国内在建工程重点项目 29 项。其中,铁路 23 项,包括西格铁路二线关角隧道、京沪高速铁路、沪昆高速铁路、京石铁路客运专线、石武铁路客运专线、哈齐铁路客运专线、大西铁路客运专线、津秦铁路客运专线、宁杭铁路客运专线、合福铁路客运专线、成渝铁路客运专线、广深港铁路客运专线、山西中南部铁路通道、拉日铁路、兰渝铁路、兰新铁路、向莆铁路、渝利铁路、贵广铁路、湘桂铁路、土库二线中天山隧道、天津西站至天津站地下直径线、广珠铁路西江特大桥;公路工程 1 项,成渝高速公路复线(重庆段);市政工程 2 项,北京地铁(6、8、9、10 号线 14 个标段)、天津海河隧道;水利工程 1 项,锦屏二级水电站;房建工程 1 项,长春西站;其他工程 1 项,玉树地震灾后重建工程。(刘　辉)

【京沪高速铁路】 6 月 30 日正式开通运营,是新中国成立以来一次建设里程最长、投资最大、标准最高的高速铁路,创造了 486.1 公里的世界高速铁路运营试验时速最高纪录,成为中国高速铁路建设新的里程碑。中国专家组表示,京沪高速铁路各项指标均达到世界先进水平。(刘　辉)

【广深港铁路客运专线狮子洋隧道工程】 2010 年 12 月 8 日,隧道左线成功实现江中对接;2011 年 3 月 16 日,隧道右线也成功完成盾构机对接。隧道全长 10.8 公里,为上下行双洞隧道,是中国目前水下盾构施工里程最长、建设标准最高的铁路隧道。其穿越区域地质条件、水面的宽度和深度,在世界隧道泥浆盾构施工史上极为罕见。中铁十二局集团公司参与工程建设。(刘　辉)

【贵阳市北二环路】 8 月 30 日建成通车,是中国铁建和贵阳市政府合作建设的 BT 项目。北二环路是构建贵阳市“三环十六射”中重要的一部分,是交通解堵工程的关键性工程。线路总长 12.48 公里,有互通立交 3 座,特大桥 1 座,大桥 1 座,中小桥(含立交区匝道桥)29 座,涵洞及人行地道 11 座,隧道 2 处 4 座,以及道路与交通、照明、绿化工程。(刘　辉)

【重庆鱼洞长江大桥】 8 月 13 日正式通车。重庆鱼洞长江大桥由中国铁建投资兴建,是中国目前最宽的长江大桥。南起重庆市巴南区鱼洞经济开发区,北至大渡口区,可通行双向 6 车道的汽车和双向两车道的轻轨。外侧为汽车通道,中间跑轻轨,这在世界桥梁建设中尚属首例。跨越长江主航道的主桥连续两跨 260 米,在国内同类桥梁中位居第二。经过 7 年的建设,大桥一、二期工程全部建成并投入运行。(刘　辉)

【青岛胶州湾大桥】 6 月 30 日建成通车,全长 36.48 公里,是目前世界上最长的跨海大桥。中铁十四、十五局集团公司参与工程建设。(刘　辉)

【六沾铁路复线乌蒙山 1 号隧道】 6 月 29 日贯通。

隧道全长6451米，被铁道部列为一级风险隧道，被专家称为“地质博物馆”，是国内罕见的高瓦斯隧道。中铁二十二局集团公司承建。 （刘 辉）

【青岛胶州湾隧道】 4月28日贯通，6月30日正式通车。隧道全长6.17公里（跨越海域段3.95公里），是北方首条海底隧道。中铁十六、十八局集团公司参与工程建设。 （刘 辉）

【西安北站】 1月11日正式投入运营。作为国家高速铁路网最重要的枢纽站之一，西安北站是一座集铁路、公路、城市交通于一体的现代化大型铁路客运车站，主要由站房、站场、动车运用所三大区域组成。中铁十二、十七、十八局集团公司参与工程建设。 （刘 辉）

【太中银铁路】 1月11日通车运营。中铁十一、十二、十四、十五、十六、十七、十九、二十、二十一、二十二、二十三、二十五局集团公司参与工程建设。 （刘 辉）

【广珠城际铁路】 1月7日通车运营。中铁十二、十三、十四、十九、二十五局集团公司参与工程建设。 （刘 辉）

【长吉城际铁路】 1月11日建成通车，是中国东北地区首条城际铁路。中铁十九局集团公司参与工程建设。 （刘 辉）

【青藏铁路西宁至格尔木增建二线电气化铁路】 6月29日建成通车。中铁十一、十二、十六、十九、二十一、二十二局集团公司和中国铁建电气化局集团公司参与工程建设。 （刘 辉）

【锦屏二级水电站】 中铁十八局集团公司承建的1号洞于6月6日贯通，2号洞于8月16日贯通；中铁十三局集团公司承建的3号洞于11月20日贯通，4号洞于11月7日贯通。 （刘 辉）

【2011年度股份公司工程调度工作先进个人】

闫晋锁	马洪川	茹晓军	余红芳	李昕晔
张永锋	车兆利	魏桂珍	姚利珍	曹育红
田 宇	宋秀英	张庆华	孙纪云	刘 刚
黄亚敏	陈天明	韩迎春	张和平	孙凤玲
蒙 悟	任旭辉	陶 威	李玉梅	闫辰骞
薛 俊	施嵩杰	左雪发	仇建坤	黄 芳
李 颖	周小松	韩 梅	焦丽花	

（刘 辉）

【2011年度股份公司优秀项目经理】

黄德广	李 明	杨明亮	周劲松	童 飞
黄才华	刘 涛	李 俊	李有生	王新顺
白东晖	韩悌斌	徐德才	戴文革	刘绍石
刘长海	孟繁义	李家茂	张云飞	林存友
孙焕重	乔培贞	刘志波	朱新华	李克全
彭跃立	陈占波	卢尔聪	王现中	王志强
石险峰	王红伟	郝文朝	周阳宗	郑昌宝
俞 剑	徐昌旭	吴建荣	高成喜	王海平
郭斌忠	李永胜	包自强	王志杰	苏在林
陈方杰	李全锁	代敬辉	沙作刚	肖红江
李长城	翁德胜	孙秀民	李凤龙	于庆龙
何文建	张怀贵	赵 谦	高雷州	崔雪青
黄玉茹	高玉峰	伍顺成	张建明	任文辉
吴卫东	冯伟凯	林发展	陈耀华	邹继东
董 煊	王义春	吴登银	钱建忠	吴为爱
吕 辉	徐建平	蒋曙永	隋瑞凌	陈 琳
梁木华	罗力勤	王长锴	刘金智	汪诗超
余振飞	周明华	潘功书	岳小川	李云峰
吕彦伟	陈宪祖			

（刘 辉）

铁路工程

·沪昆高速铁路·

【工程概况】 沪昆高速铁路是中国东西向线路里程最长、经过省份最多的高速铁路，途径上海、杭州、南昌、长沙、贵阳、昆明6个省会城市及直辖市。线路全长2066公里，为复线电气化铁路，设计时速350公里，总投资3000亿元。沪昆高速铁路通道主要由沪杭、杭长和长昆3段铁路客运专线组成。沪杭铁路客运专线于2009年2月开工建设，2010年10月26日正式通车营运；杭长铁路客运专线于2009年12月22日开工建设；长昆铁路客运专线于2010年3月26日开工建设。全线预计2015年3月通车。 （刘 辉）

【杭长铁路客运专线】 东起浙江杭州，经绍兴、金华、衢州，江西上饶、鹰潭、抚州、南昌、新余、宜春、萍乡，湖南株洲至长沙，线路长927公里。中铁十一、十三、十五、十六、十七、十九、二十局集团公司参与工程建设。

中铁十一局集团公司杭长铁路客运专线HZJ－3

标段工程　项目驻浙江省义乌市，项目负责人甘胜银。合同投资300401万元，线路长43.6公里。主要工程量：桥梁28座28400延长米，隧道12座9400延长米，路基长5.6公里，车站1座。

中铁十三局集团公司杭长铁路客运专线HKJX－4标段工程　项目驻江西省南昌市，项目负责人张锦辉。合同投资239660万元，线路长37.1公里。主要工程量：赣江特大桥长37106.5延长米。

中铁十五局集团公司杭长铁路客运专线HKJX－1标段工程　项目驻江西省上饶市，项目负责人王令振。合同投资570415万元，线路长66.3公里。主要工程量：土石方210万立方米，桥梁56座42300延长米，隧道15座9796延长米，铺轨592公里。

中铁十六局集团公司杭长铁路客运专线HKJX－5标段工程　项目驻江西省高安市，项目负责人程红彬。合同投资465994万元，线路长68.6公里。主要工程量：土石方622.3万立方米，桥梁29座45100延长米，涵洞77座2270.8横延米，无砟轨道233.38公里，车站2座（南昌西站、高安站）。

中铁十七局集团公司杭长铁路客运专线HCZJ－2标段工程　项目驻浙江省诸暨市，项目负责人韩贤文。合同投资410434万元，线路长52公里。主要工程量：土石方189万立方米，桥梁42座35300延长米，涵洞44座992横延米，隧道19座14200延长米。

中铁十九局集团公司杭长铁路客运专线HKJX－8标段工程　项目驻江西省萍乡市，项目负责人王跃进。合同投资475234万元，线路长67.5公里。主要工程量：土石方516.2万立方米，桥梁54座45700延长米，隧道7座7500延长米，车站1座（萍乡北站），DK726＋700～DK825＋035轨道板的预制及标段内轨道板的铺设。

中铁二十局集团公司杭长铁路客运专线HCTJ－1标段工程　项目驻湖南省醴陵市，项目负责人郭祥君。合同投资437293万元，线路长50.2公里。主要工程量：土石方359万立方米，桥梁45座29000延长米，隧道16座14200延长米，涵洞16座636横延米。　（刘　辉）

【长昆铁路客运专线】　起自湖南长沙，途经湘潭、韶山、娄底、邵阳、新化、溆浦、怀化，贵州玉屏、三穗、凯里、贵定、贵阳、平坝、安顺、关岭、普安、盘县，云南富源、曲靖至昆明。全长1167公里，设计时速250公里以上。中铁十一、十二、十三、十四、十六、十七、二十、二十二、二十三、二十四、二十五局集团公司参与工程建设。

中铁十二局集团公司长昆铁路客运专线TJ－3标段工程　项目驻云南省马龙县，项目负责人刘建佳。合同投资345199万元，线路长51.6公里。主要工程量：桥梁47座18400延长米，涵洞60座1788横延米，隧道11座14600延长米。

中铁十二局集团公司长昆铁路客运专线CKTJ－5标段工程　项目驻湖南省娄底市，项目负责人董裕国。合同投资306647万元，线路长42.5公里。主要工程量：桥梁14座7300延长米，涵洞19座645.4横延米，隧道7.5座30800延长米，CRTSI型双块式无砟道床铺设85.2公里。

中铁十三局集团公司长昆铁路客运专线CKGZTJ－11标段工程　项目驻贵州省晴隆县，项目负责人臧守杰。合同投资307000万元，线路长41.8公里。主要工程量：桥梁5座961.7延长米，涵洞1座23.12横延米，隧道6座40700延长米，CRTSⅡ型板式无砟轨道铺设85.7公里。

中铁十四局集团公司长昆铁路客运专线CKGZTJ－7标段工程　项目驻贵州省贵阳市，项目负责人苏斌。合同投资295896万元，线路长50.9公里。主要工程量：土石方390万立方米，桥梁36座18000延长米，涵洞88座2351.48横延米，隧道19座8357延长米。正线无砟轨道铺设101.3公里。

中铁十四局集团公司长昆铁路客运专线CKTJ－9标段工程　项目驻湖南省怀化市，项目负责人林存友。合同投资321323万元，线路长41.6公里。主要工程量：桥梁29座8200延长米，涵洞17座750.2横延米，隧道23座32300延长米。

中铁十六局集团公司长昆铁路客运专线TJ－3标段工程　项目驻云南省嵩明县，项目负责人饶延泉。合同投资124115万元，线路长16公里。主要工程量：土石方274.4万立方米，桥梁18座8900延长米，隧道1座454延长米。

中铁十六局集团公司长昆铁路客运专线CKTJ－3/GZYZ－1标段工程　项目驻湖南省娄底市，项目负责人郎建平。合同投资294343万元，线路长32.9公里。主要工程量：桥梁24座13700延长米，隧道7座11500延长米，路基7.62公里，无砟轨道32.97公里，车站1座（娄底南站）。

中铁十七局集团公司长昆铁路客运专线CKGZTJ－5标段工程　项目驻贵州省麻江县，项目负责人文珂。合同投资231869万元，线路长30.4公里。主要工程量：土石方149万立方米，桥梁23座7593延长米，涵洞8座218横延米，隧道12.5座20600延长米。

中铁十七局集团公司长昆铁路客运专线CKTJ－7标段工程　项目驻湖南省怀化市，项目负责人李兴旺。合同投资253700万元，线路长34.5公里。主要工程量：土石方84万立方米，桥梁19座5671延长米，涵洞

3 座 79 横延米,隧道 12 座 27400 延长米。

中铁二十局集团公司长昆铁路客运专线 TJ－2 标段工程　项目驻云南省曲靖市,项目负责人马登峰。合同投资 363115 万元,线路长 54.6 公里。主要工程量:桥梁 41 座 22700 延长米,隧道 8 座 15400 延长米,涵洞 44 座 1151.3 横延米,公路跨线桥 5 座 276.6 米,人行天桥 2 座 106.4 米。

中铁二十局集团公司长昆铁路客运专线 CKGZTJ－9 标段工程　项目驻贵州省安顺市,项目负责人张志军。合同投资 497298 万元,线路长 63.2 公里。主要工程量:隧道 19 座 43600 延长米,桥梁 22 座 11800 延长米,车站 1 座,轨道板预制场 1 座,CRTSⅡ型无砟轨道预制、铺设 106.5 公里。

中铁二十二局集团公司长昆铁路客运专线 CKGZ-TJ－12 标段工程　项目驻贵州省盘县,项目负责人司尚荣。合同投资 390000 万元,线路长 48.3 公里。主要工程量:土石方 448 万立方米,桥梁 10200 延长米,隧道 32200 延长米,双块式无砟道床 96.6 公里。

中铁二十三局集团公司长昆铁路客运专线 CKGZ-TJ－6 标段工程。项目驻贵州省贵定县,项目负责人赵永明。合同投资 435800 万元,线路长 56.5 公里。主要工程量:隧道 23 座 34275 延长米,桥梁 33 座 16728 延长米,涵洞 17 座 421.7 横延米,CRTSI 型双块式无砟轨道铺设 114 公里。

中铁二十四局集团公司长昆铁路客运专线 CKGZ-TJ－5 标段工程　项目驻贵州省福泉市,项目负责人郑军锋。合同投资 97900 万元,线路长 12.6 公里。主要工程量:桥梁 7 座 1504 延长米,隧道 4.5 座 10534 延长米。

中铁二十五局集团公司长昆铁路客运专线 CKTJ－1 标段工程　项目驻湖南省湘潭市,项目负责人王金海。合同投资 152777 万元,线路长 25.1 公里。主要工程量:路基土石方 208.6 万立方米,桥梁 26 座 16600 延长米,隧道 3 座 1122 延长米,涵洞 13 座 397.5 横延米,轨道正线 50.14 公里。（刘　辉）

·京石铁路客运专线·

【工程概况】　京石铁路客运专线北起首都北京,南至河北省省会石家庄市,全长 283.672 公里。其中,北京市境内 48.712 公里;河北省境内 234.96 公里。设计时速 350 公里,桥梁长度占线路全长的 77%。工程总投资 438.7 亿元。2008 年 10 月 7 日正式开工建设,计划 2011 年建成通车。中铁十一、十二、十三、二十一、二十二局集团公司和中国铁建电气化局集团公司参加工程建设。（刘　辉）

【参建标段】　中铁十一局集团公司京石铁路客运专线 JS－3 标段工程　项目驻河北省望都县,项目负责人王金柱。线路长 57 公里,合同投资 327700 万元。主要工程量:桥梁 3 座 11650 延长米。其中,帅村唐河特大桥 7230 延长米;东朱谷跨朔黄铁路特大桥 4360 延长米。土石方 124.6 万立方米,涵洞 29 座 923 横延米,CFG 桩 110 万米。

中铁十二局集团公司京石铁路客运专线 JS－4 标段工程　项目驻河北省石家庄市,项目负责人张金柱。线路长 28 公里,合同投资 97820 万元。主要工程量:路基 12.83 公里;桥梁 23700 延长米,其中石太直通线桥梁 13450 延长米;石太直通线隧道 2 座 4579 延长米;涵洞 30 座 783.31 横延米;轨道 302.3 公里(含 JS－3、JS－4 标段铺轨)。

中铁十三局集团公司京石铁路客运专线 JS－3、JS－4 标段工程　项目驻河北省新乐市,项目负责人吴焕通。线路长 74 公里,合同投资 328178 万元。主要工程量:线下工程 50 公里,桥梁、路基比重分别为 68.5%、31.5%。

中铁二十一局集团公司京石铁路客运专线 JS－4 标段工程　项目驻河北省鹿泉市,项目负责人宋建忠。线路长 16 公里,合同投资 138713 万元。主要工程量:路基土石方 28 万立方米,涵洞 5 座 164 横延米,桥梁 3 座 13774.7 延长米,简支箱梁 234 孔,简支 T 梁 225 孔,铺设无砟轨道 240 公里,铺设有砟轨道 59.7 公里。

中铁二十二局集团公司京石铁路客运专线 JS－1 标段工程　项目驻北京市房山区,项目负责人陈延军。线路长 14 公里,合同投资 141075 万元。主要工程量:永定河特大桥部分修建任务,线下工程 14.49 公里,铺轨 288 公里。

中铁二十二局集团公司京石铁路客运专线 JS－4 标段工程　项目驻河北省井陉县,项目负责人王桂春。线路长 2 公里,合同投资 5400 万元。主要工程量:跨石太铁路特大桥 657.85 延长米,涵洞 3 座 103.5 横延米。

中国铁建电气化局集团公司京石铁路客运专线“四电”系统集成工程、京石铁路客运专线北京西枢纽“四电”系统集成工程、石武铁路(河北段)客运专线“四电”系统集成工程　项目驻河北省石家庄市,项目负责人郭志光。线路长 537.9 公里,合同投资 282310 万元。主要工程量:接触网 1400 条公里,牵引变电所亭 40 所;变配电所 20 所,站场电力 16 站;站场通信 13 站,基站设备安装 163 处;信号区间自闭 760 区段,联锁道岔 396 组;“四电”用房 23765 平方米。

中国铁建电气化局集团公司京石铁路客运专线石家庄枢纽改造工程　项目驻河北省石家庄市,项目负责人郭志光。线路长 10.2 公里，合同投资 64035 万元。主要工程量：接触网 159 条公里；牵引变电所、分区所 3 所；站场电力 4 站，变配电所 10 所；通信线路 130 公里，站场通信 4 站；区间自闭 33 区段，联锁道岔 198 组。（刘　辉）

·石武铁路客运专线·

【工程概况】 石武铁路客运专线自石家庄东站引出，经邢台、邯郸、安阳、新乡、郑州、许昌、漯河、驻马店、信阳，过天兴洲公铁两用桥，终点为武汉新火车站，与武广铁路客运专线对接，全线设 14 个车站，线路全长 840.7 公里。其中，河北省境内 202.642 公里；河南省境内 506.862 公里；湖北省境内 131.221 公里。设计时速 350 公里，桥隧长度占线路全长的 81%。工程投资 1167.6 亿元。2008 年 10 月 15 日正式开工建设，计划 2011 年建成通车。中铁十一、十四、十五、十六、十七、十八、十九、二十、二十三局集团公司和中国铁建电气化局集团公司参加工程建设。（刘　辉）

【参建标段】 中铁十一局集团公司石武铁路客运专线湖北段 2 标段工程　项目驻湖北省武汉市，项目负责人荆山。线路长 71 公里，合同投资 508000 万元。主要工程量：路基 23.747 公里，桥梁 47 座 35691 延长米，隧道 13 座 11811 延长米，制梁场 2 处，车站 1 座。

中铁十四局集团公司石武铁路客运专线河北段 2 标段工程　项目驻河北省邢台市，项目负责人王焕。线路长 68 公里，合同投资 450523 万元。主要工程量：路基 5.4 公里；土石方 137.25 万立方米；桥梁 9 座 63265.4 延长米，占线路长的 92%；CFG 桩 161.3 万米；涵洞 403.75 横延米；车站 1 座。

中铁十五局集团公司石武铁路客运专线郑州枢纽工程　项目驻河南省郑州市，项目负责人郑根锁。合同投资 27000 万元。主要工程量：桥梁 6470 延长米。

中铁十六局集团公司石武铁路客运专线河南段 9 标段工程　项目驻河南省信阳市，项目负责人张鸿鹏。线路长 21 公里，合同投资 120000 万元。主要工程量：路基土石方 172 万立方米，桥梁 17 座 6033 延长米，涵洞 43 座 954.5 横延米，隧道 7 座 5709 延长米，铺轨 42.65 公里。

中铁十七局集团公司石武铁路客运专线郑州东站 2 标段工程　项目驻河南省郑州市，项目负责人李兴国。合同投资 228000 万元。主要工程量：路基土石方 372 万立方米，桥梁 8 座 779 延长米，涵洞 2 座 145 横延米。

中铁十七局集团公司石武铁路客运专线河南段 9 标段工程　项目驻河南省信阳市，项目负责人郝占胜。线路长 10 公里，合同投资 258000 万元。主要工程量：路基土石方 394 万立方米，桥梁 22 座 21998 延长米，涵洞 35 座 819 横延米。

中铁十八局集团公司石武铁路客运专线河南段 8 标段工程　项目驻河南省驻马店市，项目负责人杨国良。线路长 56 公里，合同投资 328000 万元。主要工程量：路基 12.3 公里，土石方 283 万立方米，桥梁 8 座 42590 延长米，隧道 2 座 1184 延长米，制梁 640 孔，CRTSII 型轨道板 58231 块，铺设轨道板 17257 块。

中铁十九局集团公司石武铁路客运专线河南段 2 标段工程　项目驻河南省新乡市，项目负责人李华伟。线路长 50 公里，合同投资 325000 万元。主要工程量：特大桥 3 座 43944 延长米，路基 6.04 公里，站场 1 座，铺设无砟轨道 49.9 公里。

中铁二十局集团公司石武铁路客运专线河南段 2 标段工程　项目驻河南省新乡市，项目负责人周海军。线路长 22 公里，合同投资 168834 万元。主要工程量：土石方 169 万立方米，桥梁 4 座 106.25 延长米，涵洞 33 座 842.56 横延米，现浇梁 4 片，制架梁 474 榀，Ⅰ型轨道板 14052 块，Ⅱ型轨道板 18908 块。

中铁二十三局集团公司石武铁路客运专线湖北段 1 标段工程　项目驻湖北省大悟县，项目负责人袁松。线路长 62 公里，合同投资 398602 万元。主要工程量：路基 23 公里，土石方 984.5 万立方米；桥梁 54 座 19236 延长米，简支梁 532 孔，连续梁五联 27 孔；隧道 13 座 19795 延长米，其中黄龙寺隧道 8715 延长米；无砟轨道双线铺设 62.3 公里。

中国铁建电气化局集团公司石武铁路河南段客运专线“四电”系统集成工程 SDJC－1 标段　项目驻河南省郑州市，项目负责人郭志光。线路长 551.3 公里，合同投资 325447 万元。主要工程量：接触网 1380 条公里；牵引变电所 11 所，分区所 13 所；电力线路 3724 公里，变配电所 33 所，站场电力 8 站；通信线路 1410 公里，站场通信 8 站，基站 180 站；区间自闭 1120 区段，联锁道岔 135 组；“四电”站房 17331 平方米。

中国铁建电气化局集团公司石武铁路客运专线郑州东站 SS2D－4 标段“四电”系统集成工程　项目驻河南省郑州市，项目负责人谈强。线路长 26.5 公里，合同投资 26235 万元。主要工程量：接触网 73.1 条公里；电力线路 185.5 公里，变配电所 1 所，站场电力 1 站；通信线路 52.9 条公里；区间自闭 26 区段，联锁道岔 78 组。

中国铁建电气化局集团公司石武铁路客运专线湖北段“四电”系统集成工程　项目驻湖北省孝感市大悟县，项目负责人郭志光。线路长 146.491 公里，合同投资 111478 万元。主要工程量:接触网 364 条公里;牵引变电所 3 所,AT 所 6 所,分区所 3 所;电力线路 1096 公里,变配电所 7 所,站场电力 1 站;通信光缆 600.72 公里,基站设备 41 站;区间自闭 320 区段,联锁道岔 19 组;"四电"用房 5142 平方米。（刘 辉）

·哈齐铁路客运专线·

【工程概况】 哈齐铁路客运专线起自黑龙江省哈尔滨市,向西北方向经肇东、安达、大庆,止于齐齐哈尔市。线路全长 286 公里,工程投资 312.41 亿元,设计时速 300 公里。合同工期 2009 年 10 月 ~2013 年 10 月。中铁十三、十五、十六、二十、二十二、二十三局集团公司参加工程建设。（刘 辉）

【参建标段】 中铁十三局集团公司哈齐铁路客运专线 HQTJ-5 标段工程　项目驻黑龙江省泰康县,项目负责人戴文革。线路长 64 公里,合同投资 446713 万元。主要工程量:路基 14 公里,土石方 210 万立方米,桥梁 51000 延长米,箱梁 1594 孔,涵洞 874 横延米,铺轨 32 公里。

中铁十五局集团公司哈齐铁路客运专线 HQTJ-4 标段工程　项目驻黑龙江省大庆市,项目负责人谭振武。线路长 44 公里,合同投资 218420 万元。主要工程量:路基 29 公里,特大桥 4 座 15270 延长米,涵洞 57 座,正线无砟轨道铺设 89 公里,站线铺轨 4 公里。

中铁十六局集团公司哈齐铁路客运专线 HQTJ-3 标段工程　项目驻黑龙江省大庆市,项目负责人任灿伟。线路长 64 公里,合同投资 432000 万元。主要工程量:路基 22 公里,桥梁 6 座 42000 延长米,涵洞 42 座 903 横延米,无砟道床 124 公里,铺长轨 309 公里,安达、龙凤两座车站。

中铁二十局集团公司哈齐铁路客运专线 HQTJ-2 标段工程　项目驻黑龙江省肇东市,项目负责人赵崇科。线路长 59 公里,合同投资 315000 万元。主要工程量:路基土石方 462 万立方米,桥梁 11 座 20000 延长米,涵洞 79 座 1545 横延米,站场 1 座,无砟道床 119 公里,铺轨 16 公里。

中铁二十二局集团公司哈齐铁路客运专线 HQTJ-1 标段工程　项目驻黑龙江省哈尔滨市,项目负责人张国华。线路长 47 公里,合同投资 476274 万元。主要工程量:路基土石方 569 万立方米,桥梁 8 座,CFG 桩 732 万米,铺轨 233 公里,拆除道岔 25 组,新铺道岔 48 组。

中铁二十三局集团公司哈齐铁路客运专线 HQTJ-5 标段工程　项目驻黑龙江省齐齐哈尔市,项目负责人陈涛。线路长 26 公里,合同投资 190734 万元。主要工程量:路基土石方 156 万立方米,桥梁 2 座 19050 延长米,预制轨道板 4.5 万块,5 个标段铺轨。（刘 辉）

·大西铁路客运专线·

【工程概况】 大同至西安铁路客运专线途经山西、陕西 2 省 9 市,始于山西大同,自北向南贯穿山西省中部,向南经山西朔州、忻州、太原、晋中、临汾、运城,在山西永济跨黄河进入陕西渭南,经临潼至西安。线路全长 859 公里,山西省境内正线长 710 公里,陕西省境内正线长 149 公里。设计时速 250 公里,桥隧长度占线路全长的 78%。工程投资 963.3 亿元。2009 年 12 月 3 日开工,预计 2014 年竣工。中铁十一、十二、十五、十六、十七、十八、十九、二十、二十一、二十五局集团公司和中国铁建电气化局集团公司参加工程建设。（刘 辉）

【参建标段】 中铁十一局集团公司大西铁路客运专线 12 标段工程　项目驻陕西省合阳县,项目负责人谭发刚。线路长 12.2 公里,合同投资 124000 万元。主要工程量:马家庄隧道 9355 延长米,两宜隧道 2244 延长米;桥梁 1 座 290.7 延长米,涵洞 2 座 39 横延米。

中铁十二局集团公司大西铁路客运专线 8 标段工程　项目驻山西省临汾市,项目负责人霍玉华。线路长 99.3 公里,合同投资 780103 万元。主要工程量:桥梁 11 座 76500 延长米,隧道 6 座 13200 延长米,站场 4 座,CRTSI 型双块式无砟轨道铺设 194.93 公里。

中铁十五局集团公司大西铁路客运专线 5 标段工程　项目驻山西省介休市,项目负责人金国海。线路长 49.6 公里,合同投资 351062 万元。主要工程量:路基土石方 910 万立方米,桥梁 21 座 27800 延长米,隧道 4 座 3858 延长米,平遥东站、介休东站和灵石东站。

中铁十六局集团公司大西铁路客运专线 1 标段工程　项目驻山西省忻州市,项目负责人裴志强。线路长 11.3 公里,合同投资 88000 万元。主要工程量:桥梁 7 座 71000 延长米,路基 4.2 公里。

中铁十六局集团公司大西铁路客运专线 GZ-1 标段工程　项目驻山西省忻州市,项目负责人王振浩。合同投资 12000 万元。主要工程量:290798 根 CRTSI 型双块式轨枕的预制及运输。

中铁十七局集团公司大西铁路客运专线 10 标段工程　项目驻山西省运城市,项目负责人翟秋柱。线路长 14.4 公里,合同投资 135000 万元。主要工程量:土石方 80 万立方米,桥梁 2 座 8100 延长米,涵洞 23

座516横延米。

中铁十八局集团公司大西铁路客运专线6标段工程　项目驻山西省灵石县，项目负责人武守恩。线路长15.2公里，合同投资138187万元。主要工程量：路基147米，桥梁2座1014.76延长米，隧道2座13700延长米，无砟轨道双线铺设15.2公里。

中铁十九局集团公司大西铁路客运专线10标段工程　项目驻山西省运城市，项目负责人刘智。线路长47.7公里，合同投资336700万元。主要工程量：桥梁35000延长米，路基12.7公里。

中铁二十局集团公司大西铁路客运专线15标段工程　项目驻陕西省西安市，项目负责人方舟。线路长13公里，合同投资70000万元。主要工程量：钻孔灌注桩2495根，承台348个，混凝土圆柱墩348个，无砟轨道双线铺设13公里。

中铁二十一局集团公司大西铁路客运专线15标段工程　项目驻陕西省西安市，项目负责人高玉峰。线路长31.3公里，合同投资269895万元。主要工程量：特大桥4座33300延长米，箱梁预制架设834孔，T梁预制架设147孔/294片，钢构连续箱梁13孔，现浇连续箱梁35孔。

中铁二十五局集团公司大西铁路客运专线1标段工程　项目驻山西省忻州市，项目负责人平国友。线路长44.3公里，合同投资370885万元。主要工程量：土石方394.3万立方米，桥梁16座29000延长米，隧道4座8800延长米，站场2座。

中国铁建电气化局集团公司大西铁路客运专线“三电”迁改工程　项目驻山西省忻州市，项目负责人张裕华。线路长93.4公里，合同投资3088万元。主要工程量：10千伏及以下电力线路设计数量64处，实际98处；35千伏电力线路设计4处，实际6处；油气管线设计数量15处；给水、排水设计数量9处。

（刘　辉）

·津秦铁路客运专线·

【工程概况】　津秦铁路客运专线起自天津站，途经天津市河东区、东丽区、塘沽区、汉沽区、宁河县，进入河北省唐山市，经北戴河至终点秦皇岛站，全线设滨海站、滨海北站、唐山站、滦河站、北戴河站、秦皇岛站6座车站。线路全长261公里，设计时速350公里，桥隧长度占线路全长的70.85%。工程投资338亿元。2008年11月8日正式开工建设，计划工期4年。中铁十七、十八、二十一、二十二局集团公司和中国铁建电气化局集团公司参加工程建设。（刘　辉）

【参建标段】　中铁十七局集团公司津秦铁路客运专线3标段工程　项目驻河北省唐山市，项目负责人吴建荣。线路长32.8公里，合同投资308600万元。主要工程量：路基土石方57万立方米，桥梁6座26621延长米，涵洞8座227横延米。

中铁十八局集团公司津秦铁路客运专线1标段工程　项目驻天津市，项目负责人王志杰。线路长32.9公里，合同投资235701万元。主要工程量：塘沽西跨京津塘特大桥，中小桥及涵洞22座，无砟轨道双线铺设32.93公里，牵引变电所1座，军粮城北站。

中铁二十一局集团公司津秦铁路客运专线4标段工程　项目驻河北省秦皇岛市，项目负责人张增科。线路长69.2公里，合同投资365137万元。主要工程量：路基26公里，土石方672万立方米，桥梁33座28000延长米，隧道14座11000延长米，涵洞91座3004横延米，滦河车站。

中铁二十二局集团公司津秦铁路客运专线1标段工程　项目驻天津市，项目负责人郭建东。线路长24.4公里，合同投资240000万元。主要工程量：滨海车站，宁车沽永定新河特大桥。（刘　辉）

·宁杭铁路客运专线·

【工程概况】　南京至杭州铁路客运专线起自南京枢纽南京南站，途经江苏省南京市江宁区、句容市、溧水县、溧阳市、宜兴市，浙江省长兴县、湖州市、德清县、杭州市余杭区、拱墅区，南止于杭州枢纽杭州东站。线路全长248.963公里，设计时速350公里，桥隧长度占线路全长的74%。工程投资313.8亿元。2008年12月27日正式开工建设，计划工期3年。中铁十七、二十四局集团公司和中国铁建电气化局集团公司参加工程建设。

（刘　辉）

【参建标段】　中铁十七局集团公司宁杭铁路客运专线3标段工程　项目驻浙江省湖州市，项目负责人卢朋。线路长48.5公里，合同投资437600万元。主要工程量：路基土石方200万立方米，桥梁36129延长米，隧道4座9631延长米，涵洞26座842横延米。

中铁二十四局集团公司宁杭铁路客运专线4标段工程　项目驻浙江省杭州市，项目负责人陈爱民。线路长53.6公里，合同投资43056万元。主要工程量：路基土石方153万立方米，桥梁40505延长米，隧道9871延长米，铺轨107公里，房屋建筑6634平方米。

中国铁建电气化局集团公司宁杭铁路客运专线“四电”工程　项目驻浙江省湖州市，项目负责人张学哲。线路长248.9公里，合同投资188555万元。主要

工程量:通信正线249公里,计算机联锁11站,电力720公里,接触网7001条公里。（刘 辉）

·合福铁路客运专线·

【工程概况】 合福铁路客运专线属于京福高速铁路的重要组成部分。京福高速铁路从京沪高速铁路安徽蚌埠站引出,经合肥、黄山、上饶、武夷山、南平至福州,是第一条贯穿中国南北的高速铁路大通道。蚌埠以北利用已经通车的京沪高速铁路连接,然后再接合肥至福州铁路客运专线至福州。

合福铁路客运专线自合肥南站引出,经安徽巢湖、铜陵、芜湖、绩溪、黄山,江西婺源、上饶,福建武夷山、南平,至福州站。线路全长806公里。其中,江西省境内184公里;安徽省境内343公里;福建省境内278公里。设计时速350公里。工程投资1098亿元。2009年12月31日正式开工建设,预计2014年6月竣工,计划工期4年半。中铁十一、十三、十七、十九、二十四局集团公司参加工程建设。（刘 辉）

【参建标段】 中铁十一局集团公司合福铁路客运专线HFZQ－7标段工程 项目驻安徽省绩溪县,项目负责人李文俊。线路长39.2公里,合同投资359916万元。主要工程量:土石方492万立方米,桥梁51座14500延长米,涵洞20座1192.41横延米。

中铁十一局集团公司合福铁路客运专线HFMG－1标段工程 项目驻江西省婺源县,项目负责人郝生德。线路长95公里,合同投资708016万元。主要工程量:土石方480万立方米,桥梁109座33700延长米,隧道47.5座56700延长米。

中铁十三局集团公司合福铁路客运专线HFZQ－2标段工程 项目驻安徽省巢湖市,项目负责人张景生。线路长90公里,合同投资593294万元。主要工程量:土石方177万立方米,桥梁13.5座81400延长米,涵洞41座1159.3横延米,隧道4座2631延长米。

中铁十七局集团公司合福铁路客运专线HFMG－7标段工程 项目驻福建省南平市、宁德市,项目负责人赵子林。线路长59.3公里,合同投资429241万元。主要工程量:土石方417万立方米,桥梁33座11100延长米,涵洞9座261横延米,隧道17座44600延长米。

中铁十九局集团公司合福铁路客运专线HFMG－3标段工程 项目驻江西省上饶市,项目负责人马南飞。线路长54.3公里,合同投资459259万元。主要工程量:土石方305万立方米,桥梁47座25100延长米,涵洞6座194.59横延米,隧道13.5座22100延长米。

中铁二十四局集团公司合福铁路客运专线HFZQ－4标段工程 项目驻安徽省南陵县,项目负责人周光民。线路长37.5公里,合同投资326389万元。主要工程量:土石方525万立方米,桥梁18座20743延长米,隧道4座7437延长米。

中铁二十四局集团公司合福铁路客运专线HFMG－4标段工程 项目驻福建省武夷山市,项目负责人江如辉。线路长49.5公里,合同投资302676万元。主要工程量:土石方256.6万立方米,桥梁15座6600延长米,隧道12.5座39800延长米。（刘 辉）

·成渝铁路客运专线·

【工程概况】 成渝铁路客运专线全长308公里,设计时速350公里,桥隧长度占线路全长的66%。全线设成都东、简阳南、资阳北、资中北、内江北、隆昌北、荣昌北、大足、永川东、璧山、沙坪坝、重庆12座车站,西端接轨成都枢纽的成都东站,东端至重庆枢纽的沙坪坝车站,引入位于重庆市渝中区的既有重庆客站。2010年3月22日开工建设,计划工期4年。中铁十一、十六、十七局集团公司参加工程建设。（刘 辉）

【参建标段】 中铁十一局集团公司成渝铁路客运专线CYSG－4标段工程 项目驻重庆市荣昌县,项目负责人荆山。线路长54.2公里,合同投资490347万元。主要工程量:土石方737.8万立方米,桥梁70座27337.56延长米,箱梁预制架设728孔,隧道10座6518延长米,板式无砟轨道107.65公里,铺轨642.3公里。

中铁十六局集团公司成渝铁路客运专线CYSG－2标段工程 项目驻四川省资阳市,项目负责人卢永堂。线路长52.1公里,合同投资367000万元。主要工程量:土石方311.1万立方米,桥梁74座,隧道11座,涵洞16座386横延米,梁场2座,制运架箱梁728孔,连续梁5联29孔。

中铁十七局集团公司成渝铁路客运专线CYSG－6标段工程 项目驻重庆市沙坪坝区,项目负责人文珂。线路长17.2公里,合同投资134823万元。主要工程量:土石方78万立方米,桥梁13.5座4670延长米,隧道7座15300延长米,涵洞22座681横延米。

（刘 辉）

·中南部铁路通道·

【工程概况】 中南部铁路通道是世界上第一条按30

吨轴重设计、施工的重载铁路。该铁路西起山西省吕梁市瓦塘镇,东至山东省日照港,横贯晋豫鲁3省12市。线路全长1259.57公里,山西、河南、山东3省境内分别为579公里、255公里和426公里。其中新建1034.89公里,利用既有线增建二线170.673公里,配套建设与菏瓦、南同蒲、太焦线、京广线、京九线、京沪线的联络线,长度为113.977公里。设计时速120公里,桥隧长度占线路全长的46.8%。工程投资821亿元。建设工期4年半,预计2014年竣工。中铁十一、十二、十四、十六、十七、十八、二十、二十一、二十三、二十四局集团公司参加工程建设。 (刘 辉)

【参建标段】 中铁十一局集团公司中南部铁路通道ZNTJ-7标段工程 项目驻山西省洪洞县,项目负责人李小红。线路长49公里,合同投资370375万元。主要工程量:隧道3座13700延长米,桥梁18座17800延长米,正线铺轨301.87公里,无砟轨道23.46公里。

中铁十二局集团公司中南部铁路通道ZNTJ-1标段工程 项目驻山西省临县,项目负责人祁玺剑。线路长70.1公里,合同投资604232万元。主要工程量:路基土石方、桥梁、隧道、涵洞、轨道、站场等。

中铁十四局集团公司中南部铁路通道ZNTJ-21标段工程 项目驻山东省日照市,项目负责人孟繁亚。线路长82.9公里,合同投资192370万元。主要工程量:土石方911.9万立方米,特大桥30座24500延长米,隧道7座9852延长米,涵洞148座3959.1横延米,车站2座。

中铁十六局集团公司中南部铁路通道ZNTJ18标段工程 项目驻山东省泰安市,项目负责人李平。线路长25.2公里,合同投资246855万元。主要工程量:路基土石方433万立方米,复杂特大桥6291.14延长米,一般特大桥4590.7延长米,铺架211.4公里。

中铁十七局集团公司中南部铁路通道ZNTJ-5标段工程 项目驻山西省石楼县,项目负责人刘友平。线路长57.7公里,合同投资292461万元。主要工程量:土石方1170万立方米,桥梁28座12600延长米,隧道18座25000延长米,涵洞117座8537横延米。

中铁十七局集团公司中南部铁路通道ZNTJ-20标段工程 项目驻山东省临沂市,项目负责人毛承租。线路长21.1公里,合同投资240348万元。主要工程量:土石方251万立方米,桥梁3座5624延长米,隧道3座3840延长米,涵洞41座734横延米。

中铁十八局集团公司中南部铁路通道ZNTJ-12标段工程 项目驻山西省平顺县,项目负责人李铁翔。线路长52.9公里,合同投资251000万元。主要工程量:土石方279万立方米,桥梁15座3728延长米,隧道9座42200延长米,涵洞24座899.73横延米。

中铁二十局集团公司中南部铁路通道ZNTJ-19标段工程 项目驻山东省沂源县,项目负责人赵崇科。线路长84.5公里,合同投资251218万元。主要工程量:土石方696.89万立方米,特大桥49座26800延长米,隧道15座28100延长米,涵洞59座943.37横延米,铺轨15.8公里。

中铁二十一局集团公司中南部铁路通道ZNTJ-13标段工程 项目驻河南省安阳市,项目负责人冯建军。线路长77.3公里,合同投资375000万元。主要工程量:土石方976万立方米,桥梁31座22600延长米,隧道8座6260延长米,预制、架设T梁1269孔。

中铁二十一局集团公司中南部铁路通道ZNTJ-18标段工程 项目驻山东省泰安市,项目负责人杨金卫。线路长11.9公里,合同投资88900万元。主要工程量:区间路基11.9公里,框架小桥涵60座,中桥3座,铺架228公里。

中铁二十三局集团公司中南部铁路通道ZNTJ-21标段工程 项目驻山东省日照市,项目负责人董煊。线路长29.6公里,合同投资79495万元。主要工程量:土石方473.4万立方米,桥梁6座10900延长米,涵洞1187.74横延米。

中铁二十四局集团公司中南部铁路通道ZNTJ-20标段工程 项目驻山东省临沂市,项目负责人康军利。线路长10.2公里,合同投资16453万元。主要工程量:路基土石方58万立方米,路基圬工14.9万立方米,特大桥2座1947.7延长米,框架涵21座,公路跨铁路桥1座。 (刘 辉)

·拉日铁路·

【工程概况】 拉日铁路是青藏铁路延长线,东起青藏铁路的终点拉萨,沿拉萨河南下,经堆龙德庆、曲水,顺雅鲁藏布江而上,穿越长度近90公里的峡谷区,经尼木、仁布抵达日喀则。线路全长253公里,设计时速120公里,桥隧长度占线路全长的45.7%。工程投资108亿元。2010年9月26日开工建设,计划工期4年。中铁十二、十九、二十一局集团公司参加工程建设。 (刘 辉)

【参建标段】 中铁十二局集团公司拉日铁路TJ4标段工程 项目驻拉萨市,项目负责人尚宏卫。线路长23.7公里,合同投资111401万元。主要工程量:桥梁6座1800延长米,隧道4座20056延长米,桥隧长度占线路长的91.66%;车站1座。

中铁十九局集团公司拉日铁路TJ2标段工程 项

目驻拉萨市曲水县，项目负责人姜文。线路长45.7公里，合同投资95665万元。主要工程量：路基土石方300.43万立方米，桥梁18座8199.7延长米，隧道5座4987延长米。

中铁二十一局集团公司拉日铁路TJ5标段工程　项目驻拉萨市仁布县，项目负责人钱耀峰。线路长46.4公里，合同投资95665万元。主要工程量：土石方156.6万立方米，桥梁27座11400延长米，隧道6座21500延长米，涵洞41座807.57横延米。（刘　辉）

·兰渝铁路·

【工程概况】　兰渝铁路北起甘肃省兰州市枢纽兰州东站，途经榆中县、渭源县、岷县、宕昌县、陇南市（武都区），向东经四川省广元市、苍溪县、阆中市、南部县到南充市（顺庆区），在南充分线（高坪区），一条经武胜县到重庆市，另一条经广安市、三汇坝到重庆市。线路全长820公里，其中甘肃境内435公里。设计时速160公里，桥隧长度占线路全长的73%。工程投资774亿元。2008年9月26日开工建设，计划工期6年。中铁十一、十三、十六、十八、十九、二十、二十一、二十三局集团公司参加工程建设。（刘　辉）

【参建标段】　中铁十一局集团公司兰渝铁路客运专线LYS－4标段工程　项目驻甘肃省宕昌县，项目负责人陈仕猛。线路长26公里，合同投资132000万元。主要工程量：隧道3座26000延长米，大桥3座504延长米，宕昌车站。

中铁十三局集团公司兰渝铁路客运专线LYS－4标段工程　项目驻甘肃省宕昌县，项目负责人李素清。线路长66公里，合同投资310000万元。主要工程量：路基6公里，隧道12座39790延长米，桥梁15座22159延长米，涵洞22座436横延米。

中铁十三局集团公司兰渝铁路兰州枢纽工程　项目驻甘肃省兰州市，项目负责人李维瑞。合同投资72000万元。主要工程量：隧道1座2273延长米，大桥1座448延长米，路基土石方670.8万立方米，站场铺道岔191组，站场铺轨72公里，房屋建筑5.5万平方米，高速公路1.278公里。

中铁十六局集团公司兰渝铁路客运专线LYS－2标段工程　项目驻甘肃省渭源县，项目负责人薛瑞林。线路长54公里，合同投资242900万元。主要工程量：路基土石方435万立方米，桥梁15座10000延长米，隧道13座49000延长米。

中铁十八局集团公司兰渝铁路客运专线XQLS1标段工程　项目驻甘肃省武都县，项目负责人史振春。线路长31公里，合同投资163996万元。主要工程量：西秦岭特长隧道右线28236.58延长米，范家坪隧道3198延长米，潘家沟中桥88.26延长米。

中铁十八局集团公司兰渝铁路客运专线LYS－9标段工程　项目驻四川省元坝县，项目负责人王中会。线路长9公里，合同投资53653万元。主要工程量：土石方7.96万立方米，桥梁3座397延长米，涵洞1座23.5横延米，梅岭关隧道8270延长米。

中铁十九局集团公司兰渝铁路客运专线LYS－1标段工程　项目驻甘肃省定西市，项目负责人解方亮。线路长39公里，合同投资204736万元。主要工程量：路基2公里，隧道5座35000延长米，桥梁4座，车站1座。

中铁二十局集团公司兰渝铁路客运专线LY－LZSN－1标段工程　项目驻甘肃省兰州市，项目负责人刘庭联。线路长39公里，合同投资204736万元。主要工程量：路基土石方278万立方米，桥梁26座11087延长米，隧道17座23910延长米，涵洞15座622延长米，铺轨109公里。

中铁二十一局集团公司兰渝铁路客运专线LYS－7标段工程　项目驻甘肃省兰州市榆中县，项目负责人杨安怀。线路长30公里，合同投资181572万元。主要工程量：土石方406万立方米，隧道3座6953延长米，桥梁25座16063延长米，T梁1292片，连续梁3处464米，涵洞96座1780横延米。

中铁二十一局集团公司兰渝铁路客运专线LY－LZSN－3标段工程　项目驻甘肃省兰州市，项目负责人何颉。线路长58公里，合同投资31659万元。主要工程量：信号计算机联锁车站7座，其中新建3座；改建4站信号机810架，联锁道岔664组，轨道区段1089个，区间自闭58.44公里。

中铁二十三局集团公司兰渝铁路客运专线重庆枢纽1标段工程　项目驻重庆市北碚区，项目负责人李建军。线路长48公里，合同投资217369万元。主要工程量：路基15.994公里，土石方2528万立方米，桥梁12座4520延长米，改建既有单线隧道3座2312延长米，新建单线隧道4座6209延长米，正线铺轨51.66公里，站线铺轨178.49公里。（刘　辉）

·兰新铁路第二双线·

【工程概况】　兰新铁路第二双线自兰州西站引出，经青海省西宁市，甘肃省张掖市、酒泉市、嘉峪关，新疆维吾尔自治区哈密市、吐鲁番市，引入乌鲁木齐站，线路全长1776公里，设31座车站。其中，甘肃省境内797.815公里；青海省境内265.728公里；新疆境内

712.907公里。设计时速200公里，工程投资1200亿元。2009年11月4日正式开工建设，计划工期5年。铁路建成后，将以客运为主，兼顾货运，现有兰新铁路将改为货运专线。中铁十一、十二、十三、十六、十七、十八、十九、二十、二十一局集团公司参加工程建设。

（刘 辉）

【参建标段】 中铁十一局集团公司兰新铁路第二双线LXS-16标段工程　项目驻甘肃省瓜州县，项目负责人余霖。线路长84公里，合同投资354475万元。主要工程量：路基79.8公里，土石方893万立方米，桥梁33座4775延长米，正、站线铺轨800公里。

中铁十二局集团公司兰新铁路第二双线LXS-14标段工程　项目驻甘肃省玉门市，项目负责人徐孟校。合同投资80608万元。主要工程量：路基20.8公里，桥梁5座，清泉南站。

中铁十二局集团公司兰新铁路第二双线LXTJ8标段工程　项目驻新疆维吾尔自治区乌鲁木齐市，项目负责人祁玺剑。线路长42公里，合同投资216881万元。主要工程量：土石方426万立方米，桥梁20座10083延长米，涵洞84座2704横延米，达板城隧道4598延长米。

中铁十三局集团公司兰新铁路第二双线LXS-6标段工程　项目驻青海省门源县，项目负责人王保国。线路长52公里，合同投资219800万元。主要工程量：路基34公里，土石方216万立方米，特大桥8座15400延长米，隧道1座2200延长米，铺轨104公里，铺设轨道板173.9公里。

中铁十三局集团公司兰新铁路第二双线LXTJ4标段工程　项目驻新疆维吾尔自治区哈密市，项目负责人刘立臣。线路长30公里，合同投资120000万元。主要工程量：土石方220万立方米，路基17.7公里，桥梁20座，涵洞46座12600横延米。

中铁十六局集团公司兰新铁路第二双线LXTJ6标段工程　项目驻新疆维吾尔自治区吐鲁番市，项目负责人焦敬青。线路长34公里，合同投资242959万元。主要工程量：路基22.3公里，桥梁11座12100延长米，涵洞64座1912.9横延米，无砟道床68.4公里，铺长轨670公里，大河沿车站。

中铁十七局集团公司兰新铁路第二双线LXS-17标段工程　项目驻甘肃省酒泉市，项目负责人郝军。线路长104公里，合同投资302000万元。主要工程量：路基土石方1103万立方米，桥梁32座5227延长米，涵洞266座6521横延米。

中铁十八局集团公司兰新铁路第二双线LXS-2标段工程　项目驻甘肃省兰州市红古区，项目负责人于长彬。线路长53公里，合同投资391414万元。主要工程量：路基土石方183万立方米，桥梁21座24495.3延长米，隧道9座17338延长米，涵洞35座849.6横延米，铺设无砟轨道53664米。

中铁十八局集团公司兰新铁路第二双线LXS-5标段工程　项目驻青海省门源县，项目负责人高永亮。线路长16公里，合同投资140966万元。主要工程量：大坂山隧道15918延长米，三塘沟斜井1952.28米，头塘沟斜井1046.6米，南门斜井2100米，平导16066米，进出口防寒泄水洞2300米。

中铁十九局集团公司兰新铁路第二双线LXS-15标段工程　项目驻甘肃省玉门市，项目负责人陈金荣。线路长46公里，合同投资318342万元。主要工程量：路基19.6公里，土石方301.7万立方米，桥梁26500延长米，涵洞46座。

中铁二十局集团公司兰新铁路第二双线LXS-7标段工程　项目驻青海省门源县，项目负责人任少强。线路长16公里，合同投资150899万元。主要工程量：大梁隧道6561延长米，祁连山隧道9515延长米，硫磺沟斜井572米，三叉东沟斜井1450米，平导9515米。

中铁二十局集团公司兰新铁路第二双线LXTJ1标段工程　项目驻新疆维吾尔自治区哈密市，项目负责人姚长文。线路长67公里，合同投资196910万元。主要工程量：路基土石方878.4万立方米，桥梁2937.2延长米，隧道1座1050延长米，涵洞122座3400.4横延米，无砟道床67.7公里，红柳河南站。

中铁二十一局集团公司兰新铁路第二双线LXSQZ-1标段工程　项目驻青海省西宁市，项目负责人赵进忠。线路长23公里，合同投资187541万元。主要工程量：桥梁16座12000延长米，隧道6座6315延长米，涵洞13座293横延米。

中铁二十一局集团公司兰新铁路第二双线LX-LZSN-1标段工程　项目驻甘肃省兰州市，项目负责人赵彦旭。线路长15公里，合同投资139250万元。主要工程量：路基2公里，土石方116万立方米，桥梁12座6407延长米，隧道4座6805延长米，铺轨31公里，电力迁改15公里。

中铁二十一局集团公司兰新铁路第二双线LXTJ7标段工程　项目驻新疆维吾尔自治区乌鲁木齐市，项目负责人朱昌岳。线路长34公里，合同投资197129万元。主要工程量：桥梁14座4088.6延长米，隧道5座6001延长米，涵洞77座206横延米。

中铁二十一局集团公司兰新铁路第二双线KKS-13标段工程　项目驻甘肃省酒泉市，项目负责人杜逢春。线路长14公里，合同投资45000万元。主要工程量：路基土石方92万立方米，特大立交1座，箱型涵24

座，新建酒泉南站。（刘　辉）

·向莆铁路·

【工程概况】　向（塘）莆（田）铁路，西起江西省南昌市，自向塘枢纽新南昌站引出，途经江西抚州、南城、南丰，福建建宁、泰宁、将乐、沙县、尤溪至永泰分岔，分别引入外福铁路福州站和福厦铁路莆田站。线路全长607公里，设计时速200公里，桥隧长度占线路全长的76.8%。工程投资386亿元。2007年11月23日正式开工建设，计划2012年竣工通车。中铁十二、十四、十八、十九、二十一、二十三、二十四局集团公司参加工程建设。（刘　辉）

【参建标段】　中铁十二局集团公司向莆铁路FJ－3B标段工程　项目驻福建省三明市，项目负责人王法岭。线路长88公里，合同投资92000万元。主要工程量：隧道21.5座72967延长米，其中戴云山隧道15599延长米；桥梁33座8696延长米，涵洞18座，新建车站3座。

中铁十四局集团公司向莆铁路FJ－3A标段工程　项目驻福建省尤溪县，项目负责人赵克东。线路长69公里，合同投资35000万元。主要工程量：桥梁25座7152延长米；隧道18座57837延长米，其中戴云山隧道15599延长米、尤溪隧道12974延长米、棋盘石隧道10822延长米；新建尤溪、长庆车站两座。

中铁十八局集团公司向莆铁路FJ－1A标段工程　项目驻福建省泰宁县，项目负责人崔连友。线路长80公里，合同投资358000万元。主要工程量：土石方654万立方米；隧道32.5座45636延长米，其中雪峰山隧道17840延长米、宝台山隧道11550延长米；桥梁38座12754延长米；涵洞27座1651横延米；正线铺轨136.5公里；车站两座。

中铁十九局集团公司向莆铁路FJ－11标段工程　项目驻福建省福州市，项目负责人王成宏。线路长13公里，合同投资43000万元。主要工程量：大尖山隧道6220延长米，道德山隧道6043延长米，涵洞3座65横延米，公路跨铁路立交桥1座58米。

中铁二十一局集团公司向莆铁路FJ－12A标段工程　项目驻福建省莆田市，项目负责人王亮。线路长14公里，合同投资59479万元。主要工程量：莆田特大桥左线179号墩～502号墩10959.66延长米，莆田特大桥右线1号墩～70号墩单线2451.76延长米。

中铁二十三局集团公司向莆铁路FJ－10标段工程　项目驻福建省莆田市，项目负责人袁全祥。线路长26公里，合同投资151695万元。主要工程量：路基土石方45万立方米；隧道5座46504.8延长米，其中青云山特长隧道22175延长米；大桥4座947.6延长米；斜井4座7792.6米，涵洞6座332.3横延米；临电力26公里；铺轨44公里。

中铁二十四局集团公司向莆铁路JX－1A标段工程　项目驻江西省南昌市，项目负责人魏立发。线路长31公里，合同投资101138万元。主要工程量：路基土石方201.4万立方米，桥梁10座12305延长米，涵洞47座1229.1横延米。

中铁二十四局集团公司向莆铁路JX－4A标段工程　项目驻江西省抚州市，项目负责人温裕洪。线路长71.2公里，合同投资165000万元。主要工程量：路基51.8公里，隧道7座9000延长米，桥梁49座10000延长米，涵洞225座，站场两座。（刘　辉）

·贵广铁路·

【工程概况】　贵广铁路始于贵州省贵阳市贵阳北站，止于广东省广州枢纽新广州车站，途经贵阳、都匀、桂林、贺州、肇庆、佛山、广州，线路全长857公里。其中，广东省境内207.5公里；广西境内348.5公里；贵州省境内301公里。设计时速200公里，桥隧长度占线路全长的70%。工程投资858亿元。2008年10月13日开工建设，计划工期4年。中铁十二、十三、十四、十六、十八、二十一、二十三局集团公司参加工程建设。（刘　辉）

【参建标段】　中铁十二局集团公司贵广铁路GGTJ－6标段工程　项目驻广西壮族自治区桂林市，项目负责人李天胜。线路长66公里，合同投资572800万元。主要工程量：路基土石方436万立方米；桥梁26座19000延长米；隧道14座31000延长米，其中天平山隧道14000延长米；涵洞137座4815横延米；铺轨505公里；车站两座。

中铁十三局集团公司贵广铁路GGTJ－8标段工程　项目驻广西壮族自治区钟山县，项目负责人臧守杰。线路长67公里，合同投资29300万元。主要工程量：路基土石方827万立方米；隧道9座2383延长米，其中两安隧道12632延长米；桥梁13座8321延长米；涵洞234座6273横延米；无砟道床25公里；车站两座。

中铁十四局集团公司贵广铁路GGTJ－9标段工程　项目驻广西壮族自治区贺州市，项目负责人谢晋水。线路长60公里，合同投资354306万元。主要工程量：路基土石方268万立方米，桥梁23座12575延长米，隧道10座33789延长米，涵洞59座2033横延米，正线铺轨 299 公里，新建贺街车站。

中铁十六局集团公司贵广铁路 GGTJ－11 标段工程　项目驻广东省广宁县，项目负责人赵国旗。线路长 59 公里，合同投资 432102 万元。主要工程量：土石方 731 万立方米，桥梁 23 座 6967 延长米，隧道 27 座 36781 延长米，涵洞 75 座 3424.2 横延米，铺架 151 公里，车站两座。

中铁十八局集团公司贵广铁路 GGTJ－4 标段工程　项目驻贵州省从江县，项目负责人贾振功。线路长 50 公里，合同投资 329659 万元。主要工程量：路基土石方 530 万立方米；隧道 6 座 45441 延长米，其中洛香隧道 11232 延长米、高青隧道 10953 延长米；桥梁 15 座 2690.85 延长米；涵洞 20 座 489.39 横延米。

中铁二十一局集团公司贵广铁路 GGTJ－3、4 标段工程　项目驻贵州省黎平县，项目负责人张超民。线路长 31 公里，合同投资 186000 万元。主要工程量：路基土石方 48.6 万立方米；隧道 6 座 28200 延长米，其中黄岗双线隧道 12245 延长米；桥梁 13 座 2309.8 延长米；涵洞 4 座；无砟道床 23.43 公里。

中铁二十三局集团公司贵广铁路 GGTJ－7 标段工程　项目驻广西壮族自治区阳朔县，项目负责人杨鑫。线路长 94 公里，合同投资 526642 万元。主要工程量：路基土石方 885 万立方米；桥梁 58 座 29785 延长米，预制及架设箱梁 818 孔；涵洞 108 座 2973 横延米；隧道 23 座 43851 延长米，其中宝峰山隧道 13678 延长米；铺设无砟轨道 188 公里；车站两座。（刘　辉）

·湘桂铁路·

【工程概况】　湘桂铁路扩能改造工程始于京广铁路湖南省衡阳市，途经湖南永州，广西桂林、柳州、来宾、南宁等城市，止于广西凭祥，再向南延伸，到中国与越南的边境友谊关。线路全长 1013 公里，设计时速 200 公里。工程投资 575 亿元。2009 年 3 月开工建设，计划工期 3 年半。中铁十一、十二、十八、二十、二十三、二十五局集团公司参加工程建设。（刘　辉）

【参建标段】　中铁十一局集团公司湘桂铁路 XG－6 标段工程　项目驻广西壮族自治区柳州市，项目负责人江淑春。线路长 69 公里，合同投资 229094 万元。主要工程量：土石方 1035 万立方米，桥梁 28 座 9237 延长米，涵洞 286 座 7568 横延米，隧道 9 座 11800 延长米，车站两座。

中铁十二局集团公司湘桂铁路 LN－3 标段工程　项目驻广西壮族自治区兴安县，项目负责人徐上进。线路长 48 公里，合同投资 174998 万元。主要工程量：路基 29.3 公里，桥梁 24 座 13400 延长米，涵洞 158 座 3740 横延米，隧道 5 座 5687 延长米。

中铁十二局集团公司湘桂铁路 LN－5 标段工程　项目驻广西壮族自治区南宁市，项目负责人张新生。线路长 54 公里，合同投资 329599 万元。主要工程量：桥梁 65 座 30740 延长米，制架箱梁 1181 孔，隧道 8 座 6704 延长米，涵洞 41 座 1119 横延米。

中铁十八局集团公司湘桂铁路 LN－4 标段工程　项目驻广西壮族自治区南宁市，项目负责人苏在林。线路长 54 公里，合同投资 248099 万元。主要工程量：土石方 80 万立方米，桥梁 20 座 5960 延长米，隧道 17 座 30100 延长米，涵洞 13 座 459 横延米。

中铁二十二局集团公司湘桂铁路 LN－3 标段工程　项目驻广西壮族自治区宾阳县，项目负责人李国华。线路长 64 公里，合同投资 447354 万元。主要工程量：土石方 441 万立方米，桥梁 57 座 44931 延长米，预制架设箱梁 1111 孔，涵洞 52 座 1376 横延米，铺轨 472 公里，车站 1 座。

中铁二十三局集团公司湘桂铁路 XG－5 标段工程　项目驻广西壮族自治区临桂县，项目负责人张教才。线路长 54 公里，合同投资 206546 万元。主要工程量：路基长 30 公里，土石方 680 万立方米，桥梁 27 座 9861 延长米，隧道 8 座 11100 延长米，涵洞 167 座 3859 横延米，铺设无砟轨道 13 公里。

中铁二十五局集团公司湘桂铁路 GTXG－1 标段工程　项目驻湖南省衡阳市，项目负责人王小青。线路长 93 公里，合同投资 142000 万元。主要工程量：土石方 372.9 万立方米，桥梁 13014 延长米，制架梁 449 片，铺轨 218 公里。

中铁二十五局集团公司湘桂铁路 XG－7 标段工程　项目驻广西壮族自治区柳州市，项目负责人曾水长。线路长 35 公里，合同投资 324454 万元。主要工程量：土石方 1036 万立方米，桥梁 28 座 12574 延长米，涵洞 262 座 10325 横延米，隧道 1 座 310 延长米，铺轨 370 公里。（刘　辉）

·渝利铁路·

【工程综述】　重庆至利川铁路为复线建设，渝利铁路由重庆枢纽江北客站经庙坝北、长寿北、涪陵北、丰都、石柱至湖北省利川市凉雾镇，在凉雾车站与宜万铁路接轨。线路全长 264 公里。其中，重庆市境内 238 公里；湖北省境内 26 公里。设计时速 200 公里，桥隧长度占线路全长的 79.2%。工程投资 301 亿元。2008 年 12 月 29 日开工建设，计划工期 5 年。中铁十一、十二、十五、十八局集团公司参加工程建设。（刘　辉）

【参建标段】 中铁十一局集团公司渝利铁路5标段工程 项目驻重庆市长寿区，项目负责人余斌。线路长50公里，合同投资163700万元。主要工程量：土石方561万立方米，隧道6座14577延长米，桥梁49座13368延长米，涵洞99座3236横延米，站场两座。

中铁十二局集团公司渝利铁路1标段工程 项目驻重庆市渝北区，项目负责人赵树林。线路长36公里，合同投资364000万元。主要工程量：土石方1133万立方米，隧道21座32426延长米，桥梁44座19371延长米，涵洞3237横延米。

中铁十五局集团公司渝利铁路5标段工程 项目驻重庆市石柱区，项目负责人田存周。线路长6公里，合同投资33604万元。主要工程量：隧道3.5座5990延长米，桥梁2座398.9延长米，铺设无砟轨道6.458公里。

中铁十八局集团公司渝利铁路5标段工程 项目驻重庆市石柱县，项目负责人张海龙。线路长27公里，合同投资145287万元。主要工程量：路基土石方6.5万立方米；桥梁3座897.9延长米；隧道4座26700延长米，其中万寿山隧道13468延长米、沙子关隧道9249延长米；铺设双线无砟轨道61128米。

（刘 辉）

城市轨道交通工程

·北京地铁·

【工程概况】 中国铁建总承包北京地铁6号线一期、8号线二期、9号线、10号线二期、7号线、14号线土建工程31个标段工程，合同总额119.46亿元。其中6号线一期、8号线二期、9号线、10号线二期4条城区线有14个标段，合同额78.28亿元，占4条城区线合同总额的32.25%。中国铁建承建的北京地铁6号线一期工程车站25座，区间27个；8号线二期工程车站8座，区间11个；9号线工程车站7座，区间9个；10号线二期工程车站两座，区间6个；7号线工程车站9座，区间11个；14号线工程车站5座，区间6个。线路总长度约50公里，共56座车站、60个区间。中铁十一、十二、十三、十四、十五、十六、十八、十九、二十、二十二局集团公司参加工程建设。 （刘 辉）

【北京地铁6号线一期工程参建标段】 北京地铁6号线是一条贯穿北京中心城区的东西向轨道交通骨干线，全长41.74公里，由一期、二期、三期工程组成。其中，一期工程西起海淀区五路居，东至朝阳区草房，线路长31公里，设车站20座；二期工程自朝阳区草房至通州区东小营；三期工程自苹果园至海淀区五路居。

中铁十三局集团公司北京地铁6号线一期10标段工程 项目负责人宋云财。线路长1.09公里，合同投资39871万元，合同工期2009年7月～2012年9月。主要工程为五里桥车辆段。

中铁十四局集团公司北京地铁6号线一期9标段工程 项目负责人徐磊。线路长4.73公里，合同投资108257万元，合同工期2009年4月～2012年9月。主要工程为平安里站、北海北站、南锣鼓巷站及平安里—北海北—南锣鼓巷—东四站区间。

中铁十六局集团公司北京地铁6号线一期8标段工程 项目负责人陈广亮。线路长3.74公里，合同投资87800万元，合同工期2009年4月～2012年9月。主要工程为车公庄站、车公庄西站及车公庄站—车公庄西站区间、白石桥站—车公庄西站区间、车公庄站—平安里站区间。

中铁十九局集团公司北京地铁6号线一期2标段工程 项目负责人黄治平。线路长2.46公里，合同投资83230万元，合同工期2009年4月～2012年9月。主要工程为呼家楼站、甜水园站及呼家楼站—甜水园站区间、东大桥站—呼家楼站区间。 （刘 辉）

【北京地铁8号线二期工程参建标段】 北京地铁8号线二期工程北起回龙观，向南在中国美术馆东街与地铁6号线相接。二期工程线路长17.5公里，全部为地下线，设车站12座，其中换乘站4座。8号线是贯穿北京市南北的骨架线路，位于北京市的中轴线上，服务于北部清河回龙观地区、奥林匹克中心区、中部历史文化区、商业区等重要功能区。

中铁十四局集团公司北京地铁8号线二期10标段工程 项目负责人周庆合。线路长3.24公里，合同投资56244万元，合同工期2009年10月～2012年12月。主要工程为什刹海站、南锣鼓巷站及鼓楼大街站—什刹海站—南锣鼓巷站—中国美术馆站区间。

中铁十五局集团公司北京地铁8号线二期3标段工程 项目负责人田志杰。线路长0.34公里，合同投资21374万元，合同工期2008年12月～2011年12月。主要工程为回龙观东大街站和回龙观东大街站—霍营站区间明挖段。

中铁十六局集团公司北京地铁8号线二期8标段工程 项目负责人戴兴民。线路长1.49公里，合同投资48370万元，合同工期2009年10月～2012年12月。主要工程为安华桥站、中国美术馆站及中国美术馆站北区间、北土城站—安华桥站区间、美术馆折返线3个暗挖段。

中铁十八局集团公司北京地铁8号线二期5标段工程　项目负责人黄广锴。线路长0.46公里，合同投资20404万元，合同工期2008年12月～2011年12月。主要工程为永泰庄站和清河小营站—永泰庄站区间暗挖段。

中铁十八局集团公司北京地铁8号线二期9标段工程　项目负责人陈典华。线路长2.33公里，合同投资48800万元，合同工期2009年10月～2012年12月。主要工程为黄寺站、鼓楼站及安华桥站—黄寺站区间、黄寺站—鼓楼大街站区间。

中铁十八局集团公司北京地铁8号线二期2标段工程　项目负责人王忠诚。线路长1.33公里，合同投资18690万元，合同工期2008年12月～2011年12月。主要工程为起点至回龙观东大街站明挖区间、车辆段出入段线。（刘　辉）

【北京地铁9号线工程参建标段】　北京地铁9号线南起丰台区郭公庄，北至国家图书馆站，与地铁4号线相接。9号线全长16.5公里，全部为地下线，设车站13座，换乘站8座。9号线是一条位于城市西部整体呈南北走向的线路，与线网中的多条线路交叉换乘，在线网中起到重要的联络作用。

中铁十四局集团公司北京地铁9号线5标段工程　项目负责人赵光泉。线路长3.24公里，合同投资60119万元，合同工期2007年4月～2012年9月。主要工程为六里桥站、军事博物馆站及六里桥站—北京西客站南侧预留区间、北京西客站北侧预留—军事博物馆站区间、军事博物馆站—盾构始发接收井区间。

中铁十九局集团公司北京地铁9号线8标段工程　项目负责人张云生。线路长0.65公里，合同投资41409万元，合同工期2008年10月～2012年9月。主要工程为郭公庄站和郭公庄站后折返线明挖段。（刘　辉）

【北京地铁10号线二期工程参建标段】　北京地铁10号线二期位于城市道路三环与四环之间，起于一期工程终点劲松站南端，终于一期工程起点巴沟站西侧，完工后将与现有的10号线一期构成北京市地铁第二环线。10号线二期工程线路长32.44公里，全部为地下线，设车站23座。10号线作为北京地铁第二条环线，具有连接中心城西北、东南方向的对角线功能，是线网中的骨架线路。

中铁十二局集团公司北京地铁10号线二期8标段工程　项目负责人王鹏程。线路长4.5公里，合同投资66541万元，合同工期2008年12月～2012年7月。主要工程为樊家村车站及草桥站—樊家村区间、樊家村站—孟家村站区间。

中铁十六局集团公司北京地铁10号线二期11标段工程　项目负责人丛恩伟。线路长4.61公里，合同投资81716万元，合同工期2008年12月～2012年9月。主要工程为莲花桥站和西局站—六里桥站、六里桥站—莲花桥站两个盾构区间及莲花桥站—公主坟站暗挖区间。（刘　辉）

【北京地铁7号线工程参建标段】　北京地铁7号线起于北京西站，沿羊坊店南路、两广大街至东四环，穿越化工路至垡头，最后至焦化厂设置终点站，沿线经过丰台、西城、东城、朝阳4个区。线路全长约24公里，设车站21座，全部为地下线，线路在东端设置车辆段1座。

中铁十一局集团公司北京地铁7号线9标段工程　项目负责人曾恕辉。线路长1.8公里，合同投资27518万元，合同工期2010年5月～2014年11月。主要工程为南楼子庄站，化工站—南楼子庄站区间。

中铁十二局集团公司北京地铁7号线00标段工程　项目负责人张爱军。线路长1.05公里，合同投资33680万元，合同工期2009年10月～2013年12月。主要工程为大郊亭站、百子湾站及大郊亭站—百子湾站区间。

中铁十二局集团公司北京地铁7号线8标段工程　项目负责人张爱军。线路长0.98公里，合同投资27270万元，合同工期2010年5月～2013年12月。主要工程为化工站和百子湾站—化工站区间。

中铁十三局集团公司北京地铁7号线6标段工程　项目负责人蒙秀林。线路长2.11公里，合同投资59371万元，合同工期2010年5月～2014年12月。主要工程为双井站车站和广渠门外站—双井站暗挖区间、双井站—九龙山站盾构区间。

中铁十六局集团公司北京地铁7号线4标段工程　项目负责人徐福田。线路长1.93公里，合同投资67355万元，合同工期2010年5月～2014年12月。主要工程为三里河站、磁器口站和珠市口站—三里河站区间，三里河站—磁器口站区间、磁器口站—广渠门内站区间联络线。

中铁十八局集团公司北京地铁7号线13标段工程　项目负责人梅江涛。线路长1.38公里，合同投资36866万元，合同工期2010年5月～2014年12月。主要工程为焦化厂站和双合村站—焦化厂站区间、焦化厂站—设计终点区间。

中铁十九局集团公司北京地铁7号线7标段工程

项目负责人金贵平。线路长 1.68 公里,合同投资 58698 万元,合同工期 2010 年 5 月 ~2014 年 12 月。主要工程为九龙山车站、大郊亭站和九龙山车站—大郊亭暗挖区间。 (刘 辉)

【北京地铁 14 号线工程参建标段】 北京地铁 14 号线西起丰台区长辛店东河沿路,穿京石高速路后,沿卢沟桥路向东,进入北京南站,至朝阳公园后,至来广营地区。线路全长 45.9 公里。全线设置 36 座车站,并设有停车场及车辆段各 1 座。

中铁十四局集团公司北京地铁 14 号线 17 标段工程 项目负责人苗春刚。线路长 2.54 公里,合同投资 57433 万元,合同工期 2010 年 11 月 ~2014 年 12 月。主要工程为大望路站、红庙站和九龙山站—大望路站—红庙站区间。

中铁十五局集团公司北京地铁 14 号线 12 标段工程 项目负责人李运涛。线路长 1.19 公里,合同投资 25107 万元,合同工期 2010 年 5 月 ~2014 年 12 月。主要工程为十里河站和十里河站—南八里庄站区间。

中铁二十局集团公司北京地铁 14 号线 9 标段工程 项目负责人刘召臣。线路长 1.07 公里,合同投资 23658 万元,合同工期 2010 年 5 月 ~2014 年 12 月。主要工程为安乐林站和永定门外站—安乐林站区间。

中铁二十二局集团公司北京地铁 14 号线 3 标段工程 项目负责人刘召臣。线路长 2.29 公里,合同投资 34159 万元,合同工期 2010 年 5 月 ~2012 年 4 月。主要工程为郭庄子站和大瓦窑站—郭庄子站、郭庄子站—大井站两个区间。 (刘 辉)

·昆明轨道交通 3 号线东标段工程·

【工程概况】 昆明轨道交通 3 号线为昆明主城内东西方向的骨干线,线路起点位于主城西部石咀火车站,止于规划的东部客运站附近东绕城连接线南侧,全长 19.158 公里,其中高架线 1.1716 公里、地下线和过渡段 17.9864 公里。昆明轨道交通 3 号线的建设,将极大地改善城市道路功能、缓解交通紧张、解决百姓出行难的问题,从而构筑城市公共交通大动脉、提高出行质量,对昆明市多层次交通体系的形成乃至城市总体健康发展具有重要的意义。

中国铁建承担的昆明轨道交通 3 号线东标段工程包含 3 座车站、9 个区间和 1 座停车场。东标段线路长 9.18 公里,合同投资 17.4 亿元。2011 年 3 月开工建设,计划 2013 年 12 月 31 日全线通车运营。中铁十一、十二、十三、十五、十六、十八和十九局集团公司参加工程建设。 (郭信君 张云安 王龙飞)

【中国铁建昆明轨道交通 3 号线工程指挥部】 2011 年 5 月 30 日成立,驻云南省昆明市。指挥长由中国铁建副总经济师琚建明担任;郭信君任常务副指挥长;张树根任副指挥长兼安全总监;田少强任副指挥长兼总工程师。下设综合办公室、工程技术部、质量安全部、计划合同部、财务部。编制 17 人,实际 14 人。

(郭信君 张云安)

【中铁十九局集团公司一工区项目经理部】 驻云南省昆明市,项目经理祁世亮。承担西昌路站、市体育馆站—西昌路站、西昌路站—省博物馆站盾构区间工程施工任务,合同投资 37786.39 万元。主要工程量:西昌路站土方开挖 9.7 万立方米,建筑面积 13000 平方米;市体育馆站—西昌路站区间 325 米,西昌路站—省博物馆站区间 1175 米。2011 年 4 月 12 日进场,因征地拆迁问题,截至 2011 年底未完成实物工程量。

(郭信君 张云安 王龙飞)

【中铁十一局集团公司二工区项目经理部】 驻云南省昆明市,项目经理汪思海。承担省博物馆站、省博物馆站—文化宫站盾构区间工程施工任务,合同投资 31588.21 万元。主要工程量:省博物馆站土方开挖 13.6 万立方米,建筑面积 17065 平方米,省博物馆站—文化宫站区间 1105 米。2011 年 4 月 12 日进场,因征地拆迁问题,截至 2011 年底未完成实物工程量。

(郭信君 张云安 王龙飞)

【中铁十五局集团公司三工区项目经理部】 驻云南省昆明市,项目经理赵卫星。承担文化宫站—省体育馆站、省体育馆站—大树营站、大树营站—盾构井盾构区间工程施工任务,合同投资 19745.69 万元。主要工程量:文化宫站—省体育馆站区间 862 米,省体育馆站—大树营站区间 654 米,大树营站—盾构井区间 542 米。2011 年 4 月 12 日进场,因施工场地问题,截至 2011 年底未完成实物工程量。

(郭信君 张云安 王龙飞)

【中铁十三局集团公司四工区项目经理部】 驻云南省昆明市,项目经理毕纯利。承担省体育馆站工程施工任务,合同投资 24021.42 万元。主要工程量:省体育馆站土方开挖 11 万立方米,建筑面积 16094 平方米。2011 年 8 月 5 日开工,截至 2011 年底完成产值 2906.43 万元。 (郭信君 张云安 王龙飞)

【中铁十八局集团公司五工区项目经理部】 驻云南省昆明市。项目经理张富国。承担盾构井—金马寺站、金马寺站—太平村站明挖区间，太平村站—虹桥村站暗挖区间工程施工任务，合同投资 30184.79 万元。主要工程量：盾构井—金马寺站区间 605 米，金马寺站—太平村站 647 米，太平村站—虹桥村站 1074 米。2011 年 8 月 5 日开工，截至 2011 年底完成产值 563.52 万元。（郭信君　张云安　王龙飞）

【中铁十六局集团公司六工区项目经理部】 驻云南省昆明市，项目经理吕耀宗。承担虹桥村站—东部客运站高架区间工程施工任务，合同投资 10699.82 万元。主要工程量：区间长 1383 米，其中高架段 1171 米、明挖及路基段 212 米。2011 年 8 月 1 日开工，截至 2011 年底完成产值 794.34 万元。

（郭信君　张云安　王龙飞）

【中铁十二局集团公司七工区项目经理部】 驻云南省昆明市，项目经理彭少中。承担放马桥停车场及停车场出入段线工程施工任务，合同投资 20014.52 万元。主要工程量：放马桥停车场土石方工程 72 万立方米，建筑面积 18717 平方米，停车场出入段线 691 米。2011 年 10 月 28 日开工，截至 2011 年底完成产值 659.76 万元。（郭信君　张云安　王龙飞）

市政工程

·天津海河隧道·

【工程概况】 中央大道海河隧道工程 1 标段起点位于天津京海储运中心西货场，修筑终点为海河南津滨大道立交，路线长 1306 米；2 标段位于天津市滨海新区于家堡中心商务区和东西沽地区，北起中央大道胜利路与新港三号路交口，南接津滨大道立交，以隧道形式穿越新港路、规划永太路、规划友谊路、规划于新道、规划南大街、海河、规划滨河南路、津沽公路，在津沽公路南侧升至地面，路线长 4113 米。海河隧道北侧峒口设置在新港路北侧，南侧峒口设置在滨河南路南侧，其中主体隧道结构长 2480 米。（刘　辉）

【中铁十八局集团公司海河隧道工程指挥部】 驻天津市，项目负责人冯希民。合同投资 218881 万元，合同工期 2009 年 2 月～2010 年 12 月。（刘　辉）

·锦屏二级水电站·

【工程概况】 雅砻江锦屏二级水电站引水隧洞洞群沿线上覆岩体埋深 1500 米～2000 米，最大埋深 2525 米，具有埋深大、洞线长、洞径大的特点，是世界上规模最大的水工隧洞工程。（刘　辉）

【参建单位】 中铁十三局集团公司和北京振冲工程股份有限公司联合体承担雅砻江锦屏二级水电站 C5 标段施工，项目主体工程为东端 3 号、4 号引水隧洞。合同投资 153932 万元，合同工期 2007 年 8 月～2014 年 12 月。3 号引水隧洞长 14133 米，主要采用 TBM 施工。中铁十三局集团公司担负 4 号引水隧洞施工任务，4 号引水隧洞长 11918 米，采用钻爆法施工。

中铁十八局集团公司和中国水利水电第七工程局有限公司联合体承担雅砻江锦屏二级水电站 C4 标段施工，项目主体工程为 1 号、2 号引水隧洞东端及检修排水系统施工，采用钻爆法和 TBM 法相结合的施工方案。合同投资 176593 万元，合同工期 2007 年 5 月～2013 年 9 月。1 号引水隧洞长 14144.29 米，主要采用 TBM 施工。2 号引水隧洞长 11929.09 米，主要采用钻爆法施工。根据引水隧洞围岩预测，Ⅱ类围岩占 36.7%，Ⅲ类围岩占 54.1%，Ⅳ类围岩占 8.3%，Ⅴ类围岩占 0.9%。（刘　辉）

·中国铁建玉树地震灾后重建工程·

【工程综述】 2010 年 5 月 28 日，中国铁建股份有限公司成立中国铁建玉树地震灾后重建指挥部，承担玉树州结古镇城东片区和仲达乡的灾后援建任务，共 137 个项目，总建筑面积 71.39 万平方米，计划总投资 20.65 亿元。除由青海省玉树地震灾后重建指挥部委托设计的 3 项、业主自建的 24 项、非土建类项目 5 项外，其余 108 项由中国铁建设计、施工。合同工期 2010～2013 年。中铁第一勘察设计院集团公司承担设计任务，中铁二十一局集团公司承担施工任务。

2011 年，中国铁建按照国务院玉树灾后恢复重建协调小组、国家发展和改革委员会、国务院国资委的部署和要求，紧密围绕青海省下达的援建任务，心系玉树灾区人民，牢记中央企业社会责任，发扬铁军精神，攻坚克难，科学施工，截至年底，108 个项目中，45 项提交全套施工图，42 项提交部分施工图满足现场施工，17 项无法开展设计，正在编制或修改设计方案。累计开工 104 项，占总任务的 75.91%，开工建筑面积 65.04 万平方米，占总建筑面积的 91%。按青海省给定的指标计算,开工累计完成投资103017万元,其中2010年完成9654万元,2011年完成93363万元。实际完成投资154631万元,其中2010年完成17242万元、2011年完成137389万元。8月,州民族中学和州特殊教育学校率先竣工;10月,玉树县科技示范村代格村和仲达乡的825户农牧民喜迁新居;12月,结古镇城镇住房5个统规自建区入住1256户,入住率82.4%;统规统建区琼龙路住宅小区年内开工率93.24%;仲达乡13个公建项目完工。 (刘　辉)

安全质量监督

【中国铁建股份有限公司安全生产委员会】 2007年成立。2012年,中国铁建股份有限公司安全生产委员会成员调整。总裁赵广发任主任委员;副董事长、党委副书记、工会主席彭树贵,党委副书记、纪委书记、监事会主席齐晓飞,副总裁兼总经济师扈振衣,副总裁夏国斌、刘汝臣任副主任委员;总部机关部门以上领导及机关有关部门负责人任委员。下辖安全生产委员会办公室,设在安全质量监督部,安全总监兼安全质量监督部部长王峰兼任办公室主任。中国铁建股份有限公司安全生产委员会的主要职责:规划、监督、指导全系统安全工作;对安全生产状况进行评估,及时提出强化管理的举措;对安全重大问题提出决策性意见;审查较大以上事故调查处理报告,提出处理意见。 (郭　宏)

【安全质量监督部】 主要职责:贯彻执行中央和国家有关部委安全生产和质量管理的方针、政策和法规,管理、监督全系统劳动安全、人身安全、锅炉压力容器安全和质量管理、计量、试验及贯标认证工作;组织制定安全生产、质量管理规划、规章制度;分析安全生产、质量管理情况,提出预防事故措施;组织开展安全、质量大检查活动,促进安全质量标准工地建设,推广现代安全、质量管理办法;开展安全、质量创优、评优活动和"三标"体系运行工作,协助较大以上事故的调查处理,实施有关奖惩事宜。下设安全监督处、质量监督处和贯标办公室,定员10人,设部长1人、副部长2人。现员11人。其中,教授级高级工程师2人;高级工程师7人;高级经济师1人;工程师1人。 (郭　宏)

【安全质量工作综述】 2011年,是国家"十二五"规划开局之年,也是企业全面实施"十二五"发展规划的关键之年。面对复杂多变的国内外经济环境,尤其是国内铁路建设市场出现的新情况、新挑战,股份公司认真贯彻执行党中央、国务院及有关部委关于安全质量工作的部署和要求,坚持"安全第一,预防为主,综合治理"和"百年大计,质量第一"方针,深入开展"安全生产年"、"全国质量月"活动,狠抓安全质量,突出主体责任,强化过程管控,推行标准化作业,促进股份公司安全生产形势的稳定好转和工程质量的稳步提升。

在安全管理方面,全系统牢固树立科学发展、安全发展理念,逐级落实责任,全面开展标准化建设,不断完善安全管理体系。股份公司按照国务院安全委员会继续开展"安全生产年"的工作要求,贯彻落实国务院《关于进一步加强企业安全生产工作的通知》《关于坚持科学发展安全发展,促进安全生产形势持续稳定好转的意见》精神,夯实安全管理基础,强化安全主体责任,加强安全过程管控,大力推进标准工地建设,促进安全上新水平,达到年度责任事故死亡控制在百亿元产值2人以内的安全生产内控目标。中国土木工程集团公司等12个单位被评为2011年度中国铁建安全生产先进单位称号。

在质量管理方面,牢固树立"质量建企"理念,实施"精品工程"战略,严格控制质量通病,提高工程质量,总体质量形势稳步提升,工程创优成效显著。2011年获中国建设工程鲁班奖7项,国家优质工程金质奖2项、银质奖13项;全国优秀质量管理小组1个,全国质量信得过班组1个,全国工程建设优秀质量管理小组55个;全国工程建设质量管理小组活动优秀企业6家,全国工程建设质量管理优秀企业5家。

(仇发　郭　宏)

【安全质量工作会议】 1月6日,股份公司召开安全质量工作视频会议,总结分析2010年安全生产和工程质量情况,表彰安全质量工作先进单位,兑现安全工作包保责任状,部署2011年安全质量工作。 (郭　宏)

【安全质量管理干部培训】 2月26日~3月3日,股份公司在陕西省西安市举办全系统安全质量管理干部培训班,对在职安全质量管理干部进行法律法规、安全生产风险管理、事故案例分析、事故调查处理和质量管理、优质工程评选培训。 (郭　宏)

【安全质量工作专题会议】 针对发生的安全事故和工程质量问题,6月2日、11月3日,股份公司在北京分别召开隧道施工质量安全工作专题会议、安全生产紧急视频会议,传达贯彻落实有关部委对安全质量工作的要求,通报有关事故情况,部署股份公司安全质量工作,开展安全大检查活动。要求所属单位认真吸取事故教训，落实主体责任，加强工程队、架子队的建设，强化隧道施工质量安全过程控制，加强施工车辆和设备安全管理，切实采取有效措施，消除事故隐患，坚决遏制较大及以上事故的发生，确保安全生产。

（郭 宏）

【安全工作包保责任状】 年初，股份公司董事长孟凤朝、总裁赵广发与各集团公司主要党政领导干部分别签订“2011年安全工作包保责任状”。年终兑现责任状，按规定分别给予达标的中国土木工程集团公司，中铁十一、十二、十三、十五、十六、十七、十八、二十一、二十二、二十三、二十四、二十五局集团公司，中铁建设集团公司、中铁建电气化局集团公司、中铁房地产集团公司，中铁第一、第四、第五勘察设计院集团公司，中铁上海设计院集团公司、中铁物资集团公司、昆明中铁大型养路机械集团公司、中铁轨道系统集团公司、中铁建（北京）商务管理公司党政主要领导10000元～30000元奖励。

（郭 宏）

【全国“安全生产月”活动】 根据中共中央宣传部、国家安全生产监督管理总局、公安部、国家广播电影电视总局、中华全国总工会、共青团中央、中华全国妇女联合会《关于开展2011年全国“安全生产月”活动的通知》精神，全系统于6月组织开展第10次全国“安全生产月”活动。各单位结合实际，紧紧围绕“安全责任，重在落实”的活动主题，认真组织，广泛宣传，深入开展安全生产大检查活动，加大隐患排查治理力度，在全国“安全生产月”活动期间，安全生产形势稳定，未发生生产安全事故，取得较好效果。

（郭 宏）

【“全国质量月”活动】 根据国家质量监督检验检疫总局、教育部、工业和信息化部、住房和城乡建设部、国务院国有资产监督管理委员会、国家广播电影电视总局、国家旅游局、中华全国工商业联合会、中华全国总工会、共青团中央联合下发的《关于开展2011年全国“质量月”活动的通知》精神，全系统开展2011年质量月活动。各单位围绕“建设质量强国，共创美好生活”的活动主题，开展广泛深入的宣传教育活动，建设质量文化，提高质量意识。

（孙胜考）

【安全生产先进单位】 中国土木工程集团公司，中铁十一、十二、十三、十六、十八、二十一、二十二、二十四、二十五局集团公司，中铁建设集团公司和中国铁建电气化局集团公司12个单位获得2011年度中国铁建安全生产先进单位称号。

（郭 宏）

【安全先进工作者】 2011年，中国铁建表彰安全先进工作者106名。

任有保 闫江峰 张吉柱 徐晓光 张树海
肖清安 杨恩朝 傅义铁 张建新 龙 林
贾少山 张俊庆 李志刚 李 东 郑联昌
王保锋 杨战勇 文家珍 陈凤国 李孝晋
金国海 瞿宏俊 窦海良 王金梅 陈 锋
王素海 钟儒华 金 星 程新军 杜嘉俊
李 煜 杨永宏 胡远国 曹传文 杨廷玺
李 宗 王朝辉 尹兴盛 张延东 韩 刚
刘华山 孙长江 韩 磊 詹 辉 孟丽坡
荆子明 谢向明 王玉斌 曾晓东 王 重
贾敬轩 徐春齐 贾 峰 丁维利 刘顾集
倪修泉 李忠成 卢 见 谢钦方 温海鹏
司 军 曹军师 周晓兵 赖 明 朱浩天
刘清洲 高 琪 赵燚杰 胡宝桃 刘艳虎
蒋斌斌 张家齐 张洪铭 杨细初 任兵站
冯海明 许 军 李长义 李添翼 任卫来
黄孝民 徐幸福 曹 闽 尚成坤 郭建军
张孝玺 胡彦文 王建军 杨红兵 李克贤
孙庆卫 杨跃连 王继平 单永新 刘广泉
张 泽 李郎杰 曹美俊 陈佩昌 车明吉
黄小通 张 博 胡学义 陈勇鹏 高维权
汤海洋

（郭 宏）

【质量管理先进个人】 2011年，中国铁建表彰质量管理先进个人87名。

赵光辉 闫江峰 张 怡 阳 松 何飞兰
蒋晓光 刘国平 彭天军 高治双 牛江中
张秀玉 王晋生 王国顺 沙权贤 王 平
袁长春 林宪广 邹佳光 徐美华 巩后田
冉 磊 王小川 马明军 胡亨良 毛建林
王会英 王海明 王 军 张明宇 王建伟
张景权 孟兆伟 张小彦 虞学敏 郭甲祥
范业莲 崔吉林 王汉清 孙建新 侯利宗
崔 旭 雷耀军 武群虎 罗成建 杨明星
高玉峰 田占良 魏杨敏 谢红山 张立军
王建强 郝银根 张 高 李德龙 符小华
樊建国 李远超 张 奇 向 科 余祖绍
曾克诚 柳多思 鲁 橹 王科元 马绍辉
王俊超 汪诗超 税小军 李 凯 康燕仁
陆宏刚 叶春霞 苏 剑 彭文盛 陈世刚
刘 柯 沈 吟 柴 枫 刘 霄 何其平
张校冬 刘燕华 许顺生 刘 辉 王 峰
曾宗根 许和平

（仇 发）

【中国铁建安全质量标准工地建设】 2010年,全系统有77个工地(车间)被评为中国铁建安全质量标准工地(车间)。

中国土木工程集团东非有限公司新建坦桑尼亚情报局办公楼项目

中铁十一局集团三公司新建兰新铁路第二双线LXS-16标段一工区

中铁十一局集团城市轨道公司郑州市轨道交通1号线一期土建工程01标段项目部

中铁十一局集团五公司渝利铁路工程项目经理部

中铁十一局集团桥梁公司咸安制梁场

中铁十二局集团公司湘桂铁路扩改工程柳南段和南黎铁路工程V标段

中铁十二局集团建筑安装公司郑西铁路客运专线西安北站房工程

中铁十二局集团二公司太古高速公路S2标段

中铁十二局集团四公司太阳高速公路路基16标段

中铁十三局集团一公司国道211线高速公路A9合同段

中铁十三局集团二公司成都地铁2号线二期工程(西延线)土建工程2标段

中铁十三局集团三公司汝郴高速公路23合同段

中铁十三局集团五公司昆明轨道交通土建工程6标段

中铁十四局集团公司江苏常熟发电有限公司2×1000兆瓦机组扩建工程F标段取水系统工程

中铁十四局集团公司太兴铁路TXXS-2标段

中铁十四局集团公司无锡地铁1号线土建工程11A标段

中铁十四局集团公司荣乌高速公路LJSG-3项目

中铁十四局集团公司山西中南部铁路通道ZNTJ-21标段

中铁十五局集团公司天津集疏港公路二期中段1标段

中铁十五局集团二公司林长高速公路第5合同段

中铁十五局集团四公司阜六铁路I标段

中铁十五局集团七公司郑民高速公路郑州段TJ-4合同段

中铁十六局集团二公司京津塘高速公路项目

中铁十六局集团五公司贵广铁路项目

中铁十六局集团北京公司皮村北巷2号院危房改建一期工程

中铁十六局集团北京地铁公司天津西站至天津站地下直径线工程

中铁十七局集团公司宁杭铁路客运专线NHZQ-3标段

中铁十七局集团公司津秦铁路客运专线3标段

中铁十七局集团公司石武铁路客运专线郑州东站SSZD-NO.2标段

中铁十七局集团四公司南广铁路NGZQ-3标段

中铁十八局集团公司新建兰州至重庆铁路西秦岭特长隧道XQLS1标段

中铁十八局集团四公司贵阳市北二环道路工程B标段

中铁十八局集团五公司滨海新区中央大道海河隧道1标段

中铁十八局集团六公司十八局集团机关大院26-30号住宅楼工程

中铁十九局集团公司云桂铁路云南段YGT-8标段

中铁十九局集团公司新建铁路杭州至长沙铁路客运专线江西段HKJX-8标段

中铁十九局集团公司新建云桂铁路(广西段)YG-ZQ-4标段

中铁十九局集团轨道交通公司北京地铁7号线工程土建施工07合同段

中铁二十局集团一公司无锡地铁1号线土建工程06标段

中铁二十局集团二公司兰新铁路二线河西特大桥

中铁二十局集团三公司五里坡特大桥

中铁二十局集团六公司沪昆铁路客运专线贵州段大平寨特大桥

中铁二十一局集团公司玉树地震灾后重建指挥部第一项目部代格村农牧民住房工程

中铁二十一局集团一公司新疆奎北铁路(奎屯—北屯)克拉玛依维管段工务维护工程

中铁二十一局集团五公司兰新铁路第二双线LXS-13标段酒泉立交特大桥

中铁二十一局集团北京公司新建滦南中大街公铁立交桥

中铁二十二局集团哈尔滨铁路建设集团公司新建广珠铁路SG-3标段

中铁二十二局集团一公司兰新铁路红烟段电气化改造工程红柳河—烟墩站

中铁二十二局集团三公司厦门环岛干道(文曾路—厦大段)工程

中铁二十二局集团五公司汕昆高速公路贵州境内板坝—江底T21合同段

中铁二十三集团一公司湖南醴茶高速公路第14合同段预制梁场

中铁二十三局集团二公司大庆站搬改工程大庆西

站改建工程Ⅰ标段

中铁二十三局集团轨道交通公司上海轨道交通11号线南段土建工程11标段

中铁二十三局集团公司向莆铁路青云山隧道3号斜井

中铁二十四局集团上海公司上海市轨道交通12号线29标段土建工程

中铁二十四局集团新余公司白云—龙里北铁路工程二分部

中铁二十四局集团设备安装公司宁杭铁路客运专线4标段第五分项目部

中铁二十四局集团福建公司京福铁路客专闽赣Ⅳ标段第二分部

中铁二十五局集团广州铁路公司新建赣韶铁路工程ZQ－1标段

中铁二十五局集团二公司衡州大道光明街—蒸阳南路段（A标段）

中铁二十五局集团北方分公司青岛海湾大桥青岛端接线工程

中铁二十五局集团建筑安装公司武广铁路客运专线英德站房工程

中铁建设集团公司漳州铁路南站项目部

中铁建设集团公司西安市莲湖区马军寨城中村改造（和基—听城）工程

中铁建设集团公司中国铁道建筑总公司工程技术研发基地工程（科研楼）

中铁建设集团公司中华文化会馆A03地块房建工程

中国铁建电气化局集团公司新建铁路石武铁路客运专线“四电”系统集成工程

中国铁建电气化局集团公司京包铁路集包增建第二双线工程JBSD－8标段

中国铁建电气化局集团公司汉宜铁路“四电”系统集成及相关工程项目

中国铁建电气化局集团公司京九铁路向塘西—东莞段电气化改造工程JJNS标段

中国铁建房地产集团公司中铁国际城1－6地块项目

中铁第一勘察设计院集团公司青海盐湖集团金属镁一体化项目跨越西格铁路管廊桥工程

中铁第五勘察设计院集团公司新建铁路衡茶吉线

中铁物资集团公司仓储运输部

昆明中铁大型养路机械集团公司总装分厂

中国铁建重工集团公司制造总厂盾构车间

中铁建（北京）商务管理公司中国铁建国际城物业管理项目部

（仇 发）

2011年中国铁建生产安全事故统计表

事故级别	总计（起数）	死亡人数（含失踪人数）（人）	重伤人数（人）	直接经济损失（万元）	备注
一般事故	7	11			
较大事故	3	14			
重大事故					
特别重大事故					
其他	1	24			该事故不属于工程施工作业事故，是一起重大车辆翻车事故。
合计	11	49			

制表：郭 宏

2011年度中国铁建股份公司优秀质量管理小组获奖情况表

序号	获 奖 小 组	获 奖 成 果
	一等奖	
1	中铁十一局集团桥梁公司重庆PC轨道梁预制项目部QC小组	75米半径PC轨道梁采用固定曲率模板施工技术的研究与应用
2	中铁十一局集团二公司大西项目部隧道施工QC小组	降低浅埋湿陷性黄土下沉措施
3	中铁十二局集团建筑安装公司苏州站改造工程项目经理部装修QC小组	优化异性吊顶铝板工艺设计
4	中铁十二局集团一公司通灌铁路第二项目部钻孔桩QC小组	缩短复杂岩溶地区钻孔桩成孔时间
5	中铁十二局集团二公司长沙地铁6标段QC小组	加快五一广场站2号线地下连续墙施工进度
6	中铁十三局集团公司漠河北极制梁场32米T梁预制QC小组	32米简支T梁结构尺寸控制
7	中铁十三局集团六公司龙江厂房施工质量控制QC小组	提高螺栓安装合格率
8	中铁十三局集团公司盾构法隧道成型质量控制QC小组	盾构法隧道成型质量控制
9	中铁十四局集团房山桥梁公司新都制梁场QC小组	提高闪光对焊外观质量
10	中铁十四局集团三公司京沪项目部QC小组	开展QC小组活动确保CA砂浆充填层施工质量
11	中铁十四局集团电气化公司王运峰QC小组	提高隧道装饰板副龙骨安装平直度
12	中铁十五局集团汉江二桥44~45号边拱灾后重建支架体系方案比选和应用QC小组	汉江二桥44~45号边拱灾后重建支架体系方案比选和应用
13	中铁十五局集团七公司广深港项目部钢筋连接QC小组	提高钢筋滚压直螺纹连接合格率
14	中铁十五局集团六公司铁路运输处QC小组	减少列车分离断钩停时
15	中铁十六局集团轨道公司于家堡交通枢纽QC小组	降低钢护筒内渗漏水率
16	中铁十六局集团铁运工程公司神朔指机车质量QC小组	降低韶山4改型机车“空转”故障
17	中铁十六局集团三公司台缙公路软基处理QC小组	提高可测深式塑料排水板可测率
18	中铁十七局集团五公司京沪项目第一QC小组	采用石英砂填充针孔,提高桥梁聚脲防水层施工质量
19	中铁十七局集团一公司津秦铁路客运专线项目一工区第二QC小组	减少无砟轨道水泥乳化沥青砂浆气泡
20	中铁十七局集团四公司南广铁路项目覃塘制梁场QC小组	提高后张法箱梁梁长控制精度
21	中铁十八局集团四公司津秦铁路客运专线临时性深基坑支护QC小组	攻克软土地基深基坑坍塌技术难题
22	中铁十八局集团隧道公司西铜改扩建项目XTK－S1标段李先QC小组	桩基钢筋笼快速对接技术研究
23	中铁十九局集团二公司长春轻轨三期工程深基坑开挖安全QC小组	地铁深基坑施工时效性管理“零”时间数据传递保障施工安全

续表

序号	获 奖 小 组	获 奖 成 果
24	中铁十九局集团五公司吉林市制梁场混凝土拌和站 QC 小组	提高箱梁冬季施工混凝土性能
25	中铁十九局集团轨道交通公司二公司钢支撑配管 QC 小组	简化钢支撑配管计算
26	中铁二十局集团一公司上海金山铁路改建工程 I 标段一工区 QC 小组	软基处理 MMP 桩施工质量控制
27	中铁二十局集团四公司吉怀项目部 QC 小组	提高预应力混凝土 T 梁外观质量
28	中铁二十一局集团公司电气施工 QC 小组	提高电气暗配管一次交验合格率
29	中铁二十一局二公司西安临潼路桥项目部 QC 小组	利用滚焊机提高桥梁桩基钢筋笼的焊接效率
30	中铁二十二局集团哈尔滨建设集团公司征仪路打通工程第Ⅱ标段项目部 QC 小组	提高钢箱梁顶推质量
31	中铁二十二局集团六公司哈尔滨地铁 1 号线 6 标段 QC 小组	降低市政隧道破除改造沉降变形量
32	中铁二十三局集团干海子特大桥高空焊缝防腐 QC 小组	提高高空焊缝防腐一次性合格率
33	中铁二十三局集团一公司九江长江公路大桥 QC 小组	通过 QC 小组活动提高混凝土外观质量
34	中铁二十三局集团四公司灵岩山隧道质量 QC 小组	提高锚杆、连接筋套筒连接安装质量
35	中铁二十四局集团浙江公司杭甬铁路客运专线 3 标段二分部 QC 小组	临近铁路既有线开挖基坑围护质量控制
36	中铁二十五局集团广州铁路工程公司广珠铁路工程 1 标段 QC 小组	保证拖拉法架设钢桁梁施工质量攻关
37	中铁二十五局集团恒元建筑工程公司广珠城际轨道交通工程 FJ－2 标段 QC 小组	城际铁路大跨度钢结构施工质量控制
38	中铁建设集团公司漳州南站项目部 QC 小组	提高大跨度管桁架钢结构现场拼装焊接质量一次验收合格率
39	中铁建设集团设备分公司厦门西站 QC 小组	提高单面彩钢板酚醛复合风管一次验收合格率
40	中铁建设集团市政分公司 QC 小组	提高 PE 土工膜焊缝一次打压合格率
41	中国铁建电气化局集团五公司成都地铁项目 QC 小组	改进地铁接触网无轨区测量工艺
42	中国铁建电气化局集团一公司郑西项目接触网棘轮补偿安装 QC 小组	提高郑西铁路客运专线接触网棘轮补偿装置安装调整一次到位
43	中铁第一勘察设计院集团公司哈密东站驼峰设计 QC 小组	提高哈密东站驼峰峰高设计精度
44	中铁第一勘察设计院集团公司重庆地铁 6 号线 2 期北碚段区间设计 QC 小组	攻克岩质地层复合式 TBM 区间隧道设计难题
45	中铁第一勘察设计院集团公司青藏铁路西格段牵引变电设计 QC 小组	提高高寒高海拔地区牵引变电系统运营性能
46	中铁第四勘察设计院集团公司工勘院技术质量部 QC 小组	合理确定昌九城际铁路 CPⅢ标志埋设方法
47	中铁第四勘察设计院集团公司电化处广深港接触网技术服务 QC 小组	控制承力索距轨面高度 H
48	中铁第四勘察设计院集团城市轨道交通建筑设计研究院昆明首期工程工经设计 QC 小组	合理确定昆明地铁首期工程盾构区间造价

续表

序号	获　奖　小　组	获　奖　成　果
49	中铁第五勘察设计院集团公司路基检测质量控制 QC 小组	组合式多功能平板载荷测试仪的研制
50	中铁第五勘察设计院集团公司成渝高速公路复线(重庆境内)详勘物探 QC 小组	高密度电法在成渝高速公路复线隧道中的实施
51	中铁第五勘察设计院集团公司市政工程设计院道路所 QC 小组	提高高填方软土路基的整体稳定性
52	中铁上海设计院集团公司常州五一路下穿京沪铁路立交工程 QC 小组	提高大跨径铁路框架桥长距离顶进控制精度
53	中铁上海设计院集团公司信号系统设计 QC 小组	缩短轨道交通行车间隔时间
54	昆明中铁大型养路机械集团总装公司兴铁 QC 小组	轮对反压试验及退轮设备的研制
55	昆明中铁大型养路机械集团铸造公司铸造 QC 小组	CD08475－03－02 缸套的国产化研制
56	中国铁建重工集团隆昌铁路器材公司技术攻关 QC 小组	改进螺栓直线度,满足客户要求
57	中国土木工程集团福州勘察设计研究院南京动车组运用所工程房建 QC 小组	南京动车运用所检查库优化设计
	二等奖	
58	中铁十一局集团五公司石武铁路客运专线无砟轨道 QC 小组	提高 CRTSⅡ型板式无砟轨道路基支撑层施工质量
59	中铁十一局集团一公司西铜项目部 QC 小组	大跨度连续刚构非平衡条件下一次性合拢探索
60	中铁十一局集团四公司深基坑施工技术 QC 小组	降低深基坑施工安全风险
61	中铁十二局集团四公司渝利铁路三项目部 QC 小组	降低隧道初支喷射混凝土回弹量
62	中铁十二局集团三公司徐建刚 QC 小组	无砟轨道长钢轨精调质量控制
63	中铁十三局集团宁波轨道交通 1 号线一期工程 TJ－Ⅲ标段钢筋闪光对焊质量控制 QC 小组	钢筋闪光对焊质量控制
64	中铁十三局集团公司大型双壁钢围堰安装质量控制 QC 小组	大型双壁钢围堰安装质量控制
65	中铁十四局集团五公司京沪高速铁路徐锡国 QC 小组	无缝线路钢轨应力放散及锁定质量控制
66	中铁十四局集团隧道公司北京地铁 9 号线 QC 小组	1 号风道注浆控制地表沉降
67	中铁十四局集团建筑安装公司中国铁建江佑铂庭 QC 小组	现浇混凝土空心楼盖 GBF 高强薄壁管施工质量控制
68	中铁十五局集团五公司溆怀项目部 QC 小组	提高沅水特大桥结构物保护层合格率
69	中铁十五局集团西北公司京沪高速铁路淮河特大桥桥上救援疏散通道 QC 小组	提高木模混凝土圆柱施工质量
70	中铁十六局集团北京工程指挥部京津城际延伸线地连墙攻关 QC 小组	有效控制 63.5 米超深地连墙施工质量
71	中铁十六局集团轨道公司南水北调中线穿黄 QC 小组	降低泥水盾构掘进时电能消耗
72	中铁十七局集团铺架公司汉宜项目部第二 QC 小组	提高轨排组装成品一次性合格率

续表

序号	获 奖 小 组	获 奖 成 果
73	中铁十七局集团三公司太佳项目 QC 小组	提高热融沥青碎石防水层粘结效果
74	中铁十七局集团二公司鱼洞长江大桥二期工程 QC 小组	提高长大悬灌梁预应力孔道压浆饱满率
75	中铁十七局集团电气化公司宁波项目 QC 小组	降低正线过渡成本
76	中铁十七局集团上海轨道交通公司武汉地铁 2 号线 5 标段第一 QC 小组	盾构穿越张公堤施工质量控制
77	中铁十八局集团三公司柱脚锚栓预埋施工 QC 小组	确保柱脚锚栓预埋施工质量
78	中铁十八局集团轨道交通公司子材大桥工程项目经理部 QC 小组	钢管桩施工质量控制
79	中铁十八局集团二公司兰渝铁路项目部 QC 小组	梅岭关隧道瓦斯隔离板铺设质量控制
80	中铁十九局集团一公司京沪高速铁路魏启平 QC 小组	提高 CRTSⅡ型板式无砟轨道轨道板充填层 CA 砂浆灌注质量
81	中铁十九局集团三公司阿尔及利亚 QC 小组	提高 EME 高模量沥青混凝土路面质量
82	中铁二十局集团二公司哈齐一分部 CFG 桩质量 QC 小组	提高 CFG 桩桩头质量的问题
83	中铁二十局集团五公司高速铁路桥梁钻孔桩钢筋笼自动滚焊成型质量 QC 小组	确保高铁桥梁钻孔桩钢筋笼自动滚焊成型质量
84	中铁二十局集团三公司达陕项目 QC 小组	提高预制小箱梁施工质量
85	中铁二十一局集团四公司“路之魂”QC 小组	提高既有线施工天窗利用率
86	中铁二十一局集团两电公司广州地铁变电队 QC 小组	快速解决变电所设备故障
87	中铁二十一局集团五公司天平铁路一项目部第四作业队 QC 小组	降低隧道超挖成本消耗
88	中铁二十一局集团公司西安地铁 1 号线 D1TJSG－5 标段 QC 小组	提高防水涂料施工质量
89	中铁二十二局集团五公司板江项目部 QC 小组	提高空心薄壁敦实体质量
90	中铁二十二局集团二公司京石铁路客运专线自密实混凝土拌制与灌注 QC 小组	攻克自密实混凝土拌制与灌注难关
91	中铁二十二局集团四公司京石铁路客运专线项目部 QC 小组	严格关键工序控制提高预制箱梁高性能混凝土施工质量
92	中铁二十三局集团电务公司天保空调项目铜管钎焊 QC 小组	开展 QC 活动，提高铜管钎焊质量
93	中铁二十三局集团六公司大跨度连续刚构桥线型控制 QC 小组	大跨度连续钢构桥线型控制
94	中铁二十四局集团上海铁建工程公司 TBM 第一 QC 小组	降低急曲线段盾构掘进管片渗漏水比例
95	中铁二十四局集团福建铁路建设公司福州站改扩建工程 QC 小组	研究大跨度管桁架分段施工变形控制技术方案
96	中铁二十四局集团福建铁路建设公司福州站改扩建工程项目部 QC 小组	提高岩石边坡双层喷混植生成功率
97	中铁二十四局集团上海铁建工程公司 53.5 米大跨度 T 梁后张法预应力张拉 QC 小组	53.5 米大跨度 T 梁后张法预应力张拉质量控制

续表

序号	获 奖 小 组	获 奖 成 果
98	中铁二十五局集团建筑安装公司南海制梁场 QC 小组	客货共线简支 T 梁 T 钢精确定位攻关
99	中铁二十五局集团三公司云桂铁路项目部 QC 小组	新建云桂铁路革朗隧道 1 号横洞大断面软弱围岩交叉口施工质量攻关
100	中铁二十五局集团柳州公司湘桂Ⅶ标段第一项目部二分部 QC 小组	确保复杂地质条件下水泥搅拌桩施工质量
101	中铁建设集团天津分公司压荷板应用研究 QC 小组	压荷板在基坑支护工程中的施工应用研究
102	中铁建设集团北京分公司第十四项目经理部 QC 小组	提高高大墙体钢木模板拼接处混凝土观感质量
103	中国铁建电气化局集团北方公司京九项目部隧道打孔 QC 小组	提高隧道打孔的施工精度
104	中国铁建电气化局集团南方公司宁杭铁路客运专线电力项目部 QC 小组	提高客专 10 千伏贯通线电缆敷设质量
105	中国铁建电气化局集团二公司京九铁路电气化项目部 QC 小组	提高接触网工程桥钢柱组立施工效率
106	中国铁建电气化局集团三公司兰新线安红项目部 QC 小组	提高接触网腕臂一次安装合格率
107	中铁第一勘察设计院集团公司“一往情深”铁一院郑西铁路客运专线接触网设计 QC 小组	攻克西安北动车所检查库内接触网供电设计难题
108	中铁第一勘察设计院集团公司大西线晋陕黄河特大桥设计 QC 小组	优化晋陕黄河特大桥桥式方案
109	中铁第四勘察设计院集团公司通号处苏州地铁 1 号线无线通信施工设计 QC 小组	轨道交通民用移动通信引入系统优化
110	中铁第四勘察设计院集团公司道路院济乐高速公路线桥 QC 小组	减少济乐高速公路路基填土数量
111	中铁第五勘察设计院集团公司轨排井段结构形式创新型研究 QC 小组	地铁明挖车站轨排井段结构形式研究
112	中铁第五勘察设计院集团公司无砟轨道施工装备 QC 小组	双块式无砟轨道组合轨排法施工装备的研制
113	中铁上海设计院集团公司桥梁 QC 小组	减少新建跨线桥对既有线运营的影响
114	中铁上海设计院集团公司宁启铁路线路 QC 小组	缩短宁启铁路既有线拟合设计的时间
115	中铁上海设计院集团公司长兴岛液化天然气气化站环评 QC 小组	提高长兴岛液化天然气气化站环评质量
116	中国铁建重工集团中铁株洲桥梁公司混凝土制品分公司ⅢQc 枕 QC 小组	运用 QC 方法降低ⅢQc 枕套管下沉缺陷不合格率
117	中国土木工程集团公司拉各斯轻轨项目 EBJ 预制场 QC 小组	提高轨枕养护池模板施工质量
118	中铁物资集团东北公司京石铁路客运专线物资供应目 QC 小组	运用 QC 方法，确保京石铁路客运专线物资供应
119	中铁物资集团西北公司西（安）宝（鸡）客专物资供应 QC 小组	强化采购源头控制，优化供应方案

制表：仇 发

中国铁建 1984～2011 年获奖优质工程统计表

项目 / 数量 / 年度	中国土木工程詹天佑奖	中国建设工程鲁班奖（国家优质工程）	国家优质工程	省（直辖市）优质工程	铁道部（铁路）优质工程	火车头优质工程	总公司（股份公司）优质工程
1984 年			1				1
1985 年			1		1		7
1986 年			1		4		
1987 年			1		3		
1988 年				8(8)	3		
1989 年			2	5(5)	7		
1990 年		2	2	7(7)	2		
1991 年		1	2	10(10)			10
1992 年				3(3)	1		12
1993 年				8(8)	5		14
1994 年				2(2)			9
1995 年				7(7)	24		19
1996 年		3		10(10)	12		20
1997 年		4		7(7)	20		29
1998 年		2		10(10)	27		27
1999 年	2	2	4	13(13)	24		54
2000 年		3	5	22(14)	13		41
2001 年	2	5	1	19(14)	21		61
2002 年		6	5	44(29)	9	12	64
2003 年	5	9	6	43(25)	18	28	55
2004 年	3	6	15	69(42)		14	48
2005 年	1	4	13	69(59)		29	78
2006 年	5	5	11	66(14)		56	90
2007 年	8	5	23	73(11)		61	110
2008 年	8	8	18	67		71	99
2009 年	5	6	14			63	91
2010 年	7	3	17		31	47	143
2011 年	4	7	15			54	124
合　计	50	81	156	562(298)	225	435	1206
总　计	287			1222(298)			1206

注：省、直辖市优质工程括号中的数量不含建设过程中所获“优质结构奖”数量。　　制表：仇　发

中国铁建获2010～2011年中国建设工程鲁班奖情况表

序号	获奖工程	施工单位
1	新建北京至天津城际轨道交通工程	中铁十七、十四、十八、十一、二十二局集团公司
2	新建武汉北编组站工程	中铁十二局集团公司
3	合武铁路大别山隧道工程	中铁十七局集团公司及其四公司、五公司
4	沈阳地铁1号线工程	中铁十八、十一、二十、二十二局集团公司，中铁十四局集团电气化公司、中铁十九局集团电务公司
5	哈尔滨市道外二十道街松花江大桥及引道工程	中铁二十二局集团公司及其哈尔滨铁路建设集团公司
6	常州高架道路一期工程	中铁十六局集团公司
7	杭州湾跨海大桥工程	中铁十九局集团公司
8	天津滨海新区海河开启桥工程	中铁十四局集团三公司
9	沪蓉西高速公路支井河特大桥工程	中铁十三局集团公司及其一公司
10	上海保利广场工程	中铁建设集团公司

制表：仇 发

中国铁建获2011年国家优质工程奖情况表

序号	获奖工程	施工单位
	金质奖	
1	大唐国际发电股份有限公司胜利东2号露天煤矿一期工程	中铁十九、十六局集团公司
2	国道（GZ40）云南新街至河口高速公路工程	中铁二十、十二、十九局集团公司
	银质奖	
3	华能昌邑第一风力发电49.5兆瓦工程	中铁二十四局集团公司
4	华能通辽珠日河风电一场147兆瓦工程	中铁十八局集团公司
5	新建大连铁路集装箱中心站工程	中铁二十三局集团公司、中铁第五勘察设计院集团公司
6	新建铁路沪汉蓉通道合肥至武汉段引入武汉枢纽工程WHZQ－Ⅲ标段江岸特大桥工程	中铁十一局集团公司、中铁第四勘察设计院集团公司
7	温福铁路鼓山隧道群工程	中铁十八局集团公司、中铁第四勘察设计院集团公司、北京铁城建设监理公司
8	深圳市轨道交通二期地铁3号线横岗双层车辆段工程	中国土木工程集团公司
9	张石公路化稍营至蔚县（张保界）段高速公路工程	中铁二十二局集团公司
10	河北省石家庄市石环公路（省道S101）307国道东互通立交工程	中铁十七、十九局集团公司
11	河南省驻马店至泌阳高速公路工程	中铁十三、十五、十七局集团公司
12	蓝商高速公路李家河3号隧道工程	中铁十五局集团公司
13	沪蓉西高速公路薛湾隧道（原名乌池坝隧道）工程	中铁十七局集团公司
14	贵阳卷烟厂易地技术改造项目联合工房工程	中铁十二局集团公司
15	中国黄金集团公司乌努格吐山铜钼矿项目	中铁十九局集团公司

制表：仇 发

2011年中国铁建获火车头优质工程奖情况表

序号	获 奖 工 程	施 工 单 位
1	重庆奉云高速公路财神梁隧道工程	中铁十五局集团二公司
2	重庆奉云高速公路凤凰梁隧道工程	中铁十五局集团一公司
3	南京长江隧道工程	中国铁建股份公司，中铁十四集团公司及其四公司、电气化公司、隧道公司、建筑安装工程分公司、北京中铁房山桥梁公司，中铁十五局集团公司及其一公司、二公司、五公司、七公司
4	青兰高速公路鼓山隧道工程	中铁十一局集团一公司
5	渭蒲高速公路东杨枢纽互通立交工程	中铁十一局集团四公司
6	上海轨道交通虹桥机场西站至新江湾站接触网、干线电缆、杂散电流腐蚀防护施工总承包工程	中铁十一局集团电务公司
7	沪蓉西高速公路夹活岩隧道工程	中铁十一局集团公司及其五公司
8	忻州—阜平高速公路凤凰岭隧道工程	中铁十二局集团三公司
9	青兰高速公路善化隧道工程	中铁十二局集团三公司
10	宁夏吴忠黄河公路特大桥工程	中铁十三局集团公司
11	重庆巫奉高速公路摩天岭隧道工程	中铁十三局集团公司
12	黑龙江鸡西—讷河公路通河松花江大桥工程	中铁十三局集团四公司
13	厦蓉高速公路杉树坳隧道工程	中铁十四局集团公司及其一公司
14	江苏常熟发电有限公司2×1000兆瓦机组扩建取水系统工程	中铁十四局集团公司及其四公司
15	国道211线高速公路宁东枢纽互通立交工程	中铁十四局集团公司及其五公司
16	国道112线高速公路跨京津城际铁路分离式立交工程	中铁十四局集团公司及其二公司、三公司
17	石城至吉安高速公路泰和赣江特大桥工程	中铁十四局集团三公司
18	泉州至南宁高速公路老营盘4号隧道工程	中铁十五局集团公司及其二公司、七公司，中铁十六局集团四公司
19	奉云高速公路奉节东互通立交工程	中铁十五局集团二公司
20	忻阜高速公路古峪沟特大桥工程	中铁十五局集团五公司
21	渝湘高速公路葡萄山隧道工程	中铁十五局集团六公司、中铁十九局集团二公司
22	山西阳翼高速公路云台山隧道工程	中铁十五局集团五公司
23	武宁—吉安高速公路九岭山隧道工程	中铁十五局集团公司
24	深圳轨道交通4号线二期工程402标段工程	中铁十六局集团公司及其北京轨道交通公司
25	广州猎德大桥系统工程第3、4标段工程	中铁十六局集团公司
26	陕西黄延高速公路葫芦河特大桥工程	中铁十六局集团一公司
27	上海轨道交通7号线12C、23A标工程	中铁十七局集团公司及其上海轨道交通公司

续表

序号	获 奖 工 程	施 工 单 位
28	厦门机场路一期工程 JC2 合同段工程	中铁十七局集团公司及其六公司
29	太佳高速公路汾河特大桥工程	中铁十七局集团一公司
30	天津远洋城 H 地块住宅 1 标段工程	中铁十八局集团公司
31	青兰高速公路羊泉隧道工程	中铁十八局集团二公司及其隧道公司,中铁十一局集团二公司
32	桂林客车集团一期厂房搬迁工程	中铁十八局集团四公司
33	遵化开元新天地(二期一区)建筑安装工程	中铁十八局集团建筑安装公司
34	长沙湘江大道浏阳河隧道工程	中铁十八局集团公司及其轨道交通公司
35	长兴岛疏港高速公路第 1、4 合同段工程	中铁十九局集团公司及其三公司
36	广州轨道交通 5 号线西场站工程	中铁十九局集团七公司
37	北京地铁魏公村站—灵境胡同站机电安装工程 B 部Ⅱ标段工程	中铁十九局集团电务公司
38	南京地铁 2 号线一期土建 D2－TA05 标段工程	中铁十九局集团轨道交通公司
39	苏州工业园区北环快速路东延二期 BH－1 标高架桥工程	中铁二十局集团一公司
40	渝湘高速公路干溪沟 2 号特大桥工程	中铁二十局集团四公司
41	铜川玉皇阁特大桥工程	中铁二十局集团六公司
42	中铁二十局集团工程机械厂办公住宅楼工程	中铁二十局集团六公司
43	厦蓉高速公路老山大桥工程	中铁二十一局集团公司及其三公司
44	厦门市公路局道路研发中心工程	中铁二十二局集团三公司
45	广州江高—石井污水处理系统一期厂区土建工程	中铁二十二局集团四公司
46	武汉轨道交通 1 号线二期 6 标段工程	中铁二十二局集团六公司
47	天津临港工业区长江道道路排水及河道工程	中铁二十二局集团六公司
48	福州绕城公路古城 I 号特大桥工程	中铁二十三局集团一公司
49	老成阿公路灵岩山隧道工程	中铁二十三局集团四公司
50	重庆—长沙高速公路黄草岭隧道工程	中铁二十三局集团公司及其六公司
51	新余仙女湖大道跨铁路桥梁工程	中铁二十四局集团公司及其浙江公司
52	厦门杏林大桥工程	中铁二十四局集团公司及其福建铁路建设公司
53	海口市第二办公区 A 区工程	中铁建设集团海南分公司
54	成都地铁 1 号线一期接触网系统采购、安装总承包工程	中国铁建电气化局集团五公司

制表:仇 发

2011 年中国铁建优质工程奖情况表

序号	获 奖 工 程	施 工 单 位
1	青兰高速公路鼓山隧道工程	中铁十一局集团一公司
2	承唐高速公路五道岭隧道工程	中铁十一局集团一公司
3	沪宁城际铁路望虞河特大桥工程	中铁十一局集团一公司
4	沪汉蓉铁路万寿河特大桥工程	中铁十一局集团二公司
5	渭浦高速公路东杨枢纽互通立交工程	中铁十一局集团四公司
6	泉厦高速公路扩建工程浔美特大桥工程	中铁十一局集团四公司
7	南惠高速公路 NHA5 标正兜大桥工程	中铁十一局集团四公司
8	湖北沪蓉西高速公路第 5 合同段夹活岩隧道工程	中铁十一局集团五公司
9	沪宁城际铁路阳澄湖特大桥工程	中铁十一局集团五公司
10	沪宁城际铁路娄蕴特大桥工程	中铁十一局集团五公司
11	神华物资公司哈尔乌素露天矿油库工程	中铁十一局集团六公司
12	内蒙古呼准铁路调度大楼工程	中铁十一局集团建筑安装公司
13	上海轨道交通 10 号线工程接触网、干线电缆、杂散电流腐蚀防护施工总承包工程	中铁十一局集团电务公司
14	广州客运专线基础设施维修基地工程	中铁十二局集团公司
15	新建铁路福厦线泉州站范围内房屋建筑及配套工程	中铁十二局集团公司
16	湖南衡阳—炎陵高速公路 23 合同段路面工程	中铁十二局集团一公司
17	福建永安—武平高速公路 B1 合同段路面工程	中铁十二局集团一公司
18	武广铁路客运专线大窝山隧道工程	中铁十二局集团一公司
19	武广铁路客运专线芝山特大桥工程	中铁十二局集团一公司
20	武广铁路客运专线大燕河特大桥工程	中铁十二局集团一公司
21	武广铁路客运专线大瑶山 3 号隧道工程	中铁十二局集团二公司
22	郑西铁路客运专线青龙涧特大桥工程	中铁十二局集团二公司
23	忻州—阜平高速公路凤凰岭隧道工程	中铁十二局集团三公司
24	忻州—阜平高速公路火焰山隧道工程	中铁十二局集团三公司
25	青兰高速公路陕西境善化隧道工程	中铁十二局集团三公司
26	阳阳高速公路鹅步岭隧道工程	中铁十二局集团四公司
27	韶赣高速公路梅关隧道工程	中铁十二局集团四公司
28	忻阜高速公路 S 标段机电工程	中铁十二局集团电气化公司
29	包西铁路(陕西段)BXZH－3 标段站后“四电”工程接触网工程	中铁十二局集团电气化公司
30	西安集装箱中心站“四电”工程	中铁十二局集团电气化公司
31	宁夏吴忠黄河公路特大桥工程	中铁十三局集团公司
32	重庆市巫山—奉节高速公路摩天岭隧道工程	中铁十三局集团公司
33	成都地铁 1 号线一期工程天府广场站(含)—人民北路站区间工程	中铁十三局集团公司

续表

序号	获 奖 工 程	施 工 单 位
34	黑龙江省鸡西至讷河公路通河松花江大桥工程	中铁十三局集团公司
35	厦蓉高速水口(桂黔界)—榕江格龙段第 AT9 合同段杉树坳隧道工程	中铁十四局集团公司
36	国道 112 线高速公路天津东段工程第 27 合同京津城际铁路分离式立交工程	中铁十四局集团公司
37	江苏省江都—海安高速公路泰州市段姜堰 5 标段新通扬运河特大桥工程	中铁十四局集团公司
38	江苏常熟发电有限公司 2×1000 兆瓦机组扩建工程 F 标段取水系统工程	中铁十四局集团公司
39	国道 211 线高速公路 A2 合同段宁东枢纽互通立交工程	中铁十四局集团公司
40	锦屏水电枢纽工程辅助洞土建工程	中铁十四局集团公司
41	银河·中央公园工程	中铁十四局集团公司
42	南京长江隧道工程	中铁十四局集团公司
43	国道 112 线高速公路天津东段工程第 28 合同双街互通立交工程	中铁十四局集团二公司
44	石城—吉安高速公路项目 C7 标合同段泰和赣江特大桥工程	中铁十四局集团三公司
45	土木—胶泥湾高速公路洋河 3 号特大桥工程	中铁十四局集团四公司
46	延吴高速公路 S303 高架桥工程	中铁十四局集团四公司
47	成都地铁 1 号线一期工程文武路站土建工程	中铁十四局集团隧道公司
48	上海市 A15 公路 13 标段沪南公路主线跨线桥工程	中铁十五局集团公司
49	南京长江隧道工程 S2 合同段江心洲大桥工程	中铁十五局集团公司
50	江西武宁—吉安高速公路九岭山隧道工程	中铁十五局集团公司
51	泉州—南宁国家高速公路(江西境内)石吉段新建工程 C3 合同段老营盘 4 号隧道工程	中铁十五局集团公司、中铁十六局集团五公司
52	重庆奉节—云阳高速公路 B8 合同段凤凰梁隧道工程	中铁十五局集团一公司
53	奉云高速公路 B4 合同段奉节东互通立交工程	中铁十五局集团二公司
54	长安高速公路(长治—平顺段)LJ15 合同段官道互通立交枢纽工程	中铁十五局集团二公司
55	山西阳翼高速公路 L20 标段云台山隧道工程	中铁十五局集团五公司
56	湖北省麻武高速公路 4 标段大别山隧道工程	中铁十五局集团五公司
57	山西忻阜高速公路 5 标段古峪沟特大桥工程	中铁十五局集团五公司
58	渝湘高速公路重庆上官桥—酉阳 G4 合同段葡萄山隧道工程	中铁十五局集团六公司、中铁十九局集团二公司
59	大唐渭河热电厂跨渭河管桥工程	中铁十五局集团七公司
60	山西忻阜高速公路第 4 合同段滹沱河特大桥工程	中铁十五局集团七公司
61	深圳轨道交通 4 号线二期 402 标段工程	中铁十六局集团公司
62	广州市猎德大桥系统工程 3、4 标段工程	中铁十六局集团公司
63	陕西黄延高速公路 4 标段葫芦河特大桥工程	中铁十六局集团一公司
64	厦门机场路一期 JC2 合同段工程	中铁十七局集团公司

续表

序号	获 奖 工 程	施 工 单 位
65	上海轨道交通 7 号线 12C、23A 标段工程	中铁十七局集团公司
66	临策铁路 LCSG－4 标段工程	中铁十七局集团公司及其二公司
67	武广铁路客运专线黄秋山隧道工程	中铁十七局集团公司及其二公司
68	武广铁路客运专线南水特大桥工程	中铁十七局集团公司及其二公司
69	精伊霍铁路北天山隧道工程	中铁十七局集团公司
70	太佳高速公路东段 18 标段汾河特大桥工程	中铁十七局集团一公司
71	天津远洋城 H 地块住宅 1 标段工程	中铁十八局集团公司
72	青兰高速公路陕西境壶口—雷家角段羊泉隧道工程	中铁十八局集团二公司、中铁十一局集团二公司
73	随岳南高速公路一期第 1 合同段工程	中铁十八局集团三公司
74	桂林客车集团一期厂房搬迁工程	中铁十八局集团四公司
75	滨海新区中央大道二期物流中心段工程	中铁十八局集团五公司
76	唐山市开平区建华东道道路改建高架桥工程	中铁十八局集团五公司
77	遵化开元新天地(二期一区)建筑安装工程	中铁十八局集团建筑安装公司
78	长沙市湘江大道浏阳河隧道Ⅱ标段工程	中铁十八局集团轨道交通公司
79	永安—武平高速公路三明段 A2 合同段工程	中铁十八局集团轨道交通公司
80	长兴岛疏港高速公路第 1、第 4 合同段工程	中铁十九局集团公司及其三公司
81	长春—吉林城际铁路 CJCJ－2 标段跨长吉公路特大桥工程	中铁十九局集团五公司
82	新建铁路上海—南京城际轨道交通戚墅堰特大桥工程	中铁十九局集团五公司、一公司
83	广州轨道交通 5 号线西场站土建工程	中铁十九局集团七公司
84	广州轨道交通 5 号线淘金站至区庄站区间(含存车线)土建工程	中铁十九局集团七公司
85	北京地铁 4 号线机电安装工程 B 部 II 标段工程	中铁十九局集团电务公司
86	南京地铁 2 号线一期土建工程 D2－TA05 标段工程	中铁十九局集团轨道交通公司
87	重庆绕城高速公路朝阳寺隧道工程	中铁二十局集团一公司
88	318 国道吴江平望段改善养护长湖申线特大桥工程	中铁二十局集团一公司
89	苏州工业园区北环快速路东延二期 BH－1 标段高架桥工程	中铁二十局集团一公司
90	渝湘高速公路第 19 标段干溪沟 2 号特大桥工程	中铁二十局集团四公司
91	沈阳地铁 1 号线西沿线第 6 合同段工程	中铁二十局集团四公司
92	铜川市玉皇阁特大桥工程	中铁二十局集团六公司
93	中铁二十局集团工程机械厂办公住宅楼工程	中铁二十局集团六公司
94	河南省济邵高速公路西岭大桥工程	中铁二十局集团六公司
95	新建福厦铁路丘后特大桥工程	中铁二十一局集团公司
96	厦蓉高速公路榕江格龙—都匀段 BT8 合同段老山大桥工程	中铁二十一局集团三公司
97	广州枢纽广州站及相关工程广州新客站(XKZ－3 标段)工程	中铁二十二局集团公司
98	石太铁路客运专线 Z7 标段铺架工程	中铁二十二局集团二公司

续表

序号	获 奖 工 程	施 工 单 位
99	厦门市公路局道路研发中心工程	中铁二十二局集团三公司
100	广州江高—石井污水处理系统一期厂区土建工程	中铁二十二局集团四公司
101	阜石路改建工程8标段高架桥工程	中铁二十二局集团四公司
102	攀枝花市环境治理项目炳仁线后段巴斯箐隧道工程	中铁二十二局集团四公司
103	京石铁路直通线跨石太铁路特大桥工程	中铁二十二局集团四公司
104	武汉轨道交通1号线二期第6标段工程	中铁二十二局集团公司六公司
105	天津临港工业区长江道(渤海十路—渤海二十六路)道路、排水及河道工程	中铁二十二局集团公司六公司
106	福州绕城公路西北段古城1号特大桥工程	中铁二十三局集团一公司
107	南堡疏解线特大桥工程	中铁二十三局集团一公司
108	成昆铁路货车外绕线府河双线特大桥工程	中铁二十三局集团三公司
109	都江堰老成阿公路灵岩山隧道工程	中铁二十三局集团四公司
110	重庆—长沙高速公路武隆—水江B4合同段黄草岭隧道工程	中铁二十三局集团六公司
111	图佳线平山—林口自动闭塞改造Ⅲ标段工程	中铁二十三局集团电务公司
112	大庆站搬迁让湖路西站改建工程	中铁二十三局集团电务公司
113	新余市仙女湖大道跨铁路桥梁工程	中铁二十四局集团公司
114	厦门杏林大桥主体工程C标段工程	中铁二十四局集团公司
115	福建大厦工程	中铁建设集团天津分公司
116	海口市第二办公区(A区)及南北地下停车库工程	中铁建设集团海南分公司
117	实训基地等5项工程	中铁建设集团北京分公司
118	海航集团新华航空基地一期工程Ⅰ标段维修机库工程	中铁建设集团北京分公司
119	银河商务区Ⅰ地块项目	中铁建设集团北京分公司
120	宣武体育中心二期工程(游泳馆、网球馆)	中铁建设集团北京分公司
121	兰新铁路乌西—精河段增建二线S4标段"三电"工程	中国铁建电气化局集团一公司
122	新建铁路奎屯—北屯SD标段通信、信号、电力工程	中国铁建电气化局集团一公司
123	神华包神铁路万水泉南—巴图塔段电气化第2标段工程	中国铁建电气化局集团二公司
124	成都地铁1号线一期工程接触网系统采购、安装总承包工程	中国铁建电气化局集团五公司

制表:仇 发

中国铁建兵改工以来职工因工死亡人数逐月统计表

项目 数量 年度	一月	二月	三月	四月	五月	六月	七月	八月	九月	十月	十一月	十二月	全年合计		
													职工人数（人）	死亡人数（人）	千人死亡率（‰）
1984 年	1	4	1	1	3	1	3	2	3	1	4	3	150549	27	0. 179
1985 年		1	3	1	2	10	4	2	4	6	2	1	153134	36	0. 235
1986 年	4	1	1	5	3	3	7	5	6	5	3	1	151620	44	0. 29
1987 年			4	12	2		9	8	3	4	2	1	151428	45	0. 297
1988 年			4	1	5	1	2		3		2	3	146855	21	0. 143
1989 年	3		4	2	3		3	1	1	3			150962	20	0. 132
1990 年	1				1		3		1		2		153288	8	0. 053
1991 年			1	1	1		3		5	9	4		158588	24	0. 151
1992 年	1					1	1	2	1	1	2	6	160379	15	0. 094
1993 年	1	2	1		1	3	1	2	1	6	1		145876	19	0. 13
1994 年		3		2			5		1	1		2	145368	14	0. 096
1995 年		3		5		1		1		1	1	2	145608	14	0. 096
1996 年	1	1			1	1				1	1		146871	6	0. 041
1997 年	1	9		3	4	1	1	3	4		2		141327	28	0. 198
1998 年			2								2		139731	4	0. 029
1999 年			1	7	2	2	1	5	3	1		10	171445	32	0. 187
2000 年	6		4				1	5	1	1	1	1	200850	20	0. 1
2001 年	2				2		2	2	6		7	3	186680	24	0. 129
2002 年											1		186000	1	0. 005
2003 年			2			1	1						176000	4	0. 023
2004 年	1				1		2	1	1		1	4	227650	11	0. 048
2005 年		7	4		1			2	7			12	230533	33	0. 143
2006 年	1	8		1						4		6	237232	20	0. 084
2007 年	4		6	4	1	4			3				242168	22	0. 091
2008 年			5		3			2					184868	10	0. 054
2009 年			5					3		6		6	209103	20	0. 096
2010 年		2	12	4	3		10	1	2	1	7		228004	42	0. 184
2011 年	3		6		7			5	1	25		2	240660	49	0. 2036
合　计	30	41	66	49	46	29	59	52	57	76	45	63		613	0. 1235

制表:郭　宏

原铁道兵部队和中国铁建逐年事故死亡人数统计表

项目 数量 年度	死亡人数	千人死亡率	项目 数量 年度	死亡人数	千人死亡率	项目 数量 年度	死亡人数	千人死亡率
1948年	21		1976年	257	0.74	1984年	27	0.179
1949年	96		1977年	216	0.64	1985年	36	0.235
1950年	36		1978年	193	0.58	1986年	44	0.29
1951年	365		1979年	192	0.51	1987年	45	0.297
1952年	521		1980年	177	0.58	1988年	21	0.143
1953年	448		1981年	116	0.52	1989年	20	0.132
1954年	33		1982年	121	0.62	1990年	8	0.053
1955年	157	1.55	1983年	76	0.47	1991年	24	0.151
1956年	144	1.26				1992年	15	0.094
1957年	60	0.58				1993年	19	0.13
1958年	125	1.24				1994年	14	0.096
1959年	235	1.53				1995年	14	0.096
1960年	249	1.77				1996年	6	0.041
1961年	151	1.17				1997年	28	0.198
1962年	63	0.64				1998年	4	0.029
1963年	137	0.68				1999年	32	0.187
1964年	106	0.51				2000年	20	0.1
1965年	336	1.63				2001年	24	0.129
1966年	436	1				2002年	1	0.005
1967年	351	1				2003年	4	0.023
1968年	263	0.6				2004年	11	0.048
1969年	373	0.58				2005年	33	0.143
1970年	404	0.7				2006年	20	0.084
1971年	536	1.3				2007年	22	0.091
1972年	371	0.71				2008年	10	0.054
1973年	254	0.61				2009年	20	0.096
1974年	291	0.67				2010年	42	0.184
1975年	263	0.56				2011年	49	0.2036
铁道兵合计				8173	0.88	中国铁建合计	613	0.1235

制表：郭 宏

中国铁建兵改工以来伤亡事故统计表

项目/数量/年度	合计				职工因工伤亡事故				职工在国有公路上发生交通事故				职工非因工伤亡事故				我方主要责任造成群众伤亡事故				外部劳务伤亡事故			
	起数	轻伤	重伤	死亡	起数	轻伤	重伤	死亡	起数	轻伤	重伤	死亡	起数	轻伤	重伤	死亡	起数	轻伤	重伤	死亡	起数	轻伤	重伤	死亡
1984年	312	187	107	79	219	162	69	27					36	7	9	24	57	18	29	28				
1985年	241	168	58	52	215	157	51	36					17	3	4	10	9	8	3	6				
1986年	259	160	61	77	217	156	47	44					26	3	6	19	16	1	8	14				
1987年	166	99	38	63	145	92	36	45					13	5	2	11	8	2		7				
1988年	117	64	23	45	92	60	21	21	4		1	3	15		1	15	6	4		6				
1989年	111	76	26	33	87	56	19	20	14	20	5	5	10		2	8								
1990年	113	89	18	31	86	69	15	8	12	17	3	8	12	3		12	3			3				
1991年	128	99	24	38	107	84	21	24	7	9	4		11			11	3	6		3				
1992年	144	113	15	28	130	112	13	15	6	1	2	4	6			7	2			2				
1993年	144	131	28	32	129	119	21	19	10	9	6	11	3	1		2	2	2	1		11			20
1994年	107	97	8	21	99	94	6	14	3	3	2	2	5			5	1	2		4	9	10	6	33
1995年	92	85	15	14	92	85	15	14													4	3		6
1996年	72	62	9	8	70	62	9	6					2			2					3			9
1997年	87	72	11	36	85	72	11	28					2			8					4	5		7
1998年	66	59	7	6	64	59	7	4					2			2					4	2	1	9
1999年	103	86	9	37	98	86	9	32					5			5					2			4
2000年	66	74	13	21	65	74	13	20					1			1					3	1	1	5
2001年	66	80	14	30	62	80	14	24					4			6					1			1
2002年	79	70	7	2	78	70	7	1					1			1					2	1	2	4
2003年	72	67	10	4	72	67	10	4													2	1		4
2004年	76	79	7	12	75	79	7	11					1			1								
2005年	57	63	10	33	57	63	10	33													3			3
2006年	60	60	11	20	60	60	11	20													1	3		3
2007年	67	70	14	22	67	70	14	22													3			4
2008年	4	2	2	10	1			4													3	2	2	6
2009年	8			20	6			15													2			5
2010年	10	3		42	1	3		7													9			35
2011年	11			49																	11			49
合计	2838	2215	545	865	2479	2091	456	518	56	59	23	33	172	22	24	150	107	43	41	73	77	28	12	207

制表：郭宏

中国铁建兵改工以来各单位逐年职工因工死亡人数统计表

年度 数量 单位	职工因工死亡人数																												
	一九八四年	一九八五年	一九八六年	一九八七年	一九八八年	一九八九年	一九九〇年	一九九一年	一九九二年	一九九三年	一九九四年	一九九五年	一九九六年	一九九七年	一九九八年	一九九九年	二〇〇〇年	二〇〇一年	二〇〇二年	二〇〇三年	二〇〇四年	二〇〇五年	二〇〇六年	二〇〇七年	二〇〇八年	二〇〇九年	二〇一〇年	二〇一一年	合计
中国土木工程集团公司																													
中铁十一局集团公司	2	7	6	4	2	2	1	1	7	1	5						2	2		2		1	4				2		51
中铁十二局集团公司	2	1	1	2	4										2	2		14					2	9		2	10		51
中铁十三局集团公司	1	2		2	4	3		1	1	1			1			4				1			1	1			7		30
中铁十四局集团公司	1	3	1	6	1	1	1	4	2				1	1		1	1					6				6		3	39
中铁十五局集团公司	3	2		2	2	4		6	2	3	4			1		8	6	1					1	3	1			5	54
中铁十六局集团公司	6	8	11	4	1	2	1	2	2	3	1	2	1	20				1			1	8		3		5	2		84
中铁十七局集团公司	1		2	3		1	1	1			3												9	4	4	1	2	2	34
中铁十八局集团公司	5	4	9	16	3		2	1		3		6	1			2	2	1						1	5	3	10	1	75
中铁十九局集团公司	1		4	1	1	3		3		5		1		1	1	10	8				1	12		1				24	77
中铁二十局集团公司	1	6	7	5	3	4	1	1	1							4		2			2		3					11	51
中铁二十一局集团公司																													
中铁二十二局集团公司																						3					1		4
中铁二十三局集团公司																												1	1
中铁二十四局集团公司																					4					2	7		13
中铁二十五局集团公司																										1	1		2
中铁建设集团公司		1	1																									2	4
中国铁建电气化局集团公司																													
中铁第一勘察设计院集团公司																													
中铁第四勘察设计院集团公司																					1								1
中铁第五勘察设计院集团公司																			1										1
中铁上海设计院集团公司																													
中铁物资集团公司			1										1																2
昆明中铁大型养路机械集团公司																					1								1
中铁建(北京)商务管理公司																					1	3							4
中国铁建直属单位	4	2	1				1	4		3	1	5	1	5	1	1	1	3		1									34
合　计	27	36	44	45	21	20	8	24	15	19	14	14	6	28	4	32	20	24	1	4	11	33	20	22	10	20	42	49	613

注:中国铁建直属单位包括原工厂局、国内工程公司、铁路运输处、铁道战备舟桥处。

制表:郭　宏

设 备 物 资

【设备物资部】 主要职责:贯彻执行国家有关设备、运输、物资、工业、节能减排工作的方针、政策和法规;组织制定股份公司系统设备、运输、物资、工业、节能减排管理的各项规章制度;负责股份公司主要物资和大型专用设备的集中招标采购和大型专用施工设备的内部调配;组织设备重大技术的推广与交流;负责利用外资贷款购置设备,协调总承包工程项目和本级经营项目主要物资的供应;负责股份公司系统铁路路料运输、工程路用车、铁路机车车辆调拨、铁路自轮运转特种设备管理;负责铁路集采专供物资、油料、民爆器材计划及协调工作;负责工业企业建设和工业产品技术研发、引进、消化、吸收,以及工业企业资源优化配置、产品调整的研究论证;负责股份公司节能减排管理,组织全系统设备、运输、物资、节能减排检查及年度统计报表汇总上报工作。定员 9 人,现员 8 人,设部长 1 人、副部长 1 人、总机械师 1 人;下设设备处、物资处、工业处。

(郭春雷)

【主要技术设备】 截至 2011 年底,股份公司系统保有机械动力设备 86754 台(套),原值 389.3 亿元、净值 240.36 亿元,其中大型设备 4187 台(套),原值 216 亿元、净值 128 亿元。机械设备总功率 763 万千瓦,技术装备率和动力装备率分别为 9.24 万元/人和 29.37 千瓦/人。拥有盾构(TBM)137 台;铁路客运专线施工专用 900 吨混凝土箱梁运架一体机 4 台,架桥机 89 台、运梁车 95 台、提移梁机 160 台(套)、移动模架 138 套;常规铁路架桥机 41 台、铺轨机 27 台,电气化施工设备(作业车、放线车、立杆车、轨道起重设备、重型轨道车、轨道平板车等)316 台(套);大型机械化整道设备(起拨道捣固车、配砟整形车、动力稳定车等)46 台。股份公司系统机械设备成新率 61.73%;大型施工机械设备完好率 92.7%,利用率 78.78%,闲置率 6.26%。2011 年更新机械设备 9146 台,价值 83.68 亿元。主要施工设备实现机电液一体化、智能化、多功能化,无论从数量、质量和装备能力上都已接近或达到世界先进水平,提高了股份公司的市场竞争力,在工程投标和完成施工任务中发挥了重要作用。 (郭春雷)

【设备管理专业人员】 2011 年,股份公司系统有设备管理专业技术人员 9829 人,其中高级工程师 595 人、工程师 1807 人。设备技术工人 32389 人,其中机械司机 11965 人、汽车驾驶员 11498 人、修理工 3483 人。各单位全年完成专业技术培训 527 期,培训人员 9852 人。 (郭春雷)

【物资管理专业人员】 2011 年,股份公司系统现有物资管理人员 12075 人,其中高级职务 270 人、中级职务 1136 人、初级职务 3570 人,各单位全年完成业务培训 282 期,培训人员 6733 人。 (刘宝庆)

【物资供应】 2011 年,股份公司系统组织供应物资 1806 亿元,消耗物资 1798 亿元。其中,供应钢材 1385 万吨;木材 126 万立方米;水泥 5657 万吨;油料 183 万吨;炸药 20 万吨。有效的物资供应,满足了施工生产需求,确保了生产经营的顺利进行。 (刘宝庆)

【设备物资检查】 为进一步加强中国铁建设备物资管理工作,增强企业机械化施工能力和综合实力,降低设备物资采购成本,提高企业管理水平及整体经济效益,股份公司下发《关于部署开展 2011 年度设备物资检查工作的通知》,要求所属单位在机构设置、制度落实、人员配备、资料管理方面加强检查力度,找出问题并制定整改措施,规范设备物资管理流程。

(刘宝庆 郭春雷)

【推广应用“四新”技术】 年内组织中国铁建系统的设备管理人员与国内外主要设备制造商进行施工设备和施工工艺交流,促进新设备、新技术、新工艺的及时推广与应用;组织人员参加第十一届北京国际工程机械展览与技术交流会(BICES2011),及时了解国内外工程机械的技术水平和发展趋势。 (郭春雷)

【中国铁建设备物资管理座谈会】 5 月 10 日在江苏无锡召开。会议总结全系统 2010 年及 2011 年一季度设备物资工作情况,通报设备、物资管理主要工作,分析设备物资集中招标采购存在的问题,研究改进措施,修订设备、物资管理规定和设备、物资采购及公务用车管理办法,研讨设备调剂、采购、维护管理工作。股份公司总裁赵广发、副总裁夏国斌作重要讲话。

(郭春雷 刘宝庆)

【加强设备物资制度建设】 2011 年,股份公司先后印发设备、物资管理规定,促进设备、物资管理制度化、规范化;拟订《中国铁建股份有限公司子公司负责人设备物资工作年度绩效考核办法》,充分发挥绩效考核的导向作用,提高所属单位领导层、管理层对设备物资工作的参与和支持力度。 (郭春雷 刘宝庆)

【设备集中招标采购】 2011年,股份公司深入推行设备物资集中招标采购制度,修定下发《中国铁建设备集中采购管理办法》《中国铁建物资采购管理办法》。年内,全系统新购施工设备3692台,采购合同价27.33亿元,市场价28.63亿元,节约资金1.3亿元。年内,国内宏观经济形势出现转变,铁路建设市场进入调整期。海外市场受局势影响,发展受到限制。结合企业现状,股份公司严格控制购买施工设备,要求单台价格10万元以上的施工设备,按管理程序报股份公司批准。截至年底,所属集团公司上报采购计划1091台(套),预计采购金额14.59亿元;股份公司批复集中采购354台(套),预计采购金额12.01亿元;批复所属集团公司自行采购715台,预计采购金额2.58亿元。年内,股份公司通过设备采购中心,组织集中招标采购59次,采购设备263台(套),其中盾构10台、大型提运架设备1台、成批量通用设备230台,采购市场价7.56亿元,采购合同价7.22亿元,节约资金约3400万元,占采购市场价的4.5%。

所属集团公司积极组织本级平台的集中采购工作,效果明显。中铁十二局集团公司集中采购设备208台(套),采购总金额约8683万元,节约资金约386万元;中铁十六局集团公司集中采购设备174台(套),采购总金额约5009万元,节约资金约403万元;中铁二十局集团公司集中采购设备20台(套),采购总金额约249万元,节约资金约16万元。 (郭春雷)

【物资集中招标采购】 2011年,国家货币政策步步收紧,铁路建设市场急剧萎缩,股份公司系统各施工单位坚定不移地继续全面推行物资集中采购工作,在股份公司、集团公司集采平台及各铁路局交易平台集中招标采购钢材810万吨、水泥3400万吨,两项共节约成本17.05亿元。4月,股份公司物资采购中心协助中铁二十局集团公司进行沪昆铁路客运专线贵州段第二批次甲控物资招标采购的牵头组织工作,在树立股份公司形象的同时,提高系统内各参建单位的话语权,有效降低采购成本。

(1)区域集中采购试点工作取得一定进展。1月,与河北钢铁集团续签战略合作协议,继续推进京津冀地区钢材集中采购工作,1~12月累计向河北钢铁集团采购钢材近38万吨,每吨价格低于厂家挂牌价近60元。

(2)投资项目物资集中采购初见成效。京沪济乐高速公路是股份公司实施的第一个BOT集采项目,物资采购中心组织各施工单位作为采购主体,与13家厂商就项目所需钢材、水泥、钢绞线进行竞争性采购谈判,节约成本3700万元。

(3)成品油、火工品集中采购工作取得突破。股份公司充分发挥物资采购中心专业资源优势,在成品油、火工品集中采购方面取得较大进展。1~12月,所属单位通过中石油铁建油品公司集中采购油料16万吨,每吨价格低于市场价300元左右;通过铁建民爆器材专营有限公司集中采购炸药7388吨、雷管604万发、导爆索246万米,每吨炸药价格低于市场价4000元左右。通过股份公司的积极协调,沪昆铁路贵州段火工品集采工作得到贵州省人民政府的高度重视,最终打破地方价格垄断,仅此一项就为股份公司系统降低采购成本2亿元左右。

(4)区域供应网络布局日趋完善。物资采购中心利用自身经营资源与服务网络,在全国设立东北、华北、华东、华中、华南、西北、西南七个区域分采购中心,负责区域内股份公司物资集中采购工作的业务协调和服务支持。设立油品、火工品两个专业分采购中心,负责股份公司优势资源的集中采购、统一供应。年内拥有北京、天津、上海、重庆等服务网点66处,基本覆盖38个全国性物流节点城市和重要省会城市,初步建立起以区域中心为服务平台的物资集中采购服务体系。

(刘宝庆)

【铁路编组自运行设备发运】 为保证股份公司系统电气化施工任务的完成,在收到所属单位的发运申请后,及时与铁道部运输局联系,全年为各单位的铁路自运行设备发运办理铁道部调度命令37次,发运150车次。 (刘宝庆)

【工程路用车管理】 2011年,股份公司根据杭甬城际、宁杭城际、京沪高速、哈大客运专线、太中银、广珠等铁路铺轨、架梁任务的需要,为所属单位申请使用工程路用车3066辆。股份公司对所属单位提出的使用申请,严格把关、及时申报计划,并要求使用单位加强管理,按时通报使用情况,杜绝违章使用情况的发生,保证各条新线铺架现场的桥梁、轨排和材料运输。

(张宏成)

【工业制造】 2011年,股份公司工业制造板块实现企业总产值69.3亿元,占年度计划86.2亿元的80.4%;新签合同额74.3亿元,占年度计划80.7亿元的92.1%;营业收入62.5亿元,占年度计划79.8亿元的78.4%。其中,昆明中铁大型养路机械集团公司完成产值35亿元,占年度计划的122.5%;新签合同25亿元,占年度计划的100%;营业收入28.8亿元,占年度计划的100.8%。中国铁建重工集团公司受铁路建设形势变化的影响较大,生产经营情况不够理想,完成产值22亿元，占年度计划的52.3%；新签合同38.6亿元，占年度计划的85.8%；营业收入23.2亿元，占年度计划的61.1%。

在产品研发方面，完成道岔清筛机、桥梁检查车、轨道吸污车和恒张力放线车4个新产品的样机试制；高效清筛机、连续式正线道岔捣固稳定车的设计方案通过铁道部评审；除雪轨道车项目正式启动，完成除雪装置、破冰装置初步方案设计；完成XM-1800钢轨铣磨车整机（除铣、磨单元外）部件三维模型、图纸设计；组建侧切式边坡清筛机项目团队，并展开调研；恒张力放线车技术设计通过评审，取得生产资质，第一批生产的6台恒张力放线车于2011年上半年陆续投入使用；TBM研发项目获得国家"863"计划支持；土压平衡盾构机完全自主研发，具有自主知识产权，并已生产23台，其中16台成功使用于施工一线，已贯通11个盾构区间，累计掘进里程15公里；预切槽隧道施工装备关键技术研究获国家科技支撑计划立项；TBM和预切槽机研发项目通过国家科技部2012年度项目出库环节；开发道岔新产品50余项，高锰钢辙叉新品种10个。

在市场拓展方面，昆明中铁大型养路机械集团公司在紧盯铁道部批量采购规划的同时，积极跟踪市场，年内对新疆亚欧大陆桥公司、集通公司、伊泰准东集团、神华集团、广西沿海公司、日照港铁路运输公司、中国中铁等用户广泛进行需求信息跟踪，并陆续签订采购合同；同时在国际市场开拓方面取得突破，制定《昆明中铁产品国际化工作进度表》，完成《关于普拉塞技术转让合同的不合理条款汇编》《普拉塞在中国申请的专利（捣固）汇总》，对产品出口和国际化营销渠道进行调研，确定中亚、中东、南美、澳洲等国家和地区为昆明中铁大型养路机械集团公司国际化经营重点目标区域。中国铁建重工集团公司在城市地铁轻轨市场开发取得成效，除盾构机外，道岔和弹条扣件在昆明、北京、武汉、广州等地铁项目获得订单；调整经营思路，改革集团公司营销管理模式，推动区域经营，为经营工作提供新的发展平台；成立营销公司，实行道岔、盾构、机械装备等系列产品集中营销。（郭春雷）

中铁二十局集团西安工程机械有限公司研制的窄轨铺轨机在安哥拉进行铺轨作业。

（刘文君 提供）

2011年11月18日，中国土木工程集团尼日利亚公司举办中国土木工程集团公司进入尼日利亚市场30周年暨中土尼日利亚有限公司成立15周年庆祝大会。（郭子岩 提供）

海外经营 境外工程

本栏责任编辑 **杨启燕**

海外经营

·海外业务·

【国际部】 股份公司机关行政职能部门。主要职责:贯彻执行党和国家有关外经、外事方针、政策、法律、法规;执行公司的有关决定、决议;负责编制公司海外经营战略,制定、完善公司外经、外事管理制度和规定;代表公司对口国家外交、外经主管部门、省市外事管理部门;负责与驻华使(领)馆、驻外使领馆、商会、协会的工作联系以及驻外企业的交流与合作;负责公司领导参加外事活动联络,因公出国(境)人员审批、护照办理、签证等工作;负责公司境外业务管理、协调、监督、服务工作;负责公司海外业务风险管理与内控工作;负责ENR(全球最大225家国际承包商)评选参选资料准备及报送工作;负责公司对外经营资格证书年检、企业信用等级评价的申报、更新工作;负责处理境外突发事件及公司系统机构、承揽工程情况统计报表及相关统计分析工作。设部长、副部长各1人,下设海外业务管理处、外事处,各处定员3人。 (杨 贺)

【全球最大225家国际承包商排名】 4月,按照中国对外承包工程商会通知要求,完成美国《国际工程新闻记录》(ENR)组织的全球最大225家国际承包商排名的资料报送工作。2011年,中国铁建在ENR全球最大225家国际承包商中排名第1位。 (杨 贺)

【对外经营资格年检】 5月,按照北京市商务委员会的通知要求,完成对外承包工程经营资格和对外劳务合作经营资格的更新与年检。 (杨 贺)

2011年中国铁建海外经营新签合同额统计表

单位:万美元

序号	单 位	新签合同额	占海外合同总额比例(%)
1	中国土木工程集团有限公司	813170.97	81.11
2	中铁十一局集团有限公司	39921.00	3.98
3	中铁十二局集团有限公司	20520.54	2.05
4	中铁十三局集团有限公司	4011.00	0.40
5	中铁十四局集团有限公司	18341.03	1.83
6	中铁十七局集团有限公司	36218.00	3.61
7	中铁十八局集团有限公司	22356.18	2.23
8	中铁二十三局集团有限公司	33882.30	3.38
9	中铁第一勘察设计院集团有限公司	308.35	0.03
10	中铁第五勘察设计院集团有限公司	16.70	0.00
11	中铁建设集团有限公司	5034.00	0.50
12	中铁建中非建设有限公司	2262.35	0.23
13	中国铁建电气化局集团有限公司	200.93	0.02
14	中国铁道建设(香港)有限公司	6293.43	100.00
	总 计	1002536.78	100.00

制表:杨 贺

2011年中国铁建海外经营完成产值统计表

单位:万美元

序号	单　　位	海外经营完成产值	占海外总产值比例(%)
1	中国铁建股份有限公司本级	18537.00	5.31
2	中国土木工程集团有限公司	86599.18	24.79
3	中铁十一局集团有限公司	2506.00	0.72
4	中铁十二局集团有限公司	20691.00	5.92
5	中铁十三局集团有限公司	1478.00	0.42
6	中铁十四局集团有限公司	53310.59	15.26
7	中铁十五局集团有限公司	14685.43	4.20
8	中铁十七局集团有限公司	14274.52	4.09
9	中铁十八局集团有限公司	57964.00	16.59
10	中铁十九局集团有限公司	1001.00	0.29
11	中铁二十局集团有限公司	62874.00	18.00
12	中铁二十三局集团有限公司	10900.70	3.12
13	中铁二十四局集团有限公司	744.32	0.21
14	中铁建设集团有限公司	3802.00	1.09
	总　　计	349367.74	100.00

制表:杨　贺

【外宾来访】 4月18日,中国铁建总裁赵广发,副总裁夏国斌、庄尚标与匈牙利国家发展部部长菲莱基率领的国家发展部代表团在总部机关会议室举行会谈。双方就中国铁建参与匈牙利铁路建设等方面的合作交换意见,并初步达成广泛共识。

5月9日,中国铁建总裁赵广发陪同铁道部部长盛光祖会见尼日利亚交通部部长苏莱曼一行。中国土木工程集团公司董事长、党委书记刘志明,中国铁建国际部部长武宪功参加会见。

5月13日,中国铁建总裁赵广发、副总裁扈振衣在总部机关三楼报告厅接待来访的亚洲国家铁路建设规划及施工管理研修班官员代表团,会上扈振衣副总裁做主旨演讲,向来自13个国家的学员介绍中国铁建的概况和近几年取得的成绩,总裁助理林兰生、机关有关部门参加接待。

5月30日,中国铁建副总裁扈振衣在机关会见来访的埃塞俄比亚驻华大使塞尤姆·梅斯芬一行,就埃塞铁路项目合作事宜进行商谈,国际部武宪功部长、中铁二十局集团公司副总经理王选尚等参加会谈。

7月11日,中国铁建总裁赵广发会见由总裁伊拉克里·祖格贝伊阿率领的格鲁吉亚铁路公司代表团。中国铁建总裁助理林兰生,国际部部长武宪功、副部长廖军和中铁二十三局集团公司董事长、总经理李洪奇,副总经理田宝华参加会见。

7月20日,中国铁建副总裁扈振衣会见来访的乌干达总统夫人一行,国际部廖军等参加会见。

9月9日,孟凤朝董事长在中国铁建总部大厦,会见来华访问的波兰基础设施部副部长安德烈·马赛尔一行。双方就中国铁建在波兰铁路建设市场开展合作问题进行深入而广泛的交流。中国铁建总裁助理林兰生,国际部部长武宪功、副部长廖军,中国土木工程集团公司总经理袁立、副总经理崔杰、欧美事业部经理刘玉岭参加会见。

10月13日,由肯尼亚公共服务国务部长达尔马斯·阿尼扬戈·奥蒂诺率领的肯尼亚经济发展部级官员研讨班代表团访问中国铁建。总裁赵广发与达尔马斯·阿尼扬戈·奥蒂诺就中国铁建与肯尼亚开展互利合作深入交换意见,并达成广泛共识。中国铁建总裁助理林兰生主持座谈会。肯尼亚公路部长富兰克林·贝特,教育部长萨姆森·凯格奥·翁盖里及交通部、工业部、地区发展部、农业部等部级官员,以及中国铁建经营计划部、资本运营部、财务部、国际部等相关部门负责人参加会见。

11月8日,中国铁建总裁赵广发在总部机关会见尼日利亚贸易投资部部长阿甘加一行。双方就莱基自由贸易区建设相关事宜进行深入交流,并达成广泛共识,表示将精诚合作,克服困难,加快建设步伐。中国铁建副总裁周志亮,总裁助理、中铁建中非建设有限公司董事长兼总经理陈晓星及有关部门负责人,尼日利亚拉各斯州工商局长、驻华使馆参赞以及有关企业代表参加会见。

11月15日,中国铁建副总裁扈振衣会见来访的美国莱纳公司副总裁克里斯·马林一行,就美国旧金山新区综合开发项目进行会谈,并签署谅解备忘录,铁道部中美项目组丛庆滋局长、中国铁建美国公司总经理张喜胜及王军等参加会见。

12月16日,中国铁建副总裁扈振衣在总部机关会见来访的阿联酋哈伯特·立顿集团高级项目主管塔·达莫其一行,就伊拉克项目合作事宜进行洽商,国际部部长武宪功参加会谈。（杨 贺）

【公司领导出访】 3月10~27日,中国铁建副总裁扈振衣赴沙特麦加项目现场办公。期间,就项目施工生产、变更索赔、运营筹备、商务合同等事宜与业主、监理、咨询、代理、铁道部专家组以及项目公司、北京铁路局、长春客车厂,中铁十八、十九局集团公司,中国铁建电气化局集团公司、中铁建设集团公司多次召开现场办公会。

3月28~31日,中国铁建副总裁扈振衣带领海外事业部部长郝桂林、中铁十九局集团公司副总经理魏万征、赵光明等从沙特吉达前往卡塔尔多哈,考察并洽谈卡塔尔项目。卡塔尔政府为筹办2022年世界杯,近几年将加大基础设施投入,卡塔尔将是中国铁建未来的机遇市场。

5月18~20日,中国铁建董事长孟凤朝率团赴土耳其访问。期间,代表团先后拜会土耳其铁路总局局长苏莱曼先生和中国驻土耳其大使宫小生,会见土耳其高速铁路项目业主现场代表和土方伙伴代表,并行程数百公里,冒雨赴土耳其高速铁路项目施工现场办公,查看道砟厂、土铁中土项目部、合包集团项目部和铺轨基地。

5月22~23日,中国铁建董事长孟凤朝到莱基自由贸易区调研。中国铁建总裁助理陈晓星、中国土木工程集团公司董事长刘志明等陪同。

6月6~25日,中国铁建副总裁扈振衣前往沙特麦加项目现场办公,重点就项目变更索赔、土建和MEP施工、运营筹备等事宜进行安排和布置。

6月26日,中国铁建副总裁扈振衣带领国际部海外业务管理处处长王永强、中铁二十局集团公司副总经理王选尚、中铁第一勘察设计院集团公司副院长朱力争和北京乾元丰公司齐孝侠等一行13人赴埃塞俄比亚和南苏丹进行为期12天的考察,埃塞俄比亚驻华使馆副大使冈冈全程陪同。考察期间,考察组先后受到南苏丹总统基尔、埃塞俄比亚总理梅莱斯、埃塞俄比亚副总理德塞利的热情接见,并与埃塞俄比亚和南苏丹政府相关部委进行多次会谈,签署埃塞俄比亚铁路建设合作谅解备忘录和南苏丹铁路、公路、河运项目谅解备忘录。

7月19日,由中国对外承包工程商会与台湾营造公会联合举办的两岸公共建设工程合作研讨会在台北国际会议中心举行。中国商务部副部长、海峡两岸经贸交流协会名誉会长蒋耀平,中国对外承包工程商会会长刁春和,台湾民主基金会董事长王金平、台北世贸中心董事长王志刚、台湾营造公会理事长潘俊荣出席会议并致辞。中国铁建总裁赵广发作为大陆建筑企业代表就高速铁路建设作主旨演讲。两岸数十家大型建筑企业的代表参加会议。这是两岸工程建筑界60多年来首次举办此类型的会议,对加强两岸在基础建设领域的合作,实现互利共赢具有重要意义。

8月21~11月11日,中国铁建副总裁扈振衣前往沙特麦加项目现场办公。期间,为确保顺利完成2011年朝觐运营任务,扈振衣副总裁常驻工地,亲自谋划,主持召开各类协调会、专业会、施工例会、运营筹备会160余次,检查工地沿线情况50余次。

10月15日,中国铁建董事长、党委书记孟凤朝一行赴土耳其检查指导工作,并认真听取中国铁建土耳其分公司总经理郑建兵和中国土木工程集团公司总经理袁立关于土耳其高速铁路项目进展情况的工作汇报。孟凤朝在听取汇报后指出,土耳其高速铁路项目在人手不多、语言困难、技术复杂的条件下,干得很艰苦,取得了一定的进展,他代表中国铁建和中国铁建党委向项目公司全体员工表示亲切慰问。

12月10~12日,中国铁建副总裁扈振衣应伊朗副总统阿里·莫哈迈德(Ali Agha Mohammad)的邀请赴德黑兰考察伊朗市场。期间,扈振衣副总裁先后会见伊朗第一副总统、伊朗石油部长兼国家石油公司总裁、伊朗道路与城市发展部副部长兼建筑与交通发展公司总裁、伊朗国家石油公司石油工程开发公司总经理、伊朗石油部副部长兼国家天然气公司总裁等政府官员和企业负责人,双方就伊朗铁路、公路、港口、石油管道、天然气管道等项目进行深入探讨,并达成初步合作意向。（杨 贺）

【领导视察】 3月22日,在安哥拉访问的中国国务院副总理王岐山考察了正在紧张施工的安哥拉社会住房项目工地,并亲切接见中铁十四局集团公司总经理张挺军、中铁十七局集团公司副总经理吴万良等中资企业领导和参建员工代表。

9月13日,陪同国务院副总理王岐山参加第三届中国—加勒比经贸合作论坛开幕式的中国商务部部长陈德铭,来到中国铁建(加勒比)有限公司负责实施的位于特立尼达和多巴哥共和国的斯卡伯

罗总医院项目工地视察。（杨 贺）

【重要记载】 2月21日，国资委外事局局长陆志军，副局长徐爱波、姜维亮等到中国铁建调研。中国铁建董事长孟凤朝主持汇报会，副总裁扈振衣汇报中国铁建海外生产经营情况。

2月下旬，利比亚国内局势发生重大变化，并且急剧恶化，动荡与冲突严重威胁中国铁建驻利比亚人员及财产安全。中国铁建认真贯彻落实国务院应急指挥部的指示精神，在第一时间成立利比亚应急组织机构，启动应急预案，统一思想，统一行动，全面部署和组织撤离工作，利比亚铁路项目参建人员3572人安全、迅速、有序地撤离利比亚回到祖国，无一伤亡。

3月3日，中国铁建副总裁扈振衣参加国资委利比亚撤侨紧急会议，国资委对各大央企利比亚撤离人员的安置提出要求，会上扈振衣汇报中国铁建利比亚人员撤离情况。

4月28～29日，中国铁建总裁赵广发与副总裁扈振衣一起参加国资委中央企业“走出去”工作会议，会议由国资委副主任金阳主持，国资委主任王勇、副主任黄丹华及商务部副部长陈健在会上作重要讲话。

5月24日，中国铁建副总裁扈振衣参加股份公司外事工作移交会议，会上对外事工作由中国土木工程集团公司移交到股份公司国际部的相关事宜进行了安排。会议由中国铁建国际部部长武宪功主持，人力资源部、财务部、发展规划部和中国土木工程集团公司总经理袁立及中土集团相关部门人员参加会议。

5月26日，中国铁建副总裁扈振衣参加中国对外承包商会主办的第二届国际基础设施投资与建设高峰论坛。期间，分别会见俄罗斯建筑协会会长和澳大利亚沃利帕森公司主席一行。

5月27日，中国铁建副总裁扈振衣在埃塞俄比亚驻华使馆出席埃塞国庆20周年纪念日活动，并与埃塞驻华大使塞尤姆先生会谈。中国土木工程集团公司副总经理周天想、中铁二十局集团公司副总经理王选尚等参加此次活动。

6月14日，沙特城乡事务部大臣曼苏尔亲王视察麦加轻轨铁路，随后，曼苏尔亲王在麦加现场召开座谈会，会议由沙特城乡事务部次大臣哈比卜博士主持，中国铁建副总裁扈振衣率领海外事业部部长郝桂林、中铁建设集团公司副总经理吴成木、中铁十八局集团公司沙特麦加项目经理席居法、中铁十九局集团公司副总经理魏万征等出席会议。

7月20日，中国铁建副总裁扈振衣在钓鱼台国宾馆会见喀麦隆政府官员，就喀麦隆1600公里铁路网和500公里货运铁路专线进行沟通。中国铁建总裁助理陈晓星等参加会见。

7月25日，中国铁建副总裁扈振衣前往国家开发银行会见银行行长助理赵建平，双方对俄罗斯、南苏丹、匈牙利、加纳、塞尔维亚、巴西、美国市场以及坦赞铁路项目的合作进行深入探讨，并形成会议纪要。

8月11日，中国铁建副总裁扈振衣在深圳万豪酒店会见来华访问的埃塞俄比亚总理梅莱斯·泽纳维，就中国铁建参与埃塞俄比亚铁路项目进行深入交流，取得很好效果。埃塞驻华使馆大使塞尤姆·梅斯芬、副大使冈冈，中铁二十局集团公司副总经理王选尚、北京乾元丰公司董事长齐孝侠等参加会见。

8月18日，中铁二十三局集团公司收到格鲁吉亚国家铁路公司发来的中标函，通知中标格鲁吉亚铁路现代化改造设计施工总承包项目，中标金额2.67亿瑞士法郎(不含增值税)，折合人民币21.92亿元，工期55个月。该项目位于格鲁吉亚国家中部的哈舒里—泽斯塔佛尼之间，包括18.265公里的部分既有线改造和38.3公里的新线建设。

11月3～9日，由中国铁建承建的沙特麦加轻轨铁路圆满完成朝觐运营任务。在7天的运营中，开行列车1765趟，运送朝觐者322.4万人次。为圆满完成2011年的朝觐运营任务，中国铁建副总裁扈振衣组织北京铁路局、马来西亚核心员工，沙特当地临时员工，各专业应急维修组以及项目公司应急协调人员约5000人投入到运营管理工作中。为确保朝觐运营万无一失，项目公司还组织项目管理人员、中铁十八局集团公司部分员工约1000人补充到各个车站做为应急力量，协助进行车站管理和站上、站下客流疏导工作。10月26日组织由各方参与的大型综合演练，10月30日进行第三次全场景模拟试运行，随后进行整备调整，为朝觐运营做好充分的准备工作。期间，沙特城乡事务部大臣曼苏尔亲王、次大臣默罕默德亲王、沙特旅游部长阿布扎比亲王、阿联酋阿布扎比铁路机构、卡塔尔发展规划委员会等官员视察项目并乘坐轻轨列车，均对中国铁建运营筹备和运营组织工作表示满意。朝觐运营结束后，沙特王储纳义夫亲王致电祝贺，并对中国铁建为安全运营所做的工作表示感谢。

11月18日，中铁十一局集团公司收到新加坡陆路交通管理局发出的中标通知书，通知中标新加坡轨道交通大士西延长线土建合同1687号和1686号，中标价合计为新加坡币5.07亿元(折合人民币约25.35亿元)。

12月16日，中国土木工程集团公司与埃塞俄比亚铁路公司在埃塞俄比亚首都亚的斯亚贝巴共同签署米埃索—迪雷达瓦—达瓦利铁路项目的实施合同。该项目为EPC交钥匙工程，参照中国标准实施，标准轨电气化客货混运单线铁路，合同总金额11.974亿美元(约人民币75.733亿元)。

12月24日，中国土木工程集团公司与乍得共和国交通和民航部签署乍得铁路EPC总承包(含机车车辆供货)合同。该项目为单线标准轨铁路,包括南线527.93公里和东线836.16公里,全长1364.09公里,采用中国铁路标准。合同总金额56.31亿美元。在该合同项下,将先行启动第一期东线阿贝歇—阿德雷段,该段全长161.16公里,合同金额11.28亿美元(约人民币71.24亿元)。

12月29日,中国土木工程集团公司中标尼日利亚拉各斯巴达格瑞高速公路2标段全长14.8公里的高速公路项目,建设工期3年,合同金额1412亿奈拉(约合9.41亿美元)。目前已收到40亿奈拉(约合2667万美元)的预付款。 (杨 贺)

·海外及港澳资源管理·

【海外事业部】 股份公司机关事业部门,主要职能:负责股份公司本级海外资源项目和部分区域工程项目的合作、开发与管理,以股份公司名义对外跟踪、承揽境外工程项目,同时代股份公司管理中国铁建(加勒比)有限公司和中国铁道建设(香港)有限公司。实行独立核算、自负盈亏。现员26人。其中,部长、副部长各1人;正式员工8人;借调员工2人;外聘合同员工14人。 (董毓华)

【工程信息跟踪】 2011年根据股份公司海外市场的分布及资源情况,加大海外市场的开拓力度,以交通和基础设施工程建设为先导,进行海外市场局部的调整与优化,提高海外自营能力,保持海外市场的平稳快速发展。年内参与斯里兰卡库鲁内格勒至巴哈拉纳铁路,特立尼达和多巴哥共和国机场、阿瑞玛医院、福廷角医院,卡塔尔公路、综合铁路,沙特达曼铁路、大陆桥,几内亚清表及营地项目,香港地铁南港岛线、观塘线伸延线轨道和接触网工程,香港屯门至赤腊角北面连接线海底隧道工程信息跟踪。 (董毓华)

【海外工程承揽】 9月,由股份公司、中铁第一勘察设计院集团公司、中国铁道建设(香港)有限公司联合投标,以香港公司名义与力拓(大西洋)矿业有限公司签订非洲几内亚共和国西曼多铁矿地勘项目合同。西曼多项目位于几内亚的东南部西曼多山,该地区蕴藏丰富的铁矿资源。项目包括700公里铁路、港口、开矿等基础设施建设,地质勘探分为3段,主要工程量包括土质探孔387个8770米和岩石探孔348个4305米,合同工期12个月。 (董毓华)

【特立尼达和多巴哥共和国斯卡伯罗总医院工程】 业主为特立尼达和多巴哥共和国卫生部及国家保险财产发展有限公司,是中国铁建在美洲地区承接的、首项完全按照国际标准实施的设计—施工—设备采购与安装总承包合同,由中国铁建(加勒比)有限公司代表股份公司具体实施,相关集团公司参与建设。项目占地面积196800平方米,建筑面积18690平方米,工程投资7642万美元,是集医疗、科研、教学为一体的多功能综合性医院,是特多乃至整个加勒比地区,功能最齐全、设备最先进的现代化医院之一。2008年11月3日开工,2011年12月16日土建部分已全面移交业主,预计2012年5月竣工并交付使用。 (董毓华)

境外工程

【安哥拉社会住房工程】 位于安哥拉首都罗安达,2008年5月签约,合同投资35.4亿美元,总建筑面积710000平方米,合同工期35个月。工程包括公寓楼、幼儿园、中学小学以及配套设施。由中铁十四局集团公司承建。截至2011年底,开工累计完成投资3.47亿美元。 (杨 贺)

【安哥拉本格拉铁路大修工程】 位于安哥拉中部,西起大西洋沿岸的洛比托港,东至安哥拉与刚果边境,是安哥拉三条铁路主干线之一。全长1343公里,合同投资18亿美元,合同工期2007年8月~2011年1月。由于业主资金问题,工期延期至2012年底。由中铁二十局集团公司负责设计施工总承包。截至2011年底,开工累计完成投资12.13亿美元。 (杨 贺)

【土耳其安卡拉—伊斯坦布尔高速铁路二期工程】 全长158公里,总投资12.7亿美元。其中,第1标段科斯克亚—温兹里罕姆长103公里,合同投资6.6亿美元,2006年11月28日中标并签约,2008年10月21日开工;第2标段温兹里罕姆—依奴诺长54公里,合同投资6.1亿美元,2006年7月11日中标并签约,2008年9月22日开工。铁路采用欧洲技术标准,设计时速250公里,合同工期24个月。工程由中国铁建牵头,与中国机械进出口集团公司及土耳其成吉思汗、伊兹塔斯建筑公司组成合包集团共同负责工程施工。主要工程量:桥梁22座10300延长米,隧道44座45100延长米,车站7座。截至2011年底,开工累计完成投资0.22亿美元。 (杨 贺)

【沙特阿拉伯麦加地铁南线工程】 全长18公里,包括9座车站、1座车辆段、系统集成建设及车辆供应等业务。2009年2月10日签约,合同投资17.7亿美元,合同工期2009年2月~2011年5月,运营期3年。截至2011年底,开工累计完成投资14.94亿美元。

（杨 贺）

【沙特阿拉伯南北铁路工程】 为单线铁路工程,采用美国标准,由欧洲公司负责设计。全长2400公里,总投资28亿美元。中铁十八局集团公司承建的CTW200标段位于沙特北部博斯特—安娜德之间,标段长453公里,合同投资5.24亿美元,2007年3月开工。截至2011年底,开工累计完成投资4.9亿美元。

（杨 贺）

【沙特阿拉伯200所学校工程】 合同总投资5.14亿美元。200所学校分布在沙特阿拉伯5个城市、135个地块,分为7组。其中,首都利雅得市区170所;其他城市30所。总建筑面积100多万平方米,建成后学校可以容纳约15万名学生就学。200所学校主要以“天井式”布局,三层框架砖混结构,地质坚固,地基采用筏板基础,设教学楼、小型体育馆。2009年11月开工。截至2011年底,开工累计完成投资0.74亿美元。

（杨 贺）

【沙特阿拉伯麦麦高速铁路工程】 全长449公里,采用法国有砟高速铁路技术标准,设计时速350公里。中铁十八局集团公司承建的第1标段于2009年3月签约,合同投资3.84亿美元。主要工程量:土石方12200万平方米,桥梁93座,车站7座。截至2011年底,开工累计完成投资0.32亿美元。 （杨 贺）

【尼日利亚铁路现代化工程】 尼日利亚拉各斯—卡诺双线标准轨铁路全长1315公里。2006年10月30日中标,总投资83亿美元。工程采用中国技术标准进行设计、施工,开创中国技术标准输出先河。2007年3月开工,合同工期4年。主要工程量:铺轨2730公里,车站25座,桥梁200公里,机车车辆维修工厂两座。由中国土木工程集团公司负责设计施工总承包。2008年完成初步勘测设计任务,并向尼日利亚提交相关设计资料。2009年5月1日,双方达成一致,先期启动阿布贾—卡杜纳和拉各斯—伊巴丹段。阿布贾—卡杜纳段长186.5公里、站线长41.291公里,2009年10月26日与尼日利亚联邦交通部签约,合同投资84975万美元,合同工期36个月。截至2011年底,开工累计完成投资1.18亿美元。 （杨 贺）

【尼日利亚阿布贾城市铁路工程】 全长60.7公里,合同投资8.4亿美元,2007年5月签约,合同工期4年。主要工程量:铁路桥梁10座1226延长米,公路跨线桥7座340延长米,涵洞168座,铺轨165公里,铺道岔131组。采用中国技术标准,由中土尼日利亚有限公司负责设计施工总承包。截至2011年底,开工累计完成投资1.48亿美元。 （杨 贺）

【尼日利亚达迈高速公路工程】 位于尼日利亚东北部,为132公里州际高速公路双线改造、扩建工程。2006年7月中标,合同投资3亿美元,2007年1月开工,合同工期40个月。由中土尼日利亚有限公司承建。截至2011年底,开工累计完成投资0.89亿美元。

（杨 贺）

【阿尔及利亚55公里铁路工程】 位于阿尔及利亚北部沿海地区。2007年7月,中国土木工程集团公司与土耳其OZGUN公司组成联合体中标;2009年6月20日签约,7月18日开工。全长55公里,合同投资5.7亿美元。中国铁建负责拆除既有单线线路、改建复线线路。其中,单线双洞隧道7370延长米;单洞双线隧道2796延长米。工程为设计、施工总承包项目,设计时速160公里。截至2011年底,开工累计完成投资0.32亿美元。 （杨 贺）

【阿尔及利亚东西高速公路西标段W8标段工程】 业主为阿尔及利亚公共工程部,2008年4月18日签约,标段正线长53.966公里,总投资4.39亿美元,由中铁十七局集团公司负责施工。主要工程量:路基土石方1847.2万立方米,碎石垫层87万立方米,路面沥青混凝土69.05万吨,主线桥14座3113.3延长米,天桥6座428.17延长米,涵洞87座5544.5横延米。截至2011年底,开工累计完成投资4.29亿美元。（杨 贺）

【格鲁吉亚第比利斯绕城铁路工程】 为欧洲复兴银行贷款项目,新建双线轨道26.9公里,既有线改造10公里,增建二线30.66公里,合同投资3亿美元。2010年6月15日签约,合同工期2010年7月8日~2013年7月7日。由中铁二十三局集团公司承建。截至2011年底,开工累计完成投资0.84亿美元。 （杨 贺）

【格鲁吉亚铁路现代化工程】 业主为格鲁吉亚铁路公司,Zestaphoni站—Kharagauli站段23公里现代化改造。2011年8月18日签约,总投资3.38亿美元,由中铁二十三局集团公司承建。截至2011年底,开工累计完成投资0.03亿美元。 （杨 贺）

【科威特别墅和公用建筑工程】 2010年11月11日

签约,合同投资 1.21 亿美元。工程主要包括别墅 324 套,幼儿园、小学各两所,女子中学 1 所,小清真寺 6 座,主清真寺 1 座。由中铁十八局集团公司承建。截至 2011 年底,开工累计完成投资 0.2 亿美元。

(杨 贺)

【印度 Mandi 医药大学工程】 业主为印度国家建筑公司,合同投资 1.2 亿美元,2009 年 7 月 30 日开工。工程主要包括办公楼、医院、住宅、宿舍楼、宾馆等建筑物。由中铁十四局集团公司与 NCC 组成联合体承建。截至 2011 年底,开工累计完成投资 0.73 亿美元。

(杨 贺)

【坦桑尼亚松—马—卡公路改建项目】 业主为坦桑尼亚国家公路局,公路长 112 公里、宽 7.5 米,合同投资 1.19 亿美元。2009 年 10 月 8 日签约,合同工期 2010 年 1 月 13 日 ~ 2013 年 1 月 13 日。由中铁十五局集团公司与河南新开元组成联合体承建。截至 2011 年底,开工累计完成投资 0.11 亿美元。(杨 贺)

中铁十三局集团公司承建的马来西亚瓜拉班尤大桥工程。 (李升旺 提供)

2011 年 9 月 9 日，中国铁建川渝地区工程经营工作会在重庆召开。　（刘 文 摄）

经营管理

本栏责任编辑　**杨启燕**

企业管理

【发展规划部】 主要职责:组织制定股份公司总体发展战略、中长期发展规划,组织开展公司发展方针、政策、策略和各创效板块战略、分战略、子战略等战略体系的构建,组织全面风险管理和内控工作,负责公司制度建设和企业重大课题组织研究及企业改革、资源配置、整合、并购、重组、合并、分离、分立、关闭、注销、撤销、破产等方案的制定和组织实施,负责企业组织架构、机构编制设立、审批、撤销、管理等工作,组织工程公司建设及企业管理建设,负责企业施工、勘察设计、工程监理、对外承包等资质的审核、申报、统计、管理工作,负责注册资本金调整和企业工商注册、商标、标识、域名等注册登记工作,负责企业管理协会和公司参加的相关协会的日常工作,负责《中国铁道建筑管理》杂志的编辑、出版,组织公司社会责任报告的编纂并提供相关资料;参与责任成本管理、投资收购论证、信息化建设工作;承办总公司企业管理相关工作。定编15人,设部长兼企业管理协会秘书长1人、副部长1人,下设战略规划处、政策研究处、企业管理处、风险内控处、编制处。 (康守义)

【工作综述】 2011年围绕企业改革发展大局,以落实战略规划、调整产业结构、夯实管理基础为主线开展工作。

(1)完成股份公司发展战略与规划编制工作。在内外部分析报告、对标分析报告等18个专题报告支持下,编制完成《中国铁建发展战略与规划》(含2011~2013三年滚动规划),经1月20日中国铁建第一届董事会第41次会议审议通过,以股份公司2011年1号文件形式公布。

(2)新特级资质就位取得阶段性成果。在股份公司领导高度重视下,经过各级领导和业务人员的不懈努力,中铁建设集团公司成为全国首批通过房建新特级资质评审和现场核查并公示同意的两家企业之一,中铁十一、十二、十三、十四、十五、十六、十七、十九局集团公司8家企业第一批通过材料评审和复审。

(3)结构调整取得较大突破。经股份公司2010年第8次总裁办公会议研究决定,报股份公司第一届董事会第40次会议审议批准,股份公司注册30亿元,在北京成立中国铁建投资有限公司,专注于投资及投资管理。经股份公司2011年第7次总裁办公会议研究通过,报股份公司第二届董事会第2次会议审议批准,股份公司注册10亿元,在广东省珠海市成立中国铁建港航局集团有限公司,正式进军水工领域。协助并指导中铁十五局集团公司完成对宜宾市恒昌建筑勘察设计有限公司100%股权的收购工作,宜宾市恒昌建筑设计有限公司已更名为中铁十五局集团四川建筑勘察设计院有限公司。

(4)工程公司建设继续扎实开展。继续开展“工程公司20强”评选发布活动,中铁十一局至二十五局集团公司、中国铁建电气化局集团公司所属的独立注册、年产值亿元以上并拥有工程施工资质的141个工程公司共实现营业收入3454亿元,实现利润42亿元,分别占股份公司总额的73.5%和68.9%,其中140个工程公司盈利,1个工程公司出现亏损,但相较2010年亏损额大幅减少。2011年度进入20强的工程公司,实现营业收入1075亿元,实现利润18.8亿元,分别占工程公司总额的31%和45%。

(5)内部控制与风险管理工作有序进行。年内,根据国内外宏观经济形势、公司所处行业特点、业务分布、管理模式及未来发展战略等情况,利用调查问卷的形式,确定公司2011年面临的十个重大风险并制定出台风险管控措施和落实方案。根据相关部委要求,选聘内控审计机构,在系统内全面启动内控审计工作。编制完成股份公司2010年度全面风险管理报告、内部控制自我评估报告和社会责任报告。股份公司于2010年3月正式加入联合国全球契约组织,同时积极配合其他媒体或组织的调查评比活动,2011年首次入选“全球500绿色企业排名”,排名第429位,在国内建筑企业中排名最为靠前。

(6)集团管控进一步加强。制定下发《中国铁建股份有限公司机构编制管理暂行办法》,明确实行股份公司、集团公司、工程公司三级法人组织架构。规定各集团公司设立子、分公司一律上报股份公司批准,工程公司不再下设法人单位。同时,与财务部配合,对未上报审批而自行设立的机构一律不予承认,不得纳入财务决算报表系统。 (李吉锋)

【企业战略规划】 中国铁建总体发展战略:建筑为本、相关多元、一体运营、转型升级,发展成为经济实力国际领先、技术实力国际领先、竞争实力国际领先,具有高价值创造力的跨国建筑产业集团。

建筑为本——工程建筑是中国铁建的支柱产业和立足之本,也是产业结构调整、业务扩张的前提和基础。未来主要战略重点必须坚持以工程总承包业务为核心,以“创规模、强效益、树品牌”为发展重任,将传统建筑产业发展为现代建筑产业。

相关多元——充分利用中国铁建主营业务优势和

企业品牌信誉，以工程建筑产业为纽带，以产业结构调整为手段，根据产业发展的周期特点，构建布局合理、功能明确、产业集聚、特点鲜明、分工协作、差异发展、低碳环保的多元化产业发展体系。

一体运营——通过产业链纵向、横向的业务拓展，构建设计与施工一体化、资本运作与相关产业运作一体化、国际与国内一体化的运营模式，加强业务协同机制和管控手段，扩大中国铁建品牌影响力，推进系统集成和优势互补，提升整体运营效率。

转型升级——坚持在发展中转型、在转型中发展的思路，全面推进八大转变，提高十种能力。八大转变：一是从依靠铁路施工建设为主向路内外多领域建设并举转变；二是从依靠工程建筑产业带动增长向依靠多元化产业协同带动发展转变；三是从规模增长目标向以结构质量效益为根本的发展目标转变；四是从以国内市场为主向海内外两个市场均衡发展转变；五是从劳动密集型向管理技术资本一体化转变；六是从依靠生产要素驱动向依靠科技进步、员工队伍素质提高、创新驱动转变；七是从粗放化、经验化发展向精益化、内涵化、集约化发展转变；八是从同质化、综合化、分散化发展向专业化、差异化、产业集中集聚化发展转变。着力提升十大能力：一是提升战略决策能力；二是提升盈利能力；三是提升市场拓展能力；四是提升资本运营能力；五是提升科技创新能力；六是提升项目管理能力；七是提升协调发展能力；八是提升内控和风险防范管控能力；九是提升兼并收购能力；十是提升总部的管控、协调、监督、服务能力。

远景目标：用 10～15 年时间，国际化和产业升级实现新的突破，2020 年营业收入达到 7400 亿元，海外业务收入占比 30%，国内工程承包以外收入占比超过 50%，净利润率达到 3.5%，发展成为国际领先的具有高价值创造力的跨国建筑产业集团。

“十二五”期间总体发展目标(2011～2015 年)：以产业结构调整和转型升级为抓手，做到“自主创新能力强、资源配置能力强、风险管控能力强、人才队伍强”及“经营业绩优、公司治理优、布局结构优、社会形象优”。公司综合实力显著增强，主要经济指标增幅位居行业前列，盈利能力明显提高，产业结构调整取得重大突破，自主创新能力明显提升，海外经营比重有较大幅度增长，体制机制更加完善，员工权益得到切实保障，企业更加和谐稳定，推进企业向做强做优深层次发展。

实现“一保两进”。一保：保持 ENR 全球最大 225 家承包商前三强的地位，创造利润达到国际建筑企业利润率平均水平。两进：进入世界 500 强前 100 强的行列；进入国家重点培育的 30～50 家具有国际竞争力的世界一流的大企业大集团。

“十二五”期间完成新签合同总额 28800 亿元，完成营业收入总额 25700 亿元，实现净利润总额 550 亿元。2015 年净利润率达到 2.5%，EVA(5%)为 55.7 亿元，资产规模达到 4725 亿元，资产负债率控制在合理水平。

(李吉锋)

【编辑发行《中国铁道建筑管理》】 全年编辑发行《铁道建筑管理》6 期，审阅稿件 640 余篇，修改刊登稿件 219 篇 103 万字、照片 140 余幅。为宣传企业精神，促进企业管理、创新、探索、交流发挥了积极作用。

(杜经红)

【全面风险管理和内控工作】 根据全面风险管理工作计划，2011 年完成股份公司总部与中铁十二局集团公司、中国铁建房地产集团公司等试点单位的内部控制与风险管理体系建设。在进行试点工作总结的同时，全系统全面启动内部控制与风险管理工作，印发《关于全面启动内部控制与风险管理工作的通知》，着力强化全系统内部控制与风险管理基础工作建设。(1)在机构设置上，为进一步加强风险内控工作的组织领导，变更公司内控与风险管理领导小组组长，由原来副总裁担任变更为总裁亲自担任。同时明确要求各下属单位成立本层级内控与风险管理领导小组，指定相关部门负责内控体系建设并配备 2～3 名专职人员。(2)在制度建设上，相继出台《公司重大风险事件分析报告制度》《公司内部控制与全面风险管理办法(暂行)》，并修改完善公司内控与风险管理手册，完成公司内部控制评价管理办法(初稿)。(3)在报告机制上，建立工作月报制度、重大风险事件专项报告制度、风险管理报告报送制度等；加强工作过程中的进度掌控、指导与沟通协调，稳步推进全系统的风险内控体系建设。(4)在具体业务上，协调指导所属单位积极开展业务流程梳理，查找和整改内控缺陷，制定重大、重要风险管控方案，组织开展内控自我评价、配合外部机构顺利完成内控审计，有效推进风险内控工作在全系统的开展。

(刘志鹏)

【履行社会责任】 (1)治理责任。2011 年，股份公司严格按照相关法律法规和公司章程，认真履行相关审批程序，顺利完成公司董事会、监事会换届选举工作，重新聘任高级管理人员，规范二级企业董事会、监事会的配备。制定《中国铁建股份有限公司关联方资金往来管理制度》《中国铁建股份有限公司内部控制与全面风险管理办法(暂行)》，修订完善《中国铁建股份有限公司章程》《中国铁建股份有限公司董事会秘书工作制度》和《中国铁建股份有限公司内幕信息知情人管理制度》等规章制度。(2)与相关利益方沟通责任。2011年发布定期报告、临时公告等各类文件116份,信息披露做到真实、准确、完整、及时、公平,受到监管机构的好评。年内,股份公司接待机构投资者300人次,接听电话近3300个,处理投资者邮件1000余封,及时、准确解答投资者的各类疑问。(3)经济责任。股份公司坚持把发展作为第一要务,以诚信经营、建造精品为原则,精耕市场,强抓管理,2011年,新签合同额6811.8亿元;实现营业收入4573.66亿元,同比减少2.72%;实现净利润78.82亿元,同比增长82.59%;缴纳税费182.59亿元,同比增长9.31%。(4)产品责任。2011年,股份公司准确研判、提前预警,及时部署,统筹规划,有保有压,科学组织,确保施工生产有序推进,安全生产总体形势平稳,工程质量稳定可控。完成每百亿产值死亡人数低于2人的控制指标。(5)员工责任。始终坚持"以人为本",关注员工成长,保障员工合法权益,关爱员工生活,实现员工与企业共同成长。2011年,员工劳动合同签订率99.53%,在岗员工平均工资52925元,比2010年增长11.02%;举办各类培训班980期,培训各级各类人员85046人次。(6)社会责任。吸纳社会就业,2011年接收高校毕业生15075人,吸纳近200万名农民工参与公司的各项建设,在48个国家和地区直接招用的外籍劳务24179人,劳务属地化比例67%。(7)对口扶贫。按照国务院扶贫办公室和国务院国资委的扶贫要求,继续对河北省尚义、万全两县以及新疆阿尔泰市进行定点扶贫。年内投入130余万元,帮助尚义、万全两县搭建暖棚、打井修路等生产生活设施建设;捐助120万元,帮助阿尔泰市当地政府应对自然灾害,保障农牧生产。承担青海省玉树州结古镇城东片区和仲达乡的灾后援建任务,施工项目137个,总建筑面积71.39万平方米,计划总投资20.65亿元,其中108项由中国铁建设计施工。2011年累计开工104项,占总任务的75.91%,开工建筑面积65.04万平方米,占总建筑面积的91%。(7)环境责任。2011年,股份公司能源消费总量467万吨标煤,万元营业收入综合能耗(现价)0.1151吨标煤,万元营业收入综合能耗(可比价)0.1257吨标煤,比2010年万元营业收入综合能耗0.1301吨标煤下降了3.38%。工程项目施工绿化面积2496万平方米,复耕面积2609万平方米,新增耕地面积142.6万平方米。　(何燕军)

【工程公司建设】 2011年,"中国铁建工程公司建设20强"名单连续第4年发布,根据159家工程公司相关财务指标情况,中铁十八局集团五公司等20家工程公司作为"工程公司20强"予以发布;北京第六大洲房地产开发有限公司等20家企业作为首次"中国铁建其他业务三级公司20强"予以发布。

(董跃君　刘军锋)

【管理创新成果评选】 2011年,中国铁建首届管理创新成果揭晓,在申报的146项管理创新成果中,评选出获奖成果76项。其中,一等奖10项;二等奖25项;三等奖41项。　(董跃君　刘军锋)

【企业管理协会工作】 2011年是中国铁建艰难前行的一年。在全球经济下行,中国经济增速放缓以及铁路市场全面萎缩的大背景下,中国铁建仍然保持了较好的发展态势,在世界企业500强排名中排名第111位,在中国企业500强排名中排名第11位。年内,有15家企业被评为全国优秀施工企业,79人被评为全国工程建设优秀项目经理,7人被评为全国工程建设优秀高级职业经理人,5项工程项目管理成果被评为全国工程建设项目优秀管理成果一等奖。

(董跃君　刘军锋)

2011年度中国铁建工程公司20强名单

序号	上级单位	企　业　名　称	业务类型	营业收入(万元)	利润总额(万元)
1	中铁十八局	中铁十八局集团第五工程有限公司	工程承包	540517.13	8933.75
2	中铁二十局	中铁二十局集团第四工程有限公司	工程承包	519760.14	7289.31
3	中铁十七局	中铁十七局集团第二工程有限公司	工程承包	548827.39	7108.93
4	中铁十一局	中铁十一局集团第五工程有限公司	工程承包	561341.28	7072.15
5	中铁十七局	中铁十七局集团第三工程有限公司	工程承包	517298.66	6596.58
6	中铁十八局	中铁十八局集团第四工程有限公司	工程承包	283361.69	6274.35
7	中铁建电化局	中国铁建电气化局集团南方工程有限公司	工程承包	240185.35	6120.93
8	中铁十七局	中铁十七局集团第一工程有限公司	工程承包	501744.11	6007.97

续表

序号	上级单位	企　业　名　称	业务类型	营业收入（万元）	利润总额（万元）
9	中铁十二局	中铁十二局集团建筑安装工程有限公司	工程承包	527527.67	6006.74
10	中铁十一局	中铁十一局集团桥梁有限公司	工程承包	84877.61	5889.23
11	中铁二十局	中铁二十局集团第六工程有限公司	工程承包	341570.08	5877.20
12	中铁十一局	中铁十一局集团第二工程有限公司	工程承包	412341.94	5155.37
13	中铁十一局	中铁十一局集团城市轨道工程有限公司	工程承包	169881.91	5132.54
14	中铁十四局	中铁十四局集团第三工程有限公司	工程承包	381279.89	5080.28
15	中铁十三局	中铁十三局集团第四工程有限公司	工程承包	574174.00	4849.00
16	中铁十四局	中铁十四局集团第四工程有限公司	工程承包	381973.66	4783.77
17	中铁十一局	中铁十一局集团第一工程有限公司	工程承包	529980.93	4746.05
18	中铁十一局	中铁十一局集团第三工程有限公司	工程承包	440793.06	4724.07
19	中铁十三局	中铁十三局集团第三工程有限公司	工程承包	502422.75	4665.91
20	中铁二十一局	中铁二十一局集团第三工程有限公司	工程承包	400043.84	4555.75
	小 计			8459903.07	116869.88

制表:董跃君　刘军峰

2011 年度中国铁建其他业务三级公司 20 强名单

序号	上级单位	企　业　名　称	业务类型	营业收入（万元）	利润总额（万元）
1	中铁地产	北京第六大洲房地产开发有限公司	房地产	191883.53	56996.91
2	中铁地产	中铁房地产集团北京丰基置业有限公司	房地产	204921.25	37193.69
3	中铁地产	中铁房地产集团合肥置业有限公司	房地产	141046.52	29094.80
4	中铁地产	中铁房地产集团(广西)有限公司	房地产	103509.49	24235.45
5	中铁地产	贵州中泓房地产开发有限公司	房地产	100420.18	18816.15
6	中铁地产	徐州中铁房地产开发有限公司	房地产	104271.84	17752.72
7	中土集团	中土尼日利亚有限公司	工程承包(国际)	250033.27	17167.55
8	中铁地产	中铁地产(成都)开发有限公司	房地产	110068.32	16100.79
9	中铁建设	中铁建设房地产有限公司	房地产	80931.07	10756.08
10	中铁十四局	中铁十四局集团凯华置业有限公司	房地产	57077.84	10106.22
11	中铁十八局	中铁十八局集团国际工程有限公司	工程承包(国际)	198524.68	9615.52
12	中铁地产	中铁房地产开发(保定)有限公司	房地产	40921.95	7606.56
13	中铁地产	湖南中盛嘉业房地产开发有限公司	房地产	38924.25	6136.37
14	中铁十九局	中铁十九局集团矿业投资有限公司	矿产开发	230793.72	4964.09
15	铁建重工	中铁隆昌铁路器材有限公司	工业制造	52594.14	4714.62
16	中铁地产	中铁房地产集团长沙置业有限公司	房地产	38380.35	4075.45
17	中土集团	中土博茨瓦纳有限公司	工程承包(国际)	47418.08	4052.69
18	中铁二十二局	黄石天方科技置业有限公司	房地产	12617.42	4028.60
19	中铁物资	中铁物资集团中南有限公司	物流贸易	197644.54	3535.15
20	昆明中铁	昆明奥通达铁路机械有限公司	工业制造	23775.99	3215.07
	小　计			2225758.43	290164.49

制表:董跃君　刘军峰

经营计划

【经营计划部】 主要职能:负责公司国内工程经营工作的协调、指导和管理,组织编制公司经营发展战略规划和经营计划工作相关规章制度、办法;负责重大工程项目投标的组织协调、国内较大工程(施工)总承包及本级工程承包项目的前期调研与承揽;负责概预算、定额等工程经济工作,组织和指导铁路项目概算调整、清理及路外重大工程项目调概索赔等工作;负责本级工程承包项目内部经济责任合同的拟定、签订、监督工作;负责企业内部固定资产投资建设项目的立项批复和生产经营、固定资产投资计划及统计工作;负责公司总部机关小型及大修项目、翻建职工住房项目的立项与计划申报和计划完成情况的监督检查;负责经营风险管理与内控工作;负责工程承包考核指标下达;承办总公司相关计划统计工作。下设市场开发处、造价合同处、计划统计处,设部长1人、副部长2人,定员15人。 (孙国富)

【经营工作综述】 2011年,在国家银根紧缩、铁路建设"急刹车"以及经营工作受到铁路系列违纪案件重大冲击的不利情况下,经营计划管理系统沉着应对,多管齐下,真抓实干,奋力突围,取得良好成绩。

一是确保经营规模基本稳定。全年新签合同额6811.8亿元,完成年度新签合同额计划的123.8%,在路内无项目、路外无优势,全国基建市场普遍萎缩的艰难条件下取得这一成绩,十分难能可贵。

二是经营战略转移取得显著成效。根据形势变化,及时提出"市场经营以路外为主、铁路经营以补差索赔为主"的工作思路,先后做出关于加强保障房项目承揽等一系列经营重点从路内向路外转移的战略部署。全年新签路外工程合同额4499.6亿元,比2010年增长84.5%,占新签工程合同总额的76.6%。其中,房建经营实现历史性跨越,新签合同额1636.3亿元,占新签工程合同总额的28%。

三是企业产业经营结构调整迈出重大步伐。全年新签非工程承包业务合同额938.6亿元,非工程承包业务合同额在新签合同总额中的占比由2010年的9.3%增长到13.8%,标志着企业产业结构调整迈出前所未有的重大步伐。

四是企业与地方政府、大型知名企业的战略合作全面加强。股份公司先后与各地政府、中央企业等签订战略合作协议14份,有力引领和推动了全系统的路外市场经营。

五是区域经营得到全面深化。在股份公司层面成立川渝、云贵、山东、上海4个股份公司的区域经营管理平台;适时推进相关地区的区域经营,股份公司先后牵头在兰州、乌鲁木齐、昆明、重庆等地召开区域经营推进会,有力促进全系统对相关区域市场的深度开发。

六是全系统统筹协调经营得到持续加强。坚持狠抓统筹协调经营不动摇、狠抓任务质量和经营创效不动摇。股份公司先后对多个路内外项目进行经营协调,取得显著成效。

七是企业对工程造价政策的影响力度明显增强。先后单独或会同兄弟单位向铁道部报送专题报告6份,并向温家宝总理专题反映有关情况,企业的困难受到国务院领导和有关部委的重视,铁路造价政策出现前所未有的松动迹象。

八是"二次经营"取得前所未有的良好成绩。全年实现变更索赔额548亿元,比2010年增加125.6亿元;变更索赔率13.9%,比2010年增长4个以上百分点。变更索赔总额以及占同期完成产值的比例均创历史同期最好水平。

九是经营计划工作的基础管理实现新的进步。不断完善一次、二次经营管理体系、体制和机制建设,将"二次经营"考核纳入对子公司负责人的绩效考核体系中,编制印发《工程项目"二次经营"工作实务指南》等实用性制度文本。 (齐 伟)

【经营工作调研】 为了解2011年中国铁建所属单位应对严峻经营形势采取具体措施情况,以及经营工作体制机制的建立完善情况,6月12~20日,股份公司总裁助理李明申、经营计划部部长孙国富等一行5人组成调研组,先后对十五局集团、二十局集团、上海设计院、二十五局集团、二十三局集团、二十一局集团、十三局集团西北指挥部、十七局集团、十二局集团、十一局集团华北指挥部进行深入调研。调研工作取得应有效果,为股份公司继续推广区域经营管理模式,加快企业经营战略调整提供了重要的决策依据。 (江炳堃)

【签订战略合作协议】 为切实推动经营战略转移,深挖路外市场资源,2011年,股份公司全面加强与地方政府、大型知名企业的高层沟通和战略合作,先后与湖北省、重庆市、江西省以及深圳市、珠海市、兰州市、武汉市、青岛市等地方政府,与神华、普天、中外运、中关村发展集团、德稻集团等大型知名企业进行高层沟通,签署战略框架合作协议14份。 (吕 琳)

【参加中央企业业务合作暨内部招商会】 10月28

日，国资委在北京举办中央企业业务合作暨内部招商会，经营计划部陪同股份公司总裁赵广发、副总裁张宗言参加会议。作为中央企业内部合作的先进单位，赵广发总裁代表中国铁建作《深化合作 互利共赢 为建设具有国际竞争力的世界一流企业而奋斗》的发言，得到国资委领导的赞扬。会上，中国铁建与神华集团签署《关于采用TBM(盾构)施工煤矿长距离斜井试验研究合作框架协议》。（吴文钊）

【与神华集团合作进行TBM(盾构)施工煤矿长距离斜井试验研究】 为推进与神华集团合作进行TBM(盾构)施工煤矿长距离斜井项目的试验研究，根据股份公司领导的指示，经营计划部牵头组织股份公司机关有关部门与神华集团多次商谈，最终双方在10月28日国资委举办的中央企业业务合作暨内部招商会上签署《关于采用TBM(盾构)施工煤矿长距离斜井试验研究合作框架协议》，并选定在神华集团新街台格庙煤矿采取TBM(盾构)施工煤矿长距离斜井项目的试验研究。该试验研究若获得成功，将在整个煤炭行业形成巨大的示范效应，并为中国铁建开创广阔的市场空间。（吴文钊）

【重庆片区经营工作会议】 9月9日，中国铁建川渝地区工程经营工作会在重庆召开。股份公司总裁赵广发就如何依靠品牌闯市场、依靠优势占市场和抢抓机遇破危局、打造川渝经营平台、通力合作树好中国铁建形象，确保完成中国铁建年度经营承揽、营业收入和在建任务指标分别作了重要讲话。副总裁张宗言主持会议，并就川渝地区经营工作提出要求。股份公司副总经济师许顺生，中铁十一、十二、十三、十五、十六、十七、十八、十九、二十、二十三、二十四局集团公司，中铁建设、中铁建电化局、铁四院、物资集团、昆明中铁、监理公司等单位领导及股份公司机关经营计划、安全质量监督、资本运营、财务、宣传等部门领导参加会议。（吴文钊）

【昆明经营工作座谈会议】 8月7日，股份公司在云南昆明组织召开昆明片区的经营工作座谈会。中铁十一、十二、十三、十五、十六、十七、十八、十九、二十、二十三、二十四局集团公司，中铁建设、中铁建电化局、铁四院、物资集团、昆明中铁、监理公司17家单位的主管领导参加会议。会上针对云南及昆明的经营工作和在建施工项目情况、工作中存在的主要困难与问题、应对办法及措施开展座谈。会后，股份公司总裁赵广发、副总裁张宗言带领与会人员拜见昆明市主要领导。（吕 琳）

【新疆经营工作座谈会议】 根据中央"向西开放"的战略，股份公司于8月20日在新疆乌鲁木齐召开中国铁建新疆经营工作座谈会议，研讨当前新疆及西部的经济发展形势，部署股份公司在新疆及西部建筑市场的开发和经营承揽工作。会议由股份公司副总裁张宗言主持，总裁赵广发在会上作重要指示，副总裁周志亮、副总经济师房光辉，经营计划部、资本运营部，中铁十一局至二十五局集团公司、铁一院、物资集团、中铁建电气化局、铁建重工等单位参加会议。（高 勇）

【制定中国铁建进沪企业建筑市场管理暂行办法】 为进一步统筹中国铁建系统在上海区域的经营工作，提升经营承揽工作水平，9月14日，股份公司下发《关于印发〈中国铁建股份有限公司进沪企业建筑市场管理暂行办法〉的通知》。股份公司上海代表处是"办法"的主要执行机构。（江炳堃）

【发起成立中国城市轨道交通协会】 为规范城市轨道交通行业行为，提升行业整体发展水平，国家发展和改革委员会拟牵头组织成立中国城市轨道交通协会。应协会筹备组的邀请，中国铁建作为发起人，参与发起成立中国城市轨道交通协会。2月15日，股份公司副总裁张宗言代表股份公司参加国家发展和改革委员会组织召开的中国城市轨道交通协会发起人会议；10月14日，副总裁张宗言参加在北京中国职工之家举行的中国城市轨道交通协会成立大会暨第一次会员代表大会，会上中国铁建被选为副会长单位。（吴文钊）

【铁路招标评标办法研讨会】 4月19日，股份公司在北京召开铁路招标评标办法研讨会，中铁十一、十二、十六、十七、十八、十九、二十二局集团公司和中铁建设、中铁建电气化局的经营部长、投标报价人员参加研讨会。研讨会认真学习研究铁道部《关于开展综合评估法三试点工作的指导意见》等铁路建设工程招标评标办法，明晰铁路工程投标思路，增强铁路投标报价的科学性。（吴文钊）

【第三期高级经营管理人员培训班】 4月3日～5月22日，股份公司在北京培训中心举办中国铁建第三期高级经营管理人员培训班。所属28个集团公司的89名经营骨干参加培训。培训期间，系统地学习了当前国际国内形势、企业战略管理与企业经营理念、招投标理念策略与实务、合同管理与实务、工程项目设计变更及索赔、团队建设与公共关系、中国铁建经营管理研究等综合知识，进一步研究市场经营创新方向，明晰规模与效益同步较快增长的工作思路。（吴文钊）

【第二期经营业务人员培训班】 7月19日～11月16日，股份公司在石家庄铁道大学举办中国铁建第二期经营业务人员培训班。股份公司所属集团公司、公司的101名经营业务人员参加培训。培训期间，系统地学习了企业战略管理、工程预算理论与实务、施工组织设计、招投标策略与实务、合同管理与实务、团队建设与公共关系以及其他经营基础理论知识。学员通过学习，夯实了经营理论基础，提高了实践能力。

（吴文钊）

【6家企业获2011年水利信用评价AAA证书】 在中国水利工程协会2011年水利建设市场主体信用评价评审中，中铁十三、十五、十六、二十一局集团公司及十七局集团二公司、四公司获水利信用评价AAA证书。

（高 勇）

【二次经营工作交流研讨会议】 11月29～30日，股份公司在长沙召开二次经营工作交流研讨会议。会议传达铁道部相关会议的内容和精神；股份公司副总裁张宗言总结股份公司系统二次经营工作的开展情况，分析当前面临的形势，部署下一步工作，并对各单位的二次经营工作提出具体要求。各单位也对股份公司本级的二次经营工作提出了建议。

（王旭永 王青志 范永芳）

【改善工程造价宏观外部环境】 股份公司各级领导多次向国务院、铁道部、中国企业联合会领导及相关部门汇报当前铁路工程在造价、合同、计价、拨款、招投标、变更补差、概算清理等方面存在的问题。4月6日，股份公司向铁道部报送《关于解决当前铁路建设工程中资金问题的请示》；9月6日，股份公司协同中国中铁、中国建筑、中国交通、中国水电、中国南车、中国北车6家中央企业向国务院总理温家宝报送《关于恳请协调解决当前铁路建设资金拖欠问题 保证铁路建设可持续发展的请示》；10月，股份公司组织研讨铁路工程专用合同条款，并将修改建议报送铁道部建设司。国务院总理温家宝，副总理李克强、张德江高度重视铁路工程存在的资金问题，多次召开专题会议，研究解决了部分建设资金问题；铁道部领导及相关部门也多次召开会议，研究铁路工程造价、计价、拨款、合同及变更补差等相关制度问题。

（王旭永 王青志 范永芳）

【铁路重难点项目变更索赔工作】 年内，股份公司召开包西、郑西、太中银、宜万、京沪、广深港、沪杭、哈齐、武咸先建段等铁路重难点项目座谈会，梳理、汇总所属单位存在的工程费用问题，分别于5月13日、9月28日、10月10日、11月14日向铁道部上报《关于解决包西铁路工程建设费用问题的请示》《关于郑西客专铁路项目有关问题的请示》《关于敦煌铁路项目概算清理及工程结算问题的请示》和《关于包西铁路工程费用有关问题的请示》，并多次与铁道部领导、铁道部工程设计鉴定中心及相关铁路局沟通，促进铁路重难点工程项目费用的解决。 （王旭永 王青志 范永芳）

【工程项目变更索赔工作管理】 2011年加强中国铁建系统变更索赔工作的管理，通过抓体系、抓制度、抓培训、抓基础、抓协调、抓指导，全系统的变更索赔工作取得显著成绩。2011年，全系统实现变更索赔总额548.03亿元，比2010年增加了125.61亿元；变更索赔率13.94%，比2010年增长了4.08个百分点；铁路变更索赔率16.32%，比2010年增长了5.55个百分点。

（王旭永 王青志 范永芳）

【变更索赔工作督导】 1月10～16日、5月13～19日，股份公司变更索赔专家督导组分别到沪昆铁路客运专线贵州段、长昆铁路湖南段开展变更索赔工作检查督导。专家督导组现场听取项目指挥部关于变更索赔工作的情况汇报，了解变更索赔工作的日常管理、策划、激励考核等情况，协助相关单位进行工程量清单的盈亏分析，寻求变更索赔方向；解读合同、计量规则，宣贯铁道部、股份公司相关文件精神，为各单位变更索赔工作提出管理建议。 （王旭永 王青志 范永芳）

【建立验工计价及拨款报表制度】 为及时掌握全系统在建项目的验工计价、拨款情况及存在的问题，与股份公司财务部共同建立中国铁建验工计价及拨款报表制度，按季度收集、汇总、分析在建项目的验工计价及拨款情况。 （范永芳）

【参加铁路工程定额测定课题审查会】 10月18～19日，铁路工程定额所组织召开定额测定课题审查会议，行业内技术经济专家、中国铁建和中国中铁业务部门领导、参与定额测定的相关人员参加会议。会上，中国铁建介绍所承担的路基、桥涵和隧道定额的测定过程、取得的成果，提出当前铁路工程定额存在的问题。经专家审查，中国铁建于2008年承担的铁路工程定额测定课题圆满结束，铁路工程的定额体系将进一步完善、准确，造价水平有望得到合理调整。

（王旭永 王青志 范永芳）

【检验实验费测定工作】 受铁路工程定额所委托，

2011 年 5 月,股份公司组织中铁十九局、中铁建电气化局集团公司对铁路工程检验实验费进行测定,编制完成《铁路工程检验实验费测定与研究工作大纲》,并选择部分铁路项目为现场试点,根据试点情况统一填报表格及说明,明确下一步的工作内容、计划及方案,为课题研究奠定基础。（王旭永　王青志　范永芳）

【昆明新机场快速公交基础设施工程施工项目合同签字仪式暨中国铁建昆明地铁工程建设动员大会】 1 月 10 日在云南昆明举行。中国铁建副总裁张宗言、副总经济师琚建明,昆明市副市长何波、副秘书长李河流,有关设计、施工单位及中国铁建机关相关部门负责人,昆明市有关区、局负责人 110 余人参加会议。会议由中国铁建副总裁张宗言主持。张宗言、何波分别作重要讲话,琚建明代表建设单位发言,铁四院院长何义斌介绍昆明地铁设计情况。会上,琚建明副总经济师与宗庆生副总经理分别代表中国铁建和昆明轨道公司签订昆明新机场快速公交基础设施工程施工项目合同,合同额 16.03 亿元。（王旭永）

【包西铁路现场办公会】 3 月 10 日,股份公司总裁赵广发在陕西西安召开包西铁路现场办公会议,研究部署包西铁路收尾工程建设和概算清理工作,并与西安铁路局领导交换意见。此前,总裁赵广发、副总裁张宗言多次与铁道部领导、建设单位沟通,研究包西铁路费用存在的问题,并对影响解决包西铁路费用的关键问题强力突破,为清概工作的顺利推进起到巨大的推动作用。（王旭永）

【昆明地铁 3 号线及草海北片区安置房建设动员大会】 8 月 6 日,股份公司在云南昆明召开昆明地铁 3 号线及草海北片区安置房建设动员大会。昆明市副市长何波、中国铁建总裁赵广发出席会议并讲话,副总裁张宗言主持大会。昆明轨道交通公司负责人,中铁十一、十二、十三、十五、十六、十七、十八、十九、二十、二十三、二十四局集团公司和中铁建设、中铁建电气化局、铁四院、物资集团、昆明中铁领导及中国铁建机关有关部门负责人,昆明地铁 3 号线、6 号线和草海安置房参建单位的项目经理、总工程师参加建设动员大会。会议期间,赵广发、张宗言率领部分集团公司领导分别拜会云南省省委常委、昆明市市委书记仇和和昆明市市委副书记、市长张祖林。仇和、张祖林对中国铁建积极参与昆明的建设表示感谢,并介绍了昆明独特的区位优势和特点,希望中国铁建继续支持昆明的建设。赵广发表示希望在昆明市建设中承揽更多的任务、承担更大的责任,为昆明的发展作出更大的贡献。双方还就扩大中国铁建与昆明市的合作领域、密切双方的合作关系进行会谈。（王旭永）

【组织昆明草海安置房和保障房项目投标】 在股份公司的统一组织下,中铁建设集团公司中标昆明市西山区草海北片区 45 号地块安置房工程施工总承包项目,中铁十六局集团公司中标昆明市 2011 年市级统建保障性住房项目第一批次 2 标段和第二批次 1 标段。昆明草海安置房项目总建筑面积 1457923.85 平方米,投资 311555 万元;昆明保障房项目第一批次 2 标段总建筑面积 32.26 万平方米,投资 10.89 亿元;昆明保障房项目第二批次 1 标段总建筑面积 71.8 万平方米,投资 21.72 亿元。（王旭永）

【赵广发总裁拜访青岛市领导】 9 月 2 日,股份公司总裁赵广发、副总裁张宗言率机关有关部门人员和相关单位的主管领导拜访山东省省委常委、青岛市市委书记李群。双方就加强战略合作、实现互利共赢进行会谈,并达成广泛共识。青岛市副市长王建祥,中铁十四、十六、十七、十八、十九、二十、二十二、二十五局集团公司的主管领导参加会见。（王旭永）

【机关小型项目费用审批】 参与股份公司机关小型项目立项审批、招投标、项目谈判等过程,审核监督小型项目的合同管理、验工计价、计量款支付和日常管理,按程序审核批复总公司机关房地产管理中心提交的项目。2011 年批复小型项目投资 1.32 亿元。（范永芳）

【玉树灾后重建联络工作】 2011 年继续进行玉树灾后重建工程的联络工作,及时传达国务院、国资委、青海省及中国铁建领导的指示精神,及时上报现场指挥部的建设进展情况,全年先后 4 次陪同各级领导赴现场检查指导工作。针对玉树灾后重建项目的巨额潜亏问题,股份公司联合北京、辽宁对口支援省市和中国建筑、中国中铁、中国水利 3 家援建单位,积极向国资委、国家发展和改革委员会呼吁、反映,国资委同意在对股份公司考核及评优时充分考虑玉树灾后重建项目的影响因素。（范永芳）

【生产经营计划】 1 月,根据中国铁建"十二五"发展规划总体目标和国家宏观经济形势以及所属单位在建工程施工工期、投资规模和剩余合同额等因素,结合各单位上报的 2011 年生产经营计划,综合有关业务部门意见,经过综合平衡、统筹协调,在控制风险、效益优先的基础上,按照实事求是、积极稳妥的原则,编制下达

2011年生产经营计划。2011年计划新签合同额5500亿元,完成企业总产值4806亿元。（荆彩萍）

【主要经济技术指标完成情况】 2011年,股份公司系统累计完成企业总产值4598.2亿元,完成年度计划4806亿元的95.7%。其中,国内完成产值4389.4亿元,占总产值的95.5%;海外完成产值208.8亿元,占总产值的4.5%。与2010年同期完成的企业总产值4798.7亿元(其中国内4579亿元、海外219.6亿元)相比,同比下降4.2%。其中,国内同比下降4.1%;海外同比下降4.9%。在企业总产值4598.2亿元中,施工产值3942.3亿元,占85.7%;勘察设计咨询产值87.8亿元,占1.9%;工业制造产值94.2亿元,占2%;物资贸易产值298.1亿元,占6.5%;房地产开发产值135.5亿元,占2.9%;其他产值40.3亿元,占0.9%。在施工产值3942.3亿元中,铁路工程产值2018.8亿元,占51.2%;公路工程产值891.3亿元,占22.6%;房建工程产值375.7亿元,占9.5%;轻轨、地铁工程产值235.5亿元,占6%;市政工程产值248.3亿元,占6.3%;水利、电力工程产值85.5亿元,占2.2%;矿山产值23.8亿元,占0.6%;其他工程产值63.4亿元,占1.6%。完成企业总产值排名前五名的单位分别是:十二局集团346亿元,十七局集团331.4亿元,十八局集团304.3亿元,十一局集团285亿元,十六局集团283亿元。全年完成主要实物工程量:土石方11.6亿立方米,隧道1457公里,桥梁1637公里,正线铺轨3849公里,站线铺轨1105公里,公路3699公里,通信线路7561条公里,供电线路6780公里,房屋施工面积5564万平方米,房屋竣工面积730万平方米。（邵洪博）

【统计工作】 年内完成国家统计局、北京市海淀区统计局2010年建筑业统计年报及2011年统计定报、住房和城乡建设部建筑业企业主要指标月度调查等工作。在国家统计局2011年度统计数据质量评比中,中国铁建获建筑业统计特等奖。（邵洪博）

【计划统计制度建设】 为推进股份公司计划统计工作规范化建设,提升计划统计管理水平,保障计划统计信息的及时性和准确性,结合企业实际,12月制定下发《中国铁建股份有限公司企业生产计划统计管理暂行办法》和《中国铁建股份有限公司企业生产计划统计工作考核办法》。（邵洪博）

【统计报表网上直报系统培训】 中国铁建统计报表网上直报系统经石家庄铁道大学计算机系的开发和近一年的测试、修改、完善及试点单位试运行后,3~5月举办8期统计报表网上直报系统培训班,培训统计人员400余人。目前,系统运行正常,极大地改善了统计工作手段,增加了信息量,提高了工作效率。

（邵洪博）

【计划统计工作会议】 11月,股份公司在山东济南召开2011年计划统计工作会议。会上,股份公司副总裁张宗言作题为《恪尽职守 扎实工作 发挥好计划统计对企业管理的重要支撑作用》的重要讲话;会议布置2012年生产经营计划和固定资产投资计划、2011年生产经营统计和固定资产投资年度统计工作。所属单位在会上就2012年生产经营计划、2011年预计完成情况进行汇报和讨论。（邵洪博）

【统计咨询服务】 根据中国证监会、国资委监事会的要求和股份公司董事会的安排,为股份公司年度报告、半年度报告、季度报告、企业社会责任报告、企业年度报告提供相关资料;根据所属单位承揽任务和完成合同情况,及时汇总、编写《统计信息》11期,为企业管理和领导决策提供依据。（邵洪博）

【企业投资计划和统计工作的核心业务构成】 "两条主干",即总公司投资计划和统计、股份公司投资计划和统计;"六个分支",即固定资产建设项目、固定资产设备购置、房地产开发、资本运营、信息化建设、企业利用自用土地建设经济适用住房的计划和统计。

（邵洪博）

【固定资产建设项目管理】 2011年,总公司、股份公司在企业固定资产建设项目管理工作中,坚持先决策后列入投资计划的原则,将前期规划、可行性研究、估算、效益分析、投资回收等具体工作放在平时来做,成熟一个批复一个。年内承办立项项目21个,核准建设规模822598平方米,其中职工住宅348639平方米;计划投资281773万元,其中职工住宅94453万元。

（邵洪博）

【重大建设项目调研】 4月、7月,总公司、股份公司两次组织机关相关部门,先后对昆明中铁大型养路机械集团公司的国家实验室建设项目和中铁十六局集团公司青年路10号院建设项目进行现场调研。一方面对项目的可行性、必要性、资金筹措方式进行探讨;另一方面帮助基层单位掌握报建程序,合理安排资金投向,规范投资行为。（邵洪博）

【2011年企业投资完成情况和2012年投资计划】 根

据国资委《关于做好报送中央企业2011年投资完成和2012年投资计划的通知》要求，上报国资委2011年总公司完成投资1488687万元，完成年计划1472629万元的101%。其中，固定资产投资完成422939万元；长期股权（产权）投资完成1065748万元（包括注册资本金1006000万元，占股权投资的94.39%）。

2012年，总公司计划投资826859万元。其中，企业固定资产投资490376万元；长期股权投资336483万元。（邵洪博）

【2011年总公司在京单位建房计划】 根据北京市住房和城乡建设委员会《关于编报中央和军队在京单位2010~2011年跨年结转和新申请建房计划的通知》要求，总公司系统在京单位2011年新申请项目4个，建筑规模589904平方米，计划总投资187349万元，其中住宅530349平方米，计划投资170549万元。2011年计划投资42190万元。（邵洪博）

【下达股份公司2011年企业投资计划】 根据2011年3月18日股份公司第5次总裁办公会和3月29~30日股份公司第一届董事会第42次会议批准，下达股份公司2011年企业投资计划，包括固定资产设备购置、信息化建设、固定资产建设、特许经营项目、矿业资源、BT项目、房地产开发项目。项目总投资16496583万元，2011年项目投资7208626万元，2011年本企业投资4160944万元。（邵洪博）

【2011年企业投资完成情况】 2011年，股份公司系统完成企业投资2651684万元，完成企业年度计划4160944万元的63.68%。其中，固定资产建设项目67829万元，完成年度计划的41.37%；房地产开发项目1648976万元，完成年度计划的96.51%；固定资产设备购置329671万元，完成年度计划的49.38%；资本运营项目589157万元，完成年度计划的36.77%；企业信息化建设14051万元，完成年度计划的75.4%。（邵洪博）

【2012年企业投资方案】 《2012年企业投资方案》的编制，以科学发展为主题，以"转变方式、调整结构、促进升级"为主线，落实"强化转型升级，强化降本增效，强化风险管控"的总体要求。2012年企业计划投资4708861万元，比2011年计划投资4160994万元增长13%，比2011年实际完成投资2651684万元增长78%。其中，固定资产建设项目122975万元，比2011年减少25%，占计划投资的2.61%；房地产开发项目2011529万元（含土地储备项目150亿元），比2011年增长18%，占计划投资的42.72%；固定资产设备购置项目789650万元，比2011年增长18%，占计划投资的16.77%。资本运营项目1764818万元（含预备项目969220万元），比2011年增长10%，占计划投资的37.48%；信息化建设19889万元，比2011年增长7%，占计划投资的0.42%。（邵洪博）

【2011年企业固定资产建设项目投资完成情况】 2011年企业固定资产建设项目完成投资68111万元，为年度计划163963万元的41.54%。其中，新开工项目33086万元，占年度完成投资的48.6%；续建项目35025万元，占年度完成投资的51.4%。由于国家经济形势的变化，以及企业为确保正常生产主动适度放缓投资规模等原因，一些项目年内没有实施。主要有：中铁十六局集团公司机关南院和青年路公建项目、中铁十七局集团二公司西安基地、中铁二十二局集团公司办公楼、中铁第四勘察设计院集团公司设计大厦和昆明基地、中铁第五勘察设计院集团公司设计大厦、中铁物资集团公司西南铁宾饭店返迁、中铁上海设计院集团公司设计大厦、中国铁建电气化局集团公司业务综合楼等。（邵洪博）

【2011年企业固定资产建设竣工项目】 2011年，企业固定资产建设竣工面积248094平方米，竣工价值116974万元。主要有：中铁十一局集团公司汉江装备制造基地一期工程，中国铁建重工集团公司道岔厂、施工装备基地一期工程及锰钢辙叉项目，中铁十八局集团隧道公司购置商品办公房等。（邵洪博）

【2011年企业利用自用土地建设经济适用住房情况】 2011年，总公司、股份公司利用自用土地建设经济适用住房项目20项，建筑总规模1506940平方米，项目计划总投资495096万元。年内完成投资58302万元，开工累计完成投资106771万元；完成竣工面积58564平方米，竣工价值26358万元。（邵洪博）

【下达总公司机关固定资产建设项目及大修计划】 8月25日下达总公司机关固定资产建设项目工程研发基地年度投资计划15850万元、更改大修计划674万元，其中结转往年续建项目6个624万元，新开项目13个50万元。（邵洪博）

【企业固定资产样本分析】 5月，根据2010年中国铁建企业资本支出74107条记录所对应的59万个数据单元，按照施工企业固定资产分类目录，进行房屋建筑、施工机械、运输设备、加工设备、测绘仪器、其他固定资产六大类样本分析，进一步了解中国铁建年度固定资产购建情况，掌握业务部门预算与全面预算存在的差异问题，形成资料汇编5册1500余页。

（邵洪博）

中国铁建股份有限公司2007～2011年企业投资完成情况表

年　份	资本运营投入资金（亿元）	房地产开发投入资金（亿元）	固定资产建设项目投入资金（亿元）	固定资产设备购置投入资金（亿元）	固定资产信息化建设投入资金（亿元）	企业投资合　计（亿元）
2007年	9.8	22.5	11.4	38.2		81.9
2008年	27.5	70.2	11.6	54.4		163.7
2009年	26.1	35.0	10.2	92.5		163.8
2010年	46.4	185.6	12.7	94.6	1.5	340.8
2011年	58.9	164.9	6.8	33.0	1.4	265.0
总　计	168.7	478.2	52.7	312.7	2.9	1015.2

制表：邵洪博

房地产开发与监管

【房地产开发部】 主要职责：负责贯彻国家房地产经营法律法规和政策；负责股份公司系统房地产开发管理工作，制定企业房地产发展战略和规划；负责公司总部房地产开发类投资管理与监管；开展国内房地产业发展趋势的分析、研究，组织协调处理和解决房地产企业遇到的问题；构建科学、规范、高效的房地产运营管理体系。参与企业社会责任报告的编纂并提供相关资料；参与全面风险管理与内控工作；参与绩效考核、经济对标、责任成本管理、投资收购论证、投资后评价、全面预算管理、信息化建设等工作。下设开发处、监管处，定员5人，设部长1人。（楼　翱）

【中国铁建股份有限公司房地产开发与经营领导小组】 由股份公司领导和相关业务部门领导组成，组长范德，副组长庄尚标，成员李学甫、皋守义、孙国富、楼翱、张沛然、曹锡锐、黄少军、王甲国。下设办公室，挂靠房地产开发部，主要负责领导小组会议事宜及有关文件处理。2011年召开会议9次，形成会议纪要9份，下达批复13份。

2月25日，领导小组召开2011年第1次会议，分别听取中铁十六局集团公司内蒙古呼和浩特市2011003号地块，中铁十八局集团公司天津市津南区八里台地块、天津市滨海新区塘沽新北路地块、天津市滨海新区汉沽大丰路地块、河北省高碑店市付庄东地块项目有关情况汇报。会议在听取项目可行性分析报告、进行认真研究和讨论的基础上，提出会议意见和要求，形成房地产领导小组会议纪要并下达批复。

4月1日，领导小组召开2011年第2次会议，听取中铁建设集团公司关于西安市高新区响塘村居住项目有关情况汇报。会议在听取项目可行性分析报告、进行认真研究和讨论的基础上，提出会议意见和要求，形成房地产领导小组会议纪要并下达批复。

7月4日，领导小组召开2011年第3次会议，分别听取中铁建设集团公司大连市甘井子区大连商务学院居住项目和西安市高新区3号楼居住项目、中铁十一局集团公司重庆市璧山县金剑路西部鞋都项目、中铁二十局集团四公司青岛市院内土地开发项目有关情况汇报。会议在听取项目可行性分析报告、进行认真研究和讨论的基础上，提出会议意见和要求，形成房地产领导小组会议纪要并下达批复。

7月18日，领导小组召开2011年第4次会议，分别听取中国铁建房地产集团公司北京市大兴区生物医药基地东配套10号地和北京市海淀区西三旗建材城危改项目二期用地（配建公共租赁住房）、中铁十四局集团公司泰安市堰西基地开发项目有关情况汇报。会议在听取项目可行性分析报告、进行认真研究和讨论的基础上，提出会议意见和要求，形成房地产领导小组会议纪要并下达批复。

8月12日，领导小组召开2011年第5次会议，听取中国铁建房地产集团公司关于武汉市汉阳区磨山村A包项目有关情况的汇报。会议在听取项目可行性分析报告、进行认真研究和讨论的基础上，提出会议意见和要求，形成房地产领导小组会议纪要并下达批复。

8月25日，领导小组召开2011年第6次会议，分别听取中铁十一局集团公司重庆市九龙坡区荒沟项目、中铁建设集团公司北京市密云县果园西路居住项目和山东省莱州市云峰路居住项目、中铁二十二局集团公司重庆市北碚新城区地块有关情况的汇报。会议在听取项目可行性分析报告、进行认真研究和讨论的基础上，提出会议意见和要求，形成房地产领导小组会议纪要并下达批复。

9月13日，领导小组召开2011年第7次会议，听取中国铁建房地产集团公司关于北京市门头沟区永定镇居住及F1住宅混合公建“中低价位、中小套型普通商品房”项目有关情况的汇报。会议在听取项目可行性分析报告、进行认真研究和讨论的基础上，提出会议意见和要求，形成房地产领导小组会议纪要并下达批复。

10月11日，领导小组召开2011年第8次会议，听取中铁十六局集团公司关于广西壮族自治区梧州市红岭新区ZS－02－20号地块有关情况的汇报。会议在听取项目可行性分析报告、进行认真研究和讨论的基础上，提出会议意见和要求，形成房地产领导小组会议纪要并下达批复。

12月5日，领导小组召开2011年第9次会议，分别听取中铁建设集团公司北京密云县首都师范附中西侧居住项目和中铁十六局集团公司内蒙古通辽开发区104亩地块有关情况的汇报，会议在听取项目可行性分析报告、进行认真研究和讨论的基础上，提出会议意见和要求，形成房地产领导小组会议纪要并下达批复。

（赵文晴）

【中国铁建房地产开发与经营管理暂行办法制定】 为进一步规范和加强股份公司房地产业务管理，提高专业化管理水平，有效防范经营风险，实现房地产业务持续、稳定、健康发展，制定《中国铁建股份有限公司房地产开发与经营管理暂行办法》（中国铁建房产〔2011〕68号），要求股份公司开展房地产业务的单位，每获取一个新的房地产项目，应在3个月内制定指导项目开发全过程的《项目全盘开发计划》，作为《项目可行性研究报告》的细化和具体实施方案，将开发过程中的资金计划、销售计划、进度计划、成本和质量目标等逐一落实和完善，在经过相应的审批程序并上报股份公司房地产开发部备案后，成为指导项目开发建设全过程的纲领性文件。股份公司将按照这一计划，对项目开展不定期的检查与督导工作。各单位新获取总投资额超过5亿元以上的房地产开发项目的规划设计方案，在实施前均应上报股份公司进行审核、批准，待股份公司批准同意后方可实施。 （楼　翔）

【参与保障性住房开发建设实施的指导意见】 为认真贯彻落实国资委《关于积极参与保障性住房开发建设有关事项的通知》要求，规范和掌握所属单位参与保障性住房开发建设工作，更好地履行中央企业社会责任，防范企业经营风险，制定印发《中国铁建股份有限公司关于参与保障性住房开发建设实施的指导意见》（中国铁建房产〔2011〕125号）。意见要求所属单位要加强与地方政府有关部门的沟通，及时收集掌握地方政府在保障性住房方面的规划、进度安排、项目资料和政策支持等信息，争取地方政府的支持，在地方政府的领导下，按照市场化运作方式，结合自身条件，通过多种途径参与保障性住房开发建设。中国铁建系统内具有房屋建筑施工总承包资质的单位要充分发挥企业在规模、质量、成本和信誉等方面的优势，高度重视房建市场结构的重大变化，抓住全国加快保障性住房建设的契机，在项目建设资金有保障且有合理施工利润的前提下，积极承担保障性住房的施工建设任务；具有城市规划与房建专业设计资质的单位，要结合自身能力，充分发挥在人员、资质、经验等方面的优势，主动承接各地保障性住房的规划和设计任务，为保障和改善民生，合理优化设计方案，主动承担社会责任；房地产开发企业要抓住各地在保障性住房土地供应、投资补助、财政贴息、融资、税费等方面出台优惠政策的机会，将保障性住房与商业性房地产开发有机结合起来；从事材料物资供应的单位，应抓住保障性住房大规模开发建设的契机，结合自身实际，在有效防控风险的前提下，保障各地对保障性住房建设所需材料的供应，提供质优价廉的建筑材料。意见要求所属单位深刻认识参与保障性住房开发建设的重要意义，积极参与保障性住房开发建设，切实保证保障性住房的质量。

（刘建光）

【房地产项目择优选择系统内部施工总承包单位】 为充分发挥房地产项目的带动作用，实现房地产板块与其他业务板块之间的战略协同，根据《中国铁建股份有限公司房地产开发与经营管理暂行办法》（中国铁建房产〔2011〕68号）和相关文件精神，鼓励系统内具备房建总承包相应资质的单位积极参与项目投标竞争，结合股份公司实际，制定下发《中国铁建股份有限公司关于房地产项目择优选择系统内部施工总承包单位的通知》（中国铁建房产〔2011〕136号）。通知对中国铁建系统内房地产项目选用施工总承包单位提出7项具体要求：①凡由股份公司投资开发的房地产项目，原则上应择优选择系统内部施工总承包单位，如由于特殊原因，需选用外部施工总承包单位的，须报经股份公司房地产开发部批准。②各房地产开发企业要建立相应的招标管理机构，健全招标管理制度，规范招投标行为，完善各项监督措施，按照公平、公开、公正的原则，通过招标方式，择优选择系统内部施工总承包单位。③股份公司鼓励系统内具备房建总承包相应资质的单位积极参与项目的投标竞争，各单位应结合实际，通过选派得力的项目管理团队，精心编制施工组织设计，提出具有市场竞争力的投标报价，以及自身的信誉和实力等参与施工总承包项目的投标竞争。④施工总承包招标过程中，招投标单位必须严肃工作纪律，严格按照有关法律法规和股份公司的各项要求，经过规定的招标程序开展招投标活动。招标单位不得在招标前内定施工总承包单位。投标单位不得通过围标、串标等不正当手段谋取中标，不得恶意抬高报价、采用不平衡报价或采用低价中标、高价索赔的方式进行投标。⑤确定中标单位后，开发建设单位和中标单位应在规定的时间内，签订施工总承包合同。中标单位应严格履行招标过程中的各项承诺，并按照合同的约定，保证项目质量安全目标、工期进度目标和成本控制目标的实现。施工总承包单位要服从建设单位和监理单位的管理，切实加强项目管理，对项目所需的材料、设备和劳务资源给予重点保证，科学组织，精心施工，把项目建设成为精品工程。⑥系统内房地产企业应建立对施工总承包单位项目管理水平的评价和考核制度，通过对项目质量、工期、造价和其他履约情况的考核评价，形成合格承包商名录，对于项目管理水平低、工程质量差、不能确保工期要求的施工总承包单位，经股份公司房地产开发部备案后，取消其参与后期项目投标的资格。⑦各级纪检监察部门要加强对房地产项目招投标“事前、事中和事后”的监督，预防各类违法违规现象的发生，严肃查处招投标过程中的腐败行为。

（刘建光）

【中国铁建房地产工作会议】 11月23日，中国铁建第二次房地产工作会议在北京召开。此次会议是在国际国内形势复杂，房地产调控持续深入，企业发展遭遇挑战的大背景下，召开的一次重要会议。股份公司副总裁范德作题为《调整思路 提升管理 苦练内功 促进房地产板块平稳健康发展》专题报告，董事长孟凤朝、总裁赵广发、副总裁庄尚标到会作重要讲话。会议内容丰富、目的明确、旗帜鲜明、成果显著，总结了股份公司房地产业务取得的成绩和发展现状，分析了当前面临的形势与存在的问题，要求各单位树立长远眼光，理性看待调控政策，统一思想、认清形势，通过苦练内功、提升管理，实现房地产业务由量的增长向质的提升转变。会议将“减库存、调在建、慎拿地”作为房地产业务2012年工作的主要原则，要求房地产单位积极推盘销售，合理确定建设规模和竣工交付计划，审慎稳妥地进行土地储备。

（刘建光）

【房地产板块信息化建设】 为加快中国铁建房地产板块信息化建设步伐，7月召开中国铁建房地产报表系统软件应用视频会议，对软件操作系统进行详细讲解，并在会上演示、推广“思源销售系统”。截至2011年底，中国铁建房地产报表系统在17个房地产开发单位得到全面推广应用；“思源销售系统”在中国铁建房地产集团公司、中铁建设集团公司，中铁十四、十五、十八、二十一局集团公司的26个项目公司得到应用。年内协助信息中心多次修改完善“企业应用中心”系统中的房地产模块，已初步完成建设工作。随着房地产板块信息化工作的逐步加强和完善，必将对股份公司房地产业务的发展起到极大的推动作用。（傅志跃）

【房地产开发统计数据】 2011年，股份公司完成房地产开发投资270亿元，其中企业自有资金投入165亿元，分别完成计划的65%和96%。中国铁建房地产集团公司完成房地产开发投资196亿元，其中企业自有资金投入112亿元，分别完成计划的64%和140%。截至2011年底，中国铁建分别在北京、天津、广州、杭州、重庆、西安、长沙、贵阳、南宁、成都、合肥、长春、济南、厦门、宁波、株洲、临沂、泰安、梧州等30个城市持有59个房地产开发项目，建设用地总面积724万平方米（折合10860亩），规划总建筑面积2346万平方米。其中，中国铁建房地产集团公司建设用地总面积487万平方米（折合7305亩），规划总建筑面积1590万平方米。

2011年，中国铁建房地产板块销售面积178万平方米，销售金额146.5亿元。其中，中国铁建房地产集团公司全年销售面积135万平方米，销售金额118亿元，实现营业收入114亿元。

（傅志跃）

【获取土地情况】 2011年，中国铁建分别在北京、重庆、西安、济南、武汉、贵阳、宁波、株洲、梧州等10个城市获取房地产开发项目11个，新增建设用地面积100.87万平方米（折合1513亩），土地成交总价52.66亿元。其中，中国铁建房地产集团公司新获取4个项目，新增建设用地面积60.29万平方米（折合904.35亩），土地成交总价款31.6亿元。截至2011年底，中国铁建在全国30个城市持有59个房地产开发项目，建设用地总面积10860亩，规划总建筑面积2346万平方米。

3月9日，中国铁建房地产集团公司竞得贵州省贵阳市一宗土地，该地块位于贵阳市南明区甲秀南路兰草坝,建设用地面积16.84万平方米,容积率3.0,规划总建筑面积58.93万平方米,土地总价款1.1亿元(毛地总价,不含契税及土地熟化费用),楼面地价每平方米219元。

4月2日,中铁第四勘察设计院集团公司竞得湖南省株洲市一宗土地,该地块位于株洲市荷塘区新华西路以北的大坪路,建设用地面积10.69万平方米(160.35亩),容积率3.0,规划总建筑面积32.07万平方米,土地总价款2.78亿元,楼面地价每平方米867元。

5月11日,中铁十四局集团公司通过收购济南庆龙置业有限公司全部股权形式,获得济南奥体西路土地开发权。该项目位于山东省济南市东部新城奥体文博片区,项目总建设用地面积9.6万平方米,建筑面积39.8万平方米。该项目取得的直接成本为9亿元,住宅用地容积率2.3,公建用地容积率4.0,按计容积率建筑面积折算楼面地价为每平方米3292元。

6月23日,中国铁建房地产集团公司竞得浙江省宁波市象山县一宗土地,该地块位于象山县大目湾新城区域,建设用地面积13.29万平方米(199.35亩),住宅用地容积率1.2,规划总建筑面积15.49万平方米,土地总价款2.395亿元,楼面地价每平方米1546元。

7月25日,中铁二十二局集团公司竞得重庆一宗土地,该地块位于重庆市北碚区,建设用地面积1.96万平方米,容积率2.0,规划总建筑面积5.13万平方米,土地成交总价7960万元,楼面地价每平方米2025元。

8月4日,中铁十四局集团公司竞得山东省泰安市一宗土地,该地块位于泰安市长城路以西,泮河大街以南,建设用地面积1.28万平方米,容积率2.6,规划总建筑面积4.72万平方米,土地成交总价3134万元,楼面地价每平方米878元。

8月16日,中国铁建房地产集团公司竞得湖北省武汉市汉阳区磨山村A包地块土地。该项目位于武汉市汉阳区,为一城中村改造项目,采用毛地出让,净地交付的方式。项目总建设用地面积16.16万平方米,建筑面积47.8万平方米,容积率2.44。该项目土地挂牌成交总价5.86亿元,楼面地价每平方米1485元。

8月26日,中铁十一局集团公司竞得重庆市璧山县一宗土地。该地块位于璧山县金剑路,建设用地面积1.1万平方米,规划总建筑面积4.44万平方米,容积率3.5,土地成交总价5000万元,楼面地价每平方米1340元。

9月6日,中铁二十一局集团公司竞得陕西省西安市曲江新区三宗土地(国际城项目中的后续土地),建设用地面积13.85万平方米,规划建筑面积52.63万平方米,土地成交总价7.23亿元,楼面地价每平方米1373元。

9月21日,中国铁建房地产集团公司竞得北京市门头沟一宗土地。该地块位于门头沟永定镇,是全国首个"限地价、竞房价"项目,建设用地面积14万平方米,规划总建筑面积46.77万平方米,综合容积率2.7,土地成交总价22.2亿元,楼面地价每平方米5850元,住宅销售限价每平方米13600元。

10月11日,中铁十六局集团公司竞得广西梧州市红岭地块,建设用地面积2.1万平方米,规划总建筑面积7万平方米,综合容积率3.0,土地成交总价0.49亿元,楼面地价每平方米765元。(傅志跃　赵文晴)

资本运营与管理

【资本运营部】　主要职责:贯彻执行国家资本管理的法律法规,落实国有资产管理委员会有关资产管理的规定,制定公司资本发展战略和运作制度;负责组织研究国内外宏观、微观经济形势和相关产业运行状况,定期向公司领导提出分析报告;负责公司总部境内外经营性固定资产投资(含矿业投资)、权益性资本投资管理工作;负责国内外投资考核指标的下达,组织公司对外经营性投资项目的选择、咨询、论证、评估;负责投资项目股权管理和项目实施过程的监管;负责实物资产管理工作。承办总公司及总公司锦鲤资产管理中心相关工作职能。部门定员13人,设部长1人、副部长1人、总经济师1人;下设咨询评估处、投资管理处、矿产资源处、资产管理处。(张红彦)

【资本运营项目概况】　2011年,中国铁建系统有资本运营项目33项。其中,总公司本级2项;股份公司31项。

总公司两项本级资本运营项目均为BOT项目,总投资81.49亿元,项目资本金28.5亿元,企业应投入资本金21.43亿元,总公司已投入资本金21.43亿元。年内实现营业收入8.98亿元。

股份公司31项资本运营项目中,BOT项目4项、BT项目19项、投资参股及股权项目8项,总投资904.75亿元,其中项目资本金411.82亿元;企业应投入资本金272.09亿元,股份公司已投入资本金205.92亿元。BOT项目总投资167.83亿元,其中项目资本金40.14亿元;企业应投入资本金22.25亿元,股份公司已投入资本金11.18亿元。年内,BOT项目实现营业收入1.92亿元。BT项目总投资429.98亿元,其中项目资本金242.53亿元;企业应投入资本金196.72亿元,企业已投入资本金160.55亿元。年内,BT项目实际回购款8.3亿元,回购款余额24.09亿元。投资参股及股权项目总投资306.94亿元,其中项目资本金129.15亿元;企业应投入资本金53.12亿元,企业已投入资本金34.19亿元。 (张红彦)

2011年中国铁道建筑总公司本级资本运营项目投资情况表

项目名称	投资方式	项目总投资(万元)	项目资本金(万元)	企业应投资本金(万元)	企业已投入资本金(万元)	营业收入(万元)
合计		814880	285043	214334	214334	89798
京承高速公路二期	BOT	391900	137000	95900	95900	26600
重庆遂渝高速公路	BOT	422980	148043	118434	118434	63198

制表:张红彦

2011年中国铁道建筑总公司资本运营投资情况统计表

项目名称	项数	项目总投资(万元)	企业应投资本金(万元)	企业已投入资本金(万元)
合计	33	9862356	2935213	2273560
中国铁道建筑总公司本级	2	814880	214334	214334
BOT项目	2	814880	214334	214334
中国铁建股份有限公司	31	9047476	2720879	2059226
BOT项目	4	1678274	222489	111767
BT项目	19	4299764	1967160	1605529
参股项目	8	3069438	531230	341930

制表:张红彦

2011年中国铁建系统资本运营投资情况统计表

资本运营单位名称	项目数量	项目总投资(万元)	项目资本金(万元)	企业应投资本金(万元)	企业已投入资本金(万元)
中国铁建投资有限公司	11	6979277	2694157	1795822	1376639
中国土木工程集团有限公司与中铁建中非建设有限公司联合	1	494077	227120	40800	13000
中铁十一局集团有限公司	2	225724	62122	22122	23724
中铁十二局集团有限公司	2	214739	214739	117370	97000
中铁十三局集团有限公司	1	279922	279922	1215	1215
中铁十四局集团有限公司	7	484126	250308	250308	208781
中铁十五局集团有限公司	2	269341	235555	236055	213732
中铁十六局集团有限公司与中铁物资集团有限公司联合	1	120000	120000	120000	34309
中铁十九局集团有限公司	2	90442	21679	70942	82575
中铁二十二局集团有限公司	1	21245	21245	21245	21245
中铁第四勘察设计院	1	136417	45000	45000	7000

制表:张红彦

【总公司京承高速公路二期工程 BOT 项目】 总投资 39.19 亿元,2006 年 9 月 30 日竣工,经营期 28 年。项目资本金 13.7 亿元。其中,总公司占 70% 的股份,应出资本金 9.59 亿元;首都高速公路发展集团有限公司占 30% 的股份,应出资本金 4.11 亿元。总公司建设期担保 14 亿元已解除。2011 年,项目通行费收入 26600 万元,运营累计收入 102123 万元;累计还贷 1800 万元,剩余贷款 248800 万元。 (张红彦)

【总公司重庆遂渝高速公路 BOT 项目】 总投资 42.298 亿元,2007 年 12 月 29 日提前一年全线通车,特许经营期 30 年,项目资本金 14.8 亿元。其中,总公司占 80% 的股份,应出资本金 11.84 亿元;重庆高速发展集团有限公司占 20% 的股份,应出资本金 2.96 亿元。2011 年,项目通行费收入 63198 万元,运营累计收入 286105 万元;累计还贷 53200 万元,剩余贷款 166800 万元。 (张红彦)

【股份公司贵阳市北二环道路工程 BT 项目】 总投资 32 亿元。截至 2011 年底,项目累计投入资金 25.38 亿元,于 9 月 6 日正式通车。年内投入资金 84800 万元,累计投入资金 253800 万元。 (张红彦)

【股份公司重庆鱼洞长江大桥工程 BT 项目】 重庆鱼洞长江大桥由中国铁建股份公司以 BT 模式投资兴建,是中国铁建自铁道兵 60 多年以来修建的第一座长江大桥。大桥一期工程于 2004 年 12 月 29 日开工,2008 年 5 月 12 日合龙,12 月 26 日通车。为加快大桥建设步伐,中国铁建决定再次投资并于 2009 年 3 月 29 日开始大桥二期工程的建设,2011 年 4 月 24 日实现全桥合龙,7 月 14 日通过竣工验收,8 月 13 日正式通车。总投资 7.14 亿元。 (张红彦)

【股份公司昆明市二环改扩建工程 BT 项目】 位于云南省昆明市主城区,包括昆明市二环路的南二环段和北二环段,合同投资 32.6 亿元,合同工期 12 个月,回购期 5 年。2011 年投入资金 43151 万元,开工累计投入资金 331941 万元,累计回购款 190903 万元,本金回购余额 144570 万元。 (张红彦)

【股份公司湛江市东海岛石化产业园区围堰工程】 为共同推进广东省湛江市东海岛北部石化产业园区围堰及南部填海、市政等工程顺利开展,湛江经济技术开发区管理委员会(以下简称管委会)与中国铁建股份有限公司共同组建中铁建湛江开发有限公司(以下简称开发公司),并签订湛江市东海岛围填海工程、市政工程开发合同及协议。开发公司注册资本金 10 亿元。其中,管委会占 10% 的股份;开发公司占 90% 的股份。2011 年 11 月,首期注册资本金 5 亿元。其中,管委会出资 5000 万元;开发公司出资 45000 万元。一期工程为湛江市东海岛石化产业园区围堰工程,建设面积 16.82 平方公里,围提长 17940.1 米,分隔围堰长 1410.1 米,吹填总方量 7886 万立方米。总投资 41.31 亿元。 (张红彦)

【股份公司禄劝至大松树九乡至宜良二级公路 BT 项目】 2011 年 3 月,中国铁建股份有限公司与云南省昆明市交通运输局签订关于投资建设禄大公路和九宜公路的合作框架协议书,4 月 5 日正式签订合同。项目总投资 26.44 亿元,合同工期 6 个月,回购期 1 年。年内,股份公司与中国铁建投资公司注入资本金 294159 万元。禄大公路的主体工程已全部完成,于 12 月底通车;九宜公路已完工,于 9 月 20 日试通车。 (张红彦)

【股份公司成渝复线重庆段高速公路项目】 重庆渝蓉高速公路有限公司是由重庆高速公路集团有限公司与中国铁建股份有限公司共同出资组建的一个合资公司,主要负责成渝复线重庆段高速公路的投资、公路建设和经营管理。总投资 78.83 亿元,是重庆高速公路集团有限公司首批采用 BOT + EPC 建设模式的项目。成渝复线重庆段高速公路起于重庆市沙坪坝区青木关镇陈家桥,止于大足县川渝交界的观音桥,与成渝高速公路复线四川段相接,全长 78.629 公里。2011 年,股份公司投入资金 19595 万元,累计投入资金 39190 万元。 (张红彦)

【股份公司济南至乐陵高速公路 BOT 项目】 济南至乐陵高速公路由中国铁建股份有限公司和山东交通运输厅公路局按 65% 和 35% 出资比例建设,全长 114.872 公里,总投资 754189 万元。其中注册资本金 176750 万元,股份公司 114890 万元,山东交通运输厅公路局 64860 万元。截至 2011 年底,股份公司累计投入资本金 55480 万元,山东省交通运输厅公路局累计投入资本金 29870 万元。 (张红彦)

【股份公司厄瓜多尔米拉多铜矿项目】 2009 年 12 月 10 日,中国铁建股份有限公司和铜陵有色金属集团控股有限公司共同出资成立中铁建铜冠投资有限公司,作为双方合作开发海外资源项目的平台。项目总投资 156167.5 万美元。除项目开发投资外,中铁建铜冠投资有限公司计划在未来 5 年投资 6000 万美元,继续对另外米拉多北、潘娜提萨和桑卡洛斯 3 个矿区进行地质勘探和开发前期研究工作，为进一步扩大开发规模奠定基础。项目开发投资与勘探资金总额为 162167.5 万美元（不含收购科里安特资源公司 100% 股权的 6.55 亿美元）。（张红彦）

【股份公司纳叙铁路参股项目】 四川省新建地方铁路隆昌至叙永铁路纳溪至叙永段工程（简称纳叙铁路）是四川省和泸州市的重点建设工程，全长 77.599 公里，设计时速 80 公里。2004 年 11 月 18 日开工，总投资 14.5 亿元，其中项目资本金 7.25 亿元，中国铁建股份有限公司占 9.6% 的股份，约 7000 万元。2009 年 12 月 2 日通过初步验收，2010 年 1 月开始临管运营。（张红彦）

【股份公司石武铁路客运专线河南段参股项目】 为加强京广铁路客运专线河南段建设，铁道部与河南省于 2007 年 6 月 16 日在郑州市注册成立京广铁路客运专线河南公司，首期注册资本金 1 亿元。2009 年，中国铁建股份有限公司第一届董事会第 18 次会议决议通过向石武铁路客运专线增加投资 10 亿元，占 8.12% 的股份，郑州铁路局占 81.88% 的股份，河南铁路投资有限责任公司占 10% 的股份。截至 2011 年底，股份公司投入资金 25 亿元。（张红彦）

【总公司本级资本运营项目监管】 截至 2011 年底，总公司两项本级资本运营项目累计实现运营收入 388228 万元。京承高速公路实现通行费收入 26600 万元，日均 73.8 万元；遂渝高速公路实现通行费收入 63198 万元，日均 175.55 万元。（张红彦）

【2011 年股权转让项目情况】 咸阳渭河 3 号桥　中国铁道建筑总公司就咸阳渭河 3 号桥提前终止特许经营权事宜与咸阳市政府进行多次沟通，4 月 22 日，由咸阳市城市建设管理局代表市政府和中国铁道建筑总公司及合作方咸阳市城市建设投资集团有限公司签署《提前终止渭河 3 号桥特许经营权补偿协议》。截至 2011 年底，清算工作基本结束，项目公司已经注销，收取补偿款 6800 万元，剩余 50 万元待支付。

鱼洞长江大桥一期工程　最终结算款 25170 万元，其他费用 2207 万元，建设期及回购期利息 8415 万元，甲方使用资金 8800 万元，共计 44593 万元。甲方于 2008 年 12 月 13 日支付回购款 33600 万元，2011 年 12 月 30 日收回尾款 10993 万元。

南京长江隧道工程　2011 年 5 月 30 日收到南京长江隧道股权转让第二笔款 32671.048 万元，共收到股权转让款 130684.192 万元。11 月 28 日收到南京长江隧道总承包工程款 35451 万元，共收回总承包工程款 397137 万元。2012 年 5 月 30 日将收回南京长江隧道股权转让第三笔款 32671.048 万元，4 月 30 日将收回质保金 14046 万元。

中铁焦电集贤有限公司年产 60 万吨焦化项目　2011 年 8 月底，整体转让给黑龙江天兴生物科技集团有限公司，转让费用 2000 万元。项目总投资 17690.12 万元，发生财务费用约 1247 万元，共计 18937.12 万元。（张红彦）

【与多家地方政府签署战略合作协议】 3 月 14 日，广东省与中央企业战略合作座谈会暨签约仪式在北京钓鱼台国宾馆隆重举行，股份公司董事长孟凤朝代表中国铁建与深圳市人民政府签署战略合作协议。

7 月 8 日，股份公司董事长、党委书记孟凤朝在总部机关会见广东省湛江市委常委、常务副市长王中丙。双方就湛江市经济技术开发区东海岛开发达成共识，并共同出席《中国铁建与湛江市经济技术开发区战略合作框架协议》签字仪式。

8 月 8 日，签署《中国铁建股份有限公司与珠海市人民政府战略合作框架协议》。

10 月 25 日，中国铁建与长春市人民政府签署《进一步加强战略合作的备忘录》。

11 月 24～25 日，股份公司董事长、党委书记孟凤朝，副总裁周志亮赴河北省石家庄市参加中央企业走进河北战略合作恳谈会。会议期间，孟凤朝与河北省代省长张庆伟就合作达成重要共识。

12 月 27 日，签署《中国铁建股份有限公司与厦门市人民政府战略合作框架协议》。（张红彦）

【资本运营信息化管理系统上线运行】 4～5 月完成中国铁建资本运营信息化系统投资管理模块的开发测试与修改、变更工作。6 月 8 日系统上线试运行，资本运营部、信息中心、起步科技公司组织二级集团公司、项目公司进行视频远程培训，所属 29 家单位 192 人参加培训；7 月 17 日，组织 4 家 BOT 项目公司和中国铁建投资公司培训。信息管理系统的运用，促进了股份公司资本运营工作的规范化和标准化。（张红彦）

【建立中央单位用地数据库系统】 根据国务院机关事务局关于进一步强化中央单位用地资料管理，提升中央单位用地管理规范化水平的精神，中国铁建建立中央单位用地数据库系统。（张红彦）

【资本运营工作研讨会】 6 月 14～18 日在北京培训

中心举办股份公司资本运营工作研讨会。股份公司副总裁周志亮就股份公司资本运营工作的开展情况、面临的形势、目标和任务、工作要求等作出重要指示并提出八点要求:一是要深化认识,转变和更新理念;二是要准确把握发展规律,积极开拓进取;三是务必保持清醒头脑,增强风险意识;四是要规范流程,建立健全运作机制;五是要发挥区域优势,搞好资本运营工作;六是要创新管理方式,提升企业效益;七是要高度重视人才队伍建设,尽快突破人才瓶颈制约;八是要切实培育专项管理能力,构建核心竞争力。会议邀请中信证券、清华大学、埃森哲咨询公司、住房和城乡建设部政策研究中心、巴克莱资本的专家、教授,就宏观经济、特许经营和 BT、BOT 运作及矿业投资、建筑业改革发展等内容进行专题讲座。与会人员围绕股份公司资本运营项目投资管理办法及 BT、BOT 项目管理指引,国内外同行业企业资本运营的成功做法和经验,股份公司实施的 BT、BOT 项目案例,以及股份公司目前资本运营工作中存在的主要问题、如何促进资本运营工作进一步发展等问题进行交流研讨。 (张红彦)

财　　务

【财务部】 负责股份公司资产产权管理、财务管理、会计核算、资金管理和会计监督的综合职能部门。主要职责:贯彻执行国家财务会计法律法规和制度,组织制定和实施公司财务发展战略,制定和实施公司财务会计规章制度,管理、组织、监督、检查和规范公司财务会计工作;负责全面预算管理和责任成本管理,组织公司系统业绩考核评价;负责公司系统财务会计管理、会计电算化、资金管理、产权管理和公司总部机关本级会计核算、经费管理、财务预决算工作;负责组织开展经济活动分析和实施财务会计诚信建设,依法编制和及时提供财务会计报告;协助做好公司信息披露相关工作;建立和落实财务内控制度与责任,对公司经济活动过程和经济运行任务进行财务监督和控制;建立和完善财务、汇率、利率、资金风险防范预警与控制机制;组织实施财务收支稽核检查;负责既有的股权管理、货币类金融产品及债券投资与管理;承办总公司及锦鲤资产管理中心财务工作;负责国务院监事会派驻公司办公室事务的协调配合和服务工作;完成公司董事会及董事会相关委员会交办的工作。下设财务处、会计处、机关财务处、产权处、预算及考核处、成本管理处、资金结算中心。定员 34 人,设部长 1 人、副部长 2 人。现员 25 人,其中高级会计师 9 人、会计师 8 人。

(曹锡锐)

【会计人员】 截至 2011 年底,股份公司系统有持证在岗会计人员 15815 人。按性别划分,男性 7380 人,女性 8435 人;按文化程度划分,硕士以上学历 204 人,大学本科学历 7501 人,大专学历 6041 人,中专学历 1243 人,其他文化程度 826 人;按专业技术职务划分,高级会计师 1053 人,会计师 2481 人,助理会计师 5584 人,会计员 3797 人,其他专业技术人员 554 人,无专业技术职务人员 2346 人。 (李　彤)

【财务制度建设】 印发《中国铁建股份有限公司 2011 年度财务工作指导意见》,落实股份公司"十二五"战略规划,着力提升财务管控水平,有效防范财务风险,推动财务管理工作规范化、标准化、系统化和统一化建设。印发《中国铁建股份有限公司财务管理及内控制度》,加强财务内部控制,有效进行财务监督,提高企业风险管控能力。制定《中国铁建股份有限公司子公司负责人绩效考核管理暂行办法》,引导企业经营管理行为,加强精细化管理,实现公司战略目标。制定《中国铁建股份有限公司科技研发专项资助资金财务管理暂行办法(试行)》,加强科技研发资金的财务管理,规范资助资金的会计核算工作。制定《中国铁建股份有限公司应收款项管理暂行办法》,加大对清欠工作的组织领导和推动力。制定《中国铁建股份有限公司存出现金保证金管理暂行规定》,规范和加强企业对生产经营中缴纳各类现金保证金行为的管理,防范风险,防止发生资金损失。 (王　磊)

【财务决算】 财务决算是企业年度经营成果的综合反映,也是对企业发展战略和经营策略的阶段性检验。2011 年进一步加强股份公司财务决算工作组织领导,夯实财务决算编制基础,完成月报、季度报告、半年度报告和年度报告的编制和对外披露,决算管理水平与会计信息质量进一步提高。加强决算编报监管,对决算编报工作中存在的问题,采取传真电报等形式限期整改,并及时掌握决算整改落实情况,对于没有整改的采取通报或督办的形式进行跟踪。加强境外财务决算管理,梳理境外树形结构,每季度向国资委报送《中国铁建股份有限公司境外在建工程承包项目统计表》(境外合同额 1 亿美元以上的在建项目),强化境外项目的动态管理。国资委、财政部在 2011 年全面推行财务决算全级次报送工作,股份公司所属企业均分户编报财务决算报表上报。 (王　磊)

【财务分析】 2011年,面对复杂多变的经济运行形势,财务分析对于企业经营管理与各种决策活动的支持与参考作用愈加明显。股份公司在抓好财务报告质量的同时,加强财务分析工作,年内连续召开3个季度的经济运行视频会议,通报经济运行情况。7月在吉林长春召开全系统财务形势分析专题会议,分析企业经济形势和存在的问题,提出具体应对措施,要求集团公司、工程公司、项目部三级开展定期经济活动分析。通过分析,为经济运行把脉诊断,为企业稳定和各级管理者进行经营决策提供参考依据;通过对毛利率、成本费用利润率、净利润率等指标分析,评判企业的盈利质量、资本回报水平及持续发展的能力;分不同行业、不同地区加强纵向及横向对比,传递国内外宏观及微观经济信息,找准企业定位,提出提高企业运行效率、增强企业盈利能力的建议;同时通过财务分析强化财务风险监控;加强经营性现金流分析、债务结构与偿付能力分析、资金成本水平分析,将风险反馈到决策层,从而达到预警的目的。 (王 磊)

【会计信息披露和配合审计】 2011年,股份公司在上海证券交易所和香港联合证券交易所及时、准确、完整地披露季度报告、半年度报告、年度报告等各项会计信息,完成国资委、财政部财务决算报告的编制和报送工作。在完成4个季度的财务报告编制的同时,配合股份公司董事会完成财务信息披露、资料整理、路演数据本的制作,工作包括主要会计数据的计算摘录,每股收益的计算,非经常性损益的分析认定,业务板块的划分及毛利率的分析计算,主要经济指标大幅增减原因的分析、解释,担保、收购、兼并等重要事项的确认,整理、更新路演数据资料。2011年,股份公司系统财务决算审计机构有5家,既有国内会计师事务所,也有国际会计师事务所,年内完成385个法人单位的审计;在韬睿事务所、股份公司人力资源部的协助下,完成内退人员精算报告。 (丁亚杰)

【税务工作】 2011年,股份公司被国税总局列为重点检查的9家中央企业之一,各省市国税稽查局、地税稽查局对股份公司及所属企业进行税务检查。股份公司积极组织实施内部自查,做好自查自纠和整改工作,全系统没有出现较大涉税案件。继续享受国家税收优惠政策,截至年底,有18家集团公司享受15%优惠税率;三级以上子企业中,有44家享受国家高新技术企业所得税15%的优惠政策,39家(集团公司本级5家)享受西部大开发所得税15%的优惠政策。 (李 彤)

【国有资本经营收益上交】 根据财政部、国资委《中央企业国有资本收益收取管理暂行办法》和国资委《关于上交2010年度国有资本收益的通知》精神,核定总公司2010年度应交国有资本收益315万元,总公司于2011年9月完成国有资本收益缴款工作,并报财政部、国资委备案。 (尚 健)

【国有资本经营预算】 2011年8月,根据国资委《关于做好2012年度中央企业国有资本经营预算项目预申报工作的通知》要求,总公司对2012年度国有资本经营预算项目进行汇总,形成《中国铁道建筑总公司关于2012年度国有资本经营预算项目预申报的报告》,分别上报国资委、财政部。年内,国资委委托中审亚太会计师事务所对总公司2010年度国有资本经营决算进行审计复核;10月,财政部下达《关于2011年中央国有资本经营预算重大技术创新及产业化资金预算(拨款)的通知》,拨付总公司国有资本经营预算重大技术创新及产业化资金2097万元,总公司收款后及时拨付给相关单位。 (尚 健)

【全面预算管理】 2月组织股份公司所属单位进行2011年全面预算汇审,形成全面预算报告提交董事会审议并获通过,并向国资委上报总公司2011年预算报告。5月通报所属子公司2010年预算执行情况,要求各单位进一步强化成本费用控制和资金管理,充分发挥全面预算管理在资源配置和防范风险等方面的作用。10月,股份公司召开全系统预算管理工作视频会议,传达国资委2012年预算编报的基本要求,部署2012年股份公司全面预算工作,要求所属单位加强预算执行的刚性控制。11月根据所属单位预报的2012年预算主要指标情况,结合对2012年建筑行业形势的预判,向国资委上报总公司2012年主要经济指标预报表。12月下达子公司2012年预算指导数。(张鸿斌)

【业绩考核】 1月制定子公司负责人2011年绩效考核主要指标方案,经总裁办公会审议通过,在股份公司2011年经营工作会上,由总裁代表股份公司与各子公司董事长签订2011年绩效合约书。4月,国资委对总公司2010年经营业绩考核后,评定总公司2010年经营结果为C级;拟订董事会对总裁2010年绩效考核结果方案,经董事会审议通过,董事会评定总裁2010年考核结果为B级;拟订子公司负责人2010年绩效考核方案,经总裁办公会审议通过,2010年子公司考核结果整体优于2009年。5月拟订董事会对总裁2011年绩效考核指标方案,经董事会审议通过。5~6月考核股份公司本级项目公司及项目部2010年经营业绩情况,形成2010年考核结果及2011年考核指标方案,经总裁办公会审议通过,本级项目公司和项目部管理有序,完成指标较好。11 月根据股份公司发展的实际,修订《子公司负责人绩效考核办法》,在此基础上拟订子公司负责人 2011 年绩效考核实施方案,并经总裁办公会审议通过。（张鸿斌）

【资金集中管理情况】 2011 年,面对紧缩银根、铁路市场急剧萎缩、企业资金高度紧张的形势,股份公司积极探索对外拓宽融资渠道,对内挖掘资金潜力,加大融资力度和资金集中管理力度,确保资金链条不断裂,为股份公司生产及资本经营提供保障。截至年底,股份公司合并报表货币资金余额为 830.58 亿元,其中资金结算中心货币资金 472.04 亿元,占 57%;银行借款、债券融资余额 652.02 亿元,占公司合并报表银行借款、债券融资 86%;资金结算中心吸收内部存款 623.58 亿元,总体资金集中度 68.5%,内部调剂资金 727.19 亿元,全年累计实现收入 42.59 亿元,累计实现净收益 6.36 亿元。通过资金集中、内部调剂、信贷集中办理,全年节约财务费用 18 亿元。（东润宁）

【资产评估】 2011 年,总公司完成资产评估备案项目 16 项,其中产权转让项目 2 项、资产转让或置换项目 14 项。主要项目:中铁十二局集团公司转让安庆大酒店股权及惠州大亚湾铁惠实业有限公司股权,中铁二十一、二十五局集团公司和中铁第四勘察设计院集团公司处置土地或房产等。资产评估方法主要采用资产基础法、成本逼近法、基准地价系数修正法等方法进行评估。资产评估备案项目涉及评估前净资产 24434.13 万元,评估后净资产 95512.48 万元,评估增值 71078.35 万元,增值 1628.52%。（阎 宇）

【产权登记】 2011 年,股份公司涉及变更实收资本、出资人股权比例及法定代表人三项产权登记事项。一是将中国铁建股份有限公司原注册资本人民币 8000000000 元,根据经中瑞岳华会计师事务所出具的验资报告和工商变更资料,增加注册资本人民币 4337541500 元,企业国有资产产权登记证实收资本变更为人民币 12337541500 元。二是根据国资委《关于划转部分国有股东所持上市公司股份给全国社保基金理事会有关问题的函》,中国铁道建筑总公司将发行的 A 股股份数的 10% 245000000 股及 H 股股份数的 10% 188754500 股,总计 433754500 股划转至全国社保基金理事会持有。中国铁道建筑总公司持有股数由 8000000000 股变更为 7566245500 股,出资人股权比例变更为 61.33%,实收资本中,国有法人资本变更为 7566245500 元。三是根据国资委任免文件《关于孟凤朝、李国瑞职务任免的通知》,经中国铁建股份有限公司第二届一次股东代表大会通过,股份公司董事长、法定代表人由李国瑞变更为孟凤朝,产权登记证随后变更。（阎 宇）

【企业年度工作报告】 根据《关于加强和改进国有企业监事会工作的若干意见》,监事会监督检查方式由事后监督调整为当期监督。总公司每年向监事会报送《企业年度工作报告》,该报告是全面综合反映企业经营管理和改革发展信息的重要载体,是企业向出资人报送的重要文件,是监事会了解掌握企业情况、有效履行出资人监督职责的重要基础。总公司及所属 31 家编制 2011 年度《企业年度工作报告》,并及时上报国资委。《企业年度工作报告》归纳总结了企业基本情况、经营管理和改革发展主要情况、生产经营及财务效益情况、重大经营风险和财务风险管理情况、出资人重点关注事项、境外资产运营及监管情况、违法违纪违规事项披露、领导班子履职和“三重一大”决策制度执行情况八个方面的内容,报告内容均真实、客观。（阎 宇）

【股份公司年度财务工作会议】 股份公司 2011 年度财务工作会议于 2011 年 11 月 16 ~ 18 日在北京召开。国资委监事会第十六办事处主任金丹阳、国资委财务监督与考核评价局副局长邬红兵出席会议并讲话;股份公司总裁赵广发对此次会议作了重要批示,充分肯定各级财务人员付出的努力和取得的成绩,要求各单位要以庄尚标副总裁讲话为主要内容,统一思想,再接再厉,确保完成 2011 年的指标,抓好 2012 年工作部署。

股份公司副总裁、总会计师庄尚标作题为《强化管控 提升能力 在企业做强做优中发挥财务推动作用》的财务工作报告。全面总结了 2011 年股份公司财务工作,分析了当前财务工作面临的形势和问题,确定 2012 年度财务工作总体思路:深入贯彻国资委中央企业财务工作会议精神,遵循股份公司“十二五”发展战略规划和财务战略规划指导思想,坚持依法理财、稳健理财、科学理财,以现金流管理为中心,以全面预算管理为主线,以效益管理为根本,以创造价值为目标,强化成本费用控制,改善资金状况,优化资产负债结构,提高资产运营能力,加强财务内控管理,有效防范财务风险,推进会计基础工作标准化、财务信息化和责任成本管理精细化,发挥财务绩效考评导向作用,着力提高财会队伍素质,促进财务转型,提升财务能力,增强财务实力,在企业做强做优中发挥财务推动作用。会议表彰 2011 年度财务工作先进单位和先进个人,部署资金管理、财务决算、年度工作报告的编报等有关工作，并就中铁十二局集团公司财务管控模式、中铁建设集团公司强化集团管控等典型经验进行交流与研讨。所属集团公司、直属单位的总会计师，财务部门负责人，资金管理、决算工作负责人以及机关有关人员180余人参加会议。（李 鲲）

【财务工作先进单位和个人】 2011年，股份公司表彰财务工作先进单位69个、资金集中管理工作先进单位6个、预算工作先进单位6个、决算工作先进单位6个，财务工作先进个人158名。

财务工作先进单位

中铁十一局集团公司
中铁十二局集团公司
中铁建设集团公司
中国铁建电气化局集团公司
中铁第四勘察设计院集团公司
中国铁建重工集团公司
中国土木工程集团中土尼日利亚公司
中国土木工程集团北京中土大厦
中铁十一局集团三公司
中铁十一局集团桥梁公司
中铁十一局集团兰新项目部
中铁十二局集团三公司
中铁十二局集团建筑安装公司
中铁十二局集团公司湘桂铁路工程指挥部
中铁十三局集团四公司
中铁十三局集团六公司
中铁十三局集团电务公司
中铁十四局集团二公司
中铁十四局集团隧道公司
中铁十四局集团公司青岛工程指挥部
中铁十五局集团五公司
中铁十五局集团华东公司
中铁十五局集团公司大西铁路客运专线指挥部
中铁十六局集团二公司
中铁十六局集团路桥公司
中铁十六局集团铁运公司
中铁十七局集团四公司
中铁十七局集团五公司
中铁十七局集团物资公司
中铁十八局集团四公司
中铁十八局集团五公司
中铁十八局集团公司向莆铁路工程指挥部
中铁十九局集团二公司
中铁十九局集团五公司
中铁十九局集团大西铁路客运专线指挥部
中铁二十局集团二公司
中铁二十局集团四公司
中铁二十局集团六公司沪昆铁路客运专线贵州段项目经理部
中铁二十一局集团六公司
中铁二十一局集团电务电化公司
中铁二十一局集团公司西宁枢纽工程指挥部
中铁二十二局集团五公司
中铁二十二局集团哈尔滨铁路建设集团公司
中铁二十二局集团湘桂铁路扩改工程柳南段Ⅲ标段指挥部
中铁二十三局集团轨道交通公司
中铁二十三局集团七公司
中铁二十三局集团公司沪昆铁路客运专线指挥部
中铁二十四局集团上海铁建工程公司
中铁二十四局集团浙江公司
中铁二十四局集团福建公司
中铁二十五局集团一公司
中铁二十五局集团六公司
中铁二十五集团电务公司
中铁建设集团济南分公司
中铁建设集团公司铁路工程总指挥部
中国铁建电气化局集团二公司
中国铁建电气化局集团北方公司
中国铁建房地产集团北京丰基置业公司
中铁第一勘察设计院集团陕西铁道工程勘察公司
中铁第一勘察设计院集团青海铁道工程勘察公司
中铁第四勘察设计院集团桥梁设计研究处
铁四院（湖北）工程监理咨询公司
北京铁城建设监理公司
中铁上海设计院集团天津分院
中铁物资集团中南公司
中铁物资集团北京中铁建物资贸易公司
中国铁建重工集团道岔分公司
中国铁建重工集团中铁隆昌铁路器材公司
北京铁城建设监理公司电气化工程监理分公司

资金集中管理工作先进单位

中铁十一局集团公司
中铁十二局集团公司
中铁十三局集团公司
中铁建设集团公司
中国铁建电气化局集团公司
中铁第一勘察设计院集团公司

预算工作先进单位

中铁十四局集团公司

中铁十六局集团公司
中铁二十四局集团公司
中铁建设集团公司
中铁第四勘察设计院集团公司
中国铁建重工集团公司

决算工作先进单位

中国土木工程集团公司
中铁十七局集团公司
中铁二十局集团公司
中铁建设集团公司
中国铁建电气化局集团公司
中国铁建重工集团公司

财务工作先进个人

王希学	王雪峰	刘若男	姜　华	范志军
余　骥	王　勇	崔雪梅	冯清理	隆仁燕
李　贤	曾　武	韩清芳	李东平	刘成木
马晓辉	时诒敬	舒红宇	王悦屏	杨荣利
刘　永	宋春英	王玉田	谢小成	徐彦锋
张继玉	张晓坤	郑开军	李东岳	刘召清
马玉柏	孙锋先	王　震	姚水平	王立衡
马国峰	郭　静	吴万强	徐　蕾	张　博
张　立	张素丽	张晓朵	赵晓卫	蒋书雄
李东华	钱文学	王映福	王永斌	隰亚智
杨庆庚	张子斌	李治明	李建军	张会兵
赵　涛	田贞礼	王俊生	黄昌启	李尚韬
胡　青	刘　珍	曲爱民	王晓慧	王义宽
魏　永	许华鹏	赵士强	袁　军	张春玲
崔　军	马玉家	孙　亚	栗　敏	王相伟
于兴涛	王　永	邹　虎	白　力	李　芳
王永英	罗志弟	黄绍文	杨松刚	吴增喜
杨柳颉	丁　浩	柴慧英	王敬贤	赵　亮
吴　鹏	张志贤	卢国伟	王东贵	贺毓陶
许铁牛	王爱敏	黄玉银	曹福刚	李广军
杨照群	何艳梅	张业宏	计　扬	苗静闽
谢秋玲	章　强	聂　磊	蒋海波	康丹丹
苗学波	覃　昀	文晓明	张　华	崔永生
王奇峰	张　洋	赵有香	乐　华	薛晓荣
刘小颖	谷明科	张奉超	王敬维	张洪波
董　莉	陶丽君	珂　珺	欧铁军	伍新园
帅济亮	杨　敏	周　萍	王　斌	徐　莉
顾　青	谢　坚	王　青	孟　安	王书信
潘源波	孔德明	罗鹏程	陈　瑞	刘丽红
李　娟	赵晓慧	李海潮	张红伟	孟凡英
魏　东	周　鹭	姚黎明	聂　勇	姚　华
杨现庆	丁亚杰	陈　英		

（李　鲲）

【**责任成本管理**】　为深入贯彻股份公司2010年责任成本管理暨经营创效工作会议和股份公司2011年工作会议精神，进一步推动责任成本管理工作的深入开展，实现责任成本管理的标准化、规范化和信息化，促进责任成本管理工作水平不断提高，年内下发股份公司《2011～2012年责任成本管理工作要点》《责任成本管理考核评价办法》《应收款项管理暂行办法》。4月，财政部到中国铁建股份公司总部、中铁十二局集团公司机关及四公司太阳高速公路项目部调研成本管理和核算工作情况。年内，股份公司组织对中铁十四、十八局集团公司开展责任成本管理工作情况调研，推动基层项目部责任成本管理水平提升；对子公司进行责任成本管理考评，将考评结果纳入子公司业绩考核中。

11月19～20日在北京召开中国铁建责任成本管理经验交流会议，股份公司领导、所属单位分管成本的领导、优秀项目经理和成本部门负责人等75人出席会议。会上，中铁十一局集团公司合福铁路项目部介绍责任成本管理情况；股份公司副总裁、总会计师庄尚标作题为《推进管理标准化 追求盈利持续性 不断提升责任成本管理的价值创造力》的讲话，首先肯定近年来责任成本管理工作取得的成绩，指出当前存在的问题和面临的形势，总结合福铁路项目部责任成本管理工作的成功经验，提出不断提升责任成本管理价值创造力的措施，强调中国铁建以做强做优为目标，要更加注重成本的责任，更加注重源头创效，更加注重考评兑现，更加注重成本的风险控制，强化内部管控，在企业未来的市场竞争中，责任成本管理将发挥更大的作用。各单位要摒弃粗放型管理，全面推行精益化管理，实现发展方式的转变已是迫在眉睫，强管控，典型引路，在精益化管理上下工夫，走质量效益型的集约发展之路才是唯一选择。

（城　云）

【**内部担保**】　经股份公司董事会及股东大会审议，2011年，股份公司核定对全资子公司内部担保总额为258亿元。截至12月31日，签订全资子公司担保合同金额31.51亿元，实际承担担保责任30.11亿元。

（蔡梅君）

【**银行授信与合作**】　2011年，股份公司先后与16家国内银行和4家外资银行签订综合授信协议，银行为股份公司本部提供1121.1亿元的授信额度。其中，融资类贷款额度729.5亿元，已使用额度147.7亿元（美元贷款8.07亿元，折算人民币约50.9亿元；人民币贷款96.8亿元），美元借款主要是为锁定汇兑风险，降低融资成本和国外工程项目用款，人民币贷款主要用于补充本部营运资金；其他非融资类授信额度391.6亿元,已使用173亿元,主要用于国内外工程保函等业务。充足的授信额度保证了股份公司及所属单位在国内外经营活动中的信贷业务需求。

2月16日,股份公司董事长孟凤朝与中国农业银行股份有限公司董事长项俊波共同出席《全面战略合作协议》的签约仪式。中国农业银行为股份公司全系统提供1000亿元的授信额度支持。10月8日,股份公司与华夏银行签订《全面战略合作协议》,华夏银行为股份公司及子公司提供600亿元综合授信额度。

(陈 英)

【债券融资】 根据2010年度股东大会决议,2011年,股份公司在银行间交易商协会注册并发行中期票据75亿元、短期融资券150亿元。1月4日,股份公司发行第一期短期融资券,发行金额50亿元,票面利率5.55%,票据期限366天,募集资金于11月7日全额到账。10月14日,股份公司2011年度第一期中期票据成功发行,发行金额75亿元,发行年利率6.28%,票据期限7年,募集资金于10月18日全额到账。

(陈 英)

【"小金库"专项治理】 按照中央和国资委的统一部署,自2010年7月起,总公司在全系统组织开展"小金库"专项治理工作,截至2011年底,全面完成各节点工作任务。通过各单位自查自纠和总公司督导检查,全系统发现并处理"小金库"303个,涉及金额6873.05万元,行政处罚20人,企业内部处理36人,党纪处理10人,移交司法机关处理10人。总公司按国资委要求及时上报各阶段工作结果,认真核实国资委移交的两批"小金库"举报线索(涉及企业7家)。所属单位按边清理、边整改、边处理、边规范的原则,认真分析"小金库"形成根源,全面排查企业管理薄弱环节和风险隐患,及时堵塞管理漏洞,积极推进长效机制建设。"小金库"治理工作组织得力、进展有序、效果明显,得到国资委的肯定。针对特殊资金(资产)数额巨大、涉及职工切身利益和企业稳定、管理有待规范等情况,总公司将规范特殊资金(资产)监管作为"小金库"专项治理工作的一项重要内容,开展全系统调查摸底,重点调查由各单位自行管理的各类保险和职工住房公积金的计提、缴纳、结余及是否存在挤占、拖欠、挪用、调剂、理财等情况。调查结果显示,管理中存在政策执行不统一,未全面实行社会化管理和地方统筹,内控和监督不到位,个别单位存在挤占、挪用社保资金现象;保值增值渠道单一,存在资金贬值风险等问题。针对这些问题,股份公司将重新制定政策,以加强特殊资金(资产)监管,明确各级管理责任,健全管理机制,维护职工合法权益和企业稳定,确保资金(资产)安全和保值增值。

(邓 凯)

【战备资产财务管理】 为落实国家交通战备办公室、财政部国防司有关领导在2011年总公司战备工作会上的讲话精神,与总公司战备局于2011年7月开始,组织清查所属集团公司所代管的战备资产情况。通过清查,摸清了战备资产家底和管理情况,对清查中发现的问题,要求各单位限期整改。为理顺总公司与各代管单位的管理关系,规范各项管理工作,总公司制定下发《关于加强战备储备物资管理的通知》,要求各单位核实资产、摸清家底,确保"账实相符"。

战备资产要独立建账,彻底解决战备资金占用问题;配备专职或兼职会计人员,按照《总公司战备资产财务管理及会计核算暂行办法》的规定,规范会计核算;总公司战备局与各战备单位建立规范的资金拨付代管关系,明确代管责任主体为各有关集团公司,理顺战备资产管理关系。根据国家有关规定,各代管企业财务部门承办战备资金收支核算业务,并担负监督检查职责。

(邓 凯)

【中国铁建网络合并报表系统】 2011年,中国铁建报表大厅系统正式上线。年内完成中国铁建2010年度基础报表编制,使用网络系统编制决算的单位超过10000家,占全部单位的95%以上,各项指标在建筑行业内已趋于领先;完成国资委决算报表的上线、数据提取和填报等工作,成为国内第一个实现国资委决算报表参数导入、导出的网络报表系统,在国资委信息化办公室的检查中获得较高评价。

(岳云飞)

【财务集中管理】 2011年,所属单位在资金集中管理方面按照股份公司的要求,积极探索新方法、新思路,确保资金集中管理有序推进。中国铁建电气化局集团公司突破业主监管和地域限制等障碍,强力推行账户归集、超额资金上存、利息定期收缴、上存物资保证金等措施,通过内部参建单位、控股公司等可靠渠道集中资金,保证资金集中效果。中铁十二局集团公司在资金集中有困难的项目部所在地设立分中心,先形成"小资金池",再由分中心分次、分批地向集团公司集中;中铁十七局集团公司在京福高速铁路指挥部试点集中支付,指挥部下辖的6个工区的大额付款必须通过网银由指挥部审批后方可支付,促进生产资金的统筹管理。在整合内部保险资源方面,股份公司以诚合保险经纪公司为平台,通过与保险公司签订战略协议或公开招标等方式,降低保险费率。截至年底,有365个项目集中办理保险业务,其中系统内运作各类保险项目344个(次),保险集中度为19.5%,共节约保费支出1.07亿元,不但降低了成本,还解决了"索赔难"的问题。在机票集中采购方面,中铁国际航空服务有限公司与15家内部单位建立业务关系,累计节约资金近900万元,效果初步显现。 (岳云飞)

【基建财务管理】 2011年按照企业会计准则及总公司内部财务管理制度有关规定,根据实际成本发生情况,调整总公司办公楼原预组资金额,真实准确地反映总公司固定资产状况。执行总公司基建财务内部控制制度,严格财务监督管理;参与基建项目的招标、投标工作,加强项目保证金的收、退与会计核算工作。参与中国铁建科研楼的设计招标和施工招标工作,配合审计部门完成机关大院18、58、68、78号楼的竣工审计工作。 (陈 晓)

【会计人员继续教育】 6月30日~7月28日举办5期驻京单位会计人员继续教育培训班,1577名中、初级会计人员参加培训。培训班开设"当前财务工作的形势与任务"、"施工企业新税法文件讲解"、"施工企业财税疑难问题及涉税风险控制"、"企业内部控制规范讲解"、"财务风险防范及案例分析"等课程。

(刘新龙)

【财会学会工作】 2011年获铁道财会学会科研课题研究一等奖1项、二等奖4项、三等奖6项;两篇论文被《铁道财会》评为优秀论文。 (刘新龙)

审 计 监 事

【审计监事局】 股份公司负责内部审计、监事会及董事会审计与风险管理委员会的工作机构。下设审计一处、审计二处、监事会办公室。定员15人,设局长、副局长各1人。现员8人,其中高级技术职务5人、中级技术职务2人、初级技术职务1人。主要职责:贯彻执行国家有关方针、政策、法规,制定内部审计制度和监事会工作制度及有关规定,协助修订股份公司审计与风险管理委员会工作细则;负责对公司及所属企业(单位)财务收支、财务预算、财务决算、资产质量、经营绩效、建设项目等经济活动的真实性、合法性和效益性进行审计监督、评价;负责对股份公司高级管理人员、所属企业负责人收入进行审计监督、评价;负责管理和组织实施股份公司内部经济责任审计及日常审计工作;承办总公司直管项目公司、项目部(指挥部、协调组)和锦鲤资产管理中心的内部审计工作;负责协助监事会主席、监事处理监事会日常事务;协助监事会主席做好监事会业务建设,完善监事会议事规则;负责监事会会议的筹备与组织,督促检查决议的贯彻执行情况;对监事会提出的问题组织调研,进行协助和处理;协调监事会与股份公司所属各单位、机关业务部门之间的关系;协助组织召开审计与风险管理委员会定期和临时会议;负责审计与风险管理委员会会议签到、决议、纪要、记录等文字工作;负责做好审计与风险管理委员会决策的前期准备工作,向其提供相关书面材料;负责审计与风险管理委员会提交董事会审议的专项意见;协助审计与风险管理委员会对股份公司风险管理策略和解决方案、重大决策、重大事件、重要业务流程的风险控制、管理、监督和评价等工作;负责组织会计师事务所对股份公司年度财务决算的审计,并对会计师事务所的审计质量情况进行监督检查;负责内部审计学会工作及审计人员岗位资格证书的管理,组织审计人员后续教育、业务培训和审计理论研究;总结审计工作,交流、推广审计经验,评选和表彰审计先进单位和先进个人。 (黄少军)

·审计工作·

【审计工作综述】 2011年完成审计项目2937项,完成年度计划的102.9%。查处违规违纪金额896213万元、损失浪费金额24206万元,提交审计报告2469份,提出审计建议10800条,违规违纪问题在审计中基本得到纠正;8人移交纪检监察部门立案查处,10人给予党纪、政纪处分。通过审计,促进企业增收节支和挽回经济损失47281万元,推进了股份公司"严管、强收、少投、确保"八字方针的有效执行。年内根据国家审计署对铁路建设项目审计的要求,深入开展自查自纠,坚决整改审计中发现的各类问题,注重抓好源头治理,协调推进各项工作,实现"审计不出事,企业不受损"的目标,为维护企业利益作出贡献。

2011年在加强全系统审计业务工作指导的同时,先后完成中国土木工程集团公司、中铁十八局集团公司、中铁物资集团公司、中国铁建电气化局集团公司等法定代表人的离任经济责任审计;中铁二十四局集团公司,中铁第一、第五勘察设计院集团公司,中铁建(北京)商务管理有限公司、北京铁城建设监理有限责任公司的任中审计;中国土木工程集团香港公司、澳门公司、东非公司、博茨瓦纳公司和中铁十五局集团公司坦桑尼亚项目、香港项目的境外审计;中国土木工程集团公司,中铁十八、二十四局集团公司，中铁第一、第五勘察设计院集团公司，中铁物资集团公司、中铁建（北京）商务管理有限公司、北京铁城建设监理有限责任公司、中国铁建电气化局集团公司的内控制度审计和社会劳动保障资金专项审计；中铁国际贸易（香港）有限公司、中铁国际投资公司、中土尼日利亚铁路项目部、尼日利亚铁路现代化总指挥部、尼日利亚公司、阿联酋代表处、沙特分公司、以色列分公司、日本代表处、波兰代表处的年报送达审计；完成总公司办公楼附属工程等基建审计，审减投资额982万元；组织全系统财务决算审计，监督检查中介机构审计质量。（沈晓霞）

【审计机构及审计人员】 截至2011年底，中国铁建系统内部审计机构设立174家，专职审计人员546人。（沈晓霞）

【审计项目】 2011年完成经济责任审计311项，提交报告455份，发现问题金额1326883万元。通过审计，纠正违规违纪金额13238万元，促进增收节支803万元。(1)工程项目审计。全系统完成工程项目审计1790项，提交报告1369份，发现问题金额43390万元。通过审计，纠正违规违纪金额24233万元，促进增收节支1952万元。(2)财务收支审计。全系统完成财务收支审计146项，提交报告146份，发现问题金额16712万元。通过审计，纠正违规违纪金额2685万元，促进增收节支75万元。(3)经济效益审计。全系统完成经济效益审计257项，提交报告203份，发现问题金额7205万元。通过审计，纠正违规违纪金额964万元，促进增收节支189万元。(4)内控制度审计。全系统完成内部控制审计50项，提交报告54份，未发现问题金额。通过审计，提出审计建议59条，被采纳32条。(5)基建审计。全系统完成基建审计27项，提交报告27份，发现问题金额1208万元。通过审计，纠正违规违纪金额184万元，促进增收节支1120万元。(6)后续审计。全系统完成后续审计24项，提交报告35份，发现问题金额430万元。通过审计，纠正违规违纪金额430万元，促进增收节支301万元。(7)各类资金、基金审计。全系统完成各类资金、基金审计16项，提交报告15份，发现问题金额25011万元。通过审计，纠正违规违纪金额208万元。(8)专项审计调查。全系统完成专项审计调查99项，提交报告88份，发现问题金额2723万元。通过审计，纠正违规违纪金额531万元，促进增收节支123万元。（沈晓霞）

【审计理论研究及培训】 2011年，全系统举办审计后续教育培训班17期，培训专、兼职审计人员458人；组织全系统审计人员参与《经济责任审计理论与实务》课题研讨。（沈晓霞）

【获全国内部审计“双先”表彰】 2011年，中国铁道建筑总公司审计局被国家审计署评为2008～2010年全国内部审计先进集体。中国铁建股份公司审计监事局王铁兵、中铁十三局集团公司孙伟、中铁十六局集团公司周京波被评为2008～2010年全国内部审计先进工作者。（沈晓霞）

【表彰审计工作先进单位和先进工作者】 2011年，股份公司表彰审计工作先进单位39家、先进工作者61名。

审计工作先进单位

中国土木工程集团公司审计部
中铁十一局集团公司审计部
中铁十五局集团公司审计处
中铁十六局集团公司审计部
中铁十八局集团公司审计监事部
中铁建设集团公司审计部
中国铁建房地产集团公司审计部
中铁十一局集团二公司审计部
中铁十一局集团五公司审计部
中铁十二局集团一公司审计科
中铁十二局集团二公司审计科
中铁十三局集团一公司审计部
中铁十三局集团六公司审计部
中铁十四局集团隧道公司审计部
中铁十四局集团四公司审计部
中铁十五局集团四公司审计部
中铁十五局集团七公司审计科
中铁十六局集团五公司审计部
中铁十六局集团北京工程公司审计部
中铁十七局集团二公司审计部
中铁十七局集团四公司审计科
中铁十八局集团一公司审计部
中铁十八局集团五公司审计部
中铁十九局集团三公司审计科
中铁十九局集团五公司审计部
中铁二十局集团四公司审计部
中铁二十局集团电气化公司审计部
中铁二十一局集团公司审计处经济责任审计科
中铁二十一局集团四公司审计部
中铁二十二局集团一公司审计部
中铁二十二局集团四公司审计部

中铁二十三局集团一公司审计部
中铁二十三局集团三公司审计部
中铁二十四局集团福建铁路建设公司审计部
中铁二十四局集团上海电务电化公司审计部
中铁二十五局集团二公司审计部
中铁二十五局集团建筑安装公司审计部
中国铁建电气化局集团三公司审计部
中国铁建电气化局集团北方公司审计部

审计工作先进工作者

张仁华	阮祥杰	王贤俊	孟海波	姜宏伟
董志成	李　森	张全斌	暴海龙	菅海东
陈忠军	姜守君	唐　玲	张贵修	孔　进
苗　慧	闻淑梅	陈奇仁	于新英	王崇列
王正伟	芦安全	苟建刚	白家祥	张有鹏
谢丽芳	杨　光	王维箴	张世君	李森莉
王永刚	王　铸	董文德	杨桂琴	王瑞峰
朱占魁	王　刚	刘建民	卢君勇	余好斌
张　玮	万　苓	林　强	谭　冰	周卫飞
周　毅	石　慧	杨玉祥	唐　峰	姜　胜
谢礼凯	洪　梅	刘均建	杨　奕	张　娜
舒　芳	焦英伟	周　锐	潘慈云	刘一达
边元双				

（沈晓霞）

·监事会工作·

【中国铁建股份有限公司监事会】 由3名监事组成，其中股东代表监事2名、职工代表监事1名。第一届监事会于2007年11月5日公司创立大会成立，并经2007年第一次股东大会审议通过。第一届监事会股东代表监事彭树贵、黄少军，职工代表监事于凤丽，彭树贵被选举为监事会主席。2011年5月监事会换届，第二届监事会股东代表监事齐晓飞、黄少军，职工代表监事张良才，齐晓飞被选举为监事会主席。（董海军）

【中国铁建股份有限公司第一届监事会第11次会议】 3月30日在中国铁建大厦15层第1会议室以现场会议方式召开，会议审议通过《关于审议公司2010年度财务决算报告的议案》《关于审议公司2010年度利润分配方案的议案》《关于审议公司2010年年报及其摘要的议案》《关于审议公司A股、H股募集资金存放与实际使用情况专项报告的议案》《关于审议2010年度监事会工作报告的议案》，听取公司董事会关于内部控制自我评价的报告，并发表监事会独立意见。

（董海军）

【中国铁建股份有限公司第一届监事会第12次会议】 4月27日在中国铁建大厦15层第1会议室以现场会议方式召开，会议审议通过《关于审议公司2011年第一季度报告的议案》。（董海军）

【中国铁建股份有限公司第二届监事会第1次会议】 5月31日在中国铁建大厦15层第1会议室以现场会议方式召开，会议审议通过《关于选举中国铁建股份有限公司第二届监事会主席的议案》。（董海军）

【中国铁建股份有限公司第二届监事会第2次会议】 8月30日在中国铁建大厦15层第1会议室以现场会议方式召开，会议审议通过《关于审议公司2011年上半年财务决算议案》《关于审议公司2011年半年度报告及其摘要的议案》《关于审议公司募集资金存放和实际使用情况的专项报告的议案》。（董海军）

【中国铁建股份有限公司第二届监事会第3次会议】 10月28日在中国铁建大厦15层第1会议室以现场会议方式召开，会议审议通过《关于审议公司2011年第三季度报告的议案》。（董海军）

【监事会对公司依法运作情况的独立意见】 报告期内，通过对公司董事及高级管理人员的监督，监事会认为：公司董事会能够严格按照《公司法》《证券法》《公司章程》及其他有关法律法规和制度的要求，依法运作。公司重大经营决策合理，其程序合法有效。公司董事、高级管理人员在执行公司职务时，能认真贯彻执行国家法律法规、《公司章程》和股东大会、董事会决议，看重责任、勤奋敬业。未发现公司董事、高级管理人员在执行公司职务时违反法律法规、《公司章程》或损害公司股东、公司利益的行为。（董海军）

【监事会检查公司财务情况的独立意见】 通过听取公司财务负责人的专项汇报、审查公司财务报表、审议公司定期报告及会计师事务所审计报告，检查公司财务运作情况，实地考察董事会决策的重大投融资项目，监事会认为，公司制定了《财务管理及内控制度》，规范了与财务核算、财务管理相关的内部控制，保证了会计核算及财务报告的规范性、及时性、合规性，公司2011年度财务报告能够真实反映公司的财务状况和经营成果。安永华明会计师事务所有限公司对公司财务报告进行审计，并出具无保留意见的审计报告，监事会对该报告无异议。（董海军）

【监事会对最近一次募集资金实际投入情况的独立意见】 报告期内，公司监事会对本公司使用募集资金的情况进行监督，监事会认为，公司认真按照《中国铁建股份有限公司募集资金管理办法》的要求管理和使用募集资金，募集资金实际投入项目与承诺投入项目一致。募集资金的使用符合国家有关法律法规和《公司章程》的规定，不存在损害公司和股东的利益的行为。报告期内，公司未发生实际投资项目变更的情况。公司监事会将继续监督检查募集资金使用的进展情况。（董海军）

【监事会对公司收购、出售资产情况的独立意见】 报告期内，监事会对公司发生的重大收购资产进行了监督。监事会认为，公司在重大资产收购过程中定价公允，程序合法，未发现损害股东利益或造成公司资产流失的情况。报告期内，公司未发生重大出售资产事项；未发生资产置换事项；未发生企业合并事项。

（董海军）

【监事会对公司关联交易情况的独立意见】 报告期内，监事会对公司发生的关联交易进行监督，监事会认为，公司的关联交易认真执行《公司法》《证券法》《上海证券交易所股票上市规则》《香港联合交易所有限公司证券上市规则》等法律法规及《公司章程》《中国铁建股份有限公司关联交易决策制度》的规定，各项关联交易事项均经公司董事会和经理层充分论证、谨慎决策，依据等价有偿、公允市价的原则定价，没有违反公开、公平、公正的原则，不存在损害上市公司和中小股东的利益的行为。报告期内，公司与控股股东中国铁道建筑总公司先后签署《关于沙特麦加轻轨项目相关事项安排的协议》《关于中国长城财务公司重组改制及增资〈出资协议〉》。监事会认为，上述两项关联交易事项，对价公平合理，董事会表决程序符合法律法规和《公司章程》的规定。（董海军）

【监事会对公司利润实现与预测存在较大差异的独立意见】 2012年1月12日，公司披露2011年度业绩预增公告，预计公司2011年归属于上市公司股东的净利润较2010年同期增长50%以上。经安永华明会计师事务所有限公司审计，公司实际实现净利润78.54亿元，与该公告没有较大差异的情况。（董海军）

【监事会对内部控制自我评价报告的审阅情况及意见】 监事会审阅公司《内部控制自我评价报告》。该报告认为公司对纳入评价范围的业务与事项均已建立内部控制，并得以有效执行，达到公司内部控制的目标，不存在重大缺陷，公司内部控制有效。公司聘请的国富浩华会计师事务所有限公司对公司2011年度内部控制有效性进行审计，并出具标准内控制度审计报告。该报告认为公司按照《企业内部控制基本规范》和相关规定在所有重大方面保持了有效的财务报告内部控制。综上所述，监事会认为，公司2011年度内部控制自我评价报告真实反映了公司内部控制体系建立、完善和运行的实际情况，对公司《内部控制自我评价报告》无异议。（董海军）

【内幕信息知情人管理制度的监督情况】 报告期内，公司根据监管机构的要求制定《中国铁建股份有限公司内幕信息知情人管理制度》并在全公司范围内执行。根据规定，公司对内幕信息知情人进行梳理，建立知情人登记管理台账。尤其是在定期报告编制过程中，公司严格按照规定对参与定期报告编制的工作人员进行管理，履行报备制度，并采取建立名册、书面提示等方式，及时提醒知情人履行保密义务。报告期内，公司未发生内幕信息知情人在影响公司股价的重大敏感信息披露前利用内幕信息买卖公司股份的情况，也不存在监管部门的查处和整改情况。（董海军）

【监事会检查重大项目】 11月21日~12月1日，股份公司监事会主席齐晓飞带领有关人员赴沙特，协助推动麦加轻轨铁路项目变更索赔工作，广泛接触国内及沙特各界人士，参加变更索赔会议，与驻沙特大使馆和驻吉达总领馆沟通，对下一步工作提出五点建议。在全面考察沙特、阿联酋驻外机构和在建项目后，提出海外经营工作的四点建议。一是要加强大系统协调力度，建立协作机制，有效整合海外资源；二是要高度重视商务管理工作；三是要着力推进EPC总包项目中我方设计院与国际接轨的工作；四是要重视海外人才队伍建设。上述意见和建议得到公司孟凤朝董事长、赵广发总裁的高度重视，立即批示股份公司领导班子、机关有关部门积极落实。在推动麦加轻轨项目变更索赔和海外经营工作方面发挥了积极作用。（董海军）

【第一届监事会第11次会议管理建议书】 3月30日，第一届监事会第11次会议向董事会和管理层提出六点管理建议：一是加强境外市场管控；二是落实清欠的具体责任和措施；三是对经营绩效的考核必须坚持奖罚结合的原则；四是当前资金严重短缺问题应引起高度重视；五是加强内部各级法人单位的整合和管控；六是要高度关注投资项目风险及投资回报。

（董海军）

【第二届监事会第3次会议管理建议书】 10月28

日，第二届监事会第3次会议向董事会和管理层提出四点管理建议。一是统一思想，增强战胜当前困境的信心；二是做好资金筹划，防范群体讨薪风险；三是越是困难时期越要强调精细化管理；四是加快结构调整步伐。上述监事会管理建议书的有效整改和落实，不仅发挥了监事会促进公司健康发展的服务功能，而且使监事会综合监督职能落到实处。（董海军）

·审计与风险管理·

【中国铁建股份有限公司审计与风险管理委员会】 2011年，按照《公司法》《公司章程》《审计与风险管理委员会工作细则》及有关法律、法规的要求，认真履行职责，年内召开8次会议。（章 曦）

【中国铁建股份有限公司第一届审计与风险管理委员会第18次会议】 3月2日召开。会议对安永事务所关于财务信息系统审计和财务内控审计方面提出建议。（章 曦）

【中国铁建股份有限公司第一届审计与风险管理委员会第19次会议】 3月28日召开。会议听取安永会计师事务所关于公司2010年年报审计情况的汇报（第3次沟通会），审议审计监事局提交的关于聘请公司2011年度外审机构及支付2010年审计费用的议案，听取发展规划部关于公司2010年度内部控制评价报告。委员会建议安永会计师事务所今后的审计要更加关注海外项目风险，提出有深度的管理建议；同意继续聘请安永华明会计师事务所为公司2011年度年审中介机构；审议通过公司2010年度内控评价报告。（章 曦）

【中国铁建股份有限公司第一届审计与风险管理委员会第20次会议】 4月12日召开。会议听取审计监事局关于公司2011年度审计项目计划的汇报及发展规划部关于公司风险和内控管理存在的问题及2011年度风险和内控计划的汇报。委员会建议内审计划要进一步体现特点，突出重点和难点；委员会原则同意发展规划部关于公司风险和内控管理存在的问题及2011年度风险和内控计划。（章 曦）

【中国铁建股份有限公司第一届审计与风险管理委员会第21次会议】 4月27日召开。会议审阅讨论公司第一季度财务报表，针对当前状况提出六点建议。一是科学合理配置资金使用；二是严格控制垫付资金项目，千方百计增加收入；三是控制借贷规模，制定资金风险底线；四是加强资金整体管控，发挥资金池集中管控效用；五是考虑启动再融资；六是有条件的情况下进行重组并购。会议同意报告里对一季度经济运行情况的分析，并要求进一步强化预算管理和预算执行的控制力。（章 曦）

【中国铁建股份有限公司第二届审计与风险管理委员会第1次会议】 8月29日召开。会议听取安永华明会计师事务所关于公司2011年度中报审阅情况的汇报，听取发展规划部关于内控审计机构选聘情况和关于制定《内部控制与全面风险管理办法（暂行）》情况的汇报。会议原则同意安永华明会计师事务所关于公司2011年中报审阅结果，并建议安永继续关注海外板块、房地产板块和资本运营板块业务；对中铁二十三局集团公司奎星楼、中铁十二局集团公司嘉南铁路两个项目，在听取基层管理层意见的同时，也要与财务、内审部门配合跟进，希望安永在年底对上述两个项目能给出结论性处理意见；同意发展规划部关于对内控审计机构选聘情况的汇报，并提出对《内部控制与全面风险管理办法（暂行）》的修改意见。（章 曦）

【中国铁建股份有限公司第二届审计与风险管理委员会第2次会议】 10月27日召开。会议审议公司2011年第三季度报告，建议管理层增加工业、地产等非工程板块的利润贡献度，高度重视工程承包板块面临的困境，有效防范资金风险，加强清欠工作，重在“节流”，力保稳定；会议同意发展规划部关于《内部控制与全面风险管理办法（暂行）》有关条款修改意见。（章 曦）

【中国铁建股份有限公司第二届审计与风险管理委员会第3次会议】 12月8日召开。会议听取安永华明会计师事务所关于公司2011年度年审计划的汇报，同意其2011年度年审方案，并建议突出审计风险和重点，加大审计力度；对董事会审议过的项目，如厄瓜多尔铜矿项目、嘉南铁路项目加大关注度。听取审计监事局关于公司2011年度审计费用谈判情况的汇报，同意2011年审计费用为人民币2980万元。（章 曦）

【中国铁建股份有限公司第二届审计与风险管理委员会第4次会议】 12月9日召开。委员会在中国土木工程集团公司召开海外项目风险管控现场会，听取中土集团关于海外项目管理情况的汇报和股份公司国际部关于海外风险管控情况的汇报。会议肯定中土集团在海外市场取得的成绩，以及在海外项目管理和风险管控方面的做法。希望中土集团继续挖掘海外市场潜力，为股份公司作出更大贡献。同时对公司海外风险管控提出几点建议。一是明确海外经营目标，整合经营资源，合理调整海外布局；二是突出海外项目风险管理和内部控制的目标管理；三是将海外项目风险管理和内部控制相结合，建立海外项目风险管控体系，规范海外项目管理行为；四是总结中土集团在海外市场的成熟经验，出台操作性较强的海外项目风险管控手册，以指导全系统海外项目管理，并加大审计监督检查力度，确保各项风险管控措施得到有效落实。

（章 曦）

2011 年 6 月 23 日，中国人民大学 2011 届专业硕士学位授予仪式在人民大学明德堂举行，中国铁建 12 个集团公司的 38 名会计人员获得中国人民大学授予的会计专业硕士学位。中国铁建副总裁、总会计师、总法律顾问庄尚标出席中国人民大学学位授予仪式，并与获得会计专业硕士学位证书的学员合影留念。

（韩 斌 提供）

2011 年 10 月 26 日，铁道建筑公安局服务来京务工人员“四个一”活动现场会在中铁十九局集团公司北京地铁 14 号线项目部召开。北京市市委常委、公安局局长傅政华（左），中国铁建董事长、党委书记孟凤朝（右）共同为“法律咨询服务热线”揭牌，并向来京务工人员代表发放务工人员服务手册。

（杨秀权 摄）

综合管理

本栏责任编辑 **杨启燕**

机关政务 行政事务

【办公室】 主要职责:综合协调公司机关职能部门之间的工作,传达、督办公司经理层领导有关决定、指示;负责起草综合性文件、报告及文秘、政务信息、信访、会议纪录及纪要整理,负责文书、档案管理和年鉴、史志编写工作;负责公司内外联系接待和综合性会议会务安排;负责信息化建设和网站管理;负责公司机关行政管理和安全保卫工作。定员30人,设主任1人,副主任2人;下设秘书处、文书处、网站管理处、行政保卫处、信访处、档案馆。 (冯 伟)

【中国铁建一届二次职工代表大会暨2011年工作会议】 1月24~25日在北京召开。此次会议有6260人参加,北京主会场实到257名职工代表,符合法定人数。全系统204个分会场有5958人收听收看。24日,国务院国资委监事会主席李克出席会议并讲话,监事会第十六办事处主任金丹阳、副主任樊华出席会议。中国铁建董事长、党委书记孟凤朝作题为《战略引领科学发展 打造具有高价值创造力的跨国建筑产业集团》的重要讲话,总裁、党委副书记赵广发作题为《转变发展方式 着力做强做优 建设具有国际竞争力的世界一流企业》的行政工作报告。党委副书记、纪委书记、工会主席、监事会主席彭树贵,党委副书记霍金贵和赵广发分别主持会议。副总裁、总会计师、总法律顾问庄尚标作《关于财务收支及经济运行情况的报告》《关于业务招待费用使用情况的报告》,副总裁、总经济师扈振衣作提案工作报告。25日召开第二次全体大会,大会举手表决通过行政工作报告、《关于财务收支及经济运行情况的报告》和《关于业务招待费使用情况的报告》,以及提案工作报告的决议。中国铁建所属集团公司、设计院等单位签订2011年经营业绩责任书和安全保证责任书。副总裁夏国斌、范德、周志亮、张宗言、刘汝臣和独立董事朱明暹、李克成、魏伟峰参加会议。 (冯 伟)

【秘书工作】 2011年起草和整理各种文字材料100余篇30余万字,领导讲话材料的思想性、指导性、科学性和操作性进一步增强,充分发挥总部机关及领导的参谋助手作用。根据股份公司领导指示,结合年度重点工作,先后深入基层调研14次,撰写调研报告7篇,为各项工作的顺利推进提供了有价值的决策参考。上报《央企要情》的信息数量和质量有所提高,全年向国资委报送信息150条(篇),采用56条(篇),得分72分。全年整理总裁(总经理)办公会议纪要20份,并结合会议议定的120个事项进行跟踪督办,形成《督办情况》,有效推进了相关工作落实。综合服务能力进一步提高,较好地完成了陪同领导出席会议、活动、现场办公等服务工作;安排会议室与接待室2209次,服务31914人次。 (冯 伟)

【文书处理】 2011年,为切实提高公文质量和办文效率,制定中国铁建报送公文评价办法,对所属单位的上报公文进行评价,发现问题及时反馈,通过近1年的运行,所属单位上报公文质量明显提高。年内,上报国资委2010年总公司请示报告类公文42份,经审核均无差错,国资委办公厅下发《关于2010年中央企业报送公文评价和优秀公文评选有关情况的通报》,总公司作为公文无差错单位受到表彰。认真做好公文交换工作,总公司每年被中央国家机关公文交换站、国资委评为公文交换先进单位。 (崔友峰)

【政务信息】 信息收集、报送工作取得新成效。2011年健全了信息联络员制度,规范了信息报送流程,完善了信息考核激励机制。全年向国资委报送信息150条(篇),采用56条(篇),其中动态类信息55条、综合类信息1篇,总得分72分。年内编发《铁建信息》266期,较好地反映了股份公司生产经营动态、重要经验和特色工作,为提升企业内外形象发挥了积极作用。 (公相鹏)

【网站建设】 办公自动化系统全面实施,自2011年1月1日正式上线以来在总部机关运转良好。8月连通下属企业,实现在中国铁建内部(总部和二级单位)之间的无纸化公文传递。12月启动移动办公系统,机关各级领导和员工的办公效率进一步提高。改版中国铁建网站,形成由办公厅牵头、各部门分工负责、协同运作的模式,积极整合资源,充分发挥网站功能效用。在国资委2011年度中央企业网站绩效评比中取得第四名的好成绩,在建筑行业排名第一。 (公相鹏)

【行政管理】 6月25~26日,在北京培训中心举办中国铁建接待礼仪与会议组织培训班,邀请中共中央办公厅、外交部和国家事务管理局的有关领导和专家授课,各集团公司及分公司办公室主任150人参加培训。制定印发《中国铁建股份有限公司公务接待管理暂行规定》,统一接待标准和流程,并编辑《接待工作手册》下发所属单位执行,规范服务,争达国标。总部机关全年接待会议2060次。其中,接待来访的国内外政府和重要客户代表团107次;完成4次大型会议和12次总裁办公会议的会务组织工作,起草印发12期总裁办公会议纪要和8期总经理办公会议纪要。接待来访登记8750次12256人。来访接待和会务组织,坚持高标准、严要求,从会场布置到礼仪服务,都充分体现了中国铁建的形象与实力。（戴　红）

【受理来信来访】 2011年,全系统受理来信来访7955件次,其中各类申诉271件次、集体经济180件次、揭发检举74件次、工资福利649件次、离退休待遇710件次、劳动就业280件次、医改医疗479件次、伤病残亡待遇341件次、工程款拖欠2441件次、工程质量14件次、精简下放995件次、遗留问题453件次、各种建议98件次、环境保护46件次、其他492件次。

（邵长亮）

【信访立案】 2011年,中国铁建系统信访立案602件次,其中上级交办104件次、本级立案510件次。结案589件次,结案率98%。（邵长亮）

【领导重视信访工作情况】 2011年,中国铁建系统各级领导阅批职工群众来信780件次,接待职工群众来访4859人次,占信访总量的71%。各级领导接待职工群众集体来访265批3114人次。（邵长亮）

【认真贯彻胡锦涛总书记对信访工作的重要讲话】 3月5日,胡锦涛总书记在参加全国人大四次会议江苏代表团审议政府工作报告时,针对新时期的信访工作作了重要讲话。对此,根据国资委通知要求和股份公司领导批示,并结合工作实际,作了认真学习贯彻。首先,认真学习,悉心领会,进一步提高对信访工作极端重要性的认识;其次,各级领导机关要予以重视,落实责任,着力解决信访人员的现实利益和信访工作中的突出问题;第三,要对专兼职信访工作人员真情关怀、真心爱护、真正帮助,努力解决他们的实际问题。通过对胡锦涛总书记对信访工作讲话精神的贯彻落实,各级党政领导较好地落实了第一责任,较好地解决了职工群众的合理诉求,从而提高了信访工作在企业建设中的地位与作用,使广大专兼职信访工作人员增强了荣誉感、归属感、责任感,为企业发展稳定作出了积极贡献,为纪念建党90周年创造了和谐环境。

（邵长亮）

【完善档案工作规章制度】 2011年认真贯彻落实《企业档案工作规范》和国资委有关指示精神,先后制定《中国铁建档案事业发展"十二五"规划》《企业档案工作评价实施办法》《电子公文归档管理暂行办法》《突发事件档案安全保管应急预案》等规章制度,并对《中国铁道建筑总公司档案管理办法》进行全面修订,重新调整总部机关档案工作领导小组和档案鉴定领导小组成员,修订档案工作管理职责及档案安全保密等日常管理制度,为实现档案工作规范化、制度化、科学化管理奠定坚实基础。（晋爱萍）

【档案信息化建设】 中国铁建将档案信息化纳入到企业信息化建设的总体规划,与企业信息化建设同步进行,与企业信息平台融为一体。2011年,总部机关及多数集团公司已经将档案信息化与企业OA办公系统实现有效链接,信息资源共享平台初步建立。年内,为使中国铁建档案管理软件符合企业特级资质申报要求,对档案管理软件架构进行升级改造,通过局域网或互联网,实现档案信息资源网络管理和远程利用,把工程档案管理从末端管理移至前端管理,将事后监控变为事前全过程监控,特别是在各集团公司企业特级资质重新申报过程中,档案信息管理发挥了极其重要的作用,得到全系统上下的一致好评。（晋爱萍）

【贯彻落实《中央企业档案工作评价办法》】 2011年,国资委颁发的《中央企业档案工作评价办法》,是对中央企业档案工作标准化、制度化、规范化、现代化建设的重要创新,是在新的历史条件下推进、规范中央企业档案工作的重要指导性文件。6月2～3日在北京举办《中央企业档案工作评价办法》宣贯培训班,总部机关40余名专兼职档案人员参加培训。拟订《中国铁建企业档案工作评价实施办法》(征求意见稿),形成适用于中国铁建系统的档案工作评价指标体系。

（晋爱萍）

【档案专项业务培训】 为贯彻执行住房和城乡建设部制定的城建档案管理两个行业标准,掌握城建档案管理工作基本业务知识,9月,中国铁建分别在杭州、西安举办《城建档案业务管理规范》《建筑工程资料管理规程》培训班,全系统200余名档案专职人员参加培训。（晋爱萍）

【档案接收整理】 2011年,总部机关接收、整理文书、科技、会计、声像档案2856卷,归档文书资料125册,接收重点工程档案1230余卷。对历史档案进行抢救整理,铁道建筑公安局于2010年移交北京市公安局,其铁道兵时期以来形成的公、检、法档案由分室管理移交到档案馆集中管理。由于历史跨度长达50余年,一些案卷纸张发黄、发脆,在整理过程中进行

精心修裱,整理公安档案 751 卷 8450 份,修裱档案 20 余万张。 (晋爱萍)

【档案利用及成果转化】 档案利用工作紧密围绕生产经营中心任务,不断转变思想观念,创新开发利用方式,改进服务手段,取得显著的开发利用效果。从坐等上门借档的被动服务向想方设法为用户提供主动服务转变;从档案馆独家忙活向联合部门共同开发或由档案部门提供资料、由业务部门负责开发等灵活多样的方式转变;在服务手段上,增加电话查档、电子传输等方便快捷的方式,提高了档案的开发利用效率。“十一五”期间,全系统档案开发利用为企业创造经济效益或避免经济损失 7.96 亿元。2011 年,全系统档案利用 104325 卷次 16734 件次、18222 人次,在企业整章建制、特级资质申报、审计、信用等级评定、生产经营、宣传教育、解决历史遗留问题等工作中发挥了重要作用。总部机关全年利用档案 397 卷份 167 人次,其中文书档案 205 卷份 87 人次、科技档案 89 卷份 35 人次、会计档案 112 卷份 45 人次、资料 64 册 30 人次,复印档案资料 1354 张。 (晋爱萍)

【档案统计】 认真执行国家档案局档案统计年度报表制度,组织所属集团公司档案部门进行档案年度报表的汇总与上报工作,中国铁建连续 8 年被国家档案局评为档案统计优秀单位。截至 2011 年底,全系统有专职档案人员 329 人,兼职档案人员 3195 人。其中,研究馆员 9 人;副研究馆员 24 人;馆员 37 人;其他中级职称 79 人。馆存档案 1569631 卷,录音录像 3074 盘,照片 237726 张,光盘 6552 张,底图 2463751 张。 (晋爱萍)

【档案编研】 结合国务院主编的《汶川特大地震抗震救灾志》和铁道部主编的《中国铁路志》编纂,2011 年编辑出版《功标青史》《中国铁建人〈中国铁路志〉编纂资料汇编》《〈汶川特大地震抗震救灾志〉编纂资料汇编》等编研成果。《功标青史》的发行引起企业内部与社会各界广泛反响,“资料汇编”的下发受到企业好评,为企业编史修志积累了重要史料。9 月,档案馆负责编辑出版的《中国铁建年鉴》(2010 年版)在全国年鉴编校质量评比中连续第 3 次获得特等奖。 (晋爱萍)

【图书管理】 2011 年,图书馆订阅刊物 72 种、报纸 15 份。全年采集图书 2885 册,借阅图书、刊物 1410 册 2413 人次;装订刊物 288 册 1109 本;购置音像光盘 82 部 381 碟;借阅光盘 178 部 887 碟 65 次。 (汪枞华)

人力资源

【人力资源部】 主要职责:负责制定公司人力资源发展战略和规划并组织实施;负责制定公司人力资源各项管理制度和办法;负责公司领导人员、所属企业和单位领导班子成员、总部机关人员管理;负责全系统专业人才队伍管理建设;负责公司高级管理人员、所属企业和单位领导班子成员、总部机关人员薪酬管理;负责全系统功效挂钩、工资总额计划(预算)和工资收入分配管理、指导、监督、检查工作;负责劳动关系管理、指导;负责总部机关工作人员劳动合同、考核、招聘、任免及薪酬管理;负责人才开发、员工培训、考核和职业技能鉴定;负责社会保险和企业年金管理;负责卫生保障、职业病防治和员工健康保健;负责公司人才资源、劳动工资、离退休职工统计。定员 22 人,设部长 1 人、副部长 2 人,下设领导干部处、人事处(人才中心)、劳资处、社会保险管理处、培训与技能鉴定处(职业技能鉴定中心),现员 18 人(含助勤 2 人)。 (鲁 斌)

【总公司暨股份公司领导班子建设】 2011 年 4 月 27 日,国务院国资委任命彭树贵为中国铁道建筑总公司副董事长,国务院国资委党委任命齐晓飞为中国铁道建筑总公司党委副书记、纪委书记,试用期 1 年(2011 年 5 月 ~2012 年 4 月);免去霍金贵的中国铁道建筑总公司党委副书记、党委常委、党委委员职务,退休;免去彭树贵的中国铁道建筑总公司纪委书记职务。5 月 20 日,国务院国资委党委发函同意齐晓飞为中国铁建股份有限公司党委副书记、纪委书记人选;霍金贵不再担任中国铁建股份有限公司党委副书记、党委常委、党委委员职务;彭树贵不再担任中国铁建股份有限公司纪委书记职务。同意中国铁建股份有限公司第二届董事会组成人选、监事会主席人选。孟凤朝为董事长人选,彭树贵为副董事长人选,赵广发、扈振衣为执行董事人选,朱明暹为非执行董事人选,李克成、赵广杰、吴太石、魏伟峰为独立非执行董事人选;齐晓飞为监事会主席人选。调整后,总公司、股份公司共有领导班子成员 11 人。 (汪显东)

【所属单位领导班子建设】 2011 年,根据股份公司党委总体部署,坚持把加强领导班子建设作为加强党的建设、推动企业全面发展的根本大事来抓;坚持把党管干部原则和董事会依法选择经营管理者结合起来,不断加强制度建设,规范领导人员管理;坚持以德为先、德才兼备的用人导向，选拔想干事、能干事、干成事的优秀人才走上各级领导岗位。截至2011年底，中国铁建所属二级单位领导班子35个，领导班子成员368人，平均年龄49.2岁，其中45岁以下的59人。具有高级专业职务的335人，其中教授级高级工程师119人。大学本科以上学历354人。领导班子的领导水平和执政能力得到明显提高，推动了企业的持续健康发展。

（1）进一步加强制度建设。为推进股份公司所属企业领导人员管理工作的科学化、制度化、规范化，造就一支认真实践邓小平理论和"三个代表"重要思想、深入贯彻落实科学发展观的高素质企业领导人员队伍，制定一系列规章制度。一是印发股份公司企业领导人员管理暂行办法。根据党的十七大精神和《中国共产党章程》《中华人民共和国公司法》《中央企业领导人员管理暂行规定》等有关法律法规和政策规定，结合股份公司近年来在企业领导人员管理方面的经验，经过广泛调研，于2011年3月制定下发《中国铁建股份有限公司企业领导人员管理暂行办法》，对所属企业领导人员职数、任期、资格条件、选用方式、考核评价、激励约束以及职业发展、退出、纪律和监督等作出明确规定，初步建立起一整套关于所属企业领导人员培养、选拔、使用及奖惩的管理机制。二是规范二级企业董事会、监事会人员的配备。6月下发《关于所属二级公司董事会、监事会人员配备有关问题的通知》，规定所属单位董事会一般按5人（含职工代表董事1人）配备；股份公司指定各单位主管领导为董事会成员；其他董事人选由各单位党委按程序研究推荐，职工代表董事人选一般为工会主席。各单位监事会成员一般按3人（含职工代表监事1人）配备；股份公司指定各单位纪委书记为监事会主席；其他监事人选由各单位党委按程序研究推荐。2011年研究批复21家单位75名董事、监事人选的调整意见，保证各单位法人治理结构的正常运转。三是明确总工程师、总会计师由副总经理兼任。为便于总工程师、总会计师对外开展工作，调动他们的工作积极性，股份公司党委研究决定，所属二级公司总工程师、总会计师均改由副总经理兼任，共有17个单位总工程师、22个单位总会计师改任职务。

（2）及时进行领导班子的调整补充。严格按照《中央企业领导人员管理暂行规定》和《中国铁建股份有限公司企业领导人员管理暂行办法》明确的程序，截至2011年12月底，先后调整考核十六局、中铁建电化局、十七局、二十一局、铁建重工、十五局、二十三局、二十四局、二十五局、铁五院、十八局、十二局、十四局集团公司领导人员，提拔、调整领导人员涉及26个单位99人，其中提拔46人、正职及享受正职待遇7人、副职39人。坚持所属单位领导班子成员正常退出制度，按规定办理12名年满58周岁的所属单位领导班子副职改任顾问职务，为17名领导人员办理退休手续。

（3）加强教育培养，严格领导人员管理。2011年对所有提拔人员进行了任前及廉政谈话。对出现问题的单位和个人进行严肃处理，其中1名领导人员被免职，1名领导人员被降职使用。同时加强领导人员的教育培训工作。

（汪显东）

【领导人员调整】 中国土木工程集团有限公司：12月21日胡社忠、薛立智任副总经理。

中铁十一局集团有限公司：2月27日，潘延凯退休；12月21日，张丕界、付裕任副总经理。

中铁十二局集团有限公司：2月27日，王爱民任顾问，免去党委副书记、纪委书记、党委常委、监事职务；5月3日，刘永年任顾问，免去党委副书记、工会主席、党委常委职务；8月24日，赵玉林任党委副书记、纪委书记、监事会主席，罗海滨任党委副书记、工会主席，高治双、王锦友、张凤华、谭雷平、孙圣杰任副总经理。

中铁十三局集团有限公司：12月21日，赵华任监事会主席，纪尊众、赵文祥任副总经理。

中铁十四局集团有限公司：3月8日，李振刚不再担任副总经理职务；7月27日，蒋汉祥不再担任副总经理职务；9月22日，顾忠久退休；12月21日，免去徐明新董事、党委常委、委员职务，不再担任副总经理职务。

中铁十五局集团有限公司：4月19日，左春文、胡莫愁、王尊贤、柳京京不再担任外部董事职务；5月23日，周建富任副总经理；7月27日，免去谭振武党委常委职务，不再担任副总经理职务。

中铁十六局集团有限公司：3月8日，覃正标任党委书记，免去侯向东副董事长、董事，党委书记、常委、委员职务，退休；免去郭品云党委副书记、常委、委员，董事职务。

中铁十七局集团有限公司：3月8日，免去宋占波党委副书记、常委、工会主席、党委委员职务；12月21日，杜嘉俊、宋志宏任副总经理；明思义任党委常委，免去梁毅党委常委、董事职务，不再担任常务副总经理职务。

中铁十八局集团有限公司：2月15日，郝趁义任董事长；2月27日，董广田任顾问，免去党委常委职务，不再担任副总经理职务；4月1日，孔庆亮退休；5月3日，刘家文不再担任副总经理，任顾问；6月29

日，免去邓中才常务副总经理职务；8月10日，王兴周任党委副书记，马培卿任党委副书记、纪委书记、监事会主席，陈建民、薛新广任副总经理；8月24日，杨玉刚退休；9月22日，荆长华退休；10月12日，邓中才任副总经理。

中铁十九局集团有限公司：2月27日，富德春任顾问，免去董事、党委副书记、工会主席、党委常委职务；8月30日，夏志炳任顾问，免去党委副书记、纪委书记、党委常委、监事会主席职务；12月21日，施化祥、丰兴桥任副总经理，尚尔海任总工程师，丰兴桥不再担任总工程师职务。

中铁二十局集团有限公司：8月24日，张志军任顾问，免去党委常委、工会主席职务；9月22日，陈文珍任顾问，免去党委常委职务，不再担任副总经理职务；12月21日，周富任董事长；姜永军任副董事长，为法定代表人；任少强、尤敦同任副总经理；免去余文忠董事长、董事，党委副书记、常委、委员职务，退休。

中铁二十一局集团有限公司：3月8日，免去李宁董事长、董事，党委副书记、常委、委员职务，不再担任总经理职务；4月19日，孟广顺任董事长，王继红任党委副书记、董事、总经理，左春文、胡莫愁、柳京京不再担任外部董事职务；7月20日，赵胜平任顾问，免去党委副书记、纪委书记、党委常委、监事会主席职务；10月25日，陈尚贵退休；12月21日，赵彦旭、王耀华任副总经理。

中铁二十二局集团有限公司：12月21日，程文才任监事会主席；王爱国、柴纹（女）任副总经理。

中铁二十三局集团有限公司：2月17日，张树福退休；5月30日，王武任副总经理，孙秀安任总会计师，李洪安任党委常委、纪委书记；12月21日，徐明新任党委副书记、董事、总经理，孙秀安任副总经理，李洪奇不再担任总经理职务。

中铁二十四局集团有限公司：5月17日，吴鹤敏、李金亭任副总经理；8月24日，林校纯退休；12月31日，陈招团退休。

中铁二十五局集团有限公司：5月26日，苏建斌、李飞前任副总经理，冼海燕任总会计师。8月24日，王精华任董事长，免去王汉林董事长、董事，党委副书记、委员职务。12月21日，安康任董事长、党委书记，不再担任总经理职务；梁毅任党委副书记、董事、总经理，王小青、冼海燕任副总经理；王精华任高级顾问，免去董事长、董事，党委书记、委员职务。

中铁建设集团有限公司：10月25日，张允顺退休。

中国铁建电气化局集团有限公司：3月7日，宋景奇任副总经理；3月8日，燕正安任党委副书记、工会主席；8月19日，王汉林任董事长、党委副书记，免去薛之桂董事长、董事，党委副书记、常委、委员职务；12月2日，薛之桂退休；12月31日，张国俊任副总经理。

中国铁建港航局集团有限公司：7月27日，许四发任董事长、总经理、党委副书记，蒋汉祥任党委书记、副董事长，赵峰任董事、副总经理，王永东任副总经理，刘齐辉任总工程师，金国亮任总会计师；8月19日，任保义任党委副书记、纪委书记、工会主席、监事会主席；12月21日，刘齐辉、金国亮任副总经理。

中铁第一勘察设计院集团有限公司：10月25日，冉理退休；12月21日，周仲华任副院长。

中铁第四勘察设计院集团有限公司：2月27日，孙万美退休；王锡和任顾问，免去党委常委职务，不再担任副院长职务；12月21日，王玉泽任副院长。

中铁第五勘察设计院集团有限公司：5月17日，王从贵任党委副书记，朱霖任党委常委、纪委书记，戴建国任总会计师；7月27日，仇湘任副院长；12月21日，杨岳勤、戴建国任副院长。

中铁物资集团有限公司：12月21日，孔庆林任监事会主席，李锦云任副总经理。

昆明中铁大型养路机械集团有限公司：5月3日，张天祯退休；7月20日，苏太贤退休；12月21日，胡斌任副总经理；12月31日，王尊贤退休。

中铁建轨道系统集团有限公司（中国铁建重工集团有限公司）：3月8日，宋占波任党委书记、董事；免去李睿纪委书记、工会主席、党委委员职务；4月11日，王守慧、周海祥、程永亮任副总经理，龚道君不再担任副总经理职务；4月12日，龚道君任党委副书记、纪委书记、工会主席；12月31日，胡少峰任副总经理。

中国铁建房地产集团有限公司：5月17日，李黎任党委书记，吴仕岩任副董事长，赵红鹰任董事，陈建军任党委副书记、纪委书记、工会主席、监事会主席；免去王军党委书记、纪委书记、党委委员、董事职务，退休。

中国铁建投资有限公司：3月8日，股份公司副总裁周志亮兼任董事长，李宁任党委书记、董事、总经理，金守华、李振刚任副总经理（正职待遇）；7月27日，谭振武任副总经理；8月19日，王闯任副总经理、总会计师。

中国铁建财务有限公司：8月19日，股份公司副总裁、总会计师、总法律顾问庄尚标兼任董事长，冀涛任董事、总经理，刘辉（女）、王小珍（女）任副总经理。

北京铁城建设监理有限责任公司：12月31日，蔡梅群任副总经理。

中铁建中非建设有限公司：11月28日，丁永华任顾问，免去董事职务，不再担任副总经理职务。

诚合保险经纪(北京)有限责任公司:3 月 8 日,张德清任副总经理。

上海代表处:3 月 8 日,房光辉兼任总经理,尹华任副总经理。 (汪显东)

【领导人员培训】 2011 年有 7 名股份公司领导参加中央组织部和国资委组织的培训。其中,孟凤朝董事长参加赴新加坡“开展董事会运作实务”培训;赵广发总裁参加赴新加坡“开展董事会运作实务”培训和中央企业党委书记培训班;扈振衣副总裁参加赴新加坡“开展董事会运作实务”培训;庄尚标副总裁、总会计师、总法律顾问参加中央企业总法律顾问履职能力高级培训班;张宗言副总裁参加中组部选调的中央党校中青年干部培训班;刘汝臣副总裁参加中央企业负责人赴美国企业交流培训班和中组部、解放军总政治部举办的国防专题研究班;霍金贵副书记参加国资委在清华大学举办的董事培训班。选送 8 名所属二级公司领导人员分别参加中央党校春季和秋季培训班的培训。 (汪显东)

【直属项目、公司领导人员调配】 中国铁建玉树地震灾后重建指挥部:张克勤任指挥长、党工委书记;李宁不再担任中国铁建玉树地震灾后重建指挥部指挥长、党工委书记。

中国铁建昆明新机场快速公交工程指挥部:琚建明任指挥长;汤世明任常务副指挥长;张博任副指挥长兼总工程师、安全总监。

中国铁建股份有限公司沙特麦加轻轨项目公司:吴成木、李重阳、李军强任副总经理,董立巍任党工委副书记,李明洪任副总工程师,丁正全任办公室主任,黄学呈任运营后勤副总监(主持工作),何伟伦任施工管理部副部长(主持工作)。

中国铁建股份有限公司上海代表处:房光辉兼任总经理,尹华任副总经理。

中铁建资产管理有限公司:李友才为执行董事、总经理,法定代表人;汪起帆为监事。 (王 谐)

【总部机关人员管理】 2011 年,总部机关人员任免调配 89 人次,其中专业职务任职资格聘任 16 人。正式调入总部机关 9 人,调出总部机关 6 人,办理助勤人员 13 人;全年办理退休人员 16 人,其中内退人员 6 人。根据《中国铁建股份有限公司总部机关工作人员职位晋升暂行办法》的有关规定,通过领导提名、民主推荐等方式,选拔 6 名部门正职及以上人员;通过部门正职提名,经过必要的晋升考核程序,选拔 24 名二级机构负责人。通过在股份公司系统内公开招聘的方式,为房地产开发部招聘一名二级机构负责人和一名工作人员。 (王 谐)

【高校毕业生接收】 2011 年采取多种措施和政策引导,不断加大所属单位接收高校毕业生力度,接收的毕业生学习成绩好、政治素质高、能吃苦、肯干事,大大缓解了施工一线专业技术人员紧缺的状况,优化了专业技术人员队伍结构,为各单位顺利完成各项施工生产任务提供了强有力的人力资源保障。全系统接收高校毕业生 15075 人,其中博士研究生 17 人、硕士研究生 558 人、本科毕业生 11474 人、专科及以下 3026 人。同时,按照教育部和国资委的统一部署和安排,组织所属单位参加教育部和国资委举办的全国大中型企业与 2012 届高校毕业生网上双选周活动。为 2012 年高校毕业生提供就业岗位,认真履行中央企业促进就业的社会职责。 (王 谐)

【京外调干】 2011 年,人力资源和社会保障部对中国铁道建筑总公司京外调干工作继续给予大力支持,下达京外调干指标 30 户,公开招聘 29 户,合计 59 户。通过各种渠道为符合条件的人员办理进京落户手续,有效解决所属在京单位引进人才工作生活上的管理难题,促进员工队伍思想稳定。 (王 谐)

【在京所属单位毕业生接收及落户】 2011 年在京所属单位接收高校毕业生 1206 人。其中,北京生源 188 人,占总接收数量的 15.65%;非北京生源 1018 人,有博士研究生 7 人、硕士研究生 169 人、本科毕业生 842 人,完成下达本科毕业生计划 852 人的 98.82%,完成下达研究生计划 178 人的 98.88%。毕业生绝大多数来自国家教育部直属院校及行业重点高校,毕业生整体质量较高,政治素质和学习成绩比较好。接收铁路、公路、市政、水电、建筑、财经管理等专业毕业生比例有较大幅度增加,特别是土木工程等主专业已占到 80% 以上,缓解了施工一线专业技术人员紧缺的状况。博士、硕士研究生的接收,进一步优化了专业技术人员队伍结构。

为进一步规范股份公司在京所属单位高校毕业生接收,确保接收质量,2011 年 9 月下发《关于做好 2012 年度在京单位高校毕业生接收工作的通知》,指出以往毕业生接收工作存在的主要问题,对 2012 年在京单位的毕业生接收工作进行具体布置,提出具体要求,确保 2012 年度股份公司在京单位高校毕业生接收工作顺利进行。 (王 谐)

【专业技术职务任职资格评审】 根据人力资源和社

会保障部、国资委有关政策和股份公司专业技术职务评审工作的总体安排，2011 年 4 月下发《关于做好 2011 年度专业技术职务评聘工作的通知》《关于做好 2011 年度政工专业职务评审工作的通知》，全面布置职务评聘工作。11～12 月组织召开工程、经济、会计等系列的高级专业技术职务评审会议。经评审，193 人具备教授级高级工程师任职资格，1559 人具备高级工程师任职资格，139 人具备高级经济师任职资格，159 人具备高级会计师任职资格，155 人具备高级政工师任职资格，28 人通过首次二级法律顾问资格评审获得二级法律顾问任职资格。（王 谐）

【专家队伍建设】 根据国资委中央企业科技人才工作会议精神，进一步加强股份公司科技人才队伍建设，并将股份公司近年来科技人才工作的总体状况和基本总结上报国资委。按照中组部办公厅《关于做好青年拔尖人才支持计划首批申报工作的通知》要求，向国资委推荐 1 名青年技术干部参加青年拔尖人才的选拔认定。向中国铁道学会推荐"铁道环保奖"人选 3 名。根据人力资源和社会保障部专业技术人员管理司的要求，认真贯彻落实《国家中长期人才发展规划纲要（2010～2020 年）》和《中共中央 国务院关于继续实行政府特殊津贴制度的通知》精神，做好享受国务院政府特殊津贴人员选拔培养工作，对股份公司专业技术人才队伍整体情况进行调查摸底，并形成总结报告上报专业技术人员管理司。（王 谐）

【人才资源统计工作】 截至 2011 年底，总公司有在职在岗人员 243103 人，比 2010 年增加 12025 人，增长 5.2%。其中，管理人才 43571 人，占总人数的 17.92%；专业技术人才 95275 人，占 39.19%；技能人才 104257，占 42.89%。各类人员中，女性 49645 人，占总人数的 20.42%；少数民族 7213 人，占 2.97%；中共党员 70053 人，占 28.82%。按学历分，研究生 3478 人，占 1.43%；大学本科 82235 人，占 33.83%；大专及高职 58062 人，占 12.02%，高中职高及以下 70116 人，占 28.84%。按年龄分，35 岁及以下 126278 人，占 51.94%；36～40 岁 35171 人，占 14.74%，41～45 岁 29281 人，占 12.04%，51～54 岁 21390 人，占 8.8%，55 岁及以上 6133 人，占 2.52%。

专业技术人才（包括在管理岗位工作的）132012 人，比 2010 年增加 12471 人，增长 10.43%。各类专业技术人才中，高级专业职务 15790 人，占 11.96%；中级专业职务 30690 人，占 23.25%；初级专业职务 66555 人，占 50.42%；未聘专业技术职务 18977 人，占 14.38%。在所有专业技术人才中，工程技术人员 99900 人，占 75.67%；会计人员 12585 人，占 9.53%；经济人员 8987 人，占 6.81%；政工人员 7134 人，占 5.4%；卫生技术人员 1870 人，占 1.42 人；统计人员 274 人，占 0.21%；翻译人员 223 人，占 0.17%，其他各类人员占 1039 人，占 0.79%。

截至年底，总公司系统有离休干部 810 人，其中 80 岁以上 682 人、70～79 岁 128 人；有退休干部 20058 人。（王 谐）

【军转干部接收安置和援藏干部选派】 根据国务院军转干部安置工作小组办公室的统一部署，在京接收安置军转干部 3 名；按照国资委的统一安排，选派 1 人赴新疆担负援疆任务，切实履行中央企业的社会责任。（王 谐）

【因私出国审批】 2011 年办理因私出国（境）35 人次，并协助国际部制定《中国铁建股份有限公司因私出国人员管理办法》。（王 谐）

【档案管理】 2011 年接收转入干部人事档案 35 卷，鉴定、整理、归档 4532 份；转出干部档案 25 卷，档案材料 2312 份；提供利用档案 279 人次 529 份，利用档案信息数据库提供干部信息 218 人次 2760 余条目。进一步充实完善干部档案信息数据库，努力提高干部档案信息的准确性和完整性。截至年底，完成总部机关以及所属单位领导人员信息著录 18 万余条。（张晓明）

中国铁建股份有限公司干部基本情况统计表

（2011 年度）

单位 \ 数量 \ 项目	总数(人) 干部总数	总数(人) 其中 女	总数(人) 其中 少数民族	各类干部(人) 局级	各类干部(人) 副局级	各类干部(人) 相当局级职务	各类干部(人) 处级	各类干部(人) 调研员	各类干部(人) 副处级	各类干部(人) 相当处级职务	各类干部(人) 科级	各类干部(人) 副科级	各类干部(人) 相当科级职务	各类干部(人) 科员、办事员	各类干部(人) 专职从事专业技术工作	学历(人) 高等院校 研究生毕业	学历(人) 高等院校 大学本科毕业	学历(人) 高等院校 专科毕业	学历(人) 中专毕业	学历(人) 高中	学历(人) 初中以下	政治情况(人) 共产党员	政治情况(人) 共青团员	政治情况(人) 民主党派	政治情况(人) 无党派	年龄(人) 25岁以下	年龄(人) 26岁~30岁	年龄(人) 31岁~35岁	年龄(人) 36岁~40岁	年龄(人) 41岁~45岁	年龄(人) 46岁~50岁	年龄(人) 51岁~54岁	年龄(人) 55岁~59岁 计	年龄(人) 55岁~59岁 女	年龄(人) 60岁以上
总部机关	303	71	5	58	33		62		4							44	234	25				266	3	1			14	35	37	66	63	42	36	5	10
中国土木工程集团公司	983	151	44	2	12		75	2	76	11	64	50	80	211	388	118	747	71	14	22	11	579	179	6	218	135	257	110	129	93	105	110	44		
中铁十一局集团公司	9197	1588	189	2	13		89	6	168	14	936	1016	4	1923	5026	58	5460	2105	414	791	369	3526	2928	1	2742	2413	2516	1136	917	432	603	728	452		
中铁十二局集团公司	9438	1634	218	2	17	1	152	16	201	57	858	733	142	1148	6111	101	6973	1379	623	273	89	3365	3669	1	1199	2849	2611	1077	1081	543	357	479	441		
中铁十三局集团公司	6884	1076	354	2	10		64		129	10	304	336	104	1390	4535	62	3770	2349	358	292	53	2548	2590	5	1741	1938	1563	1013	924	387	394	472	190		3
中铁十四局集团公司	8249	1816	114	2	11		117		212	2	610	524		531	6240	78	4781	2496	528	276	90	3536	1888			1558	2171	1321	1743	669	444	277	66		
中铁十五局集团公司	7638	1753	171	2	13		119	261	62		570	457	35	325	5794	77	4367	2637	254	303		2821	2151	1	2665	2081	2094	1117	775	409	469	473	220		
中铁十六局集团公司	11791	2927	445	2	11		141	7	302	13	774	587	51	709	9194	224	6516	3908	541	392	210	3966	5098	2	2725	3598	3586	1259	1062	536	644	644	462		
中铁十七局集团公司	8253	1699	134	3	12	1	111	93	210	23	454	354	350	1097	5545	64	5988	1557	285	301	58	3248	4723			1958	3303	780	708	400	352	445	307		
中铁十八局集团公司	9617	2072	331	2	14	4	151	3	373	30	951	1145	271	1402	5271	92	4618	3484	400	697	326	3386	2804	1	3426	2190	2588	1574	1310	561	476	631	285	1	2
中铁十九局集团公司	8347	1864	784	3	15		117	4	242	4	623	723	271	675	5670	34	4022	3741	265	182	103	3571	3205	3	1568	2674	2285	678	1131	419	389	518	251		2
中铁二十局集团公司	8962	2068	141	2	13		78	90	158	58	624	512	448	1162	5817	59	4700	3027	581	347	248	3200	2561		3201	2318	2317	1424	973	520	640	519	243		8
中铁二十一局集团公司	5180	1058	169	2	10		86	20	140	2	367	449	39	524	3541	46	2649	2113	261	92	19	2115	1839		1226	1320	1546	545	615	406	392	230	126		
中铁二十二局集团公司	6837	1500	273	2	13		70	34	172	1	388	427	171	1118	4441	86	2832	2967	485	272	195	2642	2133	1	2061	2130	1786	599	674	405	430	533	280	3	0
中铁二十三局集团公司	6453	1534	112	3	13		87		149	10	420	554	27	1647	3543	43	2618	2930	549	187	126	2434	1783	1	2235	1834	1755	760	881	479	498	217	29		
中铁二十四局集团公司	5534	830	72	2	13		75		141	29	426	479	92	627	3650	30	2783	2043	430	158	90	2621	1579	3	1331	1580	1318	408	576	450	608	240	350	1	4
中铁二十五局集团公司	5443	968	425	3	12		75		118		214	174		1021	3826	21	3157	1887	305	73		2051	1958		1434	2294	1091	594	559	335	316	119	135		
中铁建设集团公司	3336	442	126	2	11		73		100		216	135		725	2074	51	2382	635	32	146	90	1350	1598			1235	895	370	266	115	164	219	72		
中国铁建电气化局集团公司	3410	755	85	3	13		60	33	103	18	342	287	47	432	2072	73	2241	799	179	92	26	1321	1230		476	835	1010	514	421	230	211	140	48	1	1
中国铁建港航局集团公司	63	9	1	2	5		8		22		6	3		7	10	9	44	10				47	4		12	8	4	7	22	14	6		2		
中国铁建房地产集团公司	215	44	12	2	6		44		59	4						14	185	13	1	2		148				6	35	72	57	22	14	8	1		
中铁第一勘察设计院集团公司	3197	663	88	3	10		79	28	111		69	16		100	2781	337	2138	544	126	45	7	1714	412	25	1046	92	623	449	508	506	597	256	164	7	2
中铁第四勘察设计院集团公司	3648	729	102	2	9		181	3	104		7				2852	920	2149	448	102	16	13	1555	389	87	1617	171	871	584	482	628	580	194	138		
中铁第五勘察设计院集团公司	1334	388	54	2	9		43		68		97			183	989	294	924	109	7			689	216			209	482	167	181	142	103	42	8		
中铁上海设计院集团公司	1021	274	17	4	4		31		40		77	61		21	783	142	728	129	12	10		381	177	3	460	119	269	192	133	107	127	51	23	2	
中铁物资集团公司	1330	327	63	2	7		58	7	83	7	130	85	11	940		115	772	329	34	68	12	659	452		36	353	328	204	109	103	113	75	45		
昆明中铁大型养路机械集团公司	447	96	34	2	8		43		23		13				358	44	286	91	18	2	6	247	52	1	147	50	104	69	87	61	40	15	21		
中国铁建重工集团公司	1573	341	33	2	9		26		44	2	73	162	17	576	1076	46	907	419	119	57	25	530	580	1	462	565	300	148	198	164	134	53	11		
中铁建中非建设公司	69	9	4	2	4		9		5	7	11	1		30		26	38	2	1	2		49	4	1	14	2	23	13	14	5	9		3		
中国铁建投资公司	14	3		4	2		3				2				3	7	7					11			3		4	2	1	2	3	2			
中铁建(北京)商务管理公司	165	64	2	1	1		11		16	4	21	4	11	41	55	3	52	65	8	29	8	107	13			9	6	9	25	21	50	37	8		
北京铁城建设监理公司	71	22		2	3		14	1	5					29	17	8	55	8				41			30	7	2	13	11	17	13	3	5	1	
北京培训中心(党校)	33	7	5	2	1		4		3	4	8	2		9		1	22	4	1	1	4	25					1		3	5	5	14	5		
合　计	139035	28782	4607	131	337	6	2356	608	3643	310	9655	9276	2171	18603	91662	3327	79145	42324	6933	5128	2178	54749	46218	144	32075	36531	37758	17243	16613	9252	9349	7786	4471	20	31

制表：王　谐

中国铁建股份有限公司技术干部情况统计表

（2011 年度）

数量 项目 单位	总数（人）					工程技术人员（人）				卫生技术人员（人）			
	技术干部总数	其中											
		副处以上领导	高级	中级	初级	小计	高级工程师	工程师	助工、技术员及未聘职务	小计	正副主任医师	主治医师	医、护师及未聘职务
总公司机关	300	157	207	65	20	122	96	22	4	2	2		
中国土木工程集团公司	930	142	289	302	293	632	225	199	208	1			1
中铁十一局集团公司	7502	256	849	1834	4819	5457	561	1290	3606	262	17	76	169
中铁十二局集团公司	9178	446	937	2353	5281	6724	638	1748	4338	231	23	110	98
中铁十三局集团公司	6445	223	909	1829	2850	4614	611	1352	2651	93	4	39	50
中铁十四局集团公司	8174	342	1020	1852	5302	6327	738	1446	4143	66	4	24	38
中铁十五局集团公司	7442	457	733	1705	3991	5559	492	1242	3825	111	8	31	72
中铁十六局集团公司	11274	419	1090	2191	6200	8696	734	1727	6235	143	7	49	87
中铁十七局集团公司	7946	388	679	1617	4564	5792	410	1203	4179	297	46	71	180
中铁十八局集团公司	8675	459	956	1685	6034	6728	683	1295	4750	119	8	24	87
中铁十九局集团公司	7970	382	853	1712	4882	5969	519	1234	4216	225	30	111	84
中铁二十局集团公司	8713	183	579	1909	4328	5900	397	1062	4401	84	2	12	70
中铁二十一局集团公司	5077	258	529	1217	3331	3898	399	913	2586	42	1	18	23
中铁二十二局集团公司	6054	237	530	1122	3617	4645	400	911	3334	155	6	26	123
中铁二十三局集团公司	5902	260	518	1194	3679	4420	382	885	3153	65	5	15	45
中铁二十四局集团公司	5329	229	407	1693	3229	4136	287	1350	2499	2		1	1
中铁二十五局集团公司	5369	207	367	1052	2703	4294	267	780	3247	7	1	4	2
中铁建设集团公司	2872		237	571	1577	2264	183	473	1608	2		2	
中国铁建电气化局集团公司	3257	201	362	817	2078	2479	253	635	1591	16		9	7
中国铁建港航局集团公司	50	15	26	19	5	28	14	12	2				
中国铁建房地产集团公司	203	109	63	91	49	145	44	77	24				
中铁第一勘察设计院集团公司	3194	231	1286	1265	563	2944	1241	1169	534	16	3	3	10
中铁第四勘察设计院集团公司	3616	229	1478	1418	656	3320	1396	1285	579	1		1	
中铁第五勘察设计院集团公司	1232	91	356	272	494	1186	340	324	480				
中铁上海设计院集团公司	977		277	331	299	872	265	302	305	1	1		
中铁物资集团公司	854	122	66	150	428	160	23	65	72	2			2
昆明中铁大型养路机械集团公司	395		50	205	140	315	46	143	126	13		10	3
中国铁建重工集团公司	1229	92	54	256	421	880	38	150	692	21	2	8	11
中铁建中非建设公司	51	27	18	18	15	29	11	13	5				
中国铁建投资公司	12	10	7	4	1	10	6	3	1				
中铁建（北京）商务管理公司	93	23	16	31	34	15	2	5	8	30	4	12	14
北京铁城建设监理公司	71	24	34	17	18	57	31	11	15				
北京培训中心（党校）	20	10	9	10	1					1		1	
合计	130406	6229	15791	30807	71902	98617	11732	23326	63417	2008	174	657	1177

数量 项目 单位	教师（人）				经济人员（人）				统计人员（人）			
	小计	教授、高级讲师	讲师	助教、助讲、教员及未聘职务	小计	高级经济师	经济师	助经、经济员及未聘职务	小计	高级统计师	统计师	助统、统计员及未聘职务
总公司机关					39	26	9	4	1	1		
中国土木工程集团公司	2			2	52	14	19	19				
中铁十一局集团公司	45	4	24	17	399	72	98	229	4		3	1
中铁十二局集团公司	31	2	14	15	682	82	142	458	11			11
中铁十三局集团公司	26	13	6	7	620	83	125	412	16		2	14
中铁十四局集团公司	29	7	12	10	477	75	121	281	4			4
中铁十五局集团公司	10	6	3	1	552	55	157	340				
中铁十六局集团公司	8	1	5	2	648	81	75	492	30		1	29
中铁十七局集团公司	9		1	8	582	74	56	452	19	1	8	10
中铁十八局集团公司	48	19	21	8	417	38	69	310	10		2	8
中铁十九局集团公司	13	6	5	2	597	119	89	389	10		5	5
中铁二十局集团公司	61	19	19	23	964	29	298	637	69	1	5	63
中铁二十一局集团公司	5		5		259	16	66	177	3		1	2
中铁二十二局集团公司	8		3	5	390	25	56	309	9			9
中铁二十三局集团公司	8	1	5	2	395	34	72	289	10		2	8
中铁二十四局集团公司	3	1	1	1	340	38	79	223	6	1		5
中铁二十五局集团公司	4	1	2	1	342	24	103	215	2			2
中铁建设集团公司	264	24	18	222					70	14	34	22
中国铁建电气化局集团公司	3		2	1	181	32	25	124	3	1	2	
中国铁建港航局集团公司					7	3	1	3				
中国铁建房地产集团公司					14	2	7	5				
中铁第一勘察设计院集团公司					44	6	19	19	7	2	3	2
中铁第四勘察设计院集团公司	16	1	13	2	42	10	16	16	24	6	14	4
中铁第五勘察设计院集团公司					5	2		3				
中铁上海设计院集团公司					14		1	13	2		2	
中铁物资集团公司					492	19	35	438	4		1	3
昆明中铁大型养路机械集团公司					28	4	15	9	3		2	1
中国铁建重工集团公司	10		4	6	122	3	30	89	7		3	4
中铁建中非建设公司					7	2	2	3				
中国铁建投资公司					1		1					
中铁建（北京）商务管理公司					9	2	5	2				
北京铁城建设监理公司												
北京培训中心（党校）	8	6	2									
合计	611	111	165	335	8721	970	1791	5960	324	27	90	207

数量 项目 单位	政工人员（人）				会计人员（人）				文案人员	翻译人员	新闻人员	文艺人员	农艺研究体育律师
	小计	高级政工师	政工师	助理政工师、政工员	小计	高级工程师	会计师	助会、会计员及未聘职务					
总公司机关	75	46	18	11	45	25	14	6	3	4	8	1	
中国土木工程集团公司	20	5	11	4	99	21	27	51	3	121			
中铁十一局集团公司	570	107	199	264	753	83	141	529	12				
中铁十二局集团公司	467	84	156	227	1013	108	183	722		18	1		
中铁十三局集团公司	364	99	137	128	701	97	152	452	9	1		1	
中铁十四局集团公司	456	95	120	241	782	97	123	562	17	16			
中铁十五局集团公司	437	108	129	200	773	63	141	569					
中铁十六局集团公司	752	125	173	454	994	139	161	694	1		1	1	
中铁十七局集团公司	507	81	178	248	737	67	99	571		1	1	1	
中铁十八局集团公司	427	105	139	183	892	98	124	670	13	16	1	4	
中铁十九局集团公司	347	99	115	133	799	78	151	570	5	4			1
中铁二十局集团公司	591	76	132	383	1032	56	337	639	9	2			1
中铁二十一局集团公司	278	72	104	102	576	39	107	430	14				2
中铁二十二局集团公司	335	59	99	177	500	39	84	377	7	5			
中铁二十三局集团公司	365	52	119	194	626	42	95	489	7	3			3
中铁二十四局集团公司	337	47	158	132	504	33	104	367	1				
中铁二十五局集团公司	261	48	76	137	454	26	85	343	5				
中铁建设集团公司	269	15	42	212	2	1	1		1				
中国铁建电气化局集团公司	190	37	85	68	382	39	59	284	2				1
中国铁建港航局集团公司	9	7	2		5	2	3				1		
中国铁建房地产集团公司	4	3		1	40	14	7	19					
中铁第一勘察设计院集团公司	40	14	18	8	134	20	47	67	4	5			
中铁第四勘察设计院集团公司	81	22	35	24	119	42	44	33	8	5			
中铁第五勘察设计院集团公司	9	7	2		29	7	8	14		3			
中铁上海设计院集团公司	5	2	2	1	29		17	12	8				46
中铁物资集团公司	53	13	18	22	139	11	31	97	3	1			
昆明中铁大型养路机械集团公司	5		4	1	29		13	16		2			
中国铁建重工集团公司	62	1	26	35	118	10	35	73	7	2			
中铁建中非建设公司	2	1		1	11	3	3	5		1	1		
中国铁建投资公司					1	1							
中铁建（北京）商务管理公司	23	7	6	10	16	1	3	12					
北京铁城建设监理公司	4	1	3		7	2	3	2					3
北京培训中心（党校）	8	3	4	1	3		3						
合计	7353	1441	2310	3602	12344	1264	2405	8675	139	210	14	8	57

制表：王　谐

中国铁建股份有限公司政工干部情况统计表

（2011 年度）

单位 \ 数量 \ 项目	总数（人）合计	其中：选聘	其中：女	其中：少数民族	其中：共产党员	其中：民主党派	其中：已取得专业职务	其中：局级	其中：处级	部门情况（人）：党委政治部门	纪委	工会	共青团	其他	学历（人）：本科及以上	专科毕业	专科肄业	中专毕业	中专肄业	高中	初中	年龄（人）：35岁以下	36岁~40岁	41岁~45岁	46岁~50岁	51岁~54岁	55岁~59岁	60岁以上
总公司机关	78		23	1	75			13	17	21	12	9	3	33	70	8						7	5	15	21	19	9	2
中国土木工程集团公司	12	3	3		12		12	1	3	7	2	3			11	1						3	1	1	4	3		
中铁十一局集团公司	546		104	17	462		512	2	46	77	32	45	12	380	212	140		32		130	32	130	60	41	69	165	81	
中铁十二局集团公司	467	151	86	11	366		423	2	44	152	26	62	21	206	218	124		36		71	18	141	33	29	51	125	88	
中铁十三局集团公司	378		66	20	314	1	301	3	28	54	30	27	9	258	153	145	22	19		39		89	56	49	47	97	39	1
中铁十四局集团公司	371	17	49	3	342		296	2	55	137	30	42	12	150	215	108		17		21	10	70	95	55	66	73	12	
中铁十五局集团公司	437	18	113	13	331		414	3	56	120	33	48	23	213	246	143		16		32		157	37	39	58	102	44	
中铁十六局集团公司	766	109	184	20	557		562	2	99	197	81	133	102	253	381	238		56		65	26	278	69	63	100	153	103	
中铁十七局集团公司	507		130	6	344		473		13	121	75	63	32	216	254	157		24		54	18	197	34	27	39	120	90	
中铁十八局集团公司	453	2	102	19	378		311	4	69	131	30	50	19	223	204	147		35		52	15	104	86	46	66	114	37	
中铁十九局集团公司	355	4	80	30	315		342	4	64	122	26	42	12	153	183	128		8		26	10	76	55	29	58	91	45	1
中铁二十局集团公司	524	119	99	6	433		355	2	39	73	29	44	11	367	219	173	8	87		32	5	138	103	63	81	111	28	
中铁二十一局集团公司	210	9	28	2	192		131	1	38	54	21	26	10	99	93	95	7	6		9		39	24	48	38	43	18	
中铁二十二局集团公司	302	96	63	12	272		262	3	28	49	13	24	9	207	148	93		12	2	27	20	70	32	27	66	65	42	
中铁二十三局集团公司	329	15	98	14	274		305	4	56	125	27	40	16	121	181	120		9		17	2	131	51	38	49	47	13	
中铁二十四局集团公司	353	19	60	3	310		342	3	60	113	13	47	13	167	147	156		22		15	13	67	43	41	72	47	83	
中铁二十五局集团公司	219	2	50	11	189		219	3	32	97	26	25	11	60	135	67		6		11		61	35	29	43	25	26	
中铁建设集团公司	92		10	3	87		83	2	4	76	8	7	1		35	44		1		12		8	8	6	10	36	24	
中国铁建电气化局集团公司	197	4	70	5	160		60	3	27	49	18	32	13	85	99	66	3	7		16	6	59	31	22	30	42	12	1
中国铁建港航局集团公司	4		2		3		4		1	1	1			2	4							1	1	1		1		
中国铁建房地产集团公司	9		2		7		6	2	5	6	1			2	8	1						1	5	1	1		1	
中铁第一勘察设计院集团公司	40	16	8	3	39		40	1	17	21	6	7	2	4	26	13				1		5	6	7	9	8	5	
中铁第四勘察设计院集团公司	81	1	14		81		81	1	19	2	3	4		72	42	33		3		3		1	4	12	29	20	15	
中铁第五勘察设计院集团公司	9		4	1	9					5	1			3	8	1						3	3	1	1	1		
中铁上海设计院集团公司	5		2		5		5	2	1	4	1				5							2	1	1		1		
中铁物资集团公司	53	6	14	2	44		34		15	22	5	5	3	18	39	12		2				14	2	7	11	11	8	
昆明中铁大型养路机械集团公司	26	26	6	5	26		23	1	9	12	3	5	2	4	16	10						11	3	2	1	5	4	
中国铁建重工集团公司	93	46	22	1	88	2	62	2	10	37	7	20	5	24	41	38		2		11	1	17	18	26	17	11	4	
中铁建中非建设公司	2	2	1		2		2		1	2					2							1			1			
中国铁建投资公司	1	1								1					1							1						
中铁建（北京）商务管理公司	6	6			6		3		2	2				4	5	1									2	2	2	
北京铁城建设监理公司	4	4	3		3		4		1	3		1			2	2							2		1		1	
北京培训中心（党校）	8		2		7		8	2	2	1				7	8								2	1		4	1	
合计	6937	676	1498	208	5733	3	5675	68	861	1894	560	811	341	3331	3411	2264	40	400	2	644	176	1882	905	727	1041	1542	835	5

制表：王　谐

【股份公司领导薪酬管理】 2011年12月22日,根据国资委关于中国铁道建筑总公司高级管理人员2010年度薪酬确定有关问题的函,股份公司董事会审议通过股份公司总裁及其他高级管理人员2010年度薪酬方案,股份公司领导正职2010年度薪酬总额72.6万元,其中基薪23.5万元、绩效薪49.1万元。股份公司领导副职2010年度薪酬根据考核定级确定,考核结果为A级的副职领导年薪64.17万元,其中基薪19.98万元、绩效薪44.19万元;考核结果为B级的副职领导年薪61.71万元,其中基薪19.98万元、绩效薪41.73万元。股份公司领导年度绩效薪的40%延期兑现。2012年1月9日,根据国资委的要求,将股份公司高级管理人员2010年度薪酬方案报国资委备案,同时将股份公司董事会2011年度薪酬管理工作报告报国资委企业分配局。

（张介鹏）

【工资薪酬管理】 6月13日,股份公司印发《关于子公司负责人2010年度薪酬结算兑现的通知》,根据所属企业2010年度绩效考核得分,结算各子公司主要负责人2010年度薪酬。实行考核年薪制的28家二级子公司,领导正职2010年度年薪平均值73.03万元,最高109.88万元,最低45.27万元,其中基薪16万元或者13万元,平均绩效薪酬57.71万元,子公司领导年度绩效薪酬的20%延期兑现。

7月27日,根据本级项目2010年度绩效考核得分,核定重庆铁发遂渝高速公路有限公司、北京通达京承高速公路有限公司和南京长江隧道、重庆鱼洞长江大桥、昆明市二环改扩建工程、贵阳市北二环道路6个本级项目指挥部(项目公司)负责人2010年度薪酬,本级项目负责人2010年度平均薪酬56.69万元,最高61.55万元,最低47.61万元。

9月至年底,为保障2012年元旦春节期间农民工工资支付工作,股份公司先后印发《关于认真做好职工工资和农民工工资支付工作的紧急通知》《关于开展职工和农民工工资支付专项检查工作的通知》,并根据国资委和铁道部的有关要求,转发《关于全力做好农民工和职工工资拖欠清理工作的紧急通知》和《关于全力做好农民工和职工工资支付确保春运期间铁路建设安全稳定工作的紧急通知》,开展农民工工资支付专项检查,建立农民工工资清欠周报和月报报告制度,全力保障两节期间农民工工资支付,妥善解决农民工工资拖欠问题。（张介鹏）

【劳动用工】 7月26日,根据北京市住房和城乡建设委员会召开的北京市轨道交通项目用工管理专题会议精神,股份公司组织在京施工的十一、十二、十三、十四、十五、十六、十八、十九、二十、二十二局10个集团公司,对所承建的地铁4号、6号、7号、8号、9号、10号、14号线共计31个轨道交通项目开展用工管理专项检查,各项目先自查,所属集团公司组织重点检查,并总结在京轨道交通项目用工情况。9月13日,股份公司向北京市住建委报告劳务用工管理专项检查情况。

12月8日,中国劳动学会副会长姚洪杰和国务院国资委分配局、中国劳动保障科学研究院、中国劳动学会的领导和专家一行8人,到股份公司总部机关调研劳务派遣用工情况,听取股份公司人力资源部宋旭东副部长关于劳务派遣和企业用工情况的汇报,并与股份公司工会生产综合部李睿部长等有关人员进行交流。

（张介鹏）

【工效挂钩与工资计划】 根据国资委的要求,总公司、股份公司、锦鲤资产管理中心及所属企业继续实行企业工资总额与利润总额单项指标挂钩。2011年完成工效挂钩方案、工资计划上报,对下属企业工资计划审批和2010年度工效挂钩完成情况清算工作。国资委清算批复总公司2010年度应提工效挂钩工资总额1198047万元,符合国家规定的单列工资总额177930万元。批准总公司2011年度工效挂钩工资总额基数1277072万元,利润总额基数361006万元。（邹磊）

【总部机关工作人员工资】 2011年,总部机关发放工资8657万元,根据北京市2011年职工平均工资标准,分别于2011年1月、4月、7月调整总部机关工作人员企业年金、养老保险、失业保险、医疗保险、住房公积金个人缴费标准。（邹磊）

【总部机关内退人员内退费调整】 1月,参照北京市有关文件调整内退人员基本生活费,发放总部机关内退人员64人内退生活补贴359万元。根据个人2010年工资总额基数分别于2011年1月、4月、7月调整内退人员企业年金、养老保险、失业保险、医疗保险、住房公积金个人缴费标准。（邹磊）

【总部机关离退休人员、遗属企业退休养老金、抚恤金发放】 2011年,总部机关521人共发放企业退休养老金1290万元、抚恤金36480元。（邹磊）

【股份公司精算】 股份公司在2007年股改上市时,经国资委批准对三类人员生活费采取预留国有资产处理的方式。2011年完成对股份公司2011年度内退和长期离岗的40413人精算,福利支出96047万元。

（邹磊）

【劳动工资统计】 2011年在岗职工241621人,其中长期职工236522人、临时职工5099人。增加在岗长期职工27873人。其中,新录用大学、中专、技校毕业生19407人;非在岗职工回归1590人;从农村、城镇招收1734人;录用退伍军人424人。减少在岗长期职工15332人。其中,退休1275人;死亡316人;在岗长期职工减为非在岗职工3335人;终止解除劳动合同5748人;开除、除名、辞退753人。在岗职工中息工放假人员年末人数13515人,为在岗职工人数的5.59%,比2010年增加7571人。非在岗职工47673人,比2010年增加144人。在岗职工和非在岗职工289294人,比2010年增加12695人。

其他从业人员33340人,比2010年减少2727人,其主要成分是零散外部劳务人员。建制单位外部劳务人员597079人,比2010年减少118206人。(徐博华)

【劳动报酬】 在岗职工工资总额1250919.9万元,比2010年增加164180.4万元;年人均工资52925元,比2010年增加4077元。非在岗职工生活费总额76106万元,比2010年增加1717.9万元;年人均生活费16097元,比2010年增加603元。其他从业人员劳动报酬总额145670.3万元,比2010年增加31562.4万元;年人均劳动报酬37606元,比2010年增加6759元。建制单位外部劳务人员劳动报酬总额2225649.4万元,比2010年增加323725.7万元。在岗职工中息工放假人员生活费总额8315.8万元,年人均生活费7445元。(徐博华)

【五项社会保险和住房公积金】 截至2011年12月31日,中国铁建参加基本养老保险286493人、离退休76627人。缴纳基本养老保险费32.13亿元,其中企业缴纳22.88亿元、个人缴纳9.25亿元。全系统有工伤人员4809人,其中一级伤残52人、二级伤残104人、三级伤残154人、四级伤残493人、五级伤残282人、六级伤残476人、七级伤残461人、八级伤残488人、九级伤残721人、十级伤残806人、十级以下伤残772人。参加基本医疗保险257866人,缴纳基本医疗保险费9.64亿元,其中企业缴纳7.75亿元、个人缴纳1.89亿元。参加失业保险217009人,缴纳失业保险费2.16亿元,其中企业缴纳1.45亿元、个人缴纳0.7亿元。参加生育保险214947人,缴纳生育保险费0.52亿元。

(李 倩)

【补充养老保险和补充医疗保险】 截至2012年12月31日,中国铁建系统为173801名员工建立补充养老保险,归集资金23亿元,当年领取、转移补充养老保险金4548人,支付金额0.7亿元。单位累计提取补充医疗保险费5.45亿元,当年支付报销补充保险34881人次,其中支付在职22956人,支付药费4748万元;支付退休11925人,支付药费4877万元。(李 倩)

【统筹外费用审核支付】 国家和地方在对提高离退休人员待遇方面出台一系列措施,随着企业退休人数的逐年增加,企业统筹外费用支出负担越来越重,每月汇总、审核近7万名统筹外费用数据,截至2011年12月,养老保险统筹外费用支付2.87亿元。(李 倩)

【健康体检】 认真做好体检是预防疾病,改善职工健康的重要工作。2011年,总部机关与北京铁建医院联系协调,组织在职职工和离退休人员790人进行健康体检,其中在职职工263人(男职工189人、女职工74人)、离退休及内退人员527人(男性365人、女性162人)。(李 倩)

【保险缴费基数核定及最低工资】 2010年北京市职工年平均工资50415元,2011年1~3月社会保险缴费基数上限12111元、下限1615元;2011年4~12月北京市社会保险缴费基数上限12603元、下限1680元,农民工社会保险缴费基数按照本人上一年月平均工作确定,上限按照北京市上年职工月平均工资300%确定,下限按照北京市上年职工月平均工资40%确定。自2011年1月1日起,北京市调整月最低工资标准为1160元,月最低基本养老金为1100元,月最低退职金为1000元,月最低退养养老金为900元。(李 倩)

【加强海外工程项目卫生防疫监管】 2011年及时转发国家及地方关于职业病、卫生防疫的相关文件。年初,中铁二十局集团公司报告从安哥拉项目回国人员中发现感染血吸虫病,根据股份公司领导指示,及时将情况上报国资委,并下发传真电报要求各集团公司引起高度重视,重点做好驻非洲项目人员的宣传、预防和治疗工作。在中国疾病控制中心协助下,对部分安哥拉项目回国人员进行体检排查。(李 倩)

【北京地区老工伤平稳有序移交属地管理】 2011年股份公司机关及所属单位北京中铁房山桥梁有限公司、北京中铁工业有限公司、中铁物资集团有限公司、北京培训中心、中铁十六局集团有限公司的79名老工伤人员移交北京市管理。(李 倩)

【国有企业职教幼教待遇解决】 国务院国有资产监督管理委员会、教育部、财政部、人力资源和社会保障部联合下发《关于妥善解决国有企业职教幼教退休教师待

遇问题的通知》，股份公司及时转发文件、召开会议，指导督促所属企业主动与地方政府沟通。（李 倩）

【教育培训】 2011年，全系统培训职工85046人次。干部培训43950人次。其中，管理干部岗位培训8630人次；专业技术人员新技术、新工艺、新知识培训12550人次；各种适应性岗位培训17630人次；学历教育4150人；出国培训990人。

工人各类培训41096人次。其中，技能培训和岗位练兵12056人次；开展职业资格等级培训10345人次；各种适应性岗位培训18695人次。（刘爱波）

【领导干部培训】 为加大各级领导干部的执政能力，全面提高和改善干部队伍的知识结构和人才储备，2011年在北京培训中心举办领导干部培训班两期，后备干部岗位培训班两期，中央党校国资委分校春季学期中国铁建处级干部进修班1期，培训领导干部389人。

（刘爱波）

【海外培训】 海外市场已成为股份公司重要的战场，海外工程任务也占据了股份公司一部分，培养会语言、懂管理、懂技术、懂财务的海外生产经营管理人才已迫在眉睫。为此，2011年在清华大学举办第三期国际工程专业英语培训班，培训68人；在新东方举办一期财务英语培训班，培训53人。目的是为全面进军海外市场做人才储备。（刘爱波）

【高技能人才培训】 为进一步加强高技能人才队伍建设，建立和推进中国铁建高技能人才继续教育研修制，根据《中国铁建股份有限公司2010年教育培训计划的通知》，结合企业高技能人才队伍建设情况，股份公司于2011年12月在石家庄铁道学院举办工程测量、建筑材料试验高技能人才研修班，参训学员129人，其中工程测量70人、建筑材料试验59人。培训对象为集团公司从事工程测量、建筑材料试验工作的现职技师、高级技师和相关业务技术人员。培训内容以工程测量、建筑材料试验技师与高级技师职业标准与规范应知应会规定内容为依据，结合企业施工生产实际贯穿新规范、新知识、新技术等。通过培训，学员熟练掌握了本专业技师和高级技师必备的专业理论知识和操作技能，并在现有基础上，重点掌握了工程测量、建筑材料试验的新材料、新工艺、新工法、新设备等，提高了在职技师分析和解决问题的能力。（耿杰明）

【参加世纪管理名家讲堂培训】 为满足总部机关领导及工作人员的学习需求，提高机关人员把握宏观大局的能力，经股份公司领导批准，人力资源部在世纪管理名家讲堂购买会员学习卡。2011年，机关人员根据工作需要，利用业余时间参加培训165人次。这种学习形式对于需要获得更多信息、经验交流、思想启迪，保持与时俱进的总部机关来说很有帮助，是企业内部培训一种合理补充。

（刘爱波）

【参加中央企业项目管理创新技能大赛】 为贯彻党中央、国务院关于加强人才工作的要求，深入推进人才强企战略，进一步加大企业管理人才培养力度，提高企业生产经营管理水平，国务院国资委与国家外国专家局于2011年12月在密云联合举办中央企业项目管理创新技能大赛，中国铁建组织中铁建设集团公司和中国铁建电气化局集团公司两支参赛队参加比赛。项目管理创新技能大赛对中国铁建企业队伍是个新课题，两支参赛队6名队员在强手如林的赛场中，积极发挥，沉着应战，遵守纪律，理论和实作均取得较好成绩，获得优秀选手奖称号，为今后建筑企业组织此类竞赛积累了经验和培养了专业技术骨干。（耿杰明）

【国资委表彰首期班组长远程培训优秀人员】 11月25日，国务院国资委群工局印发《关于表彰首期中央企业班组长岗位管理能力资格认证远程培训项目优秀学员最佳管理员和优秀管理员的通知》，对参加班组长远程培训2009年秋季班学习的949名优秀学员和参与学习管理工作的132名最佳管理员、156名优秀管理员进行表彰。中国铁建2人被评为优秀管理员，10人被评为优秀学员。

优秀管理员

王　琳　昆明中铁大型养路机械集团公司
王艳艳　中国铁建重工集团公司

优秀学员

林志刚　昆明中铁大型养路机械集团公司
杨留存　昆明中铁大型养路机械集团公司
周复旦　昆明中铁大型养路机械集团公司
伍枝梅　中国铁建重工集团公司
陈　伟　中国铁建重工集团公司
吴离军　中国铁建重工集团公司
李泽刚　中国铁建重工集团公司
薛　峰　中国铁建重工集团公司
王川业　中国铁建重工集团公司
徐　波　中国铁建重工集团公司

（耿杰明）

【职业技能鉴定计划】 按照职工个人自愿申请、所在企业推荐、职业技能鉴定主管部门批准的原则，根据人力资源和社会保障部职业能力建设司授权，2011 年，股份公司下达职业技能鉴定计划 9974 人，其中鉴定初级工 1005 人、中级工 2237 人、高级工 4433 人、技师 1721 人、高级技师 578 人。 （苗振林）

【职业技能人才评价】 2011 年，股份公司下达职业技能鉴定计划 9974 人，实际完成 10244 人鉴定，其中初级工 812 人、中级工 3798 人、高级工 4121 人、技师 1205 人、高级技师 308 人，完成年度计划的 102.7%。有 9544 人取得职业资格证书，其中初级工 768 人、中级工 3516 人、高级工 3903 人、技师 1090 人、高级技师 267 人，通过率 93.1%。 （苗振林）

【聘任职业技能鉴定考评员】 田国强等 220 人经所在单位审核、推荐，参加 2011 年人力资源和社会保障部职业技能鉴定考评员、高级考评员和管理人员资格考核，并通过人力资源和社会保障部职业技能鉴定中心资格认证。根据国家和中国铁建职业技能鉴定实施办法，聘任田国强等 150 人为中国铁建企业职工职业技能鉴定高级考评员；聘任陈春华等 65 人为中国铁建企业职工职业技能鉴定考评员；聘任赵生伟等 8 人为中国铁建企业职工职业技能鉴定管理人员。聘期 3 年，从 2011 年 4 月～2014 年 4 月。 （苗振林）

【高级技师职业资格认定】 2011 年，股份公司组织 47 个职业（工种）高级技师进行职业技能鉴定，561 人报考高级技师职业资格，实际参加考核 409 名，参考率 72.9%。362 人鉴定成绩合格。依据股份公司高级技师评审委员会评审意见，贺万玉等 345 人获得高级技师任职资格。 （苗振林）

2011 年度中国铁建工人构成情况统计表

项　目		人　数	其中技术工人	项　目		人　数	其中技术工人
2010 年末工人总数		136585	98618	年龄	41～50 岁	40007	28675
2011 年末工人总数		134339	100664		51～55 岁	27296	19883
其中	女工人	29886	16378		56～60 岁	5558	3085
	中共党员	26146	19846	参加工作时间	1983 年以前	57520	42114
	共青团员	19334	15234		1984～2000 年	49388	37396
	少数民族	3088	2296		2001 年以后	27431	21154
文化程度	初中及以下	48277	34397	获得国家职业资格证书人数	初级工	—	7652
	高中	36444	27413		中级工	—	19161
	中专、技校、职高	29587	24026		高级工	—	37420
	大专、高技	16879	12172		技师	—	9607
	本科及以上	3152	2656		高级技师	—	1767
年龄	30 岁以下	30094	24258		合　计	—	75607
	31 岁～40 岁	31384	24763				

制表：徐博华

2011 年度中国铁建工人情况统计表

<table>
<tr><th colspan="2">项　目</th><th>人　数</th><th colspan="2">项　目</th><th>人　数</th></tr>
<tr><td colspan="2">2010 年末工人总数</td><td>136585</td><td colspan="2">内部退养</td><td>25257</td></tr>
<tr><td colspan="2">2011 年末工人总数</td><td>134339</td><td colspan="2">外出劳务</td><td>341</td></tr>
<tr><td rowspan="2">合同期限</td><td>有固定期限</td><td>54785</td><td colspan="2">行政奖励总人数</td><td>731</td></tr>
<tr><td>无固定期限</td><td>79554</td><td rowspan="5">其中</td><td>局级劳动模范和先进个人</td><td>234</td></tr>
<tr><td colspan="2">2011 年度新增工人</td><td>5491</td><td>省部级以上劳动模范</td><td>2</td></tr>
<tr><td rowspan="5">其中</td><td>新招收（招聘）工人</td><td>462</td><td>五一劳动奖章获得者</td><td>12</td></tr>
<tr><td>接收复员退伍军人</td><td>391</td><td>省部级以上三八红旗手</td><td>3</td></tr>
<tr><td>接收中专技校以上毕业生</td><td>3433</td><td>火车头奖章获得者</td><td>4</td></tr>
<tr><td>总公司系统外调入</td><td>105</td><td colspan="2">行政处分总人数</td><td>51</td></tr>
<tr><td>其他</td><td>1100</td><td rowspan="4">其中</td><td>记大过</td><td>9</td></tr>
<tr><td colspan="2">2011 年度减少工人</td><td>7737</td><td>撤职</td><td>4</td></tr>
<tr><td rowspan="8">其中</td><td>调出总公司系统</td><td>145</td><td>留用察看</td><td>—</td></tr>
<tr><td>办理退休</td><td>2855</td><td>开除</td><td>35</td></tr>
<tr><td>因工死亡</td><td>22</td><td colspan="2">除名</td><td>81</td></tr>
<tr><td>非因工死亡</td><td>235</td><td colspan="2">劳动教养</td><td>—</td></tr>
<tr><td>终止劳动合同</td><td>957</td><td colspan="2">刑事处分</td><td>3</td></tr>
<tr><td>用人单位解除劳动合同</td><td>296</td><td rowspan="3">外部劳务</td><td rowspan="2">城乡建筑企业</td><td rowspan="2">576237</td></tr>
<tr><td>劳动者解除劳动合同</td><td>622</td></tr>
<tr><td>其他</td><td>2605</td><td>零散使用</td><td>77981</td></tr>
</table>

制表：徐博华

2011 年度中国铁建铁道行业工种情况统计表

工种名称	人数	工种名称	人数
铁路线路工	8197	电控组调工	—
铁路桥梁工	2115	通信工	1708
铁路桥梁装吊工	1022	电源工	66
桥隧工	883	信号工	1894
铁路隧道工	1693	舟桥起重工	62
电力线路工	1154	舟桥组装工	—
接触网工	1288	轮渡组装工	—
道岔钳工	25	栈桥组装工	—
铺轨机司机	152	机动舟驾驶员	7
轨道车司机	567	蒸汽机车钳工	25
大型线路机械司机	302	蒸汽机车锅炉工	2
钢轨焊接工	96	蒸汽机车司机	14
钢轨探伤工	8	蒸汽机车副司机	7
浸注处理工	—	蒸汽机车司炉	2
木材防腐整备工	—	内燃机车司机	591
装载机司机	2040	信号员(长)	68
装卸工	146	扳道员(长)	115
通信组调工	—	调车长	155
通信钳工	5	运转车长	87
信号组调工	3	其他	566
信号钳工	5	合计	25100

制表:徐博华

2011 年度中国铁建社会通用及其他工种情况统计表

工种名称	人数	工种名称	人数
车工	473	筑路工	736
铣工	155	砌筑工	1305
磨工	35	混凝土工	5378
镗工	64	测量工	7209
组合机床操作工	14	钢筋工	3868
铸造工	62	架子工	1343
锻造工	53	防水工	98
焊工	4930	装饰装修工	80
金属热处理工	53	电工	3137
冷作钣金工	57	电气设备安装工	135
涂装工	124	管工	777
装配钳工	416	汽车驾驶员	12916
工具钳工	141	起重装卸机械操作工	1551
机修钳工	1992	天车司机	458
汽车修理工	2068	计算机操作员	1040
锅炉设备安装工	21	计算机维修工	16
锅炉操作工	366	话务员	88
维修电工	1132	中式烹调师	970
手工木工	919	中式面点师	119
精细木工	38	钻探工	1289
土石方机械操作工	3721	合计	59347

制表:徐博华

信息化建设

【中国铁建信息化建设领导小组】 股份公司总裁赵广发任组长,副总裁范德任常务副组长,副总裁夏国斌和副总裁、总会计师、总法律顾问庄尚标任副组长。

（张一鸣）

【信息中心】 主要职责:组织制定股份公司整体信息化规划和年度计划;组织股份公司机关各业务部门和所属单位完成相关信息系统的建设、运行、技术支持和维修、维护任务;指导、监督所属单位的信息化工作;整体推进中国铁建信息化的运用与管理,并保持持续改进与完善,实现信息化对主营业务的支持;承担国家有关部委、股份公司下达的信息系统科技攻关任务;承担股份公司系统信息化专业人员的技术培训;完成股份公司领导和信息化领导小组交办的其他工作。定员7人,设主任、副主任各1人;下设规划需求处和建设运维处。

（张一鸣）

【工作综述】 2011年,股份公司信息化建设以“全面建设年”为主题,深入贯彻落实股份公司“十二五”信息化规划,强基础、抓重点、促转型,全力推进信息系统建设。人力资源管理系统进一步优化、业务功能建设逐步展开;总部机关费用预算与报账系统建成并投入应用,迈出了财务管理全员信息化的一步;电子商务平台基本建成并通过初验,为集中(网上)采购和供应商监管工作提供了强有力的支撑;统一管理支持平台逐步展开建设,法律合规管理系统实现阶段性目标、外事管理系统基本建成;总部机关协同办公系统正式投入应用;规划的“五纵”建设基本成型。各业务板块信息化进程不断深入,规划的“四横”之业务运营平台建设初具规模。项目管理系统全面启动;房地产、资本运营、工程监理业务信息化基本建成,地产板块管控能力大幅增强,资本运营管理信息化水平明显提升,工程监理系统获得自主知识产权;中国铁建财务有限公司经营系统通过审查,工业制造ERP项目取得突破,大型工程与施工装备设计制造信息化水平得到提升;规划的“四横”之集成应用平台——企业应用中心进一步优化与完善,中国铁建特色的信息化道路再向前迈出坚实的一步。

全面加强信息化管理基础工作。(1)强化信息化管理机构建设。所属单位明确信息化建设分管领导,十三、十七、二十局集团公司相继升级或成立一级信息化管理部门。(2)建立信息化管理制度体系和信息化标准体系。制定股份公司“十二五”信息化发展规划和信息化管理制度、办法及标准。(3)建立信息化绩效评价体系。制定股份公司信息化绩效评价管理暂行办法,并对2010年所属单位信息化绩效进行评价。(4)开展信息网络规划和信息安全建设。编制《信息安全员工手册》和信息安全建设规划、信息系统账户管理办法等一系列信息安全管理文件。(5)加强业务培训交流,举办信息安全培训和企业信息管理师国家职业资格认证培训,53人参加培训,51人通过考试取得资格认证。

中国铁建在2011年国资委中央企业信息化水平评价中,取得89.55分,被评为B级,排名第37名。比2010年提高14.59分,上升一个等级,排名提前31个名次。

（张一鸣）

法律事务

【法律合规部】 主要职能:负责公司法律事务工作;贯彻执行国家法律、法规,参与公司重大经济活动规划,提出减少、避免法律风险的措施和法律意见;审核、修改经济合同、协议和重要规章制度;代表公司处理诉讼、仲裁、行政复议案件;参与处理公司债权债务的清理和追收工作;参与企业的重组、分立、并购、兼并、注销、撤销、合并、破产、解散、投融资、担保、租赁、产权转让、投招标等重大经济活动,处理有关法律事务;负责选聘律师,并对其工作进行监督和评价;开展法律咨询;指导公司本级境外公司、项目部的法律工作;负责公司合规风险管理,组织拟订、制定公司合规政策,主动识别、评估、检测和报告公司合规风险,并提出有效的风险处置方案;负责组织提供上市公司规范运作的法律服务。承办总公司相关法律事务。定员8人,现员7人;设部长、副部长各1人,下设法律处和合规处。

（文荣周）

【开展法制工作第二个三年目标检查验收工作】 2011年是中央企业落实法制工作第二个三年目标的第三年,也是总结验收年。中国铁建继续对照第二个三年目标,采取多种措施,强力推进,建立健全以总法律顾问制度为核心的法律风险防范机制,全面落实中央企业法制工作第二个三年目标,向国资委上报题为《创新工作 措施得力 形式新颖 注重实效》的法制工作第二个三年目标落实情况报告。在国资委对中央企业落实法制工作的检查评比中,中国铁建由2010年中期的第45名上升到2011年总结考核评比的第5名。中铁十六局集团公司总法律顾问张兴霖被评为中央企业十大优秀总法律顾问,总部机关法律合规部副部长刘兵和中铁十五、十九局集团公司总法律顾问解金辉、张桂新及中铁二十二局集团公司法律合规部副部长张宏被评为中央企业法律事务先进工作者。中国铁建被中国交通企业管理协会评为全国交通企(事)业信用建设工作先进单位。中国铁建系统基本建立以总法律顾问制度为核心的法律风险防范组织体系,36个单位有31家设立总法律顾问,22家设立独立法律事务部,6家设立二级机构,3家合署办公。全系统法律事务工作人员429人,其中专职259人、兼职170人。年内推行项目部法律联络员制度。 (文荣周)

【法律工作会议】 12月16~17日,股份公司在江西南昌召开2011年法律工作会议暨总法律顾问研讨会。会议是在股份公司发展进入"十二五"时期,企业法制工作第二个三年目标基本完成、第三个三年目标即将全面展开的背景下召开的一次重要会议。股份公司领导,各集团公司、公司分管法律工作的领导、总法律顾问和法律事务部门负责人66人参加会议。会议主要学习贯彻国资委9月召开的中央企业法制工作会议精神,认真总结股份公司法制工作第二个三年目标完成情况,交流推广工作经验,研究部署今后三年股份公司法制工作。股份公司董事长孟凤朝、总裁赵广发专门对会议作出重要批示,充分肯定第二个三年目标取得的显著成效,对实现第三个三年目标提出明确要求。副总裁、总会计师兼总法律顾问庄尚标出席会议,并作题为《围绕三年目标,服务改革发展,切实为培育世界一流企业提供坚强法律保障》的法律工作报告。股份公司根据国资委关于法制工作第三个三年目标的要求,制定《中国铁道建筑总公司法制工作第三个三年目标实施方案》。 (文荣周)

【继续建章立制】 2011年进一步完善合同法律风险防范和管理制度,加大法制工作落实力度。制定《中国铁建股份有限公司合同法律风险管理指引(试行)》和《中国铁建股份有限公司子公司负责人法制工作绩效考核实施细则(试行)》。 (文荣周)

【"四项法律审核"制度】 审核企业规章制度、经济合同、重要决策和授权书,是把法律风险防范和控制的关口前移,由事后打官司为主的"消防队",转变为事前参与管理、防范经营风险的"防火墙"的重要举措。2011年,法律合规部审核经济合同158份、规章制度29项、重大决策24项、授权书28份。所属单位认真落实股份公司"四项法律审核"制度,积极开展审核工作,四项法律审核率股份公司90%、二级单位70%、三级单位50%。 (文荣周)

【为重大项目提供法律服务】 年内派出专人参与美国、巴西高速铁路项目,厄瓜多尔铜矿项目、成渝高速三通道、贵阳北二环路和太慈桥BT项目、昆明BT项目、湛江BT项目、重组航盛集团、特立尼达多巴哥项目、财务公司收购、再融资12个重大项目提供法律咨询服务,全过程进行法律风险防范和控制,实现法律事务工作由事务性向管理性的转变。 (文荣周)

【诉讼与内部经济纠纷处理】 2011年继续办理欧阳新劳动争议案、松原工程欠款执行案、济南引黄欠款执行案,处理衡水、呼准、广东阳春三马水泥厂欠款纠纷案。根据《中国铁建股份有限公司法律纠纷案件管理暂行办法》,为解决系统内部单位相互打官司,既输钱,又失信,损害股份公司声誉和合法利益的行为,积极开展内部经济纠纷协调处理工作。年内跟踪、协调处理中铁物资集团公司与中铁二十三局集团公司、中铁二十五局集团公司与中铁十一、十四局集团公司欠款纠纷等10起内部纠纷案件,金额约1.73亿元。 (文荣周)

【开展政策研究】 为解决经营管理中重大法律疑难问题,2011年下发股份公司《企业法律风险要点及管理分析》《高危地区海外工程法律风险防范》和《土地权属有关问题浅析》3份政策研究文件。 (文荣周)

【法律培训】 2011年分别于5月、11月举办股份公司法律顾问培训,全系统总法律顾问、法律部门负责人和专兼职法律顾问近520人参加培训。第一期培训邀请中国社科院、中国政法大学、北京铁路运输中级法院、北京普信咨询公司等单位的领导、专家、教授讲授民事再审程序实务、铁路司法改革及铁路建设工程案件处理建议、合规风险管理、"走出去"战略之法律风险研究与对策、劳动用工等方面的专业知识和实务操作。第二期培训邀请最高人民法院民二庭法官李相波博士、北京市高级人民法院民一庭单国军副庭长、中国政法大学国际法学院党委书记杜新丽教授、中国社科院民法室副主任谢鸿飞教授、中国劳动保障报社法律中心鲁志峰主任分别给大家讲授民事诉讼法、建设工程相关法律法规的理解与适用及实务处理、境外法律风险、物权法、农民工使用等方面的专业知识和实务操作。通过培训,提高法律事务工作人员的业务素质,适应企业当前面对的形势对

法律顾问人员的要求。（文荣周）

【"六五"普法工作规划】 2011年根据国资委普法办公室关于"六五"普法工作的要求，结合股份公司实际，制定下发《中国铁建股份有限公司关于开展法制宣传教育的第六个五年规划（2011～2015年）》，部署全系统的"六五"普法工作。（文荣周）

【"五五"普法工作受表彰】 2011年，中铁十六局集团公司、股份公司法律合规部部长王甲国分别被中央宣传部、司法部、全国普法办公室评为全国"五五"普法先进单位和先进个人；中铁十三、十四局集团公司和中铁建设集团公司被国资委评为中央企业"五五"普法先进单位，雷佳民、邸爱萍、李忠信、汪友顺和文荣周被评为中央企业"五五"普法先进个人。（文荣周）

【表彰2006～2010年法制宣传教育先进单位和先进个人】 11月，股份公司印发《关于表彰2006～2010年法制宣传教育先进单位和先进个人的决定》，对"五五"普法先进单位和先进个人进行表彰。

2006～2010年法制宣传教育先进单位

中铁十一局集团电务公司
中铁十二局集团四公司
中铁十三局集团四公司
中铁十五局集团公司
中铁十七局集团公司
中铁二十一局集团三公司
中铁二十二局集团三公司
中国铁建电气化局集团公司
中国铁建房地产集团公司
中铁第一勘察设计院集团公司

2006～2010年法制宣传教育先进个人

张拉柱	魏龙飞	张庆春	杨华兵	雷乾军
周家平	姜海清	李永民	张建国	刘慧云
解金辉	许鹏翔	郝孟广	刁常海	李连华
岳向文	弓合心	刘　锐	巨洪波	张桂新
黄　烁	李全孝	王志军	秦学合	陈壮凌
张红军	董晓舟	邹长林	杜桦杨	陈　勇
饶友福	王云波	徐　光	龚　敬	秦振英
李健成	孙立晓	楼雯雯	马继良	王鲁林
邓云文	王子晶	刘建红	范　娟	邓重魁
王大林	陈永祥	钱水兵	黄雨春	龚成术
潘吉江	周怡君			

（文荣周）

【表彰2011年度法律事务工作先进单位和先进个人】

2011年股份公司法律工作先进单位

中铁十一局集团五公司
中铁十三局集团五公司
中铁十四局集团三公司
中铁十五局集团公司
中铁十六局集团四公司
中铁十七局集团公司
中铁十八局集团公司
中铁十九局集团公司
中铁二十局集团公司
中铁二十一局集团六公司
中铁二十四局集团公司
中铁建设集团公司
中国铁建电气化局集团公司
中国铁建房地产集团中铁嘉业（北京）投资公司
中铁第一勘察设计院集团公司

2011年度股份公司法律工作先进个人

张拉柱	李若民	魏　玲	李怀艳	曹　宇
袁红艳	李志民	高云鹏	孙雅静	李海龙
郭顺斋	姜晓蕾	邢素波	邓　雷	张　杰
周全兵	邢学标	陈水军	卢　骁	孙宏波
黄　烁	丁　薇	李　芳	王耀华	郑跃海
张　宏	张　洁	蒋　威	陈安群	凌光华
唐　忠	罗　戎	刘建平	龚　敬	徐　光
汪友顺	常慧杰	李文龙	方　丽	周仲华
马继良	汤友富	曹　勇	王丽洁	范　娟
邓重魁	叶海铭	钱水兵	范志存	成　芳
屈知识	蔡梅群	李　馨	潘吉江	郎玉华
高洪勇	朱光耀	王云虎	刘　兵	文荣周

（文荣周）

【全国交通企业法治先进单位和先进个人】

第二届全国交通企业法治先进单位

中国铁建股份公司
中铁十五局集团公司
中铁二十二局集团公司
中铁建设集团公司
中铁第一勘察设计院集团公司

第二届全国交通企业法治先进个人

赵瑞亮　中铁十六局集团公司总经理

第五届全国交通企业十佳法律顾问

刘　兵　中国铁建股份公司法律合规部副部长
解金辉　中铁十五局集团公司总法律顾问

第五届全国交通企业优秀法律顾问

文荣周	张拉柱	杨宏星	方文军	吕民祥
李春波	凌光华	李敬升	赵福明	邓重魁
钱水兵	陆　凯			

（文荣周）

机关房地产管理

【总公司机关房地产管理中心】 代表总公司行使业主权利的职能部门和办事机构。主要职责：负责总公司机关房地产管理、建筑物维修、更新改造和新增项目的建设管理工作；负责制定总公司机关基本建设计划，提出基建方案，办理基建和房屋翻建、改造项目审批手续；负责机关基建项目的规划，参与论证、分析，及时向总公司领导提供有价值的情况和数据，并在工程立项后组织实施工作；负责总公司机关调整配售住房工作委员会及其办公室有关住房调整配售决议案的组织实施和房屋日常管理具体工作；负责总公司机关房地产的租赁使用及管理；负责对职工住房上市交易相关事项的审批及办理；负责机关院内地下车库销售的组织实施和有关手续的办理；负责办理房产证及职工住宅变更过户手续；负责总公司机关与地方政府部门及周边单位相关事务的协调处理；负责总公司机关人防工程的日常管理和维护。定员 8 人，现员 10 人。设主任、副主任各 1 人，下设基建处（机关人防办公室）、房地产管理处。 （吕殿义）

【固定资产投资计划实施】 （1）机关安全监控系统、篮球场塑胶地面项目。完成结算审核和投资计划，支付对应的工程款。（2）游泳馆改造项目。由中国建筑标准设计研究院承担钢构设计、中铁建设集团设计公司承担装修改造设计、北京铁城建设监理公司负责监理，中铁建设集团公司总承包工程项目。于 2011 年 3 月竣工验收合格并交付使用，4 月报送结算文件，5 月由万隆（北京）工程造价咨询有限公司对该工程结算文件进行审计。项目计划投资 280 万元，实际结算总金额 301.1 万元。超预算主要是增加了部分改善游泳馆使用功能的项目，如馆内部分暖气、上下水管线更换改造，室外下水改造，热水箱更换改造，共计约 22 万元。监理设计合同额 21.2 万元。2011 年完成投资 262.02 万元，余额 39 万元结转至 2012 年投资计划。（3）活动中心地下档案库改造。工程位于复兴路 40 号院 75 号楼地下一层（原保龄球馆），由中铁建设集团公司装饰分公司设计，按照“资料仓库”标准确定设计方案，对原有建筑结构进行漏水处理。工程实行公开招标，中铁建设集团公司中标，4 月 20 日开始进场施工，北京铁城建设监理公司负责监理。2011 年 6 月竣工验收合格并交付使用。工程结算文件年内接受万隆（北京）工程造价咨询有限公司审计。项目计划投资 180 万元，结算金额暂未确定。2011 年累计完成投资 91.72 万元。余额 88.28 万元结转至 2012 年投资计划。 （童联合）

【大修计划实施】 （1）承接 2010 年更改转至 2011 年大修项目计划 109.39 万元，完成投资 95.9 万元。剩余项目 1 项，形象进度完成并交付使用，正在结算审核，预计金额 17 万元。（2）2011 年计划投资 105.68 万元，完成投资 61.4 万元，剩余项目形象进度均完成并交付使用，正在结算中。（3）2011 年新申请大修计划项目 13 项，计划投资 49.85 万元；完成形象进度并交付使用 8 项，完成投资 10 万元，其余项目均在结算中。 （童联合）

【中国铁建大厦 B 座建设】 大厦建筑面积 54002 平方米，地上 14 层，地下 3 层，集高档餐饮、银行、办公、档案馆、铁道兵纪念馆、中国铁建展览馆、车库等于一体的综合性大厦。2010 年 1 月 25 日开工，当年完成军用电缆改迁、土石方及护坡、基础、结构工程等投资 9000 万元。2011 年 5 月完成结构封顶及专业设备选型、采购与安装。年底外立面幕墙结构整体亮相。施工等投资 15000 万元。预计到 2012 年底整体交付使用并入住。工程获 2011 年度北京市安全文明样板工地和北京市结构“长城杯”金杯等奖项。 （张家年）

【总公司机关调整配售住房工作办公室】 1～5 月召开 5 次办公室会议，讨论研究对剩余科级房调整配售和审查参与机关住房调整人员资格及相关事宜，讨论研究腾退旧房中相关人员违规问题并作出处理决定，讨论研究其他住房调整及车库销售问题。 （杜学文）

【住房调整配售】 机关科级房的调整配售。按照总公司机关调整配售住房工作办公室会议确定的住房调整配售原则：（1）2010 年 6 月 30 日前总公司机关在册的无房职工。（2）按照北京市住房先售后租的原则，有北京市常住户口的参加本次住房调整。（3）按照 2000 年总公司机关调整配售住房方案规定，年满 30 周岁的未婚单身职工可以参加住房调整。全年调整配售科级住房 20 套，收回售房款 4052757 元；36 人办理售房手续。 （杜学文）

【处置非法侵占公有住房】 （1）积极协调相关单位领导敦促有关人员交回应腾退旧房。上半年，先后与中铁物资集团公司、中铁建（北京）商务管理公司及所属的商贸中心领导沟通与协商，在 3 家单位的积极配合下，相继收回 3 人未按合同规定应腾退的旧房。

（2）对拒不腾退旧房人员采取经济和法律措施。2011 年 5 月 5 日，机关调整配售住房工作办公室第 18 次会议决定，按照合同规定对两名机关在职人员追缴违约金每天 500 元，自 2011 年 4 月 16 日（向法院提起诉讼之日）起扣缴，直到交回住房为止。同时，将违规不腾退旧房的 3 人向海淀区人民法院提起诉讼，该院经过审理，于 10 月作出判决。其中，两人违反合同规定，应交回新调整的住房；1 人违反合同规定，应交回原有住房，并支付违约金每天 500 元，自 2010 年 6 月 15 日起，至交回住房之日止。此 3 人均不服一审判决，向北京市第一中级人民法院上诉，该院于 2011 年 12 月作出终审判决：驳回上诉，维持原判。（杜学文）

【地下车位销售】 2011 年销售车位 65 个，其中 15 个为以成本价销售的第二个车位，收回销售车位款 339.5 万元。（杜学文）

【房产证办理及住房档案整理】 （1）办理职工住宅楼号牌。经多次与北京市海淀公安分局和永定路派出所交涉，办理 78 号楼新楼牌号。

（2）准备办理新的房产证的有关资料。按照新的买卖住房程序规定，准备个人买卖住房材料每户达 16 份，其中产权人签字 9 份。18 号楼准备材料 3212 份，其中 170 户老住户补签文件各两份，共 340 份。

（3）整理完善在京职工住房档案。对 18、58、68、78 号楼 600 多户职工住房档案充实完善；对新入住 10、83、88、28、29、5、6 号楼的住户新建住房档案 190 余件。（杜学文）

【物业管理】 对物业公司送来的公共水电费报表数据进行认真查表核对，全年审核支出水电费 2545344.21 元；对公共及办公场所和住户的取暖费、物业管理费进行反复审核、严格把关，审核支出 2011～2012 年度取暖费 2355138.94 元，审核支出 2011 年度物业管理费 2531928.01 元。（杜学文）

【人防管理】 2011 年，中国铁道建筑总公司机关人防办公室在中央国家机关人民防空办公室、国务院机关事务管理局人防办公室的领导下，认真学习《中央国家机关人民防空工作目标管理办法》，以《中央国家机关人防工作要点》为依据，坚持"长期准备、重点建设、平战结合"的方针，建立健全管理部门，明确管理职责。7 月 15 日，第 6 次总经理办公会议，批准成立总公司机关人民防空办公室，明确机关大院的人民防空设施的管理部门和维护单位，总公司机关的人防工作走向规范化管理。（童联合）

离退休职工管理

【总公司机关离退休职工管理部】 是负责总公司机关离退休、内部退养职工日常管理和服务的职能部门。定员 15 人，现员 16 人。设部长、党总支书记 1 人，副部长 1 人。下设事务管理处、生活服务处、健康服务处、组织宣传处。

截至 2011 年底，总公司机关有离退休和内部退养人员 598 人，其中离休干部 17 人、退休人员 55 人、内部退养人员 64 人。党员 489 人。参加活动人数 971 人，含直属单位 371 人、遗属 2 人。年内获庆祝中国共产党建党 90 周年知识竞赛组织奖，被北京市人民政府评为北京市敬老爱老为老服务先进示范单位。（赵兰芳）

【离退休职工管理与服务】 落实离退休职工政治待遇。以建党 90 周年为契机，为离退休人员下发《建党 90 周年党史学习资料》光盘 509 张；组织离休老领导召开"党在我心中"座谈会；开展"与党同呼吸 共命运 心连心"为主题的征文活动，收到优质征文 58 篇；组织 200 多名离退休人员观看电影《扬善洲》。开展创先争优活动，"七一"前夕，表彰 5 个先进党支部、51 名优秀共产党员。组织 598 名离退休人员参加海淀区第十五届人大代表投票选举。全年为离退休人员分发报纸 46000 余份、传阅文件 600 余份、提供阅览杂志近 30 种，并为每位离退休及内部退养人员订阅《中国老年报》一份。

落实离退休职工生活待遇。为离退休及内部退养人员发放节日补助金 1061960 元、副食杂粮 3000 余箱；走访慰问原铁道兵老首长、总公司老领导 39 人、困难职工家庭 107 户；为 24 名年满 70、80 整岁的离退休老人送去生日慰问金。组织 120 名支部委员、组长、文体协会各分会会长到南宫参观；19 人到北京市退休职工之家疗养。组织健康宣传讲座 10 余次，发放健康教育宣传资料数百份；协助离退休人员变更定点合同医院 20 余次；组织安排 500 余人进行为期 13 天体检；慰问看望住院及重病号 40 余次；完成近千人次医疗费的初审报账、单据粘贴；为离休人员借住院支票数十次。为 8 名去世老职工办理丧事、安抚家属。

组织离退休职工开展文体活动。每个工作日 18 个活动室准时开放。组织 15 个文体分会开展棋牌、门球、游园等室内外活动并组织比赛取得好成绩。全年约有 4 万人次参加各项文体活动。（赵兰芳）

公　安

【铁道建筑公安局移交善后工作组】 2010年1月1日，铁道建筑公安局移交善后工作组（以下简称善后工作组）成立。2011年，在铁道部公安局的领导下，在中国铁道建筑总公司党政领导的关怀与支持下，以党的十七届六中全会精神为指针，全面落实科学发展观，紧紧围绕“抓移交，重管理，保稳定，促防控，不断强化服务意识”为主线，努力克服分离移交带来的各种困难，较好地完成了各项任务。全年查破刑事案件132起，协助地方查破刑事案件56起，抓获违法犯罪嫌疑人138人，抓获网上逃犯21人；查处治安案件385起，处罚291人；缴获赃款赃物折合人民币1380万元。调解处置因征地拆迁、讨要工资、施工纠纷等原因引发的群体性事件和矛盾纠纷1720起，化解阻挠施工问题2735件；处置上访事件720余起。（常金光）

【分离移交工作】 为配合企业顺利推进分离移交工作，善后工作组及时了解情况，听取意见，研究办法，稳定队伍，协调相关部门，解决移交当中的问题，力求移交工作顺利进行，不带病移交，不留隐患，取得良好的效果。2011年完成7个单位、155名民警的移交。其中，驻河北省石家庄市的十七公安处第三公安分处19名民警成建制移交，成立石家庄市公安局卫建公安分局；驻山东省日照市的铁道建筑公安局直属第三公安分处14名民警和十一公安处第四公安分处第二派出所3名民警，分散移交到日照市公安局基层所队；驻山东省济南市的十四公安处机关及驻该市所属的直属公安分处和第六公安分处共33名民警，成建制移交到济南市公安局，成立济南市公安局铁路建筑工程警察支队；驻辽宁省辽阳市的十九公安处86名民警成建制移交到辽阳市公安局，成立辽阳市公安局铁道建筑公安分局。截至2011年，尚有5个公安处、7个公安分处（其上级公安处已完成移交），共582名民警未完成移交。（常金光）

【突发事件处置】 2011年，国家紧缩银根，铁路建筑市场低迷，导致一些项目资金严重短缺，工人不能及时领到工资，民工队伍人心不稳，停工停产，聚众围攻项目或到地方有关部门上访事件时有发生，严重影响稳定，影响施工生产顺利进行。针对这一突出问题，善后工作组反复强调各单位一定要牢固树立稳定压倒一切和为企业施工生产保驾护航的思想，妥善处置突发事件，把群体性事件消灭在萌芽状态。全体民警积极主动，克服重重困难，全力以赴扎实工作。调解处置因征地拆迁、讨要工资、施工纠纷等原因引发的群体性事件和矛盾纠纷1720起，化解阻挠施工问题2735件；处置上访、阻工事件720余起。十二公安处出动警力2100余人次，积极协调化解、妥善处置1300多起因施工作业、工资发放、载料车辆通行、征地赔偿不到位、撤换民工队、项目转场、人员物资调遣等原因引发的群体纠纷或阻工事件，处理带头闹事人员34人次。（常金光）

【教育培训】 为贯彻落实公安部关于深入开展执法资格考试活动和“公安民警凡是晋升警衔、刚进入公安机关的新民警，必须经培训合格后方可晋升、上岗”的要求，2011年先后举办铁道建筑公安系统民警警司晋升警督培训班和执法资格考试辅导员培训班，200余名民警受训。（常金光）

【执法资格考试】 2011年，遵照公安部关于全警进行执法资格考试的总体部署和铁道部公安局的具体要求，考前对设置在山西省太原市、山东省日照市、河北省涿州和唐山市、辽宁省辽阳市5个考点12个考场的464名应考民警进行模拟考试，了解民警复习准备情况，及时发现问题，采取边研讨、边培训、边实践、边改进、边提高、边完善的工作模式，认真抓落实，全体应考民警均一次性通过考试。应考人员总成绩39287.5分，人均分值84.67分，最高分99分，最低分61分。（常金光）

【内部管理】 面对分离移交的特殊情况，善后工作组突出重点，多策并举，始终把队伍建设及枪支、弹药、警用车辆管理作为内部管理的重中之重。2011年检查公务用枪569支、子弹26800发、警车216辆。（常金光）

【网上追逃专项督察“清网行动”】 公安部决定，从2011年5月26日起至2011年12月15日，全国公安机关开展为期约7个月的网上追逃专项督察“清网行动”，铁道建筑公安系统全力以赴认真落实，将已上网的14名在逃犯作为主攻目标，多次召开“清网行动”紧急会议，制定抓捕方案，落实追逃措施，全体参战民警积极参与勇于拼搏。十七公安处组织优势警力先后奔赴福建、广东、陕西、北京、天津、江苏、安徽等地，历时5个月，抓获网上在逃犯罪嫌疑人5名，清网率100%。十九公安处针对潜逃16年之久的杀人在逃犯崔朝龙、王琰，集中优势警力，全力攻坚，重点布控，广辟线索来源。12月2日终将故意杀人犯崔朝龙和王琰成功抓捕归案。截至12月6日,全系统共抓获网上逃犯21人,除成功抓获内部已上网的全部逃犯外,还协助地方公安机关抓获外部网上逃犯7人。21名逃犯中,故意杀人嫌犯2人,暴力抢劫嫌犯2人,故意伤害嫌犯2人,诈骗嫌犯6人,猥亵儿童嫌犯1人,盗窃嫌犯1人,外部网上逃犯7人。清网率达到预期目的,超额完成铁道部公安局下达的"清网行动"硬指标,受到上级公安机关的首肯。并对在追逃专项督察"清网行动"中表现突出的十七公安处追逃专项督察"清网行动"小分队和2名民警记三等功一次。（常金光）

【打击违法犯罪】 2011年查破刑事案件132起,协助地方查破刑事案件56起,抓获违法犯罪嫌疑人138人,抓获网上逃犯21人;查处治安案件385起,处罚291人;缴获赃款赃物折合人民币1380万元。

（常金光）

【危爆物品监管】 善后工作组不断强化爆炸物品管理无小事的理念,要求各单位对分布在全国各地属于自己管辖的涉爆项目及其相关人员,务必做到心中有数,严格监管制度,落实责任制,杜绝发生问题。2011年,十二公安处在对爆炸物品监管使用上全力提供多层次的帮助和服务,完善爆破资质年审资料,确保各单位投标使用和施工生产的需要,提前介入协调项目驻地的公安机关,争取当地支持,在炸药供应、使用等方面积极为项目创造便利条件,年内先后派遣警力80余人次,协助沪昆、张唐、湘桂铁路及霍永高速公路等54个项目,办理爆炸物品建库使用及各种涉爆手续。十八公安处按照《雷管炸药管理监督检查办法》,开展安全检查,先后抽查45座爆炸物品库、18个临时存放点,发现隐患24处,当场整改24处。二十公安处对分布在全国各地的112个涉爆项目实行专人负责制管理,分管民警对管内涉爆情况了如指掌,认真负责,被铁路施工项目称为爆炸物品监管的"保护神"。年内安排民警协助培训爆破员372人、安全员233人、保管员214人,检查雷管炸药库97座,发现隐患267处。全年收缴炸药1140公斤,雷管300枚。（常金光）

【来信上访】 2011年接到上访电话46人次,其中民警32人次;接收处理上访信件16件,其中民警7件;接待处理上访人员100余人,其中民警27人次。中铁十九局集团二公司内退职工杜国珍多次到北京上访,在北京"两会"期间,杜国珍又带着其81岁老母亲到京上访。公安处接到报警后,当即成立劝访工作组进京做杜国珍的思想工作。面对杜国珍母女的打骂,民警坚持打不还手、骂不还口,耐心细致地做她们的思想工作。3月12日,杜国珍母女到中南海非访区上访,劝访组耐心工作及时配合北京警方终将其带回辽阳。

（常金光）

【公安文化建设】 2011年,善后工作组配合铁道建筑公安局做好公安文化建设工作,提供原创书法作品17幅、绘画作品3幅、篆刻作品8件、剪纸作品12幅、有价值照片136张,公安部、国家教委批准的铁道建筑公安局(A级)警察培训中心牌匾1个,中国刑警学院铁道建筑公安局西安函授站、2000年全国先进函授站奖状1张。为铁道建筑公安局文化建设作出积极贡献。

（常金光）

2011年4月29日，中国铁建2011年科技工作会在湖南长沙召开。 （王 策 摄）

科技 文化

本栏责任编辑 杨启燕

科　　技

【科技设计部】 是负责科技开发、新技术推广、科研管理、设计管理的职能部门。业务上接受国务院国有资产监督管理委员会和国家科学技术部、铁道部、住房和城乡建设部、交通运输部的指导,并对所属单位的科技和设计工作实施业务指导。主要职责是:贯彻国家有关科技方针、政策,执行国家规范和标准,组织制定科研、技术、勘察设计的有关规章制度和方法;负责科技创新体系的建设,承担技术中心办公室日常工作;负责科技立项、成果评审、技术方案审查;负责科学技术奖、工法、优秀论文、专利、标准、勘察设计“四优”成果、中国土木工程詹天佑奖等科技奖项的归口管理以及评审、奖励和推荐工作;指导集团公司科技工作的建设;确定科技发展布局和优先发展领域;负责年度科技发展项目计划、科研项目资助经费计划并组织实施;组织科技攻关和新技术的推广应用及成果转化,组织国内外技术合作、交流、研讨工作;负责勘察设计单位的咨询资质认定、升级的申报工作;协助科学学会和协会组织技术交流会、研讨会。技术中心办公室设在科技设计部,一个机构两块牌子。下设综合处、科研处、技术处、设计咨询管理处。定员15人,现员9人。其中,部长(兼技术中心办公室主任)1人,副部长1人,技术中心办公室副主任1人,处长2人,职员4人;教授级高级工程师3人,高级工程师5人,研究馆员1人。

(王清明)

【科技工作综述】 2011年,股份公司科技工作继续贯彻“科技兴企、科技强企”战略,以服务、支撑和引领企业发展为目标,认真谋划“十二五”科技发展战略,加强规范化科技管理,创建科技创新平台,不断加大重难点工程技术攻关力度,科技工作取得新进展。

一、科技创新能力

1. 科技研发投入稳健增长。2011年以股份公司为引导,集团公司为主体,社会资金为补充的科技投入机制进一步稳固。年内,股份公司投入科研经费750257万元。其中,股份公司本部2330万元;十二局集团公司93564万元;十七局集团公司104534万元;外部资助6331万元。

2. 研发平台建设不断拓实。年内,十二局集团公司技术中心通过国家级技术中心认定,标志着中国铁建实现国家级创新平台建设零的突破;22家集团公司技术中心通过省级技术中心年度复审,11家三级公司技术中心通过省级技术中心认定。中铁第一勘察设计院集团公司陕西省重点实验室通过省级认定,获得资助经费50万元;昆明中铁大型养路机械集团公司铁路大型养路机械工程实验室试验检测能力达到国内领先水平;十八局集团公司TBM工程实验室获得3项实用新型专利授权;股份公司认定的6个工程实验室科研任务饱满。股份公司5家博士后科研工作站发展态势良好,昆明中铁大型养路机械集团公司与多所大学签订联合招生培养框架协议,十三局集团公司博士后工作站承担3项关键技术研究,中铁第一勘察设计院集团公司先后开展3个博士后科研项目的研发。

3. 创建科技交流新平台。8月,由中国铁道建筑总公司发起并直接管理的学术性社团组织——北京轨道建筑学会成立。学会的成立为股份公司组织学术交流,编辑出版轨道建筑领域科技刊物,组织技术咨询、技术评价和技术培训,联系社会专家资源起到纽带作用,为股份公司科技进步提供又一良好的平台。学会为一级学会,业务主管单位为北京市门头沟区科学技术委员会。

二、施工和工业制造技术

1. 桥梁建设技术快速提升。十三局集团公司承建的厦深铁路榕江特大桥是目前世界铁路同类桥梁最大跨度桥梁,主桥上部采用110米+2×220米+110米的钢桁梁柔性拱结构设计,建造技术达到国际领先水平。十四局集团公司承建的广深港铁路客运专线沙湾168米连续刚构桥创中国铁路连续刚构桥跨径之最,建造技术达到世界领先水平。十五局集团公司承建的天津集疏港公路海河大桥,主桥为双索面独塔斜拉桥结构,主跨310米,该桥的建成,实现中国铁建斜拉桥建造技术新的突破。二十三局集团公司承建的雅泸高速公路干海子特大桥,全长1811米,最高桥墩107米,最小曲线半径356米,是目前世界上最长的全钢结构桥梁;该桥墩身为格构式钢管混凝土,梁部为倒三角钢管混凝土桁架,也是目前世界上同类结构中单联最长的连续结构桥梁,其桥型结构为国内首创,适合高地震烈度地域,建造技术达到国际领先水平。

2. 隧道及地下工程建设技术领先优势不断巩固。十一局集团公司承建的兰渝铁路毛羽山隧道工程,克服高地应力软岩大变形隧道的多项技术难题,年内进展顺利。十二局集团公司承建的广深港铁路客运专线狮子洋隧道工程,攻克盾构机单机推进距离长、穿越地层复杂等技术难题,成功实现江中对接。十三、十八局集团公司承建的雅砻江锦屏电站引水隧洞最大埋深2525米,独头掘进近12000米,隧洞已顺利贯通,成功解决岩爆和隧道长距离通风等多项世界级难题。十五局集团公司承建的广深港铁路客运专线福田车站是中国首座大型国铁与城轨连接的大型地下车站，基坑最大跨度78米，平均深度32米，周围高楼林立，年内主体结构完成。十六局集团公司承建的西格铁路二线关角隧道工程，全长32000米，是在建海拔最高、最长的铁路隧道。十八局集团公司承建的的天津市滨海新区中央大道海河隧道，是中国铁建系统承建的第一座沉埋管隧道工程，应用多项新工艺、新技术，年内完成水中拼接施工任务。

3. 工业制造技术达到国际领先水平。中国铁建重工集团公司自主研发的ZTE6250复合式土压平衡盾构机，适用于软土地层、复合地层、砂卵石地层等不同地质条件，生产的16台盾构机现服务于长沙、西安、北京、苏州等城市地铁工程；自主研发的HPS3016轮胎式混凝土喷射机机械手成功应用于成渝和沪昆高速铁路隧道工程，产品整机达到国内领先水平，主要技术性能达到国际领先水平，年内完成优化定型进入批量生产阶段；自主研发的HPSD3010履带式混凝土喷射机械手完成样机试制，准备进行工程试验。昆明中铁大型养路机械集团公司完成QJ－280桥梁检查车、TX－65道床吸污车、YHGQ－1200高原型数控气压焊轨车、GZC－120高精度轨道作业测量车、HFX恒张力放线车5项重点新产品的样机制造。

4. 房屋建筑施工技术快速提升。中铁建设集团公司承担的广西九洲国际大厦为钢管混凝土柱框架—钢筋混凝土核心筒混合结构，总建筑面积21万平方米，地上71层、地下6层，总建筑高度317.6米，为一座含商业、酒店、办公、娱乐等功能为一体的综合性超高层建筑。股份公司在房屋建筑高度上首次跨越300米，实现房屋建筑工程新突破。

5. "四电"技术迅速提高。股份公司针对时速350公里的高速铁路"四电"系统集成技术进行了多年研究，解决了高速铁路"四电"系统集成的重点问题，在新型施工装备研制、额定恒张力放线工艺、接触网施工调整技术、330千伏牵引变电设备安装调试技术、GSM－R无线网络优化技术、列控系统接口及安全管理技术等方面，形成一整套协调匹配的子系统接口技术和系统设备综合联调联试技术，相关技术填补国内空白，实现高速铁路电气化接触网零部件的国产化和产业化。

三、科技会议制度

4月，股份公司在长沙召开2011年科技工作会暨总工程师座谈会。会议全面总结"十一五"科技工作经验，部署2012年科技工作，明确"十二五"科技工作思路。"十一五"期间，股份公司自主创新能力不断增强，科技产出成效显著，创新平台从无到有，科技管理机构不断健全，管理职能逐步增加，技术创新全面突破，高速铁路建造技术从起步到完全掌握，高原铁路技术显著突破，隧道技术实现穿江过海，机具装备创新能力迅速强大，"四电"技术由弱到强，较好地完成了股份公司"十一五"科技发展规划中提出的预期目标，为中国铁建成为全球最大的建筑集团起到重要支撑作用。会议明确股份公司科技工作会议制度，每年初全系统召开科技工作会，年中召开科技进步奖、工法、论文、专利、标准评审会，年底召开科技工作总结座谈会，进一步促进科技工作的广泛开展。

四、"十二五"科技发展规划

根据《中国铁建股份有限公司发展战略和规划》对科技工作的要求，结合当前股份公司科技工作和勘察设计工作的实际，分别制定股份公司"十二五"科技发展规划和"十二五"勘察设计咨询发展规划。

科技发展规划："十二五"期间，中国铁建科技创新以"自主创新、重点跨越、支撑发展、引领未来"为科技发展指导方针，进一步完善科技创新体制，紧密围绕市场需要，以重大重点工程项目为龙头，以科技队伍建设为保证，以省级或国家级科技创新平台建设为支撑，以产学研结合为纽带，持续推进自主创新，在主要技术领域取得新突破，实现成果快速转化，系统提升整体技术水平和管理水平，为加快中国铁建发展提供科技支撑。

勘察设计咨询发展规划："十二五"期间，勘察设计咨询以"结构调整推动转型升级"为主线，始终突出勘察设计与咨询业务的核心支撑作用，紧紧围绕"勘察设计咨询做强做优、产业延伸做长做大、新拓展业务做专做精"的发展要求，整体打造具有国际竞争力的世界一流的中国铁建勘察设计咨询板块，成为中国铁建转变发展方式的排头兵，支撑中国铁建长远发展的重要核心力量。总体目标是到"十二五"末，勘察设计咨询核心业务能力明显加强，板块综合实力显著加强，科技引领作用更加突出，企业转型取得新的进展，产业结构调整取得实效，勘察设计业务领域实现多元化，工程总承包实现真正突破，海外竞争力明显加强，现代企业管理水平得到提升，企业发展更加和谐稳定。

五、设计管理

1. 解决设计院勘察设计能力指标问题。根据国家有关政策规定，中央企业计提业余设计奖需要核定生产能力。中央企业计提的业余设计奖，对激励企业加大技术投入、调动科研设计人员积极性、提高自主创新能力起到积极作用。由于历史原因，中铁第一、第四勘察设计院集团公司2006～2010年申报核定生产能力的请示未能得到股份公司的及时批复，导致近年来在历次外部审计、检查中，有关审计、检查部门对业余设计奖的计提依据提出质疑。2011年，股份公司根据设计院2006~2010年计提业余设计奖的实际情况，补充完成2006~2010年中铁第一、第四勘察设计院集团公司勘察设计能力指标的批复，解决多年来困扰设计院获取勘察设计能力指标的问题；同时批复2011年勘察设计能力指标。年内，根据国资委审计报告中对股份公司提出的勘察设计能力批复问题做出书面解释，并制定相关整改措施。

2. 勘察设计成果丰硕。2011年，股份公司获全国优秀工程勘察设计奖3项、全国优秀工程咨询成果4项、全国优秀测绘工程奖5项、中国建筑学会优秀建筑结构设计奖1项、全国优秀工程勘察设计行业奖8项、省部级勘察设计奖71项。

六、科技管理

1. 科研项目管理规范，成果显现。2011年，全系统承担国家及省部级在研项目150项，获得政府资助6331万元；股份公司在研项目139项，投入研发经费2330万元；所属单位在研项目983项，投入研发经费750257万元。年内，74项科技成果通过省部级鉴定，24项科技成果通过铁道部验收，110项科技成果通过股份公司评审；22项科研成果达到国际领先水平，68项科研成果达到国际先进水平，66项科研成果达到国内领先水平，20项科研成果达到国内先进水平。全年获国家科学技术进步二等奖2项；中国施工企业管理协会科学技术奖22项；省部级科学技术奖126项，其中中国铁道学会科学技术奖75项。年内评选中国铁道建筑总公司科学技术奖145项。

2. 开展专利专项活动，专利项目快速增长。年内下发《关于开展中国铁建股份有限公司专利专项活动的通知》。全年受理专利549项，其中发明专利153项。授权专利444项，其中发明专利57项、软件著作权22项。截至2011年底，股份公司累计拥有有效专利1037项。其中，有效发明专利145项；股份公司本部拥有有效专利8项，含有效发明专利3项。在专利数量快速增长的同时，专利质量也大幅提高，其中专利"轨道板精调测量系统及其调整测量方法"获第十三届中国专利优秀奖。

3. 工法开发继续保持优势。中国铁建2009~2010年度国家级工法申报培训及审核会在北京召开，培训工法编写人员、各级工法管理人员190余人；会议邀请工法编写专家对全系统申报的132项工法进行审核、修改，提高工法申报质量。全系统有42项工法获2009~2010年度国家级工法。其中，国家一级工法13项；国家二级工法17项；升级版国家级工法12项。获得部级工法118项。其中，交通运输部工法9项；省市工法109项。评选2011年度中国铁道建筑总公司优秀工法121项。

4. 参与技术标准制定，提升技术水平。2011年，股份公司参与19项国家、行业工程建设标准制定。其中，主持住房和城乡建设部标准1项、铁道部标准6项；主持铁道部通用参考图编制8项。所属集团公司制定企业标准46项。

5. 加大技术重难点工程方案审查力度。2011年，股份公司根据工程施工采用的技术、材料、设备、工艺及安全风险管控情况，确定股份公司技术重难点工程36项。年内先后对西格二线关角隧道、拉日铁路盆因拉隧道、兰渝铁路毛羽山隧道等工程施工技术方案审查（评审）情况进行调研。

6. 开展技术交流，促进资源共享。2011年，股份公司组织工程爆破技术交流会、斜拉桥建造技术观摩交流会、雅泸高速干海子特大桥观摩暨技术交流会等活动，促使全系统技术人员及时了解、掌握先进的工程设计和施工技术，进一步推广新技术应用。

7. 通过信息平台提供技术服务。年内利用国资委科技创新网站、股份公司网站、股份公司技术中心网站，为系统内广大工程技术人员提供最新、最前沿的信息技术咨询服务。（王清明）

【科技研究开发计划】 2011年，股份公司投入科技研究开发经费2330万元。其中，依据中国铁道建筑总公司《科技研发项目计划管理办法》，新立科技研究开发计划项目77项，股份公司本部投入经费2200万元；工程实验室、技术中心网站建设投入经费130万元。

（黄　宁）

【科技成果鉴定（评审）】 2011年，全系统有194项科技成果通过省部级鉴定及股份公司评审。其中，66项通过省部级鉴定；24项通过铁道部验收；104项通过股份公司评审。经鉴定，22项成果达到国际领先水平，66项成果达到国际先进水平，62项成果达到国内领先水平，17项成果达到国内先进水平，5项成果达到行业领先水平。（贾志武）

【127项科技成果获省部级以上科学技术奖】 2011年，中铁第四勘察设计院集团公司、十四局集团公司参与开发的"大型及复杂水下隧道结构分析理论与设计关键技术"和中铁上海设计院集团公司参与开发的"车辆轮轨诱发的环境振动与噪声控制关键技术及产业化"两项科技成果获国家科学技术进步二等奖。股份公司有125项科技成果获省部级科学技术奖。其中，中国施工企业协会科学技术奖技术创新成果奖22；住房和城乡建设部华夏建设科学技术奖1项；财政部中央级建筑施工科技研发成果奖2项；中国铁道学

会科学技术奖 74 项;中国测绘学会测绘科技进步奖 1 项;省级科学技术奖 24 项。 (程博华)

【145 项科技成果获中国铁道建筑总公司科学技术奖】 2011 年,全系统有 193 项科技成果申报中国铁道建筑总公司科学技术奖励。经评审,145 项获得奖励。其中,特等奖 2 项;一等奖 29 项;二等奖 51 项;三等奖 63 项。 (程博华)

【工程勘察设计成果】 2011 年,全系统获全国优秀工程勘察设计奖 3 项、全国优秀工程咨询成果 4 项、全国优秀测绘工程奖 5 项、中国建筑学会优秀建筑结构设计奖 1 项、全国优秀工程勘察设计行业奖 8 项、省部级勘察设计奖 71 项,评选中国铁道建筑总公司优秀勘察设计奖 72 项。 (程博华)

【技术重难点工程方案审查】 2011 年,股份公司加强技术重难点工程的管控力度,根据工程施工采用的技术、材料、设备、工艺及安全风险等情况,确定兰渝铁路毛羽山隧道等 36 项工程为股份公司技术重难点工程,并开展工程施工技术方案审查(评审)工作情况调研。各集团公司全年组织技术方案评审约 300 次。通过技术重难点工程管理和施工技术方案审查(评审),为重难点工程建设搭建技术攻关平台,提供技术支持。 (李庆民)

【工程爆破技术交流会】 4 月 12 ~ 13 日,股份公司在江西婺源京福铁路客运专线闽赣段施工现场召开工程爆破技术交流会。所属各局集团公司技术负责人,工程、科技和安质部门负责人及爆破专业人员,中铁第四勘察设计院集团公司、中国铁建重工集团公司相关专业人员,系统内外爆破技术专家 120 余人参加会议。股份公司副总裁夏国斌出席会议。会议邀请何广沂等 9 名专家结合工程实践,讲解以水压爆破为核心的节能环保工程爆破新技术。会议期间,组织与会人员观摩十一局集团公司京福铁路客运专线闽赣段 I 标段五工区石壁岭隧道节能环保水压光面爆破施工现场。 (李庆民)

【斜拉桥建造技术观摩交流会】 8 月 7 ~ 8 日,股份公司在天津召开斜拉桥建造技术观摩交流会。所属集团公司总工程师、科技部部长、桥梁工程技术人员 100 余人参加观摩交流会。股份公司总工程师韩风险出席会议。会议邀请股份公司权威专家针对斜拉桥技术作专题报告。会议期间,组织与会人员先后观摩天津集疏港公路海河斜拉大桥、天津中央大道海河沉管隧道施工现场。 (李庆民)

【雅泸高速公路干海子特大桥观摩和技术交流会】 12 月 14 日,股份公司在四川西昌召开雅泸高速公司干海子特大桥观摩和技术交流会。所属集团公司总工程师、科技部部长、桥梁工程技术人员 50 余人参加会议。会上,四川省交通厅公路规划勘察设计研究院介绍干海子特大桥设计情况,二十三局集团公司介绍大桥施工情况。会议期间,组织与会人员参观干海子特大桥施工现场。 (李庆民)

【4 项工程获中国土木工程詹天佑奖】 中国土木工程詹天佑奖是土木工程领域科技创新的高层次奖项之一,由中国土木工程学会和北京詹天佑土木工程科技发展基金会主办。自 1999 年设立以来,已评选 10 届。中铁第四勘察设计院集团公司参建的武汉—广州高速铁路武汉站、武汉—广州高速铁路浏阳河隧道,中铁第一勘察设计院集团工程监理公司参建的青藏铁路那曲物流中心,十九局集团三公司参建的安徽铜陵—黄山高速公路工程获 2011 年度中国土木工程詹天佑奖。 (李庆民)

【中国铁建优秀工法评选】 11 月 28 ~ 30 日,2011 年度中国铁道建筑总公司优秀工法评审会议召开。全系统申报工法 178 项,经专家评审,评出优秀工法 121 项。其中,一等奖 55 项;二等奖 66 项。 (李庆民)

【国家、省部级工法认定】 2011 年,股份公司系统有 42 项工法获 2009 ~ 2010 年度国家级工法。其中,国家一级工法 13 项;国家二级工法 17 项;升级版国家级工法 12 项。获省部级工法 118 项。其中,中国交通运输部工法 9 项;各省市工法 109 项。 (李庆民)

【中国铁建优秀科技论文评选】 依据《中国铁道建筑总公司优秀科技论文评选办法》,组织 2011 年度中国铁建优秀科技论文评审。经专家评审,评选出中国铁建优秀论文 127 篇。其中,一等奖 41 篇;二等奖 86 篇。发放奖金 50400 元。 (梁爱珍)

【工程建设标准工作情况】 2011 年,股份公司主持住房和城乡建设部《盾构隧道管片质量检测技术标准》和铁道部《铁路给排水工程施工质量验收标准》《铁路混凝土梁支架法现浇施工技术规程》《高速铁路电力工程施工质量验收标准》《高速铁路电力牵引供电工程施工质量验收标准》《高速铁路电力工程施工技术指南》《高速铁路电力牵引供电工程施工技术指南》

《铁路混凝土》8 项技术标准编写。在 2011 年颁布的国家及行业工程建设标准中，全系统参与编制的技术标准有 19 项。年内，所属集团公司针对国家、行业和地方对特殊建设工程没有统一规定的情况，积极编写企业标准，全系统全年制定企业标准 46 项。

（李庆民）

【国家级创新平台实现零的突破】 11 月 4 日，国家发展和改革委员会、科学技术部、财政部、海关总署及国家税务总局五部委联合发布 2011 年第 29 号公告，认定第十八批国家级技术中心，中铁十二局集团公司技术中心成为股份公司首家通过认定的国家级技术中心。国家级技术中心是企业技术创新的最高平台之一，是企业技术创新能力、研发实力等核心竞争力的体现，是企业技术、产品、品牌等创新发展综合实力的象征，并且享受税前抵扣、关税减免税及高新技术企业减免税优惠政策，具有申报和承担国家级科研项目的资格。中铁十二局集团公司技术中心通过国家级技术中心的认定，标志着中国铁建实现国家级创新平台建设“零的突破”。为鼓励建立国家级创新平台，股份公司给予十二局集团公司 300 万元奖励。（张育红）

【技术中心建设】 2011 年，股份公司拥有国家级技术中心 1 个、省级企业技术中心 22 个，并均顺利通过年度复审。年内，股份公司有 11 家三级公司技术中心通过省级技术中心认定。（张育红）

【工程实验室建设】 2011 年，中铁第一勘察设计院集团公司陕西省重点实验室通过认定，并获得政府资助组建实验室经费 50 万元；昆明中铁大型养路机械集团公司铁路大型养路机械工程实验室试验检测能力达国内领先水平；十八局集团公司 TBM 工程实验室，依托锦屏电站、吐库二线、兰渝铁路 3 个 TBM 实验基地，获得 3 项实用新型专利授权，突出 TBM 核心技术；股份公司认定的 6 个工程实验室均发展良好，科研任务饱满。

（张育红）

【博士后工作站建设】 2011 年，股份公司 5 家博士后科研工作站发展态势良好。昆明中铁大型养路机械集团公司出台博士后工作站管理办法，建设博士后公寓，在与西南交通大学、同济大学签订联合招生培养框架协议的基础上，又与昆明理工大学签订招收培养协议；十三局集团公司在站博士 3 人，分别负责天平铁路复杂地质条件下小断面超长隧道施工关键技术研究、闽江特大桥施工技术研究及地铁软弱地层深基坑施工关键技术研究；中铁第一勘察设计院集团公司先后开展 3 个博士后科研项目的研究开发，在尖端课题研究和高层次人才培养方面取得成效。（张育红）

【高新技术企业认定】 2011 年，中铁十一、二十、二十二局集团公司和中铁第一、第五勘察设计院集团公司再次被认定为高新技术企业，继续享受国家税收优惠政策；中铁十三局集团一公司、四公司、电务公司，中铁二十局集团四公司、机械公司，中国铁建电化局集团二公司、四公司、五公司、南方公司等三级企业通过高新技术企业认定。股份公司高新技术企业全年享受减免税和加计扣除等税收优惠约 3 亿元。（张育红）

【科技工作暨总工程师座谈会】 2011 年是“十二五”的开局之年。4 月，股份公司在湖南长沙组织召开 2011 年科技工作会暨总工程师座谈会。会议全面总结“十一五”科技工作经验和 2010 年科技工作，部署 2011 年科技工作，明确“十二五”科技工作思路。“十一五”期间，股份公司自主创新能力不断增强，科技产出成效显著，创新平台从无到有，科技管理机构不断健全，管理职能逐步增加，技术创新全面突破，高速铁路建造技术从起步到完全掌握，高原铁路技术显著突破，隧道技术实现穿江过海，机具装备创新能力迅速强大，“四电”技术由弱到强，较好地完成了股份公司“十一五”科技发展规划中提出的预期目标，为中国铁建成为全球最大的建筑集团起到重要支撑作用。会议表彰科技工作先进单位 5 家、先进个人 113 名。会议明确股份公司科技工作会议制度，即每年初召开全系统科技工作会，年中召开科技进步奖、工法、论文、专利、标准评审会，年底召开科技工作总结座谈会，进一步促进科技工作的开展。（张育红）

【专利工作】 年内下发《关于开展中国铁建股份有限公司专利专项活动的通知》，要求所属单位积极开展专利专项活动，分解专利指标。股份公司全年受理专利 549 项，其中发明专利 153 项。授权专利 444 项，其中发明专利 57 项、软件著作权 22 项。截至 2011 年底，股份公司系统累计拥有有效专利 1037 项。其中，有效发明专利 123 项，占有效专利总数的 13.9%；股份公司总部拥有有效专利 8 项，含有效发明专利 3 项。在专利数量快速增长的同时，专利质量也大幅提高，其中专利“轨道板精调测量系统及其调整测量方法”获第十三届中国专利优秀奖。（张育红）

【中国铁建“十二五”科技发展规划】 根据国资委《关于开展中央企业“十二五”科技发展（创新）规划编制工作的通知》和股份公司关于《编写“十二五”发展战

略和规划的通知》要求，年内编制印发《中国铁建股份有限公司"十二五"科技发展规划》，确定"十二五"科技创新思路、原则、目标和研发重点，并提出科技工作保障措施。（彭京渝）

【股份公司技术中心网站】 2011年，股份公司技术中心网站发布科技动态和最新成果415篇，新增中国铁道建筑总公司工法164条、优秀论文300篇。网站继续与万方数据库合作，新增中文会议论文31万余篇。网站定期进行数据更新，注册用户可以进行论文检索和全文下载。全年检索数据库139052次，下载论文165815篇。（彭京渝）

【股份公司技术中心网站研讨会】 5月26～27日在湖南召开第五次股份公司技术中心网站研讨会，所属23个单位参加会议。会上提出结合企业内网统一管理数据库注册用户的办法来节省用户资源的建议，并在网站宣传、资源整合、信息员队伍建设等方面提出要求。会上表彰中铁第五勘察设计院集团公司，中铁十六、十四、二十五、十七局集团公司为股份公司技术中心网站工作优秀单位。（彭京渝）

【北京轨道建筑学会成立】 经过几年的铺垫，由中国铁道建筑总公司发起成立的北京轨道建筑学会于8月29日取得营业执照。北京轨道学会是经北京市民政局审核公示后在门头沟区民政局登记成立的，由中国铁道建筑总公司直接管理的学术性社团组织，一级学会，业务主管单位为北京市门头沟区科学技术委员会。学会的成立必将为中国铁建组织学术交流、技术咨询、技术评价、技术培训，以及编辑出版轨道建筑领域科技刊物，联系社会专家资源起到很好的平台作用，为股份公司科技进步创造新的条件。（梁爱珍）

2011年度中国铁建获省部级以上国家科学技术奖情况表

序号	获奖项目名称	获奖名称及等级	颁奖机关	获奖单位
1	大型及复杂水下隧道结构分析理论与设计关键技术	国家科学技术奖二等奖	国家科学技术奖励委员会	铁四院、中铁十四局
2	车辆轮轨诱发的环境振动与噪声控制关键技术及产业化	国家科学技术奖二等奖	国家科学技术奖励委员会	上海院
3	南水北调中线穿黄隧洞施工关键技术研究与应用	中施企协科学技术奖技术创新成果特等奖	中国施工企业管理协会	中铁十六局
4	武广铁路客运专线汀泗河大桥综合施工技术	中施企协科学技术奖技术创新成果一等奖	中国施工企业管理协会	中铁十一局
5	高速铁路自锚上承式拱梁组合体系超大吨位转体桥施工技术	中施企协科学技术奖技术创新成果一等奖	中国施工企业管理协会	中铁十二局
6	宜万铁路齐岳山高压富水岩溶隧道施工技术研究	中施企协科学技术奖技术创新成果一等奖	中国施工企业管理协会	中铁十三局
7	钢管混凝土拱桥施工技术	中施企协科学技术奖技术创新成果一等奖	中国施工企业管理协会	中铁十三局
8	天津海河双叶立转开启桥关键施工技术	中施企协科学技术奖技术创新成果一等奖	中国施工企业管理协会	中铁十四局
9	时速350公里客运专线铁路168米连续钢构桥深水裸岩基础和梁部关键技术	中施企协科学技术奖技术创新成果一等奖	中国施工企业管理协会	中铁十四局
10	高压等渗新型注浆工艺在高压富水松散围岩隧道中的应用	中施企协科学技术奖技术创新成果一等奖	中国施工企业管理协会	中铁十五局
11	CRTSⅡ型板式无砟轨道施工布板软件	中施企协科学技术奖技术创新成果一等奖	中国施工企业管理协会	中铁十七局
12	盾构先行条件下拓建地铁车站施工关键技术研究	中施企协科学技术奖技术创新成果一等奖	中国施工企业管理协会	中铁二十二局
13	CRTSⅢ型无砟轨道板研制及路基纵连板施工维修技术的研究	中施企协科学技术奖技术创新成果一等奖	中国施工企业管理协会	中铁二十三局
14	沿海客运专线主要桥梁结构关键技术	中施企协科学技术奖技术创新成果一等奖	中国施工企业管理协会	铁四院
15	高速铁路动车组检修基地关键技术研究	中施企协科学技术奖技术创新成果一等奖	中国施工企业管理协会	铁四院
16	复杂岩溶隧道施工地质超前探测成套技术研究	中施企协科学技术奖技术创新成果一等奖	中国施工企业管理协会	铁四院

续表

序号	获奖项目名称	获奖名称及等级	颁奖机关	获奖单位
17	客运专线双块式无砟轨道制造、施工成套设备及工艺研究	中施企协科学技术奖技术创新成果一等奖	中国施工企业管理协会	铁五院，中铁十一、十六、十八局
18	飞燕式钢管混凝土异型拱桥综合施工技术	中施企协科学技术奖技术创新成果二等奖	中国施工企业管理协会	中铁十三局
19	大跨径钢管混凝土系杆拱桥跨越密集铁路站场顶推施工技术	中施企协科学技术奖技术创新成果二等奖	中国施工企业管理协会	中铁十七局
20	紧邻运营线路高危山体危岩综合整治技术研究	中施企协科学技术奖技术创新成果二等奖	中国施工企业管理协会	中铁二十局
21	跨铁路既有线特大桥连续槽型梁施工关键技术研究	中施企协科学技术奖技术创新成果二等奖	中国施工企业管理协会	中铁二十一局
22	既有城市轨道交通高架桥移梁接驳综合技术研究	中施企协科学技术奖技术创新成果二等奖	中国施工企业管理协会	中铁二十四局
23	铁路舟桥器材技术升级改造研究	中施企协科学技术奖技术创新成果二等奖	中国施工企业管理协会	铁五院
24	武广高速铁路路基填筑质量控制参数试验研究	中施企协科学技术奖技术创新成果二等奖	中国施工企业管理协会	铁五院
25	陆域段海底隧道穿越复杂建筑群的施工综合技术	华夏建设科学技术奖二等奖	住房和城乡建设部	中铁十九局
26	高速铁路900吨简支箱梁建造成套技术与装备	中央级建筑施工科技研发成果一等奖	财政部	铁五院、中国铁建，中铁十三、十七、十六、十二局
27	峡谷条件下430米跨度上承式钢管混凝土拱桥综合施工技术	中央级建筑施工科技研发成果三等奖	财政部	中铁十三局
28	宜万铁路高压富水大型充填岩溶及断裂带隧道修建技术	中国铁道学会科学技术奖特等奖	中国铁道学会	铁四院，中铁十一、十二、十六局
29	宜万铁路深埋岩溶隧道地质勘察综合技术	中国铁道学会科学技术奖一等奖	中国铁道学会	铁四院
30	高地应力条件下富水炭质页岩、倾斜砂质页岩隧道大变形控制技术	中国铁道学会科学技术奖一等奖	中国铁道学会	铁四院
31	武广高速铁路桥梁关键技术研究	中国铁道学会科学技术奖一等奖	中国铁道学会	铁四院、中铁十六局
32	武汉站关键技术研究与应用	中国铁道学会科学技术奖一等奖	中国铁道学会	铁四院
33	宜万铁路复杂山区岩溶隧道设计关键技术	中国铁道学会科学技术奖一等奖	中国铁道学会	铁四院
34	高速铁路电气化及电力关键技术研究及其武广工程示范	中国铁道学会科学技术奖一等奖	中国铁道学会	铁四院
35	武广高速铁路关键技术研究	中国铁道学会科学技术奖一等奖	中国铁道学会	铁四院、中铁十六局
36	铁路客运专线整孔箱梁快速预制技术	中国铁道学会科学技术奖一等奖	中国铁道学会	铁五院
37	铁路轮轨关系与振动噪声控制研究	中国铁道学会科学技术奖一等奖	中国铁道学会	上海院
38	武广铁路客运专线汀泗河特大桥综合施工技术	中国铁道学会科学技术奖二等奖	中国铁道学会	中铁十一局
39	高速铁路综合试验技术研究——沪宁城际铁路无砟轨道系统精调技术	中国铁道学会科学技术奖二等奖	中国铁道学会	中铁十一局
40	高速铁路复杂环境下112米跨钢管混凝土提篮拱桥关键施工技术	中国铁道学会科学技术奖二等奖	中国铁道学会	中铁十四局
41	高速铁路岔区板式无砟轨道系统制造与施工技术研究	中国铁道学会科学技术奖二等奖	中国铁道学会	中铁十七局
42	高速铁路分段支架现浇法施工大跨连续梁的线形控制技术	中国铁道学会科学技术奖二等奖	中国铁道学会	中铁十七局

续表

序号	获奖项目名称	获奖名称及等级	颁奖机关	获奖单位
43	客运专线装配式模架现浇箱梁施工技术	中国铁道学会科学技术奖二等奖	中国铁道学会	中铁二十局
44	福厦铁路客运专线丘后特大桥128米钢箱系杆拱施工技术	中国铁道学会科学技术奖二等奖	中国铁道学会	中铁二十一局
45	盾构先行条件下拓建地铁车站施工关键技术研究	中国铁道学会科学技术奖二等奖	中国铁道学会	中铁二十二局
46	成都至都江堰铁路无砟轨道工程设计优化	中国铁道学会科学技术奖二等奖	中国铁道学会	中铁二十三局
47	客运专线长大距离电缆线路供电技术	中国铁道学会科学技术奖二等奖	中国铁道学会	铁一院
48	郑西铁路客运专线330/2×27.5千伏牵引供电系统关键技术	中国铁道学会科学技术奖二等奖	中国铁道学会	铁一院、中铁建电化局
49	郑西铁路客运专线大断面黄土隧道施工方法与监控技术	中国铁道学会科学技术奖二等奖	中国铁道学会	铁一院
50	精伊霍铁路雪害防治技术	中国铁道学会科学技术奖二等奖	中国铁道学会	铁一院
51	武广高速铁路无砟轨道综合技术研究与应用	中国铁道学会科学技术奖二等奖	中国铁道学会	铁四院
52	宜万铁路复杂山区桥式结构技术	中国铁道学会科学技术奖二等奖	中国铁道学会	铁四院
53	武广高速铁路无砟轨道路基关键技术研究	中国铁道学会科学技术奖二等奖	中国铁道学会	铁四院、中铁十六局
54	高速铁路动车组检修基地关键技术研究及工程应用	中国铁道学会科学技术奖二等奖	中国铁道学会	铁四院
55	铁路牵引供电系统安全评估技术	中国铁道学会科学技术奖二等奖	中国铁道学会	铁四院
56	武广高速铁路精密控制测量技术研究	中国铁道学会科学技术奖二等奖	中国铁道学会	铁四院
57	武广铁路客运专线运输组织关键技术	中国铁道学会科学技术奖二等奖	中国铁道学会	铁四院
58	甬台温铁路雁荡山特大桥叠合拱桥施工技术研究	中国铁道学会科学技术奖二等奖	中国铁道学会	铁四院
59	客运专线无砟轨道系统经济性分析	中国铁道学会科学技术奖二等奖	中国铁道学会	铁四院
60	铁路客站技术深化研究——铁路大型客站建筑节能综合技术研究	中国铁道学会科学技术奖二等奖	中国铁道学会	铁四院、铁一院
61	电气化铁路牵引网高次谐波谐振抑制技术及装置	中国铁道学会科学技术奖二等奖	中国铁道学会	铁四院
62	无砟轨道结构混凝土材料试验研究及工程应用	中国铁道学会科学技术奖二等奖	中国铁道学会	铁建重工
63	高寒冻土区涵洞防冻胀融沉施工技术	中国铁道学会科学技术奖三等奖	中国铁道学会	中铁十一局
64	250公里/小时铁路客运专线无砟轨道大跨度斜腿刚构桥竖向转体综合施工技术	中国铁道学会科学技术奖三等奖	中国铁道学会	中铁十一局
65	石太铁路客运专线预应力混凝土斜腿刚构关键技术	中国铁道学会科学技术奖三等奖	中国铁道学会	中铁十一局
66	大断面浅埋隧道下穿高速公路施工技术	中国铁道学会科学技术奖三等奖	中国铁道学会	中铁十二局
67	观音堂隧道进口明洞段高边坡变形机理及桩钉复合支护技术研究	中国铁道学会科学技术奖三等奖	中国铁道学会	中铁十二局
68	客运专线大跨度下承式钢管混凝土提篮式系杆拱桥施工技术	中国铁道学会科学技术奖三等奖	中国铁道学会	中铁十二局
69	青藏铁路35千伏输电线路故障检测系统施工技术	中国铁道学会科学技术奖三等奖	中国铁道学会	中铁十二局

续表

序号	获奖项目名称	获奖名称及等级	颁奖机关	获奖单位
70	客运专线路基压实参数相关性研究及压实质量快速检测评估技术	中国铁道学会科学技术奖三等奖	中国铁道学会	中铁十四局
71	DPG500 型跨区间无缝线路铺轨机组施工技术	中国铁道学会科学技术奖三等奖	中国铁道学会	中铁十五局
72	HS900B 型变幅式架桥机及 DCY900L 型运梁车研制	中国铁道学会科学技术奖三等奖	中国铁道学会	中铁十五局
73	单线铁路大跨度系杆拱桥综合施工技术	中国铁道学会科学技术奖三等奖	中国铁道学会	中铁十五局
74	海南东环铁路美兰机场隧道施工关键技术	中国铁道学会科学技术奖三等奖	中国铁道学会	中铁十七局
75	高速铁路大跨径预应力混凝土连续弯桥施工监控技术	中国铁道学会科学技术奖三等奖	中国铁道学会	中铁十七局
76	武广铁路客运专线路基加固与防护工程抗环境水侵蚀相关技术研究	中国铁道学会科学技术奖三等奖	中国铁道学会	中铁十七、十二局
77	武广铁路客运专线双块式无砟轨道及整体道岔施工技术	中国铁道学会科学技术奖三等奖	中国铁道学会	中铁十八局
78	64 米大跨度铁路槽形梁成套施工技术研究	中国铁道学会科学技术奖三等奖	中国铁道学会	中铁十八局
79	180 米自锚式桁吊组合全焊钢结构桥成套施工技术研究	中国铁道学会科学技术奖三等奖	中国铁道学会	中铁十八局
80	紧邻运营线路高危山体危岩综合整治技术	中国铁道学会科学技术奖三等奖	中国铁道学会	中铁二十局
81	赤大白沙漠地区流动沙丘地带铁路路基施工关键技术	中国铁道学会科学技术奖三等奖	中国铁道学会	中铁二十一局
82	跨铁路既有线特大桥连续槽型梁施工关键技术	中国铁道学会科学技术奖三等奖	中国铁道学会	中铁二十一局
83	整体移动式梁柱支架现浇高铁箱梁技术研究	中国铁道学会科学技术奖三等奖	中国铁道学会	中铁二十二局
84	管幕(棚)支护盾构中继间法顶进箱形桥施工技术	中国铁道学会科学技术奖三等奖	中国铁道学会	中铁二十四局
85	客运专线站场各种桩型软基加固综合施工技术	中国铁道学会科学技术奖三等奖	中国铁道学会	中铁二十四局
86	山区复杂地形条件下大跨度钢结构施工技术	中国铁道学会科学技术奖三等奖	中国铁道学会	中铁二十五局
87	分体多枕连续铺轨法施工工艺及设备研制	中国铁道学会科学技术奖三等奖	中国铁道学会	中铁二十五局
88	跨区间无砟轨道无缝线路长轨铺设技术	中国铁道学会科学技术奖三等奖	中国铁道学会	中铁二十五局
89	电力机车过关节式分相过电压机理分析及防护措施	中国铁道学会科学技术奖三等奖	中国铁道学会	铁一院
90	客货共线铁路刚性接触网关键技术研究	中国铁道学会科学技术奖三等奖	中国铁道学会	铁一院
91	线路工程 GPS 水准高程拟合模型研究及通用软件包编制	中国铁道学会科学技术奖三等奖	中国铁道学会	铁一院
92	铁路客站大跨空间钢结构及钢骨预应力混凝土结构复杂节点构造创新	中国铁道学会科学技术奖三等奖	中国铁道学会	铁一院
93	铁路无线宽带综合数字通信网络技术研究	中国铁道学会科学技术奖三等奖	中国铁道学会	铁一院
95	郑西铁路客运专线湿陷性黄土地基工程特性及设计参数研究	中国铁道学会科学技术奖三等奖	中国铁道学会	铁一院

续表

序号	获奖项目名称	获奖名称及等级	颁奖机关	获奖单位
96	宜万铁路高墩、复杂结构桥上及长大坡道无缝线路设计与施工技术	中国铁道学会科学技术奖三等奖	中国铁道学会	铁四院
97	宜万铁路桥梁关键技术研究——大跨预应力混凝土刚构桥的研究	中国铁道学会科学技术奖三等奖	中国铁道学会	铁四院
98	客运专线电分相设置方案与运行时分目标关系仿真评估	中国铁道学会科学技术奖三等奖	中国铁道学会	铁四院
99	武广高速铁路噪声治理综合技术	中国铁道学会科学技术奖三等奖	中国铁道学会	铁四院
100	铁路工程施工组织设计指南	中国铁道学会科学技术奖三等奖	中国铁道学会	铁四院
101	广深线新型 10 千伏远动系统研制	中国铁道学会科学技术奖三等奖	中国铁道学会	铁四院
102	武广高速铁路路基填筑质量控制参数试验研究	中国铁道学会科学技术奖三等奖	中国铁道学会	铁五院
103	铁路工程精密控制网测量数据处理系统	中国测绘学会测绘科技进步奖三等奖	中国测绘学会	铁四院
104	复杂地质条件下大断面海底隧道施工关键技术研究	北京市科学技术进步一等奖	北京市科技厅	中铁二十二局
105	陆域段海底隧道穿越复杂建筑群的施工综合技术	北京市科学技术进步三等奖	北京市科技厅	中铁十九局
106	厦门翔安海底隧道综合施工技术	天津市科学技术进步二等奖	天津市科技厅	中铁十八局
107	山岭水库区深水桥梁基础施工技术研究	天津市科学技术进步三等奖	天津市科技厅	中铁十八局
108	富水砂卵石地层土压平衡盾构施工关键技术	吉林省科学技术进步一等奖	吉林省科技厅	中铁十三局
109	摩天岭公路隧道长陡坡斜井施工技术	吉林省科学技术进步二等奖	吉林省科技厅	中铁十三局
110	严寒地区软塑粘土地层大断面浅埋隧道施工技术	吉林省科学技术进步三等奖	吉林省科技厅	中铁十三局
111	武汉长江隧道工程建设成套技术	湖北省科学技术进步一等奖	湖北省科技厅	铁四院
112	小净距隧道爆破施工关键技术及工程应用	湖北省科学技术进步二等奖	湖北省科技厅	中铁十三局
113	复杂岩溶隧道施工地质超前探测成套技术研究	湖北省科学技术进步二等奖	湖北省科技厅	铁四院
114	快速公交系统（BRT）成套技术研究	湖北省科学技术进步三等奖	湖北省科技厅	铁四院
115	特殊土地层得地下水处治技术研究	湖南省科学技术进步二等奖	湖南省科技厅	中铁十七局
116	超长连续溶蚀断层破碎带及软岩大变形隧道施工关键技术	山东省科学技术进步二等奖	山东省科技厅	中铁十四局
117	350 公里/小时高速铁路复杂环境下 112 米跨钢管混凝土提篮拱桥关键施工技术	山东省科学技术进步三等奖	山东省科技厅	中铁十四局
118	等压等渗新型注浆工艺在高压富水松散围岩隧道中的应用	河南省科学技术进步二等奖	河南省科技厅	中铁十五局
119	高速铁路分段支架现浇法施工大跨连续梁的线形控制技术	河北省科学技术进步三等奖	河北省科技厅	中铁十七局
120	复杂岩溶地质条件下隧道安全施工与灾害防治关键技术	河北省科学技术进步三等奖	河北省科技厅	中铁十七局

续表

序号	获奖项目名称	获奖名称及等级	颁奖机关	获奖单位
121	超高墩大跨连续梁刚构桥综合施工技术	山西省科学技术进步三等奖	山西省科技厅	中铁十七局
122	公轨两用特大跨连续刚构桥综合施工技术	山西省科学技术进步三等奖	山西省科技厅	中国铁建，中铁十七、二十三局
123	郑西高速铁路 CTCS2、CTCS3 工程设计验证与试验平台研究与应用	陕西省科学技术进步三等奖	陕西省科技厅	铁一院
124	复杂条件下地铁车站盾构隧道扩挖修建技术研究	陕西省科学技术进步三等奖	陕西省科技厅	铁一院、中铁二十二局
125	大直径石质通风竖井混凝土衬砌滑模施工技术研究	甘肃省科学技术进步三等奖	甘肃省科技厅	中铁二十一局
126	福厦铁路客运专线丘后特大桥 128 米钢箱系杆拱施工技术研究	甘肃省科学技术进步三等奖	甘肃省科技厅	中铁二十一局
127	竖向预应力倒 Y 型斜塔双侧不对称斜拉桥施工技术	福建省科学技术进步三等奖	福建省科技厅	中铁二十四局
128	高寒缺氧地区隧道（洞）穿越复杂岩爆地质施工关键问题及工程应对措施研究	新疆维吾尔自治区科学技术进步三等奖	新疆维吾尔自治区科技厅	中铁十三局

制表：程博华

2011 年度中国铁建科学技术奖获奖情况表

序号	获 奖 项 目 名 称	获 奖 单 位	获奖等级
1	宜万铁路复杂山区岩溶隧道设计关键技术	铁四院	特等奖
2	DWL—48 连续走行捣固稳定车	昆明中铁	特等奖
3	武汉至广州客运专线新建武汉动车段工程设计施工综合技术	中铁十一局、铁四院	一等奖
4	超深埋特长公路隧道复杂地质条件下综合施工技术研究	中铁十二局	一等奖
5	铁路路基下伏多层富水中铁采空区稳定性评价及治理关键技术研究	中铁十二局	一等奖
6	CRTSⅡ型水泥乳化沥青砂浆的研制及其在京沪高速铁路的应用	中铁十二局	一等奖
7	京沪高速铁路再创新 CRTSⅡ型板式无砟轨道规模化生产及综合施工技术研究	中铁十二局、铁四院	一等奖
8	铁路中铁客站复杂钢结构施工结构行为与风载特征试验研究	中铁十二局	一等奖
9	山区软岩大跨大断面四线铁路车站隧道施工新技术研究	中铁十三局	一等奖
10	天津海河双叶立转开启桥关键施工技术	中铁十四局	一等奖
11	超长连续溶蚀断层破碎带及软岩大变形隧道施工关键技术	中铁十四局	一等奖
12	时速 350 公里客运专线铁路 168 米连续刚构桥深水裸岩基础和梁部关键施工技术	中铁十四局	一等奖
13	城市中心区中铁地下高铁车站结构施工综合技术研究	中铁十五局	一等奖
14	海底隧道钻爆法安全施工关键技术研究	中铁十六局	一等奖
15	岩溶强发育复杂地层桥梁桩基钻进施工新技术	中铁十六局	一等奖
16	铁路客运专线 500 米小曲线半径多梁型箱梁运架设备研制	中铁十七局	一等奖

续表

序号	获 奖 项 目 名 称	获 奖 单 位	获奖等级
17	跨多条繁忙电气化铁路干线空间刚架(桥梁)综合施工技术	中铁十七局	一等奖
18	高震区软弱地基下沉管隧道岸壁保护与干坞成套技术研究	中铁十八局	一等奖
19	新生地震带长大隧道综合施工技术	中铁十九局	一等奖
20	广州新客站综合施工技术研究	中铁二十二局	一等奖
21	厦门北站钢结构屋盖安装关键技术研究报告	中铁建设	一等奖
22	精伊霍铁路雪害防治技术研究	铁一院	一等奖
23	开敞式 TBM 在城市地铁工程中应用的关键技术研究	铁一院	一等奖
24	高烈度地震区桥梁采用减隔震技术的设计和应用研究	铁一院	一等奖
25	大跨预应力混凝土连续刚构柔性拱组合桥关键技术研究	铁四院	一等奖
26	武汉市轨道交通网络后备运营信号系统方案研究	铁四院	一等奖
27	武广高速铁路残积层红黏土路基变形特性及路堑边坡稳定性试验研究	铁四院	一等奖
28	铁路 GSM－R 相关技术应用研究	铁四院	一等奖
29	宜万铁路山区复杂地形桥式结构试验研究	铁四院	一等奖
30	客运专线 CRTSⅡ型板式无砟轨道设计技术研究	铁四院	一等奖
31	铁路中等高度桥墩抢修器材的研制	铁五院	一等奖
32	电气化铁路营业线不停运增建明洞安全快速施工技术	中土集团、中铁十六局	二等奖
33	复合式土压平衡盾构机过复杂地质地段中间风井施工技术	中铁十一局	二等奖
34	多箱室预应力混凝土槽形梁拱组合桥施工技术	中铁十一局	二等奖
35	铁路中铁客站复杂软土地质深大异形基坑综合技术研究	中铁十二局	二等奖
36	特殊地质复杂环境地铁区间隧道施工关键技术	中铁十二局	二等奖
37	渝涪铁路二线紧邻既有线石方控制爆破新技术	中铁十二局	二等奖
38	三峡库区深水基础综合施工技术	中铁十三局	二等奖
39	时速 350 公里客运专线铁路复杂环境下 112 米跨钢管混凝土提篮拱桥关键施工技术	中铁十四局	二等奖
40	双线隧道盾构始发期间小净距下穿既有大断面地铁隧道运营线施工技术研究	中铁十五局	二等奖
41	复杂地层条件下大面积超深基坑的施工技术与环境保护研究	中铁十六局	二等奖
42	福州南站软基处理综合施工技术	中铁十六局	二等奖
43	天津站交通枢纽工程超深大面积富水基坑盖挖逆作综合施工技术研究	中铁十六局	二等奖
44	浅埋大断面小净距改扩建公路隧道综合施工技术	中铁十六局	二等奖
45	复杂环境下大断面隧道开挖关键技术研究	中铁十六局	二等奖
46	带副拱中承式菱形变截面钢管混凝土系杆拱桥综合施工技术研究	中铁十六局	二等奖
47	京沪高速铁路 108 米中承式钢箱拱非对称转体施工技术	中铁十七局	二等奖
48	高速公路隧道超大直径四分隔通风竖井快速施工技术	中铁十七局	二等奖
49	大体积构件平曲线顶推施工技术研究	中铁十八局	二等奖

续表

序号	获 奖 项 目 名 称	获 奖 单 位	获奖等级
50	新型大体积混凝土桥墩抗开裂技术	中铁十八局	二等奖
51	客运专线超大面积深厚软土桩网复合地基承载性状及沉降变形控制研究	中铁十九局	二等奖
52	浅埋偏压流塑状围岩隧道施工技术研究	中铁十九局	二等奖
53	新型时速350公里单线试验箱梁关键技术研究	中铁十九局	二等奖
54	兰渝铁路杨家湾黄河特大桥浮运平台双壁钢围堰施工技术	中铁二十局	二等奖
55	跨繁忙铁路干线钢桁梁平面转体施工技术	中铁二十局	二等奖
56	复杂地质大断面特长双线铁路隧道综合施工技术研究	中铁二十一局	二等奖
57	穿隧式运架一体机研制及应用	中铁二十二局	二等奖
58	多因素综合作用下的大断面瓦斯突出隧道施工技术研究	中铁二十二局	二等奖
59	客运专线大号码无砟道岔(板)制造、施工工艺与成套设备的研制	中铁二十三局	二等奖
60	系杆拱异位现浇整体横移就位综合施工技术	中铁二十三局	二等奖
61	曲线宽幅单索面矮塔斜拉桥施工技术	中铁二十四局	二等奖
62	严寒气候条件下结构混凝土冬期施工技术研究	中铁建设	二等奖
63	既有建筑功能提升改造关键技术研究	中铁建设	二等奖
64	电气化接触网防盗预警系统开发	中铁建电化局	二等奖
65	青藏线西格段盐湖地区电气化接触网基础防腐及稳定性研究	中铁建电化局	二等奖
66	电力机车过关节式分相过电压机理分析及防护措施	铁一院	二等奖
67	多联大跨连续梁桥上无缝线路设计研究	铁一院	二等奖
68	航空 LiDAR 技术在铁路勘察设计中的应用研究	铁一院	二等奖
69	超长高速铁路的法截面子午线椭球高斯投影	铁一院	二等奖
70	基于温升效应的牵引变压器技术研究	铁一院	二等奖
71	郑西高速铁路 CTCS2、CTCS3 级工程设计验证试验平台研究与应用	铁一院	二等奖
72	西安地铁基坑支护型式与基坑稳定性研究	铁一院	二等奖
73	双向先张预应力混凝土轨道板研究	铁一院、铁建重工	二等奖
74	客运专线综合维修体系研究及工程应用	铁四院	二等奖
75	安庆长江大桥桥上无缝线路设计技术研究	铁四院	二等奖
76	京沪高速铁路丹阳至昆山特大桥上无砟轨道设计技术研究	铁四院	二等奖
77	沪杭高速铁路桥梁半封闭式声屏障工程技术研究	铁四院、中铁二十四局	二等奖
78	适应限界挖潜需要的动车组动态包络线研究	铁四院	二等奖
79	地基处理新技术应用研究	铁四院、中铁十一局	二等奖
80	高速铁路弓网受流状态稳定性监测及评估技术研究	铁四院	二等奖
81	宜万铁路岩溶高风险隧道技术经济分析	铁四院	二等奖
82	高地应力条件下富水炭质页岩、倾斜砂质页岩隧道大变形控制技术	铁四院	二等奖

续表

序号	获 奖 项 目 名 称	获 奖 单 位	获奖等级
83	高寒冻土区涵洞防冻胀融沉施工技术	中铁十一局	三等奖
84	外源型高瓦斯隧道瓦斯灾害地质特征及综合施工关键技术研究	中铁十一局	三等奖
85	狭小场地富水复合地层深基坑施工关键技术	中铁十二局	三等奖
86	高速铁路岩溶路基注浆施工技术研究	中铁十二局	三等奖
87	地铁车站深基坑信息化施工监控体系的研究及应用	中铁十二局	三等奖
88	大跨度铁路曲线连续梁桥转体施工控制技术及应用研究	中铁十二局	三等奖
89	高速铁路(80.6+128+80.6)米预应力混凝土连续梁桥转体施工技术研究	中铁十二局	三等奖
90	金竹山瓦斯隧道施工关键技术研究	中铁十二局	三等奖
91	深水复杂特大桥基础施工技术研究	中铁十二局	三等奖
92	900t 变位平台运架一体机特殊工况施工工艺研究	中铁十二局	三等奖
93	高强度硬岩段间杂软弱岩地层盾构施工技术	中铁十三局	三等奖
94	城市轨道交通 BAS 系统方案优化与工程技术应用	中铁十三局	三等奖
95	特大规模复杂条件特长隧洞群施工协同通风技术应用研究	中铁十三局	三等奖
96	高寒缺氧地区隧道(洞)穿越复杂岩爆地质施工关键问题及工程应对措施研究	中铁十三局	三等奖
97	严寒地区铁路客运专线防冻胀路基施工技术研究	中铁十五局	三等奖
98	京沪高速铁路岔区板式无砟轨道综合施工技术研究	中铁十六局	三等奖
99	特殊地质水文条件下斜拉桥综合施工技术	中铁十六局	三等奖
100	复杂岩溶地质条件下隧道安全施工与灾害防治关键技术	中铁十七局	三等奖
101	钢浮箱拼装可移动式混凝土搅拌平台在多变深水位中运用技术	中铁十七局	三等奖
102	高速铁路分段支架现浇法施工大跨连续梁的线形控制技术	中铁十七局	三等奖
103	高速铁路大跨径预应力混凝土连续弯梁桥施工监控技术	中铁十七局	三等奖
104	拼装组合式制梁底座施工技术	中铁十七局	三等奖
105	独塔双索面斜拉桥综合施工技术	中铁十七局	三等奖
106	京沪高速铁路简支系杆叠拱施工技术	中铁十七局	三等奖
107	连续皮带机出碴条件下开敞式 TBM 同步衬砌施工技术	中铁十八局	三等奖
108	深水基础新型锁扣钢管桩围护结构技术研究与应用	中铁十九局	三等奖
109	庙岭隧道监测与施工的动态模拟研究	中铁十九局	三等奖
110	爆破处理深孔桩基硬岩斜向孤石施工技术	中铁十九局	三等奖
111	大倾角长大通风斜井综合施工技术	中铁十九局	三等奖
112	受运架影响需结构体系转换的系杆拱桥施工技术研究	中铁十九局	三等奖
113	飞鸟式中承钢箱拱肋系杆拱桥施工关键技术研究	中铁十九局	三等奖
114	严寒地区超低温高性能混凝土施工技术研究	中铁二十局	三等奖
115	多种填料深坑路堤填筑技术研究及稳定性评价	中铁二十局	三等奖

续表

序号	获 奖 项 目 名 称	获 奖 单 位	获奖等级
116	复杂地质隧道修建技术－新宝塔山隧道综合施工技术研究	中铁二十一局	三等奖
117	新建向莆铁路近海地区特大桥综合施工技术研究	中铁二十一局	三等奖
118	黄土富水砂层地铁车站深基坑施工技术研究	中铁二十一局	三等奖
119	整体移动式梁柱支架现浇高铁箱梁施工技术研究	中铁二十二局	三等奖
120	岩溶地质倾斜岩面钻孔桩施工技术	中铁二十二局	三等奖
121	干旱山区隧道施工地下水环境保护技术研究	中铁二十二局	三等奖
122	严寒气候条件下隧道渗漏水防治和防冻隔温综合施工技术	中铁二十三局	三等奖
123	既有铁路电气化改造接触网工程利用辅助器拆装倒立柱施工技术	中铁二十三局	三等奖
124	高速铁路 CRTSⅡ型板式无砟轨道 42 号道岔桥上铺设技术	中铁二十四局	三等奖
125	高速铁路 GSM－R 系统无线网络优化技术	中铁二十五局	三等奖
126	基坑工程变形监测新方法与关键技术	中铁建设	三等奖
127	压荷平衡基坑支护体系的研究与应用	中铁建设	三等奖
128	客运专线“四电”集成工程电缆敷设机研制	中铁建电化局	三等奖
129	北京轨道交通大兴线通信系统及 AFC 设备安装技术	中铁建电化局	三等奖
130	地铁刚性悬挂接触网施工技术	中铁建电化局	三等奖
131	新建铁路太原至中卫(银川)线站后“四电“施工技术研究	中铁建电化局	三等奖
132	客运专线信号系统集成关键技术研究	铁一院	三等奖
133	数字影像真三维遥感地质解译方法研究	铁一院	三等奖
134	疆煤外运煤炭物流系统规划及建设方案研究	铁一院	三等奖
135	无砟轨道过渡段路基的变形控制技术及施工工艺的试验研究	铁四院	三等奖
136	城市轨道交通三轨受电车辆立体检修工艺技术研究	铁四院	三等奖
137	城市地铁隧道内压力变化对人员舒适性的影响研究	铁四院	三等奖
138	武广高速铁路软岩改良土填料现场填筑成套技术试验研究	铁四院	三等奖
139	铁路房屋节能技术研究	铁四院	三等奖
140	武汉城市一卡通建设标准的制定与研究	铁四院	三等奖
141	铁路中小站生活污水无动力处理工艺研究	铁四院	三等奖
142	广州动车段实现均衡修关键技术研究	铁四院	三等奖
143	基于高分辨率遥感及三维可视化的铁路工程地质选线关键技术研究	铁四院	三等奖
144	铁路混凝土拌和站建设技术研究	铁五院	三等奖
145	YHG－1200 移动式闪光焊轨车	昆明中铁	三等奖

制表:程博华

2011 年度中国铁建获省部级以上工程勘察设计“四优”奖情况表

序号	项 目 名 称	完 成 单 位	评选单位	奖励等级
1	北京地铁 5 号线工程	铁一院	中国勘察设计协会	全国优秀工程设计金质奖
2	北京地铁 10 号线一期工程	铁四院、铁一院	中国勘察设计协会	全国优秀工程设计银质奖
3	武广高速铁路精密控制测量	铁四院	中国勘察设计协会	全国优秀工程勘察银质奖
4	新建铁路兰州至乌鲁木齐第二双线可行性研究	铁一院	中国工程咨询协会	全国优秀工程咨询二等奖
5	新建大同至西安铁路可行性研究报告	铁一院	中国工程咨询协会	全国优秀工程咨询二等奖
6	新建铁路合肥至福州铁路(客运专线)环境影响报告书	铁四院	中国工程咨询协会	全国优秀工程咨询三等奖
7	新建铁路玉林至铁山港线可行性研究报告	铁四院	中国工程咨询协会	全国优秀工程咨询三等奖
8	武广高速铁路精密控制测量	铁四院	中国测绘学会	全国优秀测绘工程金奖
9	哈尔滨至大连铁路客运专线(哈尔滨至沈阳段)精密工程控制测量	铁一院	中国测绘学会	全国优秀测绘工程银奖
10	沈哈铁路客运专线 CPⅡ精密控制测量	铁一院	中国测绘学会	全国优秀测绘工程银奖
11	石武铁路客运专线(郑武段)精密控制测量	铁四院	中国测绘学会	全国优秀测绘工程银奖
12	京沪高速铁路(徐州至上海段)精密控制测量工程	铁四院	中国测绘学会	全国优秀测绘工程银奖
13	广州南站结构设计	铁四院	中国建筑学会	全国优秀建筑结构设计二等奖
14	北京地铁 4 号线工程	铁四院、铁一院	中国勘察设计协会	全国优秀工程勘察设计行业市政轨道交通一等奖
15	铁路电气化接触网工程智能设计集成系统	铁四院	中国勘察设计协会	全国优秀工程勘察设计行业计算机软件一等奖
16	施工组织进度及平面布置示意图辅助设计系统	铁一院	中国勘察设计协会	全国优秀工程勘察设计行业计算机软件二等奖
17	新建铁路合肥至蚌埠客运专线精密控制测量	上海院	中国勘察设计协会	全国优秀工程勘察设计行业工程勘察二等奖
18	阿尔及利亚东西高速公路 M5 标段工程地质勘察	铁一院	中国勘察设计协会	全国优秀工程勘察设计行业工程勘察三等奖
19	铁路隧道工程辅助设计系统	铁一院	中国勘察设计协会	全国优秀工程勘察设计行业计算机软件三等奖
20	柳州市殡仪馆迁建工程	铁四院	中国勘察设计协会	全国优秀工程勘察设计行业公共建筑三等奖
21	铁路客运专线信号工程设计集成系统(v1.0)	铁四院	中国勘察设计协会	全国优秀工程勘察设计行业计算机软件三等奖
22	武广客运专线总体设计	铁四院	铁道部	铁道部优秀工程设计特等奖
23	郑西客运专线渭南渭河特大桥	铁一院	铁道部	铁道部优秀工程设计一等奖
24	武汉北编组站	铁一院、铁四院	铁道部	铁道部优秀工程设计一等奖

续表

序号	项 目 名 称	完 成 单 位	评选单位	奖励等级
25	武广客运专线精密控制测量	铁四院	铁道部	铁道部优秀工程勘察一等奖
26	武广客运专线大瑶山隧道工程地质勘察	铁四院	铁道部	铁道部优秀工程勘察一等奖
27	武广客运专线浏阳河隧道工程地质勘察	铁四院	铁道部	铁道部优秀工程勘察一等奖
28	郑西客运专线总体设计	铁四院、铁一院	铁道部	铁道部优秀工程设计一等奖
29	合肥至武汉铁路总体设计	铁四院	铁道部	铁道部优秀工程设计一等奖
30	武广客运专线无砟轨道设计	铁四院	铁道部	铁道部优秀工程设计一等奖
31	武广客运专线综合试验段路基没计	铁四院	铁道部	铁道部优秀工程设计一等奖
32	武广客运专线汀泗河特大桥	铁四院	铁道部	铁道部优秀工程设计一等奖
33	甬台温铁路雁荡山特大桥	铁四院	铁道部	铁道部优秀工程设计一等奖
34	温福铁路白马河特大桥	铁四院	铁道部	铁道部优秀工程设计一等奖
35	武广客运专线大瑶山隧道	铁四院	铁道部	铁道部优秀工程设计一等奖
36	武广客运专线浏阳河隧道	铁四院	铁道部	铁道部优秀工程设计一等奖
37	武广客运专线通信、信号、信息系统	铁四院	铁道部	铁道部优秀工程设计一等奖
38	郑西客运专线通信、信号、信息系统	铁四院、铁一院	铁道部	铁道部优秀工程设计一等奖
39	武广客运专线牵引供电、电力供电系统	铁四院	铁道部	铁道部优秀工程设计一等奖
40	郑西铁路客运专线牵引供电、电力供电系统	铁四院、铁一院	铁道部	铁道部优秀工程设计一等奖
41	武汉站房	铁四院	铁道部	铁道部优秀工程设计一等奖
42	武汉动车段	铁四院	铁道部	铁道部优秀工程设计一等奖
43	上海动车段	铁四院	铁道部	铁道部优秀工程设计一等奖
44	武汉枢纽货车车辆段	铁四院	铁道部	铁道部优秀工程设计一等奖
45	铁路工程精密控制网测量数据处理系统	铁四院	铁道部	铁道部优秀工程设计软件一等奖
46	精伊霍铁路雪害工程地质勘察	铁一院	铁道部	铁道部优秀工程勘察二等奖
47	京包线大同至包头段电气化改造工程	铁一院	铁道部	铁道部优秀工程设计二等奖
48	时速200公里客货共线铁路隧道内全补偿简单链形悬挂安装图	铁一院	铁道部	铁道部优秀工程标准设计二等奖

续表

序号	项 目 名 称	完 成 单 位	评选单位	奖励等级
49	郑西铁路客运专线大峪沟越岭地段工程地质勘察	铁四院	铁道部	铁道部优秀工程勘察二等奖
50	甬台温铁路通信、信号、信息系统	铁四院	铁道部	铁道部优秀工程设计二等奖
51	温福铁路牵引供电、电力供电系统	铁四院	铁道部	铁道部优秀工程设计二等奖
52	时速250公里客运专线(城际铁路)有砟轨道预制后张法预应力混凝土简支组合箱梁(双线、双箱单室)	铁四院	铁道部	铁道部优秀工程标准设计二等奖
53	铁路客运专线信号工程设计集成系统 V1.0	铁四院	铁道部	铁道部优秀工程设计软件二等奖
54	铁路隧道工程辅助设计系统	铁一院	铁道部	铁道部优秀工程设计软件三等奖
55	铁路电力电缆线路仿真计算软件	铁一院	铁道部	铁道部优秀工程设计软件三等奖
56	温福铁路霞浦隧道工程地质勘察	铁四院	铁道部	铁道部优秀工程勘察三等奖
57	时速350公里客运专线铁路路基插板式非金属声屏障	铁四院	铁道部	铁道部优秀工程标准设计三等奖
58	铁路电气化接触网工程智能设计集成系统	铁四院	铁道部	铁道部优秀工程设计软件三等奖
59	铁路箱梁预制场平面布置图	铁五院	铁道部	铁道部优秀工程标准设计三等奖
60	阿尔及利亚东西高速公路 M5 标段工程地质勘察	铁一院	陕西省勘察设计协会	陕西省优秀工程勘察一等奖
61	郑西客运专线渭河特大桥工程地质勘察	铁一院	陕西省勘察设计协会	陕西省优秀工程勘察一等奖
62	沈哈客运专线 CPII 精密控制测量	铁一院	陕西省勘察设计协会	陕西省优秀工程勘察一等奖
63	上海浦东国际机场北通道—A20互通立交工程设计	铁一院	陕西省勘察设计协会	陕西省优秀工程设计一等奖
64	广州地铁3号线北延段供电系统工程设计	铁一院	陕西省勘察设计协会	陕西省优秀工程设计一等奖
65	广州地铁2、8号线嘉禾车辆段综合基地工程设计	铁一院	陕西省勘察设计协会	陕西省优秀工程设计一等奖
66	那曲物流中心综合物流区太阳能集中采暖工程	铁一院	陕西省勘察设计协会	陕西省优秀工程设计一等奖
67	武汉站工程通风空调系统	铁四院	湖北省勘察设计协会	湖北省勘察设计行业一等奖
68	上海市轨道交通10号线(M1线)一期工程	上海院	上海市勘察设计行业协会	上海市优秀设计一等奖
69	上海市轨道交通7号线工程	上海院	上海市勘察设计行业协会	上海市优秀设计一等奖
70	上海市轨道交通2号线西延伸(中山公园~徐泾东站)工程	上海院	上海市勘察设计行业协会	上海市优秀设计一等奖
71	上海浦江镇公共交通配套工程	上海院	上海市勘察设计行业协会	上海市优秀设计一等奖
72	新建铁路宁启线南通至启东段预可行性研究	上海院	上海市工程咨询行业协会	上海市优秀工程咨询成果一等奖

续表

序号	项目名称	完成单位	评选单位	奖励等级
73	宁波北站及货场搬迁工程可行性研究	上海院	上海市工程咨询行业协会	上海市优秀工程咨询成果一等奖
74	郑西铁路客运专线秦东隧道工程地质勘察	铁一院	陕西省勘察设计协会	陕西省优秀工程勘察二等奖
75	郑西铁路客运专线路基试验段工程地质勘察	铁一院	陕西省勘察设计协会	陕西省优秀工程勘察二等奖
76	南京地铁 2 号线苜蓿园站—小卫街站一站一区间工程设计	铁一院	陕西省勘察设计协会	陕西省优秀工程设计二等奖
77	武昌站结构设计	铁四院	湖北省勘察设计协会	湖北省勘察设计行业二等奖
78	广州动车段工程	铁四院	广东省工程勘察设计行业协会	广东省优秀工程设计二等奖
79	新建铁路合肥至蚌埠铁路客运专线精密控制测量	上海院	上海市勘察设计行业协会	上海市勘察设计二等奖
80	溪洛渡专用公路 K20 滑坡及水库坍岸工程地质勘察	铁一院	陕西省勘察设计协会	陕西省优秀工程勘察三等奖
81	迁曹铁路海域盐池路基软弱土地基处理工程设计	铁一院	陕西省勘察设计协会	陕西省优秀工程勘察三等奖
82	郑西高速铁路湿陷性黄土路基沉降与稳定工程设计	铁一院	陕西省勘察设计协会	陕西省优秀工程勘察三等奖
83	西成客专线(西安至省界)二等水准测量	铁一院	陕西省勘察设计协会	陕西省优秀工程勘察三等奖
84	通辽枢纽扩能改造信号工程设计	铁一院	甘肃省勘察设计协会	甘肃省优秀工程设计三等奖
85	洛阳龙门铁路旅客站房	铁四院	湖北省勘察设计协会	湖北省勘察设计行业三等奖
86	西六环、109 国道西北环线铁路隧 -1 段边坡开挖工程勘察设计	铁五院	北京市规划委员会	北京市第十二届优秀工程勘察综合三等奖
87	南京至南通段铁路电气化改造精密控制测量	上海院	上海市勘察设计行业协会	上海市勘察设计三等奖
88	铁路仓前站改造工程	上海院杭州铁路设计院	浙江省住房和城乡建设厅、浙江省勘察设计行业协会	浙江省勘察设计三等奖
89	改建铁路萧甬线绍兴县城区段改造工程可行性研究	上海院	上海市工程咨询行业协会	上海市优秀工程咨询成果三等奖
90	南京市黄家圩路拓宽改造工程下穿京沪铁路立交桥工程	上海院	上海市工程咨询行业协会	上海市优秀工程咨询成果三等奖
91	温州乐清湾港区铁路专用线可行性研究	上海院杭州铁路设计院	浙江省发展和改革委员会、浙江省工程咨询协会	浙江省优秀工程咨询成果三等奖
92	萍乡市湘东区工业园铁路专用线可行性研究报告	上海院南昌铁路勘测设计院	江西省工程咨询协会	江西省优秀工程咨询成果三等奖

制表:程博华

2011 年度中国铁建优秀工程勘察设计项目表

序号	项目名称	完成单位	奖励等级
一	**优秀工程勘察**		
1	郑西铁路客运专线渭河特大桥工程勘察	铁一院	一等奖
2	南京长江隧道工程地质勘察	铁四院	一等奖
3	精伊霍铁路北天山隧道工程地质勘察	铁一院	二等奖
4	温福铁路精密控制测量	铁四院	二等奖
5	小井新村居住区、车库及配套商业楼岩土工程勘察	铁五院	二等奖
6	郑西铁路客运专线路基试验段工程地质勘察	铁一院	三等奖
7	郑西铁路客专秦东隧道工程勘察	铁一院	三等奖
8	武广铁路客运专线广州南站工程地质勘察	铁四院	三等奖
9	武广铁路客运专线武江特大桥复杂地基工程地质勘察	铁四院	三等奖
10	中国铁道建筑总公司 18 号住宅楼改造项目岩土工程勘察	铁五院	三等奖
二	**优秀工程设计**		
1	郑西铁路客运专线省界至西安段工程设计	铁一院	一等奖
2	郑西铁路客运专线渭河特大桥设计	铁一院	一等奖
3	乌兹别克斯坦 Tukmach - Angrem 铁路电气化改造通信信号工程设计	铁一院	一等奖
4	广州地铁 2、8 号线嘉禾车辆段综合基地工程设计	铁一院	一等奖
5	沪汉蓉通道武汉至安康增建二线工程武汉至老河口东段(襄樊)总体设计	铁四院	一等奖
6	武广铁路客运专线武汉综合试验段无砟轨道工程设计	铁四院	一等奖
7	新广州站及相关工程东平水道特大桥	铁四院	一等奖
8	武汉轨道交通 1 号线区间桥梁跨江岸货场(49.9 + 104.983 + 49.9)米槽型梁拱组合桥	铁四院	一等奖
9	南京江心洲大桥	铁四院	一等奖
10	南京长江隧道	铁四院	一等奖
11	新建合肥至武汉铁路通信、信号及信息工程	铁四院	一等奖
12	广州客运专线基础设施维修基地工程	铁四院	一等奖
13	新广州站站房	铁四院	一等奖
14	上海浦东国际机场北通道 - A20 互通立交工程设计	铁一院	二等奖
15	新丰镇编组站通信、信息系统工程设计	铁一院	二等奖
16	郑西铁路客运专线埋入式连续桩板结构路基设计	铁一院	二等奖
17	精伊霍铁路路基雪害防治工程	铁一院	二等奖
18	厦门快速公交(BRT)一期工程 2 号线	铁四院	二等奖
19	武广铁路客运专线站场设计	铁四院	二等奖
20	新广州站及相关工程流溪河特大桥	铁四院	二等奖
21	郑西铁路客运专线偃师特大桥	铁四院	二等奖
22	福厦铁路闽江特大桥	铁四院	二等奖
23	甬台温铁路奉化江特大桥	铁四院	二等奖
24	京九铁路电气化工程淮滨至乐化段通信信号工程	铁四院	二等奖
25	北京地铁 4 号线通信信号系统	铁四院	二等奖
26	京九铁路电气化工程淮滨至乐化段牵引供电、电力供电系统工程	铁四院	二等奖
27	广佛线夏南车辆段与综合基地工程	铁四院	二等奖

续表

序号	项 目 名 称	完 成 单 位	奖励等级
28	武广铁路客运专线新长沙站路基设计	铁四院	二等奖
29	武广铁路客运专线过渡段路基设计	铁四院	二等奖
30	福厦线引入福州枢纽福州南站站房	铁四院	二等奖
31	广州市轨道交通 5 号线区庄站	铁四院	二等奖
32	大连铁路集装箱中心站总体设计	铁五院	二等奖
33	北京市通州区通顺路上跨京承铁路立交桥设计	铁五院	二等奖
34	南昌市洛阳路下穿铁路框架桥工程设计	上海院	二等奖
35	上海阿尔斯通交通设备有限公司闵行工厂设备改造工程——牵引供电系统工程设计	上海院	二等奖
36	郑西铁路客运专线渭南北高架车站轨道工程设计	铁一院	三等奖
37	红神铁路格丑沟特大桥设计	铁一院	三等奖
38	迁曹铁路纳潮河特大桥设计	铁一院	三等奖
39	成都铁路集装箱中心站通信、信号及信息工程设计	铁一院	三等奖
40	青藏铁路西格段增建第二线通信信号工程设计	铁一院	三等奖
41	郑西铁路客运专线湿陷性黄土路基沉降与稳定工程设计	铁一院	三等奖
42	焦柳铁路洛阳至张家界电气化改造工程	铁四院	三等奖
43	随岳高速公路湖北省南段	铁四院	三等奖
44	合肥至武汉铁路线路设计	铁四院	三等奖
45	郑西铁路客运专线郑州至渑池段轨道工程设计	铁四院	三等奖
46	武汉市轨道交通 1 号线二期工程轨道工程设计	铁四院	三等奖
47	合肥至武汉铁路轨道工程设计	铁四院	三等奖
48	武广铁路客运专线铁路衡阳湘江特大桥	铁四院	三等奖
49	新广州站及相关工程陈村水道特大桥	铁四院	三等奖
50	温福铁路田螺大桥	铁四院	三等奖
51	温福铁路飞云江特大桥	铁四院	三等奖
52	武汉站高架桥工程	铁四院	三等奖
53	长沙市湘江大道浏阳河隧道	铁四院	三等奖
54	武汉长江隧道监控系统	铁四院	三等奖
55	武汉市轨道交通 1 号线二期工程供电系统	铁四院	三等奖
56	武汉市轨道交通 1 号线二期工程	铁四院	三等奖
57	广州动车段工程	铁四院	三等奖
58	芜湖北焊轨基地工程	铁四院	三等奖
59	上海动车段 K9 +541.79 +581.5 托盘路基设计	铁四院	三等奖
60	北京地铁 4 号线马家楼站	铁四院	三等奖
61	武广铁路客运专线噪声治理工程	铁四院	三等奖
62	北京局西北环线隧 -1 左侧山体开挖边坡防护设计	铁五院	三等奖

制表：程博华

2009～2010年度中国铁建获国家级工法项目情况表

序号	工法名称	开发单位	工法等级
1	大跨度网架累积提升施工工法	中铁建设	一级
2	无砟轨道无缝线路施工工法	中铁二十五局	一级
3	敞开式TBM掘进与二次衬砌同步施工工法	中铁十八局	一级
4	客运专线CRTSⅡ型板式无砟轨道施工工法	中铁十七局	一级
5	DPG500型跨区间无缝线路铺轨机组施工工法	中铁十五局	一级
6	隧道高压富水断层快速施工工法	中铁十二局	一级
7	竖井工程分瓣式机械一体化滑膜衬砌施工工法	中铁二十一局	一级
8	特大体量隐伏岩溶释能降压工法	中铁十一局	一级
9	超大直径盾构穿越浅覆土水下隧道施工工法	中铁十四局、中国铁建	一级
10	大跨度斜腿刚构桥斜腿竖向转体及单边悬臂灌筑梁施工工法	中铁十一局	一级
11	时速350公里高速铁路深水大跨桥梁裸岩基础施工工法	中铁十四局、中土集团	一级
12	异形板桥梁“钢弹簧支顶”主动加固施工工法	中铁十六局、中国铁建	一级
13	复杂环境深孔控制爆破安全快速施工工法	铁五院、中铁十四局	一级
14	淤泥质地层井点降水施工工法	中铁十九局	二级
15	无砟轨道摩擦板、端刺、过渡板施工工法	中铁十二局	二级
16	时速350公里高速道岔岔枕制造工法	中铁十四局	二级
17	格构式接触网硬横跨全过程施工工法	中铁二十一局	二级
18	CRTSⅠ型板式无砟轨道水泥乳化沥青砂浆施工工法	中铁十七、十一局	二级
19	城市轨道交通先隧后站逆序施工工法	中铁二十二局	二级
20	分次复式楔形掏槽减振爆破施工工法	中铁十九局	二级
21	应用3D激光扫描仪监控隧道围岩施工工法	中铁十八局	二级
22	高速铁路128米钢箱系杆拱施工工法	中国铁建、中铁二十一局	二级
23	铁路T型简支梁现场预制循环流水生产线施工工法	中铁十二局、中土集团	二级
24	大跨度变截面栓焊结构钢桁架拱肋加工制作工法	中铁十三局、中国铁建	二级
25	潮汐大流速深水裸露基岩基础施工工法	中铁十六局	二级
26	大跨度桁架式钢筋混凝土预应力桥斜拉挂篮施工工法	中铁十八局	二级
27	连续钢箱梁逐段拼装空间曲线顶推工法	中铁二十局	二级
28	多圆弧异型独柱塔悬臂模板施工工法	中铁十五局	二级
29	大峡谷中塔吊配合整体爬模变截面高墩施工工法	中铁十二局	二级
30	大跨度曲线连续梁转体施工工法	中铁十二局	二级
31	弹性整体道床施工工法	中铁十八局	升级版

续表

序号	工 法 名 称	开发单位	工法等级
32	轨枕埋入式无砟轨道施工工法	中铁十一局	升级版
33	板式无砟轨道水泥乳化沥青砂浆施工工法	中铁十一局	升级版
34	隧道水平旋喷预支护施工工法	中铁二十局	升级版
35	高速铁路预应力混凝土连续箱梁多点顶推架设工法	中铁十三局	升级版
36	大跨度刚构—连续组合弯梁桥施工工法	中铁十一局	升级版
37	顶杆外置式液压提升平台爬模施工工法	中铁十一局	升级版
38	缆索吊架设大跨度大吨位多节段拱桥工法	中铁十七局	升级版
39	大跨度结合梁跨越电气化铁路编组场施工工法	中铁十七局	升级版
40	特大跨连续刚构悬灌梁施工工法	中铁十七局	升级版
41	大吨位箱梁提运架施工工法	中铁十七局	升级版
42	大跨度可调式无支墩钢拱架施工混凝土拱桥工法	中铁十七局	升级版

制表:李庆民

2011 年度中国铁建获省部级工法项目情况表

序号	工 法 名 称	开发单位	认定省(部)
1	岩溶发育地区深水大直径深孔桩基施工工法	中铁十七局	交通运输部
2	山岭地区场地条件恶劣下的高墩骑墩式门架桥梁提升施工工法	中铁十一局	交通运输部
3	拼装组合式制梁底座施工工法	中铁十七局	交通运输部
4	复杂地质条件下高瓦斯隧道施工工法	中铁十一局	交通运输部
5	火山凝灰岩大断面隧道喷锚衬砌施工工法	中铁十二局	交通运输部
6	特长公路隧道无风门巷道式通风施工工法	中铁十二局	交通运输部
7	超长连续溶蚀断层破碎带及软岩大变形隧道施工工法	中铁十四局	交通运输部
8	超大直径盾构穿越浅覆土水下隧道施工工法	中铁十四局	交通运输部
9	超大直径盾构隧道常压下盾构刀具更换工法	中铁十四局	交通运输部
10	隧道信息化跟踪注浆施工工法	中铁十二局	山西省
11	隧道高压富水断层快速施工工法	中铁十二局	山西省
12	隧道施工安全预警逃生系统工法	中铁十二局	山西省
13	板式高速道岔铺设工法	中铁十二局	山西省
14	大峡谷中塔吊配合整体爬模变截面高墩施工工法	中铁十二局	山西省
15	既有线上跨公路桥梁拆除施工工法	中铁十二局	山西省
16	山区公路制架梁施工工法	中铁十二局	山西省
17	高速铁路桥面防水层施工工法	中铁十二局	山西省

续表

序号	工法名称	开发单位	认定省(部)
18	高速铁路桥上CRTSⅡ型板式无砟轨道底座板施工工法	中铁十二局	山西省
19	高速铁路桥上CRTSⅡ型板式无砟轨道水泥乳化沥青砂浆角钢封边施工工法	中铁十二局	山西省
20	陡坡路基石方控制爆破施工工法	中铁十二局	山西省
21	盾构机在风化槽中脱困与刀盘修复工法	中铁十二局	山西省
22	盾构掘进在高水压条件下尾刷更换工法	中铁十二局	山西省
23	高墩大跨连续刚构全封闭挂蓝跨线施工工法	中铁十二局	山西省
24	过江盾构隧道破碎地层联络通道施工工法	中铁十二局	山西省
25	过江隧道引道段弧形吊杆雨棚施工工法	中铁十二局	山西省
26	火山凝灰岩大断面隧道喷锚衬砌施工工法	中铁十二局	山西省
27	客专沟槽混凝土盖板智能化预制工法	中铁十二局	山西省
28	铁路运营线隧道口新增拱形明洞施工工法	中铁十二局	山西省
29	大跨度曲线连续梁转体施工工法	中铁十二局	山西省
30	连续梁合龙段钢壳施工工法	中铁十二局	山西省
31	长大倾角富水斜井快速抽排水工法	中铁十二局	山西省
32	TJ165架桥机隧道内架梁施工工法	中铁十二局	山西省
33	大断面干燥粉细砂地层斜井进入正洞挑顶施工工法	中铁十二局	山西省
34	跨电气化既有线有限空间条件下高速铁路连续梁合龙段挂篮施工工法	中铁十二局	山西省
35	顶举对中、点动牵引转体精确就位施工工法	中铁十二局	山西省
36	跨多股道既有线高速铁路连续梁桥转体施工工法	中铁十二局	山西省
37	陡坡富水斜井仰拱施工工法	中铁十二局	山西省
38	黄土隧道仰拱底鼓整治快速施工工法	中铁十二局	山西省
39	高速公路既有桥梁拼接扩建施工工法	中铁十二局	山西省
40	超大吨位转体桥钢球铰安装施工工法	中铁十二局	山西省
41	超大吨位自平衡混凝土拱桥中心承重转体施工工法	中铁十二局	山西省
42	地铁矿山法隧道下穿既有隧道施工工法	中铁十二局	山西省
43	地铁隧道洞内桩基托换施工工法	中铁十二局	山西省
44	上下重叠盾构隧道施工工法	中铁十二局	山西省
45	桥梁桩基水磨钻成孔施工工法	中铁十二局	山西省
46	自锚式拱桥钢绞线系杆索施工工法	中铁十二局	山西省
47	大型钢管桁架累积滑移整体卸载施工工法	中铁十二局	山西省
48	高速铁路客站与地铁站一体化逆作法施工工法	中铁十二局	山西省
49	折板网格钢结构屋盖安装施工工法	中铁十二局	山西省
50	屏蔽式高压电缆头制作工法	中铁十二局	山西省
51	接触网工程库内刚性悬挂施工工法	中铁十二局	山西省

续表

序号	工 法 名 称	开发单位	认定省(部)
52	编组站 CIPS 系统联调联试工法	中铁十二局	山西省
53	高速铁路 CRTS Ⅱ 型板无砟轨道双柱型端刺施工工法	中铁十二局	山西省
54	隧道台阶法出洞施工工法	中铁十二局	山西省
55	高墩群悬臂后移式模板施工工法	中铁十二局	山西省
56	高速铁路预应力混凝土连续箱梁多点顶推架设工法	中铁十三局	吉林省
57	长陡坡斜井钢纤维喷射混凝土单层衬砌工法	中铁十三局	吉林省
58	深埋隧洞竖井混凝土垂直运输施工工法	中铁十三局	吉林省
59	大跨径无风撑斜靠式钢管异形拱桥悬拼施工工法	中铁十三局	吉林省
60	大跨度变截面 V 构施工工法	中铁十三局	吉林省
61	软弱围岩四线超大断面铁路隧道施工工法	中铁十三局	吉林省
62	超长连续溶蚀断层破碎带及软岩大变形隧道施工工法	中铁十四局	山东省
63	立转式大跨度开启桥施工工法	中铁十四局	山东省
64	钢管混凝土拱桥门式斜支架拼装施工工法	中铁十四局	山东省
65	高速铁路大跨连续刚构桥悬臂浇筑施工工法	中铁十四局	山东省
66	客运专线大跨度连续梁拱施工工法	中铁十四局	山东省
67	流塑状深淤泥地质条件下低桩承台快速施工工法	中铁十四局	山东省
68	公路运架设备架设铁路桥梁施工工法	中铁十四局	山东省
69	薄壁管桩施工工法	中铁十四局	山东省
70	长大电缆机械敷设施工工法	中铁十四局	山东省
71	高原高寒草原地区植被防护及恢复施工工法	中铁十六局	交通运输部
72	复合型上承式钢筋混凝土箱形拱桥施工工法	中铁十六局	交通运输部
73	客运专线 CRTSII 型板式无砟轨道施工工法	中铁十七局	山西省
74	CRTSII 型板式无砟轨道－轨道板精调工法	中铁十七局	山西省
75	极旱荒漠地区高铁路基补水强夯工法	中铁十七局	山西省
76	大断面竖井井壁二衬与中隔混凝土同步施工工法	中铁十七局	山西省
77	大断面软岩富水隧道施工工法	中铁十七局	山西省
78	H 型钢接头地下连续墙施工工法	中铁十七局	山西省
79	盾构进出洞袖阀管注浆土体加固施工工法	中铁十七局	山西省
80	盾构新型浆液同步注浆施工工法	中铁十七局	山西省
81	小断面隧洞长距离通风施工工法	中铁十七局	山西省
82	WJ－7B 型扣件系统无砟轨道线路静动态精调施工工法	中铁十七局	山西省
83	高速铁路岔区板式无砟轨道系统道岔板铺设施工工法	中铁十七局	山西省
84	高速铁路岔区板式无砟轨道系统道岔板制造工法	中铁十七局	山西省
85	钢浮箱拼装深水面混凝土搅拌平台工法	中铁十七局	山西省

续表

序号	工法名称	开发单位	认定省(部)
86	SSJ900/32 型架桥机自行过隧、运梁车驼运过隧工法	中铁十七局	山西省
87	岩溶严重发育地区深水大直径深孔桩基施工工法	中铁十七局	山西省
88	桩柱式桥墩水下系梁 H 型轻型套箱施工工法	中铁十七局	山西省
89	高速铁路桥上道岔板施工工法	中铁十九局	辽宁省
90	开敞式隧道掘进机(TBM)通过软弱围岩及蚀变带围岩的施工工法	中铁十九局	辽宁省
91	高速铁路岔区连续梁底座板施工工法	中铁十九局	辽宁省
92	孔外爆破处理深孔桩基硬岩斜向孤石施工工法	中铁十九局	辽宁省
93	土压平衡式盾构机切削穿越建筑物桩群施工工法	中铁十九局	辽宁省
94	金液压可视可控扩底灌注桩施工工法	中铁十九局	辽宁省
95	HPE 液压垂直插入机施作钢管柱工法	中铁十九局	辽宁省
96	预应力管桩“桩—网”复合结构加固处理超大面积复杂海相沉积深厚软基施工工法	中铁十九局	辽宁省
97	高位轮胎式搬运机跨桥装车施工工法	中铁十九局	辽宁省
98	ZPW－2000R 型移频自动闭塞设备安装及系统调试施工工法	中铁十九局	辽宁省
99	既有线施工中无尖轨道岔应用施工工法	中铁二十局	陕西省
100	黄河大桥砂土层深基坑施工工法	中铁二十局	陕西省
101	跨既有电气化铁路全封闭高压绝缘挂篮施工工法	中铁二十局	陕西省
102	CRTSII 型无砟轨道板施工工法	中铁二十局	陕西省
103	刚构桥梁悬臂浇筑挂篮反压施工工法	中铁二十一局	甘肃省
104	大跨度连续刚构桥中跨合拢段顶推施工工法	中铁二十一局	甘肃省
105	近海地区跨铁路客运专线防护棚架施工工法	中铁二十一局	甘肃省
106	临近既有线水平岩层地质隧道施工工法	中铁二十一局	甘肃省
107	软弱围岩大断面隧道下穿既有铁路隧道施工工法	中铁二十一局	甘肃省
108	T. JK1－D 型车辆减速器安装工法	中铁二十三局	四川省
109	钢管格构墩 A 型单元节段制造工法	中铁二十三局	四川省
110	既有铁路电气化改造新旧硬横梁换装施工工法	中铁二十三局	四川省
111	水下钻孔灌注桩倾斜岩层爆破成孔施工工法	中铁二十四局	福建省
112	无缝线路滚筒法应力放散施工工法	中铁二十四局	福建省
113	特殊地质条件下地下连续墙成槽施工工法	中铁二十五局	广东省
114	铁路大跨度连续梁拱组合桥快速施工工法	中铁二十五局	广东省
115	不等高悬挂吊弦计算安装调整施工工法	中铁建电化局	山西省
116	整体吊弦新工艺安装工法	中铁建电化局	山西省
117	电气化接触网上部施工工厂化预配工法	中铁建电化局	山西省
118	太阳能光伏发电站安装施工工法	中铁建电化局	山西省

制表：李庆民

2011 年度中国铁建优秀工法项目表

序号	工　法　名　称	开发单位	获奖等级
1	多箱室预应力混凝土槽形梁悬灌施工工法	中铁十一局	一等奖
2	长大箱涵内模台车施工工法	中铁十一局	一等奖
3	小半径箱梁竖向预应力二次张拉施工工法	中铁十一局	一等奖
4	转体连续梁合拢段钢壳施工工法	中铁十二局	一等奖
5	跨电气化既有线有限空间条件下高速铁路连续梁合龙段挂篮施工工法	中铁十二局	一等奖
6	超大吨位自平衡混凝土拱桥中心承重转体施工工法	中铁十二局	一等奖
7	立转式大跨度开启桥施工工法	中铁十四、十三局	一等奖
8	钢管混凝土拱桥门式斜支架拼装施工工法	中铁十四、十三局	一等奖
9	SSJ900/32 型架桥机自行过隧、运梁车驮运过隧工法	中铁十七局	一等奖
10	跨既有线空间刚架桥梁施工工法	中铁十七局	一等奖
11	大体积构件平曲线顶推施工工法	中铁十八局	一等奖
12	大跨径、变截面道岔连续梁多主桁菱形挂篮悬灌施工工法	中铁十九局	一等奖
13	桥梁浮运平台双壁钢围堰施工工法	中铁二十局	一等奖
14	近海地区跨铁路客运专线防护棚架施工工法	中铁二十一局	一等奖
15	深水隔舱式双壁钢吊箱围堰施工工法	中铁二十二局	一等奖
16	跨四线提梁机配合运架一体机架梁施工工法	中铁二十二、十九局	一等奖
17	深水裸岩岩溶桩基础平台施工工法	中铁二十二、十三局	一等奖
18	严寒地区预制后张法铁路简支 T 型梁冬期施工工法	中铁二十三局	一等奖
19	结合新桥拆除钢筋混凝土系杆拱桥施工工法	中铁二十四局	一等奖
20	牛腿支架现浇门式刚构帽梁施工工法	中铁二十四局	一等奖
21	既有电气化铁路不停运增建明洞安全快速施工工法	中土集团、中铁十六局	一等奖
22	土压平衡盾构机回填法穿越中间风井施工工法	中铁十一局	一等奖
23	水下盾构隧道破碎地层联络通道施工工法	中铁十二局	一等奖
24	火山凝灰岩大断面隧道喷锚衬砌施工工法	中铁十二局	一等奖
25	上下重叠盾构隧道施工工法	中铁十二局	一等奖
26	超长连续溶蚀断层破碎带及软岩大变形隧道施工工法	中铁十四局	一等奖
27	富水软弱复杂地层全地下大直径钢管立柱施工工法	中铁十五局	一等奖
28	海底隧道钻爆法施工工法	中铁十六局	一等奖
29	长距离大口径双曲线钢顶管施工工法	中铁十六局	一等奖
30	狭小空间全套管静压拔桩施工工法	中铁十六局	一等奖
31	高海拔小断面隧洞长距离通风施工工法	中铁十七局	一等奖

续表

序号	工　法　名　称	开发单位	获奖等级
32	连续皮带机出碴时开敞式 TBM 同步衬砌施工工法	中铁十八局	一等奖
33	引水隧洞圆弧形底拱衬砌横向滑模施工工法	中铁十八局	一等奖
34	临近既有线水平岩层地质隧道施工工法	中铁二十一局	一等奖
35	海底隧道穿越浅滩富水砂层分仓止水施工工法	中铁二十二局	一等奖
36	大跨度钢桥双块式无砟轨道精度控制施工工法	中铁十一局	一等奖
37	62 号大号码侧向通过速度达 220 公里/小时高速无砟道岔施工工法	中铁十一局	一等奖
38	陡坡路基石方控制爆破施工工法	中铁十二局	一等奖
39	垂直山体动静结合爆破施工工法	中铁十三局	一等奖
40	极旱荒漠地区高铁路基补水强夯工法	中铁十七局	一等奖
41	高速铁路道岔板制造与铺设工法	中铁十七局	一等奖
42	道岔板生产工法	中铁二十三局	一等奖
43	后插钢筋笼 CFG 桩成桩工法	铁四院	一等奖
44	大型钢管桁架拼装累积滑移整体卸载施工工法	中铁十二局	一等奖
45	高速铁路客站与地铁站一体化逆作法施工工法	中铁十二局	一等奖
46	折板网格钢结构屋盖安装施工工法	中铁十二局	一等奖
47	超高层双层工字钢悬挑支撑体系设计施工监测工法	中铁建设	一等奖
48	背槽式玻化砖墙面干挂施工工法	中铁建设	一等奖
49	编组站 CIPS 系统联调联试工法	中铁十二局	一等奖
50	下接触式接触轨施工工法	中铁十三局	一等奖
51	电气化接触网上部施工工厂化预配工法	中铁建电化局	一等奖
52	整体吊弦新工艺安装工法	中铁建电化局	一等奖
53	铁路长大隧道内 900 米漏泄同轴电缆施工工法	中铁建电化局	一等奖
54	盐湖地区接触网基础防腐施工工法	中铁建电化局	一等奖
55	高速双弓接触网简链系统精确安装一体化工法	铁四院	一等奖
56	TJ165 架桥机隧道内架梁施工工法	中铁十二局	二等奖
57	顶举对中、点动牵引转体精确就位施工工法	中铁十二局	二等奖
58	高速公路既有桥梁拼接扩建施工工法	中铁十二局	二等奖
59	桥梁桩基水磨钻成孔施工工法	中铁十二局	二等奖
60	自锚式拱桥钢绞线系杆索施工工法	中铁十二局	二等奖
61	高速铁路大跨连续刚构桥悬臂浇筑施工工法	中铁十四局	二等奖
62	既有公路运架设备架设多片并置铁路 T 梁施工工法	中铁十四局	二等奖
63	16 米多片式 T 梁翼缘板整孔现浇施工工法	中铁十五局	二等奖

续表

序号	工　　法　　名　　称	开 发 单 位	获奖等级
64	钢筋混凝土系杆拱老桥无损拆除施工工法	中铁十六局	二等奖
65	高速铁路大跨度中承式钢箱拱非对称转体施工工法	中铁十七局	二等奖
66	岩溶严重发育地区深水大直径深孔桩基施工工法	中铁十七局	二等奖
67	高速铁路箱梁管道密实度控制施工工法	中铁十九局	二等奖
68	钻孔灌注桩桩头分离整体吊装施工工法	中铁十九局	二等奖
69	黄河大桥砂土层深基坑施工工法	中铁二十局	二等奖
70	风区及高空条件下高速铁路双线 48 米简支箱梁节段拼装施工工法	中铁二十局	二等奖
71	跨铁路既有线特大桥连续槽型梁施工工法	中铁二十一局	二等奖
72	刚构桥梁悬臂浇筑挂篮反压施工工法	中铁二十一局	二等奖
73	钢管桁架梁单元节段制造工法	中铁二十三局	二等奖
74	钢结构箱梁少支架大节段吊装工法	中铁二十三局	二等奖
75	跨越既有铁路钢箱梁架设施工工法	中铁二十三局	二等奖
76	现浇箱梁支架整体落架拆除施工工法	中铁二十四局	二等奖
77	潮汐地区超长钢板桩围堰深水基础施工工法	中铁二十五局	二等奖
78	步履式架桥机反向操作长距离退位转场工法	中铁二十五局	二等奖
79	复杂地质条件下高瓦斯隧道施工工法	中铁十一局	二等奖
80	盾构机在风化槽中脱困与刀盘修复工法	中铁十二局	二等奖
81	盾构掘进在高水压条件下尾刷更换工法	中铁十二局	二等奖
82	客专沟槽盖板智能化预制工法	中铁十二局	二等奖
83	特长公路隧道巷道式通风施工工法	中铁十二局	二等奖
84	陡坡富水斜井仰拱施工工法	中铁十二局	二等奖
85	地铁矿山法隧道下穿既有隧道施工工法	中铁十二局	二等奖
86	地铁隧道洞内桩基托换施工工法	中铁十二局	二等奖
87	盾构富水粉砂层掘进施工工法	中铁十三局	二等奖
88	盾构始发期间小净距下穿大断面地铁运营隧道施工工法	中铁十五局	二等奖
89	长距离浅埋砂层隧道施工工法	中铁十六局	二等奖
90	大断面软岩富水隧道施工工法	中铁十七局	二等奖
91	四分隔竖井井壁二衬与中隔板混凝土同步施工工法	中铁十七局	二等奖
92	H 型钢接头地下连续墙施工工法	中铁十七局	二等奖
93	采用可升降折叠工作平台隧道病害整治施工工法	中铁十八局	二等奖
94	地铁盾构施工期间联络通道冻结法施工工法	中铁十八局	二等奖
95	瓦斯突出隧道揭煤施工工法	中铁二十二局	二等奖

续表

序号	工　法　名　称	开发单位	获奖等级
96	仰拱整体钢模快速施工工法	中铁二十三、二十二局	二等奖
97	42号CNTT板式道岔铺设工法	中铁十二、十一局	二等奖
98	长大隧道内CRTSⅠ型双块式无砟道床施工工法	中铁十三局	二等奖
99	WZ500E型铺轨机组铺设跨区间无缝线路长轨条施工工法	中铁十五局	二等奖
100	高填路堤软基深层复合加固施工工法	中铁十六局	二等奖
101	WJ-7B型扣件系统无砟轨道线路静动态精调工法	中铁十七局	二等奖
102	CRTSⅡ型板式无砟轨道乳化沥青砂浆填充层封边施工工法	中铁十七局	二等奖
103	500米长轨铺设工法	中铁十七局	二等奖
104	独立多单元构件自动化蒸汽养护施工工法	中铁十九局	二等奖
105	压路机智能连续压实过程控制施工工法	中铁十九局	二等奖
106	多种填料深坑路堤填筑施工工法	中铁二十局	二等奖
107	高速铁路板式无砟轨道长钢轨精调工法	中铁二十四局	二等奖
108	高速铁路桥面系42号板式无砟道岔铺设施工工法	中铁二十四局	二等奖
109	碎石注浆桩桩筏结构施工工法	铁四院	二等奖
110	整体滑移式脚手架架设钢网架施工工法	中铁十二局	二等奖
111	铁路客站钢管柱内虹吸式雨水管施工工法	中铁十二局	二等奖
112	管道电伴热施工工法	中铁十二局	二等奖
113	横排版780型大波纹板外围护墙施工工法	中铁十六局	二等奖
114	接触网工程库内刚性悬挂施工工法	中铁十二局	二等奖
115	ZDJ9交流电动转辙机安装施工工法	中铁十三局	二等奖
116	地铁长大电缆机械敷设施工工法	中铁十四局	二等奖
117	ZPW-2000R型无绝缘移频自动闭塞设备调试工法	中铁二十三局	二等奖
118	高速铁路公网无线信号覆盖设备安装工法	中铁二十四局	二等奖
119	不等高悬挂吊弦计算安装调整施工工法	中铁建电化局	二等奖
120	刚性悬挂接触线架设施工工法	中铁建电化局	二等奖
121	地铁刚性悬挂支持装置安装工法	中铁建电化局	二等奖

制表：李庆民

2011 年度中国铁建科技成果鉴定、评审项目情况表

序号	项目名称	完成单位	鉴定、评审单位	成果评价	类别
1	铁路路基下伏多层富水大型采空区稳定性评价及治理关键技术研究	中铁十二局	山西省科技厅	国际领先	鉴定
2	跨繁忙干线无梁板连续刚构安全施工技术与精细化管理	中铁十二局	山西省科技厅	国际领先	鉴定
3	京沪高速铁路再创新 CRTS Ⅱ 型板式无砟轨道规模化生产及综合施工技术研究	中铁十二局	山西省科技厅	国际领先	鉴定
4	复杂岩溶地质条件下隧道施工安全与灾害防治关键技术	中铁十七局	河北省科技成果转化服务中心	国际领先	鉴定
5	铁路客运专线 500 米小曲线半径多梁型箱梁运架设备研制	中铁十七局	山西省科技厅	国际领先	鉴定
6	武汉长江隧道工程建设成套技术	铁四院	湖北省科技厅	国际领先	鉴定
7	基于高分辨率遥感及三维可视化的铁路工程地质选线关键技术研究	铁四院	湖北省科技厅	国际领先	鉴定
8	高速双弓新型接触网简链系统关键技术研究及工程应用	铁四院	湖北省科技厅	国际领先	鉴定
9	电气化铁路营业线不停运增建明洞安全快速施工技术	中土集团	中国铁建	国际领先	评审
10	武汉至广州客运专线新建武汉动车段工程设计施工综合技术	中铁十一局	中国铁建	国际领先	评审
11	天津海河双叶立转开启桥关键施工技术	中铁十四局	中国铁建	国际领先	评审
12	城市中心区大型地下高铁车站结构施工综合技术	中铁十五局	中国铁建	国际领先	评审
13	客运专线软基处理综合施工技术	中铁十六局	中国铁建	国际领先	评审
14	钢筋混凝土系杆拱桥无损拆除综合施工技术研究	中铁十六局	中国铁建	国际领先	评审
15	岩溶强发育复杂地层桥梁桩基钻进施工新技术	中铁十六局	中国铁建	国际领先	评审
16	大断面小净距改扩建公路隧道综合施工技术	中铁十六局	中国铁建	国际领先	评审
17	天津站交通枢纽工程超大面积、极不规则、超深多跨盖挖逆作综合施工技术	中铁十六局	中国铁建	国际领先	评审
18	长距离双曲线大口径钢顶管施工技术	中铁十六局	中国铁建	国际领先	评审
19	跨四线提梁机配合提梁平台装梁施工技术	中铁二十二局	中国铁建	国际领先	评审
20	厦门北站钢结构屋盖安装关键技术研究	中铁建设	中国铁建	国际领先	评审
21	布袋注浆桩加固深厚层软土技术研究	铁四院	中国铁建	国际领先	评审
22	客运专线综合维修体系研究及工程应用	铁四院	中国铁建	国际领先	评审
23	深圳轨道交通 3 号线双层车辆段综合施工技术	中土集团	河北省科技成果转化服务中心	国际先进	鉴定
24	大跨度铁路曲线连续梁桥转体施工控制技术及应用研究	中铁十二局	内蒙古自治区科技厅	国际先进	鉴定
25	铁路大型客站复杂软土地质深大异形基坑综合技术研究	中铁十二局	山西省科技厅	国际先进	鉴定

续表

序号	项　目　名　称	完成单位	鉴定、评审单位	成果评价	类别
26	铁路大型客站复杂钢结构施工关键结构性能与风载特征实验研究	中铁十二局	山西省科技厅	国际先进	鉴定
27	复杂地质瓦斯隧道施工技术研究	中铁十二局	山西省科技厅	国际先进	鉴定
28	复杂地质及近邻既有建筑的地铁区间隧道施工技术研究	中铁十二局	山西省科技厅	国际先进	鉴定
29	900 吨变位平台运架一体机特殊工况施工工艺研究	中铁十二局	山西省科技厅	国际先进	鉴定
30	超深埋特长公路隧道复杂地质条件下综合施工技术研究	中铁十二局	山西省科技厅	国际先进	鉴定
31	渝涪铁路二线紧邻既有线石方控制爆破新技术研究	中铁十二局	山西省科技厅	国际先进	鉴定
32	高速铁路岩溶路基注浆施工技术研究	中铁十二局	山西省科技厅	国际先进	鉴定
33	CRTS Ⅱ 型水泥乳化沥青砂浆研制及其在京沪高铁中的应用	中铁十二局	山西省科技厅	国际先进	鉴定
34	京沪高铁四标段精密网控制技术研究	中铁十二局	山西省科技厅	国际先进	鉴定
35	高强度硬岩段间杂软弱岩地层盾构施工技术	中铁十三局	吉林省科技厅	国际先进	鉴定
36	复杂地质条件下穿越长江施工的超大直径泥水盾构机状态检测及故障诊断关键技术	中铁十四局	山东省科技厅	国际先进	鉴定
37	复杂地质条件下超大直径泥水盾构泥浆及成膜关键技术	中铁十四局	山东省科技厅	国际先进	鉴定
38	复杂地层及地形条件下超大直径泥水盾构浅覆土长距离穿越长江关键技术研究	中铁十四局	山东省科技厅	国际先进	鉴定
39	复杂地质条件下超大直径泥水盾构壁后注浆关键技术	中铁十四局	山东省科技厅	国际先进	鉴定
40	复杂地质条件下超大直径盾构隧道衬砌结构基于监控的施工安全控制技术	中铁十四局	山东省科技厅	国际先进	鉴定
41	复杂地质条件下超大直径盾构始发接收超深基坑综合施工技术	中铁十四局	山东省科技厅	国际先进	鉴定
42	高速铁路板式无砟轨道精密测量系统研究	中铁十五局	国家测绘地理信息局科技与国际合作司	国际先进	鉴定
43	高速铁路分段支架现浇法施工大跨连续梁的线形控制技术	中铁十七局	河北省科技成果转化服务中心	国际先进	鉴定
44	高速铁路大跨径预应力混凝土连续弯梁桥施工监控技术	中铁十七局	河北省科技成果转化服务中心	国际先进	鉴定
45	岩溶严重发育地区深水大直径深孔桩基础施工技术	中铁十七局	山西省科技厅	国际先进	鉴定
46	京沪高速铁路 108 米中承式钢箱拱非对称转体施工技术	中铁十七局	山西省科技厅	国际先进	鉴定
47	跨多条繁忙电气化铁路干线空间刚架（桥梁）综合施工技术	中铁十七局	山西省科技厅	国际先进	鉴定
48	新型大体积混凝土桥墩抗开裂技术	中铁十八局	天津市高新技术成果转化中心	国际先进	鉴定
49	连续皮带机出碴条件下 TBM 掘进与二次衬砌同步施工技术	中铁十八局	天津市高新技术成果转化中心	国际先进	鉴定
50	大型沉管隧道岸壁保护成套技术研究	中铁十八局	天津市高新技术成果转化中心	国际先进	鉴定

续表

序号	项　目　名　称	完 成 单 位	鉴定、评审单位	成果评价	类 别
51	大体积构件平曲线顶推施工技术研究	中铁十八局	天津市高新技术成果转化中心	国际先进	鉴定
52	350 公里/小时高速铁路无砟轨道沉降监测及评估技术的研究与应用	中铁十九局	辽宁省科技厅	国际先进	鉴定
53	C130 活性粉末混凝土在石武客专河南段 SWZQ－2 标桥梁工程中的应用研究	中铁十九局	河北省科技成果转化服务中心	国际先进	鉴定
54	庙岭隧道监测与施工的动态模拟研究	中铁十九局	辽宁省科技厅	国际先进	鉴定
55	系杆拱异位现浇整体横移就位施工技术	中铁二十三局	四川省科技厅	国际先进	鉴定
56	严寒气候条件下隧道渗漏水防治和防冻隔温综合施工技术	中铁二十三局	四川省科技厅	国际先进	鉴定
57	严寒气候条件下结构混凝土冬期施工技术研究	中铁建设	黑龙江省住房和城乡建设厅科学技术委员会	国际先进	鉴定
58	高速铁路弓网受流状态稳定性监测及评估技术研究	铁四院	湖北省科技厅	国际先进	鉴定
59	无砟轨道牵引电气接地系统的兼容性技术研究及工程示范	铁四院	湖北省科技厅	国际先进	鉴定
60	铁路客站中辐射供冷、供热技术的研究	铁四院	湖北省科技厅	国际先进	鉴定
61	城市地铁隧道内压力变化对人员舒适性的影响研究	铁四院	湖北省科技厅	国际先进	鉴定
62	城市交通隧道洞口污染物排放影响分析	铁四院	湖北省科技厅	国际先进	鉴定
63	高速铁路岔区板式无砟轨道综合施工技术	中铁十六局	中国铁建	国际先进	评审
64	沿海地区深桩基、深基坑斜拉桥综合施工技术	中铁十六局	中国铁建	国际先进	评审
65	带副拱的中承式菱形变截面钢管混凝土拱桥综合施工技术研究	中铁十六局	中国铁建	国际先进	评审
66	复杂地层条件下大面积超深基坑的施工技术与环境保护研究	中铁十六局	中国铁建	国际先进	评审
67	复杂环境下大断面隧道开挖关键技术研究	中铁十六局	中国铁建	国际先进	评审
68	新生地震带长大隧道综合施工技术	中铁十九局	中国铁建	国际先进	评审
69	客运专线超大面积深厚软土桩网复合地基承载性状及沉降变形控制研究	中铁十九局	中国铁建	国际先进	评审
70	新型时速 350 公里单线试验箱梁关键技术研究	中铁十九局	中国铁建	国际先进	评审
71	多种填料深基坑路堤填筑技术研究及稳定性评价	中铁二十局	中国铁建	国际先进	评审
72	跨繁忙铁路干线钢桁梁平面转体施工技术	中铁二十局	中国铁建	国际先进	评审
73	广州新客站综合施工技术研究	中铁二十二局	中国铁建	国际先进	评审
74	穿隧式运架一体机研制及应用	中铁二十二局	中国铁建	国际先进	评审
75	干海子特大桥钢管桁架梁单元节段制造技术	中铁二十三局	中国铁建	国际先进	评审

续表

序号	项　目　名　称	完成单位	鉴定、评审单位	成果评价	类别
76	客运专线大号码无砟道岔（板）制造与施工工艺研究	中铁二十三局	中国铁建	国际先进	评审
77	曲线宽幅单索面矮塔斜拉桥施工技术研究	中铁二十四局	中国铁建	国际先进	评审
78	压荷平衡支护体系的研究与应用	中铁建设	中国铁建	国际先进	评审
79	高速铁路高架站桥上道岔区无砟轨道设计技术研究	铁四院	中国铁建	国际先进	评审
80	客运专线 CRTSⅡ型板式无砟轨道设计技术研究	铁四院	中国铁建	国际先进	评审
81	京沪高速铁路丹阳至昆山特大桥上无砟轨道设计技术研究	铁四院	中国铁建	国际先进	评审
82	宜万铁路长大顺层路堑稳定性试验分析研究	铁四院	中国铁建	国际先进	评审
83	搅拌桩联合排水板复合加固深层软土技术研究	铁四院	中国铁建	国际先进	评审
84	武汉市轨道交通网络后备运营信号系统方案研究	铁四院	中国铁建	国际先进	评审
85	适应限界挖潜需要的动车组动态包络线研究	铁四院	中国铁建	国际先进	评审
86	沪杭客专桥梁半封闭式声屏障工程技术研究	铁四院	中国铁建	国际先进	评审
87	宜万铁路岩溶高风险隧道技术经济分析	铁四院	中国铁建	国际先进	评审
88	铁路混凝土拌和站建设技术研究	铁五院	中国铁建	国际先进	评审
89	建筑物密集区地铁车站复合地层富水深基坑施工关键技术研究	中铁十二局	山西省科技厅	国内领先	鉴定
90	地铁车站施工信息化监控技术研究及其应用	中铁十二局	山西省科技厅	国内领先	鉴定
91	重庆两江大桥主塔基础工程	中铁十三局	吉林省科技厅	国内领先	鉴定
92	特大规模复杂条件特长隧洞群施工协同通风技术应用研究	中铁十三局	吉林省科技厅	国内领先	鉴定
93	城市轨道交通 BAS 系统方案优化与工程技术应用	中铁十三局	天津市	国内领先	鉴定
94	高寒缺氧地区隧道（洞）穿越复杂岩爆地质施工关键问题及工程应对措施研究	中铁十三局	新疆维吾尔自治区科技厅	国内领先	鉴定
95	京沪高速铁路简支系杆叠拱施工技术	中铁十七局	山西省科技厅	国内领先	鉴定
96	高速公路隧道超大直径四分隔通风竖井快速施工技术	中铁十七局	山西省科技厅	国内领先	鉴定
97	软弱地基下沉管隧道轴线干坞成套技术研究	中铁十八局	天津市高新技术成果转化中心	国内领先	鉴定
98	深水基础新型锁扣钢管桩围护结构技术研究与应用	中铁十九局	辽宁省辽阳市科技厅	国内领先	鉴定
99	复杂地质隧道修建技术—新宝塔山隧道综合施工技术研究	中铁二十一局	甘肃省科技厅	国内领先	鉴定
100	复杂地质大断面特长双线隧道综合施工技术研究	中铁二十一局	甘肃省科技厅	国内领先	鉴定

续表

序号	项　目　名　称	完 成 单 位	鉴定、评审单位	成果评价	类 别
101	老山大桥高墩悬灌刚构施工技术研究	中铁二十一局	甘肃省科技厅	国内领先	鉴定
102	新建向莆铁路近海地区特大桥综合施工技术研究	中铁二十一局	甘肃省科技厅	国内领先	鉴定
103	城市轨道交通用扣件研制	铁建重工	四川省科技厅	国内领先	鉴定
104	350 公里/小时高速铁路复杂环境下 112 米跨钢管混凝土提篮拱桥关键施工技术	中铁十四局	中国铁建	国内领先	评审
105	双线隧道盾构始发期间小净距下穿既有大断面地铁隧道运营线施工技术研究	中铁十五局	中国铁建	国内领先	评审
106	严寒地区铁路客运专线防冻胀路基施工技术研究	中铁十五局	中国铁建	国内领先	评审
107	引水隧道圆弧型底拱衬砌施工技术	中铁十八局	中国铁建	国内领先	评审
108	既有隧道工程列车快速升降折叠工作平台施工技术	中铁十八局	中国铁建	国内领先	评审
109	高原高寒高应力特长板岩施工监控技术	中铁十八局	中国铁建	国内领先	评审
110	地铁盾构施工期间联络通道冻结法施工技术	中铁十八局	中国铁建	国内领先	评审
111	高速铁路路基变形（沉降）观测方法及控制措施	中铁十九局	中国铁建	国内领先	评审
112	受运架影响需结构体系转换的系杆拱桥施工技术研究	中铁十九局	中国铁建	国内领先	评审
113	浅埋偏压流塑状围岩隧道施工技术研究	中铁十九局	中国铁建	国内领先	评审
114	大倾角长大通风斜井综合施工技术	中铁十九局	中国铁建	国内领先	评审
115	飞鸟式中承钢箱拱肋系杆拱桥施工关键技术研究	中铁十九局	中国铁建	国内领先	评审
116	严寒地区超低温高性能混凝土施工技术研究	中铁二十局	中国铁建	国内领先	评审
117	兰渝铁路杨家湾黄河特大桥浮运平台双壁钢围堰施工技术	中铁二十局	中国铁建	国内领先	评审
118	岩溶地质倾斜岩面钻孔桩施工技术研究	中铁二十二局	中国铁建	国内领先	评审
119	轮胎式运梁车配合公铁两用架桥机架设铁路 T 梁施工技术	中铁二十二局	中国铁建	国内领先	评审
120	深水裸岩、岩溶钻孔桩基础施工技术	中铁二十二局	中国铁建	国内领先	评审
121	深水双壁隔仓式钢吊箱围堰施工技术	中铁二十二局	中国铁建	国内领先	评审
122	道岔板生产技术	中铁二十三局	中国铁建	国内领先	评审
123	铁路客运专线集装箱式基地焊轨成套设备研制	中铁二十三局	中国铁建	国内领先	评审
124	客运专线无砟道岔施工工艺及成套设备研究	中铁二十三局	中国铁建	国内领先	评审
125	热塑性树脂包裹绝缘钢筋	中铁二十三局	中国铁建	国内领先	评审

续表

序号	项　目　名　称	完成单位	鉴定、评审单位	成果评价	类别
126	高速铁路CRTSII型板式无砟轨道42号道岔桥上铺设技术	中铁二十四局	中国铁建	国内领先	评审
127	现浇箱梁支架整体落架拆除施工技术	中铁二十四局	中国铁建	国内领先	评审
128	结合新桥拆除钢筋混凝土系杆拱桥施工技术	中铁二十四局	中国铁建	国内领先	评审
129	牛腿支架现浇门式刚构帽梁施工技术	中铁二十四局	中国铁建	国内领先	评审
130	简易吊架安拆D型便梁施工技术	中铁二十五局	中国铁建	国内领先	评审
131	步履式架桥机反向操作长距离退位转场技术研究及应用	中铁二十五局	中国铁建	国内领先	评审
132	既有建筑功能提升改造关键技术研究	中铁建设	中国铁建	国内领先	评审
133	基坑工程变形监测方法与关键技术研究	中铁建设	中国铁建	国内领先	评审
134	青藏线西格段盐湖地区电气化接触网基础防腐及稳定性研究	中铁建电化局	中国铁建	国内领先	评审
135	超长高速铁路的法截面子午线椭球高斯投影	铁一院	中国铁建	国内领先	评审
136	西安枢纽CTCS－3级列车运行控制系统方案研究与应用	铁一院	中国铁建	国内领先	评审
137	高纬度严寒地区客运专线配套技术研究——通信信号管线设计及维护管理信息系统	铁一院	中国铁建	国内领先	评审
138	铁路桥式（正线下式）旅客站房隔振、降噪技术研究	铁一院	中国铁建	国内领先	评审
139	疆煤外运煤炭物流系统规划及建设方案研究	铁一院	中国铁建	国内领先	评审
140	基于温升效应的牵引变压器技术研究	铁一院	中国铁建	国内领先	评审
141	安庆长江大桥桥上无缝线路设计技术研究	铁四院	中国铁建	国内领先	评审
142	铁路GSM－R相关技术应用研究	铁四院	中国铁建	国内领先	评审
143	铁路隧道防护门工艺及关键设备研究	铁四院	中国铁建	国内领先	评审
144	城市轨道交通三轨受电车辆立体检修工艺技术研究	铁四院	中国铁建	国内领先	评审
145	铁路中小站生活污水无动力处理工艺研究	铁四院	中国铁建	国内领先	评审
146	350公里/小时铁路客运专线160米连续梁拱桥综合施工技术	中铁十四局	铁道部	国内领先	验收
147	京沪高速铁路无砟轨道岔枕及道岔板制造技术研究	中铁十四局	铁道部	国内领先	验收
148	时速250公里客运专线60千克/米钢轨12号单开道岔（无砟）	铁建重工	铁道部	国内领先	验收
149	时速120公里60千克/米钢轨18号单开道岔	铁建重工	铁道部	国内领先	验收
150	时速160公里60千克/米钢轨12号道岔（专线4249）	铁建重工	铁道部	国内领先	验收

续表

序号	项　目　名　称	完成单位	鉴定、评审单位	成果评价	类别
151	深水复杂特大桥基础施工技术研究	中铁十二局	山西省科技厅	国内先进	鉴定
152	3.6MPa 高压瓦斯隧道施工技术研究	中铁二十二局	重庆市科学技术委员会	国内先进	鉴定
153	隧道仰拱整体式移动模架浇筑施工工技术	中铁二十二局	中国铁建	国内先进	评审
154	仰拱整体钢模快速施工技术	中铁二十三局	中国铁建	国内先进	评审
155	ZPW－2000R 型无绝缘移频自动闭塞设备调试技术	中铁二十三局	中国铁建	国内先进	评审
156	临近铁路营运线高路堑石方控制爆破施工技术	中铁二十三局	中国铁建	国内先进	评审
157	城市高架桥钢结构箱梁施工技术	中铁二十三局	中国铁建	国内先进	评审
158	严寒地区预制后张法铁路简支 T 型梁冬期施工技术	中铁二十三局	中国铁建	国内先进	评审
159	跨越既有铁路钢箱梁架设施工技术	中铁二十三局	中国铁建	国内先进	评审
160	移动模架逐段悬拼推进就位安装技术	中铁二十三局	中国铁建	国内先进	评审
161	高速铁路板式无砟轨道长钢轨精调工法	中铁二十四局	中国铁建	国内先进	评审
162	高铁沿线公网无线系统施工技术	中铁二十四局	中国铁建	国内先进	评审
163	新建铁路太原至中卫（银川）线站后四电工程施工技术	中铁建电化局	中国铁建	国内先进	评审
164	电气化接触网防盗预警系统开发	中铁建电化局	中国铁建	国内先进	评审
165	电气化接触网防盗预警系统开发	中铁建电化局	中国铁建	国内先进	评审
166	地铁刚性悬挂接触网施工技术	中铁建电化局	中国铁建	国内先进	评审
167	数字影像真三维遥感地质解译方法研究	铁一院	中国铁建	国内先进	评审
168	冷暖型变频多联空调安装技术	中铁二十三局	中国铁建	行业领先	评审
169	客运专线“四电”集成工程电缆敷设机研制	中铁建电化局	中国铁建	行业领先	评审
170	客运专线“四电”集成工程电缆敷设机研制	中铁建电化局	中国铁建	行业领先	评审
171	北京轨道交通大兴线通信系统及 AFC 设备安装技术	中铁建电化局	中国铁建	行业领先	评审
172	航空 LIDAR 技术在铁路勘察设计中的应用研究	铁一院	中国铁建	行业领先	评审
173	地铁车辆段作业安全保护系统	铁一院	中国铁建	行业领先	评审
174	高速铁路岔区板式轨道系统制造与施工技术	中铁十七局	铁道部	通过	验收
175	哈大客运专线大跨度钢箱叠拱桥关键技术研究	铁一院	铁道部	通过	验收

续表

序号	项　目　名　称	完成单位	鉴定、评审单位	成果评价	类别
176	客运专线桥上无缝线路及岔区桥梁与道岔设计研究	铁一院	铁道部	通过	验收
177	牵引供电系统安全性研究——电力机车过关节式分相过电压机理分析及防护措施研究	铁一院	铁道部	通过	验收
178	通信信号相关技术标准的研究——客运专线信号列控设备维修技术及标准	铁一院	铁道部	通过	验收
179	客运专线建设技术研究——客运专线大夸连续梁梁缝处超限支撑间距合理取值及处理措施的研究	铁一院	铁道部	通过	验收
180	宜万铁路深埋复杂岩溶隧道预测和综合整治技术的研究	铁四院	铁道部	通过	验收
181	宜万铁路桥梁关键技术研究——大跨预应力混凝土刚构桥的研究	铁四院	铁道部	通过	验收
182	宜万铁路岩溶地区隧道灾害预测预报技术与结构设计的研究	铁四院	铁道部	通过	验收
183	宜万铁路山区复杂地形桥式结构试验研究	铁四院	铁道部	通过	验收
184	宜万铁路堡镇隧道软岩大变形控制技术试验研究	铁四院	铁道部	通过	验收
185	高速铁路建设节能减排重点技术研究	铁四院	铁道部	通过	验收
186	QJ－280 桥梁检查车样机出厂技术审查	昆明中铁	铁道部	通过	验收
187	TX－65 铁路道床吸污车样机出厂技术审查	昆明中铁	铁道部	通过	验收
188	QS－1200 全断面道砟清筛机优化设计方案审查会	昆明中铁	铁道部	通过	验收
189	XCDW－32 线路道岔捣固稳定车优化设计方案审查会	昆明中铁	铁道部	通过	验收
190	GZC－120 轨道作业检查车	昆明中铁	铁道部	通过	验收
191	XM－1800 钢轨铣磨车技术审查会	昆明中铁	铁道部	通过	验收
192	除雪车设计方案评审	昆明中铁	铁道部	通过	验收
193	海底隧道钻爆法安全施工关键技术研究	中铁十六局	浙江省科技厅		鉴定
194	全站仪铁路复测一体化系统	铁一院	中国铁建		评审

制表：黄　宁

2011 年度中国铁建获得授权专利（含软件著作权）情况表

序号	专 利 名 称	专 利 号	权 属 单 位	专利类型
1	一种高速铁路接触网全补偿门型弹性链型悬挂施工方法	ZL200810048068. 1	中铁十一局	发明专利
2	预应力混凝土连续梁桥挂蓝后退施工方法	ZL200810047803. 7	中铁十一局	发明专利
3	隧道掌子面前方地质情况扩大断面水平钻孔预测预报法	ZL200810047733. 5	中铁十一局	发明专利
4	隧道通风互通系统及其风力分配和调节方法	ZL200810047828. 7	中铁十一局	发明专利
5	斜腿钢构桥背索平衡单边悬臂灌筑梁体的施工方法	ZL200910272380. 3	中铁十一局	发明专利
6	一种隧道信息化跟踪注浆方法	ZL201010162337. 4	中铁十二局	发明专利
7	CRTSⅡ型双块式无砟轨道道床板施工方法	ZL200810079484. 8	中铁十二局	发明专利
8	大跨度深基坑可移动整体大模板侧墙施工方法	ZL200910261827. 7	中铁十二局	发明专利
9	一种处理隧道塌穴的施工方法	ZL200910261829. 6	中铁十二局	发明专利
10	一种铁路运营线隧道口新增拱形明洞施工方法	ZL201010132468. 8	中铁十二局	发明专利
11	一种用于 CRTSII 型轨道板制板的检测方法	ZL201010123878. 6	中铁十二局	发明专利
12	连续箱梁合拢段施工的挂篮装置	ZL201010286091. 1	中铁十二局	发明专利
13	中高层钢结构建筑逆向施工工艺	ZL200910075529. 9	中铁十二局	发明专利
14	一种钢网架施工用整体滑移式脚手架的搭建方法	ZL201010202509. 6	中铁十二局	发明专利
15	陡坡裸岩钢管桩平台搭设方法	ZL201010522014. 1	中铁十三局	发明专利
16	大直径泥水盾构高压进仓泥浆配比技术	ZL200910018520. 4	中铁十四局	发明专利
17	大直径泥水盾构高压进仓泥浆配比技术	ZL201010011853. 7	中铁十四局	发明专利
18	大直径泥水盾构高压进仓泥浆配比技术	ZL2008103020321	中铁十四局	发明专利
19	一种 T 型桥梁翼缘板现浇施工工法	ZL200810147792. X	中铁十五局	发明专利
20	测量对中标志埋设方法	ZL201010104319. 0	中铁十五局	发明专利
21	支墩法现浇大吨位箱梁施工工艺	ZL200810226779. 3	中铁十六局	发明专利
22	铁路客运专线 900 型架桥机前导梁锚固支架技术	ZL200810226781	中铁十六局	发明专利
23	非标简支梁及其制造安装技术	ZL200810226714. 9	中铁十六局	发明专利
24	双块式轨道轨枕四周补振器	ZL200910074721. 6	中铁十七局	发明专利
25	铁路隧道侧壁挂线作业车	ZL201010109691. 0	中铁十七局	发明专利
26	一种施工预制梁用的活动钢底座及其标准节	ZL201010181514. 3	中铁十七局	发明专利
27	大体积混凝土承台冬季一次性浇注施工方法	ZL201010013658. 8	中铁二十局	发明专利
28	独塔无背索斜拉桥施工方法	ZL201010013657. 3	中铁二十局	发明专利
29	黄河河漫滩承台施工用多级轻型井点降水施工工艺	ZL201010173755. 3	中铁二十局	发明专利
30	跨越既有铁路运营线的双线桥施工工艺	ZL201010177153. 5	中铁二十局	发明专利
31	用于电器产品焊接的液体助焊剂	ZL201010190919. 3	中铁二十一局	发明专利
32	可整体立、拆模的模板系统	ZL200910130874. 8	中铁二十二局	发明专利
33	一种箱型拱桥的安装方法	ZL200910058744. 8	中铁二十三局	发明专利
34	纵连式轨道板及其连接方法	ZL200910258958. x	中铁二十三局	发明专利
35	一种路基九连板纵连张拉施工方法	ZL200910312744. 6	中铁二十三局	发明专利
36	双向可调无挡肩承轨槽模具	ZL200910266852. 4	中铁二十三局	发明专利
37	一种缓和曲线型后张预应力纵连轨道板模具	ZL200910215481. 7	中铁二十三局	发明专利
38	隧道围岩变形监测方法及其监测系统	ZL200810072514. 2	中铁二十四局	发明专利
39	止水带的组合安装方法	ZL200510028552. 4	中铁二十四局	发明专利
40	钢箱梁的架设顶推滑移方法	ZL201010547756. X	中铁二十四局	发明专利
41	一种架桥机的调头方法	ZL201010213958	中铁二十五局	发明专利
42	一种用于地下掘进工程中的隐患电法超前预报方法	ZL200910044642	中铁二十五局	发明专利
43	一种过空跨上承式移动模架造桥机及其过空跨施工方法	ZL200910043576. 5	中铁二十五局	发明专利

续表

序号	专利名称	专利号	权属单位	专利类型
44	一种重叠既有地下连续墙施工新的地下连续墙的成槽工艺	ZL201110062058．5	中铁二十五局	发明专利
45	一种接触导线及杆坯的制备方法	ZL200810241047．1	中铁建电化局	发明专利
46	一种铜镁合金接触线的制备方法	ZL200910242342．3	中铁建电化局	发明专利
47	隧道变形缝沥青玛蹄脂柔性连接密封防渗结构及构筑方法	ZL2009102194782	铁一院	发明专利
48	高速铁路轨道检测仪姿态传感器安装调节装置	ZL201010114563．5	铁一院	发明专利
49	一种基于立体正射影像对的大场景立体模型生成及量测方法	ZL201010114571．X	铁一院	发明专利
50	一种高速铁路大跨度连续梁上 CPIII 点位移动控制方法	ZL201010133768．8	铁一院	发明专利
51	一种双层盾构隧道	ZL 2009 1 0062074．7	铁四院	发明专利
52	有效应力铲	ZL 2009 1 0062304．X	铁四院	发明专利
53	一种公路或城市隧道的平面线形布置方式	ZL 2009 1 0062305．4	铁四院	发明专利
54	一种采用完全非轴向分块面的盾构隧道管片	ZL 2010 1 0212212．8	铁四院	发明专利
55	全自动无砟轨道板精调机	ZL 200910252062．0	铁五院	发明专利
56	电气化铁道直接供电方式的供电系统	2009 1 0097191．7	上海院	发明专利
57	轨道交通中设备故障后的系统联动方法	ZL201010274318	上海院	发明专利
58	插筋联顶式复合地基结构	ZL201020661068．1	中土集团	实用新型
59	滑动式测斜仪电缆绕线装置	ZL201020661165．0	中土集团	实用新型
60	加筋悬臂式挡墙	ZL201120029633．7	中土集团	实用新型
61	用于板式无砟轨道Ⅰ型板扣件定位架的定位挡板	ZL201020211352．9	中铁十一局	实用新型
62	施工用扁担装置	ZL201020155398．3	中铁十一局	实用新型
63	施工用托盘装置	ZL201020155378．6	中铁十一局	实用新型
64	铁路轨枕装卸车专用吊具	ZL201020506454．3	中铁十一局	实用新型
65	防雨遮阳棚	ZL201020523987．2	中铁十一局	实用新型
66	一种隧道爆破管	ZL201120068392．7	中铁十一局	实用新型
67	板式无砟轨道Ⅰ型板扣件定位架的移动装置	ZL201120030246．5	中铁十一局	实用新型
68	板式无砟轨道Ⅰ型板扣件定位架的定位框架	ZL201120030238．0	中铁十一局	实用新型
69	板式无砟轨道Ⅰ型板扣件定位架的支撑架	ZL201120030240．8	中铁十一局	实用新型
70	板式无砟轨道Ⅰ型板扣件的快速定位装置	ZL201120030236．1	中铁十一局	实用新型
71	轨道板压紧装置锚杆拔出装置	ZL201120005385．2	中铁十二局	实用新型
72	车载瓦斯监测系统	ZL201120066353．3	中铁十二局	实用新型
73	自制移动式隧道锚喷车	ZL201120152383．6	中铁十二局	实用新型
74	化学浆液堵水施工用注射枪装置	ZL201020264963．X	中铁十二局	实用新型
75	铁路沟槽盖板预制自动振捣装置	ZL201020264950．2	中铁十二局	实用新型
76	隧道边沟电缆槽整体浇注用组合定型钢模板	ZL201020264938．1	中铁十二局	实用新型
77	现浇混凝土洞门镶面施工装置	ZL201020264918．4	中铁十二局	实用新型
78	空气压缩机循环水自然冷却装置	ZL201020504305．3	中铁十二局	实用新型
79	移动式喷射混凝土车	ZL201020504288．3	中铁十二局	实用新型
80	钢筋铺设台车	ZL201020261328．6	中铁十二局	实用新型
81	仰拱立模	ZL201020620790．0	中铁十二局	实用新型
82	蒸汽养护台车	ZL201020620791．5	中铁十二局	实用新型
83	适合隧道Ⅳ、Ⅴ、Ⅵ级围岩地段的安全逃生装置	ZL201120075063．5	中铁十二局	实用新型
84	隧道地面吸钉器	ZL201020229618．2	中铁十二局	实用新型
85	连续箱梁钢筋骨架吊装装置	ZL201020534587．1	中铁十二局	实用新型
86	一种用于隧道施工的专用混凝土自动计量喷锚车	ZL201020534590．3	中铁十二局	实用新型

续表

序号	专 利 名 称	专 利 号	权 属 单 位	专利类型
87	连续箱梁合拢段施工的挂篮装置	ZL201020534626．8	中铁十二局	实用新型
88	大断面隧道仰拱整幅浇筑用左右分离式衬砌台车	ZL201020559659．8	中铁十二局	实用新型
89	用于厚板剪切加工的专用自动送料装置	ZL201020572970．6	中铁十二局	实用新型
90	用于长钢轨拖拉的专用夹具	ZL201020572969．3	中铁十二局	实用新型
91	陡坡斜井中隔墙混凝土施工台车	ZL201020666069．5	中铁十二局	实用新型
92	轨道板脱模的专用吊具	ZL201020666355．1	中铁十二局	实用新型
93	钢筋网片绝缘检测仪器	ZL201020666347．7	中铁十二局	实用新型
94	轨道板的存放台座	ZL201020666349．6	中铁十二局	实用新型
95	轨道板生产过程的水循环系统	ZL201020666351．3	中铁十二局	实用新型
96	磁性反射装置	ZL201020694976．0	中铁十二局	实用新型
97	磁性球棱镜底座	ZL201020693676．0	中铁十二局	实用新型
98	滚轮式桩基钢筋笼保护层	ZL201020693837．6	中铁十二局	实用新型
99	探头定位装置	ZL201120166704．8	中铁十二局	实用新型
100	挖掘机辅助切割刀具	ZL201120166706．7	中铁十二局	实用新型
101	隧道二衬混凝土养护台车	ZL201120166621．9	中铁十二局	实用新型
102	隧道衬砌台车底部横向支撑槽	ZL201120166568．2	中铁十二局	实用新型
103	防卡钻风枪钻头	ZL201120165939．5	中铁十二局	实用新型
104	双液注浆管连接器	ZL201120166491．9	中铁十二局	实用新型
105	多功能门式起重机	ZL201120165906．0	中铁十二局	实用新型
106	钢拱架安装辅助工具	ZL201120166159．2	中铁十二局	实用新型
107	临时车间集中分控式供电系统	ZL201120209464．5	中铁十二局	实用新型
108	厚钢板剪切加工专用自动送料装置	ZL201120208898．3	中铁十二局	实用新型
109	移动式大跨度钢架棚	ZL201120209190．X	中铁十二局	实用新型
110	后张法预制箱梁千斤顶吊架	ZL201120209437．8	中铁十二局	实用新型
111	防变形、扭曲及回弹型钢弯拱机	ZL201120209398．1	中铁十二局	实用新型
112	弯拱机顶推进尺数显装置	ZL201120209189．7	中铁十二局	实用新型
113	一种铁路双块式无砟轨道道床混凝土板的浇注装置	ZL201120108569．1	中铁十二局	实用新型
114	一种板式无砟轨道混凝土轨道板的绝缘检测车装置	ZL201120109616．4	中铁十二局	实用新型
115	轮毂式锚杆垫（托）板装置	ZL201120109600．3	中铁十二局	实用新型
116	反吊顶天花板灯具安装工具	ZL201120094887．7	中铁十二局	实用新型
117	建筑模架一体式安装工具	ZL201120094878．8	中铁十二局	实用新型
118	承重式超深地下连续墙接头	ZL201120094888．1	中铁十二局	实用新型
119	输电线路故障检测装置	ZL201020535882．9	中铁十二局	实用新型
120	铁路隧道照明施工梯车	ZL201020525112．6	中铁十二局	实用新型
121	隧道照明工程施工用辅助工具	ZL201020525114．5	中铁十二局	实用新型
122	一种深海陡坡裸岩钢管桩平台	ZL201020579636．3	中铁十三局	实用新型
123	一种复合土工膜堰心围堰	ZL201020596373．7	中铁十三局	实用新型
124	隧道工程中仰拱处有轨运输轨道	ZL201020596389．8	中铁十三局	实用新型
125	多功能轨道运输车	ZL201020600789．1	中铁十三局	实用新型
126	嵌套式暖风炉	ZL201020578051．x	中铁十三局	实用新型
127	一种平板车刹车装置	ZL201020596375．6	中铁十三局	实用新型
128	一种预应力张拉台车	ZL201020578017．2	中铁十三局	实用新型
129	多向通风控制阀	ZL201020596371．8	中铁十三局	实用新型
130	防水抗渗混凝土墙钢木混合组合模板	ZL201020596382．6	中铁十三局	实用新型
131	水中低桩承台双臂钢围堰	ZL201020600814．6	中铁十三局	实用新型
132	拱桥拱肋安装用无塔斜拉扣挂装置	ZL201020578067	中铁十三局	实用新型
133	水中钢栈桥	ZL201020578020	中铁十三局	实用新型

续表

序号	专　利　名　称	专利号	权属单位	专利类型
134	一种公路通风斜井中隔壁施工滑模装置	ZL201120034029．3	中铁十三局	实用新型
135	链式撑索器	ZL201120053868．X	中铁十三局	实用新型
136	缆索起重机用桩锚	ZL201120053863．7	中铁十三局	实用新型
137	塔架用组合式铰	ZL201120053861．8	中铁十三局	实用新型
138	水中钻孔作业平台	ZL201120053866．0	中铁十三局	实用新型
139	塔架钢绞线斜拉扣挂系统	ZL201120053865．6	中铁十三局	实用新型
140	地铁隧道盾构机刮刀刀座保护刀	ZL201020279359．4	中铁十三局	实用新型
141	地铁隧道盾构机刀盘的耐磨环	ZL201020279318．5	中铁十三局	实用新型
142	一种可组合拆卸的多功能尺垫	ZL201120200160．2	中铁十三局	实用新型
143	带有钢筋倒刺的锚杆	ZL201020587218．9	中铁十三局	实用新型
144	一种冬季隧道施工中洞内取暖用暖风炉	ZL201020602858．2	中铁十三局	实用新型
145	箱梁顶面外侧汇水坡模板	ZL201020604108．9	中铁十三局	实用新型
146	小型圆盘钢筋圈的加工设备	ZL201020604190．5	中铁十三局	实用新型
147	设备吊装辅装装置	ZL201120089571．9	中铁十三局	实用新型
148	移动式隧道顶部钻孔机	ZL201120173378．3	中铁十三局	实用新型
149	新型可移动式简易起重机	ZL201120173386．8	中铁十三局	实用新型
150	轨道钻孔电钻推进装置	ZL201120173401．9	中铁十三局	实用新型
151	升降移动作业平台车	ZL201120173622．6	中铁十三局	实用新型
152	地铁隧道用斜拉式可拆卸多用途作业车	ZL201120173623．0	中铁十三局	实用新型
153	接触轨道尺	ZL201020593004．2	中铁十三局	实用新型
154	高速铁路无砟轨道板绝缘热缩套管专用穿管机	ZL201020210770．6	中铁十五局	实用新型
155	高速铁路无砟轨道板绝缘套管专用热缩机	ZL201020204645．4	中铁十五局	实用新型
156	挖掘机钢刀	ZL201020224440．2	中铁十六局	实用新型
157	炮孔封孔塞	ZL201020224249．8	中铁十六局	实用新型
158	固筋止浆塞	ZL201020224246．4	中铁十六局	实用新型
159	梁面高平整度控制模具	ZL201020224232．2	中铁十六局	实用新型
160	密贴混凝土的加筋钢板	ZL201020224234．1	中铁十六局	实用新型
161	移动式衬砌拱架模板	ZL201120084548	中铁十六局	实用新型
162	无碴轨道Ⅱ型板箱梁六面坡收面压板	ZL201020137688．5	中铁十七局	实用新型
163	钢筋定位自动检测装置	ZL201020143887．7	中铁十七局	实用新型
164	钢筋闪光对焊自动走筋装置	ZL201020176982．7	中铁十七局	实用新型
165	铁路客运专线整孔预制箱梁端模跨中变形控制装置	ZL201020199773．4	中铁十七局	实用新型
166	一种轻型千斤顶吊架	ZL201020255313．9	中铁十七局	实用新型
167	洁具用密闭压力水箱	ZL201020264894．2	中铁十七局	实用新型
168	一种应用于隧道二次衬砌施工中的堵头模板	ZL201020266760．4	中铁十七局	实用新型
169	用于固定模板的拉筋组件	ZL201020268283．5	中铁十七局	实用新型
170	一种用于大仰角注浆的中空锚杆管头	ZL201020268293．9	中铁十七局	实用新型
171	一种用于混凝土浇注的旋转滑槽	ZL201020268304．3	中铁十七局	实用新型
172	隧道衬砌钢筋焊接时用的隔热板	ZL201020273312．7	中铁十七局	实用新型
173	桥墩气压式上水养护装置	ZL201020299477．1	中铁十七局	实用新型
174	宽轨枕螺旋道钉硫磺锚固支架	ZL201020528090．9	中铁十七局	实用新型
175	预应力混凝土管桩截桩定位装置	ZL201020528837．0	中铁十七局	实用新型
176	水中系梁施工用H型轻型套箱	ZL201020594220．9	中铁十七局	实用新型
177	立式电缆槽模板	ZL201020610930．6	中铁十七局	实用新型
178	钢筋弯曲机	ZL201020610974．9	中铁十七局	实用新型
179	钢拱架链接钢板钻孔定位器	ZL201020612560．X	中铁十七局	实用新型
180	钢拱架链接钢板焊接定位器	ZL201020612599．7	中铁十七局	实用新型

续表

序号	专　利　名　称	专 利 号	权 属 单 位	专利类型
181	宽轨枕到发线轨排组装平台	ZL201020615514.5	中铁十七局	实用新型
182	一种预制梁底模	ZL201020638148.5	中铁十七局	实用新型
183	低速自行式轻型轨道牵引车辆	ZL201020641384.2	中铁十七局	实用新型
184	压力出水孔快速封堵引流扳手	ZL201020666376.3	中铁十七局	实用新型
185	水下灌注桩混凝土导管压力式疏通器	ZL201020666375.9	中铁十七局	实用新型
186	压力出水孔快速封堵引流装置	ZL201020666388.6	中铁十七局	实用新型
187	油压式砂浆试块强度检测设备	ZL201020677962.8	中铁十七局	实用新型
188	轻便钢轨小推车	ZL201020694707.4	中铁十七局	实用新型
189	搅拌压浆一体机	ZL201020677968.5	中铁十七局	实用新型
190	无砟轨道板施工压紧装置	ZL201120008163.6	中铁十七局	实用新型
191	高铁道床板混凝土现浇用移动式振捣位置提示器	ZL201120013027.6	中铁十七局	实用新型
192	移动式变断面衬砌台车	ZL201120020637.9	中铁十七局	实用新型
193	用于叉车搬运圆柱物体的托辊式叉齿	ZL201120025835.4	中铁十七局	实用新型
194	叉车提升式作业平台	ZL201120025845.8	中铁十七局	实用新型
195	波纹管涵洞单元片立式组装工装	ZL201120030205.6	中铁十七局	实用新型
196	双侧爬梯	ZL201120030223.4	中铁十七局	实用新型
197	预应力轨道板强制脱模装置	ZL201120081827.1	中铁十七局	实用新型
198	浮力自动启闭单向排水装置	ZL201120087071.1	中铁十七局	实用新型
199	一种可折叠的架桥机前支腿	ZL201120099004.1	中铁十七局	实用新型
200	一种用于整体吊装及整体托运架桥机的扁担梁	ZL201120099038.0	中铁十七局	实用新型
201	具有软管保护装置的隧道穿越台车	ZL201120101661.5	中铁十七局	实用新型
202	一种 CFG 桩施工参数自动记录仪	ZL201120132691.2	中铁十七局	实用新型
203	集水井自动抽排水装置	ZL201120217649.0	中铁十七局	实用新型
204	预制梁端模	ZL201120217659.4	中铁十七局	实用新型
205	在大角度倾斜浅土质覆盖层的岩石河床上使用的护筒	ZL201020239013.1	中铁十八局	实用新型
206	一种具有良好通风性能的模板台车	ZL201020637255.6	中铁十八局	实用新型
207	桥桩表层混凝土凿除后的承托装置	ZL201020628155.7	中铁十八局	实用新型
208	钢筋混凝土桩网施工用反插钢筋笼	ZL201020628154.2	中铁十八局	实用新型
209	一种在长深孔桩基施工中使用的泥浆回收箱	ZL201020628336.X	中铁十八局	实用新型
210	一种在长深孔桩基施工中使用的出渣器	ZL201020628337.4	中铁十八局	实用新型
211	矩形桥墩围堰用钢管桩	ZL201020628153.8	中铁十八局	实用新型
212	硬岩掘进机通过破碎花岗岩地层时使用的正滚刀刀圈	ZL201020201954.6	中铁十八局	实用新型
213	一种硬岩掘进机滚刀	ZL201020203385.9	中铁十八局	实用新型
214	一种挡头铰接式模板台车	ZL201020637966.3	中铁十八局	实用新型
215	一种隔振装药炮眼	ZL201020509343.8	中铁十九局	实用新型
216	加工高速铁路钻孔桩钢筋笼箍筋的转盘	ZL201020531362.0	中铁十九局	实用新型
217	爆破孔深测量装置	ZL201020532095.9	中铁十九局	实用新型
218	一种挂篮静载试验装置	ZL201020563481.4	中铁十九局	实用新型
219	独立桥墩盖梁模板托架	ZL201020563453.2	中铁十九局	实用新型
220	一种注浆箱梁锚头的封堵帽	ZL201020563165.5	中铁十九局	实用新型
221	一种自由转角的电缆桥架	ZL2010201587123	中铁十九局	实用新型
222	一种复式楔形掏槽	ZL201020209360.1	中铁十九局	实用新型
223	一种盖梁施工支架	ZL201020531308.6	中铁十九局	实用新型
224	吊架行走式振捣梁	ZL201020531310.3	中铁十九局	实用新型
225	移梁微调系统	ZL201020531332.x	中铁十九局	实用新型

续表

序号	专　利　名　称	专利号	权属单位	专利类型
226	斜井卸碴台	ZL201020531334. 9	中铁十九局	实用新型
227	防撞护栏模板	ZL201020531335. 3	中铁十九局	实用新型
228	简易自行式钢板切割机	ZL201020531371. x	中铁十九局	实用新型
229	小型简易吊装设备	ZL201020531387. 0	中铁十九局	实用新型
230	简易自动起重吊杆	ZL201020531295. 2	中铁十九局	实用新型
231	简易滑槽	ZL201020531306. 7	中铁十九局	实用新型
232	扎丝切断器	ZL201020532066. 2	中铁十九局	实用新型
233	一种注浆管	ZL201020532048. 4	中铁十九局	实用新型
234	地墙槽开挖装置	ZL201020532078. 5	中铁十九局	实用新型
235	防水维护桩	ZL201020532159. 5	中铁十九局	实用新型
236	注浆用小导管	ZL201020532148. 7	中铁十九局	实用新型
237	双液注浆装置	ZL201020532132. 6	中铁十九局	实用新型
238	钻孔咬合桩	ZL201020532115. 2	中铁十九局	实用新型
239	露天潜孔钻机取样器	ZL201020698797. 4	中铁十九局	实用新型
240	电缆桥架制作专用尺	ZL201020158711. 9	中铁十九局	实用新型
241	钢筋笼快速置放装置	zl201020291574. 6	中铁十九局	实用新型
242	锁扣式钢管桩	zl201120178383. 3	中铁十九局	实用新型
243	一种桩基泥浆池	ZL201120151911. 6	中铁十九局	实用新型
244	一种电缆剥皮刀	ZL201020147491. 6	中铁十九局	实用新型
245	一种风管制作专用工具	ZL201020178023. 9	中铁十九局	实用新型
246	锁口套箱围堰	ZL201120133997. X	中铁十九局	实用新型
247	一种空心板梁芯模的伞形钢骨架支撑装置	ZL201120133992. 7	中铁十九局	实用新型
248	一种矿渣车的清洗装置	ZL201120133991. 2	中铁十九局	实用新型
249	一种简易列车救援小车	ZL201120133990. 8	中铁十九局	实用新型
250	一种活络式抽芯内模	ZL201120133989. 5	中铁十九局	实用新型
251	一种钢管式脚手架连墙装置	ZL201120134001. 7	中铁十九局	实用新型
252	一种混凝土桩的桩头破除设备	ZL201120133988. 0	中铁十九局	实用新型
253	一种预应力张拉台架	ZL201120133972. X	中铁十九局	实用新型
254	一种公路运梁车的加固 T 梁装置	ZL201120133971. 5	中铁十九局	实用新型
255	一种低台螺旋千斤顶	ZL201120133970. 0	中铁十九局	实用新型
256	高原冻土隧道复合式保温衬砌结构	ZL201020240846. X	中铁二十局	实用新型
257	一种空心薄壁高墩大块翻模施工模板	ZL201020263856. 5	中铁二十局	实用新型
258	跨越既有线桥梁施工用临时支架	ZL201120150743. 9	中铁二十局	实用新型
259	钢桁梁悬臂拖拉施工用牵引系统	ZL201120150761. 7	中铁二十局	实用新型
260	横贯隧道式溶腔稳固处理体系	ZL201120178851. 7	中铁二十局	实用新型
261	隧道施工用超前地质预报系统	ZL201120122681	中铁二十局	实用新型
262	水中墩承台双壁钢围堰施工用起吊下放系统	ZL201120199353. 3	中铁二十局	实用新型
263	水中墩承台双壁钢围堰施工用组装式浮体	ZL201120128927. 5	中铁二十局	实用新型
264	预应力平衡水法托架	ZL201120016374. 4	中铁二十局	实用新型
265	新型无尖轨道岔	ZL201120016392. 2	中铁二十局	实用新型
266	高压绝缘挂篮	ZL201120016399. 4	中铁二十局	实用新型
267	跨越既有线路且与既有线并行的钢混结合梁施工用鹰架	ZL201120108791. 1	中铁二十局	实用新型
268	电气化铁路接触网支柱杯型基础浇注模具（实用新型）	ZL201120144270. 1	中铁二十一局	实用新型
269	制作铁路接触网直、斜拉线回头环工具	ZL201120144260. 8	中铁二十一局	实用新型
270	基于“三维数字隧道”平台的隧道施工安全预警系统	ZL201120263636. 7	中铁二十一局	实用新型

续表

序号	专　利　名　称	专 利 号	权 属 单 位	专利类型
271	电器麻股卷线扳手	ZL201120062206．9	中铁二十一局	实用新型
272	铁路施工智能防护装置	ZL201020586909．7	中铁二十一局	实用新型
273	大跨度箱梁的跨越式施工体系	ZL201020210648．9	中铁二十二局	实用新型
274	复合钢板桩围堰施工体系	ZL20102025874．4	中铁二十二局	实用新型
275	简支梁整体钢筋整体绑扎台座及其吊架和支架	ZL201020210640．2	中铁二十二局	实用新型
276	存梁台座	ZL201020289127．7	中铁二十二局	实用新型
277	制梁台座	ZL20102089156．3	中铁二十二局	实用新型
278	箱梁刚筋骨架整体吊装用钢架	ZL201020289170．3	中铁二十二局	实用新型
279	钢构件防腐构造	ZL201120115374．X	中铁二十三局	实用新型
280	一种焊缝限位工装	ZL201120115377．3	中铁二十三局	实用新型
281	石砌旧拱桥加固施工方法	ZL201120117226．1	中铁二十三局	实用新型
282	一种滑模模架	ZL201120115404．7	中铁二十三局	实用新型
283	一体式承轨槽模具	ZL200920319104．3	中铁二十三局	实用新型
284	连接器	ZL200920319138．2	中铁二十三局	实用新型
285	单向可调无挡肩承轨槽模具	ZL200920319160．7	中铁二十三局	实用新型
286	隧道围岩变形监测报警装置	ZL201020558824．8	中铁二十四局	实用新型
287	混凝土底板单壁钢吊箱	ZL201020608011．5	中铁二十四局	实用新型
288	用于套箱围堰施工中的钢吊箱混凝土底板	ZL201020608013．4	中铁二十四局	实用新型
289	双块式无砟轨道螺杆调节器	ZL201020608015．3	中铁二十四局	实用新型
290	用于挂篮的主体结构	ZL201020609051．1	中铁二十四局	实用新型
291	轻型桁架挂篮	ZL201020609054．5	中铁二十四局	实用新型
292	用于挂篮的行走装置	ZL201020609060．0	中铁二十四局	实用新型
293	移动式防电板台车	ZL201020670286．1	中铁二十四局	实用新型
294	箱涵顶铁构件	ZL201020672768．0	中铁二十四局	实用新型
295	一种履带吊机传动主轴轴头结构	ZL201020670288．0	中铁二十四局	实用新型
296	无砟轨道板定位调整器	ZL201020670219．X	中铁二十四局	实用新型
297	轨枕锚固架	ZL201020670289．5	中铁二十四局	实用新型
298	钢箱梁的架设顶推装置	ZL201020611133．X	中铁二十四局	实用新型
299	用于挂篮的吊挂装置	ZL201020609064．9	中铁二十四局	实用新型
300	一种磁力固定T钢的定位结构	ZL201120115193．7	中铁二十四局	实用新型
301	预制T梁移梁台车	ZL201020609050．7	中铁二十四局	实用新型
302	一种长轨铺设装置	ZL201020653217．X	中铁二十五局	实用新型
303	一种便于长轨沿轨槽移动的结构	ZL201020653219．9	中铁二十五局	实用新型
304	轨枕卡紧定位装置	ZL201020653220．1	中铁二十五局	实用新型
305	一种轨枕卡紧定位装置	ZL201020653222	中铁二十五局	实用新型
306	一种防爬器	ZL201120063605．7	中铁二十五局	实用新型
307	一种防雨棚	ZL201120063603．8	中铁二十五局	实用新型
308	一种钢筋吊架	ZL201120063610．8	中铁二十五局	实用新型
309	一种轨道转向装置	ZL201120063606．1	中铁二十五局	实用新型
310	一种预制箱梁底腹板的钢筋绑扎胎具	ZL201120063608	中铁二十五局	实用新型
311	一种预制箱梁顶板的钢筋绑扎胎具	ZL201120063607．6	中铁二十五局	实用新型
312	接触网门型立杆吊	ZL201020580552．1	中铁建电化局	实用新型
313	电气化铁路接触网用镀锡锡铜合金接触线	ZL201020222692．1	中铁建电化局	实用新型
314	双熔沟液面增压搅拌三体合金熔炼炉	ZL201020624752．2	中铁建电化局	实用新型
315	杉木杆防护架	ZL201020208215．x	中铁建电化局	实用新型
316	隧道用多功能车梯	ZL201020208258．8	中铁建电化局	实用新型
317	智能接触网吊弦预制机械装置	ZL201020687341．8	中铁建电化局	实用新型

续表

序号	专　利　名　称	专利号	权属单位	专利类型
318	客运专线“四电”集成工程电缆敷设机	ZL201020687324．4	中铁建电化局	实用新型
319	防撞墙钻孔用水钻钻架	ZL201020690858．2	中铁建电化局	实用新型
320	解锚器	ZL201020641330．6	中铁建电化局	实用新型
321	高速铁路接触网螺栓间距检查模板	Zl201020641331．0	中铁建电化局	实用新型
322	移动式易拆装放线架	ZL201020641339．7	中铁建电化局	实用新型
323	简易地脚螺栓固定支架	Zl201020641351．8	中铁建电化局	实用新型
324	接触网杆距测量仪设计	Zl201020641355．6	中铁建电化局	实用新型
325	便携式放线架	ZL201020641367．9	中铁建电化局	实用新型
326	一种悬浮质量调谐减震器	ZL201020589422．4	中铁建设	实用新型
327	基坑护坡回填区斜置地埋管换热系统	ZL201120171393．4	中铁建设	实用新型
328	一种硫酸图纸加湿装置	ZL201120197998	中铁建设	实用新型
329	水平直线惯性激振器	ZL201020206829．4	昆明中铁	实用新型
330	一种自润滑密封装置	ZL201020206818．6	昆明中铁	实用新型
331	一种正线双枕捣固装置	ZL201020206859．5	昆明中铁	实用新型
332	水平激振器	ZL201020206812．9	昆明中铁	实用新型
333	全断面挖掘清筛机	ZL201020278029．3	昆明中铁	实用新型
334	一种道床全断面碎石清筛机	ZL201020277953．X	昆明中铁	实用新型
335	集成式高效挖掘机	ZL201020278027．4	昆明中铁	实用新型
336	全断面道床碎石高效清筛机	ZL201020278026．X	昆明中铁	实用新型
337	组合式挖掘清筛机	ZL201020278028．9	昆明中铁	实用新型
338	空压机液压驱动装置	ZL201020278057．5	昆明中铁	实用新型
339	一种浮动式自动调心轴承座	ZL201020289210．4	昆明中铁	实用新型
340	风压式煤油加热器	ZL201120105496．0	铁建重工	实用新型
341	喷射机械手二级回转台支撑行走结构	ZL201120104872．4	铁建重工	实用新型
342	喷射机械手的双向行驶操纵机构	ZL201120105499．4	铁建重工	实用新型
343	喷射机械手臂架双动力液压系统	ZL201120105546．5	铁建重工	实用新型
344	用于盾构螺旋输送机周边驱动的驱动密封装置	ZL201120105475．9	铁建重工	实用新型
345	一种混凝土喷射机械手臂架回转台的移动机构	ZL201120182286．1	铁建重工	实用新型
346	一种用于混凝土喷射机械手臂架旋转角度信号的采集装置	ZL201120184470．X	铁建重工	实用新型
347	螺杆式道岔用顶铁	ZL201120152313	铁建重工	实用新型
348	可燃废气再利用热风炉	ZL201120167674．2	铁建重工中铁隆昌铁路器材有限公司	实用新型
349	一种H型桩板挡土墙	ZL2010202611007	铁一院	实用新型
350	一种强制对中器	ZL2010202988982	铁一院	实用新型
351	一种坡面水土流失监测径流场	ZL2010205123842	铁一院	实用新型
352	一种特大断面黄土隧道下穿铁路的支护结构	ZL2010202865874	铁一院	实用新型
353	一种提高黄土隧道拱脚承载性能的支护结构	ZL2010202857399	铁一院	实用新型
354	一种分体式无线视频监控处理及传输装置	ZL2010205185904	铁一院	实用新型
355	一种隧道内湿陷性黄土基础处理的挤密桩	ZL2010202857401	铁一院	实用新型
356	地铁车站无冷源空调通风系统	ZL201120065561．1	铁一院	实用新型
357	钢箱拱桥实体圆钢吊杆	ZL201120065559．4	铁一院	实用新型
358	一种隧道掘进机中板步进加固支撑机构	ZL201120109267．6	铁一院	实用新型
359	一种可调节的桥梁梁缝电缆保护槽装置	ZL201120207853．4	铁一院	实用新型
360	一种闭环检查的电码化检测设备	ZL201120224759．X	铁一院	实用新型
361	一种关节式电分相过电压抑制装置	ZL201120219201．2	铁一院	实用新型
362	一种开关双测型信号分线盘	ZL2011202381349	铁一院	实用新型

续表

序号	专　利　名　称	专 利 号	权 属 单 位	专利类型
363	一种信号转辙机室外防误接报警装置	ZL201120219189．5	铁一院	实用新型
364	一种盾构隧道管片接缝防水结构	ZL200920228135．8	铁四院	实用新型
365	一种三孔双线铁路水底隧道	ZL201020104476．7	铁四院	实用新型
366	一种三孔四线铁路水底隧道	ZL201020104513．4	铁四院	实用新型
367	一种单线铁路盾构隧道纵向刚度加强结构	ZL201020241135．4	铁四院	实用新型
368	一种九等分分块方式的盾构隧道衬砌环	ZL201020235146．1	铁四院	实用新型
369	一种 7 +1 分块方式的盾构隧道衬砌环	ZL201020235113．7	铁四院	实用新型
370	多功能强制对中测量标志	ZL201020241104．9	铁四院	实用新型
371	一种带桩基础的暗挖隧道结构	ZL201020508507．5	铁四院	实用新型
372	高架车站空间异型刚构拱桥	ZL201020510274．2	铁四院	实用新型
373	隧道上跨溶洞暗河地段支护结构	ZL201020508439．2	铁四院	实用新型
374	一种隧道支护结构	ZL201020508736．7	铁四院	实用新型
375	一种鱼腹式高架车站轨道梁	ZL201020510303．5	铁四院	实用新型
376	一种桥梁式高架车站	ZL201020529867．3	铁四院	实用新型
377	一种隧道安全通道防烟系统布置结构	ZL201020548312．3	铁四院	实用新型
378	隧道安全通道防烟装置	ZL201020580544．7	铁四院	实用新型
379	地道湿帘送风降温系统	ZL201020547940．x	铁四院	实用新型
380	一种装配式低阻隔声通风装置	ZL201020547934．4	铁四院	实用新型
381	牵引变压器出线电缆支架结构	ZL201020616803．7	铁四院	实用新型
382	高压绝缘在线监测系统中现场监测单元的布置方式	ZL201020628604．8	铁四院	实用新型
383	采用 AT 供电方式的单相牵引变压器	ZL201020616813．0	铁四院	实用新型
384	移动式隧道施工救生系统	ZL201020603151．3	铁四院	实用新型
385	AT 分区所及 AT 所的布置方式	ZL201020628714．4	铁四院	实用新型
386	铁路牵引变电所与电力变电所共用进线结构	ZL201020691372．0	铁四院	实用新型
387	吊柱固定装置	ZL201020691297．8	铁四院	实用新型
388	分体式转轮器	ZL201020685534．X	铁四院	实用新型
389	一种用于处理铁路低矮路堤深厚软土地基的桩基	ZL201120034611．X	铁四院	实用新型
390	一种单电机驱动对开折板门	ZL201020685554．7	铁四院	实用新型
391	一种预制板式无砟轨道结构	ZL201120093192．7	铁四院	实用新型
392	一种用于处理铁路软土地基的复合桩基	ZL201120034624．7	铁四院	实用新型
393	桥梁、路基轻质防眩光光屏障	ZL201120060637．1	铁四院	实用新型
394	铁路牵引变电压器 27．5 千伏侧接线结构	ZL201020691382．4	铁四院	实用新型
395	一种铁路无砟轨道跨越线下结构缝板式结构	ZL201120093251．0	铁四院	实用新型
396	一种铁路无砟轨道跨越线下结构缝点式结构	ZL201120093223．9	铁四院	实用新型
397	铁路道岔区单元板式无砟轨道结构	ZL201120093256．3	铁四院	实用新型
398	一种采用非封闭二次衬砌的盾构隧道衬砌结构	ZL201120134800．4	铁四院	实用新型
399	屏蔽门绝缘区域的绝缘部件	ZL201120153542．4	铁四院	实用新型
400	一种板式无砟轨道路基地段单元分块结构	ZL201120134652．6	铁四院	实用新型
401	钢筋焊接网混凝土轨枕	ZL201120136716．6	铁四院	实用新型
402	自锚上承式钢筋混凝土拱桥	ZL201120158975．9	铁四院	实用新型
403	大跨度预应力混凝土斜连续梁	ZL201120179303．6	铁四院	实用新型
404	钢横梁一次吊装就位组合门式桥墩	ZL201120179304．0	铁四院	实用新型
405	两管平行单管提篮内倾三肢桁架拱	ZL201120158981．4	铁四院	实用新型
406	无线静探数据收发系统	ZL201120249692．5	铁四院	实用新型
407	扁铲侧胀仪定量消散进气模块	ZL201120248562．X	铁四院	实用新型
408	组合式多功能平板载荷试验仪	ZL201020153008．9	铁五院	实用新型
409	动态承载比检测仪	ZL201020632614．9	铁五院	实用新型

续表

序号	专利名称	专利号	权属单位	专利类型
410	带鸟刺的电气化铁路接触网腕臂绝缘子	ZL201120011806．2	铁五院	实用新型
411	电气化铁路接触网用隔离开关绝缘操作台	ZL201120011283．1	铁五院	实用新型
412	一种高铁下及隧道排水泵及泵站发电机组联合巡检装置	ZL201020513810．4	上海院	实用新型
413	用于轨道交通中的视频监控装置	ZL201020516569	上海院	实用新型
414	变压站运行数据自动记录装置	ZL201120100320．6	上海院	实用新型
415	手车式柜装高压线路故障判断系统	ZL201120100321	上海院	实用新型
416	喷射机械手	ZL201130072890．4	铁建重工	外观设计
417	接触网支柱（帆型）	ZL201030705888．1	铁四院	外观设计
418	接触网支柱（飞鸟型）	ZL201030705925．9	铁四院	外观设计
419	接触网支柱（顶帽型）	ZL201030705889．6	铁四院	外观设计
420	拱桥	ZL201130125311．8	铁四院	外观设计
421	斗拱式桥梁	ZL201130034877．X	上海院	外观设计
422	飞檐式桥梁	ZL2011300348801	上海院	外观设计
423	公路隧道监控 PLC 系统	2011SR088813	中铁十二局	软件著作权
424	350 公里/小时接触网工程（腕臂与吊弦）计算系统	2011SR071962	中铁建电化局	软件著作权
425	施工技术文件管理系统	2011SR085858	中铁建设	软件著作权
426	科技管理系统	2011SR085854	中铁建设	软件著作权
427	CRTSⅡ型板式无砟轨道布板设计与定位测量系统	2011SR048154	铁一院	软件著作权
428	施工组织进度及平面布置示意图辅助设计系统	2011SR036563	铁一院	软件著作权
429	铁路隧道工程辅助设计系统	2011SR036497	铁一院	软件著作权
430	项目管理与设计流程控制系统	2011SR036081	铁一院	软件著作权
431	计算机辅助选线设计（新线）V1．0	2011SR001613	铁四院	软件著作权
432	路基工程变形监测与分析评估系统	2011SR002691	铁四院	软件著作权
433	车站联锁系统计算机辅助设计软件 V2．0	2011SR009321	铁四院	软件著作权
434	车站电码化电路 CAD 软件 V2005	2011SR009319	铁四院	软件著作权
435	200 公里/小时提速区段车站信号闭环电码化 CAD 设计软件 V2006	2011SR009314	铁四院	软件著作权
436	铁路信号 6502 电气集中工程设计软件 V2003	2011SR009317	铁四院	软件著作权
437	轨道桥梁计算机辅助设计系统 V2．0	2011SR014524	铁四院	软件著作权
438	铁路涵洞计算机辅助设计及管理系统 V2．0	2011SR014775	铁四院	软件著作权
439	地基基础工程质量检测信息系统 V1．0	2011SR017865	铁四院	软件著作权
440	盾构管片结构计算软件 V2．0	2011SR051642	铁四院	软件著作权
441	网络空间影像工程化应用系统 1．0	2011SR062257	铁四院	软件著作权
442	Google Earth 铁路应用系统 1．0	2011SR062859	铁四院	软件著作权
443	地基系数数据处理软件	2011SR077447	铁五院	软件著作权
444	上铁院一体化协同设计平台 V1．0	2011SR089841	上海院	软件著作权

制表：张育红

2011年度中国铁建优秀科技论文获奖情况表

序号	论文题目	单位	获奖等级
1	海外总承包项目设计管理有关问题探讨	中土集团	一等奖
2	1米~140米钢箱系杆拱施工变形观测与控制	中铁十一局	一等奖
3	开模式挂篮的设计及其在京杭运河特大桥中的运用	中铁十一局	一等奖
4	高地应力软岩大变形隧道施工控制技术	中铁十一局	一等奖
5	深圳地铁2号线东黄区间盾构隧道重叠段施工技术	中铁十二局	一等奖
6	青藏高压电力工程四分裂导线弧垂观测法施工技术	中铁十二局	一等奖
7	客运专线铁路混凝土岔枕生产技术研究	中铁十四局	一等奖
8	地铁大断面下穿重要构筑物控制技术	中铁十四局	一等奖
9	盾构下穿既有运营隧道施工测量及监测量测技术	中铁十五局	一等奖
10	古迹坪隧道雪沟斜井喇叭口施工技术	中铁十六局	一等奖
11	水泥–乳化沥青净浆组成对其工作性及稳定性的影响	中铁十七局	一等奖
12	CPⅢ平面控制网变形分析与解决方法	中铁十七局	一等奖
13	锦屏引水洞高地应力地质条件下TBM施工对策	中铁十八局	一等奖
14	高铁客专550T单线箱梁架设技术	中铁十九局	一等奖
15	跨繁忙铁路干线钢桁梁平面转体施工技术	中铁二十局	一等奖
16	碎屑流塌腔处理施工技术	中铁二十局	一等奖
17	岩盐地质条件下耐腐饰性混凝土施工技术探讨	中铁二十一局	一等奖
18	襄渝铁路新武当山隧道进口滑坡稳定性分析及整治	中铁二十一局	一等奖
19	深水双壁钢吊箱围堰设计与施工	中铁二十二局	一等奖
20	隧道仰拱整体式浇筑设备的研制及应用	中铁二十二局	一等奖
21	CRTSⅡ型板式无砟轨道静态调整技术	中铁二十三局	一等奖
22	干海子特大桥钢管桁架梁架设拖拉施工技术	中铁二十三局	一等奖
23	南广铁路独屋特大桥连续梁跨越既有线转体施工	中铁二十五局	一等奖
24	钢管桩与土钉墙组合支护技术在工程中的应用研究	中铁建设	一等奖
25	郑西客专GSM–R网络优化设计	中铁建电化局	一等奖
26	路堑风吹雪的观测与研究	铁一院	一等奖
27	铁路隧道工程辅助设计系统的设计与实现	铁一院	一等奖
28	三线换乘车站换乘节点结构计算分析	铁一院	一等奖
29	武广客运专线无砟轨道路基变形控制设计关键技术	铁四院	一等奖
30	预留轨道交通条件的厦门市BRT1号线岛内段平面技术指标选取	铁四院	一等奖
31	高速接触网系统SiFCAT350研发及实验验证	铁四院	一等奖
32	武广高速铁路运行时分和供电系统能力评估	铁四院	一等奖
33	回归分析法在界限含水率试验中的应用	铁五院	一等奖
34	快速铁路桥梁抢修器材主要战术技术条件研究	铁五院	一等奖
35	既有铁路路桥过渡段路基测试与分析	上海院	一等奖
36	时速200公里单线连续槽型梁桥的剪力滞效应研究	上海院	一等奖
37	天津地铁4号线环控系统优化	上海院	一等奖
38	道岔机械化清筛与维修破解铁路提速瓶颈	昆明中铁	一等奖

续表

序号	论　　文　　题　　目	单　　位	获奖等级
39	护轨用槽型钢感应热处理工艺试验	铁建重工	一等奖
40	高速道岔尖轨矫直参数研究	铁建重工	一等奖
41	沙特麦加轻轨铁路项目旅客逃生和消防设计研究	中国铁建	一等奖
42	基于东西高速公路项目的日方项目管理探讨	中土集团	二等奖
43	转体连续梁跨武广高速铁路施工技术	中铁十一局	二等奖
44	塑性混凝土及水泥改性土回填施工在盾构过中间风井中的应用研究	中铁十一局	二等奖
45	大直径筒中筒钢筋混凝土高筒仓施工技术	中铁十一局	二等奖
46	900 吨架桥机架设 450 吨并置梁改造技术	中铁十一局	二等奖
47	沪杭城际高速铁路 CRTS Ⅱ 型轨道板精调施工技术研究	中铁十一局	二等奖
48	土压盾构机截除立交桥群桩施工关键技术	中铁十二局	二等奖
49	跨既有铁路京包四线连续梁合龙段钢壳施工技术	中铁十二局	二等奖
50	有限元计算分析在临既有铁路深基坑施工中的应用	中铁十二局	二等奖
51	发挥机械化专业优势提升隧道施工水平	中铁十二局	二等奖
52	南平闽江大桥斜拉桥挂篮设计与施工	中铁十三局	二等奖
53	成都砂卵石地层盾构施工滞后沉降分析	中铁十三局	二等奖
54	大体积沉井在软土地基中制作和下沉综合施工技术	中铁十四局	二等奖
55	娘拥水电站引水隧洞高地温段爆破施工技术	中铁十四局	二等奖
56	京沪高速铁路 CRTSII 型轨道板 2X42 预制生产线设计研究	中铁十五局	二等奖
57	转体桥梁施工中磨心施工和转动体系摩阻系数的测定	中铁十五局	二等奖
58	广深港客运专线福田站超深超宽地下连续墙施工技术	中铁十五局	二等奖
59	盾构始发期间小净距下穿矿山法隧道洞口钢套筒密封技术	中铁十五局	二等奖
60	高速铁路 CRTS Ⅱ 型无砟轨道板水泥乳化沥青砂浆灌注封边技术	中铁十六局	二等奖
61	大口径复合管材在长距离曲线顶管压力管道中的施工技术研究	中铁十六局	二等奖
62	简易平差在高层群体建筑施工中的应用	中铁十六局	二等奖
63	高速铁路路基道岔板扣件螺栓锚固功能修复技术	中铁十七局	二等奖
64	京沪高速铁路跨西黄左线空间刚架钢横梁架设技术	中铁十七局	二等奖
65	厚型浆液在盾构穿越建（构）筑物施工中的试验及应用	中铁十七局	二等奖
66	移动防护吊架在转体合拢中的应用	中铁十八局	二等奖
67	变频调压分级接力供水技术在特长隧道 TBM 施工中的应用	中铁十八局	二等奖
68	沉管隧道暗埋段主体结构防水施工	中铁十八局	二等奖
69	南京市地铁 3 号线秣周路站钻孔咬合桩施工技术	中铁十八局	二等奖
70	木质素纤维、聚酯纤维在 SMA 沥青砼中的应用	中铁十九局	二等奖
71	全断面隧道掘进机（TBM）遇到软弱破碎围岩的施工技术	中铁十九局	二等奖
72	大有山湿陷性黄土隧道施工关键技术探析	中铁十九局	二等奖
73	浅谈 Z 电源逆变器	中铁十九局	二等奖
74	简支梁桥无平衡重转体过程中遇到的几个问题与对策	中铁二十局	二等奖
75	采用缆索吊配扁担梁进行深沟峡谷内高墩翻模施工技术	中铁二十局	二等奖
76	双壁钢套箱在深水桥施工中的应用	中铁二十局	二等奖

续表

序号	论　文　题　目	单　位	获奖等级
77	地铁大断面隧道 CRD 法导洞间横通道段施工技术	中铁二十局	二等奖
78	高原高寒季节性冻土及富水软弱围岩长大隧道施工关键技术	中铁二十局	二等奖
79	注浆技术在祁连山隧道施工中的应用	中铁二十局	二等奖
80	综合物探在高家村超基性杂岩体隐伏矿勘探中的应用	中铁二十一局	二等奖
81	临近高速公路桥梁深基坑开挖防护方案探讨	中铁二十一局	二等奖
82	强风、大温差、戈壁环境风蚀高性能混凝土养护施工技术研究	中铁二十一局	二等奖
83	浅谈大跨径连续刚构合龙段施工的顶推工艺及控制要点	中铁二十一局	二等奖
84	隧道施工中可视化智能反馈分析系统的运用研究	中铁二十一局	二等奖
85	京石客运专线路基段 42 号板式无砟道岔运输及组装方案	中铁二十二局	二等奖
86	柳南线东塘特大桥强岩溶地段深孔桩穿越溶洞处理技术	中铁二十二局	二等奖
87	区间扩挖隧道穿越铁路正线及跨线桥施工技术	中铁二十二局	二等奖
88	基于卡西欧 5800 计算器单交点非对称曲线坐标正反算程序设计	中铁二十三局	二等奖
89	鱼洞长江大桥二期工程主桥 15 号 T 构合龙技术	中铁二十三局	二等奖
90	格构墩斜撑安装施工技术	中铁二十三局	二等奖
91	高边坡动态加固预应力锚索施工技术	中铁二十四局	二等奖
92	大蒸港矮塔斜拉桥水中大型双层钢板桩围堰技术	中铁二十四局	二等奖
93	京杭运河大桥 112 米钢桁梁浮拖设计	中铁二十四局	二等奖
94	四并线隧道下穿高速公路爆破掘进与安全管理	中铁二十四局	二等奖
95	浅谈长大不良地质隧道风险评估程序及内容	中铁二十五局	二等奖
96	颗粒阻尼应用在建筑上试验初探	中铁建设	二等奖
97	普通顶板模板体系的深化设计与应用	中铁建设	二等奖
98	浅谈施工坐标系在工程建设测量中的重要性	中铁建设	二等奖
99	高速铁路 GSM－R 传播模型校准和覆盖模拟测试技术	中铁建电化局	二等奖
100	接触网的动态变化特性对改进施工的几点启示	中铁建电化局	二等奖
101	铁路移动通信的发展及演进方向	中铁建电化局	二等奖
102	牵引变电所无功补偿研究	中铁建电化局	二等奖
103	基于省域尺度的中国城市住宅用地扩张演变过程研究	中铁地产	二等奖
104	二维边坡稳定性分析的通用极限平衡法	铁一院	二等奖
105	原状湿陷性黄土的结构性本构模型	铁一院	二等奖
106	中国与法国高速铁路有砟轨道设计标准对比分析	铁一院	二等奖
107	山区高速铁路隧道间桥隧连接结构探讨	铁一院	二等奖
108	牵引变电所避雷针保护范围确定方法研究	铁一院	二等奖
109	城市轨道交通工程筹划“四通”分析	铁四院	二等奖
110	沪杭客运专线跨沪杭高速公路桥式方案研究	铁四院	二等奖
111	武汉地区地铁通风空调系统的节能控制研究	铁四院	二等奖
112	野三关隧道 DK124＋602 突水相关水文分析	铁四院	二等奖
113	高速铁路 GSM－R 无线传播特性分析	铁四院	二等奖
114	高速铁路粗粒土最大干密度试验方法研究	铁五院	二等奖

续表

序号	论　文　题　目	单　位	获奖等级
115	国外铁路项目平面控制网的建立与实施	铁五院	二等奖
116	基于正交实验设计的群桩承台参数分析	铁五院	二等奖
117	高海拔隧道施工工程机械尾气排放试验研究	铁五院	二等奖
118	南京市轨道交通市域快线功能定位探讨	上海院	二等奖
119	连续梁－拱桥拱座后浇应力分析及加强措施	上海院	二等奖
120	周边建筑受基坑开挖影响的结构变形分析	上海院	二等奖
121	客运专线特殊区段 GSM－R 方案研究与探讨	上海院	二等奖
122	Video Monitoring System for Large Maintenance Machiner	昆明中铁	二等奖
123	轨道吸污车的临界吸污能力研究	昆明中铁	二等奖
124	空气制动系统杠杆制动与单元制动器的比较选型计算	昆明中铁	二等奖
125	盾构自动导向系统精度分析	铁建重工	二等奖
126	轴向双分裂 12 脉波整流变压器在盾构上的应用	铁建重工	二等奖
127	复合式土压平衡盾构隧道开挖面稳定理论与应用研究	铁建重工	二等奖

制表：梁爱珍

文　化

·史志鉴工作·

【编辑出版 2011 年卷《中国铁建年鉴》】　《中国铁建年鉴》2011 年卷由中国铁道出版社出版，印发 3500 册。全书收集资料 370 余万字、图片 630 余幅，编辑成书 158 万字，刊用图片 190 余幅，全面、详实地记述了中国铁建 2010 年度企业改革发展、经营管理、工程施工、科技文化及党群工作等方面的主要成果、经验和重要活动信息，较好地反映了中国铁建的企业概貌和整体竞争实力。同时在设计编排等方面进一步创新探索，随着企业的发展变化不断增设新的栏目，彩页中增设“沙特轻轨铁路”、“京沪高速铁路”、“包西铁路”、“站房”等重点工程栏目，以“企业发展”栏目记载中铁建中非建设有限公司、诚合保险经纪有限责任公司的成立；在正文中，进一步细化“工程施工”栏目，以“铁路工程”、“市政工程”、“城市轨道交通工程”等分目形式分类记载股份公司的重点工程项目，不断增强年鉴的科学性与可读性。　（杨启燕）

【《中国铁建年鉴》获奖】　《中国铁建年鉴》2010 年卷在第五届全国年鉴编校质量检查评比中获得特等奖。评审活动由中国出版工作者协会年鉴工作委员会主办，2011 年 3 月启动。经过参评单位自查、评委初查、顾问专家复审组复审、评审委员会审核批准等环节，9 月确定最终评审结果。这是《中国铁建年鉴》连续第 3 届获得特等奖。　（杨启燕）

【向国家相关部委提供年鉴资料】　2010 年，在编辑《中国铁建年鉴》的同时，还向国务院国资委、铁道部、住房和城乡建设部、建筑业年鉴提供企业发展、生产经营等情况材料近 4 万字，不断提升中国铁建的社会美誉度和市场辐射力。　（杨启燕）

【志鉴利用】　12 月，铁道建筑公安局开展公安文化建设活动，急需有关铁道建筑公安局的历史资料及照片。经查找，在《中国铁道建筑总公司志》与历年《中国铁建年鉴》中提取资料近 4 万字、图片 50 余幅。年内，向中国铁建股份有限公司网站、铁道兵纪念馆筹备组提供“大事记”及工程图片资料。

（杨启燕）

【中国铁建《中国铁路志》编写组工作情况】　11 月 9～10 日，铁道部《中国铁路志·人物志》入志初稿阅评会在中国铁建电气化局集团公司京燕饭店召开。《中国铁路志》主编黄四川，常务副主编万里扬、刘振明、吕连亭等 17 名领导、专家参加会议。

会后，中国铁建《中国铁路志》编写组根据会议精神，对铁道兵35名入志领导的立传、简介初稿进行修改、核实、补充，对23项列表人物和名录进行反复核实。其中，对抗美援朝和援越抗美战争中牺牲的2600余名干部、战士和铁路职工逐一核查。

（吕连亭　杨启燕）

·企业文化·

【开展“践行企业价值观，提升发展软实力”巡回演讲】 为弘扬铁道兵精神，用文化凝聚力量，用精神激发活力，为企业改革发展稳定提供强大精神动力和文化支撑，在党的十七届六中全会召开前夕，党委宣传部（企业文化部）超前筹划，周密部署，认真准备，组织了“践行企业价值观，提升发展软实力”巡回演讲报告会。10月9日发出《关于举办“践行企业价值观，提升发展软实力”巡回演讲活动的通知》，12～24日，分别由中铁十一、十六、十七、十八、十九、二十、二十二、二十四局集团公司，中铁建设集团公司和股份公司党委宣传部（企业文化部）承办，在员工相对集中的北京、天津、哈尔滨、上海、太原、西安、武汉、昆明8个城市和重难点工程项目举行10场“践行企业价值观，提升发展软实力”巡回演讲。全系统29个局集团公司（公司）、25个工程公司和23个项目部近3000名代表现场观看演讲、聆听报告。其中，10月13日在总部机关举行的演讲报告会，中国铁建董事长、党委书记孟凤朝，总裁赵广发，党委副书记、纪委书记、监事会主席齐晓飞亲切会见10名演讲报告团成员，并与他们合影留念，高度赞誉了以杨连第为代表的铁道兵精神，对在企业面临严峻挑战时期采用演讲方式弘扬企业精神与文化给予了充分肯定。齐晓飞全程出席演讲报告会，并在会后与演讲报告团成员亲切交谈。演讲报告团成员杨连第的长子杨长林演讲的《铁道兵精神永存》，中铁十六局集团公司解丽丽演讲的《为祖国荣誉而战》，中铁十七局集团公司蔺双平演讲的《学习是我终身的追求》，中铁十八局集团公司冯素月演讲的《献身企业的党员先锋》，中铁二十局集团公司谢小刚演讲的《亲人盼着你平安》，中铁二十一局集团公司马小利演讲的《中国铁建——我的精神家园》，铁四院戴小巍演讲的《攻克筑路禁区，圆梦百年宜万》，中铁二十二局集团公司冯一博、魏珊珊、张爱丽表演的小品《真情》，分别用身边人、身边事阐释了“诚信、创新永恒，精品、人品同在”的企业价值观，从不同侧面弘扬伟大的铁道兵精神、传播优秀企业文化，震撼了员工心灵，激励了斗志士气，凝聚了发展动力。活动结束后制作下发了演讲光盘，进一步扩大了影响和实效，守诚信、勇创新、讲人品、铸精品的理念深入人心。（刘志强）

【举办第二届“中国铁建杯”职工书法摄影大赛】 6月21日，下发《关于举办第二届“中国铁建杯”职工书法摄影大赛活动的通知》，全系统各单位上报637幅摄影作品和148幅书法作品。经评选，分别评出书法、摄影作品一等奖5名、二等奖10名、三等奖15名、优秀奖20名。推荐优秀摄影作品参加国资委组织的“国企新风貌摄影大赛”，获三等奖2幅、优秀奖2幅。（刘志强）

【征集中国铁建广告语】 为展示中国铁建良好形象，扩大品牌影响力，弘扬企业文化，4月14日下发《关于有奖征集中国铁建广告语的通知》，面向全系统征集中国铁建广告语。征集启事一经发布，立即引发应征热潮，广大员工不断通过电子邮件发来稿件。至活动结束，共收到邮件1486封，应征作品4857条。（刘志强）

【完善中国铁建大厦文化墙】 按照股份公司领导指示，年内完成中国铁建大厦文化墙的修改完善工作，悬挂4位铁道兵老领导（滕代远、王震、吕正操、陈再道）的画像。更换中国铁建大厦大堂文化墙国画《天路》的外框，对大堂电梯间进行美化，“人民铁军”引人注目。（刘志强）

【表彰企业文化建设先进单位与个人】 为表彰先进，不断推进企业文化建设，股份公司党委、股份公司授予17个单位为2010年度企业文化建设先进单位、58个项目部为2010年度企业文化建设优秀项目部、104人为2010年度企业文化建设先进个人。

（刘志强）

为庆祝中国共产党90华诞，中铁建设集团市政工程分公司党委组织党员重温入党誓词。

（贾永杰 王 征 摄）

党的工作

本栏责任编辑 **杨启燕**

综合工作

【总公司党委】 中国共产党中国铁道建筑总公司委员会(以下简称总公司党委)是国务院国有资产监督管理委员会党委领导下的对下属单位党组织实行统一领导的党组织。总公司党委在企业中处于政治核心地位,发挥政治核心作用。主要负责统一领导并组织实施股份公司党的建设和思想政治工作。总公司党委常委由赵广发、孟凤朝、霍金贵、彭树贵、扈振衣、夏国斌、范德、周志亮、庄尚标、张宗言、刘汝臣11人组成,赵广发任党委书记,孟凤朝、霍金贵、彭树贵任党委副书记。根据国资委党委《关于齐晓飞等三名同志职务任免的通知》,2011年4月27日起,免去霍金贵总公司党委副书记、党委常委职务。齐晓飞任总公司党委副书记、党委常委职务。总公司党委职能机构设党委办公室、组织部、宣传部、干部(人事)部。总公司纪委是总公司党委和国务院国有资产监督管理委员会纪委领导下的纪检监察机关,履行党的纪律检查和行政监察两种职能,根据国资委党委《关于齐晓飞等三名同志职务任免的通知》,2011年4月27日起,免去党委副书记彭树贵纪委书记职务,党委副书记齐晓飞任纪委书记。总公司工会接受总公司党委和中华全国铁路总工会的领导,党委副书记彭树贵任工会主席。 (耿仁胜)

【股份公司党委】 中国共产党中国铁建股份有限公司委员会(以下简称股份公司党委)是中国铁道建筑总公司党委领导下的对下属单位党组织实行统一领导的党组织。股份公司党委在企业中处于政治核心地位,发挥政治核心作用。主要负责统一领导并组织实施股份公司党的建设和思想政治工作。股份公司党委常委由孟凤朝、赵广发、霍金贵、彭树贵、扈振衣、夏国斌、范德、周志亮、庄尚标、张宗言、刘汝臣11人组成,孟凤朝任党委书记,赵广发、霍金贵、彭树贵任党委副书记。根据国资委党委《关于同意调整中国铁建股份有限公司领导班子及第二届董事会组成人选、监事会主席人选的函》,2011年5月20日起,霍金贵不再担任股份公司党委副书记、党委常委职务。齐晓飞任股份公司党委副书记、党委常委职务。股份公司党委职能机构设党委办公室、组织部(直属机关党委)、宣传部(企业文化部)、党委干部部(人力资源部)。党委副书记彭树贵任工会主席,党委副书记齐晓飞任纪委书记。根据《总公司、总公司党委关于中国铁建股份有限公司成立后需明确的有关问题的通知》(中铁建劳〔2007〕207号)和总公司党委《关于成立中国铁建股份有限公司党委、纪委和工会、共青团组织的通知》(中铁建党组〔2007〕75号)文件精神,总公司党委委员、纪委委员、工会委员、团委委员同为股份公司党委委员、纪委委员、工会委员、团委委员。根据中组部和原中央企业工委及国资委党委批复和指示精神,基于总公司主营业务整体上市和局集团公司均为股份公司全资控股子公司,股份公司分布在全国各地的下属单位,党的领导关系由股份公司党委和所在省、自治区、直辖市党委双重领导,以股份公司党委垂直领导为主。按照中共中央有关文件规定,这些单位的领导班子成员以股份公司党委管理为主,地方党委协助管理。 (耿仁胜)

【工作综述】 2011年,中国铁建新签合同总额6812亿元,营业收入4085亿元,实现利润总额90亿元,世界500强排名第105位,全球225家最大承包商位居第1,中国企业500强中排名第7位,成为中国乃至全球最具实力、最具规模的特大型综合建设集团之一。年内,面对急转直下的严峻形势,股份公司党委围绕中心工作,坚持以科学发展观和党的十七届三中、四中、五中、六中全会精神为指导,及时转变观念,果断调整思路,紧紧围绕"十二五"战略规划,充分发挥党组织的政治优势和组织优势,团结带领各级党组织和广大党员、干部员工,沉着应对,迎难而上,保持企业的平稳健康发展,实现了"十二五"的良好开局。

一、创先争优活动不断深化

股份公司党委认真贯彻落实中央企业创先争优活动领导小组的工作要求,继续深入开展创先争优活动。

1. 精心组织,整体推进。股份公司党委就深入开展创先争优活动反复进行动员,引导各级党组织和广大党员在调整优化产业结构、转变经济发展方式、推动企业科学发展中创先争优。各级党组织结合实际,认真开展党员岗位承诺、践诺情况自评、领导干部点评和群众满意度测评等活动,全面落实各项工作要求。

2. 围绕中心,服务大局。各级党组织着眼科学发展、破解发展难题,自觉把优化产业结构、创新发展模式、提高发展质量的具体目标任务纳入创先争优活动,组织动员广大党员干部紧紧围绕企业改革、发展、稳定大局创先争优,促进了企业经济发展质量的不断提升,推动了核心竞争力的显著增强。

3. 注重实效,激发活力。各级基层党组织紧贴实际,普遍开展创"党员先锋岗",建"红旗责任区"等主题实践活动,大大增强创先争优活动的生机与活力,有力促进了基层党组织建设。

4. 党群共建,齐争共创。各级党委坚持党建带工建、党建带团建,把创先争优拓展到广大职工和团员青年当中，实现了创先争优活动全覆盖。

二、领导班子建设显著加强

股份公司党委始终坚持把抓领导班子建设作为加强企业党组织建设，推动企业全面发展的一项十分重要的工作抓好抓实。

1. 抓学习型党组织建设，提升领导班子治企能力。股份公司党委中心组采取集体学习、邀请中央政策研究室和中央党校专家作专题辅导报告等形式，学习研讨胡锦涛总书记"七一"重要讲话、十七届六中全会精神等内容，在注重提高班子自身政治理论素养的同时，研究解决企业全局性、方向性、前瞻性问题，进一步明确企业发展思路。与此同时，各级党委和领导注重发挥班子整体功能，正确研判形势，扎实做好工作，团结带领广大党员、干部和职工，化解各种风险，确保生产经营活动的正常进行，确保企业的平稳发展，确保职工队伍的和谐稳定，各级领导班子统领大局的能力经受住了严峻的考验。

2. 抓领导人员制度建设，推进干部管理规范化。股份公司党委制定下发《企业领导人员管理暂行办法》，初步建立起一整套关于所属企业领导人员培养、选拔、使用及奖惩的管理机制。对13个单位进行补充缺员考核，提拔、调整领导人员涉及26个单位99人。

3. 抓领导班子考核监督，转变领导人员思想作风。按照《中央企业领导班子和领导人员综合考核评价办法》，落实领导班子和领导人员的年度考核和任期考核制度。贯彻落实中央《关于进一步从严管理干部的意见》以及股份公司管理规定，实行谈话谈心制度，认真执行问责制度，落实个人有关事项报告制度。加强对领导干部"八小时之外"的监督，对干部出现苗头性问题早提醒早教育早纠正。股份公司党委通过确立会议主题、明确会议要求、指派党委常委和机关有关部门领导到会参与检查指导的方式，强化民主生活会的效果，引导各级领导干部不断改进思想作风和工作作风。

三、宣传思想工作成效凸显

各级党委加强组织领导，宣传思想文化工作紧贴企业中心任务，紧扣科学发展主题，外树形象、内聚人心，深入生产经营主战场，唱响改革发展主旋律，为企业"十二五"开好局、起好步，营造了良好环境，提供了精神支撑。

1. 凝聚力量，思想政治工作效果显著。股份公司党委认真贯彻落实《中央宣传部、国务院国资委关于加强和改进新形势下国有及国有控股企业思想政治工作的意见》，着力加强形势任务教育，着力加强现场思想政治工作，确保职工队伍和农民工队伍的思想稳定。全系统以学习宣传股份公司"十二五"发展战略规划和纪念建党90周年为契机，广泛开展"学习规划明任务，转型升级谋发展"和"坚定信念跟党走，奉献铁建争先锋"等主题教育活动，统一思想、振奋精神、激发活力。

2. 示范引领，精神文明建设再上新台阶。坚持"精神引导、先进引路"的工作思路，精心选树、大力宣传企业两个文明建设的先进集体和个人。选树并宣传29名扎根基层、业绩突出、事迹感人的"党员先锋"。在各单位推荐的基础上，评选产生10名中国铁建第二届十佳道德模范。精神文明创建活动获奖位居中央企业前列，全系统形成崇尚典型、学习先进、争创文明的良好氛围。

3. 文化铸魂，企业发展软实力有效提升。深入学习贯彻《中共中央关于深化文化体制改革推动社会主义文化大发展大繁荣若干重大问题的决定》，10名企业员工组成的"践行企业价值观，提升发展软实力"专题教育演讲团，生动诠释了"诚信、创新永恒，精品、人品同在"的企业价值观，弘扬了伟大的铁道兵精神，传播了优秀企业文化，激励了斗志士气，为企业改革发展稳定提供了精神动力和文化支撑。成功举办第二届"中国铁建杯"职工书画摄影大赛，其中获国资委"国企新风貌摄影大赛"三等奖2幅、优秀奖2幅。在厦门举办"大路美术作品精品展"，展示中国铁建独特的文化和品牌形象，成为企业文化建设的一个亮丽平台。

4. 外树形象，企业典型宣传取得新突破。股份公司总部在新华社、中央电视台等中央主流媒体刊发新闻及图片129篇(幅)。特别是围绕建党90周年展开的典型宣传，在全社会引起强烈反响，受到中宣部、国资委党委的充分肯定。先后推出"时代先锋"黄昌富、祁连山隧道掘进队等典型人物和集体。中央电视台等主流媒体多次在《红旗飘飘》栏目中重点报道京沪高速铁路中的共产党员夏吉军、利比亚撤离中的共产党员陈志杰夫妇等。敬业奉献道德模范石明记、"穿山硬汉"孔凡成双双入选中央电视台的名牌栏目《身边的感动》。

四、党风建设和反腐倡廉扎实有效

各级党委以构建惩防体系为主线，不断加强反腐倡廉建设，努力营造管理规范、风清气正、奋发有为、干事创业的良好环境，促进企业改革、发展和稳定。

1. 加强学习教育，筑牢思想防线。全系统深入开展反腐倡廉形势教育，重点突出示范教育、警示教育和岗位廉洁从业教育，营造党风建设和反腐倡廉工作良好舆论氛围。以党委中心组学习(扩大)会议的形式，组织观看警示教育片；开办廉洁从业专版、专栏，刊登党员干部创作的摄影、书画、文艺等廉洁文化作品。通过多种形式的宣传教育，各级企业领导人员从源头上筑牢了思想建设防线。

2. 加强责任落实，完善促廉机制。注重党风廉政建设责任制的落实，并逐级签订党风廉政建设责任书。召开第三次反腐倡廉建设联席会议，分解落实全年党风建设和反腐倡廉工作。据统计，全系统共签订责任书5284份，考核单位2385个，追究责任228人，其中纪律处分67人，减扣薪酬处理162人。

3. 加强监督检查，惩治违纪违法。股份公司纪委、监察局派出工作组，清理整顿中介包工队，规范项目管理，指出存在问题，责令限期整改。全系统效能监察立项397项，查出违规违纪金额8818.09万元，避免经济损失1.34亿元。针对工程建设领域腐败问题易发多发的态势，各级纪委加大对违纪违法行为的惩处力度。全年各级纪委受理举报和案件线索398个，初核228件，立案217件，其中大案要案76件，结案214件。党政纪处分460人，刑事处理20人，通过办案挽回经济损失768.6万元。

五、工团工作蓬勃开展

各级党委切实加强领导，支持工会、共青团充分发挥联系群众、联系青年、服务群众、服务青年的独特优势和作用，紧贴生产经营中心，积极开展工作。

1. 工会工作大展作为。各级工会紧紧围绕企业生产经营中心，以劳动竞赛为载体，有力促进各项施工生产任务安全、优质、高效完成，达到项目创优、企业增效、职工增收的多赢效果；全面推进工资集体协商，着力构建和谐劳动关系，促进企业健康发展；加大建家建线投入，为一线职工创造良好的生产生活条件，实现体面劳动；积极开展送温暖活动，深化落实"三不让"帮扶，温暖职工，凝聚人心；积极建立和完善职代会制度，广泛征集职工代表提案，深入推进评议领导干部和企务公开，职代会集体合同签订率100%，履约质量大幅提高，较好地保障了广大职工的民主政治权利。不断加强自身组织建设，新建单位工会组建、项目建会有效落实，女职工组织建设取得突破性进展，完成女职工委员会换届。工会财务经审工作成绩突出，被全国总工会授予财务工作先进单位；2011年，全系统有20人荣获全国五一劳动奖章、2个单位荣获全国五一劳动奖状、7个先进集体荣获全国工人先锋号、6名工会干部被评为全国优秀工会工作者，是历年来受到全国表彰人数最多的一年。有6人被授予省部级劳动模范、76人荣获火车头奖章和省市五一劳动奖章、51个单位荣获火车头奖杯和省市五一劳动奖状。特别是有5人受邀参加人民大会堂表彰，2人接受党和国家领导人颁奖，为中国铁建赢得了荣誉。

2. 共青团工作独具特色。一是紧跟形势，强化青年思想引导，凝心聚力职能得到提升。围绕纪念建党90周年，在青年中广泛开展"学党史、知党情、跟党走"主题教育活动，增强团员青年对党和社会主义祖国的认同和热爱。二是紧贴中心，深化岗位实践活动，青年生力军作用充分发挥。各级团组织团结带领广大团员青年围绕企业中心任务，在企业生产、经营、科研、管理等主战场，开展系列岗位实践活动，投身企业科学发展。三是贴近青年，服务青年，青年成长环境得到优化。股份公司团委成功开展第五届"十大杰出青年"、"十佳青年技术工人"评选活动。广泛开展"导师带徒"活动，帮助青年人才成长提速。大力开展"团组织就在我身边"关爱行动，营造浓厚关爱氛围。四是热心公益，服务社会，塑造良好社会形象。各级团组织以"中国青年志愿者服务日"活动为载体，开展"保护母亲河"环保志愿者服务行动、"书香传递温暖，真情汇聚人间"图书捐赠等富有青年特点、独具中国铁建特色的主题实践活动。铁建青年"心手相牵——情系家乡孩童"、"百元奖励、万分关爱"活动被中央企业青年网广泛报道。五是以"带"为关键，以"建"为根本，党建带团建工作成绩喜人。各单位普遍将团建纳入党建的总体部署和整体格局中，做到同部署、同检查、同评比、同奖惩，促进共青团工作的有效落实，提升共青团的影响力和凝聚力。（耿仁胜）

【党委办公室】 总公司和股份公司党委的综合职能部门，协助党委领导处理日常工作的机构。党委办公室定员7人，设主任1人、副主任1人，下设秘书处、调研处和保密办公室。主要职责：负责党委会和党委召开的全局性会议的筹备工作和会务工作，协助领导组织会议决定事项的实施；协助党委领导组织制定和起草工作计划、总结、报告和有关会议文件、材料等；审核以党委或党委办公室名义发布的公文；督促检查党委各部门和下属单位党委对中央和上级重要指示、决议和重要会议精神以及党委领导有关指示的执行落实情况，并跟踪调研，及时反馈信息；协调党群各部门之间的工作关系；协助党委领导组织处理需由党委直接处理的突发事件和重大政治事故；组织政治工作专题调查研究；了解掌握下属单位党委的工作情况和政治工作动态，做好政工信息的收集、整理、上报、通报，编发《政工情况》。负责股份公司维护稳定领导小组、党委保密委员会、扶贫开发的日常工作，负责党委和党委领导的文电收发运转、党委印鉴和信件管理等工作；办理党委领导交办的其他事项。

2011年，党委办公室紧紧围绕生产经营大局，充分发挥综合协调和参谋助手职能作用，不断完善服务理念，确保各项工作落实。注重重要理论文章和文件学习。年内深入学习党的十七届四中、五中、六中全会精神，胡锦涛总书记"七一"讲话和股份公司党委全会精神，积极参加股份公司党委中心组组织的各种报告会和学习会，把握实质，融会贯通，努力提高自身素质。继续推进创先争优活动，参加股份公司创先争优活动领导小组的各项工作，组织党员干部深入学习科学发展观，牢固树立科学发展理念，更加自觉地走科学发展道路。深入基层调研，了解所属单位的生产经营、党建等基本情况，对取得的成绩和经验进行总结，对发现的问题以及所属单位提出的建议和意见进行梳理汇总，提供领导班子和机关部门研究。召开驻京单位党委办公室负责人政工信息工作座谈会，围绕提高办刊质量，突出思想性、指导性展开探讨交流。严格落实稳定工作责任制，坚持稳定为先，建立和完善维稳工作长效机制，落实维护稳定工作任务，细化、分解责任和目标，形成统一协调的稳定工作体制和机制。关心离退休、内退人员和职工生活，发挥群团组织作用，努力构建和谐企业，为股份公司科学发展、和谐发展营造良好的环境。开展保密工作教育，学习贯彻新《保密法》，编印《保密工作文件选编》(第二辑)，提高全系统保密管理法律化水平。 （耿仁胜）

【保密工作】 2011 年学习贯彻《中共中央关于加强新形势下保密工作的决定》和上级保密工作会议精神，加强领导，健全保密机构，所属单位选拔政治可靠、责任心强的党员干部充实到保密工作队伍，三级单位成立保密工作领导小组。加强教育，采取多种方式，进行经常性的保密教育。2 月 18 日，邀请北京市安全局领导到中国土木工程集团公司对海外国家安全和保密工作进行辅导培训。11 月 3 日在北京召开保密工作会议，传达国资委保密工作会议精神，并邀请国资委领导和国家保密技术研究所到会讲授保密知识。通过《中国铁道建筑报》《中国铁道建筑管理》《政工信息》等内部报刊，大力宣传《保密法》和国资委《关于加强中央企业保密工作的指导意见》等法律法规，收到明显效果。所属单位结合施工生产实际，采取知识讲座、知识竞赛、图片展、邀请专家学者讲课、播放电教片等形式进行保密宣传教育，有效地提高了全员保密意识。健全制度，制定《保密工作管理办法》《商业秘密保护规定》等 6 项规定办法，编印《保密法规文件汇编》，印发全系统学习执行。加强网络信息管理、信息披露工作和文件收发、阅办、回收工作，以及对外交往、经营承揽中的保密工作，以全过程、全方位的管理，严堵失泄密漏洞，确保国家秘密和企业商业秘密的安全。2011 年无失泄密情况发生，被国资委评为中央企业保密工作先进单位。 （耿仁胜）

【扶贫和援疆援藏工作】 按照国务院扶贫办公室和国资委的部署和要求，股份公司接受对河北省尚义县、万全县定点扶贫和援疆援藏工作。采取的主要措施：一是把开展扶贫和援疆援藏工作提升到政治责任和社会责任的高度常抓不懈。在定点扶贫和援疆援藏工作实践中，以“三个代表”重要思想为指导，积极践行和落实科学发展观，从解决贫困群众最关心、最直接、最现实的问题入手，动真情，举实措，扶真贫，为推动贫困地区经济和社会事业的发展，作出中央企业应有的贡献。二是把发挥中央企业优势作为开展好扶贫和援疆援藏工作的有效途径。2011 年投入资金 300 余万元、接洽和引进项目 5 个，支持和扶助尚义、万全两县脱贫致富。利用在对口县域内进行国家重点基础设施建设的时机，积极帮扶贫困村镇销售石材，输出劳务，定销农副产品，帮销金额千万元以上，输出劳务 1600 余人。三是结合当地县情，始终把握扶贫工作与地方党委、政府中心工作保持一致、合拍配套的宗旨，自觉把扶贫工作纳入地方经济和社会总体发展规划中，积极献计献策，提供智力和资金支持。四是把开展扶贫和援疆援藏工作做为教育和锻炼干部的重要手段，4 名挂职扶贫和援疆援藏干部，以心系群众、无私奉献的公仆情怀，开拓进取、求真务实的优良作风，艰苦奋斗、知难而进的拼搏精神，密切了与驻地人民群众的联系，增进了感情，展示了中央企业干部的良好形象。同时，通过到地方参加扶贫工作，全面认识了国情和舆情，转变了机关工作作风，提高了干部素质，宣传和提升了企业美誉度，引领和教育大批企业干部树立“在一线建功立业，在基层奉献企业”的人生目标。中国铁建的扶贫开发工作，得到河北省和新疆维吾尔自治区的高度认可和称赞，河北省和阿勒泰市先后三次发专函和赠送锦旗，表达感谢。 （耿仁胜）

【信息工作】 2011 年，股份公司党委信息工作围绕党建工作总体思路、党委全委会精神、企业“十二五”科学发展新思路、创先争优实践活动、学习贯彻胡锦涛总书记“七一”讲话精神、纪念建党 90 周年系列活动、学习型党组织建设等内容组织收集信息，全年收集信息 319 篇，编辑《政工情况》61 期，刊稿 186 篇。（韩秀珍）

【文印管理】 按照股份公司党委有关文件、公章管理规定，2011 年审核股份公司、总公司公文、公函 96 件，保密工作委员会文件 4 件，收发上级、本级、下级文件 1341 件，其中上级文件 352 件、机密文件 88 件、秘密文件 59 件，党委领导传阅文件 348 件，党委办公室传阅文件 641 件。全年归档文件 5 盒 99 件，其中永久卷 1 盒 13 件、30 年卷 2 盒 7 件、10 年卷 2 盒 79 件；加盖股份公司、总公司党委、保密委员会印章 3562 枚次。 （韩秀珍）

·机关党务·

【直属机关党委】 是股份公司党委领导下的对下属单位党组织实行统一领导的党组织。直属机关委员会由赵登善、余兴喜、冯中海、郭品云、白晶、张良才、鲁斌、马吉财8人组成,赵登善任党委书记。直属机关党委主要负责统一领导并组织实施股份公司机关党的建设和思想政治工作。主要职责:组织机关和直属项目部党员认真学习马列主义、毛泽东思想、邓小平理论和"三个代表"重要思想,学习贯彻科学发展观,深入开展创先争优活动;学习和宣传党的路线、方针、政策,按照国资委党委、股份公司党委的部署及指示精神,结合股份公司机关和直属项目部实际情况,及时提出贯彻落实意见;对党员进行教育、培训、考评、管理和监督;负责表彰党内先进;培养入党积极分子和发展新党员;指导所属党总支、党支部换届选举;负责党费的收缴、管理和使用;负责党内统计和党员组织关系接转;负责直属机关计划生育、社会救助和募捐工作;负责股份公司党委民主生活会服务工作;负责直属机关支部民主生活会的指导、监督工作;做好思想政治工作,充分发挥党组织的战斗堡垒作用和党员的先锋模范作用,努力建设学习型、服务型、责任型、效能型、廉洁型机关。 (王子利)

【直属机关党委委员职务调整】 8月24日,根据中国铁建股份有限公司党委《关于赵登善等七名同志职务任免的通知》,赵登善任中国铁建股份有限公司直属机关党委书记;廖大球不再担任中国铁建股份有限公司直属机关党委书记职务,张良才不再兼任中国铁建股份有限公司直属机关党委常委副书记职务。 (王子利)

【机关党组织和党员队伍状况】 直属机关党委下设2个党总支、48个党支部,其中机关支部27个、项目部支部5个、离退休支部16个。党员831名,其中在岗职工党员359人、离退休职工党员(含内退)489人、其他人员5名。在岗职工党员中,管理、专业技术人员329人,工人30人。党员年龄结构:35岁以下党员73人,36~45岁122人,46~54岁140人,55~67岁69人,60岁以上451人。党员学历结构:研究生46人,大学本科374人,大学专科156人,中专108人,高中57人,初中及以下112人。 (刘立新)

【开展党员公开承诺活动】 直属机关党委认真按照《关于在创先争优活动中深入开展党员公开承诺的通知》要求和股份公司党委创先争优活动领导小组办公室的安排,在总结2010年公开承诺经验、督促兑现承诺事项的基础上,机关各党支部根据新的形势和任务,提出股份公司机关全体共产党员在开展"创先争优强素质,恪尽职守树形象"的主题实践活动中,按照争当优秀共产党员"五带头"的基本要求,做出2011年党员公开承诺。 (王子利)

【学习党史知识竞赛活动】 为庆祝中国共产党成立90周年,直属机关党委组织机关在岗职工党员开展"学习党史知识竞赛"活动,344名党员参加答题竞赛,占直属机关党委管理在岗职工党员总数的97.5%,并在124份正确答卷中抽取一等奖3名、二等奖5名、三等奖10名。通过学习竞赛,广大党员对党的历史知识有了更深入的了解,进一步激发了广大党员热爱党、热爱祖国、热爱企业的热情,增强了广大党员的党性观念和永葆共产党员先进性的意识。 (刘立新)

【组织党员赴山东枣庄开展红色旅游活动】 开展红色旅游教育活动是纪念建党90周年活动的一项重要内容,是加强爱国主义教育和革命传统教育的有效方式。根据《中共中央关于中国共产党成立90周年纪念活动的通知》要求,按照中央企业创先争优活动领导小组工作部署和股份公司创先争优活动安排,7月19日~8月3日,组织机关143名党员和入党积极分子到著名的抗日战争主要战场,"铁道游击队"故乡——台儿庄和微山湖革命老区进行红色旅游活动。通过红色教育活动,使机关党员对中国革命和中国共产党有了更深刻的认识,加深了对党的感情,受到了一次现实、生动的爱国主义和革命传统教育。 (王子利)

【反腐倡廉警示教育】 直属机关党委按照股份公司党委的统一部署和要求,认真开展反腐倡廉教育。10月10日,组织机关全体党员观看北京市原副市长刘志华腐败案警示录和国家开发银行原副处长高大方现身说法专题片。两部警示教育片以案说纪、以案说法,触及灵魂、震撼心灵,使大家受到了一次深刻的廉洁自律教育。 (王子利)

【离退休职工管理部改选党支部委员】 1月24日,根据直属机关党委《关于离退休职工管理部补选党支部书记的批复》,马吉财、高尚升、曾初雄、谭李平、杨建群5人组成离退休职工管理部党支部委员会,马吉财为党支部书记。 (王子利)

【财务部党支部改选党支部委员】 1月29日,根据直属机关党委《关于财务部补选党支部书记的批复》,曹锡锐、冀涛、彭长林、黄健民、王磊5人组成财务部党支

部委员会，曹锡锐为党支部书记。（王子利）

【诚合保险公司成立党总支】 4月25日，根据直属机关党委《关于诚合保险经纪（北京）有限责任公司党总支选举结果的批复》，汤建国、张德清、郎玉华、董化龙、薛伯良5人组成中国共产党诚合保险经纪（北京）有限责任公司第一届总支部委员会，汤建国为党总支书记。（王子利）

【纪委党支部补选党支部书记】 5月30日，根据直属机关党委《关于纪委补选党支部书记的批复》，郭品云为纪委党支部书记。（王子利）

【信息中心成立党支部】 7月1日，根据直属机关党委《关于成立信息中心党支部的批复》，成立信息中心党支部，肖新华为信息中心党支部书记。（王子利）

【房地产开发部成立党支部】 8月9日，根据直属机关党委《关于成立房地产开发部党支部的批复》，成立房地产开发部党支部，楼翱为党支部书记。（王子利）

【资本运营部党支部补选党支部书记】 10月8日，根据直属机关党委《关于对资本运营部党支部选举支部书记的批复》，张沛然为资本运营部党支部书记。

（王子利）

【人力资源部（党委干部部）补选党支部书记】 12月16日，根据直属机关党委《关于人力资源部（党委干部部）补选党支部书记的批复》，鲁斌、宋旭东、张晓明、康福祥、张介鹏、刘爱波、李倩7人组成人力资源部（党委干部部）支部委员会，鲁斌为党支部书记。

（王子利）

【工会补选党支部书记】 12月23日，根据直属机关党委《关于工会补选党支部书记的批复》，李睿为工会党支部书记。（王子利）

【布置关于做好股份公司党的十八大代表候选人推荐工作】 直属机关党委于12月12日召开支部书记会议，布置关于推荐党的十八大代表候选人的有关工作。经各支部推荐，直属机关党委研究，同意孟凤朝、赵广发、张良才、许敬银、彭亚娟5人为股份公司党的十八大代表候选人推荐人选；同意孟凤朝、赵广发、汪文忠、何义斌、张良才、聂志娥、许敬银、蔺双平、孔凡成、彭亚娟、黄梅英11人为股份公司系统出席中央企业（在京）党代表会议代表候选人推荐人选。（王子利）

组　织

【党委组织部】 股份公司党委主管党的建设工作的职能部门。主要职责：认真贯彻执行党中央、国资委党委和股份公司党委关于加强党的建设的指示精神，研究制定本系统党建工作规划、制度、规定和措施；负责领导班子思想政治建设、民主集中制建设，指导所属单位召开党员领导干部民主生活会和"四好领导班子"创建活动；负责党的委员会建设，指导所属单位按期召开党员代表大会（党员大会），进行党委换届选举；指导所属单位加强工程项目部党组织建设、党支部建设、党员教育管理和发展党员工作，开展创建"五好党支部"、争当"六好共产党员"等党内创先争优活动；负责全系统党内表彰奖励和先进典型选树工作；负责党内统计、党费收缴与管理、党员组织关系接转、党内教育培训、党群系统组织机构设置和编制定员等工作。下设组织处、党员教育管理处（机关党委工作处），设部长1人、副部长1人、组织员1人；定员7人，现员6人。

2011年重点抓了五个方面的工作。一是部署十八大代表选举工作。根据中央要求，按照国务院国资委党委召开的中央企业系统（在京）十八大代表选举工作会议统一部署，对全系统推荐十八大代表候选人建议人选及国务院国资委党员代表会议代表候选人建议人选的工作作出安排。二是继续推进创先争优活动。为更好地通过典型引路，进一步推动全系统的创先争优活动，3月召开股份公司创先争优活动经验交流视频会议，并组织主会场与会人员到两个项目进行现场观摩。起到宣传典型、学习典型效果。三是认真抓好所属单位领导班子思想政治建设和组织建设。根据上级有关规定和股份公司党委工作部署，认真指导所属单位领导班子开好党员领导干部民主生活会。按照党章规定和股份公司党委要求，指导部分所属单位进行党委会、纪委会换届选举及做好部分单位届中党委委员的增补工作，为企业持续、健康、稳定发展提供强有力的政治和组织保障。四是加强对基层党建工作的检查指导。为全面了解股份公司系统基层党组织建设的现状，加强对所属单位工程项目部党建工作的督促、检查和指导，派出两个检查组，对所属单位贯彻落实股份公司党委、股份公司《关于加强和改进工程项目部党的建设的决定》情况和支部建设情况进行检查指导。五是加强基层党组织书记培训。充分利用股份公司党校的教学培训资源，分两批组织对所属单位近

400 名工程项目部党组织书记和基层党支部书记进行培训，提高基层企业和工程项目部党组织书记的政治理论素养和党务工作能力。（张良才）

【党组织和党员状况】 截至 2011 年 12 月 31 日，全系统有党委 861 个，党总支 271 个，党支部 6552 个，党组 6 个。党员 121433 名。其中，在岗职工党员 92962 名，占在岗职工总数的 37.9%；离退休党员 28471 名。预备党员 4795 名，女党员 15996 名。党员队伍专业结构：在岗职工党员 92962 名中，企业管理人员和专业技术人员党员 71199 名，工人党员 21763 名。党员队伍年龄结构：35 岁以下的 37411 名，占党员总数的 30.8%；36～45 岁 23183 名，占党员总数的 19.1%；46～54 岁 30536 名，占党员总数的 25.2%；55～59 岁 12407 名，占党员总数的 10.2%；60 岁以上 17896 人，占党员总数的 14.7%。党员队伍文化程度结构：研究生 2630 名，大学本科 36842 名，大学专科 28514 名，中专 10447 名，高中 20323 名，初中及以下 22677 名。大专以上学历党员占在岗职工党员总数的 73.1%，比 2010 年增长 10.1 个百分点。（王子利 刘立新）

【部署十八大代表选举工作】 12 月 1 日，国资委党委部署中央企业系统（在京）十八大代表选举工作会议召开后，股份公司党委按照中央的部署和国资委党委的统一要求，高度重视，周密部署。一是及早下发关于做好股份公司党的十八大代表候选人推荐工作的通知，作出安排，提出要求。与此同时，成立推荐工作领导小组和办公室，具体指导所属单位推荐工作。截至年底，所属单位的推荐工作按要求全部顺利结束。（杨赳 刘留）

【召开创先争优活动经验交流视频会议】 根据中央企业创先争优活动领导小组的要求和股份公司创先争优活动领导小组 2011 年的工作安排，3 月 23 日召开股份公司创先争优活动经验交流大会。股份公司领导、机关各党支部书记、股份公司直管项目部党组织书记，所属单位党委书记、负责党建工作的副书记及党委组织部部长参加会议。十二局集团公司北京地铁 10 号线二期工程 8 标段项目部党委、十四局集团公司北京地铁 9 号线 5 标段项目部党支部、十六局集团北京轨道交通公司党委、十二局集团公司党委、二十四局集团公司宁启铁路复线电化改造工程 2 标段项目部党工委、中铁第一勘察设计院集团电气化设计处党总支 6 个单位在会上发言，十一局集团公司兰新铁路甘青段项目部党工委、十五局集团五公司党委、十七局集团一公司成绵乐铁路客运专线项目部党工委、十九局集团公司党委、中国铁建电气化局集团公司宁杭铁路客运专线项目部党工委、昆明中铁大型养路机械集团制造总厂西山分厂党总支 6 个单位经验材料在会上交流。会议期间，与会人员分别到十二、十四局集团公司在京的两个地铁项目施工现场观摩。（王子利 刘立新）

【开展领导干部点评创先争优工作】 按照中央创先争优活动领导小组《关于在创先争优活动中认真做好领导点评工作的指导意见》和中央企业创先争优活动领导小组办公室《关于报送创先争优活动领导点评情况的通知》要求，组织开展领导点评创先争优工作。股份公司党委书记孟凤朝对所属二级党委书记进行点评；所属二级企业 30 名党组织书记全部参加点评；基层党组织书记 7396 名，有 7192 名参加点评，占 97%；基层党组织 7396 个，被点评的基层党组织有 7192 个，占 97%；全系统 114765 名党员，有 104093 名党员参加点评，占 91%。通过领导干部点评创先争优活动，各项工作取得新成效。（王子利 刘立新）

【组织参加中央企业先进精神巡回报告】 为落实中央领导关于在创先争优活动中要广泛宣传先进典型、模范人物和先进精神的指示，中央企业创先争优活动领导小组成立以宣讲“大庆精神、铁人精神”、“载人航天精神”和“青藏铁路建设精神”为主要内容的中央企业先进精神巡回报告团。总公司党委成立以张良才为组长、李昌明为副组长，杨赳、汪元章、高俊等为组员的“青藏铁路建设精神”巡回报告活动工作小组。工作组先后到十二、十七、二十局集团公司和中铁第一勘察设计院集团公司等单位进行走访和座谈调研，形成高质量的宣讲稿。刘海燕作为宣讲员参加国资委组织的宣讲培训。工作组在总公司党委领导下，认真进行各项筹备工作，为出色完成宣讲报告，宣传“青藏铁路建设精神”、中央企业先进精神，提升中国铁建良好形象打下坚实基础。（杨赳 刘留）

【党建带团建工作受国资委表彰】 由股份公司党委、团委组织推荐的中铁十七局集团有限公司党委、中铁第一勘察设计院集团有限公司党委，被国务院国资委党委评为中央企业党建带团建工作先进单位。（杨赳 刘留）

【国资委表彰先进基层党委优秀共产党员和优秀党务工作者】 为隆重纪念中国共产党成立 90 周年，国资委党委和中央企业创先争优活动领导小组，在 2011 年“七一”前夕，表彰中央企业先进基层党组织、优秀共产党员、优秀党务工作者。股份公司有 4 个集体、8 名个人受到表彰。

中央企业先进基层党组织

中国土木工程集团利比亚分公司党委

中铁十二局集团三公司党委

中铁十四局集团隧道公司北京地铁9号线项目部党支部

中铁十五局集团六公司党委

中央企业优秀共产党员

许敬银　中铁十五局集团二公司西安分公司第四机械化工程队工班长

施德旭　中铁二十二局集团一公司副总经理

龙信桥　中铁十一局集团公司利比亚铁路项目经理

闫　铭　中铁十三局集团四公司哈西地铁联络线项目部办公室主任

中央企业优秀党务工作者

邓红波　中铁十一局集团三公司铺架三队党支部书记

周　瑾　中铁十六局集团电务公司党委书记

王久平　中铁十九局集团六公司组织部部长、党委办公室主任

农光鲜　中铁二十三局集团一公司宁道项目部党委书记

（王子利　刘立新）

【股份公司表彰先进基层党组织优秀共产党员和优秀党务工作者】　“七一”前夕，股份公司党委表彰中国土木工程集团利比亚分公司机关党支部等43个先进基层党组织、陈志杰等74名优秀共产党员、冯来刚等44名优秀党务工作者。

股份公司先进基层党组织

中国土木工程集团利比亚分公司机关党支部

中铁十一局集团一公司党委

中铁十一局集团二公司机械二队党支部

中铁十二局集团三公司党委

中铁十二局集团建筑安装公司安哥拉项目部党支部

中铁十三局集团公司贵广铁路工程指挥部党工委

中铁十三局集团二公司苏州地铁项目部党工委

中铁十四局集团三公司党委

中铁十四局集团隧道公司北京地铁9号线项目部党支部

中铁十五局集团六公司党委

中铁十五局集团西北公司宁东铁路项目部党支部

中铁十六局集团北京工程指挥部党委

中铁十六局集团铁运工程公司布尔台车站党支部

中铁十七局集团三公司宁安项目部党工委

中铁十七局集团四公司南广项目桥梁三队党支部

中铁十八局集团国际工程公司党委

中铁十八局集团五公司天津滨海新区西中环项目部党支部

中铁十九局集团二公司党委

中铁十九局集团矿业投资公司党委

中铁二十局集团二公司青荣项目部党工委

中铁二十局集团六公司党委

中铁二十一局集团电务电化公司兰州枢纽信号信息项目部党工委

中铁二十一局集团三公司大西铁路客运专线项目三分部党支部

中铁二十二局集团三公司党委

中铁二十二局集团哈尔滨建设集团公司征仪路打通工程第Ⅱ标段项目部党支部

中铁二十三局集团二公司哈西客站施工Ⅱ标段项目部党委

中铁二十三局集团三公司利比亚南北铁路项目部党支部

中铁二十四局集团福建铁路建设公司党委

中铁二十四局集团公司上海轨道交通12号线项目部党支部

中铁二十五局集团恒元建筑工程公司党委

中铁二十五局集团广州铁路工程公司线路工程施工项目部党总支

中铁建设集团郑州分公司党委

中国铁建电气化局集团一公司党委

中国铁建房地产集团（广西）有限公司党支部

中铁第一勘察设计院集团电气化设计处党总支

中铁第四勘察设计院集团线站处轨道设计研究所党支部

中铁第五勘察设计院集团四电设计院党总支

中铁上海设计院集团上海先行建设监理公司党总支

中铁物资集团西南公司党委

昆明中铁大型养路机械集团制造总厂西山分厂党总支

中国铁建重工集团公司道岔分公司党委

中铁建（北京）商务管理公司物业管理公司党委

北京铁城建设监理公司成绵乐铁路工程监理项目部党支部

股份公司优秀共产党员

陈志杰　中国土木工程集团公司副总经理

陆海强　中国土木工程集团尼日利亚公司阿卡铁路项目部副经理

邓生勤　中铁十一局集团五公司山西中南通道铁路项目部安全员

周耿锋　中铁十一局集团公司市场开发部综合科科长

罗长友　中铁十一局集团公司海外事业部副总经理
邓祖龙　中铁十二局集团铁路养护工程公司安多车间主任
胡艳峰　中铁十二局集团电气化公司副总工程师
宋　军　中铁十二局集团公司总经理助理
曲　正　中铁十三局集团电务公司副总经济师兼市场开发中心主任
何远祥　中铁十三局集团公司中心试验室总工程师
王守国　中铁十三局集团吉林省现代城建轨道交通勘察设计院有限公司总工程师
王明波　中铁十四局集团一公司执行董事、总经理
陈忠锋　中铁十四局集团五公司宁启复线电化工程项目部经理、党委副书记
刘广泛　中铁十四局集团电气化公司宁启铁路项目部党支部副书记
许敬银　中铁十五局集团二公司西安分公司第四机械化工程队工班长
郑根锁　中铁十五局集团四公司郑州项目部经理、党委书记
贾会刚　中铁十五局集团五公司副总经理兼二分公司经理
陈宏铭　中铁十六局集团一公司副总经理
张传安　中铁十六局集团二公司总工程师
张晓峰　中铁十六局集团北京工程公司总经理
王林俊　中铁十七局集团二公司副总经理
卢　剑　中铁十七局集团六公司路桥公司经理
杨　震　中铁十七局集团建筑公司杭甬项目部经理
段瑞明　中铁十八局集团沙特麦加轻轨铁路项目部合同部部长
刘映红　中铁十八局集团石武铁路客运专线河南段项目部副指挥长
孔凡成　中铁十八局集团隧道公司副总经理兼锦屏项目部经理
李　程　中铁十九局集团一公司董事长、总经理
张中明　中铁十九局集团五公司副总经理兼路桥六公司经理
李华伟　中铁十九局集团公司副总工程师兼石武铁路客运专线河南段项目部经理
程凯书　中铁二十局集团安哥拉工程指挥部代总工程师兼工程部部长
杜　越　中铁二十局集团一公司总工程师
侯明让　中铁二十局集团蒙古国铁路工程指挥部常务副指挥长
李国强　中铁二十一局集团二公司玉树地震灾后重建项目部水暖领工员
杨剑刚　中铁二十一局集团五公司兰渝项目部总工程师
史保真　中铁二十一局集团北京分公司副总经理
施德旭　中铁二十二局集团一公司副总经理
赵兴存　中铁二十二局集团四公司党委书记、董事长
李铁夫　中铁二十二局集团电气化公司哈尔滨电务工程分公司副经理
李　铎　中铁二十三局集团向莆铁路 FJ－10 标段指挥部副指挥长、总工程师
黄　静　中铁二十三局集团轨道交通公司上海 11 号线项目部副经理、总工程师
杨建明　中铁二十三局集团六公司哈齐铁路客运专线项目部经理
马玉辉　中铁二十四局集团安徽公司合肥轨道交通项目部经理
苟小明　中铁二十四局集团南昌公司阳左高速公路项目部经理
周小明　中铁二十四局集团新余公司上饶车站改扩建工程项目部总工程师
朱小鹏　中铁二十五局集团二公司总经理助理
肖玉良　中铁二十五局集团三公司机械化分公司经理
施派泽　中铁二十五局集团电务公司广州信号公司信号一班班长
汪诗超　中铁建设集团设备安装分公司项目部经理
杨再清　中铁建设集团公司铁路工程总指挥部哈大铁路客运专线项目部指挥长
杨武顺　中铁建设集团西安分公司项目部经理
陈宪祖　中国铁建电气化局集团南方公司副总经理
王充希　中国铁建电气化局集团北方公司副总经理
李宪杰　中国铁建房地产集团公司经营管理部主管
陈应陶　中铁第一勘察设计院集团公司桥梁隧道设计处处长
王　杰　中铁第一勘察设计院集团公司线路运输处副总工程师
郭志勇　中铁第四勘察设计院集团公司副总工程师
王长法　中铁第四勘察设计院集团公司京沪指挥部常务副指挥长
党海军　中铁第五勘察设计院集团城市轨道交通设计院院长
矫　恒　中铁第五勘察设计院集团线路运输设计院站场所助理工程师
杨敏捷　中铁上海设计院集团公司桥梁隧道设计处所长
朱锦富　中铁上海设计院集团工程勘察院院长
韩春满　中铁物资集团华北公司副总经理

杨晓明　中铁物资集团北京五棵松饭店公司副总经理

孙国庆　昆明中铁大型养路机械集团公司副总经理

马乐东　昆明中铁大型养路机械集团北京营销分公司副总经理

王兴维　中国铁建重工集团隆昌铁路器材有限公司车间主任

张忠华　中国铁建重工集团隧道装备公司盾构装配车间党支部书记

张丽霞　中铁建(北京)商务管理公司北京铁建医院院长

孙庆卫　北京铁城建设监理公司关角隧道监理项目部总监理工程师

苏凤祥　诚合保险经纪有限责任公司风险管理部经理

张国峰　中铁建中非建设有限公司副总经理兼总工程师

顾传智　中国铁建股份有限公司党校校长、党委副书记

李重阳　中国铁建股份有限公司科技设计部设计咨询管理处处长

覃为刚　中国铁建股份有限公司设备物资部部长

股份公司优秀党务工作者

冯来刚　中国土木工程集团公司党委工作部部长

邓红波　中铁十一局集团三公司铺架三队党支部书记

胡士华　中铁十一局集团桥梁公司党委书记

梁　健　中铁十二局集团四公司党委书记

邱　卫　中铁十二局集团七公司党委书记

李　辉　中铁十三局集团公司党委组织部组织员

李云峰　中铁十三局集团五公司贵广铁路项目部党工委副书记

孙绍法　中铁十四局集团水利水电工程分公司党委书记

梁　勇　中铁十四局集团宁启复线电化工程项目部党工委秘书长

田璐郅　中铁十五局集团公司纪委副书记兼华东公司党委书记

余福寿　中铁十五局集团一公司新疆库库项目部党支部书记

王立荣　中铁十六局集团五公司党委工作部部长

周　瑾　中铁十六局集团电务公司党委书记

李　彬　中铁十七局集团一公司汉宜项目部党支部书记

朱传忠　中铁十七局集团五公司中南部铁路通道5标段项目部党工委书记

刘冬生　中铁十八局集团公司党委办公室主任

褚晓国　中铁十八局集团三公司兰渝项目部党工委书记

王久平　中铁十九局集团六公司组织部部长、党委办公室主任

张殿友　中铁十九局集团三公司党委副书记

独成录　中铁二十局集团四公司青岛地铁项目部党工委书记

易传礼　中铁二十局集团五公司工会副主席、党群工作部部长

石宝进　中铁二十一局集团一公司工会副主席、党委工作部部长

祁克义　中铁二十一局集团四公司西宁枢纽第一项目部党支部书记

何书高　中铁二十二局集团五公司纪委副书记

张家安　中铁二十二局集团六公司党委书记、董事长

农光鲜　中铁二十三局集团一公司宁道项目部党委书记

周　宏　中铁二十三局集团八公司党委书记

叶光灿　中铁二十四局集团鹰潭设备安装公司党委书记

楼　青　中铁二十四局集团浙江公司杭甬铁路客运专线二分部党支部书记

凌勋伟　中铁二十五局集团公司党委宣传部部长

杨河唇　中铁二十五局集团柳州铁路工程公司机械化分公司党工委书记

徐　春　中铁建设集团北京分公司党群纪监办公室主任

唐忠国　中国铁建电气化局集团二公司党委书记、董事长

柳金平　中国铁建房地产集团北京正达置业有限公司党支部书记、常务副总经理

高　俊　中铁第一勘察设计院集团公司党委宣传部《铁道设计报》总编

胡名喜　中铁第四勘察设计院集团公司通号处党总支书记

赵忻英　中铁第五勘察设计院集团公司党委办公室主任

顾培龙　中铁上海设计院集团公司副总经济师兼天津分院院长、党总支书记

孔庆林　中铁物资集团公司党委副书记、纪委书记、工会主席

马云昆　昆明中铁大型养路机械集团公司党委书记、董事长

李向荣　中国铁建重工集团株桥混凝土制品分公

司党总支副书记、工会主席

石兴国　中铁建（北京）商务管理公司物业管理公司党委书记

贾晖东　北京铁城建设监理公司党委书记

赵登善　中国铁建股份有限公司党委办公室主任

（王子利　刘立新）

【召开党员领导干部民主生活会】　根据上级有关规定和股份公司党委工作部署，2011年所属单位认真召开党员领导干部民主生活会。生活会的主题是“坚持以人为本执政为民为理念，发扬密切联系群众优良作风”。重点对照检查贯彻以人为本、执政为民理念，坚持党的群众路线和群众工作纪律，坚持全心全意依靠职工办企业，维护职工群众权益，发扬密切联系群众优良作风的情况；检查在宏观调控政策趋紧、铁路加快转变发展方式新形势下，在推进企业转方式、调结构、谋发展，实现生产经营指标、为“十二五”规划开好局起好步等任务中的工作思路、精神状态；对照企业领导人员廉洁从业规定和2010年度述廉议廉结果，查找存在的问题和不足并作出明示。特别是对照杨善洲的先进事迹，在自觉践行党的宗旨和加强党性修养方面找差距、摆不足，明确努力方向。

12月13日，股份公司党委召开2011年度领导班子民主生活会，11名领导班子成员全部到会。国有企业监事会主席李克，国资委企干二局五处处长曹永晖，国资委纪委宣传教育室副主任肖祥立，国有企业监事会第16办事处处长孔建峰、专职监事宋宇到会指导。领导班子成员结合会议主题及向所属单位和广大干部职工征求到的意见和建议，重点查找自己一年来在学习、思想和工作等方面存在的问题，进一步明确努力方向。（杨　赳　刘　留）

【表彰“四好领导班子”】　8月1日，股份公司党委、股份公司作出决定，批准中国土木工程集团有限公司、中铁十一局集团有限公司、中铁二十二局集团有限公司、中铁建设集团有限公司、中铁第四勘察设计院集团有限公司、中铁物资集团有限公司、中国铁建重工集团有限公司7个单位领导班子为股份公司2010年度“四好领导班子”。（杨　赳　刘　留）

【项目党建和支部建设工作专题检查】　为认真落实国资委党委和中央企业创先争优活动领导小组要求，进一步加强和改进工程项目部党的建设、党支部建设，促进项目部规范管理，夯实企业科学发展基础，根据股份公司党委《关于开展项目部党建和党支部建设工作检查的通知》精神，党委组织部成立两个检查小组，分别于8～10月，对全系统15个集团公司、18个子（分）公司（分院）、18个工程项目部贯彻落实《关于加强和改进工程项目部党的建设的决定》情况和支部建设情况进行专题检查。通过听专题汇报、查阅基础台账、问卷调查和召开座谈会等方式，全面了解股份公司系统基层党组织建设的现状，并在此基础上，将检查调研中发现的各级党组织加强基层党组建设好的经验和做法、存在的问题和薄弱环节，以及今后加强和改进的思路和要求等方面情况总结形成调研报告1份。（杨　赳　刘　留）

【部分单位召开党代会】　根据党章规定和股份公司党委要求，中铁十三、十七、二十二、二十四局集团有限公司分别召开党代会，选举产生新一届党委会和纪委会，梁君、段东明、刘国志、王北京分别当选十三局、十七局、二十二局、二十四局集团党委书记。

（杨　赳　刘　留）

【部分单位增补党委成员】　股份公司党委研究决定，同意补选吴建顺为中共中铁二十一局集团有限公司委员会委员，增补池长贵为中铁建中非建设有限公司党委委员。（杨　赳　刘　留）

【成立投资公司党委】　8月12日，股份公司党委发出通知，决定成立中国共产党中国铁建投资有限公司委员会，李宁、金守华、李振刚为党委委员，李宁任党委书记。（杨　赳　刘　留）

【成立港航局集团公司党委】　10月12日，股份公司党委发出通知，决定成立中国共产党中国铁建港航局集团有限公司委员会，蒋汉祥、许四发、任保义、赵峰、王永东、刘齐辉、金国亮为党委委员；蒋汉祥任党委书记，许四发、任保义任党委副书记。（杨　赳　刘　留）

【调整工会组织权益部设置】　7月7日，股份公司党委印发《关于调整工会组织权益部设置有关问题的通知》，决定股份公司工会组织权益部更名为组织权益和女工部，设部长1名、副部长1名；组织女工处更名为组织处。部长、副部长中须有1名女干部，主持女工日常工作，该女干部可兼任组织处处长。部门不增加定员。（杨　赳　刘　留）

【部分单位建立、调整双重领导关系】　根据工作需要，帮助部分单位与地方党委建立或调整双重领导关系。鉴于中铁十三局集团有限公司总部机关已经迁至天津市，为便于工作，经研究并与天津市委、吉林省委组织部沟通协商，决定从2011年9月1日起，中铁十三局集团有限公司党组织关系由吉林省委和中国铁道建筑总公司党委双重领导，调整为统一由天津市委和中国铁道建筑总公司党委双重领导，以中国铁道建筑总公司党委垂直领导为主的体制。经研究并与广东省委办公厅、省委组织部沟通协商，决定中国铁建港航局集团有限公司党组织实行由广东省委与中国铁道建筑总公司党委双重领导，以中国铁道建筑总公司党委垂直领导为主的管理体制。（杨赳　刘留）

【调整机关党委组成人员】 12月22日，股份公司党委印发《关于调整股份公司直属机关党委组成人员的通知》，决定由赵登善、张良才、余兴喜、郭品云、白晶、冯中海、鲁斌、马吉财8人组成中共中国铁建股份有限公司直属机关委员会。（杨赳　刘留）

【举办项目书记培训班】 根据股份公司党委要求，结合基层党建工作实际，针对工程项目部党组织书记队伍和党务干部队伍建设现状，举办两期项目书记培训班，促进基层党组织书记和党务干部的理论水平和履职能力的提高，受到基层单位的广泛欢迎。

（杨赳　刘留）

【举办组织工作专题培训】 为落实股份公司党委工作要求，进一步提高组工干部业务水平，经股份公司党委领导同意，8月30日～9月5日，对按规定2011年应召开党代会或党员大会的单位组工干部进行专题培训。培训主要包括学习胡锦涛“七一”讲话专题辅导、基层党组织选举、发展党员、加强组织部门自身建设等内容。（杨赳　刘留）

【股份公司党内统计会议暨党内统计培训班】 12月8～10日在海南召开。会上传达中组部及国资委党委党内统计工作会议精神，全面总结股份公司2010年党内统计工作，表彰全优报表单位和个人，布置2011年党内统计工作。（王子利　刘立新）

【发展党员】 2011年，全系统各级党组织认真贯彻中央发展新党员工作“坚持标准、保证质量、改善结构、慎重发展”的方针，坚持把发展党员工作重点放在优秀年轻高知识群体人才、高技能人才和生产、工作一线员工上。按照《中国共产党章程》和《中国共产党发展党员工作细则（试行）》要求，坚持党员标准，严格工作程序，确保新党员质量，全年发展新党员3706名，其中女党员643名、少数民族党员78名。年龄结构：35岁以下的2925名，占发展总数的78.9%；36～59岁781名，占发展总数的21.1%。学历结构：大学本科以上2025名，占发展总数的54.6%，较2010年增长6.5个百分点；大学专科1132名，占发展总数的30.6%；中专、高中及以下549名，占发展总数的14.8%，较2010年降低2.6个百分点。发展生产一线党员3292名，占发展总数的88.2%，较2010年增长1.4个百分点；专业技术人员2361名，占发展总数的63.7%。（高学存）

【入党积极分子队伍建设】 培养一支数量充足的入党积极分子队伍是保证发展新党员质量的重要基础。所属各级党组织按照中央发展新党员的工作要求，积极做好在企业生产经营一线担当重任的年轻优秀工人、优秀管理人才、优秀专业技术人才和优秀高技能人才的教育培养工作，对思想要求进步、愿意向党组织靠拢的人员，积极吸收到入党积极分子队伍中，不断壮大入党积极分子队伍。对列为入党积极分子的采取各种形式进行重点培养教育，并指定两名党员具体帮助指导。截至2011年底，全系统基层党支部在17125名申请入党人员中，经上级党组织批准，将9998人列为入党积极分子进行重点培养，有效地保证了为党组织不断输入新的生机与活力。（高学存）

【党建工作经验入选中组部培训教材】 由股份公司党委组织部和干部部撰写的反映党组织加强大学毕业生培养教育、引导青年职工健康成长的工作经验《促进新就业大学生健康成长》一文，受到中组部肯定和好评，被收入中央基层党组织书记社会管理培训班教材。（杨赳　刘留）

【开展课题调研】 根据全国党建研究会国企专委会要求，股份公司党委承担关于海外党建工作和基层党组织建设两个调研研究课题。党委组织部成立两个课题组，通过听专题汇报、查阅基础台账、问卷调查和召开座谈会等方式，全面了解股份公司系统海外党建和基层党组织建设的现状，在总结、分析、研究基础上完成两篇研究论文，为破解新形势下海外党建和基层党建工作难题，探索了新思路新途径。（杨赳　刘留）

【慰问生活困难党员和老党员】 为贯彻落实党的十七大关于建立健全党内激励、关怀、帮扶机制的要求，充分体现党组织对生活困难党员和老党员的关怀，以实际行动为党员群众办实事，根据国资委党委组织部《关于做好春节前慰问生活困难党员和老党员有关工作的通知》精神，股份公司党委筹集慰问金58.4万元，其中本级划拨党费29.2万元、国资委下拨党费29.2万元，春节前慰问全系统生活困难党员716名。

（王子利　刘立新）

宣　传

【党委宣传部】 股份公司党委宣传部又称企业文化部,既属公司党委工作部门,又属行政工作部门。主要职责:负责股份公司党委和所属各级党委的思想理论建设和职工的政治理论教育;负责总部本级党委中心组学习,指导检查所属单位党委中心组学习;负责施工生产中的思想政治工作和对职工经常性的思想教育;负责企业改革的宣传教育和时事政策教育;组织指导股份公司系统精神文明建设;负责党建思想政治工作研究;负责企业文化建设、品牌文化建设;负责中国铁建书法家协会日常管理;负责本级重大活动的宣传报道和对全国性报刊、电台、电视台和网络媒体的新闻报道;负责企业电视专题片的摄制;负责突发事件中的新闻处置;协同有关部门进行普法教育和综合治理方面的宣传教育。定员12人,现员10人。设部长兼党建政研会秘书长1人,副部长1人,副秘书长1人。下设宣传教育处、企业文化处、新闻处、铁道兵纪念馆暨中国铁建展览馆(筹)。

2011年,党委宣传部(企业文化部)坚持以邓小平理论和"三个代表"重要思想为指导,深入贯彻落实科学发展观,认真学习贯彻党的十七大和十七届四中、五中、六中全会精神,不断强化理论武装,深入开展学习型党组织建设活动,积极开展以企业核心价值观教育为主要内容的企业文化建设,扎实推进思想政治工作、精神文明建设,大力加强新闻宣传,全面提升企业形象,为企业科学发展提供强有力的思想保证、精神动力和文化支持。 (钱桂林)

【深化学习型党组织建设】 按照股份公司党委的统一部署,所属各级党委不断深化学习型党组织建设,组织基层党组织和党员深入学习胡锦涛总书记"七一"重要讲话、十七届六中全会精神等内容,着力在提升领导班子战略思维能力上下功夫,在进一步明确企业发展思路上下功夫,在提高党员干部自身政治理论素养上下功夫,取得明显成效。8月24日,在中央企业学习型党组织建设工作经验交流会上,股份公司党委作题为《以检查考核为抓手,推进学习型党组织建设落地》的经验交流。9月16日,股份公司党委在北京召开全系统学习型党组织建设工作经验交流视频会,总结一年多来全系统建设学习型党组织工作情况,明确任务,交流经验,表彰先进,把学习型党组织建设工作引向深入,为实现企业"十二五"战略发展目标提供有力的思想政治保证。6家单位介绍学习型党组织建设工作的做法和经验,5家单位作书面交流,中国土木工程集团福州勘察设计研究院等51个单位被评为中国铁建建设学习型党组织先进单位。 (汪元章)

【开展宣传教育活动】 2011年,全系统统一开展以"学习规划明任务,转型升级谋发展"和"坚定信念跟党走,奉献铁建争先锋"为主题的宣传教育活动,统一思想、振奋精神、激发活力。层层开展总结、选树、宣传党员典型活动。在各单位党委推荐的基础上,股份公司党委确定29名先进党员作为典型宣传人选,自6月起在《中国铁道建筑报》《铁建政工》及股份公司网站集中进行宣传报道。 (汪元章)

【深入贯彻《加强和改进新形势下国有及国有控股企业思想政治工作的意见》】 股份公司党委把贯彻落实中央宣传部、国务院国资委《关于加强和改进新形势下国有及国有控股企业思想政治工作的意见》(以下简称《意见》)作为2011年一项重要任务,在2010年转发《意见》的基础上,2011年3月下发关于上报贯彻《意见》情况的通知,督促所属单位对学习贯彻情况进行全面自查。在3月15日国资委召开的部分中央企业学习贯彻《意见》座谈会上,股份公司党委作书面经验介绍。 (汪元章)

【组织学习贯彻《胡锦涛同志在庆祝中国共产党成立90周年大会上的讲话》】 7月7日,股份公司党委印发《关于深入学习贯彻〈胡锦涛同志在庆祝中国共产党成立90周年大会上的讲话〉的通知》,所属各级党组织迅速把学习宣传贯彻胡锦涛总书记重要讲话精神作为首要政治任务,高度重视,周密部署,全面推进,兴起学习热潮。学习中,全系统上下坚持理论联系实际,围绕坚持科学发展观的主题和加快转变发展方式的主线,认真落实企业"十二五"发展规划所作出的部署,努力把学习成果转化为加强和改进工作的实际成效,有力推进企业发展和党建工作科学化水平。

(汪元章)

【组织学习宣传贯彻十七届六中全会精神】 10月31日,股份公司党委印发《关于认真学习贯彻党的十七届六中全会精神的通知》,对全系统深入学习、宣传和贯彻落实十七届六中全会精神作出部署,要求各级党组织准确把握六中全会通过的《中共中央关于深化文化体制改革、推动社会主义文化大发展大繁荣若干重大问题的决定》精神,推动企业文化建设上新台阶,推进企业科学管理上新水平。 (汪元章)

【党委中心组学习】 全年股份公司党委中心组学习6次,先后邀请中央党校、中央政策研究室等单位的教授就“中国共产党就是年历程”、学习胡锦涛总书记“七一”重要讲话、学习贯彻六中全会精神、反腐倡廉教育等专题开展学习。对全系统二级单位党委中心组学习进行督查,所属集团公司党委中心组学习均在6次或以上。 (汪元章)

【调整精神文明建设领导小组成员】 7月21日,股份公司党委调整股份公司精神文明建设领导小组成员。党委副书记、纪委书记、监事会主席齐晓飞任领导小组组长,领导小组办公室设在宣传部,负责日常管理工作。 (汪元章)

【组织参加第三届全国道德模范评选】 6月,组织全系统参加由中央宣传部、中央文明办、总政治部、全国总工会、共青团中央、全国妇联联合开展的第三届全国道德模范评选表彰活动。5月31日~7月20日,主办单位在《人民日报》《解放军报》《光明日报》《中国青年报》和人民网、新华网、光明网、搜狐网、新浪网等20多家主流媒体同步刊登候选人的事迹。中铁十七局集团五公司职工赵海生、中铁十九局集团四公司党委书记王纯玉分别作为全国道德模范“助人为乐类”和“敬业奉献类”候选人入选,并最终获提名奖。 (汪元章)

【评选中国铁建第二届十佳道德模范】 5月24日,股份公司党委下发《关于评选表彰中国铁建第二届“十佳道德模范”的通知》。经所属单位推荐,产生候选人34名。9月27日,股份公司党委宣传部在对候选人的主要简历、获奖情况和事迹材料进行整理汇编的基础上,召集总部机关25个部门和报社负责人,就34名候选人按既定标准、程序进行投票,并经股份公司党委批准,决定授予李鹏年等10人为中国铁建第二届十佳道德模范。

股份公司助人为乐道德模范

李鹏年　中铁十三局集团三公司党委副书记兼工会主席

吕兆起　中铁十六局集团四公司京沪项目部技术部部长

股份公司见义勇为道德模范

袁昌福　原中铁二十局集团六公司项目部技术员

股份公司孝老爱亲道德模范

陈福良　中铁十一局集团二公司贵阳地铁轻轨项目部党工委书记

高远忠　中铁第四勘察设计院集团公司地路处工程师

股份公司诚实守信道德模范

刘振兴　中铁物资集团东北公司总经理、党委副书记

股份公司敬业奉献道德模范

宋　军　中铁十二局集团公司总经理助理兼福建经营部部长

张海亮　中铁十五局集团公司副总经理兼广深港项目经理

袁　松　中铁二十三局集团公司副总工程师

冉　理　中铁第一勘察设计院集团公司顾问

同时,经研究,决定追授中铁十八局集团三公司原党委委员、副总经理石明记为股份公司敬业奉献道德模范。 (汪元章)

【开展文明单位创建活动】 在积极传达贯彻全国及中央企业防范和处理邪教工作会议精神的同时,积极组织开展文明单位创建活动。配合中央宣传部、中央文明办、国资委宣传局对创建首都文明单位和全国文明单位的驻京企业进行抽检。中铁十九局集团矿业投资公司、中铁二十二局集团一公司被评为首都文明单位。中铁建设集团公司和中铁第五勘察设计院集团公司被评为全国文明单位。 (汪元章)

【推荐优秀思想政治工作先进单位、优秀个人】 按照国资委党委办公室《关于做好中央企业思想政治工作先进单位和优秀思想政治工作者评选表彰工作的通知》精神,经征求有关方面意见,股份公司党委决定,推荐股份公司党委宣传部(企业文化部)、中铁十三局集团三公司、中铁十七局集团三公司、中铁第五勘察设计院集团公司、中国铁建重工集团公司为先进单位候选单位;中铁十一局集团公司党委副书记雷佳民、中铁十六局集团公司党委宣传部部长王立武、中铁十八局集团公司党委宣传部部长王利、中铁二十四局集团福建公司党委书记刘钦曙和中铁建设集团公司党委书记、董事长汪文忠为优秀思想政治工作者候选人。 (汪元章)

【编辑《铁建政工》】 全年出版《铁建政工》6期,70多万字。刊物及时反映股份公司党委重大活动和全系统政工动态,进行思想政治工作研究,交流先进经验,推广典型做法。 (汪元章)

【春节新闻报道】 春节期间,股份公司党委宣传部(企业文化部)根据各主流媒体“新春走基层”采访报道思路,提前布局策划,派出4人分别配合中央电视台、《人民日报》等中央主流媒体的报道组,深入新疆吐库

铁路二线、沪昆高速铁路、渝利铁路等国家重点工程一线采访，从不同视角、不同层面先后刊发反映中国铁建建设者节日期间坚守岗位、攻难克险、无私奉献的精神风貌，共刊发新闻稿件约20篇。（刘　文　尤家民）

【重难点工程新闻报道】 围绕企业的生产经营活动，结合中央新闻主管部门和中央新闻媒体不同阶段的新闻宣传要点，股份公司党委宣传部（企业文化部）及时跟踪企业重点工程，捕捉新闻线索，主动展开新闻宣传。2011年重点对京沪高速铁路通车、中国首座水下铁路盾构隧道——狮子洋隧道贯通、中国最长的海底隧道——青岛海底隧道通车、中国高寒地区首座特大型综合客运枢纽铺通等重点工程进行宣传报道。全年对外发稿150余篇。其中，《人民日报》发稿11篇；新华社刊发通稿16篇；中央电视台《新闻联播》12篇；中央电视台《朝闻天下》《新闻30分》《东方时空》《中国新闻》等栏目发稿32篇；电视专题类节目2篇；《光明日报》《经济日报》《科技日报》《工人日报》《中国青年报》和中央人民广播电台等发稿37篇；人民网、新华网、央视网和中央政府网等中央主流网站发稿约40篇。（刘　文　刘　渝）

【利比亚撤离新闻宣传】 2月16日以来，利比亚国内局势急剧恶化，中国铁建的3个铁路项目营地均遭到暴徒袭击，一些人员受伤，部分施工设备被抢、被毁。股份公司在第一时间成立应急组织机构，启动应急预案，全面部署和组织撤离工作，3572名员工安全、迅速、有序地回到祖国。股份公司党委宣传部（企业文化部）迅速行动，主动与中央媒体沟通协调，提供素材、组织采访，中央电视台等媒体对中国铁建领导靠前指挥、以人为本、以身作则的典型事例进行全方位、多角度的宣传报道，有效提升了企业的社会形象。

（刘　渝　尤家民）

【"时代先锋"——黄昌富新闻宣传】 经股份公司党委推荐、国务院国资委宣传工作局报送，中铁十六局集团公司副总经理黄昌富成为中共中央宣传部要求中央主流媒体在"五一"期间集中宣传报道的4名"时代先锋"典型人物之一。4月22日，股份公司党委宣传部（企业文化部）在中国铁建大厦组织召开座谈会，副总裁夏国斌向记者介绍有关情况，并带领《人民日报》、新华社、《光明日报》、中央电视台等11家中央主流媒体的13名记者组成采访团，深入黄昌富所在单位和相关工地，对他10多年来在地下工程建设中取得的巨大成绩和先进事迹进行深入采访。4月28日~5月2日，反映黄昌富先进事迹的新闻在中央各大媒体集中刊播，"地下尖兵——黄昌富"一时间成为网络热词，在股份公司和社会上引起强烈反响。（刘　渝　尤家民）

【玉树灾后重建新闻宣传】 8月，为配合国资委宣传局组织的中央主流媒体采访团，对中央企业玉树地震灾后重建工作进行宣传报道，股份公司党委宣传部（企业文化部）派员提前赶赴海拔4200米的青海玉树，克服高原反映等困难，协调中央主流媒体圆满完成对中国铁建的采访报道活动，提供了两万字左右的文字材料。并参加玉树州民族中学交付使用，国资委主任王勇视察工地、看望慰问员工，总裁赵广发、副总裁刘汝臣视察工地、看望慰问员工等活动，拍摄了大量生动的现场图片和影像资料。（刘　文）

【纪念建党90周年新闻宣传】 股份公司党委宣传部（企业文化部）抓住建党90周年的契机，提前与上级新闻主管部门、国资委宣传局沟通推荐，先后在中央主流媒体的《红旗飘飘》栏目中推出《祁连山上党旗红——中铁二十局集团祁连山隧道掘进队》《利比亚大撤离 危难时刻党员显本色》《京沪高铁共产党员夏吉军：火车快 车头带》3个先进集体和典型人物。其中，中共中央宣传部还将二十局集团祁连山隧道掘进队作为在全国重点宣传的重大典型，发文要求《人民日报》、新华社、中央人民广播电台、中央电视台等中央主流媒体对此进行集中报道。6月中旬，股份公司党委宣传部（企业文化部）派员带领记者深入兰新铁路二线工地海拔3700多米的高寒无人区，实地进行现场采访报道。通过一个个鲜活的基层党员、干部形象，反映了中国铁建基层党组织坚强的战斗堡垒作用和广大共产党员的先锋模范作用。为提升企业形象，凝聚人心、鼓舞斗志发挥积极作用。（刘　渝　尤家民）

【石明记、孔凡成典型宣传】 股份公司党委宣传部（企业文化部）预先策划，主动与中央主流媒体沟通协调，先后组织中央媒体对"中国铁建杰出青年"——英年早逝的中铁十八局集团三公司副总经理石明记和"金牌项目经理"——全国五一劳动奖章获得者、中铁十八局集团隧道公司副总经理兼锦屏水电站项目经理孔凡成，进行重点宣传报道。两人还双双入选中央电视台《焦点访谈》之后的《身边的感动》栏目，分别于5月13日《我的父亲石明记》和11月3日《穿山硬汉：孔凡成》播出。新华社、人民网、《科技日报》《工人日报》等中央主流媒体也相继刊发专题报道，不仅在企业掀起向两位先进典型学习的热潮，也在全国引起强烈反响。

（刘　渝　尤家民）

【"走基层"新闻报道】 股份公司党委宣传部(企业文化部)配合全国新闻战线开展的"走基层、转作风、改文风"活动,与所属单位宣传部门密切沟通,与中央主流媒体积极策划,带领记者深入国家重点工程施工现场,采访报道中国铁建员工扎根基层、默默奉献的感人故事。先后在《人民日报》、新华社、中央电视台等播发《新春走基层:在岗位》《走基层:重点工程建设者的心声》《走基层:沪昆高铁线上的"金牌医生"》等专题报道21篇,在社会上引发强烈关注。 (尤家民 刘渝)

【企业转型发展新闻宣传】 股份公司党委宣传部(企业文化部)围绕企业加快转变发展方式,加速产业升级的战略思路,抓住中国铁建重工集团公司在重庆建立高端重型装备西南生产基地、组建中国铁建投资有限公司、收购广东航盛集团及组建中国铁建港航局集团公司、股份公司投融资建设广东湛江东海岛石化产业园等事件,不断加大在中央主流媒体的新闻宣传力度。通过在《人民日报》、新华社、《经济日报》等中央媒体,以及省市媒体的连续报道,既表现了中国铁建在转方式、调结构中取得的突出成绩,也向全社会展示了作为世界500强企业的良好形象。(刘渝 尤家民)

【制作企业宣传片】 结合企业2011年度公告,股份公司党委宣传部(企业文化部)对企业形象宣传片进行重大修改调整。先后赶赴安徽、广西、湖南等国内多个省市,运用摇臂、轨道等特殊拍摄设备抢拍最新的房地产、工业制造、房建及重点工程的内容,突出表现企业在结构调整、转型升级方面取得的新突破、新成就。全新的中英文双语版企业宣传片在大型会议展览、经营活动、外事接待等重大场合中播放获得一致好评。 (尤家民)

【专项展板展示和宣传品制作】 完成或参与国务院国资委建设规范董事会中央企业新春联谊会、中央各媒体联谊会,股份公司2011年工作会、房地产板块宣传、杭州国际城开盘宣传等展览展示活动中的展板制作,形象地宣传了企业各方面业绩。年内,三次制作股份公司中英文宣传画册折页,并制作承包商会年鉴、《求是》杂志广告,参与制作商务部中央企业海外工作宣传册。 (赵其红)

【铁道兵纪念馆领导小组成员调整】 年内,因总部机关部分人员工作变动,铁道兵纪念馆暨中国铁建展览馆筹备工作领导小组成员调整。组长赵广发,副组长齐晓飞、范德,顾问霍金贵;筹备办公室主任钱桂林,副主任赵其红、张家年。 (赵其红)

【铁道兵纪念馆(筹)定编定员】 8月4日,《关于明确总公司战备局管理规格等机构编制事项的通知》和《关于调整审计监事局等部门机构编制的通知》同时下发,铁道兵纪念馆(筹)正式成立,定员2人,设馆长1人、工作人员1人。10月,赵其红被任命为纪念馆馆长。 (赵其红)

【向全社会发布征集铁道兵资料、物品公告】 8月2日,《中国铁道建筑报》头版发布铁道兵资料、物品征集广告,筹备工作办公室正式开始向全社会征集有关铁道兵的资料、物品。随后,相继在全国各地23个铁道兵协会的相关媒体和各地有关铁道兵网站发布《关于铁道兵纪念馆征集历史资料和文物的公告》,并在全系统内整理、下发《铁道兵纪念馆暨中国铁建展览馆资料征集》的第一份清单。 (赵其红)

【广泛开展征集铁道兵和中国铁建资料、物品】 11月16日,赵广发、霍金贵带领纪念馆人员参加中国铁建铁道兵联谊活动,与全国各地铁道兵协会会长及铁道兵文物收集者商议资料和文物征集事宜。11月28日~12月28日,霍金贵、钱桂林、赵其红等赴石家庄、上海、杭州、天津等地,相继拜访刘居英、郑志洁、张春玉、杨长林、吴大中等铁道兵时期的重要人物及后代,并走访石家庄警备区干休所和天津、上海等地原铁道兵干休所,召开一系列座谈会。年底,在全系统分别召开北京片、天津片、上海片片区会议,18个二级单位分管领导、宣传部长、工作联络员及相关部门负责人参加会议。会上各单位介绍了前期工作情况,筹备工作办公室布置资料、物品征集的具体工作任务。截至2011年底,征集到一批有价值的资料、物品。 (赵其红)

【召开铁道兵纪念馆暨中国铁建展览馆建设工作推进视频会议】 启动全系统建馆所需资料、物品整理、征集工作,筹备工作办公室认真筹备铁道兵纪念馆暨中国铁建展览馆建设工作推进视频会议。11月21日,视频会议在中国铁建大厦召开。股份公司领导赵广发、彭树贵、齐晓飞、范德、周志亮、张宗言出席会议。纪念馆领导小组成员,总部机关部门以上领导,各部门负责资料收集工作的工作人员,在京二级单位的分管领导、宣传部长、工作联络员参加了主会场会议;其他二级单位分管领导、宣传部长、工作联络员,办公室、党委办公室、人事部、工程部、科技部等相关部门人员在分会场参加会议。赵广发总裁作题为《传承铁道兵精神,创新中国铁建文化,高质量、高标准、高品位建好纪念馆》的重要讲话。 (赵其红)

【修订纪念馆展陈大纲】 年内多次组织召开总公司机关各部门、机关老干部、总政玉泉路老干部等座谈会。征求对展陈大纲的修改意见。根据各种会议和渠道反馈的意见和建议，筹备工作办公室以2010年展陈大纲草本为基础，先后7次对展陈大纲进行修订和细化，大纲框架结构、相关内容、展陈方式基本确定。

（赵其红）

纪检监察

【股份公司纪律检查委员会与监察局】 为合署办公机构，是股份公司执纪、监督组织，履行党的纪律检查和行政监察两项职能，对股份公司党委和行政领导全面负责。股份公司纪委在党委和上级纪委的双重领导下开展工作，纪检业务以上级纪委领导为主。主要职责和任务：维护党的章程和党内其他法规，检查党的路线、方针、政策、决议和国家法律法规以及企业规章制度的执行情况，协助党委和行政领导加强党风建设和组织协调反腐败工作；对党员进行党风党纪教育，对党员领导人员行使权力进行监督，检查和处理管理权限内的领导人员违纪案件；受理党员的控告申诉，保障党员的权利；组织开展效能监察和专项执法检查工作，为企业的改革发展和稳定提供纪律保证。股份公司纪委书记彭树贵4月离任、齐晓飞4月任，纪委副书记王国平、郭品云4月任。股份公司纪律检查委员会定编12人，现员11人。设纪委办公室和纪检监察室两个部门，分别下设综合处、案件审理处和案件检查处、执法监察处。

2011年，股份公司各级纪检监察组织在国务院国资委纪委和股份公司党委、纪委的正确领导下，沉着应对复杂局面，围绕企业中心工作，服务改革发展大局，以惩防体系建设为主线，以作风建设为重点，创新思路，完善机制，着力解决党风建设和反腐倡廉工作中的突出问题，为推进企业和谐稳健发展提供了有力保障。

（王 强）

【组织机构与队伍建设】 股份公司本级及所属单位党委、纪委认真贯彻落实中央纪委、中央组织部、监察部、国务院国资委党委联合下发的《关于加强和改进中央企业和中央金融机构纪检监察组织建设的若干意见》（中纪发〔2010〕12号），高度重视纪检监察组织的机构建设和人员配备与培养。全系统各级纪委由12号文件下发前的251个增加到273个，监察机构由175个增加到190个，人员编制由687人增加到827人，交流任职137人，培训1150人次。

（王 强）

【党风廉政建设责任制】 全系统各级党委、纪委认真贯彻落实党风廉政建设责任制，建立行之有效的制度规定，明确各负其责的领导体制，形成有效运行的工作机制，强化责任追究制度，并在实践中丰富党风廉政建设责任制内容。2011年，全系统签订党风廉政建设责任书5284份，考核单位2385个。责任追究228人，其中纪律处分67人、减扣薪酬处理162人。

（王 强）

【惩防体系建设】 全系统把建立健全反腐倡廉基本制度作为推进惩防体系建设的基础性工作常抓不懈。股份公司围绕重大决策、项目管理、投资管理、招标采购等重点部位和关键环节，陆续制定出台《贯彻落实“三重一大”决策制度实施办法》《房地产开发与经营管理暂行办法》《内部控制与全面风险管理办法（暂行）》《财务管理及内控制度》《物资设备集中采购管理规定》《合同法律风险管理指引（试行）》《内部审计人员职业道德规范》等30余项规章制度。全系统以完善基本制度为依托，以落实党风廉政建设责任制为龙头，以反腐倡廉联席会议为载体，以“三重一大”制度执行情况专项检查为重点，探索廉洁风险防控有效途径，推动各项制度落实，初步形成惩防体系有效运行的工作机制。

（王 强）

【党风党纪教育及领导人员廉洁从业】 所属单位认真学习胡锦涛总书记在建党90周年庆祝大会上的重要讲话，以“创先争优”活动为契机，以落实《中国共产党党员领导干部廉洁从政若干准则》（以下简称《廉政准则》）、《国有企业领导人员廉洁从业若干规定》（以下简称《若干规定》）为主线，以转变领导人员作风为着力点，广泛开展反腐倡廉形势任务教育、党性党风教育、党纪条规教育，发挥先进模范的示范引导效应和反面典型的警示教育作用，营造“廉荣贪耻”的廉洁文化氛围。全系统组织学习《廉政准则》《若干规定》2043场次，参加人员94765人次；开展警示教育950场次，参加人员69277人次；廉洁承诺10724人次，廉洁谈话3527人次；上缴礼品礼金礼券和有价证券117人次298万余元。

（王 强）

【查办案件】 全系统把查办大案要案作为惩治腐败现象、震慑违纪违法行为最直接的手段，以惩促防，标本兼治，努力遏止腐败案件易发高发势头。在中央纪委彻查铁路系统贪腐案件过程中，股份公司党委、纪委讲政治立场坚定、反腐败旗帜鲜明，在系统内开展自查自纠5次,组织约谈近300人次,形成证据材料数十万字。股份公司纪委落实国务院领导批示,严肃查办某铁路项目变卖物资材料案件,遏制了事态蔓延,促进了依法合规经营。全年受理群众信访举报398件次,初核228件,立案217件,其中大案要案76件,结案214件,党政纪处分460人,刑事处理20人,通过办案挽回经济损失768.6万元。在严肃查办案件的同时,各单位坚持积极主动、安全文明、依纪依法办案,落实"一案两报告"制度,办案质量进一步提高。在做好案件查办工作的同时,各单位还高度重视和积极化解企业对外经营风险,全力以赴保护为企业勤勉敬业、自身清白的经营管理人员,有力维护了大局的稳定,促进了企业持续健康发展。（王 强）

【效能监察】 全系统认真开展效能监察,规范经营管理行为,提高管理水平和创效能力。按照国资委的统一部署,全系统扎实推进工程建设领域突出问题专项治理、"三重一大"制度执行情况专项检查、商业贿赂专项治理,全年派出检查组102个,对8264个在建项目的资金管理、物资设备招标采购、责任成本管理、合同管理、安全质量管理等方面进行监督检查,发现问题2994个,纠正整改2888个。发现因违反"三重一大"决策制度而造成决策失误11项、决策不当71项,实施责任追究31人。按照股份公司统一要求,全系统开展亏损项目专项整治、"小金库"检查"回头看"、外部劳务使用管理效能监察,以及加快转变经济发展方式监督检查,均取得明显效果。全系统效能监察累计立项397项,提出监察建议3348项,作出监察决定341个;遏制重大亏损项目148个,潜亏项目扭亏为盈79个,清退不合格外部劳务队伍256个;查出违规违纪金额8818万元,避免和挽回经济损失近10亿元。（王 强）

【规范领导人员权力运行】 全系统把强化权力监督制约作为防止滥权和腐败的关键环节,完善约束机制,落实监督措施,努力规范权力运行。在拓宽监督渠道方面,开展企务公开、党务公开活动,4801个基层党组织制定党务公开目录;推行述职述廉和评绩评廉活动,领导人员述职述廉5678人次,职工参加评绩评廉26000余人次。在整合监督资源方面,通过组织协调、机构调整、企检共建等方式,整合监督资源,健全统一、高效的监督体系。在开展巡视调研方面,推行股份公司、集团公司两级巡视制度,对执行党纪条规、"三重一大"决策制度、《若干规定》、党风廉政建设责任制情况进行监督检查,全系统派出巡视组37个,巡视所属单位180个,发现问题和案件线索639个,提出整改建议598条,组织领导人员提醒或诫勉谈话1105人次,警示和震慑作用明显。在狠抓专项检查方面,开展使用中介承建工程项目专项检查,清理12家企业使用中介承建工程项目45项,总投资465亿元,清退中介劳务队伍71个;开展公务用车专项检查,发现问题104个,涉及资金27681万元,纠正公车私用、超标配车、使用关系车辆等问题66个,为企业减少开支1000万元。（王 强）

【党风建设和反腐倡廉工作会议】 1月25日,中国铁建2011年党风建设和反腐倡廉工作会议在北京召开。所属集团公司、公司、党校、直管项目部等单位的党委书记、董事长、总经理、院(校)长、纪委书记和股份公司纪委委员以及总部机关部门正职以上(含)领导参加会议。会议的主要任务是认真贯彻党的十七届五中全会、十七届中央纪委六次全会、2011年中央企业反腐倡廉工作会议精神,总结2010年工作,部署2011年任务。国务院国资委党委委员、纪委书记强卫东和股份公司领导孟凤朝、赵广发、霍金贵、彭树贵、扈振衣、夏国斌、范德、周志亮、庄尚标、张宗言、刘汝臣出席会议。（王 强）

【2011年纪委书记座谈会】 9月27~28日,股份公司纪委、监察局在北京召开2011年纪委书记座谈会。所属二级单位的纪委书记、股份公司纪委全体成员参加会议。会议通报全系统案件查办、巡视调研、效能监察等工作情况。与会各单位领导总结1~8月纪检监察主要工作,分析了存在的问题,对下一步工作思路和打算作了简要汇报。在此基础上,就如何发挥职能作用,规避经营风险,为企业改革发展保驾护航进行深入研讨。党委副书记、纪委书记、监事会主席齐晓飞出席会议并作重要讲话。（王 强）

报　纸

【中国铁道建筑报社】 《中国铁道建筑报》是1948年10月15日创刊,中国铁道建筑总公司主管、主办的行业性报纸。报社在总公司党委领导下,负责《中国铁道建筑报》的采编、排版、印刷和发行工作;负责总公司各项重要活动、重要会议的新闻摄影及报道;负责记者通联工作;积极承揽内外部广告,搞好报纸广告版面设计及发布工作。2011年出版报纸154期,每期对开4版,月中月末出8版。报社定员23人,现员17人;设社长、总编辑、副社长、副总编辑、总编助理各1人,下设办公室、新闻部、政文部、美术摄影部、广告部。

2011年,报社始终坚持正确的舆论导向,围绕中心、服务大局,为推进企业科学发展迈上新台阶,营造了积极向上、健康和谐的舆论环境。并以团结稳定鼓劲、正面宣传为主的方针,积极宣传企业取得的新成就、新进展和新经验,从而进一步激发广大职工投身“十二五”建设,充当主力军的主人翁责任感和创先进、争优秀的巨大热情。 (钱桂林)

【先进典型宣传】 全年通过报道先进典型,坚持典型引路,发挥报纸的导向作用。以《永不言退的时代先锋》等系列报道,集中组织宣传中宣部选树的全国7个典型之一,中铁十六局集团公司天津地铁指挥长黄昌富;以《生命的华彩乐章》等系列报道,强势推出中国铁建“杰出青年”、“献身企业的党员先锋”中铁十八局集团三公司副总经理、兰渝项目经理石明记的先进事迹;以《党旗映红巍巍祁连》长篇通讯,集中报道被授予“风火山尖兵连”称号的中铁二十局集团公司祁连山隧道掘进队的先进事迹。以《有党员先锋老孔在,凡事都能成》等系列报道,推出全国五一劳动奖章获得者、“爱企敬业的项目经理楷模”中铁十八局集团公司锦屏电站项目经理孔凡成。 (何大成)

【重要工作宣传】 年初组织“十二五”发展战略的宣传报道,把“十二五”发展战略作为重头戏来宣传,加强对传统工程承包主业板块的报道,立足企业宏观调控,转变发展方式,走内涵式发展道路的主题,先后组织20余篇相关内容的报道。5月上旬,刊发《战略引领企业腾飞》《昂首质量效益型之路》《信息化引领企业步上发展快车道》《携手共建和谐家园》系列报道,对中铁建设集团公司科学发展进行全方位报道,详尽解读中铁建设集团公司在战略规划、企业管理、信息化建设、构建和谐企业方面的创新做法和成功经验。5月下旬,为推动企业改革创新,对股份公司加强资源整合、集中招标采购进行全面报道。7月,围绕中国共产党成立90周年,大力宣传股份公司庆祝建党90周年系列活动的宣传报道,刊发《新起点 新征程 新使命——热烈庆祝中国共产党建党90周年》评论。同时为响应中宣部等四部委号召,推出“走基层、转作风、改文风”专栏,围绕企业生产经营中心工作,以现场短新闻形式聚焦基层和项目一线火热的施工场面,深入宣传基层广大职工的生活、工作、学习情况,关注广大基层职工的疾苦和需求,展现基层一线新风尚和新风貌。12月下旬,为加强股份公司转型发展的宣传报道,推出创效板块的典型经验,组织《缔造绿城臻美地标》《开辟合肥宜居新宝地》等系列报道,对中国铁建房地产集团公司打造地产品牌进行全景式报道,充分展示创效板块的实力。下半年还重点加强企业与地方政府和中央企业战略合作的宣传报道。 (何大成)

【党和国家领导人以及省部级领导视察中国铁建宣传】 组织采写报道中央政治局常务、国务院总理温家宝出席京沪高速铁路通车仪式并乘首发列车,中央政治局委员、全国人大常委会副委员长、中华全国总工会主席王兆国视察哈尔滨西站项目,中央政治局委员、国务院副总理张德江出席中哈第二条铁路接轨仪式,中央政治局委员、国务院副总理王岐山考察安哥拉社会住房项目,中华全国总工会主席王兆国视察哈尔滨西站项目,全国政协委员、中国新闻文化促进会会长、原新闻出版总署副署长李东东到中国铁建调研,中共青海省委书记、省人大常委会主任强卫到玉树灾后重建项目慰问,国务院国资委监事会主席李克到中国铁建房地产集团公司北京地产项目调研以及新疆维吾尔自治区党委书记张春贤,乌鲁木齐市委书记朱海仑,湖南省省委副书记、省长徐守盛,江苏省省委书记罗志军视察中国铁建项目工地等消息20余篇,受到企业领导和广大职工的好评。 (何大成)

【外国领导人、代表访问中国铁建宣传】 年内先后组织采写和刊发中国铁建与亚洲13个国家铁路官员代表团、匈牙利国家发展部代表团、格鲁吉亚铁路公司代表团、俄罗斯高速铁路代表团、波兰基础设施部副部长安德烈·马赛尔出席国资委土耳其中央企业座谈会等消息10余篇,有力地提高了中国铁建的社会形象。

(何大成)

【海外重要工程宣传】 组织了突发新闻的宣传报道。在利比亚动荡期间,先后采写刊发了《“踏上祖国土地心里倍感踏实”中国铁建在利比亚员工全部安全撤回祖国》等10多篇海外施工队伍撤离的报道,以消息、通讯、评论等形式宣传中国铁建在利比亚大撤离中所作的贡献,较好地起到了稳定队伍的作用。 (何大成)

【国内重点工程宣传】 认真组织策划京沪高速铁路通车的宣传报道。先后刊发《高铁建设的里程碑——热烈祝贺京沪高速铁路开通运营》《东方巨龙再腾飞》等文章,以消息、通讯、新闻故事、侧记、社论、图片报道等形式对7个参建单位及设计院施工设计、科技创新,以及在建设中涌现出来的典型人物等进行立体交叉的强势报道。 (何大成)

【专题策划配合中心工作宣传】 总公司筹建铁道兵

纪念馆暨中国铁建展览馆，为这一文化工程营造良好的舆论环境，引导员工支持参与，先后组织撰写4篇相关文章，即：《叩击心扉的钟声——参观国家博物馆〈复兴之路〉有感》《打造系统一流荣史馆 提升领先企业知名度》《让光荣传统无缝对接时代精神——十一局集团以荣史馆为支持大力开展价值观教育纪实》《十九局集团历史文化展厅成亮丽名片》。一年一度的大中专毕业生进入中国铁建系统后，及时推出《千里之行始于中国铁建》专版，鼓励新学员爱岗敬业成为企业建设的栋梁之才。（梅梓祥）

【文图并茂专刊纪念重要节日】 策划文图并茂专刊，纪念重要节日，增强报纸的吸引力。春节，《工地年味变奏曲》专刊，通过跨越半个世纪的工地春节故事，反映企业发展带来的职工生活变迁，观念更新。“三八”节，《时代新女性为自己赢得满堂喝彩》专刊，全面展示新时期以素质求发展，自强自立，为企业和社会贡献巾帼才智的风采。“七一”党的生日，《辉煌90年 颂歌献给党》专刊，歌颂党的丰功伟绩，培养员工热爱共产党的感情。（梅梓祥）

【广告经营】 2011年新签合同150份，完成广告经营额比2010年增长5.5%，保证报纸出版、发行及相关费用开支。年内，《中国铁道建筑报》严格按照《广告法》的规定，对每一期刊登的广告进行登记、审查，全年刊发广告150期，没有一起广告内容和表现形式出现违法或提出警告现象。（杨晓志）

【新闻作品获奖】 在第七届2011年度中国铁路记协好新闻评选中，何大成采写的《行业报、产业报踏上祖国土地 心里倍感踏实》，何大成、刘凤翥、董敏、周文婷采写的《生命的华彩乐章》，张兰忠采写的《征战雪域高原的一员“虎将”》，高俊采写的《打造中国高铁新地标》，王维采写的《“三贴近”：新闻记者的成才之路》分获消息、通讯、系列评论、新闻论文作品一等奖；邓昆伦、王立武采写的《盛开在生命禁区的格桑花》，何毓轩、庞曙光采写的《中铁二十局集团依靠自主创新推进技术进步》分获二等奖。另有17篇新闻作品获消息、版面、副刊三等奖。获奖数量和质量均创历史新高。

在第二十六届中国产经新闻奖评选结果中，罗光明采写的《人的生命高于一切》获一等奖；王维、邓昆伦采写的《为了128棵银杏树》获二等奖；何大成采写的《“东方巨龙”再腾飞》，王莹、边均安采写的《驶向春天的文化列车》，徐云华、张荣文采写的《抬车救人 感动江城》，新闻版面10月1日一版（责任编辑王莹），11月29日三版（责任编辑王维），论文《企业报也需要接“地气”》（作者赵玲莉），《坚守新闻真实 勇担社会责任》（作者邹静），副刊作品《从“意见箱”改为合理化“建议箱”说起》（作者蔡庆荣），《危机也是转机》（作者邹静），新闻摄影《新年，我们在工地度过》（作者王强强），《安全为天 不疏须臾》（作者武羽），《关角隧道降“水怪”》（作者成海忠）12件作品获得三等奖。

（殷建伟 王海青）

【表彰2011年度中国铁建新闻报道优秀记者】

中国铁建新闻报道优秀记者

孔祥文 李良苏 张荣文 张兰忠 成海忠
刘德联 陈树青 杨秀权 李仕兵 陈桂芳
方 玲 尹登明 边均安 王立武 李佩山
江耀明 汪元章 刘新红 王昌尧 蔡崇金

（王海青）

【表彰2011年度中国铁建新闻报道先进单位】

中国铁建新闻报道先进单位

中铁十七局集团公司
中铁十八局集团公司
中铁十六局集团公司
中铁十九局集团公司
中铁二十二局集团公司
中铁十五局集团公司
中铁十一局集团公司
中铁十二局集团公司
中铁十四局集团公司
中铁二十局集团公司
中铁二十一局集团公司
中铁十三局集团公司
中铁二十四局集团公司
中铁建设集团公司
中铁二十三局集团公司
中国铁建电气化局集团公司
中铁十八局集团二公司
中铁十七局集团四公司
中铁十六局集团一公司
中铁十八局集团一公司
中铁十七局集团三公司
中铁十七局集团一公司
中铁十七局集团五公司
中铁十六局集团三公司
中铁十七局集团二公司
中铁二十一局集团三公司
中铁十九局集团六公司

中铁十七局集团六公司
中铁十六局集团五公司
中铁十五局集团二公司
中铁十二局集团二公司
中铁十六局集团四公司
中铁十九局集团二公司
中铁二十二局集团六公司
中铁十九局集团三公司
中铁二十一局集团一公司
中铁十八局集团五公司
中铁十八局集团三公司
中铁十九局集团一公司
中铁十六局集团二公司
中铁二十局集团四公司
中铁二十四局集团福建公司
中铁十一局集团二公司
中铁十六局集团路桥公司
中铁十二局集团三公司
中国铁建重工集团公司
中铁二十二局集团一公司
中铁二十二局集团四公司
中铁二十二局集团三公司
中铁十四局集团四公司
中铁十九局集团轨道交通公司
中铁十二局集团四公司
中铁十七局集团建筑公司
中铁十三局集团三公司
中铁二十二局集团哈尔滨铁路建设集团公司
中铁二十局集团六公司
中铁十二局集团一公司
中铁十八局集团六公司
中铁十一局集团一公司
中铁二十三局集团七公司
中铁二十二局集团电气化公司
中铁二十一局集团二公司
中铁十九局集团五公司
中铁十五局集团五公司
中铁十九局集团矿业公司
中铁十八局集团四公司
中铁十二局集团电气化公司
中铁二十局集团一公司
中铁二十局集团三公司
中铁十七局集团上海轨道交通公司
中铁二十二局集团二公司
中铁十一局集团四公司
中铁十五局集团一公司
中铁十四局集团三公司
中铁二十四局集团安徽公司
中铁十六局集团北京公司
中铁十四局集团二公司
中铁十五局集团七公司
中铁十四局集团五公司
中铁十一局集团五公司
中铁十四局集团建筑安装分公司 （王海青）

【表彰2011年度中国铁建新闻报道优秀通讯员】

中国铁建新闻报道优秀通讯员

伍　振　张天国　邓昆伦　张少峰　王华峰
李永旺　董国隆　王崇燕　赵桂军　龙　艳
倪作霖　蒋小军　王　利　向奇志　武新才
张丽英　蔡庆荣　周广宽　杨卧龙　齐晓赛
邓　捷　周　娟　张振宇　杨茂森　赵生伟
任宏科　王强强　张洪柱　孙进修　冯学亮
肖玉华　王建承　陈明星　庞曙光　叶玲玲
赵渊青　兰金星　黎青川　陈仁文　卢广明
寇鲁林　张本国　谭德虞　文　雄　刘文杰
高仕红　王振山　刘凤翥　陈和平　董吉祥
陶传谦　沈雅月　牛士红　李文芳　李小香
曹　军　高　琪　熊国青　官国强　张记力
许海霞　魏绵峰　王忠霞　杨虎生　孙克婷
李美华　陈礼军　庄民群　贺学君　何　赟
刘　波　崔纪松　褚　英　杨广臣　王宏斌
周金龙　张　骥　童康为　李全虎　韦蓼英
邵启德　尹　镇　郭瑞民　赵纯杰　段绪江
卫学昌　郑建峰　张友明　许鹏翔　王　彪
潘　皤　林存库　孔文婕　杜　萍　贾国春
柳新根　董　敏　王宝林　张　勇　王春花
石华华　刘连生　姚占堂　韦选毅　王成锋
邓春岭　周　娟　袁永江　黄　瑶　黄继娟
胡　波　朱水林　周同起　赵麒凯　张玉全
张仁群　张丙印　袁青顺　喻婧霖　杨　义
王超英　田茂义　邱科民　马瑞敏　刘庆玉
廖朝阳　李　秀　李　莉　黄家明　侯仕斌
顾江龙　杜卓波　丁江龙　谌启程　陈耀仿
蔡　荣　安　龙　徐　春　唐文洁　赵　洁
林榕龙　刘院明　杜振珂　曹战锋　江　浩
张建友　平贵书　冯　晓　杨三柱　董英杰
颜以亨　鞠义军　朱　斌　郑洪钦　赵元奎
杨世杰　杨丽芬　王梅玉　屈凤华　聂兴邦
李　琳　洪国莉 （王海青）

北京铁城建设监理公司兰新铁路二线西大段监理站被授予青海高原“工人先锋号”称号。

（龚成术 提供）

工会 共青团

特载
大事记
概况
董事会工作
工程施工
海外经营 境外工程
经营管理
综合管理
科技 文化
党的工作
工会 共青团
所属单位
人物
统计资料
文献辑要
附录

本栏责任编辑　**杨启燕**

工　会

【股份公司工会】 股份公司工会同时履行公司总部机关工会职能，在股份公司党委领导下，依据《工会法》《中国工会章程》和《中国铁建股份有限公司章程》独立自主地开展工作。动员和组织职工参加企业的改革和生产经营管理活动，代表和组织职工参与企业民主管理；民主监督企业领导人员和经营管理人员履行职责情况；教育职工不断提高道德修养和科学文化素质，建设"四有"职工队伍；维护职工合法权益；负责全国和省（部、市）劳动模范和各类先进的评选、推荐、审核和公司劳动模范的评比、表彰等工作；负责公司总部机关工会日常工作。下辖中国土木工程集团公司，中铁十一至二十五局集团公司，中铁建设集团公司，中国铁建电气化局集团公司，中国铁建房地产集团公司，中铁第一、第四、第五勘察设计院集团公司，中铁上海设计院集团公司，中铁物资集团公司，昆明中铁大型养路机械集团公司，中国铁建重工集团公司，北京铁城建设监理公司，中铁建（北京）商务管理公司，北京培训中心及直属机关工会。彭树贵任股份公司工会主席，白晶任工会副主席、女职工委员会主任。下设生产综合部、组织权益和女工部。 （程　玉）

·生产综合·

【生产综合部】 负责股份公司工会的综合、协调和文秘工作；负责工会系统的宣传教育、劳动竞赛、"创争"活动、合理化建议和技术革新评审、评先树模、工地文化建设工作；负责统战和侨联工作；负责股份公司总部机关工会日常工作。定员5人，下设综合处、生产宣教处。 （程　玉）

【股份公司工会特色工作评审】 3月15日，股份公司工会在北京召开2010年度特色工作评审会，评出20个单位26项特色工作成果，其中一等奖6项、二等奖8项、三等奖12项。股份公司工会对获奖单位和获奖项目给予通报表彰，并奖励一等奖20000元、二等奖10000元、三等奖5000元。 （刘永胜）

2011年中国铁建股份公司工会特色工作获奖成果表

序号	成果名称	完成单位	获奖等级
1	推进制度创新，打造工会亮点	中铁十一局集团公司工会	一等奖
2	直聘职工群众安全生产监督员，构筑职工群众保安全新屏障	中铁十五局集团公司工会	一等奖
3	重抓项目民主管理，积极探索扩大项目职代会的评议监督权	中铁十六局集团公司工会	一等奖
4	广泛开展特色竞赛活动，纵深推进标准化管理	中铁十七局集团公司工会	一等奖
5	适应海外项目特点，创新工会工作方式，努力构建和谐海外劳动关系	中铁十八局集团公司工会	一等奖
6	抓重点出实招，维权工作见成效	中铁十九局集团公司工会	一等奖
7	推行工资清理制度，维护职工经济利益	中铁十二局集团公司工会	二等奖
8	开展"三项竞赛"，给力生产经营	中铁十三局集团公司工会	二等奖
9	举办基层兼职工会干部培训班，208名基层兼职工会干部受到系统培训	中铁十四局集团公司工会	二等奖
10	二十局集团宝汉项目部以深化"创争活动"为载体，培养优秀青年员工	中铁二十局集团公司工会	二等奖
11	抓重点，攻难点，不断提升工会财务管理水平	中铁二十一局集团公司工会	二等奖
12	做好工会"五件事"，建好工程（架子）队	中铁二十二局集团公司工会	二等奖
13	筑起安全防护堤，打响生命健康保卫战	中铁二十三局集团公司工会	二等奖

续表

序号	成 果 名 称	完 成 单 位	获奖等级
14	完善集体合同制度,推进"1+3"维权机制	中铁第四勘察设计院集团公司工会	二等奖
15	召开专题会议推进基层劳动保护和群众安全生产工作	中铁十四局集团公司工会	三等奖
16	与地方省市总联合开展职工群众经济技术创新竞赛成效显著	中铁十五局集团公司工会	三等奖
17	主动建势,创新方法,把建立工资集体协商机制落到实处	中铁十六局集团公司工会	三等奖
18	构建人本和谐劳动关系,促进企业发展方式转变	中铁十七局集团公司工会	三等奖
19	小小"爱心卡",维权显作为	中铁二十一局集团公司工会	三等奖
20	毕业生"管理委员会"——企业发展的"人才储备库"	中铁二十二局集团公司工会	三等奖
21	工地学习应"强推",提高技能重"竞赛"	中铁二十四局集团公司工会	三等奖
22	建立健康档案管理信息系统,实现职工健康自我动态管理	中铁建设集团公司工会	三等奖
23	发放购书卡,最大范围地开展职工读书活动	中铁第一勘察设计院集团公司工会	三等奖
24	开展职工"两会一节"系列活动	中铁上海设计院集团公司工会	三等奖
25	劳动竞赛显威力,创先争优树样板	昆明中铁大型养路机械集团公司工会	三等奖
26	以抓班组建设为落脚点,全面推动基层民主管理工作	中铁轨道系统集团公司工会	三等奖

制表:刘永胜

【职代会提案】 工会生产综合部综合处作为职工代表大会提案工作委员会办公室,负责提案的征集、立案、处理、落实、反馈、归档工作,发挥监督、协调和服务作用。1月24日,股份公司一届二次职工代表大会在北京召开,会上立案提案141条,截至8月1日,141条提案全部处理答复,提案办复率100%。提案工作委员会根据《中国铁建一届职工代表大会提案工作委员会工作制度》的有关规定,评出10条优秀提案、10条优秀处理落实提案。 (刘永胜)

中国铁建股份公司一届二次职工代表大会优秀提案表

序号	提 案 案 由	提 案 单 位	提案人
1	加强海外党建和思想政治工作,维护职工利益,稳定职工队伍	中国土木工程集团公司	吴 江
2	加大对系统内部装备制造业的扶持	中铁十一局集团公司	张增胜
3	现金分红政策	中铁十二局集团公司	王锦友
4	加强技能培训,推广标准化作业,建立专业化施工队	中铁十三局集团公司	孙春玉
5	出台"十二五"人才规划	中铁十五局集团公司	张汉云 许东坤
6	关于进一步加强管理人员的法律意识	中铁二十二局集团公司	陈慧英
7	加强先进项目管理及优质工程交流活动	中铁二十五局集团公司	黄寒冰

续表

序号	提　案　案　由	提 案 单 位	提案人
8	坚定实施“走出去”战略，有效规避经营风险	中铁二十五局集团公司	王志国
9	关于加强海外工程法律收集与适用研究的提案	中铁第一勘察设计院集团公司	周仲华 丁 力
10	关于股份公司有针对性地选出一些项目进行 EPC 工程总承包模式试点的提案	中铁第一勘察设计院集团公司	刘为民 蒋 平

制表：刘永胜

中国铁建股份公司一届二次职工代表大会优秀处理落实提案表

序号	提　案　案　由	提 案 单 位	处理落实单位（股份公司）
1	加大对系统内部装备制造业的扶持	中铁十一局集团公司	设备物资部
2	加强技能培训，推广标准化作业，建立专业化施工队	中铁十三局集团公司	人力资源部
3	规避集中管理与地方政府、业主硬性要求的矛盾，进一步提高集中管理审批效率	中铁十三局集团公司	设备物资部
4	关于股份公司内部职工成立架子队的施工等级管理的提案	中铁十三局集团公司	发展规划部
5	希望股份公司落实出台加强工程公司建设的具体实施细则	中铁十四局集团公司	发展规划部
6	充分利用构成锦鲤资产的土地资源集资建房	中铁十五局集团公司	锦鲤中心
7	加强科技交流	中铁十五局集团公司	科技设计部
8	关于发挥资本优势一事	中铁十九局集团公司	资本运营部
9	关于加强铁路项目投资梳理一事	中铁十九局集团公司	经营计划部
10	关于铁路项目变更索赔问题	中铁二十三局集团公司	经营计划部

制表：刘永胜

【信息管理】 股份公司工会系统把信息工作摆上日程，强化精品意识，突出维护特色，推广交流典型经验。各级工会主席带头撰写稿件，带动和促进了全系统的信息工作。2011 年，股份公司工会刊发情况通报 24 期。（程　玉）

【文件印章管理】 2011 年归档整理文书档案永久卷 3 卷、30 年卷 3 卷、10 年卷 3 卷；科技档案 30 年卷 683 张。全年办理文电 2638 份。遵循有关印章管理规定，严格规范股份公司工会、总公司工会、生产综合部、组织权益部、机关工会等印章的管理和使用。（程　玉）

【职工体育】 3 月 20 ~ 23 日，“中国铁建杯”职工体育单项（桥牌）比赛在湖北举行，全系统 19 支代表队、91 名运动员参加。铁道部老领导、中国火车头桥牌协会主席蔡庆华，中国铁建党委副书记、副董事长、工会主席彭树贵为分获 1 至 8 名的中铁第四勘察设计院集团公司，中铁十四、二十四局集团公司，中国铁建电气化局集团公司、中国土木工程集团公司、中铁建（北京）商务管理公司、中国铁建股份公司机关代表队颁奖；中铁二十五局集团公司、中铁第四勘察设计院集团公司代表队获体育道德风尚奖，中铁十五局集团公司等 10 支代表队获优秀组织奖。（程　玉）

【有线电视管理】 机关工会负责复兴路 40 号院 10 余家单位和 1400 余户居民的有线电视维护管理工作。

2011 年,在股份公司财务部、中铁二十二局集团通信中心和歌华公司等单位的积极协助下,机关工会完成机关大院有线电视双向网升级改造和高清交互数字机顶盒免费置换任务,确保了北京市委市政府出资的惠民政策按期落实,实现安全管理、正常运转、维修及时和热情服务。全年调试有线电视系统 12 次,维修有线电视终端 130 次。 (刘永胜)

【劳动竞赛】 2011 年,中国铁建按照铁道部、中华全国铁路总工会的要求,在京沪高速铁路和铁路客运专线建设中继续开展"六比六创"和"五比五创"劳动竞赛活动,10 个单位被评为铁路客运专线劳动竞赛综合优胜单位,同时被授予中国铁建"工人先锋号"称号;5 个单位被评为铁路客运专线劳动竞赛单项优胜单位,21 个单位被评为铁路客运专线劳动竞赛先进单位。为表彰在铁路客运专线建设及重点工程建设中作出突出贡献的先进个人,决定授予田茂先等 20 人中国铁建"工人先锋号标兵"称号,郝生德等 64 人被评为中国铁建劳动竞赛优秀组织者。在中华全国总工会组织的京沪高速铁路劳动竞赛中,中国铁建获全国五一劳动奖状 2 个、全国五一劳动奖章 3 枚。

铁路客运专线劳动竞赛综合优胜单位、中国铁建"工人先锋号"

中铁十一局集团公司京福铁路客运专线(闽赣)I 标段项目经理部

中铁十一局集团公司兰新铁路甘青段项目经理部

中铁十二局集团公司宁安铁路 1 标段工程指挥部

中铁十四局集团公司沪昆铁路客运专线长昆湖南段项目经理部

中铁十四局集团公司成绵乐铁路客运专线工程指挥部

中铁十六局集团公司贵广铁路工程指挥部

中铁十七局集团公司厦深铁路(惠深段)工程指挥部

中铁十九局集团公司沪昆铁路客运专线站前工程 HKJX-8 标段项目部

中铁二十四局集团公司合福铁路安徽段站前 4 标段项目部

中铁二十五局集团公司大西铁路客运专线指挥部

铁路客运专线劳动竞赛单项优胜单位

工程质量第一名

中铁十五局集团公司沪昆铁路客运专线项目部

安全生产第一名

中铁二十局集团公司哈齐铁路客运专线项目部

工程进度、环境保护第一名

中铁二十三局集团公司沪昆铁路客运专线工程指挥部

科技创新第一名

中铁二十二局集团哈尔滨铁路建设集团公司哈齐铁路客运专线项目经理部

文明施工和节支降耗第一名

中铁十八局集团公司石武铁路客运专线河南段项目部

铁路客运专线劳动竞赛先进单位

中铁十一局集团公司成渝铁路客运专线 CYSG-4 标段项目经理部

中铁十一局集团公司沪昆铁路客运专线长昆湖南段 2 标段项目部

中铁十一局集团公司沪昆铁路客运专线杭长 3 标段项目经理部

中铁十二局集团公司湘桂铁路扩改工程柳南段和南黎铁路工程指挥部

中铁十二局集团公司贵广铁路客运专线工程指挥部

中铁十三局集团公司京石铁路客运专线工程指挥部

中铁十七局集团公司兰新铁路项目部

中铁十七局集团公司宁安铁路工程指挥部

中铁十七局集团公司沪昆铁路客运专线贵州段工程指挥部

中铁十七局集团公司沪昆铁路客运专线长昆湖南段项目经理部

中铁十七局集团公司南广铁路 NGZQ-3 项目部

中铁十八局集团公司津秦铁路客运专线工程项目经理部

中铁十八局集团四公司京津城际延伸线项目部

中铁十九局集团公司兰新铁路甘青段项目经理部

中铁十九局集团公司大西铁路客运专线指挥部

中铁十九局集团公司天平铁路工程指挥部

中铁二十局集团公司沪昆铁路客运专线贵州段工程指挥部

中铁二十局集团公司沪昆铁路客运专线杭长湖南段 HCTJI 标段项目部

中铁二十局集团二公司青荣城际铁路项目部

中铁二十四局集团公司金温扩能改造工程指挥部

中国铁建电气化局集团公司京石铁路客运专线项目部

中国铁建"工人先锋号标兵"

田茂先	王金波	蔡　进	龙武斌	吕剑锋
赵长庆	朱　磊	蒲　磊	池　现	尹立华
王庆京	杨世锋	刘　嵘	杨运平	霍德民
刘百合	宋文胜	佘　翔	尚高科	曾湘澜

中国铁建劳动竞赛优秀组织者

郝生德　杜军良　余　霖　杨汉国　周世宏
石志祥　张为民　王献伟　李孝南　袁绪宏
张国辉　王素海　李德禄　张　涛　张明杰
莫汉能　杨　东　李　广　鲁劲松　谭华梁
李庆勇　黄德广　彭新文　荆　山　宋津喜
程庆海　梁　斌　王宝明　孟凡亚　刘慧云
高晨辉　王红升　卢永堂　董　梁　潘喜发
郝建彬　谷振伟　张述兴　张宏杰　崔吉林
王高鹏　沈维圣　董金堂　尹建勋　乔英杰
万华民　赵永明　冯永弟　马俊岭　杨从华
郝登元　王金海　赵　伟　李清堂　吕锡纲
李利军　徐茂义　张金健　罗先林　黄孝民
伊礼强　刘林华　李　滨　黄平原　（李青颖）

【群众生产工作】 2011年，股份公司工会群众生产工作全面贯彻落实科学发展观，紧紧围绕保持经济平稳较快发展这一目标，大力组织劳动竞赛，不断加强劳动保护，开展"安康杯"竞赛和普及推广"一法三卡"工作，积极开展技术创新和合理化建议活动，进一步凝聚职工力量、激发职工创造活力，把广大职工引导到聚精会神搞建设、一心一意谋发展上来，促进企业又好又快发展。据不完全统计，集团公司和子（分）公司全年派出831个工作组组织劳动竞赛检查、蹲点2479次，用于劳动竞赛奖励基金17942万元；举办职工技能竞赛282次，参与工种187项，参与竞赛职工16782人，同时参加省市以上技能大赛359人，有45人获得奖励；全年职工提出合理化建议和技术改进项目6902项，采纳3545项，实施2635项，创造经济价值48470万元，有110项成果获得省部级以上表彰奖励；建立职工夜校1735个，开展业余技能培训5396次；全系统建立各级劳动保护监督检查委员会3683个，现有专职劳动保护监督检查员771人，兼职劳动保护监督检查员5410人，工会小组劳动保护检查员9768人。全年参与安全生产检查2656次，发现安全隐患并提出整改意见4314项，采纳3405项，参与处理工伤事故65起。25个单位被评为全国"安康杯"竞赛优胜企业、39个单位被评为省部级"安康杯"竞赛优胜企业。　（李青颖）

【全国班组安全建设与管理优秀成果发布会】 11月7日，由全国"安康杯"竞赛组委会主办的全国班组安全建设与管理优秀成果发布会在北京举行，6家荣获全国班组安全建设特等奖的代表单位在会上展示班组安全建设创新成果。全国人大常委会副委员长华建敏，全国总工会副主席、书记处第一书记王玉普，国家安全生产监督管理总局局长骆琳，全国总工会副主席、书记处书记张鸣起，国家安全生产监督管理总局副局长、国家煤矿安全监察局局长赵铁锤，中华全国总工会经费审查委员会主任李世明，国家煤矿安全监察局副局长李万疆出席活动，并为中铁十五局集团六公司京沪高速铁路铺架项目部和中铁十八局集团公司兰渝项目部等6个现场展示的特等奖集体代表颁奖。获奖成果是全国"安康杯"竞赛组委会从全国各省、产业和行业协会"安康杯"竞赛组委会选送的上千项优秀成果中，精选出的百项优秀成果后评出的10项特等奖。而参加北京发布会的，全国只有荣获特等奖的6个集体代表。中铁十五局集团六公司京沪高速铁路铺架项目部和中铁十八局集团公司兰渝项目部凭借创新实用的"安全管理六到位"和"一法三卡"工作法荣获特等奖并进京参加成果发布，两个集体同时获得中华全国总工会授予的全国"工人先锋号"称号。　（李青颖）

【《穿越梦想》获"感动铁路"全路职工文艺汇演二等奖】 6月23～24日，为庆祝中国共产党建党90周年，"感动铁路"全路职工文艺汇演在北京举行。之后，中华全国铁路总工会进行总结表彰，中国铁建工会报送的昆明大型养路机械集团公司的音诗画《穿越梦想》获全路文艺汇演二等奖。　（李青颖）

【群众生产研讨会】 2011年，中国铁建工会在山东青岛召开群众生产论文经验评审会和生产部长会议，会议评出2010年度群众生产先进单位9个；评出优秀论文21篇，其中一等奖4篇、二等奖8篇、三等奖9篇；优秀经验25篇，其中一等奖5篇、二等奖9篇、三等奖11篇。

中国铁建群众生产工作先进单位

中铁十二局集团公司工会生产保护部
中铁十四局集团公司工会生产综合部
中铁十五局集团公司工会生产保护女工部
中铁十六局集团公司工会生产保护部
中铁十七局集团公司工会权益部
中铁十八局集团公司工会生产宣教部
中铁十九局集团公司工会权益部
中铁二十局集团公司工会权益维护部
中铁二十三局集团公司工会生产保护部

（李青颖）

【合理化建议和技术改进项目评审】 股份公司合理化建议和技术改进评审委员会，对2011年度所属单位申报的133项合理化建议和技术改进项目成果进行评审，46项成果被评为中国铁建合理化建议和技术改进二、三等奖。　（李青颖）

中国铁建群众生产工作获奖论文情况表

序号	论文题目	单位	作者	获奖等级
1	开展劳动竞赛活动实践的思考	中铁十六局集团路桥公司	杜全景	一等奖
2	浅谈“一法三卡”工作在基层存在的误区及解决对策	中铁十八局集团三公司工会	董敏	一等奖
3	提升竞赛实效 打造竞赛品牌	中铁二十五局集团建筑安装公司	谭祺	一等奖
4	论组织开展“群众保安全活动”的途径和机制	中国铁建电气化局集团一公司	王应清	一等奖
5	新时期劳动竞赛运行机制之我见	中铁十二局集团一公司工会	王凯杰	二等奖
6	工程项目开展劳动竞赛活动应做好六个结合	中铁十三局集团公司工会工作部	何德江	二等奖
7	工会要在企业安全工作中有所作为	中铁十六局集团铁运工程公司	陈海良	二等奖
8	浅谈加强对工程项目农民工的安全管理	中铁二十局集团三公司纳黔项目	周智	二等奖
9	关于开展群众性技术创新活动的思考	中铁二十三局集团八公司	舒燕敏	二等奖
10	安全文化建设成为建筑施工企业突出课题	中铁二十三局集团电务公司党群工作部	关慧玲	二等奖
11	凝聚 激励 创新——当前劳动竞赛中存在问题的改进和思考	中国铁建电气化局集团北方公司	张晓爱	二等奖
12	在企业发展中发挥好劳动竞赛作用的思考	中铁第四勘察设计院集团公司工会	唐左	二等奖
13	充分发挥工会监管的作用	中铁十一局集团一公司工会工作部	李娜	三等奖
14	浅谈“一法三卡”在铁路复线施工中的应用与管理	中铁十四局集团四公司宁启铁路复线项目部	徐峰	三等奖
15	开展群众技术创新活动的实践与探索	中铁十七局集团建筑公司工会	侯丽光	三等奖
16	浅谈劳动竞赛的实践与探索	中铁二十一局集团惠银二线指挥部	张树华	三等奖
17	浅谈如何在铁路客运专线施工中开展劳动竞赛	中铁二十二局集团四公司工会	黄泽继	三等奖
18	施工企业劳动竞赛新途径探讨	中铁二十三局集团公司	段绪江	三等奖
19	新形势下工会如何加强劳动保护	中铁二十五局集团三公司工会		三等奖
20	浅谈工会在推进企业安全生产保护职工健康的作用	中国铁建电气化局集团一公司	谢书贞	三等奖
21	关于新形势下提高劳动竞赛实际效果的几点思考	中国铁建重工集团涿州公司	张冀华	三等奖

制表：李青颖

中国铁建群众生产工作获奖经验情况表

序号	经验题目	单位	作者	获奖等级
1	扎实开展劳动竞赛活动 推进企业和谐快速发展	中铁十四局集团四公司		一等奖
2	让"工人先锋号"的旗帜高高飘扬——开展争创"工人先锋号"活动经验交流材料	中铁十五局集团六公司工会	张莉桦	一等奖
3	建竞赛力文化 促标准化管理	中铁十七局集团宁杭铁路客运专线工程指挥部		一等奖
4	突出三大特色 确保竞赛效果 动员全员在西秦岭特长隧道建设中建功立业	中铁十八局集团三公司兰渝项目部		一等奖
5	全员创新 助推企业快速发展——隆昌公司开展群众性经济技术创新活动的几点做法	中国铁建重工集团隆昌铁路器材公司	周光成	一等奖
6	姑苏建"鸟巢"天堂添"美景"——苏州站改造工程项目部以劳动竞赛助推施工生产	中铁十二局集团建筑安装公司苏州站改造工程项目部		二等奖
7	围绕中心工作 充分发挥作用 在抓竞赛促生产的进程中彰显作为	中铁十二局集团三公司厦深铁路项目部党工委		二等奖
8	以劳动竞赛为抓手 以安全质量为中心 助推大型铁路项目管理全面提升	中铁十三局集团公司贵广铁路工程指挥部		二等奖
9	念好"四字诀"奋勇争第一	中铁十六局集团公司贵广铁路工程指挥部		二等奖
10	强化劳动竞赛管理 促进企业又好又快发展	中铁十七局集团公司工会	陈礼军	二等奖
11	突出"四性"抓竞赛 强化效果促生产	中铁十九局集团公司厦深铁路III标段工程指挥部		二等奖
12	劳动竞赛求实效 青云长隧创佳绩	中铁二十三局集团公司向莆铁路FJ－10标段工程指挥部		二等奖
13	以"一法三卡"促安全管理——广州公司推行"一法三卡"工作法的几点做法	中铁二十五局集团广州公司工会	唐名娟	二等奖
14	抓大促小,依托劳动竞赛保会战	中铁第一勘察设计院集团公司工会		二等奖
15	强化管理 降本增效 劳动竞赛助推提升项目经济效益水平	中铁十三局集团公司京石铁路客运专线工程指挥部		三等奖
16	利用"技术创新型劳动竞赛"挖潜增效	中铁十四局集团一公司南水北调项目部	牛岩秀	三等奖
17	以劳动竞赛为抓手 助推企业稳健发展	中铁十六局集团三公司工会	张玉坤	三等奖
18	劳动竞赛展雄风 奋战西康铸丰碑	中铁十九局集团公司西康铁路工程指挥部		三等奖
19	深入开展劳动竞赛 着力打造世界精品	中铁十九局集团公司京沪高速铁路工程指挥部		三等奖
20	创新劳动竞赛形式 助推石武工程建设	中铁二十局集团公司石武铁路客运专线项目部	何亚娟	三等奖
21	建枢纽者 舍我其谁	中铁二十局集团公司兰州枢纽项目部	王高鹏	三等奖
22	扣中心 贴主题 抓重点 尽显劳动竞赛在施工生产中的重要作用	中铁二十二局集团公司工会		三等奖
23	劳动竞赛强力推进项目施工生产	中铁二十三局集团一公司厦深铁路项目部工会		三等奖
24	抓好四项管理 发挥劳动竞赛作用	中铁二十五局集团柳州公司工会工作部		三等奖
25	以"安康杯"活动为载体 推动项目安全发展	中国铁建电气化局集团一公司乌精二线项目部	李云峰	三等奖

制表:李青颖

2011年度中国铁建合理化建议和技术改进获奖项目表

序号	项目名称	单位	主要作者	获奖等级
1	大跨度连续钢构非平衡条件下一次性合拢施工新法	中铁十一局集团一公司西铜项目部	尹中富	二等奖
2	路基压实检测标准由重型击实密度改为轻型击实密度	中铁十一局集团五公司利比亚铁路项目	黎荐　胡博	二等奖
3	跨电气化既有线空间条件下高速铁路连接梁合拢段 挂篮施工技术	中铁十二局集团三公司京石项目部	董国亮　李崇智	二等奖
4	承重式超深地下连续墙接头	中铁十二局集团建筑安装公司	董宝贵	二等奖
5	凉亭垭明洞二衬外模结构	中铁十二局集团七公司张花高速项目	沈捍明	二等奖
6	渠道边坡混凝土机械化衬砌技术应用	中铁十二局集团振海公司	邓永强	二等奖
7	高墩大跨桥梁施工中挂篮千斤顶等效预压方法	中铁十七局集团二公司	宁卉	二等奖
8	大跨径钢管混凝土系杆拱桥跨越密集铁路站场顶推施工技术	中铁十七局集团二公司	贾建平　梁军峰	二等奖
9	电气化铁道接触网拉出值测量工具	中铁二十一局集团电务电化公司	赵小春	二等奖
10	车赶隧道2、4号斜井位置优化方案	中铁十二局集团二公司吕临支线项目	雷军　骆文学	二等奖
11	黄冈河特大桥桥墩筑岛围堰加钢栈桥施工法	中铁十一局集团一公司厦深铁路工程指挥部一分部	夏峰	三等奖
12	高速铁路无拉杆模板的设计优化	中铁十二局集团一公司大西铁路项目部	李同健　杨华	三等奖
13	900吨移梁台车分解转移技术改进	中铁十二局集团一公司襄汾制梁场	徐道瑞　杨小金	三等奖
14	挖掘机斗与松土器结合提高开挖工效	中铁十二局集团二公司沪昆铁路项目部	乔广红	三等奖
15	台车"一拆一加一设置"在老东山隧道变形开裂段施工中的综合运用	中铁十二局集团二公司广昆铁路第一项目	帅建兵	三等奖
16	隧道自动抽水装置	中铁十二局集团公司西商高速公路项目部	史振宇　王学军	三等奖
17	"仰拱纵向中埋式止水带夹具"法在张唐铁路隧道施工中的应用	中铁十二局集团二公司张堂铁路项目部	李五红　姜朋军	三等奖
18	用于长钢轨拖拉的专用安全夹具	中铁十二局集团三公司修造厂	史凌峰　石志伟	三等奖
19	门式起重机限制性柔腿技术改进	中铁十二局集团三公司铺架公司	张红卫　梁培克	三等奖
20	设有横通道的双线隧道巷道式通风方式技术改进	中铁十二局集团三公司雅泸C7项目部	宋志荣　杨鲜明	三等奖
21	改进大吨位箱梁预留孔成孔方法节约施工成本	中铁十二局集团四公司宁安制梁场	崔衍刚	三等奖
22	新汪家山隧道洞口"横洞+盖挖法"进洞及洞口明洞改暗洞施工方案	中铁十二局集团石长铁路增建二线站前1标段项目部	张克雷	三等奖
23	无砟轨道沥青砂浆车骨料称自动系统的改进	中铁十七局集团二公司	王海军	三等奖
24	预制箱梁整平机行走轨道改造	中铁十七局集团六公司	林志焰	三等奖
25	新型两用混凝土抗压试模及隔离件	中铁十七局集团三公司	林青	三等奖
26	拼装组合式制梁底座施工技术	中铁十七局集团三公司	刘五一	三等奖
27	轻型千斤顶吊架的应用	中铁十七局集团三公司	崔建伟	三等奖
28	深水钻孔灌注桩孔底泥浆取样器	中铁十七局集团二公司	苏建华	三等奖

续表

序号	项 目 名 称	单 位	主要作者	获奖等级
29	WJ－7B 型扣件系统无砟轨道线路静动态精调施工技术	中铁十七局集团一公司	赵瑞轩 王卓林	三等奖
30	支架吊装法安装跨铁路 100 米钢管拱技术	中铁十七局集团二公司	李义荣	三等奖
31	混凝土路面凿毛机	中铁十八局集团二公司	贺常松	三等奖
32	尚庄河机械顶管施工技术	中铁十八局集团三公司新密项目部	刘建国	三等奖
33	TBM 一号皮带架伸缩装置改造	中铁十九局集团一公司那帮水电项目	蔡 龙	三等奖
34	双块式无砟轨道组合式轨道排架法施工技术革新	中铁十九局集团六公司铺架一公司	范明明 孔祥仁	三等奖
35	500 米长轨铺设 防曲线段钢轨侧翻装置	中铁十九局集团六公司铺架一公司	戴宝瑞	三等奖
36	那禄 3 号出口超前大管棚改双层超前小导管出洞的合理化建议	中铁十九局集团七公司第八项管部	胡 源	三等奖
37	关于软弱围岩隧道取消系统锚杆采用钢架连接处锁脚锚杆代替的建议	中铁十九局集团七公司第八项管部	黄际政	三等奖
38	宁波市轨道 2 号线环城西站西侧端头盾构土体加固工艺变更	中铁十九局集团轨道交通公司	杨宗亮 娄千峰	三等奖
39	跨沪昆铁路钢桁平面转体施工技术	中铁二十局集团一公司	唐培文 刘建新	三等奖
40	增加调节块减少墩身模板加工数量	中铁二十局集团公司向莆铁路项目部	王 亮 符朝印	三等奖
41	移动式棚架在跨越既有线施工防护中的应用	中铁二十一局集团公司天平铁路项目部	高龙鹏	三等奖
42	上海 11 号线"U"梁预埋锚栓优化方案	中铁二十三局集团轨道交通公司	张长春 黄 静	三等奖
43	杭长客专上饶信江特大桥 16、17 号墩深水基础施工技术改进方案	中铁二十四局集团公司上饶站扩建项目部	袁兆廷	三等奖
44	跨越地铁 9 号线钢套管钻孔桩施工方案优化	中铁二十四局集团沪杭铁路项目部	王志刚 黄耀东	三等奖
45	京杭运河特大桥 523、524 号墩基坑围护双壁钢围堰改单层拉森钢板桩	中铁二十四局集团南昌公司	汪贞东	三等奖
46	分体多枕连续铺轨法施工工艺	中铁二十五局集团一公司线路项目部	张建平 张 胜	三等奖

制表：李青颖

【评先树模】 2011 年，中国铁建全系统有 4 个单位获得全国五一劳动奖状、20 名个人获得全国五一劳动奖章，8 个集体获全国"工人先锋号"称号；省部级先进集体 1 个、省部级劳动模范 7 名；获年度火车头奖杯 5 个、火车头奖章 26 枚，省部级五一劳动奖状（"工人先锋号"）71 个，省部级五一劳动奖章 59 名。

全国五一劳动奖状获得单位

中铁十二局京沪高速铁路土建 4 标段项目经理部

中铁建设集团华东分公司京沪高速铁路站房 3 标段项目部

中铁二十局集团二公司

中铁十四局集团公司青岛海湾大桥项目部

全国五一劳动奖章获得者

张树海 中铁十一局集团公司副总经理

史道泉 中铁十二局集团公司董事长

杨有诗 中铁十四局集团公司南京长江隧道项目指挥长

徐万鹏 中铁十五局集团公司京沪高速铁路项目部副经理

陈炳祥 中铁十六局集团公司副总工程师

张国辉 中铁十六局集团二公司项目经理

寇东兰 中铁十七局六公司杭甬铁路客运专线二工区调度

孔凡成 中铁十八局集团隧道公司项目经理

张文卷 中铁十八局集团二公司副总工程师

张文峰 中铁二十局集团六公司沪昆铁路客运专线贵州段项目部经理

冯建军 中铁二十一局山西中南铁路通道 ZNTJ-

-13 标段项目部经理

寻明义　中铁二十三局集团一公司工人

聂继昌　中铁二十四局集团南昌铁路工程公司总工程师

郭俊芳　中国铁建电气化局集团二公司项目经理

王玉泽　中铁第四勘察设计院集团公司总工程师

彭江鸿　中国铁建包西铁路工程指挥部指挥长

黄少军　中国铁道建筑总公司审计局高级会计师

陈红兵　中铁十一局集团公司南京枢纽土建 NJ-2 标段项目部总工程师

吴忠良　中铁十八局集团公司京沪高速铁路项目部项目经理

郭品云　中铁十六局集团公司京沪高速铁路土建 3 标段八工区党工委书记

全国“工人先锋号”

中铁十一局五公司重庆轨道交通 1 号线沙大段磁双项目

中铁十二局集团铁路养护工程公司安多车间

中铁十七局四公司重庆奉溪高速公路土建 E8 标段项目经理部

中铁二十局集团公司石武铁路客运专线河南段项目部

中铁二十二局集团公司厦门翔安海底隧道项目部

中铁二十四局集团鹰潭设备安装公司宁波东站项目部

中铁第四勘察设计院集团公司工程勘察院

中铁十五局集团南京公司青岛海湾大桥项目部

中铁十五局集团六公司京沪高速铁路铺架项目部

中铁十八局集团公司兰渝项目部

2010 年京沪高速铁路劳动竞赛获全国五一劳动奖状集体

中铁十七局集团公司京沪高速铁路土建 1 标段项目经理部

2010 年京沪高速铁路劳动竞赛获全国五一劳动奖章个人

高治双　中铁十二局集团公司京沪高速铁路土建 4 标段项目部常务副经理

夏吉军　中铁十四局集团公司京沪高速铁路土建 4 标段十工区区长

刁仲伟　中铁十五局集团公司京沪高速铁路土建 4 标段十一工区区长

刘瑞军　中铁十六局集团公司京沪高速铁路土建 3 标段八工区五分部工长

梁　毅　中铁十七局集团公司京沪高速铁路土建 1 标段项目经理部常务副经理

孙吉东　中铁十九局集团公司京沪高速铁路项目部总工程师

王长法　中铁第四勘察设计院集团公司京沪高速铁路建设指挥部高级工程师

火车头奖杯获得单位

中铁十一局集团电务公司

中铁十二局集团电气化公司

中铁十三局集团公司兰渝铁路工程指挥部

中铁十四局集团隧道公司

中铁十五局集团华北公司

全国铁路“工人先锋号”

中铁十六局集团一公司京沪高速铁路项目部

中铁十七局集团北同蒲取直线指挥部

中铁十八局渝利铁路工程项目经理部

火车头奖章获得者

游泽勤　中铁十一局集团四公司安毛项目部测量班班长

史道泉　中铁十二局集团公司董事长

刘光俊　中铁十三局集团电务公司天津地铁 3 号线架子队长

薛　峰　中铁十四局集团五公司执行董事

戴易华　中铁十五局集团五公司工班长

凌树云　中铁十六局集团公司胶州湾海底隧道项目部常务副经理

吴万良　中铁十七局集团公司副总经理

刘朝林　中铁十七局集团青荣城际铁路二分部一工区项目经理

冯英华　中铁十八局集团一公司武黄城际铁路项目部经理

王书林　中铁十九局集团三公司公路路面三项管部测量工

刘　峰　中铁二十局集团公司副总工程师

莫振春　中铁二十一局集团二公司试验员

王庆国　中铁二十二局集团公司副总经理

祝仰峰　中铁二十三局集团电务公司作业队长

吴义良　中铁二十四局集团新余公司执行董事

刘宝剑　中铁二十四局集团路桥公司总经理

邱湘萍　中铁二十五局集团三公司太中银项目部作业队副队长

陈有忠　中铁建设集团公司工会主席

田振武　中国铁建电气化局集团南方公司副总工程师

周天想　中国土木工程集团公司副总经理

李西明　中铁第一勘察设计院集团公司副总工程师

王忠合　中铁第四勘察设计院集团公司环工处副总工程师

王成伟　中铁物资集团东北公司副总经理
丁　旭　昆明中铁大型养路机械集团公司工人
程永亮　中国铁建重工集团公司副总工程师
周献奇　北京铁城建设监理公司总监理工程师
宋登武　中铁建(北京)商务管理公司铁建宾馆经理　（李青颖）

【中国铁建5名劳模参加人民大会堂表彰大会】　在2011年全国五一国际劳动节庆祝大会暨全国五一劳动奖状、奖章和全国“工人先锋号”表彰大会上，中国铁建全国五一劳动奖章获得者、中铁十二局集团公司董事长、党委书记史道泉，股份公司副总工程师彭江鸿，中铁十八局集团隧道公司项目经理孔凡成、十八局集团二公司总经理张文卷，往届知名劳动模范、全国五一劳动奖章获得者、2002年全国重点宣传劳动模范（2002年人民大会堂庆祝大会作事迹报告，中华全国总工会劳动模范巡回报告团成员）、中华技能大师、全国学习型职工、中铁十七局集团宁杭高速铁路常务副指挥长徐春光应邀参加五一庆祝活动。这是中国铁建历史上劳动模范参加全国五一庆祝活动人数最多的一次。表彰大会上，史道泉和彭江鸿代表中国铁建227万员工（含农民工），登上人民大会堂主席台，接受党和人民的褒奖和表彰。中国铁建劳动模范代表在北京期间，还参加27日中华全国总工会与中央电视台在人民大会堂金色大厅共同举办的《劳动颂歌》——庆祝五一国际劳动节文艺晚会，28日参加天安门广场升旗仪式，瞻仰人民英雄纪念碑，登天安门城楼，参观中国国家博物馆“复兴之路”大型展览。28日晚，参加全国人大常委会副委员长，中华全国总工会主席王兆国在职工之家举行的庆祝五一国际劳动节招待会。铁道部党组成员、中华全国铁路总工会主席何玉华出席招待会，并专门向中国铁建劳动模范敬酒祝贺。在北京期间，中华全国铁路总工会领导，代表铁道部党组和中华全国铁路总工会到中华全国总工会职工之家，亲切看望中国铁建参加庆祝活动的劳动模范代表。

（李青颖）

【中国铁建“工人先锋号”、“工人先锋号标兵”】　为表彰在社会主义劳动竞赛和创先争优建功立业活动中，涌现出的一大批爱岗敬业、勤奋劳动、诚实劳动、创新劳动的先进集体和先进个人，中国铁建股份公司工会4月21日颁发表彰决定，授予中国土木工程集团公司国内工程部项目部等47个集体“工人先锋号”称号，授予中铁十一局集团三公司焊轨分公司探伤工温家礼等29人“工人先锋号标兵”称号。

中国铁建“工人先锋号”

中国土木工程集团公司国内工程部项目部
中国土木工程集团东非公司项目部
中铁十一局集团桥梁公司咸安制梁场
中铁十一局集团武汉地铁4号线2标段项目部
中铁十二局集团四公司太阳高速公路项目部
中铁十二局集团七公司京沪高速铁路4标段21项目部
中铁十三局集团一公司建筑安装公司福建闽江大桥项目部
中铁十三局集团三公司厦深铁路项目部
中铁十四局集团湖北宜巴高速公路第21合同段项目经理部
中铁十四局集团三公司哈罗铁路项目部
中铁十五局集团三公司广深港项目部
中铁十五局集团四公司郑州项目部
中铁十六局集团平阳高速公路22标段项目部
中铁十六局集团五公司曹妃甸工业区甸头立交桥项目部
中铁十七局集团四公司大西铁路客运专线项目经理部
中铁十七局集团建筑工程公司杭甬项目部
中铁十八局集团公司武黄城际铁路3标段项目经理部
中铁十八局集团公司向莆铁路FJ－1A标段指挥部
中铁十九局集团一公司那邦水电项目部TBM掘进班组
中铁十九局集团二公司盘营铁路客运专线三工区
中铁二十局集团公司锡乌铁路工程土建1标段项目部
中铁二十局集团三公司宝汉高速BP11标段项目经理部
中铁二十一局集团德盛和置业有限公司梧桐苑项目部
中铁二十一局集团一公司机械化分公司轨道车间
中铁二十二局集团五公司六沾铁路复线项目经理部
中铁二十二局集团六公司第二项目部
中铁二十三局集团一公司大瑞铁路项目经理部
中铁二十三局集团二公司新建哈尔滨西客运站施工Ⅱ标段项目部
中铁二十四局集团公司京福铁路客运专线闽赣Ⅳ标段项目经理部第四分部
中铁二十四局集团上海电务电化公司何家湾客运专线维修基地项目部
中铁二十五集团恒元建筑工程公司广珠项目部

中铁二十五局集团北方分公司路桥一公司

中铁建设集团北京中铁建工物资公司

中铁建设集团北京分公司第五项目经理部

中国铁建电气化局集团京九电气化改造工程第二项目部

中国铁建电气化局集团三公司电化分公司

中国铁建房地产集团中铁嘉业（北京）投资公司销售部

中铁第一勘察设计院集团公路道路设计所

中铁第四勘察设计院集团南宁勘察设计院有限公司线站所

中铁第五勘察设计院集团环境工程设计院环保设计所

中铁上海设计院集团工程勘察设计院测绘所

中铁物资集团华东公司铁路事业部

昆明中铁大型养路机械集团结构分厂制作工段

中国铁建重工集团道岔分公司设备部维修班

中铁建（北京）商务管理公司北京铁建医院护理科

北京铁城建设监理公司哈大铁路客运专线北京铁城监理站

中国铁建股份公司北京培训中心财务处

中国铁建“工人先锋号标兵”

王文举　中国土木工程集团沙特分公司 CTW400 铁路项目经理

温家礼　中铁十一局集团三公司焊轨分公司探伤工

郑　军　中铁十二局集团建筑安装公司项目经理

张　伟　中铁十三局集团二公司兰渝铁路项目部劳务队队长

王炳鸿　中铁十四局集团电气化公司沈阳地铁项目书记

黄建国　中铁十五局集团包西铁路工程指挥部副总工程师

张学武　中铁十六局集团北京轨道公司南水北调配套南干渠 10 标段项目部副总工程师

毕永清　中铁十七局集团二公司宁杭铁路客运专线项目经理

苏在林　中铁十八局集团公司湘桂铁路指挥部高级工程师

于平山　中铁十九局集团六公司七分公司经理

孙国栋　中铁二十局集团四公司隧道二队队长

程宏军　中铁二十一局集团白龙铁路指挥部副总工程师

王英才　中铁二十二局集团电气化公司哈尔滨分公司技术主管

汪辉忠　中铁二十三局集团八公司质检员

赵　飞　中铁二十四局集团福建公司铺架分公司工程测量工

黎建林　中铁二十五局集团广州公司铺架项目部四队队长

付建中　中铁建设集团市政工程分公司高级工程师

杨长明　中国铁建电气化局集团一公司通信信号分公司通号五队副队长

周　斌　中国铁建房地产集团广西公司高级工程师

田海光　中铁第一勘察设计院集团城建院所主管工程师

肖　杰　中铁第四勘察设计院集团广州设计院桥隧所副所长

陈　坚　中铁第五勘察设计院集团线路运输设计院线路二所副所长

徐少军　中铁上海设计院集团线站处副总工程师

李泽军　中铁物资集团西南公司兰州分公司经理

钟晓波　昆明中铁大型养路机械集团西山分厂制造车间主任

查仁建　中国铁建重工集团隆昌铁路器材公司三滚碾丝班班长

赵景武　中铁建（北京）商务管理公司物业管理公司绿化部经理

张春林　北京铁城建设监理公司哈大铁路项目四电总监

刘爱武　中国铁建股份公司北京培训中心物业管理中心经理

（李青颖）

【组织劳模赴欧洲考察休养】　为在全系统形成尊重劳模、学习劳模、关心劳模、争当劳模的良好风气，体现股份公司党委和领导对广大劳动模范的关爱，开阔劳动模范视野，10 月，股份公司第 4 次组织股份公司以上劳动模范、省（市）、部和全国五一劳动奖章获得者及部分先进女职工赴欧洲 11 国为期 15 天的考察休养。

（李青颖）

【第四届“中国铁建杯”职工体育单项（羽毛球）比赛】　11 月 8～10 日，在湖南株洲隆重举行。股份公司副董事长、党委副书记、工会主席彭树贵，株洲市副市长陈立新，股份公司工会副主席白晶，经费审查委员会主任柴顺林等出席开（闭）幕式。全系统参加比赛的有 26 个代表队，运动员、教练员 164 名，比赛为 5 场制混合团体赛，经过 3 天 48 场的激烈角逐，决出前八名代表队，中铁上海设计院集团公司、中铁第四勘察设计院集团公司、中国铁建重工集团公司代表队分获冠亚季军,中国铁建重工集团公司获体育道德风尚奖。
（李青颖）

【十二局集团公司门球队获全国门球比赛第四名】 根据铁道部火车头体协要求,中铁十二局集团公司门球队代表火车头体协参加10月23~27日在福建福州举行的全国门球公开赛。比赛历时5天,来自全国各省和行业的60多支门球队参赛,十二局集团公司门球队凭着娴熟的球技和韧劲,奋力拼搏,获得第四名。
（李青颖）

【中国铁道建筑总公司老年象棋比赛】 6月1~2日在山东泰安举行。总公司老年体协顾问刘秉顺、常务副主席沈柏铭和中铁十四局集团公司党委副书记、工会主席顾忠久,老年体协主席杨慕常出席比赛。比赛本着"以棋会友,友谊第一"的精神和"重在参与,重在交流,重在快乐,重在健康"的要求,采用2007年《中国象棋竞赛规则》和电脑抽签、电脑软件积分编排的方法,所属单位选拔推荐的26名选手,经过7轮交锋比试,产生了前八名,并颁发荣誉证书和奖金。
（刘茂芝　汤友庭）

【中国铁道建筑总公司老年体协理事会人员增补】 6月18日,经总公司领导批准,增补赵广发为老年体协名誉主席,霍金贵为常务副主席。（刘茂芝　汤友庭）

【中国铁道建筑总公司老年体协理事会第二届第三次会议】 9月11日在云南昆明召开。总公司老年体协名誉主席王振侯、顾问刘秉顺,常务副主席沈柏铭、霍金贵,昆明中铁大型养路机械集团公司董事长、党委书记马云昆,党委副书记、工会主席杨朝凯,以及总公司系统的50余名老年体协理事参加会议。沈柏铭作题为《开拓创新 锐意进取 为不断提高老同志健康水平和幸福指数而努力奋斗》的工作报告。会上,昆明中铁杨朝凯、中铁十四局集团公司老年体协主席杨慕堂分别介绍经验。（刘茂芝　汤友庭）

·组织权益·

【组织权益和女工部】 7月7日,根据《关于调整工会组织权益部设置有关问题的通知》,组织权益部变更为组织权益和女工部。负责股份公司工会组织建设和职工之家建设;负责研究制定工会的民主制度、集体合同和保护女职工合法权益的政策规定;负责职工保障机制的建立和完善,实施职工帮扶救助工作的开展;负责工会劳动争议和劳动法律监督工作;负责工会经费和资产管理。定员5人,下设组织处和保障财务处。
（孙秀伟　翟国棠）

【组织建设】 截至2011年底,全系统工会组织5577个,其中股份公司工会1个,集团公司工会26个,公司工会2个、党校工会1个,子公司工会250个,分公司、分院(处级)工会171个,项目部工会(工委)2842个,工程队工会2284个;工会小组23660个。工会会员381481人,其中职工会员280506人,女会员60207人;劳务工会员100975人。（孙秀伟　翟国棠）

【工会干部队伍状况与培训】 截至2011年底,全系统专职工会干部1053人,其中女干部356人。工会兼职主席4557人,其中集团公司和子(分)公司173人、项目部和工程队4106人。9月20~26日选送35名工会干部参加中华全国铁路总工会在铁道部党校举办的2011年第一期铁路基层工会主席培训班,其中集团公司工会主席2人,工程公司工会主席、副主席33人。
（孙秀伟　翟国棠）

【工会指导工作】 2011年分别指导中铁二十四局集团公司、中铁第一勘察设计院集团公司工会换届选举。指导中铁建(北京)商务管理公司召开首届职工代表大会。（孙秀伟　翟国棠）

【职代会制度建设】 集团公司、子公司应建职工(代表)大会制度的单位399家,2011年有368家单位召开职代会,363家单位评议领导干部,评议集团公司领导干部312名,优良率90%以上的266人,占评议总数的85.26%。374家单位的职代会实行投票表决制,职代会提案征集5617条,落实提案4888条。全年培训职工代表7366名。

1月23~25日,中国铁建一届二次职工代表大会在北京总部召开,265名职工代表组成18个代表团。其中,企业领导人员代表72名,占代表总数的27.17%;技术管理人员代表151名,占代表总数的56.98%;一线生产人员代表34名,占代表总数的12.83%;青年职工代表8名,占代表总数的3.02%。

一届一次职工代表大会以来,有15个单位25名代表因故发生变化,其中退休9人、工作岗位变动13人、经济违纪问题2人、病逝1人。所属单位经过慎重考虑,报经股份公司工会同意,按照民主程序,替补18名代表,增补6名代表。24名增、替补代表经代表资格审查委员会审查,均符合代表条件。

大会主要议题:听取和审议公司年度《行政工作报告》《财务工作报告》《业务招待费使用情况的报

告》,审议通过《提案工作报告》和职代会各项决议。

（孙秀伟　翟国棠）

【全国优秀工会工作者】　8月,中铁十七局集团公司工会副主席潘喜发获全国优秀工会工作者称号。

（孙秀伟　翟国棠）

【职工之家建设】　截至2011年底,全系统建工会组织5577个、职工之家2995个,其中模范职工之家685个、先进职工之家1053个、合格职工之家1257个。全系统获全国模范职工之家48个、全国模范职工小家25个,省部级模范职工之家81个、职工小家74个,股份公司模范职工之家323个、职工小家181个。6家单位被评为全路模范职工之家,6人被评为全路优秀工会工作者。

全路模范职工之家

中铁十二局集团四公司工会

中铁十四局集团隧道公司南京地铁10号线项目部工会

中铁十五局集团五公司工会

中铁十六局集团一公司工会

中铁十八局集团一公司工会

中铁十九局集团一公司工会

全路优秀工会工作者

吕向东　蔺双平　赵永宏　陈全和　张诗彬

汪菲娜　（孙秀伟　翟国棠）

【职工监事选举】　5月30日召开中国铁建股份有限公司一届二次职代会第一次联席会议,45名代表参加联席会议。会议采取无记名投票等额选举方式,选举张良才为股份公司第二届监事会职工监事。

（孙秀伟　翟国棠）

【中国铁建工会一届三次全委(扩大)会议】　9月8~9日在天津塘沽召开,37人参加会议。股份公司工会副主席白晶作工会工作报告;会议同意孙启业、刘永年、宋占波、易善健、潘昌洪5人不再担任中国铁路工会中国铁建股份公司第一届委员会委员,孙启业不再担任常务委员;柴顺林不再担任工会副主席职务。同意白晶、罗海滨、燕正安、陈建军、龚道君5人替补为中国铁路工会中国铁建股份公司第一届委员会委员。

（孙秀伟　翟国棠）

【女职工状况】　截至2011年底,全系统女职工60207人,女会员59912人。建女职工委员会895个,配备女工委主任837人,其中专职109人。女职工干部18966人,7人进入集团公司领导班子,89人进入工程公司(分院、分公司)领导班子。担任工会主席职务32人,副主席职务41人。副处级以上女干部1468人,占女干部总数的7.74%。　（孙秀伟　翟国棠）

【中国铁建女职工工作会议暨庆“三八”表彰会】　3月2~3日在北京召开。所属单位女工委主任或负责人,以及在“三八”节前获得全国、全路表彰的先进集体和个人代表、股份公司机关和驻京单位部分女干部160余人参加会议。中华全国铁路总工会副主席、女职工委员会主任郭润英和国资委机关业务部门等领导到会祝贺,并对中国铁建女职工工作给予充分肯定。股份公司党委书记、董事长孟凤朝作重要讲话,总裁赵广发出席会议,党委副书记霍金贵宣读表彰通报,副董事长、党委副书记、工会主席彭树贵主持会议。到会领导为荣获全国三八红旗集体称号的中铁二十二局集团六公司经营部、全国五一巾帼标兵岗称号的中铁十一局集团三公司包西项目部轨排一队等4个单位,荣获全国五一巾帼标兵称号的李红英等5人,以及全国铁路先进集体和先进女职工个人颁发奖金。

全国三八红旗集体

中铁二十二局集团六公司经营部

全国五一巾帼标兵岗

中铁十一局集团三公司包西项目部轨排一队

中铁十七局集团宁杭铁路客运专线铺架项目部设备物资部

中铁第四勘察设计院集团线站处轨道所

中铁第四勘察设计院集团公司信息中心多媒体部

全国五一巾帼标兵

李红英　中铁十四局集团二公司邯黄项目部总工程师

李华荣　中铁十八局集团五公司第十五项目部总工程师

常聪秀　中铁二十局集团二公司高级工程师、项目经理

马红叶　中铁二十一局集团三公司兰新铁路第三项目部总工程师

彭育芬　中铁二十三局集团八公司副总工程师兼设备部部长

全国铁路先进集体

中铁十八局集团一公司二分部试验室

中铁二十一局集团铺架公司哈密混凝土制品项目部

中铁二十三局集团二公司富铁轨枕公司变电所

中铁二十四局集团福建铁路建设公司资金管理中心

中铁建(北京)商务管理公司大厦服务中心礼仪部

全路先进女职工组织

中铁十六局集团四公司工会女职工委员会

中铁十七局集团公司工会女职工委员会

全国铁路巾帼标兵、火车头奖章获得者

李红梅　中铁第四勘察设计院集团公司电气化设计研究处副总工程师

全国铁路先进女职工

安锦春　中铁十三局集团公司培训中心主任

裴璐辉　中铁十五局集团公司总会计师

刘　宏　中铁十六局集团轨道公司南水北调10标段项目部总经济师

李红梅　中铁第四勘察设计院集团公司电气化设计研究处副总工程师

刘红桃　中国铁建重工集团株洲桥梁公司副总工程师

全国铁路先进女职工工作者

史瑜青　中铁十五局集团四公司工会女职工委员会主任

魏蜀秦　中铁二十局集团四公司工会女职工委员会主任　　(孙秀伟　翟国棠)

【中国铁建工会第一届女职工委员会第一次会议】　9月21日在北京召开。会议回顾总结近几年中国铁建工会女职工工作,研究确定今后5年的主要任务;组建中国铁建工会第一届女职工委员会。中华全国铁路总工会副主席、女职工委员会主任郭润英,中华全国铁路总工会保障和女工工作部部长、女职工委员会副主任孙娅姝,国务院国资委群工局综合处处长孙洁出席会议。中国铁建党委书记、董事长孟凤朝作重要讲话,党委副书记、副董事长、工会主席彭树贵主持会议。中国铁建工会副主席、女职工委员会主任白晶作工作报告。会上,中铁十六、十七局集团公司分别作典型发言和经验介绍。中国铁建工会第一届女职工委员会36名委员及驻京单位和总部机关部分女干部120余人参加会议。会后下发《股份公司工会女职工委员会工作制度》《工会女职工委员会组建换届规定及工作程序》《女职工组织规范化建设的实施意见》。

(孙秀伟　翟国棠)

【“三不让”帮扶】　2011年,全系统各级工会继续深化落实“三不让”帮扶工作,不断完善救助办法,专项资金筹集管理使用和困难救助日益规范化、制度化,促进了帮扶救助的常态化和长效化,切实解决职工“生活难、看病难、子女上学难”问题。全年筹集“三不让”专项救助资金9530万元,帮助困难职工家庭8530余户,资助困难职工子女入学2940人,救助患病职工3350人次。　　(吕向东　张晓川)

【送温暖活动】　2011年元旦、春节期间,股份公司开展以“心系职工情,温暖进万家”为主题的送温暖活动,筹集送温暖资金4996万元,慰问困难职工家庭18986户,看望劳动模范、离退休职工、一线职工和农民工42080人,有1534名局、处级以上领导参加慰问活动。　　(吕向东　张晓川)

【金秋助学】　2011年资助困难职工子女2890人,发放助学金442.41万元。其中,资助困难职工子女2635人,发放助学金413.6万元;救助受灾职工子女62人,发放助学金7.36万元;救助困难农民工子女193人,发放助学金21.45万元。　　(吕向东　张晓川)

【集体合同】　2011年,股份公司、股份公司工会联合下发《关于开展工资集体协商工作的通知》,提出2011年在集团公司、2012年在工程公司建立工资集体协商制度和签订工资集体协商专项协议达到100%的全覆盖目标。多数单位在修订集体合同和工资集体协商时,将多项涉及职工权益的条款纳入集体合同,增强集体合同履约执行力。全系统集体合同签订率100%、兑现率98%,职工满意度95%以上。

(吕向东　张晓川)

【举办构建和谐劳动关系研讨培训】　为做好工资集体协商工作,推进全系统构建和谐劳动关系,11月23~26日,股份公司工会和人力资源部在北京举办构建和谐劳动关系研讨培训班。所属单位工会主席、副主席以及负责人力资源、工会权益保障工作的部长、副部长90余人参加研讨培训。股份公司副董事长、党委副书记、工会主席彭树贵出席开班典礼并作动员讲话。中华全国总工会集体合同部部长张建国、法律工作部长刘继臣,人力资源和社会保障部就业促进司副司长桂桢,国家行政学院李拓教授、中国劳动关系学院许晓军教授,Hay(合益)集团刘明总监和中铁十六局集团公司工会权益保障部部长王显俊应邀分别围绕开展工资集体协商的重要意义、程序内容和技巧方法,以及劳动法规、劳动关系、薪酬管理等进行深入浅出、生动详细的讲解,并组织观看工资集体协商情景模拟演示专题片。此次培训,为更加有效地开展工资集体协商,构建和谐企业劳动关系奠定良好基础。

(吕向东　张晓川)

【召开工会经费审查经审工作会议】 为推动全系统工会经费审查工作有效开展,5月18日,股份公司工会经费审查工作会议在山西忻州召开。股份公司工会经费审查委员会委员、所属集团公司工会经费审查会主任参加会议。股份公司经费审查委员会主任柴顺林作题为《履行职责,强化监督,全面推进工会经审工作上水平》的讲话。会议传达全国工会经费审查工作电视电话会议精神,学习新颁布的《中国工会审计条例》,进行经费审查工作经验交流和座谈,通报2010年度工会经费收支决算和2011年度经费收支预算情况,并对工会经费审查工作规范化建设和工会优秀审计项目评选进行布置。（吕向东　张晓川）

【工会经费收支和离任审计】 股份公司工会经费审查委员会办公室认真落实经审会年度工作推进计划,组成审计组先后审计中铁十五、十六、二十一、二十二、二十四局集团公司和中铁上海设计院集团公司工会2006~2010年度经费收支情况。受工会组织权益部委托,对中铁十七局集团公司、中国铁建重工集团公司、中国铁建电气化局集团公司、中国铁建房地产集团公司离任工会主席进行经济责任审计。股份公司工会经费审查委员会根据审计报告下发审计意见书,多数审计意见得到较好落实。（吕向东　张晓川）

【工会财务工作竞赛评比】 为加强工会财务管理,提高工作水平,5月25~27日在陕西西安召开全系统工会财务工作竞赛评比会议,对2010年度工会财务工作进行考评,评出特等奖3个、一等奖13个、二等奖9个、三等奖3个。（吕向东　张晓川）

【工会财务先进单位】 2011年,股份公司工会获全国总工会工会财务工作先进单位称号,股份公司工会在全国铁路总工会财务工作竞赛评比中获得一等奖。中铁十三、十六、十七、二十二局集团公司工会被评为全国铁路总工会财务工作先进单位。

（吕向东　张晓川）

团　委

【股份公司团委】 中国铁建股份有限公司2007年11月成立后,组建共青团中国铁建股份有限公司委员会(简称股份公司团委),同时行使中国铁道建筑总公司团委职能。2009年12月召开共青团中国铁建股份有限公司第一次代表大会,选举产生共青团中国铁建股份有限公司第一届委员会。股份公司团委在股份公司党委和中央企业团工委的领导下开展共青团和青年工作,对下实施垂直管理,主要负责全系统团组织建设、干部队伍建设、团的生产活动及团员青年的思想政治工作。股份公司团委在股份公司党委和中央企业团工委的领导下开展共青团和青年工作,对下实施垂直管理,主要负责全系统团组织建设、干部队伍建设、团的生产活动及团员青年的思想政治工作。下辖29个集团公司、公司团委(团工委、团总支)。全系统有基层团委884个,团总支258个,团支部2680个;专职团干部175人,兼职团干部4614人,团员53206人,35岁以下青年职工107117人。股份公司团委定员3人,设团委书记1人、团委副书记1人。

2011年,中国铁建共青团工作以邓小平理论、“三个代表”重要思想为指导,全面贯彻落实科学发展观,按照中国铁建党委和中央企业团工委的部署,全力推进共青团创先争优活动,着力强化组织制度建设,扎实开展青年特色活动,动员团员青年充分发挥生力军和突击队作用,在服务党政工作大局,促进青年成长成才的实践中不断建功立业。全年有90个先进青年集体和76名先进青年受到团中央、中央企业团工委及省部级团组织的表彰。其中,3个先进青年集体获团中央表彰;15个先进青年集体和19名先进青年获中央企业团工委表彰。（沈玉泉）

【换届选举、组建团委】 2011年,股份公司团委先后指导中国土木工程集团公司,中铁十五、十六、十七、二十五局集团公司团委换届改选;调整中铁十一、二十、二十二、二十三、二十四局集团公司,中铁建设集团公司,中铁第四、第五勘察设计院集团公司,中国铁建重工集团公司团(工)委负责人;指导诚合保险经纪公司成立团总支。（沈玉泉）

【共青团中国铁建一届三次全委(扩大)会议】 3月7~9日在北京召开,股份公司团委委员、部分青工代表及集团公司团组织负责人34人参加会议。会议总结2010年工作,研究和部署2011年中国铁建共青团工作。（沈玉泉）

【分片区组织召开中国铁建共青团工作推进会】 10月11日~11月16日,股份公司团委分别在西安、太原、武汉、北京召开共青团工作推进会。会议传达中央企业青年工作会议、全团分类引导青年工作电视电话培训会及股份公司三季度经济运行分析视频会议精神;听取所属单位有关共青团工作开展情况汇报,对下一步共青团工作提出要求;研讨《中国铁建集团公司级团组织负责人管理办法(试行)》《关于中国铁建共青团团费收缴、使用和管理的规定》《中国铁建"导师带徒"活动实施办法》《中国铁建青年"五小"成果征选、评比管理办法(试行)》和《中国铁建"推优入党"工作实施细则》。 (沈玉泉)

【推优入党】 2011 年,全系统有 1252 名团员在团组织推荐下光荣加入中国共产党。 (沈玉泉)

【基层调研】 为了解基层团组织的工作开展情况、团干部配备及组织建设情况,更好地指导全系统团建工作,股份公司团委先后到中铁十六、十九、二十五局等集团公司调研,团委副书记沈玉泉参加中国土木工程集团公司和中铁十四、十八、二十五局集团公司举办的团干部培训班并为团干部讲课。 (闫国良)

【推进团组织创先争优活动】 按照《关于在中国铁建基层团组织和团员中深入开展创先争优活动的实施意见》中的活动时间安排,中国铁建各级团组织创先争优活动以"强基固本展作为"和"比学赶超争先进"为重点,着力增强团员意识、发挥团员作用,扩大组织覆盖、增强组织活力。 (沈玉泉)

【开展"学党史、知党情、跟党走"主题教育活动】 2011 年是中国共产党成立 90 周年。为贯彻中央关于纪念中国共产党成立 90 周年有关活动的重要指示精神,落实团中央的相关工作部署,以纪念建党 90 周年为契机,深入推进青年思想引导工作,激发团员青年热爱党、热爱祖国、热爱社会主义的感情,引导团员青年坚定跟党走中国特色社会主义道路的信念,股份公司团委在团员青年中广泛开展"学党史、知党情、跟党走"主题教育活动。各集团公司团组织根据股份公司团委要求,通过知识竞赛、红歌赛、交流会、座谈会等形式开展活动,引导广大团员青年充分了解、认识人民是怎样选择了中国共产党、选择了社会主义道路、选择了改革开放,了解和认识党全心全意为人民服务的根本宗旨和立党为公、执政为民的本质,从而增强团员青年对党和社会主义祖国的认同和热爱。 (沈玉泉)

【开展"我与祖国共奋进 我与铁建同发展"形势政策教育活动】 为在中国铁建团员青年中进一步唱响"我与祖国共奋进 我与铁建同发展"的主旋律,引导广大团员青年坚定跟党走中国特色社会主义道路的信念,踊跃投身企业"十二五"建设的伟大实践,股份公司团委 4 月下发文件组织开展"我与祖国共奋进 我与铁建同发展"形势政策教育活动。通知下发后,各单位高度重视,认真组织。据不完全统计,全系统举办专项教育活动 150 余场,8600 余人次参与。 (沈玉泉)

【开展中国铁建第五届"十大杰出青年"、"十佳青年技术工人"评选活动】 为大力选树优秀青年典型,优化青年成长成才环境,进一步引导和激励广大青年解放思想,振奋精神,奋发进取,积极投身企业改革发展,股份公司团委于 2 ~6 月开展中国铁建第五届"十大杰出青年"、"十佳青年技术工人"评选活动。评选投票开创性地采用手机短信的方式进行,保证活动的参与面和投票的严密性。"十大杰出青年"评选收到投票短信 29691 条,其中有效票数 25031 条,占总票数的 84.3%。"十佳青年技术工人"评选收到投票短信 8698 条,其中有效票数 7931 条,占总票数的 91.2%。5 月 31 日 ~6 月 2 日,股份公司相关部门负责人成立评审委员会,以无记名投票的方式评选出中国铁建第五届"十大杰出青年"和"十佳青年技术工人"各 10 名。股份公司为获奖者颁发荣誉证书、奖杯及奖金,"十佳青年技术工人"获得者晋升技术等级一级。

中国铁建第五届"十大杰出青年"

袁　勇　中国土木工程集团尼日利亚公司拉各斯经理部副经理

陈　谦　中铁十二局集团石长铁路增建二线站前 1 标段指挥部常务副指挥兼第三项目部经理、副书记

李振武　中铁十六局集团天津西站至天津站地下直径线工程项目经理

刘朝辉　中铁十七局集团五公司副总经理兼中南通道(山东段)项目经理

李少先　中铁十九局集团五公司副总经理兼路桥四公司经理

汪发安　中铁二十局集团一公司无锡地铁 1 号线 6 标段项目经理

石龙海　中铁二十一局集团一公司董事长、总经理、党委副书记

张永春　中铁建设集团天津分公司总经理

李秋义　中铁第四勘察设计院集团线站处轨道所副所长

程永亮　中国铁建重工集团公司副总工程师兼隧道装备公司总工程师、隧道装备研究院副院长

中国铁建第五届"十佳青年技术工人"

游泽勤　中铁十一局集团四公司安毛项目部测量主管

田国锐　中铁十二局集团二公司测量队副队长

吴　遁　中铁十四局集团隧道公司地铁哈尔滨项目部机修班长

董　娟　中铁十五局集团三公司郑开项目部测量组长

刘跃伟　中铁十八局集团京沪项目部测量班长

石长江　中铁二十四局集团福建公司高级技师

牟　熹　中国铁建电气化局集团北方公司京石铁路客运专线项目部副总工程师

运　暄　中铁第一勘察设计院集团新疆院测绘技师

曲家阳　中铁物资集团东北公司仓储运输部装卸六班班长

涂永辉　昆明中铁大型养路机械集团制造总厂铸造分厂木模工

中国铁建优秀青年

王国周　郑东升　王　涛　黎家亮　赵西臣
黄　笑　乔永平　黄　欣　张景宣　曹少辉
邓寿军　李　彬　李振伟　谢钦方　冯　正
庞先波　李学斌　黄双林　谭　斌　续宗宝
李国锋　赵雪玉　沈辉远　王文斌　刘清莉

（沈玉泉）

【舆论宣传有效加强】　改版后的中国铁建青年网和《中国铁建青年简讯》集中登载中国铁建各级团组织工作中的好做法、好经验，展现所属各级团组织的工作成果和广大团员青年的精神风貌，影响面进一步加大。通过组织评比，各单位上报信息更加踊跃，积极对外投放稿件，在《中国青年报》、中国共青团网、中央企业青年网等媒体刊登稿件1141篇，在所有中央企业中名列第三，进一步提高了中国铁建共青团的影响力和知名度。　（沈玉泉）

【开展“团组织就在我身边”关爱行动】　为促进和谐铁建建设，充分发挥团组织服务青年、关爱青年的职责，不断推进中国铁建团组织“助困、助学、助才、助业”工作的深入开展，股份公司团委开展“团组织就在我身边”关爱行动，划拨21万余元关爱全系统工作表现突出、生活确实存在困难的团员青年。　（沈玉泉）

【接收香港大学生参观实习】　根据中央企业青年联合会安排，2011年有3名香港大学生到中国铁建实习，经股份公司团委研究并报请股份公司党委领导同意，安排到中铁十九局集团公司实习。一个多月的实习生活，开阔了香港大学生的视野，增长了见识，留下了美好的记忆。活动得到团中央和中央企业团工委领导的充分认可，为中国铁建增光添彩。　（闫国良）

【参与中国铁建在利比亚人员撤离回国安置工作】　在利比亚安全形势发生重大变化时，中国铁建在利比亚总人数3591人。根据团中央和中央企业团工委的有关指示精神和工作要求，中国铁建团委按照股份公司党委和股份公司关于利比亚人员撤离的整体工作部署，积极参与前方撤离组织工作和回国人员在国内的安置和安抚工作，得到中央企业团工委的高度认可。1个青年集体被评为中央企业利比亚撤离工作先进青年集体，2名青年被评为中央企业利比亚撤离工作先进青年。

中央企业利比亚撤离工作先进青年集体

中国土木工程集团利比亚分公司

中央企业利比亚撤离工作先进青年

熊荆沙　中铁十一局集团公司吉图珲项目经理部副经理

余文彬　中铁第四勘察设计院集团建筑院建筑所工程师

（闫国良）

【承办中央企业青年创新创效活动意见研讨会】　5月11日，中央企业团工委在中国铁建机关召开《关于进一步深化中央企业青年创新创效活动的意见》研讨会。国务院国资委群工局青年处处长巴清宏、中央企业共青团创先办副主任张兵、中央企业团工委办公室负责人周林以及部分中央企业团委书记参加会议。会上，巴清宏介绍修改《关于进一步深化中央企业青年创新创效活动的意见》的背景、目的和任务，并提出具体要求。与会人员对文件进行修改讨论，提出相关意见和建议。　（闫国良）

【全国“两优两红”】

2011年度全国五四红旗团委（团支部）

中铁十四局集团三公司青临10标段项目部团支部

（闫国良）

【中央企业团工委表彰2011年度“两优两红”】

中央企业五四红旗团委

中铁二十三局集团三公司团委

中铁二十五局集团公司团委

中铁第五勘察设计院集团公司团委

中央企业五四红旗团支部

中铁二十局集团海外工程保障中心团支部

中铁物资集团公司机关团支部

中央企业优秀共青团干部

董向阳　中铁十二局集团公司团委书记

范佳新　中铁十九局集团公司团委书记

韩　晶　中铁建（北京）商务管理公司团委书记

赵佃龙　中国铁建股份公司团委书记

中央企业优秀共青团员

孟庆凤　中铁二十二局集团五公司经营部部员

赵兴鹏　中铁二十四局集团鹰潭设备安装公司宁波东站项目部工程部部长

第十二批中央企业五四红旗团委创建单位

中铁十六局集团公司团委

中铁第一勘察设计院集团公司团委

昆明中铁大型养路机械集团公司团委　（闫国良）

【中国铁建团委表彰"两优两红"】　5月4日,股份公司团委表彰优秀共青团员77名、优秀团干部58名、五四红旗团委38个、五四红旗团支部41个。

中国铁建优秀共青团员

钱　程　何文韬　周德亮　张　瑀　秦肖飞
徐抒韬　李　楠　王广顺　刘明明　王建峰
孔德仲　杜延杰　丁成年　李崇月　宋希鹏
黎　林　赵珑渤　李　广　苑晓青　梁　涛
熊兴利　黄奇峰　韩　旭　朱　永　秦太祥
蔡　龙　郭明明　吴东翔　王宏伟　刘荣珍
胡　冰　赵全宝　张　磊　郁　纯　孟庆凤
蒋　继　杨　朗　徐祥涛　王　洋　黄水龙
计　炎　魏　磊　李群勇　方　铭　赵　凯
曹　光　马金彪　姚　昊　王嘉乐　金亚雷
胡帅帅　陆继恒　陈玉武　苗　禹　朱保民
俞彦西　张妮娜　陈永明　弓新亮　付立群
雷　洋　石彦辉　张浩乾　马遥遥　杜　坤
毕延勇　陈　曼　黄婷婷　念　勇　池文辉
欧美兰　张　强　韩绍宽　雷　军　龚　丽
谢　晶　孙绍先

中国铁建优秀共青团干部

张　茹　尚云功　陈正超　叶　云　李兆伦
渠玲玲　李世良　赵晓莉　董洪岩　宁纪娅
邵启德　李美华　张记力　李艳青　陈文燕
李建平　谢　娟　孟凯歌　熊志新　岳海锋
陈恩锋　曹新辉　王　峰　冯素月　李晓丹
张振宇　范佳新　周姿含　汪海涛　刘凯峰
姜忠杰　邓丰涛　周登伟　李晓晖　王智海
陶传谦　居国防　程　宁　胡　素　王海蓬
周　翔　吴陈东　王　妙　黄远中　李谞异
刘　留　王海霞　李　慧　竹晓华　管海涛
高　煌　黄春明　戢　苹　李月娜　龙　敏
王　艳　张　颖　陈　拓

中国铁建五四红旗团委

中国土木工程集团尼日利亚公司团委

中铁十一局集团六公司团委

中铁十一局集团城市轨道公司团委

中铁十二局集团一公司团委

中铁十二局集团七公司团委

中铁十三局集团一公司团委

中铁十三局集团五公司团委

中铁十四局集团电气化公司团委

中铁十四局集团成绵乐铁路工程指挥部团工委

中铁十五局集团一公司团委

中铁十五局集团尼泊尔公司团委

中铁十六局集团二公司团委

中铁十六局集团北京工程指挥部团委

中铁十七局集团三公司团委

中铁十七局集团六公司团委

中铁十八局集团一公司团委

中铁十八局集团建筑安装公司团委

中铁十九局集团六公司团委

中铁十九局集团电务公司团委

中铁二十局集团一公司团委

中铁二十局集团技工学校团委

中铁二十一局集团三公司团委

中铁二十一局集团四公司团委

中铁二十二局集团哈尔滨铁路建设集团公司团委

中铁二十二局集团六公司团委

中铁二十三局集团一公司团委

中铁二十三局集团贵广铁路工程指挥部团委

中铁二十四局集团鹰潭设备安装公司团委

中铁二十四局集团南昌铁路公司团委

中铁二十五局集团二公司团委

中铁二十五局集团恒元公司团委

中国铁建电气化局集团北方公司团委

中铁第一勘察设计院集团公司团委

中铁第四勘察设计院集团工勘院团委

中铁物资集团西南公司团委

昆明中铁大型养路机械集团公司团委

中国铁建重工集团隆昌铁路器材公司团委

重庆铁发遂渝高速公路公司团委

中国铁建五四红旗团支部(总支)

中国土木工程集团东非公司卢旺达地区经理部团支部

中铁十一局集团一公司武咸铁路城际2标段项目团支部

中铁十一局集团电务公司电力电化事业部团支部

中铁十二局集团贵广三项目部团支部

中铁十二局集团电气化公司昆明枢纽铁路站后2标段工程指挥部团支部

中铁十三局集团二公司成都地铁项目团支部

中铁十三局集团三公司京石铁路项目团支部

中铁十四局集团二公司广深港铁路 ZH－1 标段项目部团支部

中铁十四局集团隧道公司贵广指挥部团支部

中铁十五局集团六公司巴新铁路 PJ－02 标段项目部团支部

中铁十五局集团华北公司机关团支部

中铁十六局集团三公司水榕项目部团支部

中铁十六局集团铁运公司沙蔚铁路运营指车务段团支部

中铁十七局集团建筑公司第 8 项目部团支部

中铁十七局集团物资公司石油公司团支部

中铁十八局集团轨道公司莞惠城际 GZH－2 标段项目部团支部

中铁十八局集团大都公司京顺承项目部团支部

中铁十九局集团一公司第 5 项目管理部虎丰项目团支部

中铁十九局集团轨道公司第二分公司宁波项目团支部

中铁二十局集团四公司第二铁路运输分公司团支部

中铁二十局集团西安工程机械公司一车间团支部

中铁二十一局集团南疆铁路库阿二线 ZH2 标段项目部团支部

中铁二十一局集团铺架公司滦县制梁场团总支

中铁二十二局集团一公司红烟项目部团支部

中铁二十二局集团电气化公司哈尔滨电务分公司信号一项目部团支部

中铁二十三局集团六公司重庆轻轨 PC 梁项目团支部

中铁二十三局集团七公司机关团支部

中铁二十四局集团贵溪桥梁厂公司轨枕分公司团支部

中铁二十四局集团合肥轨道交通 1 号线试验段 1 标段项目团支部

中铁二十五局集团二公司湘桂铁路 1 标段项目部团支部

中铁二十五局集团柳州公司仁丽项目部团支部

中铁建设集团装饰分公司团支部

中国铁建电气化局集团一公司奎北项目团支部

中铁第一勘察设计院集团地质路基处团支部

中铁第四勘察设计院集团道路院团总支

中铁第五勘察设计院集团公司城市轨道交通设计院团支部

中铁上海设计院集团城建设计院团支部

中铁物资集团华东公司第一团支部

昆明中铁大型养路机械集团制造总厂团委结构分厂团支部

中国铁建重工集团株洲电气物资公司机关团支部

中铁建(北京)商务管理公司物业管理公司团支部

(闫国良)

【开展争创“青年文明号”、争当“青年岗位能手”活动】 2011 年,股份公司团委在全系统广泛开展争创“青年文明号”、争当“青年岗位能手”活动,带领广大团员青年奋战施工一线,充分发挥生力军和突击队的作用。1 名青年被评为全国“青年岗位能手标兵”,4 名青年被评为全国“青年岗位能手”;6 个集体被评为中央企业“青年文明号”,3 名青年被评为中央企业“青年岗位能手”;41 个集体被评为中国铁建“青年文明号”,108 名青年被评为中国铁建“青年岗位能手”。

全国“青年岗位能手标兵”

邢慧堂　中铁十四局集团隧道公司扬州瘦西湖隧道项目部党委书记

全国“青年岗位能手”

游泽勤　中铁十一局集团四公司密兴路项目工程部长兼调度

田国锐　中铁十二局集团二公司测量队副队长

潘文忠　中铁十三局集团二公司测量总监

智　慧　中铁十七局集团二公司秦岭隧洞出口项目测量队队长

中央企业“青年文明号”

中国土木工程集团阿尔及利亚公司 94 公里铁路更新项目部

中铁十三局集团公司锦屏工程指挥部

中铁十四局集团贵广工程指挥部第 1 项目部

中铁十五局集团二公司汉江二桥项目部

中铁十八局集团兰新项目经理部

中国铁建房地产集团中铁地产(成都)开发公司

中央企业“青年岗位能手”

郑东升　中铁十一局集团城市轨道公司苏州地铁项目部经理

刘朝辉　中铁十七局集团五公司副总经理兼项目经理

赵建伟　中铁第四勘察设计院集团城地院暖通所副所长

中国铁建“青年文明号”(工程)

中国土木工程集团东非公司坦桑尼亚合作社新大楼项目

中铁十一局集团二公司贵州省思南至剑河高速公路第 13 合同段项目部

中铁十一局集团四公司兰渝铁路项目部

中铁十二局集团一公司沪昆铁路客运专线云南段

一项目部

中铁十二局集团七公司石长铁路增建二线站前 1 标段第 2 项目部

中铁十三局集团公司沪昆铁路客运专线贵州段第 3 项目经理部

中铁十三局集团三公司兰新铁路二线项目部

中铁十四局集团公司贵广铁路工程指挥部

中铁十四局集团公司长株潭城际铁路项目部

中铁十五局集团二公司沪昆项目部

中铁十五局集团西北公司金阿项目部

中铁十六局集团路桥公司长昆铁路客运专线项目钢构件加工厂

中铁十六局集团地铁公司北京地铁 10 号线二期 11 标段西局—六里桥盾构区间

中铁十七局集团一公司中南通道项目

中铁十七局集团四公司南广铁路项目

中铁十八局集团四公司京津城际延伸线工程项目部

中铁十八局集团六公司五分公司住宅楼项目部

中铁十九局集团一公司呼准铁路托周段增建二线项目部

中铁十九局集团三公司牛栏江项目部

中铁二十局集团公司莞惠城际 6 标段工程

中铁二十局集团公司青荣城际铁路工程

中铁二十一局集团六公司津秦铁路客运专线三分部

中铁二十一局集团公司大西指挥部第三项目部

中铁二十二局集团一公司沪昆铁路客运专线项目部

中铁二十二局集团一公司邯黄铁路项目部

中铁二十三局集团公司雅泸高速公路 C20 项目部

中铁二十三局集团公司新建兰渝铁路引入重庆枢纽工程指挥部

中铁二十四局集团公司合福铁路安徽段站前 4 标段三分部

中铁二十四局集团南昌公司包西项目部

中铁二十五局集团三公司长株潭城际铁路项目部

中铁二十五局集团五公司大西铁路项目部

中铁建设集团公司漳州南站项目部

中国铁建电气化局集团五公司湘桂铁路扩改工程战后 I 标段项目

中铁第一勘察设计院集团公司信息网络处软件所

中铁第四勘察设计院集团公司刚果(布)公路项目部

中铁第五勘察设计院集团公司兰渝铁路项目部

中铁上海设计院集团工程勘察院沪杭高铁沉降观测组

中铁物资集团北京五棵松饭店公司总台服务班

昆明中铁大型养路机械集团公司物流中心立体仓库

中国铁建重工集团道岔分公司辙叉制造部

中铁建(北京)商务管理公司北京铁建物业管理公司大厦服务中心礼仪部

中国铁建“青年岗位能手”

殷光祥　王　琰　刘富荣　田敏哲　赵安楠
任文成　王元清　胡东栋　王建睿　张振刚
贾优秀　张　平　张尔剑　刘云波　张松涛
高国瑞　李德明　艾峰全　孙焕重　宋维金
孙旭堂　王汉青　周大勇　汤志军　曹振华
朱艳光　卢松柏　师文斌　杨金歌　王振浩
寿可尉　刘　剑　夏金春　丁晓东　周永明
许志刚　唐　菘　沈贵斌　游军营　王　菲
彭肇武　王建涛　李江鱼　马　俊　张宝利
王新邓　陈毅志　简　东　刘彦慧　王振国
张　涛　吕志锋　李　勃　王立博　曹少辉
吕志强　曾天喷　王维斌　杨树民　陈艳德
张　大　尚　轩　孙健峰　王连华　付　平
王　克　钟　勇　史卫滨　马振雷　张成武
黄水龙　刘街华　赵海欧　阳昭军　雷　昭
尚高科　韩　义　孟　飞　李宏伟　陆志阳
许　博　张景栋　谢红超　张立军　胡　颖
宋　航　范　强　邱　鸣　孙泽兵　吴　林
吕　凌　东爱明　章远方　郭也清　刘　波
古子文　王中磊　何爱民　宋　勇　龙方舟
朱义宏　刘小莹　韩　明　田树斌　曾祥培
郭若曦　贾青川

(闫国良)

【徐磊获第一届中央企业青年五四奖章】 8 月,第一届中央企业青年五四奖章评选揭晓,经股份公司团委推荐,中国铁建 1 名青年获第一届中央企业青年五四奖章,2 名青年获第一届中央企业青年五四奖章提名奖。

第一届中央企业青年五四奖章

徐　磊　中铁十四局集团隧道公司副总经理兼北京地铁 6 号线项目经理

第一届中央企业青年五四奖章提名奖

李学斌　中国铁建电气化局集团北京电气化设计院副总工程师

黄　超　中铁第一勘察设计院集团公司线路运输处处长

(闫国良)

2011 年 11 月 22 日，中铁十三局集团公司总部基地——天津铁建大厦正式开工建设。

（李升旺 提供）

所属单位

本栏责任编辑 **杨启燕**

中国土木工程集团有限公司

【简况】 中国土木工程集团有限公司(以下简称中土集团)是铁路工程施工总承包特级,房屋建筑、市政工程施工总承包一级,土石方、城市轨道交通和建筑装修装饰工程专业承包一级资质企业;同时拥有香港地区房建、道路及渠道、地盘平整、海港和桩基础工程最高级别资质,尼日利亚土建(公路)、房建、电力安装工程D级(最高级别)资质,坦桑尼亚建筑一级资质,博茨瓦纳建筑E级(最高级别)资质,赞比亚房建、市政、公路一级资质,津巴布韦房建和土木工程总承包A级资质,赞比亚房建、市政、公路一级资质,津巴布韦房建和土木工程总承包A级资质,阿拉伯联合酋长国桥梁、隧道工程特级及房建、钢结构一级资质,赞比亚土木工程一级施工资质。集团公司总部驻北京市海淀区北蜂窝4号。前身为铁道部援外办公室。1979年6月1日经国务院批准成立中国土木工程公司,1996年12月更名为中国土木工程集团公司;2000年9月与铁道部脱钩,先后划归中央企业工委、国务院国资委管理。2003年9月并入中国铁道建筑总公司。2007年12月企业改制改称中国土木工程集团有限公司。下辖北京中土大厦、中土凯明工程咨询有限公司、中土国际贸易有限公司、北京中铁建总国际经贸有限公司、中土集团公司轨道工程公司、广州中土实业发展有限公司、上海中土实业有限公司、中国土木工程集团有限公司珠海分公司、中土集团福州勘察设计研究院有限公司、海南基冠房地产开发(香港)有限公司、中国土木工程集团(香港)有限公司、中国土木工程(澳门)有限公司、中铁(澳门)有限公司、中土尼日利亚有限公司、中国土木阿尔及利亚有限公司、中土东非有限公司、中土集团公司利比亚分公司、中国土木工程博茨瓦纳有限公司、中土赞比亚有限公司、中土塞拉利昂有限公司、中土集团公司沙特阿拉伯分公司、中国铁建土耳其安卡拉分公司、中土巴西国际商业有限公司、中土集团公司(波兰)有限公司、中土集团公司阿联酋分公司、土铁项目欧洲代表处、中土集团公司日本代表处和中土集团俄罗斯有限公司。职工1032人,其中专业技术干部982人。资产总额138.79亿元人民币,其中固定资产原值36.51亿元人民币、净值18.98亿元人民币;流动资产113.81亿元人民币。机械运输设备5152台(套),其中施工机械3484台(套)、其他机械设备1668台(套);机械运输设备总值16.65亿元人民币,净值10.89亿元人民币。

2011年新签合同额84.66亿美元,折合人民币539.4亿元;完成变更索赔8.8亿元人民币。完成营业额11.19亿美元,折合人民币71.8亿元;实现利润1.5亿元人民币。期末在外人数3718人。职工年人均收入14万元人民币。国有资产保值增值率18.47%,净资产收益率6.61%,资产负债率80.66%。中土集团再次入选225家最大国际承包商和最大225家全球承包商行列,分别排名第86位和第170位。

中土集团以优异的经营业绩多次获得全国最大500家服务企业、国有企业500强、中国行业百强、中国建筑业功勋企业等称号,在世界最大225家国际承包商评选中,连续14年居世界百强之内;是中国对外承包工程商会理事单位,中国国际贸易促进委员会、中国招标投标协会会员,中国铁道学会理事,中国国际工程咨询协会、中国土木工程学会、中国铁道工程建设协会和中国国际经济合作学会常务理事成员;对外承包工程和对外劳务合作AAA级信用等级企业、对外援助物资项目A级企业。 (郭子岩)

【领导人员】

董事会

董事长	刘志明(8月任)
董事	袁　立(8月任)
	郝毅忠(8月任)
	初厚才(8月任)
	薛立智(8月任)

监事会

监事会主席	吴　江(8月任)
监事	许云彪(8月任)
职工监事	王庆忠

经理层

总经理	袁　立
副总经理	郝毅忠
	初厚才
	赵仲宁
	周天想
	崔　杰
	陈志杰
	曹保刚
	孙　勇
	严学斌
	胡社忠(12月任)
	薛立智(12月任)
总工程师	胡社忠(兼)

总会计师　　薛立智(兼)

党群系统

党委书记　　刘志明

党委副书记　　袁　立(兼)

　　吴　江

纪委书记　　吴　江(兼)

工会主席　　吴　江(兼)　　(许　征)

【职工队伍】 截至2011年底,职工1032人,其中干部982人、工人53人。大学本科以上学历821人,占职工总数的79.5%;大专学历82人,占职工总数的7.9%。干部中,30岁以下422人,31~40岁214人,41~50岁185人,51~59岁158人;专业技术干部300人,占职工总数的86.7%,其中高级职务269人、中级职务254人、初级职务335人。　　(许　征)

【境外工程】 阿尔及利亚55公里铁路新线工程　阿福龙(El Affroun)至黑密斯(Khemis Miliana)55公里铁路新线项目,是阿尔及利亚北方铁路干线的组成部分,跨阿尔及利亚布利达和艾因迪夫拉两省。工程采用欧洲设计标准,轨距1435毫米,设计时速客车160公里、货车100公里。2009年6月8日签约,合同投资4.3亿欧元(税后),合同工期30个月,7月18日开工。主要工程量:线路总长56.7公里;车站6座;路肩挡墙3处,路堤挡墙4处,路堑挡墙1处,冲刷防护9处,改河3处;挖方190万立方米,填方417万立方米;桥梁44座,涵洞68座,双洞单线隧道1座7342+7331延长米,单洞双线隧道1座2750延长米;铺轨192公里;道岔152组。项目由CCECC—OZGUN组成项目联合体,中国铁建占89.76%的份额。工程由中国土木阿尔及利亚有限公司牵头组织实施,施工单位为中国铁建十二局集团公司和中国土木阿尔及利亚有限公司,施工设计由中铁第一勘察设计院集团公司负责。2011年,施工设计铁一院中途退出,现由中土集团福州设计院负责。截至年底,开工累计完成投资3.08亿元人民币,年内完成投资2294万元人民币。

阿尔及利亚175公里铁路电气化新线工程　布拉里季堡(B.B.A)至特尼亚(Thenia)175公里电气化铁路新线项目,是阿尔及利亚北方铁路干线的组成部分,跨越布迈戴斯、布依哈和BBA三省。工程采用欧洲设计标准,轨距1435毫米,设计时速客车160公里、货车100公里。主要工程量:土石方3280万立方米,铁路高架桥76座22.81公里,单洞双线隧道22座16.54公里,车站改建和新建9座2.2万平方米,电气化轨道工程339.32公里。2009年4月15日签署框架合同,合同投资17.28亿欧元,合同工期48个月,以6个应用合同(设计+临建、隧道、土建、轨道、电气化、通信信号)分期实施。5月27日,一期应用合同签约,合同投资1.24亿欧元,7月18日开工。工程由CCECC—OZGUN组成项目联合体,中国铁建占84%的份额。工程由中国土木阿尔及利亚有限公司负责牵头组织实施,施工单位为中国铁建十二、十四、十九局集团公司及中国土木阿尔及利亚有限公司,施工设计由中国铁建中铁第四勘察设计院集团公司和中国中铁二院集团公司负责。截至2010年底,开工累计完成投资2.32亿元人民币,年内完成投资1.26亿元人民币。

土耳其安卡拉至伊斯坦布尔高速铁路项目二期工程　为买方信贷项目,是中国铁路行业首次获得的海外高速铁路电气化工程。合同总投资12.7亿美元,资金来源为中国进出口银行提供的7.2亿美元贷款和欧洲投资银行(EIB)提供的5.5亿美元贷款。项目由中国铁建土耳其安卡拉分公司牵头和中国机械进出口集团公司、两家土耳其公司组成合包集团中标。工程线路长158公里,变更后147公里。工程内容包括路基、桥涵、隧道、轨道、通信、信号、电力电气化以及两端向外延长段约130公里的通信工程,工程设计和施工全部采用欧洲设计标准。中国铁建股份有限公司全权委托中土集团负责实施,中国铁建土耳其安卡拉分公司承担整个项目的牵头管理与协调,并具体负责轨道工程施工及通信、信号、电力电气化工程的设计、施工。工程由两个标段组成,工期均为730天。1标段2008年10月21日开工,2012年6月13日竣工,延期604天;2标段2008年9月22日开工,2012年5月26日竣工,延期612天。2011年完成7.7公里轨管、接触网电杆基础及支柱安装、电缆槽等“四电”工程。

尼日利亚阿布贾至卡杜纳段铁路现代化工程　业主为尼日利亚联邦政府。2006年10月30日签约,合同投资83亿美元,合同工期4年,由中土集团设计、施工总承包。项目为新建一条从尼日利亚南部城市拉各斯至北部城市卡诺的双线标准轨铁路,长1315公里,设计时速150公里。全部采用中华人民共和国铁路技术标准,是中国首次全面向外输出中国铁路技术标准的铁路工程项目。因尼方原因,2008年10月3日收到业主暂时停工令。经过双方近一年的反复磋商和谈判,同意保留尼铁现代化项目原合同,项目采取分段实施,先期启动阿布贾至卡杜纳和拉各斯至伊巴丹段。2009年10月签订阿布贾至卡杜纳分段实施补充协议。阿布贾至卡杜纳段单线铁路长186.5公里,合同投资8.49亿美元。主要工程量:土石方1400万立方米,车站9座,铁路桥梁30座,公路桥29座,涵洞204座。2010年12月20日,尼日利亚铁路现代化项目阿布贾至卡杜纳段5亿美元优惠贷款协议在北京签署。

该协议的签署,标志着尼铁阿卡段施工正式启动,同时也标志着暂停3年多的尼铁现代化项目重新启动。截至2011年底,开工累计完成投资11805万美元,年内完成投资11805万美元。由中土尼日利亚有限公司承建。

尼日利亚阿布贾城市铁路工程　业主为阿布贾首都地区部交通局。2007年5月25日签约,合同投资8.4亿美元,合同工期4年,全长60.67公里。以设计施工总承包方式实施,采用中国技术标准。2009年5月28日开工,中标里程增加到77.782公里,计划2013年5月竣工。2011年,因政府预算不到位,项目处于半停工状态。为获得中国进出口银行5亿美元优惠贷款,2月向业主提出分期施工、逐段推进的方式,分阶段完成全线施工方案。一期工程45.245公里,合同投资8.23亿美元。主要工程量:土石方636.3万立方米,车站26座,简支梁桥11座,框架桥3座,公路桥7座,涵洞40座。二期工程量设计图纸未完。截至2011年底,开工累计完成投资14759万美元,年内完成投资3506万美元。由中土尼日利亚有限公司承建。

尼日利亚非行公路工程　位于尼日利亚埃奴古州和十字河州,建设单位尼日利亚联邦政府工程部。合同投资9494.14万美元,2010年1月8日开工,合同工期39个月。主要工程:分别对85公里和25公里的既有公路实施沥青混凝土路面改造。截至2011年底,25公里段完工;85公里段完成路基土方70公里、级配碎石摊铺64公里、沥青结合层59公里、沥青磨耗层43公里。开工累计完成投资7242万美元,年内完成投资4968万美元。由中土尼日利亚有限公司承建。

尼日利亚拉各斯至杰巴488公里既有铁路修复改造工程　2009年11月3日签约,合同投资8195.59万美元,2009年11月20日开工,合同工期10个月。工程主要为更换钢轨、轨枕,补充部分道砟及修复部分信号系统、桥梁和附属工程。2010年1月15日追加拉各斯APAPA港铁路修复工程,合同投资8.62万美元,2010年2月20日开工,合同工期1个月。截至2011年底,开工累计完成投资8190万美元,年内完成投资4745万美元。施工质量达到设计要求,受到总统、交通部长、尼铁公司的一致好评。由中土尼日利亚有限公司承建。

尼日利亚阿夸伊博至阿比亚州50公里公路工程　业主为尼日利亚尼日尔三角洲事务部。工程为50公里既有公路改造,扩建成双向4车道州际公路,工程分两期实施。一期工程前20公里,合同投资8838.37万美元,2010年3月31日签约,2010年4月15日开工,合同工期12个月。主要工程量:土方52万立方米,U型水沟5750延长米,路缘石12500延长米,碎石基层78630立方米,沥青路面756800平方米。二期工程后30公里,合同投资13981.84万美元,2010年11月9日签约,2010年12月31日开工,合同工期24个月。主要工程量:土方47万立方米,U型水沟8625延长米,路缘石18750延长米,碎石基层110445立方米,沥青路面1135200平方米,1座75米4跨桥。截至2011年底,开工累计完成投资3544万美元,年内完成投资3120万美元。由中土尼日利亚有限公司承建。

尼日利亚拉各斯蓝线轻轨工程　位于尼日利亚拉各斯州的OKOKOMAIKO至MARINA,业主为拉各斯州政府。线路长28公里,合同总投资11.107亿美元,合同工期36个月。设计时速100公里。主要工程量:车站12座,高架桥8公里,路基工程20公里。先期施工段为歌剧院站至MILE2站之间8公里范围内的工程,主要工程量:4座车站,2.737公里高架桥,5.263公里路基。截至2011年底,开工累计完成投资13497万美元,年内完成投资7794万美元。由中土尼日利亚有限公司承建。

尼日利亚拉各斯红线轻轨一期工程　合同投资8101.76万美元,2010年5月1日开工,合同工期8个月。主要工程为26公里红线勘测设计和既有线改造。工程尚未正式启动。由中土尼日利亚有限公司承建。

尼日利亚阿夸伊博姆州AKA14公里公路扩建工程　起点位于阿夸依博州州府乌尤(Uyo)市中心的IBOM PLAZA,是地方政府EKET进入UYO市区的重要交通要道,横跨6个地方政府,新建公路14公里双向6车道。2010年4月7日签约,合同投资8020.19万美元,2010年4月30日开工,合同工期24个月。截至2011年底,开工累计完成投资4570万美元,年内完成投资4510万美元。由中土尼日利亚有限公司承建。

尼日利亚联邦72公里公路维修改造工程　位于尼日利亚东南部十字河州,业主为尼日利亚联邦工程部,对72公里既有公路实施沥青混凝土路面维修改造。合同投资6090.75万美元,合同工期2009年5月15日~2011年5月15日。主要工程量:土方24万立方米,沥青混凝土路面23.1万平方米。截至2011年底,开工累计完成1602万美元,年内完成投资779万美元。由中土尼日利亚有限公司承建。

尼日利亚达玛土鲁至博尔诺州迈都古里132公里高速公路工程　为既有双车道普通公路改造为双向4车道高速公路,业主为尼日利亚联邦工程部。全长132公里,合同投资31006.77万美元。主要工程量:土石方530万立方米,涵洞1.5万横延米,级配碎石41万立方米,沥青混凝土路面209万平方米。截至2011年底,开工累计完成投资8870万美元,年内完成投资1017万美元。由中土尼日利亚有限公司承建。

博茨瓦纳莫如普利供水二期工程　业主为博茨瓦纳电力公司。合同投资3105万美元,2011年6月15日开工,合同工期18个月,维护期12个月。由中土集团博茨瓦纳有限公司承建。

埃塞俄比亚米埃索—迪雷达瓦—达瓦利铁路工程　为标准轨电气化客货混运单线铁路,设计时速120公里,合同总投资11.974亿美元,合同工期42个月加10个月宽限期,预付款比例20%,参照中国标准实施。2011年12月16日签约。由中土集团承建。

乍得铁路工程　2011年12月24日签约,为铁路EPC总承包合同(含机车车辆供货),全长1364.09公里,合同投资56.31亿美元,设计时速120公里,采用中国铁路标准。其中,南线库特雷—蒙杜—恩贾梅纳段,线路长527.93公里;东线恩贾梅纳—阿贝歇—阿德雷段,线路长836.16公里。主要工程量:车站5座,铁路桥37座。由中土集团承建。

沙特北南线铁路工程　业主为沙特财政部下属的沙特铁路公司。线路总长2400公里,分4个标段。2009年9月12日,中土集团与当地两家公司组成联合体中标第4标段,合同投资7.36亿美元,合同工期3年,其中中土集团占20%的份额。第4标段从沙特首都利雅得国际机场出发,向西北到Al Makhram附近与第1标段相交,线路长509公里,设计时速250公里,采用1435标准轨距。沿线多为戈壁滩。截至2011年,开工累计完成投资1188万元人民币,年内完成投资1188万元人民币。由中土集团沙特分公司承建。

阿联酋新卢外斯边境公路工程　位于阿联酋Mafraq至沙特边境高速公路区段,中土阿联酋分公司分包桥梁和地下行车道结构物工程。合同投资2025.98万美元,2008年11月29日签约,2009年1月25日开工,合同工期24个月。主要工程量:连续梁桥6座432米,简支梁桥1座241.5米,地下行车道6座304.5米,混凝土6.6万立方米,钢筋0.66万吨。截至2011年底,开工累计完成投资1157.53万美元,年内完成投资151.04万美元。由中土阿联酋分公司承建。

坦桑尼亚塔博拉51.98公里公路工程　位于坦桑尼亚西部TABORA省,起点NDONO镇,离TABORA市中心42公里,离坦桑尼亚首都约1100公里。2010年7月31日正式签约,合同投资5213万美元,2011年1月5日开工,合同工期24个月。主要工程量:清除表土23万立方米,开挖土石方17.5万立方米,回填102.2万立方米,路面56.2万平方米。截至2011年底,开工累计完成投资583万元人民币,年内完成投资583万元人民币。由中土东非有限公司承建。

坦桑尼亚摩洛哥洛45公里公路工程　位于坦桑尼亚首都达累斯萨拉姆西258公里至摩若哥若城西北64公里。合同投资3887万美元,2009年6月17日签约,2010年2月1日开工,合同工期24个月。主要工程量:沥青双表公路45公里,土方开挖20.6万立方米,土方回填75.73万立方米,级配碎石7.05万立方米。截至2011年底,开工累计完成投资12573万元人民币,年内完成投资6356.75万元人民币。由中土东非有限公司承建。

坦桑尼亚摩洛哥洛48.6公里公路工程　位于坦桑尼亚首都达累斯萨拉姆西256公里至摩若哥若城西北62公里。合同投资3920万美元,2009年6月17日签约,2010年3月1日开工,合同工期24个月。主要工程量:沥青双表公路48.6公里,土方开挖11万立方米,土方回填75.79万立方米,级配碎石6.74万立方米。截至2011年底,开工累计完成投资10255.25万元人民币,年内完成投资6508.75万元人民币。由中土东非有限公司承建。

以色列吉隆隧道工程　位于以色列连接Akko至Carmiel之间的新建双线铁路工程,全长23.2公里,分4个标段,中土以色列分公司中标第3标段。第3标段线路长6.75公里,合同投资1.65亿美元,2011年9月27日签约,10月23日开工,合同工期39个月。

塞拉利昂铁矿铁路专用线铺轨工程　业主为非洲铁路港口设施有限公司。2010年11月签约,合同投资2650万美元,合同工期10个月(收到预付款后开始计算工期)。主要工程量:126公里的正线和3个调车线的线路铺轨及附属设施。由中土集团承建。

(张昕颖　郭　晨　尚书仁　房连军　陈思昌)

【优惠贷款工程】　汤加市政道路工程　合同投资2.91亿元人民币,2010年5月开工,合同工期24个月。主要工程:汤加王国努库阿洛法、瓦瓦乌、哈派、艾瓦四岛123.94公里城市道路改造。中土集团援外部承建。

安提瓜和巴布达机场航站楼工程　合同投资3亿元人民币,2011年4月开工,合同工期24个月。由中土集团援外部承建。

(张昕颖　郭　晨　尚书仁　房连军　陈思昌)

【港澳工程】　澳门台山中街公共房屋建造工程　业主为澳门特别行政区政府建设发展办公室。2011年7月29日中标,合同投资5775.3万美元,合同工期2011年8月29日~2013年9月21日共755天。工程为一幢32层塔楼、3层裙楼及3层地库,建筑面积49481.51平方米。由中国土木工程(澳门)有限公司承建。(张昕颖　郭　晨　尚书仁　房连军　陈思昌)

【境内工程】 深圳市轨道交通二期3号线横岗双层车辆段3105标段工程 业主为深圳市地铁3号线投资有限公司。该车辆段承担3号线车辆的运行、检修及深圳地铁线网B型车的大修和架修任务，为国内第一座双层车辆段。工程用地18.34万平方米。2008年1月25日签约，合同投资9.16亿元，由中土集团珠海分公司承建。2008年初开工，2010年9月完成交付使用，2011年获国家优质工程银质奖。

深圳横岗车辆段上盖保障性住房一期工程 业主为深圳市地铁3号线投资有限公司，建设资金来自政府投资。工程占地8.55万平方米，总建筑面积约17万平方米，保障性住房15栋、商品房3栋，为18栋联体12层小高层，是深圳横岗双层车辆段3105标段的楼面施工工程，合同投资6.31亿元，2010年10月12日开工。截至2011年，开工累计完成投资35582万元。由中土集团珠海分公司承建。

莞惠城际轨道交通项目GZH－13标段工程 位于广东省惠州市惠城区。正线长3845双线延长米，全部为隧道工程。采用矿山法、明挖法施工，其中暗挖隧道3561双线延长米、明挖隧道284双线延长米。合同投资65248万元，2009年9月18日开工，计划2013年6月30日完成主体工程。截至2011年，开工累计完成投资52878.08万元。由中土集团珠海分公司承建。

乐清市新农村建设旧城改造“二区五路”工程安置房工程 位于浙江省乐清市乐成镇。新建26幢高层住宅、2481套安置房，总建筑面积46.61万平方米，为BT项目。2011年12月21日签约，合同投资14.71亿元。由中土集团珠海分公司承建。

（吴 敏 郭子岩）

【工程经营】 2011年，中土集团新签合同额84.66亿美元，折合人民币539.4亿元，完成变更索赔8.8亿元人民币，两项合计548.2亿元人民币。其中，非洲事业部新签合同额483.7亿元人民币；中东事业部1.6亿元人民币；亚大事业部17.8亿元人民币；欧美事业部12.3亿元人民币；援外部3.2亿元人民币；境内所属单位新签合同额20.8亿元人民币。全年完成营业额11.19亿美元，折合人民币71.8亿元。完成营业收入60.1亿元人民币。其中，非洲事业部35.5亿元人民币；中东事业部7.4亿元人民币；亚大事业部5.8亿元人民币；欧美事业部398万元人民币；援外部2.8亿元人民币；境内所属单位完成8.6亿元人民币。全年实现利润1.5亿元人民币。

项目承揽取得突破。年内克服中东、北非地区爆发的政治和社会动荡对承揽和生产经营造成的影响，11月，土耳其高速铁路二期工程完成合同变更，新增合同额5.08亿美元；12月签约埃塞俄比亚铁路EPC总承包项目，合同额11.97亿美元；签约乍得铁路EPC总承包项目，合同额56.31亿美元，含机车车辆供货4.5亿美元。与苏丹、坦桑尼亚、赞比亚、加纳、贝宁、塞拉利昂、乌干达、匈牙利、泰国、马来西亚、老挝等国签订关于加强铁路、公路等项目合作的谅解备忘录，为开展后续工作创造条件。

重点工程可控。尼日利亚铁路现代化项目阿布贾—卡杜纳段工程全线启动，全年完成产值1.18亿美元；阿布贾城铁项目建成2.5公里铺轨成型段，全年完成产值3500万美元；拉各斯轻轨项目进行桥墩、车站施工，全年完成产值7800万美元。阿尔及利亚55公里铁路新线项目设计，年内转由中土集团福州勘察设计研究院负责，项目控制工程甘塔斯隧道进口正洞开工，全年完成产值2278万欧元；175公里铁路电气化新线项目完成APD详细初步设计，一期应用合同完成总体进度的36%。塞拉利昂铁路铺轨项目全线铺通，赢得业主的信任和赞赏；土耳其高速铁路项目提前实现双线铺轨7公里；沙特北南线铁路项目完成铺轨82公里；利比亚铁路项目被迫停工后，3572名员工全部平安撤离回国。

优化经营结构，完善市场布局。依托既有市场资源，年内承揽塞拉利昂水泥厂、赞比亚城市道路升级改造项目；开辟新市场，签约埃塞俄比亚铁路、乍得铁路、吉布提铁路工程项目；开发肯尼亚、纳米比亚、津巴布韦、几内亚、加纳、贝宁、尼日尔、卡塔尔、阿曼、科威特、伊拉克、匈牙利、泰国、马来西亚、老挝、印度尼西亚市场。

提升融资能力，承揽中国政府两优贷款项目。在中土集团的推动下，尼日利亚阿布贾—卡杜纳段铁路工程由中国进出口银行为其提供5亿美元贷款，项目于年初启动；阿布贾城市铁路工程促成尼日利亚政府向中国进出口银行提交贷款申请；第一个混合使用中国政府优惠贷款和无息贷款工程——安提瓜和巴布达机场航站楼项目开工，合同金额3亿元人民币；与浙江乐清市政府签署《乐清市旧城改造安置房BT项目合作协议》，合同金额14.7亿元人民币。统筹发展国外国内两个市场，按照股份公司开发海外房地产市场的要求，启动中土集团尼日利亚公司7万平方米的海外房地产开发业务。

属地化经营取得新进展。提高当地用工比例，中土集团尼日利亚公司雇佣当地员工数量保持在万人规模，尼方与中方员工的比例超过10：1；改善当地员工劳动力素质，非洲市场使用当地工程师、估价师等高级雇员，项目现场可控；创新管理体制机制，中东市场使用第三国劳务，降低管理成本；加大与主业相配套的碴场、拌合站、钢结构加工厂等实业投资,提升市场竞争力;承担企业社会责任,赢得当地政府和人民的认可,为属地化经营创造良好的外部环境。

各主要市场建设稳步推进。尼日利亚市场克服政府更迭、预算削减、安全形势恶化等困难,全年新签合同6.8亿美元,完成营业额6.1亿美元,超额完成年度任务。中国国家主席胡锦涛特使铁道部部长盛光祖视察中土集团尼日利亚公司时指出,中土集团作为国家实施"走出去"战略的骨干队伍,成功将中国铁路标准引入尼日利亚,取得可喜成绩;赞扬尼日利亚公司站住了脚跟,打开了局面,为在国外的长远发展奠定了基础。东非市场在中资公司中继续保持领先优势,首次以自营方式承揽高层房屋建筑项目。博茨瓦纳市场化解经营中的不利因素,全年新签合同5852万美元,完成营业额6433万美元。塞拉利昂市场完成当地注册手续。阿尔及利亚市场调动一切积极因素,寻求解决方案,加大欠款催收力度,合理平衡要素投入,严格控制成本支出,相关工作取得成效,中标签约两项房建项目。沙特市场探索项目承揽从分包向总包方式转变,736套别墅项目开标结果排名第一。阿联酋市场继续保持平稳发展。土耳其市场加强安伊高速铁路项目实施,积极推动新项目承揽。以色列市场签约吉隆隧道项目,合同额1.92亿美元。巴西市场继续催收欠款,配合股份公司追踪铁路项目。波兰市场物业出租收入保持稳定,俄罗斯市场推动高速铁路项目追踪。日本市场面对突如其来的自然灾害,恪尽职守,保证全体外派人员的人身和财产安全,全年新签合同583万美元,完成营业额860万美元。澳门市场两家公司一手抓在建工程,一手抓新项目承揽,中土澳门公司新签合同6005万美元,完成营业额425万美元,分别为年度计划的581%和206%;中铁澳门公司项目索赔取得进展。香港市场东涌道路改造项目遗留问题基本解决。援外市场中标援马里医疗队住房项目,年内取得中国商务部颁发的对外援助物资项目A级企业资格;中标亚洲开发银行出资的汤加道路项目,实现以援外带动承包工程的突破。珠海公司承揽BT项目,资本经营与生产经营两翼齐飞;国内工程部承揽尼日利亚驻华使馆改建工程;福州院实施海内外并举发展战略,新签合同1.03亿元人民币。 (郭子岩)

【企业改革】 (1)加强责任成本管理和项目监控。2011年有施工项目245项,合同总额889.2亿元人民币,其中在建项目128项,合同额486.1亿元人民币。项目责任成本管理覆盖率100%。完善市场工作简报制度,建立月度生产调度会议制度,并向各市场推广;梳理重点项目的进度、质量、安全、成本及财务状况,针对存在的问题提出应对措施。全年完成变更索赔8.8亿元人民币。(2)提高集团管控水平。实行会计集中核算和资金集中管理制度,确保资金安全;加强设备物资和机票集中采购管理,降低采购成本;设立中土海外人力资源管理公司,实行外派劳务集中管理;建设集团管控信息化平台,协同办公系统正式上线,综合项目管理系统初步成形;开展审计监督和效能监察工作,完善法律合规和内控体系建设,为企业良性健康发展提供保障。(3)科技和安全质量工作。开发的深圳地铁"双层车辆段综合施工技术"和电气化铁路营业线"不停运增建明洞安全快速施工技术"达到国际先进水平;两项工法被评为国家级工法,获实用新型专利3项;承建的深圳地铁横岗车辆段工程获国家优质工程银质奖,澳门关闸边检大楼钢结构及屋面系统工程获2009~2010年度港澳特区钢结构金奖。企业安全生产保持稳定,被评为股份公司安全生产先进单位;综合治理工作再次被北京市海淀区评为交通安全先进单位。(4)新特级资质就位申报工作。按照新特级资质达标就位要求,从企业资信能力、管理和技术人员力量、科技与信息化水平、代表工程等方面开展工作,按期提交综合卷、业绩卷、人员卷和信息化卷的申报材料,通过住房和城乡建设部、铁道部组织的现场考评,为后续评审工作打下基础。 (郭子岩)

【党群工作】 党的工作。集团公司党委下辖党委5个、党总支3个、党支部65个,党员941人。2011年,中土集团党委以科学发展观和党的十七届五中、六中全会精神为指导,加大党建工作力度,创新党建工作思路。(1)理论学习。以党委中心组学习为载体,围绕生产经营,组织"国家安全形势和采取的防范措施"、"中国对外承包工程形势政策"、"利比亚局势分析"、"十七届六中全会精神辅导讲座"等主题内容的中心组集中学习活动;结合施工总承包能力建设与国际工程风险应对问题,采取党委成员讲党课的方式,学习内容贴近公司实际,有针对性,容易被职工理解接受。(2)"四好领导班子"创建活动。加强领导班子自身建设,拓展思路,增强整体合力,提升领导班子的发展能力和引领能力;落实"三重一大"民主决策工作机制,提高领导班子的科学化、民主化和规范化决策程度。全年召开党委会7次、党政联席会议3次。以民主生活会为载体,开展批评与自我批评,强化领导班子的亲和力与战斗力;完善领导班子成员分工,增强班子的凝聚力和向心力。年内集团公司党委被股份公司评为"四好领导班子"。(3)基层组织建设。集团公司有直属党组织44个,基层党组织73个。年内成立13个基层党组织,17个基层党组织换届改选和增补委员；编制中土集团党员《组织手册》，解决党员流动性大、管理跨度大的难题；举办入党积极分子培训班，确保新党员的质量。全年发展党员28名，预备党员转正30名，党员总数689人。(4)完善工作制度。制定《中土集团驻外机构党组织工作实施暂行办法》《关于加强和改进国内二级经营单位党的建设暂行规定》《信访工作办法》《新闻发言人制度》等工作制度，促进党建工作标准化和规范化；党委、纪委、工会、共青团组成联合调研组，对7个境内外二级单位的党建工作制度落实情况进行检查调研。(5)党建队伍建设。年内为中东事业部、重组后的北方建设、南方建设公司配备专职党组织书记；建立健全以行政列支为主、党费支持为辅的党建经费保障机制，保证党务活动经费的投入和基层党建工作的开展。(6)纪念建党90周年活动。组织全体党员学习《中国共产党党史(第二卷)》、参加建党90周年党史知识竞赛、发放《信念》和《记忆·我爱你中国》爱国主义教育光盘，帮助全体员工深刻了解党的发展历程和取得的伟大成就；组织在京党员参观平西情报交通联络站旧址，进行革命传统教育；组织优秀党员代表赴东北开展红色旅游活动，接受爱国主义教育，强化党员的党性观念；主办“党旗颂——中土集团纪念建党90周年大型文艺汇演”活动，通过全体员工自编自导自演的40个丰富多彩的文艺节目，抒发全体员工爱国、爱党、爱企的真挚情感，展示中土人不畏艰难、奋力拼搏的精神风貌和企业凝聚力。(7)创先争优活动。各级领导干部深入基层，总结经验、查找不足，明确方向；发挥群众对党员的监督作用，统一开展创先争优活动群众满意度测评；召开创先争优活动经验交流会，尼日利亚公司、阿尔及利亚公司、福州院、珠海公司党组织介绍经验和做法。年内中土集团利比亚分公司党委被国资委评为先进基层党组织，中土利比亚分公司党支部被评为股份公司先进基层党组织；曹保刚、唐晓东被股份公司党委选树为先进党员典型，陈志杰、陆海强被评为股份公司优秀共产党员。(8)企业文化建设。创建出版中土集团内刊《中国土木》，展现集团公司生产经营、党建工作、企业文化和职工生活；在股份公司企业文化框架下，对集团公司30多年来形成的文化体系进行梳理，提出以五大文化驱动战略为框架的中国土木企业文化管理体系，提炼具有中土特色的企业文化成果；编制中土集团企业文化手册；筹建坦赞铁路陈列馆，收集坦赞铁路珍贵历史照片1500余张、工程技术资料300多卷、相关历史文物800多件。中共中央政治局委员、中央书记处书记、中宣部部长刘云山高度评价陈列馆筹建工作，要求把陈列馆建设成一个宣传中国文化、宣传中国人民精神的阵地。中土集团宣传工作围绕调结构、转方式涌现的新成绩、企业管理的新经验、科技创新的新成果及重点工程建设取得的新进展，及时宣传报道，营造良好的品牌形象和外部舆论环境。全年在中央及省部级媒体发稿79篇，在股份公司媒体发稿187篇。(9)履行社会责任指导工作。从工程质量与安全、员工权益与职业发展、客户业主权益、供应链管理、公平竞争、环境保护、社区参与七个方面开展企业履行社会责任指导，鼓励所属单位、项目部在能力允许范围内，参加当地的公益慈善事业，回馈当地社会。年内有关驻外机构、项目部通过为当地社区建桥修路、为当地村民找水打井、为学校修缮校舍和操场、为学生捐资助学及参与当地抢险救灾等公益和慈善活动，获得当地政府和人民的高度评价，企业社会形象不断提升。(10)党风廉政建设。召开集团公司党风建设和反腐倡廉工作会议，传达股份公司党风建设和反腐倡廉工作会议有关精神，分析集团公司党风廉政建设情况，观看中央纪委制作的《工程建设领域腐败剖视录》警示教育片。按照《中土集团公司廉政谈话制度》规定，对领导人员提职廉政谈话25人次。印发《廉洁从业学习资料》(第1辑)，要求各级领导干部职工要遵纪守法，合规经营。向尼日利亚公司、土耳其高速铁路项目和沙特市场派驻监察专员，加强海外市场监管。参与尼日利亚、沙特、土耳其铁路等项目的设备采购招标工作，监督经营管理行为。参加干部提职的考核测评，首次对选拔干部公示进行监督。将党风廉政建设责任制执行情况纳入经营考核，2011年签订《党风廉政责任书》48份。对福州院、广州公司、珠海公司、中土澳门、中铁澳门、沙特分公司和阿尔及利亚公司的党风廉政建设责任制落实情况进行检查。

工会工作。集团公司工会下辖基层工会组织11个，境外职工之家11个，工会会员2000余人。年内，党纪工团调研组赴所属境内外6个单位和10个项目部进行调研、检查、指导，召开座谈会12次，检查“一法三卡”制度落实情况，促进“职工之家”标准化建设。评先创优活动。年内，集团公司副总经理周天想获得中华全国铁路总工会火车头奖章，国内工程部获中国铁建“工人先锋号”称号，王文举获中国铁建“工人先锋号标兵”称号。工资集体协商制。年内召开4次会议，制定集体议事规则和协商要点，研究讨论工资调整方案，签订中土集团首份《工资集体协商协议书》。落实职代会职能。组织召开中土集团一届四次职代会，听取审议行政工作报告，审议中土集团“十二五”发展规划。职代会征集职工代表提案39件，内容涉及公司经营发展与生产管理、降本增效与科技创新、绩效考核与劳资薪酬、党建工作与纪检监察、职工维权与职工福利等,提案答复率100%。制定《中土集团境内外各经营和施工单位实行“一法三卡”的指导意见》和《中土集团落实“三不让”承诺实施办法》,明确“三不让”资金来源、使用范围,设立专项财务科目,建立“三不让”承诺资金制度。工会组织建设。设立工会工作部,成立职工体育协会,补充女职工委员会,成立土耳其分公司工会组织,增补尼日利亚公司工会和阿尔及利亚公司工会委员,对北京中土大厦工会和广州公司工会主席进行替补和离任审计。维护女工权益,坚持参加安康保险,提高女工卫生用品补助标准。广泛开展职工群众文体活动。举办中土集团第二届职工运动会,恢复机关工间操和定期体育活动;开展职工“健康伴我行”知识问答,组织先进职工赴福建、厦门等地参观游览,参与商务体育联谊比赛及建党90周年文艺汇演等组织工作。召开中土集团工会财务工作会议,学习贯彻股份公司工会财务制度,熟悉掌握财务软件。

共青团工作。集团公司团委下辖团委2个、团总支4个、团支部48个,有团员464人。2011年,团的工作紧紧围绕“党政所想、企业所需、团组织所能”和团员青年成长成才开展。强化青年思想基础引导,召开“我与祖国共奋进”暨中国对外承包工程形势政策报告会,并以纪念建党90周年为契机,在所属各级团组织中广泛开展“学党史、知党情、跟党走”主题教育活动。年内,尼日利亚公司袁勇被评为第五届中国铁建“十大杰出青年”,福州院王国周被评为中国铁建优秀青年。举办中土集团第一届“十大杰出青年”评选活动,邹立岩等10人被评为先进典型。中土集团团委被中央企业团工委确定为第11批(2011~2013年度)中央企业五四红旗团委创建单位。参与完成中国铁建在利比亚人员撤离及回国安置工作,涌现出一批先进青年典型,马可为被中央电视台和中央人民广播电台誉为“最后的登船者”和“最后战地翻译”。发挥团组织联系青年的组织优势,举办“涉外商务礼仪”培训及新老员工篮球联谊赛等文体活动。在第12个中国青年志愿者服务日期间,开展“捐书有我一本,爱心有我一份”活动,履行社会责任。加强团组织自身建设,召开共青团中土集团第一次代表大会,选举产生第一届委员会委员。推进“学习型团组织”建设,引导广大团员青年特别是海外一线职工向书本学习、向实践学习、向群众学习,实现岗位成才。

(许征 沈湘 朱伟国 王筱洁 张云龙)

【北京中土大厦】 驻北京市海淀区北蜂窝6号。是集餐饮、住宿、娱乐、写字间、会议、健身于一体的涉外三星级饭店,建筑面积4万平方米,拥有客房260间、写字间112间,连续6年被定为中央国家机关政府采购中心北京地区党政机关会议定点饭店。总经理刘晓平(10月免)、安志军(10月任)。职工281人,资产总额1.4亿元。其中,固定资产原值1.7亿元、净值1.02亿元;流动资产2869万元;其他资产1.14亿元。

2011年新签合同额3288万元,完成营业额3288万元,实现利润-273万元,职工年人均收入34067元。国有资产保值增值率147.82%,净资产收益率38.59%,产值利润率-8.3%,资产负债率105.89%,应上缴款完成率100%。(齐成韧)

【中土凯明工程咨询有限公司】 驻北京市海淀区北蜂窝8号中雅大厦B座10层。1993年2月14日经北京市工商行政管理局核准成立凯明工程咨询公司,2007年更名为中土凯明工程咨询有限公司,为中土集团直属工程咨询公司,承担工程咨询和设计任务,注册资本金600万元。拥有工程设计甲级、铁道工程设计乙级、工程造价和工程咨询甲级资质。主要经营工程建设项目的可行性研究、评估、咨询服务,技术开发、技术服务、人员培训,工业与民用建筑勘测设计、铁路桥梁设计。总经理李海生。(李海生)

【中土国际贸易有限公司】 驻北京市宣武门西大街28号大成广场7门1101~1108室。前身是中国土木工程集团公司贸易部,于1998年5月14日注册成立具有独立法人资格的有限责任公司,注册资本金2100万元。总经理宋大为。(贾京平)

【北京中铁建总国际经贸有限公司】 驻北京市海淀区北蜂窝6号中土大厦19层。2004年10月成立,注册资本金1000万元。经营业务涉及国际贸易、产品代理销售、海外施工、境外大型工程项目设备服务、招标代理、国际劳务合作与培训等。总经理房炳杰。

(孙慧娟)

【广州中土实业发展有限公司】 驻广东省广州市环市西路135号。前身是铁道部广州援外人员接待站、中国土木工程公司广州分公司、广州中土实业发展公司。执行董事、法人代表王庆庆,总经理余春茂。下辖广州市万通大厦有限公司、广州市万凯市场发展有限公司。职工128人,其中正式职工48人。资产总额231282万元。其中,固定资产原值3902万元、净值1980万元;流动资产6205万元;其他资产16923万元。

2011年完成营业收入4222万元,实现利润800万元,上缴资金流量585万元。全员劳动生产率32.98万元/人年,职工年人均收入7.1万元。净资产收益率

2.64%，资产负债率29.94%，国有资产保值增值率99.21%。（黄超英）

【上海中土实业有限公司】 驻上海市共和新路666号华美达中土大厦27层。前身为上海中土实业发展公司，1992年9月成立，注册资本金6000万元；2007年更名为上海中土实业有限公司。经营范围涉及酒店管理、房产开发、物业管理、进出口贸易等；是上海市闸北区“特卡企业”，被上海市政府授予“市外在沪大企业（集团）”称号。下辖上海华美达中土酒店有限责任公司和上海中土进出口贸易有限公司。总经理李银辉。职工203人，资产总额32531万元。其中，固定资产原值37573万元、净值31324万元；流动资产874万元；其他资产333万元。

2011年完成营业收入2327万元，利润额-1150万元。职工年人均收入3.76万元。国有资产保值增值率93.68%，净资产收益率-6.53%，投资回报率-3.45%，资产负债率47.64%。8月30日，经股份公司批准，上海中土实业有限公司与中国土木工程集团有限公司珠海分公司合并，将中土上海实业有限公司更名为中土集团南方建设有限公司，开拓国内南方区域市场。董事长黄兴富，党委书记李银辉，总经理朱小刚。（尹怡）

【中国土木工程集团有限公司珠海分公司】 驻广东省珠海市吉大石花东路58号华景西苑28栋6座。前身为中国铁道建筑总公司珠海分公司，2004年8月改制划归中国土木工程集团有限公司管理，2006年9月20日经集团公司批准成立中国土木工程集团有限公司珠海分公司。总经理黄兴富。职工53人，其中正式职工16人。资产总额22026.53万元。其中，固定资产原值2666.13万元、净值1829.76万元；流动资产20196.76万元。机械运输设备原值1303.46万元、净值843.32万元。

2011年承揽任务147100万元，完成产值62356万元，实现利润470万元，上缴利润338.5万元，缴纳税金1822.76万元。国有资产保值增值率45.19%，净资产收益率7.5%，资产负债率92.95%。年内，承建的深圳地铁横岗双层车辆段3105标段工程获深圳市结构优质工程奖、火车头优质工程奖和国家优质工程银质奖。（吴敏）

【中土集团福州勘察设计研究院有限公司】 驻福建省福州市晋安区火车站沁园支路41号。原为上海铁路局福州勘测设计院，1958年8月成立；2004年2月划归铁道第四勘察设计院管理，更名为铁道第四勘察设计院福州勘察设计院；2007年10月改制为福建铁四院勘察设计研究院有限公司，2009年10月12日划归中国土木工程集团有限公司管理，2010年6月22日更名为中土集团福州勘察设计研究院有限公司。系铁道综合甲级（Ⅱ）勘测设计单位；拥有铁道工程设计、市政行业（轨道交通工程）专业、建筑行业（建筑工程）、工程岩土勘察、工程测量、工程咨询、建设工程监理、工程总承包甲级资质。下辖线路站场设计所（信号设计室）、桥梁隧道设计所、建筑设计所（含房建设计室、电气设计室、给排水设备设计室、通信设计室）、工程经济设计所、岩土工程公司、华东监理公司福州分公司、工程总承包部、测量队。董事长胡社忠（中土集团副总经理、总工程师兼任），党委书记兼副董事长沈铁峰。职工199人，其中干部154人、工人45人。资产总额5846万元。其中，固定资产原值1099万元、净值507万元；流动资产4218万元。设备仪器299台（套）。

2011年新签合同额10285万元，完成营业额5582万元，实现利润126万元。职工年人均收入13万元。南京动车组运用所工程房建QC小组获2011年度全国工程建设优秀质量管理小组三等奖。（郑礼福）

【中土尼日利亚有限公司】 驻尼日利亚联邦共和国首都阿布贾市机场路。拥有尼日利亚土建（公路）、房建、桥梁、电力安装工程D级最高资质。经营范围涉及铁路、公路、桥梁、市政、房建、水工、实业投资、物流贸易、房地产开发等多项领域。下辖拉各斯轻轨、阿布贾城市铁路、阿布贾至卡杜纳段铁路3个项目经理部，阿布贾首都区、西南区、东南区、北区4个区域经理部，阿久巴物流贸易公司，中土尼日利亚有限公司工业公司。经营规模、资产质量及品牌知名度名列尼日利亚市场前茅，是尼日利亚最知名的国际工程承包公司之一。总经理曹保刚。中方职工1142人，其中技术干部542人、技术工人542人；当地雇员8831人，其中技术工人8389人。资产总额39.82亿元。其中，固定资产原值16.33亿元、净值7.46亿元；流动资产31.02亿元；其他资产1.34亿元。机械运输设备4488台（套），净值6.73亿元。机械运输设备总功率576796千瓦，动力装备率505.07千瓦/人，技术装备率58.93万元/人。机械运输设备完好率91.25%、利用率85.37%。年施工能力32亿元。

2011年新签合同额44.19亿元，完成营业额25亿元，完成利润1.72亿元。在建项目105项，分布在尼日利亚（36个州）的22个州。国有资产保值增值率170.99%，净资产收益率102.94%，产值利润率6.87%，资产负债率94.71%，应上缴款完成率100%，投资回报率102.94%。全员劳动生产率68万元/人年,人均创利15万元,职工年人均收入21万元。

(杨鸿杰)

【中土东非有限公司】 驻坦桑尼亚首都达累斯萨拉姆市。2007年1月1日成立。拥有坦桑尼亚房建工程一级承包资质、土木工程一级资质。下辖坦桑尼亚摩洛哥罗公路项目经理部,坦桑尼亚达累斯萨拉姆市、多多马、塔波拉、乌干达、卢旺达5个地区经理部。总经理王向东。中方职工275人,其中管理干部92人。资产总额35182万元。其中,固定资产原值14255万元、净值6632万元;流动资产11503万元。机械运输设备672台(套),净值8832万元,总功率52213千瓦,动力装备率190千瓦/人,利用率90%,机械化施工程度85%。年施工能力2.5亿元。

2011年新签合同额18496万元,完成营业额42994万元,实现利润1182万元。全员劳动生产率467万元/人年,人均创利12.8万元,职工年人均收入10万元。国有资产保值增值率78%,净资产收益率342.6%,产值利润率2.75%,资产负债率99.02%。

(东非公司)

【中国土木工程博茨瓦纳有限公司】 驻博茨瓦纳哈伯罗内市特鲁昆。1991年10月在当地注册成立,拥有博茨瓦纳房建、公路、小区发展、乡村供水和给排水E级资质。总经理王晓明。职工121人,资产总额23739.3万元。其中,固定资产原值14256.95万元、净值5125.28万元;流动资产17853.71万元。机械运输设备原值13832.03万元、净值4854.19万元,机械化施工程度45.92%。年施工能力4854.19万元。

2011年新签合同额19620.82万元,完成总产值47418.08万元,实现利润4052.69万元。全员劳动生产率33.49万元/人年,人均创利33.49万元,职工年人均收入20万元。国有资产保值增值率9.26%,净值产收益率81.06%,产值利润率8.55%,投资回报率10.66%,资产负债率78.01%。 (博茨瓦纳公司)

【中土赞比亚有限公司】 驻赞比亚P.O.BOX 36186,LUSAKA,ZAMBIA。2009年4月,中土集团授权博茨瓦纳有限公司在赞比亚设立常驻机构,注册中土赞比亚有限公司。2010年取得赞比亚公路、房建、市政工程承包1级资质,可承揽博茨瓦纳建筑市场相应类别的最高级别工程。董事王晓明、管嘉欣。职工24人,资产总额6509万元。其中,固定资产原值3927万元、净值2355万元;流动资产4153万元。机械运输设备原值3919万元、净值2347万元,机械化施工程度70%。年施工能力2500万元。

2011年新签合同额2710万元,完成总产值965万元,实现利润-653万元。职工年人均收入20万元。国有资产保值增值率100%,净值产收益率-10%,产值利润率-67%,投资回报率-10%,资产负债率110%。5月,中标赞比亚两条市政道路改造项目,合同金额约2710万美元。其中,基特维市和卡鲁鲁西市市政道路改造项目1938万美元;轻格拉市和奇利拉邦布韦市市政道路改造项目850万美元。

(博茨瓦纳公司)

【中国土木阿尔及利亚有限公司】 驻阿尔及利亚首都阿尔及尔。前身为中土阿尔及利亚办事处,2003年设立;2007年9月改制为中国土木阿尔及利亚有限公司。下辖67公里铁路复线、94公里铁路更新、55公里铁路新线、175公里铁路电气化新线、阿尔及利亚东西高速公路M6标段、奥兰房建6个项目部。总经理严学斌。职工1053人,其中中方员工443人。资产总额10.79亿元。其中,固定资产原值2.05亿元、净值4108万元;流动资产10.21亿元;其他资产1787万元。机械运输设备299台(套),净值2727万元,总功率46026.8千瓦,动力装备率511.41千瓦/人,设备完好率78%、利用率70%。

2011年新签合同额1010万美元,完成营业额7379万美元,实现利润26817元人民币。人均创利108.57元人民币,全员劳动生产率123039元/人年。职工年人均收入12万元人民币。国有资产保值增值率114%,净资产收益率0.21%,产值利润率0.0049%,投资回报率0.0026%,资产负债率0.99%。承建的编组站项目获中国驻阿尔及利亚使馆、阿中友好协会、中资企业协会联合颁发的“中阿合作杰出贡献奖”。 (阿尔及利亚公司)

【中土集团公司沙特阿拉伯分公司】 驻沙特阿拉伯首都利雅得市。1999年2月设立沙特代表处,2008年8月成立中土集团公司沙特阿拉伯分公司,是中沙合作备忘录39家中资建筑企业之一。总经理郁葱。职工665人。其中,中土集团20人;其他中方员工492人;当地员工153人。资产总额36312万元。其中,固定资产原值11480万元人、净值8427万元;流动资产15505万元;其他资产900万元。机械运输设备原值7139万元。

2011年新签合同额5024.25万元,完成营业额15972万元,实现利润433万元,人均创力21.65万元,职工年人均收入30.36万元。国有资产保值增值率327.29%,净资产收益率187.61%,资产负债率

97.42%。（沙特分公司）

【中土集团公司阿拉伯联合酋长国分公司】 驻阿拉伯联合酋长国阿布扎比市。1985年设立。拥有桥梁、隧道和地下道等混凝土结构工程特级资质和房建、钢结构工程1级资质。下辖卢外斯边境高速公路、迪拜棕榈岛桥梁、瑞姆岛桥梁、阿尔法拉水池、马福瑞克F2立交桥5个项目部。总经理亓世军。职工18人，资产总额1.3亿元。其中，固定资产原值5057万元、净值88万元；流动资产4978万元。机械设备4台（套），原值397万元、净值82万元，总功率846千瓦，动力装备率10.5千瓦/人，设备完好率90%、利用率90%。

2011年新签合同额679.75万美元，完成营业额465万美元，实现利润539.17万元人民币。全员劳动生产率13.73万元人民币/人年，人均创利2.08万元人民币。职工年人均收入10.3万元人民币。资产收益率10.64%，产值利润率6.75%，资产负债率37.57%，应上缴款完成率100%。（阿联酋分公司）

【中国土木工程（澳门）有限公司】 驻澳门宋玉生广场263号中土大厦22楼C－H座。为中土集团全资子公司，1989年6月以中土香港公司名义在澳门登记注册，2001年11月26日正式成立。主要经营建筑工程、设计咨询、房地产开发等业务。总经理李法胜。职工33名。其中，中土集团10名；中国国内聘用15名；当地雇用8名。资产总额10832万元。其中，固定资产原值13506万元、净值2662万元；流动资产8170万元。

2011年新签合同额37920万元，完成营业额9334万元，实现利润706万元。人均创利22万元，职工年人均收入11万元。资产负债率170%，应上缴款完成率120%。（尚书仁）

【中铁（澳门）有限公司】 驻澳门友谊大马路南方大厦1楼BCDJLMNO座。1989年6月在澳门注册设立一次性项目公司，1993年4月19日转为永久性公司。下辖中铁（澳门）职业介绍所有限公司、珠海中铁实业发展有限公司。总经理付强。职工37人，资产总额22407万元。其中，固定资产原值1472万元；流动资产20058万元。

2011年承揽任务6700万元，完成总产值2.23亿元。（李洪星）

【中国铁建土耳其安卡拉分公司】 驻土耳其安卡拉市。2006年6月注册成立。下辖土耳其铁路中土项目部、合包集团项目部（中方人员）、安卡拉办事处。总经理郑建兵。职工60人，其中管理人员23人。资产总额53820万元。其中，固定资产原值6286万元、净值5510万元；流动资产48310万元。机械运输设备53台，净值6775万元，总功率6010.5千瓦，动力装备率61.33千瓦/人，技术装备率69.14万元/人，设备完好率100%、利用率100%。

2011年新签合同额12.98亿元，完成营业额34626万元，实现利润892万元。全员劳动生产率301万元/人年，人均创利45.5万元，职工年人均收入21.1万元。国有资产保值增值率176%，净资产收益率－15%，产值利润率4%，投资回报率－15%，资产负债率110.98%，应上缴款完成率－15%。（张昕颖）

【中土日本代表处】 驻日本东京市。1984年设立，代表刘方。职工2名。

2011年新签合同额3727万元，完成营业额5574万元，实现利润141.52万元，人均创利70.76万元。（日本代表处）

【中土巴西国际商业有限公司】 驻巴西圣保罗市。1994年设立巴西代表处，1997年7月在当地注册成立中土（巴西）国际商业有限公司，是中土集团在巴西联邦共和国的全权代表机构，主要负责中土集团在巴西及南美地区工程、贸易项目的追踪和承揽，并代表中土集团向巴西小门德斯工程公司催收欠款。代表李宪翔。

2011年收回欠款590万元，上缴集团公司440万元，实现利润352万元。人均创利352万元，职工年人均收入34万元。（李宪翔）

【中土以色列分公司】 驻以色列。2007年1月29日成立。拥有以色列隧道施工承包特级资质。经营业务涉及铁路、隧道、建筑、电子、贸易、家政、旅游等。总经理姜爱民。职工17人。

2011年新签合同额1.92亿美元。（房连军）

【中土俄罗斯（远东）办事处】 驻俄罗斯莫斯科市。2004年9月设立，注册名为中国土木工程集团（俄罗斯）有限公司。法人代表彭明宽。职工2人，资产总额350万元。其中，固定资产1万元；流动资产10万元；其他应收款360万元。

2011年新签合同额50万元，完成营业额44万元。（彭明宽）

【中国土木工程集团（波兰）有限公司】 驻波兰首都华沙。1993年注册成立波兰办事处，1995年8月成立中土波兰有限公司,1997 年 1 月更名为波兰华锐发展有限公司,2007 年 9 月更为现名。法人代表刘晓平。职工 7 人,其中当地雇员 5 人。拥有 30 套别墅,建筑面积 8316 平方米,土地面积 9565 平方米。资产总额 1542 万元。其中,固定资产原值 1956 万元、净值 488 万元;流动资产 394 万元。

2011 年新签合同额 86 万美元,折合人民币 547 万元;完成营业额 99 万美元,折合人民币 625 万元。国有资产保值增值率 31%。（刘晓平）

【重要记载】

▲2 月 18 日　中土集团党委在北京召开扩大会议,审议通过《中土集团驻外机构党组织工作实施暂行办法》《中土集团关于加强和改进国内二级经营单位党的建设暂行规定》《中土集团信访工作办法》《中土集团新闻发言人制度》和《中土集团党员组织手册》。

▲2 月 19 ~ 20 日　中土集团在北京召开一届四次职工代表大会暨 2011 年工作会议。

▲3 月 2 日　中土集团尼日利亚公司中标尼日利亚拉各斯轻轨第三阶段工程,合同投资 1.5 亿美元。

▲3 月 12 日　尼日利亚联邦政府总统乔纳森、副总统桑博视察中土集团承建的拉各斯—杰巴段既有铁路线改造工程。

▲3 月 30 日　中土集团尼日利亚公司实验检测中心在阿布贾 IDU 地区挂牌成立。

▲4 月 12 日　中国土木工程(澳门)有限公司承建的澳门关闸边检大楼建造及扩建工程——钢结构及屋面系统工程获 2009 ~ 2010 年度港澳特区钢结构金奖。

▲4 月 19 日　股份公司总裁赵广发与匈牙利国家铁路公司董事长在北京签署战略合作谅解备忘录,双方同意在匈牙利铁路建设领域建立长期战略合作伙伴关系。

▲5 月 30 日　中国国家主席胡锦涛特使、铁道部部长盛光祖在中国驻尼日利亚大使邓波清、中土集团董事长刘志明陪同下,视察中土集团尼日利亚公司,听取中土集团的工作汇报,慰问公司员工。

▲6 月 10 日　中土集团沙特分公司参建的利雅得阿卜杜拉国王大道改造项目按期竣工通车。

▲6 月 20 日　中土集团尼日利亚公司与英国 COUSTAIN 公司、尼日利亚铁路公司签订尼日利亚杰巴—米纳段既有铁路维修改造项目三方合同。

▲6 月 25 日　中土集团尼日利亚公司获 2011 年度非洲铁路设计、施工与修复大奖。

▲6 月 29 日　股份公司副总裁夏国斌、中土集团总经理袁立在股份公司北京总部会见访华的俄罗斯高速铁路公司总裁穆拉托夫·丹尼斯一行。

▲同日　中铁(澳门)有限公司与珠海市国土资源局、横琴新区管理委员会签订《收回土地使用权补偿协议书》,依法处置中铁(澳门)有限公司 1993 年 4 月购置的横琴土地。

▲6 月 30 日　中土集团董事长刘志明考察访问蒙古国。访问期间,与蒙古国交通部长 Battulga Khaltmaa 就已签署合作备忘录的蒙古南北高速公路项目下步工作交换意见。

▲6 月　中土集团自主开发的“插筋联顶式复合地基结构”、“滑动式测斜仪电缆缠绕装置”、“加筋悬臂式挡墙”3 项科技成果被评为实用新型专利。

▲7 月 4 日　尼日利亚 70 多家中资企业召开尼日利亚中国总商会成立大会。中土集团尼日利亚公司当选会长单位,中土集团公司副总经理、中土集团尼日利亚公司总经理曹保刚当选总商会首任会长。

▲8 月 8 ~ 12 日　中土集团总经理袁立在视察尼日利亚公司期间,拜会尼日利亚副总统纳马迪·桑博、交通部部长伊德里斯·乌玛尔。

▲8 月 30 日　上海中土实业有限公司与珠海分公司合并,上海中土实业有限公司更名为中土集团南方建设有限公司,开拓国内南方区域市场。

▲9 月初　尼日利亚西南地区遭受 30 年一遇的暴雨袭击。中土集团尼日利亚公司接到奥约州政府的救援请求后,不讲价钱,不提任何条件,迅速组织 20 多台机械设备、30 多名员工奔赴灾区,经过 4 昼夜连续奋战,完成河道疏浚、涵洞清理、桥梁加固、便道修建等救灾抢险任务,减少了灾区民众生命财产损失。

▲9 月 8 日　中土集团尼日利亚公司获尼日利亚 2011 年度杰出贡献奖。

▲9 月 9 日　股份公司董事长孟凤朝在北京总部会见波兰基础设施部副部长率领的波兰铁路代表团,就中国铁建参与波兰铁路建设市场事宜进行深入交流。

▲9 月 30 日　中土集团承建的塞拉利昂唐克里里矿山铁路全线铺通。

▲同日　中土集团与中铁十四局集团公司共同开发的“时速 350 公里高速铁路深水大跨桥梁裸岩基础施工工法“,与中铁十二局集团公司共同开发的“铁路 T 型简支梁现场预制循环流水生产线施工工法”分别被评为国家一级、二级工法。

▲10 月 16 ~ 21 日　股份公司副董事长、党委副书记彭树贵,股份公司独立(非执行)董事朱明暹、李克诚、吴太石等组成海外调研团,到中土东非有限公司调研。

▲10 月 23 日　中土集团董事长刘志明应邀赴赞比亚考察，拜会赞比亚开国总统卡翁达。卡翁达表示，中土集团成功组织实施了举世瞩目的坦赞铁路，今天更要在赞比亚市场发挥作用，共同将中赞人民的友谊提升到一个新的高度。

▲11 月 9 日　股份公司与匈牙利国家铁路公司签订布达佩斯机场快线项目合作意向书。

▲11 月 9～11 日　全国人大副委员长陈昌智访问安提瓜和巴布达，专程参观中土集团建成的安巴板球场。

▲11 月 10～12 日　中土集团总经理袁立参加中国施工企业管理协会主办的第四届开拓国际工程承包市场高峰论坛，作题为《国际形势动荡下国际工程风险应对》主题演讲。

▲11 月 11 日　中共中央政治局委员、中央书记处书记、中宣部部长刘云山率领中国共产党代表团，在坦桑尼亚革命党副主席及中国驻坦桑尼亚大使刘昕生陪同下，凭吊援坦烈士、参观达市车站、观看中土集团坦赞铁路陈列馆专题片，并为陈列馆题字。

▲同日　中土集团珠海分公司承建的深圳地铁 3 号线横岗双层车辆段工程获国家优质工程银质奖。项目经理朱小刚被评为国家优质工程先进个人。

▲11 月 16～22 日　中土集团总经理袁立随商务部副部长蒋耀平率领的中国政府经贸代表团访问坦桑尼亚。在坦期间，袁立总经理随代表团凭吊援坦烈士，考察达市车站、杨博编组站和达市港口，并向蒋耀平副部长介绍坦赞铁路运营情况，提出坦赞铁路修复改造和运营的初步建议方案。

▲11 月 18 日　中土集团尼日利亚公司举办庆祝中土公司进入尼日利亚市场 30 周年暨尼日利亚公司成立 15 周年纪念大会，中国驻尼日利亚大使邓波清、中土集团董事长刘志明出席活动并致辞。

▲11 月 21 日　中土集团董事长刘志明在印度尼西亚驻华大使易慕龙陪同下，会见印尼交通部副部长 Bambang、铁路总局局长 Arief，就印尼所罗至泗水铁路复线改造项目和基建市场情况进行深入交流。

▲11 月 22 日　中土集团总经理袁立拜会中国驻坦桑尼亚大使刘昕生，就坦赞铁路第 15 期合作、坦赞铁路特许经营等事宜表达积极推动和参与意愿，提出初步实施方案，得到刘昕生大使支持。

▲11 月 27 日　股份公司党委副书记、纪委书记、监事会主席齐晓飞视察中土集团沙特分公司承建的沙特南北铁路项目。

▲12 月 3 日　坦桑尼亚总统基奎特为中土集团东非有限公司承建的坦桑尼亚情报局办公楼启用剪彩揭幕。

▲同日　中国驻阿尔及利亚大使刘玉和、参赞吕义峰，视察中土集团阿尔及利亚 175 公里铁路电气化新线项目。

▲12 月 5～12 日　为开拓西非周边市场，中土集团联合考察组出访加纳和贝宁。7 日与加纳公路部签订实施西部矿区 3 条公路和阿克拉至特玛高速公路改造项目的合作备忘录；12 日与贝宁公共工程和交通部签署 2 条铁路修复改造项目、3 条新建铁路项目和 1 个机场现代化项目的合作备忘录。

▲12 月 11 日　中土集团中铁（澳门）有限公司组织全体员工参加《澳门日报》“公益金百万行活动”，分别为《澳门日报》读者基金会及同善堂捐赠善款。

▲12 月 13 日　中土集团总经理袁立在北京总部会见美国 AECOM 集团亚太区基础设施总裁吴浩然和 AECOM 集团中国区业务及战略发展部副董事张建立。双方今后将加强联络，早日实现合作。

▲同日　中土集团董事长刘志明、总经理袁立在北京总部与中铁建设集团公司董事长汪文忠、中国铁建房地产集团公司董事长李黎，研讨美国全球绿色城镇开发集团提出的合作意向。

▲12 月 15 日　中土集团尼日利亚公司阿布贾—卡杜纳杜段铁路项目首套 32 米 T 型梁模正式投入使用，实现自主设计制作大型梁模零的突破。

▲12 月 16 日　中土集团签署埃塞俄比亚米埃索—迪雷达瓦—达瓦利铁路项目合同。该项目为 EPC 交钥匙工程，合同总金额 11.974 亿美元，合同工期 42 个月加 10 个月的宽限期，参照中国标准实施。

▲12 月 19 日　埃塞俄比亚总理梅莱斯·泽纳维会见中土集团总经理袁立，祝贺中土集团与铁路公司就米埃索—迪雷达瓦—达瓦利项目成功签约，希望中土集团能够继续参与境内其他铁路项目，帮助埃塞方培训铁路专业人员。

▲12 月 21 日　中土集团与浙江省乐清市签署乐清市旧城改造安置房 BT 项目合作协议。合同投资 14.71 亿元。

▲12 月 22 日　中土集团与坦桑尼亚交通部、乌干达工程与交通部联合签署坦桑尼亚北部“一线三港铁路”三方合作谅解备忘录。

▲12 月 24 日　中土集团签约乍得铁路 EPC 总承包合同。合同总金额 56.31 亿美元，含机车车辆供货。线路总长 1363.09 公里，设计时速 120 公里，采用中国铁路标准。

▲12 月 28 日　中土集团阿尔及利亚编组站工程获中国驻阿尔及利亚使馆、阿中友好协会、中资企业协会联合颁发的“中阿合作杰出贡献奖”。　（郭子岩）

中铁十一局集团有限公司

【简况】 中铁十一局集团有限公司是铁路工程施工总承包特级、铁道工程行业设计甲Ⅱ级，房屋建筑、公路、市政公用、水利水电工程施工总承包一级，桥梁、隧道、公路路面、机场场道工程专业承包一级资质企业；同时拥有城市轨道交通工程专业承包、地质环境治理和地质灾害防治、劳务分包、试验等资质。集团公司总部驻湖北省武汉市武昌区中山路347号。前身系中国人民解放军铁道兵第一师，1984年1月1日集体转业并入铁道部，改编为铁道部第十一工程局；1999年12月更名为中铁第十一工程局；2001年8月1日企业改制改称现名。下辖11个全资子公司、1个设计院、襄阳综合基地、11个国内区域指挥部、4个国际区域指挥部、2个行业经营联络部和北京办事处；拥有省级技术中心1个，集团公司及所属5家工程公司被评为湖北省高新技术企业。职工16336人。国内机械运输设备3137台(套)，原值28.15亿元、净值19.48亿元，总功率51万千瓦，动力装备率31.57千瓦/人，技术装备率11.92万元/人，新度系数69.21%，主要施工机械完好率98%、利用率74%；海外机械运输设备1810台(套)，原值11.14亿元。年施工能力500亿元以上。

2011年在建工程180余项，分布在中国27个省、直辖市、自治区，以及利比亚、新加坡。年内获中国建设工程鲁班奖1项、国家市政工程金杯奖1项、国家优质工程银质奖1项、省部级优质工程奖9项、股份公司优质工程奖14项，4个项目部被评为股份公司安全质量标准化工地。集团公司获全国文明单位、湖北省经济建设2011年度领军企业、湖北省首届十大优秀企业文化品牌、湖北省企业精神文明建设杰出贡献单位、湖北省最佳文明单位、湖北省安全生产红旗单位、湖北省百强企业等荣誉，集团公司领导班子被评为中国铁建、湖北省“四好领导班子”，集团公司工会被评为全国工会职工书屋建设先进单位。 (郭　琳)

【领导人员】

董事会

董事长	王桂林
副董事长	赵晋华
董事	雷佳民(7月免)
	李玉棋(7月免)
	吕　岗(7月任)
	付　裕(7月任)
职工代表董事	陈文举(7月免)
	彭新文(7月任)
秘书	王文涛(1月免)
	贺　林(1月任)

监事会

监事会主席	李德琛(7月免)
	雷佳民(7月任)
监事	潘延凯(7月免)
	彭长林(7月免)
	阮祥杰(7月任)
职工代表监事	陈建荣(7月免)
	袁麦辰(7月免)
	李　俊(7月任)

经理层

总经理	赵晋华
副总经理	谢敬平
	荆　山
	宫建岗
	张树海
	龙信桥
	吕　岗
	雷位冰
	张　成
	李小红
	张丕界(12月任)
	付　裕(12月任)
总工程师	张丕界
总会计师	付　裕
顾问	潘延凯(2月免)

党群领导

党委书记	王桂林
党委副书记	赵晋华
	雷佳民
纪委书记	雷佳民(兼)
工会主席	彭新文

(陆　蒂)

【工程项目指挥机构】 汉宜铁路工程项目部　驻湖北省仙桃市。项目经理赵天元，党工委书记洪其栋。

石武铁路客运专线工程项目经理部　驻湖北省武汉市黄陂区。项目经理张成，党工委书记束道法。

湖北城际铁路工程指挥部　驻湖北省武汉市东湖高新区。指挥长杨明亮，党工委书记张运道。

兰新铁路甘青段工程项目部　驻甘肃省瓜州县。项目经理余霖，党工委书记陈建荣。

山西中南部铁路通道工程项目部　驻山西省洪洞县。项目经理、党工委书记李小红，常务副经理封明君。

杭长铁路客运专线工程项目部　驻浙江省义乌市。项目经理雷位冰，党工委书记段邦顺，常务副经理甘胜银。

京福铁路客运专线闽赣Ⅰ标段工程项目部　驻江西省婺源县。项目经理李玉棋，常务副经理郝生德，党工委书记朱明春。

合福铁路安徽段站前7标段工程项目部　驻安徽省绩溪县。项目经理李文俊，党工委书记赵良奎。

京石铁路客运专线工程指挥部　驻河北省保定市望都县。指挥长王金柱，党工委书记郑平良。

津保铁路工程项目部　驻河北省容城县。项目经理王金柱，党工委书记郑平良。

宿淮铁路工程指挥部　驻江苏省宿迁市。指挥长胡昌虎，党工委书记李传祥。

沪昆铁路客运专线湖南段工程项目部　驻湖南省娄底市。项目经理宫建岗，常务副经理兼党工委书记李明。

成渝铁路客运专线工程项目部　驻重庆市荣昌县。项目经理荆山，党工委书记方克文。

昆明枢纽工程指挥部　驻云南省昆明市国家经济技术开发区。指挥长包晓东，党工委书记周和平。

吉图珲铁路客运专线项目经理部　驻吉林省蛟河市。项目经理龙信桥，党工委书记方楚晶。

武汉轨道交通2号线30标段项目经理部　驻湖北省武汉市东西湖区。项目经理崔力波，党工委书记束道法。

湘桂铁路工程指挥部　驻广西壮族自治区柳州市鹿寨县。指挥长江淑春，党工委书记郑天真。

大西铁路客运专线工程指挥部　驻陕西省合阳县。指挥长谭发刚。

厦深铁路工程指挥部　驻广东省潮州市饶平县。指挥长赵高启，常务副指挥长刘国建，党工委书记管登习。

兰渝铁路工程指挥部　驻甘肃省宕昌县。指挥长陈仕猛，党工委书记李延芹。

渝利铁路工程指挥部　驻重庆市长寿区。指挥长余斌，党工委副书记陈贵全。　（陈晓军）

【职工队伍】　年末职工16336人。干部9197人，其中专业技术干部7502人，占干部总数的81.57%。本科以上学历5518人，占干部总数的60%；大专学历2105人，占干部总数的22.89%；中专以下1574人，占干部总数的17.11%。25岁及以下2398人，占干部总数的26.07%；26～30岁2524人，占干部总数的27.45%；31～35岁1136人，占干部总数的12.35%；36～40岁917人，占干部总数的9.97%；41～45岁437人，占干部总数的4.75%；46～50岁601人，占干部总数的6.53%；51～55岁842人，占干部总数的9.16%；56岁及以上342人，占干部总数的3.72%。专业技术干部中，教授级高级工程师50人、高级职务799人、中级职务1834人、初级职务4819人，分别占专业技术干部的0.67%、10.65%、24.45%、64.23%。全年接收高校毕业生1041人，其中研究生12人、大学本科978人、大学专科51人。

工人7139人，其中技术工人6138人，占工人总数的85.98%。大专以上学历283人，占工人总数的3.95%；中专、技校学历1338人，占工人总数的18.74%；高中以下学历4446人，占工人总数的62.28%。30岁以下999人，占工人总数的13.99%；31～40岁1741人，占工人总数的24.39%；41～50岁1824人，占工人总数的25.55%；51～55岁2277人，占工人总数的31.90%；56岁及以上298人，占工人总数的4.17%。技术工人中，初级工124人、中级工1326人、高级工4371人、技师254人、高级技师63人，分别占技术工人的2.02%、21.60%、71.21%、4.14%、1.03%。

全年招收高校毕业生1041人；组织较大规模培训42期，培训6883人次。劳务基地建设进展顺利，人才总量进一步增加，人才结构进一步优化，职工专业技能进一步提高。　（张红月　高　鹏）

【铁路工程施工】　2011年，在建铁路工程48项，合同投资6102840万元，开工累计完成施工产值3209821万元。

成渝铁路客运专线CYSG－4标段工程　全长54.25公里，合同投资490347万元，2010年9月开工。完成主要实物工程量：路基土石方610万立方米，占设计量的100%；桥梁17258延长米，占设计量的59%；涵洞852横延米，占设计量的93%；隧道4436延长米，占设计量的65%。2011年完成投资13.8亿元。

长昆铁路客运专线CKTJ－3标段工程　全长38.4公里，合同投资353635万元。完成主要实物工程量：路基土石方184.3万立方米，占设计量的73.5%；桥梁100001延长米，占设计量的41.9%；隧道3934延长米，占设计量的55.5%；涵洞78横延米，占设计量的12.4%。2011年完成投资99566万元。

吉图珲铁路Ⅱ标段工程　位于吉林省蛟河市，线路长45.18公里，合同投资282525万元。主要工程量：路基土石方764万立方米，桥梁9388延长米，隧道11129延长米，涵洞96座2822横延米，制梁348榀，架梁269孔。2011年6月17日开工，10月25日进入冬休期。完成投资26755万元(不包括安图抢工段)。安图抢工段完成投资21765万元。主要实物工程量:路基土石方236.8万立方米,桥梁3座,涵洞34座,32米预制箱梁43片,附属圬工1.7万立方米。

山西中南部通道ZNTJ-7标段工程　全长98.2公里,合同投资370375万元,2010年4月开工。完成主要实物工程量:路基及站场土石方450万立方米,占设计量的96%;桥梁15268延长米,占设计量的76.7%;隧道7549延长米,占设计量的30.8%;涵洞3570横延米,占设计量的85.6%。开工累计完成投资181340万元,占总投资的49%。

京福铁路闽赣段HFMG-1标段工程　全长95.7公里,合同投资708016万元,2010年4月开工。完成主要实物工程量:路基土石方458.5万立方米,占设计量的95.5%;桥梁14324.93延长米,占设计量的42.4%;涵洞305横延米,占设计量的55.5%;隧道33671延长米,占设计量的59.3%。2011年完成投资24.95亿元,开工累计完成投资35.3亿元。

合福铁路安徽段7标段工程　全长39.2公里,合同投资359916万元,2010年4月开工。完成实物工程量:路基土石方472.3万立方米,占设计量的47.9%;隧道6791.4延长米,占设计量的46%;桥梁13205延长米,占设计量的90.7%;预制箱梁70孔,占设计量的17.5%。2011年完成投资61695万元,开工累计完成投资104082万元。

杭长铁路客运专线HCZJ-3标段工程　全长43.636公里,合同投资300401万元,2010年4月开工。完成实物工程量:区间土石方125.1万立方米,占设计量的92.9%;站场土石方131.2万立方米,占设计量的87.5%;隧道6605.8延长米,占设计量的70.2%。2011年完成投资92255万元,开工累计完成投资178255万元。

兰新铁路第二双线张掖—红柳河段LXS-16标段工程　全长84.67公里,合同投资354475万元,2010年4月开工。完成实物工程量:路基土石方860.89万立方米,占设计量的99.3%。2011年完成投资53362万元,开工累计完成投资157762万元。

湖北城际铁路　承建武咸城际铁路2标段、武黄城际铁路1标段、汉孝城际铁路HXSG-3标段工程,全长87.6公里,合同投资514900万元(含武咸项目中沙试验段),2009年3月25日开工。2011年3个标段完成投资115043万元,开工累计完成投资364391万元,占合同投资的70.77%。其中,武黄1标段完成投资58188万元,累计完成投资109610万元;武咸2标段完成投资45997万元,累计完成投资190514元;汉孝3标段完成投资10858万元,累计完成投资64267万元。

津保铁路5标段工程　全长33.62公里,合同投资177550万元,2010年9月开工。完成主要实物工程量:涵洞82.4横延米,预制箱梁8孔。2011年完成投资9036万元,开工累计完成投资16285万元。

大西铁路客运专线站前12标段工程　全长12.47公里,合同投资124000万元,2010年3月开工。完成主要实物工程量:马家庄隧道全长9359延长米,12月25日贯通;两宜隧道全长2243延长米,7月28日贯通。2011年完成投资80640万元,开工累计完成投资117067万元。

宿淮铁路SHZH-2标段工程　全长97.79公里,合同投资187500万元,2009年7月开工。完成主要实物工程量:路基土石方797万立方米,占设计量的99%;桥梁基本完成。2011年完成投资23536.64万元,开工累计完成投资128334.72万元。

厦深铁路XSGZQ-4标段工程　全长20.406公里,合同投资160700万元,2008年10月1日开工。完成主要实物工程量:路基、桥梁工程全部完工;铺轨47.5公里,占设计量的63.3%;架设T梁405孔,占设计量的93.1%。大洼车站、金吊湾车站主体工程基本完工;埋设触网立柱850根、电力线立柱750根。2011年完成投资4.7亿元,开工累计完成投资13.8亿元。

兰渝铁路LYS-4标段工程　全长26.306公里,合同投资135000万元,2009年2月18日开工。隧道开工累计完成14827延长米,占设计量的57.8%。2011年完成投资19324.9万元,工开累计完成投资78377万元。

(闫晋锁)

【铁路外工程施工】　2011年,在建路外工程176项,合同投资408亿元。其中,公路206亿元;城市轨道157亿元;房建42亿元;市政、电力、水利等其他工程约3亿元。

铜黄高速公路6标段工程　全长4.2公里,合同投资29164万元,2010年2月开工。2011年完成投资4907万元;完成土石方2万立方米,桥梁271延长米,涵洞58横延米。

广乐高速公路T3标段工程　全长13.35公里,合同投资130676万元,2010年9月开工。2011年完成投资52353万元;完成土方19万立方米,桥梁2182延长米,涵洞1055横延米,隧道3856延长米。

江南高速公路JNTJ-2标段工程　全长62.2公里,合同投资176532万元,2011年10月开工。完成主要实物工程量:路基土石方216万立方米,桥梁2099延长米,涵洞2027横延米。年内完成投资22882万元。

共玉公路A7、B6标段工程 位于青海省海南藏族自治州兴海县。合同投资119186万元,2011年5月开工。完成主要实物工程量:路基土石方241万立方米,桥梁1095延长米,涵洞414横延米,隧道731延长米。年内完成投资22156万元。

奎克高速公路第1合同段工程 位于新疆维吾尔自治区。合同投资34794万元,2009年7月开工。2011年完成路基土石方22.8万立方米,桥梁1666.7延长米,涵洞647横延米。年内完成投资18414万元。

喀伊公路第1、第2合同段工程 位于新疆维吾尔自治区喀什。合同投资319108万元,2010年4月开工。2011年完成路基土石方200万立方米,桥梁592延长米,隧道169延长米,涵洞2409横延米。年内完成投资24042万元。

汝郴高速公路第13合同段工程 全长2.009公里,合同投资48197.86万元,2008年9月开工。2011年完成土石方20万立方米,桥梁534延长米,涵洞30横延米,隧道523延长米,公路架梁260片。年内完成投资24387万元。 (闫晋锁)

【经营管理】 2011年,集团公司新签合同348.48亿元,完成营业收入285.89亿元,实现利润5.85亿元,企业实现平稳发展。其中,吉图珲铁路工程25.58亿元;喀伊、江南、共玉项目50亿元;新加坡地铁项目25.35亿元。

企业管理。2011年是企业全面建设成果丰硕的一年,所属单位在参与铁道部"三保一促"、"三整治一提高"活动中提升项目管理水平。企业与地方对接工作逐步深化,先后协助股份公司参加湖北省、江西省与企业合作会议。成功举办集团公司汉江重科装备制造基地一期工程投产和电务公司新办公楼启用仪式,扩大了企业声誉。湖北城际铁路项目部7名员工英勇救人的先进事迹经中央级媒体报道后,在社会上产生积极影响。企业特级资质申报取得阶段性成果。法律事务工作在服务于企业转型发展、防范风险、维护企业利益中作用日益凸显,全年挽回、避免经济损失5473.71万元。信息化建设稳步推进,信息化管理系统逐步完善、增强。集团公司及工程公司实力不断增强,集团公司被评为湖北省100强企业、武汉市百强企业,一、二、三公司分别进入股份公司2011年度工程公司20强行列,一公司被评为全国优秀施工企业;3人被评为全国工程建设优秀施工项目经理,2人被评为全国建筑业企业优秀项目经理,1人被评为全国建筑业企业优秀总工程师。

经济管理。年内制定完善集团公司《外部劳务管理办法》《验工计价管理办法》《二次经营督导管理办法(暂行)》和《经济管理人员现状及经管队伍"十二五"发展规划》,下发《2011年调整有关经济指标的通知》《2011年劳务分包工序指导价》及《2011年外部劳务合格名册》《2011年外部劳务黑名单》4份指导性文件,编制《二次经营作业指导书》《经济管理文件汇编》《变更索赔案例汇编》3本学习资料。开展成本督察活动,对工程公司在建的282个项目进行成本督察,督察覆盖率96.9%,实现变更索赔额37.58亿元,年度变更索赔额占年度施工产值的13.34%。

安全质量。2011年,集团公司未发生重大设备损坏和重大经济损失事故及火工品爆炸、丢失事故,员工因工责任伤亡事故率控制在年度安全生产目标之内,实现年度安全工作目标。集团公司被评为湖北省、股份公司安全生产先进单位,3个项目部被授予湖北省安全生产标准化示范工地称号,4个项目部被评为股份公司安全质量标准工地。年内获国家建设工程鲁班奖1项、国家市政工程金杯奖1项、国家优质工程银质奖1项、省部级优质工程9项、股份公司优质工程14项,获全国工程建设优秀质量管理小组奖3项、省部级优秀质量管理小组奖22项、股份公司优秀质量管理小组奖5项。在建工程分项工程、单位工程检查评定合格率100%,未发生质量等级事故。集团公司在铁道部铁路施工企业信用评价中进入A类施工企业行列,水利水电行业信誉评价继续保持AAA级,公路施工企业信用试评价获得A级。

财务管理。集团公司秉承"依法理财"理念,紧紧把握资金和成本两条主线,强化预算管理,加强资金调控,按照精细化管理的要求,进一步夯实基础,规范财务管理,有效应对财务风险,保证企业财务安全。全年实现利润5.85亿元,净利润5亿元;集中资金36.5亿元,资金集中度69%,综合收益率7.21%。

审计工作。2011年完成审计项目226项,出具审计报告219份,提出审计建议716条。通过开展迎审督导活动,积极协调公共关系,化解路内、路外审计风险,铁路外项目避免或降低损失5000余万元。年内,集团公司被股份公司评为审计工作先进单位。

(罗彬 周丹 仇效兵 崔雪梅 曹仪秋)

【科技创新】 2011年,集团公司获得省部级及以上科技进步奖7项、专利授权28项、国家级工法7项、省部级工法10项,参建的合武铁路、石太铁路客运专线南梁隧道工程获中国土木工程詹天佑奖,集团公司技术中心被认定为省级技术中心。六公司立足施工现场,强化技术创新,研制的过隧架桥机、运梁车、长轨铺架机等产品,填补股份公司多项技术空白。电务公司强化既有线改造、地铁供电、信号、风水电施工技术攻关,科技创新能力显著提升，被认定为湖北省首批创新型企业。年内举办8次大型的技术培训班和交流会，培训技术人员750人次。（汪靖 胡小银）

【内部保卫与综合治理】 2011年，集团公司认真贯彻落实国务院《企事业单位内部治安保卫工作条例》，坚持“预防为主，单位负责，突出重点，保障安全”的方针，围绕生产经营中心，以预防为主线，着眼内部教育，坚持“谁主管，谁负责”的综合治理原则，抓管理、促生产，抓机关、促基层，抓创建、促平安，在武汉的3个单位、5个工地分别被武汉市公安局重点工程分局评为“平安企业”和“平安工地”，全年没有发生刑事案件、重大治安案件，集团公司被湖北省评为综合治理工作优胜单位。在利比亚撤侨工作中，集团公司积极主动同湖北省商务厅及国家安全厅联系，认真做好回国人员的思想工作和分流安排，处置各类突发事件，保证回国人员的人身安全和队伍稳定。在铁路投资压缩、劳务人员被迫裁减的过程中，配合相关部门做好安抚和工资清算工作，没有发生拖欠农民工工资和农民工上访事件，维护了企业和社会的稳定。（万峰）

【党群工作】 党的工作。集团公司党委下辖二级党委15个、党总支6个、党支部180个，党员7371人，年内发展新党员302人。(1)党组织建设。以湖北省基层党建工作三年规划和股份公司“党支部建设年”为推手，加强和改进基层党建工作。举办基层党组织书记和后备政工干部培训班，提高政工人才的综合素质和业务能力。继续深化创先争优活动，组织召开创先争优活动工作推进会，在局党建网、局报开设“走近基层党组织书记”、“创先争优、为党旗增辉”、“创先争优群英谱”3个专栏，组成两个检查组对集团公司、工程公司24个项目基层党组织创先争优活动情况和基层党建工作进行督导检查。各基层党组织结合实际，紧紧围绕纪念建党90周年，创新活动载体，丰富活动内容，广泛开展“六个一”、“六比六看、六比六促”、“四保一促”等主题活动，有力推动企业全面建设和科学发展。集团公司领导班子连续4年被股份公司党委评为“四好领导班子”。(2)宣传思想工作。广泛开展形势任务教育、“建优质工程、树企业形象”工程质量年、“爱祖国、爱企业、爱岗位”主题教育和“生命可贵、安质如天”演讲比赛活动，围绕学习贯彻十七届六中全会精神，大力推进文化强企战略，将“五大经营战略”、“九大管理理念”、“十大企业子文化”理念体系，渗透到企业管理的各个方面，培育科学发展的企业文化。以品牌建设为重点，积极宣传企业改革发展中的新成绩、全面建设中的新成果、重难点工程建设中的新成就，提升企业的知名度和美誉度。全年在股份公司以上新闻媒体刊稿2830篇，其中在中央级刊稿356篇、省部级刊稿1763篇、《中国铁道建筑报》刊稿711篇。坚持“重在建设”的方针，加强文明创建工作，集团公司、五公司和桥梁公司被评为全国文明单位，5个工程公司被评为湖北省最佳文明单位，2个工程公司被评为湖北省文明单位。(3)党风廉政建设。加强廉洁从业意识教育，组织各级党员领导干部深入学习《廉政准则》《若干规定》，认真开展“七个一”宣传教育、发送“廉政短信”、案例警示教育活动，深入推进廉洁从业文化建设，进一步筑牢广大党员干部拒腐防变的思想防线。认真落实党风廉政建设责任制，把工作责任分解到领导班子成员、机关部室，并加大检查考核力度，促进各级领导履行党风廉政建设的领导责任。围绕重难点项目、关键环节深入开展效能监察或专项检查，派出专项检查组63个，重点监察154个项目，提出监察建议及整改意见451条，发现并纠正问题450个，发现案件线索15件，为单位挽回直接经济损失154万元。集团公司被湖北省国资委评为效能监察先进单位。继续深化检企共防工作，集团公司与武汉市检察院签署检企共防《指导意见书》，10个工程公司和194个项目部分别与驻地检察机关签订共同预防工作意见书，检企共防工作呈现良好态势。2011年，集团公司立案18件，结案18件，71人受到党纪、政纪处分。

工会工作。2011年，所属各级工会在党委领导和行政支持下，认真贯彻落实湖北省总工会、股份公司工会工作部署，以“庆建党90周年”活动为契机，以“党工共建创先争优”活动为抓手，主动适应新形势新任务新要求，融入中心、服务大局、履行职责、构建和谐，卓有成效地开展工作，为企业健康持续发展营造良好环境，提供强大动力。年内，集团公司下发《关于在重难点工程中开展“大干120天，向建党90周年献礼”劳动竞赛的通知》，各单位积极响应，结合自身实际不断优化竞赛方案，采取分段分片包干、责任落实到人的办法，通过召开动员大会、组织庄严宣誓和授旗仪式、争创“工人先锋号”和“青年突击队”等形式，广泛开展“五比五创”竞赛活动，集团公司推荐的2个重点工程项目，成为湖北省总工会劳动竞赛巡礼观摩亮点。组织集团公司职业技能大赛，六公司、桥梁公司分别获得优秀组织奖，一、五、二公司分别获得团体前三名。3月，集团公司开展主人翁教育月活动，通过承诺书签字、学习交流、系列演讲等形式，不断提高教育效果。创先争优活动深入开展，年内，1个集体被评为全国五一巾帼标兵岗，1个单位被评为省级模范职工之家，2人分别获全国优秀工会工作者、省级优秀工会工作者标兵称号；1个单位被评为湖北省学习型先进单位，1

个班组被评为湖北省学习型标兵班组、"工人先锋号",1人获湖北省知识型职工标兵、湖北省五一劳动奖章荣誉。重视民生工程建设,基层建家建线不断创新发展。年内,集团公司开展"六小"(小庭院、小食堂、小书屋、小网吧、小浴室、小药箱)建设活动;制作集团公司"职工书屋"建设专题片,在湖北省电视台播放。集团公司工会被评为全国工会职工书屋建设先进单位。

共青团工作。集团公司团委下辖二级团委10个、团总支3个、基层团工委199个、项目团支部254个,团员3340人,35岁及以下青年职工8167人。2011年,积极开展创先争优活动。以"我是青年,我争先"为主题,以团支部为单位,在广大团员青年中开展"六比六促"活动,引导广大团员青年立足本职岗位,争当优秀青年,争创一流业绩。加强企业形势任务思想教育,结合企业面临的新形势,开展学习培训、主题讲座、实践体验、交心谈心等活动,先后召开"我与祖国共奋进、我与企业同发展"形势任务报告会10余场,近千名团员青年参加;邀请抗日英雄刘一曙老人、"登高英雄"杨连弟长子杨长林老人为集团公司团员青年作传统教育报告,传承革命先烈优良作风。开展"青年突击队"、争创"青年文明号"和"青年安全生产示范岗"活动,广大团员青年在施工一线主动承担"急、难、险"重点施工任务,为完成企业年度生产任务目标作出突击贡献。7月,集团公司团委联合安全质量环保部、党委宣传部在全集团开展安全质量演讲比赛,通过选拔,选出15名优秀团员青年参加集团公司"生命可贵,安质如天"演讲比赛,增强全员安全质量意识。通过传、帮、带,快速培养青年成长成才,全年签订结对师徒1016对。全年有4个青年集体、6名个人受到省部级以上表彰,5个青年集体、13名个人受到股份公司表彰。 (俞仁华　何花　宋大勇)

【第一工程有限公司】 公路、市政公用工程施工总承包一级,铁路工程施工总承包二级,地基与基础、桥梁、隧道、公路路面、公路路基工程专业承包一级资质企业。驻湖北省襄樊市航空路73号。前身为中国人民解放军铁道兵第一师第一团,1984年1月1日集体转业并入铁道部,改编为铁道部第十一工程局第一工程处;2001年9月26日企业改制改称中铁十一局集团第二工程有限公司。执行董事、总经理卞圣洲,党委书记周晗。下辖12个工程队、3个机运队、2个移动模架专业队、2个无砟轨道专业队、机械设备经租站、物资租赁站、荣铁劳务公司,派出工程项目部56个。职工2395人。其中,干部1397人;工人998人。专业技术干部1090人,占干部总数的78%;技术工人845人,占工人总数的84.7%。资产总额349574.92万元。其中,固定资产原值90331.22万元、净值50756.08万元;流动资产297973.87万元。机械运输设备366台(套),总功率47548千瓦,动力装备率19.6千瓦/人,技术装备率6.2万元/人。年施工能力50亿元以上。

2011年,铁路外工程新签合同额22.23亿元,完成企业总产值529981万元,实现利润4746万元。国有资产保值增值率113.42%,净资产收益率8.39%,产值利润率0.94%,资产负债率82.97%。全员劳动生产率272706元/人年,人均创利28199.93元,职工年人均收入34562元。实现连续安全生产28年,工程质量合格率100%。年内,公司被评为全国"安康杯"优胜单位、2010年度全国优秀施工企业、湖北省2009~2010年度最佳文明单位。 (周明进　陈小刚)

【第二工程有限公司】 公路、市政公用工程施工总承包一级,铁路工程施工总承包二级,公路路基、公路路面、桥梁、隧道、水工隧洞工程专业承包一级,房屋建筑工程施工总承包三级资质企业。驻湖北省十堰市白浪中路99号。前身为中国人民解放军铁道兵第一师第二团,1984年1月1日集体转业并入铁道部,改编为铁道部第十一工程局第二工程处;2001年9月18日企业改制改称中铁十一局集团第二工程有限公司。执行董事兼总经理王胜祖,党委书记陈志明。下辖5个工程队、2个专业施工队、路面分公司、机械化分公司、造桥分公司、设备物资管理中心、西宁物资配送中心、铁源公司、铁建医院、生活服务中心,派出工程项目部42个。职工2089人。其中,干部1077人;工人1012人。专业技术干部875人,占干部总数的81.24%;技术工人789人,占工人总数的77.96%。资产总额335401万元。其中,固定资产原值55484万元、净值29154万元;流动资产303931万元。机械运输设备308台(套),总功率46646千瓦,动力装备率21.7千瓦/人,技术装备率6.9万元/人。年施工能力42.2亿元。

2011年承揽工程任务290176万元,完成企业总产值42.2亿元,其中施工产值42.2亿元;实现利润6103万元。全员劳动生产率299684元/人年,人均创利24677元,职工年人均收入34926元。国有资产保值增值率200.9%,净资产收益率19.4%,产值利润率1.25%,资产负债率87.47%,应上缴款完成率100%。年内,公司获湖北省五一劳动奖状、湖北省学习型先进单位、湖北省重点工程劳动竞赛先进单位、湖北省优秀企业"金鹤奖"、湖北省最佳文明单位称号。公司承建的合武铁路江岸特大桥工程获国家优质工程银质奖,武广二期汀泗河特大桥、青兰羊泉隧道工程获火车头优质工程奖；公司高原冻土区涵洞防冻胀融沉施工技术获国家科技创新一等奖、湖北省重大科技成果奖。

（邵　玉）

【第三工程有限公司】　铁路、市政公用、公路工程施工总承包一级，房屋建筑工程施工总承包二级，铁路铺轨架梁、公路路基、桥梁、隧道工程专业承包一级，混凝土预制构件工程专业承包二级及爆破施工资质企业。驻湖北省十堰市武当路15号。前身为中国人民解放军铁道兵第一师第三团，1984年1月1日集体转业并入铁道部，改编为铁道部第十一工程局第三工程处；2001年9月26日企业改制改称中铁十一局集团第三工程有限公司。执行董事兼总经理崔幼飞，党委书记王荃荃。下辖新疆、黄石区域经营事业部，大机养、运架梁、焊轨、道岔、混凝土、电务6个专业化分公司，老河口设备物资基地、鹰潭、十堰房产管理部，30个工程队，派出工程项目部35个。职工2913人。其中，干部1281人；工人1632人。专业技术干部1035人，占干部总数的80.79%；技术工人1457人，占工人总数的89.27%。资产总额406824.92万元。其中，固定资产原值104515.9万元、净值57446.6万元；流动资产339647.1万元。机械运输设备701台（套），总功率130119千瓦，动力装备率44.6千瓦/人，技术装备率15.9万元/人。年施工能力60亿元以上。

2011年承揽工程任务42.91亿元，完成企业总产值413708万元。其中，施工产值411529万元；附营收入1247.63万元。实现利润4724.07万元。全员劳动生产率344088元/人年，职工年人均收入32715元。国有资产保值增值率197.8%，净资产收益率15.2%，产值利润率1.02%，资产负债率90.3%，应上缴款完成率100%。

（徐新斌）

【第四工程有限公司】　公路、市政公用工程施工总承包一级，铁路工程施工总承包二级，土石方、桥梁、隧道、公路路基工程专业承包一级资质企业。驻湖北省武汉市东湖开发区华光大道21号。前身为中国人民解放军铁道兵第一师第四团，1984年1月1日集体转业并入铁道部，改编为铁道部第十一工程局第四工程处；2001年9月28日企业改制改称中铁十一局集团第四工程有限公司。执行董事兼总经理余先江，党委书记李成伟。下辖16个工程队，1个基地管理部，派出工程项目部43个。职工2836人。其中，干部1289人；工人1547人。专业技术干部1102人，占干部总数的85%；技术工人1465人，占工人总数的95%。资产总额322909万元。其中，固定资产净值31252万元；流动资产288557万元。机械运输设备452台（套），总功率63299千瓦，动力装备率22.32千瓦/人，技术装备率3.73万/人。

2011年承揽工程任务18.5亿元，完成企业总产值41.78亿元，实现净利润3009万元。国有资产保值增值率118.32%，净资产收益率11.83%，产值收益率5.72%，资产负债率89.33%。公司连续安全生产2725天。

（张　艳）

【第五工程有限公司】　公路、市政公用工程施工总承包一级，房屋建筑、铁路、水利水电工程施工总承包二级，公路路基、桥梁、隧道、水工隧洞、土石方工程专业承包一级资质企业。驻重庆市沙坪坝区新桥新村71号。前身为中国人民解放军铁道兵第二十九团，1984年1月1日集体转业并入铁道部，改编为铁道部第十一工程局第五工程处；2001年9月28日企业改制改称中铁十一局集团第五工程有限公司。执行董事兼总经理蒋国云，党委书记王政松。下辖7个专业队，5个子分公司，派出工程项目部47个。职工2278人。其中，干部1323人；工人955人。专业技术干部1082人，占干部总数的81.8%；技术工人804人，占工人总数的84.2%。资产总额367267.1万元。其中，固定资产原值64606.6万元、净值37081.8万元；流动资产328842.5万元。机械运输设备469台（套），总功率102170千瓦，动力装备率45千瓦/人，技术装备率8.7万元/人。年施工能力50亿元以上。

2011年新签合同额505646万元，完成企业总产值513860万元。其中，施工产值513254万元；附营产值606万元。实现净利润6003万元。全员劳动生产率246948.58元/人年，人均创利31045元，职工年人均收入36918元。国有资产保值增值率133.84%，利润增长率41.32%，权益净利率15.7%，资产负债率84%，营业总收入增长率0.25%。年内，公司获重庆市建筑业先进企业、重庆市守合同重信用企业、重庆市五一劳动奖状、全国文明单位和全国安全、质量、信誉AAA级施工企业及全国工程建设质量管理优秀企业等荣誉。

（朱　君）

【第六工程有限公司】　机电安装工程施工总承包一级，铁路、市政公用、房屋建筑工程施工总承包三级，钢结构、环保、管道工程专业承包三级资质企业；具有A级起重机械制造安装及改造维修，SPJ、TQ型900吨架桥机制造，MGTL型450吨通用门式起重机制造，CA砂浆搅拌车生产许可证。驻湖北省襄樊市七里河路2号。前身为中国人民解放军铁道兵第一师修理营，1984年1月1日集体转业并入铁道部，改编为铁道部第十一工程局修理厂；1999年10月更名为基建安装工程处,2001 年 8 月 1 日更名为基建安装工程分公司,2007 年 2 月 8 日改制改称中铁十一局集团第六工程有限公司。执行董事兼总经理韩阁,党委书记余振东。下辖汉江重工科技分公司、海外事业部,派出工程项目部 18 个。职工 769 人。其中,干部 415 人;工人 354 人。专业技术干部 363 人,占干部总数的 87.5%。资产总额 90131 万元。其中,固定资产原值 37832 万元、净值 28866 万元;流动资产 57733 万元。机械运输设备 254 台(套),总功率 147866 千瓦,动力装备率 20 千瓦/人,技术装备率 25 万元/人。年施工能力 15 亿元。

2011 年承揽工程任务 106092 万元,完成企业总产值 80425 万元。其中,施工产值 70453 万元;工业产值 9585 万元;其他 387 万元。实现利润 2602 万元,全员劳动生产率 1045839 元/人年,人均创利 33837 元,职工年人均收入 37152 元。实现安全生产 8380 天。国有资产保值增值率 118.99%,净资产收益率 17.34%,产值利润率 8.65%,资产负债率 84.26%,应上缴款完成率 100%。 (邹 莉)

【电务工程有限公司】 通信、机电安装工程施工总承包一级,房屋建筑工程施工总承包三级,建筑智能化、铁路电务、铁路电气化、送变电工程专业承包一级,通信信息网络系统集成甲级资质企业。驻湖北省武汉市东湖新技术开发区佳园路 19 号。前身为中国人民解放军铁道兵直属通信信号第三工程营,1984 年 1 月 1 日集体转业并入铁道部,改编为铁道部第十一工程局电务工程段;1986 年 4 月改为铁道部第十一工程局电务工程处,2001 年 9 月 26 日企业改制改称中铁十一局集团电务工程有限公司;2009 年 7 月 22 日,中铁十一局集团电务工程有限公司主体划转到中铁建电气化局集团南方工程有限公司,保留资质。公司执行董事、总经理吴刚,党委书记严新金。下辖项目管理中心、通信信号事业部、电力电化事业部,8 个区域项目部,派出工程项目部 32 个。职工 384 人。其中,干部 295 人;工人 89 人。专业技术干部 228 人,占干部总数的 77.3%;技术工人 62 人,占工人总数的 69.7%。

2011 年承揽工程任务 6.4 亿元,完成企业总产值 72009 万元,实现利润 2364 万元。人均创利 64768 元,全员劳动生产率 211568 元/人年,职工年人均收入 46715 元。国有资产保值增值率 118.91%,净资产收益率 17.27%,产值利润率 3.06%,资产负债率 87.47%,应上缴款完成率 100%。年内,公司获火车头奖杯、全国职工书屋、湖北省创新型企业、湖北省守合同重信用企业等荣誉,连续两年被评为湖北省最佳文明单位。 (易 婷)

【建筑安装工程有限公司】 房屋建筑工程施工总承包一级,市政公用工程施工总承包一级,铁路工程施工总承包二级,地基与基础、钢结构、建筑装修装饰、机电设备工程专业承包一级,环保工程专业承包二级资质企业。驻湖北省襄樊市长虹北路 3 号。前身为中国人民解放军铁道兵第一师设计科,1984 年 1 月 1 日集体转业并入铁道部,改编为铁道部第十一工程局勘测设计研究院;1996 年 6 月改称建筑安装工程处,2001 年 9 月 20 日企业改制改称中铁十一局集团建筑安装工程有限公司。执行董事兼总经理王发明,党委书记李书兵。下辖勘测设计所、机械设备租赁公司、武汉物业管理服务中心及若干个工程项目部。职工 847 人。其中,干部 600 人;工人 247 人。专业技术干部 408 人,占干部总数的 68%;技术工人 206 人,占工人总数的 83%。资产总额 158305 万元。其中,固定资产原值 13297 万元、净值 8680 万元;流动资产 147696 万元。机械运输设备 139 台(套),总功率 13506.9 千瓦,动力装备率 15.95 千瓦/人,技术装备率 3.48 万元/人。年施工能力 20 亿元。

2011 年承揽工程任务 444270 万元,完成企业总产值 162593 万元。其中,施工产值 161683 万元;附营收入 910 万元。实现利润 3136 万元。全员劳动生产率 1890049 元/人年,人均创利 37031 元,职工年人均收入 31820 元。国有资产保值增值率 100%,净资产收益率 18.35%,产值利润率 2.3%,资产负债率 85.05%,应上缴款完成率 100%。实现安全生产 9598 天。年内,公司获湖北省建设工程质量管理优秀企业、湖北省五一劳动奖状等荣誉。 (王晓颖)

【桥梁有限公司】 桥梁工程、混凝土预制构件专业承包二级,钢结构工程专业承包三级资质企业。集高速铁路箱梁和高速铁路大板、博格板及城市轻轨 PC 梁、U 型梁制造,铁路轨下产品生产,工业、贸易、物流、房地产开发、战备器材桥梁租赁于一体。驻江西省鹰潭市南站路 24 号。前身为中国人民解放军铁道兵鹰潭仓库,组建于 1954 年 6 月;1984 年 1 月 1 日集体转业并入铁道部,改编为铁道部工程指挥部鹰潭材料总厂;1989 年更名为中国铁道建筑总公司鹰潭战备材料总厂,2001 年 11 月 28 日划转中铁十一局集团有限公司,2003 年 7 月 1 日企业改制改称中国铁道建筑总公司鹰潭战备材料总厂有限公司,2007 年 8 月 10 日更名为中铁十一局集团桥梁有限公司。执行董事、总经理严韧,党委书记胡士华。下辖铁路制品公司、物业管理公司、器材租赁公司、多种经营公司、重庆城市轻轨 PC 制梁场、重庆 U 型梁场、武汉城际铁路项目经理部、向莆铁路抚州制枕基地、津保项目经理部、长昆项目经理部、成渝项目部、诸暨制梁场、绩溪制梁场、合福铁路Ⅰ标段项目部、德兴轨枕场、山西洪洞制枕场、吉图珲项目部。职工413人。其中,干部269人;工人145人。专业技术干部226人,占干部总数的84%;技术工人117人,占工人总数的81%。资产总额67919万元。其中,固定资产原值30190万元、净值20152万元;流动资产44968万元。机械运输设备403台(套),铁路专用线5条3747米,料场、库房10万平方米,年最大吞吐能力40万吨。公司是铁道部重要的战备物资储备单位,华东地区最大的物流储备基地之一。

2011年承揽任务3.13亿元,完成企业总产值84877.61万元,实现利润5889万元。职工年人均收入33250元。资产负债率73.48%,产值收益率6.94%。实现安全生产10199天。（杨汉思）

【城市轨道工程有限公司】 隧道工程、混凝土预制构件专业承包二级,城市轨道交通工程专业承包资质企业。驻湖北省武汉市东湖开发区华光大道23号。前身为中铁十一局集团公司广州地铁工程指挥部、广州分公司、城市轨道工程公司,2007年8月企业改制改称中铁十一局集团城市轨道工程有限公司。执行董事、总经理徐加兵,党委书记张平。下辖二级公司2个,派出工程项目部24个。职工840人。其中,干部757人;工人83人。工程技术人员605人,占干部总数的72%。资产总额214642万元。其中,固定资产原值92029万元、净值78003万元;流动资产122997万元。机械运输设备268台(套),总功率54425.8千瓦,动力装备率64.8千瓦/人,技术装备率78.6万元/人。年施工能力20亿元。

2011年承揽工程任务27.09亿元,完成企业总产值169882万元,实现利润5133万元。全员劳动生产率202万元/人年,人均创利5.36万元,职工年人均收入42197元。国有资产保值增值率141.1%,净资产收益率19.4%,产值利润率3.02%,资产负债率83.5%,投资收益上缴率100%。年内,公司获全国"安康杯"竞赛优胜企业、湖北省五一劳动奖章、湖北省"模范职工之家"等荣誉。承建的沈阳地铁1号线一期土建工程获中国建设工程鲁班奖。（余忠娥　杨红梅）

【襄阳管理部】 驻湖北省襄樊市七里河路2号。2006年9月由襄樊基地资产管理开发中心与原襄樊管理部合并组建;2009年12月30日主体划转并入第六工程有限公司,继续保留和使用中铁十一局集团有限公司襄樊管理部名称,下辖襄阳管理分部;2010年12月2日,襄樊市更名为襄阳市,原襄阳区更名为襄州区,集团公司于2011年1月4日决定将襄樊管理部更名为襄阳管理部,所属襄阳管理分部更名为襄州管理分部。党委书记、主任黄仕典。在职职工207人。资产总额217万元。其中,固定资产原值100万元、净值33万元;流动资产184万元。职工年人均收入19323元。（陈　莉）

【房地产开发有限公司】 主要从事房地产开发、销售、出租和自建商品房管理,具有房地产开发暂定资质。驻湖北省武汉市武昌区中山路347号。2010年3月成立。执行董事赵晋华(兼),总经理、党委书记代峪。下辖1个全资子公司。职工7人。资产总额9035万元。其中,固定资产原值90万元、净值56万元;流动资产8979万元。

2011年实现利润6万元,职工年人均收入69502元。净资产收益率0.01%,资产负债率44.66%。年内完成重庆璧和房地产开发有限公司注册及中国铁建·璧和国际项目有关"国土使用权证"、"建设用地规划许可证"、施工图等工作。（郭　雪）

【重要记载】

▲1月9日　城市轨道工程有限公司科研办公大楼正式启用。

▲同日　集团公司被评为湖北省企业精神文明建设杰出贡献单位,党委副书记、纪委书记雷佳民被评为湖北省企业精神文明建设杰出贡献人物。

▲1月18日　集团公司2011年工作会、党委全会、职代会在武汉召开。

▲1月21日　铁道部副部长卢春房视察集团公司京福铁路闽赣段Ⅰ标段桃园隧道出口施工现场。

▲2月23日　集团公司生产经营专题会暨党风建设和反腐倡廉工作会在武汉召开。

▲2月28日　集团公司驻利比亚铁路项目2975名员工前后分3批全部安全撤离。

▲4月15日　集团公司与内蒙古铁道勘察设计院签署战略合作框架协议。

▲4月16日　集团公司物资配送中心——西北区域物资配送中心在甘肃兰州挂牌成立。

▲5月14日　湖北省省委常委、纪委书记黄先耀到集团公司谷竹高速公路调研廉政阳光示范工程创建情况。

▲5月22日　跨度达132米的国内最大跨度单线铁路连续梁钢管拱桥——宿淮铁路京杭运河特大桥胜利合龙。

▲5月30日　新加坡陆路交通管理局交通学院与新加坡工程师学院61人代表团到集团公司参观访问。

▲6月24日　集团公司纪念建党90周年光荣传统教育报告会在武汉举行。会议邀请黄埔军校第17期学员，武汉市武昌区第七、八、九、十、十一、十二届政协委员，92岁的刘一曙老人作光荣传统教育报告。

▲6月29日　股份公司总裁赵广发在武昌东湖宾馆会见湖北省省委书记、省人大常委会主任李鸿忠，省委副书记、省长王国生，商谈中国铁建与湖北省加强战略合作的相关事宜。

▲7月1日　集团公司在武汉举办“生命可贵，安质如天”主题演讲比赛，所属工程公司选拔推荐的15名选手参加比赛。

▲7月15日　湖北省第十七届优秀企业、优秀企业家“双优”表彰大会在武汉洪山宾馆举行。二公司和三公司获湖北省优秀企业“金鹤奖”，集团公司总经理赵晋华、二公司总经理王胜祖、电务公司总经理吴刚获湖北省优秀企业家“金牛奖”。

▲8月2日　集团公司汉江装备制造基地一期工程在襄阳建成投产，湖北省省长王国生、中国铁建总裁赵广发出席投产仪式并剪彩。

▲8月　一公司承建的汀泗河特大桥被评为2011年度湖北省“楚天杯”建筑优质工程。

▲9月28日　集团公司张荣文获全国优秀新闻工作者称号。

▲9月　集团公司领导班子连续第4年获股份公司“四好领导班子”称号。

▲10月21日　集团公司职工职业技能大赛在沪昆铁路客运专线长昆项目部涟源制梁场举行。10个参赛队的54名选手分别参加工程测量工、建材试验工、钢筋工、维修电工技能竞赛。

▲11月10日　集团公司获2011年度湖北百强企业称号，排名第9位。

▲同10日　五公司获全国“工人先锋号”称号。

▲11月30日　7名抬车救人一线工人受到集团公司表彰，被授予“大义善举、见危施救”模范称号。7名工人的救人事迹经中央和省级媒体报道后，在社会上引起强烈反响。

▲11月　二公司参建的合武铁路江岸特大桥工程获2011年度国家优质工程银质奖。

▲11月　一公司承建的武咸城际铁路2标段工程被湖北省授予“安全生产标准化示范段”。

▲12月5日　四公司承建的湖北城际铁路重难点控制工程——武黄城际铁路黄家村下行线特大桥顺利合龙。　　（郭　琳）

中铁十二局集团有限公司

【简况】　中铁十二局集团有限公司具有铁路工程施工总承包特级，房屋建筑、公路、水利水电、市政公用工程施工总承包一级，桥梁、隧道、公路路面、公路路基工程专业承包一级，城市轨道交通工程专业承包和地质灾害防治工程甲级资质，并享有对外承包工程资格和对外合作经营权。集团公司总部驻山西省太原市西矿街130号。下辖第一、第二、第三、第四工程有限公司，建筑安装工程有限公司、电气化工程有限公司、第七工程有限公司、市政工程有限公司、海南振海工程有限公司、铁路养护工程有限公司、海外工程有限公司，广州、华东、西北、川渝、云贵、京津工程指挥部，物资公司、铁道大厦、中心医院、兴城疗养院、湘潭铁路工程学校、北京办事处、物业管理中心、资金调度中心等单位。职工17619人。其中，干部9438人；工人8181人。专业技术干部9178人，占干部总数的97.25%；技术工人5303人，占工人总数的64.82%。资产总额340.54亿元。其中，固定资产29.12亿元；流动资产305.77亿元；货币资金50.18亿元。机械运输设备5726台（辆），总功率625990千瓦，固定资产原值297774万元、净值189562万元，动力装备率32千瓦/人，技术装备率9.4万元/人。年内新购设备615台，价值22014.8万元。主要设备完好率96.4%、利用率73.1%、新度系数0.64，综合机械化施工水平90.8%。年施工能力350亿元以上。

2011年承揽工程任务150项，合同总额277.03亿元。完成企业总产值342.5亿元，其中施工产值341亿元；实现利润50173万元。职工年人均收入60956元。完成主要实物工程量：土石方7533万立方米，隧道195公里，桥梁159公里，铁路架梁3421孔，公路架梁7112片，地铁8905米，公路85公里，公路路面186万平方米，房屋建筑158万平方米，通信线路251公里，供电线路853公里，电气化接触网64公里。工程质量合格率100%，全年无施工安全责任伤亡事故。资本金收益率42.59%，净资产收益率14.59%，营业利润率1.2%，资产负债率89.58%。年内获国家优质工程奖2项、省部级优质工程奖5项，获全国工程建设优秀质量管理小组称号6个，集团公司被评为全国工程建设质量管理优秀企业。集团公司获省部级科技进步奖11项、授权专利61项，5项科技成果达到国际领先水平、12项达到国际先进水平。年内，集团公司技术中心顺利通过国家级认定。　　（张林祥）

【领导人员】

董事会

董事长	史道泉
副董事长	宋津喜
董事	史道泉
	宋津喜
	霍玉华
	和万春(11 月任)
职工董事	刘永年(5 月免)
	罗海滨(11 月任)

监事会

监事会主席	赵玉林(8 月任)
监事	王爱民(2 月免)
	窦光武
	张金才(11 月任)

经理层

总经理	宋津喜
副总经理	霍玉华
	和万春
	张喜胜
	薛如明
	高治双(8 月任)
	王锦友(8 月任)
	乔志东
	祁玺剑
	向远华
	原　军
	张凤华(8 月任)
	谭雷平(8 月任)
	孙圣杰(8 月任)
总工程师	高治双(兼)
总会计师	王锦友(兼)
顾问	王爱民(2 月任)
	刘永年(5 月任)

党群领导

党委书记	史道泉
党委副书记	宋津喜
	王爱民(2 月免)
	刘永年(5 月免)
	赵玉林(8 月任)
	罗海滨(8 月任)
纪委书记	王爱民(2 月免)
	赵玉林(8 月任)
工会主席	刘永年(5 月免)
	罗海滨(8 月任)

(唐运尚)

【职工队伍】 职工 17619 人。干部 9438 人,其中专业技术干部 9178 人,占干部总数的 97.25%。学历结构:研究生及以上 101 人,大学本科以上 6973 人,大学专科 1379 人,中专 623 人,高中以下 362 人。年龄结构:25 岁以下 2849 人,26 ~ 30 岁 2611 人,31 ~ 35 岁 1077 人,36 ~ 40 岁 1081 人,41 ~ 45 岁 543 人,46 ~ 50 岁 357 人,51 ~ 54 岁 479 人,55 岁以上 441 人。年内接收大学本科毕业生 1260 人。

工人 8181 人,其中技术工人 5303 人,占工人总数的 64.82%。4651 人获得国家职业技能鉴定资格,其中初级工 192 人、中级工 662 人、高级工 2738 人、技师 893 人、高级技师 166 人。学历结构:初中及以下 3536 人,高中 2670 人,中专技校职高 1335 人,大专高职 555 人,本科 85 人。年龄结构:30 岁以下 675 人,31 ~ 40 岁 1894 人,41 ~ 50 岁 2692 人,51 ~ 60 岁 2920 人。

(蒲晋东)

【工程项目指挥机构】 大西铁路客运专线工程指挥部　驻山西省临汾市育红路 9 号。指挥长霍玉华,党工委书记王桂元。

山西中南部铁路通道项目经理部　驻山西省临县 218 省道郝家坡收费站院内。项目经理兼党工委书记祁玺剑。

贵广铁路工程指挥部　驻广西壮族自治区桂林市北辰路 438 号。指挥长李天胜,党工委书记黄明玉。

柳南铁路工程指挥部　驻广西壮族自治区南宁市中华支一路 3 号华夏大酒店。指挥长兼党工委书记向远华。

京石铁路客运专线项目经理部　驻河北省石家庄市联盟路 639 号。项目经理兼党工委书记胡建国。

甘泉铁路工程指挥部　驻内蒙古自治区包头市甲尔坝新村 B 区 99 号。指挥长赵晓文,党工委书记厉建宗。

集包(张集)铁路增建二线工程指挥部　驻内蒙古自治区卓资县迎宾西路粮贸宾馆。指挥长赵西民,党工委书记房文重。

渝利铁路工程指挥部　驻重庆市渝北区龙塔街道兴盛大道 281 号。指挥长兼党工委书记赵树林。

广珠铁路工程指挥部　驻广东省佛山市三水区西南镇沙头街 30 座。指挥长宋新录,党工委书记洪杰。

西康铁路二线工程指挥部　驻陕西省镇安县岭南路 29 号。指挥长兼党工委书记易继武。

兰新铁路二线(新疆段)项目经理部　驻新疆维吾尔自治区乌鲁木齐市达坂城区新冠酒店。项目经理兼党工委书记祁玺剑,常务副经理邸建玄。

兰新铁路二线(甘青段)项目经理部　驻甘肃省

玉门市玉门镇玉关路17号。项目经理范军，党工委书记夏跃进。

宁安铁路1标段工程指挥部　驻安徽省铜陵市长江西路1729号天井湖宾馆1号楼。指挥长窦光武，党工委书记牛守信。

宁安铁路6标段工程指挥部　驻安徽省池州市贵池区秋浦西路20号。指挥长欧邦云，党工委书记朱双成。

张唐铁路项目经理部　驻河北省承德市鹰手营子矿区鹰城大街12号。项目经理史聪慧。

沪昆铁路客运专线云南段项目经理部　驻云南省马龙县环城西路延长线乐熙酒店。项目经理和万春，党工委书记兼常务副经理刘建佳。

沪昆铁路客运专线长昆湖南段项目经理部　驻湖南省邵阳市隆回县金石桥镇双鑫大道。项目经理兼党工委书记董裕国。

吉图珲铁路工程指挥部　驻吉林省图们市图们大路3号。指挥长和万春，常务副指挥长张瑞森，党工委书记张仲理。（张林祥）

【工程施工】　大西铁路客运专线8标段工程　位于山西省临汾市辖内的洪洞县、尧都区、襄汾县、侯马市、运城市新绛县境内，全长99.295公里，合同投资78.01亿元，合同工期2010年3月10日～2012年7月20日。主要实物工程量：路基土石方387万立方米，特大桥5座72995.17延长米，隧道6座13254延长米，涵洞1119.75横延米，站场4处，CRTSI型双块式无砟轨道道床铺轨194.93公里。2011年完成投资30.08亿元。

山西中南部铁路通道ZNTJ－1标段工程　位于山西省兴县、临县境内，正线全长70.147公里，合同投资60.42亿元，合同工期2010年4月9日～2013年9月30日。主要实物工程量：路基28.8公里，土石方1720万立方米，桥梁63座19600延长米，隧道19座31300延长米，铺架正线单线623.7公里、站线50.51公里。2011年完成投资16.24亿元。

贵广铁路GGTJ－6标段工程　位于广西壮族自治区桂林市临桂县、灵川县境内，全长66.2公里，合同投资57.28亿元，合同工期2008年12月19日～2013年6月18日。主要实物工程量：隧道14座30100延长米，桥梁45座23500延长米。2011年完成投资15.11亿元。

张唐铁路ZTSG－5标段工程　位于河北省兴隆县、滦平县、承德县境内，全长76.6公里，合同投资30.03亿元，合同工期2010年9月1日～2015年2月28日。主要实物工程量：路基土石方720万立方米，桥梁19座6258延长米，涵洞79座5323.7横延米，隧道20座56003延长米，车站2座。2011年完成投资55219万元。

京石铁路客运专线JS－4标段工程　位于河北省石家庄市境内，分为京石正线和石太直通线两部分，京石正线长28公里，石太直通线长24.2公里。集团公司管段合同投资10.04亿元，合同工期2008年10月～2011年10月。2011年完成投资7816万元。

广珠铁路SG－2标段工程　位于珠江三角洲的佛山、江门、珠海三市境内，全长44.399公里，合同投资14.76亿元，合同工期2008年3月31日～2011年11月30日。主要实物工程量：改移道路49处，区间正线路基14.459公里，双线桥13座25811延长米，涵洞93座2579.16横延米，车站2座。2011年完成投资5692万元。

湘桂铁路扩能改造XG－3标段工程　全长59.060公里，合同投资17.5亿元，合同工期2009年3月～2012年3月。主要实物工程量：区间路基土石方426万立方米，站场土石方79.3万立方米，桥梁24座13440.4延长米，隧道5座5640延长米，涵洞158座3740.25横延米。2011年完成投资52842万元。

沪昆铁路客运专线长昆湖南段5标段工程　位于湖南省新化县、隆回县、溆浦县境内，全长42.5公里。其中，路基长4.194公里，占正线长度的9.85%；桥梁7.582公里，占正线长度的17.8%；隧道30.814公里，占正线长度的72.35%。合同投资30.66亿元，合同工期2010年9月1日～2014年2月28日。主要实物工程量：特大桥6座6069.9延长米、大桥6座1059.9延长米、中桥2座157.7延长米，涵洞19座645.39横延米，隧道7.5座30814延长米。2011年完成投资82734万元。

沪昆铁路客运专线云南段TJ3标段工程　位于云南省境内，全长51.6公里，合同投资47亿元，合同工期2010年9月2日～2015年7月16日，由集团公司与中铁十六局集团公司组成联合体共同建设。其中集团公司承建35.6公里，合同投资33亿元。主要实物工程量：隧道10座14300延长米，桥梁28座9600延长米，路基10.9公里。2011年完成投资40246万元。

重庆至利川铁路土建1标段工程　位于重庆市境内，全长36.118公里，合同投资36.4亿元，合同工期2008年12月～2013年12月。主要实物工程量：路基土石方1132.6万立方米，特大桥9座10571延长米、大中小桥40座18079延长米，涵洞3237.37横延米，隧道21座32426延长米，无砟道床铺轨18.71公里。2011年完成投资73094万元。

西安北站房工程　位于陕西省西安市城区北部即

城市中轴未央路、城市三环路及绕城高速公路交通枢纽衔接处,与西安市地铁2号线相连。西安北站房地下一层、地上两层,建筑面积115233平方米,站台雨棚53708平方米,高架站房8770平方米。合同投资25亿元。2011年完成投资28655万元。

柳州至南宁铁路V标段工程　全长54.032公里,合同投资32.96亿元,合同工期2009年10月1日~2011年12月31日。主要实物工程量:双线特大桥18座21161.318延长米、双线大桥29座6929.98延长米、双线中桥18座1613.732延长米,隧道8座6704延长米,涵洞41座1119.23横延米。2011年完成投资8.05亿元。

兰新铁路第二双线LXTJ8标段工程　位于新疆维吾尔自治区乌鲁木齐市达坂城区境内,全长42.382公里,合同投资21.7亿元,合同工期2010年1月1日~2013年12月31日。主要实物工程量:路基27.707公里,桥梁20座10083延长米,隧道1座4590延长米,涵洞84座2703.5横延米,无砟轨道道床铺轨84.337公里。2011年完成投资42262万元。

宁安铁路1标段工程　位于安徽省铜陵市境内,全长60.081公里,合同投资35.03亿元,合同工期2009年3月20日~2012年12月31日。主要实物工程量:路基26.1公里,区间路基土石方482.9万立方米,站场路基土石方119.8万立方米,桥梁31座32400延长米,隧道5座1606延长米,涵洞112座3553横延米,制、架箱梁956孔,无砟轨道125.98公里。2011年完成投资9.4亿元。

宁安铁路6标段工程　位于安徽省池州、安庆市,全长42.7公里,合同投资28.1229亿元,合同工期2009年12月~2012年12月31日。主要实物工程量:路基12.42公里,特大及大中小桥22座27420延长米,涵洞61座1660横延米,铺设无砟道床23.12公里,铺设有砟道床19.58公里,正线铺轨250.24公里,站线铺轨42.07公里。2011年完成投资60982万元。

拉日铁路站前TJ4标段工程　位于雅鲁藏布江峡谷区,全长23.76公里,合同投资111402万元,合同工期2011年2月1日~2014年11月30日。主要实物工程量:区间路基土石方6.8万立方米,站场路基土石方37.268万立方米,圬工1.912万立方米,特大桥1座875.4延长米、大中桥5座765.9延长米,涵洞2座21.16横延米,隧道4座20036延长米,铺设无砟道床20.229公里,车站1座。2011年完成投资35592万元。

吉图珲铁路客运专线6标段工程　位于吉林省延边朝鲜族自治州辖内的图们市境内,全长36.315公里,合同投资23.64亿元,合同工期2011年6月20日~2013年8月30日。主要实物工程量:路基土石方247.7万立方米,特大桥7座8581.6延长米,隧道9座22240延长米,涵洞752.11横延米,站场1处。2011年完成投资13452万元。

太原—古交高速公路S2合同段工程　全长6.65公里,合同投资6.2亿元,合同工期2008年12月30日~2011年10月30日。主要实物工程量:西山隧道左线6544延长米、右线6540延长米。2011年完成投资37160万元。

长安高速公路长治—平顺段LJ5标段工程　位于山西省长治市平顺县,全长7.22公里,合同投资6.886亿元,合同工期2009年8月31日~2012年8月31日。主要实物工程量:虹梯关隧道进口段左线7212延长米、右线7227延长米,虹梯关隧道1号斜井745.69米、2号斜井745.91米。2011年完成投资18322万元。

长安高速公路长治—平顺段LJ6标段工程　位于山西省长治市平顺县,全长5.96公里,合同投资4.8043亿元,合同工期2009年8月31日~2012年8月31日。主要实物工程量:路基土石方3.32万立方米,虹梯关隧道出口段左线5910延长米、右线5871延长米,3号斜井708.56米、4号斜井679.93米。2011年完成投资11616万元。

北京地铁10号线二期8标段工程　位于北京市丰台区,全长3.8公里,合同投资66541万元,合同工期2008年12月28日~2012年7月31日。主要实物工程量:樊家村车站主体长490.8米,草桥站—樊家村区间2520米双线盾构隧道,樊家村站—孟家村站区间808.322米双线盾构隧道。2011年完成投资23383万元。

长沙轨道交通2号线一期6标段工程　五一广场站位于长沙市五一大道与黄兴中路交叉口下,为1号线与2号线换乘车站,全长640.2米,合同投资3.9776亿元,合同工期2009年9月16日~2012年8月31日。主要实物工程量:1号线五一广场站358.5米及171.2米的联络线,2号线五一广场站145.8米。2011年完成投资19338万元。　　(张林祥)

【经营管理】　任务承揽。全年承揽工程任务150项,合同总额277亿元。其中,铁路工程6项,合同额56.8亿元,占总额的20.5%;公路工程46项,合同额115.2亿元,占总额的41.6%;地方铁路及专用线11项,合同额16.9亿元,占总额的6.1%;水利水电工程2项,合同额0.77亿元,占总额的0.3%;房屋建筑工程37项,合同额42.1亿元,占总额的15.2%;轨道交通工程3项,合同额7.3亿元,占总额的2.7%;市政工程8

项,合同额4.9亿元,占总额的1.8%;机场工程2项,合同额0.67亿元,占总额的0.2%;其他工程31项,合同额10.3亿元,占总额的3.7%;海外项目4项,合同额21.9亿元,占总额的7.9%。铁路市场占较大份额,先后中标拉日、三南、吉图珲、锡二4个项目,合同额46.6亿元,占全路新开工项目投资总额的13%;路外市场取得新突破,承揽任务创历史新高,达到190.2亿元;海外市场实现良性滚动发展,先后承揽委瑞内拉社会住房、以色列吉隆隧道、安哥拉社会住房等4个项目21.9亿元的施工任务,有力支撑了企业的经营规模。

项目管理。面对资金高度紧张、多数项目施工无法正常推进的被动局面,不断调整施工组织,努力掌控施工节奏,保持施工生产平稳有序态势。全年完成施工产值341亿元,确保了施工生产平稳推进。京沪高速铁路、广深港铁路客运专线和太中银、张集铁路等一批重难点工程建成通车;京石铁路客运专线及龙厦、通灌、集包铁路等收尾项目进展顺利;狮子洋、旧堡、西山、大南山、泥巴山等隧道先后贯通;大西铁路客运专线、中南铁路通道、兰新铁路客运专线新疆和甘肃段、沪昆铁路客运专线湖南和云南段等工程项目,努力保证重难点控制性工程施工的正常进行。

安全质量。坚持开展“安全生产月”、“质量月”等活动,全面落实安全生产责任制,加强技术保障和安全基础建设,深入开展安全质量警示教育,不断加大监督检查和惩处力度,施工管理水平稳步提升,安全生产总体保持平稳,工程质量稳定可控。年内,贵广、柳南、沪昆(云南段)、西康、石长等项目的业主在集团公司管区召开标准化管理现场推进会或观摩会,集团公司连续7年被上海铁路局评为标杆单位。全年获国家优质工程奖2项、省部级优质工程奖5项,获全国工程建设优秀质量管理小组称号6个,集团公司被评为全国工程建设质量管理优秀企业。

财务管理。围绕化解资金高度紧张的局面,狠抓资金管理和变更索赔补差,保证企业经济的正常运转。一是强化资金保障。及时调整内部资金管理政策,按照保投标保证金供应、保职工和民工工资、保关键工程资金供应、保两级机关开支,压垫资性资金投入、压设备投入、压非生产性支出、压小型项目投入的“四保四压”原则,加强对内部信贷的管理和控制。加大清欠工作力度,通过召开清欠工作专题会议、制定清欠工作考核奖罚办法、建立清欠工作周报制度等措施,加快尾工款、拖欠工程款、到期质保金等的回收。二是狠抓索赔创效。进一步理顺索赔创效工作机制,形成上下左右有效联动的局面;紧抓铁道部清理欠款机遇,有效组织开展变更索赔工作,逐个项目进行梳理、对接、分析、策划和跟踪,收到良好成效。 (刘 高)

【科技工作】 2011年,集团公司科技立项217项。开发的“宜万铁路高压富水大型充填岩溶及断裂带隧道修建技术”成果获2011年度铁道科学技术特等奖,开发的“观音堂隧道进口明洞段高边坡变形机理及桩钉复合支护技术研究”、“客运专线大跨度下承式钢管混凝土提篮式系杆拱桥施工技术”等4项成果获铁道科学技术三等奖。集团公司技术中心通过国家级认定,成为中国铁建唯一一家国家级企业技术中心。二公司、三公司、建筑安装公司技术中心通过太原市技术中心认定。全年获省部级科技进步奖11项;取得授权专利61项,其中发明专利10项;5项工法被评为国家级工法;2项工程被评为全国建筑业绿色施工示范工程;组织省部级科技成果鉴定19项,其中5项达到国际领先水平、12项达到国际先进水平,科技创新工作迈上新台阶。 (刘 高)

【党群工作】 党的工作。各级党组织坚持以生产经营为中心,积极发挥政治优势和组织优势,保持企业健康有序发展。一是加强领导班子建设。以胡锦涛总书记“七一”重要讲话等中央精神为主要内容,做好党委中心组和领导干部理论学习。完善基层领导班子重大问题集体讨论、重要工作情况通报和重大问题请示报告制度。考察7个单位领导班子运行情况,并对班子成员履职情况进行民主测评,对部分单位领导班子进行调整充实。按规定召开领导班子民主生活会。严格按照标准和程序开展好班子评选工作,6个单位领导班子被集团公司表彰为“四好领导班子”。二是深入开展创先争优活动。通过开展创岗建区、双创、党员岗位承诺、群众评议、组织点评、双优共建、庆祝建党90周年等系列活动,增强创先争优活动实效。4个单位、7名党员受到股份公司及以上表彰,集团公司党委被山西省委表彰为先进基层党组织,三公司党委被国资委党委表彰为先进基层党组织。三是狠抓基层党建工作。认真落实股份公司加强项目党建决定精神,基本实现基层党建规范化,坚持开展民主评议党员和基层党组织考核工作,党员民主评议合格率97.6%,评选出先进党组织204个。狠抓书记队伍建设,全年从行政和技术管理岗位选拔书记49名,选派20名基层书记参加股份公司组织的书记培训。组织召开基层党建经验交流大会,有15个单位和个人从不同侧面介绍了经验。四是推进企业文化建设。广泛扎实开展“实干兴企,实干增值”主题实践活动,征集意见和建议158条,选树实干杰出人物12名、标兵单位12个。开展企业形势任务教育,大力加强企业内外宣传报道工作,全年在国内大型媒体发表稿件2000余篇。集团公司被评为山西省优秀政工企业。五是加强党风廉政建设。

在强化反腐倡廉教育的基础上，制定并实施《项目管理人员保廉问责实施办法》《人事任用、劳务队使用及物资设备采购（租赁）实行回避的规定》，推广《项目管理“三严禁、六不准”监察规定》，开展工程建设领域突出问题专项治理、“企检共建”预防职务犯罪等活动。全年查办违法违纪案件16起，处理28人，化解企业经营风险6起，较好地维护了企业利益。

工会工作。各级工会围绕企业中心工作，发挥自身优势，团结动员广大职工弘扬实干精神，在促进企业发展转型中展现作为。一是劳动竞赛取得新成绩。以创建“工人先锋号”为主要载体，以七比一争为主要内容，深入开展“建功‘十二五’”劳动竞赛活动，全集团55个单位82名个人受到省部级以上表彰。其中京沪项目经理部、养护公司安多车间分别获全国五一劳动奖状和全国“工人先锋号”荣誉。二是积极维护职工权益。坚持集体合同制度，从源头上维护职工合法权益。各级工会与企业签订工资集体协商合同，明确职工工资支付保障和增长比例。落实劳动保护工作责任制，推广应用“一法三卡”，健全劳动保护监督网络，积极配合行政开展职工体检、安全知识培训、安全生产大检查。三是履行“三不让”承诺，进一步加大帮扶救助困难职工力度。全年慰问困难职工家庭662户1922人93.5万元，助学73名9.75万元。四是维护职工民主管理权益。按期召开职代会，听取和审议行政、财务和工会三个工作报告，通过企业“十二五”发展规划、住房分配方案等一系列关乎职工利益的重大事项。年内，两级职代会收集答复职工代表提案148件。组织开展职工合理化建议和技术改进项目成果评审，全年评审项目98个，创造价值8584万元。安排和组织集团公司领导述职和职工代表民主测评，各单位进行领导班子述职，对13名集团公司领导、99名处级领导、445名项目领导进行民主测评。

共青团工作。以建党90周年为契机，各级共青团组织通过开展多种形式的思想教育，组织以“学习党史，励志青春，实干兴企”为主题的党史知识竞赛，全集团有4165名团员青年参与答题，组织红色旅游、红歌传唱等活动。进一步深化“导师带徒”活动，通过跟踪调研、建立优秀导师库、召开交流研讨会等形式，积极引导青年成长成才，取得可喜成绩。全年有4个团组织、5名团员青年受到省部级表彰。（刘　高）

【第一工程有限公司】 铁路、公路、市政公用工程施工总承包一级，桥梁、隧道、公路路基、水工隧洞、公路路面工程专业承包一级资质企业。驻山西省临汾市育红路9号。董事长、总经理孙圣杰，党委书记宋凯。下辖45个项目部和机械设备公司、混凝土公司、混凝土预制品公司、架桥一公司、架桥二公司、架桥三公司6个专业化公司及泰丰公司、临汾基地管理中心、职工医院、北海基地、南充基地、广州基地、宜昌基地等附属单位。职工3032人。其中，干部1531人；工人1501人。专业技术干部1313人，占干部总数的85.76%；技术工人915人，占工人总数的60.96%。资产总额63.5亿元。其中，固定资产净值4.5亿元；流动资产58.12亿元。主要施工机械设备915台（套），设备原值66427万元、净值35513万元，总功率119125千瓦，技术装备率11.8万元/人，动力装备率39.5千瓦/人。年施工能力70亿元以上。

2011年承揽任务57.7亿元，完成企业总产值57.55亿元，实现利润4002万元。职工年人均收入50942元。完成实物工程量：土石方547.1万立方米，桥梁54315延长米，铁路制梁1097孔，铁路架梁1170孔，公路架梁1732片，隧道及引水隧洞10883延长米，公路路面185.8万平方米。年内，公司被中国施工企业协会评为全国优秀施工企业，获国家科技进步奖1项、全国工程建设优秀质量管理小组1个，中国铁建优质工程奖5项、工程建设优秀QC成果奖1项，山西省建筑业协会QC成果二、三等奖各1项。（邓东英）

【第二工程有限公司】 铁路、公路、市政公用、房屋建筑工程施工总承包一级，矿山工程施工总承包二级，隧道、桥梁、公路路基、水工隧洞、铁路铺轨架梁工程专业承包一级资质企业。驻山西省太原市小店区人民南路19号。董事长、总经理雷军，党委书记何雪光。下辖物业管理公司、建筑安装工程公司、机械化工程公司、物资工程公司、桥梁施工分公司、混凝土施工公司、地质钻探分公司7个专业化分公司和81个工程项目部。职工3270人。其中，干部1770人；工人1500人。专业技术干部1427人，占干部总数的80.6%；技术工人884人，占工人总数的58.9%。资产总额66.75亿元。其中，固定资产原值9.4亿元、净值6.3亿元；流动资产62.92亿元（货币资金4.4亿元）；实物资产15.9亿元；资本性企业积累7.9亿元。施工机械设备1285台（套），总功率103191千瓦，动力装备率31.5千瓦/人，技术装备率15.4万元/人，机械化施工程度85%以上。年施工能力70亿元以上。

2011年承揽工程任务29.61亿元，完成施工产值66.11亿元，实现利润2844万元，职工年人均收入51897元。完成主要实物工程量：路基土石方1687万立方米，桥梁11451延长米，隧道84267延长米，地铁6827米，公路架梁385片，房屋7567平方米。年内，公司获中国土木工程詹天佑奖1项、中国铁建优质工程奖2项，国家优秀QC成果2项、铁道部优秀QC成果1

项、山西省优秀QC成果3项、中国铁建优秀QC成果1项。公司获2011年度山西省五一劳动奖状、山西省优秀建筑企业、太原市企业技术中心和太原市文明和谐单位等荣誉。（沈学义）

【第三工程有限公司】 公路、市政公用工程施工总承包一级，铁路工程施工总承包二级，桥梁、隧道、公路路基、水工隧洞工程专业承包一级，城市轨道交通工程专业承包资质企业。驻山西省太原市万柏林区西线街39号。董事长、总经理张凤华，党委书记梁彬彬。下辖机械化工程公司、混凝土工程公司、铺架工程公司、设备租赁公司、修理制造厂、物业管理中心、劳动力管理配置中心、招待所、机关门诊部9个专业公司及直属单位，派出工程项目部64个。职工3159人。其中，干部1613人；工人1546人。专业技术干部1587人，占干部总数的98.4%；技术工人1407人，占工人总数的90.77%。资产总额64.2亿元。其中，固定资产6.4亿元；净资产7.9亿元；流动资产57.6亿元。工程机械设备1302台（套），动力装备率79.1千瓦/人，技术装备率13.5万元/人。年施工能力70亿元以上。

2011年承揽工程任务65.6亿元，完成施工产值60.6亿元，实现利润2888万元。职工年人均收入54733元。完成主要实物工程量：土石方1793万立方米，桥梁30467延长米，隧道54354延长米，公路制梁1309片、架梁999片，铁路制梁506片、架260孔，铁路正线铺轨22.4公里，站线铺轨22.9公里，铺设道岔25岔组。年内获国家优质工程奖1项、铁道部火车头奖2项、中国铁建优质工程奖1项，获山西省优秀质量管理小组2个；1个项目部荣立山西省重点工程劳动竞赛集体一等功，1个项目部获山西省"工人先锋号"称号。（刘玮钰）

【第四工程有限公司】 公路、市政公用工程施工总承包一级，铁路工程施工总承包二级，房屋建筑工程施工总承包三级，隧道、桥梁、土石方、公路路基、机场场道工程专业承包一级资质企业。驻陕西省西安市未央区徐家湾红旗东路3号。董事长、总经理谭雷平，党委书记梁健。下设机械化公司、架桥公司、预应力公司、混凝土公司、盾构公司、山西介休基地物业公司、劳务中心7个建制单位及直属单位，派出工程项目部53个。职工3025人。其中，干部1540人；工人1485人。专业技术干部1473人，占干部总数的95.65%；技术工人881人，占工人总数的60%。资产总额57.98亿元。其中，固定资产原值10.29亿元、净值4.71亿元；流动资产53.09亿元。主要机械运输设备671台（套），总功率78889千瓦，技术装备率14.1万元/人，动力装备率26千瓦/人。年施工能力75亿元以上。

2011年承揽工程任务24.77亿元，完成施工产值72.33亿元，实现利润2935.62万元，职工年人均收入55693元。完成主要实物工程量：路基土石方1739万立方米，桥梁43730延长米，隧道25178延长米，涵洞2244横延米，铁路架梁1649孔，公路架梁1281片，建成高速公路44.59公里、地铁73米。年内获中国铁建优质工程奖2项，铁道部优秀质量管理小组成果奖1项，山西省省级工法8项。3项施工关键技术通过山西省科技厅组织的成果鉴定；获中国铁建科技进步二等奖1项、三等奖2项，铁道部科技进步三等奖1项，中国施工企业协会技术创新科技成果一等奖1项。公司被评为山西省四星级基层工会、五星级职代会，全国铁路"模范职工之家"。（孟彩红）

【建筑安装工程有限公司】 房屋建筑、市政公用、机电安装工程施工总承包一级，铁路工程施工总承包二级，地基与基础、建筑装修装饰、钢结构、机电设备安装工程专业承包一级，建筑幕墙、建筑装饰装修工程设计与施工一级和房地产开发四级资质企业。驻山西省太原市迎泽西大街169号。董事长、党委书记罗海滨，总经理何国民。下辖工程指挥部、项目经理部、专业分公司及后勤服务单位69个。职工1783人。其中，干部1013人；工人770人。专业技术干部912人，占干部总数的90%；技术工人270人，占工人总数的35%。资产总额44.51亿元。其中，固定资产净值5056万元；流动资产43.84亿元。主要机械设备636台（套），总功率17621千瓦。年施工能力40亿元以上。

2011年承揽工程任务50.29亿元，完成施工产值42.22亿元，实现利润6007万元，职工年人均收入55759元。完成主要实物工程量：土石方75万立方米，桥梁1457延长米，房屋159万平方米。全年创国家级优质工程2项、省部级优质工程3项、市级优良工程4项，获国家优秀QC小组成果奖2项、省部级优秀QC小组成果奖3项。截至年底，公司实现连续安全生产8966天。公司被评为山西省优秀建筑企业、山西省建筑施工安全生产先进单位、山西省用户满意建筑施工企业。（涂　洋）

【电气化工程有限公司】 通信、房屋建筑工程施工总承包一级，铁路电务、电气化、送变电、机电设备安装工程专业承包一级，公路交通工程通信、监控、收费综合系统工程资质企业；同时拥有承装（修）一级电力许可证和电力系统设备试验测试资格。驻山西省太原市窊流路西线街19号。董事长、总经理程庆海，党委书记李保国。下辖64个工程项目部，1个办事处。职工

559人。其中,干部401人;工人158人。资产总额29.04亿元,其中流动资产28.3亿元。主要机械设备42台(套),设备原值3745万元、净值3005万元,总功率11907千瓦,设备利用率95%。年施工能力25亿元以上。

2011年承揽工程任务21.3亿元,完成施工总产值15.07亿元,实现利润2225.47万元,职工年人均收入63132元。完成主要实物工程量:电气化接触网58条公里,牵引变电所2座,分区亭2座;电力导线140公里,电缆801公里,变电所40座;通信光电缆51公里,设备安装3站;信号电缆126公里,道岔4组,设备安装5站;隧道机电安装44座99290延长米;风电项目风机安装33台,风机基础52基。年内获省部级优质工程1项,全国建设工程优秀质量QC小组1个,山西省优秀质量管理QC小组2个;获省部级工法3项,有1项科技成果获铁道部科技进步奖、2项科技成果获集团公司科技进步奖。（李 楠）

【第七工程有限公司】 铁路、公路、市政公用工程施工总承包一级,房屋建筑工程施工总承包二级,桥梁、隧道工程专业承包一级,公路路基工程专业承包三级,爆破工程C级和境外工程承包建筑施工资质企业,是湖南省高新技术企业。驻湖南省长沙市天心区友谊路202号。董事长、总经理何常胜,党委书记邱卫。下辖机械公司、设备租赁公司、华铁工程材料设备公司、长沙华铁物业管理有限公司、湖南华铁工程质量检测有限责任公司、湖南华铁房地产有限责任公司6个分(子)公司。职工1151人。资产总额24.14亿元。其中,流动资产22.47亿元(货币资金9986万元);固定资产原值3.62亿元、净值1.64亿元。主要机械设备682台(套),总功率27854千瓦。年施工能力30亿以上。

2011年承揽工程任务4.9亿元,完成施工产值18.04亿元,实现利润1005.2万元,职工年人均收入58860元。完成主要实物工程量:土石方447万立方米,桥梁9171延长米,隧道12552延长米,地铁135米,公路架梁2876片。年内获中国铁建科技进步三等奖1项、集团公司科技进步三等奖2项;获部级工法3项、省级工法3项、集团公司工法2项;连续6年被集团公司评为安全管理先进单位。（王兴堂）

【振海工程有限公司】 主营工程施工,兼营房地产开发。驻海南省海口市面前坡东村1号。董事长、党委书记王连政,总经理陈志高。下辖12个工程项目部。职工202人。其中,干部167人;工人35人。资产总额55089万元。其中,固定资产原值4213万元、净值2324万元;流动资产53076万元。年施工能力6亿元以上。

2011年完成企业总产值33102.9万元,职工年人均收入35464元。完成主要实物工程量:土石方460.2万立方米,桥梁3481延长米,隧道3479.61延长米。（帅 琦）

【市政工程有限公司】 市政公用工程施工总承包一级,桥梁工程专业承包二级,房屋建筑、土石方、公路路面、公路路基工程施工总承包三级资质企业。驻广东省珠海市香洲区情侣南路158号。董事长兼总经理宋新录,党委书记洪杰。下辖4个工程项目部。职工580人,其中工程技术和经济管理人员280人。资产总额36732万元。其中,固定资产1183万元;流动资产35764万元。主要工程机械设备494台(套),设备完好率87%,新度系数0.6。年施工能力5亿元以上。

2011年完成施工产值4.2亿元,实现利润42万元,职工年人均收入64222元。完成主要实物工程量:土石方118万立方米,桥梁20602延长米,隧道1032延长米。工程质量合格率100%、优良率90%以上。（尹晓敏）

【铁路养护工程有限公司】 市政公用、房屋建筑工程施工总承包三级,公路路基工程专业承包三级资质企业。驻西藏自治区拉萨市经济技术开发区林琼岗路13-1号。前身为中铁十二局集团青藏铁路唐南段养护项目部,2007年1月注册成立中铁天路养护工程有限公司,2008年3月更名为中铁十二局集团铁路养护工程有限公司。董事长、总经理刘青林,党委书记张乐卿。下辖机械化项目部、检测车间、试验室、集包铁路项目部、3803工程项目部、水红铁路养护项目部及4个线路车间。职工623人。资产总额5.48亿元。主要机械设备545台(套)。年施工能力3亿元以上。

2011年完成施工产值29476万元,实现利润531万元,职工年人均收入136321元。（左景龙 刘盼东）

【重要记载】

▲1月11日 建筑安装公司承建的西安北站开通运营。

▲1月21日 集团公司中标新建拉萨至日喀则铁路站前TJ4标段工程,合同投资111402万元。

▲1月29~30日 集团公司三届二次党委全会、三届四次职工代表大会、2011年工作会、党风建设和反腐倡廉工作会在山西太原铁道大厦召开。

▲2月15日 铁道部副部长卢春房到集团公司

承建的张唐铁路付营子隧道工地检查指导。

▲3月11日　集团公司承建的广深港铁路狮子洋隧道全线贯通。

▲3月22日　国务院副总理王岐山到集团公司承建的中信安哥拉社会住房项目6号地块电力施工现场视察。

▲4月19日　集团公司中标福建省松溪至建瓯高速公路B1标段工程，合同投资54191万元。

▲4月25日　集团公司京沪高速铁路4标段项目经理部、养护公司安多车间分别获全国五一劳动奖状、全国“工人先锋号”荣誉。集团公司董事长、党委书记史道泉被授予全国五一劳动奖章。

▲同日　集团公司获全国“安康杯”竞赛优胜单位称号。

▲4月28日　集团公司施工总承包的河北张家口—内蒙古集宁铁路全线开通。

▲5月2日　集团公司中标青海省共和—玉树(结古)公路SGB5标段工程，合同投资44972万元。

▲5月12日　西藏自治区主席白玛赤林、常务副主席吴英杰，拉萨市市长多吉次珠视察集团公司承建的拉日铁路4标段达嘎山隧道工程。

▲6月2日　集团公司中标广东省连州(湘粤界)—怀集公路项目路基桥涵、隧道2标段，合同投资62215万元。

▲6月5日　西藏自治区党委书记张庆黎慰问集团公司拉日铁路参建员工。

▲6月13日　山东省省长姜大明在济南市委书记焉荣竹、市长张建国，济南铁路局局长瞿建明等陪同下视察集团公司承建的京沪高速铁路济南西客站工地。

▲6月14日　国资委监事会主席李克在股份公司董事长、党委书记孟凤朝，副总裁范德、庄尚标等陪同下，视察集团公司北京来广营小区工程。

▲同日　二公司承建的山西长平高速公路虹梯关隧道单口掘进突破5000米，创造国内长大隧道施工独头掘进最长的新纪录。

▲6月16日　集团公司中标新建吉林—珲春铁路站前6标段工程，合同投资236417万元。

▲6月27日　集团公司中标山西省灵河高速公路原平—神池段LJ2标段工程，合同投资83824万元。

▲6月30日　集团公司承建的济南西客站开通运营。

▲7月7日　铁道部副部长卢春房视察集团公司承建的贵广铁路6标段工程。

▲7月18日　集团公司承建的大连市南山隧道发生塌方，被困的12名工人在历经36小时危难后全部获救。

▲8月15日　集团公司中标以色列吉隆隧道工程，合同投资93200万元。

▲8月19日　集团公司中标委内瑞拉社会住房工程，合同投资67518万元。

▲8月22日　集团公司中标北京地铁6号线13标段二期工程，合同投资48453万元。

▲9月　建筑安装公司承建的山西体育中心主体育场正式竣工移交，为第六届中国中部投资贸易博览会的成功举办作出贡献。

▲11月16日　集团公司技术中心获国家认定企业技术中心。这是中国铁建首家国家级企业技术中心。

▲11月　中共山西省委宣传部、山西省总工会、山西省思想政治工作研究会联合授予集团公司2008～2010年度山西省思想政治工作优秀单位称号，集团公司董事长、党委书记史道泉被评为2008～2010年度山西省优秀思想政治工作者。

▲11月　集团公司与铁道部工程管理中心联合申报的“宜万铁路高压富水大型充填岩溶及断裂带隧道修建技术”成果获2011年度铁道科学技术特等奖。

▲12月10日　集团公司中标新建铁路锡林浩特—二连浩特站前XEZQ－3标段工程，合同投资114792万元。

（刘　高）

中铁十三局集团有限公司

【简况】　中铁十三局集团有限公司是铁路工程施工总承包特级，公路、市政、房建、水利水电工程施工总承包一级，桥梁、隧道、公路路基、公路路面工程专业承包一级，地质灾害防治工程甲级及城市轨道交通工程专业承包、对外工程行业管理资质企业，同时拥有援外工程A级资质。2011年10月，集团公司总部由吉林省长春市二道区岭东路2138号迁至天津市空港经济区中环西路32号。前身系中国人民解放军铁道兵第三师，1984年1月1日集体转业并入铁道部，改编为铁道部第十三工程局；1999年12月1日更名为中铁第十三工程局，2001年6月企业改制改称现名。下辖第一、二、三、四、五、电务工程有限公司及天津工程科技、吉林省现代城建轨道交通勘察设计院、天津市春江房地产开发有限公司，赣州市铁龙工程实业、深圳中铁达实业有限公司及第六工程公司、技师学院、物业管理分公司，西北、华东、新疆、皖江、陕西、内蒙古、南方、重庆工程指挥部和北京、赣州办事处。职工15344人,其中在职10988人。在职职工中,干部6736人,工人4252人;专业技术干部6469人,占干部总数的96%;技术工人3506人,占工人总数的82.5%。资产总额1668013万元,其中固定资产原值350554万元、净值199848万元,流动资产1446067万元,其他资产22097万元。机械施工设备2541台(套),原值206288万元、净值113989万元,总功率38.5万千瓦,动力装备率27.6千瓦/人,技术装备率8.17万元/人,综合机械化施工程度85%以上。

2011年新签合同额342.3亿元,完成企业总产值2679988万元,其中施工产值2648927万元、附营产值31061万元,实现利润39433万元,人均创利34017元。全员劳动生产率559129元/人年,职工年人均收入40228元。国有资产保值增值率122.18%,净资产收益率19.65%,产值利润率1.42%,资产负债率88.57%,应上缴款完成率100%。完成主要实物工程量:土石方7993万立方米,隧道89292延长米,桥梁116469延长米,正线及站线铺轨201公里,通信线路382公里,供电线路747公里,地铁22127延长米,轻轨2095米,竣工地铁车站17座,公路663公里,铁路架梁1661孔,公路架梁2341片,房屋建筑3395625平方米。工程质量合格率100%,安全生产实现目标。

兵改工以来,企业获得中国建设工程鲁班奖11项、中国土木工程詹天佑大奖3项、国家优质工程奖12项、省部级优质工程奖98项、中国铁建优质工程奖78项及国家级科技成果奖5项、省部级科技成果奖36项、中国铁建科技成果奖68项,并获得全国优秀施工企业、全国建筑业先进企业、全国守合同重信用企业、全国和谐劳动关系优秀企业、全国模范职工之家、全国首届工程管理现代化成果奖企业、全国建筑业科技进步与技术创新先进企业、全国工程建设质量管理优秀企业等多项国家级荣誉称号。先后有多人获得全国劳动模范、全国五一劳动奖章、全国优秀施工企业家、詹天佑铁道科学技术奖和茅以升铁道工程师奖等荣誉。

2011年,获中国建设工程鲁班奖1项,国家优质工程奖1项,省部级优质工程奖13项,股份公司优质工程奖4项;国家级优秀QC小组2个,省部级优秀QC小组5个;省级科技进步奖5项,中国施工企业管理协会科技进步奖2项,中国铁建科技进步奖6项;国家级工法2项,省部级工法7项,中国铁建工法5项;获全国厂务公开民主管理先进单位、吉林省创建和谐劳动关系模范企业等荣誉。（李升旺）

【领导人员】

董事会

董事长　雷升祥
副董事长　梁　君
董事　翁行焱
　赵文祥
　井耀明

监事会

监事会主席　李左军(12月免)
　赵　华(12月任)
监事　李忠心
　赵　华(12月免)
　何惠伶
　孙　伟

经理层

总经理　雷升祥(兼)
副总经理　翁行焱
　赵文祥(12月任)
　吴焕通
　臧守杰
　任汉波
　李素清
　纪尊众(12月任)
总工程师　纪尊众(兼)
总经济师　翁行焱(兼)
总会计师　赵文祥(兼)

党群领导

党委书记　梁　君
党委副书记　雷升祥(兼)
　赵　华
　井耀明
纪委书记　赵　华(兼)
工会主席　井耀明(兼)　（李升旺）

【工程项目指挥机构】 西北工程指挥部　驻甘肃省兰州市城关区张掖路1号保利大厦B座5楼。指挥长张子清，党工委书记王振江。

华东工程指挥部　驻上海市宝山区岭南路1115号中铁大厦16楼。指挥长李长学，党工委书记侯玉伟。

皖江工程指挥部　驻安徽省合肥市滨湖新区世纪金源国际公寓2905室。指挥长宋彦君，党工委书记胡发林。

新疆工程指挥部　驻新疆维吾尔自治区乌鲁木齐市鲤鱼山路汇展园小区南3－4－402。指挥长刘立臣。

陕西工程指挥部　驻陕西省西安市莲湖区南二环西段397号。指挥长王涛。

内蒙古工程指挥部　驻内蒙古自治区呼和浩特市新城区胜利西路美新花园。指挥长王滨会。

南方工程指挥部　驻贵州省贵阳市金阳新区金阳北路2号金元国际21号1-8-1室。指挥长臧守杰。

重庆区域工程指挥部　驻重庆市渝北区洪湖东路财富中心B4栋三单元16-4室。指挥长王涛。

锦屏项目部　驻四川省西昌市凉山州邮政局物流分局。项目经理吴焕通，常务副经理谷金富（10月免）、马天昌（10月任），党工委副书记迟军。

京石铁路客运专线工程指挥部　驻河北省新乐市66296部队农副业基地。指挥长吴焕通，党工委书记何惠伶（10月免）。

贵广铁路工程指挥部　驻广西壮族自治区贺州市钟山县北门桥小区。指挥长臧守杰，党工委书记王兴亚。

兰渝铁路工程指挥部　驻甘肃省陇南市宕昌县民生广场1号楼。指挥长李素清，党工委书记周脉权。

哈齐铁路客运专线项目经理部　驻黑龙江省大庆市杜尔伯特蒙古族自治县塔拉斯街地税局院内。项目经理兼党工委书记翁行炎，常务副经理戴文革，党工委副书记罗俊。

兰新铁路甘青段项目经理部　驻甘肃省门源县浩门镇北大街。项目经理王保国，党工委书记袁兰荣。

合福铁路项目经理部　驻安徽省巢湖市居巢区碧桂园。项目经理兼党工委书记张景生，常务副经理张洪利（7月免）、王涛（7月任），常务副书记曹菊泉。

沪昆铁路客运专线工程指挥部　驻贵州省黔西南州晴隆县莲城镇东街。指挥长兼党工委书记臧守杰，常务副指挥程建铝，常务副书记苏如成。

金温扩能改造工程指挥部　驻浙江省温州市瞿溪镇三溪路16号。指挥长兼党工委书记吴焕通，常务副指挥张德伟，常务副书记修德军（7月免）。

（李升旺　孙立伟）

【职工队伍】　职工15344人，其中在职10988人。在职职工中，干部6736人，工人4252人。在职干部中，专业技术干部6469人，占干部总数的96%。其中，高级职务907人、中级职务1793人、初级职务2861人；工程系列4719人、卫生系列70人、教育系列25人、经济系列600人、统计系列10人、政工系列351人、会计系列683人、其他系列11人。专业技术干部学历构成：本科以上3786人，大专2077人，中专336人，高中及以下270人。

在职技术工人3506人，普通工人746人。技术工人占在职工人总数的82.5%。其中，高级技师138人；技师739人；高级工1386人；中级工897人；初级工346人。工人年龄结构：35岁以下1369人，36~40岁653人，41~45岁330人，46~50岁1060人，51~54岁816人，55岁以上24人。

（李升旺　荣　斌）

【铁路工程施工】　2011年，在建铁路工程40项，竣工7项，完成施工产值908623万元，占施工总产值的34.3%。完成路基土石方1136万立方米，隧道38312延长米，桥梁73680延长米，铁路正线及站线铺轨96公里，铺道岔73组，铁路架梁1661孔，通信线路43公里，供电线路295公里，房屋建筑66939平方米。

京石铁路客运专线JS3、4标段工程　沿线经过河北省定州市、新乐市、藁城市和正定县。线路长74公里，合同投资32亿元。合同工期2008年8月1日~2011年5月8日。2011年，RPC盖板安装完成设计量的83.9%，桥梁栏杆横杆安装完成设计量的63.4%，无砟轨道精调完成设计量的40%。年内完成投资6088万元，开工累计完成投资311924万元，占合同投资的96%。

贵广铁路站前工程GGTJ-8标段工程　位于广西壮族自治区贺州市钟山县。线路长67.4公里，合同投资由293220万元调整为365493万元。合同工期2009年2月28日~2014年7月18日，2009年4月18日开工。截至2011年底，开工累计完成土石方488.1万立方米，占设计量的81.1%；桥梁14640延长米，占设计量的63.3%；隧道18707.3延长米，占设计量的78.5%。2011年完成投资86691万元，开工累计完成投资265831万元，占合同投资的72.7%。

厦深铁路客运专线XSGZQ-5标段工程　位于广东省汕头市潮安县及普宁市境内。线路长35.917公里，合同投资由184139万元调整为209766万元。合同工期2008年10月1日。重点工程为榕江特大桥，全长7373.92延长米。截至2011年，开工累计完成桥梁15905.47延长米，占设计量的85.8%。2011年完成投资31392万元，开工累计完成投资191158万元，占合同投资的91.1%。

新建天水—平凉铁路TP-TJ2标段工程　位于甘肃省平凉市华亭县西华镇。线路长18.152公里，合同投资58013万元。合同工期42个月，2009年4月开工。重点工程为六盘山特长隧道，主洞全长16690延长米，设斜井4座5800米。截至2011年底，开工累计隧道完成9142.18延长米，占设计量的54.7%；斜井完成5721米，占设计量的100%。2011年完成投资15337万元，开工累计完成投资30865万元，占合同投资的60.6%。

兰渝铁路土建工程LYS－4标段工程　位于甘肃省陇南市宕昌县。线路长93.6公里，总投资44亿元。集团公司管区66.948公里，合同投资31亿元，合同工期2009年2月28日～2014年7月18日。截至2011年底，开工累计完成桥梁17295延长米，占设计量的81.4%；隧道25051延长米，占设计量的63%。2011年完成投资60121万元，开工累计完成投资218091万元，占合同投资的70.8%。

哈齐铁路客运专线5标段工程　位于黑龙江省泰康县境内。线路长64.737公里，总投资446713万元。集团公司管段合同投资254235万元，2009年11月开工。重点工程为扎龙特大桥，全长31500延长米。截至2011年底，开工累计完成土石方142.4立方米，占设计量的44.5%；桥梁29633.16延长米，占设计量的57.4%。2011年完成投资72095万元，开工累计完成投资176939万元，占合同投资的70%。

兰新铁路二线新疆段4标段工程　位于新疆维吾尔自治区哈密市境内。线路长30公里，合同投资12.9亿元。合同工期2010年1月1日～2012年12月31日，2010年3月1日开工。截至2011年底，开工累计完成土石方223.7万立方米，占设计量的100%；桥梁11898.3延长米，占设计量的100%。2011年完成投资25991万元，开工累计完成投资120060万元，占合同投资的93.1%。

兰新铁路二线甘青段站前工程LXS－6标段工程　位于青海省门源县。线路长52.48公里，合同投资219800万元。合同工期2010年3月1日～2013年11月30日。主要实物工程量：路基34公里，特大桥8座15400延长米，铺轨104公里。路基、涵洞全部完成。截至2011年底，开工累计完成桥梁15007延长米，占设计量的98.4%；开工累计完成投资118554万元，占合同投资的53.9%。

沪昆铁路客运专线江西段站前工程HKJX－4标段工程　位于江西省南昌市境内。线路长37.134公里，合同投资239660万元。合同工期2010年4月～2013年6月，2010年8月29日开工。主要工程为赣江特大桥，全长37134延长米。截至2011年底，开累完成投资128758万元，占合同投资的53.1%。

合福铁路HFZQ－2标段工程　位于安徽省巢湖市境内。线路长90.031公里，合同投资593294万元。合同工期2010年4月18日～2014年3月31日。主要实物工程量：土石方227.3万立方米，桥梁9.5座81456.52延长米，涵洞41座1159.3横延米，隧道4座2631延长米。截至2011年底，开工累计完成土石方48.1万立方米，占设计量的26.3%；桥梁25317延长米，占设计量的31%；隧道1311.8横延米，占设计量的63%；2011年完成投资125073万元，开工累计完成投资209680万元，占合同投资的35.3%。

沈丹铁路客运专线TJ－2标段工程　位于辽宁省本溪市境内。线路长42.82公里，合同投资379275万元。合同工期2010年5月1日～2013年12月31日，2010年8月1日开工。主要实物工程量：隧道9座29814延长米，桥梁12座10162延长米。截至2011年底，开工累计完成土石方7.46万立方米，占设计量的9.2%；桥梁3057.8延长米，占设计量的30.1%；隧道10175.5延长米，占设计量的34.1%。2011年完成投资67136万元，开工累计完成投资118861万元，占合同投资的31.6%。

沪昆铁路客运专线贵州段11标段工程　位于贵州省黔西南布依族苗族自治州晴隆县。线路长41.89公里，合同投资307000万元。合同工期2010年10月1日～2015年4月15日。主要实物工程量：隧道6座40706延长米。2011年完成投资67807.3万元，开工累计完成投资68857.3万元，占合同投资的22.4%。

金华—温州铁路扩能改造工程JWSG－V标段工程　位于浙江省丽水市山口镇及温州市境内。正线长32.756公里，疏解线长8.1公里，合同投资207233万元。合同工期2010年10月1日～2013年1月16日。主要实物工程量：隧道10座27241延长米，桥梁27座8920延长米。2011年完成投资19959万元，开工累计完成投资25849万元，占合同投资的13.1%。　（李升旺　张永锋　张春玉）

【铁路外工程施工】　2011年，在建路外工程171项，竣工74项，完成施工产值1731979万元，占施工总产值的65%。完成土石方6838万立方米，隧道50848延长米，桥梁42495延长米，正线及站线铺轨105公里，地铁22127延长米，地铁车站17座，轻轨2095米，公路663公里，公路架梁2341片，通信线路339公里，变配电所（站）1座，通信设备7站，电气集中80联锁道岔，供电线路452公里，接触网28公里，房屋建筑3328686平方米。

锦屏二级水电站C5标段工程　位于四川省凉山彝族自治州木里、盐源、冕宁三县交界处的雅砻江干流锦屏大河湾上。总投资279800万元，合同工期2007年8月18日～2014年12月31日。集团公司承担3、4号引水隧道洞5000米钻爆法施工任务。3、4号引水隧洞上断面分别于2011年11月7日和20日实现贯通。年内完成投资48791万元，开工累计完成投资102797万元，占总投资的74.36%。

大连地铁一期工程202标段工程　位于辽宁省大连市。线路长3.36公里，合同投资51000万元。合同工期2009年9月～2011年11月，2009年11月8日开工。主要实物工程量：两站三区间，区间暗挖段732米，盾构2256米；车站形式为地下双层分离岛式，两座车站总建筑面积28519平方米。

北京地铁7号线6标段工程　位于北京市朝阳区。线路长2.111公里，合同投资49346万元。合同工期2010年5月1日～2014年12月30日，2010年12月27日开工。主要实物工程量：一站两区间，其中盾构法区间856.4米、矿山法区间1017.34米；双井站采用暗挖法施工。开工累计完成区间隧道220延长米，占设计的10.4%。2011年完成投资9573万元，开工累计完成投资12194万元，占合同投资的24.7%。

宁波市轨道交通1号线一期工程TJ－Ⅲ标段工程　位于浙江省宁波市海曙区。合同投资88203万元。合同工期2009年6月1日～2013年6月30日，2009年6月26日开工。工程包括三站一明挖区间，明挖区间473米。2011年完成投资29145万元，开工累计完成投资52290万元，占合同投资的58.16%。

天津地铁3号线第1合同段工程　位于天津市西青区。合同投资31032万元。合同工期2009年10月1日～2010年8月31日，2009年11月10日开工。主要实物工程量：路基填方16万立方米，桥梁382.8延长米，铺轨44公里，库房建筑面积49084.14平方米。房建、线下工程全部完工，铺轨开工累计完成26公里，占设计量的59.12%。2011年完成投资12121万元，开工累计完成投资32948万元，占合同投资的100%。

长沙轨道交通2号线一期I标段工程　位于湖南省长沙市。合同投资25960万元，合同工期2009年10月28日～2011年11月13日。2011年3月17日开工。主要实物工程量：一站两区间，盾构区间左右线总长4672米，车站建筑面积9054平方米。车站主体结构全部完成，盾构区间左线完成715环、右线完成719环，西金区间左右线贯通。2011年完成投资14365万元，开工累计完成投资18380万元，占合同投资的70.8%。

铁路宁波站改建工程配套项目轨道交通2、4号线铁路南站（北广场部分）工程及北广场地下停车场配套工程　位于浙江省宁波市海曙区。合同投资56977万元，合同工期2010年11月1日～2013年4月30日。2011年完成投资10097万元，开工累计完成投资11288万元，占合同投资的19.8%。

昆明轨道交通一期6标段工程　位于云南省昆明市。合同投资49346万元。合同工期2009年10月28日～2011年11月13日，2011年3月17日开工。主要实物工程量：一站三区间，其中盾构区间左右线总长5057米，暗挖区间左右线总长1448.2米，高架桥区间663.5米，明挖区间345米，路基区间95米。2011年完成投资18174万元，开工累计完成投资36777万元，占合同投资的74.5%。

大庆—广州高速公路解放至二莫段SLR03标段工程　位于吉林省松原市。合同投资32355万元，合同工期2010年9月～2012年9月。线路长3.27公里，其中宁江松花江特大桥2236米，主桥为95米＋150米×3＋95米的四塔单索面预应力混凝土矮塔斜拉桥。2011年完成投资11056万元，开工累计完成投资12065万元，占合同投资的37.3%。

（李升旺　张永锋　张春玉）

【国外工程施工】　马来西亚瓜拉班尤特大桥工程　位于马来西亚沙巴省瓜拉班尤镇。线路全长1234.3米，瓜拉班尤大桥长894延长米。合同投资11633万元。合同工期2010年3月15日～2011年6月22日，2010年5月12日开工。大桥开工累计完成779延长米，占设计量的86.65%。2011年完成投资3821万元，开工累计完成投资10748万元，占合同投资的92.4%。

安哥拉卡赞卡2号地块1期基础工程　位于安哥拉罗安达市。合同投资9867万美元。合同工期2010年3月15日～2011年6月22日，2010年5月12日开工。主要实物工程量：基础设施道路及地下各种管网等配套工程，土石方115万立方米，相应配套给排水、电气管网工程约40000米；办公大楼、学校、医院、图书馆、市场等公用房建工程。截至2011年底，开工累计完成投资3954万元，占合同投资的5.9%。

（李升旺　张永锋）

【经营管理】　市场开发。2011年新签合同额342.3亿元。其中，工程承包311.1亿元；变更索赔24.7亿元；设计咨询0.8亿元；物流贸易0.2亿元；房地产投资5.5亿元。工程承包中，铁路工程34.9亿元，占10.2%；公路工程97亿元，占28.4%；市政工程50.2亿元，占14.7%；房屋建筑工程59.4亿元，占17.4%；城市轨道交通工程24.8亿元，占7.3%；水利电力工程7.6亿元，占2.2%。年内，继续坚持经营承揽质量优先原则，积极调整经营工作思路，进一步完善区域经营布局和管理机制，区域经营活力增强，房屋建筑市场得到较快发展，海外市场开发呈现良好发展势态。

企业管理。优化企业战略布局，集团公司机关成功迁址天津。2月12日，集团公司党委扩大会和总经理办公会议就集团公司机关迁址天津空港经济区作出决议；4月28日，股份公司下达十三局集团机关迁址天津批复；5月28日，集团公司与空港经济区管委会签署投资协议；6月13日，空港经济区管委会冯志江主任一行赴长春集团公司机关召开投资项目促进会；10月18日，集团公司机关正式迁址天津滨海新区空港经济区；11月22日，集团总部基地天津铁建大厦正式开工建设，实现“搬得顺、安得稳”的总体目标，完成企业布局战略性调整，为企业加快转型升级、实现跨越发展奠定坚实基础。继续深入开展工程公司建设，年内重点加强工程公司资质和资信能力建设。资质升级全面丰收，集团公司铁路特级资质重新就位被股份公司列为首批申报单位，材料申报工作通过专家认定，集团公司各项资质顺利从长春迁移天津，五公司完成资质从长春到成都的变更，设计院市政轨道交通设计甲级资质申报成功。以工程为主、相关多元，积极谋划创效板块经营，取得明显成效，追求“三七开”有了持续强力支撑。房地产稳步拓展，取得较好业绩；勘察设计板块持续发展，实现较快增速，设计院已拥有3个甲级设计资质，经营业务拓展到建筑、市政、检测、勘察、技术咨询和设备器材租赁6个板块。深入推进创先评优活动，全面提升企业管理水平，二、三、四公司获2010年度全国优秀施工企业称号。

经济管理。开展“达标”及“六比创效”活动，突出创效和优化财务状况主题，考核工程项目综合收益率、经营性现金净流量、“二挂”工资比率、上缴款完成率、间接费比率、产值完成比率等指标完成情况，全面衡量项目管控能力和创效水平；针对责任成本、变更索赔、合同管理、计划统计等经济管理工作进行专项检查，4月在沪昆铁路贵州段召开责任成本管理暨项目评估、变更索赔工作会议；认真开展项目评估和企业定额管理工作，年内评估项目112项，综合评估率89.2%。

物资设备管理。围绕集团公司“管理精益年”发展主题，认真开展物资设备集采招标、大中型设备调拨租赁、周转材料管理、项目管理系统物资设备模块的开发推广及节能减排等各项工作。年内，组织大宗物资采购招标168次，合同总价286210万元，节约资金8839万元。严格执行周转材料各项管理规定，对周转材料购置、调剂、报废等严格履行逐级报批程序，做到净损失为零。规范租赁设备管理，年内组织租赁盾构机5台（套），节约购置资金2亿元。加强价格指导，实施有效监控，定期公布材料价格信息53期，进一步促进物资设备工作规范有序。

安全质量管理。安全生产实现目标。加大安全宣传力度，落实安全责任，明确安全目标、指标和奖惩条件，严格重大安全方案专家论证制度；通过建立健全安全生产预警机制和开展安全生产大检查，及时发现问题、解决问题，消除安全隐患；以机械化、工厂化、专业化、信息化为手段，全面实行技术标准统一、管理标准统一的安全工作机制，按照安全管理“十有工作流程”开展工作，使安全管理从粗放型向制度化、标准化、精细化转变。质量管理水平进一步提升。以标准化为载体，以现场作业控制为重点，加强质量监控，抓源头、抓过程、抓细节、抓创优。年内获中国建设工程鲁班奖和国家优质工程奖各1项、省部级优质工程奖14项、中国铁建优质工程奖4项，7项QC成果获得省部级以上奖励。质量指标完成情况较好，制做混凝土检查试件276057组，合格率100%；砂浆检查试件49052组，合格率100%；分项工程评定107236项，合格率100%；完成单位工程1635项，合格率100%。

财务管理和审计监督。财务管理方面，加强资金管理，多渠道融资，降低融资成本，年内账户归集比例和资金归集比例均达到66%；加大税收筹划力度，继续开展财务大检查，加强涉税业务管理水平和财经纪律；推行全面预算管理，下发《关于压缩2011年度管理费用预算的通知》，加强非生产性费用的控制；印发《会计工作手册》和《架子队会计核算管理办法》，加强会计基础工作，规范企业经营行为。审计工作以“摸家底、揭隐患、防风险”为主题，完善监督体系，不断提高工作质量。年内完成审计项目72项，其中经济责任审计5项，工程项目部审计32项，财务收支审计8项，经济效益审计25项，后续审计1项，内控制度1项；累计投入审计1405工天，提交审计报告72份，提出审计建议494条。

（李升旺　潘馥　郭凤伟　张春玉　陈琦　王馨　马建政　张立学）

【科技教育】 科技工作。遵照集团设计施工总承包战略，以科技为手段，按照年初制定的科技管理工作要点，加强科技攻关，促进科技成果转化取得较好成绩。年内，桥梁实验室加快市场融入步伐，对斜拉桥设计与施工体系、连续刚构平转技术等进行研究；电务公司被成功认定为国家高新技术企业，一公司、电务公司省级技术中心获批；组织专家会审施工组织设计、施工方案37项；列入国家立项项目1项、省部级3项，列入股份公司4项，获得立项资助110万元；5 项技术通过省级技术鉴定，其中 1 项达到国际领先水平、4 项达到国内领先水平；获得省部级以上科技进步奖 7 项，其中一等奖 2 项、二等奖 3 项、三等奖 2 项；获得国家级工法 2 项，吉林省工法 6 项，股份公司优秀工法 7 项；申请并受理专利 17 项、获批专利 33 项，其中授权发明专利 1 项。

教育培训。依托在建项目，以施工现场培训为主，采取送培和自培的方式，共组织 286 期 7881 人次参加各类培训，参训人数占员工总数的 52. 5%。其中，送培 170 期 1658 人次；自培 116 期 6223 人次。办理施工员、预算员、技术员及部分特种作业证书 130 余人；组织参加高、中级答辩和评审、认定 386 人，通过 367 人；完成职业技能鉴定 168 人，其中高级技师 18 人、技师 150 人；进一步完善了集团公司博士后科研工作站日常管理工作，与同济大学联合招收培养 1 名博士后，并办理相关入站手续。

（李升旺　游祖群　张海英）

【党群工作】 党的工作。2011 年,集团公司党委以科学发展观为指导,深入贯彻落实集团公司第二次党代会精神,紧紧围绕“管理精益年”各项奋斗目标,切实加强领导班子思想政治建设、基层党组织建设和党员队伍建设,努力开创组织工作新局面,为集团公司“十二五”开好局、起好步,实现又好又快发展提供有力的政治和组织保证。(1)领导班子建设。坚持党的“德才兼备,以德为先”标准,坚持考核制度和干部“能上能下”机制,认真落实“三重一大”集体决策制度,开好领导班子民主生活会,深化“四好领导班子”创建活动。年内召开集团公司第二次党代会,指导一至六公司、电务公司党代会,完成各单位及本级党代会的换届选举工作。(2)党组织及党员队伍建设。制定《关于加强和改进工程项目部党的建设的实施细则》《集团公司党委关于加强工程(架子)队党支部建设的指导意见》等指导性文件,召开工程项目暨工程(架子)队党建工作座谈会,强化“三争”意识,认真推进党建基础工作。截至年底,集团公司有党组织 274 个,其中子分公司党委、工程项目部等党委(党工委)49 个,党支部 233 个;党员 4851 人。(3)思想宣传教育工作。组织开展企业员工“学党史、知企情”知识大赛及基层党组织“树标杆、找差距、赶先进”和共产党员“亮身份、作承诺、争先锋”主题实践活动。在全国性媒体刊稿 21 篇、省部级媒体刊稿 120 篇、《人民铁道报》刊稿 32 篇、《中国铁道建筑报》刊稿 113 篇,编印《铁道前锋》50 期,制作地铁、水利水电、桥梁专题片。(4)企业文化建设。开展“十大新闻”、“十大中标工程”、“十大科技创新工程”等评选活动。年内,集团公司被评为全国企业文化先进单位。(5)纪检监察工作。开展“述廉议廉民主评议”和“重修身、勤思廉、正风气”主题学习教育活动,加强违法违纪案件查处、“三项整治”和效能监察,认真开展党风、党纪、政纪教育及廉政建设工作。全年初查核实案件线索 2 件,立案 2 件,结案处理 2 件;处分 3 人,其中党纪处分 1 人,政纪处分 3 人,党纪政纪双重处分 1 人。

工会工作。集团公司工会下辖处级工会 15 个,有专职工会干部 44 人,兼职工会干部 273 人,工会会员 14012 人,职工入会率 100%。各级工会坚持和发展职代会制度,落实职代会各项职权,推动民主管理;深化企务公开制度,以“四个围绕抓公开”,提高企业管理的透明度;按照企业文化、建家建线和安全质量标准工地建设“三位一体”的新模式,同步规划、同步建设、同步检查,实现一步到位、一次成型、一次成优,推动建家建线工作上水平、上境界、上品位;以职工为本,主动依法科学维权,解决职工就业、工资发放、社会保险费收缴、劳动安全卫生保护等职工群众最关心、最直接的问题,基本实现工资发放和社会保险费收缴按时足额,劳动安全卫生保护不断加强;落实“三不让”承诺,全年投入 198 万元用于扶贫帮困;努力协调劳动关系,较好解决 6 次劳动争议。年内,2 人被评为省级劳动模范,1 人被评为天津市劳动模范。

共青团工作。集团公司团委下辖基层团委 11 个、团总支 8 个、团支部 207 个,35 岁以下青年 5768 人,团员总数 2253 人。团委深入贯彻集团公司第二次党代会精神,以强化“三争”意识为重点,着力强化团的组织建设,扎实开展青年特色活动,动员团员青年充分发挥生力军和突击队作用。团委开展以“我的企业、我的家”为主题的征文活动,收集征文 104 篇,在股份公司铁建青年网站刊登 67 篇,获奖 24 篇。注重团员青年爱国教育,开展党史、团史学习活动。深化青工“五小成果”工作,征集“五小”成果 164 项,59 项获奖。年内有 37 个团组织和个人获得上级团组织表彰。

（李升旺　郭冬雪　尹希慧　包　涵　孟长江　白宏业）

【第一工程有限公司】 公路、房屋建筑、市政公用工程施工总承包一级,水利水电工程施工总承包三级,钢结构、桥梁、隧道、公路路面、公路路基工程专业承包一级资质企业。公司机关驻辽宁省大连市沙河口区沙跃街 9 号。董事长兼总经理王涛(4 月免)、迟荣益(4 月任),党委书记张幸六。下辖 11 个分公司、13 个项目部、物业公司、铁建宾馆及设备租赁中心。职工 2530 人。其中,干部 1253 人;工人 1277 人。技术干部 1203 人,占干部总数的 90. 98%;技术工人 1000 人,占工人总数的 78. 3%。资产总额 352248 万元。其中,固定资产原值 65188 万元、净值 44528 万元；流动资产 304023 万元；其他资产 3697 万元。机械运输设备 251 台(套)，原值 4.13 亿元，净值 3.03 亿元，总功率 52961 千瓦，动力装备率 21.71 千瓦/人，技术装备率 12.44 万元/人，综合机械化施工程度 85%。

2011 年承揽工程任务 36 亿元，完成企业总产值 555328 万元，实现利润 3007 万元，人均创利 19450 元。全员劳动生产率 351118 元/人年，职工年人均收入 28646 元。国有资产保值增值率 113.55%，净资产收益率 7.45%，产值利润率 0.6%，资产负债率 87.68%，应上缴款完成率 100%。完成主要实物工程量：土石方 2600 万立方米，隧道 11503 延长米，桥梁 31100 延长米，铁路架梁 404 孔，公路 151 公里，房屋建筑 451804 平方米。安全生产实现目标，工程质量合格率 100%。年内，1 项工程获中国建设工程鲁班奖，2 项工程获火车头优质工程奖；1 项工法被评为国家级工法，2 项工法被评为吉林省省级工法；获吉林省科技进步奖 1 项，8 项专利申请国家实用新型专利，其中 6 项获得授权。公司被评为中国 AAA 级信用企业，在辽宁、江西、宁夏、湖北、吉林均获得 AA 级信誉评价。

（李升旺　王小民）

【第二工程有限公司】　公路、市政公用工程施工总承包一级，桥梁、隧道、公路路基工程专业承包一级，城市轨道交通工程专业承包资质企业。公司机关驻广东省深圳市盐田区东海大道盐田港 9 号小区中铁大厦。董事长兼总经理韩再明，党委书记胡发林。下辖 8 个分公司、1 个办事处、42 个项目部、28 个劳务队及周转材料租赁公司、钢构公司、爆破公司。职工 2187 人。其中，干部 1120 人；工人 1067 人。技术干部 1092 人，占干部总数的 97.5%；技术工人 773 人，占工人总数的 72.5%。资产总额 248511 万元。其中，固定资产原值 92657 万元、净值 45368 万元；流动资产 201724 万元；其他资产 1418 万元。机械运输设备 321 台(套)，原值 7.25 亿元、净值 2.8 亿元，总功率 54632 千瓦，动力装备率 24.6 千瓦/人，技术装备率 12.6 万元/人，综合机械化施工程度 91.8%。

2011 年承揽工程任务 46.2 亿元，完成企业总产值 438677 万元，实现利润 3656 万元，人均创利 23139 元。全员劳动生产率 389589 元/人年，职工年人均收入 39992 元。国有资产保值增值率 115.05%，净资产收益率 14%，产值利润率 0.93%，资产负债率 90.67%，应上缴款完成率 100%。完成主要实物工程量：土石方 460 万立方米，隧道 12458 延长米，桥梁 12805 延长米，铁路架梁 178 孔，公路架梁 198 片，地铁 8693 米，地铁车站 4 座，公路 33 公里，房屋建筑 906706 平方米。安全生产实现目标，工程质量合格率 100%。年内，1 项工程被评为中国市政金杯示范工程，1 项工程获北京市政基础设施竣工"长城杯"金质奖；1 个 QC 小组获铁道工程建设协会优秀质量管理小组；1 项工法被评为国家级工法，4 项工法被评为吉林省及铁道部工法；获吉林省科技进步奖 1 项，中国铁建科技进步奖 2 项；授权实用新型专利 2 项。

（李升旺　张欣欣）

【第三工程有限公司】　铁路、公路、房屋建筑、市政公用工程施工总承包一级，矿山工程施工总承包二级，桥梁、隧道、公路路基、土石方、铁路铺轨架梁工程专业承包一级资质企业。公司机关驻辽宁省沈阳市东陵区方家栏路 60 号。董事长兼总经理周长斌，党委书记王家福。下辖 5 个分公司、9 个项目部、1 个服务公司。职工 2329 人。其中，干部 1075 人；工人 1254 人。技术干部 603 人，占干部总数的 56%；技术工人 862 人，占工人总数的 69%。资产总额 262724 万元。其中，固定资产原值 54012 万元、净值 23671 万元；流动资产 238396 万元；其他资产 657 万元。机械运输设备 655 台(套)，原值 2.35 万元、净值 1.16 万元，总功率 79908 千瓦，动力装备率 34.12 千瓦/人，技术装备率 4.96 万元/人，综合机械化施工程度 85%。

2011 年承揽工程任务 70.3 亿元，完成企业总产值 555668 万元，实现利润 5502 万元，人均创利 23747 元。全员劳动生产率 401541 元/人年，职工年人均收入 38211 元。国有资产保值增值率 126.11%，净资产收益率 23.1%，产值利润率 0.95%，资产负债率 93.63%，应上缴款完成率 100%。完成主要实物工程量：土石方 1957 万立方米，隧道 16059 延长米，桥梁 21476 延长米，铁路架梁 608 孔，公路架梁 512 片，公路 193 公里，地铁 1671 米，地铁车站 4 座，房屋建筑 1487094 平方米。安全生产实现目标，工程质量合格率 100%。年内，1 项工程被评为新疆市政金杯示范工程，3 个 QC 小组获省部级优秀质量管理小组；获新疆科技进步奖 1 项。公司获全国优秀施工企业、辽宁省优秀施工企业、辽宁省建筑业十强企业等荣誉，1 人获得辽宁省五一奖章，1 人被评为全国建筑业企业优秀项目经理。

（李升旺　李德英）

【第四工程有限公司】　公路、水利水电、市政公用工程施工总承包一级，桥梁、隧道、公路路基、公路路面、机场场道工程专业承包一级资质企业。公司机关驻黑龙江省哈尔滨市道外区先锋路 459 号。董事长兼总经理苏宝伶(总经理 4 月免)，党委书记刘敏，总经理廖福兴(4 月任)。下辖 6 个分公司、12 个直属项目、16

个工程队。职工2281人。其中，干部1133人；工人1148人。技术干部1104人，占干部总数的97.44%；技术工人943人，占工人总数的82.14%。资产总额359569万元。其中，固定资产原值359569万元、净值24250万元；流动资产333209万元；其他资产2110万元。机械运输设备257台(套)，原值1.86亿元、净值0.93亿元，总功率38627千瓦，动力装备率17.31千瓦/人，技术装备率4.16万元/人，综合机械化施工程度90%。

2011年承揽工程任务53.9亿元，完成企业总产值461362万元，实现利润9326万元，人均创利48221元。全员劳动生产率574174元/人年，职工年人均收入36139元。国有资产保值增值率134.93%，净资产收益率23.12%，产值利润率1.32%，资产负债率86.97%，应上缴款完成率100%。完成主要实物工程量：土石方1199万立方米，隧道8735延长米，桥梁25290延长米，正线铺轨52公里，站线铺轨4.5公里，铁路架梁471孔，公路架梁1354片，地铁824米，地铁车站3座，公路273公里，房屋建筑57284平方米。安全生产实现目标，工程质量合格率100%。年内，1项工程获国家优质工程银质奖，1项工程获黑龙江省"龙江杯"优质工程奖，1项工程被评为火车头优质工程，2项工程被评为中国铁建优质工程；1个QC小组被评为全国工程建设优秀质量小组，1个QC小组被评为黑龙江省优秀QC小组。公司被评为全国用户满意工程单位、黑龙江省重合同守信用单位。（李升旺　赵楠）

【第五工程有限公司】　公路、市政公用、房屋建筑工程施工总承包一级，铁路、水利水电、园林绿化工程施工总承包二级，桥梁、隧道、公路路基、钢结构、机电安装工程专业承包一级资质企业。公司机关驻四川省成都市新都区学院路东段289号。董事长兼党委书记刘树山，总经理王占宇。下辖8个分公司、45个项目部及物业公司。职工1752人。其中，干部1048人；工人704人。技术干部812人，占干部总数的77.48%；技术工人369人，占工人总数的52.41%。资产总额226801万元。其中，固定资产原值38365万元、净值26341万元；流动资产198062万元；其他资产28740万元。机械施工设备523台(套)，原值2.3亿元、现值1.6亿元，总功率90890千瓦，动力装备率48千瓦/人，技术装备率7.9万元/人，机械化施工程度85%。

2011年承揽工程任务29.2亿元，完成企业总产值271293万元，实现利润250万元，人均创利1124元。全员劳动生产率370365元/人年，职工年人均收入39479元。国有资产保值增值率101.11%，净资产收益率1.11%，产值利润率0.12%，资产负债率93.75%，应上缴款完成率100%。完成主要实物工程量：土石方994万立方米，隧道32628延长米，桥梁3960延长米，站线铺轨30公里，道岔73组，地铁1149米，地铁车站5座，公路13公里，房屋建筑66469平方米。安全生产实现目标，工程质量合格率100%。年内，1项工程获中国电力优质工程奖，1项工程获上海市政工程金奖，1项工程获云南省优质工程一等奖，1项工程获重庆市"巴渝杯"优质工程奖；公司获吉林省守合同重信用AAA级单位，3人获省部级先进个人奖。（李升旺　刘桂云）

【第六工程公司】　为集团公司综合分公司，具有铁路、公路、桥梁、隧道、水利、机械土石方、工业与民用建筑等工程施工能力。公司机关驻吉林省长春市二道区岭东路2216号。总经理刘俊民，党委书记王耀。下辖2个工程指挥部、32个直属项目部及周转材料管理中心。职工1045人。其中，干部714人；工人331人。技术干部632人，占干部总数的88.52%；技术工人243人，占工人总数的73.41%。资产总额179332万元。其中，固定资产原值36238万元、净值22633万元；流动资产156529万元；其他资产169万元。机械施工设备388台(套)，原值2.2亿元、净值1.7亿元，总功率49410千瓦，动力装备率47.37千瓦/人，技术装备率16.51万元/人，机械化施工程度88%。

2011年承揽工程任务15.6亿元，完成企业总产值228026万元，实现利润10523万元，人均创利101670元。全员劳动生产率2191713元/人年，职工年人均收入54370元。国有资产保值增值率100%，净资产收益率237%，产值利润率5%，资产负债率97%，应上缴款完成率138%。完成主要实物工程量：土石方777万立方米，隧道5947延长米，桥梁19176延长米，站线铺轨15公里，地铁车站1座，房屋建筑409075平方米。安全生产实现目标，工程质量合格率100%。年内，3项工程获吉林省建设工程"长白山杯"奖，1个QC小组获全国优秀QC成果奖。（李升旺　宁纪雅）

【电务工程有限公司】　国家通信、机电安装、市政公用工程施工总承包一级，房屋建筑工程施工总承包三级，铁路电务、铁路电气化、送变电、建筑装饰工程专业承包一级，公路通信、监控、收费工程专业承包资质企业。公司机关驻天津市河东区新开路46号冠福大厦12层。董事长兼党委书记康仕恒，总经理王长军。下辖网络信息公司、租赁公司、长春基地和28个工程项目部。职工641人。其中，干部302人；工人339人。技术干部225人，占干部总数的75%；技术工人315人，占工人总数的93%。资产总额90133万元。其中，固定资产原值4610万元、净值3016万元;流动资产84003万元;其他资产3114万元。机械运输设备58台(套),原值1.32亿元、净值6519万元,总功率6896千瓦,动力装备率10.76千瓦/人,技术装备率1.02万元/人,机械化施工程度85%以上。

2011年承揽工程任务7.2亿元,完成企业总产值82773万元,实现利润1512万元,人均创利27641元。全员劳动生产率371324元/人年,职工年人均收入48284元。国有资产保值增值率112.37%,净资产收益率11.65%,产值利润率1.8%,资产负债率88.82%,应上缴款完成率100%。完成主要实物工程量:隧道1961延长米,桥梁2661延长米,正线铺轨72公里,通信线路382公里,供电线路747公里,接触网28公里,变配电所4站。安全生产实现目标,工程质量合格率100%。年内,公司被认定为国家高新技术企业,被评为天津市AAA级劳动关系和谐企业;1人获得天津市五一劳动奖章。（李升旺　郭春会）

【天津工程科技有限公司】 市政公用、房屋建筑、机电安装工程总承包二级,桥梁、隧道、钢结构、土石方工程专业承包二级资质企业。2011年9月17日,公司机关由天津市西青区侯台保山西道碧岭园迁至天津市空港经济区西二道华盈大厦6楼。执行董事兼党工委书记李素清,总经理冯涛。在编员工29人,聘用8人。其中,干部32人;工人5人。技术干部14人,占干部总数的40%。资产总额45340万元。其中,固定资产原值734万元、净值645万元;流动资产44695万元。

2011年承揽工程任务6.3亿元,完成企业总产值6853万元,实现利润4103万元,人均创利569861元。国有资产保值增值率161.07%,净资产收益率46.78%,产值利润率2.71%,资产负债率82.13%,应上缴款完成率100%。年内,天津地铁3号线1标段华苑车辆段工程获天津市"结构海河杯"工程奖。

（李升旺　曾长礼）

【吉林省现代城建轨道交通勘察设计研究院有限公司】 市政行业(轨道交通工程)专业甲级、建筑行业(建筑工程)设计甲级、工程勘察甲级、市政行业设计乙级、风景园林工程设计专项乙级、城乡规化设计乙级、工程测量乙级资质企业。前身为始建于1992年的长春建设勘察设计研究院有限责任公司,是国家"八五"期间创建的新型勘察设计企业;2009年4月17日整体并入中铁十三局集团有限公司;2011年11月4日,机关由吉林省长春市二道区公平路2299号迁至天津市东丽区华明产业园EOD总部港。董事长纪尊众,院长王学哲,党委书记梁越。下辖6个勘察设计事业部,1个设备租赁事业部及天津分院、北京分院。职工108人。资产总额3073万元。其中,固定资产原值440万元、净值234万元;流动资产2821万元;其他资产17万元。

2011年,公司承揽勘察设计任务3245万元,完成产值3149万元。国有资产保值增值率99.92%,净资产收益率-0.05%,产值利润率0.02%,资产负债率35.19%,应上缴款完成率100%。年内,公司被评为吉林省用户满意企业,被中国勘察设计协会授予诚信单位称号,荣获多项省部级勘察设计大奖。

（李升旺　刘晓冬）

【天津春江房地产公司】 房地产开发二级资质企业。公司机关驻天津市河北区望海楼北里30号。董事长兼党工委书记翁行焱,总经理尹传金。职工24人。其中,干部21人;工人3人。资产总额35378万元。其中,固定资产原值147万元、净值17万元;流动资产35340万元;其他资产20万元。

2011年完成经营产值22003万元,实现销售收入9978万元。国有资产保值增值率101.61%,净资产收益率1.35%,产值利润率0.17%,资产负债率89.24%,应上缴款完成率100%。（李升旺　唐振忠）

【深圳中铁达实业公司】 为集团公司物流仓储企业。驻广东省深圳市盐田区盐田港后方陆域6号区中铁物流大厦。总经理董建平。职工12人。资产总额4318万元。其中,固定资产原值1594万元、净值983万元;流动资产338万元;其他资产2997万元。

2011年实现利润14万元,人均创利4117元。国有资产保值增值率100.69%,净资产收益率1.02%,产值利润率2.51%,资产负债率67.16%,应上缴款完成率100%。（李升旺　董建平）

【赣州铁龙实业公司】 从事酒店经营管理、物资集采、物流、旅行社、果园、仓储、工贸、区域工程承揽等多项经营业务。驻江西省赣州市章贡区八一四大道62号。董事长武敏,党工委副书记、纪委书记李敬。职工16人。资产总额2820万元。

2011年,国有资产保值增值率103.18%,净资产收益率3.13%,产值利润率0.99%,资产负债率78.26%,应上缴款完成率100%。主要经营铁龙大酒店,为涉外三星级酒店,总建筑面积10506平方米,可提供住宿、餐饮、会议、健身、娱乐、商务、购物等服务,经营的铁龙"羊蝎子火锅"在亚洲酒店业金橄榄奖大会上获中国特色餐饮创新品牌金奖。

（李升旺　杨书魁）

【重要记载】

▲1月8日　股份公司副总裁兼总工程师夏国斌到集团公司贵广铁路两安隧道2号斜井检查指导，对掌子面光面爆破效果给予高度评价。

▲1月19日　集团公司第二次党代会、二届六次职代会、党委扩大会暨2011年工作会在长春召开。会议总结过去5年工作情况，分析当前及未来的形势，为企业“十二五”发展指明方向。

▲2月12日　集团公司召开党委扩大会议和总经理办公会议，就集团公司机关由长春迁址到天津市空港经济区作出决议。

▲3月1日　集团公司驻利比亚铁路项目125名员工全部顺利回国。

▲3月14日　集团公司中标新建新疆维吾尔自治区G3014乌尔禾至阿勒泰高速公路项目第WA－2标段工程，合同投资约17亿元。

▲3月23日　二、三、四公司被评为2010年度全国优秀施工企业。

▲4月11～12日　铁道部副部长卢春房视察集团公司承建的哈大铁路客运专线大连段和长春联络线工程。

▲4月19日　黑龙江省省长王宪魁到四公司依兰城镇松花江大桥检查指导。

▲4月21日　股份公司副总裁刘汝臣到集团公司兰新铁路施工现场检查指导，强调抓好项目管理，确保项目安全、工期、质量和效益。

▲5月6日　黑龙江省公路3年决战现场会在四公司齐甘项目嫩江特大桥施工现场召开。黑龙江省省委书记吉炳轩出席会议并作重要讲话，对四公司齐甘项目给予高度评价并亲切接见四公司董事长苏宝伶。

▲6月6日　集团公司承建的锦屏水电站项目1号引水隧洞全线贯通。

▲7月1日　一公司中标湖北恩施至来凤高速公路TJ－1标段工程，合同投资14.4亿元。

▲7月16日　二公司承建的世界铁路隧道第一跨——乌蒙山2号特长隧道全线贯通。

▲7月31日～8月1日　股份公司董事长、党委书记孟凤朝到集团公司调研，高度评价集团公司近年来取得的成绩和进步，对今后的发展提出希望与要求。

▲8月6日　黑龙江省省委书记吉炳轩到四公司建虎高速C8标段检查指导，对项目建设总体情况表示满意，对四公司在黑龙江省公路3年决战中所作出的贡献给予高度赞扬。

▲8月8～10日　股份公司总裁赵广发、副总裁周志亮到二公司调研指导工作，在充分肯定二公司南迁深圳10周年、主营地铁大发展的同时，对二公司发展提出更高要求。

▲9月6日　四公司参建的贵阳北二环工程建成通车，贵州省省委副书记王富玉，股份公司党委副书记、纪委书记兼监事会主席齐晓飞等出席通车庆典仪式。

▲11月7日　一公司沪蓉西高速公路支井河特大桥获中国建设工程鲁班奖。

▲11月22日　集团公司总部基地——天津铁建大厦正式开工建设，天津市市委副书记、滨海新区区委书记何立峰出席开工庆典仪式。

▲11月26～27日　集团公司董事长、总经理雷升祥赴马来西亚在建项目瓜拉班尤大桥和斯班嘎隧道施工现场检查指导。期间，拜会马来西亚下议院议长潘迪卡尔·阿明穆·利亚。

▲12月16日　集团公司参建的锦屏二级水电站世界最大规模引水隧洞全面贯通。

▲12月28日　三公司厦深铁路榕江特大桥主桥钢桁梁合龙。

（李升旺）

中铁十四局集团有限公司

【简况】　中铁十四局集团有限公司是铁路工程施工总承包特级，公路、市政公用、房屋建筑、水利水电工程施工总承包一级，机电安装工程总承包二级，矿山专业施工总承包三级，公路路基、公路路面、隧道、桥梁工程专业承包一级及城市轨道交通工程专业承包和地质灾害防治工程甲级资质企业，并享有对外经营权。集团公司总部驻山东省济南市和平路1号。下辖10个全资子公司、2个专业性分公司、海外分公司和北京、杭州、广州、成都、青岛、西安6个区域性工程指挥部及16个在建直属工程指挥部。职工16460人，其中专业技术人才7538人。资产总额214亿元。其中，固定资产原值502234.23万元、净值260702.14万元；流动资产1789512.69万元。机械运输设备3811台（套），固定资产原值287747万元、净值153645万元，总功率463154.33千瓦，技术装备率9.35万元/人，动力装备率28.17千瓦/人，新度系数0.53，主要设备完好率92%、利用率83%。年施工能力300亿元以上。

2011年新签合同额328.57亿元，补充合同额37.28亿元；完成企业总产值2699123.89万元，实现利润43026.87万元。年内获中国建设工程鲁班奖2项、省部级优质工程奖17项。

（刘　宁）

【领导人员】

董事会

董事长	杨有诗
副董事长	张挺军

经理层

总经理	张挺军
副总经理	张海舟
	李景元
	徐明新(12月免)
	曹希彬
	郑修杰
	许兰民
	蒋汉祥(9月免)
	王红卫
	周长进
总工程师	刘运平
总会计师	于立中

党群领导

党委书记	杨有诗
党委副书记	张挺军
	陈保京
纪委书记	张建国
顾问	顾忠久(9月退休)
工会副主席	朱仰存(12月任,主持工作)

(陈　静)

【职工队伍】　职工16460人。其中,男职工12462人、女职工3998人;在岗职工13224人、内退职工3236人。文化结构:研究生及以上学历69人,本科学历5201人,大专(高职)3783人,中专1166人,中专以下6241人。年龄结构:25岁以下2316人,26~30岁2895人,31~35岁2360人,36~40岁2539人,41~45岁1228人,46~50岁2086人,51~55岁2375人,55岁以上661人。专业技术人才7538人。其中,高级职务1060人;中级职务1978人;初级职务4500人。高技能人才2517人。其中,高级技师88人;技师373人;高级工1616人;中级工408人;初级工32人。

(陈　静)

【工程项目指挥机构】　京沪高速铁路工程指挥部　驻安徽省宿州市。项目经理兼党委书记张挺军,党工委常务副书记梁世山。

石武铁路工程指挥部　驻福建省尤溪市。项目经理王焕,党工委书记田友成。

向莆铁路工程指挥部　驻河北省邢台市。项目经理赵克东,党工委常务副书记沈中祥。

贵广铁路工程指挥部　驻广西壮族自治区贺州市。项目经理谢晋水,党工委书记兼指挥长郭占海。

成绵乐铁路工程指挥部　驻四川省成都市。项目经理兼党工委书记许兰民,党工委书记兼指挥长钱建国。

广深港铁路客运专线ZH－1标段项目部　驻广东省广州市。项目经理周长进,党工委书记韩福启。

阿尔及利亚公路项目指挥部　驻阿尔及利亚布阿拉里季堡省。项目经理严学斌,党工委书记朱士良。

石武铁路客运专线河北段SZ－2标段指挥部　驻河北省邢台市。项目经理王焕,党工委书记王波馨。

宁启铁路复线电气化工程1标段指挥部　驻江苏省南京市。项目经理刘永成,党工委书记周先民。

新建沪昆铁路客运专线长沙至昆明段贵州站前工程CKGZTJ－7标段指挥部　驻贵州省平坝县。指挥长苏斌,党工委书记张秋华。

新建天津至保定铁路工程施工总价承包JBSG－2标段指挥部　驻天津市北辰区。项目经理杨俊泉,党工委书记闫绳健。

新建张家口至唐山铁路ZTSG－7标段指挥部　驻河北省唐山市。项目经理石宗峰,党工委书记牛之印。

新建云桂铁路广西段YGZQ－3标段指挥部　驻广西壮族自治区田东县。项目经理程相华,党工委书记沈银贵。

新建沪昆铁路客运专线长昆湖南段CKTJ－9标段指挥部　驻湖南省怀化市。项目经理林存友,党工委书记罗山林。

新建邯郸(邢台)至黄骅港铁路工程第II标段指挥部　驻河北省邢台南宫市。项目经理王焕,党工委书记王波馨。

山西中南部铁路通道ZNTJ－21标段指挥部　驻山东省日照市。项目经理孟凡亚,党工委书记曾庆超。

长株潭城际铁路综合Ⅱ标段指挥部　驻湖南省长沙市。项目经理孙亮,党工委书记邱国红。

珠三角城际轨道交通佛山至肇庆项目GZZH－7标段指挥部　驻广东省肇庆市。项目经理周长进,党工委书记韩冰。

新建青岛至荣成城际铁路QRZH－1标段指挥部　驻山东省青岛市。项目经理王朝晖,党工委书记王维民。

扬州瘦西湖隧道工程指挥部　驻江苏省扬州市。项目经理戴洪伟,党工委书记张公社。　(刘　宁)

【工程施工】　2011年在建项目合同金额1078亿元,开工累计完成642亿元。在建铁路隧道210.7公里、路外隧道199公里，在建铁路桥梁328.6公里、路外桥梁228.8公里；隧道剩余158.7公里，桥梁剩余253.5公里。重点工程进展情况：

成绵乐铁路客运专线CMLZQ－4标段工程　2011年完成投资11.4亿元，开工累计完成投资27.12亿元，占合同投资的56.9%。完成主要实物工程量：土石方297.7万立方米，占设计量的80%；桥梁19959延长米，占设计量的67%；隧道4679延长米，占设计量的85%；架设箱梁379孔。

宁启铁路复线电化工程Ⅰ标段工程　2011年完成投资3.04亿元，开工累计完成投资16.21亿元，占合同投资的48.25%。完成主要实物工程量：土石方494.8万立方米，占设计量的88.84%；桥梁12313.6延长米，占设计量的73.28%；涵洞5445.19横延米，占设计量的74.25%；预制梁561片，占设计量的31.1%，架设105片；正线铺轨82.2公里，占设计量的28.79%。年内因资金严重不足，工程基本停止施工。

向莆铁路FJ－3A标段工程　2011年完成投资7.81亿元，开工累计完成投资35.68亿元，占分割后投资额的100%。完成主要实物工程量：桥梁6878.29延长米，占设计量的96.19%；隧道52933.6延长米，占设计量的91.51%。年内因资金紧张，除重点控制性工程以外，其余工程全部停工。

青荣城际铁路QRZH－Ⅰ标段工程　2011年完成投资18912万元，占合同投资的8.03%。完成主要实物工程量：土石方51.69万立方米，占设计量的21.74%；桥梁1936.3延长米，占设计量的6.02%；涵洞156横延米。因征地拆迁、图纸不到位等原因，影响主体工程展开施工。

贵广铁路GGTJ－9标段工程　2011年完成投资9.2亿元，开工累计完成投资28.31亿元，占合同投资的79.92%。完成主要实物工程量：路基土石方146.8万立方米，占设计量的54.78%；桥梁12707延长米，占设计量的69.55%；隧道31633延长米，占设计量的92.81%；箱梁预制165榀，占设计量的48.39%，架设36榀。

邯黄铁路2标段工程　2011年完成投资6.02亿元，开工累计完成投资7.61亿元，占合同投资的52%。完成主要实物工程量：路基土石方921万立方米，占设计量的75%；桥梁16487延长米，占设计量的87%；涵洞99.7%。

中南部铁路通道ZNTJ－21标段工程　2011年完成投资11.72亿元，开工累计完成投资13.76亿元，占合同投资的72%。完成主要实物工程量：路基土石方610万立方米，占设计量的92%；桥梁19763延长米，占设计量的81%；隧道5834延长米，占设计量的59%。2月7日开始铺轨，计划2013年8月31日铺轨结束。

长株潭城际铁路CZTZH－2标段工程　2011年完成投资2.81亿元，开工累计完成投资3.31亿元，占合同投资的8.08%。完成主要实物工程量：土石方8.5万立方米；隧道730延长米，占设计量的6%；桥梁851.4延长米，占设计量的11%；房屋建筑5585平方米。年内由于资金不足，工程停工。

沪昆铁路客运专线湖南段CKTJ－9标段工程　2011年完成投资100178万元，开工累计完成投资124548万元，占合同投资的38.76%。完成主要实物工程量：土石方113.1万立方米，占设计量的62.18%；桥梁3411延长米，占设计量的41.57%；隧道12760延长米，占设计量的39.48%；生产梁55榀。

沪昆铁路客运专线贵州段CKGZTJ－7标段工程　2011年完成投资37689万元，开工累计完成投资42939万元，占合同投资的14.51%。完成主要实物工程量：土石方93万立方米，占设计量的13.95%；桥梁3813延长米，占设计量的23.87%；隧道1378延长米，占设计量的16.53%。年内受资金影响，工程停工。

津保铁路JBSG－2标段工程　2011年完成投资7849万元，占合同投资的3.33%。大型临时工程基本完成，生产T梁137孔。

云桂铁路广西段YGZQ－3标段工程　2011年完成投资4.23亿元，开工累计完成投资6.1亿元，占合同投资的22.13%。完成主要实物工程量：路基土石方215.3万立方米，占设计量的46.31%；桥梁6400延长米，占设计量的56.79%；隧道1695.5延长米，占设计量的29.18%；预制箱梁74榀。年内受资金影响，工程停工。

太兴铁路TXXS－2标段工程　2011年完成投资57658万元，开工累计完成投资100858万元，占合同投资的53.2%。完成主要实物工程量：路基土石方894万立方米，占设计量的87%；桥梁2200延长米，占设计量的68%；隧道17569延长米，占设计量的69%。

宁安城际铁路工程　2011年完成投资59597万元，占合同投资的64.29%。完成主要实物工程量：预制箱梁426榀，占设计量的69.4%；架设401榀，占设计量的65.3%；正线铺轨4.5公里，占设计的3.6%；站线铺轨5.4公里，占设计量的44.9%。

佛肇城际轨道交通GZZH－7标段工程　2011年完成投资23406万元，占合同投资的32.2%。桥梁完成1422.1延长米，占设计量的32.2%。

莞惠城际轨道第1合同段工程　2011年完成投资38353万元，占合同投资的42.75%。桥梁完成3428.35延长米，占设计量的47.92%；悬灌连续梁完成476.4米,占设计量的21.59%。

广西沿海铁路南宁—钦州段扩能改造工程　2011年完成投资27794万元,占合同投资的59.14%。完成主要实物工程量:T梁预制356片,占设计量的33.9%;正线铺轨15.2公里,占设计量的7.81%;铺道砟5.034万立方米,占设计量的8.74%;铺道岔2组,占设计量的3.23%。

新建锦州—赤峰铁路工程　2011年完成投资81339万元,占合同投资的94.81%。鹰窝山隧道完成5905延长米,占设计量的99.75%;桥梁完成11699延长米,占设计量的89.33%。

北京地铁9号线土建5合同段工程　2011年完成投资26729万元,开工累计完成投资60341万元,占合同投资的100%。

北京地铁6号线一期土建9标段工程　2011年完成投资50291万元,开工累计完成投资69217万元,占合同投资的64%。

北京地铁8号线二期土建10合同段工程　2011年完成投资20260万元,开工累计完成投资21046万元,占合同投资的37%。

北京地铁14号线土建17合同段工程　2011年完成投资2380万元。

南京地铁10号线土建10-TA03标段工程　2011年完成投资17880万元,占合同投资的22%。

湖北宜巴高速公路一期土建第7、21合同段工程　2011年,第7合同段完成投资34658万元,占合同投资的95%;主体工程完工。第21合同段完成投资39720万元,占合同投资的79%;隧道完成14452.5延长米,占设计量的97%;衬砌13567.3米,占设计量的91%。

平遥—榆社高速公路AS4标段工程　2011年完成投资32445万元,占合同投资的61%。宝塔山隧道12月20日主洞贯通,成洞5949延长米,占设计量的86%。

荣乌高速公路徐水—涞源(冀晋界)一期LJSG-3标段工程　2011年完成投资14555万元,占合同投资的96%。

常熟电厂扩建工程　2011年完成投资10395万元,占合同投资的87.64%。

河北省茅荆坝(蒙冀界)至承德公路19标段工程　2011年完成投资17419万元,占合同投资的36.03%。完成主要实物工程量:土石方63.78万立方米,桥梁597.7延长米,隧道1982延长米。

陕西延安安塞经志丹至吴起高速公路路基桥隧工程LJ-10标段工程　2011年完成投资25034万元,占合同投资的79%。隧道完成2191延长米,占设计量的45.01%。

广东乐昌—广州高速公路樟市—花东段及韶赣北连接线T21标段工程　2011年完成投资14223万元,占合同投资的32.68%。完成主要实物工程量:土石方118.26万立方米,占设计量的28.5%;涵洞1722.4横延米;隧道708延长米,占设计量的30.15%。

六丙公路一期工程第I合同段工程　2011年完成投资1800万元,占合同投资的8.9%。　(刘　宁)

【经营管理】　2011年,集团公司新签合同148项,合同总额365.85亿元,其中补充合同额37.28亿元。新签合同中,铁路工程101.98亿元,占合同总额的27.87%;公路工程77.12亿元,占合同总额的21.08%;水电工程16.15亿元,占合同总额的4.41%;房建工程58.57亿元,占合同总额的16.01%;市政工程44.62亿元,占合同总额的12.2%;城市轨道交通工程17.97亿元,占合同总额的4.91%;其他工程7.12亿元,占合同总额的1.95%。

企业管理。(1)经营指标调整。集团公司调整2011年度经营绩效目标:一是根据股份公司财务指标体系要求,修改集团公司财务指标,将子公司"利润总额"指标调整为"净利润"指标,增加"产值利润率"控制性指标;二是调整区域指挥部经营指标,不再设"自揽自干"和"协助集团公司承担铁路任务"指标,只设"上交合作承揽"指标;三是对指标变动后指标分值进行调整;四是根据房地产公司规模销售期情况,调整风险金标准。年内,集团公司与所属20家二级单位签订2011年度经营效绩目标责任状。(2)资质申报。1月,住房和城乡建设部出台施工总承包特级企业标准实施办法,集团公司迅速启动特级资质申报工作。6月,申报材料上报住房和城乡建设部;10月,书面申报资料通过铁道部评审;12月,特级资质通过实地核查。12月28日,隧道公司取得地基与基础工程专业承包一级资质。年内,一至五公司、隧道公司、电务公司完成增资工作。其中,四公司营业执照注册资本金由1.2亿元增加到3.1亿元,二、三、五公司和隧道公司增加到2.6亿元,一公司、电务公司增加到1.2亿元。增资有利于提升工程公司大项目的承揽能力。

安全质量。2011年,集团公司深入落实安全发展观,认真履行社会责任,坚持"安全第一,预防为主,综合治理"的方针,牢固树立"细节决定成败,素质决定行为,规范决定安全"的理念,倡导系统工程思想,突出安全预控,依靠先进技术和科学管理手段,改善安全生产环境,落实各级责任制,积极整治事故隐患,强化标准化建设,打造本质安全企业。在生产经营规模、管理跨度、管理难度大幅度增加的情况下,深入开展"安全生产年”活动，大力开展安全大检查、安全隐患大排查和专项安全检查，全面排查治理安全质量隐患和安全管理的薄弱环节，严格施工现场安全过程控制，安全生产状况总体稳定，并趋向好转。全年集团公司派出52支检查组，检查项目165项，排查整改隐患603项。年内获中国建设工程鲁班奖2项、省部级优质工程奖17项，获国家级优秀QC小组成果奖3项、山东省优秀QC小组成果奖4项、铁道部优秀QC小组成果奖2项、中国铁建优秀QC小组成果奖6项。集团公司获全国工程建设质量管理优秀企业称号。在建工程项目未发生等级质量事故，工程合格率100%。（刘 宁）

【科技开发】 2011年，集团公司获国家级科技进步奖2项、省部级科技进步奖7项，获国家级工法4项、省部级工法12项，获授权发明专利3项、实用新型专利18项。年内，集团公司投入科技研发经费1702万元。获批山东省技术创新项目9项，列入中国铁建科技发展项目2项，集团公司技术开发项目42项，其中9项省级技术创新项目享受税前抵扣3765万元，减免税额884万元。高新技术企业减免税428万元，省级技术创新项目和高新技术企业为集团公司减免税1312万元。12月，中铁十四局集团南京长江隧道工程6项科技成果通过山东省科技厅鉴定。其中，“复杂地层及地形条件下超大直径泥水盾构浅覆土长距离穿越长江关键技术研究”和“复杂地质条件下超大直径泥水盾构泥浆及成膜关键技术”两项成果达到国际领先水平；“复杂地质条件下穿越长江施工的超大直径泥水盾构机状态检测及故障诊断关键技术”、“复杂地质条件下超大直径泥水盾构壁后注浆关键施工技术”、“复杂地质条件下超大直径盾构始发接收超深基坑综合施工技术”和“复杂地质条件下超大直径盾构隧道衬砌结构基于监控的施工安全控制技术”4项成果达到国际先进水平。（刘 宁）

【党群工作】 党的工作。截至2011年底，集团公司有党委104个、党总支部38个、党支部439个。党员7501人，其中预备党员262人。在岗职工党员5880人，占党员总数的78.39%；离退休党员1621人，占党员总数的21.61%；女党员865人，占党员总数的11.53%。（1）领导班子建设。年内，集团公司党委中心组集中学习6次，重点学习党的十七届五中、六中全会精神，胡锦涛总书记在纪念建党90周年大会上的重要讲话，中央经济工作会议、中国铁建党委工作会议精神；集团公司党委理论学习中心组先后邀请山东省委讲师团、省委党校等知名专家、教授，就如何认真学习党十七届五中、六中全会精神，贯彻落实科学发展观，党风廉政建设，如何进一步解放思想、加强企业改革发展等专题进行集中辅导。加强所属单位领导班子民主生活会指导，先后派出50个工作组78人次，指导监督各单位党委认真开好民主生活会，派出人员提前进入所指导单位，通过召开座谈会、查看资料、听取汇报等形式，了解领导班子工作情况，有针对性地提出指导和整改意见。年内，集团公司授予10个单位领导班子为2010年度“四好领导班子”。（2）宣传工作。2011年，集团公司在中央和省部级媒体刊稿1700余篇，其中各版头条、报眼、配评论、加编者按的重要稿件150余篇，全国性媒体刊播210余篇。年内，集团公司和二、三、四、五公司及建筑安装公司被中国铁道建筑报社评为年度新闻报道先进单位，7篇稿件被评为优秀新闻作品；刘德联被评为全国铁路优秀新闻工作者。（3）纪检监察工作。注重发挥教育在反腐倡廉建设中的先导和基础性作用，反腐倡廉教育的长效机制逐步深化。全年集团公司组织反腐倡廉教育220场（次）。股份公司下发《贯彻落实〈国有企业领导人员廉洁从业若干规定〉实施办法》，集团公司及时组织《实施办法》知识竞赛活动，各级领导班子成员和广大干部职工7400余人参加竞赛。组织党员干部260余人参观检察机关警示教育基地和预防渎职侵权犯罪展览，观看警示教育片《国企大蠹——张家岭》，学习国资委纪委和股份公司纪委编印的警示教育读本《镜鉴》《覆鉴》，不断强化反面典型的警示和震慑作用。任前谈话174人，诫勉谈话86人次，领导述职议廉284人次；签订责任书867份，实行廉洁承诺568人次。全年接受群众来信来访和电话、网络举报16件，初核15件，转立案11件，适当处理4件，结案12件；处分15人，受党纪处分11人、政纪处分10人，其中受双重处分6人；组织处理14人。提出监察建议18类165条，直接增加经济效益340万元，避免和挽回经济损失1291万元。开展清理领导人员关系包工队、机械设备及整治亏损项目专项活动，各级领导人员就是否存在关系队伍、设备作出书面明示，并将承诺书张贴公布，接受组织和群众监督。作出书面承诺1249人，清退关系车辆25台、机械设备7台（套），适当处理4台（套）。开展使用中介承建工程项目专项检查，着力解决提点大包、非法转包和违规分包等问题，严控效益流失和资产损失。

工会工作。集团公司工会下辖10个子公司工会、3个专业分公司工会、6个区域工程指挥部工会、5个直属单位工会，有工会会员14723人，专职工会干部92人。2011年，集团公司第7次获全国“安康杯”竞赛优胜企业称号，5个单位分别获全国“安康杯”竞赛优胜班组、山东省“安康杯”竞赛优胜企业等称号，3个单位分别获火车头奖杯、山东省“富民兴鲁”劳动奖状、山东省“工人先锋号”荣誉;1人获全国五一劳动奖章,1人获全国巾帼文明标兵称号,1人被评为山东省女职工建功立业标兵,4人分获火车头奖章和山东省“富民兴鲁”劳动奖章;集团公司工会被评为山东省女职工权益专项集体合同先进单位。集团公司78个项目部在业主劳动竞赛评比中,获得128次综合或单项奖励,累计获业主奖金1186万元。组织职工开展技术攻关活动,职工围绕生产经营提合理化建议919项,采纳622项,实施549项,创造经济价值1295万元;技术创新26项,创新价值1080万元。其中14项职工合理化建议和技术改进项目获得省部级以上奖励。有效落实“三不让”承诺工作,以帮职工解难、为企业分忧为宗旨,重新修订“三不让”承诺实施方案,扩大困难职工纳入范围,提高对困难职工救助标准,建立全方位、广覆盖困难职工帮扶救助体系。2011年筹集“三不让”专项资金365万元,救助困难职工家庭1305户,发放困难补助资金189万元。资助困难职工子女入学102人次,资助资金6.5万元;救助患大病困难职工66人次,救助资金32.6万元。集团公司筹集送温暖资金200余万元,走访慰问特困职工家庭65户,重困职工家庭168户,一般困难职工1075户,伤病残困难职工102户;慰问劳模59人,离退休人员509人,职工遗属60人。 （刘 宁 胡青山）

【第一工程发展有限公司】 市政公用工程施工总承包一级,公路工程施工总承包二级,公路路面、桥梁工程专业承包二级,公路路基工程专业承包三级资质企业。公司机关驻山东省日照市海曲东路66号。2005年7月28日成立。公司由集团公司及其二、三、四公司4个法人股东和王明波、刘德顺、王焕等13名自然人股东发起成立,集团公司为公司中的国有法人资产投资主体;2007年4月,公司股东变更为集团公司和二、三、四公司4个法人股东;2009年6月,公司股东变更为集团公司,公司成为法人独资企业。执行董事、总经理王明波,党委书记吴昭。下辖专业路面公司、房建办公室和26个项目部。职工679人。其中,专业技术干部388人;技术工人159人。机械运输设备120台(套),原值8387.48万元、净值4568.77万元,总功率19595.38千瓦,技术装备率6.68万元/人,动力装备率28.65千瓦/人,设备成新率54.5%。

2011年新签合同额21.52亿元。完成路基填方848.6万立方米,混凝土试件21064组,水泥砂浆试件2114组。工程质量合格率100%,工程优良率100%。年内,公司继续保持日照市和山东省守合同重信用企业称号;获山东省“泰山杯”优质工程1项,获全国QC成果、山东省QC成果各1项。 （综合办公室）

【第二工程有限公司】 公路、市政公用工程施工总承包一级,铁路、房屋建筑工程施工总承包二级,公路路基、公路路面、桥梁、机场场道、隧道工程专业承包一级资质企业。公司机关驻山东省泰安市东岳大道西首。执行董事兼总经理刘红旗,党委书记徐宝庭。职工2856人。资产总额198778万元。其中,固定资产原值28095万元、净值13197万元;流动资产177700万元。机械运输设备142台(套),总功率18047.6千瓦,技术装备率2.44万元/人,动力装备率10千瓦/人。

2011年新签合同额33.2亿元。单位工程质量合格率100%。年内,公司持续保持山东省守合同重信用企业、山东省文明单位和国家级守合同重信用企业称号,连续6年保持省级AAA信誉企业荣誉。

（袁 博）

【第三工程有限公司】 铁路、公路、市政公用工程施工总承包一级,水利水电、房屋建筑工程施工总承包二级,公路路基、公路路面、桥梁、机场场道、隧道工程专业承包一级资质企业。前身系中国人民解放军铁道兵第四师第十八团,组建于1951年3月;1984年1月1日集体转业并入铁道部,改称铁道部第十四工程局第三工程处;1999年12月企业更名为中铁第十四工程局第三工程处,2001年11月企业改制改称现名。公司机关驻山东省兖州市北环城路16号。执行董事、党委书记田执祥,总经理岳耀群。职工2288人,其中专业技术人员934人。年施工能力40亿元以上。

（公司办公室）

【第四工程有限公司】 公路、市政公用工程施工总承包一级,铁路工程施工总承包二级,矿山工程施工总承包三级,桥梁、隧道、公路路基、公路路面、机场场道工程专业承包一级资质企业。前身系中国人民解放军铁道兵第四师第十九团,组建于1965年3月;1984年1月集体转业并入铁道部,改称铁道部第十四工程局第四工程处;2000年1月更名为中铁第十四工程局第四工程处,2001年9月企业改制改称现名。公司机关驻山东省济南市英雄山路267号。执行董事兼党委书记庄纪栋,总经理李旭。职工2578人。其中,管理和专业技术人员1294人;技能人员1284人。资产总额30亿元。机械运输设备485台(套),设备完好率98%。年施工能力40亿元以上。

2011年承揽任务31.96亿元,完成施工产值46.2亿元,实现利润4026万元。职工年人均收入27150元。 （公司办公室）

【第五工程有限公司】 公路、市政公用工程施工总承包一级，铁路、水利水电工程施工总承包二级，桥梁、隧道、铁路铺轨架梁、公路路基、公路路面工程专业承包一级资质企业。前身系铁道部第十四工程局第五工程处，1991年6月组建，1999年12月更名为中铁第十四工程局第五工程处，2001年9月企业改制改称现名。公司机关驻山东省兖州市兖谷路80号。执行董事、党委书记薛峰，总经理赵方刚。公司下辖太原修造厂、设备物资管理中心、物业管理中心、北京铺架基地筹建中心、机运中心、东莞分公司及25个项目经理部。职工1730人。机械运输试验设备597台（套），原值60675.2万元、净值39257.2万元，总功率99942.95千瓦，技术装备率32.6万元/人，动力装备率52.15千瓦/人，机械设备新度系数0.64，主要机械设备完好率95.74%。

2011年新签合同额14.71亿元，完成企业总产值28.07亿元，实现利润1206万元。单位工程合格率100%。年内，公司被评为全国用户满意先进单位，继续保持全国守合同重信用企业称号。（刘传国）

【电气化工程有限公司】 机电安装工程施工总承包一级，铁路电气化、铁路电务、消防设施工程专业承包一级，公路交通工程通信、监控、收费综合系统、送变电工程专业承包二级资质企业。公司机关驻山东省济南市和平路16号。执行董事、总经理、党委书记郑洪星。下辖4个人才管理中心及通信中心、物业管理中心、电气化分公司。职工756人。其中，干部383人；工人373人。资产总额531586.35万元，其中固定资产原值6206万元、净值2170万元。机械设备48台（套），原值3399.12万元、净值1125.31万元，总功率2621千瓦，动力装备率3.47千瓦/人，技术装备率1.49万元/人。

2011年完成企业总产值676819.44万元。其中，施工产值670395.12万元；其他产值642.43万元。实现利润2384万元。职工年人均收入48148元。国有资产保值增值率136.65%，资产收益率3.78%，产值利润率3.52%，应上缴款完成率101%。工程验交合格率100%，优良率96%。年内，公司获山东省“安康杯”竞赛优秀组织奖，继续保持国家高新技术企业、山东省守合同重信用企业、省级文明单位等称号。

（刘红梅）

【隧道工程有限公司】 以隧道和地下工程为主营业务，同时具备桥梁、土石方等综合施工能力。公司机关驻山东省济南市兴隆街道办事处兴隆山庄。执行董事、总经理马军，党委书记刘庆民。资产总额275538万元。其中，固定资产原值122504万元、净值72100万元；流动资产167017万元；其他资产108521万元。机械运输设备445台（套），原值10.09亿元、净值6.12亿元，总功率71076千瓦，动力装备率44.73千瓦/人，技术装备率38.51万元/人，主要施工设备完好率80%、利用率75%，设备新度系数0.61。

2011年新签合同额27.21亿元，完成企业施工产值28.77亿元，实现利润4082万元。人均创利2.57万元。总资产报酬率2.65%，产值利润率1.29%。年内，公司参建的北京地铁黄庄站、北京地铁4号线工程获北京市政基础设计竣工“长城杯”金质奖。

（公司办公室）

【北京中铁房山桥梁有限公司】 是铁道部定点生产预应力钢筋混凝土铁路桥梁、轨枕的主要厂家之一，首批取得铁道部桥梁和轨枕生产许可证，被选定为铁道部铁道器材开发中心研究发展基地；混凝土预制构件、预应力、桥梁工程专业承包二级，建筑装修装饰、钢结构、金属门窗工程专业承包三级资质企业。公司机关驻北京市房山区阎村镇房山科技工业园区燕房园8号。原系中国人民解放军第6012工厂，1954年成立于广西黎塘；1984年随铁道兵并入铁道部，2002年8月28日企业改制改称现名。执行董事、总经理鄂宝生，党委书记赵誉。下辖2个车间、3个分公司、11个项目部。职工846人。固定资产原值34479万元、净值20782万元，流动资产66684万元。机械运输设备1730台（套），总功率33360千瓦，技术装备率15.55万元/人，动力装备率33.36千瓦/人，设备完好率94%、利用率60%。

2011年新签合同额5.28亿元，完成工业总产值8.71亿元，实现利润2609万元。职工年人均收入64212元。国有资产保值增值率106.7%，净资产收益率3.9%，产值利润率3%，资产负债率56%，投资回报率4.9%，应上缴款完成率100%。年内开发新产品1项，获授权发明专利1项、实用新型专利11项，获省级工法3项；公司被评为北京建设行业AAA信用企业，继续保持首都文明单位标兵、质量信得过单位称号。

（黄梅英）

【山东凯华置业有限公司】 为集团公司全资子公司，主要从事房地产开发和经营，组建于2001年3月27日。公司机关驻山东省济南市和平路16号。执行董事、总经理马建平，党委书记李斌。下辖青岛中铁凯华房地产开发有限公司、南京昌和房地产开发有限公司、济南中铁凯华房地产开发有限公司、济南庆龙置业有限公司、泰安市凯华房地产开发有限公司及胶南、兖州、莱西、济南分公司。

2011年实现房地产销售面积8.67万平方米,合同销售额6.16亿元,完成营业收入5.71亿元,实现净利润0.71亿元。年内新开工面积25.49万平方米,房屋竣工面积6.86万平方米。公司被评为山东省企业文化先进单位、履行社会责任示范单位、最佳雇主企业、劳动关系和谐企业称号,获山东省"富民兴鲁"劳动奖状。马建平被评为山东省履行社会责任企业经营者。开发的中国铁建·国际城项目获2012中国房地产(齐鲁)最佳期待楼盘和品牌地产奖,中国铁建·岸芷汀兰项目获2011年青岛最佳性价比楼盘奖,明山秀水项目被评为2012最值得期待宜居典范楼盘。（顾亚楠）

【山东铁正工程试验检测中心有限公司】 前身系铁道兵第四师试验室,1998年更名为山东铁正工程试验检测中心,2007年11月28日企业改制改称现名。公司通过国家计量认证,是公路工程综合甲级及公路、桥梁隧道工程专项试验检测机构,具有建设工程质量检测资质。公司机关驻山东省济南市和平路16号。执行董事兼总经理鲁爱民,党委书记吴新萍。职工146人。（鲁素芳）

【水利水电工程分公司】 前身系铁道部第十四工程局第一建筑安装工程公司,1992年11月组建;2002年9月企业改制改称中铁十四局集团有限公司建筑工程分公司,2003年9月更名为中铁十四局集团工程发展有限公司建筑工程分公司,2005年3月改称现名。公司机关驻山东省济南市历下区中润世纪广场A3座18号楼10层。总经理贾开民,党委书记孙绍法。下辖30个项目经理部。职工712人。机械检测设备167台(套),原值3076.27万元、净值2155.47万元,总功率15462千瓦,动力装备率21.75千瓦/人,技术装备率2.96万元/人,设备新度系数0.58,主要设备完好率100%、利用率100%。

2011年新签合同额10.07亿元,完成施工总产值11.05亿元,实现利润1991万元。职工年人均收入45900元。公司连续19年未发生任何质量安全等级事故,实现安全生产6995天。年内,公司继续保持山东省文明单位称号。公司承建的山东省军区机关新营区综合指挥楼工程被评为济南军区安全文明工地,交通学院长清新校区2号教学楼工程被评为山东省安全文明工地;参建的黄土湾水电站土建Ⅱ标段、双江口水电站右岸上坝公路、枣庄交警指挥中心工程获山东省优质工程"泰山杯"奖,太仓港港区玖龙路新建工程获火车头优质工程奖,山东省军区机关新营区综合指挥楼、山东省军区机关新营区直属分队楼工程获济南军区优质工程奖;三道湾水电站项目部QC小组获全国优秀质量管理小组奖。（于谋君）

【建筑安装工程分公司】 2002年7月5日成立,集团公司所属专业分公司,以工业与民用建筑工程为主,兼营公路、管网等市政工程。公司机关驻山东省济南市二环东路3966号东环国际广场B座3层。总经理王建伦,党委书记岳焕鹏。职工337人。其中,干部239人;工人98人。资产总额7.22亿元。其中,固定资产原值11300万元、净值3202万元;流动资产6.9亿元。

2011年新签合同额14.2亿元,完成施工总产值10.37亿元,实现利润1699万元。职工年人均收入4.65万元。投资收益上缴率100%,应上缴款完成率100%,施工产值利润率1.64%,工程成本降低率7.81%。工程质量合格率100%。年内,公司参建的南京长江隧道工程获火车头优质工程奖,周口师范学院北校区图书馆管理中心工程获河南省建设工程"中州杯"奖,安德利花园4号楼工程获烟台市建筑工程优质奖,中铁江佑铂庭一期房地产开发项目2、6号楼工程获南京市优质结构工程奖。（公司办公室）

【重要记载】

▲1月19日　集团公司召开表彰大会,表彰在2010年铁路经营、援建沙特大会战和决战太中银、包西铁路中作出突出贡献的先进单位和先进个人。

▲1月20日　集团公司第三届四次职工代表大会在山东济南召开。

▲3月2日　五公司驻利比亚的6名员工搭乘东航包机平安抵达上海浦东机场。

▲3月18日　中国政府援建、集团公司承建的尼日尔二桥工程通车典礼在尼日尔首都尼亚美举行。以黄海为团长的中国政府代表团,尼过渡政府国家元首吉博、总理丹达,驻尼大使夏煌、商务参赞史首建,集团公司总经理张挺军出席通车仪式。夏煌和尼日尔装备部长马哈曼庄严地签署二桥交接证书,吉博、黄海为二桥建成剪彩,并为象征着中尼友谊的大桥铜牌揭幕。

▲4月19日　股份公司董事长、党委书记孟凤朝,副总裁周志亮在集团公司董事长、党委书记杨有诗,总经理张挺军,纪委书记张建国等陪同下,视察集团公司南京长江隧道、凯华置业公司南京江佑铂庭、隧道公司南京地铁10号线项目。

▲4月26日　集团公司董事长、党委书记杨有诗获2011年全国五一劳动奖章,水利水电分公司获2011年山东省"富民兴鲁"劳动奖状,四公司总经理李旭获2011年山东省"富民兴鲁"劳动奖章,青岛指挥部环湾大道双埠立交桥项目部获山东省"工人先锋号"称号。

▲5月25日　北京市市委副书记、市长郭金龙在

北京市轨道交通建设管理有限公司总经理丁树奎等陪同下，视察集团公司北京地铁6号线项目部。

▲6月　集团公司获中国水利工程AAA级信用企业称号。

▲7月24日　国务院国资委监事会主席李克在中国铁建副总裁、总会计师、总法律顾问庄尚标和集团公司董事长、党委书记杨有诗陪同下，到三公司新疆乌拉斯台至托克逊公路项目调研。

▲7月27日　集团公司三届四次职工代表大会联席会在四川成都召开。会议讨论通过《集团公司2011～2012年度集体合同》《女职工权益保护专项集体合同》和《职工工资专项集体协议》。

▲8月10～13日　集团公司董事长、党委书记杨有诗，副总经理王红卫在乌鲁木齐参加由中信建设组织的南部非洲区联合舰队各合作单位第九次高层领导联席会。

▲9月29日　集团公司总经理张挺军在北京会见来华寻求基础设施建设投资合作的加纳政府代表团。

▲同日　集团公司表彰第二届"十佳建设者"、"十佳道德模范"和第七届"十大杰出青年"。

▲10月　隧道公司副总经理兼北京地铁6号线项目经理徐磊获中央企业青年五四奖章。

▲11月30日　水利水电分公司承建的四川江边水电站对外交通改建工程被评为全国用户满意工程。

▲12月3日　由集团公司承办的中国铁建股份公司2011年度科学技术奖评审会在山东济南召开。会上，集团公司4项科技成果获奖。

▲12月25日　山东省科技厅在江苏南京组织召开中铁十四局集团南京长江隧道工程科技成果鉴定会。会上，集团公司6项科技成果通过鉴定。

（刘　宁）

中铁十五局集团有限公司

【简况】　中铁十五局集团有限公司是铁路工程施工总承包特级，铁道行业设计甲二级，房屋建筑、公路、水利水电、市政公用工程施工总承包一级，桥梁、隧道、公路路面、铁路铺轨架梁工程专业承包一级，城市轨道交通工程专业承包及地质灾害防治工程甲级资质企业。集团公司总部驻河南省洛阳市四通路2号院。前身系中国人民解放军铁道兵第五师，1984年1月1日集体转业并入铁道部，改编为铁道部第十五工程局；1999年12月更名为中铁第十五工程局，2001年10月12日企业改制改称现名。下辖第一至第七工程有限公司和贵州路桥公司、成都公司、西北工程公司、河南置业公司、四川建筑勘察设计有限公司12个子公司，华南、华东、华北、西南、中南、新疆、南京、天津、城市交通、国际工程公司10个分公司，大西、郑开、京沪高速铁路工程指挥部，龙浦、广深港、天津集疏港、阳翼、阜六、沪昆、哈齐、太原西南环直管项目部，济阳黄河大桥有限公司、职工培训中心。职工22318人。其中，在职干部7638人；工人12593人。专业技术干部7462人，占在职干部的97.1%；技术工人7798人，占工人总数的61.9%。资产总额1904989万元，其中固定资产净值252198万元。主要施工机械设备3828台（套），技术装备率11.29万元/人，动力装备率22千瓦/人，设备新度系数0.82，设备完好率95%、利用率91%。年施工能力300亿元以上。

2011年承揽工程任务518.06亿元，完成企业总产值281.13亿元，其中施工产值274.78亿元。实现利润3.68亿元。全员劳动生产率32088元/人年，职工年人均收入40289元。产值利润率1.21%，投资回报率25.83%，资产负债率90.55%，国有资产保值增值率124.6%，净资产收益率20.66%。完成主要实物工程量：土石方12222.76万立方米，隧道（含引水隧洞）133087.5延长米，桥梁157162.45延长米，铁路铺轨（正、站线）690.778公里，公路358.43公里；房屋建筑639210平方米。

企业改制以来，先后获中国建设工程鲁班奖5项，中国土木工程詹天佑奖5项，国家优质工程奖20项，省部级优质工程奖112项，中国铁建优质工程奖105项。相继创造铁路日铺轨10.688公里和公路隧道掘进318.33米等全国纪录7项。集团公司获得国家AAA级信用企业、全国重合同守信用企业、全国优秀施工企业、全国质量效益型先进企业、全国精神文明建设先进单位、全国五一劳动奖状等荣誉，连续10年蝉联全国"安康杯"竞赛优胜企业，并被评为全国工程建设质量管理优秀企业、全国水利建设市场主体信用评价AAA级。

（郑凤华）

【领导人员】

董事会

董事长	许东坤
副董事长	张汉云
董事	史保魁
	张海亮
	陈　戈

监事会

监事会主席	李国欣
监事	张国修
	胡永海

经理层

总经理	许东坤
副总经理	张海亮
	张海庆
	刁仲伟
	东光宝
	王令振
	陈文秀
	金国海
	周建富
总工程师	许建付
总会计师	裴璐辉

党群领导

党委书记	张汉云
党委副书记	史保魁
	李国欣
纪委书记	李国欣(兼)
工会主席	陈　戈

(杨　超　邢宝柱)

【工程项目指挥机构】 华南公司　驻广东省深圳市宝安区阳光海花园3C222室。经理黄艳阳,党委书记张志刚。职工172人。2011年承揽工程任务21.42亿元,完成施工产值6.79亿元。

华北公司　驻北京市石景山区重型机械厂西路聚兴园小区1－3－1401。经理周建富,党委书记田兴柏。在岗职工284人。2011年承揽工程任务24.32亿元,完成施工产值18.51亿元。

西南公司　驻云南省昆明市西山区福景路38号。经理胡海清,党委书记锁社状。职工236人。2011年承揽工程任务18.1亿元,完成施工产值8.3亿元。

中南公司　驻湖北省武汉市武昌区友谊大道特1号友谊国际小区6栋1单元。经理胡良贵,党委书记刘佑胜。职工227人。2011年承揽工程任务18.21亿元,完成施工产值5.06亿元。

新疆公司　驻新疆维吾尔自治区乌鲁木齐市青海路123号。经理陈生军,党委书记王占军。职工192人。2011年承揽工程任务3.7亿元,完成施工产值46956万元。

华东公司　驻上海市闵行区莘沥路232号。经理王小川,党委书记田璐郅。职工286人。2011年承揽工程任务35.18亿元,完成施工产值6.5亿元。

南京公司　驻江苏省南京市江陵开发区将军大道129号2幢108室。经理贾贯乾,党委书记乌汝领(11月改任调研员)。职工269人。2011年承揽工程任务22.14亿元,完成施工产值7.47亿元。

天津工程公司　驻天津经济技术开发区洞庭路122号。经理马中卫,党委书记徐向真。2011年承揽工程任务9.62亿元,完成施工产值5.07亿元。

城市交通工程公司　驻广东省深圳市宝安区民治街道梅龙路皇嘉梅陇公馆。在岗职工636人。经理朱伟,党委书记贺修军。2011年完成施工产值10亿元。

国际工程公司　驻北京市朝阳区百子湾西里金海商富中心A座20层。下辖沙特工程公司、尼泊尔工程公司、海湾(阿曼)公司、澳大利亚公司、蒙古公司、孟加拉公司。经理兼党委书记邵振中。职工58人。2011年承揽工程任务13.66亿元,完成施工产值10.07亿元。

济阳迎宾黄河大桥有限公司　驻山东省济阳县经二路73号。董事长、党委书记张富强。职工81人。2011年完成施工产值6739万元。

龙蒲高速公路项目经理部　驻福建省浦城县万安乡万新路18号。项目经理张廷占,党委书记裴西伟。职工37人。2011年完成施工产值59747万元。

广深港铁路客运专线项目经理部　驻广东省深圳市福田区上梅林中康路北73号。项目经理、党委书记张海亮。职工44人。2011年完成施工产值7.28亿元。

天津集疏港项目经理部　驻天津市塘沽区2号路19号文体中心院内。项目经理马明玉,党委书记苏举。职工42人。2011年完成施工产值2.04亿元。

阜六铁路项目经理部　驻安徽省阜阳市颍上县南照镇。项目经理张国军,党委书记淮行舟。职工20人。2011年完成施工产值8.36亿元。

沪昆高速铁路项目经理部　驻江西省上饶市上饶县工业园区一舟大道西人武部民兵基地。项目经理、党委书记王令振。职工46人。2011年完成施工产值16.02亿元。

哈齐铁路客运专线项目经理部　驻黑龙江省大庆市让胡路红骥牧场鲍斯生态园区。总经理谭振武(10月免)、金国海(10月任),常务副经理张启亮,党委书记宋清泉。职工31人。2011年完成施工产值33193万元。

太原西南环铁路项目经理部　驻山西省太原市晋源新区龙山大街。项目经理王红升,党委书记李炎群。职工51人。2011年完成施工产值6.13亿元。

京沪高速铁路工程指挥部　驻安徽省固镇县谷阳路222号。指挥长、党委书记刁仲伟。职工45人。2011年完成施工产值2.25亿元。

大西铁路客运专线工程指挥部　驻山西省晋中市

介休市定阳路。指挥长金国海，常务副指挥长武金刚，党委书记谢金康。职工 38 人。2011 年完成施工产值 12.05 亿元。

郑开城际铁路工程指挥部　驻河南省开封市杏花营农场汴河堤村北。指挥长彭跃立，党委书记曾井琴。职工 40 人。2011 年完成施工产值 8.2 亿元。

（郑凤华）

【职工队伍】　截至 2011 年底，职工 22318 人，其中在岗职工 20231 人。在岗职工中，干部 7638 人。有专业技术干部 7462 人，占干部总数的 97.7%。其中，工程专业 5559 人；经济专业 552 人；会计专业 773 人；政工专业 437 人；其他专业 141 人。具有高级专业技术职务 733 人，占专业技术干部的 9.82%；中级专业技术职务 1705 人，占专业技术干部的 22.85%；初级专业技术职务 3991 人，占专业技术干部的 53.48%。

工人 12593 人，其中技术工人 7798 人，占工人总数的 61.92%。技术工人中，初级工 1136 人、中级工 2263 人、高级工 3486 人、技师 806 人、高级技师 107 人。

（王银生　李　爽）

【工程施工】　2011 年在建项目 327 项，合同总额 1007.35 亿元。其中合同额在 5 亿元以上的工程 26 项，合同金额 514.27 亿元，涉及铁路、公路、房建、市政领域。完成主要实物工程量：土石方 12222.76 万立方米，隧道（含引水隧洞）133087.5 延长米，桥梁 157162.45 延长米，铁路铺轨（正、站线）690.778 公里，公路 358.43 公里；房屋建筑 639210 平方米。

广深港铁路客运专线福田站及相关工程 ZH－4 标段工程　线路长 11.429 公里，合同投资 479042 万元，合同工期 2008 年 10 年 10 日～2012 年 08 月 31 日。重点工程为“一站两隧”，福田车站 1023 米，益田路隧道 6236 米，皇岗隧道 3942 米。2011 年完成投资 70945 万元，开工累计完成投资 325201 万元。

新建杭州—长沙铁路客运专线（江西段）站前 HKJX－1 标段工程　线路长 65.79 公里，合同投资 570415 万元，合同工期 2010 年 4 月～2013 年 6 月。主要实物工程量：路基 14.012 公里（含涵洞 15 座），土石方 486.9 万立方米，特大、大中桥 54 座 41991 延长米，隧道 15 座 9787 延长米。2011 年完成投资 160200 万元，开工累计完成投资 218416 万元，占合同投资的 38.29%。

新建铁路大同—西安客运专线站前 5 标段工程　线路长 49.582 公里，合同投资 351602 万元，合同工期 2010 年 3 月 10 日～2013 年 12 月 31 日。主要实物工程量：新建车站 3 座，旅客地道 985 平方米，站场路基土石方 192 万立方米，正线桥梁 21 座 27835 延长米，双线隧道 4 座 3868.8 延长米，涵洞 36 座。2011 年完成投资 120496 万元，开工累计完成投资 224820 万元，占合同投资的 63.94%。

新建郑州—开封城际铁路全部站前及部分站后工程 HNCJS－NO.3 标段工程　正线全长 50.537 公里，合同投资 345172 万元，合同工期 2010 年 9 月 25 日～2013 年 9 月 24 日。2011 年完成投资 57727 万元，开工累计完成投资 113727 万元，占合同投资的 32.95%。

新建铁路阜阳—六安线 I 标段工程　线路长 80.549 公里（含断链），合同投资 128843.56 万元，合同工期 2009 年 9 月～2011 年 5 月。主要实物工程量：土石方 975 万立方米，桥梁 32 座 22197 延长米，涵洞、框架（含通道）267 座 3797.81 横延米，房屋建筑 9973.06 平方米。2011 年完成投资 20260 万元，开工累计完成投资 115900 元，占合同投资的 89.95%。

新建哈尔滨—齐齐哈尔铁路客运专线土建工程（站前）4 标段工程　正线全长 44.4 公里，合同投资 218420 万元，合同工期 2009 年 10 月～2012 年 10 月。主要实物工程量：路基 24.73 公里，路基土石方 320 万立方米，特大桥 7 座 19670 延长米，涵洞 39 座 971 横延米，站线铺轨 4.19 公里，铺设道岔 5 组。2011 年完成投资 20965 万元，开工累计完成投资 147557 万元，占合同投资的 67.56%。

石长铁路增建二线站前 2 标段工程　正线全长 262.842 公里，合同投资 235000 万元，合同工期 2010 年 4 月～2013 年 3 月。主要实物工程量：路基 73.6 公里，土石方 843 万立方米，特大桥 6 座 8996 延长米，涵洞 403 座 6614 延长米，隧道 18 座 5184 延长米。2011 年完成投资 26778.7 万元，开工累计完成投资 60260.7 万元，占合同投资的 25.64%。

太原铁路枢纽新建西南环线铁路 XNHS－2 标段工程　全长 33.57 公里，合同投资 265000 万元，合同工期 2009 年 10 月 1 日～2012 年 9 月 30 日。主要实物工程量：土方 392 万立方米，隧道 8840 延长米，桥梁 5503 延长米，T 梁架设 1088 片，涵洞 1690.7 横延米，正线铺轨 84.16 公里，站线铺轨 14.35 公里。2011 年完成投资 63120 万元，开工累计完成投资 82947 万元，占合同投资的 31.3%。

香港高速铁路 826 标段皇岗—米铺隧道　隧道长 2950 延长米，合同投资 145701 港元，合同工期 2010 年 3 月 15 日～2015 年 5 月 10 日。2011 年，临时建筑部分完成，盾构组装主机下井。

神华新准铁路巴准线 5 标段工程　线路长 15.906 公里，合同投资 47016.49 万元，合同工期 2010 年 9 月 5 日～2012 年 4 月 3 日。主要实物工程量：路基7.688公里，土工格栅21万平方米，特大桥4座3176.97延长米，隧道5座3063延长米。2011年完成投资32897万元，开工累计完成投资33667万元，占合同投资的71.61%。

福建浦城—建宁联络线浦城段高速公路工程　线路长34.872公里，合同投资167550万元，合同工期2009年6月26日～2011年12月26日。主要实物工程量：路基土石方969万立方米，桥梁23座4417延长米，涵洞131座，隧道6.5座5715延长米。2011年完成投资59747万元，开工累计完成投资164817万元，占合同投资的98.37%。年内建成通车。

贵州思南—剑河高速公路土建工程第15合同段　线路长5.318公里。合同投资32830.4万元，合同工期2010年8月18日～2012年10月18日。主要实物工程量：路基土石方64.73万立方米，防护、排水圬工2.42万立方米，桥梁3座1888延长米，涵洞1座，隧道1座830.5延长米。2011年完成投资15000.89万元，开工累计完成投资22000.89万元，占合同投资的67.01%。

郧县汉江公路二桥工程　桥梁全长2098.3延长米，合同投资21317.7万元，合同工期2008年11月12日～2012年4月12日。2011年完成投资4913.38万元，开工累计完成投资19148.59万元，占合同投资的89.82%。

集疏港公路二期中段（津沽一线立交至疏港二线立交）　线路长5.886公里，合同投资121978万元，合同工期2008年9月29日～2011年9月29日。主要工程为津沽公路立交、海河大桥和临港立交。2011年完成投资60000万元，开工累计完成投资88699.91万元，占合同投资的72.72%。年内海河大桥合龙。

汾阳—邢台高速公路左权—和顺（省界）段LJ4合同段工程　合同投资51348.1万元，合同工期2010年12月31日～2012年10月18日。主要实物工程量：路基327.5米，桥梁1座132延长米，涵洞1座32.88横延米，隧道2座71345延长米。2011年完成投资8449万元，开工累计完成投资8449万元，占合同投资的16.45%。

沈海复线仙游—南安金淘高速公路莆田段A3合同段工程　线路长8.16公里，合同投资41344.69万元，合同工期2011年4月～2013年2月。主要实物工程量：土石方499.44万立方米，大桥2座676.5延长米，涵洞21座982.77横延米，隧道2座2384延长米。2011年完成投资6252.83万元，开工累计完成投资6252.83万元，占合同投资的15.12%。

成都地铁2号线一期土建9标段工程　合同投资18531.6万元，合同工期2008年8月～2011年3月。2011年工程完工。

昆明轨道交通一期土建13标段工程　合同投资41730万元，合同工期2010年2月10日～2012年5月31日。主要实物工程量：两站三区间，其中两个地铁站建筑面积分别为9897.8平方米、13381.86平方米，车站长分别为173.1米、262.8米。2011年完成投资24773万元，开工累计完成投资31754元，占合同投资的76.09%。

大连地铁一期206标段工程　合同投资24928.7万元，合同工期2009年11月1日～2012年2月18日。2011年完成投资2763万元，开工累计完成投资5100万元，占合同投资的20.46%。

南京地铁3号线D3－TA15标段工程　合同投资45247万元，合同工期2010年12月1日～2013年9月30日。主要实物工程量：两站两区间。其中，清水亭西路站长286.25米，天元西路站长196米；天元西路站—清水亭西路站盾构区间单线长2027米，清水亭西路站—诚信大道站盾构区间单线长1320米。2011年完成投资9866.6万元，开工累计完成投资9866.6万元，占合同投资的21.81%。

东莞市城市快速轨道交通R2线2303A标段工程　合同投资61371.3万元，合同工期2010年12月28日～2013年4月28日。主要实物工程量：一站一区间，两条盾构出入段线。其中，区间茶山站左线长2997.435米，右线长2993.969米；出段线长548.049米，入段线长738.609米；车站建筑面积11611.63平方米。2011年完成投资7090万元，开工累计完成投资7090万元，占合同投资的11.55%。

北京地铁14号线12合同段工程　合同投资25107万元，合同工期2010年5月1日～2014年12月31日。主要实物工程量：一站一区间。其中，十里河站长216.9米；十里河站—弘燕路站区间双线双洞隧道单线长974.05延长米。2011年完成投资349万元，开工累计完成投资363万元，占合同投资的1.45%。

尼泊尔马兰奇引水隧道工程　合同投资47130万元，合同工期2009年4月～2013年9月。主要实物工程量：土石方62050立方米，桥梁2座80延长米，引水隧道26284延长米。2011年完成投资4422万元，开工累计完成投资8652万元，占合同投资的18.36%。

沙特阿拉伯教育部200所学校工程　总建筑面积120余万平方米，合同投资353000万元，合同工期2009年9月～2012年3月。2011年完成投资28110.82万元，开工累计完成投资50200.3万元，占合同投资的14.22%。

沙特南北铁路CTW－200标段工程　铺轨510公里，合同投资98384万元，合同工期2007年9月1日

~2010年7月30日。2011年完成投资15302.9万元,开工累计完成投资98271.98万元,占合同投资的99.89%。 (杨建国)

【经营管理】 工程经营。2011年承揽任务518.06亿元,占股份公司下达计划的172.68%,集团公司年度计划的161.9%。其中,水利水电工程22.85亿元;房屋建筑工程246.33亿元;市政工程77.37亿元。同比分别增长350%、859.42%、72.67%。

企业管理。(1)工程队建设。将工程队建设纳入日常管理和监控体系,确保工程队建设常态化运行,取得明显成效。阜六铁路项目两个架子队被上海铁路局评为"自控型优秀架子队",项目部架子队管理经验被上海铁路局在全局范围内推广。(2)董事会工作。法人治理结构变更工作。根据股份公司关于集团公司不再实行外部董事制度的精神,董事会成员由7名变更为3名。董事会经过向股份公司请示,将集团公司董事成员职数由3名变更为5名,全部由企业内部人员担任。年内召开第三届董事会第8次至第17次会议,审议通过事关企业发展的重大事项,并形成董事会决议。(3)特级资质就位。集团公司特Ⅰ级工程(设计施工)总承包资质顺利通过住房和城乡建设部、铁道部及股份公司核查验收。

安全质量。集团公司获全国工程建设质量管理优秀企业、全国水利建设市场主体信用评价AAA级称号,连续10年蝉联全国"安康杯"竞赛优胜企业。获国家优质工程2项、省部级优质工程11项、中国铁建优质工程13项、全国工程建设QC小组成果2个、省部级优秀QC小组7个、中国铁建优秀QC小组5个。

财务管理。全年实现利润3.68亿元。全员劳动生产率32088元/人年,职工年人均收入40289元。产值利润率1.21%,投资回报率25.83%,资产负债率90.55%,国有资产保值增值率124.6%,净资产收益率20.66%。年末资产总额1904989万元,向国家、地方政府缴纳税金93703万元。

人才队伍建设。接收、安置高校毕业生1188名,其中土木工程类662名。接收技校生223名,面向社会招聘选聘优秀人才20余名。68人次取得注册建造师、注册安全工程师等执业资格证书;141人取得高级职务任职资格,348人取得中级职务任职资格;25人通过高级技师技能鉴定,76人通过技师技能鉴定。

审计工作。全年完成审计项目204项。其中,经济责任审计10项;工程项目审计97项;经济效益审计55项;财务收支审计17项;后续审计5项;专项审计调查3项;其他17项。投入审计工作日2360天。审计中发现问题金额22534万元。其中,违规违纪金额13554万元;不良资产2253万元;损失浪费1074万元;其他5652万元。纠正违规金额7212万元,提出审计建议708条。集团公司被股份公司评为2011年度审计工作先进单位。 (郑凤华)

【科技教育】 科技成果。2011年投入科研经费605万元,获国家级工法2项、国家专利4项,其中发明专利2项、实用新型专利2项。"等压等渗新型注浆工艺在高压富水松散围岩隧道中的应用"科技成果获中国施工企业管理学会科技创新成果一等奖、河南省科技进步二等奖。"深水超长钢板桩围堰施工技术研究"、"城市中心区大型地下高铁车站结构施工综合技术"、"双线隧道盾构始发期间小净距下穿既有大断面地铁隧道运营线施工技术研究"、"严寒地区铁路客运专线防冻胀路基施工技术研究"等科研项目顺利通过专家评审,成果达到国内领先或国际先进水平。集团公司被中国施工企业管理学会评为科学技术奖技术创新先进单位。

教育培训。年内举办各类培训班28期,培训人员4200人次。选派18人次参加股份公司岗位培训和后备干部培训班,选送5名大学生参加清华大学国际财务管理专业英语培训班。 (乔亚宁 张宝家)

【党群工作】 党的工作。集团公司有基层党组织539个、基层党委93个、总支部24个、支部422个,有党员7607人。(1)党委政治核心作用。集团公司党委积极参与企业带有根本性、方向性、长远性、全局性的重大问题决策,保证党和国家的方针政策在企业得到正确贯彻执行。在"双向进入、交叉任职"的领导框架下,集团公司党委对重大问题提出意见和建议,以书面形式反馈到董事会、经理班子,或由进入董事会、监事会、经理班子的党委成员,通过不同方式反映党组织的意见,使党组织的主张在企业决策中得到重视与体现。2011年召开党委常委(扩大)会6次,研究讨论干部人事调整、生产经营等重要事项;召开党委全委(扩大)会2次,对企业发展和党建思想政治工作等重要问题进行安排部署。(2)领导班子建设。以党委中心组学习为主要形式,通过集中学习、交流研讨、专题调研、解读政策等方式,进一步提高领导班子成员科学决策能力和正确执行政策的能力。(3)干部队伍建设。年内,对部分单位领导班子及处级空缺岗位进行调整、配备,调整33人,提拔处级干部31人,15个单位领导班子被集团公司评为2010年度"四好领导班子"。(4)创先争优活动。通过召开推进会、现场经验交流会等形式,不断把活动引向深入。在生产经营、科技创新和管理增效等重点工作中凸显党组织和党员的引领作用，促进生产经营等各项任务的完成。集团公司党委总结提炼的“搞好三个结合，坚持四个同步，注重五个体现”的“三四五”工作法，受到股份公司充分肯定，所坚持的“五个必须”工作模式，经股份公司推荐，被列为2012年国资委思想政治工作研究课题。(5)基层党组织建设。指导31个党委召开年度领导班子民主生活会，表彰“四好领导班子”15个、“先进基层党组织”30个、优秀共产党员标兵和优秀党务工作者标兵100名。六公司党委被国务院国资委党委授予中央企业先进基层党组织称号，1人分别被国资委党委、股份公司党委授予优秀共产党员称号。(6)企业文化建设和对外宣传。四公司、大西铁路客运专线、阜六铁路、华北公司北京地铁8号线项目部分别被股份公司党委评为企业文化建设先进单位、优秀项目部。集团公司连续5年被《中国铁道建筑报》评为先进单位，连续3年蝉联股份公司网站信息发布先进单位第一名。(7)党风建设和反腐倡廉工作。全年受理群众信访举报39件，初查核实案件线索39件，了结13件，立案26件，结案34件(含2010年遗留8件)，有34人受到党政纪处分，收缴赃款216.7万元，避免经济损失1900余万元。

工会工作。集团公司工会下辖36个子公司、公司和直属单位工会，173个项目工会(工委)，86个段(队)工会，725个工会小组；有工会会员19313人，专职工会干部67人。(1)群众性经济技术创新。全年表彰劳动竞赛先进个人168名、先进单位80个。用于劳动竞赛奖金4100余万元，获得业主等劳动竞赛奖励6700余万元。2个单位被评为河南省重点工程建设劳动竞赛先进单位，广深港项目部、沪昆铁路客运专线上饶制梁厂分别获广东省、贵州省“工人先锋号”称号，南京公司青岛海湾大桥项目部、六公司京沪铺架班组获全国“工人先锋号”称号，有1人获得全国五一劳动奖章。(2)“安康杯”暨“一法三卡”工作。坚持把劳动保护工作放在十分重要的位置，突出特色，加强“安康杯”竞赛活动的组织领导，集团公司连续10年荣获全国“安康杯”竞赛优胜企业称号，二、三、四、五、六、七公司和贵州路桥公司被评为全国“安康杯”竞赛优胜企业，1人被评为全国“安康杯”竞赛活动优秀组织者；六公司京沪铺架班组安全管理“六到位”工作法代表河南省参加全国班组安全建设竞赛获得特等奖。(3)民主管理。坚持以职代会为基本形式的民主管理制度，广泛开展职代会达标升级活动，年内评出集团公司模范职代会28个。有效履行平等协商集体合同，集团公司及子公司、分公司等单位均开展工资专项协议签订工作。企务公开不断深化，对现行企务公开有关制度、规定进行梳理、完善，对企务公开栏不规范、公开内容不符合要求的单位进行督导，指导各单位不断创新公开形式、丰富公开内容、深化公开重点。(4)“三线”建设。年内，集团公司授予32个单位模范职工之家称号。四公司二分公司通过全国模范职工之家验收。(5)“三不让”及“送温暖”活动。筹集下拨“三不让”专项资金87.85万元。其中，救助生活困难职工家庭159人次，发放困难补助金31.05万元；资助困难职工子女入学283人次，资助资金19.3万元；救助患病职工162人次，发放救助资金37.5万元。元旦、春节期间，筹集送温暖资金186.89万元，慰问困难职工820户，慰问劳模、离退休人员、一线职工和民工4283人，有249名领导干部走访慰问帮扶对象。(6)女工工作。集团公司工会女工委被河南省总工会授予女职工工作示范单位称号。集团公司表彰女职工标兵岗、示范岗先进单位35个，女职工标兵、女职工先进工作者46名，和谐家庭32户，5名女职工被评为集团公司劳动模范，2名女职工被评为洛阳市“三八”红旗手。三公司油品中心女子发油班获河南省“五一巾帼示范岗”称号，2名女职工分别获河南省、中华全国铁路总工会先进女职工称号。(7)工会自身建设。年内对工会主席进行目标责任考核，考核工会主席32人，达标6人、良好14人、优秀12人。全年培训工会干部200余人，选派8人参加上级工会举办的培训活动，集团公司工会被全国铁路总工会评为工会干部教育培训工作先进单位。

共青团工作。集团公司团委下辖79个基层团委、24个团总支部、138个团支部；团员5639名，35岁以下青工9114名，专职团干部13名。集团公司各级共青团围绕企业生产经营中心，以推进共青团“创先争优”活动为主线，加强青年思想引导，强化组织制度建设，搭建青年成才舞台，扎实开展实践活动，团结带领广大团员青年充分发挥生力军和突击队作用。集团公司团委获中央企业五四红旗团委称号，1个团支部获全国五四红旗团支部称号，1个集体被评为河南省“导师带徒”优秀组织单位，1个集体被评为河南省志愿服务优秀集体，7个集体获省部级以上“青年文明号”称号；1人获第五届中国铁建十佳青年技术工人称号，5名团员青年获省市级“青年岗位能手”称号；6个集体分别被评为河南省、中国铁建五四红旗团委(支部)，9人分别被评为河南省、中国铁建优秀团干部(团员)。

(张军权　包明明　张　辉　李建平)

【第一工程有限公司】　公路、市政公用、水利水电工程施工总承包一级，铁路工程施工总承包二级，土石方、桥梁、公路路基、公路路面、隧道工程专业承包一级资质企业。公司机关驻陕西省西安市经济技术开发区凤城二路13号。前身为中国人民解放军铁道兵第五师第二十一团,1984年1月集体转业并入铁道部,改编为铁道部第十五工程局第一工程处;2001年企业改制改称现名。执行董事兼总经理杨运堂,党委书记廖由联。下辖7个分公司、5个直管单位、41个在建项目。职工2100人。其中,干部1076人;工人1024人。干部中各类专业技术人员698人;工人中专业技术工人936人,高级技师24人。资产总额140329.8万元,其中固定资产原值26859万元、净值21004万元。机械设备582台(套)、运输设备67台,设备总功率31306.95千瓦,动力装备率14.9千瓦/人,技术装备率2.07万元/人,设备完好率91%、利用率75%、成新率48%。

2011年承揽工程任务19.72亿元,完成施工产值25.13亿元,主营业务收入27.03亿元,实现净利润2640万元。全员劳动生产率167.77万元/人年,在岗职工年人均收入30941元。国有资产保值增值率175%,净资产收益率2.1%,产值利润率0.98%,资产负债率66.13%,应收账款周转率2.83。完成主要实物工程量:公路43.8公里,路基土石方1145万立方米,桥梁17983延长米,架梁3623片,隧道21578延长米,路面793012平方米。 (李 刚)

【第二工程有限公司】 公路、市政公用、房屋建筑工程施工总承包一级,铁路、水利水电工程施工总承包二级,桥梁、隧道、公路路基、公路路面、建筑幕墙工程专业承包一级,公路工程试验综合检测、水利工程试验检测乙级资质企业。公司机关驻河南省焦作市工业路518号。前身为中国人民解放军铁道兵第五师二十二团,1984年1月集体转业并入铁道部,改编为铁道部第十五工程局第二工程处;2001年企业改制改称现名。执行董事兼总经理李红星,党委书记白天贵。下辖7个指挥(项目)部、3个分公司、6个直管项目部和20个建制工程队。职工2706人。其中,干部930人(内退干部92人);工人1776人。有专业技术人员707人,高级技师22人。资产总额14.72亿元。其中,固定资产原值20743万元、净值8344万元。设备原值15834万元、净值6775万元,动力装备率11千瓦/人,技术装备率25037元/人。

2011年承揽工程任务21.45亿元,完成施工产值23.28亿元,实现利润2369.94万元,在岗职工年人均收入28363元。国有资产保值增值率433.82%,净资产收益率5.7%,产值利润率1.02%,投资回报率3.51%,资产负债率64.44%。完成主要实物工程量:路基土石方874.7万立方米,桥梁28793.7延长米,涵渠4611.2横延米,隧道15027.2延长米,房屋建筑44753平方米,梁片预制2446片,梁片架设2392片。公司曾获全国优秀施工企业、全国“安康杯”竞赛优胜企业、河南省施工企业50强、河南省守合同重信用企业、河南省文明单位等称号。 (王宏博)

【第三工程有限公司】 钢结构专业承包一级,地基与基础工程专业承包二级,机电设备安装工程专业承包二级资质企业。公司机关驻河南省洛阳市西工工业园区汉宫路西段。前身为中国人民解放军铁道兵第五师后勤部修理营,1984年1月1日集体转业并入铁道部,改编为铁道部第十五工程局机械厂;2001年12月改称中铁十五局集团机械设备有限公司,2005年6月企业改制改称现名;2008年2月与集团物资有限公司合并重组。执行董事兼总经理李广军,党委书记茹念文。下辖8个分公司、7个项目部、3个物资供应站。职工1029人,其中在岗职工693人。在岗职工中,干部(含专业技术人才)376人,工人317人。资产总额72656万元,其中固定资产原值11651万元、净值7080万元。机械运输设备405台(套),总功率6074.8千瓦,动力装备率8.76千瓦/人,技术装备率5.3万元/人。设备完好率92%、利用率93%。

2011年承揽工程任务65144万元,完成企业总产值70178万元,实现利润559万元。全员劳动生产率6400元/人年,在岗职工年人均收入32923元。国有资产保值增值率265.06%,净资产收益率3.28%,产值利润率3.75%,投资回报率3.51%,资产负债率78.07%。完成主要实物工程量:土石方825万立方米,桥梁3720延长米,涵渠1480横延米,隧道380延长米,钢桥制作安装4800吨,钢支撑及模板等钢结构加工制作3300吨。公司曾获国家科技进步奖1项、河南省科技进步奖2项。 (李宏伟)

【第四工程有限公司】 公路、市政公用工程施工总承包一级,铁路、房屋建筑工程施工总承包二级,土石方、桥梁、隧道、公路路基、水土隧洞工程专业承包一级资质企业。公司机关驻河南省郑州市二七区新圃东街117号。前身系中国人民解放军铁道兵第五师二十四团,1984年1月1日集体转业并入铁道部,改编为铁道部第十五工程局第四工程处;2001年7月企业改制改称现名;2007年1月28日与集团科技工贸公司合并重组。执行董事兼总经理程金泉,党委书记王福增。下辖9个分公司、3个项目部、侯马办事处等。职工2604人。其中,干部670人;工人1934人。技术干部608人,占干部总数的91%;技术工人1686,占工人总数的87%。资产总额149745万元。其中,固定资产原值23530万元、净值10254万元;流动资产128623万元;无形资产8488万元;其他资产2380万元。主要施工设备286台(套),原值8792.4万元、净值5240.8万元,总功率22159千瓦,动力装备率8.51千瓦/人,技术装备率2.01万元/人,主要施工机械完好率90%、利用率95%,机械化施工程度92%。年施工能力25亿元。

2011年承揽工程任务176971万元,完成企业总产值163954万元,施工产值162854万元。实现利润2043万元,人均创利7846元,全员劳动生产率27752元/人年,职工年人均收入25567元。国有资产保值增值率111.84%,净资产收益率6.72%,产值利润率5.12%,资产负债率78.69%,上缴款完成率60.1%。完成主要实物工程量:路基土石方1720.4万立方米,涵渠1760横延米,桥梁19174.58延长米,隧道3195.05延长米。年内,公司获全国"安康杯"竞赛优胜企业、河南省五一劳动奖状、和谐河南先进单位等荣誉。

(蔡艳艳)

【第五工程有限公司】 公路、市政公用工程施工总承包一级,铁路工程施工总承包二级资质企业。公司机关驻河南省洛阳市瀍河区买家街123号院。前身为中国人民解放军铁道兵第五师第二十五团,1984年1月集体转业并入铁道部,改编为铁道部第十五工程局第五工程处;2001年11月企业改制改称现名。执行董事兼总经理宫元生,党委书记岳昌茂。下辖13个分公司、1个直属项目部。职工3459人。其中,干部817人;工人2642人。专业技术干部645人,高级技师15人。资产总额2242278万元,其中固定资产原值32548万元、净值15664万元。机械运输设备304台(套),技术装备率2.63万元/人,动力装备率10.2千瓦/人,主要设备完好率95%、利用率95%。

2011年承揽工程任务33.25亿元,完成施工产值42.25亿元,实现利润3078.5万元。国有资产保值增值率120.81%,净资产收益率8.1%,产值利润率0.74%,资产负债率76.38%,应上缴款完成率68.52%。公司先后获全国优秀施工企业、河南省"安康杯"竞赛示范企业、河南省AAA级信用企业、河南省五一劳动奖状、洛阳市重合同守信用企业等荣誉。

(赵文艳)

【第六工程有限公司】 铁路、公路、市政公用工程施工总承包一级,房屋建筑、水利水电工程施工总承包二级,公路路基、公路路面、隧道、桥梁工程专业承包一级,铁路铺架工程专业承包二级,铁路电务、电气化工程专业承包三级,公路水运工程实验检测乙级资质企业;兼营新建铁路临管运输、房屋租赁等业务。公司机关驻河南省洛阳市邙山路4号院。前身系中国人民解放军铁道兵南疆线新建铁路管理处,1984年1月集体转业并入铁道部,改编为铁道部第十五工程局新线铁路运输处;2001年12月企业改制改称现名。执行董事兼总经理薛学勇,党委书记党宏学。下辖2个铁路运输处、14个分公司(队)、38个项目(指挥)部。职工2779人,其中专业技术人员611人。资产总额17.07亿元。其中,固定资产原值36087万元、净值16110万元;流动资产153073万元;其他资产1542万元。主要施工设备431台(套),净值14099.29万元,总功率14.42万千瓦,动力装备率50.4千瓦/人,技术装备率5.07万元/人,设备完好率95%、利用率74%,机械化施工程度85%。年施工生产能力20亿元。

2011年承揽工程任务14.59亿元,完成企业总产值16.91亿元,实现利润1540.62万元。全员劳动生产率6.13万元/人年,在岗职工年人均收入31506元。国有资产保值增值率150%,净资产收益率7.1%,产值利润率0.9%,资产负债率61.2%,投资回报率7.7%。完成主要实物工程量:路基土石方363万立方米,桥梁3840延长米,隧道785延长米,涵洞859横延米,正线铺轨176公里,站线铺轨28公里,架梁613孔,铺道岔75组,铺道砟33万立方米。年运输周转量65.5亿吨公里。公司曾获中央企业先进集体、全国"安康杯"竞赛优胜企业、全国用户满意施工企业、河南省建筑施工企业50强等荣誉;2011年,公司铺架工班安全管理"六到位"工作法获全国安全班组建设优秀成果特等奖。

(赵会芳)

【第七工程有限公司】 公路、房屋建筑、市政公用工程施工总承包一级,铁路工程施工总承包二级,桥梁、隧道、公路路面、公路路基、水工隧洞工程专业承包一级资质企业。公司机关驻河南省洛阳市洛常路6号院。2001年8月16日,由原中铁第十五工程局实业总公司、机械化工程公司、建筑工程公司改制重组而成。执行董事兼总经理黄笑,党委书记孙彬。下辖5个分公司、11个直属项目部。职工1780人,其中专业技术人才648人。资产总额154926万元,其中固定资产原值15454万元、净值7363万元。机械运输设备387台(套),动力装备率15.5千瓦/人,技术装备率2.26万元/人,设备完好率90%、利用率80%。

2011年承揽工程任务28.5亿元,完成企业总产值25.92亿元,实现利润2636万元。国有资产保值增值率100.13%,净资产收益率4.68%,产值利润率1.02%,投资回报率5.11%,资产负债率66.68%。完成主要实物工程量:路基土石方1113万立方米,公路路面193.38万平方米,桥梁16208延长米,房屋建筑27.6万平方米,隧道7039.81延长米,涵洞2658.08横延米。公司曾获河南省重合同守信用企业、房地产开发与建筑施工企业综合实力50强、AAA信用等级企业等荣誉。 (常万陶)

【贵州中铁路桥工程有限公司】 公司机关驻贵州省都匀市北工区。前身为铁道部都匀桥梁厂,始建于1958年5月;2001年12月资产重组划归中铁十五局集团公司管理,2003年5月企业改制改称现名。执行董事兼总经理杨俊,党委书记韦建平。下辖4个直属单位、11个派出机构。职工1008人。其中,干部340人;工人668人。专业技术干部263人,专业技术工人120人。资产总额78105万元,其中固定资产原值15854万元、净值9083万元。机械运输设备122台(套),总功率3983千瓦,动力装备率3.93千瓦/人,技术装备率1.88万元/人,设备完好率92%、利用率80%。

2011年承揽任务5985万元,完成施工产值8.6亿元,实现营业收入8.96亿元,净利润386万元。生产桥梁950孔,轨枕241065根。公司连续21年被贵州省工商局评为重合同守信用单位。 (王敬中)

【成都建设工程有限公司】 房屋建筑、市政公用工程施工总承包二级,桥梁、隧道工程专业承包二级资质企业。公司机关驻四川省成都市郫县犀浦镇珠江东街16号。前身为中铁十五局集团公司泸州工程指挥部、达成铁路工程指挥部、西南工程处、四川工程指挥部,2004年7月与集团公司四公司成都分公司合并,2008年4月改称成都公司,2011年改称现名。执行董事兼总经理古尊勇,党委书记王辉。下辖13个项目部、1个机械设备管理中心。职工473人。其中,干部145人;工人328人。资产总额35399.72万元,其中固定资产原值6049万元、净值3283万元。大型机械运输设备及检测仪器117台(套),设备总功率13615千瓦,动力装备率32千瓦/人,技术装备率2.5万元/人,设备完好率76%、利用率80%。

2011年承揽工程任务4.8亿元,完成施工总产值7.03亿元,实现利润606万元。全员劳动生产率169.8万元/人年,在岗职工年人均收入5.74万元。国有资产保值增值率118.38%,净资产收益率20.76%,产值利润率0.98%,资产负债率95%。完成主要实物工程量:土石方149.23万立方米,隧道8924延长米,桥梁4160延长米。公司曾被评为四川省铁路重点建设先进单位和质量无投诉示范单位。

(王秋莲)

【西北工程有限公司】 公路、市政公用、矿山、房屋建筑施工总承包二级,铁路、水利水电工程施工总承包三级,公路路基、公路路面、桥梁、隧道、钢结构工程专业承包二级资质企业。公司机关驻陕西省西安市柿园路1号。2008年2月由集团公司西北工程公司和新疆分公司整合组建。执行董事兼总经理石险峰,党委书记吴建松。职工663人,其中在岗职工571人。在岗职工中,干部386人,工人185人。资产总额82580.44万元。其中,固定资产原值14524.27万元、净值12287.37万元;流动资产69981.57万元;其他资产311.5万元。机械运输设备110台(套),原值2820万元、净值2116万元,设备总功率3300千瓦,动力装备率5千瓦/人,技术装备率3.2%,设备完好率75%、利用率40%,综合机械化程度78%。

2011年承揽工程任务13.33亿元,实现营业收入8.64亿元,实现利润1130.4万元,职工年人均收入4.67万元。国有资产保值增值率113.18%,净资产收益率13.32%,产值利润率1.31%,资产负债率93%,应上缴款完成率100%。完成主要实物工程量:土石方303.95万立方米,隧道5412.53延长米,桥梁2145延长米,正线铺轨126.51公里,站线铺轨20.73公里,铁路制梁48片、架梁60片,房屋建筑5230平方米,公路路面14606平方米,公路、市政架梁176片。2011年5月取得企业安全生产许可证,10月通过质量、安全、职业健康体系认证。 (公司办公室)

【河南置业有限公司】 2010年成立,主要承揽建筑面积10万平方米以下的房地产开发项目。公司机关驻河南省郑州市航海路197号索克世纪大厦9楼。职工82人。

2011年实现销售收入1.3亿元。 (朱秀莲)

【四川建筑勘察设计有限公司】 具有建筑工程甲级,市政、勘察、测量、工程咨询、风景园林乙级,城市规划丙级资质。公司机关驻四川省宜宾市岳武里14号。前身为宜宾市建筑勘察设计院,于1998年1月,由原宜宾市建筑勘测设计院和宜宾地区建筑勘测设计院合并而成。执行董事、总经理官建,党委书记杨光。职工120人。资产总额2446.34万元。其中,固定资产原值489.09万元、净值254.53万元;流动资产122.69万元;无形资产1740.66万元。 (公司办公室)

【重要记载】

▲1月25日　二公司开发的"大跨度钢筋混凝土拱箱七段单肋缆索吊装施工工法"被评为2010年度河南省省级工法。

▲1月　集团公司获河南省对外开放工作先进单位称号。

▲1月　集团公司被评为全国交通企业信用建设工作先进单位。

▲1月　二公司、六公司被评为2010年度全国“安康杯”竞赛优胜单位。

▲3月24日　二公司机运二队机械工班被评为河南省学习型组织先进班组。

▲3月　六公司铺架工班安全管理“六到位”工作法获全国安全班组建设优秀成果特等奖。

▲3月　六公司京沪高速铁路焊轨工班获2010年度河南省“安康杯”竞赛优胜班组称号。

▲4月28日　广深港铁路项目部获广东省、深圳市“工人先锋号”称号。

▲4月　集团公司工会获全国工会干部教育培训工作先进集体称号。

▲4月　集团公司团委被评为中央企业五四红旗团委。

▲5月4日　二公司桥梁三队团支部被评为2010年度全国五四红旗团支部。

▲同日　六公司铁路运输处团委被评为河南省五四红旗团委。

▲5月6日　二公司福建沙县大洲大桥项目部QC小组、湖北汉江二桥边拱灾后重建QC小组获2011年河南省工程建设优秀QC小组二等奖。

▲6月30日　集团公司参建的京沪高速铁路开通运营。中共中央政治局常委、国务院总理温家宝亲切接见集团公司副总经理刁仲伟。

▲6月　二公司湖北汉江二桥44~45号边拱灾后重建支架体系方案比选和应用QC小组获2011年度全国工程建设优秀质量管理小组一等奖。

▲6月　六公司党委获中央企业先进基层党组织称号。

▲10月24日　中共中央政治局委员、国务院副总理张德江视察成都公司承建的灾后重建工程——映汶高速公路建设进展情况，并看望和慰问参建员工。

▲10月　京沪高速铁路指挥部研发的“高速铁路板式无砟轨道精密测量系统研究”成果获河南省测绘科学技术进步一等奖。

▲11月　集团公司获2010年度中国施工企业协会科学技术奖技术创新先进企业称号。

▲12月　集团公司青年志愿者协会被评为河南省第二届优秀志愿者服务集体。

▲12月　集团公司京沪高速铁路测量对中标志埋设方法获得国家发明专利。　（郑凤华）

中铁十六局集团有限公司

【简况】　中铁十六局集团有限公司系铁路工程施工总承包特级，公路、市政公用、房屋建筑、水利水电工程施工总承包一级，公路路面、建筑装修装饰、隧道工程施工专业承包一级，城市轨道交通工程专业承包和地质灾害防治工程施工甲级资质企业；同时拥有对外承包工程、劳务合作经营资质。集团公司总部驻北京市朝阳区红松园北里2号。前身系中国人民解放军铁道兵第十一、十三师合编后的铁道兵第十一师，1984年1月集体转业并入铁道部，改编为铁道部第十六工程局；2000年1月更名为中铁第十六工程局，2002年5月10日企业改制改称现名。下辖12个子公司、16个专业公司与分支机构。职工19689人。其中，干部10394人；工人9242人。专业技术干部9890人，占干部总数的95.15%；技术工人8716人，占工人总数的93.08%。资产总额2077630万元。其中，流动资产1755978万元；长期投资40万元；固定资产279901万元；无形及递延资产19898万元；其他资产21813万元。机械设备2703台（套），原值209879万元、净值146563万元，总功率588827千瓦，技术装备率8.11万元/人，动力装备率34.4千瓦/人。

2011年承揽工程158项，合同总额3312386万元。完成企业总产值2829777万元。其中，施工产值2787810万元；工业产值5209万元；交通运输收入13384万元；房地产收入9586万元；其他产值13788万元。实现利润42759万元。全员劳动生产率1185594元/人年，在岗职工年人均收入52944元。净资产收益率22.35%，产值利润率1.54%，资产负债率90.48%，成本费用占主营业务收入比重98.35%，应上缴款完成率100%。完成主要实物工程量：土石方10800万立方米，隧道126782延长米，桥梁137189延长米，铺轨218.1公里，公路182.3公里，地铁17.58公里，房屋建筑63.7万平方米，铺设通信线路307.7公里、供电线路225.7公里，铁路架梁1970孔、公路架梁4889片。年内获中国建设工程鲁班奖1项，国家优质工程金质奖1项，省部级优质工程奖14项。集团公司获全国优秀施工企业、全国建筑业先进企业、科技创新先进企业称号。

（刘承宝）

【领导人员】

董事会

董事长　　覃正标

董事	覃正标
	侯向东(3月退休)
	赵瑞亮
	刘安金
	程红彬
	江拔其
	郭品云(3月免)
职工董事	薛瑞林

经理层

总经理	赵瑞亮
副总经理	刘安金
	程红彬
	江拔其
	赵国旗
	孔令健
	杨哲峰
	黄昌富
总工程师	马　栋
总会计师	张夕和

党群领导

党委书记	侯向东(3月退休)
	覃正标(3月任)
党委副书记	赵瑞亮
	郭品云(3月免)
	吴秀义
纪委书记	吴秀义
工会主席	薛瑞林

(刘承宝)

【工程项目指挥机构】 沪昆铁路客运专线江西段站前工程HKJX－5标段项目部　项目经理兼党工委书记程红彬,常务副经理董梁,常务副书记蒲仕洲。驻江西省新建县望城镇320国道西侧省公安厅交警总队培训中心。

沪昆铁路客运专线湖南段项目部　项目经理兼党工委书记郎建平,常务副经理田大鹏。驻湖南省娄底市乐坪西街关家脑华光山庄。

兰新铁路第二双线项目部　项目经理兼党工委书记程红彬,常务副经理焦敬青。驻新疆维吾尔自治区吐鲁番市高昌中路330号高昌大酒店。

京沪高速铁路3标段项目部　项目经理兼党工委书记江拔其。驻山东省枣庄市薛城高新区长江路虹桥宾馆。

贵广铁路工程指挥部　指挥长兼党工委书记赵国旗,常务副指挥长张国辉,常务副指挥长兼党工委副书记苏庆国。驻广东省广宁县南街镇东乡银湖山庄。

兰渝铁路LYS－2标段项目部　项目经理兼党工委书记薛瑞林,常务副经理陈炳祥。驻甘肃省渭源县清源镇新街30号。

成渝铁路客运专线项目部　项目经理卢永堂,党工委书记兼常务副经理吴红波。驻四川省资阳市大千路鑫阳商务酒店。

哈齐铁路客运专线项目部　项目经理马栋,党工委书记兼常务副经理任灿伟。驻黑龙江省大庆市开发区双聚街5号。

赣龙铁路指挥部　指挥长王义水,党工委书记张明革。驻福建省连城县朋口镇工业集中区(官厅背)。

武冈城际铁路项目部　项目经理兼党工委书记戴保民。驻湖北省鄂州市华容区丁桥街3号。

广昆铁路工程指挥部　指挥长常志军,党工委书记兼常务副指挥长朱卫东。驻云南省安宁市禄裱镇大哨农场。

青藏铁路西格二线工程指挥部　指挥长兼党工委书记孙胜臣。驻青海省天峻县新源镇。

石武铁路客运专线河南段项目部　项目经理兼党工委书记张鸿鹏,常务副经理兼总工程师褚人猛。驻河南省信阳市浉河区工区路白云宾馆。

朔黄铁路扩能改造工程指挥部　指挥长兼党工委书记刘安金,常务副指挥长徐泽林,常务副书记曹天义。驻河北省黄骅市渤海路黄骅宾馆。

山西中南部铁路通道ZNTJ－18标段项目部　项目经理樊志高,党工委书记朱发。驻山东省泰安市高新区长城路世纪温泉大酒店。

钦防铁路工程指挥部　指挥长王红伟,党工委书记卜锡权。驻广西壮族自治区防城港市港口区鱼峰路鱼峰大厦。

青岛胶州湾海底隧道项目部　项目经理刘安金,常务副经理兼党工委书记凌树云。驻山东省青岛市市南区团岛1路71号。

(刘承宝)

【职工队伍】 年末职工19689人。职工中,管理与专业技术人员10447人。其中,女性2378人,占22.76%;少数民族422人,占4.04%。学历结构:大学本科及以上5874人,大专3371人,中专535人,高中及以下667人,分别占56.22%、32.27%、5.12%、6.38%。年龄结构:35岁以下7173人,36～40岁1010人,41～45岁500人,46～50岁713人,51～54岁608人,55岁以上443人,分别占68.66%、9.67%、4.79%、6.82%、5.82%、4.24%。有技术职称的专业技术人员9943人,占管理与技术人员总数的95.18%。其中,高级职务993人,占9.51%;中级职务1949人,占18.66%;初级职务7001人(含待聘),占67.01%。专业结构:工程系列7550人,经济系列592人,会计系列 876 人,卫生系列 157 人,统计系列 31 人,政工系列 723 人,其他系列 14 人。

工人 9242 人。其中,固定期合同工人 4751 人,占 51.4%;无固定期合同工人 4491 人,占 48.6%;女工 1012 人,占 10.95%;少数民族 502 人,占 0.54%。学历构成:大专高职及以上 502 人,占 5.43%;中专、技校、职高 2446 人,占 26.47%;高中 4161 人,占 45.02%;初中及以下 2133 人,占 23.08%。年龄构成:30 岁以下 2665 人,占 28.84%;31 ~40 岁 2206 人,占 23.87%;41 ~50 岁 2023 人,占 21.89%;51 ~55 岁 1912 人,占 20.68%;56 岁以上 436 人,占 4.72%。技术工人 8716 人,占 94.3%。获得国家职业资格证书的技术工人 6300 人。其中,高级技师 86 人;技师 816 人;高级工 3916 人;中级工 1162 人;初级工 320 人。

(刘承宝)

【机械设备及管理人员】 年末拥有机械动力设备 2703 台(套),原值 209878 万元、净值 146542 万元;总功率 588827 千瓦,技术装备率 8.11 万元/人,动力装备率 34.4 千瓦/人。年内新购机械设备 233 台,原值 20867 万元;报废机械设备 78 台,原值 4024 万元;设备大修 29 台,支出大修费 131 万元。拥有主要施工设备 1404 台(套),其中铁路机车 32 台、盾构机 25 台、架桥机 5 台、运梁车 5 台、轮轨式提梁机 5 台、混凝土(沥青)拌和站 110 套。设备成新率 91%、完好率 96%、利用率 89%。

现有设备专业人员 3367 人。其中,高级工程师 119 人;工程师 192 人;助理工程师 257 人;技术员及其他管理人员 468 人;设备操作技工 2412 人。年内举办专业培训 18 期,培训人员 715 人。 (魏铁山)

【工程施工】 2011 年承建工程 280 项,完成施工产值 2787810 万元,占股份公司年度计划 2737706 万元的 101.8%,比 2010 年同期增加 111638 万元,增长 4.2%。其中,铁路工程 1347514 万元,占施工产值的 48.3%;公路 597115 万元,占 21.4%;房屋建筑 141393 万元,占 5.1%;地铁、轻轨 334331 万元,占 12%;市政 247533 万元,占 8.9%;水利 90558 万元,占 3.2%;机场 17310 万元,占 0.6%;其他 12076 万元,占 0.4%。

贵广铁路贺州—广州段 GGTJ-11 标段工程 位于广东省肇庆市境内,全长 59.246 公里(含中国中铁七局 3.465 公里)。合同投资 432102 万元,合同工期 2008 年 12 月 ~2013 年 2 月。主要实物工程量:土石方 778.8 万立方米,桥梁 23 座 6967 延长米,涵洞 75 座 3424.28 横延米,隧道 27 座 36741 延长米;铺架 150.873 公里。年内完成投资 202067 万元,开工累计完成投资 402719 万元,占合同投资的 93.2%。工程形象进度:土石方完成 56.9%,桥梁完成 92%,隧道完成 92.1%,涵洞完成 86.2%。

兰新铁路第二双线(新疆段)LXTJ-6 标段工程 位于新疆维吾尔自治区吐鲁番市境内,全长 34.445 公里。合同投资 242959 万元,合同工期 2010 年 1 月 ~2013 年 6 月。主要实物工程量:土石方 358 万立方米,桥梁 11 座 12722 延长米,箱型小桥、涵洞 52 座 1394 横延米,无砟道床 68.89 公里,正线铺轨 663.4 公里,预制、运架箱梁 444 孔。年内完成投资 35055 万元,开工累计完成投资 91353 万元,占合同投资的 37.6%。工程形象进度:土石方完成 100%,桥梁完成 96.4%,箱型小桥、涵洞全部完成。

兰渝铁路 LYS-2 标段工程 位于甘肃省渭源、漳县境内,全长 69.96 公里(含中国中铁十局 15.90 公里)。合同投资 354706 万元,合同工期 2009 年 2 月 ~2014 年 7 月。主要实物工程量:路基土石方 158.85 万立方米,站场土石方 276.09 万立方米,桥梁 15 座 10300 延长米,隧道 13 座 49200 延长米。年内完成投资 112153 万元,开工累计完成投资 239426 万元,占合同投资的 67.5%。工程形象进度:土石方完成 62.7%,桥梁完成 92%,隧道完成 73.8%。

青藏铁路西格段增建二线关角隧道 XGZHQ5-1 标段工程 隧道位于青海省天峻县境内,全长 32645 延长米。集团公司承建的 XGZHQ5-1 标段正洞长 17372 延长米,合同投资 135792 万元,合同工期 2007 年 11 月 ~2012 年 4 月。主要实物工程量:隧道开挖 270.24 万立方米,混凝土 72.13 万立方米。年内完成投资 25787 万元,开工累计完成投资 99535 万元,占合同投资的 73.3%。截至 2011 年底,完成工程总量的 55.4%。

京沪高速铁路土建 3 标段工程 位于山东省枣庄市至江苏省徐州市贾汪区境内,线路长 86.797 公里,合同投资 505777 万元。主要实物工程量:土石方 727 万立方米;桥梁 35 座 48885 延长米,预制箱梁 1580 孔,现浇连续梁 48 孔 2363 米,刚构连续梁 30 孔 524 米;滕州隧道 1504 延长米,2008 年 4 月全线开工,2011 年 6 月 30 日正式开通运营。年内完成投资 20231 万元。

哈齐铁路客运专线 3 标段工程 位于黑龙江省大庆市境内,线路长 64.599 公里,合同投资 432000 万元,合同工期 2009 年 10 月 ~2013 年 10 月。主要实物工程量:桥梁 6 座 42.227 公里,路基 22.372 公里,涵洞 42 座 902.76 横延米;无砟道床 123.837 公里,铺长轨 308.67 公里,车站 2 座(安达站、龙凤站)。年内完成投资 116874 万元,开工累计完成投资 252720 万元,占合同投资的58.5%。工程形象进度：土石方完成50.1%，桥梁完成69.5%，涵洞完成23.3%。

沪昆铁路客运专线（江西段）站前HKJX－5标段工程　位于江西省新建县与高安市境内，全长68.63公里。合同投资465994.8万元，合同工期2010年1月～2013年6月。主要实物工程量：土石方622.3万立方米，桥梁30座45.09公里，新建车站两座，预制运架箱梁1364孔。年内完成投资188813万元，开工累计完成投资311978万元，占合同投资的66.9%。工程形象进度：土石方完成100%，桥梁完成88.1%。

成昆铁路广通—昆明段扩能改造3标段工程　位于云南省禄丰县—安宁市温泉镇境内，线路长30.82公里。合同投资85959万元，合同工期2007年10月18日～2013年6月15日。主要实物工程量：隧道6座20118延长米，桥梁18座5175延长米，涵洞13座364.97横延米，路基土石方161.8万立方米，无砟道床26.41公里。年内完成投资4483万元，开工累计完成投资77449万元，占合同投资的90.1%。工程形象进度：土石方、桥梁、涵洞完成100%，隧道完成94%。

成渝铁路客运专线2标段工程　位于四川省资阳市雁江区—内江市资中县境内，线路长74.372公里，由集团公司与中建铁路公司联合中标。其中，集团公司承建52.105公里，合同投资367000万元，合同工期2010年9月1日～2014年1月31日。主要实物工程量：土石方1181万立方米；桥梁74座27584延长米，占线路全长的52.94%，其中特大桥14座；隧道11座4965延长米，占线路全长的9.53%；路基19.557公里，占线路全长的37.53%；涵洞6座1386横延米；制梁场2座，制运架箱梁732孔，连续梁5联29孔。开工累计完成投资152305万元，占合同投资的41.5%。工程形象进度：土石方完成83.7%，桥梁完成39.6%，隧道完成55.4%，涵洞完成71.1%。

邯济铁路扩能改造工程ZH－1标段工程　位于河北省邯郸市境内，线路长81.3公里。合同投资156877万元，合同工期2010年12月1日～2012年12月1日。主要实物工程量：土方1181.3万立方米，新建桥梁9951延长米，新建、改建涵洞3771横延米，正线铺轨137.09公里、站线铺轨19.5公里，改建拆除正线30.7公里，拆除站线11.9公里。开工累计完成投资52142万元，占合同投资的37.7%。工程形象进度：土方完成29.84%，桥梁完成48.9%，涵洞完成89%。

天津西站—天津站地下直径线工程　线路全长5公里。其中，隧道3312延长米（盾构隧道长2146延长米）；明挖及路堑段1167米。合同投资78652万元。2008年9月开工，计划2011年12月竣工。年内完成投资39730万元，开工累计完成投资50027万元，占合同投资的63.6%。

北京地铁　承担6号线一期8标段、10号线二期11标段、8号线二期8标段、7号线4标段施工。（1）6号线一期8标段。合同投资87800万元，合同工期2009年4月～2012年9月。线路长3.746公里，包括两站（车公庄西站、车公庄站）、三区间（白石桥南站—车公庄西站、车公庄西站—车公庄站矿山法施工及车公庄站—平安里站盾构）。截至2011年底，主体工程基本完工。（2）10号线二期11标段。合同投资65227万元，2009年3月5日开工，计划2012年11月竣工。工程位于海淀区、丰台区，包括一个车站（莲花桥车站）三个区间（西局—六里桥、六里桥—莲花桥、莲花桥—公主坟区间盾构和浅埋暗挖）。年内完成投资25092万元，开工累计完成投资73462万元，占合同投资的89.9%。（3）8号线二期8标段。合同投资48370万元，合同工期2009年10月～2013年12月。包括两站（安华桥、美术馆站）、三区间（北土城站—安华桥站、南锣鼓巷站—美术馆站区间暗挖段及美术馆站站后折返线）。年内完成投资12637万元，开工累计完成投资19831万元，占合同投资的41%。（4）7号线4标段。合同投资67355万元，合同工期2010年5月～2014年12月。包括两站（三里河、瓷器口站）、三区间（珠市口站—三里河站、三里河站—瓷器口站、瓷器口站—广渠门内站）。年内完成投资12637万元，开工累计完成投资19831万元，占合同投资的28%。

深圳地铁　承担4号线二期工程402标段和3号线3152标段施工任务。402标段包括莲花北站、上梅林站及区间隧道工程。车站采用半明挖或明挖法施工，区间隧道采用盾构法施工。合同投资27900万元。2006年11月开工，计划2011年5月竣工。3号线3152标段位于深圳市福田中心区，包括福田、少年宫、莲花村站及福田站—少年宫站区间盾构和少年宫站—莲花村站区间暗挖法施工任务。合同投资161735万元。2008年4月开工，2011年5月竣工。

杭州地铁　承担1号线九堡站及7、8号盾构标与建华站及12、13号盾构标段施工任务，工程位于杭州市江干区。（1）九堡站及7、8号盾构标段。包括九堡站明挖法施工及红普路站—九堡站、九堡站—九堡东站、城站站—湖滨站区间盾构施工，线路长6.6公里。合同投资26378万元。2008年5月3日开工，计划2011年7月竣工。年内完成投资6774万元。（2）建华站及12、13号盾构标段。包括建华站明挖施工和建华站—彭埠站、湖滨站—龙翔桥站、龙翔桥站—凤起路站区间盾构及七堡车辆段西出入线工程。合同投资25178万元。2007年8月开工，计划2011年7月竣工。

（刘承宝）

【经营管理】 2011年,集团公司坚持以科学发展观统领全局,团结带领广大职工创造性地开展工作,面对市场挑战及时转战略、调结构、变招数,保持企业稳健发展,实现“十二五”时期良好开局。

市场开发成功实现软着陆。由于国家加强宏观调控,实行紧缩货币政策,铁路基建招标几乎停滞,公路、地铁等基建市场纷纷压缩规模、放缓速度,企业经营与发展形势异常严峻。针对突如其来的市场变化,集团公司领导班子审时度势,统一思想,及时调整企业发展战略,采取积极应对措施。在企业经营策略方面,把工程施工、铁路运营和房地产确立为企业三大创效板块,其中投入资金购置机车12台,拓展宁东、榆横、赤大白铁路运营新项目;重组全集团房地产资源,成立置业投资公司,加快琼海、顺昌、定安、唐山等地产项目开发进度。在承揽工程任务结构上,把承揽铁路之外的施工项目作为重点,承揽一批房建、水利、地铁、市政、矿山等质量较高的项目。在经营手段上,着力发展战略合作伙伴,把运作BT等资本运营项目作为企业经营转型升级的努力方向,集团公司南昌BT项目成功运作,与国投开发投资公司和有关省市签订的战略协议开辟企业新的发展空间。年内,集团公司新签合同额331亿元,在股份公司排名前五位。

战略转型成效初步显现。按照“调结构、促转型、提升发展质量”的思路,坚持积极探索和努力,两年来做了大量卓有成效的工作,成效开始初见。一是经营结构、资产结构逐步改善。根据“围绕主业、相关多元”的原则,不断延伸和完善产业链,工程施工板块的订单质量不断提高,承揽矿山剥离项目,签订若干份战略合作协议,改变经营方式,开辟新的经营领域;房地产开发板块持续发展,除内部土地的房地产开发外,外部房地产开发项目也稳健实施,内蒙古东方君座、顺昌天天花园和海南京博雅苑的房地产已进入销售阶段,置业公司成功竞拍到广西梧州一地块,开发前景良好;BT项目实现新的突破,南昌市红谷滩新区市政项目收益前景良好,参与的股份公司昆明BT项目也有较好收益,南昌安置房和昆明轻轨BT项目正在运作中;铁路运营业务稳步扩大,上线机车已增加到38台,新增加宁东线、榆横线运管,站修业务也有所扩大,铁路运营营业额和效益稳步上升,确定的工程施工、房地产开发、铁路运营三大板块格局基本形成。二是优势施工领域得到巩固发展,把地铁、轻轨等城市轨道交通市场作为重点拓展领域,对所有在建地铁的城市进行了信息跟踪,除个别因单价低而主动放弃的城市外,多数发展地铁的城市都有施工份额。目前,全集团拥有盾构机25台,在地铁施工领域的人才数量、质量和综合技术实力保持行业领先地位,在建地铁项目绝大多数是全线的标杆先进单位,做到常态优秀、整体优秀和全面优秀。三是核心竞争力不断提高和优化,经过多年发展,集团公司无论是资质等级和门类、资信水平、施工能力、技术实力、科技成果、研发能力、信息化水平,还是拥有的设备实力和人脉资源,在同行业中都是佼佼者;企业技术人才比例达到60%,其数量、质量和梯次结构总体较好,企业持续发展能力、功能再造能力、抗风险能力大大提高。

安全质量管理取得好成绩。在施工生产面临资金极度紧张、物资材料和人工费大幅上涨,特别是受铁路基建急刹车影响、一度有16个铁路项目处于停工或半停工状态的极端困难条件下,集团公司采取有保有压措施,加强资金调剂,搞好要素调配和全盘调度掌控,努力维持在建项目施工的正常开展,实现企业总产值282.9亿元。继续全面推行安全质量终端责任制、逐级交底签字负责制和问题整改落实责任制,加大资源投入,狠抓安全质量基础工作和防护措施,施工项目安全质量形势平稳,被评为股份公司安全生产先进单位。工程质量稳步提升,年内获中国建设工程鲁班奖、国家优质工程金质奖各1项,省部级优质工程奖14项。

科技攻关成果突出。关角隧道进口正洞穿越800米的浅埋河沟段,年掘进突破万米,剩余16个工作面虽处于富水区域,但安全质量可控;兰新铁路跨吐库二线特大桥完成空心高墩浇筑,标志着全标段30米以上空心高墩施工的安全质量风险消除;贵广铁路全面进入运架梁和附属工程施工,施工进度在全线领先;成渝铁路客运专线资中、资阳两个梁场顺利通过铁道部产品质量监督检验中心资质认证;沪昆铁路客运专线江西段苗背特大桥、金仙特大桥、肖家特大桥连续梁提前合龙;天津地下直径线盾构掘进顺利穿越海河、金刚桥、李叔同故居等一级风险点。通过技术创新和科研攻关,推动了企业技术进步,科技成果丰硕。其中,获国家级科技进步奖2项、省部级7项;国家级工法2项、省部级11项。11月,集团公司召开技术创新大会,总结10年来的科技工作,出台集团公司《“十二五”科技发展规划》,制定科研管理和人才培养办法,为进一步提高企业科技实力和核心竞争力、实施科技兴企、人才强企战略奠定基础。

企业经营创效能力提高。针对因国家紧缩银根带来的资金极度紧张的严峻经济形势,为确保资金链不断裂,集团公司以增收、节支为手段,狠抓三次经营,坚持精耕细作,保证企业经济运行总体平稳。一是积极筹措资金,加大资金的集中和回收力度,充分发挥内部银行资金池作用,收回调剂资金7.55亿元,新增调剂资金14.08亿元;加大清欠力度,落实责任追究制度,清收逾期应收账款11.6亿元;加大银企合作力度,成功发行5.6亿元短期融资券。二是努力提升经营创效水平，大力开展二次、三次经营，责任成本管理持续深入；加大预算分割力度，对13个直管项目190多亿元投资进行及时分割；全面推行“三项招标”制度，设备物资全年节约资金4163万元；加大变更索赔力度，完善奖罚措施和利润分成机制，全年变更索赔累计批复额47.9亿元，占施工产值的17.2%。三是切实加强风险管控，规范企业管理，在加强自查的基础上，积极配合国家有关部委审计，有效释放、规避财务风险和经营风险；加强内部管控，集团公司成立经济督导组和财务督导组，定期检查督促，完善内控制度；实行法人管项目，严格项目经济管控，强化效能监察和国有资产保值增值责任，大力压减非生产性开支，形成良好的内控体系；进一步加强法务工作和合同管理，推行合同网上评审，评审率100%，路桥公司全面推行劳务合同的法律公证，效果良好。

基础管理工作卓有成效。一是企业资信水平不断提高。年内，集团公司通过房屋建筑特二级和铁路特级资质考核；各单位、各项目部继续加强信用评价工作，年内，集团公司铁路信用评价取得第7名，公路行业信誉评价获A级或AA级，水利行业信用评价由AA级升为AAA级；集团公司顺利通过北京市高新技术企业年审，并获中关村国家级自主创新区高新技术企业证书；集团公司通过测绘乙级资质。二是完善管理架构。为打造地铁、房建专业化优势，提升企业核心竞争力，经股份公司批准，通过资源组合，成立北京地铁工程公司和北京置业投资公司两个法人公司。三是队伍建设持续强化。架子队建设稳步推进，通过抓典型、树榜样，已建立架子队、工程队311支，并完成架子队资信库建档；人才队伍建设得到加强，出台《关于加强专业技术人才队伍建设的决定》和相关配套办法，严格专业技术职务评聘和管理，解决资质就位对相关技术人才的需求问题，截至年底，集团公司有专业技术干部11190人，年龄结构、专业结构、梯次结构总体良好；进一步加强外部队伍管理，建立外部施工队资信库，推行外施队准入制度，定期评价。四是和谐稳定局面保持良好。针对铁路项目大面积停工、待岗职工增多的实际，各单位和项目部采取措施，保证人心稳定、队伍稳定；认真兑现“三不让”承诺，加大送温暖和扶贫帮困力度，积极筹措资金解决个别项目拖欠职工和民工工资问题。2011年，集团公司获全国优秀施工企业、全国建筑业先进企业、科技创新先进企业称号，集团公司OA办公系统被评为第十届全国OA典型应用系统，获全国建设工程优秀项目管理成果一等奖2项、二等奖1项。

（刘承宝）

【党群工作】 党的工作。2011年，集团公司各级党组织坚持以科学发展观为指导，围绕股份公司“建筑为本，相关多元，一体运营，转型升级”的发展战略，坚持“适度规模，合理结构，精耕细作，最佳效益”的发展思路，发挥政治优势，紧密服务中心，建班子、带队伍、强管理、练内功，大力加强以项目管理为中心的企业全面管理工作，党组织的政治核心作用得到充分发挥。各级党组织坚持开展创建“四好领导班子”活动，持续深化创先争优，不断加强自身建设，努力弘扬企业文化，为企业实现安全发展、稳健发展、和谐发展提供坚强保证。为纪念建党90周年，各级组织开展唱红歌、游圣地、征文演讲、重温誓词、党课宣讲，以及“学党史、知党情、跟党走”、“向党说句心里话”党员寄语等丰富多彩的活动。编辑出版的《榜样》一书，集中反映创先争优典型事迹。各级领导班子开展的“创建学习型党组织”，以及“四型”机关、“四好”员工评比活动扎实推进，制定推行的《领导班子谈心谈话制度》促进班子成员间的意见交流。全年有3个先进基层党组织、13名党员、2名党务工作者受到股份公司党委、北京市国资委党委表彰。企业文化理念进一步完善、创新，电视专题片制作、播放等宣传活动，进一步激发干部职工爱岗敬业、团结干事的热情，重点项目、重大工程节点、重要先进单位和先进个人宣传，范围广、影响大、效果好。

纪检监察。一是以完善基本制度为根本，巩固惩防腐败体系建设。围绕重大决策、项目管理、投资管理、招标采购等重点部位和关键环节，制定一系列规章制度；突出责任成本管理、验工计价管理、合同管理、安全质量工作管理，细化完善制度规定；强化责任追究，出台有关制度的配套纪律处分规定或适用纪律解释，进一步健全惩防体系的制度架构。各单位以反腐倡廉联席会议为载体，以“三重一大”制度执行情况专项监察为重点，以全面开展廉政风险防范管理为抓手，努力推动各项制度落实，初步形成惩防体系有效运行的工作机制。全年签订党风廉政建设责任书317份，考核单位156个，责任追究22人，其中纪律处分9人。有9个工程公司完善《廉政风险防范管理工作手册》。二是以反腐倡廉教育为基础，构筑拒腐防变思想道德防线。各级以“创先争优”活动为契机，以落实《若干规定》《廉政准则》为主线，利用“读《镜鉴》一书防廉政风险”、第11个反腐倡廉教育月、“反腐倡廉人人有责”演讲等活动载体，开展反腐倡廉形势政策教育、党性党风教育、党纪条规教育，下发《镜鉴》《覆鉴》《耕耘心中的净土》共7000余册，组织学习《若干规定》《廉政准则》300多场次，组织预防职务犯罪讲座81场次，开展6个典型案例的警示教育150多场次，参加人员16000余人次，组织群众演讲100多场次，237人上台演讲，听众9000余人次。领导和管理人员公开作出廉洁承诺1091人次，开展三种形式廉政谈话700余人次。三是以查办大案要案为重点，加大惩处腐败工作力度。配合中央纪委查办刘志军等铁路系统贪腐案件，认真开展自查自纠工作，组织谈话70余人次，形成汇报和证据材料18篇(份)、5万多字。全年受理案件线索26件，了结5件，初核21件，立案23件，结案23件，其中大案要案23件。处分70人，其中党纪处分12人、政纪处分69人、党纪政纪双重处分11人；刑事处理2人。通过办案挽回经济损失57万元。四是以效能监察为抓手，推进企业创效能力增强。认真落实股份公司统一立项的效能监察工作，开展工程建设领域突出问题专项治理、"三重一大"制度执行情况专项检查、"小金库"专项治理和"三项招标"管理专项检查等效能监察，累计派出19个检查组，对121个在建项目的资金管理、物资设备招标采购和管理、标准化建设等方面进行监督检查，发现问题96个，纠正整改82个，协助督促建立健全制度13项。集团公司立项开展责任成本管理效能监察，累计检查直管和托管项目6个，发出监察建议6份，作出监察决定2份，纠正违规合同256份，纠正违规行为5件，追缴违规金额12万元。监督"三项招标"制度的落实，全年监督物资设备集中招标采购182场次，节约成本23568万元；监督劳务招标119次；清退不合格队伍18支。五是以加强监督制约为关键，促进权力规范运行。各级深入开展企务、党务公开活动，企务公开普及率95%以上，216个基层党组织制定党务公开目录，占全集团公司基层党组织的44.8%。大力推行述职述廉和评绩评廉活动，探索集团公司纪委直接组织二级单位述评活动的有效方法途径，全集团领导人员述职述廉263人次，占规定应述职述廉人员的78.3%，参加评绩评廉职工3100余人次，占职工总数的15%。

工会工作。2011年，集团公司各级工会组织认真贯彻落实党的十七届五中、六中全会及中国工会十五届四次执委会精神，紧紧围绕中心任务，扎实开展各项活动。一是突出抓好重难点工程劳动竞赛。先后在太中银铁路开展保通车冲刺赛，在沪昆铁路客运专线江西段开展标准化赛，在钦防铁路开展土石方突击大干赛，在邯济铁路开展大干三个月赛，在西格铁路二线关角隧道和引黄项目开展节点赛。不断深化"安康杯"竞赛活动，积极开展评先创模活动，年内，集团公司表彰65名劳动模范、67名先进工作者和99名优秀务工人员，有3人获全国五一劳动奖章、1人获首都劳动奖章、1个集体荣获首都劳动奖状。集团公司获全国"安康杯"竞赛优胜企业、全国职工"安全卫生知识"竞赛优秀组织单位、全国安全督导师培训优秀组织单位，2个班组获全国"安康杯"竞赛优胜班组。二是强化民主管理与监督，大力推进项目部企务公开。全集团建立企务公开栏279个，建立网上公开等10多种形式，公开的领域得到进一步拓宽。年初两级工会分别按期召开二届四次职代会，认真行使"五项职权"，民主评议领导班子成员和项目经理368名，优良率(优秀+称职)97.8%；职代会118条提案落实112条，落实率94.9%。进一步完善《项目部建家建线工作达标管理办法》和《项目工会工作制度》，新上项目建家建线工作提高到新水平，全年建成子公司模范职工之家87个、集团公司模范职工之家26个、股份公司模范职工之家3个、省部级模范职工之家1个；所属单位100%建立工会组织，专(兼)职工会干部328名，职工入会率100%。三是努力维护职工合法权益，确保员工待遇正常增长。年内，集团公司和各子公司普遍签订2011年集体合同，并严格控制职工息工待岗，高度重视提高职工工资收入和确保兑现集体合同；各单位以履行集体合同为抓手，广泛开展创建和谐劳动关系活动，评选创建和谐劳动关系模范企业，集团公司连续6年被评为北京市创建和谐劳动关系先进企业。积极筹集送温暖基金，集团公司本级筹集送温暖及"三不让"专项基金1317万元，慰问救助生活困难职工3315户次，其中在"金秋助学"活动中，为职工子女助学415人。指导落实地方政府救助政策，向当地政府申报低保和各种救助费用235万元。四是认真开展女职工活动，不断提升女职工素质。"三八"期间，各级女工组织以召开纪念大会、表彰会多种形式举行纪念活动，集团公司女工委表彰最佳学习标兵、最佳岗位能手、最佳女职工组织、最佳女职工工作者、最佳建议个人、最佳幸福家庭58名。以弘扬"我为党旗添光彩、我与祖国共奋进、我与企业共成长"的先进典型人和事为主题，举办"跟党走建功业"故事会，15名女职工宣讲的动人故事在集团上下引起较大反响。四公司女工委被中华全国铁路总工会授予全国铁路先进女职工组织称号。

共青团工作。继续坚持抓基层、打基础，着力服务青年、服务基层、服务企业，各项工作得到较好推进。一是基层组织建设进一步加强。新上项目及时组建团工委(青工委)，绩效考核、团干部述职、团干部定期与团员青年谈话、"导师带徒"等制度得到全面推行，基层团干部公推直选制度继续完善和推广。二是积极开展青年活动。团委组织的"青年突击队"、青年安全生产示范岗、"导师带徒"等活动为施工现场注入青春活力。200多支青年突击队参加北京市竞赛活动，有15支青年突击队获北京市优秀"青年突击队"称号，2支被评为突击队标杆，15支保持"青年突击队"标杆称号。

(刘承宝)

【第一工程有限公司】 公路、市政公用工程施工总承包一级,房屋建筑、铁路工程施工总承包二级,土石方、桥梁、隧道、公路路基、水工隧洞工程专业承包一级资质企业。公司机关驻北京市顺义区府前东街15号。董事长周灿华,党委书记王恒平,总经理孙胜臣。下辖12个分公司。职工2098人。其中,干部1043人;工人1055人。技术干部1010人,占干部总数的96.8%;获国家职业资格证书的技术工人750人,占工人总数的71.1%。资产总额282468万元。其中,固定资产原值80515万元、净值49802万元;流动资产229829万元。机械运输设备767台(套),原值56115.59万元、净值49598.46万元,总功率233291千瓦,动力装备率111.2千瓦/人。

2011年承揽工程任务200700万元,完成企业总产值285151万元,实现利润1555.39万元。完成主要实物工程量:土石方1606万立方米,桥梁18835.71延长米,隧道4582延长米。（郭 芹）

【第二工程有限公司】 市政公用、房屋建筑、公路、铁路工程施工总承包一级,桥梁、隧道、土石方、公路路基、钢结构工程专业承包一级资质企业。公司机关驻天津市河东区万新村三区。董事长任海顺,党委书记马金彪,总经理郭瑞。公司下辖9个分公司、秦皇岛办事处、沧州办事处和6个直属单位。职工2896人。其中,干部1420人;工人1476人。技术干部1358人,占干部总数的95%;技术工人1293人,占工人总数的88%。资产总额257849万元。其中,固定资产原值22233万元;流动资产231472万元;其他资产49万元。机械运输设备391台(套),原值17378万元、净值12160万元,总功率39236.4千瓦,技术装备率6千瓦/人,动力装备率13.55千瓦/人。

2011年承揽工程任务618600万元,完成施工产值351649万元,实现利润3931万元。职工年人均收入43985元。净资产收益率21.91%,产值利润率2%,资产负债率92%,资产保值增值率125%。完成主要实物工程量:土石方949万立方米,桥梁13537延长米,隧道10449延长米,涵洞3906横延米,房屋建筑89740平方米。（李清芳）

【第三工程有限公司】 公路、市政公用工程施工总承包一级资质企业。公司机关驻浙江省湖州市湖东路288号。董事长郝孟广,党委书记古春生,总经理王勤荣。下辖7个工程分公司和1个物业分公司。职工1918人。其中,干部918人;工人1000人。专业技术干部892人,占干部总数的97.2%;技术工人918人,占工人总数的91.8%。资产总额161200万元。其中,固定资产21700万元;流动资产137100万元。机械设备576台(套),原值12093万元、净值8965万元,总功率39236千瓦,动力装备率20.45千瓦/人,技术装备率6.3万元/人。

2011年承揽任务181400万元,完成施工产值301017万元,实现利润1308万元。国有资产保值增值率134.8%,净资产收益率9.95%,资产负债率86.22%。单位工程合格率100%,优良率100%。公司获浙江省劳动关系和谐企业、湖州市"安康杯"竞赛优胜企业称号。（邢咏萍）

【第四工程有限公司】 房屋建筑、公路、市政公用工程施工总承包一级,铁路工程施工总承包二级,桥梁、隧道、建筑装饰装修、公路路基和刚结构工程专业承包一级资质企业。公司机关驻北京市怀柔区迎宾中路2号。董事长胡振潮,党委书记刁常海,总经理向大强。下辖物资租赁中心、机械设备运输管理中心、物业管理中心、铁鑫水泥制品厂。职工2551人,其中干部1352人。专业技术干部1103人,占干部总数的93.55%;技术工人1199人,占工人总数的100%。资产总额188900万元。其中,流动资产164800万元;固定资产20400万元;长期股权投资214.6万元。机械运输设备280台(套),净值9870万元,总功率44804千瓦,动力装备率17.5千瓦/人,技术装备率3.87万元/人。

2011年承揽工程任务274800万元,完成施工总产值338900万元,实现利润2875万元。完成实物工程量:土石方756万立方米,桥梁21194延长米,隧道18921延长米,涵渠3303横延米,高速公路13.6公里,房屋建筑33404平方米。承建的昆明市主城二环路快速系统金星立交桥、菊华立交桥改扩建工程获中国全国建设工程优秀项目管理成果一等奖。公司被评为北京市怀柔区经济贡献百佳企业。（蔡友兰）

【第五工程有限公司】 铁路、公路、市政公用、水利水电工程施工总承包一级,房屋建筑工程施工总承包二级,桥梁、隧道、公路路基、铁路铺轨架梁工程专业承包一级资质企业。公司机关驻河北省唐山市丰润区光华道2号。董事长潘登华,党委书记樊志高,总经理李成杰。下辖10个工程队及通信信号公司、物业管理中心、医院。职工2672人。其中,干部1674人;工人998人。技术干部1627人,占干部总数的97.2%;技术工人724人,占工人总数的72.5%。资产总额211538万元。其中,固定资产原值45065万元、净值24822万元;流动资产186414万元;其他资产301万元。机械动力设备345台(套),原值35012万元、净值21663万元,总功率55389千瓦,动力装备率20千瓦/人,技术装备率7.8万元/人。综合机械化施工程度97%以上。

2011年承揽工程任务663241万元,完成总产值330836万元,实现利润5268万元。人均创利1.9万元,职工年人均收入48600元。国有资产增值保值率121.69%,净资产收益率19.58%,产值利润率1.88%,资产负债率89.62%,应上缴款完成率100%。完成主要实物工程量:土石方722.8万立方米,桥梁18779延长米,隧道29150延长米,涵洞2743横延米,铺轨19.4公里。单位工程合格率100%。 (冯 爽)

【北京轨道交通工程建设有限公司】 市政公用工程施工总承包一级,房屋建筑工程施工总承包二级,隧道、地基与基础、起重设备安装工程专业承包一级,建筑防水工程专业承包二级,城市轨道交通工程专业承包资质企业。公司机关驻北京市通州区新华西街26号。董事长张化海,党委书记黄建光,总经理赵巨川。下辖机械厂。职工1263人。其中,干部1003人;工人260人。资产总额161100万元,其中固定资产原值37500万元、净值17700万元。机械设备295台(套),总功率49541千瓦,技术装备率68.57万元/人,动力装备率39.95千瓦/人,机械设备利用率89.61%。

2011年承揽工程任务278500万元,完成企业总产值260946万元,其中施工产值255238万元、机加工产值5708万元。实现利润3326万元,人均创利26334元。国有资产保值增值率146.82%,净资产收益率37.94%,产值利润率1.89%,资产负债率93.53%,投资收益上缴率100%,应上缴款完成率100%。完成主要实物工程量:土石方145.87万立方米,隧道444延长米,地铁隧洞16268延长米,房屋建筑竣工面积19934平方米。 (王艳文)

【铁运工程有限公司】 集铁路运输、工程施工和铺架为一体的铁路工程施工总承包二级资质企业。公司机关驻河北省高碑店市兴华北路75号。董事长葛传国,党委书记赵雨章,总经理李照中。下辖5个专业段、2个铁路运营指挥部、3个工程分公司、3个基地物业管理公司。职工1922人。其中,干部554人;工人1368人。专业技术干部366人,技术工人343人。资产总额50893万元。其中,流动资产39924万元;固定资产9471万元。主要机械运输设备140台(套),其中铁路机车24台。总功率107400千瓦,技术装备率9.68万元/人,动力装备率55.88千瓦/人。

2011年承揽任务62323万元,完成企业总产值133593万元,其中施工产值117162万元、运输产值16431万元,实现利润1818万元。神朔铁路电力机车全年完成重车牵引3898列,运送货物量1610万吨,完成货物周转量238847.91万吨公里,总走行1440077公里,机车运用率93.74%,实现连续安全生产3622天;包神铁路内燃机车全年完成货物总重76252.2万吨公里,总走行356694公里,机车运用率65.4%,实现连续安全生产3228天;沙蔚铁路完成货物周转量62654.7万吨公里,总走行1039395公里,实现连续安全生产2913天。截至2011年5月8日,公司实现连续安全生产27周年。 (康庆双)

【路桥工程有限公司】 市政公用工程施工总承包一级,公路路面工程专业承包一级,桥梁、隧道工程专业承包二级资质企业。公司机关驻北京市密云县新北路29号。董事长焦森华,党委书记成和鹏,总经理付常新。职工1011人。其中,干部659人;工人425人。技术干部489人,占干部总数的74.2%;技术工人318人,占工人总数的74.8%。资产总额89129万元。其中,固定资产原值17119万元、净值9558万元;流动资产79080万元。主要机械运输设备65台(套),原值9812万元、净值3589万元,总功率10399千瓦,动力装备率9.45千瓦/人,技术装备率3.26万元/人。

2011年承揽工程任务444900万元,完成企业施工产值168080万元,实现利润2047万元。产值利润率1.65%,国有资产保值增值率132.94%,资产负债率91%。完成主要实物工程量:土石方478.9万立方米,隧道2818延长米,桥梁14976延长米,涵洞980横延米。 (崔凤英 康国芳)

【电务工程有限公司】 铁路电务工程、建筑智能化、机电设备安装工程、铁路电气化专业承包一级资质企业。公司机关驻北京市朝阳区金盏乡皮村北巷甲2号。董事长王志林,党委书记周瑾,总经理陈义明。下辖4个分公司和通信服务中心。职工475人。其中,干部262人;工人213人。专业技术干部212人,占干部总数的80.9%;技术工人及技师135人,占工人总数的63.3%。资产总额36260万元。其中,流动资产35406万元;固定资产原值1043万元、净值340万元。

2011年承揽工程任务60969万元,完成企业总产值50440万元,其中施工产值50220万元;实现利润918万元。单位工程合格率100%。国有资产保值增值率131.28%,净资产收益率13.96%,产值利润率2.41%,资产负债率82.55%。 (冯 璐)

【北京工程有限公司】 房屋建筑、市政公用工程施工总承包一级,机电安装工程施工总承包二级,钢结构、建筑装修装饰工程专业承包一级,机场场道、桥梁工程专业承包二级,土石方工程专业承包三级资质企业。公司机关驻北京市朝阳区红松园北里2号。执行董事、总经理张晓峰,党委书记王振喜。下辖7个专业分公司及地产投资开发工程有限公司、建筑工程设计有限公司、北建精业建筑工程有限公司。职工728人。其中,干部650人;工人78人。专业技术干部402人,占干部总数的62%;技术工人46人,占工人总数的59%。资产总额74720万元。其中,固定资产原值3025.9万元、净值1657.16万元;流动资产73063万元。机械运输设备110台(套),设备原值2625.7万元、净值1964.5万元,总功率2736千瓦,动力装备率3.76千瓦/人,技术装备率2.7万元/人,综合机械化施工程度86.8%。

2011年承揽工程任务201383万元,完成企业总产值163399万元,施工产值155282万元,实现利润2499万元。完成主要实物工程量:土石方251万立方米,隧道3246延长米,涵渠335横延米,房屋建筑570308平方米。国有资产保值增值率137.19%,净资产收益率16.28%,资产负债率83%,应上缴款完成率100%。(贾鸣慧)

【重要记载】

▲1月9日　集团公司党委副书记兼京沪高速铁路项目部党工委书记郭品云当选2010年度山东十大新闻人物。

▲1月14日　集团公司在郑州黄河顶管工程施工中研发的"西气东输工程技术及应用"科技成果获国家科学技术一等奖;中铁第五勘察设计院集团公司主持、十六局集团公司等5家单位参与的"高速铁路900吨简支箱梁建造成套技术与装备"科技成果获国家科学技术进步二等奖。

▲1月25日　国内铁路最大直径(12米)盾构机——集团公司北京工程指挥部"振武号"盾构机,在天津西站至天津站地下直径线施工中成功穿越海河。

▲3月8日　股份公司党委决定:覃正标任中铁十六局集团有限公司党委书记;免去侯向东中铁十六局集团有限公司党委书记、常委、委员职务,退休;免去郭品云中铁十六局集团有限公司党委副书记、常委、委员职务,调任股份公司纪委副书记。

▲4月　集团公司副总经理黄昌富荣登"时代先锋"榜,受到《人民日报》、新华社、中央电视台、中央人民广播电台、《北京日报》等中央和首都主流媒体的集中采访与报道。

▲6月30日　集团公司参建的青岛胶州湾海底公路隧道建成通车。

▲10月　集团公司参建的江苏省常州高架道路一期工程获2010~2011年度中国建设工程鲁班奖。

(刘承宝)

中铁十七局集团有限公司

【简况】　中铁十七局集团有限公司系铁路工程施工总承包特级,公路、市政公用、水利水电、房屋建筑工程施工总承包一级,桥梁、隧道、机场场道、公路路基工程专业承包一级,城市轨道交通工程专业承包、地质灾害治理工程施工甲级资质企业。集团公司总部驻山西省太原市平阳路84号。前身系中国人民解放军铁道兵第七师,1984年1月1日集体转业并入铁道部,改编为铁道部第十七工程局;1999年12月改称中铁第十七工程局,2001年9月企业改制改称现名。下辖第一、二、三、四、五、六工程有限公司和建筑工程有限公司和电气化工程有限公司、上海轨道交通工程有限公司、物资有限公司、房地产开发有限公司、铺架分公司、勘察设计院、山西铧兴工程检测有限公司、物业管理中心、中心医院、北京办事处。职工18568人。其中,在岗职工15444人;非在岗职工3124人。资产总额2427787万元。其中,流动资产2067734万元;固定资产原值646281万元、净值314250万元。机械动力设备5777台(套),原值318681万元、净值194907万元,总功率534702千瓦,动力装备率29.65千瓦/人,技术装备率10.81万元/人,设备成新率61%。年施工能力400亿元以上。

2011年承揽工程111项,新签合同总额3826443万元,完成企业总产值3313188万元,实现利润44087万元。全员劳动生产率382442元/人年,在岗职工年人均收入48193元。净资产收益率17.68%,资产负债率89.59%。完成主要实物工程量:土石方10264万立方米,桥梁148802延长米,隧道161467延长米,铺轨226.3公里,公路378.95公里,房屋建筑400213平方米。工程合格率100%。年内获中国土木工程詹天佑奖1项、国家优质工程银质奖3项、省部级优质工程10项;获中国铁建以上科技进步奖22项,其中国家级科技进步奖2项;获国家级工法7项,省部级工法10项,中国铁建优秀工法13项;获专利授权48项,其中1项发明专利获国家优秀专利奖。集团公司获全国模范劳动关系和谐企业、全国企业文化建设优秀单位、全国企业文化建设2011年度百强单位、全国"安康杯"竞赛优胜单位、全国守合同重信用企业、山西省文明单位标

兵、山西省信用示范企业等荣誉。（孟庆财）

【领导人员】

董事会

董事长	段东明
董事	段东明
	卢　朋
	孙中林
	梁　毅(10月任、12月免)
	吴万良(10月任)
职工代表董事	宋占波(3月免)

监事会

监事会主席	张学安(7月任)
监事	张清江(7月任)
	张文田

经理层

总经理	卢　朋
常务副总经理	梁　毅(12月免)
副总经理	孙中林
	吴万良
	韩贤文
	文　珂
	王月幸
	成志宏
	杜水波
	罗玉华
	杜嘉俊(12月任)
	宋志宏(12月任)
总工程师	杜嘉俊(兼)
总会计师	宋志宏(兼)
总法律顾问	李忠信
安全总监	王月幸

党群领导

党委书记	段东明
党委副书记	卢　朋
	宋占波(3月免)
纪委书记	张学安
工会主席	宋占波(3月免)

（李素敏　芦安全　孟庆财）

【工程项目指挥机构】 郑西铁路客运专线工程指挥部　驻陕西省西安市未央区阳光大道2号邮政大酒店。指挥长孙中林，常务副指挥长郑雁翎，党工委书记王树国。

广深港铁路客运专线项目经理部　驻广东省东莞市虎门大宁社区西坊居民小组南园住宅区。项目经理郑志强，党工委书记杜树铭。

太中银铁路工程指挥部　驻陕西省子洲县兴庆路。指挥长兼党工委书记眭爱宏，党工委副书记蒋克荣。

海南东环铁路工程项目经理部　驻海南省海口市新大洲大道519号。项目经理郑余近，常务副经理王宏敏，党工委书记邵光堂。

包西铁路通道陕西段工程指挥部　驻陕西省子长县刘家沟粮库。第一指挥长杜嘉俊，指挥长闫文生，常务副指挥长兼总工程师高付才，党工委书记张水平。

京沪高速铁路土建工程1标段项目经理部　驻北京市大兴区海北路58号。经理段东明，常务副经理梁毅(12月免)、罗玉华(12月任)，党工委书记张凤鸣。

汉宜铁路项目经理部　驻湖北省荆州市荆堤路85号。经理伍丛佳，党工委书记王孟钧。

石武铁路客运专线(河南段)项目经理部　驻河南省信阳市羊山新区龙飞山办事处。经理郝占胜，党工委书记刘晋太。

厦深铁路(广东段、惠深段)工程指挥部　驻广东省陆丰市东海镇东环大道。指挥长李春道，党工委书记李德禄。

津秦铁路客运专线项目经理部　驻河北省唐山市路北区西山道270号。项目经理吴建荣，党工委书记周化斌。

准朔铁路工程ZSXS－1标段指挥部　驻山西省朔州市地税局福园小区17号楼。指挥长、党工委书记鲁建生，常务副指挥长李晋魁。

南广铁路NGZQ－3标段项目经理部　驻广西壮族自治区贵港市覃塘区覃塘镇中山大道580号。项目经理曹国平，党工委书记代东成。

杭甬铁路客运专线工程指挥部　驻浙江省上虞市百官街道林光村。指挥长兼党工委书记韩贤文，党工委副书记杨学仁。

宁杭铁路客运专线工程指挥部　驻浙江省湖州市杨家埠。指挥长兼党工委书记卢朋，常务副指挥长徐春光。

成绵乐铁路工程指挥部　驻四川省江油市国税局青莲培训中心。指挥长王月幸，常务副指挥长马凤亚，党工委副书记陈锦飞。

石武铁路客运专线郑州东站工程指挥部　驻河南省郑州市管城区永平路。指挥长李新国，党工委书记王国柱。

宁安铁路工程指挥部　驻江苏省南京市江宁镇宁桥北路。指挥长刘新福，党工委书记单联香。

宁波铁路枢纽工程项目经理部　驻浙江省宁波市恒春街75号。项目经理赵俊武，党工委书记程海田。

兰新铁路甘青段项目经理部　驻甘肃省酒泉市瓜州县柳园镇。项目经理王林俊，党工委书记芮世鹏。

杭长铁路客运专线浙江段工程指挥部　驻浙江省诸暨市望云西路17号。项目指挥长兼党工委书记韩贤文，常务副指挥长石满刚。

山西中南部铁路通道ZNTJ－5标段项目经理部　驻山西省石楼县灵泉镇后故乡。项目经理刘友平，党工委书记张文田。

京福铁路客运专线闽赣VII标段项目经理部　驻福建省南平市延平区水东街道塔下村洋丹路283号。项目经理兼党工委书记卢朋，常务副经理赵子林。

云桂铁路云南段项目经理部　驻云南省砚山县平远镇。项目经理文珂，常务副经理张耀军，党工委书记薛国栋。

沪昆铁路客运专线长昆湖南段项目经理部　驻湖南省怀化市迎丰东路177号。项目经理王月幸，常务副经理李兴旺，党工委书记宋建国、喻永杰。

沪昆铁路客运专线贵州段工程指挥部　驻贵州省东南州麻江县下司镇。指挥长文珂，常务副指挥长聂武丁，党工委书记孙民培。

成渝铁路客运专线项目经理部　驻重庆市沙坪坝区天陈路12号。指挥长文珂，党工委书记李志峰。

邯黄铁路工程1标段项目经理部　驻河北省邢台市桥东区新兴东大街223号。项目经理孙旺，党工委书记陈春财。

张唐铁路项目经理部　驻河北省丰宁县新丰北路140号。项目经理梁毅，常务副经理赵奎银，党工委副书记刘福海。

山西中南部铁路通道ZNTJ－20标段项目经理部　驻山东省临沂市沂水县党校宾馆。项目经理王月幸，常务副经理毛承祖，党工委副书记雷志全。

青荣城际铁路工程指挥部　驻山东省威海市经济技术开发区。指挥长兼党工委书记马春凤。

安哥拉项目经理部　驻安拉哥共和国罗安达市。项目经理王学斌，党工委书记史全喜。　（孟庆财）

【职工队伍】　截至2011年底，在册职工18568人，其中在岗职工15444人。干部7946人，其中女干部1565人、少数民族干部107人。干部中，技术干部6866人，其中高级职务685人、中级职务1617人、初级职务4564人。干部结构：工程技术人员5792人，其中高级工程师410人、工程师1203人；经济管理人员582人，其中高级经济师74人、经济师56人；卫生技术人员297人，其中正副主任医师52人、主治医师71人；会计人员737人，其中高级会计师67人、会计师99人；统计人员19人，其中高级统计师1人、统计师8人；政工人员507人，其中高级政工师81人、政工师178人；教师9人，其中讲师1人。干部学历结构：高等院校学历7537人，其中博士3人、硕士31人、研究生64人、大学本科5944人、专科1495人。干部年龄结构：35岁以下5994人，36～40岁686人，41～45岁389人，46～50岁300人，51～54岁330人，55岁及以上247人。

工人9238人，其中女工1697人、少数民族61人。工人中，技术工人7197人。其中，取得职业资格证书的初级工306人；中级工1304人；高级工2461人；技师935人；高级技师127人。学历结构：初中以下2477人，高中2160人，中专（含中技）2426人，大专（含高技）以上1956人，本科及以上219人。年龄结构：30岁以下3296人，31～40岁1616人，41～50岁1862人，51～55岁2141人，56～60岁323人。年内接收安置高职毕业生198人，调出4人，调入技术工人6人，退休58人；安置复员退伍军人27人。

（徐沛江　尚宗国）

【铁路工程施工】　2011年在建铁路工程52项，完成投资1825464万元。完成主要实物工程量：土石方4062万立方米，桥梁95131延长米，隧道84904延长米，正线铺轨164.61公里，站线铺轨62.12公里。

郑西铁路客运专线KHZQ11标段工程　位于陕西省西安市，施工里程50.25公里，合同投资297793万元，合同工期2006年11月～2008年9月。主要实物工程量：路基及附属土石方188万立方米，桥梁46063延长米，涵洞12座612.52横延米，整体道床54.3公里，铺轨20.81公里。2010年新增西安北站，累计合同投资366930万元。合同变更调差及新增工程，合同投资调整为402419万元。截至2011年底，开工累计完成投资383701万元。

包西铁路工程BXS－1标段工程　北起蒙陕交界，南止延安北站。施工里程371.5公里，合同总投资459000万元。由中铁十七局集团公司牵头与中铁十九局集团公司联合中标。中铁十七局集团公司担负96.4公里的线下工程及全标段的"三电"迁改工程施工，合同投资117713万元，合同工期2007年11月～2010年5月。主要实物工程量：路基土石方290.98万立方米，桥梁58座22750延长米，涵洞207座2946横延米，隧道9座21172延长米（其中冒天山隧道14915延长米），改造车站4座。截至2011年底，开工累计完成投资157781万元。工程施工结束并通车。

北同蒲应县—原平取直线工程BTQZ－2标段工程　位于山西省代县，施工里程21.1公里，合同投资45367万元，合同工期2007年12月～2010年12月。主要实物工程量：路基挖填250万立方米，雁门关隧道出口段5940延长米，3号斜井1座1384延长米，桥梁18座3466.31延长米，涵洞46座，车站1座。截至2011年底，开工累计完成投资58947万元。因建设资金紧张等问题，工期延后至2012年5月。

京沪高速铁路JHTJ－1标段工程　位于北京市南枢纽（不含）—沧德特大桥跨104国道连续梁（不含）间，施工里程233.19公里，合同投资1669859万元。2008年1月开工，计划2011年底前完成建筑安装工程。主要实物工程量：路基土石方296.73万立方米；特大桥5座218110.58延长米，其中北京特大桥48165.9延长米、天津特大桥117799延长米、青沧特大桥27885延长米、沧德特大桥18159延长米，大桥1座264.15延长米，梁式中桥4座198.32延长米，框架式中桥6座4396.6顶平方米，框架小桥5座2378顶平方米；涵洞39座1061.33横延米；站场3座（廊坊站、天津南站、沧州西站）；正线铺轨545.047公里，铺道砟8.8万立方米。截至2011年5月，开工累计完成投资1806159万元。工程施工全部结束。

武汉—宜昌铁路HYZQ－5标段工程　施工里程28.35公里，合同投资254257万元，合同工期2008年9月～2012年1月。主要实物工程量：路基16.99公里，桥梁6座11359.24延长米，正线铺轨193.3公里，预制梁6784片，架设T梁1696孔。截至2011年底，开工累计完成投资263000万元。主体工程基本结束，进入收尾结算阶段。

厦深铁路XSGZQ－6标段工程　位于广东省揭阳市，施工里程31.1公里，为Ⅰ级双线铁路，合同投资96178万元，合同工期2008年10月～2010年12月。主要实物工程量：路基土石方449.56万立方米，特大桥13座8326.96延长米，隧道7座2896延长米，涵洞77座2431.5横延米，站场1座。截至2011年底，开工累计完成投资96030万元。主体工程结束，路改桥和公路跨铁路桥由于资金问题没有正式动工。

石家庄—武汉铁路客运专线河南段SWZQ－9标段工程　位于信阳—豫鄂省界之间，施工里程60.624公里，合同投资382096万元，合同工期2008年10月～2011年12月。主要实物工程量：路基26.961公里，区间路基及站场土方665.24万立方米，桥梁28106.36延长米，涵洞93座2148.74横延米；铺设双块板式无砟轨枕120.454公里。截至2011年底，开工累计完成投资236301万元。

天津—秦皇岛铁路客运专线3标段工程　位于河北省唐山市，施工里程45.765公里，合同投资489380万元。由中铁十七局集团公司和中国铁建电气化局集团公司共同承建，其中中铁十七局集团公司担负施工里程32.78公里，合同投资296000万元，调整后为326270万元。合同工期2008年11月～2012年10月。现业主将工期提前，计划2011年12月1日开通试运营。主要实物工程量：特大桥4座24835延长米（其中夏屋庄特大桥3871延长米、崔马庄特大桥3071延长米、北营陡河1号特大桥7878延长米、榛子镇陡河2号特大桥10015延长米），大桥1座463延长米，路基6.192公里，无砟轨道板预制24517块，无砟轨道板铺设88.13公里，铺轨535.93公里，其中无砟道床450.42公里、有砟道床67.88公里，正线道岔70组。截至2011年底，开工累计完成投资237375万元。由于资金不到位，铺轨延期。

朔州—准格尔铁路ZSXS－1标段工程　位于山西省朔州市，施工里程83.04公里，合同投资73535万元，合同工期2008年12月～2012年5月。主要实物工程量：区间及站场路基土石方1102万立方米，桥梁31座8995.33延长米，隧道6座2759延长米，涵洞114座53124横延米，车站6座。截至2011年底，开工累计完成投资75128万元。隧道、涵洞全部完成。

杭州—宁波铁路客运专线HYZQ－2标段工程　施工里程53.733公里，沿线设有上虞北站及余慈2座车站，合同投资409218万元，变更调差后增加6067万元。合同工期2009年3月～2011年12月。主要实物工程量：桥梁9座41870.05延长米，涵洞9座195.3横延米，隧道7座9466延长米（其中大山脑隧道6209延长米），轨道板预制161.359公里，轨道板（含底座）铺设107.466公里。截至2011年底，开工累计完成投资415226万元。

南京—杭州铁路客运专线NHZQ－3标段工程　施工里程48.462公里，合同投资438078万元，合同工期2009年3月～2011年12月。铺轨施工调整，工期延后。主要实物工程量：特大桥4座34829延长米，中桥3座、小桥3座；涵洞27座842.4横延米；预制架设箱梁812孔；隧道5座9999延长米；路基土石方199.7万立方米；无砟道床铺设92.01公里，正线铺轨507公里，站线铺轨27.59公里，铺道岔117组；改建湖州南站专用线643米，车站2座。截至2011年底，开工累计完成投资371987万元。

南宁—广州铁路NGZQ－3标段工程　正线施工里程62.99公里，柳广上、下行联络线单线14.148公里，合同投资377302万元。其中，中铁十七局集团公司198448万元；中铁二十五局集团公司178854万元。合同工期2009年3月～2012年3月。主要实物工程量：区间及站场土石方543.43万立方米，桥梁22座24937.15延长米，涵洞153座3366.78横延米，双线隧道1座800延长米。截至2011年底，开工累计完成投资200149万元。主体工程完工。

成都—绵阳—乐山铁路客运专线 CMLZQ－1 标段工程　位于四川省江油市，施工里程 35.332 公里，合同投资 217139 万元，合同工期 2009 年 7 月～2011 年 12 月。主要实物工程量：路基 14.439 公里，土石方 432.09 万立方米，桥梁 14 座 19877 延长米，隧道 2 座 1016 延长米，无砟轨道 35.332 公里，改建江油站 1 座，制梁 546 片。截至 2011 年底，开工累计完成投资 163672 万元。由于建设资金紧张，处于半停工状态。

石家庄—武汉铁路客运专线郑州东站 SSZD－NO2 标段工程　位于河南省郑州市，合同投资 228450 万元，合同工期 2009 年 9 月～2011 年 12 月。主要实物工程量：路基填方 372.4 万立方米，框架桥 6 座，刚构桥 1 座，涵洞 2 座 145.2 横延米，正线及站线铺轨 31.557 公里，无柱雨棚 80238 平方米，天棚吊顶 46914 平方米。截至 2011 年底，开工累计完成投资 236301 万元。京广广场装饰方案未定，施工进度缓慢。

厦深铁路 XSGZQ－11 标段工程　位于广东省深圳市境内，施工里程 33.43 公里，合同投资 157609 万元，合同工期 2009 年 9 月～2012 年 9 月。主要实物工程量：桥梁 8 座 22475 延长米，隧道 4 座 5072 延长米，路基 5.883 公里，区间及站场土石方 241 万立方米，车站 2 座，现浇箱梁 189 孔、道岔连续梁 2 联、悬灌连续梁 23 联。截至 2011 年底，开工累计完成投资 99050 万元。年内因资金短缺，多处工点停工。

南京—安庆铁路 NASZ－3 标段工程　位于江苏省南京市境内，施工里程 39.569 公里，合同投资 229134 万元，合同工期 2009 年 12 月～2012 年 12 月。主要实物工程量：路基土石方 212.6 万立方米，桥梁 27 座 20762.7 延长米，王府山隧道 375 延长米，涵洞 77 座 1941.1 横延米，站场 1 座，正线及站线铺轨 166.24 公里，"三电"迁改 10 千伏～500 千伏 96 处、220 伏及 380 伏 240 处，变压器、配电房 14 座，通讯线路 488 处，移动基站 1 座。截至 2011 年底，开工累计完成投资 91878 万元。由于建设资金紧张，部分重点工程坚持施工，其余停工。

大同—西安铁路客运专线站前 10 标段工程　位于山西省运城市，施工里程 15.12 公里。合同投资 133393 万元，合同工期 2010 年 3 月～2013 年 12 月。主要实物工程量：站场及区间路基土石方 141.24 万立方米，特大桥 2 座 8060 延长米，新修便道 14.37 公里，制（存）梁场、混凝土拌合站各 1 处，填料集中拌合站 3 处，电力线路架设 20 公里。截至 2011 年底，开工累计完成投资 118402 万元。

杭州—长沙铁路客运专线浙江段 HCZJ－2 标段工程　施工里程 52.019 公里，合同投资 410434 万元，合同工期 2010 年 4 月～2013 年 6 月。主要实物工程量：桥梁 36 座 35980 延长米，隧道 19 座 14090 延长米，路基 8.19 公里。截至 2011 年底，开工累计完成投资 159286 万元。

合肥—福州铁路客运专线闽赣段 HFMG－7 标段工程　位于福建省南平市、古田县境内，施工里程 59.322 公里，合同投资 429241 万元，合同工期 2010 年 4 月～2013 年 7 月。主要实物工程量：路基土石方 416.5 万立方米，桥梁 34 座 11121.77 延长米，隧道 17 座 44576 延长米，涵洞 9 座 260.62 横延米，站场 2 座。截至 2011 年底，开工累计完成投资 166193 万元。由于征拆迁进度缓慢、图纸滞后、材料供应紧张、建设资金困难，导致施工进度较慢。

兰新铁路第二双线张掖—红柳河 LXS－17 标段工程　位于甘肃省酒泉地区，施工里程 104.679 公里，合同投资 302100 万元，合同工期 2010 年 4 月～2013 年 12 月。主要实物工程量：路基 99.64 公里，站场及区间路基土石方 1158 万立方米，桥梁 32 座 5229 延长米，涵洞 266 座 6521.13 横延米，双块式无砟轨道 208.81 公里，站场 1 座，房屋建筑 5710 平方米，雨棚 6000 平方米。截至 2011 年底，开工累计完成投资 166690 万元。工期推迟 1 年。

山西中南部铁路通道瓦塘—汤阴东（含）ZNTJ－5 标段工程　位于山西省吕梁和临汾境内，施工里程 57.7 公里，合同投资 292461 万元，合同工期 2010 年 4 月～2014 年 9 月。主要实物工程量：路基土石方 1169.7 万立方米，桥梁 29 座 12900 延长米，隧道 18 座 25200 延长米，涵洞 116 座 8536.84 横延米，无砟轨道 25.5 公里。截至 2011 年底，开工累计完成投资 205961 万元。

云桂铁路云南段站前 5 标段工程　位于云南省文山州、红河州境内，施工里程 59.219 公里，合同投资 314832 万元，合同工期 2010 年 5 月～2014 年 11 月。主要实物工程量：站场及区间路基土石方 415.3 万立方米，桥梁 13 座 4352.52 延长米，隧道 9 座 36813 延长米，涵洞 52 座 1469.27 横延米，无砟道床 49.115 公里，大临便道 78.16 公里，变电站 2 处，电力线路 105.1 公里，给水管路 71 公里。截至 2011 年底，开工累计完成投资 75268 万元。因资金紧张导致多处工点停工。

宁波站改建铁路工程　位于浙江省宁波市，施工里程 3.6 公里，合同投资 68421 万元，合同工期 2010 年 6 月～2012 年 6 月。主要实物工程量：土石方 22 万立方米，桥梁 5 座 101.4 延长米，涵洞 3 座 182.67 横延米，铺轨 19.9 公里，铺设道砟 5.4 万立方米，"四电"施工 22.854 公里，房屋建筑面积 10322 平方米，站台 25626 平方米，雨棚 6100 平方米，天桥 2743 平方米，地道 5451 平方米，地铁 29000 平方米。截至 2011 年底，开工累计完成投资 34018 万元。

邯郸—黄骅港铁路 1 标段工程　位于河北省邯郸市与邢台市境内，施工里程正线 50.633 公里，邯济联接线 52.411 公里，疏解线 6.675 公里。合同投资 247458 万元，合同工期 2010 年 9 月 ~2013 年 2 月。主要实物工程量：路基土石方 1049.27 万立方米，梁式桥 31 座 31400 延长米，框架桥 27 座 4814 顶平方米，T 梁制运架 1463 孔，涵洞 267 座 5696.63 横延米，铺轨 279.81 公里，车站 8 座，房屋建筑面积 10079 平方米。截至 2011 年底，开工累计完成投资 90395 万元。年内由于投资进度放缓，轨道工程、制梁处于停工状态。

山西中南部铁路通道汤阴东—日照南 ZNTJ－20 标段工程　位于山东省临沂市沂水县境内，施工里程 32.49 公里，其中中铁十七局集团公司 20.921 公里、中铁二十四局集团公司 11.57 公里。合同投资 240348 万元，合同工期 2010 年 9 月 ~2013 年 12 月。主要实物工程量：路基 20.54 公里，桥梁 6 座 8570 延长米，隧道 3 座 3840 延长米，制架 T 梁 3423 孔，铺轨 460.436 公里。截至 2011 年底，开工累计完成投资 69500 万元。

成都—重庆铁路客运专线施工总承包 CYSG－6 标段工程　正线自重庆西左联络线起点至重庆站，约 17.202 公里。合同投资 134824 万元，合同工期 2010 年 9 月 ~2014 年 2 月。主要实物工程量：站场及路基土石方 77.57 万立方米，桥梁 13.5 座 4669.86 延长米，涵洞 22 座 681.02 横延米，隧道 7 座 15327.4 延长米。截至 2011 年底，开工累计完成投资 35535 万元。因征地拆迁难度大，干扰施工现象多，图纸滞后，建设资金不到位，无法正常施工。

沪昆铁路客运专线长沙—昆明湖南段 CKTJ－7 标段工程　位于湖南省娄底市新化县、邵阳市隆回县和怀化市溆浦县境内。施工里程 34.538 公里，合同投资 253698 万元，合同工期 2010 年 9 月 ~2014 年 2 月。主要实物工程量：路基土石方 84.3 万立方米，桥梁 19 座 5670.9 延长米，隧道 12 座 27363 延长米，双块式无砟轨道 69.088 公里。截至 2011 年底，开工累计完成投资 93785 万元。

青岛—荣成城际铁路 6 标段工程　位于山东省威海市境内，施工里程 55.2 公里，合同投资 386920 万元，合同工期 2010 年 10 月 ~2013 年 9 月。主要实物工程量：车站 4 座，桥梁 26 座 21402 延长米，隧道 13 座 15370 延长米，路基 36 段 18.42 公里，“三电”及迁改工程。截至 2011 年底，开工累计完成投资 62968 万元。年内由于建设投资压减及供图纸不及时，导致多处工点处于停工状态。

沪昆铁路客运专线长沙—昆明贵州段 CKGZTJ－5 标段工程　施工里程 43.09 公里。其中，中铁十七局集团公司 30.45 公里，合同投资 231870 万元；中铁二十四局集团公司 12.64 公里。合同工期 2010 年 10 月 ~2013 年 10 月。主要实物工程量：改移线路 4.29 公里，区间路基土石方 151.33 万立方米，桥梁 26 座 6081.16 延长米，隧道 11 座 16750 延长米，涵洞 6 座 156.76 横延米，铺无砟道床 51.87 公里，预制无砟道床 169.95 公里。截至 2011 年底，开工累计完成投资 55020 万元。年内由于建设资金紧张，大部分工点停工。

向莆铁路抚州站站房及县级站站房 XPZF－2 标段工程　位于江西省抚州市境内，包含抚州站、抚州北站、南城站和南丰站 4 座车站。合同投资 31533 万元，合同工期 2011 年 5 月 ~2012 年 6 月。截至 2011 年底，开工累计完成投资 3100 万元。项目开工不久，因资金问题停工。　（付建军　孟庆财）

【铁路外工程施工】　在建路外工程 171 项，完成投资 1368354 万元。完成主要实物工程量：土石方 6202 万立方米，隧道 76563 延长米，桥梁 53671 延长米。

上海轨道交通 13 号线 5 标段工程　位于上海市，合同投资 13986 万元，合同工期 2009 年 2 月 ~2011 年 9 月。主要实物工程量：真北路站，真北路站—大渡河路站盾构区间 1880 延长米。截至 2011 年底，开工累计完成投资 14393 万元。

连霍国道主干线永登—古浪高速公路 YG9 合同段工程　位于甘肃省古浪县，施工里程 4.95 公里，合同投资 44247 万元，合同工期 2009 年 4 月 ~2010 年 6 月。主要实物工程量：路基土石方 21 万立方米，桥梁 2 座 720.18 延长米，涵洞 3 座 167 横延米，隧道 2 座 3794 延长米。截至 2011 年底，开工累计完成投资 39430 万元。年内由于建设资金紧张，处于半停工状态。

连霍国道主干线（GZ45）永登（徐家磨）—古浪高速公路 YG6 合同段工程　位于甘肃省永登县境内，施工里程 7.1 公里，合同投资 38178 万元，合同工期 2009 年 6 月 ~2012 年 11 月。主要实物工程量：路基挖方 84.2 万立方米、填方 162.2 万立方米，中桥 1 座 65.54 延长米，公路铁路分离式立交桥 1 座 113.2 延长米，涵洞 8 座 487.8 横延米，通道涵 9 座 423 延长米，隧道 1 座 4522.6 延长米。截至 2011 年底，开工累计完成投资 30434 万元。隧道Ⅵ围岩地段施工进度缓慢，建设资金不到位，工期延后。

湖北宜巴高速公路鄂渝界第 12 合同段工程　位于湖北省宜昌市境内，施工里程 7.065 公里，合同投资 49482 万元，合同工期 2009 年 8 月 ~2012 年 8 月。主要实物工程量:路基挖方338851立方米、填方77013立方米,特大桥6614延长米、大桥1014延长米、中桥66.08米、高架桥1034延长米,隧道4553延长米。截至2011年底,开工累计完成投资31531元。业主要求竣工较合同工期提前6个月,工期压力大。

长沙轨道交通2号线一期土建SG-2标段工程　位于湖南省长沙市,合同投资29107万元,合同工期2009年9月~2011年10月。主要实物工程量:望城坡站、金星路站,西湖公园站—荣湾镇站区间809延长米。截至2011年底,开工累计完成投资9667万元。

临吉高速公路路基第S11合同段工程　位于山西省临汾市境内,施工里程3.8公里,合同投资41290万元,合同工期2009年9月~2012年7月。主要实物工程量:路基土石方24.88万立方米,桥梁2座3082延长米,涵洞3座217.24横延米,隧道1座4800延长米。截至2011年底,开工累计完成投资44489万元。

宁武高速公路宁德段A3标段工程　位于福建省宁德市境内,施工里程7.035公里,合同投资33511万元,合同工期2009年10月~2011年10月。主要实物工程量:路基挖方119.78万立方米、填方90万立方米,圬工45830.16立方米,桥梁9座3146.79延长米,涵洞、通道13座641.9延长米,分离式隧道1座588.5延长米。截至2011年底,开工累计完成投资27793万元。

武汉轨道交通4号线一期工程区间及车站土建施工第4标段工程　位于湖北省武汉市,合同投资36369万元,合同工期2009年10月~2011年12月。主要实物工程量:铁机村站12251.9平方米,罗家港站10122平方米,岳家嘴站—铁机村站区间左线860.63米,铁机村站—罗家港站左线区间930.97米。截至2011年底,开工累计完成投资18461万元。

张涿高速公路LJ-S7标段工程　位于河北省涿州市境内,施工里程3.75公里,合同投资38095万元,合同工期2009年11月~2011年7月。主要实物工程量:填方39万立方米、挖方14万立方米,大桥2座602延长米,隧道2座2206延长米,沥青、混凝土路面工程。截至2011年底,开工累计完成投资36128万元。

苏州轨道交通2号线Ⅱ-TS-10标段土建工程　位于江苏省苏州市,合同投资46190万元,合同工期2009年12月~2012年6月。主要实物工程量:宝带西路站、旺吴路站,宝带西路站—旺吴路站区间隧道1343.69延长米,旺吴路站—石湖路站区间隧道2963.82延长米。截至2011年底,开工累计完成投资34239万元。

太阳高速公路路基第17合同段工程　位于山西省阳泉市境内,合同投资52785万元,合同工期2009年12月~2012年7月。主要实物工程量:路基土石方33.5万立方米,大南山隧道出口5245米。截至2011年底,开工累计完成投资59098万元。

十堰—房县高速公路SFTJ-10标段工程　位于湖北省房县境内,施工里程4.06公里,合同投资21905万元,合同工期2010年1月~2012年6月。主要实物工程量:分离式隧道2座6888延长米。截至2011年底,开工累计完成投资15081万元。

重庆沿江高速公路主城涪陵段W4合同段工程　位于重庆市涪陵区境内,施工里程6.97公里,合同投资50000万元,合同工期2010年5月~2013年6月。主要实物工程量:路基土石方5万立方米,涵洞4座184横延米,隧道2座12612延长米。截至2011年底,开工累计完成投资18600万元。

西安地铁2号线会展中心—韦曲南段(三爻—凤栖原区间)TJSG-23标段工程　位于陕西省西安市长安南路与北长安街,施工里程2.817公里,合同投资14279万元,合同工期2010年6月~2012年6月。截至2011年底,开工累计完成投资9167万元。

十堰—白河高速公路SFTJ-9标段工程　位于湖北省郧县境内,施工里程6.75公里,合同投资40562万元,合同工期2010年7月~2012年7月。主要实物工程量:路基土石方273万立方米,桥梁13座5462延长米,隧道2座980延长米,涵洞、通道18座539.49横延米。截至2011年底,开工累计完成投资22976万元。由于建设资金紧张停工。

贵州从江—兴义高速公路惠水—兴仁段第12合同段工程　位于贵州省安顺市镇宁布依族苗族自治县良田乡,施工里程7.392公里,合同投资61465万元,合同工期2010年9月~2013年3月。主要实物工程量:土石方205.78万立方米,隧道2座左线2682延长米、右线2644延长米,大桥7座2777延长米,涵洞8座358.81横延米,道桥梁2座458延长米。截至2011年底,开工累计完成投资24171万元。年内,项目建设资金不到位,影响施工进度。

成渝高速公路复线重庆段D合同段工程　位于重庆市铜梁县境内,施工里程4.739公里,合同投资53171万元,合同工期2010年12月~2012年12月。主要实物工程量:云雾山隧道1座左线3360延长米、右线3335延长米,中桥1座93.08延长米,涵洞6座318.7横延米,路基挖方10.3万立方米、填方24.1万立方米,特殊路基处理5.8万立方米。截至2011年底,开工累计完成投资24170万元。

山西岢临高速公路LJ4标段工程　位于山西省忻州市岢岚县阳坪乡,施工里程8.16公里,合同投资56148万元,合同工期2010年12月~2012年6月。

主要实物工程量：路基挖方146万立方米、填方121万立方米，涵洞8座518.56横延米，桥梁5座1260延长米，隧道2座3524延长米。截至2011年底，开工累计完成投资13963万元。年内，因资金紧张，路基、桥梁、隧道施工基本停工。

无锡地铁2号线土建8标段工程　位于江苏省无锡市，合同投资33280万元，合同工期2010年12月～2013年5月。主要实物工程量：广益新城站7997平方米，靖广区间掘进2023.73延长米，广华区间掘进1394.05延长米，华友区间掘进1932.27延长米。截至2011年底，开工累计完成投资7765万元。

和榆高速公路二期LJ3合同段工程　位于山西省晋中市左权县境内，施工里程6.04公里，合同投资51899万元，合同工期2011年1月～2013年12月。主要实物工程量：路基300米，隧道左线5730延长米、右线5710延长米。截至2011年底，开工累计完成投资8761万元。

青岛地铁3号线一期2标段工程　位于山东省青岛市，施工里程1.83公里，合同投资26455万元，合同工期2011年1月～2013年12月。主要实物工程量：汇泉广场站主体结构19085立方米，附属结构7696立方米；中山公园站主体结构19962立方米，附属结构13550立方米；汇泉广场站—中山公园站区间左线608.52延长米、右线588.09延长米；中山公园—太平角公园站区间左线817.2延长米、右线836.7延长米。2011年完成投资9877万元。

武汉轨道交通2号线29标段常青花园车辆段与综合基地上盖平台及盖下车辆段土建工程　位于湖北省武汉市汉口，合同投资61936万元，合同工期2011年4月15日～2012年4月15日。2011年完成投资36706万元。

西柏坡高速公路二环路—霍寨段S3标段工程　位于河北省石家庄市新华区境内，施工里程1.157公里。其中跨京广货运铁路石家庄西环线采用双幅T型钢构平面转体施工。合同投资32020万元，合同工期2011年3月～2011年10月。2011年完成投资18848万元。项目建设资金业主计量、批复和拨付严重滞后，致使工程进度缓慢。

长深高速公路连接线城市快速通道一期路基土建A3标段工程　位于福建省三明市梅列区洋溪镇，施工里程4.4公里，合同投资53890万元，合同工期2011年1月～2013年12月。主要实物工程量：路基挖方39万立方米、填方63万立方米，桥梁5座2702延长米，涵洞7座，隧道1.5座4773延长米。2011年完成投资18189万元。年内由于征地拆迁滞后，人员、设备闲置情况严重。　（付建军　孟庆财）

【经营管理】　工程经营。2011年承揽工程111项，新签合同总额3398126万元，占年度计划的106%。其中，铁路工程17项258813万元，占承揽总额的7.62%；公路工程43项1094040万元，占32.2%；市政轻轨工程16项1238817万元，占36.46%；水利电力工程10项65189万元，占1.92%；房屋建筑工程17项706131万元，占20.78%；其他工程7项26763万元，占0.79%。二次经营428317万元。年内，集团公司面对铁路市场高台跳水、路外竞争异常激烈、市场风险骤然加剧等复杂情况，以“调结构、促转型、强管理、保增长”为主线，加大路外工程、投融资项目、海外市场的经营力度，收到较好效果。承揽的主要工程有：委内瑞拉CIUDAD TIUNA地块社会住房项目144576万元，安哥拉10万套经济住房项目10873万元，南车四方车辆有限公司南车小镇房建一期、二期工程383000万元，启迪（太原）科技园工程29300万元；新建伊和吉林—珠恩嘎达布其铁路松根山—东乌旗段站前BZZQ标段工程68313万元，山西西山煤气化有限责任公司2×60万吨焦化项目铁路专用线工程42329万元；西安北站—机场轨道交通项目903400万元，武汉轨道交通2号线一期29标段土建工程61936万元，福州轨道交通1号线土建01合同段工程43758万元；乌鲁木齐绕城高速（东线）公路WRDX－3标段工程116784万元，贵州毕节—都格（黔滇界）高速公路路基、桥隧工程6合同段52599万元，灵河高速公路原平—神池段路基、桥隧、采空区工程LJ6标段52150万元，山西岢岚—临县高速公路LJ4标段工程56148万元，沈海复线宁德漳湾—连江浦口福州段高速公路路基土建A2合同段工程56346万元，灵河高速公路神池—河曲段路基、桥隧工程LJ5标段49160万元。

安全质量。2011年，企业法人代表与子（分）公司等单位行政主管签订年度经营管理责任（合同）书，明确安全生产责任制目标；集团公司总经理与分管安全工作的副总经理签订安全生产工作责任书，各单位层层签订安全包保责任状。年内组织7次综合或专项安全生产大检查，按照“谁检查，谁负责；谁施作，谁负责”原则，对各单位组织的安全检查和安全督查情况进行抽查，发现问题，追究责任，限期整改。年内未发生较大及以上责任死亡事故。配合交通运输部、水利部、山西省建设厅等部门，先后组织公路、水利、建筑施工安全管理人员培训班8期，培训476人。经考核，其中43人取得建筑施工企业企业负责人安全生产考核合格证书，262人取得建筑施工企业项目负责人安全生产考核合格证书，171人取得建筑施工企业专职安全管理人员安全生产考核合格证书。集团公司宁杭铁路客运专线NHZQ－3标段、津秦铁路客运专线3标段、石武铁路客运专线郑州东站SSZD－NO.2标段、南广铁路NGZQ－3标段4项工程被评为中国铁建2011年度安全质量标准工地(车间)。集团公司承建的合肥—武汉铁路工程获第10届中国土木工程詹天佑奖；二公司承建的河北省石家庄市石环公路(省道S101)307国道东互通立交、四公司承建的沪蓉西高速公路薛湾隧道(原名乌池坝隧道)、五公司承建的河南省驻马店至泌阳高速公路3项工程获国家优质工程银质奖。一公司承建的太佳高速公路汾河特大桥工程、六公司承建的厦门机场路一期JC2标段工程、上海轨道交通公司承建的上海轨道交通7号线12C、23A标段工程获火车头优质工程奖。四公司承建的雅砻江两河口水电站交通4号公路隧道及云南水富—麻柳湾高速公路土建5合同段、19合同段工程分别获重庆市"巴渝杯"优质工程奖和云南省优质工程一等奖；六公司承建的泉三高速公路SMA7合同段获福建省"闽江杯"优质工程奖。一公司承建的太佳高速公路汾河特大桥、二公司承建的临策铁路LCSG－4标段和武广铁路客运专线黄秋山隧道及南水特大桥、四公司承建的精伊霍铁路北天山隧道、六公司承建的厦门机场路一期JC2标段、上海轨道交通公司承建的上海轨道交通7号线12C及23A标段7项工程被评为中国铁建优质工程。年内，7个QC小组被评为全国工程建设优秀QC小组，2个QC小组被评为铁道部优秀QC小组，8个QC小组被评为中国铁建优秀QC小组；集团公司获全路信用评价第二名，继续保持A类企业荣誉。

财务资金管理。2011年，企业资产总额从2010年的195.7亿元增加到243.4亿元，同比增长24.4%。其中，货币资金30.1亿元，应收账款43.4亿元，固定资产净值31.4亿元。负债总额218.2亿元，同比增长23.2%；长短期借款总额29.9亿元，应付账款141亿元。所有者权益25.2亿元，同比增长36.2%。资产负债率89.9%，同比下降0.6个百分点。全年现金流入308.6亿元，同比减少6.9%；现金流出310.5亿元，同比减少5.4%；期末货币资金存量减少1.9亿元。经营性现金净流出9.3亿元，投资性现金净流出3亿元，筹资性现金净流入10.4亿元。在岗职工人均年收入48193元，同比增长3.9%；缴纳"五险两金"3.03亿元，同比增长8.9%；支付职工医疗费、福利费、教育经费、工会经费和"三不让"资金共计8277万元，同比增长10.3%。企业社会贡献总额30.5亿元，同比增长3.1%，社会贡献率13.9%。实现净利润3.9亿元，缴纳税费11.2亿元，支付职工薪酬12.6亿元。年内贯彻落实《中国铁建股份有限公司财务管理及内控制度》，强化预算执行分析和重要指标监测，定期发布预算执行情况监测通报；对会计核算科目设置及会计政策执行情况进行全面调研，制定《中铁十七局集团有限公司"十二五"财务战略规划》；组织开展项目基础资料观摩活动，推行财务工作帮扶计划，加大对经营工作服务支持力度，减免各单位(项目)息费5000余万元。认真落实"两严三控"、"双目标"管理办法，重点强化外部劳务选用、材料和设备集中采购管理，先后组织召开3次经济活动分析会，制定下发4个经费管控文件，企业成本管理工作得到进一步加强。认真研究新的财税政策，积极实施纳税筹划，全年获得财政补贴和税收返还975万元和境外项目出口退税款1798万元。强抓资金调控，落实股份公司"严管、强收、少投、确保"八字方针，全年吸收各类存款36亿元，资金集中管理71%。年内收回往年欠款23亿元，新增内部调剂款8.2亿元，新增银行借款9.8亿元，发行银行理财产品3期7亿元，注册短期融资券7亿元，办理银行承兑汇票8亿元、保付代理2.6亿元，境外项目外汇结算5847万美元，为项目注入流动资金9.5亿元。

审计监督。2011年，集团公司两级审计机构完成审计项目167项，查出有问题金额6157万元，提出审计建议576条。其中审计工程项目87个(中期审计59个，终结审计28个)，查出有问题金额5366万元。年内，集团公司京沪高速铁路、南广铁路、太中银铁路等27个项目接受国家审计，此次审计延续至2012年3月完成。迎审期间，集团公司下发《关于开展审计自查自纠工作的通知》和《关于进一步加强铁路项目迎审工作的通知》，召开铁路项目审计案例分析会和铁路项目迎审配合工作视频会议，编辑上报审计信息周报32期。2011年进行经济责任审计20项，其中子公司董事长离任经济责任审计6项、工程公司项目经理任期经济责任审计14项，发现问题金额166万元。年内按照集团公司总体部署，对撤销的10个区域工程指挥部和兴华建筑设计院的资产、债权债务、费用及需要交接事项进行审计。(芦安全　孟庆财)

【科技开发】 2011年下达两批科技研究开发计划，新立项目46项，延续102项，合计148项。涉及线路及路基43项，桥梁工程33项，隧道及地下工程53项，建筑工程2项，"四电"、信息工程10项，试验检测6项，管理1项。其中，7项被列入中国铁建及以上科技研究开发计划，获得外部资助资金225万元。年内，10项科技成果通过鉴定、评审。"岩溶发育地区深水大直径深孔桩基础施工技术"通过山西省成果鉴定，达到国际先进水平；"京沪高速铁路跨多条繁忙电气化铁路干线空间刚架(桥梁)综合施工技术"、"京沪高速铁路108米中承式钢箱拱非对称转体施工技术"、"京沪高速铁路简支系杆叠拱施工技术"和"隧道超大直径四分隔通风竖井施工技术”通过山西省成果鉴定，两项达到国际先进水平，两项达到国内领先水平。“铁路客运专线500米小曲线半径多梁型箱梁运架设备研制”成果通过山西省技术鉴定，达到国际领先水平。“复杂岩溶地质条件下隧道安全施工与灾害防治关键技术”、“高速铁路分段支架现浇法施工大跨连续梁的线形控制技术”与“高速铁路大跨径预应力混凝土弯桥施工监控技术研究”通过河北省科技成果转化中心组织的鉴定，1项达到国际领先水平，两项达到国际先进水平。17项科技成果获中国铁建及以上科学技术奖。年内获国家级工法7项、省部级工法10项、中国铁建优秀工法13项、企业级工法33项。申报专利55项，其中发明专利10项；授权专利48项，其中发明专利5项。“轨道板精调测量系统及其调整测量方法”发明专利获第13届中国专利优秀奖。

（汪梨园　孟庆财）

【党的工作】　集团公司党委下辖处级党委16个，其中子公司党委11个、分公司党委2个、其他单位党委2个、集团公司机关党委1个。集团公司辖项目党工委17个，子公司辖党委8个、党总支8个、项目党工委173个。集团公司有党支部450个，中共党员7788人，其中正式党员7336人、预备党员452人；在岗党员6921人，离退休职工党员867人；女党员920人。2011年，继续以加强学习型党组织建设为手段，形成并强化组织的共同愿景和集体意志，提升组织的战斗力。年内党委中心组组织学习13次，编发学习辅导专刊12期。结合建党90周年活动，突出特色教育，先后开展学习《中国共产党历史》、“在新的历史条件下如何保持发挥党的先锋模范作用”理论知识讲座、观看《居安思危——苏共亡党亡国20年教训》资料片等活动。围绕企业转型升级、领先发展的中心任务，重点开展以“歌颂党、创先进、争优秀、促发展”为主要内容的“七个一”（宣传一批典型，召开一次庆祝建党90周年暨表彰大会，举办一场文艺晚会，开展一次送温暖活动，开展一次党史学习教育活动，举办一次党建创新成果展，配发党员胸章）活动。以党内创先争优带动单位创先争优，8月开展“我与企业共荣辱齐奋进”主题活动，11月在集团公司山西中南部铁路通道项目召开创先争优劳动竞赛现场推进会。年内，2个先进单位和5名优秀个人受到股份公司党委表彰，1个先进单位和2名优秀个人受到山西省委表彰，40个先进单位和100名优秀个人受到集团公司党委表彰。集团公司党委按照“四好”（政治素质好、经营业绩好、团结协作好、作风形象好）标准选人用人，突出抓好领导能力、执行力和作风纪律建设。年内调整子、分公司领导班子成员27人，选拔特级项目经理11人、副处级项目党工委书记3人、总机械师1人；集团公司新配直管工程项目班子30人，调整13人；选拔19名政治素质高、业务能力强、群众公认的干部充实到部门领导岗位，其中正职4人；根据经营总体格局调整，新配备经营管理人员11人，调整45人。按照中国铁建股份有限公司《关于加强和改进工程项目党的建设的决定》要求，突出抓好基层党委、党工委、党支部组织建设。年内，召开集团公司和子分公司两级党代会，完成两级党委班子的换届选举；对集团公司所属13个成员单位和集团公司直管18个工程项目进行工作目标管理责任制考核。推进人才建设工程，年内接受高校毕业生1071人，其中硕士研究生14人；评审通过中级职称260人、高级工程师48人，推荐其他高级职称评审36人；选送13人参加中央党校国资委分校、国家行政学院、中国铁建党校和中国铁建青年干部培训班学习，其中处级8人、青年干部5人。以凝心聚力、培养企业核心价值理念为主要方向，全面宣传“逢山凿路、遇水架桥”、“为了十七局”、“企强工富、内和外顺”等企业传统文化以及青藏铁路精神、高铁精神、麦加精神等新时代文化。积极推出全国道德模范提名奖获得者赵海生、“中国好人榜”候选人王瑞花、中国铁建道德模范马志爱、自愿捐赠骨髓造血干细胞的叶明、全国五一劳动奖章获得者寇东兰及全国五一巾帼标兵岗获得集体中铁十七局集团宁杭铁路客运专线铺架项目部设备物资女工班组等一批先进典型；在集团公司开展第一届“十佳道德模范”、“十大杰出青年”等评选表彰活动，推出一批在职工、群众中可敬、可信、可亲、可学的先进典型。全年在省部级以上报刊发表作品806篇，其中头条、报眼等重要稿件105篇；企业内部媒体刊发新闻1400余条，各类研究探索性文章70篇，约200万字；集团公司荣史馆接待外国来宾、国资委、铁道部及省级有关领导65批730人次。营造党风建设和反腐倡廉氛围，推出“清正廉洁、平安幸福”廉洁理念，建立项目述廉评廉制度。年内，对集团公司20个直管项目和各工程公司220个项目的3560名班子成员及关键岗位人员进行述廉评廉，对集团所属13个单位2009年以来党风建设和反腐倡廉工作进行巡视调研，对12个单位的领导班子及班子成员进行党风建设和反腐倡廉情况民主评议。集团公司全年立案28件，结案28件，处分79人，移送司法机关1人；预防和化解企业各类风险35起。　（王建民　孟庆财）

【工会共青团】　工会工作。截至2011年底，集团公司工会下辖13个子分公司、中心医院、物业管理中心及集团公司机关共16个处级单位工会,522个基层工会和1380个工会小组。有工会会员22811人,其中女会员3536人;专兼职工会干部561人,其中女工干部224人;工会积极分子2289人。开展劳动竞赛活动,集团公司全年获业主奖励4369万元。局、处两级征集职代会提案561条,立案537条,提案落实率95.7%。坚持和完善民主评议领导干部制度,评议局、处两级领导干部145人,职工满意率98.7%。5个单位被评为省级职代会先进单位。继续开展“三不让”承诺和送温暖活动,集团公司筹集“三不让”专项资金2265万元,向困难职工发放送温暖资金380余万元,走访慰问困难职工1478户次。20项合理化建议和技术创新成果获得国家、省部级和中国铁建奖励。积极选树和宣传先进典型,全国五一劳动奖章获得者六公司农民工寇东兰,在股份公司、福建省召开的妇女表彰大会上作先进事迹报告。推进模范职工之家建设,举办专职工会干部培训班,编辑出版《工会工作操作手册》,帮助指导基层做好建家工作。“建竞赛力文化,促标准化管理”的经验,被股份公司工会评为特色工作一等奖。2011年,集团公司京沪高速铁路项目经理部、四公司奉溪高速公路土建E8标段项目经理部分别获得全国五一奖状和全国“工人先锋号”荣誉,一公司北同蒲铁路取直线工程指挥部获得铁道部“工人先锋号”荣誉,11个单位获得山西省“工人先锋号”、3个单位获得中国铁建“工人先锋号”荣誉;1人获得全国五一劳动奖章,13人获得铁道部火车头奖章,1人获得重庆市五一劳动奖章,34人获得山西省五一劳动奖章,15人荣立山西省一等功。

共青团工作。集团公司团委下辖10个子公司、2个分公司、中心医院、物业管理中心共14个团委,建立基层团支部277个;有专兼职团干部539人,其中专职团干部7人;注册团员5400人,35岁以下青工10259人。1月评选产生2010年度“二十佳师徒”并给予表彰奖励;年内“导师带徒”新签合同1000余份,确保全部新员工有师傅传帮带。2月对2010年度84项“五小”成果进行评审,11项获一等奖、16项获二等奖、26项获三等奖,发放奖金77800元。3月在集团公司成绵乐铁路客运专线项目部召开共青团创先争优现场推进会,为创先争优青年先锋队授旗。先后对集团公司山西省、股份公司级“青年文明号”创建集体(单位)的现场有形化建设、青年生产活动开展情况、制度建设、青年文化构建等方面进行考核检查。一季度,按照股份公司团委要求,开展“中国铁建·我的家”为主题的“活力杯”征文活动,整理上报征文113篇。5月按照中国铁建第五届“十大杰出青年”、“十佳青年技术工人”评选活动要求,开展评先推优工作,五公司山西中南部铁路通道20标段项目部经理刘朝辉获中国铁建“十大杰出青年”称号,一公司乔永平获中国铁建“优秀青年”称号。为迎接和庆祝建党90周年,开展“学党史、知党情、跟党走”主题教育活动,围绕“永远跟党走 青春献企业”主题,在集团公司征集DV、动漫、摄影类作品稿件212幅。7月,集团公司总经理卢朋致全体团员青年一封共勉信发表后,迅速在全集团掀起学习高潮,收到团员青年精彩读后感言379篇。8月,集团公司邀请山西省青联副主席、山西大学文学院院长郭万金讲解“现代焦虑与国学传统”,组织200余名团员青年现场聆听讲座。11月开展集团公司第四届“十大杰出青年”评选活动,对荣誉个人给予表彰奖励。年内开展“团组织就在我身边”关爱行动,对施工一线76名生活困难团员青年给予资助;为172名才艺青年建立完善信息资料并添加入信息库。2011年,集团公司团委被评为国资委党建带团建先进单位,7个集体获省部级“青年文明号”荣誉;8人获省部级“青年岗位能手”称号,7名优秀团员和团干部受到股份公司表彰。

(王莉莉　孟庆财)

【第一工程有限公司】 铁路、公路、市政公用工程施工总承包一级,房屋建筑工程施工总承包三级,桥梁、隧道、公路路基、铁路铺轨架梁工程专业承包一级,公路路面工程专业承包二级,地质灾害治理丙级资质企业。公司机关驻山西省太原市小店区人民北路18号。董事长、总经理赵朴,党委书记严勇智。下辖38个项目经理部、10个路桥公司、2个隧桥公司、2个机械运输公司、4个桥梁运架公司、2个轨道板公司及青岛公司、大同公司、商品混凝土公司、桥梁悬灌公司、非标加工公司、仓储公司、物业服务公司。职工3608人。其中,干部1555人;工人1513人。技术干部1260人,技术工人1367人。资产总额430935万元。其中,固定资产原值60811万元、净值31670万元;流动资产390153万元。机械运输设备1557台(套),价值53747万元,总功率78203千瓦,成新率60%,动力装备率25千瓦/人,技术装备率8.6万元/人。综合机械化施工程度85%。

2011年承揽工程任务324000万元,完成企业总产值502095万元。其中,施工产值501595万元;附营产值500万元。实现利润6008万元。全员劳动生产率369662元/人年,职工年人均收入48413元。国有资产保值增值率293.22%,产值利润率1.2%,净资产收益率14.09%,资产负债率86.21%,投资收益上缴率100%,应上缴款完成率101%。工程质量合格率100%。公司实现连续安全生产6105天。年内,公司津秦铁路客运专线项目一工区第二QC小组被评为

2011 年度全国工程建设优秀 QC 小组,3 项工法被评为国家级工法。公司获山西省优秀建筑企业、江西省“十一五”重点工程建设先进施工单位、山西省守合同重信用企业、山西省省级平安单位、全国模范职工之家等荣誉。（胡巧芬　孟庆财）

【第二工程有限公司】 铁路、公路、房屋建筑、市政公用工程施工总承包一级,水利水电、矿山工程施工总承包二级,土石方、桥梁、隧道、公路路基、公路路面工程专业承包一级,地质灾害治理工程丙级资质企业。公司机关驻陕西省西安市咸宁中路 55 号。董事长、总经理毕永清,党委书记朱守平。下辖 7 个路桥工程公司、10 个机运工程公司、2 个隧道工程公司、3 个桥梁运架工程公司、4 个制梁厂及西宁铁建宾馆、忻州物业管理中心、西安物业管理中心。职工 3771 人。其中,干部 1562 人;工人 2209 人。技术干部 1404 人,技术工人 1935 人。资产总额 439788 万元。其中,固定资产原值 64457 万元、净值 38294 万元;流动资产 382880 万元。机械运输设备 648 台(套),价值 31186 万元,总功率 95606 千瓦,成新率 56%,动力装备率 26 千瓦/人,技术装备率 9 万元/人。综合机械化施工程度 85%。

2011 年承揽工程任务 416710 万元,完成企业总产值 512800 万元,其中施工产值 512407 万元;实现利润 6769 万元。全员劳动生产率 389515 元/人年,职工年人均收入 40060 元。国有资产保值增值率 141%,产值利润率 1.3%,净资产收益率 9.76%,资产负债率 84.23%,投资收益上缴率 100%,应上缴款完成率 100%。公司实现连续安全生产 6367 天。年内,公司承建的石环高速公路互通立交桥工程获 2011 年度国家优质工程银质奖,2 项科技成果分别获得山西省科学技术进步三等奖、中国施工企业管理协会创新成果二等奖,获国家级工法 1 项、山西省省级工法 2 项。公司继续保持全国守合同重信用企业、全国优秀施工企业、全国文明单位、全国模范职工之家、陕西省高新技术企业荣誉。（王世平　孟庆财）

【第三工程有限公司】 铁路、公路、市政公用工程施工总承包一级,房屋建筑工程施工总承包三级,土石方、桥梁、隧道、公路路基、公路路面工程专业承包一级资质企业。公司机关驻河北省石家庄市中山西路。董事长、党委书记杨金成,总经理刘新福。下辖 5 个机运队、4 个制梁队、6 个混凝土拌合厂、2 个隧道队、1 个预制构件厂、1 个隧道机械队、5 个专业公司和 3 个基地。职工 2975 人。其中,干部 1508 人;工人 1467 人。技术干部 1010 人,技术工人 573 人。资产总额 461999 万元。其中,固定资产原值 128409 万元、净值 73971 万元;流动资产 38683 万元。机械运输设备 580 台(套),价值 48755 万元,总功率 72119 千瓦,成新率 64%,动力装备率 24 千瓦/人,技术装备率 10.4 万元/人。综合机械化施工程度 76%。

2011 年承揽工程任务 306420 万元,完成企业总产值 517299 万元,其中施工产值 517277 万元;实现利润 6597 万元。全员劳动生产率 201402 元/人年,职工年人均收入 44676 元。国有资产保值增值率 333.33%,产值利润率 1.27%,净资产收益率 15.2%,资产负债率 83.65%,应上缴款完成率 100%。工程质量合格率 100%。年内,公司获授权专利 15 项、授权发明专利 1 项。公司被评为山西省五星级职代会单位、国务院国资委思想政治工作先进单位、中国公路建设行业协会会员代表单位、河北省 2011 年高新技术企业和文明单位。（谢　静　孟庆财）

【第四工程有限公司】 公路、市政公用工程施工总承包一级,水利水电、房屋建筑工程施工总承包二级,桥梁、隧道、公路路基工程专业承包一级,矿山工程施工和土石方工程专业承包三级资质企业。公司机关驻重庆市北部高新区洪湖西路 18 号上丁企业公园 25 栋。董事长、总经理王应权,党委书记黄平。下辖 3 个公司、40 个工程项目、晋中分公司、战备仓库和达州基地。职工 3288 人。其中,干部 1702 人;工人 1586 人。技术干部 1410 人,技术工人 1137 人。资产总额 428558 万元。其中,固定资产原值 106796 万元、净值 41227 万元;流动资产 380853 万元。机械运输设备 684 台(套),价值 37172 万元,总功率 82080 千瓦,成新率 65.3%,动力装备率 30.3 千瓦/人,技术装备率 8.95 万元/人。综合机械化施工程度 85%。

2011 年承揽工程任务 301838 万元,完成企业总产值 599512 万元。其中,施工产值 597140 万元;附营产值 2372 万元。实现利润 3703 万元。全员劳动生产率 430526 元/人年,职工年人均收入 40026 元。国有资产保值增值率 123.73%,产值利润率 0.01%,净资产收益率 11.53%,资产负债率 89.42%,投资收益上缴率 100%,应上缴款完成率 100%。公司实现安全生产 1661 天。年内,公司承建的沪蓉西薛湾隧道(原名乌池坝隧道)工程获国家优质工程银质奖,合武铁路大别山隧道工程获中国建设工程鲁班奖;获山西省省级工法 2 项、国家级工法 1 项;获国家授权专利 10 项。公司获重庆市企业文化建设先进单位、重庆市安全生产先进单位、全国文明单位称号,继续保持重庆市 AAA 诚信建筑企业、重庆市建筑行业先进企业、重庆企业 100 强、重庆市守合同重信用单位等荣誉。

（常红丽　孟庆财）

【第五工程有限公司】 公路、市政公用工程施工总承包一级，铁路工程施工总承包二级，土石方、隧道、桥梁、公路路基工程专业承包一级，水利水电工程施工总承包三级资质企业。公司机关驻山西省太原市小店区人民北路20号。董事长、总经理杨永宏，党委书记唐广胜。下辖4个机运工程公司、2个桥梁工程公司、5个隧道工程公司、2个物业公司。职工2341人。其中，干部1128人；工人1213人。技术干部780人，技术工人1130人。资产总额264603万元。其中，固定资产原值35991万元、净值14380万元；流动资产246888万元。机械运输设备747台（套），价值21373.19万元，总功率74448千瓦，成新率49%，动力装备率31.63千瓦/人，技术装备率43800元/人。综合机械化施工程度91.5%。

2011年承揽工程任务226325万元，完成企业总产值332749万元，实现利润6051万元。全员劳动生产率119967元/人年，职工年人均收入41819元。国有资产保值增值率220%，产值利润率1.93%，净资产收益率23%，资产负债率87.8%，应上缴款完成率100%。工程质量合格率100%，公司实现连续安全生产10080天。年内，公司参建的河南驻马店—泌阳高速公路工程获国家优质工程银质奖；京沪高速铁路项目"采用泡解棉包裹桩头钢筋提高破桩钢筋质量检验合格率"QC成果获全国工程建设优秀质量管理小组二等奖；娄新项目科技成果"岩溶严重发育地区深水大直径深孔桩基础施工研究"经山西省鉴定，达到国际先进水平；开发的"岩溶发育地区深水大直径深孔桩基施工工法"通过中国公路协会公路工法认定；获授权实用新型专利5项。公司被评为太原市文明单位标兵、山西省文明和谐单位、全国施工行业质量效益先进企业。（赵毅敏　孟庆财）

【第六工程有限公司】 公路、市政公用工程施工总承包一级，铁路工程施工总承包二级，房屋建筑工程施工总承包三级，土石方、桥梁、隧道、公路路基工程专业承包一级资质企业。公司机关驻福建省福州市连江中路181号中铁大厦。董事长、总经理李永珑，党委书记郑力。下辖路桥公司、混凝土公司、唐城大厦、南方饭店等单位。职工1332人。其中，干部667人；工人691人。技术干部698人，技术工人276人。资产总额375155.81万元。其中，固定资产原值24582.3万元、净值11764.5万元；流动资产292585.95万元。机械运输设备399台（套），价值30338.94万元，总功率35603千瓦，成新率71%，动力装备率27千瓦/人，技术装备率230000元/人。综合机械化施工程度80%。

2011年承揽铁路外工程任务280015万元，完成企业总产值341732万元，其中施工产值340675万元；实现利润3050.62万元。全员劳动生产率225571元/人年，职工年人均收入65486元。国有资产保值增值率151.45%，产值利润率1.05%，净资产收益率9%，资产负债率88.23%，投资收益上缴率100%，应上缴款完成率43.9%。年内，公司承建的泉三高速公路SMA7合同段工程获福建省"闽江杯"优质工程奖。公司获全国文明单位、福建省百强企业、福建省思想政治工作先进单位等荣誉，继续保持全国优秀施工企业、全国企业文化先进单位、全国企业文化示范单位、福建省建筑业优秀企业等称号。（康　燕　孟庆财）

【建筑工程有限公司】 房屋建筑、市政公用工程施工总承包一级，建筑装修装饰、钢结构、地基与基础工程专业承包一级，土石方工程专业承包三级资质企业。公司机关驻山西省太原市学府街121号。董事长、总经理杨琼东，党委书记吴海涛。下辖20个工程项目部、土建公司、机运公司、物业管理中心。职工915人。其中，干部565人；工人350人。技术干部345人，技术工人213人。资产总额156564万元。其中，固定资产原值17910万元、净值7977万元；流动资产143495万元。主要机械运输设备193台（套），价值6561.67万元，总功率11395.6千瓦，成新率43%，动力装备率17千瓦/人，技术装备率4万元/人。

2011年承揽工程任务120069.4万元，完成企业总产值181776万元，其中施工产值181745万元；实现利润1920万元。全员劳动生产率488956元/人年，职工年人均收入53593元。国有资产保值增值率258.2%，产值利润率1.1%，净资产收益率20.6%，资产负债率91.4%，投资收益上缴率100%，应上缴款完成率100%。工程质量合格率100%。公司实现连续安全生产8783天。年内，公司承建的山西省图书馆工程被评为太原市结构"迎泽杯"优质样板工程，获国家授权新型实用专利3项。公司获山西省优秀建筑施工企业、太原市建筑安全生产优秀单位称号，继续保持山西省企业环境行为绿色等级（优秀）单位、全国用户满意企业和太原市文明和谐单位标兵荣誉。

（韩风云　孟庆财）

【电气化工程有限公司】 机电设备安装工程施工总承包一级，铁路电气化、铁路电务、送变电工程专业承包一级，电信工程专业承包二级，通信系统工程分项、监控系统工程分项、收费系统工程分项资质企业。2005年12月29日在太原市工商行政管理局开发区分局登记注册，2006年1月18日正式挂牌运行。公司机关驻山西省太原市高新区高新街32号。董事长、党委书记王军，总经理袁玉森。下辖一分公司、二分公司、三分公司、四分公司、六分公司、非洲区域指挥部、美洲区域指挥部、南亚区域指挥部，36个工程项目经理部。职工271人。干部211人；工人25人。技术干部122人，技术工人20人。资产总额70325万元。其中，固定资产原值8658万元、净值5027万元；流动资产65298万元。主要机械运输设备606台（套），价值7435.61万元，总功率31800千瓦，成新率55.02%，动力装备率117.78千瓦/人，技术装备率14.24万元/人。综合机械化施工程度82%。

2011年承揽工程任务57119万元，完成企业总产值62197万元，实现利润2490万元。全员劳动生产率30万元/人年，职工年人均收入65444元。国有资产保值增值率156.92%，产值利润率4%，净资产收益率19.9%，资产负债率77.37%，投资收益上缴率39%，应上缴款完成率100%。工程质量合格率100%。公司实现连续安全生产2195天。年内，获全国QC成果二等奖1项，国家发明专利、实用新型专利各1项。公司被评为全国优秀施工企业。（田晓敏　孟庆财）

【重要记载】

▲1月27～29日　集团公司党委二届二次全会、二届四次职工代表大会暨2011年工作会在太原召开。会议主要任务是：认真贯彻党的十七届五中全会、全路建设工作会议和股份公司“三会”精神，总结分析“十一五”和2010年经营成果及问题，研究制定“十二五”发展规划和目标，安排部署2011年重点工作和对策。董事长、党委书记段东明，总经理卢朋分别发表重要讲话。大会一致通过行政工作报告、财务工作报告、提案工作报告、“十二五”规划决议。

▲1月27日　集团公司第二届党委会召开第一次全体会议，段东明当选党委书记，卢朋、宋占波当选党委副书记。

▲同日　集团公司纪律检查委员会召开第一次全体会议，张学安当选纪委书记，薛国栋、黄炳忠当选纪委副书记。

▲2月10日　三公司获河北省高新技术企业称号。

▲2月14日　山西省举办2010感动山西——十大人物颁奖盛典，五公司职工赵海生入选。

▲3月2日　集团公司2011年党风建设和反腐倡廉工作会在太原召开。会议主要任务：贯彻落实股份公司2011年党风建设和反腐倡廉工作会议精神，总结2010年工作，部署2011年任务。

▲3月11日　山西省住房和城乡建设厅组织专家在太原对集团公司完成的15项省级工法关键技术进行鉴定，其中8项工法关键技术达到国内领先水平，7项工法关键技术达到国内先进水平。

▲3月22日　在安哥拉访问的中国国务院副总理王岐山到集团公司安哥拉社会住房项目工地考察，亲切接见集团公司副总经理吴万良和参建员工代表。

▲4月26日　集团公司中标新疆维吾尔自治区G30乌鲁木齐绕城高速（东线）公路项目第WRDX－3标段，合同投资116784万元，合同工期918天。

▲4月　一公司、电气化公司被评为2010年度全国优秀施工企业。

▲5月19日　多米尼克总统尼古拉斯·利物浦在总统府接见集团公司董事长、党委书记段东明和副总经理吴万良一行。宾主就中国援建多国罗索—朴茨茅斯公路修复工程进行亲切友好会谈。

▲6月10日　集团公司获2010年全国水利建设市场主体信用评价施工类AAA等级单位荣誉。

▲6月11日　五公司完成的娄新高速公路“岩溶发育地区深水大直径深孔桩基础施工技术”通过山西省科技厅组织的科技成果鉴定，达到国际先进水平。

▲7月18日　集团公司中标内蒙古新建伊和吉林—珠恩嘎达布其铁路松根山—东乌旗段站前工程施工BZZQ标段，合同投资68313万元，合同工期546天。

▲7月23日20点50分，杭深线永嘉—温州南间，北京南—福州D301次列车与杭州—福州南D3115次列车发生追尾事故。集团公司宁杭铁路客运专线、杭甬铁路客运专线和建筑公司宁波枢纽等项目接到紧急救援通知后，立即启动紧急预案，第一时间组织3个应急分队150余人和5台吊车及运输车辆、切割机等机械设备奔赴现场投入救援抢险。负责现场组织指挥抢险的浙江省副省长、温州市委书记陈德荣感慨地说：“十七局集团发扬铁道兵精神，勇担央企社会责任，救援及时、行动迅速、组织高效，为抢险工作做出了很大努力！”

▲8月13日　山西省第三届信用示范企业表彰会在太原举行，集团公司三届蝉联“山西省信用示范企业”荣誉称号，连续20年被山西省工商局认定为守合同重信用企业。

▲8月15日　全国构建和谐劳动关系先进表彰大会在北京人民大会堂举行，中共中央政治局常委、国家副主席习近平出席大会作重要讲话并为获奖单位代表颁奖。集团公司董事长段东明作为全国28个、中国铁建系统唯一获奖企业代表上台领奖。

▲9月19日　集团公司被评为全国企业文化建设2011年度百强单位，集团公司董事长、党委书记段东明获2011年度全国企业文化建设优秀管理者称号。

▲9 月 20 日　第三届全国道德模范评选表彰颁奖典礼在北京举行。中共中央政治局常委李长春出席并为全国道德模范颁奖。五公司职工赵海生获得全国道德模范提名奖并受到李长春亲切接见。

▲9 月 30 日　集团公司 7 项工法被评为国家级工法。其中,“客运专线 CRTSⅡ型板式无砟轨道施工工法”被评为国家一级工法,“CRTSI 型板式无砟轨道水泥乳化沥青砂浆施工工法”被评为国家二级工法,“缆索吊架设大跨度大吨位多节段拱桥工法”、“大跨度结合梁跨越电气化铁路编组场施工工法”、“特大跨连续刚构悬灌梁施工工法”、“大吨位箱梁提运架施工工法”和“大跨度可调式无支墩钢拱架施工混凝土拱桥工法”被评为升级版国家级工法。

▲10 月 27 日　集团公司京沪高速铁路项目主持研发的“CRTSⅡ型板式无砟轨道施工布板软件”和二公司完成的“大跨径钢管混凝土系杆拱桥跨越密集铁路站场顶推施工技术”分别获得中国施工企业管理协会技术创新成果一等奖和二等奖。

▲11 月 8 日　集团公司发明专利“轨道板精调测量系统及其调整测量方法”获第 13 届中国专利优秀奖。

▲11 月 14 日　中外企业文化 2011 年峰会在北京召开,集团公司和上海轨道公司被评为 2011 年度全国企业文化建设优秀单位。

▲11 月 25 日　集团公司总经理卢朋当选山西省青联十届委员会副主席。

▲12 月 22 日　集团公司董事长段东明应邀出席中信建设委内瑞拉国家区第一次高层联席会,并与中信建设董事长洪波签署 TIUNA 项目施工合同。

▲12 月 23 日　集团公司开发建设的中国南车四方“南车小镇”奠基仪式在青岛举行。

▲12 月 27 日　二公司承建的河北省石家庄市石环公路(省道 S101)307 国道东互通立交工程、四公司承建的沪蓉西高速公路薛湾隧道(原名乌池坝隧道)工程、五公司承建的河南省驻马店—泌阳高速公路工程获国家优质工程奖。

▲12 月 28 日　集团公司与陕西煤化集团在西安签订西安北客站——机场铁路项目合作备忘录,集团公司董事长、党委书记段东明和陕西煤化集团董事长华炜参加西安北客站——机场铁路项目合作备忘录签字仪式。

▲12 月　二公司、四公司获得 2011 年全国水利建设市场主体 AAA 级信用评价。　(孟庆财)

中铁十八局集团有限公司

【简况】　中铁十八局集团有限公司系铁路工程施工总承包特级,公路、水利水电、市政公用、房屋建筑工程施工总承包一级,隧道、桥梁、城市轨道交通、机场场道、公路路面工程专业承包一级和地质灾害防治工程施工甲级资质企业,同时拥有对外承包工程资质和对外经营权。集团公司总部驻天津市河西区柳林。前身系中国人民解放军铁道兵第八师,1984 年 1 月 1 日集体转业并入铁道部,改编为铁道部第十八工程局;2001 年 4 月 18 日企业改制改称现名。下辖 12 个子公司、3 个分公司、8 个区域指挥部及 21 个工程指挥(项目)部。职工 18242 人。其中,干部 9617 人;工人 8625 人。资产总额 2185256 万元。其中,固定资产原值 524962 万元、净值 320850 万元;流动资产 1806794 万元。机械运输设备 6188 台(辆),原值 364229.42 万元、净值 232052.88 万元,总功率 787775.36 千瓦,动力装备率 42.59 千瓦/人,技术装备率 12.54 万元/人,设备完好率 92.4%、利用率 86.3%,新度系数 0.64,机械化施工程度 90%。年施工能力 400 亿元以上。

2011 年承揽工程任务 3135758 万元,完成企业总产值 3043278 万元,其中施工产值 3025681 万元;实现利润 43220 万元。全员劳动生产率 51.57 万元/人年,人均创利 2.34 万元,职工年人均收入 3.85 万元。国有资产保值增值率 131.85%,净资产收益率 22.57%,应上缴款完成率 100%,资产负债率 92.17%。完成主要实物工程量:土石方 4847 万立方米,隧道 148934 延长米,桥梁 84048 延长米,涵渠 81734 横延米,铁路正线铺轨 166 公里,站线铺轨 3.6 公里,铺道岔 37 组,铁路架梁 1112 孔,公路架梁 2011 片,地铁 8393 米,地铁车站 4.53 座,轻轨 2009 米,公路 431 公里,公路路面 472 万平方米,房屋建筑 141 万平方米。单位工程合格率 100%,分项工程合格率 100%。年内,集团公司获中国建设工程鲁班奖 1 项、国家优质工程银质奖 2 项、军队优质工程一等奖 1 项、天津市建设工程“海河杯”12 项、火车头优质工程奖 5 项、中国电力优质工程奖 3 项、苏丹国家公路管理局桥梁施工特优奖 1 项、中国铁建优质工程 9 项,获全国工程建设优秀 QC 小组 5 项、省部级优秀 QC 小组 18 项,获天津市科技进步奖 2 项。3 人获得全国五一劳动奖章,3 人分别被评为全国工程建设、建筑业企业优秀项目经理,2 人分别被评为全国工程建设质量管理先进个人、全国工程建设 QC 小组活动优秀推进工作者。集团公司和四公司、五公司被评为2011年天津市优秀诚信施工企业。

（阎世杰　海战忠）

【领导人员】

董事会

董事长	郝趁义(2月任)
董事	彭仕国
	彭道富
	邓中才(8月任)
	赵心昭

监事会

监事会主席	马培卿(8月任)
监事	徐锡国(8月任)
	熊　晖(8月任)

经理层

总经理	彭仕国
常务副总经理	邓中才(6月免)
副总经理	彭道富
	董广田(2月免)
	邓中才(6月任)
	范成国
	刘洪德
	刘家文(5月免)
	陆晓辉
	韩利民
	李铁翔
	邓　勇
	陈建民(8月任)
	薛新广(8月任)
总工程师	韩利民(兼)
总会计师	马秀之

党群领导

党委书记	郝趁义
党委副书记	彭仕国
	王兴周(8月任)
	马培卿(8月任)
纪委书记	马培卿(8月任)
工会主席	赵心昭

（阎世杰　杨　勇）

【工程项目指挥机构】　中南区域指挥部　驻湖北省武汉市武昌区民主路三巷743号。指挥长李铁翔。

西南区域指挥部　驻四川省成都市机场路14号。指挥长邓勇。

华东区域指挥部　驻上海市闸北区芷园路417号。指挥长孟文林(11月任)。

华北区域指挥部　驻天津市塘沽区临港路1396号。指挥长范成国。

西北区域指挥部　驻陕西省西安市高新区唐延路群贤庄4号楼1门501室。指挥长陆晓辉。

东北区域指挥部　驻辽宁省沈阳市皇姑区鸭绿江街17号。指挥长刘洪德。

华南区域指挥部　驻广东省深圳市红岭南路44号。指挥长宋鹤庆(11月任)。

援疆指挥部　驻新疆维吾尔自治区乌鲁木齐市长春南路588号苏杭明珠花园小区。指挥长赵心昭。

宜万铁路工程指挥部　驻湖北省宜昌市开发区大连路楠海花园。指挥长关伟。

襄渝铁路二线安康—梁家坝段工程指挥部　驻陕西省安康市江北大道东段星火锅炉厂。指挥长杨继明。

神朔铁路复线工程指挥部　驻天津市河西区柳林中铁十八局集团公司办公大楼10层。指挥长郎珉，党工委书记唐海涛。

南疆吐库铁路二线工程指挥部　驻新疆维吾尔自治区乌鲁木齐市南山矿区鱼儿沟。指挥长杜万英(8月任)，党工委书记陈华东。

北京地铁工程指挥部　驻北京市海淀区西翠路17号院。指挥长、党工委书记童顺军。

京沪高速铁路项目经理部　驻河北省沧州市公安局警官培训中心院内。项目经理兼党工委书记吴忠良。

向莆铁路FJ－1A标段工程指挥部　驻福建省泰宁县环城路78号。指挥长崔连友，党工委书记刘保良(8月免)。

石武铁路客运专线河南段项目经理部　驻河南省驻马店市确山县武装部。常务副经理杨国良，党工委书记祁林。

兰渝铁路工程指挥部　驻甘肃省陇南市武都区汉王镇。常务副指挥长史振春，党工委书记江顺。

厦深铁路广东段工程指挥部　驻广东省汕尾市城区新湖工业区。常务副指挥长宋庚银，党工委书记郑艳(8月任)。

津秦铁路客运专线项目经理部　驻天津市东丽区东堼村金达大酒店。项目经理王志杰，党工委书记刘丛勇。

贵广铁路工程指挥部　驻贵州省凯里市从江县。常务副指挥长贾振功(11月免)、李正士(11月任)，党工委书记隋建丛。

渝利铁路项目经理部　驻重庆市石柱县工业园区。常务副经理张海龙。

京津城际铁路延伸线项目经理部　驻天津东丽区津塘公路396号天管宾馆。项目经理钟兴兵，党工委书记李瑞显。

湘桂铁路扩改工程柳南段Ⅳ标段指挥部　驻广西壮族自治区南宁市兴宁区五塘镇。指挥长苏在林，党工委书记张馨。

武咸城际铁路1标段项目经理部　驻湖北省武汉市江夏区纸坊街江夏大道。项目经理苗福启，党工委书记刘永清。

武黄城际铁路3标段项目经理部　驻湖北省黄石市团成山开发区大泉路。项目经理史长兴(11月免)、孟祥义(11月任)，党工委书记高纯根。

兰新铁路甘青段(西宁)项目经理部　驻青海省民和县新区。项目经理刘东，党工委书记刘学庆。

大西铁路工程指挥部　驻山西省晋中市灵石县静升镇文昌东路。常务副指挥长武守恩，党工委书记黄成恒。

山西中南部铁路通道ZNTJ－12标段项目经理部　驻山西省长治市平顺县迎宾大道。常务副经理张晓华，党工委书记黄振歧(11月任)。

云桂铁路云南段项目经理部　驻云南省弥勒县温泉路中段。常务副经理陈野(8月免)、杨继明(8月任)，党工委书记郑艳(8月免)、矣成辉(8月任)。

(刘德伟　杨　勇　阎世杰)

【职工队伍】　截至2011年底，集团公司有职工18242人，其中干部9617人。干部中，专业技术干部8675人，占干部总数的90.2%；女干部2072人，占干部总数的21.5%。文化结构：研究生以上学历92人，本科4618人，大专3484人，中专400人，高中以下1023人。年龄结构：30岁以下4778人，31～40岁2884人，41～50岁1037人，51～59岁918人。专业技术干部中，初级职务6034人，中级职务1685人，高级职务956人。

工人8625人，其中女工1989人，占工人总数的23.06%；技术工人6902人，占工人总数的80.02%。学历结构：高中及以下学历5247人，中专、技校、职高1543人，大专、高技1313人，本科522人。年龄结构：30岁以下1946人，31～40岁1925人，41～50岁2428人，51～59岁2326人。技术工人中，初级工777人，中级工901人，高级工2349人，技师1334人，高级技师228人。

(李红燕　代京军)

【铁路工程施工】　2011年，在建铁路工程51项，其中新开工8项。合同投资5188278万元，完成施工产值1249233万元，占施工总产值的41.3%。

新建向塘—莆田铁路FJ－1A标段工程　位于福建省三明市泰宁县，线路长69.27公里，合同投资358138万元，合同工期2008年10月1日～2012年5月31日。主要实物工程量：宝台山隧道出口、雪峰山隧道进口、泰宁隧道进口、建宁隧道等隧道32.5座43560延长米；金溪特大桥等桥梁38座12754.34延长米；框架涵27座1650.8横延米；区间路基土石方209.25万立方米，站场路基土石方444.98万立方米；粒料道床245065立方米，无砟道床74038立方米。2011年完成投资73575万元，开工累计完成投资378777万元，占合同投资的105.8%。

新建铁路天津—秦皇岛客运专线1标段工程　位于天津市东丽区、塘沽行政区，线路长57.41公里，合同投资235701万元，合同工期2008年11月8日～2011年12月31日。主要实物工程量：路基5.6公里，桥梁8座25.878公里，涵洞18座420.27横延米，东大制梁场1处，无砟轨道双线32.914公里。2011年完成投资45479万元，开工累计完成投资234536万元，占合同投资的99.8%。

南疆铁路吐鲁番—库尔勒段增建第二线工程SK1合同段工程　位于新疆维吾尔自治区吐鲁番地区托克逊县，线路长32.39公里，合同投资130245万元，合同工期2007年6月1日～2012年8月30日。主要实物工程量：中天山隧道左线22449延长米，伯信特隧道8834延长米，涵洞2座1799.38横延米，桥梁1座207.4延长米，路基土石方70343立方米。2011年完成投资12121万元，开工累计完成投资108385万元，占合同投资的83.2%。

新建兰州—重庆铁路西秦岭特长隧道第XQLS1标段工程　位于甘肃省陇南市武都区，线路长31.56公里，合同投资163996万元，合同工期2008年8月10日～2013年9月25日。主要实物工程量：西秦岭右线隧道28236.9延长米，范家坪隧道3152延长米，潘家沟大桥165延长米。2011年完成投资34750万元，开工累计完成投资102714万元，占合同投资的62.6%。

新建兰州—重庆铁路广元—重庆段土建LYS－9标段工程　位于四川省广元市元坝区，线路长9.02公里，合同投资53653万元，合同工期2009年7月1日～2012年2月29日。主要实物工程量：路基土石方79642立方米，挡土墙片石混凝土6986立方米，桥梁3座397延长米，隧道1座8271延长米。2011年完成投资14742万元，开工累计完成投资29708万元，占合同投资的55.4%。

贵广铁路GGTJ－4标段工程　位于贵州省从江县，线路长33.95公里，合同投资199214万元，合同工期2008年12月1日～2013年12月31日。主要实物工程量：路基土石方183万立方米，隧道3.5座29309延长米，桥梁5座998.3延长米，涵洞12座327.83横延米，车站1座。2011年完成投资42056万元，开工累计完成投资132645万元，占合同投资的67%。

渝利铁路第V标段工程　位于重庆市石柱县，线路长34.34公里，合同投资147440万元，合同工期2008年12月28日～2013年12月28日。主要实物工程量：路基区间土石方6.55万立方米，隧道7座32766延长米，桥梁5座1296.82延长米，无砟道床61.05公里。2011年完成投资52230万元，开工累计完成投资145940万元，占合同投资的100.4%。

新建京津城际铁路延伸线天津—于家堡JYSG－1标段工程　位于天津市的河东区、津南区、东丽区和塘沽区，线路长34.75公里，合同投资302373万元，合同工期2009年10月1日～2012年2月1日。主要实物工程量：区间路基9.1公里，特大桥1座25646延长米，涵洞313.99横延米，无砟道床67.69公里。2011年完成投资70415万元，开工累计完成投资149041万元，占合同投资的49.3%。

新建武汉—咸宁城际铁路WXSG－1标段工程　位于湖北省武汉市江夏区，线路长34.17公里，合同投资262387万元，合同工期2009年8月1日～2012年2月29日。主要实物工程量：桥梁15座25828延长米，隧道2座1212延长米，路基土石方274.9万立方米，无砟道床铺设63.58公里。2011年完成投资156268万元，开工累计完成投资293785万元，占合同投资的112%。

新建武汉—黄石城际铁路WHSG－3标段工程　位于湖北省黄石市，线路长45.28公里，合同投资341291万元，合同工期2009年9月1日～2012年3月1日。主要实物工程量：路基土石方652.76万立方米，桥梁26座27943延长米，隧道12座5097延长米，无砟道床92.2公里，制梁场2处，管段内鄂州东、花湖、黄石北、大冶北4个中间站。2011年完成投资69652万元，开工累计完成投资229713万元，占合同投资的67.3%。

湘桂铁路扩能改造工程柳州—南宁段站前及部分站后LN－4标段工程　位于广西壮族自治区南宁市兴宁区，线路长38.56公里，合同投资248099万元，合同工期2009年10月1日～2012年7月31日。主要实物工程量：路基土石方78万立方米，双线桥梁19座5799.31延长米，双线隧道17座30067延长米，涵洞11座334.09横延米。2011年完成投资99570万元，开工累计完成投资231241万元，占合同投资的93.2%。

新建铁路兰新第二双线兰州—西宁段站前LXS－2－1标段工程　位于甘肃省兰州市红古区，线路长20.79公里，合同投资68525万元，合同工期2009年12月18日～2014年5月17日。主要实物工程量：路基土石方163万立方米，桥梁10座11078.97延长米，涵洞31座。2011年完成投资30951万元，开工累计完成投资55451万元，占合同投资的71.9%。

新建铁路兰新第二双线兰州—西宁段站前LXS－2－2标段工程　位于青海省海东区民和县，线路长32.851公里，合同投资306414万元，合同工期2009年12月18日～2014年5月17日。主要实物工程量：路基土石方82万立方米，桥梁12座13177.21延长米，隧道9座17338延长米，无砟道床107.2公里，站场1座，梁场2处。2011年完成投资121715万元，开工累计完成投资198787万元，占合同投资的64.9%。

新建兰新铁路第二双线西宁—张掖段站前LXS－5标段工程　位于青海省西宁市大通县境内，终点位于青海省海北州门源县境内。线路长15.92公里，合同投资140966万元，合同工期2010年2月2日～2013年11月30日。主要实物工程量：大坂山隧道15918延长米。2011年完成投资33365万元，开工累计完成投资54079万元，占合同投资的38.4%。

新建铁路大同—西安客运专线站前6标段工程　位于山西省晋中市灵石县和临汾市霍州市境内，线路长14.93公里，合同投资138187万元，合同工期2010年3月1日～2013年12月31日。主要实物工程量：路基土石方4.38万立方米，隧道2座13770延长米，桥梁2座1007.03延长米，无砟轨道15公里。2011年完成投资79075万元，开工累计完成投资99618万元，占合同投资的72.1%。

新建山西中南部铁路通道瓦塘—汤阴东(含)站前ZNTJ－12标段工程　位于山西省长治市和河南省安阳市的林州市，线路长52.89公里，合同投资251000万元，合同工期2010年4月10日～2014年9月30日。主要实物工程量：路基土石方279万立方米，隧道9座42221.5延长米，桥梁15座3818.51延长米，涵洞24座899.73横延米，站场1座，无砟道床27.23公里。2011年完成投资90915万元，开工累计完成投资140650万元，占合同投资的56%。

新建铁路云桂线云南段站前6标段工程　位于云南省红河州弥勒县，线路长52.4公里，合同投资357996万元，合同工期2010年9月20日～2015年2月28日。主要实物工程量：隧道9座31978延长米，桥梁16座8108.22延长米，涵洞35座1674.94横延米，无砟轨道33.28公里，有砟轨道19.12公里。2011年完成投资40930万元，开工累计完成投资46530万元，占合同投资的13%。

莞惠城际轨道交通项目总承包GZH－2标段工程　位于广东省惠州市，线路长5.78公里，合同投资84547万元，合同工期2009年10月1日～2012年12

月31日。主要实物工程量:无砟道床铺轨11.4公里,车站1座。2011年完成投资21124万元,开工累计完成投资35514万元,占合同投资的42%。

京九铁路向塘西—东莞东段电气化改造JJNS标段工程　线路长821.525公里。全线分别由南昌铁路局和广州铁路集团公司管辖。南昌铁路局管辖517.984公里,合同投资42831万元,合同工期2010年3月1日~2011年6月30日。2011年完成投资18318万元,开工累计完成投资38480万元,占合同投资的73%。广州铁路局管辖303.541公里,合同投资12000万元。合同工期2009年12月1日~2011年6月30日。2011年完成投资8037万元,开工累计完成投资16871万元,占合同投资的83%。（齐立宾　阎世杰）

【铁路外工程施工】 2011年,集团公司在建路外工程396项,合同投资5224276万元,完成施工产值1393885万元,占施工总产值的46.1%。其中,公路工程72项,合同投资1515794万元,完成施工产值499376万元;其他工程324项,合同投资3708482万元,完成施工产值894509万元。

北京地铁8号线二期土建09合同段工程　位于北京市东城区,线路长2.33公里,合同投资48800万元,合同工期2009年10月1日~2013年12月31日。主要实物工程量:2站2区间。2011年完成投资11324万元,开工累计完成投资13326万元,占合同投资的27.3%。

天津地铁3号线第12合同段工程　位于天津市河北区,线路长1.51公里,合同投资16714万元,合同工期2007年7月1日~2011年3月31日。主要实物工程量:1站2区间。2011年完成投资7157万元,开工累计完成投资16621万元,占合同投资的99.4%。

西安地铁1号线2标段工程　位于陕西省西安市,线路长3.61公里,合同投资23624万元,合同工期2010年3月1日~2012年5月31日。主要实物工程量:1站2区间。2011年完成投资8818万元,开工累计完成投资13318万元,占合同投资的57.9%。

南昌市轨道交通1号线工程　位于江西省南昌市,线路长3.25公里,合同投资56000万元,合同工期2010年12月1日~2013年5月31日。主要实物工程量:3站3区间。2011年完成投资340万元,开工累计完成投资352万元,占合同投资的0.6%。

青岛地铁一期3号线工程　位于山东省青岛市,线路长1.2公里,合同投资17896万元,合同工期2010年6月1日~2012年12月31日。主要实物工程量:1站1区间。2011年完成投资3386万元,开工累计完成投资4098万元,占合同投资的22.9%。

昆明轨道交通6号线2标段工程　位于云南省昆明市,线路长5.47公里,合同投资39000万元,合同工期2010年11月1日~2011年7月31日。主要实物工程量:2号特大桥1357.9延长米,3号特大桥1583.62延长米,3号隧道731延长米,4号路基226.38米,5号路基911.93米,大板桥车站120.9米。2011年完成投资46500万元,开工累计完成投资47000万元,占合同投资的97.9%。

重庆轨道交通6号线铜锣山隧道工程　位于重庆市南岸区,线路长5.63公里,合同投资61569万元,合同工期2010年9月1日~2012年3月31日。主要实物工程量:隧道1座5631延长米。2011年完成投资10951万元,开工累计完成投资15951万元,占合同投资的25.9%。

无锡地铁2号线13标段工程　位于江苏省无锡市,线路长1.93公里,合同投资35320万元,合同工期2010年12月1日~2013年3月31日。主要实物工程量:2站2区间。2011年完成投资6522万元,开工累计完成投资6522万元,占合同投资的18.5%。

南京地铁3号线17标段工程　位于江苏省南京市,线路长1.1公里,合同投资41292万元,合同工期2011年3月1日~2013年7月27日。主要实物工程量:1站1区间。2011年完成投资15942万元,开工累计完成投资15942万元,占合同投资的38.6%。

京秦高速公路迁西支线跨京哈、津山立交桥工程　位于河北省唐山市迁西县南,合同投资16741万元,合同工期2010年7月1日~2011年7月31日。主要实物工程量:大桥1座187延长米,中桥3座238延长米,涵洞3座,通道9道,分离立交1座582.08延长米,路基土石方68.2万立方米。2011年完成投资7225万元,开工累计完成投资11291万元,占合同投资的64.5%。

武西高速公路桃花峪黄河大桥工程　位于河南省焦作市,合同投资15876万元,合同工期2009年12月30日~2012年8月30日。主要实物工程量:特大桥1250延长米,预制混凝土箱梁12781立方米,现浇波形钢腹板箱梁8485.6立方米,钢箱梁(波形钢腹板)683.8吨,体外预应力钢绞线141.2吨。2011年完成投资2522万元,开工累计完成投资7604万元,占合同投资的48%。

钦州市子材大桥工程　位于广西壮族自治区钦州市,合同投资16962万元,合同工期2009年8月1日~2011年8月31日。主要实物工程量:桥梁488.44延长米,两侧引道431.56延长米。工程还包括排水、照明、景观、交通设施及其他附属工程。2011年完成投资7516万元,开工累计完成投资16962万元,占合同投资的100%。

天津市滨海新区中央大道海河隧道1标段工程　位于天津市滨海新区于家堡中心商务区和东西沽地区，合同投资95793万元，合同工期2009年2月1日~2010年12月31日。主要实物工程量：南、北岸壁保护，南岸干坞，基槽浚挖；管段制作、沉放、对接；隧道支护、主体结构；津汉公路立交桥、道路工程等主要土建部分。隧道南段敞开段长235延长米，封闭端378延长米。C匝道修筑长100延长米，D匝道修筑长100延长米。沉管段长255延长米。2011年完成投资8396万元，开工累计完成投资78152万元，占合同投资的81.6%。

天津市滨海新区中央大道海河隧道2标段工程　位于天津市滨海新区于家堡中心商务区，合同投资123088万元，合同工期2009年6月1日~2010年12月31日。主要实物工程量：主体隧道2480延长米。2011年完成投资10777万元，开工累计完成投资89407万元，占合同投资的72.6%。

锦屏二级水电站东端1号、2号引水隧洞工程　位于四川省凉山彝族自治州，合同投资176593万元，合同工期2007年6月1日~2013年9月30日。主要实物工程量：1号、2号引水隧洞东端施工及检修排水系统施工，1号隧洞长14087延长米，2号隧洞长11872延长。2011年完成投资58493万元，开工累计完成投资136227万元，占合同投资的84.7%。

成渝高速公路巴岳山隧道工程　位于重庆市大足县，合同投资60000万元，合同工期2010年11月1日~2013年8月31日。主要实物工程量：土石方176万立方米，隧道2座6572延长米，桥梁3座324延长米，路面86122平方米，公路架梁70片。2011年完成投资30500万元，开工累计完成投资31500万元，占合同投资的52.5%。　（齐立宾　阎世杰）

【境外工程施工】　2011年，集团公司境外工程主要分布在沙特阿拉伯、尼日利亚、马达加斯加、迪拜、苏丹等国家。全年完成施工产值382563万元，占施工总产值的12.6%。

沙特南北铁路CTW200标段工程　位于沙特阿拉伯北部，线路长453公里，合同投资345556万元，合同工期2007年3月~2010年11月。主要实物工程量：桥梁23座，骆驼通道10座，圆管涵164座，箱涵351座，路基挖方1421万立方米，路基填方1458万立方米，生产铺设底砟56.4万立方米，生产轨枕85万根，铺轨471.4公里。2011年完成投资73465万元，开工累计完成投资319348万元，占合同投资的92.4%。

沙特麦加麦地那高速铁路第1标段工程　位于沙特阿拉伯吉达市，合同投资324165万元，合同工期2009年4月~2012年4月。主要实物工程量：铁路桥梁24座，箱梁144孔，累计梁长3981延长米；公路桥18座，I梁1239片，桥梁累计长2024延长米；骆驼通道2座，T梁135片；涵洞67座。2011年完成投资19385万元，开工累计完成投资21035万元，占合同投资的6.5%。

沙特麦加轻轨铁路工程　位于沙特阿拉伯麦加城，线路长18.05公里，合同投资变更为1045631万元，合同工期2009年2月~2011年5月。主要实物工程量：桥梁138000延长米，路基4.71公里，车站9座。2011年完成投资183540万元，开工累计完成投资989673万元，占合同投资的94.6%。

（齐立宾　马剑平）

【经营管理】　工程承揽。2011年承揽项目201项，新签合同额3135758万元，完成股份公司年度计划的105%。其中，海外工程16项，合同额144933万元；铁路工程11项，合同额121378万元；公路工程25项，合同额677209万元；水利电力工程23项，合同额92471万元；房屋建筑工程48项，合同额552200万元；市政工程69项，合同额1399799万元；城市轨道交通工程10项，合同额223005万元；国内其他工程15项，合同额69696万元。承揽项目中亿元以上项目62项，合同额2671318万元，占承揽总额的85.2%。

企业管理。年内，四公司取得房屋建筑施工总承包一级资质、混凝土预制构件二级资质和房地产开发资质；集团公司黄石梁场通过国家生产许可证实地核查和产品质量检验，红古梁场、民和梁场分别通过部级认证。原华南公司和福建公司合并组建成中铁十八局集团轨道交通工程有限公司，6月15日在广西南宁注册，注册资本金1.5亿元。原隧道公司和上海公司合并组建成中铁十八局集团隧道工程有限公司，8月17日在重庆市注册，注册资本金1.5亿元。集团公司所属中铁滨海设计有限公司更名为中铁十八局集团有限公司勘察设计院，原有的建筑工程设计甲级资质合并到集团公司本级。按照天津市、河北省政府确定的编制，完成公安移交工作，成立4个公安分局。

安全质量管理。集团公司董事长、党委书记、总经理与所属子公司执行董事、党委书记、总经理，分公司总经理、党委书记，指挥部主要党政领导分别签订“2011年安全工作包保责任书”，经年终考核，兑现包保责任奖惩。其中，32个单位的党政主管领导获得安全包保责任奖励43.3万元，3个单位的党政主管领导被罚款5.6万元。扎实有效开展集团公司安全质量标准工地建设，4个项目被评为中国铁建安全质量标准工地,12个项目被评为集团公司安全质量标准工地。28家单位未发生员工和外部劳务因工亡人责任事故,实现年度安全生产目标,被评为集团公司安全生产先进单位。集团公司全年获中国建设工程鲁班奖1项、国家优质工程银质奖2项、军队优质工程一等奖1项;天津市建设工程金奖“海河杯”1项、天津市建设工程“海河杯”奖1项、火车头优质工程奖5项、中国电力优质工程奖3项、苏丹国家公路管理局桥梁施工特优奖1项、天津市建设工程结构“海河杯”奖10项、中国铁建优质工程9项、其他优质工程10项、集团公司优质工程45项。全年获全国工程建设优秀QC小组5项、铁道部优秀QC小组2项、中国电力建设企业协会优秀QC小组1项、天津市优秀QC小组9项、重庆市优秀QC小组1项、中国铁建优秀QC小组5项、集团公司优秀QC小组44项。集团公司被评为中国铁建2011年度安全生产先进单位,段志国获全国工程建设质量管理先进个人称号,李宗被评为全国工程建设QC小组活动优秀推进工作者。

财务资产管理。加强财务制度建设。年内制定集团公司《项目财务人员工作指南》《项目财务基础工作考评办法》等制度、办法,规范会计行为,强化财务管理职责和职能。加强集团公司经营业绩考核。集团公司与所属单位签订年度绩效考核责任书,明确各单位的经济责任。加强资金管理。年内不断加强上缴款催收力度,所属单位现金上缴2.81亿元,缓解了集团公司资金压力。积极配合资金中心做好“资金池”建设,全力集中内部沉淀资金,提高资金自我供给能力,充分发挥资金周转效率和使用效益,资金集中度由2010年的43.2%上升到73.26%,成效显著。税务筹划。充分利用高新技术企业、研发费用等税收优惠政策,全年减少企业所得税支出约6570万元,综合税率仅为13.8%。“小金库”专项治理。建立健全防治“小金库”的长效机制,有效规范各种经济行为,严肃财经纪律。税务与审计工作。年内成立由集团公司领导负责的配合国家铁路项目审计及税务发票稽查工作领导小组,并派出多支督导组进行现场督察和指导,全年集团公司各项迎审迎检工作基本平稳可控。

成本管理。年内,加强集团公司神朔线塔韩铁路项目成本测算工作,项目成本测算覆盖率100%。督导检查集团公司兰新铁路2标段、5标段工程指挥部等施工单位,对存在的问题提出整改意见,根据股份公司检查督导整改通知书的要求及时上报责任成本管理督导整改报告。集团公司二次经营督导组对24个局管(或工程公司代管)铁路工程项目的二次经营工作进行现场检查和督导,对项目部在概算清理方面存在的困难逐条给予解决或建议。

审计监督。全年完成审计事项203项,提出审计报告125份,发现问题金额6703万元,提出审计意见和建议670条,被采纳645条。3个单位被评为中国铁建审计工作先进单位,3人被评为审计工作先进工作者;2个单位被集团公司评为内部审计先进单位,3个单位被评为配合外部审计工作先进单位,11人被评为内部审计工作先进工作者。

(魏燕玲　李毅　段志国　畅里爱　刘纬　刘振武)

【科技教育】 科技创新。2011年,集团公司结题中国铁建科研项目3项,完成科技成果鉴定9项,其中4项达到国际先进水平,5项达到国内领先水平。全年获得省部级科技进步奖5项。其中,天津市科技进步二、三等奖各1项;铁道学会科技进步三等奖3项。获得实用新型专利授权20项,完成专利受理31项。其中,发明专利受理11项;实用新型专利受理20项。获得国家级工法4项,中国铁建级工法5项;获行业标准参编资格2项,年内完成编制工作,其中1项已出版发布;获中国铁道建筑总公司优秀科技论文5篇。

教育培训。年内,315人参加领导干部、青年干部、项目经理、工程队长培训;120人参加中国铁建培训中心举办的物资员、预算员、施工员、质检员、材料员、安全员等岗位培训;2978人次参加中国铁建系统、天津市公安系统和自办的国际工程管理专业英语、爆破工程技术人员、责任成本、财务人员、项目技术人员和信息化等继续教育培训;750名大学生参加岗前培训;251人参加股份公司培训基地举办的高级试验工、测量工培训;29人参加集团公司与石家庄铁道大学联合举办的建筑与土木工程专业在职工程硕士班学习。全年举办(送培)各类规范化岗位培训班45期,4632人次参训。

(李庆斌　隋丽春)

【公安与综合治理】 2011年侦办刑事案件26起,查处治安案件127起,处理违法犯罪嫌疑人165人,调解各类纠纷1720余起;处置上访、阻工事件620余起,涉及人数5800余名;接处警1000余起,出动警力1300余人次,动用警车850余辆次。全年为企业挽回直接经济损失210余万元,挽回或避免经济损失6500余万元。

(马国武)

【党群工作】 党的工作。集团公司有各级各类党组织549个。其中,党委17个;党总支19个;党支部513个。党员7681人。年内发展党员243名。(1)党建工作。年内下发集团公司《关于召开2011年度党员领导干部民主生活会的通知》,确定“坚持以人为本执政为民理念,发扬密切联系群众优良作风”的会议主题,并提出具体要求。10月24日，集团公司领导班子民主生活会在天津机关召开。根据机构合并重组的需要，及时成立隧道公司、轨道交通公司、天津市公安局中铁治安分局党委及沙特麦麦高铁项目部党工委，保证党建工作有序开展。组织开展“四好领导班子”、“五好党支部”、“六好共产党员”争创活动，国际公司、四公司、五公司及集团公司石武项目部、渝利项目部、武黄项目部6个单位的领导班子被评为集团公司“四好领导班子”。继续深化“五好五带头”、“四强四优”、“党员先锋工程”、“党员示范岗”等活动，选树石明记、孔凡成两名先进典型，追授石明记“奉献企业的党员先锋”荣誉称号，授予孔凡成“爱企敬业的项目经理楷模”荣誉称号。新华社、中央电视台等国内主流媒体先后对石明记、孔凡成先进事迹进行了报道。年内，沙特麦加轻轨项目部党工委被评为天津市先进基层党组织，集团公司2个集体、5名个人受到股份公司党委表彰，7个集体、20名个人受到天津市委规划建设交通工委表彰。“七一”期间，集团公司表彰先进基层党组织60个、优秀共产党员86名、优秀党务工作者34名，授予孔凡成等10人集团公司“十大优秀共产党员标兵”、王任峰等10人集团公司“共产党员先锋”称号。全年编辑印发集团公司《政工信息》55期，其中刊印工会专刊14期、创先争优专刊5期。(2)宣传思想工作。年内充分利用媒体记者“新春走基层”活动，邀请中央电视台及重庆、广东、天津电视台等媒体记者深入新疆吐库二线中天山隧道、重庆石柱渝利铁路万寿山隧道、厦深铁路长沙湾跨海大桥施工工地进行采访报道。中央电视台《新闻联播》播发3条新闻，《东方时空》《中国新闻》、新华社、《人民日报》等刊发稿件50余篇。围绕企业重大活动，积极与新闻媒体沟通协商，全年刊(播)各类新闻2100余篇(条)。其中，中央级、主要行业报刊稿177篇；省部级、地方报刊稿112篇；其他行业报刊稿152篇；《中国铁道建筑报》刊稿636篇；各类网站刊稿1000余篇。天津电视台在集团公司建立记者站，这是天津市唯一的一家企业记者站。深入推进企业文化建设，不断增强企业文化软实力和核心竞争实力，四公司被评为中国铁建企业文化建设先进单位，隧道公司兰渝铁路项目部等3个项目部被评为中国铁建企业文化建设优秀项目部，5人被评为中国铁建企业文化建设先进个人。深入开展建党90周年主题教育活动，结合天津市“同在一方热土，共建美好家园”活动，大力开展文明工地、文明家庭、文明单位、文明员工等创建活动，2011年集团公司再度被评为天津市文明单位。(3)党风廉政建设。制定实施集团公司《领导干部廉洁从业承诺制度实施细则》，全集团签订党风廉政建设目标责任书364份，廉政谈话209人次，诫勉谈话46人。年内考核357个所属项目部落实党风廉政建设责任制情况，对违反党风廉政建设责任者进行问责。不断加强党风廉政教育工作，全集团召开专题学习会386场次，组织收看警示教育片421场次，创办廉洁文化宣传栏192个，查找廉政风险点141个，制定整改方案225项。结合企业实际，重点开展工程建设领域突出问题专项治理、使用中介承建工程项目专项检查、铁路建设重大质量安全隐患排查等三项效能监察工作，全集团派出效能监察专项检查组29个227人次，重点检查项目339个。检查中发现问题1794个，纠正问题1653个，提出整改建议3473条，清理外协队伍17个，撤换项目经理10人，下发整改通知269份，废除不适应的制度42项，修改完善和制定规章制度115项。集团公司通过开展效能监察和专项治理，为企业避免经济损失4961万元，挽回经济损失2377万元。各级纪检监察组织认真监督“三项招标”制度落实情况，参与监督物资设备集中招标采购59次，为企业节省成本3400余万元。全集团纪检监察组织受理群众来信来访、电话举报19件，初核线索18件，立案16件，涉及党员16人。结案13件，处分13人，移送司法机关刑事处理2人。年内，二公司纪委书记李永彬被评为天津市优秀纪检监察干部，五公司纪委书记刘富华被评为全国住房城乡建设系统纪检监察先进工作者。

工会工作。集团公司有工会组织39个。其中，子公司工会13个；分公司工会3个；工程指挥部工会(工委)22个。工会会员18498人。年内，集团公司召开职代会提案审理会议，立案71条，评选优秀提案10份。召开平等协商会议，重新修订并签订新一轮“集团公司集体合同”和“2011年工资集体协议”。集团公司和12个子公司的集体合同、工资集体协议签订率100%。健全企务公开运作机制，完善目标责任、定期报告、职工评价、效能监察、考核奖励、责任追究六项管理制度，狠抓“四个环节”，推出的做法和经验在天津市城建系统民主管理工作座谈会上作经验介绍，被评为工会工作创新发展二等奖，再次被天津市授予厂务公开民主管理工作先进单位。加大新上项目建家建线工作力度，召开集团公司项目标准化管理暨建家建线推进会，集团公司的“大力实施项目建家，助推企业和谐发展”成果，在天津市总工会城建交通工委组织召开的城建交通系统工会工作创新发展成果评选展示会展示，获市总工会创新成果二等奖。开展天津市“文体活动示范单位”创建活动，建筑安装公司被评为天津市文体活动示范基地，二公司被评为全国教育培训示范点。年内，集团公司筹措送温暖资金285.3万元，走访慰问困难职工家庭1067户，慰问其他人员1042

人。开展评先创模活动,表彰集团公司劳动模范和建设功臣各10名、先进集体24个、先进工作者108名;3人获得全国五一劳动奖章,1个集体被评为天津市劳动模范集体,6人被评为天津市劳动模范,2人获得天津市五一劳动奖章。深入开展“一法三卡”安全生产管理,兰渝指挥部“一法三卡”工作获全国班组安全建设成果特等奖,在全国班组安全建设与管理优秀成果发布会上展示。认真落实“三不让”承诺,召开集团公司工会生活保险工作专题会议,会议讨论通过集团公司《关于规范职工储蓄养老保险工作的指导意见》。年内资助困难职工及农民工子女399人,发放助学(奖学)金34.15万元。继续开展“安康杯”竞赛活动,一公司、三公司获全国“安康杯”竞赛优胜企业称号,三公司已连续第5次获此殊荣;向莆指挥部被评为全国“安康杯”竞赛优胜班组;赵心昭被评为全国“安康杯”竞赛组织工作优秀个人;集团公司被评为天津市“安康杯”竞赛优胜企业,京津城际延伸线项目部、兰渝指挥部、集团公司安质部被评为天津市“安康杯”竞赛优胜班组,集团公司工会权益维护部获天津市“安康杯”竞赛组织工作优秀单位称号,彭仕国、姚尚文被评为天津市“安康杯”竞赛组织工作优秀个人。

共青团工作。2011年,深入开展“青年文明号”、“青年突击队”、“青年文明示范岗”等争创活动,3个项目获天津市“青年文明号”称号,1个集体获天津市“新长征突击队”称号,5人获天津市“新长征突击手”称号,2人被评为天津市“青年岗位能手”,2人被评为天津市创新创效明星。5月4日,天津团市委、股份公司团委分别追授石明记天津青年五四奖章、中国铁建杰出青年,集团公司各级团组织深入开展向石明记学习活动,激发广大团员青年“学先进、赶先进、争先进、当先进”的热情。扎实开展“爱心助学”、“金秋助学”等活动,10月,集团公司团委向四川省凉山彝族自治州木里藏族自治县斯茅草小学捐助爱心基金7400元,搭建起企业与驻地的“连心桥”,构建了企业科学发展的和谐内外关系。集团公司团委被团中央评选为全国五四红旗团委,五公司天津滨海新区西中环路二期1标段项目团支部获中央企业五四红旗团支部称号。

(阎世杰)

【国际工程有限公司】 前身为海外工程公司,系集团公司的分公司,2004年7月改称国际工程公司;2005年3月解散,各境外单位归集团公司直接管理;2006年11月重组国际工程公司,按分公司模式进行管理;2008年11月,企业改制改称现名,成为具有独立法人资格的子公司。公司机关驻天津市河西区柳林。总经理薛新广,党委书记刘程彦。职工498人。其中,干部438人;工人60人。下辖尼日利亚公司、沙特公司、马斯喀特公司、迪拜公司、泰国公司及沙特麦加轻轨项目部、沙特南北铁路项目部、沙特麦麦高铁项目部、马达加斯加项目部、苏丹项目部、印度办事处、越南项目部12个境外单位,经营范围涉及房屋建筑、普通铁路、城市轻轨、市政工程、高速公路、高速铁路、石油管道、水利水电等领域。资产总额172990万元,其中固定资产原值42206.7万元、净值18812.3万元。机械运输设备1156台(辆),总功率148214千瓦,动力装备率329千瓦/人,技术装备率93.79万元/人。年施工能力20亿元以上。

2011年承揽工程任务144933万元,完成施工产值382569万元,实现利润9615万元、净利润7633万元。全员劳动生产率768万元/人年,职工年人均收入7万元。国有资产保值增值率155.56%,净资产收益率41.82%,产值利润率4.84%,资产负债率85.36%,应上缴款完成率100%。

(马剑平　阎世杰)

【第一工程有限公司】 公路、市政公用工程施工总承包一级,铁路工程施工总承包二级,土石方、桥梁、隧道、水工隧洞、公路路基工程专业承包一级资质企业。公司机关驻河北省涿州市冠云路128号。前身系中国人民解放军铁道兵第八师第三十六团,1984年1月1日集体转业并入铁道部,改编为铁道部第十八工程局第一工程处;2001年8月28日企业改制改称现名。执行董事、总经理付仕保(3月免),李兰勤(3月任);党委书记卫海宏,常务副总经理付彦生。下辖32个项目(指挥)部及机械化工程公司、铁建社区医院、物业管理中心。职工2882人。其中,干部1267人;工人1615人。资产总额203569万元。其中,固定资产原值60197万元、净值36471万元;无形资产1614万元。机械运输设备1034台(套),总功率119193.6千瓦,动力装备率4.81千瓦/人,技术装备率9.97万元/人。年施工能力30亿元以上。

2011年承揽工程任务90300万元,完成企业总产值317532万元,其中施工产值316632万元;实现利润1277万元。全员劳动生产率110.2万元/人年,职工年人均收入46000元。国有资产保值增值率109%,净资产收益率8.56%,应上缴款完成率100%,资产负债率94.23%。年内,公司参建的青岛胶州湾海底隧道工程正式通车,武黄铁路黄石梁场、兰新铁路红古梁场及民和梁场通过国家认证;参建的温福铁路鼓山隧道群工程获国家优质工程银质奖,1项QC成果获天津市优秀奖,获火车头奖章、天津市五一劳动奖章各1人。

(王大章　阎世杰)

【第二工程有限公司】 铁路、公路、市政公用、房屋建筑工程施工总承包一级,电力工程施工总承包二级,地基与基础、土石方、桥梁、隧道、铁路铺轨架梁工程专业承包一级资质企业。公司机关驻河北省唐山市丰润区光华道8号。前身系中国人民解放军铁道兵第8师第三十七团,1984年1月1日集体转业并入铁道部,改编为铁道部第十八工程局第二工程处;2001年10月企业改制改称现名。执行董事、总经理张文卷,党委书记陈善富。下辖50多个项目部。职工2288人。其中,干部842人;工人1446人。资产总额169540万元。其中,固定资产原值25031万元、净值12793万元;流动资产153011万元。机械运输设备213台(套),总功率29487.3千瓦,动力装备率12.99千瓦/人,技术装备率2.16万元/人。年施工能力35亿元以上。

2011年承揽工程任务29900万元,完成企业总产值222600万元,其中施工产值220200万元;实现利润528万元。全员劳动生产率96.46万元/人年,职工年人均收入3.37万元。国有资产保值增值率101.32%,净资产收益率1.31%,产值利润率0.33%,资产负债率92.27%,应上缴款完成率100%。年内,公司参建的华能通辽珠日河风电一场147兆瓦风电场工程获国家优质工程银质奖,参建的青兰高速公路羊泉隧道工程获火车头优质工程奖,参建的华能通辽科左中旗浩日格吐风电场300兆瓦工程项目部QC小组被评为2011年度中国电力建设优秀QC小组一等奖和国家优质工程质量奖审定委员会三等奖。公司获全国"安康杯"优胜企业称号,1人获全国五一劳动奖章,1人被评为天津市劳动模范。 (王秀杰 阎世杰)

【第三工程有限公司】 公路、市政公用、房屋建筑工程施工总承包一级,铁路工程施工总承包二级,隧道、桥梁、公路路基、水工隧洞工程专业承包一级,送变电工程专业承包二级资质企业。公司机关驻河北省涿州市冠云路。前身系中国人民解放军铁道兵第八师三十八团,1984年1月1日集体转业并入铁道部,改编为铁道部第十八工程局第三工程处;2001年10月企业改制改称现名。执行董事、总经理温法玺,党委书记马伟峰,常务副总经理高永亮。下辖2个分公司、24个项目部及物业管理中心、医院、机修厂。职工2628人。其中,干部1306人;工人1322人。资产总额237761万元。其中,固定资产原值58928万元、净值36513万元;流动资产195051万元;无形资产1454万元;其他资产4746万元。机械运输设备621台(套),总功率82614.8千瓦,动力装备率30.7千瓦/人,技术装备率8.03万元/人,机械化施工程度80%。年施工能力40亿元以上。

2011年承揽工程任务254499.9万元,完成企业总产值299652万元,其中施工产值286600万元;实现利润1215万元。全员劳动生产率142万元/人年,职工年人均收入4.3万元。国有资产保值增值率109.76%,净资产收益率7.13%,产值利润率0.53%,资产负债率90.89%,投资收益上缴率100%,上缴款完成率100%。工程合格率100%。年内,公司兰渝铁路XQLS1标段项目获全国"安康杯"竞赛班组安全建设创新成果特等奖,被授予全国"工人先锋号"称号。公司参建的天津海滨大道南段二期工程获天津市建筑工程结构"海河杯"奖和"海河杯"优质工程奖。公司获天津市五一劳动奖状,连续4年被评为全国"安康杯"竞赛优胜企业。 (梁淑芳 阎世杰)

【第四工程有限公司】 市政公用、房屋建筑工程施工总承包一级,混凝土预制构件专业承包二级资质企业。公司于2005年3月4日由集团公司原津滨轻轨工程指挥部、技工学校、子弟学校和原建筑工程公司的部分单位合并重组而成。执行董事、总经理闫广天,党委书记李继业。下辖27个单位。职工1269人。其中,干部903人;工人366人。资产总额158715.5万元。其中,固定资产原值31214万元、净值19339万元;流动资产130143万元;其他资产9232万元。机械运输设备487台(套),总功率52289千瓦,动力装备率35.12千瓦/人,技术装备率9.49万元/人。年施工能力30亿元。

2011年承揽工程任务286700万元,完成企业总产值283800万元、施工产值283000万元,实现利润7509万元。全员劳动生产率223.8万元/人年,职工年人均收入5.25万元。国有资产保值增值率156.82%,净资产收益率44.25%,产值利润率2.21%,资产负债率90.99%,应上缴款完成率100%。年内,3项工程获天津市建筑工程结构"海河杯"奖,2项QC成果获国家优秀QC成果奖,5项QC成果获省部级优秀QC成果奖。公司被评为天津市优秀诚信施工企业、质量管理小组活动先进企业、设备管理先进单位。 (姚球太 阎世杰)

【第五工程有限公司】 市政公用、公路、房屋建筑工程施工总承包一级,铁路工程施工总承包二级,桥梁、隧道、公路路基、水工隧洞工程专业承包一级,预拌商品混凝土专业承包二级资质企业。公司机关驻天津市塘沽区新北路3199号。前身系中国人民解放军铁道兵第十四师六十八团、七十团及机械营合编组建的铁道兵第八师四十团,1984年1月1日集体转业并入铁道部，改编为铁道部第十八工程局第五工程处；2001年6月企业改制改称现名。执行董事、总经理冯希民，党委书记刘勇霖，常务副总经理程志强。下辖24个单位。职工3737人。其中，干部1507人；工人2139人。资产总额438675.8万元。其中，固定资产原值89915万元、净值47070万元；流动资产38001万元；无形资产8574万元。机械运输设备611台（辆），总功率76831千瓦，动力装备率23.86千瓦/人，技术装备率10.42万元/人。年施工能力50亿元以上。

2011年承揽工程任务402800万元，完成企业总产值535700万元，实现利润8933万元。全员劳动生产率143.3万元/人年，职工年人均收入3.7万元。国有资产保值增值率133.4%，净资产收益率20.73%，产值利润率1.65%，应上缴款完成率107%，资产负债率89.75%。年内，公司参建的沈阳地铁1号线工程获中国建设工程鲁班奖，4项工程获省市优质工程奖；公司首次被评为2010年度中国铁建工程公司20强，获天津市优秀诚信施工企业称号。

（金植云　阎世杰）

【第六工程有限公司】 房屋建筑工程施工总承包一级，市政公用工程施工总承包二级，土石方工程专业承包二级资质企业。公司机关驻天津市河西区柳林。公司于2005年4月由原建筑工程公司、土木工程公司重组而成。执行董事、党委书记周会军，总经理彭亚飞。下辖11个分公司、14个工程项目经理部、1个制梁场，11个工程项目部，3个铁路客运专线项目部和4个多种经营单位。职工998人。其中，干部773人；工人176人。资产总额125749万元。其中，固定资产原值19360万元、净值8619万元；流动资产116852万元；其他资产8897万元。机械运输设备279台（辆），总功率46678千瓦，动力装备率46.68千瓦/人，技术装备率3.43万元/人。年施工能力20亿元以上。

2011年承揽工程任务98813万元，完成企业总产值162366万元。其中，施工产值161739万元；多种经营产值627万元。实现利润128万元。全员劳动生产率162.69万元/人年，职工年人均收入3.7万元。国有资产保值增值率100.7%，净资产收益率0.73%，产值利润率0.08%，资产负债率92.45%，应上缴款完成率100%。年内，公司参建的集团公司基地经济适用房工程获天津市建筑工程结构“海河杯”奖，天津远洋城H地块住宅一期工程获火车头优质工程奖。

（郭小沁　阎世杰）

【建筑安装工程有限公司】 市政公用、房屋建筑、机电安装工程施工总承包一级，钢结构、火电设备安装、管道、化工石油设备管道安装工程专业承包一级，锅炉安装维修、压力管道安装、压力容器安装、起重机械安装一级，隧道工程专业承包二级，电梯安装三级资质企业。公司机关驻河北省高碑店市迎宾路8号。执行董事傅建军（11月免）、任金岭（11月任），党委书记傅建军（11月免）、张正雪（11月任），总经理任金岭（兼）。下辖9个分公司、18个项目部及中安商贸大厦。职工1350人。其中，干部569人；工人781人。资产总额54355万元。其中，固定资产原值8631万元、净值5659万元；流动资产45533万元；其他资产3161万元。机械运输设备439台（套），总功率14481千瓦，动力装备率16.64千瓦/人，技术装备率2.03万元/人。年施工能力10亿元以上。

2011年承揽工程任务140460.6万元，完成企业总产值80300万元，其中施工产值79090万元；实现利润2302万元。全员劳动生产率5.94万元/人年。职工年人均收入3.2万元。国有资产保值增值率100.49%，净资产收益率15.45%，产值利润率2.87%，资产负债率79%，应上缴款完成率100%。年内，公司天津修船中心新建厂房工程QC小组获天津市优秀质量管理小组和全国工程建设优秀质量管理小组称号；参建的遵化开元新天地二期一区建筑安装工程获火车头优质工程奖，参建的天津开发区国华扩建工程获天津市建设工程结构“海河杯”奖和天津市市级文明工地称号。

（姜玉霞　阎世杰）

【北京中铁大都工程有限公司】 房屋建筑工程施工总承包一级，市政公用工程施工总承包二级，建筑装修装饰、机电设备安装工程专业承包一级，公路路基工程专业承包二级资质企业。公司机关驻北京市大兴区西红门镇欣荣北大街31号。2001年10月由原北京中铁大都工程公司和原四处大都公司合并重组而成。执行董事、党委书记兰伯超（11月免）、史长兴（11月任），总经理李文哲（11月免）、宋正文（11月任）。下辖12个项目部，职工1125人。其中，干部515人；工人610人。资产总额5000万元，其中固定资产原值1622万元、净值496万元。机械运输设备29台（套），总功率3842.5千瓦，动力装备率9.33千瓦/人，技术装备率0.98万元/人。年施工能力10亿元以上。

2011年承揽工程任务74000万元，完成企业总产值61725万元，施工产值61725万元，实现利润182万元。全员劳动生产率21.6万元/人年，职工年人均收入4.69万元。国有资产保值增值率104%，净资产收益率1.65%，产值利润率0.25%，资产负债率80%，投资收益上缴率100%，应上缴款完成率23%。

（贾靖　阎世杰）

【房地产开发有限公司】 房地产开发二级资质企业。2010年3月成立。公司机关驻天津市河西区柳林。总经理杨勇，党委书记翟岩。下辖4个单位。职工31人。资产总额108779.4万元。其中，固定资产原值9343.4万元、净值8703.55万元；流动资产86626.8万元。

2011年，公司有资本经营项目3个、基地经济适用房项目1个，项目总投资295841万元，完成投资47364.7万元。截至年底，开工累计完成投资136425万元；投入资金27296万元，开工累计投入资金52796万元。公司参建的集团公司基地经济适用房工程获天津市建筑工程结构"海河杯"奖。（阴 峰 阎世杰）

【隧道工程有限公司】 2011年3月，由原集团公司隧道工程公司与上海工程公司合并重组而成，为集团公司全资子公司。公司机关驻重庆市渝北区。执行董事、总经理黄明普，党委书记祝天祥。下辖1个分公司、24个工程项目经理部。职工1024人。其中，干部683人；工人341人。资产总额275782万元，其中固定资产原值79735万元、净值61621万元。机械运输设备760台(套)，总功率76385.86千瓦，动力装备率74.6千瓦/人，技术装备率21.53万元/人。年施工能力10亿元以上。

2011年承揽工程任务25054万元，完成施工产值29360万元，实现利润228万元、净利润172万元。全员劳动生产率295.09万元/人年，职工年人均收入6.7万元。净资产收益率0.54%，产值利润率0.07%，资产负债率88.5%，应上缴款完成率100%。年内，公司开发的"敞开式TBM掘进与二次衬砌同步施工工法"获国家级优秀工法一等奖，3项实用新型专利获授权。

（马明明 阎世杰）

【轨道交通工程有限公司】 2011年3月2日，由原集团公司华南工程公司与福建工程公司合并重组而成，为集团公司全资子公司。公司机关驻广西壮族自治区南宁市。执行董事、总经理宋永杰，党委书记刘瑞永。下辖37个单位，职工676人。其中，干部529人；工人147人。资产总额140263.32万元。其中，固定资产原值45180.85万元、净值34564.08万元；流动资产105692.24万元；其他资产7万元。机械运输设备475台(套)，总功率18718千瓦，动力装备率29.57千瓦/人，技术装备率67.49万元/人。年施工能力15亿元以上。

2011年承揽工程任务48708.09万元，完成企业总产值184259.67万元，其中施工产值182888.05万元；实现利润244.25万元。全员劳动生产率17.55万元/人年，职工年人均收入5.61万元。产值利润率0.13%，资产负债率82.92%，应上缴款完成率100%。年内，公司获国家优质工程银质奖、火车头优质工程奖各1项。（韦金玉 阎世杰）

【重要记载】

▲1月4日　集团公司成立中铁十八局集团有限公司东北区域指挥部、中铁十八局集团有限公司西北区域指挥部、中铁十八局集团有限公司华南区域指挥部。

▲3月2日　集团公司成立中铁十八局集团隧道工程有限公司和中铁十八局集团轨道交通工程有限公司。

▲3月9~10日　集团公司二届六次职工代表大会暨2011年工作会议在天津召开。会议总结2010年工作，落实股份公司工作会精神，研究"十二五"发展规划，部署2011年工作任务，动员集团上下认清形势，理清思路，统一思想，坚定信心，给力拼搏，确保企业经济结构优良，稳健有序发展。

▲3月　集团公司中标南京地铁3号线土建D3－TA17标段工程，合同投资41292万元。这是集团公司首次中标南京地铁盾构项目。

▲3月　三公司获2项实用新型专利授权。

▲4月20日　中共中央政治局委员、天津市委书记张高丽，天津市副市长熊建平等视察四公司承建的天津地铁2号线博山道站工程。

▲4月28日　集团公司党委在天津机关召开创先争优活动经验交流会暨追授石明记荣誉称号大会。7个单位就创先争优活动经验进行大会交流，会议追授石明记"献身企业的党员先锋"荣誉称号。

▲5月21日　国际公司承建的苏丹杜威姆大桥工程通过验收。

▲5月24日　苏丹共和国公路局向国际公司苏丹项目部颁发"桥梁建设优等奖"奖牌，这是继2009年该公司建设的鲁法大桥获苏丹共和国政府"桥梁施工特优奖"之后获得的第二个政府大奖。

▲5月27日　股份公司董事长、党委书记孟凤朝到集团公司尼日利亚公司阿布贾总部视察工作。孟凤朝董事长对尼日利亚公司取得的成绩给予充分肯定和高度赞扬，并对公司下一步发展作出重要指示。

▲6月8日　中国驻科威特大使黄杰民在使馆经商参赞胡要武陪同下，前往距科威特城70多公里处的集团公司萨巴赫·艾哈迈迪新城项目工地考察，并看望慰问项目部员工。

▲6月12日　集团公司兰渝项目部"一法三卡"工作法获全国"安康杯"竞赛班组安全建设创新成果

特等奖,同时授予全国“工人先锋号”荣誉称号。

▲6月17日　科研设计院下属的天津中铁滨海建筑设计有限公司的建筑行业设计综合甲级资质,以及装饰、幕墙、轻钢结构、建筑智能化、照明和消防工程等专项设计甲级资质纳入集团公司,标志着集团公司已具备建筑行业设计甲级资质,这将为集团公司申办铁路设计甲二级资质奠定坚实基础。

▲6月20日　津秦铁路客运专线塘沽西跨京津塘高速公路特大桥顺利贯通。

▲6月28日　集团公司党委在天津机关召开中铁十八局集团纪念建党90周年暨授予孔凡成荣誉称号命名表彰大会,授予孔凡成“爱企敬业的项目经理楷模”称号。

▲6月30日　一公司承建的中国第一长隧——青岛胶州湾海底隧道建成通车。

▲6月　四公司津秦铁路客运专线深基坑支护QC小组、建筑安装公司天津修船中心新建厂房工程QC小组获全国工程建设优秀QC成果二等奖;二公司浩日格吐风电场工程QC小组获全国工程建设优秀QC成果三等奖。

▲6月　中铁十八局集团有限公司科研设计院更名为中铁十八局集团有限公司勘察设计院。

▲7月7日　国际公司承建的苏丹杜威姆大桥举行通车仪式,苏丹总统巴希尔出席仪式并为大桥剪彩。

▲7月　四公司铁建QC小组、隧道公司李先QC小组分别获全国工程建设QC成果一、二等奖。

▲8月1日　集团公司参加天津市委城乡规划建设交通工作委员会举行的纪念引滦入津工程30周年专题片拍摄活动。

▲8月　集团公司中标长春地铁1号线一期工程,合同投资49081万元。

▲9月27~29日　铁道部副部长卢春房在股份公司董事长孟凤朝陪同下,视察中国铁建承建的沙特麦加轻轨工程。29日,孟凤朝董事长在股份公司副总裁扈振衣等陪同下到集团公司沙特项目部驻地看望慰问参建员工。

▲9月　集团公司在新疆维吾尔自治区成立区域经营机构——援疆指挥部。

▲10月25日　中铁十八局集团有限公司核电工程指挥部撤销。

▲11月8~11日　股份公司党委副书记、纪委书记、监事会主席齐晓飞先后到集团公司昆明新机场快速公交工程、昆明地铁3号线东标段、禄大公路、锦屏水电站等项目调研。

▲11月　集团公司中标重庆两江新区北碚水土万寿公租房配件廉租房1、2、3标项目,合同投资93814万元,是集团公司首个BT项目。

▲12月9日　中国新任驻沙特大使李成文,在中国驻沙特大使馆商务参赞俞子荣、中国驻吉达总领事馆总领事王勇等陪同下,视察国际公司承建的麦加轻轨工程。

▲12月　集团公司以联合体名义中标西安地铁3号线一期工程鱼化寨—保税区段(不含试验段)土建TJSG-14标段工程,合同投资52522万元。集团公司作为联合体主办方,承担28887万元的施工任务。

(阎世杰)

中铁十九局集团有限公司

【简况】　中铁十九局集团有限公司是铁路工程施工总承包特级,公路、矿山、市政公用、水利水电、机电安装、房屋建筑工程施工总承包一级,港口与航道工程总承包二级,公路路基、公路路面、机场场道、桥梁、隧道、水工隧洞、铁路铺轨架梁、钢结构、地基与基础工程专业承包一级,铁路电气化、送变电、电信工程专业承包二级,预应力工程专业承包三级和城市轨道交通工程专业承包资质企业,同时拥有境外工程承包资质和对外经营权。前身系中国人民解放军铁道兵第九师,1984年1月1日集体转业并入铁道部,改编为铁道部第十九工程局;1999年12月改称中铁第十九工程局,2001年12月企业改制改称现名。集团公司总部驻北京市经济技术开发区荣华南路19号。下辖第一、第二、第三、第五、第六、第七工程有限公司,矿业投资有限公司、轨道交通工程有限公司、电务工程有限公司、房地产有限公司、物资总公司、计量测试中心、职工中心医院、辽阳基地,东北、西北、西南、华南、华东、华北、东南、北京、中原指挥部和海外工程指挥部。职工18634人。其中,干部8347人;工人10287人。技术干部7816人,占干部总数的93.64%;技术工人8224人,占工人总数的80%。资产总额1767514.4万元。其中,固定资产原值441871.9万元、净值246342.6万元;流动资产1451504.1万元。机械运输设备4618台(套),设备原值327648.9万元、净值191963.8万元,成新率58.6%,动力装备率30.5千瓦/人,技术装备率10万元/人。其中大型设备234台,完好率93.3%,利用率76.2%。

2011年新签合同总额426.8亿元,完成施工产值279.27亿元,实现利润41043万元。全员劳动生产率52.11万元/人年,职工年人均收入37378元。净资产收益率19.74%，产值利润率1.47%，资产负债率88.52%。完成主要实物工程量：土石方1.6亿立方米，桥梁147.5万延长米，隧道(洞)159.9万延长米，公路路面1752.5万平方米，房屋建筑30.7万平方米，铁路铺轨336.2公里，制梁9344片、架梁8286片。工程质量分项工程一次检查合格率100%，单位工程合格率100%。年内，集团公司获国家优质工程金质奖2项、银质奖1项，中国建设工程鲁班奖2项、中国土木工程詹天佑奖2项、省部级优质工程奖8项、中国铁建优质工程奖8项；获全国优秀QC小组3个、全国质量信得过班组2个，获铁道部优秀QC小组2个、省级优秀QC小组23个、中国铁建优秀QC小组5个，获中国铁建以上科技进步奖12项、工法20项、专利授权41项。集团公司获全国质量管理先进单位称号，正式通过国家级高新企业认定，被评为全国科技创新优秀企业；集团公司技术中心通过北京市认证。 （张 莹）

【领导人员】

董事会

董事	葛永利
	孙公新
	施化祥
	栾显国
	富德春(2月免)
董事长	葛永利
副董事长	孙公新
职工代表董事	富德春(2月免)

监事会

监事会主席	夏志炳(7月任,8月免)
监事	刘正昶(7月免)
	李新亮(7月任)
职工代表监事	安绪才

经理层

总经理	孙公新
副总经理	栾显国
	施化祥(12月任)
	王跃进
	王景华
	侯希承
	王学忠
	柏林成
	解方亮
	魏万征
	丰兴桥(12月任)
	尚尔海
	吴言坤
总工程师	丰兴桥(12月免)
	尚尔海(12月任)
总会计师	施化祥

党群领导

党委书记	葛永利
党委副书记	孙公新(兼)
	富德春(2月免)
	夏志炳(8月免)
纪委书记	夏志炳(兼,8月免)
工会主席	富德春(2月免)
领导班子副职待遇	信长才 (耿庆宇 王玉清)

【工程项目指挥机构】 东北指挥部 驻辽宁省沈阳市和平区五里河城A座14楼。指挥王学忠。

华东指挥部 驻上海市浦东新区成山路2008弄锦秀华城192号。指挥柏林成。

东南指挥部 驻江西省萍乡市经济开发区郑和路9号。指挥王跃进。

华南指挥部 驻广西壮族自治区南宁市五象广场东方曼哈顿2403号。指挥吴言坤。

西北指挥部 驻陕西省西安市交大科技园区华尔兹花园1号楼2单元2003室。指挥丰兴桥。

西南指挥部 驻重庆市渝中区菜袁路209号新东福花园紫烟阁10-1。指挥曲桂有。

华北指挥部 驻天津市南开区阳光壹佰新城东南侧浅水湾花园33-2。指挥侯希承。

北京指挥部 驻北京市石景山区鲁谷大道聚兴园3号楼2单元102室。指挥史俊奉。

中原指挥部 驻河南省郑州市经水区未来大道6号未来花园B座701。指挥魏万征。

海外工程指挥部 驻北京经济技术开发区荣华南路19号。指挥魏万征。

阿尔及利亚项目经理部 驻阿尔及利亚阿艾茵·迪夫拉省豪赛尼亚县。项目经理魏万征。

兰渝铁路项目经理部 驻甘肃省定西市安定区内官营镇。项目经理解方亮。

京沪高速铁路项目经理部 驻天津市静海县北环工业园A区-1号恒兴钢兴宿舍楼4-2号。项目经理孙吉东。

石武铁路客运专线项目经理部 驻河南省新乡市牧野工业园环宇大道16号。项目经理李华伟。

盘营铁路客运专线项目经理部 驻辽宁省海城市浪潮金东方高科技发展有限公司。项目经理于涛。

合蚌铁路客运专线项目经理部 驻安徽省南市大通区经济开发区建兴路。项目经理王跃进。

沪宁城际铁路项目经理部 驻江苏省无锡市钱桥

镇北312国道钱蓉高架桥东引桥100米。项目经理隋忠庆。

长吉城际铁路项目经理部　驻吉林市船营区长吉北线。项目经理解佳飞。

厦深铁路广东段项目经理部　驻广东省潮州市潮安县浮阳镇广城路3号。项目经理于进江。

海南东环铁路项目经理部　驻海南省万宁市人民西路。项目经理姜明友。

向莆铁路项目经理部　驻福建省闽候县上街镇美岐村。项目经理王成宏。

包西(北)铁路工程指挥部　驻内蒙古自治区达拉特旗电厂。指挥崔玉彬。

广昆昆枢铁路工程指挥部　驻云南省昆明安宁市温泉路北桥村。指挥李庆双。

天平铁路工程指挥部　驻甘肃省清水县政府。指挥安文杰。

西康二线铁路项目经理部　驻陕西省旬阳县甘溪镇显神庙山庄。项目经理宋延波。

武襄铁路项目经理部　驻湖北省安陆市楚跃小区碧云北路国安制盖厂二单元202室。项目经理杜日鹏。

武广铁路客运专线项目经理部　驻广东省昭关市新华南路艺苑大酒店。项目经理栾显国。

云桂铁路广西段项目经理部　驻广西壮族自治区百色市城东路中段扶贫办。项目经理杜日鹏。

云桂铁路云南段项目经理部　驻云南省昆明市宜良县匡远镇土桥村村委会。项目经理赵永军。

沪昆铁路客运专线江西段项目经理部　驻江西省萍乡市经济开发区郑和路9号。项目经理王跃进。

杭长铁路客运专线浙江段项目经理部　驻浙江省江山市中山路122号人民武装部。项目经理柏林成。

大西铁路客运专线项目经理部　驻山西省运城市临猗县南环西路王村。项目经理刘智。

兰新铁路工程指挥部　驻甘肃省玉门市农垦局裕盛山庄3号楼。项目经理陈金荣。

京福铁路客运专线闽赣Ⅲ标段项目经理部　驻江西省上饶市福海老年公寓。项目经理马南飞。

吉图珲铁路客运专线JHSⅦ标段项目经理部　驻吉林省珲春市龙源西街2367号。项目经理解佳飞。

牡绥铁路项目经理部　驻黑龙江省东宁县绥阳镇景苑小区1号楼17号。项目经理杨宝旭。

哈大铁路项目经理部　驻吉林省四平市经济开发区大路2125号。项目经理许兴伟。

厦深铁路1标段工程指挥部　驻广东省潮安县铁铺镇。指挥宁树军。

厦深铁路3标段工程指挥部　驻福建省诏安县桥东镇西沈村。指挥刘正茂。

和坪铁路项目经理部　驻吉林省和龙市文化路194号。项目经理孔宪斌。

集包铁路项目经理部　驻内蒙古自治区呼和浩特市赛罕区榆林镇。项目经理于德福。

湄洲湾港口铁路项目经理部　驻福建省莆田市秀屿区笏石镇水厂。项目经理刘宏图。

拉日铁路项目经理部　驻西藏自治区拉萨市曲水县达嘎乡曲水大桥。项目经理张俊宏。

前庄铁路项目经理部　驻辽宁省大连市庄河吴炉镇。项目经理苗博宇。

南钦铁路项目经理部　驻广西壮族自治区南宁市良庆区那马镇。项目经理姜长清。

辽溪铁路项目经理部　驻辽宁省辽阳市白塔区徐往子。项目经理潘庆军。　（张　莹）

【职工队伍】　职工18634人。干部8347人,其中技术干部7816人,占干部总数的93.64%。技术干部学历结构:硕士研究生33人,本科3903人,大专3561人,中专208人,高中及以下学历111人;年龄结构:35岁以下5510人,36~40岁1122人,41~45岁417人。专业技术干部中,高级职务816人,中级职务1633人,初级职务4431人。

工人10287人,其中技术工人8224人,占工人总数的80%。工人学历结构:本科以上563人,大专1653人,中专技校2311人,高中2658人,初中及以下3102人。年龄结构:30岁以下1802人,31~40岁3245人,41~50岁3428人。技术工人中,高级技师121人,技师904人,高级工3060人,中级工232人。

（王玉青　刘培领）

【工程施工】　2011年,集团公司在建工程248项,其中年内竣工交付64项。全年完成施工产值279.27亿元。完成主要实物工程量:土石方1.6亿立方米、桥梁147.5万延长米,隧道(洞)159.9万延长米,公路路面1752.5万平方米,房屋建筑30.7万平方米,铁路铺轨336.2公里,制梁9344片、架梁8286片。

北京—上海高速铁路1标段工程　位于天津市静海县境内,正线长35.96公里。合同工期2008年3月1日~2011年3月31日,合同投资335000万元。主要实物工程量:天津特大桥36070延长米,津沪联络线6.09公里,钻孔桩65.22万延长米,双线连续梁14联,预制标准箱梁1113孔、非标准箱梁9孔,框构4座,铺轨154.5米。2011年完成投资7632万元;开工累计完成投资360000万元,占合同投资的107.46%。

石家庄—武汉铁路客运专线河南段SWZQ-2标

段工程　位于河南省新乡市境内,正线长 50.104 公里。合同工期 2008 年 10 月 15 日～2012 年 6 月 30 日,合同投资 325000 万元。主要实物工程量:特大桥 3 座,路基 6.04 公里,新乡东站。2011 年完成投资 7597 万元;开工累计完成投资 364661 万元,占合同投资的 112.2%。

玉溪—蒙自铁路工程　位于云南省通海市境内,全长 19.45 公里。合同工期 2005 年 10 月 18 日～2008 年 12 月 31 日,合同投资 32624.66 万元。主要实物工程量:土石方 151979 立方米,涵洞 18 座 548.08 横延米,桥梁 8 座 3228.8 延长米,隧道 2 座 10404 延长米。2011 年完成投资 4316.9 万元;开工累计完成投资 44576.5 万元,占合同投资的 136.63%。

哈尔滨—大连铁路客运专线工程　位于吉林省四平市境内,全长 23.267 公里。合同投资 68274 万元,合同工期 2007 年 8 月 1 日～2009 年 12 月 31 日。主要实物工程量:路基 228.59 万立方米,桥梁 15 座 13800.5 延长米,涵洞 14 座 352 横延米。2011 年完成投资 2373 万元;开工累计完成投资 70884 万元,占合同投资的 103.82%。

长春—吉林城际铁路 CJCJ－2 标段工程　位于吉林省的长春市和吉林市境内,正线长 40.005 公里。合同工期 2008 年 4 月 1 日～2010 年 9 月 3 日,合同投资 158934 万元。主要实物工程量:铺轨 194.68 公里。2011 年完成投资 994.8 万元;开工累计完成投资 167470 万元,占合同投资的 105.37%。

包西铁路包大段 3 标段工程　位于内蒙古自治区包头、鄂尔多斯市境内,线路长 109 公里。合同工期 2007 年 7 月 10 日～2009 年 7 月 31 日,合同投资 250423.8 万元。主要实物工程量:铺架 88.08 公里。2011 年完成投资 10097 万元;开工累计完成投资 303705 万元,占合同投资的 121.28%。

包西铁路陕西段 1 标段工程　位于陕西榆林境内,线路长 159.78 公里。合同工期 2007 年 11 月 26 日～2010 年 9 月 30 日,合同投资 207062 万元。主要实物工程量:路基土石方 1277 万立方米,桥梁 340 座 12176 延长米,涵洞 4159 横延米,架梁 1756 孔(含中铁十五局集团公司),房屋建筑 21264 平方米,铺轨 470.221 公里。2011 年完成投资 23377 万元;开工累计完成投资 263858 万元,占合同投资的 127.43%。

青岛胶州湾湾口海底隧道青岛端连接线云南路隧道工程　为海底隧道接线工程,隧道 1659.02 延长米。合同工期 2008 年 4 月 29 日～2010 年 12 月 31 日,合同投资 22726 万元。2011 年完成投资 1694 万元;开工累计完成投资 22726 万元,占合同投资的 100%。

向塘—莆田铁路道德山隧道、大尖山隧道工程　位于福建省莆田市境内,全长 12812 延长米。其中,道德山隧道 6043 延长米;大尖山隧道 6169 延长米。合同工期 2007 年 11 月 23 日～2010 年 11 月 22 日,合同投资 49796 万元。2011 年完成投资 11472 万元;开工累计完成投资 45118 万元,占合同投资的 90.6%。

兰渝铁路 LYS－1 标段工程　位于甘肃省定西市内官营镇境内,由集团公司承建,与中国中铁十局集团公司联合施工。集团公司施工管段线路长 39.276 公里,以隧道为主,5 座隧道长 35347 延长米。合同工期 2009 年 4 月 18 日～2014 年 7 月 16 日,合同投资 302495 万元,其中自行完成投资 228495 万元。2011 年完成投资 43752 万元;开工累计完成投资 128882 万元,占自行完成投资的 56.4%。

厦门—深圳铁路广东段站前 4 标段工程　位于广东省潮州市潮安县境内,承担莲花山隧道出口—桑浦山隧道进口工程,线路长 29.44 公里。合同工期 2008 年 10 月 1 日～2010 年 9 月 30 日,合同投资 216955 万元。主要实物工程量:特大桥 3 座 23200 延长米,大桥 2 座 385 延长米,涵洞 14 座 369 横延米,预制架设箱梁 638 榀,大型站场 1 座 2.9 公里,区间路基 2.8 公里。2011 年完成投资 15929 万元;开工累计完成投资 240734 万元,占合同投资的 110.96%。

厦门—深圳铁路广东段站前 1 标段工程　位于广东省潮州市潮安县铁铺镇境内。合同工期 2007 年 11 月 28 日～2010 年 10 月 22 日,合同投资 34415 万元。主要实物工程量:莲花山隧道 7648 延长米。2011 年完成投资 6704 万元;开工累计完成投资 39899 万元,占合同投资的 115.93%。

厦门—深圳铁路福建段 3 标段工程　位于福建省漳州市诏安县境内,标段长 28.119 公里。合同工期 2008 年 9 月 5 日～2011 年 3 月 5 日,合同投资 79319 万元。主要实物工程量:桥梁 11 座,隧道 2 座,涵洞 80 座,预制箱梁 262 片(3 标段 159 片,广东 4 标段 103 片),移动模架 67 孔。2011 年完成投资 3750 万元;开工累计完成投资 81856 万元,占合同投资的 103.2%。

新建盘锦—营口铁路客运专线工程 2 标段工程　位于辽宁省海城市境内,线路正线长 89.422 公里,海城上下联络线 17.8 公里。合同工期 2009 年 5 月 31 日～2011 年 11 月 30 日,合同投资 388609 万元。2011 年完成投资 48679 万元;开工累计完成投资 298679 万元,占合同投资的 76.86%。

合肥—蚌埠铁路客运专线 1 标段工程　位于安徽省淮南市境内,正线长 58.829 公里,蚌埠—蚌埠南联络线 8.253 公里。合同工期 2009 年 5 月 19 日～2011 年 12 月 10 日,合同投资 353285 万元。2011 年完成投资51673万元;开工累计完成投资353285万元,占合同投资的100%。

新建天水—平凉铁路TJ-2标段工程　位于甘肃省东部天水和平凉两市境内,正线长69.045公里。合同投资194383万元,集团公司承担136469万元投资。合同工期2009年3月15日~2012年9月15日。2011年完成投资21976万元;开工累计完成投资98424万元,占集团公司合同投资的72.12%。

昆明枢纽铁路扩能改造工程站前1标段工程　位于云南省安宁市温泉路北桥村境内,正线长12.773公里。合同投资额46970万元,2010年4月开工,合同工期36个月。主要实物工程量:隧道2座1761延长米,桥梁1座246.6延长米,路基11.11公里,新建车站2座。2011年完成投资16386万元;开工累计完成投资23286万元,占合同投资的49.58%

改建铁路西安—安康增建二线3标段工程　位于陕西省安康市旬阳县境内,正线长61.59公里。合同工期2009年11月1日~2012年9月30日,合同投资264182万元。主要实物工程量:路基土石方113.8万立方米,桥梁25座7970延长米,隧道23座47040延长米,正线铺轨99.85公里,车站4座。2011年完成投资116465万元;开工累计完成投资173569.6万元,占合同投资的65.7%。

新建大同—西安铁路客运专线站前10标段工程　位于山西省运城市盐湖区、临猗县和永济市境内,标段长47.683公里。合同工期2010年3月10日~2012年12月31日,合同投资339734万元。主要实物工程量:特大桥5座35001延长米,占线路全长的73%;路基12.682公里,占线路全长的27%。2011年完成投资167520万元;开工累计完成投资271819万元,占合同投资的80%。

新建杭州—长沙铁路客运专线浙江段站前HCZJ-7标段工程　位于浙江省江山市境内,标段长46.422公里。合同工期2010年6月25日~2013年6月30日,合同投资317226万元。主要实物工程量:站场及区间路基土石方403万立方米,桥梁38座,隧道4座,预制箱梁1112榀、连续梁9联。2011年完成投资156536万元;开工累计完成投资25404.5万元,占合同投资的80.08%。

新建杭州—长沙铁路客运专线江西段站前HKJX-8标段工程　位于江西省萍乡市境内,标段长68.116公里。合同工期2010年4月18日~2012年4月30日,合同投资475234.7万元。主要实物工程量:路基土石方516.2万立方米,桥梁51座45734延长米,隧道7座7395延长米,预制架设箱梁1325孔,现浇箱梁49孔,萍乡北站,预制铺设道板98.335公里。2011年完成投资226273万元;开工累计完成投资303499万元,占合同投资的63.86%。

京福铁路客运专线合肥—福州段HFMG-3标段工程　位于江西省上饶市信州区朝阳乡境内,标段长54.387公里。合同工期2010年6月1日~2013年7月31日,合同投资458484.5万元。主要实物工程量:路基8.13公里,区间及站场土石方305.7万立方米,桥梁47座25075.96延长米,隧道13.5座22120延长米。2011年完成投资161956万元;开工累计完成投资210067万元,占合同投资的45.82%。

云桂铁路广西段YGZQ-4标段工程　位于广西壮族自治区百色市境内,正线长103.34公里。合同工期2010年5月15日~2014年3月31日,合同投资718189.8万元。主要实物工程量:隧道51座,桥梁55座,涵洞118座,路基土石方343.4万立方米,站场土石方356.9万立方米。2011年完成投资165087万元;开工累计完成投资225633万元,占合同投资的31.42%。

云桂铁路云南段YNZQ-8标段工程　位于云南省昆明市宜良县匡远镇境内,正线长46.295公里。合同工期2010年9月2日~2014年12月31日,合同投资314300万元。主要实物工程量:路基5.42公里,桥梁16座5861延长米,隧道8座35015延长米,正线铺无砟道床63.936公里。2011年完成投资50491万元;开工累计完成投资64091万元,占合同投资的20.39%。

南宁—钦州铁路NQ1标段工程　位于广西壮族自治区南宁市境内,标段长63.693公里。合同工期2009年8月1日~2012年7月31日,合同投资340700万元。其中,分包给中国中铁大桥局集团公司16公里;集团公司承担47.693公里229000万元的施工任务。主要实物工程量:隧道8座10014延长米,桥梁31座11082延长米,涵洞123座,路基土石方884.1万立方米,车站五象南站和大塘站。截至2011年完成投资228433万元,占集团公司合同投资的99.75%。

东北东部铁路通道前阳—庄河段DT1标段工程　位于辽宁省庄河市境内,标段长68.8公里。合同工期2009年11月1日~2013年9月30日,铺架工期2011年4月1日~2012年9月30日。合同投资300000万元。主要实物工程量:特大桥12座,大桥14座,中桥2座,公路立交桥6座;涵洞99座;框构小桥6座。2011年完成投资130567万元,占合同投资的45.4%。

集宁—包头增建第二双线工程　位于内蒙古自治区呼和浩特市境内,土建工程25.07公里。合同投资200693万元,合同工期2009年4月1日~2011年11

月30日。主要实物工程量:路基土石方215.1立方米,桥梁11座3718.88延长米,涵洞40座980.14横延米,隧道2座1548延长米,制架T梁1805单线孔,正线铺轨365.4公里,站线铺轨28.52公里。2011年完成投资157000万元,占合同投资的78.23%。

(张 莹 郭立志)

【经营管理】 工程承揽。2011年新签合同182项,投资总额426.8亿元,占股份公司计划的118.6%。在铁路市场萎缩的情况下,集团公司及时调整、转变经营思路和方向,所属单位加大路外市场经营力度,保证经营工作的稳定发展。矿业板块强势增长,全年承揽矿山工程259.1亿元,同比增长289.6%。专业化板块市场发展强劲,全年承揽轨道交通工程27.17亿元,位列股份公司前三名,先后进入福州、长春、哈尔滨市场,施工地域拓展到18个城市;房屋建筑工程累计承揽26.5亿元,同比增长99.2%,进入昆明、重庆保障房市场;中标南宁机场,实现10年机场工程零的突破。强攻铁路市场不松懈,全集团牢固树立长效经营理念,以良好的实力和铁路市场信誉中标吉图珲铁路最大标段31.1亿元,进入南宁、沈阳铁路局二级市场。进一步完善区域经营布局,统筹协调资源。核心客户战略有效落实,集团公司领导与核心客户高层的互访日趋紧密,沟通顺畅,关系稳固。

工程管理。面对2011年政策调整造成的铁路项目大面积停工,集团公司各级领导调整重心、精心部署,有保有压,合理使用资金,加大方案评审、施工组织调整和考核力度,确保在建、重点工程有序可控,工程创优历史最好,获省部级以上优质工程奖15项,其中国家优质工程金质奖2项、银质奖1项,中国建设工程鲁班奖2项,中国土木工程詹天佑奖2项。科学合理调整资源,施工能力位居股份公司前列。集中精力开展铺架、隧道、连续梁、既有线和大型设备作业施工五个方面的安全隐患专项整治,建立安全监督检查长效机制,保证工程本体安全质量形势的总体稳定。集团公司被评为全国质量管理先进单位。信誉评价工作成效显著,年内,集团公司在铁路77家施工单位中排名第一,创历史最好名次,累计7次进入A级企业行列,同时被评为水利工程建设施工领域企业信用评价AAA级信用企业。

项目管理。集团公司以项目创誉增效为目标,逐步系统推进项目全生命周期管理,重点环节管控力度不断加大。编制《2011年集团公司生产经营指导手册》,规范项目规划、监管、评价、责任追溯流程,整体管控更加全面。大力推进投资变更索赔力度,全年完成变更索赔额29.14亿元,变更索赔率11.77%。细化责任成本管理基础工作,制发集团公司《工程项目督导检查实施方案》和《铁路项目责任预算控制管理办法》,推行项目责任预算控制报表制度,对集团公司铁路项目进行督查考核。推进集中采购工作,全年集中采购设备2.64亿元、物资65亿元,集中采购机票节约资金50余万元;内部调剂周转材料1.1亿元。逐步规范劳务队伍管理,建立劳务队平台,坚持定期考核和使用相结合,统一合同文本。

财务管理。加大资金集中管控力度。强力推进“资金池”业务,内部调剂资金44880万元,提高资金的使用效率。开源节流确保资金链,集团公司上下联动,积极沟通,加大铁路项目资金回收力度,落实股份公司《关于加强资金头寸管理规定》,严控垫资施工。根据工期延长、管理费不变的原则,重新锁死项目成本,压减开支,全面开展内部挖潜工作。在“我在企业有责任”和“反对浪费、节约增效”活动中,收缴节约资金6913万元。有效开展财务维稳工作,开展铁路项目维稳专项督查,认真梳理各种债权债务,加强债务风险监控,多渠道采取措施解决资金问题,严格资金使用和管理,保证分包队伍和分供商的稳定,有效避免群体性上访事件发生,企业信誉和安全质量风险得到防范。

企业建设。拓展工程公司发展空间。年内,轨道公司迁址北京顺义,电务公司迁址北京大兴;完成各工程公司注册资本金增资工作,新增机电安装和电气化总承包一级资质,满足企业经营需要。重视企业信誉建设。出台集团公司《关于加强信誉建设的意见》,2011年集团公司在铁路信誉评价中夺冠,公路信誉评价相继取得好成绩,企业信誉文化逐步形成。科技工作成效显著,集团公司正式通过国家级高新企业认定,被评为全国科技创新优秀企业。集团公司技术中心通过北京市认证。全年获股份公司以上级科技进步奖12项、工法20项、专利授权41项。资质就位和信息化建设进展顺利。铁路特级资质通过住房和城乡建设部审核和铁道部实地核查。信息化硬件建设达到股份公司先进水平。

(张 莹)

【党群工作】 党的工作。集团公司下辖党委96个,党工委128个,党总支2个,党支部454个。党员7487名。年内发展党员232名。(1)党建工作。加强领导班子和处级领导人员队伍建设。集团公司党委部署集团公司领导对处级领导人员进行谈话,加强交流与沟通,促进处级领导人员队伍建设;优化领导班子结构,调整补充8个单位领导班子,22名优秀领导人员进入处级班子;深入开展“四好领导班子”创建活动。支部标准化建设全面推开。各级党组织认真贯彻落实股份公司《关于加强和改进工程项目党的建设的决定》和集团公司《党支部标准化建设实施纲要》,把深入开展创先争优活动和创建学习型党组织活动与党支部标准化建设紧密结合,健全基层组织。培训基层党组织书记116名,夯实基层党建基础。集团公司党委创建学习型党组织经验和创先争优活动经验在股份公司交流。创先争优活动由党内引向工会、共青团组织,在全集团全面展开,通过岗位承诺分解生产经营任务和责任,促进企业中心工作。(2)党风廉政建设。围绕企业发展稳定大局和党政中心工作,针对生产经营重点、企业管理难点、职工反映热点和自身建设,讲廉促廉,开展"反面典型"警示教育。坚持把查办案件与党风建设责任制结合起来、与责任追究结合起来、与爱护挽救结合起来,严格追责,不断加大查办案件力度。全年立案15件,结案14件,处分25人(含双重处分2人);化解涉案风险4起,移送地方1起。围绕管理难点,深入推进专项效能监察。特别是针对铁路市场调整部分项目工期放缓或停工,设备闲置成本叠加的管理难题,集中开展租用设备清理专项督查,对全集团所有项目租用的设备(车辆)进行清理登记,重点清理租用内部领导、内部职工设备,明确项目部、工区非生产性用车数量,堵塞效益流失漏洞。全集团102个项目共清退设备673台,直接减少设备租赁费用2000万元以上。(3)宣传工作。紧紧围绕企业中心工作开展形势任务教育,及时编发宣传教育提纲,通过集团公司《铁道工人》报和网络办公平台,及时下发到基层所属各单位进行宣传教育,鼓舞士气。深入开展"我在企业有责任"主题活动宣传及企业文明建设"十星"达标评比活动,集团公司继续保持全国文明单位荣誉称号。扎实推进企业文化工作,获股份公司企业文化建设先进单位1个、优秀项目部3个、先进个人5人。总结的《抓机制,抓互动,抓转化,扎实推进学习型党组织建设》工作经验在股份公司交流。历史文化展厅接待参观者47批577人次。全年刊发稿件691篇,其中国家级44篇、省部级144篇、《中国铁道建筑报》503篇,被股份公司评为新闻报道工作先进单位。

工会工作。工会下辖处级单位工会12个、直管项目部工会21个、基层工会243个、工程队工会181个、工会小组452,工会会员18634人。各级工会广泛开展"六比六创新"劳动竞赛活动,创建股份公司劳动竞赛优胜单位4个,交流经验4份,合理化建议推广应用6项在股份公司获奖。围绕重点工程组织开展立功创模活动,全集团先后有13个单位、12名个人受到各级表彰,其中3人获得火车头奖章、3个单位获得火车头奖杯。修改、增加集体合同内容,新签"工资专项集体合同"。修改完善"三不让"承诺、互助补充保险救助办法,救助会员387人、发放救助金53.15万元。元旦春节期间,发放慰问金、慰问品153.53万元。坚持开展"献爱心,做红娘"活动,所属12个单位的46个项目的未婚青年114余人参加联谊会。"三八"期间有2人和1个集体获股份公司表彰。加强理论研究工作,工运理论文章被辽宁工运学会采用14篇,获辽宁省先进单位称号。企务公开不断深化,集团公司《基层单位企务公开实施办法》被股份公司转发,有4个单位分别进入辽阳市、辽宁省、股份公司和全路模范职工之家行列。《集团公司"民工之家"建设基本标准》和经验做法被股份公司转发,并被评为特色工作一等奖。工会财务工作获股份公司竞赛一等奖,被中华全国铁路总工会评为先进单位。

共青团工作。集团公司团委下辖基层团委159个、团总支25个、团支部131个,团员2987人。团委以集团公司开展的"我在企业有责任、岗位承诺尽责任"活动和团组织创先争优活动为主线,结合青年特点,开展"青年大讲堂"和"我与祖国共奋进,我与企业同发展"、"在光荣的旗帜下,党团员共话成长"、"高举党旗跟党走——青春红歌赛"、"反对浪费,节约增效——5个100"、"百万青工,岗位建工"、"青春导航"等丰富多彩的青年活动,举办集团公司首届青年摄影大赛。年内向股份公司团委推荐137篇"中国铁建我的家"征文。通过创建QQ群,成立12个青年兴趣协会。建立集团公司团委网站、团讯(电子刊)、微博和QQ群。开展"放假回家,我该做些什么"网上大讨论,对放假团员青年进行积极引导。集团公司各级团组织在上级团的媒体上发表稿件500余篇。创先争优工作取得显著成绩,获全国青年安全生产示范岗创建单位1个、省部级青年文明号5个;2人获北京市"青年岗位能手"、1个突击队获北京市优秀青年突击队标杆称号。

(张 莹)

【第一工程有限公司】 公路、房屋建筑、市政公用、机电安装工程施工总承包一级,铁路工程施工总承包二级,地基与基础、钢结构、隧道、公路路基、水工隧道工程专业承包一级,压力管道工程专业承包gc2级,电力设施承装五级资质企业。前身系中国人民解放军铁道兵第九师四十一团,1984年1月集体转业并入铁道部,改编为铁道部第十九工程局第一工程处;1999年12月改称为中铁第十九工程局第一工程处,2001年12月企业改制改称现名。公司机关驻辽宁省辽阳市白塔区卫国路138号。董事长、总经理李程,党委书记曲久彬。下辖12个项目管理部、20个项目部及职工医院、物业公司、日照基地等单位。职工3380人。其中,干部1204人;工人2176。资产总额204881万元,其中固定资产原值36079万元、净值18915.27万元。

机械运输设备 721 台(套),总功率 70396 千瓦,动力装备率 32.9 千瓦/人,技术装备率 6.6 万元/人。

2011 年承揽工程任务 24.28 亿元,完成施工产值 429410 万元,实现利润 3999 万元。年内,公司参建的大唐国际内蒙古锡林浩特胜利东二号露天煤矿一期工程获 2011 年度国家优质工程金质奖,2 项工程获国家建材行业优质工程奖,获辽宁省优秀 QC 小组成果奖 4 项。 (张继艳)

【第二工程有限公司】 公路、房屋建筑、市政公用、水利水电工程施工总承包一级,铁路工程施工总承包二级,桥梁、隧道、机场场道、公路路基、公路路面工程专业承包一级资质企业。前身系中国人民解放军铁道兵第九师第四十二团,1984 年 1 月集体转业并入铁道部,改编为铁道部第十九工程局第二工程处;1999 年 12 月改称中铁第十九工程局第二工程处,2001 年 12 月企业改制改称现名。公司机关驻辽宁省辽阳市白塔区和平路 17 号。董事长、总经理张洪杰,党委书记廖爱生。下辖 57 个项目部及物业管理公司、职工医院、北京办事处。职工 3056 人。其中,干部 1208 人;工人 1848 人。资产总额 173920 万元。其中,固定资产原值 45413 万元、净值 23547 万元;流动资产 147335 万元。机械运输设备 712 台(套),总功率 66298 千瓦,动力装备率 21.7 千瓦/人,技术装备率 5 万元/人。

2011 年承揽工程任务 210291 万元,完成企业总产值 341656 万元,其中施工产值 297024 万元;实现利润 1943 万元。全年劳动生产率 233309 元/人年,职工年人均收入 31755 元。年内获国家优质工程奖 1 项、中国土木工程詹天佑奖 1 项、火车头优质工程 1 项;获全国工程建设优秀质量管理小组 1 个,辽宁省优秀质量信得过班组及全国质量信得过班组各 1 项;获辽宁省优秀 QC 成果 3 项。全年无安全质量等级事故发生。 (刘英华)

【第三工程有限公司】 公路、市政公用工程施工总承包一级,铁路、水利水电工程施工总承包二级,房屋建筑、矿山工程施工总承包三级,隧道、桥梁、公路路面、公路路基工程专业承包一级资质企业。前身系中国人民解放军铁道兵第九师第四十三团,1984 年 1 月集体转业并入铁道部,改编为铁道部第十九工程局第三工程处;2001 年 12 月企业改制改称现名。公司机关驻辽宁省辽阳市太子河区南郊街 137 号。董事长、总经理陈宝军,党委书记刘志军。下辖 9 个项目管理部、2 个直属项目经理部、13 个铁路工区、3 个代局指项目(经理)指挥部及辽阳基地管委会、四川金堂基地。职工 2924 人。其中,干部 1094 人;工人 1830 人。资产总额 395657 万元。其中,固定资产原值 47502 万元、净值 23115 万元;流动资产 185203 万元。全员劳动生产率 463394 元/人年,职工年人均收入 39002 元。机械运输设备 863 台(套),原值 45500 万元、净值 20400 万元,总功率 91103 千瓦,成新率 44.9%,技术装备率 6.9 万元/人,动力装备率 30.8 千瓦/人,完好率 92.2%,利用率 70.4%。

2011 年承揽工程任务 207206 万元,完成企业总产值 367677 万元,实现利润 5686 万元。年内,公司获国家优质工程奖和省部级优质工程奖各 2 项,获辽宁省优秀 QC 小组 5 个,获国家实用新型专利 7 项、辽宁省级工法 1 项。 (刘永华)

【第五工程有限公司】 房屋建筑、公路、市政公用工程施工总承包一级,铁路工程施工总承包二级,桥梁、公路路基、隧道工程专业承包一级,机场场道工程专业承包二级,预应力工程专业承包三级资质企业。前身系中国人民解放军铁道兵第九师给水营与修理营,1984 年 1 月集体转业并入铁道部,改编为铁道部第十九工程局建筑工程公司和机械修造厂;1993 年 3 月两单位合并组建建筑安装工程处,1997 年改称第五工程处;2000 年 8 月,集团公司资产重组,直属工程处、大连技工学校并入五处;2001 年 12 月企业改制改称现名。公司机关驻辽宁省大连市金州区拥政街道 586 号。董事长、总经理王必军,党委书记张怀平。下辖 14 个专业分公司、2 个项目管理部及机械厂、职工培训中心、机关服务中心。职工 1797 人。其中,专业技术人员 1039 人;技术工人 300 人。资产总值 15.07 亿元。其中,固定资产原值 36695 万元、净值 23736 万元;流动资产 12.4 亿元。机械运输设备 535 台(套),总功率 58237 千瓦,动力装备率 40.4 千瓦/人,技术装备率 15.33 万元/人,完好率 89%,利用率 78%,成新率 64.8%。综合机械化施工程度 91%。

2011 年新签合同额 23.39 亿元,完成企业总产值 301111 万元,其中施工产值 301111 万元;实现利润 2356 万元。全员劳动生产率 245000 元/人年,职工年人均收入 38695 元。公司实现安全生产 365 天。工程合格率 100%。 (张　强)

【第六工程有限公司】 铁路、公路、市政公用工程施工总承包一级,房屋建筑工程施工总承包二级,桥梁、隧道、公路路基、铁路铺轨架梁、水工隧洞工程专业承包一级资质企业;并具有预质构件制造、加工、销售及仓储、设备租赁、房屋租赁等资质。前身系中国人民解放军铁道兵第九师第四十四团,1984 年 1 月集体转业并入铁道部,改编为铁道部第十九工程局第四工程处;

1999年12月改称中铁第十九工程局第四工程处，2001年12月企业改制改称中铁十九局集团第四工程有限公司;2010年9月25日迁址江苏,更名为中铁十九局集团第六工程有限公司。公司机关驻江苏省无锡市凤翔路987号。董事长兼总经理隋忠庆,党委书记秦志军。职工3012人。其中,干部1189人;工人1823人。资产总额234491万元。其中,固定资产原值77716万元、净值50280万元;流动资产178569万元。机械运输设备363台(套),原值76656.48万元、净值49895.49万元,总功率109106千瓦,动力装备率36.22千瓦/人,技术装备率16.69万元/人。

2011年承揽工程任务15亿元,完成施工产值370214万元,实现利润1766万元。全员劳动生产率602992元/人年,职工年人均收入32368元。年内,公司参建的杭州湾跨海大桥工程获中国建设工程鲁班奖,获铁道部优秀QC小组1项、省级优秀QC小组5项。 （王林丽）

【第七工程有限公司】 房屋建筑、铁路、水利水电、公路、港口与航道工程施工总承包二级,公路路基工程专业承包二级企业资质。公司成立于1985年6月,先后称珠海办事处、珠海工程公司、珠海工程总公司,2002年12月企业改制改称中铁十九局集团华南工程有限公司;2010年11月21日整合重组改为现名。公司机关驻广东省珠海市拱北港昌路111号中铁大厦。执行董事、总经理姜长清,党委书记顾建朋。下辖南钦铁路指挥部、13个项目管理部、5个公司。职工792人。其中,干部491人;工人301人。资产总额50709万元。其中,流动资产44874万元;固定资产净值5757万元。机械运输设备199台(套),原值6385.49万元、净值3291.8万元,总功率18806千瓦,动力装备率27.18千瓦/人,技术装备率4.76万元/人。

2011年承揽工程任务68698.78万元,完成施工产值130865万元,实现利润461万元。全员劳动生产率282141元/人年,职工年人均收入46345元。年内,公司获中国铁建优质工程奖2项,获辽宁省优秀QC小组3个。 （钟妮蓉）

【矿业投资有限公司】 矿山工程施工总承包三级资质。2005年3月15日,将原机械化工程公司、建筑工程公司整合重组成矿业工程公司;2010年5月12日,企业改称现名。公司机关驻北京市丰台区莲怡园东路风荷曲苑3号楼。总经理信长才,党委书记金学锋。下辖3个分公司、24个项目部、3个轨道板厂。职工1271人。其中,干部594人;工人677人。资产总额68237.59万元。其中,固定资产原值81040万元、净值43229万元。机械设备103台(套),价值43683.19万元,总功率133036千瓦,动力装备率148.48千瓦/人,技术装备率38.28万元/人。

2011年承揽工程任务256亿元,完成施工产值30亿元,实现利润10964万元。全员劳动生产率2240744元/人年,职工年人均收入5.42万元。 （许秀英）

【轨道交通工程有限公司】 2008年2月成立,12月8日在辽宁省沈阳市浑南经济技术开发区注册;2010年12月,按照集团公司战略布署在北京市顺义区林河经济技术开发区注册;2011年8月,公司机关迁至北京办公。董事长朱元生,党委书记朱斌,总经理陈友建。下辖10个专业化工程公司。职工1147人。其中,干部891人;工人256人。机械设备149台(套),原值34170.08万元、净值26818.56万元,总功率14593千瓦,技术装备率23.44万元/人,动力装备率13千瓦/人。

2011年新签合同额20.01亿元,完成施工产值20亿元,实现利润7288万元。 （陆玉振）

【电务工程有限公司】 机电安装工程施工总承包一级,房屋建筑工程施工总承包三级,铁路电务、铁路电气化工程专业承包一级,电信、送变电、消防设施工程专业承包二级资质企业;并具有承装(修、试)电力设施四级资质。前身系中国人民解放军铁道兵第九师通信科,1984年1月集体专业并入铁道部,改编为铁道部第十九工程局通信处;1995年改称电务工程公司,2002年2月企业改制改称现名。公司机关驻辽宁省辽阳市白塔区和平路6号。董事长、总经理崔吉林,党委书记杨静。下辖通信、信号、电力、电气化、设备安装5个工程公司及通信中心。职工768人。其中,干部326人;工人442人。资产总额46315万元。其中,固定资产原值5762.6万元、净值3568.4万元;流动资产41929万元。机械设备、仪器仪表615台(套),设备完好率90%。年施工能力10亿元以上。

2011年承揽工程任务35670万元,完成企业总产值65722万元,实现利润1234万元。职工年人均收入35490元。工程质量合格率100%,优良率95%以上。年内,公司获辽宁省优秀建筑业企业、辽宁省守合同重信用企业、辽宁省建筑业百佳企业等称号。（刘长勇）

【房地产开发有限公司】 2008年5月19日成立,8月7日获得房地产开发资质,注册资本金2000万元。公司机关驻辽宁省辽阳市白塔区和平路17号。董事长富德春(兼),总经理李联营。

2011年,公司承建的经济适用房项目总建筑面积

14493.06 平方米，实现销售收入 2755 万元。

（杨国华　夏建芬）

【物资总公司】　物资流通企业，主要经营销售用于构造建筑产品的生产资料。1999 年 6 月由集团物资公司与机关物资处合并组建，2001 年改制为集团公司直属分公司。公司机关驻辽宁省辽阳市和平路 17 号。总经理侯忠（10 月免），副总经理刘乃鲁主持工作。职工 10 人。

2011 年完成销售额 2177.18 万元，实现销售收入 203.53 万元。（张景伟）

【辽阳基地】　2009 年 7 月成立。下辖招待所、维修队、生产基地、职工餐厅。主任李联营。职工 942 人。其中，在岗职工 389 人；离退休职工 553 人。

2011 年，招待所完成营业收入 230 万元，实现利润 0.5 万元。（曳　雅）

【重要记载】

▲1 月 11 日　集团公司参建的东北首条城际铁路——长吉铁路建成通车。

▲1 月 19 日　第七工程有限公司在珠海成立。

▲同日　电务公司中标北京地铁 8 号线二期通信系统设备安装工程。实现地铁领域施工的宽度发展。

▲2 月 17 日　三公司中标京石二通道高速公路第 16 合同段，合同投资 2.36 亿元，合同工期 24 个月。

▲3 月 10 日　二公司中标新疆维吾尔自治区 S327 线芨芨湖岔口—北山煤窑—将军庙公路项目第 JBJ－1 标段，中标额 2.08 亿元。

▲4 月　矿业投资公司中标乌山铜钼矿项目二期基建剥离工程，中标额 12.5 亿元。

▲5 月 23 日，中国铁建工程质量与文明施工现场观摩会在轨道交通公司上海地铁项目召开。

▲5 月　轨道交通公司承建的上海轨道交通 7 号线 1C 标段工程被评为上海市政工程金奖。

▲5 月　轨道交通公司昆明地铁工程获昆明市建筑安全生产先进单位称号。

▲6 月 3 日　云桂铁路云南段全线隧道防水板热熔铺设施工样板工艺观摩会在集团公司云桂 8 标段一分部小团山隧道举行。

▲6 月 27 日　电务公司中标北京地铁 8 号线二期民用通信传输系统设备安装工程。

▲6 月 30 日　五公司参建的青岛海底隧道建成通车。

▲6 月　轨道交通公司承建的上海轨道交通 7 号线 IC 标段工程被中国市政工程协会评为 2010 年度市政金杯示范工程。

▲6 月　矿业投资公司道桥安装公司预制厂被辽宁省评为守合同重信用企业。

▲7 月 6 日　二公司中标京秦高速公司迁安支线京秦高速至迁安段路基、桥梁 SG7 标段工程，中标额 1.4 亿元。

▲7 月 11 日　电务公司中标北京地铁 8 号线二期民用通信无线系统总承包工程。

▲7 月 13 日　国务院国资委副主任黄淑和视察集团矿业投资公司内蒙古乌山铜钼矿项目。

▲7 月 16 日　五公司李军被西藏自治区评为 60 位感动西藏人物。

▲7 月 21 日　国资委监事会主席李克到集团公司新疆 S327 线公路项目调研。

▲7 月 23 日　集团公司与新疆广汇集团签署战略合作协议。

▲8 月 31 日　矿业投资公司取得矿山工程施工总承包三级资质。

▲8 月　一公司中标水土思源片区安置房工程，合同投资 32500 万元。二公司中标长春地铁 1 号线一期工程解放大路站—自由大路站—南湖大路站车站及区间工程，合同投资 40986 万元；中标中缅天然气管道工程（国内段）隧道工程 EPC 总承包，合同投资 18067 万元；中标 S309 线多拉麻科—杂多段公路 E 标段工程，合同投资 19115 万元。六公司中标华电宁夏月亮山风电场二期工程，合同投资 3856 万元。矿业投资公司中标太钢集团袁家村铁矿工程二合财段增运距工程，合同投资 199700 万元。

▲9 月 23 日　轨道交通公司在北京顺义林河经济开发区举行乔迁北京庆典暨揭牌仪式。

▲9 月 29 日　中共中央政治局委员、北京市委书记刘淇到集团公司承建的北京地铁 9 号线 08 标段郭公庄车站调研。

▲9 月　七公司参建的南钦铁路花甲山隧道贯通，隧道全长 6984 米，是全线最长的铁路隧道。

▲10 月　集团公司被评为全国内部审计工作先进单位。

▲10 月　三公司被中国建筑施工管理协会评为 2011 年度最具社会责任施工单位。

▲10 月　铁道部副部长卢春房到集团公司拉日铁路调研。

▲11 月 10 日　国家工程院院士王梦恕到兰渝铁路胡麻岭隧道东古路斜井调研。

▲12 月 1 日　三公司参建的伊绥高速公路建成通车。

▲12 月 8 日　二公司中标四川雅砻江两河口水

电站库区复建县道 X037 线亚珠沟—君坝大桥段工程，合同投资 6287 万元。

▲12 月 10 日　二公司中标湖南省湘西自治州 G209、G319 吉首绕城公路一期路基 2 标段工程，合同投资 12790 万元。

▲12 月　矿业投资公司中标新疆广汇新能源有限公司伊吾县煤矿土方剥离和原煤开采工程，中标额 87 亿元。

▲12 月　五公司中标大连南部滨海大道 3 标段东引桥、东连接线工程，合同投资 70850 万元。

▲12 月　六公司中标大准铁路南坪站扩能改造工程，合同投资 5603 万元；中标神华乌海能源苏海图井田和五虎山井田灭火工程 2 标段，合同投资 1460 万元。

▲2011 年　集团公司获国家优质工程金质奖 2 项、银质奖 1 项，中国建设工程鲁班奖 2 项，中国土木工程詹天佑奖 2 项。其中，集团公司参建的内蒙古大唐国际发电股份有限公司胜利东二号露天煤矿一期工程、国道（GZ40）云南新街—河口高速公路获国家优质工程金质奖，河北省石家庄市石环公路 307 国道东互通立交桥工程获国家优质工程银质奖；杭州湾跨海大桥、沈阳地铁 1 号线机电安装工程获中国建设工程鲁班奖；南京—淮安高速公路、安徽铜陵—黄山高速公路获中国土木工程詹天佑奖。全年获省部级优质工程奖 8 项，中国铁建优质工程奖 8 项；获全国优秀 QC 小组 3 个，全国质量信得过班组 2 个；获铁道部优秀 QC 小组 2 个，省级优秀 QC 小组 23 个；获中国铁建优秀 QC 小组 5 个；获中国铁建安全质量标准工地 4 项。

（张　莹）

中铁二十局集团有限公司

【简况】　中铁二十局集团有限公司为铁路工程施工总承包特级，公路、市政公用、水利水电工程施工总承包一级，公路路基、地基与基础、隧道、桥梁工程专业承包一级资质企业，同时具有城市轨道交通工程专业承包和境外工程承包资质。集团公司总部驻陕西省西安市未央区太华路 89 号。前身系中国人民解放军铁道兵第十师，1984 年 1 月 1 日集体转业并入铁道部，改编为铁道部第二十工程局；1999 年 12 月 1 日改称中铁第二十工程局，2002 年 6 月 28 日企业改制改称现名。下辖第一、二、三、四、五、六工程有限公司和电气化工程有限公司、房地产开发有限公司、西安工程机械有限公司、陕西物资有限公司（海外工程保障中心）、兰州商贸有限公司、路桥分公司、技工学校、乐山基地，西安、咸阳基地管理处，西南、东南、华北、西北、中原、海外工程指挥部，北京办事处。职工 19510 人。资产总额 1811133 万元，负债总额 1606285 万元，股东权益 204848 万元。其中，流动资产 1570142 万元；固定资产原值 428141 万元、净值 211106 万元；长期股权投资 6493 万元；无形资产 11924 万元。施工设备 2755 台（套），原值 19.012 亿元、净值 10.858 亿元，设备总功率 435238 千瓦，技术装备率 5.6 万元/人，动力装备率 22.3 千瓦/人，资产增长率 21.3%，设备资产利润率 22.4%，设备成新率 57.1%。年施工能力 150 亿元以上。

2011 年承揽工程任务 215.4 亿元，完成企业总产值 246 亿元。其中，施工产值 237 亿元；附营产值 8.97 亿元。实现利润 37218 万元。职工人均创利 20995 元，全员劳动生产率 381486 元/人年，职工年人均收入 40309 元/人年。国有资产保值增值率 120.3%，净资产收益率 17.1%，营业利润率 1.5%，投资回报率 33.53%，资产负债率 88.7%，上缴款完成率 100%。完成主要实物工程量：土石方 8484.76 万立方米，隧道 76434.57 延长米，桥梁 124580.79 延长米，铁路正线铺轨 107.29 公里，站线铺轨 26.71 公里，铺设道岔 84 组，铁路架梁 914 孔，铁路制梁 1251 片，地铁 1963 米，公路 151.09 公里，公路架梁 10277 片，通信线路 28.39 公里，供电线路 34.37 公里，房屋建筑 291878 平方米。单位工程合格率 100%。

兵改工以来，集团公司获国家和省部级优质工程 111 项。其中，中国建设工程鲁班奖 8 项；中国土木工程詹天佑奖 5 项；国家优质工程 17 项；环境保护工程奖 1 项；全国用户满意工程奖 3 项；中国市政工程金杯奖 2 项。获中国铁建优质工程 94 项；获国家和省部级科技进步奖 43 项，中国铁建科技进步奖 91.5 项，集团公司“一级管理”模式获国家级管理创新成果奖；获国家和省部级优秀工法 53 项，中国铁建优秀工法 52 项；获国家和省部级 QC 小组 176 项，中国铁建 QC 小组 66 项。

2011 年，集团公司获全国公路建设市场主体信用评价 A 级企业、水利水电工程施工 AAA 级单位、陕西省 2010 年度安全生产先进企业称号。四公司被评为全国优秀施工企业，二公司获得全国五一劳动奖状。全国五一劳动奖章、火车头奖章获得者各 1 人，3 人被评为中国施工企业管理协会优秀项目经理，1 人被评为中国建筑业协会优秀经理，3 人被评为陕西省优秀项目经理，5 人获得蒙古国铁路建设领域卓越贡献外籍人士奖章。参建的沈阳地铁 1 号线工程获中国建设工程鲁班奖,参建的云南新河高速公路工程获国家优质工程金质奖。获中国铁道学会科技进步奖2项、中国施工企业管理协会科技进步奖1项,2项工法被评为国家级工法,4项工法获省部级优秀工法,获发明专利4项、实用新型专利12项。集团公司及四公司、西安机械公司通过高新技术企业认定。

(孟繁荣　刘文君)

【领导人员】

董事会

董事长	余文忠(12月免,退休)
	周　富(12月任)
副董事长	周　富(1月任,12月免)
	姜永军(12月任)
董事	余文忠(12月免,退休)
	周　富
	姜永军
	马登峰
	张志军(7月任)

监事会

监事会主席	黄锦波(7月任)
监事	刘　杰(7月任)
	朱宝林(7月任)

经理层

总经理、法定代表人	姜永军(12月任)
副总经理	马登峰
	陈文珍(9月免)
	郭祥军
	赵崇科
	王选尚
	王玉松
	李令选
	王广建
	任少强(12月任)
	尤敦同(12月任)
总工程师	任少强
总会计师	尤敦同

党群领导

党委书记	周　富
党委副书记	余文忠(12月免,退休)
	姜永军
	黄锦波
纪委书记	黄锦波
工会主席	张志军(8月免)
顾问	康义初
	张志军(8月任)
	陈文珍(9月任)

(孟繁荣　刘文君)

【工程项目指挥机构】　安哥拉工程指挥部　指挥长刘峰,党工委书记马振东。驻安哥拉首都罗安达。

蒙古国铁路工程指挥部　指挥长李令选。驻蒙古国色楞格省叶罗县境内。

石武铁路客运专线指挥部　指挥长周海军。驻河南省新乡市新乡县境内。

莞惠城际铁路项目部　项目经理孙长江,党工委书记高忠杰。驻广东省东莞市大朗镇银朗南路399号东正商务大厦。

哈齐铁路客运专线项目部　项目经理王广建,党工委书记郭学平。驻黑龙江省肇东市正阳一道街。

兰新铁路二线甘青段LXS－7标段项目部　项目经理任少强,党工委书记郭育红。驻青海省门源县浩门镇育林路104号。

沪昆铁路客运专线贵州段CKGZTJ－9标段项目部　项目经理张志军、张文峰。驻贵州省安顺市黄果树风景区。

沪昆铁路客运专线杭长湖南段CTJ－1标段项目部　项目经理郭祥军、李令选、刘庭联。驻湖南省醴陵市。

(孟繁荣　刘文君)

【职工队伍】　职工19510人。干部8962人,其中女干部2068人。干部文化程度:本科以上4759人,专科3027人,中专及以下1176人。专业技术干部8713人。其中,高级职务579人(含教授级高级工程师30人);中级职务1909人;初级职务4328人。工程技术人员5900人,占技术干部的67.7%。2011年接收毕业生1015名。其中,研究生4名;本科884名;大专127名。

工人10548人,其中女工2866人。工人年龄结构:30岁以下3946人,31～40岁1744人,41～50岁2635人,51岁以上2223人;文化程度:初、高中5262人,中专2136人,大专以上2127人。技术工人8064人。其中,初级工730人;中级工2846人;高级工2248人;技师524人;高级技师92人。年内新增工人1261人。其中接收中专、高职毕业生1114人;复转军人43人。减少工人134人。其中,调出11人;办理退休50人;非因工死亡13人;解除劳动合同58人。

(孟繁荣　刘文君)

【铁路工程】　2011年,集团公司在建铁路工程33项,其中重点工程进展情况:

兰新铁路二线甘青段LXS－7标段工程　位于青

海省门源回族自治县硫磺沟至甘肃省民乐县小平羌沟间。线路长16.336公里，合同投资150899万元，合同工期2010年2月～2013年11月。主要实物工程量：大梁隧道6550延长米，祁连山隧道9490延长米，硫磺沟大桥274延长米。2011年完成投资34671万元；开工累计完成投资59596万元，占合同投资的39.5%。

哈齐铁路客运专线HQTJ－2标段工程　位于黑龙江省肇东市。线路长14.95公里，合同投资315395万元，合同工期2009年11月30日～2013年5月30日。主要实物工程量：路基土石方462万立方米，桥梁11座19700.24延长米，涵洞79座1545.07横延米，制架箱梁625孔，铺设无砟道床119公里，铺轨16.43公里，铺设道岔37组。2011年完成投资77253万元；开工累计完成投资181245万元，占合同投资的57.5%。

莞惠城际铁路GZH－6标段工程　位于广东省东莞市大朗镇。线路长5.93公里，合同投资96125万元，合同工期2009年9月18日～2011年12月31日。主要实物工程量：隧道5107.7双线延长米。2011年完成投资28193万元；开工累计完成投资42285万元，占合同投资的44%。

沪昆铁路客运专线杭长湖南段HCTJ－1标段工程　位于湖南省醴陵市、浏阳市。线路长50.263公里，合同投资437293万元，合同工期2010年4月15日～2012年7月31日。主要实物工程量：路基土石方278.8万立方米，桥梁45座28819延长米，隧道14座14261延长米，涵洞7座402横延米，制梁1140孔，架梁836孔，无砟轨道道床101826公里。2011年完成投资181045万元；开工累计完成投资283099万元，占合同投资的64.7%。

沪昆铁路客运专线贵州段CKGZTJ－9标段工程　位于贵州省安顺市黄果树风景区。线路长63.745双线公里，合同投资497298万元，合同工期2010年10月1日～2015年2月26日。主要实物工程量：路基8.404公里，隧道19座43587延长米，桥梁22座11769延长米，正线铺轨53.04公里，站线铺轨1.51公里。2011年完成投资57791万元；开工累计完成投资69070万元，占合同投资的13.9%。

沪昆铁路客运专线云南段TJ－2标段工程　位于云南省曲靖市麒麟区。线路长54.6公里，合同投资363116万元，合同工期2010年10月1日～2015年9月20日。主要实物工程量：路基土石方663.7万立方米，桥梁41座22696.4延长米，隧道8座15353延长米，涵洞44座1151.34横延米。2011年完成投资46468万元；开工累计完成投资60029万元，占合同投资的16.5%。

上海金山铁路支线改建工程1标段　位于上海市松江区。线路长31.44公里，合同投资97971万元，合同工期2009年10月～2011年11月。主要实物工程量：路基土石方67万立方米，桥梁24座8215.01延长米，涵洞14座109.92横延米，预制及架设T梁325孔，车站改造3座。2011年完成投资41994万元；开工累计完成投资87362万元，占合同投资的89.2%。

西康铁路二线XKS－4标段工程　位于陕西省安康市。线路长39.74公里，合同投资142335万元，合同工期2010年3月～2011年12月。主要实物工程量：路基土石方440万立方米，隧道12座4117延长米，桥梁31座8033.02延长米，涵洞45座1149.24横延米，正线铺轨39.74公里，站场铺轨19.46公里，铺设道岔96组，房屋建筑11490平方米，通信电缆10公里，高压线路24.5公里，低压线路59.2公里，接触网39.75公里。2011年完成投资34733万元；开工累计完成投资81750万元，占合同投资的57.4%。

兰州铁路枢纽工程　位于甘肃省兰州市城关区北龙口。线路长29.1公里，合同投资243668万元，合同工期2009年8月1日～2013年12月31日。主要实物工程量：区间及站场路基土石方260万立方米，桥梁26座11087延长米，隧道17座23910延长米，涵洞15座622横延米，预制及架设T梁1344片，正线铺轨109公里。2011年完成投资20038万元；开工累计完成投资233776万元，占合同投资的96%。

玉铁铁路工程　位于广西壮族自治区博白县。线路长131.46公里，合同投资286119万元，合同工期2010年8月26日～2013年2月26日。主要实物工程量：区间及站场路基土石方1365.4万立方米，隧道19座10787延长米，桥梁62座29550.59延长米，涵洞422座9882.84横延米，车站7座。2011年完成投资51804万元；开工累计完成投资67299万元，占合同投资的23.5%。

青荣城际铁路QRZH－IV标段工程　位于山东省烟台市栖霞区。线路长22.2公里，合同投资367663万元，合同工期2010年10月1日～2013年9月30日。主要实物工程量：区间及站场路基土石方579.14万立方米，桥梁44座35282.96延长米，隧道10座11040延长米，涵洞55座1661.26横延米。2011年完成投资48653万元；开工累计完成投资53390万元，占合同投资的14.5%。

山西中南部铁路通道汤日段ZNTJ－19标段工程　位于山东省淄博市沂源县。线路长80.981公里，合同投资251218万元，合同工期2010年9月～2013年12月。主要实物工程量：土石方696.89万立方米，隧道15座28090延长米，桥梁32座21886.14延长米，涵洞59座943.37横延米，正线铺轨15.778公里。2011

年完成投资93621万元；开工累计完成投资106068万元，占合同投资的42.2%。

黄陵—韩城—侯马铁路HHZQ－1标段工程　位于陕西省白水县。线路全长44.66公里，合同投资169207万元，合同工期2010年9月1日～2013年5月31日。主要实物工程量：特大桥6座、大桥9座、中桥3座，隧道3座，站场2处，路基40.6公里。2011年完成投资42689万元；开工累计完成投资44929万元，占合同投资的26.6%。

云桂铁路南宁枢纽SN－2标段工程　位于广西壮族自治区南宁市。合同投资232021万元，合同工期2010年5月1日～2012年8月31日。主要实物工程量：路基土石方1862万立方米，桥梁44座13907延长米，隧道3座6529延长米，涵洞及通道167座4615.06横延米，房屋建筑54951平方米，正线铺轨25.711公里，站线铺轨58.075公里，新建车站3座，改建车站4座。2011年完成投资50243万元；开工累计完成投资87080万元，占合同投资的37.5%。

（徐祖才　孟繁荣　刘文君）

【铁路运输】　第一铁路运输分公司　主营铁路运输，驻陕西省神木县神木北站。2011年完成产值3462万元，累计完成产值20468万元。实现安全运营2982天。

第二铁路运输分公司　主营铁路运输，驻陕西省蒲城县西头乡。2011年完成产值4141万元，累计完成产值33289万元。实现安全运营3706天。

电力运输分公司　主营铁路运输，驻陕西省神木县神木北站。2011年完成产值5477万元，累计完成产值34785万元。实现安全运营4017天。

（贺春奎　孟繁荣　刘文君）

【铁路外工程】　2011年，集团公司在建铁路外工程104项，其中重点工程进展情况：

北京地铁8号线2标段工程　位于北京市昌平区。线路长1.26公里，合同投资18690万元，合同工期2008年12月1日～2012年3月31日。主要实物工程量：土方34.6万立方米，混凝土5.7万立方米。2011年完成投资4887万元；开工累计完成投资18563万元，占合同投资的99.3%。

青岛地铁一期工程　位于山东省青岛市。线路长1.63公里，合同投资46187万元，合同工期2010年10月1日～2013年6月30日。主要实物工程量：五四广场站长277.6米，五四广场站—江西路站区间长1353.2米。2011年完成投资5158万元；开工累计完成投资5768万元，占合同投资的12.5%。

大连地铁一期工程　位于辽宁省大连市。线路长3.505公里，合同投资31186万元，合同工期2009年12月1日～2012年3月20日。主要实物工程量：医大二院站、黑石礁站，星海广场站—医大二院站—黑石礁站—学苑广场站三区间，区间长3150米，车站长355米。2011年完成投资5678万元；开工累计完成投资10730万元，占合同投资的34.4%。

厦门—成都高速公路黔（川界）至纳（溪）段土建C8合同段工程　位于四川省泸州市叙永县。线路长5.872公里，合同投资38079万元，合同工期2008年12月30日～2012年3月31日。主要实物工程量：路基土石方573203立方米，桥梁8座1950.21延长米，隧道2座4514延长米，涵洞2座64横延米。2011年完成投资13231万元；开工累计完成投资37241万元，占合同投资的97.8%。

达州—陕西高速公路D9合同段工程　位于四川省万源市石塘乡高家坝。线路长13.255公里，合同投资35851万元，合同工期2008年8月～2011年1月。主要实物工程量：土石方276万立方米，隧道1座999延长米，桥梁34座4251延长米。2011年完成投资18800万元；开工累计完成投资35064万元，占合同投资的97.8%。

宜昌—巴东高速公路一期土建YBE17标段工程　位于湖北省兴山县。线路长6.125公里，合同投资48271万元，合同工期2010年7月～2012年6月。主要实物工程量：峡口隧道3177延长米，涵洞1836横延米。2011年完成投资16081万元；开工累计完成投资33690万元，占合同投资的69.8%。

内乡—邓州高速公路第1合同段工程　位于河南省南阳市。线路长22.873公里，合同投资72232万元，合同工期2010年6月～2012年5月。主要实物工程量：路基土石方479.6万立方米，桥梁27座2957延长米，隧道1座3785延长米，涵洞及通道46座1574.5横延米，沥青混凝土路面63.31万平方米。2011年完成投资21770万元；开工累计完成投资28338万元，占合同投资的39.2%。

新疆G216线五彩湾—大黄山段高速公路WD－1标段工程　位于新疆维吾尔自治区昌吉回族自治州吉木萨尔县。线路长96.3公里，合同投资154853万元，合同工期2011年3月～2013年10月。主要实物工程量：路基土石方1336万立方米，路基95.856公里，桥梁13座12521延长米，涵洞131座3570横延米，路面沥青混凝土784.7万平方米。2011年完成投资35522万元；开工累计完成投资35522万元，占合同投资的23%。

运城—灵宝高速公路LJ3合同段工程　位于山西

省芮城县。线路长 5.24 公里,合同投资 43105 万元,合同工期 2009 年 10 月 ~ 2012 年 10 月。主要实物工程量:隧道 5016 延长米。2011 年完成投资 8023 万元;开工累计完成投资 21249 万元,占合同投资的 49.3%。

(徐祖才　孟繁荣　刘文君)

【国外工程】 本格拉铁路大修工程　位于安哥拉国中部,西起大西洋沿岸的洛比托港,东至安哥拉与刚果边境,是安哥拉三条铁路主干线之一。线路长 1547.2 公里,合同投资 180438 万美元,合同工期 2006 年 1 月 ~ 2011 年 1 月。主要实物工程量:路基土方 174 万立方米,工务、机务段 4 座。2011 年完成投资 62080 万美元。

叶罗河铁矿专用铁路工程　位于蒙古国色楞格省叶罗河县境内,西起杜兰汗镇,东至叶罗城矿山。线路长 83 公里,合同投资 4957.26 万美元,合同工期 2008 年 9 月 1 日 ~ 2009 年 7 月 1 日。主要实物工程量:土石方 400 万立方米,车站 5 座。2011 年完成投资 5561 万元人民币。

(孟繁荣　刘文君)

【经营管理】 工程承揽。2011 年承揽工程项目 74 项,新签合同额 215.4 亿元,占年度计划 320 亿元的 67.3%。其中,铁路项目 9 项,合同额 19.8 亿元,占合同总额的 9.2%;公路项目 17 项,合同额 47.9 亿元,占合同总额的 22.2%;城市轨道项目 3 项,合同额 6.5 亿元,占合同总额的 3.1%;房屋建筑 21 项,合同额 33.7 亿元,占合同总额的 15.6%;市政工程 11 项,合同额 9.6 亿元,占合同总额的 4.5%;水利水电及其他项目 13 项,合同额 97.9 亿元,占合同总额的 45.4%。年内,集团公司继续坚持工程经营与资本经营并重、国内与国外市场并重的原则,及时调整产业结构,在坚守铁路、公路市场规模的基础上,加大市政、轨道交通、水利水电、房屋建筑、环保等市场经营力度,积极培育房地产开发、工程机械和物流商贸业领域。继续遵循诚信经营,强化合同管理,干好在建工程,提高企业知名度,增强企业竞争力。正确处理规模与效益的关系,遵循“精揽、优选”的原则,坚持集约经营,科学承揽,发展“高、精、尖、难”工程,树立企业的品牌形象,为企业创造经济效益把好第一关。继续对铁路外工程坚持“六不揽”原则,做好经济效益的预测和工程项目的评估,降低经营风险。制定《中铁二十局集团有限公司经营工作实施细则》,进一步对区域经营的机构设置、人员编制、经营范围、经营经费等进行规范,区域经营战略成效显著。继续加大海外工程承揽力度,明确海外经营方向,规范海外经营程序,确保海外工程在承揽项目的数量和项目的利润率上都有新的提高。

企业管理。结合企业发展需要,制定企业中长期发展规划,编制下发《中铁二十局集团有限公司“十二五”发展规划》。进一步规范在各省市的注册备案工作,为集团经营投标工作奠定基础,维护企业良好的市场信用。年内,集团公司有 4 家工程公司进入中国铁建 20 强,六公司成为 20 强之首,四公司、二公司和一公司分别位居第 9 位、第 14 位和第 15 位。三公司取得市政工程施工总承包一级、桥梁工程专业承包二级、隧道工程专业承包二级、地基与基础工程专业承包三级、土石方工程专业承包三级资质,工程机械公司取得钢结构工程专业承包一级资质。30 人通过一级建造师考试,全集团拥有注册一级建造师 385 人。乐山医院职工身份置换经济补偿金报告业经国资委批复,职工购股等工作年内结束,改制工作继续积极推进;公安机构移交工作即将完成。集团公司被评为全国公路建设市场主体信用评价 A 级企业,水利水电工程施工 AAA 级企业,石武铁路客运专线项目部获全国“工人先锋号”称号;全国五一劳动奖章、火车头奖章获得者各 1 人,3 人被评为中国施工企业管理协会优秀项目经理,1 人被评为中国建筑业协会优秀经理,3 人被评为陕西省优秀项目经理。

经济管理。(1)小型基建项目。全年审批基建项目 24 项,竣工验收 18 项,完成投资 6300 万元。(2)成本管理。为准确、及时收集施工成本定额及劳务分包价格信息,保证施工成本定额的完整性、先进性和适用性,建立集团公司施工成本定额测定体系,发布《劳务分包信息价》,对项目劳务分包起到指导意义。定期收集、整理并公布所属单位“责任预算编制率、项目评估综合效益率”等五大指标,加强项目评估工作;以专题会议、现场督导的方式,加大变更理赔工作力度。(3)合同管理。全面实行全员岗位责任目标合同管理,根据职责分工,按照分级管理及责、权、利相结合的原则,逐级签订岗位责任目标合同。集团公司所属单位党政主管与集团公司党政主管签订年度生产经营目标合同,作为年度考核依据;各工程指挥部根据项目评估结果,指挥长、书记与集团公司党政主管签订工程项目承包经营责任目标合同,作为项目竣工的考核依据。拟定路基、桥梁、隧道、轨道工程、拌合站等五类 12 个劳务合同,加强合同和验工计价的审核力度,全面提升项目责任成本管理水平。(4)工程指挥部管理。集团公司工程项目实行“一级管理、两层分离、分级核算”的管理模式,指挥长、书记、总工程师实行竞争上岗制度,物资、设备、劳务实行公开招标,对项目进行综合评估,签订年度生产经营责任目标合同和工程项目承包经营责任目标合同。为争取企业经济效益最大化,激励工程项目指挥部创誉争效和项目经理竞争上岗,结合市场经济和企业发展情况，调整提高2000年以来实行一级管理的工程项目承包经营责任合同中的奖罚标准，极大地激励了项目指挥部的积极性。(5)物资管理。认真贯彻执行集团公司《物资管理办法》；下发《中铁二十局集团有限公司物资合格供应商名册》。全年完成主要物资供应：钢材979794.69吨，水泥3612686.6吨，油料283412.56吨，木材47143.74立方米，炸药9529.05吨，供应总值1280759.84万元。物资招标254批(次)，招标采购物资总值349858.39万元，累计节约采购资金12657.28万元，采购成本降低率3.62%。全年累计消耗原煤21825.11吨，电力46350.79万千瓦时，汽油12304.74吨，柴油271107.82吨，燃料油264.24吨，天然气6828立方米。(6)设备管理。年内下发《中铁二十局集团有限公司设备合作供应商名册》，以《设备综合管理办法》为依据，积极探讨设备管理新思路和现代化管理新手段，持续改进设备管理工作。年内购置各类设备(车辆)167台(套)，投入资金31519.11万元。设备更新保持良好态势，设备资产的实力不断增强。2011年单台价值10万元及以上设备购置招标率100%，集团公司全年组织招标购置设备26次，招标节约资金984.62万元，招标节约率3.12%。参加股份公司设备集中招标采购大型设备活动，年内采购设备6台(套)，投标总报价2229万元，中标总价2168万元，节约资金61万元，节约率2.74%。加大设备安全管理，逐级签订"岗位责任目标合同"，坚持定期组织安全检查。全年检查大型设备171台(套)，受检设备状况良好，大型施工设备操作人员全部持证上岗，年内没有发生设备安全责任事故。(7)法律事务管理。集团公司各级单位建立法律事务工作机构，全面贯彻执行法律工作"四项审核"制度，参与企业重大经营决策讨论、重大合同签署、重要规章制度制定、授权委托书等重要问题的处理，年内审核各类合同63份，提出合法避免风险意见和建议316条。年内处理和指导子公司应诉案件近百起，避免及挽回经济损失6360余万元。(8)信息化管理。先后制定下发集团公司《特级资质就位信息化考评办法》《综合项目管理信息系统管理办法(暂行)》《视频会议系统管理办法》《网络与信息安全事件应急预案》等规章制度，不断完善集团公司网站建设。年内，设备物资集中采购招标平台建设顺利整合，档案管理信息系统升级工作完成，综合项目管理信息系统逐步完善，办公OA系统实施推广，财务集中核算账务系统正常运转，网络报表全面应用。(9)社会责任管理。2011年，集团公司下发《工程项目环境保护管理办法》，加强施工生产过程节能减排工作，实施源头控制；下发职业健康管理工作要点，加强职工健康监护工作，年内为2077名安哥拉工作人员建立健康档案，组织1707名回国的安哥拉工作人员进行血吸虫病普查。

安全质量。2011年，集团公司牢固树立"以人为本，安全发展"的理念，全面贯彻落实《国务院关于进一步加强企业安全生产工作的通知》精神，以落实终端责任和中间管理环节为主线，以工程施工重大风险为关注点，强化管控措施，持续开展质量安全大反思、大检查及施工安全专项督导检查等活动，强化事故隐患排查、整治工作，逐步扭转企业严峻的安全生产局面。全面推进安全质量标准工地建设，深入开展工程创优和QC小组活动。年内，集团公司获中国建设工程鲁班奖1项、国家优质工程金质奖1项、部优工程8项和中国铁建优质工程3项；集团公司无锡地铁1号线、北京地铁8号线、天水市开发区1号大桥、中南部通道铁路19标段、天津西站、蔚蓝观园2~9号住宅楼项目被评为省级安全文明标准工地；获全国优秀质量管理小组1个、全国工程建设优秀质量管理小组2个、全国质量信得过班组2个，获陕西省优秀质量管理小组33个、质量信得过班组6个，获铁道部质量管理小组1个、中国铁建优秀质量管理小组3个。

财务审计。5月，集团公司先后下发《进一步加强资金管理的意见》《关于严控非生产性开支的通知》，明确所属子(分)公司、直属基地、区域指挥部和办事处的年度预算指标，提出预算管控目标、实施措施。在资金使用上坚持"以收定支，量入为出"的原则，以资金预算为起点，以分析资金流向为重点，以保证生产经营资金需要为目的，统筹安排，调度有序，留有余量。集团公司财务报告经国际、国内事务所审计并顺利通过股份公司集中汇审，真实、完整地反映了集团公司的经营状况、财务状况和现金流量信息。开展会计基础工作检查评比活动，规范会计基础工作业务，明确会计基础工作标准，提高会计核算水平。利用网络资源，财务集中核算GS系统国内项目上线率100%，单位网络报表上线率100%。深入贯彻"全面审计，突出重点，促进效益"的审计工作方针，加大审计工作力度，拓宽审计领域，努力提高审计工作的质量和水平。年内，集团公司各级审计机构开展审计186项。其中，经济责任审计29项；工程项目中期审计75项；竣工审计54项；财务收支审计2项；经济效益审计6项；后续审计调查3项；专项审计15项；其他审计2项。提出审计报告158份，发现问题金额9674万元。其中，违规违纪5928万元；损失浪费3348万元；发现不良资产398万元。纠正违规金额5740万元，提出审计建议832条，被采纳820条。 (孟繁荣　刘文君)

【科技教育】 科技工作。年内，集团公司申报的"富水软弱围岩特长大断面隧道施工技术”被陕西省工业和信息化厅列为年度科技创新能力项目,4 项科技研发项目被列入中国铁建立项计划;集团公司新立科技研发项目 66 项,资助科研经费 255 万元。4 项科技成果通过中国铁建组织的成果鉴定评审。“客运专线装配式模架现浇梁施工工艺研究”成果获中国铁道学会科技进步二等奖,“紧邻运营线路高危山体危岩综合整治技术研究”成果获中国施工企业管理协会中科技进步二等奖和中国铁道学会科技进步三等奖,4 项科技成果获中国铁建科学技术奖;2 项工法被评为国家级工法,4 项工法被评为省级工法,3 项工法获中国铁建优秀工法奖。全年申请并受理发明专利 8 项、实用新型专利 24 项,获发明专利授权 4 项、实用新型专利 12 项。集团公司及四公司、机械公司通过高新技术企业认定。

教育培训。全年举办培训班 28 期,培训 6233 人次。其中岗位专业培训 24 期,培训 5345 人。举办中高层领导能力提升培训班 1 期,培训 60 人;举办项目标准化管理培训班 1 期,培训 113 人。为适应企业建设和技术进步的需要,加快技术型人才成长,根据股份公司下达的 2011 年度职业技能鉴定计划,年内指导和协调集团公司职业技能鉴定站开展技工职业技能鉴定前的培训与鉴定工作,技能培训、鉴定 607 人。其中,中级工 451 人;高级工 57 人;技师 72 人;高级技师 27 人。通过校企联合等形式,全年组织 191 名员工参加在职学历教育。其中,大专 86 人;本科 75 人;研究生 30 人。 (孟繁荣　刘文君)

【党群工作】 党的工作。集团公司下辖党委 27 个、党工委 82 个、党支部 409 个,有党员 6856 名。其中,女党员 1075 名,占党员总数的 15.68%;少数民族党员 68 名,占党员总数的 1%。(1)领导班子建设。以“四好领导班子”创建活动为载体,深化集团公司两级班子联创活动,开展“四忠诚、五敬畏”主题教育,通过贯彻落实“三重一大”集体决策制度、党委中心组学习制度、党员领导干部民主生活会和领导干部廉政建设制度,不断提高领导班子的思想政治水平和解决自身问题的能力,进一步增强领导班子的执行力和控制力,保证班子整体功能的发挥和决策的科学性。采取听取领导班子汇报和领导干部述职、民主测评、个别谈话等方式,全面考核二级经营单位领导班子和领导干部,了解班子运转情况和领导人员履职情况。年内,9 个单位被评为集团公司“四好领导班子”。(2)党组织建设。积极开展党支部建设达标活动,5 月下发集团公司《关于开展党支部建设达标活动的决定》,细化支部建设标准,加强对工程队党支部建设现状的分析研究和能力建设。创建“党员先锋岗”209 个,组建“党员突击队”216 支,划分“党员责任区”409 个。年内,集团公司表彰先进基层党组织 12 个、优秀共产党员 50 名、优秀党务工作者 13 名、先进“党员责任区”20 个、先进“党员突击队”20 支、先进“党员先锋岗”20 名。5 个基层党组织受到省部级以上表彰,4 人先后被中国铁建、陕西省国资委党委评为优秀党务工作者,9 人被中国铁建、陕西省国资委党委评为优秀共产党员。(3)宣传思想工作。紧紧围绕企业生产经营,继续深入开展“加强责任心,提高执行力”主题教育活动,通过举办企业文化知识竞赛、“与安全同在,与质量同行”主题演讲比赛和庆祝建党 90 周年文艺晚会等活动形式,为思想教育工作提供平台,努力培育和提炼具有企业自身特色的企业文化。年内,集团公司获全国文明单位称号,2 次在西安市区精神文明建设先进工作会上作典型发言;1 名职工被评为中国铁建第二届“十佳道德模范”。集团公司兰新铁路二线甘青段项目部的先进事迹在中央电视台《红旗飘飘》栏目播出,中央电视台等近 200 家媒体进行报道;沪昆铁路贵州段、内蒙古大四铁路张栓沟隧道项目相继在中央电视台、新华网、人民网等 30 多家中央级媒体报道,提升了企业的知名度和社会影响力。全年对外刊稿 1931 篇,其中中央级媒体刊稿 390 余篇。编辑出版《企业建设》6 期,约 48 万字;《开路先锋》报连续 10 年被陕西省新闻协会和企业报协会联合评为办报先进单位。(4)党风廉政建设。以理想信念和党纪法规教育为主要内容,组织开展“每月一课”廉洁教育活动,采取多种形式全方位立体式开展反腐倡廉教育。年内开展专题警示教育活动 95 场次,制定完善反腐倡廉制度 29 项;建立廉洁档案 367 份,实施任前廉洁谈话 182 人,廉洁承诺 1041 人,述职述廉 472 人次,警示训诫谈话 57 人;4 人主动上交礼金共 24.4 万元;签订党风廉政建设责任合同 317 份,实施责任追究 128 人次;全年受理来信来访、电话举报等案件线索 37 件,初核 37 件,查否 6 件,适当处理 8 件,转立案 22 件,销案 2 件,结案 19 件,处理违纪人员 64 人。其中,政纪处分 60 人;党纪处分 4 人。通过查办案件挽回直接经济损失 510 余万元。开展效能监察和专项检查,纠正违规问题 58 件,查处三证不全劳务队 33 支,清退中介方施工队伍 8 支,清退工期滞后、信誉和施工能力差的施工队伍 37 支,整治改造管理能力差的隧道队伍 5 支,补签完善合同 23 份。对超发钢材、水泥的 2 个项目进行问责,挽回经济损失 3000 余万元。对“3·16”、“5·26”两起较大生产安全事故的主要领导和相关人员进行严肃处理;整治亏损、潜亏项目 17 个,立案查处 5 个亏损项目,给予 11 人责任纪律处分,并处赔偿经济损失 30.258 万元;加大潜亏项目的变更索赔力度,3个潜亏项目实现扭亏为盈,减亏金额3000余万元。

工会工作。集团公司有工会会员19510人,工会小组683个,专职工会干部35人,兼职工会干部509人,17个单位建立职代会。(1)组织建设。努力推进工会自身建设,工会干部履职能力不断提高。年内通过举办基层工会主席(干部)培训班、现场观摩和集中学习活动,进一步提高基层安质人员、工会主席(干部)政治素质和业务能力,增强基层工会工作活力;贯彻落实“组织起来,切实维权”的工作方针,发挥工会组织和工会干部的作用,推进基层工会工作科学和谐发展。(2)民主管理。1月17日召开集团公司三届三次职工代表大会,参加会议正式代表141名。3月10日召开集团公司工会二届四次全委(扩大)会议,37人参加会议。(3)劳动竞赛。集团公司深入开展“安康杯”劳动竞赛活动暨“一法三卡”推进工作,激励职工为完成年度生产经营目标建功立业。集团公司总经理助理张文峰获得全国五一劳动奖章、副总工程师刘峰获得火车头奖章,2人获陕西省职工经济技术创新标兵称号,2人被评为陕西省重点工程劳动竞赛先进个人,2个项目获陕西省“工人先锋号”、4人获中国铁建“工人先锋号标兵”称号;1人被评为陕西省“安康杯”竞赛优秀组织者。集团公司石武铁路客运专线项目部获全国“工人先锋号”称号,电气化公司获陕西省“工人先锋号”称号,五公司被评为陕西省职工经济技术创新优胜单位,三公司黄韩侯项目部被评为陕西省重点工程劳动竞赛先进集体,集团公司工会维权部被评为陕西省首届职工科技节优秀组织单位和全国“安康杯”竞赛优秀组织单位。二公司、六公司被评为全国“安康杯”竞赛优胜单位,二公司同时获得全国五一劳动奖状;一公司上海兴甬公司被评为全国“安康杯”竞赛优胜班组,路桥分公司被评为陕西省“安康杯”竞赛优胜班组。(4)建家建线。集团公司各级工会组织不断加强领导,建立健全职代会和企务公开制度,加大资金投入,努力提高建家工作水平,根据不同项目、不同时期的具体任务,开展阶段性劳动竞赛活动,充分展现企业风采。年内,一公司工会获全国模范职工之家称号。(5)女工工作。年内组织开展“铁路巾帼风采”摄影比赛和“喜迎建党90周年,放歌美好生活”征文比赛活动,评比表彰集团公司“十佳巾帼标兵”10名、“三八”红旗手24名、“五好”文明家庭24户。陕西物资有限公司咸阳商贸分公司获陕西省“五一巾帼标兵岗”称号,康冬梅被评为陕西省先进女职工干部。(6)送温暖活动。切实履行“三不让”承诺,深入开展送温暖活动,加大帮扶救助力度,构建企业和谐劳动关系。2011年元旦春节共筹集送温暖资金331.4万元。其中,上级拨款16万元;“三不让”专项资金110.99万元;行政拨款104.27万元;工会拨款100.13万元。走访慰问困难职工家庭1016户,慰问其他人员3649人。全年补助困难职工1194人,发放救助金25.31万元;资助困难职工子女入学256人,发放助学金47.02万元;救助患病住院职工486人,发放救助金78.44万元。

共青团工作。集团公司团委下设11个基层团委、34个团工委、1个团总支、168个团支部,有共青团员3888名,35岁以下青年9881名。年内,集团公司团委结合企业形势,改变培训方式,开展“团课下基层,青年面对面”活动,减少基层培训费用,提高培训效果。通过组织“永远的旗帜,不息的征程”庆祝建党90周年大型晚会,将“学党史、知党情、跟党走”主题教育活动引向高潮。组织团员青年开展纪念五四运动92周年系列活动,表彰五四红旗团委13个、五四红旗团支部37个,优秀团干部50名、优秀团员77名。以企业生产经营为中心,结合争先创优活动,开展技术攻关、争创“青年文明号”、争当“青年岗位能手”和“青年突击队”活动。组织开展万名青年“安全生产,青年争先”倡议、宣誓、签名活动,提高广大团员青年安全生产意识,增强“企业发展,青年担当”的责任感和使命感,锻炼广大团干部策划组织大型活动的工作能力。年内,六公司天津西站项目获中央企业“青年文明号”、工程机械公司三车间下料组获陕西省第五届“安全生产示范岗”称号,3人分别获中央企业“青年岗位能手”、陕西省创先争优活动青年榜样、陕西省“青年岗位能手”称号。　　　　(孟繁荣　刘文君)

【第一工程有限公司】　公路、市政公用工程施工总承包一级,铁路工程施工总承包二级,房屋建筑工程施工总承包三级,桥梁、隧道、公路路面、公路路基工程专业承包一级,预拌商品混凝土专业承包二级资质企业。公司机关驻江苏省苏州市大同路10号。执行董事、总经理白建伟,党委书记赵斌(5月免)、张广耀(5月任)。下辖30个桥梁队,8个道路队,3个隧道队,11个混凝土站,1个材料厂,1个物资公司,1个工程公司,2个基地,6个经营承揽办事处。职工3727人。其中,干部1350人;工人2377人。资产总额217011万元。其中,流动资产179544万元;固定资产原值66914万元、净值29096万元;无形资产3096万元;其他资产5275万元。机械设备564台(套),原值33405.65万元、净值18550.44万元,总功率55888千瓦,动力装备率15.8千瓦/人,技术装备率5.3万元/人,成新率55.5%。

2011年承揽工程任务28.31亿元,完成企业总产值30.65亿元,其中施工产值30.65亿元;实现利润3076万元。全员劳动生产率278719元/人年,职工年人均收入34470元。国有资产保值增值率116.81%,资产负债率83.74%,产值利润率0.82%,净资产收益率9.1%。单位工程合格率100%。年内,公司获全国建筑安全生产先进单位、全国公路建设市场主体信用评价A级企业、江苏省建设工程质量诚信十佳文明施工企业、江苏省建筑业百强企业、陕西省厂务公开先进单位、陕西省质量管理小组活动优秀企业等称号;1个项目被评为全国质量信得过班组,1个项目获全国工程建设优秀质量管理小组二等奖;参建的苏州北环东延项目被评为2011年度江苏省市政示范工程,获国家级优秀工法、省部级工法各1项,获国家发明专利1项。 (黄峻梅 孟繁荣 刘文君)

【第二工程有限公司】 公路、铁路工程施工总承包一级,市政公用、矿山工程施工总承包三级,公路路面、公路路基、隧道、桥梁工程专业承包一级,混凝土预制构件专业承包二级资质企业。公司机关驻北京市海淀区西四环北路158号慧科大厦东区12层。执行董事、总经理苗文怀(7月任),党委书记邵怀全,总经理刘庭联(6月免)。下辖20个专业公司(工程队)。职工2788人。其中,干部1130人;工人1658人。专业技术干部959人,技术工人1462人。资产总额213629万元。其中,固定资产原值65215万元、净值25993万元;流动资产186273万元。机械运输设备394台(套),原值24237万元、净值13508.7万元,总功率56524千瓦,技术装备率5.1万元/人,动力装备率21.1千瓦/人,成新率55.7%。

2011年承揽工程任务13.95亿元,完成企业总产值31.29亿元,其中施工产值31.29亿元。全员劳动生产率293104元/人年,职工年人均收入41868元。国有资产保值增值率224.25%,资产负债率80.57%,产值利润率1.08%,净资产收益率9.99%,应上缴完成率100%。单位工程合格率100%,优良率100%。年内,公司获全国五一劳动奖状、全国"安康杯"优胜企业、全国先进施工企业、全国公路建设市场主体信用评价A级、境外工程承包优秀企业等荣誉;参建的云南新河高速公路工程获国家优质工程金质奖;参建的三亚亚龙湾2号洞库工程获国家军队优质工程一等奖,5号洞库、1号公路工程获国家海军优质工程二等奖。 (王海波 孟繁荣 刘文君)

【第三工程有限公司】 市政公用工程施工总承包一级,公路工程施工总承包二级,桥梁、隧道工程专业承包二级,土石方、地基与基础工程专业承包三级资质企业。2006年2月由集团公司下辖的房地产开发公司、北京分公司、西安分公司、上海兴甬建筑市政工程公司合并组成;2007年5月将川渝分公司并入第三工程有限公司,房地产公司从第三工程有限公司划出;2008年12月,上海兴甬建筑市政工程公司从第三工程有限公司划出。公司机关驻重庆市渝北区黄山大道中段5号水星科技发展中心写字楼B座12、13层。执行董事、总经理刘虎军(10月免)、任霄(10月任代总经理),党委书记陈益发(5月免)、秦文(5月任)。职工1513人。其中,干部1037人;工人476人。专业技术干部707人,技术工人452人。资产总额164288万元。其中,流动资产142583万元;固定资产原值28945万元、净值21504万元。机械运输设备339台(套),原值12190万元、净值7343万元,总功率45018千瓦,技术装备率4.7万元/人,动力装备率28.7千瓦/人,成新率60.2%。

2011年承揽工程任务15.51亿元,完成企业总产值24.15亿元,资产负债率97.74%。全员劳动生产率348111元/人年。 (徐果 孟繁荣 刘文君)

【第四工程有限公司】 铁路、公路、市政工程施工总承包一级资质,桥梁、隧道、公路路基、铁路铺轨架梁专业承包一级,钢结构专业承包二级资质企业;拥有对外承包国际工程资质。公司机关驻山东省青岛市东海东路89号。执行董事、总经理肖红武,党委书记王树文(5月免)、黄小军(5月任)。下辖67个(专业公司)工程队,第一、第二铁路运输分公司,铁路电力运输分公司、兴平基地、洛阳基地、青岛物业管理公司,西北、华北、西南、东南、京鲁、天津、河南工程指挥部,北京、广州、海口办事处。在岗职工4213人。其中,干部1637人;工人2576人。专业技术干部1310人,技术工人2549人。资产总额314310万元。其中,固定资产原值78578万元、净值35461万元;流动资产277626万元。机械运输设备514台(套),原值39445.08万元、净值18623.75万元。总功率176650千瓦,技术装备率4.4万元/人,动力装备率41.9千瓦/人,成新率47.2%。公司拥有机车37台。其中,内燃机车27台;电力机车10台。年施工能力80亿元以上。

2011年承揽工程任务27.12亿元,完成企业总产值48.24亿元。其中,施工产值46.93亿元;附营产值1.31亿元。实现利润7289万元。全员劳动生产率268212元/人年,职工年人均收入34181元。国有资产保值增值率129.5%,资产负债率84.75%,产值利润率1.4%,净资产收益率18.36%,应上缴款完成率100%。单位工程合格率100%。年内,公司被评为全国公路建设市场主体信用评价A级企业,继续保持省

级文明单位称号；参建的沈阳地铁1号线工程获中国建设工程鲁班奖。 （贺春奎　孟繁荣　刘文君）

【第五工程有限公司】 前身为中铁二十局第二工程有限公司，2007年5月10日，集团公司撤销第二工程有限公司编制，5月15日将西北工程公司人员、资产与原第二工程有限公司改制重组存续人员、资产合并成立第二工程有限公司；2008年7月25日，第二工程有限公司更名为第五工程有限公司。公司机关驻云南省昆明市官渡区国贸路星河明居A幢附属楼。下辖21个工程队和昆明雅都商务酒店。执行董事、总经理康玮（6月免）、李景超（6月任），党委书记邓建涛。职工1533人。其中，干部921人；工人612人。专业技术干部904人，技术工人239人。资产总额161651万元。其中固定资产净值24734万元；流动资产136264万元。机械运输设备206台（套），原值31152.32万元、净值27074.82万元，总功率25093千瓦，技术装备率15.2万元/人，动力装备率14.1千瓦/人，成新率86.9%。年施工能力20.7亿元。

2011年承揽工程任务26.32亿元，完成企业总产值20.99亿元。其中，施工产值20.8亿元；附营产值0.196亿元。实现利润2097万元。全员劳动生产率472938元/人年，职工年人均收入35544元。国有资产保值增值率101.18%，资产负债率96.69%，产值利润率0.06%，净资产收益率1.17%。单位工程合格率100%。 （汪军利　孟繁荣　刘文君）

【第六工程有限公司】 房屋建筑、公路、市政公用工程施工总承包一级，铁路工程施工总承包二级，土石方、建筑装修装饰、桥梁、公路路基、隧道工程专业承包一级资质企业；拥有管道安装施工特种许可证。公司机关驻陕西省西安市未央区辛家庙广安路。执行董事、总经理张文峰（5月免）、苗禾（5月任），党委书记苗禾（5月免）、董增强（5月任）。前身系中国人民解放军铁道兵第十师新建铁路管理处，1984年1月1日集体转业并入铁道部，改编为铁道部第二十工程局新建铁路运输处、建筑公司、建筑工程处；1999年12月1日改称中铁第二十工程局建筑工程处，2001年1月改称中铁第二十工程局第六工程处，2002年7月18日企业改制改称现名。下辖25个工程队。职工2818人。其中，干部1364人；工人1454人。专业技术干部964人，技术工人1240人。资产总额231046万元。其中，固定资产原值43722万元、净值23809万元；流动资产200137万元。机械运输设备479台（套），原值26543.87万元、净值14452.68万元，总功率53707千瓦，技术装备率5.1万元/人，动力装备率19千瓦/人，成新率54.4%。年施工能力50亿元以上。

2011年承揽工程任务35.59亿元，完成企业总产值32.86亿元，其中施工产值32.86亿元；实现利润5877.88万元。单位工程合格率100%、优良率100%。全员劳动生产率407538元/人年，职工年人均收入33296元。国有资产保值增值率119.28%，资产负债率77.99%，产值利润率1.72%，净资产收益率13%，应上缴款完成率100%。年内，公司获全国公路建设市场主体信用评价A级企业、陕西省守合同重信用企业称号；获国家级发明专利2项、国家实用新型专利1项。 （田普卫　孟繁荣　刘文君）

【电气化工程有限公司】 铁路电务、电气化及建筑智能化、送变电工程专业承包一级，机电设备安装专业承包一级，电信工程专业承包二级资质企业。公司机关驻陕西省西安市高新区新型工业园企业壹号公园6号。执行董事、总经理王志义，党委书记张西（5月免）、孙伟良（5月任）。下辖3个电气化工程队，1个电力工程队，1个通号工程队。职工692人。其中，干部382人；工人310人。专业技术干部359人，技术工人310人。资产总额82104万元。其中，固定资产原值8672万元、净值5401万元；流动资产76418万元。机械运输设备60台（套），原值3823万元、净值2116万元，总功率5806千瓦，技术装备率3.1万元/人，动力装备率8.4千瓦/人，成新率55.3%。年施工能力6.5亿元。

2011年承揽工程任务5亿元，完成企业总产值6.54亿元，实现利润3536万元。全员劳动生产率754256元/人年，职工年人均收入40723元。国有资产保值增值率129.18%，资产负债率74.97%，产值利润率4.68%，净资产收益率12.4%，投资收益上缴率11.17%。年内，公司通过工程建设施工企业质量管理规范（GB/T50430—2007）和机电安装专业资质扩大认证。兰渝工程项目部QC小组被评为全国优秀质量管理小组，太中银铁路站后项目QC小组、电气化队QC小组被评为陕西省优秀质量管理小组。

（田　华　孟繁荣　刘文君）

【房地产开发有限公司】 房地产开发二级资质企业。公司机关驻重庆市南岸区江南大道19号城市之光30层。公司成立于2002年1月，2006年2月由房地产开发公司、上海兴甬建筑市政工程公司、北京工程公司、西安工程公司合并组建第三工程有限公司；2007年5月，房地产开发公司从第三工程有限公司划出。执行董事、总经理周玉山，党委书记简军。下辖1个物业公司。职工56人。其中，干部46人；工人10人。

2011年完成企业总产值8096万元，实现利润960万元。全员劳动生产率499753元/人年，职工年人均收入增长10%以上。年内新开工面积88600平方米，销售面积34100平方米。正在开发建设的二期项目“中铁·山水一舍”占地面积5.8万平方米，规划建筑面积12万平方米，首期已开盘销售。公司获2009～2010年度中国房地产诚信企业、重庆第四届50佳诚信房地产企业、陕西省劳动竞赛优胜单位称号，“中铁·山水一舍”楼盘被评为幸福重庆地产贡献力榜样楼盘、重庆热点区域地标楼盘榜。

（李亚玲　孟繁荣　刘文君）

【西安工程机械有限公司】 具有大吨位振动压路机生产许可证，桥式起重机（电动单梁悬挂起重机DPK32）制造、安装改造维修B级，钢结构工程专业承包一级资质。公司机关驻陕西省西安市辛家庙新灞路。前身为铁道兵第十师修理厂，1987年12月10日更名为铁道部第二十工程局机械厂，1999年12月1日更名为中铁第二十工程局工程机械厂，2007年12月企业改制改称现名。公司机关驻陕西省西安市辛家庙新灞路。执行董事、总经理王必强，党委书记李俊（5月免）。下辖3个车间、13个下属单位。职工522人。其中，干部196人；工人326人。专业技术干部164人，技术工人236人。资产总额36086万元。其中，固定资产原值23360万元、净值6624万元；流动资产24603万元。主要生产设备原值16914万元、净值4103万元。

2011年完成工业总产值16330万元。其中，施工产值743万元；附营产值15587万元。全员劳动生产率511912元/人年。全年销售压路机116台、铁路施工设备4套，完成销售额1632万元。年内完成重型铺轨机、线下砂浆车、轨道板精调设备、公铁两用补砟车、隧道拱架提升装置5项新产品的研发和改造。公司获陕西省职工发明创新成果金、银奖各1项，陕西省职工经济技术创新优秀成果一等奖1项。

（张　晟　孟繁荣　刘文君）

【陕西物资有限公司】 前身系铁道兵第十师材料厂，1984年1月1日改称铁道部第二十工程局材料厂，1993年2月17日更名为铁道部第二十工程局物资总公司；2011年10月13日，物资公司与海外工程保障中心合并为陕西物资有限公司。公司机关驻陕西省西安市华清东路125号。执行董事、代总经理吴雪松（10月任），党委书记杨晓山（10月任）。下辖5个专业分公司，外设3个材料厂（转运站），2个中心和1个公司。主要从事机械设备及配件，铁路器材及配件，金属、建筑、防水、装饰材料，中空锚杆、钢绞线、化工原料（危险品除外）的销售，以及西安地区铁路专线运输、仓储、装卸、机械加工及修理、木材加工、铁路运输业务代理、管架租赁等业务，是专业性的国际物流企业，通过ISO9001—2008国际质量体系认证；在安哥拉注册具有全资独立法人的跨国贸易公司；在上海设有海外工程保障中心，主要负责海外工程项目的物资、设备采购供应及后勤保障工作。安哥拉工程贸易公司，主要负责国际贸易业务。在职职工283人。其中，干部178人；工人105人。资产总额67212万元。其中，固定资产原值5267万元、净值1888万元；流动资产62820万元。

2011年承揽任务4.2亿元，完成企业总产值3.36亿元。其中，物资贸易3.34亿元；其他营业收入0.02亿元。实现利润897万元。全员劳动生产率125.4万元/人年。年内，安哥拉工程贸易公司启动运营，开始海外贸易业务经营；顺利通过工程质量、环境保护、职业健康安全管理体系认证。

（张媛媛　孟繁荣　刘文君）

【兰州商贸有限公司】 前身为铁道部第二十工程局兰州办事处，1985年4月成立；2009年10月更名为中铁二十局集团兰州商贸有限公司。公司机关驻甘肃省兰州市张掖路250号时代广场9楼。执行董事、总经理陈向鸿，党委书记柳小昌。下辖5个专业公司（工程队）。职工138人。其中，干部102人；工人36人。专业技术干部38人，技术工人7人。资产总额25657.56万元。其中，固定资产原值1166.6万元、净值922.07万元；流动资产24717.77万元。年施工能力3亿元以上。

2011年承揽工程任务5.6亿元，完成企业总产值3.11亿元。其中，施工产值1.52亿元；附营产值1.59亿元。实现利润1050万元。全员劳动生产率104.36万元/人年，职工年人均收入56206元。国有资产保值增值率140.91%，资产负债率88.99%，产值利润率4.47%，净资产收益率33.96%，应上缴款完成率110.12%。单位工程合格率100%、优良率100%。

（闫彦龙　孟繁荣　刘文君）

【路桥分公司】 2007年4月12日，由集团公司水利工程分公司更名为路桥分公司，以水利、土木工程建筑、工业与民用建筑及其他综合工程建筑为主。公司机关驻陕西省西安市太华路89号。总经理刘克锋。职工192人，其中专业技术干部91人。年施工能力2亿元以上。

2011年承揽工程任务1.3亿元，完成施工产值

1.2 亿元。全员劳动生产率 106851 元/人年。

（张 源 孟繁荣 刘文君）

【技工学校】 前身为中国人民解放军铁道兵第十师教导队,1984 年 1 月 1 日集体转业改称铁道部第二十工程局技工学校,2002 年更名为中铁二十局集团公司技工学校。驻陕西省渭南市向阳北街 245 号。校长徐寅忠(5 月免)、杨建国(5 月任),党工委书记赵小健。在岗教职工 68 人。学校占地面积 37116 平方米,建筑面积 18308 平方米。固定资产 1415 万元。学校常设专业 19 个,其中"3+2"高职专业 6 个,技工教育开设专业 15 个,高等函授教育 2 个。学校是陕西省劳动和社会保障厅、教育厅、经贸委、团省委等部门命名的首批青工岗位技能培训基地,省劳动预备定点培训学校、农民工培训基地,中国铁建股份有限公司高级技师及高级工培训基地,陕西省重点技工学校。

2011 年完成企业总产值 1000 万元。全年招生 820 人,有毕业生 733 人。年内完成 29 个班次 125 门课程 2226 人次的函授教育面授工作;承办集团公司大学生岗前培训、试验人员培训 6 期,培训 1054 人,完成赴安哥拉劳务人员技能考核 286 人次;完成技能鉴定 2388 人次。修建 1000 平方米的焊工实习车间,设置 28 个焊工实习工位和 30 个钳工工位,基础设施和实习设备逐步完善。2011 年,学校被中国铁建评为职工书屋示范点。

（汪海涛 孟繁荣 刘文君）

【重要记载】

▲1 月 10 日 集团公司沪昆铁路客运专线贵州段工程指挥部获贵州省总工会"工人先锋号"称号。

▲1 月 17～19 日 集团公司三届三次职代会、工作会、党委二届三次全委(扩大)会、纪检监察工作会在西安集团公司机关召开。会议确定 2011 年的总体工作思路:深入贯彻落实科学发展观,以"转方式、调结构、促转型、上水平"为主线,以强化基础管理为根本,以加大科技创新为动力,以构筑"三大优势"为基础,牢记"两个要务",抓住"两个基本点",突出一个中心,做强主业增实力,板块发展提效益,发挥企业文化持久力量,推动企业实现和谐与恒久发展。

▲2 月 21 日 五公司云南雅都商务酒店在第四届亚洲酒店业领袖峰会上获亚洲酒店业金橄榄奖·商务人士最喜爱的品牌酒店称号。酒店总经理张结实获亚洲酒店业金橄榄奖·中国酒店业十佳杰出总经理称号。

▲2 月 21 日 三公司获陕西省模范职工之家称号,五公司大四线高关支线项目部获陕西省模范职工小家称号。

▲3 月 1 日 一公司无锡地铁 1 号线 6 标段桥梁二队钢筋班获无锡市"工人先锋号"称号。

▲3 月 12 日 集团公司总经理姜永军参加中国铁建与武汉市政府在北京签署战略合作框架协议仪式,标志着以集团公司为主体的中国铁建将整体进入武汉市基础设施市场。

▲同日 集团公司开路先锋报社获陕西省新闻工作者协会、陕西省新闻工作者协会企业报分会联合授予的创新创优办报单位称号。

▲3 月 23 日 六公司在 2010 年度中国铁建 100 余家工程公司评比中,获得经济效益最好、排名第一的好成绩。

▲3 月 27 日 集团公司黄韩侯铁路工程指挥部获 2010 年陕西省重点工程建设立功竞赛先进集体称号。

▲3 月 28 日 二公司承建的云南保龙高速公路 3 标段工程获 2010 年云南省优质工程二等奖。

▲4 月 8 日 集团公司党委书记周富参加二公司机关办公楼入驻陕西省西安市浐灞生态区总部办公区项目签约仪式。

▲4 月 12 日 新疆维吾尔自治区主席努尔·白克力等在集团公司党委书记周富陪同下,参加集团公司承建的新疆首条沙漠高速公路——G216 线五彩湾—大黄山高速公路开工仪式。

▲4 月 13 日 铁道部副部长卢春房到集团公司承建的哈尔滨西客站项目视察工作。

▲4 月 28 日 中共中央政治局委员、天津市市委书记张高丽出席天津市 2008～2010 年劳动模范表彰大会。六公司副总经理兼天津西站项目经理张斌获天津市劳动模范称号。

▲同日 在黑龙江省五一表彰大会上,哈尔滨西客站项目部获得黑龙江省五一劳动奖状,项目经理高雷州获得黑龙江省五一劳动奖章。

▲4 月 集团公司被授予水利建设主体市场信用评价 AAA 级单位称号。

▲5 月 13 日 中国工程院院士王梦恕到集团公司沪昆铁路客运专线贵州段大独山隧道施工现场检查指导,并勉励青年技术干部:珍惜机遇,注重创新,加快成长,多出成果。

▲5 月 21 日 二公司沪昆铁路客运专线贵州段项目部测量班获贵州省总工会"工人先锋号"称号。

▲5 月 23 日 全国人大常委会委员长吴邦国在安哥拉访问期间,接见集团公司安哥拉工程指挥部指挥长刘峰等中资企业代表。

▲6 月 1 日 一公司厦漳项目经理彭荣利被评为全国工程建设优秀项目经理。

▲同日　一公司、四公司洛阳基地，集团公司西安基地管理处、技工学校被中华全国总工会授予全国职工书屋示范点达标单位称号；西安基地管理处俱乐部图书馆被授予全国工会优秀职工书屋示范点称号，西安工程机械公司职工书屋被授予全国工会优秀职工书屋称号。

▲6月11日　六公司天津西站项目获2010年度中央企业"青年文明号"称号。

▲同日　南部非洲发展共同体议会联盟14个成员国代表100余人抵达安哥拉洛比托港，到集团公司承建的本格拉铁路工程施工现场进行观摩访问。

▲6月12日　二公司获得全国五一劳动奖状。

▲同日　安哥拉交通部部长奥古斯都·托马斯受总统桑多斯委托，乘专列视察由集团公司承建的本格拉铁路工程。

▲6月14日　中国工程院院士王梦恕专家组一行到六公司承建的运宝高速公路项目中条山隧道施工现场指导工作。

▲6月22日　二公司承建的南广铁路花培岭隧道贯通仪式在广东省郁南县举行。该隧道连接桂粤两省区，是全线贯通的首座长大隧道。

▲6月27～28日　新华社、《人民日报》等6家中央级媒体对集团公司兰新铁路第二双线祁连山隧道项目进行深入采访报道。

▲6月29日　中共中央政治局委员、天津市市委书记张高丽一行，到六公司承建的天津西站交通枢纽工程现场慰问集团公司参建员工，并察看工程建设成果和开站运营准备情况。

▲6月30日　天津西—上海虹桥G215次"和谐号"列车从天津西站首发，标志着由六公司参建的现代化大型综合交通枢纽天津西站正式通车。

▲7月1日　经陕西省科学技术厅、财政厅和国家税务局、地方税务局联合认定，集团公司被确定为高新技术企业。

▲同日　集团公司庆祝建党90周年文艺晚会《永远的旗帜，不息的征程》在集团公司机关举行。

▲7月5日　中共中央政治局委员、全国人大常委会副委员长、中华全国总工会主席王兆国在黑龙江省省委书记吉炳轩、省长王宪魁等陪同下，视察集团公司承建的哈尔滨西客站项目。

▲7月11日　一公司王永锋获湖北省"青年岗位能手"称号。

▲7月12日　一公司无锡地铁1号线6标段项目获江苏省建筑施工文明工地称号。

▲7月27日　股份公司研究决定：集团公司董事会由余文忠、周富、姜永军、马登峰、张志军组成，余文忠任董事长，周富任副董事长；集团公司监事会由黄锦波、朱宝林、刘杰组成，黄锦波任监事会主席。

▲7月　一公司党委被评为陕西省国资委先进基层党组织称号，公司副总经理雷卫东被评为优秀共产党员。

▲7月　一公司获江苏省建筑业"百强企业"称号。

▲7月　一公司汪发安获中国铁建第五届"十大杰出青年"称号。

▲8月5日　共青团陕西省委授予工程机械公司三车间下料组青年安全生产示范岗称号。

▲同日　集团公司哈齐铁路客运专线项目部一分部CFG桩桩头质量控制QC成果获全国QC成果二等奖。

▲8月30日　安哥拉总统多斯桑多斯出席集团公司承建的本格拉铁路起点至万博段开通仪式。

▲8月　四公司党委获陕西省先进基层党组织称号。

▲8月　电气化公司锡多电务项目部获陕西省"工人先锋号"称号。

▲8月　一公司张宗义获云南省威信县见义勇为英雄称号。

▲9月　六公司被天津市评为西站建设铁军称号。

▲9月　集团公司李令选、杨玉国、侯明让、惠树民、薛海平被蒙古国政府授予特殊贡献奖章。

▲9月　六公司王立君获共青团陕西省委"青春榜样"称号。

▲11月7日　集团公司参建的沈阳地铁1号线工程获中国建设工程鲁班奖。

▲同日　全国政协副主席李金华到一公司承建的海洋铁路如东站视察。

▲11月23日　一公司获陕西省厂务公开先进单位称号。

▲11月　一公司获陕西省质量管理小组活动优秀企业称号。

▲11月　王昌尧获全国铁路优秀新闻工作者称号。

▲12月6日　集团公司沪昆铁路客运专线杭长湖南段项目部一分部获2011年全国质量信得过班组称号。

▲同日　集团公司党委在陕西西安召开创先争优活动群众评议暨2010年度党员领导干部民主生活会整改措施落实情况满意度测评大会。

▲12月21日　股份公司研究决定：周富任集团公司董事长；姜永军任集团公司副董事长，为法定代表

人;任少强、尤敦同为集团公司副总经理人选。免去余文忠集团公司董事长、董事职务,退休。按《公司法》和股份公司决定,修改《中铁二十局集团有限公司章程》,并按规定程序办理任免手续。

▲12 月　集团公司参建的云南新街至河口高速公路工程获国家优质工程金质奖。

▲12 月　蒙古国政府交通运输、建筑、城市建设部部长巴特·图列噶签发命令,授予集团公司副总经理兼蒙古国工程指挥部指挥长李令选最高建筑荣誉奖。　　(孟繁荣　刘文君)

中铁二十一局集团有限公司

【简况】　中铁二十一局集团有限公司是铁路工程施工总承包特级,公路、水利、房屋建筑、市政公用、通信工程施工总承包一级,土石方、桥梁、隧道、铁路电务、电气化、铁路铺轨架梁工程专业承包一级和地质灾害甲级资质企业;具有境外经营权。集团公司总部驻甘肃省兰州市城关区和平路63号。2004年3月16日由兰州铁路建设集团有限公司、乌鲁木齐铁路工程(集团)有限责任公司、中铁二十局集团第三工程有限公司整合重组而成。下辖11个全资公司。职工13000余人,其中专业人员5423人。资产总额153.6亿元。其中,固定资产原值20.3亿元、净值10.76亿元;流动资产146.75亿元。施工机械、检测等设备3470台(套),年施工能力200亿元以上。

2011年,集团公司承揽工程任务177.34亿元,完成企业总产值168.19亿元,实现利润2.4亿元。年内,集团公司被评为全国水利建设市场信用主体评价等级AAA级施工企业,获甘肃省建筑业诚信企业称号;集团公司"'创新农民工管理方式,建立和谐劳动用工关系'社会责任实践案例"被评为中央企业优秀社会责任实践成果。　　(高秋凤)

【领导人员】

董事会

董事长	李　宁(3月免)
	孟广顺(4月任)
副董事长	孟广顺(4月免)
外部董事	左春文(4月免)
	胡莫愁(4月免)
	柳京京(4月免)
董事	王继红(4月任)
	王耀华(7月任)
	吴建顺(7月任)
职工董事	张克勤

监事会

监事会主席	赵胜平
监事	孔德库
职工监事	周生贵

经理层

总经理	李　宁(3月免)
	王继红(4月任)
副总经理	王继红(4月免)
	邹兰明
	郑群棣
	黄庆华
	渠巨华
	张超民
	吴建顺
总会计师	王耀华
总工程师	赵彦旭
总法律顾问	王耀华(兼)

党群领导

党委书记	孟广顺
党委副书记	李　宁(3月免)
	王继红(4月任)
	张克勤
	赵胜平
工会主席	张克勤(兼)
纪委书记	赵胜平(兼)

(齐宇旗　于梅芝)

【工程项目指挥机构】　京石铁路客运专线指挥部　驻河北省石家庄市桥西区维明大街盛世华庭松涛园4号楼1单元22楼。指挥长宋建忠。

津秦铁路客运专线第4标段工程指挥部　驻河北省卢龙县迎宾路中段路桥公司院内。指挥长张增科。

贵广铁路工程指挥部　驻贵州省黎平县双江乡政府院内(即政府办公楼)。指挥长兼党工委书记曾继光。

天平铁路工程指挥部　驻甘肃省天水市麦积区渭滨北路东1号。指挥长兼党工委书记张培众(8月免)、杨安怀(8月任)。

银川站改项目经理部　驻宁夏回族自治区银川市兴洲北路。指挥长兼党工委书记李鸿云。

兰渝项目经理部　驻甘肃省兰州市榆中县定远镇

亨通宾馆。项目经理黄庆华，党工委书记张柳春（10月任）。

兰新铁路第二双线平安至西宁段工程指挥部　驻青海省西宁市城东区八一东路34号军交大厦。指挥长兼党工委书记范登乾。

兰新铁路第二双线（新疆段）LXTJ7标段项目部　驻新疆维吾尔自治区乌鲁木齐市达坂城区539号金辉宾馆。项目经理朱昌岳，党工委书记刘保华。

兰新第二双线兰州枢纽引入工程项目部　驻甘肃省兰州市西固区西固东路276号西亚快捷宾馆6楼。项目经理赵彦旭（5月免）、姚璐（5月任），党工委书记马养真。

大西铁路站前15标段工程指挥部　驻陕西省西安市临潼区芷阳湖景区。指挥长兼党工委书记高玉峰。

集通复线工程指挥部　驻内蒙古自治区乌兰察布市商都县商都宾馆。指挥长兼党工委书记张同猛。

惠银二线工程指挥部　驻宁夏回族自治区银川市兴洲北路。指挥长兼党工委书记李鸿云。

山西中南部铁路通道ZNTJ－13标段项目经理部　驻河南省安阳市文昌大道中段。项目经理兼党工委书记冯建军。

中国铁建玉树地震灾后重建指挥部　驻青海省玉树州结古镇西杭路。指挥长兼党工委书记李宁（4月免）、张克勤（4月任）。

新建天津至保定铁路JBSG－1标段项目经理部　驻河北省霸州市霸州镇鼓楼街2号。指挥长李龙，党工委书记窦利军。

邯济铁路扩能改造工程ZH－2标段工程指挥部　驻山东省聊城市建设东路东首路北。指挥长董金堂，党工委书记高湛齐。

邯长铁路扩能改造工程指挥部　驻河北省邯郸市涉县龙山大街崇洲大酒店。指挥长兼党工委书记伍顺成。

拉日铁路站前工程TJ5标段指挥部　驻西藏自治区仁布县切瓦乡。指挥长尹建勋，党工委书记马建平。

西安临潼度假区工程指挥部　驻陕西省西安市临潼区行者路15号。指挥长高称义。

（高秋凤　李玲）

【职工队伍】　职工13136人，其中干部5632人，占职工总数42.87%。干部中，专业技术干部5423人，占干部总数的96.29%；女干部1202人，占干部总数的21.34%；少数民族干部176人，占干部总数的3.13%；党员干部2436人，占干部总数的43.25%。干部年龄结构：30岁以下2866人，31～40岁1162人，41～50岁879人，50岁以上725人。干部文化结构：大学本科及以上2704人，大专2226人，中专、高中613人，初中及以下89人。

工人7504人，占职工总数的57.13%，其中女职工3086人。工人文化结构：大专及以上文化程度999人，中专文化程度564人，技校文化程度623人，高中文化程度2455人，初中及以下文化程度2863人。工人年龄结构：24岁以下2190人，25～30岁2126人，30～35岁1133人，35～40岁1547人，40～45岁1697人，45～50岁2093人，50～55岁1603人，55岁以上747人。取得国家职业资格证书的技术工人3491人，占工人总数的43.6%。其中，高级技师74名；技师552名；高级工2098名；中级工688名；初级工79名。

（齐宇旗　于梅芝　王尚义　王兰生）

【工程施工】　截至2011年底，集团公司在建项目136项，局管项目19项，代管项目41项，自揽项目76项。其中，铁路项目59项；公路项目32项；房建项目32项；市政工程4项；城市轨道交通工程3项；水利水电工程3项；安装及其他工程3项。

铁路工程：拉日、邯长、邯济、兰渝、天平、贵广、太中银、向莆、锡乌、巴珠铁路，津保、沪昆、大西、津秦、京石铁路客运专线，山西中南部铁路通道13标段、18标段，集通铁路复线、包兰铁路惠农至银川段增建第二线、贵阳枢纽，兰新第二双线兰州枢纽、平安至西宁段、哈密至乌鲁木齐段，银川车站改造工程，吐库铁路二线S4标段，库阿铁路二线ZH1、ZH2标段，兰新铁路电气化改造红烟段、宝麟专运线等59项。

公路工程：新疆奇木、贵州黎洛、江肇、厦蓉、宝汉、甘肃永古、福建双永、延安安塞经志丹至吴起高速公路，成渝高速公路复线、贵州思剑高速公路两个标段、和榆高速两个标段、十天高速公路3个标段，西商公路、云南澜沧江沿江公路、陈屿隧道等32项。

城市轨道交通工程：西安地铁、大连市202路轨道线路、莞惠城际轨道交通工程。

市政公用工程：西安曲江市政工程、西宁火车站综合改造工程等4项。

水利水电工程：南水北调中线一期工程总干渠陶岔渠首—沙河南叶县段工程施工1标段、雅砻江锦屏水电站辅助洞机电安装及运行管理工程等3项。

房屋建筑及其他工程：玉树灾后重建项目、曲江梧桐苑项目02标段，西安曲江·新坐标5、6号楼工程，集团公司“铁建丽苑”小区住宅楼工程，西安曲江黄渠头安置小区1标段工程1、2、3号楼工程，甘肃省人民检察院国家检察官学院甘肃分院室内装饰及室外装饰工程、甘肃省人民检察院办案用房和专业技术用房室内装饰及室外装饰工程、兰州铁路局天憬缘住宅楼工程、兰州—成都原油管道工程藤家湾隧道工程等32项。

重点工程进展情况：

京石铁路客运专线JS－4标段工程　位于河北省鹿泉市境内，合同投资13.87亿元，2008年8月1日开工，2012年6月1日竣工。主要实物工程量：路基及附属工程4.2公里，西北联络线跨京广铁路特大桥2776.192延长米，石太直通线跨青银高速公路特大桥8416.97双线延长米，石太直通线跨京广铁路特大桥3587.59双线延长米，北西联络线特大桥2190.193延长米；制运架双线整孔箱梁250孔、T梁308孔；铺设有砟轨道59.7公里，道岔6组。2011年完成投资22485万元；开工累计完成投资106661万元，占合同投资的76.89%。

津秦铁路客运专线4标段工程　线路经过河北省唐山市滦县、迁安市及秦皇岛市卢龙县、抚宁县，全长69.232公里，合同投资36.5亿元。2008年11月8日开工，计划2012年8月31日竣工。主要实物工程量：特大桥及大中桥34座29614延长米，隧道14座11117延长米，路基28.501公里。2011年完成投资26176万元；开工累计完成投资330010万元，占合同投资的90.38%。

贵广铁路3、4标段工程　线路经贵州省黔东南黎平县和从江县，线路长31.628公里，合同投资184536万元。2009年3月16日开工，计划2013年9月竣工。主要实物工程量：隧道7座29838延长米，桥梁6座1164.38延长米。2011年完成投资47033万元；开工累计完成投资131035万元，占合同投资的70.45%。

兰渝铁路LYS－7标段工程　位于甘肃省兰州东站至夏官营站间，线路长29.989公里，合同投资调整为189105万元。2009年7月20日开工，计划2014年6月30日竣工。主要实物工程量：路基土石方405.4万立方米，桥梁20座14718延长米，涵洞96座1779.96横延米，隧道3座6968延长米；正线铺轨75.323公里，站线铺轨5.052公里，铺道岔66组，铺道砟22.6万立方米；通信线路29.989条公里，通信设备11站，自动闭塞29.989区间公里；供电线路29.989公里，变配电所13站，牵引变电所1处，接触网29.989正线公里，敷设电缆光缆29.989公里；T梁预制1438片，T梁架梁1438片。截至2011年底，开工累计完成投资144942万元，占合同投资的76.65%。

天水—平凉铁路TP－TJ1标段　位于甘肃省天水市，线路长43.38公里，合同投资151196万元。2009年4月20日开工，计划2012年9月25日竣工。主要实物工程量：铺架工程正线长114.64公里，区间、站场路基土石方501.22万立方米，路基附属工程43.38公里，桥梁22座8390.77延长米，涵洞68座1812.18横延米，隧道10座19110延长米。截至2011年底，开工累计完成投资99149万元，占合同投资的65.58%。

大同—西安铁路客运专线站前15标段工程　位于陕西省西安市临潼区境内，线路长31.617公里，合同投资269895万元，合同工期2010年3月10日～2013年12月31日。2010年11月，业主调整工期，定于2012年12月31日竣工。主要实物工程量：特大桥4座36147.45延长米，预制箱梁921孔，CRTSI型双块式无砟轨道道床铺设62.95公里。

兰新铁路第二双线兰州枢纽引入工程LX－LZSN－1标段　位于甘肃省兰州市境内，线路长15.39公里，合同投资139250万元，合同工期2010年1月1日～2013年10月30日。主要实物工程量：路基土石方89.99万立方米，桥梁7座6889延长米，隧道4座6748延长米。2011年完成投资26195万元；开工累计完成投资35195万元，占合同投资的25.27%。

兰新铁路第二双线平安—西宁段LXSQZ－1标段工程　位于青海省海东州，线路长23.004公里，合同投资187500万元，合同工期2010年1月1日～2013年12月31日。主要实物工程量：区间路基土石方92.7万立方米，路基附属工程土石方17.14万立方米，附属工程圬工6.27万立方米，铺轨46.008公里，两电迁改23.004公里，隧道5座6131延长米，桥梁14座13560.11延长米，涵洞11座232.6横延米。2011年完成投资43222万元；开工累计完成投资94630万元，占合同投资的50.46%。

新建兰新铁路第二双线哈密—乌鲁木齐段站前LXTJ7标段工程　位于新疆维吾尔自治区吐鲁番市和乌鲁木齐市达坂城区境内，线路长34.383公里，合同投资197100万元，合同工期2010年3月1日～2013年3月31日。主要实物工程量：桥梁16座4909.08延长米，隧道5座5967延长米。2011年完成投资33861万元；开工累计完成投资88861万元，占合同投资的45.08%。

山西中南部铁路通道ZNTJ－13标段工程　位于河南省安阳市瓦塘至汤阴东（含），线路长77.298公里，合同投资375000万元，合同工期2010年4月10日～2014年9月30日。主要实物工程量：区间路基及站场土石方976.7万立方米，桥梁30座23131延长米，隧道8座6471延长米，跨线公路桥20座3338.6延长米，涵洞235座，预制、架设T梁1346孔，铺轨226.16公里。2011年完成投资96974万元；开工累计完成投资212390万元，占合同投资的56.64%。

改建铁路集宁—通辽线扩能改造工程赉红—兴和

段 JTZH－1 标段工程　位于内蒙古自治区乌兰察布市境内，线路长 174.079 公里，合同投资 192100 万元，合同工期 2010 年 4 月 15 日～2012 年 4 月 15 日。主要实物工程量：土石方 1097.37 万立方米，改建站场 6 座，梁式桥 20 座 3654.62 延长米，公跨铁桥梁 6 座 662.38 延长米，涵洞 230 座 2455.94 横延米。2011 年完成投资 76754 万元；开工累计完成投资 124614 万元，占合同投资的 64.87%。

包兰铁路惠农—银川段增建二线工程　位于宁夏回族自治区境内，起点石嘴山市惠农区惠农车站，终点银川车站，线路长 97.863 公里，合同投资 165533 万元。惠银二线于 2010 年 3 月 15 日开工，惠农—石嘴山区间计划 2011 年 3 月 21 日完工，石嘴山—银川区间计划 2011 年 8 月 31 日竣工。2011 年完成投资 51211 万元；开工累计完成投资 132916 万元，占合同投资的 80.3%。

新建天津—保定铁路 JBSG－1 标段工程　位于天津市和河北省霸州市、容成县及徐水县境内，合同投资 196800 万元，合同工期 2010 年 9 月 1 日～2013 年 2 月 1 日。主要实物工程量：区间路基及站场土石方 138.9 万立方米，特大桥 6 座 25047 延长米、大桥 1 座 273.4 延长米，涵洞 914.28 横延米，预制、架设单线箱梁 282 孔，购架预应力混凝土 T 梁 96 孔，正线铺轨 37.941 公里、改建正线铺轨 7.007 公里，新建站线铺轨 24.865 公里、铺设道岔 109 组，改建站线拆除轨道 15.367 公里、拆除道岔 62 组，接触网 64.4 条公里，电力线路 24.8 公里，变配电所 3 座，通信线路 69 公里，区间自闭线路 24.8 里。2011 年完成投资 565 万元；开工累计完成投资 34493 万元，占合同投资的 17.52%。

邯长铁路工程　位于河北省涉县境内，线路长 110.196 公里，合同投资 113784 万元，合同工期 2010 年 9 月 28 日～2012 年 8 月 31 日。主要实物工程量：区间路基及站场土石方 211.12 万立方米，桥梁 20 座，隧道 6 座 8073 延长米，正线铺轨 116.64 公里，站线铺轨 30.34 公里，铺道岔 142 组，铺道砟 8 万立方米，房屋建筑 15296 平方米。2011 年完成投资 12300 万元；开工累计完成投资 30543 万元，占合同投资的 26.84%。

邯济铁路扩能改造 ZH－2 标段工程　位于山东省聊城市，线路长 79.814 公里，合同投资 191200 万元，合同工期 2010 年 12 月～2012 年 12 月。主要实物工程量：桥梁 42 座，涵洞 428 座。2011 年完成投资 57310 万元；开工累计完成投资 70196 万元，占合同投资的 36.75%。

中国铁建玉树抗震救灾工程　位于青海省玉树州。玉树抗震救灾工程包括玉树州结古镇东城片区和仲达乡的 4 个村、33 个社的灾后重建任务。涉及城乡住房、交通、能源、农牧区、教育、医疗卫生、社会管理、广播电视、人文关怀、文化遗产等建设项目 173 项，房屋建筑面积 128.9 万平方米，总投资约 40 亿元。2010 年 7 月开工，计划 2012 年 10 月完工。中国铁建主要承担玉树州结古镇城东片区和仲达乡的 137 个项目，建筑面积 71.39 万平方米，合同投资 20.65 亿元。2011 年 8 月 18 日，州民族中学和特殊教育学校工程竣工；10 月，玉树县科技示范第一村——代格村 137 户农牧民喜迁新居，仲达乡 688 户农牧民相继拿到新居钥匙，仲达乡的 13 个公建项目全部完成。截至年底，累计开工 104 项，开工建筑面积 65.04 万平方米。

新建拉萨—日喀则铁路站前 TJ5 标段工程　位于西藏自治区日喀则地区仁布县境内，线路长 46.44 公里，合同投资 14.88 亿元，合同工期 2010 年 12 月～2014 年 11 月。主要实物工程量：区间路基及站场土石方 213.5 万立方米，隧道 6 座 21413 延长米，桥梁 27 座 10796 延长米，涵洞 40 座。2011 年完成投资 52132 万元；开工累计完成投资 53513 万元，占合同投资的 36%。

新疆 S303 线奇台—木垒高速公路 QM－1 标段工程　位于新疆维吾尔自治区昌吉州州东部，线路长 70.636 公里，合同投资 116800 万元，合同工期 2011 年 4 月 1 日～2012 年 11 月 30 日。主要实物工程量：桥梁 14 座 799.52 延长米，互通式立交 4 座，分离式立交 3 座，通道桥 23 座，天桥 9 座，涵洞 130 道。（刘世卿）

【经营管理】　经营承揽。2011 年，集团公司新签合同额 177.34 亿元。其中，工程承包 163.77 亿元，占新签合同额的 92.35%；房地产开发 9 亿元；工业制造 4.57 亿元。工程承包板块中，铁路工程 21.74 亿元，公路工程 35.13 亿元，房屋建筑 44.83 亿元，市政公用 11.16 亿元，水利水电 4.84 亿元，城市轨道交通 3.9 亿元，矿山 1.14 亿元，其他 41.03 亿元。全年完成企业总产值 168.19 亿元。

企业管理。根据集团公司产业结构调整和经营投标的需要，2011 年先后取得城市轨道交通工程专业承包和地质灾害甲级施工资质，企业境外投资和对外援助成套项目施工任务实施企业资格。一公司、四公司公路施工总承包资质等级由三级升为二级，电务电化公司新增机电安装工程施工总承包三级、送变电工程专业承包三级资质。铺架工程公司、北京分公司改制为子公司，申请设立中铁二十一局甘肃房地产开发有限公司。为优化资源配置、提升资产经营能力，将西安中铁建投地产有限公司划转德盛和置业有限公司管理。清理整合工程公司下属的子（分）公司，年内督导一公司撤销第一、二、三、四、七分公司和工贸、集优建筑分公司及乌鲁木齐铁路工程(集团)设备安装有限责任公司、乌鲁木齐铁路建业有限责任公司9个分支机构。截至2011年底,集团公司有一级注册建造师184人。其中,铁路专业68人;公路专业50人;建筑专业44人;市政专业6人;机电专业8人;通信专业7人;水利水电专业1人。2011年,1人获全国建筑企业优秀项目经理、5人获甘肃省建筑业优秀建造师(项目经理)称号,电务电化公司获甘肃省优秀建筑业企业称号;集团公司和二公司、五公司、电务电化公司获甘肃省建筑业诚信企业称号;集团公司被评为全国水利建设市场信用主体评价AAA级施工企业;集团公司"创新农民工管理方式,建立和谐劳动用工关系"社会责任实践案例被国资委评为2011年度中央企业优秀社会责任实践成果。

特级资质管理。3月17日,铁路特级资质就位工作全面启动,集团公司高度重视铁路特级资质就位和行业设计甲级资质的申报工作,组织召开专题会议13次,制定详细计划组织实施,成立领导小组和工作小组全面落实,在人、财、物等各方面给予保证。在新特级资质申报中,涉及集团公司机关部门17个、工程公司8个、项目(指挥)部43个、项目分部86个。12月8日,集团公司整理铁路新特级资质5卷14册报送住房和城乡建设部审核,铁路新特资质就位工作取得阶段性成果。

法律事务。2011年,集团公司处理法律纠纷案件62起,处理律师函、催款函30余份,重点跟踪处理浙江金辉公司钢材买卖合同纠纷、朱某建设工程施工合同纠纷、王坡沟南桥施工合同纠纷等10余起案件。全年为企业避免或挽回经济损失300万元以上。年内审核经济合同138份、规章制度6项、授权委托书30份,出具法律意见书18份,提出法律意见和建议40余(条)项,参与北京公司房产购置、集团公司兰州市安宁区办公基地置换、西安中铁建投移交德盛和公司等重大决策5次。

安全质量。2011年,集团公司坚持以顾客关注为焦点,完善质量管理体系,规范现场管理,加大前期策划、过程和工序质量控制、竣工后质量回访工作力度。积极参加甘肃省安监总局"安全月"和省技术监督局"质量月"宣传活动,进一步扩大企业在甘肃省的影响力。年内获得省部级优质工程奖2项,省部级优秀质量管理小组成果2项、中国铁建优秀质量管理小组成果6项;5个工地被评为省级文明工地,4个工地被评为中国铁建安全质量标准化工地。

资本运营。集团公司有6项长期股权投资项目,总投资3959万元。其中,4项为集团公司重组前所属单位遗留参股项目,投资额1189万元,目前正在清收股权;另外2个项目为四川纳叙铁路项目和兰州银滩雅苑房地产开发项目。四川纳叙铁路项目是集团公司2004年参股总公司投资的项目,投资额770万元;兰州银滩雅苑房地产开发项目是集团公司下属中铁建投有限公司2010年股权投资的项目,投资额2000万元,属在建项目。

财务管理。截至2011年底,集团公司资产总额170.06亿元,其中流动资产146.75亿元,占资产总额的86.29%;负债总额153.6亿元,其中流动负债144.25亿元,占负债总额的93.91%。货币资金25.91亿元。2011年,集团公司营业收入167.04亿元,实现利润24097.4万元;上缴税金50410.58万元,总资产报酬率2.47%。集团公司固定资产原值20.3亿元、净值10.76亿元。其中,房屋建筑物原值2294.79万元、净值12668.16万元;施工机械原值65774.07万元、净值43316.78万元;生产设备原值18090.04万元、净值10723.09万元;运输设备原值33231.82万元、净值15381.82万元,试验及其他生产用固定资产原值63650.82万元、净值25548.19万元。

经济管理。2011年,集团公司完成变更索赔24.02亿元。其中,铁路工程变更索赔21.92亿元;公路工程变更索赔1.17亿元。修订《工程项目二次经营创效管理办法》,拟定《二次经营创效策划指导意见》,组建二次经营专家库,与6个工程公司和18个直管项目(指挥)部签订变更索赔目标责任书。

审计工作。2011年完成工程项目审计69项。其中,过程审计55项;竣工审计14项。提出审计建议676条,审计建议被采纳674条,发现违规违纪及损失浪费金额13456.61万元,纠正违规违纪金额7325.17万元,促进增收节支198.43万元。全年完成经济责任审计33项,提出审计建议225条,审计建议被采纳219条,发现违规违纪金额8775.71万元,纠正违规违纪金额1407.95万元,促进增收节支13.2万元。全年完成财务收支审计6项,出具审计报告6份,提出审计建议33条,审计建议被采纳33条,发现违规违纪金额162.4万元,纠正违纪违规金额34万元。全年完成资金等专项审计17项,发现违规违纪金额188.82万元,提出审计建议47条,审计建议被采纳47条,已纠正违纪违规金额118.74万元,促进增收节支金额2.5万元。年内,集团公司被评为2008~2010年度甘肃省内部审计工作先进集体,集团公司副总会计师兼审计处长孔德库被评为甘肃省内部审计先进个人。

(高秋凤　李　玲)

【科技教育】 2011年,集团公司立项科研项目11项,获资助经费200万元。年内获省部级科技进步奖5项、国家级工法3项。全年申报专利21项,受理专利14项,开发的“电气化铁路接触网支柱杯型基础浇注模具”等5项专利获得授权,其中“用于电器产品焊接的液体助焊剂”获发明专利授权。

教育培训。全年举办144期培训班,培训5523人次;参加外部培训211期,培训2659人次。教育经费支出362万元,比2010年增加27万元。277人参加在职学历教育,231人参加继续教育培训;408人参加集团公司职业技能鉴定,330人通过鉴定;18人参加中国铁建高级技师鉴定,16人通过鉴定。截至年底,集团公司有3491人取得职业资格证书。其中,高级技师74名;技师552名;高级工2098名;中级工688名;初级工79名。取得职业资格证书人数占工人总数的43.6%。 (李文波　齐宇旗　唐瑛民)

【党群工作】 (1)党的工作。集团公司有党的基层组织311个。其中,党委13个;总支部48个;支部250个。有党员5612名。1月19～21日,集团公司党委一届四次全委(扩大)会议暨党风建设和反腐倡廉会议、一届二次职工代表大会暨2011年工作会议在兰州召开,会议以党的十七届四中、五中全会精神和中央经济工作会议精神为指导,以科学发展观为统领,在回顾总结集团公司“十一五”期间和2010年工作的基础上,分析集团公司面临的形势,研究、部署集团公司2011年生产经营、改革发展和党的建设等任务。集团公司党委书记、副董事长孟广顺作题为《强化政治优势,提升党建水平,为继续开创集团公司发展新局面而努力奋斗》的工作报告,董事长、总经理、党委副书记李宁作题为《加快实施发展战略,全面提高管理水平,为推进企业持续健康快速发展而努力奋斗》的工作报告,党委副书记、纪委书记赵胜平作题为《以科学发展为根本,围绕集团工作大局,努力开创党风建设和反腐倡廉建设新局面》的工作报告。5月4～6日在河北卢龙集团公司津秦项目二分部召开集团公司创先争优活动现场推进会议。会议深入学习贯彻党的十七届五中全会精神和胡锦涛总书记关于创先争优活动的重要指示精神,以及股份公司创先争优活动经验交流会精神,总结集团公司创先争优活动进展情况,交流一公司党委和津秦项目二分部党总支开展创先争优活动经验,安排部署创先争优活动下一阶段的重点工作,进一步推动创先争优活动深入扎实开展。集团公司党委书记、董事长孟广顺作题为《深化认识,强化措施,进一步推动创先争优活动深入扎实开展》的讲话,党委副书记、工会主席张克勤对各单位开展创先争优活动进行点评。会议组织10个单位观摩津秦项目二分部和一公司创先争优活动基础资料、宣传片以及先进党员的事迹介绍,会议取得预期效果。6月30日,集团公司在兰州召开庆祝建党90周年暨创先争优活动表彰大会。6月27日,电务电化公司兰州枢纽信号信息项目部党工委、三公司大西铁路客运专线项目三分部党支部被评为中国铁建先进基层党组织,二公司玉树地震灾后重建项目部水暖领工员李国强、五公司兰渝项目部项目总工程师杨剑刚、北京公司副总经理史保真被评为中国铁建优秀共产党员,四公司西宁枢纽第一项目部支部书记祁克义、一公司工会副主席党委工作部长石宝进被评为中国铁建优秀党务工作者。(2)宣传思想工作。2011年,集团公司利用新闻媒体广泛宣传企业,扩大企业的社会影响力。全年在各种媒体刊登新闻稿件1240篇(条)。其中,中央级报刊发表稿件251篇(幅);省部级以下989篇(条)。通过中央电视台、《人民日报》《新华每日电讯》《国际商报》《工人日报》《经济日报》《甘肃日报》《青海日报》《新疆日报》、新华网、人民网、铁道网等主流媒体,刊发反映集团公司改革发展、经营管理、工程建设情况的大型通讯报道稿件30余篇。集团公司连续7年被评为中国铁建新闻宣传报道先进单位,3篇作品获中国铁路对外报道好新闻三等奖,7人受到表彰奖励。一是成功策划组织中央新闻媒体采访团赴玉树报道工作。10月下旬,在玉树灾后重建的关键阶段,国资委主任王勇,中国铁建总裁赵广发一行深入玉树援建现场慰问干部职工,集团公司积极配合中国铁建组织16家中央媒体22名新闻记者深入由集团公司代表中国铁建援建的玉树州民族中学、玉树州藏医院、玉树科技示范村、结古镇城镇居民住房建设工地挖掘典型,采撷亮点。19篇新闻稿件在中央电视台、中央人民广播电台、《人民日报》、新华社发表,全面讴歌援建职工的精神风貌,反映集团公司代表中国铁建在玉树灾后重建中所作的重要贡献。尤其是集团公司援建职工创造的“当代模式”和“一线工作法”经过媒体报道,多次受到青海省委领导的高度赞扬。二是围绕集团公司改革发展重点组织宣传报道。在《甘肃工人报》发表《春风得意马蹄疾——中铁二十一局集团公司2010年工作回眸》,全面展示集团公司在过去一年取得的重大成就。在《中国铁道建筑报》头版,全面介绍新一届领导班子带领干部职工面对困难,开拓进取、努力工作所取得的丰硕成果。在建党90周年之际,通过《经济日报》、《工人日报》等主流媒体开设的《党旗飘飘》栏目刊发卢长德、马红叶等优秀共产党员的先进事迹,有效地提高了企业的知名度和社会美誉度。围绕玉树地震灾后重建、京石、津秦、兰渝、大西等重点工程建设,组织采写《中铁二十一局集团大西铁路施工纪实》《中铁二十一局集团兰新铁路500米长轨直铺见闻》《用忠诚托起企业的脊梁》《鏖战西宁西站》《隆冬访津秦》等20余篇长篇纪实通讯，先后在新华网、人民网、《工人日报》《经济日报》等国家主流媒体及时进行宣传报道。尤其是玉树地震灾后重建宣传报道工作，连续在新华网头条显著位置发表《玉树春天》《玉树丰碑》《玉树重生》《玉树涅盘》《玉树情怀》等长篇系列纪实通讯，多家媒体纷纷进行转载，收到良好的宣传效果。同时，为提高突发事件的新闻处置能力，增强工作主动性、针对性和操作性，集团公司编发《对外新闻报道及突发事件媒体应对预案学习资料》，对规范新闻宣传报道和媒体应对起到积极作用。全年先后协调处理新闻媒体监督事件3件。2011年，集团公司《新里程》编发36期，刊发稿件1500余篇(条)，及时反映集团公司改革发展、经营管理、施工生产、员工生活、党组织建设、企业文化建设、精神文明建设等方面的主要情况，发挥了良好的教育引导作用。(3)纪检监察工作。集团公司系统处以上单位共建立纪检监察机构11个，配备专职纪检监察干部25人。2011年，集团公司收到信访举报24件，了结23件；立案10件，结案8件，处理违纪人员15人，其中政纪处分14人、党纪处分2人，通报批评4人，为集团公司避免或挽回经济损失32.4万元。

工会工作。集团公司有工会委员会10个、工会工作委员会149个、工会小组341个，工会会员13161人。2011年，集团公司各级工会组织围绕企业经营工作中心，深化创先争优活动，组织劳动竞赛，开展岗位练兵、技术比武活动，维护职工权益，推广实施“一法三卡”制度。年内，集团公司有2人荣获全国五一劳动奖章，5人分别获省级五一劳动奖章、创先争优先进个人荣誉；1个单位荣获全国五一劳动奖状，6个单位分别获省级五一劳动奖状、创先争优、“工人先锋号”先进集体荣誉。全年筹集“三不让”专项资金478万元，助困、助医、助学460人次。坚持和完善职代会制度建设，认真落实《中国铁建股份有限公司职工(代表)大会实施办法》，职代会召开率100%。召开集团公司一届二次职工代表大会，工会与企业首次签订工资协议。贯彻落实集团公司《企务公开实施意见》，职工的知情权、参与权、监督权得到维护。认真履行平等协商和集体合同制度，建立稳定协调的劳动关系。加大建家建线力度，不断提升项目建家建线的档次与水平，2011年有20余个单位、项目部分别荣获全国及省级模范职工之家、职工小家称号，1人被评为全国优秀工会工作者。

共青团工作。集团公司下辖团委8个、团总支28个、团支部117个、基层团工委24个，有专兼职团干部232名。2011年组织开展争创“青年文明号”、“青年环保工程”，争当“青年岗位能手”、“青年安全生产示范岗”、“青年突击队”等活动，2个集体获中国铁建“青年文明号”称号，4人获中国铁建“青年岗位能手”称号，1人获中国铁建“十大杰出青年”称号；1人被命名为甘肃省“青年岗位能手”，2个集体被命名为甘肃省“青年文明号”生产线，1个集体被命名为甘肃省创新创效先进集体。“五四”期间，集团公司各级团组织开展新团员入团宣誓、老团员重温誓词等多种形式的纪念“五四”运动主题活动和“两红两优”表彰活动。集团公司3名团干部、2名共青团员、2个团委、2个团支部被中国铁建授予优秀团干部、优秀共青团员、红旗团支部、五四红旗团委称号，2个团委、2个团支部被确定为中国铁建红旗团委、团支部创建单位。1名团干部、1名共青团员、1个团委、1个团支部分别被团甘肃省委授予优秀团干部、优秀共青团员、五四红旗团委、红旗团支部称号。集团公司团委评选表彰五四红旗团支部8个、优秀团干部19名、优秀共青团员26名。年内，以“联系青年、服务青年、凝聚青年”为宗旨，建立“中铁二十一局青春同行”集团公司青年网络交互平台，通过博客、微博等形式，加强团组织与广大青年的联系。

(高秋凤　李　玲)

【第一工程有限公司】 铁路、房屋建筑、市政公用工程施工总承包一级，通信工程施工总承包二级，公路工程施工总承包三级，建筑装修装饰、土石方工程专业承包一级，铁路电务工程专业承包二级，建筑幕墙、铁路电气化工程专业承包三级资质企业。公司机关驻新疆维吾尔自治区乌鲁木齐市经济技术开发区河南西路275号。董事长、总经理石龙海，党委书记罗宗良。公司前身为乌鲁木齐铁路工程(集团)有限责任公司，2004年3月16日划归中铁二十一局集团有限公司，重组改制改称现名。下辖采石爆破有限责任公司、乌鲁木齐诚而信工程检测有限公司、克拉玛依维管段、房地产物业管理中心、物资设备管理中心、西安分公司，华中、西南工程指挥部及30个项目(指挥)部。职工1851人。其中，干部892人；工人959人。资产总额179951.35万元。其中，流动资产107819.55万元；长期投资179万元；固定资产19408.66万元；其他资产62639.62万元。机械运输设备581台(套)，原值8058万元、净值2955.7万元。年施工生产能力20亿元。

2011年新签合同额16.58亿元，完成企业总产值20.01亿元，实现利润4169.07万元，上缴税款6462.82万元。职工年人均收入39463元。年内，公司连续3年被评为新疆维吾尔自治区安全生产目标管理先进单位，获新疆维吾尔自治区100户优强企业、2009～2011年度新疆维吾尔自治区守合同重信用企业荣誉。公司开发的“鄂式破碎轴承拆卸专用工具”技术成果获国家专利,开发的“相邻既有线铁路隧道全断面爆破施工控制技术研究”成果获新疆维吾尔自治区科技进步三等奖,开发的“相邻既有线铁路隧道全断面爆破开挖控制施工工法”被评为新疆维吾尔自治区工程建设工法。 （王春晖　蔡小疆）

【第二工程有限公司】 房屋建筑、市政公用、机电安装工程施工总承包一级,铁路、公路工程施工总承包三级,地基与基础、建筑装修装饰、消防设施、钢结构工程专业承包一级资质企业,同时具有锅炉、起重机械、压力管道3个特种设备安装、改造、维修许可证。公司机关驻甘肃省兰州市和平路63号。2004年3月成立,由原兰州铁路建设集团第一工程公司、实业有限公司、金轮建材公司、金诚混凝土搅拌站重组而成。董事长、总经理高志明,党委书记高称义。下辖兰州金诚铁路混凝土有限公司、水电安装公司、工程机械基础公司、兰州铁润物业管理有限公司、甘肃恒瑞工程检测有限公司。职工2136人。资产总额17.32亿元。其中,流动资产160470.21万元;固定资产5594.35万元;无形资产6071.65万元。机械运输设备708台(套),原值8623.73万元、净值3693.12万元。年施工生产能力20亿元以上。

公司曾获甘肃省优秀施工企业、守合同重信用企业、AAA级信用等级企业、五星级诚信施工企业称号;参建的敦煌火车站站房工程获中国建设工程鲁班奖,鸿运润园住宅小区工程获中国土木工程詹天佑奖。

（公司行政办公室）

【第三工程有限公司】 公路、市政公用工程施工总承包一级,铁路工程施工总承包二级,土石方、桥梁、隧道、机场场道工程专业承包一级和城市轨道交通工程专业承包资质企业。公司机关驻陕西省咸阳市迎宾大道。前身系中国人民解放军铁道兵第十师第四十八团,1984年1月1日集体转业并入铁道部,改编为铁道部第二十工程局第三工程处;2002年7月18日,企业改制改称中铁二十局集团第三工程有限公司;2004年3月29日,整合重组为中铁二十一局集团第三工程有限公司。董事长、总经理赵春锋,党委书记曾继光。下辖物业公司、医疗保健中心、第二至第五综合队、第一至第二十、二十二工程队,派出项目部32个。职工3021人。其中,干部1172人;工人1849人。职工年人均收入32028元。资产总额35.39亿元。其中,固定资产原值53245.8万元、净值22969.29万元;流动资产328061.47万元;非流动资产25865.42万元。机械运输设备620台(套),原值22809.6万元、净值9054.9万元,总功率54763千瓦,技术装备率2.9万元/人,动力装备率19.84千瓦/人,主要设备完好率93%、利用率68%,设备成新率44%。年施工生产能力42亿元以上。

2011年,公司获国家级工法1项、甘肃省科技进步三等奖1项、甘肃省优秀工法4项;公司连续6年被评为陕西省重合同守信誉单位,被中国银行咸阳分行评为AAA企业。 （贾晓宇　王春燕）

【第四工程有限公司】 房屋建筑,市政公用工程施工总承包一级,铁路工程施工总承包二级,土石方、钢结构、桥梁工程专业承包一级,起重设备安装工程专业承包二级,园林古建筑工程专业承包三级,建筑施工企业试验室一级资质企业。公司机关驻陕西省西安市高新区唐延路中段洛克大厦8、9楼。前身系兰州铁路局第四工程公司,2002年4月企业改制更名为兰州铁路建设集团第四工程有限责任公司,2004年3月企业整合重组改称现名。董事长、总经理李寿福,党委书记石永仕。职工1594人。其中,干部691人;工人903人。专业技术干部662人,占干部总数的95.8%。资产总额13.2亿元。其中,流动资产118611万元;固定资产原值14443万元、净值8853万元。机械设备233台(套),原值7001.12万元、净值4308.53万元,总功率16231千瓦,动力装备率10.18千瓦/人,技术装备率27029.67元/人,设备完好率94.5%、利用率70%。

2011年承揽工程任务12.4亿元,完成施工总产值24.83亿元,实现利润3043万元,人均创利2.04万元。产值利润率1.16%,资产负债率90.86%,应上缴款完成率100%。年内,公司获全国五一劳动奖状,被评为青海省“十一五”建功立业先进集体、青海省抗震救灾“工人先锋号”;开发的“岩盐地区耐腐蚀性混凝土施工技术研究”成果获青海省科技进步一等奖,1项工程获青海省“江河源”杯优质工程奖。 （付　鹏）

【第五工程有限公司】 铁路工程施工总承包一级,房屋建筑、市政公用工程施工总承包二级,桥梁、隧道工程专业承包一级资质企业。公司机关驻甘肃省兰州市火车站南路189号。公司前身为兰州铁路局第三工程段,1992年更名为兰州铁路局第三工程公司;2001年与兰州铁路机械运输工程公司合并,2001年11月更名为兰州铁路建设集团第三工程公司;2004年3月与兰州铁路建设集团工程材料厂整合重组为中铁二十一局集团第五工程有限公司;2010年5月,物资公司划转中铁物资集团公司管理。董事长马涛(7月免)、吴国安(7月任),总经理马涛(7月免)、吴国安(6月任),党委书记薛守常(10月病故)。下辖20个工程项目部。职工1981人。其中，干部733人；工人1248人。专业技术干部693人，占干部总数的94.5%。资产总额16.46亿元。其中，固定资产原值21561.73万元、净值8626.54万元；流动资产149430.26万元；其他资产6525.28万元。机械运输设备314台（套），原值6940.97万元、净值4660.51万元，总功率21140.73千瓦，动力装备率10.67千瓦/人，技术装备率2.35万元/人。年施工能力30亿元以上。

2011年承揽工程任务5.24亿元，完成企业总产值16.06亿元，实现利润3371万元。职工年人均收入35811元。产值利润率2.1%，净资产收益率37.46%，资产负债率94.54%。单位工程合格率100%。2011年，公司承建的天平铁路下曲湾特大桥、兰新第二双线酒泉立交特大桥工程被评为甘肃省建设工程文明工地。（马小英）

【第六工程有限公司】 2011年7月，在北京分公司基础上重组而成。主要经营：铁路、房屋建筑、公路、市政、隧道、桥梁、城市轨道、大型土石方、爆破、建筑防水、装饰装修工程，建筑材料的生产和销售，混凝土构件、水泥制品制造和销售，物资、设备租赁。公司机关驻北京经济技术开发区科创十四街99号33幢A座。下辖工程试验检测中心、物资机械设备租赁站。董事长王庆安（6月任），总经理王庆安，党委书记夏吉涛。职工102人。其中，干部90人；工人12人。资产总额5.3亿元。其中，流动资产5.1亿元；固定资产原值2178万元、净值1578万元。机械运输设备140台（套），原值1434.2万元、净值1159.02万元，技术装备率11.2万元/人，动力装备率40.2千瓦/人，完好率100%，利用率89.1%，成新率82.5%。年施工生产能力30亿元以上。

2011年新签合同额5亿元。公司先后参加迁曹铁路、津秦铁路客运专线、中南铁路通道、京石铁路客运专线、津保铁路、巴新铁路、解放军307医院门诊楼等30多项国内工程建设和吉尔吉斯坦公路及生活设施建设。工程合格率100%，单位工程优良率95%以上。（公司行政办公室）

【电务电化工程有限公司】 通信工程总承包一级，铁路电务、电气化工程专业承包一级、机电设备安装、送变电工程专业承包三级资质企业。公司机关驻甘肃省兰州市城关区红山西路148号。公司前身系兰州铁路局兰州铁路建设集团有限公司所属电务工程公司和电气化工程公司，2004年3月整合重组为中铁二十一局集团电务电化工程公司，2008年3月6日企业改制改称现名。董事长张天舒（5月免）、程永和（5月任），总经理张天舒（5月免）、何颉（6月任），党委书记程永和。下辖新疆、广州分公司，通信、信号、接触网、送变电4个工程队。职工1471人。其中，干部578人；工人893人。固定资产原值7938.3万元。其中，房屋建筑2254.91万元；机器设备2468.26万元；运输设备1965.86万元；生产设备240.32万元；测量及实验设备349.22万元；其他固定资产659.73万元。固定资产净值3669.34万元。

2011年新签合同额26108万元，完成企业总产值81788万元，实现利润2656.12万元。单位工程合格率100%。（公司行政办公室）

【路桥工程有限公司】 具有铁路综合性工程施工，铁路、公路桥梁预制生产、运输、架设，铁路轨枕及扣件生产、销售，钢结构模板、建筑周转料、机械设备出租，建筑材料试验与工程检测能力。公司机关驻陕西省西安市高新区唐延路37乙号中国铁建洛克大厦。前身为中铁二十一局集团晋江制梁场，2009年8月，在晋江制梁场基础上重组成立铺架工程公司；2011年8月10日更为现名。下辖检测中心、物资设备租赁中心和2个工程队、14个项目部、6个区域指挥部。董事长凌洪涛（7月任），总经理凌洪涛，党委书记麻玉江。职工689人。其中，干部341人；工人348人。技术干部254人，技术工人178人。资产总额133099.03万元。其中，流动资产94534.31万元；固定资产36954.17万元；无形资产1559.18万元。机械运输设备819台（套），原值43864.52万元、净值31445.55万元。

2011年完成企业总产值98413万元，实现变更索赔11330万元。年内，公司兰新铁路第二双线平西段平安制梁场被评为青海省安全标准化示范工地，开发的“客运专线900吨过隧箱梁制运架施工技术”成果获中国铁建科学技术三等奖。（公司行政办公室）

【德盛和置业有限公司】 房地产开发三级资质企业，兼管运营洛克大厦。2008年9月成立，2010年4月15日由西安德盛和置业有限公司变更为中铁二十一局集团德盛和置业有限公司，注册资本金1亿元人民币。公司机关驻陕西省西安市雁南五路曲江文化商务会所6层。董事长、总经理李让平，党委书记陈丙玉（5月任）。职工35人。

2011年新签合同额9亿元，完成建设投资16亿元，销售回款8.5亿元。（高伦）

【中铁建投有限公司】 2010年3月4日成立，注册资本金1亿元人民币，是集团公司为落实企业发展战略，加快产业结构调整，规范项目资本运作，规避资产经营风险，推进集团公司土地、矿产资源开发及股权投资等经营领域发展的重要创收板块。公司机关驻甘肃省兰州市安宁区莫高大道26号。董事长李宁（3月免）、陆凯（5月任，7月免）、王峻武（9月任），总经理陆凯（5月免）、白继科（5月任），党委书记刘文卿（5月免）、陆凯（5月任，7月免）、王峻武（9月任）。（公司综合部）

【重要记载】

▲1月7日　德盛和置业有限公司被评为2010年度陕西地产总评榜最受尊敬地产企业。

▲1月9日　集团公司获甘肃省思想政治工作先进集体称号。

▲1月24日　集团公司获中国铁建第十五届《大路画展》单位创作组织奖。

▲同日　一公司连续第3次获新疆维吾尔自治区安全生产目标管理先进单位称号。

▲1月25日　集团公司“青藏高原冻土区房屋建筑施工技术研究”、“汶川大地震龙溪特长瓦斯隧道恢复抢建技术研究”成果获甘肃省建设科技进步一等奖，“福厦铁路客运专线丘后特大桥128米钢箱系杆拱施工技术研究”、“敦煌火车站及无柱风雨棚施工综合新技术应用”成果获二等奖，“大直径石质通风竖井混凝土衬砌滑模施工技术研究”、“铁路大跨度下承式连续梁拱组合桥施工及控制技术研究”成果获三等奖。

▲2月9日　德盛和置业有限公司获2010年西安楼市年度最具影响力品牌企业称号，承建的中国铁建·梧桐苑项目获2010年西安楼市最佳生态楼盘奖。

▲3月14日　集团公司团委一届四次全委（扩大）会议在甘肃兰州召开。

▲3月17～18日　集团公司工会一届五次全委（扩大）会议在河南安阳召开。

▲3月　集团公司青藏铁路花园四期工程项目部获2010年度青海省安全标准化示范工地称号。

▲3月　三公司兰新铁路第三项目部总工程师马红叶获全国五一巾帼标兵称号。

▲4月26日　西安中铁建投地产有限公司划归中铁二十一局集团德盛和置业有限公司管理。

▲同日　集团公司副总工程师冯建军获得全国五一劳动奖章。

▲4月28日　四公司获得全国五一劳动奖状。

▲5月12日　西藏自治区党委常委、主席白玛赤林视察拉日铁路盆因拉隧道。

▲5月18日　集团公司与兰州理工大学战略合作协议签字仪式在兰州理工大学逸夫科技馆举行。

▲5月21日　兰州市人民政府与中国铁建战略合作框架协议暨兰州新区高端装备制造基地项目签约仪式在兰州市宁卧庄宾馆举行。

▲5月27日　撤销中铁二十一局集团有限公司济南办事处。

▲5月29日　中铁二十一局集团铺架工程公司改制为中铁二十一局集团路桥工程有限公司。

▲6月29日　撤销中铁二十一局集团有限公司西安办事处。

▲同日　集团公司庆祝建党90周年《和谐之声》文艺演出在甘肃省金城大剧院举行。

▲6月30日　集团公司举行庆祝建党90周年暨创先争优活动表彰大会。

▲7月31日　国家发展和改革委员会主任张平在青海省省委副书记、省长骆惠宁陪同下，到集团公司玉树指挥部看望慰问干部职工，实地调研灾后重建工作。

▲8月22日　国务院国资委主任王勇、副主任黄丹华一行，在青海省省长骆惠宁、中国铁建总裁赵广发等陪同下，深入工地现场慰问干部职工，了解援建进展情况，指导下一步工作。

▲8月30日　中铁二十一局集团路桥工程有限公司在陕西西安成立。

▲9月1日　北京工程公司改制为中铁二十一局集团第六工程有限公司。

▲9月19日　德盛和置业有限公司开发的中国铁建·国际城项目开工建设。

▲9月　中铁二十一局集团甘肃房地产开发有限公司成立。

▲10月10日　撤销中铁二十一局集团有限公司华北工程指挥部。

▲10月12日　铁道部副部长卢春房视察集团公司拉日铁路盆因拉隧道工程。

▲11月22日　集团公司董事长、党委书记孟广顺作为国资委两名代表之一在北京人民大会堂参加中国文联第九次全国代表大会和中国作协第八次全国代表大会。

▲11月25日　集团公司团委搭建的“中铁二十一局青春同行”青年网络交互平台开通运行。网址：http://blog.sina.com.cn/21tw，微博网址：http://weibo.com/21tw。

▲11月29日　集团公司董事长、党委书记孟广顺与陕西建工集团董事长刘耀华代表双方企业在西安共同签署战略合作框架协议，正式建立战略合作伙伴关系。

▲11月　集团公司取得城市轨道交通工程专业承包资质。

▲11月　集团公司中标西安地铁3、4号线工程，

中标额 3.9 亿元。

▲12 月 20 日　集团公司在青海西宁举办"情暖高原、平安返乡"欢送农民工平安返乡仪式。

▲12 月 31 日　集团公司被评为 2010 年度甘肃省劳动保障诚信 A 级单位。

▲12 月　集团公司参建的福厦铁路工程被评为全国百年百项杰出土木工程。

▲12 月　集团公司获全国水利信用评价 AAA 级信用等级企业称号。　（高秋凤　李　玲）

中铁二十二局集团有限公司

【简况】　中铁二十二局集团有限公司是铁路工程施工总承包特级，公路、市政公用、水利水电、房屋建筑工程施工总承包一级，公路路基、桥梁、隧道、钢结构工程专业承包一级，地质灾害防治工程甲级，城市轨道交通工程专业承包资质企业，同时拥有对外工程和境内国际招标工程资质，具有对外派遣境外工程所需劳务特许经营权。2004 年 3 月 16 日成立，集团公司总部驻北京市石景山区石景山路 35 号。下辖第一、二、三、四、五、六工程有限公司及哈尔滨铁路建设集团有限责任公司、电气化工程有限公司、北京中铁天瑞机械设备有限公司、北京天瑞泰投资有限公司，深圳分公司，铁路运营指挥部和北方、南方、华东、西部指挥部。职工 11342 人。其中，干部 6830 人；工人 4512 人。资产总额 124.1 亿元，其中固定资产原值 18.5 亿元、流动资产 107.3 亿元。机械施工设备 8782 台（套），设备原值 13.57 亿元、净值 7.63 亿元，总功率 377110 千瓦，技术装备率 6.82 万元/人，动力装备率 33.67 千瓦/人，设备成新率 56.23%，设备资产增长率 2.76%。

2011 年新签合同额 171.28 亿元，完成企业总产值 161.32 亿元，实现利润 34413.71 万元、净利润 26323.45 万元。国有资产保值增值率 124.57%，净资产收益率 17.65%，产值利润率 2.13%，投资回报率 28.43%，资产负债率 86.62%，应上缴款完成率 100%。年内，12 项科技成果通过省部级鉴定和中国铁建评审，获省部级科学技术奖 4 项，开发的"城市轨道交通先隧后站逆序施工工法"被评为国家二级工法，集团公司被中国施工企业协会评为科技创新先进企业。　（万红梅　段晓英）

【领导人员】

董事会

董事长	刘国志
董事	刘国志
	司家海
	王参军
	王庆国
	柴　纹
	王怀尧

监事会　程文才
左建生
蔡晓斌

经理层

总经理	司家海
副总经理	王参军
	王庆国
	周生文
	李晓莹
	王在仁
	李国华
	陈宏伟
	秦培文
	王爱国（12 月任）
	柴　纹（12 月任）
总工程师	王爱国（兼）
总会计师	柴　纹（兼）

党群领导

党委书记	刘国志
党委副书记	司家海
	郭衍敬
	程文才
纪委书记	程文才（兼）
工会主席	王怀尧

（于福生）

【工程项目指挥机构】　吉图珲铁路客运专线工程指挥部　驻吉林省延吉市军民路金瑞宾馆。指挥长杨忠孝。

哈齐铁路松花江特大桥工程指挥部　驻黑龙江省哈尔滨市松北区松北大道 225 号。指挥长张国华。

松陶铁路工程指挥部　驻吉林省松原市宁江区善友镇善友林场。指挥长汪益斌。

昆玉铁路 1 标段工程指挥部　驻云南省晋宁县宝峰镇工业园区。指挥长柴春明。

赣龙铁路 GL－III 标段工程指挥部　驻福建省龙岩市长汀县策武乡。指挥长胡文涛。

沪昆铁路长昆段 12 标段工程指挥部　驻贵州省

盘县红果镇干沟桥沙坡1组。指挥长司尚荣。

邯黄铁路Ⅳ标段工程指挥部　驻河北省盐山县南环路工业园区红润重工业集团有限公司院。指挥长郭建东。

茂湛铁路MZZQ－1标段工程指挥部　驻广东省茂名市茂南区高水路鲤鱼岭5号交通执法局4楼。指挥长李海峰。

六沾铁路工程指挥部　驻贵州省六盘水市进出口公司3楼。指挥长尹久清。

北京地铁14号线工程指挥部　驻北京市丰台区双林南路郭庄子村。指挥长刘治宝。

哈尔滨地铁工程指挥部　驻黑龙江省哈尔滨市南岗区西大直街113号。指挥长吴玉峰。

京石铁路客运专线JS－1标段工程指挥部　驻北京市房山区长阳镇夏场村。指挥长陈延军。

广珠铁路西江特大桥工程指挥部　驻广东省鹤山市古劳镇麦水南安村。指挥长张前军。

黄韩侯铁路芝水沟特大桥工程指挥部　驻陕西省渭南市合阳县西环路盛和园。指挥长窦刚。

金温铁路大溪特大桥工程指挥部　驻浙江省丽水市莲都区环城路110号。指挥长邹德松。

太兴铁路工程指挥部　驻山西省岚县王狮乡庄上。指挥长魏绍刚。

牡绥铁路工程指挥部　驻黑龙江省牡丹江市阳明区光华街1号。指挥长周凤龙。

通灌铁路工程指挥部　驻辽宁省丹东市宽甸县灌水镇二十二局梁场。指挥长贾汝银。

长株潭铁路工程指挥部　驻湖南省湘潭市岳塘区易家湾镇镇政府旁。指挥长陈耀华。

大郑铁路工程指挥部　驻辽宁省锦州市黑山县十里村。指挥长喻长富。

成渝高速公路指挥部　驻重庆市璧山县璧城街道马家桥村1组。指挥长刘永阔。

新疆红柳河铁路工程指挥部　驻新疆维吾尔自治区哈密市新建路市金矿家属区三区双格房地产2楼。指挥长刘继鹏。　　（李　坛）

【职工队伍】　全民职工11342名。其中，干部6830人；工人4512人。专业技术人员5271人，占职工总数的46.4%。其中，高级职务531人；中级职务1119人。高技能人才1899人，占职工总数的16.7%。其中，高级技师28人；技师310人。职工学历构成：大学本科及以上学历3112人，占职工总数的27.4%；大学专科学历3217人，占职工总数的28.3%。　　（于福生）

【工程施工】　2011年，集团公司在建项目195项，合同总投资636亿元，剩余投资338亿元，完成主要实物工程量：路基土石方4175万立方米，桥梁94公里，隧道56公里，房屋建筑58万平方米，铁路制T型梁及箱梁3326孔，公路制梁3303片，铁路架梁3297孔，公路架梁3189片，铺轨770公里。

津秦铁路客运专线1标段工程　线路长57.413公里。主要实物工程量：宁车沽永定新河特大桥19179.26延长米。2011年完成投资34666万元；开工累计完成投资254280万元，占合同投资的98.7%。

京石铁路客运专线JS－1标段工程　线路长284公里，合同投资14.11亿元。主要实物工程量：永定河特大桥，14.49公里线下工程，铺轨280余公里。2011年完成投资44691万元；开工累计完成投资93029万元，占合同投资的91.6%。

改建铁路贵昆线六盘水—沾益段增建第二线Ⅱ标段工程　线路长11.608公里，合同投资5.93亿元。主要实物工程量：乌蒙山1号隧道1748.53延长米，区间路基土石方2.6万立方米，涵洞32横延米。2011年完成投资11062万元；开工累计完成投资67652万元，占合同投资的125.44%。

湘桂铁路LN－3标段工程　位于广西壮族自治区宾阳县，线路长64.36公里，合同投资447354万元。主要实物工程量：路基土石方401.2万立方米，桥梁55座16.68万延长米，隧道9座4020延长米，涵洞52座1244横延米。2011年完成投资99700万元；开工累计完成投资328300万元，占合同投资的73.4%。

茂湛铁路工程　位于广东省茂名市。线下工程28.4公里，线上工程77.05公里。合同投资149016万元。主要实物工程量：土石方267.2万立方米，路基混凝土8728立方米，特大桥3座6114.95延长米，涵洞1615.9横延米，正线铺轨168.83公里，站线铺轨14.8公里，铺设道岔88组，站场房屋建筑2918平方米，预制架T梁992孔。2011年完成投资14976万元；开工累计完成投资59275万元，占合同投资的39.78%。

哈齐铁路工程　位于黑龙江省哈尔滨市松北区松北大道。正线长47.7公里，合同投资476274万元，合同工期2009年10月～2013年10月。主要实物工程量：路基29.9公里，路基土石方568万立方米，桥梁21.98万延长米，涵洞52座，铺轨289.5公里。2011年完成投资106444万元；开工累计完成投资286401万元，占合同投资的59.08%。

邯黄铁路Ⅳ标段工程　位于河北省沧州市境内。线路长130.05公里，合同投资289453万元。主要实物工程量：路基土石方1596万立方米，桥梁47座27267延长米，涵洞356座6793横延米。2011年完成投资89085万元；开工累计完成投资84668万元，占合同投资的33%。

沪昆铁路长昆段12标段工程　位于贵州省西南州普安县、六盘水市盘县境内。线路长48.32公里,合同投资394183万元,合同工期2010年10月~2015年4月。主要实物工程量:路基土石方447.9万立方米,区间路基及站场土石方447.8万立方米,桥梁19座9911延长米,涵洞28座883.7横延米,隧道13座32243延长米。其中,林家屋基隧道5835延长米;高塄隧道5321延长米;高家屯隧道6417延长米;马桑哨隧道4725延长米。预架箱梁203孔,CRTSⅠ型无砟道床预制96.6公里,CRTSⅠ型无砟道床铺设48.32公里。2011年完成投资45236万元;开工累计完成投资58596万元,占合同投资的14.9%。

赣龙铁路GL-3标段工程　位于福建省龙岩市长汀县。线路长40.12公里,合同投资311879万元,合同工期2010年10月~2014年3月。主要实物工程量:路基土石方270万立方米,桥梁24座11207.47延长米,隧道16座18635延长米,房屋建筑4421平方米,"三电"迁改24公里,铺轨323.18公里。2011年完成投资55076.9万元;开工累计完成投资70096万元,占合同投资的22.48%。

松原—陶赖昭铁路工程　位于吉林省松原市宁江区,全长110.695公里,团山疏解线长5.44公里,陶赖昭联络线7.13公里。合同投资191300万元,合同工期2010年8月~2013年2月。主要实物工程量:区间路基及站场土石方992.44万立方米,桥梁30座15856.5延长米,涵洞203座3839.57横延米,预制T梁472.5孔,正线铺轨122.37公里,站线铺轨27.03公里;房屋建筑14850平方米。2011年完成投资44000万元;开工累计完成投资56260万元,占合同投资的29.41%。

昆玉铁路站前1标段工程　位于云南省晋宁县宝峰镇,线路长18.429公里,合同投资186179万元,合同工期2010年8月~2013年10月。主要实物工程量:区间路基及站场土石方79.14万立方米,桥梁8座6438.7延长米,隧道3座9280延长米,涵洞45座976.34横延米,预制T梁855孔,正线铺轨102.75公里,站线铺轨10.31公里。2011年完成投资16556万元;开工累计完成投资18103万元,占合同投资的9.7%。

成渝复线高速公路B合同段工程　位于重庆市璧山县境内。线路长5.76公里,合同投资44000万元。主要实物工程量:土石方355万立方米,附属工程5.1万立方米,缙云山隧道2185延长米,桥梁2944延长米,涵洞983横延米。2011年完成投资20002万元;开工累计完成投资22432万元,占合同投资的51%。

北京地铁14号线工程　位于北京市丰台区。线路长2511.4米,合同投资34159万元,合同工期2010年5月~2012年4月。主要工程量:郭庄子站203.25米,建筑面积13204平方米;大瓦窑站—郭庄子站1076.1米;郭庄子站—大井站1232.05米。2011年完成投资11421万元;开工累计完成投资14192万元,占合同投资的41%。　　（李　坛）

【经营管理】　经营承揽。2011年,集团公司新签合同项目143项,合同总额171.28亿元。其中:铁路项目34项,合同金额68.39亿元,占合同总额的39.9%;公路项目11项,合同金额13.49亿元,占合同总额的7.9%;城市轨道项目2项,合同金额4.35亿元;市政工程32项,合同总额18.42亿元;水利电力工程10项,合同金额9.26亿元;房屋建筑项目33项,合同金额34.78亿元;其他工程21项,合同金额22.57亿元。企业加快实施"走出去"战略,年内出台《中铁二十二局集团公司海外工程经营策略和实施办法》,建立健全集团公司海外经营机构,大力开展海外经营工作。全年跟踪海外工程项目18项,开发俄罗斯市场是集团公司海外经营的重点,先后两次组团赴俄罗斯考察,并与俄罗斯总理控股有限公司建立战略合作伙伴关系,为开拓俄罗斯市场奠定了基础。

企业管理。集团公司完成铁路特级资质申报和地质灾害甲级资质延期换证工作,一公司完成市政公用一级和铁路、公路三级资质的申报,六公司搬迁天津滨海新区资质转移就位。按照中国铁建风险管理及内部控制要求,出台集团公司《重大风险管理制度》和《重大风险控制方案》。集团公司重组遗留问题得到彻底解决。为解决哈尔滨地区1998年因病违规办理提前退休问题(简称"98问题"),年内,集团公司到哈尔滨召开"98问题"纠偏工作协调会,成立两个工作小组,制定纠偏工作方案,形成专题会议纪要。经多方努力,集团公司与地方政府相关部门达成一致,协调解决。

工程管理。2011年,集团公司在建项目195项,合同总投资636亿元,剩余投资338亿元,累计完成施工产值162.5亿元,占集团公司年度计划195亿元的83%。强化内部管理机制,加强环境控制与节能减排工作,制定《中铁二十二局集团公司"十二五"节能减排实施方案》,要求进一步降低能源消耗、减少主要污染物排放,使万元产值能耗下降10%,能源消费总量控制在1.7万吨标煤内。集团公司工程检测中心通过国家计量认证资质监督评审和公路试验综合乙级资质复审。

安全质量管理。2011年,集团公司逐级签订"安全生产包保责任状",加大奖罚力度,形成上下联动的安全生产目标责任管理网络体系。围绕隧道、深水大跨高墩桥梁、既有线、铺架、地下工程及火工制品的安全管理，拌合站的质量管理，冬季施工、汛期防洪、防地质灾害等内容，在集团公司展开拉网式安全质量检查活动。通过项目部自查，工程公司全面检查，集团公司重点抽查，及时消除安全质量隐患，有效遏制了安全质量事故的发生。年内，集团公司承建的张石公路化稍营至蔚县（张保界）段高速公路 L15、L16 标段黑石岭隧道工程获国家优质工程银质奖，承建的沈阳地铁 1 号线、哈尔滨市道外二十道街松花江大桥及引道工程获中国建设工程鲁班奖，获省级优质工程奖 5 项、部级优质工程奖 4 项；哈尔滨铁路建设集团公司哈尔滨市道外二十道街跨松花江特大桥工程Ⅰ标段被中国建筑业协会评为 AAA 级安全文明标准化诚信工地。

经济管理。制定《中铁二十二局集团公司合同管理办法》，规范集团公司合同管理工作。统计年内因政策变化而造成停工、缓建的铁路项目的损失情况，为下一步的索赔工作准备资料。根据集团公司《责任成本管理工作达标考核管理办法》，9～12 月，结合集团公司责任成本管理效能监察活动，对集团公司 21 个在建项目进行达标验收，经检查，优秀项目 4 个、较好项目 4 个、及格项目 9 个、不及格项目 4 个。通过对集团公司在建及完工未结算的 271 个项目的经济效益、风险等情况进行统计分析，确定重点监控项目，对存在较大效益风险的项目进行重点监控、督导。优化责任成本管理软件，完成特级资质信息化管理工作。

物资设备管理。2011 年，集团公司按照“管理、保障、服务、创效”的原则，加强设备、物资、运输管理工作，保障施工生产任务的完成。全年组织调配大型设备 12 次 27 台（套），组织桥梁、路料运输 187 列，组织架桥机、铺轨机、整道机组、接触网作业车等设备专场运输 46 次。为保证集团公司铺架现场和物资材料的运输要求，年内申请使用工程路用车 313 辆。集团公司 2011 年采购供应钢材 41 万吨，采购金额 22.5 亿元；水泥 192 万吨，采购金额 8.8 亿元；油料 4.1 万吨，采购金额 3.4 亿元。钢材、水泥、油料及甲供物资集中采购 80 次，采购合同额 31.3 亿元，节约资金 1.5 亿元。

财务审计。2011 年，集团公司银行综合授信额度达到 180 亿元，被北京银建资信评估事务所评为信用等级 AAA 单位。认真分析资金需求属性，合理确定举债规模。根据集团公司整体部署和工作重点，重点确保对外投资及正在实施的资本项目所需资金，监控资金使用情况；对于工程项目有流动资金需求的，召开专题分析会进行论证，除特殊情况外，坚决禁止银行举债，要求通过对业主催款或其他方式融通资金，以规避偿债风险。加强项目监控力度，完善内控流程，规避审计风险。4 月，集团公司对赣龙等 8 个新上铁路项目进行财务检查，及时扼制不规范苗头、不规范管理行为的发生，对有效降低外部审计风险起到把脉体检的作用。高效开展发票自查，配合国税局完成税务稽查。年内，集团公司按照股份公司要求，针对 2007～2009 年单张金额在 5000 元以上的发票逐笔清查筛选，通过网上查询、甄别真伪、电话查询、发函协查等方式，对收到的发票及开出的发票进行统计、分类、鉴别，为下一步依法合规开展税务工作打下坚实基础。加强会计基础工作，规范会计核算。年内深入探讨研究“架子队”会计核算模式，制定集团公司《铁路项目劳务管控与核算指导意见》，填补集团公司“架子队”管理空白。加强财务信息化管理，5 月启动浪潮财务管理系统的企业资产管理模块，结合集团公司管理需求，制定资产管理流程。全年完成审计项目 16 项。其中，外资审计 5 项；建设领域专项资金审计 1 项；重大铁路项目审计 8 项；业主要求审计 2 项。提交审计报告 16 份。

法律事务。年内下发《中铁二十二局集团有限公司法律合规管理办法（实施细则）》和《关于建立项目部法律联络员制度的通知》，推进项目部法律联络员制度的建立。编制集团公司合同示范文本，下发《关于严格执行〈合同示范文本〉若干问题的通知》。集团公司应用法律合规管理系统（LCM），法律审核率和案件跟踪率达到股份公司要求。年内审核集团公司本级经济合同 34 份，所属各法人单位审核经济合同 956 份。全年处理法律纠纷案件 108 起（含上年结转案件），案件总标的额 24600 万元；已结案件 54 起，为企业挽回和避免经济损失 1662 万元。

信息化建设。集团公司形成集团总部机关各业务部门、指挥部和子分公司、局指挥部和子分公司所辖项目部三级信息化管理网络，先后制定集团公司《信息化管理办法》《信息安全管理办法》《网络管理办法》《网站建设管理办法》《信息化建设资金保障与使用管理办法》《信息化规划纲要》《综合项目管理暂行办法》《信息标准与规范》《中心机房管理制度》《中心机房突发事件处置应急预案》等管理办法，保障集团公司信息化战略实施。改造集团公司门户网站，建立信息发布机制，出台《集团公司网站管理办法》，制定网站管控规范和标准流程，规范二级单位网站域名，对所属单位网站实施集群管理。

劳动人事管理。2011 年，集团公司接收办理进京落户指标 110 个。其中，研究生指标 12 个；本科生指标 98 个。利用股份公司分配的京外调干指标，为 5 人办理进京落户手续。年内评聘教授级高级工程师 3 人、高级工程师 75 人、高级经济师 5 人、高级会计师 8 人、高级政工师 14 人，工程师 165 人、政工师 18 人；鉴定高级技师2人。新签劳动合同11份,解除劳动合同1份。根据集团公司经营生产需要,全年成立指挥项目部9个、分公司5个、办事处2个。 (万红梅)

【科技成果】 2011年,集团公司被中国施工企业协会评为科技创新先进企业。年内,4项科技成果通过省部级鉴定,8项科技成果通过中国铁建评审,1项成果达到国际领先水平,4项成果达到国际先进水平,6项成果达到国内领先水平,1项成果达到国内先进水平。获省部级科学技术奖4项。其中,"复杂地质条件下大断面海底隧道施工关键技术研究"成果获北京市科学技术一等奖;"盾构先行条件下拓建地铁车站施工关键技术研究"成果获中国施工企业协会科学技术一等奖、铁道部科学技术二等奖;"整体移动式梁柱支架现浇高铁箱梁施工技术研究"成果获铁道部科学技术三等奖。获中国铁建科学技术一等奖1项、二等奖2项、三等奖3项。开发的"城市轨道交通先隧后站逆序施工工法"被评为国家二级工法,获中国铁建优秀工法奖6项。获国家发明专利1项、实用新型专利6项。参与铁道部3项行业标准编写,其中《铁路给排水工程施工质量验收标准》颁布执行。 (应爱武)

【党群工作】 集团公司第二次党员代表大会于7月18日、19日召开,会议选举产生新一届党委和纪委班子。扎实开展"四好领导班子"创建活动,集团公司被评为股份公司"四好领导班子",7个子公司被评为集团公司"四好领导班子"。深入开展创先争优活动,重大工程项目精心设计活动载体,各级党组织充分发挥党员突击队、党员责任区作用,保证施工生产顺利完成。"七一"期间,集团公司表彰先进基层党组织21个、先进个人54名。六公司王铭被评为北京市优秀党务工作者,白子斌等3人、赵兴存等5人分别受到北京市国资委和股份公司表彰。围绕生产经营、改革发展等中心工作,因势利导,大力开展形势任务教育,引导员工了解调结构、促转型的必要性和紧迫性,形成全员共识,增强了党员群众贯彻落实的自觉性和坚定性。全年在全国性报刊发稿267篇、省部级报刊发稿1000余篇。年内联合中央媒体对哈齐、沪昆、广珠、六沾、红烟等重点工程进行集中报道宣传。9月与股份公司联合在三公司举办中国铁建大路美术作品厦门邀请展,同时"中国铁建大路美术厦门创作中心"在三公司厦门海曦房产项目营销中心揭牌成立,有效提升了项目的整体品味。认真开展"践行企业价值观"活动,六公司选送的小品《真情》在首都文化艺术节上获得二等奖。纪检监查工作。开展党纪党规专题学习活动及以"廉荣贪耻"为主要内容的廉洁文化建设。进一步健全惩防体系基本制度框架,坚持反腐倡廉建设联席会议制度,推进党风廉政建设责任制。开展以二、三次经营为内容的效能监察活动,推进对亏损项目的专项治理工作。认真查办违规违纪案件,年内受理群众来信来访13件(次),立案9件,结案9件;处理违规违纪人员27人。其中,政纪处分18人;党纪处分6人;党纪政纪双重处分7人。妥善处理2起经营风险事件,严肃追究管理当中的失职、渎职行为。配合中纪委查办铁路系统贪腐案件,认真开展自查自纠活动7次,形成证据材料16份;全面启动"企检共建"活动,分别与北京市石景山区人民检察院和哈尔滨铁路运输检察院签订共同预防职务犯罪工作企检共建协议。

工会工作。2011年,集团公司各级工会针对突然恶化的铁路建设市场环境,以深化"三不让"承诺活动为抓手,主动作为,下基层进班组,及时采取有效措施,有效地维护了职工队伍的稳定。全年发放困难补助费323万元,为1196户困难职工家庭、889名困难职工送去温暖与关爱。落实职代会制度,坚持凡涉及职工切身利益的重大事项必须经职工(代表)大会审议通过,集团公司集体合同兑现率97.9%。深化劳动竞赛,强化项目管理,促进企业发展。全年征集合理化建议及群众性经济技术创新、技术改进项目413项,累计创造经济价值2700余万元。加大创先评优力度,集团公司连续两年被评为全国和北京市"安康杯"竞赛优胜企业,并获全国安全生产督导师培训工作优秀组织奖;湘桂铁路指挥部被评为全国和北京市"安康杯"竞赛优胜单位;一公司、哈尔滨铁路建设集团公司连续三年被评为北京市"安康杯"竞赛优胜单位;北京石景山消防大楼项目部、北京地铁14号线项目部被评为北京市"安康杯"竞赛优胜班组;厦门翔安海底隧道项目部获全国"工人先锋号"称号;哈齐铁路客运专线项目部获得黑龙江省五一劳动奖状,并获全国交通建设系统"工人先锋号"称号;六公司工会被评为北京市模范职工之家。王庆国、陈福获得火车头奖章,尹久清获得首都劳动奖章,蒋明清被评为全国交通建设系统优秀职工之友,乔英杰被评为北京市优秀工会工作者,王英才获中国铁建"工人先锋号标兵"称号。按照"八化"建家标准,坚持与企业文化建设相结合,不断加大项目部建家建线工作的指导力度,先后下拨补助经费40余万元改善建家环境。年内,在北京市总工会举办的讲述身边故事给党听视频大赛中,两个作品获得三等奖;在首都第八届职工文化艺术节上,集团公司选送的小品《理解见真情》夺得总分第二名。女工工作呈现新局面,全局建立女工委10个,新建女工小组36个,六公司经营部被评为全国三八红旗集体。注重工会自身建设,年内举办集团公司专兼职工会干部培训班,67名工会专兼职干部取得由中华全国总工会颁发的“十二五”工会干部培训上岗资格证书。

共青团工作。2011年以建党90周年为契机，开展“学党史、知党情、跟党走”、“劳动者永远是年轻”、“我为党旗增辉”、“青年领航”、“青年争先”、“四强四优”等主题活动。为迎接集团公司第二次党代会的召开，以“当先锋、做表率、争一流、创佳绩”为主题，开展向党代会献礼活动。加强形势任务教育，在项目部开展“我与祖国共奋进 我与铁建同发展”的宣讲和座谈活动。开展“我为降本增效献一计”活动，全年征集项目意见84条，施工工艺意见134条。坚持开展青年志愿服务活动，年内为16名困难职工子女、农民工子女发放助学金2.5万元、文具216件。2011年，王万仁获中央企业优秀共青团员称号，邓寿军被评为中国铁建优秀青年；2名团员分别被国资委、北京市评为优秀共青团员，2名青年获北京市优秀“青年岗位能手”称号，1个集体被评为北京市“青年文明号”，3支突击队被评为北京市优秀青年突击队。 （万红梅）

【第一工程有限公司】 桥梁、隧道、土石方工程专业承包一级资质企业。公司机关驻北京市石景山区鲁谷路86号。董事长兼党委书记徐冬青，总经理杨金有。下辖设备经租分公司和16个工程项目部。职工684人。其中，干部613人；工人71人。专业技术干部554人，技术工人71人。资产总额87839万元。其中，固定资产原值18240万元、净值7663万元；流动资产79964万元。机械运输设备179台（套），设备原值13881万元、净值5089万元，总功率29313千瓦，动力装备率42.18千瓦/人，技术装备率7.32万元/人，设备完好率75%、利用率70%，机械化施工程度80%。年施工能力20亿元。

2011年承揽工程任务62000万元，完成企业总产值12.8亿元，实现利润1136.97万元、净利润852.3万元。人均创利1.66万元，全员劳动生产率15.91万元/人年，职工年人均收入5.9万元。国有资产保值增值率108.95%，产值利润率0.89%，资产收益率0.88%，投资回报率8.59%，资产负债率88.21%，应上缴款完成率100%。工程质量合格率100%。年内，公司承建的云南昆石高速公路、云南砚平高速公路工程获国家优质工程银质奖，承建的安徽黄塔高速公路牛岭隧道、京承高速公路清水河2号桥工程获火车头优质工程奖；公司被授予北京市优秀“青年突击队”称号，连续四年在北京市“安康杯”劳动竞赛活动中获优胜奖。 （齐 哲）

【第二工程有限公司】 铁路铺轨架梁工程专业承包一级、土石方工程专业承包二级资质企业。公司机关驻北京市石景山区石景山路35号。2004年3月，由中铁工程集团公司线路工程处、机械化工程处呼准铁路工程指挥部和原中铁十八局集团四公司铺架分公司整合重组而成。董事长、总经理杜以军，党委书记吴延江。下辖整道分公司和16个项目部。职工779人。其中，干部512人；工人267人。技术干部414人，技术工人114人。资产总额11.52亿元。其中，流动资产9.82亿元；固定资产原值2.76亿元。机械运输设备424台（套），原值27570.73万元、净值16957.73万元，总功率53485.6千瓦，设备完好率98%、利用率60%。年施工能力24亿元。

2011年承揽工程任务40200万元，完成企业总产值13.21亿元，其中施工产值132152.77万元；实现利润972.86万元、净利润934.76万元。人均创利1.27万元，全员劳动生产率38.41万元/人年，职工年人均收入58615元。国有资产保值增值率110.76%，净资产收益率10.21%，产值利润率0.74%，资产负债率91.65%，应上缴款完成率100%。年内，公司开发的“跨四线提梁机配合运架一体机架梁施工工法”获中国铁建优秀工法一等奖，“穿隧式运架一体机研制及应用”成果获中国铁建科学技术二等奖。 （李 冰）

【第三工程有限公司】 市政公用、房屋建筑工程施工总承包一级，铁路、公路、水利水电、地基与基础工程施工总承包二级，桥梁、钢结构、隧道工程专业承包一级，房地产开发、装修三级资质企业。1993年成立，前身为中国铁道建筑总公司厦门办事处，2004年4月并入集团公司，2005年7月公司改制改称厦门中铁建设有限公司，2008年7月更为现名。公司机关驻福建省厦门市观音山国际商务运营中心11号楼22层。董事长兼党委书记孙桐林，总经理邹德松。下辖6个直属项目部。职工825人，其中专业技术人员311人。资产总额170065.25万元。其中，固定资产净值7421.09万元；流动资产161325.33万元；其他资产1318.83万元。机械运输设备891台（套），设备原值8074.88万元、净值4969.03万元，总功率14392.3千瓦，动力装备率17.7千瓦/人，技术装备率6.12万元/人，设备利用率81%。年施工能力17亿元。

2011年承揽工程任务171900万元，完成企业总产值15.28亿元，实现利润2751.5万元、净利润2064.16万元。人均创利241万元，全员劳动生产率241.36万元/人年，职工年人均收入4.5万元/人。产值利润率1.8%，净资产收益率24.26%，应收账款周转率2.7次，资产负债率94.39%，应上缴款完成率100%。年内，获国家QC成果二等奖、福建省QC成果一等奖各1项，厦

门市 QC 成果二等奖 4 项。（汪爱凤）

【第四工程有限公司】 公路、房屋建筑、水利水电、市政公用工程施工总承包一级，铁路工程施工总承包二级，隧道、公路路基、铁路铺轨架梁、桥梁工程专业承包一级，预应力工程专业承包二级资质企业。前身是中国人民解放军铁道兵第三十九团，组建于 1958 年；1984 年 1 月集体转业并入铁道部，2001 年 10 月企业改制改称中铁十八局集团第四工程有限公司，2004 年 3 月企业整合重组，更名为中铁二十二局集团第四工程有限公司。公司机关驻河北省高碑店市和平路 41 号。董事长兼党委书记赵兴存，总经理王志才。下辖 6 个指挥部、12 个项目部及生活服务中心、医院。职工 3133 人。其中，干部 1655 人；工人 1478 人。专业技术干部 1252 人，技术工人 635 人。资产总额 21.55 亿元，其中固定资产净值 16214.14 万元。机械运输设备 1123 台(套)，总功率 81326 千瓦，动力装备率 26.8 千瓦/人，技术装备率 5.15 万元/人，设备完好率 76.03%。年施工能力 30 亿元以上。

2011 年承揽工程任务 13.81 亿元，完成企业总产值 28.32 亿元，实现利润 1965.26 万元、净利润 1486.21 万元。职工年人均收入 38656 元。国有资产保值增值率 107.25%，净资产收益率 6.99%，产值利润率 0.69%，资产负债率 89.8%，应上缴款完成率 100.6%。年内获国家优质工程银质奖 1 项、火车头优质工程奖 1 项、中国铁建优质工程奖 4 项，获国家发明专利 1 项、实用新型专利 2 项。（贾树岐）

【第五工程有限公司】 市政公用工程施工总承包一级，隧道、土石方工程专业承包一级资质企业。公司机关驻重庆市渝中区大坪正街 140 号。2006 年 3 月成立，由中铁二十二局集团第四工程有限公司第三分公司和中铁二十二局集团重庆分公司重组而成。董事长兼党委书记张双智，总经理孙锡寿。下辖 15 个直属项目经理部，兼营北碚商场。职工 615 人。其中，干部 532 人；工人 83 人。专业技术干部 408 人，技术工人 60 人。资产总额 51491 万元。其中，固定资产净值 4882 万元；流动资产 46306 万元。机械运输设备 301 台(套)，净值 3786.53 万元，总功率 23383.95 千瓦，动力装备率 38.02 千瓦/人，技术装备率 9.81 万元/人，设备完好率 62.78%、利用率 94.86%。年施工能力 16 亿元。

全年承揽工程任务 85170 万元，完成企业总产值 7.43 亿元，实现利润 1189.53 万元、净利润 920.66 万元。人均创利 1.93 万元，全员劳动生产率 188 万元/人年，职工年人均收入 62771 元。国有资产保值增值率 115.79%，净资产收益率 1.36%，产值利润率 1.6%，资产负债率 86.89%，应上缴款完成率 106.9%。单位工程合格率 100%。年内，公司参建的黔彭、武水高速公路工程获重庆市“巴渝杯”优质工程奖；武水高速公路项目获重庆市建筑业优秀 QC 成果一等奖，项目隧道防水 QC 小组被评为全国工程建设优秀 QC 小组。（陈灵玲）

【第六工程有限公司】 房屋建筑、市政公用工程施工总承包一级，建筑装修装饰、钢结构、消防设施、机电设备安装工程专业承包一级资质企业。公司机关驻黑龙江省哈尔滨市南岗区下夹树街 128 号。前身系哈尔滨铁路工程总公司和哈尔滨铁路建设集团有限责任公司，成立于 1950 年 4 月；2003 年 10 月划归中国铁道建筑总公司管理；2004 年 4 月整合重组成立中铁二十二局集团第六工程有限公司。董事长、党委书记杨刚，总经理栗尚明。下辖 12 个直管项目部及安装公司、电力公司、装饰公司、轨道板安装公司、设备经租中心、多集经管理中心、劳务中心和北京办事处。职工 2628 人。其中，全民职工 1440 人；集体职工 1188 人。全民职工中，干部 780 人，工人 660 人；专业技术干部 743 人，技术工人 271 人。资产总额 126522 万元。固定资产净值 5185 万元；流动资产 119168 万元；非流动资产 7354 万元。机械运输设备 798 台(套)，原值 7445 万元、净值 4570 万元，总功率 26263 千瓦，动力装备率 17.8 千瓦/人，技术装备率 3.1 万元/人，设备完好率 61.4%、利用率 77%。年施工能力 25 亿元以上。

2011 年承揽工程任务 176556 万元，完成企业总产值 11.44 亿元，实现利润 2231.58 万元、净利润 1631.24 万元。全员劳动生产率 114.6 万元/人年，在岗职工年人均收入 32844 元。国有资产保值增值率 237.23%，净资产收益率 23.58%，产值利润率 1.95%，资产负债率 92.31%，应上缴款完成率 100%。年内获火车头优质工程奖 2 项，哈尔滨地铁项目获全国工程建设优秀质量管理二等奖；公司第 5 次获全国优秀施工企业称号。（李怀志）

【哈尔滨铁路建设集团有限责任公司】 铁路、房屋建筑、市政公用、公路工程施工总承包一级，桥梁工程专业承包一级，机电设备安装、铁路铺轨架梁工程专业承包二级资质企业。公司机关驻黑龙江省哈尔滨市南岗区西大直街。2004 年 3 月脱离哈尔滨铁路局，划归中铁二十二局集团公司管辖。董事长、党委书记周凤龙，总经理周振兴。下辖绥化第三工程公司、佳木斯第五工程公司、机械化工程公司、郑州分公司、物资设备租赁中心、国外公司、混凝土分公司。职工 4150 人。其中,全民职工2748人;集体职工1357人。全民职工中,干部1087人。资产总额173298万元。其中,固定资产原值21792万元、净值13757万元;流动资产156556万元。机械运输设备163台(套),原值13303万元、净值8326万元,总功率14620千瓦,动力装备率5.2千瓦/人,技术装备率0.9万元/人,设备成新率49%。年施工能力30亿元。

2011年承揽工程任务18.8亿元,完成企业总产值27.45亿元,实现利润2315.6万元、净利润1612.2万元。全员劳动生产率11.77万元/人年。国有资产保值增值率125.75%,净资产收益率0.87%,产值利润率0.84%,应上缴款完成率100%。年内,公司承建的哈尔滨松浦大桥工程获中国建设工程鲁班奖,承建的宣化街高架桥和征仪路打通工程获黑龙江省“龙江杯”优质工程奖。 (高 成)

【电气化工程有限公司】 通信工程施工总承包三级,铁路电气化、铁路电务、建筑智能化、机电设备安装工程专业承包一级,送变电工程专业承包三级,电监会三级资质企业。公司机关驻北京市丰台区太平桥路15号。董事长、总经理曲宝臻,党委书记王峰。前身为中铁工程集团有限公司电务工程处,2004年4月与哈尔滨铁路局电务工程段合并重组,2005年11月企业改为现名。下辖哈尔滨电务分公司、北京分公司、新能源公司、试验室、通信中心及若干直属项目部。职工673人。其中,干部396人;工人277人。资产总额52712.82万元。其中,固定资产净值4076.77万元;流动资产48061.68万元;其他资产4651.14万元。机械运输设备187台(套),设备原值3049.24万元、净值1510.79万元,总功率8357千瓦,动力装备率12.42千瓦/人,技术装备率2.24万元/人,设备完好率90%、利用率89%。年施工能力9亿元。

2011年承揽工程任务73828万元,完成企业总产值3.89亿元,实现净利润534.6万元。人均创利2.13万元,全员劳动生产率99.13万元/人年,职工年人均收入5.69万元。国有资产保值增值率108.99%,净资产收益率1%,产值利润率1.95%。资产负债率87.7%,应上缴款完成率100%。年内,公司被评为北京市守信企业。 (刘 红)

【北京中铁天瑞机械设备有限公司】 主要经营:国际贸易,国际物流,进口机械设备整机、配件销售及设备维修,研发制造,国内国际招标,拥有自主进出口权。公司机关驻北京市复兴路40号。董事长、党委书记徐政志,总经理吴烨。职工99人。其中,干部92人;工人7人。

2011年完成营业收入3.22亿元,实现利润976.12万元、净利润669.98万元。国有资产保值增值率130.82%,净资产收益率2.2%,产值利润率3.03%,资产收益率2.2%,毛利率27%,应收账款周转率4.6次。 (张 艳)

【北京天瑞泰投资有限公司】 为集团公司控股的有限责任公司,成立于2003年1月,2007年4月成为集团公司的法人独资子公司。公司机关驻北京市石景山区石景山路35号。董事长徐才宝,总经理赵成堂,党委书记宁卫东。下辖黄石天方房地产项目、中铁房地产开发(保定)房地产项目、重庆房地产中铁5号房地产项目、良乡基地职工住宅建设项目和天瑞泰良乡物业管理分公司。职工50人。资产总额2948万元,其中流动资产2388万元。

2011年完成产值0.06亿元,实现利润26.48万元,净利润25.61万元。国有资产保值增值率108.95%,净产值收益率4.41%,应上缴款完成率100%。 (苏合领)

【铁路运营指挥部】 1998年10月组建,代表中国铁建全面负责中国铁建系统铁路运营单位与铁道部、神华集团等单位的协调工作。2004年划归集团公司管理。指挥长杨继彤。职工4人。办公地点分别设在北京总公司机关和神朔铁路神木北车站。

2011年完成产值0.37亿元,实现利润55.12万元。产值利润率1.49%,资产收益率0.94%,资产负债率100%。完成运送重车18367列、货运量7547万吨,完成货物周转量1035215万吨公里。机车运用率92.1%、全周时13.1小时。实现安全生产4150天。 (杨继彤)

【深圳分公司】 前身为中国铁道建筑总公司深圳工程部,2004年3月归属中铁二十二局集团公司管理,6月成立深圳(海南)分公司;2009年更名为深圳分公司。公司机关驻广东省深圳市罗湖区新安路森威大厦雍景园12层。总经理杨兴国,党工委书记王炳杰。下辖5个项目部。职工28人。资产总额17822.8万元。其中,固定资产原值2001.8万元、净值1509.1万元;流动资产16313.8万元。

2011年承揽工程任务7277万元。产值利润率1.94%,净资产收益率1.57%,资产负债率100%。 (严 钊)

【重要记载】

▲1月6日 集团公司被评为全国水利建设市场信用AAA级企业。

▲1月10日　集团公司党委书记、董事长刘国志增补为政协北京市十一届委员会委员。

▲1月18日　四公司开发的"整体式现场制梁法"技术获国家专利。

▲1月22日　三公司开发建设的"中铁·海曦"楼盘在第三届厦门地产奥斯卡凤凰花奖评选中,被评为厦门2010年度十佳愿景楼盘,集团公司获得2010年度公益大奖。

▲2月20日　集团公司党委全委(扩大)会议在北京召开。

▲2月21～22日　集团公司在北京召开二届二次职工代表大会暨2011年度工作会议。

▲2月22日　集团公司2011年党风建设和反腐倡廉工作会议在北京召开。

▲2月25日　国务院国资委监事会主席李克、监事会第16办事处副主任樊华等在股份公司副总裁、总会计师兼总法律顾问庄尚标陪同下,到集团公司调研检查。李克对集团公司组建7年来的发展成绩表示充分肯定,并对中国铁建及二十二局集团公司的下一步发展提出四点建议。

▲3月28日　六公司与天津市塘沽区海洋高新技术开发区签订投资协议。

▲4月13日　中国铁建非执行董事朱明暹,独立非执行董事李克成、赵广杰、吴太石,在股份公司董事、党委副书记霍金贵等陪同下,到集团公司就落实中国铁建"十二五"规划情况进行调研。

▲5月3日　集团公司主持编写的首项行业标准《铁路给排水工程施工质量验收标准》(TB10422－2011)通过铁道部批准,正式颁布执行。

▲5月12日　六公司参建的武汉轻轨工程获2010年度武汉市建筑工程质量"黄鹤杯"奖。

▲6月16日　三公司承建的厦门"海豚湾"住宅工程获福建省"闽江杯"优质工程奖。

▲7月18～19日　中国共产党中铁二十二局集团公司第二次代表大会在北京召开。大会审议通过集团公司第一届党委工作报告、纪委工作报告,民主选举产生新一届党委委员,纪委委员。

▲7月23日　动车D301次与D3115次在温州双屿铁路路段发生追尾,形成惨列的"7·23"事故。事故发生后,集团公司金温铁路工程指挥部按照业主和上海铁路局要求,迅速组织220多人在第一时间到达现场,承担桥上救援任务,经过24小时连续奋战,完成救援任务,受到业主和抢险救援指挥部的表扬。

▲7月25～30日　应俄罗斯中国总商会邀请,集团公司董事长、党委书记刘国志率考察团,赴俄罗斯就工程项目和市场情况进行考察,期间受到中国驻俄罗斯大使接见。

▲8月24～26日　俄罗斯潜在合作伙伴总理控股有限公司总裁次岗先生到集团公司京石铁路、北京地铁14号线、保定京南一品等项目进行现场考察,并建立战略合作伙伴关系。

▲9月6日　集团公司检测中心被评为全国试验A级检测机构。

▲9月29日　中共中央政治局委员、中共北京市市委书记刘淇参加莲石湖景区开放活动,并亲切接见集团公司董事长、党委书记刘国志,副总经理陈宏伟和一公司董事长徐冬青、总经理杨金有,称赞集团公司"工程干得非常好,为北京市人民造福了"。

▲10月28～11月4日　为进一步深化与俄罗斯合作,集团公司董事长、党委书记刘国志率考察团第二次赴俄罗斯考察。期间与俄罗斯总理控股有限公司就有关合作项目进行洽谈。

▲12月5日　集团公司开发建设的重庆房地产中铁5号地产项目举行奠基仪式。

(万红梅　段晓英)

中铁二十三局集团有限公司

【简况】　中铁二十三局集团公司是铁路工程施工总承包特级,公路、市政公用、水利水电、房屋建筑、机电安装、矿山工程施工总承包一级,援外工程A级,桥梁、隧道、公路路面、公路路基、钢结构、爆破与拆除、城市轨道交通工程专业承包一级,混凝土预制构件、铁路电务工程承包二级资质企业;同时具有对外经营权。集团公司总部驻四川省成都市二环路西二段10－1号。2004年3月由原中铁路桥集团有限公司、齐齐哈尔铁路建设集团有限公司、中铁十四局集团第一工程有限公司、中铁十五局集团第三工程有限公司整合重组而成。下辖12个子公司、4个经营公司(指挥部)、1个研究设计院。职工13979人。资产总额137.32亿元。其中,固定资产原值28.2亿元、净值16.42亿元;流动资产113.73亿元;其他资产23.59亿元。机械运输设备9158台(套),原值151086万元、净值90422万元,总功率27.9万千瓦,动力装备率20千瓦/人,大型设备完好率90%、利用率70%。年施工能力200亿元以上。

2011年承揽工程任务203.82亿元,完成企业总产值161.8亿元，实现利润2.23亿元。人均创利1.953万元，全员劳动生产率115.75万元/人年，职工年人均收入27278元。国有资产保值增值率109.17%，净资产收益率10.3%，产值利润率1.664%，资产负债率87.58%，利润分红完成率100%。完成主要实物工程量：土石方4848万立方米，隧道70453延长米，桥梁52190延长米，涵渠13521横延米；正线铺轨134公里，站线铺轨52公里，铺道岔222组，铁路梁预制3992孔（其中高速铁路制梁175孔），铁路架梁2325孔，铁路轨枕预制79万根；公路77公里，公路梁预制5643片，公路架梁5245片。年内获国家优质工程银质奖1项、火车头优质工程3项、中国铁建优质工程2项；获全国工程建设优秀质量管理小组1个、铁道部优秀质量管理小组2个、中国铁建优秀质量管理小组5个；获国家专利12项，累计68项；获省部级以上工法累计33项，其中国家级工法4项。集团公司首次获四川省安全示范企业称号，被成都市高新区管理委员会评为优秀海外市场拓展企业，连续5年被评为全国“安康杯”竞赛优胜单位。集团公司曾获全国五一劳动奖章、四川省五一劳动奖章和火车头奖章、全国优秀施工企业、全国模范职工之家等荣誉。

（孙 帆）

【领导人员】

董事会

董事长　李洪奇
副董事长　干天成
董事　李洪奇
　陈 涛
　徐明新（12月任）
　干天成
　田宝华
　高 峰
　张庆军

监事会

监事会主席　李洪安
监事　李洪安
　夏福彬
职工监事　张子健

经理层

总经理　李洪奇（12月免）
　徐明新（12月任）
副总经理　田宝华
　袁全祥
　张庆军
　丁维利
　杨 鑫
　钱振地
　师文有
　刘衍堂
　王 武
　孙秀安
总工程师　田宝华（兼）
总会计师　孙秀安

党群领导

党委书记　陈 涛
党委副书记　李洪奇
　徐明新
　干天成
纪委书记　李洪安
工会主席　高 峰

（孙 帆）

【主要工程项目指挥机构】　向莆铁路工程指挥部　驻福建省永泰县塔山路32号农业局院内。指挥长袁全祥，党委书记孙国臣。

贵广铁路工程指挥部　驻广西壮族自治区桂林市阳朔县田园路1号。常务副指挥长袁勇，党委书记钟勇。

成昆铁路货车外绕工程项目经理部　驻四川省成都市龙泉驿区鲸龙路351号。项目经理张庆军，党委书记王恒峰。

石武铁路客运专线项目经理部　驻湖北省大悟县泉水路财政局农税干部培训中心。项目经理白毅平，党委书记陈哲华。

南广铁路项目经理部　驻广东省德兴县龙母大街县委党校。常务副经理任平，党委书记徐守新。

大瑞铁路工程指挥部　驻云南省大理州永平县博南东路43号。指挥长郭正伟。

厦深铁路指挥部　驻广东省惠东县太阳坳工业园A栋14号。指挥长李武士，党委书记党培林。

大连铁路工程指挥部　驻辽宁省大连市经济开发区泊石湾20号1－4－2。指挥长王武，党委书记张忠阁。

兰渝铁路工程指挥部　驻重庆市北碚新区碚南大道88号军都酒店6楼。指挥长李建军，党委书记李胜宝。

六沾铁路增线工程指挥部　驻云南省宣威市乐半乡新村。指挥长刘顾集。

沪昆铁路客运专线指挥部　驻贵州省贵阳市乌当区新添大道南方汇通公司生活园区。指挥长赵永明，党委书记王恩和。

哈齐铁路客运专线指挥部　驻黑龙江省齐齐哈尔

市站前大街180号。指挥长刘衍堂,常务副指挥长周才华,党委副书记袁再全。

格鲁吉亚第比利斯绕城铁路项目经理部　项目经理倪修泉,项目书记谢文惠。　（古　艳）

【职工队伍】　职工13979人。其中,干部6999人,占职工总数的50.1%;工人6980人,占职工总数的49.9%。文化结构:研究生及以上学历44人,大学本科2866人,大学专科3782人,中专技校2390人,高中及以下4897人。专业技术干部6424人,占干部总数的91.8%。其中,高级职务533人;中级职务1381人。技术工人5583人,占工人总数的80%。其中,高级技师68人;技师490人;高级工1548人。　（郭书军）

【铁路工程施工】　2011年,集团公司在建铁路工程项目34项,重点铁路工程建设情况:

新建向塘—莆田铁路XPFJ-10标段工程　位于福建省莆田市境内,标段长26.5公里,合同投资151695万元,合同工期2008年8月~2011年12月。主要实物工程量:隧道5座46504.82延长米,斜井4座7792.67米,大桥4座947.68延长米,涵洞6座332.33横延米,路基土石方45万立方米,永临电力26.051公里,轨道44公里。年内完成投资29180万元;开工累计完成投资144573万元,占合同投资的95.3%。向莆铁路青云山隧道于9月16日贯通。

新建贵州—广州铁路站前GGTJ-7标段工程　位于广西壮族自治区桂林市境内,标段长94.05公里,合同投资526640万元,合同工期2008年12月~2012年11月。主要实物工程量:路基土石方884万立方米,桥梁58座29785.79延长米,预制架设箱梁679孔,涵洞108座2972.5横延米,隧道23座43652延长米。年内完成投资68778万元,开工累计完成投资254280万元,占合同投资的48.3%。

新建南宁—广州铁路站前NGZQ-7标段工程　位于广东省德庆县境内,标段长71.49公里,合同投资377940万元,合同工期2009年3月~2011年11月。主要实物工程量:路基土石方911万立方米,桥梁43座10364延长米,现浇箱梁292片,涵洞78座,隧道45座43815延长米。年内完成投资86952万元;开工累计完成投资353620万元,占合同投资的93.6%。

石武铁路客运专线TJ1标段工程　位于湖北省孝感市大悟县境内,标段长62.3公里,合同投资403371万元,合同工期2008年11月~2011年3月。主要实物工程量:路基土石方984.5万立方米,桥梁54座19235延长米,隧道13座19795延长米,无砟轨道双线长62.3公里。年内通过武汉铁路局组织的工程静态初验。

厦深铁路XSGZQ-9标段工程　位于广东省汕尾市、惠州市境内,标段长51.56公里,合同投资215257万元,合同工期2008年9月~2011年2月。主要实物工程量:桥梁22座15711延长米,隧道12座21081延长米。年内完成投资13896万元;开工累计完成投资211781万元,占合同投资的98.4%。

新建铁路大瑞线大理—保山段站前2标段工程　位于云南省大理州境内,标段长32公里,合同投资90129万元,合同工期2008年6月~2013年5月。主要实物工程量:路基土石方303万立方米,桥梁12座2890延长米,涵洞6座103横延米,隧道6座25232延长米。年内完成投资4830万元;开工累计完成投资46046万元,占合同投资的51.1%。

新建兰渝铁路引入重庆枢纽工程　位于重庆市北碚区,标段长48.52公里,合同投资217369万元,合同工期2009年7月~2013年1月。主要实物工程量:区间路基土石方263万立方米,站场土石方2265万立方米,桥梁12座4520延长米,涵洞124座8984横延米,改建既有隧道3座2312延长米,新建隧道4座6209延长米,正线铺轨51.66公里,站线铺轨178.49公里,房屋建筑96068平方米。年内完成投资53409万元;开工累计完成投资135646万元,占合同投资的62.4%。

新建大连长兴岛铁路港站工程　位于辽宁省大连市境内,标段长25.03公里,合同投资71755万元,合同工期2009年8月~2011年1月。主要实物工程量:路基土石方440万立方米,桥梁15座1911延长米,涵洞67座2294横延米,正线铺轨25.03公里,站线铺轨20.45公里,铺道岔41组,架梁70孔,房屋建筑16500平方米。年内完成投资11755万元;开工累计完成投资69755万元,占合同投资的97.2%。

湘桂铁路XG-5标段工程　位于广西壮族自治区桂林市境内,标段长54.75公里,合同投资206546万元,合同工期2009年3月~2012年3月。主要实物工程量:区间路基土石方582万立方米,站场土石方99万立方米,涵洞167座3859横延米,桥梁27座9861延长米,隧道8座11140延长米,无砟轨道12.484公里。年内完成投资34086万元,开工累计完成投资148459万元,占合同投资的71.9%。

哈齐铁路客运专线HQTJ5标段工程　位于黑龙江省齐齐哈尔市境内,标段长26.5公里,合同投资190734万元,合同工期2009年10月~2013年10月。主要实物工程量:特大桥2座19673延长米,CFG桩754064.05延长米,站场土石方69.76万立方米,路基土石方223.79万立方米,框架涵9座,公路桥2座,轨道板4.5万块，轨道板单线铺设136公里。年内完成投资31671万元；开工累计完成投资77349万元，占合同投资的40.6%。

新建渝利铁路铺架工程　位于重庆市北碚区，标段长296公里，合同投资259594万元，合同工期2010年8月～2013年1月。主要实物工程量：铁路梁预制、铺架2606孔。年内完成投资25000万元；开工累计完成投资57947万元，占合同投资的22.3%。

新建沪昆铁路客运线长沙—昆明段贵州站前CK-GZTJ－6标段工程　位于贵州省贵定县境内，标段长56.55公里，合同投资435800万元，合同工期2010年10月～2013年11月。主要实物工程量：路基5.546公里，隧道23座34275延长米，桥梁33座16728延长米，涵洞17座421.72横延米，制、架梁424孔，铺无砟轨道114公里。年内完成投资81211万元；开工累计完成投资92503万元，占合同投资的21.2%。

新建哈尔滨西客站Ⅱ标段工程　位于黑龙江省哈尔滨市境内，标段长10.2公里，合同投资202360万元，合同工期2009年12月～2011年11月。主要实物工程量：路基土石方466万立方米，特大桥5座3696延长米，大桥6座1605延长米，中桥9座588延长米，小桥4座342延长米，涵洞63座3033横延米，正线铺轨36公里，站线铺轨32公里，铺道岔97组，铺道床10.8万立方米。年内完成投资102828万元；开工累计完成投资186888万元，占合同投资的92.4%。

改建铁路贵昆线六盘水—沾益段增建第二线铺轨架梁工程　位于贵州省六盘水市境内，标段长124.9公里，合同投资65327万元，合同工期2010年1月～2012年3月。主要实物工程量：架梁848孔，正线铺轨199公里，站线铺轨74公里，铺道床56万立方米，铺新道岔273组，改建拆除线路45公里，重铺线路8.7公里，拆除道岔183组，重铺道岔34组。年内完成投资23947万元；开工累计完成投资44388万元，占合同投资的67.9%。　（黎　聪）

【铁路外工程施工】　2011年，集团公司在建铁路外工程项目74项。重点工程进展情况：

新疆S215线三岔口—莎车高速公路第SS－1标段工程　位于新疆维吾尔自治区喀什地区莎车县境内，标段长53.668公里，合同投资158411.84万元，合同工期2011年6月～2013年11月。主要实物工程量：路基土方400万立方米，沥青混凝土路面128万平方米，桥梁9座，涵洞99座（不含匝道、立交），巴楚互通桥1座，分离式立交桥5座，通道桥19座，收费站1处，停车区1处，波形钢板护栏144155米，隔离栅109149.6米，公路标线54435平方米。年内完成投资7599万元；开工累计完成投资21899万元，占合同投资的13.8%。

岳阳—宜昌高速公路石首—松滋段一期土建JNTJ－1标段工程　位于湖北省公安县境内，标段长42.9公里，合同投资191587.22万元，合同工期2011年8月～2013年12月。主要实物工程量：预制梁5617片，现浇梁（含悬灌）162孔，桩基3521根，路基土石方451万立方米，软基处理13.93公里，其中浆喷桩132万米；涵洞通道109座，主线收费站1处，匝道收费站2处，服务区1处。年内完成投资4.65亿元，占合同投资的24.3%。　（董　凌　秦　琼）

【海外工程施工】　2011年，集团公司在建海外工程项目3项，因利比亚爆发国内战争，集团公司利比亚南北铁路工程项目全部撤离回国。重点海外工程进展情况：

格鲁吉亚第比利斯绕城铁路工程　位于格鲁吉亚第比利斯，全长38.69公里，合同投资209751万元人民币，合同工期2010年8月～2013年8月。主要实物工程量：路基土石方1035万立方米，桥梁26座1524.8延长米，隧道4座3606延长米，通道及涵洞30座1825.2横延米，铺设轨道101.3公里，铁路房屋建筑35600平方米。年内完成投资16047万元；开工累计完成投资70768万元，占合同投资的33.7%。

格鲁吉亚现代化铁路改造工程　位于格鲁吉亚第比利斯，全长61.3公里，合同投资219200万元人民币，合同工期2011年9月～2015年4月。主要实物工程量：路基土石方495.6万立方米，圬工62.51万立方米，桥梁21座2511.3延长米，隧道12座15300延长米，通道及涵洞70座1779.52横延米。年内完成投资1906万元；开工累计完成投资3831万元，占合同投资的1.75%。　（董　凌）

【经营管理】　工程承揽。2011年，面对铁路市场的“高台跳水”，集团公司提出“发展中促转变，转变中谋发展，坚定不移地走质量效益型发展道路”的企业战略，通过实施“四大调整”、“五大转变”、“六大转移”经营战略，全年承揽工程90项，新签合同总额203.82亿元（含补充合同金额23亿元）。其中，铁路52.81亿元；公路67.79亿元；市政工程8.8亿元；水利水电5.57亿元；房屋建筑20.21亿元；城市轨道10.71亿元；制品销售37.93亿元。集团公司坚持战略调整，积极推进“六大转移”，实现市场开发新突破，铁路外经营成效显著。其中，新疆指挥部中标15.84亿元的新疆S215线三岔口—莎车高速公路第SS－1标段工程；八公司中标19.16亿元的岳阳—宜昌高速公路工程，创集团公司高速公路工程之最。“走出去”战略深入推进，海外市场实现滚动发展，继2010年承揽21.5亿元的格鲁吉亚绕城铁路工程后，再次以EPC方式中标21.92亿元的格鲁吉亚铁路现代化改造项目，海外经营业务得到进一步发展。

工程管理。一是坚持创新管理模式，“法人管项目”理念得到较好贯彻，项目管控水平得到新提升。2011年以铁路项目“大清理、大整改、大提高”活动为契机，大力开展重点工程建设专项治理，积极清理整顿中介合作施工队伍，逐步实现在建工程规范化、标准化、效益化，保证在建工程安全生产，集团公司连续四年获全国“安康杯”竞赛优胜单位称号，首次被四川省评为安全示范企业。二是积极推广“五二五”管理办法，规范各种合同关系，强化履职履责意识，真正实现项目的标准化管理。三是坚持法人管项目，提升集团公司精益化管理水平。在2011年面临巨大资金压力的情况下，局处两级班子、两级项目克服一切困难，保安全、保质量、保进度、保效益、保信誉，确保重难点工程按期有序推进。2011年完成企业总产值161.8亿元，占股份公司年度计划150亿元的126.8%。创造多项施工之最。独立承建的全国在建第二长的向莆铁路青云山隧道仅用3年时间，于2011年9月8日高精度顺利贯通，受到铁道部及业主的一致好评；交通运输部科研项目全长1811米、107米高的钢管格构墩雅泸高速公路干海子特大桥于12月29日成功实现合龙；重庆鱼洞长江大桥于8月13日建成通车；东北地区最大的哈尔滨西客站枢纽于8月8日顺利铺通，为全线联调联试奠定基础；石武铁路客运专线10月21日顺利通过静态初验，12月13日通过静态复验；中国最大编组站兰渝铁路兴隆场编组站、渝利重庆北铺架基地等重点工程标准化建设获铁道部、成都铁路局的高度赞扬。

财务成本管理。坚持以“稳字当头，现金为王，开源节流，增收节支”的经营理念为指导，把握重点、合理统筹，有效应对各种挑战，最大程度地保证企业的平稳发展。一是多管齐下夯实管理基础。集团公司对直属项目部竣工后管理、全面预算、机关经费报销、机关及直属指挥部差旅费、资本运营项目投资等工作环节进行规范或重新梳理，不断完善集团公司财务管理制度。二是落实全面预算管理，完善绩效考核。针对2011年经济运行过程中遇到的重重困难和种种问题，集团公司在半年经济活动分析会上分析、比较所属单位经济运行情况，对下半年工作如何开展提出具体措施和办法，以确保在宏观经济环境发生重大变化的情况下，尽可能完成年度预算指标。三是加强成本和项目管理，深化二次经营，强化三次经营。积极督导检查所属单位二次创效责任书落实情况，努力推动变更索赔创效工作上新台阶，集团公司全年完成变更索赔230038.62万元。四是积极应对税务稽查和外部审计工作。年内认真做好配合国家审计署对重点铁路建设项目的审计检查工作，集团公司派出工作组深入各铁路项目，指导、协助自查自检和规范整改，并重点做好与审计组、业主的沟通协调，项目部顺利通过审计。2011年，集团公司实现利润2.23亿元，国有资产保值增值率109.17%，净资产收益率10.3%，产值利润率1.664%，资产负债率87.58%，利润分红完成率100%。

安全质量管理。2011年对集团公司100多个项目进行专项治理，深入开展“大检查、大反思、大整改”活动。针对项目管理中的薄弱环节，以实施“五二四”项目管理法为切入点，落实责任制，闭合责任链，提高项目现场管理水平。集团公司安全生产目标基本实现，全年无职工因工死亡事故、无重伤事故。工程质量稳定可控。全年单位工程交验合格率100%，产品出厂合格率100%。承建的大连铁路集装箱站工程获国家优质工程银质奖，获火车头优质工程3项、省级优质工程2项、中国铁建优质工程7项；4个项目被评为中国铁建安全质量标准工地。QC成果显著，获全国工程建设优秀质量管理小组2个、铁道部优秀质量管理小组2个、中国铁建优秀质量管理小组5个。年内取得铁路桥梁生产许可证1项，轨枕上道认证1项。

人力资源管理。强化制度落实，彰显服务职能。坚持靠制度管理干部，不断规范任免程序，积极开展管理工作创新，切实加强领导班子和干部队伍建设；加强人力资源开发，科学调配人员，严格调动程序，服务基层，保障和服务于生产经营需要；按照企业发展规划，结合施工生产需求，坚持从严把控员工总量增长速度，积极做好人才引进和大学生接收工作；围绕企业中心工作，明确部门工作重点，着力解决铁路特一级资质人员就位的关键问题，为确保资质就位提供坚强的人才支持；深入基层，加强调研，完善基础工作，制定下发《中铁二十三局集团公司直属项目部员工管理暂行办法》；优化人才队伍结构，全面推进专业技术资格评审，全年有2名正高级、69名高级、195名中级专业（技术）人员通过职称评审；加大人才培养力度，搞好职工教育培训，举办培训班251期，7115人次参加培训，企业员工的综合素质不断提高。

（娄华　孔帆　覃山力　孔竹　乔宏　熊伟）

【科技开发】 2011年，集团公司成立研究设计院，并逐步完善技术中心平台建设；加大高速铁路、特长隧道、特殊环境桥梁、城市轨道交通等施工领域关键技术研究力度，坚持“自主创新，重点跨越，支撑发展，引领未来”的科技工作方针，制定集团公司《“十二五”科技发展规划》。集团公司“城市轨道交通先张法预应力混凝土简支U型梁施工工艺”、“重庆朝阳嘉陵江右线大桥综合施工技术”研究课题被列入中国铁建2011年科技研发计划，“高速铁路无砟轨道耐久性提升综合技术研究”课题被列入铁道部2011年科技研发计划；完成“系杆拱异位现浇整体横移就位综合施工技术研究”和“严寒气候条件下隧道渗漏水防治施工技术研究”等12项科技成果的总结工作，并分别通过四川省科技厅、中国铁建主持的科技成果鉴定，关键施工技术水平有3项达到国际先进，1项达到国内领先，7项达到国内先进，1项达到行业先进。集团公司“CRTⅢ型无砟轨道板研制及路基纵连板施工维修技术的研究”成果获中国施工企业管理协会科技进步一等奖，“钢管格构墩A型单元节段制造工法”等6项工法被评为省部级工法，获国家专利12项。截至年底，集团公司累计拥有省部级工法33项、国家级工法4项，国家专利68项。（霍　莉）

【工程公司建设】　坚持以做专做实做优工程公司为目的，围绕专业特色培育，全力推进打造差异化、优势化工程公司和工程队建设。一是强化政策指导。集团公司推行两级管理模式，引导各子公司理清发展思路，做好战略规划，突出市场竞争地位、施工主体地位、管理责任地位。二是加强帮扶力度。集团公司及时增加一公司和三公司的注册资本金，提升部分子公司资质等级，打造专项施工能力和技术创新能力，增强市场竞争力。三是加强培养监督。通过现场监督指导等方式，培养各级领导增强决策谋划能力、指挥调控能力、创效增收能力以及驾驭复杂局面的能力。四是明确目标责任，强力推进工程队建设。2011年，集团公司建立工程队和架子队70余支。（孙　帆）

【党群工作】　党的工作。(1)领导班子建设。集团公司坚持“党管干部，党管人才”的原则，加强干部和人才队伍的管理。2011年，2个单位党委书记调整，3个单位补充8名副职，37名干部提升；考核试用期满干部，对不团结、不和谐和有违纪苗头的基层班子成员谈话提醒25人次。八公司、轨道公司、电务公司被集团公司评为2011年度“四好领导班子”。(2)创先争优活动。集团公司以“四个提升”(提升领导形象、提升职工信心、提升企业品牌、提升企业实力)为主线，坚持“四个结合”，即与促进施工生产相结合、与促进班子建设相结合、与加强党组织自身建设相结合、与培养宣传先进典型人物相结合的方式，开展创先争优活动。活动期间，调整项目部党组织46个、项目部书记53人，由兼职书记改为专职书记18人，增加项目书记47人；修订完善党建工作制度，将政治工作纳入领导人员绩效考核体系。袁松被评为中央企业职工标兵，寻明义获全国五一劳动奖章，黄静、徐光明分别被集团公司授予岗位成才典型和爱岗敬业榜样称号。(3)宣传思想工作。年内开展创效光荣、“忠诚、热爱、扎根、奉献、建功立业在二十三局”、品牌员工建塑等专题教育活动，刊登宣传稿件4363篇(幅)，其中在中央电视台、新华网、人民网等主流媒体刊播稿件132篇(幅)。集团公司哈尔滨西客站施工业绩和全国五一劳动奖章获得者寻明义先进事迹在中央电视台报道。(4)党风廉政建设。集团公司始终把反腐倡廉作为企业健康发展的保证，把领导干部作为预防腐败的重要对象，把员工最关注的事作为反腐倡廉的重点。年内进一步完善惩防体系，与基层签订“党风廉政建设责任状”，组织841名领导人员和关键岗位人员签订廉洁承诺，183名领导人员家属签订助廉承诺书，领导人员向职工代表述廉议廉，严格执行“三重一大”集体决策制度，从制度上预防腐败。加大执法效能监察和案件查处力度，推进工程建设领域突出问题专项治理，深入开展“企检共建”、“企法共建”和“企警共建”活动，有效化解企业风险。

工会工作。集团公司工会下辖工程公司工会10个，工会小组537个。有工会会员13864人，专(兼)职工会干部199人。努力创建“组织健全、维权有力、工作规范、作用明显、员工信赖”的和谐职工之家，充分发挥工会组织的凝聚力。年内，集团公司表彰达标项目工会20个，四公司被评为四川省模范劳动关系和谐企业。强化民主管理，维护职工合法权益。各级工会认真坚持职代会制度，不断规范职代会程序和议程，签订集体合同、女职工专项集体合同和工资集体协商专项合同，全年征集职工代表提案420条。组织开展“冬送温暖，夏送清凉，有灾送爱心，四季送关怀”活动。元旦春节期间，局处两级筹集送温暖资金296.35万元，救助帮扶困难职工1119户。实施“女职工建功立业工程”和“女职工素质提升工程”，在女职工中开展以“我学、我练、我能”为主题的“巾帼创新业，建功‘十二五’”活动。八公司副总工程师彭育芬被评为全国五一巾帼标兵，二公司富铁轨枕公司变电所获全国铁路女职工先进集体称号。

共青团工作。以“转型促发展，青年当先锋”为主题，以“服务企业，服务青年”为宗旨，以生产经营为主战场，以保安全、求质量、促进度、增效益为目标，团结带领广大青年广泛开展青年“双争”、“青年突击队”竞赛、青年创新创效、青年科技攻关等活动,有效发挥团组织的生力军、突击队作用和广大团员青年的先锋模范作用,推动企业改革发展。深入开展“保增长、促转型,我是青年我先行”、“转型促发展,青年当先锋”主题实践活动,激励各级团组织和广大团员青年争作为、比贡献,展风采、树形象,取得较好的经济效益、社会效益和人才效益,赢得上级肯定。年内有12个集体获中国铁建“青年文明号”称号,25名青年获中国铁建“青年岗位能手”称号,6名青年分别被中国铁建评为“十大杰出青年”、“十佳青年技术工人”、“中国铁建青年在行动”主题活动先进个人。全年获省部级青年QC成果38项。 (周裕君　晏萍　张金君)

【第一工程有限公司】 公路、市政公用工程施工总承包一级,铁路、房屋建筑、水利水电工程施工总承包二级,公路路基、公路路面、桥梁、隧道工程专业承包一级,机场场道、堤防工程专业承包二级资质企业。公司机关驻山东省日照市黄海二路65号。前身系中国人民解放军铁道兵第四师第十六团,1984年1月1日集体转业并入铁道部,改编为铁道部第十四工程局第一工程处;1999年12月1日改称中铁第十四工程局第一工程处,2001年11月16日改称中铁十四局集团第一工程有限公司,2004年2月3日企业整合重组更名为中铁二十三局集团第一工程有限公司。执行董事兼总经理王忠谋,党委书记孙谊波。下辖30个项目经理部、3个机械化施工公司、2个隧道公司、5个工程队及桥梁公司、混凝土机械化施工公司、铁鑫商品混凝土公司、铁城房地产开发公司、建筑安装公司、租赁站、物业中心。职工2772人。其中,干部1010人;工人1762人。技术干部933人,技术工人1700人。资产总额197644.83万元。其中,固定资产净值17697.3万元;流动资产171919.52万元;其他资产25725.32万元。机械运输测试设备363台(套),净值1.07亿元,机械设备总功率52017千瓦,完好率86%,利用率65%,动力装备率18.8千瓦/人。年施工能力20亿元以上。

2011年新签合同额21.3亿元,完成企业总产值26.7亿元,实现利润2200万元。全员劳动生产率103.12万元/人年,人均创利1.07万元。国有资产保值增值率248%,产值利润率1.04%,净资产收益率18.95%,应上缴款完成率100%。年内,集团公司九江长江大桥项目QC质量管理小组获2011年度全国工程建设质量管理小组优秀奖,福州绕城高速古城1号特大桥工程被评为火车头优质工程;公司被授予江西省“十一五”重点工程先进施工单位称号。(杨珣)

【第二工程有限公司】 铁路、房屋建筑工程施工总承包一级,市政公用工程施工总承包二级,桥梁、钢结构、铁路铺轨架梁工程专业承包一级,公路路基、铁路电务工程专业承包二级资质企业。公司机关驻黑龙江省齐齐哈尔市铁锋区站前大街256号。前身系齐齐哈尔铁路局工程大队,1986年更名为哈尔滨铁路局齐齐哈尔第一工程处,1995年更名为哈尔滨铁路局齐齐哈尔铁路工程总公司,2002年更名为齐齐哈尔铁路建设集团有限责任公司;2003年10月29日划归中国铁道建筑总公司,2004年8月26日企业整合重组更名为中铁二十三局集团第二工程有限公司。执行董事兼总经理曹鹏程,党委书记赵玉俭。下辖2个分公司、3个子公司、19个工程队。职工3418人。资产总额185558万元,其中固定资产36398万元、净值18874万元。机械运输设备1718台(套),原值18421万元、净值10842.5万元,总功率42019千瓦,动力装备率12.64千瓦/人,技术装备率3.26万元/人,设备成新率59%、完好率89%、利用率62%,机械化施工程度75%。年施工能力30亿元以上。

2011年新签合同额16.9亿元,完成企业总产值329067万元,其中施工产值316055万元、工业产值12182万元,实现利润3100万元。全员劳动生产率96.27万元/人年,人均创利9069.64元,职工年人均收入12888.85元。国有资产保值增值率111%,净资产收益率9.79%,产值利润率3.5%,资产负债率87.22%,应上缴款完成率100%。年内,公司下属富铁轨枕公司变电所被授予全国铁路先进集体单位称号。 (陈继红)

【第三工程有限公司】 市政公用、房屋建筑工程施工总承包一级,水利水电、铁路、公路工程施工总承包二级,桥梁、隧道工程专业承包一级,公路路基、路面工程专业承包二级以及房地产开发三级(临时)资质企业。公司机关驻四川省成都市温江区天府街中段336号。前身系中国人民解放军铁道兵第五师第二十三团,1984年1月集体转业并入铁道部,改编为铁道部第十五工程局第三工程处;2001年5月企业改制为有限公司;2004年2月整合重组为中铁二十三局集团第三工程有限公司。执行董事兼总经理刘牛生,党委书记李治强。下辖22个项目部及机械化公司、租赁站、混凝土公司、房建公司、基地管理委员会。职工2915人。其中。干部1499人;工人1416人。专业技术干部1122人,技术工人495人。资产总额233184.33万元。其中,固定资产净值11727.91万元;流动资产135083.43万元;其他资产86372.99万元。机械运输设备393台(套),原值15896万元、净值7758万元,总功率37499.2千瓦,动力装备率12.86千瓦/人,设备完好率 95.46%、利用率 76.9%，机械化施工程度 86.5%。年施工能力 50 亿元。

2011 年新签合同额 45.93 亿元，完成企业总产值 33.52 亿元，实现利润 2654.3 万元，其中净利润 2206 万元。人均创利 12947.79 元，全员劳动生产率 8.29 万元/人年，职工年人均收入 11313.27 元。国有资产保值增值率 140.29%，净资产收益率 47.43%，产值利润率 0.8%，资产负债率 97.65%，应上缴款完成率 100%。（董 凌）

【第四工程有限公司】 市政公用、房屋建筑、水利水电工程施工总承包一级，公路工程施工总承包二级，桥梁、隧道、土石方、建筑装修装饰工程专业承包一级，公路路基、预拌商品混凝土工程和混凝土预制构件专业承包二级资质企业。公司机关驻四川省成都市青羊区东门街 84 号。组建于 2002 年 7 月，原名中铁路桥集团建设工程有限公司；2004 年 3 月 19 日改制重组为中铁二十三局集团第四工程有限公司。执行董事兼总经理荀国利，党委书记袁明贵。职工 695 名。其中，干部 618 人；工人 77 人。资产总额 109444 万元。其中，固定资产净值 15601 万元；流动资产 91949 万元。机械运输设备原值 14172.42 万元、净值 9347.95 万元，总功率 43332 千瓦，动力装备率 64.97 千瓦/人，设备成新率 65.96%、完好率 100%、利用率 100%。

2011 年新签合同额 13.2 亿元，完成施工产值 18.8 亿元，实现利润 1411 万元。人均创利 2 万元，全员劳动生产率 273.26 万元/人年，职工年人均收入 34865 元。国有资产保值增值率 136.14%，净资产收益率 6.95%，产值利润率 0.75%，资产负债率 84.54%，应上缴款完成率 100%。年内，公司承建的都江堰灵岩山隧道工程被评为火车头优质工程，重庆两江新区飞马安置房工程被评为重庆市两江新区 2011 年建筑施工安全文明十佳工地。（贺晓东）

【轨道交通工程有限公司】 市政公用、房屋建筑工程施工总承包一级，公路工程施工总承包二级，建筑装修装饰、钢结构、环保、桥梁工程专业承包一级，混凝土预制构件专业承包二级资质企业。公司机关驻上海市南汇区惠南镇城南路 335 号。前身系中铁路桥集团上海分公司，2004 年 3 月企业整合重组为中铁二十三局集团第五工程有限公司，2010 年 9 月更为现名。执行董事兼总经理喻丕金，党委书记高炳荣。下辖 7 个分公司、7 个工程项目部。职工 396 人。其中，干部 296 人；工人 100 人。资产总额 8.37 亿元。其中，固定资产净值 15139.6 万元；流动资产 59955.3 万元；其他资产 2403.98 万元。机械运输设备 1032 台(套)，净值 20249 万元，总功率 34261 千瓦，动力装备率 58.1 千瓦/人，技术装备率 53.8 万元/人，设备成新率 83%、完好率 94%、利用率 87%，机械化施工程度 95%。年施工能力 18 亿元以上。

2011 年新签合同额 10.19 亿元，完成企业总产值 101443 万元，实现利润 4043.17 万元。人均创利 10.21 万元。国有资产保值增值率 100.75%，净资产收益率 21.7%，产值利润率 4.27%，资产负债率 77.67%，应上缴款完成率 166.67%。年内，公司获四川省五一劳动奖状，被评为全国优秀施工企业，公司党委被四川省国资委评为先进基层党组织。（张蜀秦）

【第六工程有限公司】 市政公用工程施工总承包一级，公路、房屋建筑工程施工总承包三级，桥梁、隧道工程及混凝土预制构件专业承包二级，地质灾害治理工程勘察、设计、施工甲级资质企业。公司机关驻重庆市渝中区嘉滨路 118 号附 2 号。前身系中铁路桥集团重庆工程分公司，2004 年 3 月企业整合重组为中铁二十三局集团第六工程有限公司。执行董事兼总经理王彬，党委书记黄明贵。下辖 12 个项目部。职工 644 名。其中，干部 541 人；工人 103 人。资产总额 66604 万元。其中，固定资产原值 15188 万元、净值 10546 万元；流动资产 54724 万元；其他资产 1334 万元。机械运输设备 704 台(套)，净值 11807 万元；机械设备总功率 17520 千瓦，动力装备率 20.9 千瓦/人，技术装备率 18.19 万元/人，设备使用率 76%、完好率 95%，机械化施工程度 94%。年施工能力 15 亿元以上。

2011 年新签合同额 22085 万元，完成企业总产值 61124 万元。全员劳动生产率 8.44 万元/人年，职工年人均收入 26053 万元。国有资产保值增值率 92%，资产负债率 91%，应上缴款完成率 100%。（程 宁）

【第七工程有限公司】 市政公用、房屋建筑工程施工总承包一级，桥梁、隧道工程专业承包一级，混凝土预制构件及预应力、土石方工程专业承包二级资质企业。公司机关驻广东省深圳市龙岗区中心城龙城北路 3 号。前身系中铁路桥集团珠海工程分公司，2004 年 3 月改为现名。执行董事兼总经理何秀春，党委书记党培林。下辖 9 个项目经理部。职工 374 人。其中，干部 261 人；工人 113 人。资产总额 51047 万元。其中，流动资产 43746 万元；固定资产原值 9475 万元、净值 5566 万元；其他资产 1735 万元。机械运输设备 714 台(套)，净值 3954 万元，总功率 8259 千瓦，动力装备率 21.3 千瓦/人，技术装备率 10.2 万元/人，设备利用率 40%。

2011年新签合同额13.74亿元，完成企业总产值9.62亿元，实现利润1676万元，净利润1232万元。国有资产保值增值率124.93%，净资产收益率16.31%，产值利润率1.75%，资产负债率80.06%。年内，公司被评为四川省“安康杯”竞赛优胜单位。（胡晓岚）

【第八工程有限公司】 市政公用、房屋建筑工程施工总承包一级，公路工程施工总承包二级，钢结构、桥梁工程专业承包一级，混凝土预制构件、预应力工程专业承包二级资质企业。公司机关驻四川省成都市青羊区工业园区G区8栋A/B座。前身系中铁路桥集团养马河工程分公司，2004年3月整合重组为中铁二十三局集团养马河工程有限公司，2009年7月更名为第八工程有限公司。执行董事兼总经理沈德华，党委书记周宏。职工1099人。其中，管理人员541人；工人497人；内退61人。资产总额11.42亿元。其中，固定资产1.14亿元；流动资产9.23亿元；其他资产1.05亿元。机械运输设备1882台（套），总功率24128.03千瓦，原值12626.45万元、净值7859.2万元，动力装备率21千瓦/人，技术装备率7.15万元/人，设备完好率95%、利用率68%。具备轨枕100万根，桥梁6000孔，高速铁路轨道板40000块、钢结构加工5000吨的生产能力；具备特大型桥梁、长大隧道、铺轨架梁施工能力。

2011年新签合同额20.6亿元，完成企业总产值11.74亿元，实现净利润1361万元。年内，公司中标岳阳—宜昌高速公路石首—松滋段一期土建工程JNTJ－1标段，中标金额191587万元，是集团公司组建以来承揽的最大铁路外工程。公司先后获全国思想政治工作优秀企业、四川省重合同守信用企业、省级文明单位、AAA特级信用企业等荣誉，参建的吉安大桥、遂渝铁路、新建成都北编组站工程获中国建设工程鲁班奖。（秦 琼）

【川东水泥有限公司】 前身为中国人民解放军6015工厂，组建于1968年9月；1984年1月集体转业并入铁道部，更名为铁道部工程指挥部川东水泥厂；1990年11月更名为中国铁道建筑总公司川东水泥厂，2001年并入中铁路桥集团有限公司，2004年3月整合重组为中铁二十三局集团川东水泥有限公司。公司机关驻四川省达州市渠县三汇镇。执行董事兼总经理吕保华，党委书记辛一平。职工751人。资产总额49839万元。其中，固定资产42551万元；流动资产7288万元；其他资产35263万元。生产设备1078台（辆），固定资产原值42627.64万元、净值33201.54万元，总功率25452千瓦，动力装备率29.77千瓦/人，技术装备率1.25万元/人，设备完好率84%、利用率46%。公司具有2500T/D熟料新型干法水泥生产线，年生产能力120万吨。主要产品有“华蓥山牌”复合硅酸盐32.5等级、42.5等级和普通硅酸盐32.5R等级、42.5R等级水泥四大类十个品种及水电站大坝专用的中热水泥。

2011年，公司生产各品种水泥72.1万吨，销售水泥73.46万吨，销售熟料1.227万吨，完成工业总产值20862万元，实现利润－6649万元，上缴税金1383万元。国有资产保值增值率－54%，净资产收益率－74.93%，资产负债率88.87%。公司自1992～2010年连续20年被四川省工商行政管理局评为重合同守信用企业。（谢 兵）

【电务工程有限公司】 机电安装工程施工总承包一级，房屋建筑工程施工总承包二级，铁路电务、铁路电气化、消防设施、建筑智能化工程专业承包一级，送变电工程专业承包三级资质企业。公司机关驻天津南开区密云一支路燕宇小区45号楼。执行董事兼总经理杨佩宏，党委书记池洪旗。下辖11个项目部及1个公司。职工568人，其中专业技术干部215人。企业净资产7037万元，机械设备净值361.61万元。动力装备率8.3千瓦/人，设备完好率96%、利用率92%。

2011年新签合同额300956万元，完成产值31260.8万元，实现利润901.7万元。公司连续两年获天津市高新企业称号。（李 晶）

【重要记载】

▲1月20～21日 集团公司二届二次职代会暨2011年工作会、一届七次全委会、党风建设和反腐倡廉工作会在成都召开。

▲1月22日 铁道部质量监督总站副站长张智等铁道部春运检查组一行到集团公司兰渝铁路新北碚隧道进口、既有线施工现场检查指导工作。

▲3月18日 集团公司召开参建利比亚南北铁路暨员工安全撤离回国先进事迹报告暨表彰视频大会，对在利比亚项目324名员工全部安全撤离回国的先进事迹及个人进行表彰。

▲3月 集团公司彭育芬获全国五一巾帼标兵称号，二公司富铁轨枕公司变电所获全国铁路女职工先进集体称号。

▲6月1日 珠三角城际轨道公司总经理王刚带领观摩团到集团公司佛肇GZZH－2标段施工现场检查指导，并就集团公司在标准化建设、公路恢复、“三电”迁改、施工进度及征地拆迁等方面推广介绍经验。

▲6月18日 集团公司中标湖北省岳阳—宜昌高速公路石首—松滋1期土建工程，路线全长43公

里,合同金额19.158亿元。

▲7月5日　中共中央政治局委员、全国人大常委会副委员长、中华全国总工会主席王兆国到集团公司承建的哈尔滨西客站施工现场视察指导,并亲切慰问集团公司参建员工。

▲7月7日　铁道部副部长卢春房视察集团公司参建的湘桂铁路洛清江特大桥,对集团公司落实铁道部"三整治一提高"活动给予肯定。

▲8月1日　集团公司连续三年被评为全国"安康杯"竞赛优胜企业。

▲8月13日　集团公司以EPC再次中标格鲁吉亚现代化铁路改造项目,合同金额21.93亿元。

▲9月3日　集团公司中标新疆S215线三岔口—莎车高速公路项目,合同金额15.8亿元。

▲9月16日　集团公司承建的国内第五特长隧道向莆铁路青云山隧道全线贯通。

▲11月29日　集团公司承建的世界第一座全管桁结构连续梁桥——干海子特大桥主梁架设顺利合龙。

▲12月10日　集团公司中标锡林浩特—二连浩特铁路XEZQ-1标段,合同金额7.01亿元。

▲12月14日　由集团公司承办的中国铁建雅泸高速干海子特大桥观摩和技术交流会在四川西昌召开。

▲12月27日　集团公司承建的大连集装箱铁路工程被评为国家优质工程银质奖。　(孙　帆)

中铁二十四局集团有限公司

【简况】　中铁二十四局集团有限公司是铁路工程施工总承包特级,公路、房屋建筑、市政公用工程施工总承包一级,水利水电工程施工总承包三级,桥梁、公路路基、隧道、铁路铺轨架梁工程专业承包一级和城市轨道交通工程专业承包资质企业,同时拥有对外经营权。集团公司总部驻上海市会文路2号。2004年3月16日,由原上海铁路局上海铁路建设(集团)有限公司、福建铁路建设(集团)有限公司和南昌铁路局南昌铁路工程集团有限责任公司整合重组而成。下辖安徽工程有限公司、江苏工程有限公司、上海铁建工程有限公司、浙江工程有限公司、福建铁路建设有限公司、南昌铁路工程有限公司、新余工程有限公司、南昌建设工程有限公司、上海电务电化有限公司、贵溪桥梁厂有限公司、鹰潭设备安装工程有限公司、上海房地产开发有限公司及路桥分公司、路桥分公司、轨道交通分公司、北京办事处、华北指挥部、华东指挥部、华南指挥部、西南指挥部、西北指挥部。职工12686人。资产总额1285338万元。其中,固定资产原值182211万元、净值101111万元;流动资产1153734万元。机械运输设备5387台(套),总功率15.76万千瓦,动力装备率12.42千瓦/人,技术装备率5.81万元/人。年内新购设备316台(套),价值4650万元。

2011年新签合同额1116017万元,完成企业总产值1573889万元,其中施工产值1530819万元、附营产值43070万元,实现利润24967万元。全员劳动生产率124万元/人年,职工年人均收入45762元。完成主要实物工程量:土石方3680万立方米,隧道43388延长米,桥梁78423延长米,正线铺轨221公里,站线铺轨52公里,无砟轨道46公里,铺道岔494组,铁路制梁2353片,铁路架梁2038孔,公路架梁2752片,通信线路57条公里,供电线路91正线公里,自动闭塞32公里,电气集中78联锁道岔,接触网16正线公里,公路45公里,房屋建筑24万平方米。工程质量合格率100%。国有资产保值增值率112.53%,净资产收益率11.84%,产值利润率1.66%,资产负债率86.96%,投资收益上缴率100%,应上缴款完成率100%。

企业重组前后,获中国建设工程鲁班奖、国家优质工程奖、中国土木工程詹天佑奖、中国市政金杯示范工程奖等25项,省部级优质工程奖100余项;获全国优秀施工企业、全国质量管理先进企业、全国用户满意建筑工程、全国守合同重信用单位、中国行业100家最佳经济效益建筑企业及省(市)文明单位等50余项荣誉。2011年,集团公司获国家优质工程银质奖1项,省部级优质工程奖7项;全国优秀质量管理小组奖1项,省部级优秀质量管理小组奖21项,中国铁建优秀质量管理小组奖5项;省部级科技二、三等奖各1项,中国铁建科技二等奖2项、三等奖1项;省部级工法2项,中国铁建优秀工法6项。　(姚小平)

【领导人员】

董事会

董事长	王北京
董事	王北京
	朱　赤
	韩文忠(7月任)
	郭富君(7月任)
	叶建国

监事会

监事会主席	李　生(7 月任)
监事	李　生(7 月任)
	俞正云(7 月任)
	凌光华(7 月任)

经理层

总经理	朱　赤
副总经理	林校纯(8 月免)
	陈招团(12 月免)
	韩文忠
	郭富君
	刘明杰
	周光民
	王建民
	江如辉
	吴鹤敏(5 月任)
	李金亭(5 月任)
总工程师	许伟书
总会计师	沈济业

党群领导

党委书记	王北京
党委副书记	朱　赤
	李　生
纪委书记	李　生
工会主席	叶建国

（陈　勇　赵婉红）

【工程项目指挥机构】 华北指挥部　驻北京市海淀区吴家场路 1 号院盛今佳园 1 号楼 3 单元 201。指挥长李金亭。

华东指挥部　驻上海市闸北区会文路 2 号。指挥长吴鹤敏。

华南指挥部　驻江西省南昌市新魏路 53 号。指挥长江如辉。

西南指挥部　驻四川省成都市成华区龙潭工业园区华盛路 58 号 8 幢 1 号。指挥长周光民。

西北指挥部　驻陕西省西安市高新区沣惠南路 18 号唐沣国际广场 B 座 1401 室。指挥长王建民。

宁杭铁路客运专线工程指挥部　驻浙江省杭州市余杭经济开发区兴起路 1 号。常务副指挥长陈爱民。

杭甬铁路客运专线工程指挥部　驻浙江省宁波市江北区庄桥街道康桥南路 599 号。指挥长陆喜钢。

合福铁路安徽段站前 4 标段项目经理部　驻安徽省芜湖市南陵县藉山镇其林村。常务副经理宋文胜。

京福铁路 HFMG－Ⅳ标段项目经理部　驻福建省武夷山市站前路 88 号。项目经理江如辉。

上饶车站改扩建工程项目部　驻江西省上饶市紫阳大道王家坝村委会大院内。项目经理钱建忠。

白云至龙里北铁路工程指挥部　驻贵州省贵阳市龙洞堡小碧乡政府旁。常务副指挥长钟栋材。

金温扩能改造工程指挥部　驻浙江永康市下园朱 193 号京华大酒店。常务副指挥长赵喜科。

宁启复线电化工程指挥部　驻江苏省泰州市南通路 4 号旁边。常务副指挥长陶有祥。　（赵婉红）

【职工队伍】 职工 12686 人。干部 5639 人，其中女干部 844 人、少数民族干部 73 人。干部中，专业技术干部 5385 人，占干部总数的 95.50%。其中，高级职务 407 人；中级职务 1701 人；初级职务 3277 人。学历结构：大学本科以上 2815 人，大专 2063 人，中专 453 人，高中及以下 308 人。年龄结构：35 岁以下 3306 人，36～45 岁 1027 人，46 岁以上 885 人。专业结构：工程系列 4162 人，经济系列 346 人，会计系列 517 人，统计系列 6 人，教育系列 3 人，政工系列 348 人，其他系列 1 人。全年接收高校毕业生 544 人。其中，研究生 3 人；大学本科 331 人；大专 187 人。

工人 7047 人，其中技术工人 4924 人，占工人总数的 69.87%。技术工人中，初级工 364 人，中级工 1720 人，高级工 1167 人，技师 168 人，高级技师 88 人。学历结构：大专以上 306 人，中专 378 人，高中 2002 人，初中及以下 4361 人。年龄结构：30 岁以下 296 人，31～40 岁 1613 人，41～50 岁 3507 人，50 岁以上 1631 人。　（赵婉红）

【铁路工程施工】 2011 年在建铁路工程 72 项，完成施工产值 879990 万元。重点工程进展情况：

新建南京—杭州铁路客运专线 NHZQ－4 标段工程　位于浙江省杭州、湖州市境内，标段长 53.64 公里，合同投资 433000 万元，合同工期 2009 年 3 月～2011 年 12 月。主要实物工程量：路基土石方 153 万立方米，隧道 5 座 9871 延长米，桥梁 10 座 40505 延长米，涵渠 6 座 169 横延米，轨道（预制、铺设轨道板）107 公里，房屋建筑 6634 平方米。2011 年完成投资 90255 万元；开工累计完成投资 449333 万元，占合同投资的 103.77%。

新建杭州—宁波铁路客运专线站前 HYZQ－3 标段工程　位于浙江省宁波市境内，标段长 27.05 公里，合同投资 215000 万元，合同工期 2009 年 3 月～2011 年 12 月。主要实物工程量：路基土石方 24 万立方米，桥梁 6 座 26811 延长米，正线铺轨 1.98 公里，站线铺轨 11.91 公里，无砟道床 53.89 公里，铺道岔 45 组。2011 年完成投资 14600 万元；开工累计完成投资 214638 万元，占合同投资的 99.83%。

新建合肥—福州铁路客运专线闽赣段土建 HFMG

-4标段工程　位于福建省武夷山市境内，标段长49.58公里，合同投资302676万元，合同工期2010年4月18日~2013年7月31日。主要实物工程量：路基土石方256.6万立方米，桥梁15座6768延长米，隧道13.5座39895延长米。2011年完成投资101912万元；开工累计完成投资142450万元，占合同投资的47.06%。

新建合肥—福州铁路安徽段站前及相关工程HFZQ-4标段工程　位于安徽省铜陵和芜湖市境内，标段长37.59公里，合同投资326389万元，合同工期2010年4月~2014年3月。主要实物工程量：桥梁20座26064延长米，隧道4座7347延长米，现浇箱梁7孔，制架简支箱梁1006孔、T梁159孔，框架涵32座808横延米。2011年完成投资61719万元；开工累计完成投资104734万元，占合同投资的32.09%。

宁启铁路林场—扬州东、扬州东—海安县、海安县—南通复线电气化第2标段工程　位于江苏省扬州、南通市境内，标段长95.35公里，合同投资384107万元，合同工期2009年12月~2011年11月。主要实物工程量：路基土石方600万立方米，桥梁68座20957延长米，正线铺新轨195.84公里，站线铺旧轨37.63公里，制架梁1448孔。2011年完成投资33300万元；开工累计完成投资191900万元，占合同投资的49.96%。

新建厦深铁路福建段Ⅰ标段工程　位于福建省厦门市境内，合同投资167666万元，合同工期2008年8月~2010年12月。主要实物工程量：路基土石方1089万立方米，桥梁18座17447延长米，正线铺轨33.27公里，站线铺轨14.06公里，铺道岔64组。2011年完成投资39261万元；开工累计完成投资167952万元，占合同投资的100.17%。

改建铁路漯阜线增建第二线工程　位于河南省周口市和安徽省阜阳市境内，标段长219.97公里，合同投资212938万元，合同工期2009年9月~2011年7月。主要实物工程量：路基土石方425万立方米，桥梁69座18989延长米，涵洞210座3300横延米，平改立113座2233横延米，正线铺轨207公里，站线铺轨34公里，铺道岔153组。2011年完成投资27216万元；开工累计完成投资197024万元，占合同投资的92.53%。

新建阜阳—六安铁路Ⅱ标段工程　位于安徽省六安市境内，合同投资151829万元，合同工期2009年7月~2011年7月。主要实物工程量：路基土石方688万立方米，桥梁22座9498延长米，正线铺轨162公里，站线铺轨36公里，房屋建筑8081平方米。2011年完成投资23740万元；开工累计完成投资140090万元，占合同投资的92.27%。

上饶车站改扩建工程　位于江西省上饶市境内，合同投资232709万元，合同工期2010年9月~2012年7月。主要实物工程量：路基土石方266万立方米，桥梁14座19974延长米，正线铺轨2.9公里，站线铺轨7.4公里。2011年完成投资48300万元；开工累计完成投资72636万元，占合同投资的31.21%。

金温铁路扩能改造Ⅱ标段工程　位于浙江省金华、丽水市境内，标段长40.14公里，合同投资234483万元，合同工期2010年9月~2012年10月。主要实物工程量：路基土石方409万立方米，桥梁19座19994延长米，隧道10座12278延长米。2011年完成投资64211万元；开工累计完成投资68254万元，占合同投资的29.11%。

新建铁路贵阳枢纽白云—龙里北联络线站前Ⅱ标段工程　位于贵州省贵阳市境内，标段长21.68公里，合同投资226332万元，合同工期2010年10月~2012年5月。主要实物工程量：路基土石方510万立方米，隧道10座15189延长米，桥梁20座4207延长米，正线铺轨126.2公里，站线铺轨12.4公里，铺道岔70组。2011年完成投资33325万元；开工累计完成投资43654万元，占合同投资的19.29%。　（瞿罗生）

【铁路外工程施工】　2011年在建路外工程210项，完成施工产值693890万元。主要工程进展情况：

阳泉—左权高速公路ZB1标段工程　位于山西省平定县境内，标段长12.71公里，合同投资77982万元，合同工期2010年10月~2012年10月。主要实物工程量：土石方248万立方米，排水防护7.13万立方米，桥梁11座4557延长米，隧道2300延长米，路面20.6万平方米。2011年完成投资10582万元，占合同投资的13.57%。

宁波福明路（长寿路—兴宁路）二期Ⅲ标段工程　位于浙江省宁波市境内，合同投资22230万元，合同工期2010年9月~2011年12月。主要实物工程量：主跨为220米的双塔双索面斜拉桥1座。2011年完成投资7649万元；开工累计完成投资12895万元，占合同投资的58%。

达陕高速公路D3合同段工程　位于四川省万源市境内，标段长4.42公里，合同投资20890万元，合同工期2008年10月~2011年11月。主要实物工程量：隧道2座6118延长米。2011年完成投资5885万元；开工累计完成投资20117万元，占合同投资的96.3%。

达陕高速公路D5合同段工程　位于四川省万源市境内，标段长6.79公里，合同投资34336万元，合同工期2008年10月~2011年3月。主要实物工程量：路基土石方33.5万立方米，桥梁7座2834延长米，架梁30片,隧道6座8167延长米。2011年完成投资8944万元;开工累计完成投资37334万元,占合同投资的108.73%。

上海轨道交通12号线土建工程29标段申江路站、金海路站、中间风井土建工程　位于上海市浦东新区境内,合同投资16269万元,合同工期2009年8月~2011年6月。主要实物工程量:车站2座27000平方米。2011年完成投资6263万元;开工累计完成投资14068万元,占合同投资的86.47%。

昆明新机场综合配套工程　位于云南省昆明市境内,标段长3.76公里,合同投资45707万元,合同工期2010年3月~2011年4月。主要实物工程量:高架桥422.2延长米,区间隧道2761.8延长米。2011年完成投资8000万元;开工累计完成投资33500万元,占合同投资的73.29%。

铜陵长江东路东村—竹园段工程　位于安徽省铜陵市东部,全长3.04公里,合同投资17451万元,合同工期2010年1月~2012年1月。主要实物工程量:路基土石方15.6万立方米,路面5.6万平方米,防护排水0.5万立方米,涵洞2座,隧道1座1657延长米。2011年完成投资4038万元,占合同投资的23.14%。

西安—宝鸡高速公路扩建路基、桥涵B-C08标段工程　位于陕西省杨凌示范区境内,标段长17.98公里,合同投资34079万元,合同工期2009年5月~2011年6月。2011年完成投资3686万元;开工累计完成投资33000万元,占合同投资的96.83%。

(瞿罗生)

【经营管理】　工程承揽。2011年承揽工程任务213项,新签合同额1116017万元。其中,铁路工程78507万元,占承揽总额的7.03%;公路工程194895万元,占承揽总额的17.46%;市政工程606441万元,占承揽总额的54.34%;房屋建筑工程112083万元,占承揽总额的10.04%;城市轨道工程44736万元,占承揽总额的4.01%;其他工程79354万元,占承揽总额的7.11%。

企业管理。编制《中铁二十四局集团2011~2015年发展战略与规划》。出台区域经营、安全风险、内部审计、责任追究、科技管理、技术方案等35项管理办法,集团公司管理体系更趋完善。全年新增资质10项,集团公司新铁路特级总承包资质通过铁道部审核。开展经济运行及项目管理调查,收集素材并完成调查报告。启动内部控制与风险管理工作,初步建立工作体系。健全企业法律事务机构,设置总法律顾问,印发《法律风险防范案例选》,及时做好法律纠纷案件处理,全年处理案件85起。

安全质量。落实安全生产责任制,加强技术保障和安全基础建设,开展安全质量培训、安全大检查、“安全生产月”、“质量月”等活动,安全生产形势总体保持平稳,工程质量稳定可控。建立企业内部安全质量激励和约束机制,集团公司与所属单位签订安全质量包保责任书。质量、环境和职业健康安全管理体系通过监督审核。年内创中国铁建安全质量标准工地、省级文明工地各4个;获国家优质工程银质奖1项、省部级优质工程奖7项;获全国优秀质量管理小组奖1项,省部级优秀质量管理小组奖21项,中国铁建优秀质量管理小组奖5项。

财务管理。完成集团公司2010年度财务决算编报。制定《机关管理费用报销办法》,完善报销流程。加强资金管理,印发《关于进一步加大清欠清收力度和紧缩费用开支的通知》,对应收账款清欠指标实行“双预控”考核,全年收回应收账款27.64亿元。强化债务风险管控,控制银行贷款规模,有效降低资产负债率,出台《集团公司内部债权债务管理办法》,解决集团内部“三角债”问题,全年集团公司本部内部调剂资金5.43亿元,确保经营开发及施工生产的需求。对所属单位会计基础工作进行大检查,提升集团公司会计信息质量。2011年,集团公司被评为中国铁建全面预算先进单位。

审计监督。以强化项目监控、严格经济责任、配合外审整改为重点,加强和改进审计工作,全年完成审计项目94项,发现问题金额3568万元,提交审计报告94份,提出审计建议539条,被采纳538条。

(李北虹　陈勇　张奇　王吉莉　张玮)

【科技教育】　科技开发。全年投入科研经费17168万元,其中集团公司立项科研课题20项,资助科研经费450万元。以长大复杂隧道、大跨高墩深水桥梁、高速铁路和城市轨道交通等综合施工技术为科技主攻方向,推进科研攻关和技术创新,年内获省部级科学技术二、三等奖各1项,中国铁建科学技术二等奖2项、三等奖1项;省部级工法2项,中国铁建优秀工法6项;中国铁建优秀论文二等奖4项;授权发明专利1项,实用新型专利16项;受理发明专利7项,实用新型专利2项。与中国中铁二局共同主编《铁路混凝土梁支架法现浇施工技术规程》。编辑出版《工程科技》2期。

教育培训。全年培训干部3839人次。其中,政治理论培训142人次;岗位任职资格培训324人次;中青年干部培训9人次;适应性培训884人次;继续教育1150人次;“十一大员”培训480人次;短期培训569人次;学历教育213人次。工人培训1934人次。其中,规范化岗位培训324人次;适应性培训1573人次;学历教育37人次。组织技师考前强化培训,21人取得高级技师任职资格、5 人取得技师任职资格。

（乐 伟 赵婉红）

【党群工作】 党的工作。集团公司党委下辖基层党委 16 个、党总支 8 个、党支部 305 个，有党员 5674 人。2011 年，面对严峻的国内外经济形势，各级党组织充分发挥政治和组织优势，团结带领干部职工坚定信心、顽强拼搏，在保经营、保效益、保安全、保稳定中发挥重要作用。（1）各级领导班子和干部人才队伍建设进一步加强。一是提升领导班子治企能力。通过中心组学习会、专题辅导报告、座谈会、研讨会等，宣贯中国特色社会主义理论体系和党的十七届五中、六中全会精神，狠抓领导班子思想政治建设、组织建设、作风建设、制度建设和廉政建设，各级领导班子的治企能力得到提升。二是推进干部人事制度改革。制定实施《企业领导人员管理办法》，初步构建起一套企业领导人员培养、选拔、使用及奖惩的管理机制。先后对 13 个单位的领导班子进行考核，调整充实班子成员 45 名，其中调出 7 人、退出领导岗位 4 人、降职 2 人、免职 1 人、调入 7 人、职务提升 3 人、新提拔 17 人、岗位调整 4 人，工程公司领导班子结构进一步优化。三是加快人才培养步伐。吸收应届高校毕业生 544 人，引进各类专业技术人才 21 人，有效增加了企业人才储备。举办各类培训班 40 余期，培训 3000 余人（次）。出台《专业技术人才补贴发放指导意见》，激励各类人才主动考证，69 人取得各类国家职业资格证书。组织开展首次集团公司工程技术学科带头人、中青年科技拔尖人才和优秀青年大学毕业生的选拔和表彰工作，选拔学科带头人 8 名、中青年科技拔尖人才 18 名。福建公司石长江享受国家政府特殊津贴，福建公司钱寅星获詹天佑中铁建青年奖。（2）各级党组织的政治核心作用、战斗堡垒作用和党员的先锋模范作用进一步发挥。一是召开首次党代会。7 月 14 ~ 16 日，集团公司成功召开第一次党代会，总结建局以来的工作，规划今后五年的发展蓝图，部署今后一个时期党建思想政治工作任务，选举产生新一届党委和纪委领导机构。完善《集团公司党委会议事规则》，建立健全党委全委会、常委会、党委书记联席会、党委办公会等各项会议制度，促进企业重大问题决策的规范化和制度化。二是深入开展创先争优活动。开展党员责任区、党员先锋岗、党员攻关、党员优质工程、党员安全承诺等创先争优实践活动。在抓实公开承诺、领导点评、群众评议、评选表彰等规定动作的同时，建立 28 个“创先争优示范点”，以点带面，引领基层党组织和共产党员创先进、争优秀。各级党组织和广大党员在安全生产、经营管理、维护稳定等重大任务和对口援疆、铁路抢险等重大考验面前彰显了先进性。宁启项目部党工委在中国铁建创先争优交流大会上介绍经验。3 个基层党组织、4 名优秀共产党员、2 名优秀党务工作者受到中国铁建党委、上海市城乡建设交通工作党委表彰。三是加强和改进基层党组织建设。推进“双向进入、交叉任职”，保证党建工作责任制的落实。加强对各单位党员领导干部民主生活会的指导，提高民主生活会质量。制定《关于加强和改进工程项目部党组织建设的实施细则》，为规范项目党建、强化保证监督提供有力保障。注重优化政工干部的年龄和知识结构，分别从文科、综合管理类和理工科高校毕业生中选拔培养政工干部 33 人。加强海外项目党组织建设，确保海外项目规范、平稳、安全运作。制定《集团公司党委党务公开工作实施方案》和《集团公司党务公开目录》，在认真开展试点的基础上全面推开党务公开工作。深入推进学习型党组织建设，以理论教育、业务培训、实践锻炼为依托，有效提升广大党员的理论素质和技能水平。电务电化公司党委获中国铁建学习型党组织建设工作先进单位称号。（3）干部职工心齐劲足谋发展的合力进一步凝聚。一是不断丰富企业文化内涵。在学习党的十七届六中全会《决定》的基础上，邀请专家作专题辅导，组织召开中心组专题学习会、企业文化建设学习研讨会、党（工）委书记联席会，深入研讨如何进一步贯彻中央精神，着力构建具有二十四局特色、体现时代要求的企业文化体系。注重长远规划，高质量完成《集团公司党委关于贯彻党的十七届六中全会精神，大力推进文化强企战略的决定》（草案）的起草工作。制作企业形象宣传片和宣传画册，不断丰富和创新企业文化建设载体。1 个单位、3 个项目部和 5 名职工分别获中国铁建企业文化建设先进单位、优秀项目部和先进个人称号。二是广泛开展形势任务教育和群众性精神文明创建活动。组织“跨入‘十二五’、迈向新征程”主题宣讲活动，举办“阔步向前”文艺汇演，开展书画、摄影、运动比赛等群众性文体活动，提高职工的思想道德素质和文化素养，健康向上的内部环境进一步巩固和优化。三是着力加强宣传报道和舆情控制力度。拓宽对外宣传的平台和渠道，在各类媒体上发表稿件 1600 余篇，其中省部级媒体 260 余篇。坚持发挥阵地优势，集团公司门户网站全面改版升级，集团报获上海市建筑施工企业“金报”奖。（4）党风廉政建设和反腐倡廉工作进一步加强。一是大力营造廉洁从业的舆论氛围。认真开展党纪法规学习教育及案例警示教育活动，通过反腐倡廉形势报告、典型案例剖析宣讲、参观反腐败成果展、观看警示教育片等方式，引导各级领导干部筑牢拒腐防变的思想防线。坚持职代会述职评廉制度，集团公司 14 名班子成员评优率最低值为 92.5 分，14 个子(分)公司班子成员评好率最低值为82分。全年进行任职廉洁谈话72人(次),诫勉提醒谈话21人(次),领导干部自觉上缴礼金礼品和有价证券73.58万元。二是全面构建廉政风险的管控机制。扎实推进工程建设领域突出问题专项治理工作,组织开展效能监察、专项治理、专项检查和廉政风险排查。清理2008年以来的“中介”项目,全面梳理外包队伍,建立完善“黑名单”禁入制度。各级领导班子逐级签订廉洁从业责任书242份,617人作出书面廉洁承诺,反腐倡廉各项任务在制度上、机制上得到有效落实。三是强化执纪办案功能。全年受理信访举报13件,深入排查违纪线索3件;立案查处4件,给予开除党籍并解除劳动合同4人;配合司法机关调查6起共11人(次),澄清所涉事项,把对企业的负面影响控制在最低限度,有效化解风险,保护干部。(5)集团公司和谐稳定局面进一步巩固。一是全力维护企业和谐稳定。在保证国有资产保值增值、效益提高的前提下,不断增加职工的收入,全局职工人均年收入45762元。针对一些职工因项目停工产生的较大思想波动,及时解决职工群众反映的困难和问题,耐心细致地做好思想政治工作,职工队伍保持生活稳定、思想稳定。针对劳务队伍中途退场、项目部与供应商发生的经济纠纷和外部劳务工群访等不稳定因素,统筹安排,妥善应对,认真负责地解决好拖欠农民工工资、供应商货款、外部队伍计价款等问题,化解矛盾,最大限度地减少诉讼案件,避免冲击企业机关、到地方政府群访事件的发生。

工会工作。集团公司工会下辖基层工会23个、工会小组461个,有工会专职干部48人,工会会员12899人。广泛开展劳动竞赛,集团公司京福铁路客运专线安徽段项目部被评为中国铁建劳动竞赛先进集体,上海公司连续15年被评为上海市重点工程立功竞赛优秀公司。落实《劳动保护安全监督检查实施细则》,深入推行岗位安全检查表和“一法三卡”制度,建立工会一线安全监督检查员队伍,完善劳动保护制度,规范三级安全网络管理。提出合理化建议和技术改进项目31项,创造经济价值1500余万元,有3项成果分获中国铁建二、三等奖。推进项目部“职工书屋”和“工地大学”建设工作,建立“职工书屋”80余个,新增各类书籍24000余册。继续开展职工技术比武活动,职工学技练功的热潮初步形成。推进建家建线工作,全面维护职工合法权益,职工生产、生活条件得到改善,建立职工工资正常增长机制,劳动关系和谐稳定,集团公司工会被评为全国模范职工之家。组织实施送温暖活动,投入送温暖资金631.74万元。年内,南昌公司聂继昌获全国五一劳动奖章,设备安装公司宁波东站项目部获全国“工人先锋号”集体称号,2人获火车头奖章。

共青团工作。集团公司团委下辖二级团委11个、团总支2个、团工委5个,团支部146个,有35周岁以下青年3537人,团员2032人。2011年,集团公司团委坚持紧密围绕“服务企业,服务青年”的工作思路,深入基层,融入青年,密切团青关系,组织开展“热爱企业、感恩企业”活动,紧密结合青年特点,深入开展岗位建功活动,成立志愿者服务队,开展青春关爱行动,运用网络平台,建立团委博客凝聚青年。年内,集团公司团委被授予上海青工系统先进团组织标兵、上海市五四红旗团委、中央企业五四红旗团委称号,集团公司团委提出的创办“工地团校”做法获上海团市委青工系统团工作创新奖。1个集体获上海市五四特色团委、2个集体获上海市五四红旗团支部、1个集体获上海市重大立功竞赛优秀集体、1个集体获上海市青年突击队互评互访活动先进“青年突击队”称号;2人获上海市“青年岗位能手”称号,石长江获中国铁建第五届十佳青年技术工人称号。

(华彩红　马峻岭　白　雪)

【安徽工程有限公司】 市政公用、房屋建筑工程施工总承包一级,铁路工程施工总承包二级,公路工程施工总承包三级,桥梁、钢结构、隧道工程专业承包一级,公路路面工程专业承包三级,轨市轨道交通工程专业承包资质企业。公司机关驻安徽省合肥市瑶海工业园区新海大道15号。前身是上海铁路局工程总公司第一工程公司,2002年6月企业改制改称上海铁路建设集团安徽第一工程有限公司,2005年1月更名为中铁二十四局集团安徽工程有限公司。执行董事、总经理张百芹(2月任),党委书记房明州(2月任)。下辖4个子公司、5个分公司。职工1160人。其中,干部505人;工人655人。技术干部487人,技术工人440人。资产总额162380万元。其中,固定资产原值20918万元、净值14073万元;流动资产144900万元;货币资金8403万元。机械运输设备630台(套),总功率12055千瓦,动力装备率10.39千瓦/人,技术装备率7.14万元/人。

2011年新签合同额186322万元,完成企业总产值164163万元,其中施工产值160207万元;实现利润2640万元。全员劳动生产率141万元/人年,职工年人均收入44394元。国有资产保值增值率101.15%,净资产收益率11.79%,产值利润率4.67%,资产负债率89.38%,投资收益上缴率100%,应上缴款完成率100%。实现连续安全生产2849天,工程质量合格率100%。年内,公司承建的山东昌邑风电工程获国家优质工程银质奖,合肥市四里河立交工程获安徽省“庐

州杯”优质工程奖，南陵漳河大桥工程获芜湖市“鸠兹杯”优质工程奖。（陈 芳）

【江苏工程有限公司】 市政公用工程施工总承包一级，铁路、公路工程施工总承包二级，房屋建筑工程施工总承包三级，桥梁工程专业承包一级，钢结构、预应力工程专业承包二级、港口与海岸、堤防工程专业承包三级资质企业。公司机关驻江苏省南京市板仓街9号世界之窗C1楼。前身是上海铁路局工程总公司第二工程公司，2003年8月企业改制改称上海铁路建设集团江苏工程有限公司，2005年1月更名为中铁二十四局集团江苏工程有限公司。执行董事、总经理何卫东（2月任），党委书记陈江涛（2月任）。下辖4个分公司。职工839人。其中，干部396人；工人443人。技术干部391人，技术工人341人。资产总额100731万元。其中，固定资产原值6029万元、净值3009万元；流动资产94873万元；其他资产2849万元。机械运输设备439台（套），总功率8928千瓦，动力装备率10.64千瓦/人，技术装备率3.47万元/人。

2011年新签合同额39913万元，完成企业总产值80643万元，其中施工产值80293万元；实现利润1734万元。全员劳动生产率96万元/人年，职工年人均收入37536元。国有资产保值增值率114.48%，净资产收益率14.51%，产值利润率2.78%，资产负债率91.21%，投资收益上缴率44%，应上缴款完成率34%。年内获江苏省优秀质量管理小组3个。

（胡 琦）

【上海铁建工程有限公司】 市政公用、房屋建筑工程施工总承包一级，公路、铁路、机电安装工程施工总承包二级，水利水电工程施工总承包三级，桥梁工程专业承包一级，铁路铺轨架梁、地基与基础、预应力工程专业承包二级，钢结构工程专业承包三级资质企业。公司机关驻上海市闸北区共和新路911号。前身是上海铁路局工程总公司第三工程公司，2005年10月26日企业改制改称中铁二十四局集团上海铁建工程有限公司。执行董事陈克望（2月任），总经理陈克望，党委书记刘建东（2月任）。下辖3个子公司、4个分公司。职工848人。其中，干部416人；工人432人。技术干部396人，技术工人366人。资产总额109898万元。其中，固定资产原值16988万元、净值8253万元；流动资产98621万元；其他资产2024万元。机械运输设备265台（套），总功率14814千瓦，动力装备率17.47千瓦/人，技术装备率9.56万元/人。

2011年新签合同额69458万元，完成企业总产值149743万元，其中施工产值136997万元；实现利润2064万元。全员劳动生产率31万元/人年，职工年人均收入60679元。国有资产保值增值率112.62%，净资产收益率12.64%，产值利润率1.38%，资产负债率89%，投资收益上缴率100%，应上缴款完成率100%。工程质量合格率100%。年内，公司承建的漕宝路（嘉闵高架—外环线）道路工程1标段获上海市市政工程金奖，3项工程获上海市建设工程“白玉兰”奖；TBM第二QC小组获铁道部优秀管理小组奖；都江堰灾后重建指挥部被评为上海市灾后重建先进集体；公司获上海市文明单位、上海市重点工程实事立功竞赛优秀公司、上海市星级诚信企业、上海市建筑业诚信企业、上海市建筑施工企业综合实力进步奖、上海市平安单位等荣誉。

（周顺芬）

【浙江工程有限公司】 市政公用、房屋建筑工程施工总承包一级，铁路工程施工总承包二级，桥梁工程专业承包一级，隧道、建筑装修装饰、预应力、钢结构工程专业承包二级资质企业。公司机关驻浙江省杭州市江城路692号。前身是上海铁路局工程总公司第四工程公司，2003年7月企业改制改称上海铁路建设集团浙江工程有限公司，2005年1月更名为中铁二十四局集团浙江工程有限公司。执行董事、总经理沈志明，党委书记章国庆。下辖2个子公司、3个分公司。职工845人。其中，干部419人；工人426人。技术干部406人，技术工人365人。资产总额104107万元。其中，固定资产原值6276万元、净值2741万元；流动资产99319万元。机械运输设备285台（套），总功率10335千瓦，动力装备率12.23千瓦/人，技术装备率2.6万元/人。

2011年新签合同额87698万元，完成企业总产值124747万元，实现利润2224万元。全员劳动生产率15万元/人年，职工年人均收入49958元。国有资产保值增值率115.96%，净资产收益率16.09%，产值利润率1.81%，资产负债率90.45%，投资收益上缴率100%，应上缴款完成率100%。年内，公司被评为浙江省文明单位、浙江省建筑诚信企业。（赖如斌）

【福建铁路建设有限公司】 铁路、市政公用、房屋建筑工程施工总承包一级，公路工程施工总承包二级，桥梁、隧道、地基与基础工程专业承包一级，铁路铺轨架梁工程专业承包二级及城市轨道交通工程专业承包资质企业。公司机关驻福建省福州市晋安区沁园路77号。前身为上海铁路局福州工程总公司，2001年1月企业改制改称福建铁路建设（集团）有限公司，2005年2月更名为中铁二十四局集团福建铁路建设有限公司。执行董事、总经理林志勇，党委书记刘钦曙。下辖

3个分公司、6个子公司。职工1945人。其中,干部866人;工人1079人。技术干部783人,技术工人712人。资产总额162526万元。其中,固定资产原值31725万元、净值18009万元;流动资产139982万元。机械运输设备839台(套),总功率16645千瓦,动力装备率8.56千瓦/人,技术装备率10.53万元/人。

2011年新签合同额132134万元,完成企业总产值263500万元,其中施工产值255000万元;实现利润3781万元。全员劳动生产率135万元/人年,职工年人均收入47476元。国有资产保值增值率116.36%,净资产收益率16.98%,产值利润率1.44%,资产负债率89.37%,投资收益上缴率100%,应上缴款完成率100%。年内,公司承建的福建体育职业技术学院学生公寓工程获福建省建筑装饰优质工程"闽江杯"奖,公司被评为全国优秀施工企业、福建省思想政治工作优秀企业、福建省建筑业企业信用评价AAA级、福建省守合同重信用单位、福建省先进建筑业企业、福建省重点项目参建单位业绩信誉良好(A级)单位。

(李本光)

【南昌铁路工程有限公司】 铁路、市政公用、公路工程施工总承包一级,桥梁、隧道工程专业承包一级,铁路铺轨架梁、混凝土预制构件专业承包二级资质企业。公司机关驻江西省南昌市二七南路109号。前身是南昌铁路局工程总公司,2002年1月企业改制改称南昌铁路工程(集团)有限责任公司,2005年2月更名为中铁二十四局集团南昌铁路工程有限公司。执行董事李开明(11月任),党委书记李开明(1月任),总经理王平(11月任)。下辖4个子公司。职工2034人。其中,干部808人;工人1226人。技术干部662人,技术工人507人。资产总额144027万元。其中,固定资产原值9978万元、净值3786万元;流动资产137657万元;其他资产6370万元。机械运输设备871台(套),总功率13984千瓦,动力装备率6.88千瓦/人,技术装备率1.22万元/人。年内新购设备126台(套),价值336万元。

2011年新签合同额50968万元,完成企业总产值175532万元,其中施工产值168813万元;实现利润3349万元。全员劳动生产率113万元/人年,职工年人均收入36309元。国有资产保值增值率130.8%,净资产收益率30.65%,产值利润率2.34%,资产负债率94.3%,投资收益上缴率100%,应上缴款完成率100%。实现连续安全生产1645天,工程质量合格率100%。年内,公司获江西省五一劳动奖状、江西省优秀企业、江西省企业景气调查省级先进单位等荣誉。

(程绍玢)

【新余工程有限公司】 市政公用工程施工总承包一级,铁路、房屋建筑工程施工总承包二级,公路工程施工总承包三级,隧道、桥梁、土石方、建筑装修装饰工程专业承包一级资质企业。公司机关驻江西省新余市铁兴路216号。前身是南昌铁路工程(集团)有限责任公司第一、第三工程公司,2005年2月整合重组为南昌铁路新余工程有限责任公司,2007年1月更名为中铁二十四局集团新余工程有限公司。执行董事、总经理吴义良,党委书记吴明华。下辖6个分公司、1个管理中心和1个指挥部。职工1733人。其中,干部590人;工人1143人。技术干部512人,技术工人970人。资产总额110922万元。其中,固定资产原值6117万元、净值3332万元;流动资产105889万元;其他资产2701万元。机械运输设备291台(套),总功率7867千瓦,动力装备率4.53千瓦/人,技术装备率1.47万元/人。

2011年新签合同额115500万元,完成企业总产值145600万元,实现利润1678万元。全员劳动生产率84万元/人年,职工年人均收入34435元。国有资产保值增值率102.12%,净资产收益率20.79%,产值利润率1.54%,资产负债率92.72%,应上缴款完成率28.86%。实现连续安全生产6206天,工程质量合格率100%。

(徐 睿)

【南昌建设有限公司】 房屋建筑、市政公用工程施工总承包一级,铁路、公路工程施工总承包二级,钢结构、机电设备安装、建筑装饰装修工程专业承包一级,桥梁、隧道工程专业承包二级资质企业。公司机关驻江西省南昌市二七南路116号。前身是南昌铁路工程总公司建筑工程公司,1999年12月企业改制改称南昌铁路建筑工程有限责任公司,2007年5月更名为中铁二十四局集团南昌建设有限公司。执行董事、总经理易曙青,党委书记陈仁光。下辖1个子公司。职工1013人。其中,干部448人;工人565人。技术干部429人,技术工人341人。资产总额82322万元。其中,固定资产原值4025万元、净值2093万元;流动资产79588万元。机械运输设备70台(套),总功率6560千瓦,动力装备率6.48千瓦/人,技术装备率1.53万元/人。

2011年新签合同额84600万元,完成企业总产值113300万元,实现利润1534万元。全员劳动生产率28万元/人年,职工年人均收入40773元。国有资产保值增值率114.88%,净资产收益率14.87%,产值利润率1.35%,资产负债率90.85%,投资收益上缴率100%,应上缴款完成率100%。实现安全生产2974天,工程质量合格率100%。年内,公司肃宁项目部小山羊QC小组获全国优秀质量管理小组奖,"降低混凝土空心楼板空心管上浮率"QC成果获江西省质量管理协会一等奖,"连续刚构桥蒸汽养护装置"专利被授予实用新型专利;3项工程获上海市建设工程优质工程白玉兰奖。 （杨 佳）

【上海电务电化有限公司】 铁路电务、铁路电气化工程专业承包一级,铁路电信工程专业承包二级资质企业。公司机关驻上海市闸北区天目中路585号18楼。2005年6月15日,由原上海铁路局工程总公司电务工程公司、福建铁路建设(集团)有限公司福州电务工程分公司、南昌铁路工程(集团)有限责任公司电务工程公司整合重组而成。执行董事、总经理吴耘,党委书记云柏。下辖4个分公司。职工997人。其中,干部429人;工人568人。技术干部422人,技术工人338人。资产总额84739万元。其中,固定资产原值4051万元、净值1765万元;流动资产80751万元;其他资产22231万元。机械运输设备191台(套),总功率6935千瓦,动力装备率6.96千瓦/人,技术装备率1.18万元/人。

2011年新签合同额15061万元,完成企业总产值26960万元,其中施工产值26873万元;实现利润1032万元。全员劳动生产率19万元/人年,职工年人均收入46740元。国有资产保值增值率106.86%,净资产收益率7.07%,产值利润率3.82%,资产负债率86.68%,投资收益上缴率100%,应上缴款完成率100%。年内,公司获江西省优秀质量管理成果奖2项。 （张笑松）

【贵溪桥梁厂有限公司】 混凝土桥梁、轨枕,铁路、公路等工业与民用建筑混凝土构件生产许可企业。公司机关驻江西省贵溪市柏里路7号。前身是南昌铁路局贵溪桥梁厂,2006年1月企业改制改称中铁二十四局集团贵溪桥梁厂有限公司。执行董事、党委书记杨坡,总经理龚志辉。下辖轨枕、路桥分公司及15个现场制梁场。职工403人。其中,干部151人;工人254人。技术干部103人,技术工人205人。资产总额92584万元。其中,固定资产原值38484万元、净值18942万元;流动资产53521万元。机械运输设备1058台(套),总功率33415千瓦,动力装备率82.92千瓦/人,技术装备率53.04万元/人。

2011年新签合同额17530万元,完成企业总产值85438万元,实现利润1485万元。全员劳动生产率255万元/人年,职工年人均收入44725元。国有资产保值增值率103.21%,净资产收益率15.95%,产值利润率1.5%,资产负债率91.54%,投资收益上缴率100%,应上缴款完成率100%。实现连续安全生产7775天。 （肖娅萱）

【鹰潭设备安装工程有限公司】 机电设备安装、钢结构工程专业承包一级,起重设备安装工程专业承包二级资质企业。公司机关驻江西省鹰潭市环城东路105号。前身是南昌铁路工程总公司设备安装工程公司,2001年12月企业改制改称南昌铁路设备安装工程有限责任公司,2006年1月更名为中铁二十四局集团鹰潭设备安装工程有限公司。执行董事、总经理丁力,党委书记叶光灿。职工288人。其中,干部133人;工人155人。技术干部123人,技术工人118人。资产总额45679万元。其中,固定资产原值21119万元、净值13286万元;流动资产31011万元。机械运输设备113台(套),总功率11183千瓦,动力装备率37.65千瓦/人,技术装备率41.94万元/人。

2011年新签合同额12550万元,完成企业总产值50738万元,实现利润564万元。全员劳动生产率176万元/人年,职工年人均收入52876元。国有资产保值增值率107.54%,净资产收益率7.62%,产值利润率2.05%,资产负债率88.1%,投资收益上缴率100%,应上缴款完成率100%。年内,公司高铁运架项目部被评为全国"安康杯"竞赛优胜班组,宁波东项目部获全国"工人先锋号"称号,获江西省优秀质量管理奖2项。 （李明芬）

【上海房地产开发有限公司】 房地产开发三级资质企业,上海市房地产协会理事单位。公司机关驻上海市民德路20号。前身是上海铁路局房地产开发经营公司,2001年7月企业改制改称上海铁路建设集团房地产有限公司,2005年9月更名为中铁二十四局集团上海房地产开发有限公司。执行董事、总经理白圻业(2月任),党委书记顾德云(2月任)。下辖3个子公司。职工103人。其中,干部60人;工人43人。技术干部53人,技术工人43人。资产总额7316万元。其中,固定资产原值639万元、净值387万元;流动资产6758万元。

2011年新签合同额3074万元,完成企业总产值6404万元,其中施工产值5101万元;实现利润150万元。全员劳动生产率62万元/人年,职工年人均收入60583元。国有资产保值增值率104.3%,净资产收益率4.28%,产值利润率1.45%,资产负债率65.27%,投资收益上缴率100%,应上缴款完成率100%。 （薛庆新）

【路桥分公司】 驻上海市秣陵路80号华象大楼15F。

2006年1月,由原集团公司路桥分公司与道桥分公司合并成立。总经理刘宝剑,党委书记奚跃忠。下辖17个工程项目部。职工99人。其中,干部80人;工人19人。技术干部78人,技术工人19人。资产总额50227万元。其中,固定资产原值1229万元、净值738万元;流动资产49486万元。

2011年新签合同额106390万元,完成企业总产值60524万元,实现利润4.53万元。全员劳动生产率611万元/人年,职工年人均收入90000元。年内,公司承建的上海两港大道西段道路工程获上海市政工程金奖,3个项目部被评为江苏省文明工地。

（朱桂芳）

【轨道交通分公司】 驻上海市闸北区虬江路1000号10楼。2010年5月,以原集团公司上海开发办公室为基础成立。总经理钱大怀,党委书记刘年碗。下辖11个工程项目部。职工95人。其中,干部93人;工人2人。技术干部62人,技术工人2人。资产总额50258万元。其中,固定资产原值1037万元、净值524万元;流动资产49724万元。

2011年新签合同额42549万元,完成施工产值50038万元,实现利润5.82万元。全员劳动生产率526万元/人年,职工年人均收入83300元。（赵 妍）

【重要记载】

▲1月27日 集团公司中标合肥城市轨道交通1号线一期工程盾构管片采购项目,合同金额13914万元。

▲1月28日 集团公司党委召开2011年第一次党委会。

▲同日 集团公司中标泉州—南宁国家高速公路江西境内吉安—莲花(赣湘界)土建工程,合同金额23766万元。

▲2月12日 集团公司在上海召开党委(扩大)会议。

▲2月13~14日 集团公司二届一次职工代表大会暨2011年工作会议在上海召开。

▲2月25日 集团公司被授予中央企业参与2010年上海世博会荣誉集体称号,集团公司董事长、党委书记王北京被评为中央企业参与2010年上海世博会荣誉个人。

▲4月16~29日 集团公司党委举办"跨入'十二五',迈向新征程"巡回宣讲报告会,历时14天,举办17场,1600余人参加报告会。

▲4月19日 集团公司首台盾构"青年一号"在上海轨道交通12号线东兰路站进洞施工。

▲5月6日 集团公司中标济南—乐陵高速公路路桥工程施工LQSG-07标段工程,合同金额20215万元。

▲6月15日 集团公司中标乌鲁木齐市西虹路—西山路高架桥一期工程,合同金额11680万元。

▲6月28日 集团公司被评为江西省"十一五"重点工程建设先进单位。

▲6月30日 集团公司党委召开纪念中国共产党成立90周年报告会暨七一表彰大会。

▲7月14~16日 中国共产党中铁二十四局集团有限公司第一次代表大会在上海召开。

▲7月29日 集团公司中标京沪高铁快速路工程(227省道相城段)5标段工程,合同金额11968万元。

▲10月10日 集团公司参建的新疆甘泉堡神信铁路专用线项目举行建设奠基开工仪式。

▲10月13日 集团公司中标神华新疆公司涝坝湾煤矿副平硐TBM施工工程,合同金额25811万元。

▲11月5日 中铁二十四局集团合肥轨道制品有限公司正式揭牌成立。

▲11月9日 由南昌建设公司承建的巴准铁路纳林川特大桥28号主墩顺利封顶,桥墩净高75.5米,创下集团公司施工的桥梁墩身高度之最。

▲11月21日 集团公司都江堰灾后重建指挥部获上海市对口支援都江堰市灾后重建先进集体称号,3人受到表彰。

▲11月29日 集团公司中标南水北调中线一期工程总干渠与铁路交叉工程黄羑段土建Ⅻ标段,合同金额14751万元。（李北虹 姚小平 华彩红）

中铁二十五局集团有限公司

【简况】 中铁二十五局集团有限公司是铁路工程施工总承包特级,房屋建筑、市政公用、公路工程施工总承包一级,水利水电工程施工总承包二级,桥梁、隧道、公路路基、铁路铺轨架梁工程专业承包一级及城市轨道交通工程专业承包资质企业。集团公司总部驻广东省广州市越秀区中山一路55号。下辖一、二、三、四、五、六工程有限公司,电务工程有限公司、建筑安装工程有限公司、房地产开发有限公司、轨道交通有限公司、南方实业开发有限公司(物业管理有限公司)、广州铁诚工程质量检测有限公司和西北分公司。职工9970人。资产总额1012360万元。其中,固定资产原值151192万元、净值85216万元;流动资产869701万元;其他资产57443万元。机械设备5723台(套),原值95677万元、净值61205万元,总功率149790千瓦,动力装备率18.14千瓦/人,技术装备率7.41万元/人,设备完好率94.3%、利用率77.7%。年施工能力150亿元。

2011年新签合同额2855000万元,完成企业总产值1208600万元。其中,建筑业总产值(施工产值)1156700万元;附营产值51900万元。实现净利润10776万元。职工年人均收入46881元。完成主要实物工程量:土石方3626.9万立方米,隧道38966延长米,桥梁72168延长米,地铁2723米,通信线路113.1公里,供电线路111.7公里,房屋建筑488066平方米,正线铺轨34公里,站线铺轨76.7公里,公路46.4公里。 (罗贵业)

【领导人员】

董事会

董事长	王汉林(12月免)
	安　康(12月任)
副董事长	梁　毅(12月任)
董事	安　康
	梁　毅
	黄卫民
	王小青

监事会

监事	贺爱民

经理层

总经理	安　康(12月免)
	梁　毅(12月任)
副总经理	臧　丹
	况成明
	任国华
	李茂松
	葛　斌
	苏建斌
	李飞前
	王小青
	冼海燕
总经济师	任国华
总工程师	王小青
总会计师	冼海燕

党群领导

党委书记	安　康
党委副书记	梁　毅
	黄卫民
	贺爱民
纪委书记	贺爱民
工会主席	王志国

(刘　芳)

【职工队伍】 职工9970人。干部5443人。其中,女干部968人,占干部总数的17.8%;少数民族干部425人,占干部总数的7.8%;专业技术干部3826人,占干部总数的70%。文化程度:本科以上3178人,占干部总数的58.3%;大专1887人,占干部总数的34.7%;中专305人,占干部总数的5.6%;高中以下73人,占干部总数的1.3%。年龄结构:30岁以下3385人,31~35岁的594人,36~40岁559人,41~45岁335人,46~50岁316人,51~54岁119人,55岁以上135人。专业技术干部中,高级职务367人,中级职务1052人,初级职务2703人;工程系列4294人,经济系列342人,会计系列454人,卫生系列7人,统计系列2人,教育系列4人,政工系列261人,文案人员5人。年内接收大学毕业生981人。

工人4527人,其中技术工人2801人,占工人总数的62%。技术工人中,高级技师18人,技师81人,高级工1521人,中级工185人。文化程度:初中以下2200人,高中1801人,技校和中专306人,大专以上220人。年龄结构:30岁以下172人,31~40岁1090人,41~50岁1540人,50岁以上1725人。 (刘　芳)

【工程项目指挥机构】 云桂铁路云南段项目经理部　驻云南省富宁县迎宾路交警大队路口(新华派出所对面)富宁县人民银行宾馆。项目经理任国华。

遂渝铁路二线工程指挥部　重庆市合川区希尔安大道102号。指挥长杨传智。

南宁铁路枢纽Ⅲ标段工程指挥部　广西壮族自治区南宁市民族大道163号新天地小区B区8栋。指挥长陈树登。 (朱必礼)

【铁路工程施工】 2011年在建铁路工程29项,完成施工产值1123146万元。重点工程进展情况:

云桂铁路云南段站前2标段工程　位于云南省文山州富宁县和广南县境内,线路长55.38公里,合同投资415000万元。2010年9月16日开工,合同工期57个月。主要实物工程量:土石方486万立方米,桥梁15座5200延长米,涵洞9座888横延米,隧道13座46300延长米,预制轨枕铺设240.5公里,无砟道床铺设101.8公里。截至2011年底,开工累计完成投资68888万元,占合同投资的16.58%。

南宁枢纽工程站前及部分站后工程 SN－3 标段工程　线路长 32.841 公里，合同投资 276497 万元。2010 年 5 月开工，合同工期 32 个月。主要实物工程量：路基土石方 1040 万立方米，桥梁 33 座 17798 延长米，涵洞 100 座 4019 横延米，隧道 2 座 626 延长米，正线铺轨 78.4 公里，站线铺轨 102.1 公里，房屋建筑 9.35 万平方米。截至 2011 年底，开工累计完成投资 50755 万元，占合同投资的 18.4%。

增建遂渝铁路二线 ZQ－Ⅱ标段工程　位于重庆市潼南县、合川区、北碚区境内，线路长 95.72 公里，合同投资 177000 万元。2009 年 2 月开工，合同工期 36 个月。主要实物工程量：4 站 3 区间，路基土石方 574 万立方米，桥梁 63 座 23443 延长米，隧道 34 座 22302 延长米，涵洞 107 座 1764 横延米。截至 2011 年底，开工累计完成投资 168208 万元，占合同投资的 92.2%。

湘桂铁路永柳段提速扩能改造Ⅶ标段工程　合同投资 324454 万元，2009 年 4 月 10 日开工，合同工期 36 个月。工程项目范围：第一部分为柳州枢纽正线起点至改建湘桂线正线设计终点段，线路长 54.3 公里；第二部分为柳南铁路客运专线引入柳州枢纽工程，线路长 54.15 公里；第三部分为大邦河大桥柳州端至改建湘桂线正线设计终点段铺轨工程，线路长 131.346 公里。主要实物工程量：土石方 1004.2 万立方米，路基 50.3 公里，隧道 1 座 340 延长米，桥梁 43 座 12826 延长米，涵洞 264 座 10338.6 横延米，站场 7 处，有砟道床 358.5 公里，正线铺轨 250.55 公里，站线铺轨 107.4 公里，制架梁 T 梁 888 榀。截至 2011 年底，开工累计完成投资 104765 万元，占合同投资的 32.3%。

贵广南广铁路广州枢纽工程Ⅰ标段工程　线路长 12.6 公里，合同投资 230277 万元。2009 年 9 月 31 日开工，合同工期 34 个月。主要实物工程量：桥梁 9 座 7900 延长米，路基土石方 149 万立方米，地基处理 312 万米，既有线改造 5 处，站场改造 4 处。截至 2011 年底，开工累计完成投资 41954 万元，占合同投资的 18.2%。

大西铁路客运专线站前 1 标段工程　标段长 44.343 公里，合同投资 370885 万元。2010 年 3 月 10 日开工，合同工期 45 个月。主要实物工程量：土石方 300 万立方米，路基 8.7 公里，桥梁 16 座 26668 延长米，隧道 4 座 8796.3 延长米，涵洞 13 座 282 横延米，制架箱梁 731 孔，无砟道床铺设 44.3 公里，正线铺轨 186 公里，站线铺轨 8.3 公里，铺道岔 43 组，站场 2 处。截至 2011 年底，开工累计完成投资 206448 万元，占合同投资的 55.6%。

新建长沙—昆明铁路客运专线湖南段站前 CKTJ－1 标段二单元工程　标段长 25.1 公里，合同投资 152776 万元。2010 年 9 月 1 日开工，合同工期 39 个月。主要实物工程量：路基土石方 208.6 万立方米，桥梁 26 座 16649 延长米，隧道 3 座 1122 延长米，涵洞 13 座 397.48 横延米，预制箱梁 659 孔，轨道 50.138 公里。截至 2011 年底，开工累计完成投资 50800 万元，占合同投资的 33.3%。　（朱必礼）

【铁路外工程施工】　2011 年在建路外工程 54 项。其中，公路工程 23 项；市政工程 11 项；轨道工程 6 项；水利工程 1 项；房建工程 7 项；其他工程 6 项。重点工程进展情况：

合肥中国铁建·国际城和畅园 2 标段工程　总建筑面积 120178 平方米，建筑地下 3 层、地上 34 层，标准层层高 2.9 米，建筑高度 98.6 米。合同投资 21687 万元，2011 年 4 月 21 日开工，合同工期 19 个月。2011 年完成投资 10806 万元，占合同投资的 50%。

山东青州—临沭高速公路第 3 合同段工程　位于山东省潍坊市青州市、临朐县境内，双向 6 车道，线路长 8.7 公里，合同投资 30949 万元。2009 年 6 月 5 日开工，合同工期 32 个月。主要实物工程量：路基土石方 180.6 万立方米，防护、排水圬工 1 万立方米，大桥 1 座 667 延长米，通道 29 座，分离立交 3 座，青州南互通立交 1 座。截至 2011 年底，开工累计完成投资 22771 万元，占合同投资的 73.57%。

湖南衡阳衡鄗路 A 合同段工程　线路长 2.6 公里，合同投资 44477 万元。2009 年 7 月开工，合同工期 27 个月。主要实物工程量：桥梁 2100 延长米，匝道桥 930 延长米，路基 500 米。截至 2011 年底，开工累计完成投资 32444 万元，占合同投资的 73%。

青岛地铁一期 3 号线 10 标段工程　标段长 2.28 公里，合同投资 26729 万元。2010 年 9 月 1 日开工，合同工期 30 个月。主要工程：河东站，河西站—河东站及河东站—万年泉路站。截至 2011 年底，开工累计完成投资 12404 万元，占合同投资的 46.41%。

长春地铁 1 号线一期 03 标段工程　合同投资 20630 万元，2011 年 11 月 1 日开工，合同工期 29 个月。主要实物工程量：卫星广场站长 179 米，地下 3 层，出入口 5 处。年内完成投资 2700 万元，占合同投资的 13.09%。　（朱必礼）

【经营管理】　工程承揽。2011 年，集团公司新签合同总额 285.5 亿元。其中，铁路工程 12.5 亿元，占合同投资的 4.4%；铁路外工程 257 亿元，占合同投资的 90%；变更补充 14.2 亿元，占合同投资的 5%；其他工程 1.8 亿元，占合同投资的 0.6%。

企业管理。落实项目管理权责，理顺管理关系，强化集团公司对大项目的监管;推进标准化建设,着力加强项目基础管理建设;推进工程队、架子队建设,项目管控能力不断提升;启动企业内控与风险管理工作,实现企业重大风险可控;加强领导班子建设,注重人才队伍建设,全年引进高校毕业生981人;全面推进资质就位工作,集团公司新晋升一级资质2项、二级资质2项、三级资质7项。

安全质量管理。坚持以人为本、安全发展理念,按照"一条主线,两个加强,三个追求,四个消除,四个千万不能,五个坚持,七个严控点"的工作思路,通过强化责任、落实制度,安全生产取得良好成绩,安全生产保持稳定。2011年,集团公司未发生安全生产事故,被评为中国铁建安全先进单位,4个项目部被评为中国铁建安全质量标准工地。工程质量合格率100%,从集团公司2004年3月16日成立起,连续无重大工程质量事故发生2844天。年内,参建的合武铁路工程获中国土木工程詹天佑奖,合武铁路阎家河特大桥工程被评为铁道部铁路优质工程一等奖。

财务管理。编制集团公司《财务工作操作手册》,提高基础工作水平和财务管理能力。梳理现行财务制度,编入集团公司大制度汇编。制定集团公司《"十二五"财务战略规划》,明确今后五年企业财务工作目标。提升财务信息化管理水平,整合浪潮、久其网报资源,系统功能进一步拓展,数据质量和决策支持度得到提高;完成久其网报二级部署,集团公司上线率100%。加大资金集中管理及内部调剂力度,努力控制融资规模,截至年底,集团公司"资金池"归集二级账户105个,归集资金3.92亿元,内部调剂资金10.99亿元,全年节约利息费用近2000万元。加强银企合作力度,开辟应收账款保理、信托贷款、融资租赁、发行短期融资券等融资渠道,进一步优化融资结构,降低融资成本。加大清收清欠力度,成立清欠工作机构,完善管理办法,制定工作目标,强力催收应收款项,全年累计收回完工多年、长期挂账的历史欠款2.48亿元,销号项目36个。夯实全面预算编制基础,提高编制质量,增强预算的导向性,以绩效考核为手段,强化预算刚性约束,严格预算过程控制,提升预算管控水平。积极开展税收筹划,节约税务成本,充分利用研发费用的加计扣除等税收优惠政策,降低企业所得税税赋538万元。积极应对税务稽查和国家审计,认真开展自查自纠和整改工作,加强外部沟通协调,各项审计检查有力有序,最大限度的维护了企业利益。

审计监事。以防范经营风险、提高经济效益、加强信息真实、保证资产安全为目标,全年完成审计项目72个,提出审计报告70份,发现问题金额14208.66万元,提出审计建议437条,被采纳437条。组成检查组对太中银、大西、遂渝二线、德靖、南宁枢纽、广珠城际、郑西、仁丽项目部进行检查,发出整改通知16份,涉及合同管理、责任成本、物资管理、资金管理、成本列支、资本支出等方面。参与和配合国家审计署对集团公司7个铁路项目的审计工作,并开展工程项目效能监察、项目工程成本亏损督导检查工作。

(翟湘萍　苗学波　谭冰)

【科技教育】 科技开发。继续加大科技开发经费投入,2011年先后获全国工程建设质量管理小组优秀企业、中国施工企业管理协会科学技术奖技术创新先进企业等称号。2项工法通过中国铁建工法关键技术成果评审,达到国内领先水平。获铁道部科学技术三等奖3项,中国铁建科学技术三等奖1项;获国家一级工法1项,中国铁建工法2项;获国家专利授权14项,其中发明专利4项;编写国家行业标准1项并正式出版发行;获国家级优秀质量管理小组奖1项,省部级优秀质量管理小组奖8项,中国铁建优秀质量管理小组奖5项。

教育培训。加强项目经理、专业技术人员、成本预算人员、财务审计人员、"十一大员"和高技能人才队伍建设,全年举办培训班35期,培训3612人次。其中,项目管理、专业技术人员培训2300人次;专业岗位培训814人次;"十一大员"培训432人次。年内培训高级技师1人、技师16人,培训鉴定高级工、中级工、初级工49人。(符望春　刘芳)

【综合管理】 企业重视和强化综合治理工作,全年企业内部政治安定、治安稳定、职工队伍稳定;两级公司及工地的内部保卫工作有效,未发生各类刑事和重大治安案件。高度重视消防工作,集团公司和各单位均制定消防应急预案、消防安全制度等管理办法,组织职工进行消防知识培训教育和现场灭火操作演练,定期组织防火安全检查。组织相关单位对管内广东、湖南、广西三省的经营点进行防火、防爆安全检查。年内处理来信56件(次),来访143人次。(罗广香)

【党群工作】 党的工作。集团公司党委下辖二级党委12个、党工委10个,党支部(党总支)243个,有党员5483人。(1)深入推进创先争优活动和学习型党组织建设。以纪念建党90周年为契机,两级创先争优活动领导小组加强检查指导,督促整改存在的问题。深入开展"党性教育"、"岗位奉献"、"亮牌示范"、"强身健体"四项载体活动。注重典型引路,营造浓厚氛围。组织创先争优先进典型事迹巡回报告团,分别在广州、柳州、长沙举办创先争优先进典型事迹巡回报告会,制作80张报告会光盘,大力宣传先进典型事迹。制定《关于进一步加强领导干部学习,推进学习型党组织建设的实施意见》,注重提高各级干部的业务能力,先后举办党支部书记培训班、党委书记学习研讨班,召开领导干部学习推进会。(2)领导班子建设。继续以创建"四好领导班子"为抓手,大力加强领导班子建设。出台集团公司《企业领导人员管理暂行办法》,调整一批子公司领导班子成员和机关部门负责人,努力打造学习型领导班子。(3)企业文化建设和宣传思想工作。坚持"四个统一",大力推行中国铁建主体文化,全面推进企业文化在项目落地。开展《员工手册》知识竞赛,举办优秀员工先进事迹报告会。加强生产经营中的宣传思想工作,全集团在各类媒体发表稿件近5000篇。其中,在中央媒体发稿467篇;在省部级媒体发稿334篇;三类媒体和网络发稿4100余篇。印发《关于进一步加强新闻危机管理的意见》,11月分别在广州、长沙、柳州召开预防和处置新闻危机工作会议,加强重点项目新闻危机预防和处置的能力。大力加强保密工作组织机构和队伍建设,调整保密委员会成员,开展保密宣传教育活动,进行保密工作自查和重点检查。(4)党风廉政建设。建立健全两级纪检监察组织,配齐纪检监察人员。截至2011年,集团公司有纪检监察机构11个,纪检监察人员40人。扎实开展党风廉政教育,落实党风廉政建设责任制。全年两级纪委签订"党风廉政建设责任书"292份,开展廉洁谈话184人次,领导干部书面"廉洁承诺"346份,组织学习《廉政准则》《若干规定》35场次。开展以亏损项目剖析为主要内容的效能监察活动,减亏创效、整风肃纪。年内重点监察亏损项目9个,为企业减少或挽回经济损失4100余万元。全年查办案件立案18件,结案12件,处分30人次,经济处罚20人次。未结案的6件移交司法机关处理。

工会工作。集团公司有工会委员会13个、工会小组277个,工会会员10406人,职工入会率100%。进一步规范建家建线活动,制定建家建线考核细则,细化考核指标,年内被广东省总工会评为模范职工之家。劳动竞赛全面开展,印发《关于开展"建功客专"劳动竞赛的通知》,进一步完善劳动竞赛机制,劳动竞赛的做法在广东省工业工会年会上进行交流。各单位开展劳动竞赛检查62次,奖励27.5万元;获甲方评比综合和单项优胜名次13次,获奖金182.9万元。开展劳动竞赛宣传教育和培训活动,促进现场安全管理,一公司铺架项目部获广东省班组"安康杯"活动幻灯片比赛三等奖。建立职代会制度,按规定召开职代会,项目部职代会召开率达到90%以上。召开平等协商会议,建立健全劳动关系协调机制,督促各级行政部门按时发放工资、缴纳社保;关注农民工工资发放问题,维护农民工合法权益。深化"三不让"承诺实施,为困难职工办实事、解难事,保持职工(农民工)队伍稳定。元旦春节期间,集团公司筹集慰问金169万多元,走访慰问困难职工家庭1150余户,慰问劳模先进、老干部、一线员工、离退休人员等近4000人;筹集助学金26.15万元,资助299名困难职工和农民工子女就学;筹集救助金49万元,救助大病职工37名。

共青团工作。集团公司团委下辖11个团委、2个团工委、4个团总支、130个团支部,35岁以下职工4472人,团员2853人。(1)加强思想引导,深入开展青年维稳工作。2011年,集团公司团委贴近现场,走进青年,深入开展"坚定信心、共渡难关"主题活动,为青年宣讲形势,分析利弊,进行思想引导。(2)紧贴企业实际,扎实推进"青年安全质量杯"创先争优竞赛活动,带领广大团员青年立足本职、坚守岗位,争先进、比贡献,切实落实一人一岗一责制,为实现集团公司安全生产和质量管理的稳定局面作出贡献。(3)围绕青年成长成才,大力实施青年素质工程。2011年,集团公司各级团组织开办青年工地夜校9所,购置书籍984本,开展培训96次,惠及2689人次。三公司长株潭城际铁路项目部青年农民工袁增伟获湖南省杰出农民工称号,被湖南省政府记一等功。(4)关心青年生活,增强队伍凝聚力和吸引力。开设团员青年拉卡拉便民服务点,与东风标致签订战略合作协议,与湖南卫视《我们约会吧》栏目组积极接洽,先后促成10余人次登上湖南卫视的舞台,2人现场牵手成功,为青年婚恋开辟新的有效渠道。年内,15个集体分别被评为中央企业五四红旗团委创建单位和中国铁建"青年文明号"创建示范点、五四红旗团委创建单位、五四红旗团支部创建单位,13人分别被评为中国铁建优秀青年、"青年岗位能手"、优秀共青团员、优秀务工共青团员、优秀团干部。（曾雁辉　贺振宇　陈外联　李谞异）

【西北分公司】 公司机关驻陕西省西安市碑林区火炬路1号企图时代大厦12层B区。党委书记张天科,总经理李文涛。职工99人。资产总额4744万元。其中,固定资产32万元;流动资产4712万元。机械设备8台(套),净值101.5万元。年施工能力10亿元以上。

2011年新签合同额40026万元,完成施工产值2487万元。（高治国）

【第一工程有限公司】 市政公用工程施工总承包一级,铁路工程施工总承包二级,房屋建筑、公路工程施工总承包三级,桥梁、隧道工程专业承包一级,地基与基础、公路路基工程专业承包三级资质企业。公司机关驻广东省广州市越秀区桂花岗东2号。前身是中铁二十五局集团广州铁路工程有限公司,2011年12月更为现名。执行董事、总经理张建慈,党委书记张建平。下辖6个专业项目部、7个分支机构、39个直属项目部。职工1209人。其中,干部724名;工人485名。专业技术干部713人,技术工人215名。资产总额200571万元。其中,固定资产净值21472万元;流动资产170791万元;其他资产8308万元。机械动力设备1361台(套),原值29812.39万元、净值19201.32万元,总功率18506千瓦,动力装备率13.16千瓦/人,技术装备率13.65万元/人,设备完好率89%、利用率96%。

2011年新签合同额3.05亿元,完成企业总产值233297万元,实现净利润1803.8万元。单位工程合格率100%。年内获中国土木工程詹天佑奖1项,国家发明专利2项、实用新型专利5项,国家一级工法1项,铁道部科学技术奖2项,国家级QC优秀质量管理小组奖1项。（曾志辉　秦秀娥）

【第二工程有限公司】 市政公用工程施工总承包一级,铁路工程施工总承包二级,房屋建筑、公路工程施工总承包三级,桥梁工程专业承包一级,隧道工程专业承包二级,土石方、预应力、送变电、公路路基工程专业承包三级资质企业。公司机关驻湖南省衡阳市珠晖区乐群里166号。执行董事、总经理冯正,党委书记范波。下辖2个分公司、5个分支机构及若干工程项目部。职工1386人。其中,干部694人;工人692人。专业技术干部627人,技术工人497人。资产总额129949万元。其中,固定资产原值10397.07万元、净值5715.14万元;流动资产120778.47万元。机械动力设备1221台(套),净值4624.8万元,总功率12360千瓦,动力装备率9千瓦/人,技术装备率5.9万元/人。年施工能力20亿元以上。

2011年新签合同额3.41亿元,完成企业总产值14.19亿元,其中施工产值14.19亿元;实现利润1026.07万元。人均创利7403元,全员劳动生产率10.24万元/人年,职工年人均收入40612元。国有资产保值增值率113.31%,净资产收益率12.48%,产值利润率6%,资产负债率93.28%。工程验交合格率100%。年内,公司参建的合武铁路工程获中国土木工程詹天佑奖,衡州大道A标段工程被评为2010年湖南省建筑施工安全质量标准化示范工程,2011中国城市建设优秀项目称号。（代　辉）

【第三工程有限公司】 铁路工程施工总承包一级,市政公用工程施工总承包二级,公路、房屋建筑工程施工总承包三级,桥梁、隧道工程专业承包一级,预应力、土石方工程专业承包二级资质企业。公司机关驻湖南省长沙市人民中路职院街129号。执行董事、总经理范伟,党委书记陈鸣。下辖3个分公司、劳动服务中心、物资设备公司和若干项目部。职工1291人。其中,干部780人;工人511人。专业技术干部757人,技术工人270人。资产总额159299万元。其中,固定资产原值10748万元、净值5288万元;流动资产149041万元。机械运输设备760台(套),现值4530万元,总功率27086千瓦,动力装备率16.3千瓦/人,技术装备率2.73万元/人,机械化施工程度80%。年施工能力30亿元以上。

2011年新签合同额3.79亿元,完成企业总产值17.7亿元,实现利润1655万元。全员劳动生产率13.78万元/人年,职工年人均收入35273元。工程质量合格率100%。（王　斌）

【第四工程有限公司】 铁路、市政公用、房屋建筑工程施工总承包一级,公路工程施工总承包二级,土石方、桥梁、铁路电务工程专业承包一级,混凝土预制构件、爆破与拆除、隧道工程专业承包二级资质企业。公司机关驻广西壮族自治区柳州市和平路138号。前身是中铁二十五局集团柳州铁路工程有限公司,2011年12月更为现名。执行董事、党委书记黄辉,总经理李世平。职工1159人。其中,干部674人;工人485人。专业技术干部648人,技术工人333人。资产总额171880万元。其中,固定资产原值17679万元、净值6867万元;流动资产155707万元;其他资产16173万元;无形资产8597万元。机械设备545台(套),原值10858.34万元、净值3942.8万元,总功率30435千瓦,动力装备率42857千瓦/人,技术装备率33万元/人。年施工能力30亿元以上。

2011年新签合同额1.09亿元,完成企业总产值147154万元。国有资产保值增值率93.96%。工程质量合格率100%。（刘永红）

【第五工程有限公司】 2011年11月23日成立。公司机关驻山东省青岛市苗岭路29号山东高速大厦10~11楼。执行董事、总经理平国友,党委书记贺慧潜。职工495人,其中专业技术干部421人。资产总额4.2亿元。机械设备302台(套),原值3785.33万元、净值2981.91万元,总功率9896千瓦,动力装备率19.52千瓦/人,技术装备率5.88万元/人。

2011年新签合同额15.3亿元,完成企业总产值13.1亿元,实现利润1339万元。年内,公司获青岛市

政工程安全管理工作先进单位、青岛市“工人先锋号”称号。 （周 娜）

【第六工程有限公司】 房屋建筑、市政公用工程施工总承包一级，铁道工程施工总承包三级，建筑装修装饰、钢结构、消防设施、机电设备安装工程专业承包一级，建筑幕墙工程专业承包二级，爆破与拆除（不含爆破）、环保工程专业承包三级资质企业。公司机关驻广西壮族自治区柳州市红岩路二区75号。前身是中铁二十五局集团恒元建筑工程有限公司，2011年12月更为现名。执行董事、总经理谢朝阳，党委书记曾水长。职工1095人，其中专业技术人员589人。资产总额38064万元。机械设备288台（套），原值3229.31万元、净值1943.61万元，总功率8061.8千瓦，动力装备率7.3千瓦/人，技术装备率2.93万元/人。年施工能力20亿元以上。

2011年新签合同额20800万元，完成企业总产值55200万元，实现净利润353.86万元。职工年人均收入53252元。国有资产保值增值率102.94%，净资产收益率2.9%，资产负债率74.22%。 （贯 倩）

【电务工程有限公司】 铁路电务、电气化工程专业承包一级，电信、建筑智能化、送变电工程专业承包二级，机电设备安装工程专业承包三级资质企业。公司机关驻广东省广州市共和西路8号。执行董事、总经理万宝华，党委书记李建云。职工455人，其中专业技术干部250人。资产总额30478万元。其中，固定资产原值1252万元、净值389万元；流动资产29511万元。机械设备及仪器仪表132台（套）。年施工能力5亿元以上。

2011年新签合同额2.96亿元，完成企业总产值27581万元，实现利润365万元。职工年人均收入64717元。产值利润率1.32%，资产负债率83.88%，应上缴款完成率100%。工程质量合格率100%。

（何华能）

【建筑安装工程有限公司】 房屋建筑工程施工总承包一级，市政公用工程施工总承包二级，铁路工程施工总承包三级，建筑装修装饰、消防设施、环保、钢结构、机电设备安装工程专业承包一级资质企业。公司机关驻广东省广州市共和西路8号。执行董事、总经理周晓兵，党委书记王金海。职工895人。其中，干部407人；工人488人。专业技术干部394人，技术工人175人。资产总额12.11亿元。其中，固定资产净值0.88亿元；流动资产11.08亿元；无形资产0.04亿元；递延所得税资产0.1亿元。机械设备固定资产原值1.3亿元、净值0.87亿元，总功率15490千瓦，动力装备率17.3千瓦/人，技术装备率9.72万元/人，设备完好率94.5%、利用率43.5%。年施工能力30亿元以上。

2011年新签合同额3.5亿元，完成企业总产值14.1亿元，实现利润1594万元、净利润1408万元。人均创利1.83万元，职工年人均收入4.89万元。国有资产保值增值率125.58%，净资产收益率22.68%，产值利润率1.13%，投资回报率17.59%，资产负债率94.3%，应上缴款完成率100%。年内，公司参建的合武铁路工程获中国土木工程詹天佑奖。 （李 卓）

【房地产开发有限公司】 公司机关驻广东省广州市中山一路55号。董事长安康（10月免）、任国华（10月任），总经理周捷，党委书记彭广华。职工35人。资产总额20375.5万元。其中，固定资产净值57.8万元；流动资产20313万元。

2011年新签合同额40亿元。年内，公司承建的柳州中国铁建·金色蓝庭项目开工建设，总建筑面积6.6万平方米。 （薛学成）

【轨道交通工程有限公司】 公司机关驻广东省广州市越秀区中山一路55号。执行董事、总经理徐波，党委书记田慧生。职工188人。机械设备18台（套）。年施工能力5亿元以上。

2011年完成企业总产值16764.73万元，实现利润302.88万元。年内，公司开发的“一种重叠既有地下连续墙施工新的地下连续墙的成槽工艺”获国家发明专利，“地铁大型超深基坑坡道式开挖施工工法”被评为铁道部工法，“提高侧墙钢筋直螺纹连接一次合格率”和“提高成型管片质量”活动成果分别获广东省市政工程建设优秀QC小组活动成果三等奖。

（王海波）

【南方实业开发有限公司】 公司机关驻广东省广州市越秀区共和西路8号。执行董事、总经理李新黎，党委书记何政。职工563人。资产总额54875.67万元。主要从事房屋场地租赁、物业管理，铁路专用线运输、装卸搬运、运输代理、仓储，设备代理、酒品销售、物资贸易业务。

2011年完成营业收入48815.64万元，实现净利润1046.78万元。 （秦一鸣）

【广州铁诚工程质量检测有限公司】 为国家技术监督局计量认证检测单位。具有公路工程施工综合乙级、见证材料检测机构资质。公司机关驻广东省广州市越秀区共和西路8号。执行董事、总经理李杰。职工67人。资产总额1978.6万元,其中固定资产原值506.6万元、净值253.9万元。机械运输设备原值48万元、净值22.9万元。

2011年完成企业总产值1821万元,实现利润463万元。人均创利6.91万元,全员劳动生产率27.1万元/人年。国有资产保值增值率171.96%,净资产收益率52.92%,产值利润率30.93%,资产负债率59.78%。(雷　娟)

【重要记载】

▲2月28日~3月2日　集团公司党委扩大会、一届二次职代会暨工作会议、党风建设和反腐倡廉工作会议召开。董事长王汉林作工作报告,党委书记王精华讲话,总经理安康作行政工作报告。

▲3月20日　集团公司首台盾构机"先锋号"在长沙轨道交通2号线土建工程9标段区安全始发,标志着集团公司在地铁领域的盾构施工正式拉开序幕。

▲4月　集团公司被评为广东省守合同重信用企业。

▲4月10~15日　集团公司创先争优党员先进事迹报告会先后在广州、柳州、长沙等地区举行。

▲4月28日　集团公司第一次团代会召开,集团公司党委书记王精华作重要讲话。

▲6月14日　集团公司长株潭城际铁路项目部青年农民工袁增伟从103家企业的126个参评者中脱颖而出,获湖南省杰出农民工称号,并被省政府记一等功。

▲7月28日　集团公司首项房地产项目——中国铁建·金色蓝庭正式启动。

▲9月21日　集团公司与《工人日报》在广州联合召开基层现场思想政治工作研讨会。

▲9月　集团公司决定将原广州公司、柳州公司、恒元公司分别更名为第一、第四、第六工程有限公司,北方分公司更名为第五工程有限公司。

▲11月18日　集团公司参建的湛江东海岛石化产业园工程破土动工。

▲11月　集团公司工会成立第一届女职工委员会。

▲12月10日　集团公司承建的衡州大道A标段工程获2011中国城市建设优秀项目称号。

▲12月26日　集团公司在广州召开领导干部大会,股份公司董事长、党委书记孟凤朝代表股份公司党委、股份公司宣布对集团公司主要领导的调整决定。

(罗贵业)

中铁建设集团有限公司

【简况】　中铁建设集团有限公司是房屋建筑工程施工总承包特级,市政公用、机电安装工程施工总承包一级,地基与基础、土石方工程专业承包一级,钢结构专业施工承包一级,建筑工程设计甲级,建筑智能化、建筑装饰装修工程设计与施工一级,预拌商品混凝土专业承包二级资质企业。集团公司总部驻北京市石景山区石景山路20号。前身为中国人民解放军铁道兵独立建筑团,1984年1月集体转业并入铁道部,先后称铁道部工程指挥部建筑工程处、中国铁道建筑总公司北京工程公司、北京中铁建筑工程公司;2001年8月改制为北京中铁建设有限公司,2003年12月更为现名。集团公司以建筑工程总承包、房地产开发、物流贸易三大经营业务为主。下设27个单位,工程业务覆盖国内25个省、直辖市近80个城市及海外3个国家。在岗职工4820人,其中专业技术干部3518人。资产总额1942111万元。其中,流动资产1870725万元;固定资产净值34526万元;其他资产36860万元。机械设备856台(套),设备原值22057.42万元、净值12814.31万元,总功率5.59万千瓦,技术装备率2.7万元/人,动力装备率11.8千瓦/人,设备成新率58.1%,主要设备完好率93.6%、利用率76.4%。2011年新增设备169台(套),新增设备原值5435.2万元。综合机械化施工程度74.52%。年施工能力5000万平方米以上。

2011年新签合同总额657亿元,其中施工总承包项目129项,新签合同额563.4亿元,建筑面积2570.4万平方米。全年完成企业总产值242.3亿元,其中施工产值205亿元,折合施工面积893.19万平方米;实现利润7.47亿元。国有资产保值增值率127.8%,净资产收益率22.39%,产值利润率3.08%,投资回报率3.14%,资产负债率85.12%,应上缴款完成率100%。

兵改工以来,集团公司获优质工程奖445项。其中,中国建设工程鲁班奖10项;国家优质工程3项;中国建筑钢结构金奖6项;省部级以上优质工程257项。集团公司先后获全国最佳施工企业、全国优秀施工企业、全国用户满意施工企业、全国质量效益型先进单位、全国重合同守信用单位、全国用户满意服务单位、全国五一劳动奖状、全国质量管理奖、全国实施卓越绩效模式先进企业、北京百强企业、中国建筑业竞争力百强企业、全国建筑业先进企业、中央企业先进集体、中央文明单位、全国文明单位、中国企业文化竞争力十强

等荣誉。（章 梅）

【领导人员】

董事会

董事长	汪文忠
董事	赵 伟
	郭剑平
	陈有忠
	于久龙

监事会

监事会主席	张军柱
监事	贾学斌
职工代表监事	王曰亮

经理层

总经理	赵 伟
副总经理	庄初最
	孙金城
	郭剑平
	吴成木
	贾 洪
	倪 真
	于久龙
	吴永红
	沈天丽
总工程师	贾 洪(兼)
副总会计师	田军光(主持工作)

党群领导

党委书记	汪文忠
党委副书记	赵 伟
	张军柱
纪委书记	张军柱(兼)
工会主席	陈有忠

（章 梅）

【职工队伍】 职工4820人,其中女职工806人,占职工总数的17%;专业技术干部3518人,占职工总数的73%;技术工人674人,占职工总数的14%。学历结构:博士6人,研究生45人,本科生2557人,大专969人。年龄结构:35岁及以下2550人,36~40岁284人,41~45岁151人,46~50岁337人,50岁以上688人。专业技术干部中,高级职务237人、中级职务571人、初级职务2064人,分别占专业技术干部的6.7%、16.2%和58.7%。全年调出人员193人,接收应届大中专毕业生513人,通过社会招聘方式引进大专以上学历人员447人。年内,21人退休,累计退休职工244人。（章 梅）

【工程施工】 2011年在建工程230余项,建筑面积2945万平方米。其中,新开工面积1253万平方米;竣工面积321万平方米。重点工程:

北京昌平草莓博览园工程 为2012年第七届世界草莓博览大会而建,总建筑面积49885平方米,工程投资43432万元。2011年3月18日开工,计划2012年1月竣工。2011年完成投资33862万元,完成建筑面积38099平方米。

国家地理信息科技产业园工程 位于北京市顺义区,总建筑面积640000平方米,工程投资128000万元。2011年3月6日开工,计划2012年12月31日竣工。2011年完成投资94118万元,完成建筑面积470590平方米。

北京张仪村定向安置房工程 位于北京市丰台区,总建筑面积538904平方米,工程投资112651万元。2011年7月16日开工,计划2013年3月28日竣工。2011年完成投资20100万元,完成建筑面积74111平方米。

京承高速联络线密云西统路道路工程3标段潮白河大桥工程 位于北京市密云县,大桥长370延长米,工程投资32914万元。2011年5月开工,计划2013年5月25日竣工。大桥由主桥和引桥组成,其中主桥为独塔双索面自锚式悬索桥,塔高126.5米,为北京市重点工程。2011年完成投资8000万元。

河北石家庄勒泰中心工程 总建筑面积620000平方米,工程投资180000万元。2010年3月15日开工,计划2013年9月1日竣工。2011年完成投资62143万元,完成建筑面积215304平方米。主体结构完工,处于装修阶段。

广西九洲国际大厦工程 位于广西壮族自治区南宁市,总建筑面积214246平方米,檐高317.6米,工程投资80000万元。2011年7月12日开工,计划2014年3月30日竣工。2011年完成投资4718万元,完成建筑面积3167平方米。

柳州九洲国际大厦工程 位于广西壮族自治区柳州市,总建筑面积100685平方米,檐高160米,工程投资25000万元。2011年5月18日开工,计划2013年3月31日竣工。2011年完成投资18110万元,完成建筑面积72925平方米。

昆明西山区草海北片区45号地块安置房工程 位于云南省昆明市西山区,总建筑面积1771436平方米,工程投资311550万元。2011年7月16日开工,计划2013年3月28日竣工。2011年完成投资4500万元,完成建筑面积12410平方米。

三亚凤凰国际机场三期扩建项目贵宾航站楼工程 位于海南省三亚市,总建筑面积11007平方米,工程投资13000万元。2011年4月17日开工,计划2012年1月20日竣工。2011年完成投资18000万元,完成建筑面积11007平方米。

哈尔滨西客站工程　位于黑龙江省哈尔滨市哈西新区、群力新区交界处,总建筑面积152973平方米,工程投资123987万元。2010年1月15日开工,计划2012年7月30日竣工。2011年完成投资61060万元,完成建筑面积75336平方米。

长春西站工程　位于吉林省长春市绿园区西新镇双丰村,总建筑面积112075平方米,工程投资87216万元。2009年10月28日开工,计划2012年6月30日竣工。2011年完成投资24994万元,完成建筑面积32464平方米。

宁波铁路枢纽宁波站改建工程　位于浙江省宁波市海曙区,为中铁建设集团公司与中铁十七局集团公司联合体中标项目,工程投资202000万元,其中中铁建设集团公司承担123863万元施工任务。总建筑面积120000平方米,2010年10月22日开工,计划2013年10月30日竣工。2011年,宁波站受铁道部"7·23"事故、征地拆迁等影响,没有进入大面积施工,截至年底,工程处于地基及基础施工阶段。年内完成投资10671万元,完成建筑面积10345平方米。

巴布亚新几内亚迎风公寓工程　位于巴布亚新几内亚首都莫尔兹比港,总建筑面积13149平方米,工程投资16450万元。2010年8月6日开工,计划2012年8月6日竣工。2011年完成投资6130万元,完成建筑面积5158平方米,工程处于结构施工阶段。（章　梅）

【战略管理】　7月18日,《中铁建设集团有限公司"十二五"发展战略与规划(修订版)》通过集团公司第二届四次职代会审议,确定集团公司2011~2015年总体发展规划:加快培育工程总承包核心竞争优势,保持在工程总承包领域的发展趋势,稳步开拓房地产开发市场,加快发展物流贸易业务,使中铁建设集团发展成为效益突出、结构(产业结构、产品结构、组织结构)合理、管理规范、人才济济、充满活力的,在国内具有较强竞争力的工程承包商。（章　梅）

【经营管理】　经营承揽。2011年,面对复杂多变的外部形势,集团公司强力开拓市场,承揽总额成倍增长,经营质量不断提高,生产经营后劲有力,承揽领域挺进高端市场,大规模、超高层、大跨度的高精尖工程承揽刷新纪录,在教育、石油、海军、医院、保险、航空系统创出良好信誉,树立了品牌。集团公司被中国铁建评为经营先进单位,在2011年度中国铁建工程承包业务中排名第一。

房建施工。2011年,集团公司立足房建工程施工总承包主业,积极导入精益建造模式,推行制度化、标准化、程序化、信息化的精细化管理,抓源头、抓过程、抓细节,打造精品工程,房建工程施工总承包业务继续保持快速发展。

房地产开发。按照"保障资产安全,量入为出,实现快进快出"的工作方针,房地产业务实现销售收入13.4亿元。其中,北京密云中国铁建·绿港项目1004套房全部售罄,获得当季销售冠军;河南信阳中国铁建·领秀城和陕西西安中国铁建·瑞园项目认购率超过70%。通过股权收购、合作开发等形式,先后获得北京密云首师大附中西侧居住用地项目和山东莱州云峰路项目的开发权,两个项目土地总价10.42亿元。

物流贸易。集团物资公司完善战略布局,坚持"服务集团、内外并举、立足北京、覆盖全国、拓展海外"的发展思路,内部保障有力,外部拓展迅猛。2011年被评为中国建筑业协会材料分会"鲁班奖工程功勋合作伙伴",位列北京地区钢铁营销50强第8名,获2011年度中国民生银行冶金金融"中国钢贸企业百强"及"建筑钢材百强"称号,被授予中国铁建"工人先锋号"称号,跃居中国铁建2011年工程集团公司所属二级法人公司、分公司企业总产值完成情况排行榜第一名。

设计咨询。建筑设计院深入研判设计市场,加强人才队伍建设,通过摸索和实践,制定具有中铁建设设计院特色的"一评三审"制度和制图标准,设计经营工作走向专业化道路。年内通过建筑工程设计甲级资质评审,完成"巴布亚新几内亚建筑物抗震设计研究"的结题工作以及两项专利申请,筹建BIM研究室,为提升设计院综合实力做准备。

铁路工程。面对铁路工程的"冰冻期",集团公司及时转变工作思路,将现有项目做深、做实、做精,做好变更、索赔及结算、收款等工作;同时加大科技创新力度,力争在施工实践中获取更多的施工经验。"哈尔滨西客站冬季大体积混凝土浇筑"课题研究成果,填补国内高寒地区大体积混凝土施工的空白,获中国铁建优秀科学进步奖;哈尔滨西客站项目部获得黑龙江省五一劳动奖状。承建的铁岭西站获辽宁省优质主体结构工程奖及铁岭市优质主体结构工程奖。

海外工程。集团公司以巴布亚新几内亚(简称巴新)市场为主线,发挥巴新市场现有的优势与便利,积极开展国内外技术标准对接、深化设计、材料替换等工作,成为海外工程发展的亮点。年内承揽巴新海港写字楼项目,该项目建筑面积19357平方米,工程投资约3.27亿元人民币,计划2012年1月1日开工,2014年9月30日竣工。

工程质量。集团公司坚持标准化、制度化、程序化、信息化管理,实施“精品战略”和“名牌战略”,积极开展工程质量创优,维护集团质量品牌;促进区域分公司完善技术质量管理组织体系、质量管理制度、质量标准;强化质量管理信息系统的应用,提高远程管理能力和效率;加大质量管控力度,采取重点工程专项督办措施;通过过程管控绩效考核,树立质量标杆项目,并组织观摩学习与交流,实行标杆导引,快速复制;积极开展“质量月”活动及各类培训,提高全员质量管理意识及责任感,使集团公司质量管理处于受控状态。工程竣工一次验交合格率100%,获工程质量奖37个。其中,参建的上海保利广场工程获中国建设工程鲁班奖,常州北站及北京东直门交通枢纽工程获中国钢结构金奖;获省部级结构优质工程和竣工优质工程各13项。获全国工程建设质量管理优秀小组二等奖1个,全国工程建设质量小组优秀奖1个,铁道部优秀质量管理小组2个,中国铁建质量管理奖5个。集团公司被中国施工企业管理协会评为国家优质工程奖30年先进单位。

安全文明施工。始终坚持“安全第一,预防为主,综合治理”的安全生产方针,进一步完善集团公司安全管理体系,加强安全过程管控,强化安全教育培训,即时掌握安全动态,提升突发事件处理能力。全年有52项工程被评为文明安全施工工地。其中,国家级1项;省级30项;地市级17项;中国铁建4项。集团公司被评为中国铁建2011年度安全生产先进单位。积极开展节能减排活动,年内2项工程被评为全国建筑业绿色施工示范工程。

企业管理。集团公司在2011年特级资质重新就位考核中,顺利通过房建工程施工总承包特一级资质考评。建立以组织管理手册、工作流程汇编、二级单位管理办法、绩效考核评价办法、责任追究办法、正向激励办法、项目管理指导意见为主体的集团化管控配套制度体系,实现“树立标杆,共享资源,复制经验”的工作目标。根据集团公司生产经营需要,注册华东、天津、济南、海南4个独资子公司。

造价管理。进一步完善、细化集团公司责任成本及变更索赔管理制度,全面指导分公司、项目部做好变更索赔及责任成本管理工作。2011年实现变更索赔35.93亿元,变更索赔率18.13%,变更索赔率连续两年在中国铁建排名第一。

法律风险管理。建立健全风险管理与法律事务管理体系,修订细化集团公司《承包合同风险管理方案》,推行竣工项目风险评估报告制度。严格各种合同及劳务、分包队伍资质管理,积极利用法律手段维护集团公司的合法权益,年内以诉讼方式收回欠款6823万元。积极开展法律及风险管理培训工作,以事前防范和事中控制为主、事后救济补偿为辅的风险管理理念深入人心,在中国铁建内部控制审计中,集团公司内部控制管理工作得到肯定。集团公司被评为国资委2006~2010年中央企业法制宣传教育先进单位。

物资设备管理。全年完成物资设备采购880000万元。其中物资采购515917万元,主要物资集采率(钢材水泥集采率)93%,节约资金17491万元,集采节约率3.4%。组织设备招标采购17次,购置塔吊、轿车等设备164台(套),中标合同总价5219.79万元,市场总价5455.63万元,节约资金235.84万元,集采节资率4.3%。

财务资金管理。进一步梳理、完善财务业务流程、工作标准及财务管理制度,逐步建立与新的核算模式相适应的财务管理制度体系,并按照所属二级单位的行业差别、产值、利润等指标的不同,进行差别化管理,成效显著。集团公司被评为中国铁建2011年度财务工作先进单位、预算工作先进单位、决算工作先进单位。面对资金高度紧张的不利局面,集团公司加大资金管理力度,坚持资金高度集中的用财原则,不断强化资金管控措施,充分发挥“蓄水池”作用,收到较好效果,全年集中资金205.24亿元,比2010年增加69.7亿元,集团公司连续3年被评为中国铁建资金集中管理先进单位。与银行加强沟通协作,年内取得银行综合授信102.4亿元,比2010年增加31.4亿元。

审计管理。不断完善内部审计制度,健全审计机构,制定集团公司《内部审计工作评比暂行办法》,通过年度绩效审计、竣工工程审计、离任经济责任审计、财务收支审计、全面预算管理审计,准确了解所属单位,发现问题、解决问题,为战略决策提供依据,确保集团公司平稳运行。

信息化建设。11月,《中铁建设集团科技管理信息系统v1.0》《中铁建设集团施工技术文件管理系统v1.0》获国家版权局授予的计算机软件著作权登记证书。

（章　梅）

【科技教育】 科技创新。2011年,集团公司出台《专业技术带头人评选及管理办法》,修订《科技费用管理办法》;通过北京市技术中心年度评审,集团公司正式成为北京工业大学产学研联合培养研究生基地;完善“施工技术文件信息管理系统”使用功能,所属二级单位的施工组织设计和施工方案实现网上审批、监督、抽查。年内,集团公司获国家级工法1项、中国铁建优秀工法2项,获专利3项,2项计算机软件获著作权,5项科技成果被评为中国铁建科学技术奖。

教育培训。2011年,集团公司举办各类大型管理和业务培训31期，培训人员3000余人次，支出教育经费82万元。所属二级单位累计组织各类培训702期，培训人员10933人次，支出教育培训经费141万元。年内，集团公司被评为中华英才网第九届中国大学生最佳雇主建筑业。（章 梅）

【**党群工作**】 党的工作。(1)制定《党建工作规范化建设手册》，下发《关于进一步加强集团公司党建工作规范化建设的决定》，扎实开展创先争优活动，举办以“为党旗添彩，为企业增辉，为党的90华诞献礼”主题系列纪念活动，集团公司被评为中国铁建2010年度“四好领导班子”。(2)进一步深化企业文化建设，总结提炼集团公司“四大”文化理念：以人为本、打造受尊敬、有尊严企业的发展理念；注重实践、注重结果、注重领导作用的管理理念；人格、勇气、能力三位一体的人才理念；堂堂正正做人、规规矩矩做事、清清白白从业的廉洁理念。集团公司被评为第三批全国文明单位，获中国企业文化竞争力10强称号，4家所属单位和5名个人被评为中国铁建企业文化建设先进单位和先进个人，董事长汪文忠获中国企业文化建设突出贡献人物称号。(3)强化新闻宣传工作，全年对外刊稿518篇，在中央电视台和《人民日报》报道10次。

纪检监察工作。积极开展反腐倡廉教育；继续坚持“有反映必核，有线索必查，有违纪必究”的案件检查工作原则；深化工程建设领域突出问题和“小金库”专项治理；制定《二级单位党风廉政建设责任制考核办法》《领导人员“九不准”》《财务、经营、造价、材料人员廉洁从业规定》，健全纪检监察工作网络，加大培训力度，不断提高纪检监察工作规范化水平。

工会工作。加强自身组织建设，完善企务公开制度，召开集团公司二届四次职工代表大会；推进京外单位建家建线，落实“三不让”承诺，帮扶救助困难职工；开展“五比五赛”、“六比六创”活动，举办“我爱企业我爱党，创先争优当先锋”为主题的书画、摄影作品比赛。

共青团工作。在团员青年中广泛开展“学党史、知党情、跟党走”主题教育活动，与党委联合举办“唱支红歌给党听”纪念中国共产党成立90周年红歌比赛；继续深化“双争双创”、“导师带徒”活动；开展“赢在节俭，青年先行”为乡村学校捐书活动；建立集团公司内部“鹊桥网”，帮助青年员工解决婚恋问题。年内，张永春、庞先波分别被评为中国铁建“十大杰出青年”、“优秀青年技术工人”。（章 梅）

【**中铁建设集团房地产有限公司**】 2010年3月成立，房地产四级资质企业。公司机关驻北京市石景山区石景山路20号。董事长兼党委书记庄初最，总经理吕金华。下辖4个项目子公司。职工96人，其中专业技术人员53人。资产总额155848万元。其中，固定资产净值168万元；流动资产152139万元；其他资产3708万元。

截至2011年底，公司累计实现销售收入13.4亿元，全年新开工面积32.92万平方米，竣工面积16.3万平方米，完成企业总产值80931万元，实现利润10756万元。年内在北京密云和山东莱州获取两个开发项目，土地总价10.42亿元。（章 梅）

【**北京中铁建工物资有限公司**】 1993年成立。主要从事工业与民用建筑、商业设施及铁路线路、铁路站房建设工程物资系统集成供应。公司机关驻北京市丰台区张仪村路16号。董事长兼党委书记魏广铭，总经理张跃鹏。下辖1个分公司。职工132人，其中CIPS采购供应经理3人。资产总额613700万元。其中，固定资产净值177万元；流动资产613523万元；其他资产177万元。

2011年完成销售收入76亿元，实现利润5000万元，年经销钢材140余万吨。年内，公司先后获北京地区钢铁营销50强、鲁班奖工程功勋合作伙伴、中国钢贸企业百强等荣誉。（章 梅）

【**中铁建设集团天津工程有限公司**】 2011年10月26日成立，前身是中铁建设集团天津分公司。公司机关驻天津市空港经济区。总经理张永春，党委书记施显余。下辖18个项目部、1个租赁站、1个劳务资源中心。职工242人。其中，干部149人；工人93人。技术干部115人，技术工人13人。资产总额13.86亿元。其中，固定资产净值181.4万元；流动资产13.84亿元。年施工能力20亿元。

2011年新签合同额40亿元，完成施工总产值14亿元，实现利润3672万元。承建的福建大厦工程获天津市建设工程“金奖海河杯”奖，中华文化会馆A03地块工程获天津市建设工程“结构海河杯”奖，唐山市理工学院危旧房改造项目、石家庄恒大城工程、石家庄恒大绿洲、张家口天仁名仕乐居工程被评为河北省安全文明工地；总经理张永春获中国铁建第五届“十大杰出青年”称号。（章 梅）

【**中铁建设集团济南工程有限公司**】 2011年12月16日成立，前身是中铁建设集团济南分公司。公司机关驻山东省济南市槐荫区经十路段店立交桥27180号。总经理李金生，党委书记刘德元。下辖11个项目部。职工402人，其中干部174人。资产总额100万元。

2011年新签合同额21.9亿元,完成施工总产值13.34亿元,实现利润3957万元。承建的合肥中铁国际城广园1标段工程被评为安徽省建筑施工安全质量标准化示范小区并获合肥市优质结构奖,济南恒大绿洲项目10号楼工程被评为山东省建筑施工安全文明优良工地。 (章 梅)

【中铁建设集团(海南)有限公司】 2011年12月27日成立,前身是中铁建设集团海南分公司。公司机关驻海南省海口市国贸路56号北京大厦9F。总经理李瑞法,党委书记易正平。下辖11个项目部、1个物资采购中心。职工340人。资产总额7.74亿元。其中,固定资产净值62.38万元;流动资产7.73亿元。年施工能力11.73亿元。

2011年新签合同额21亿元,完成施工总产值10亿元,实现利润1958万元。承建的海口第二办公区(A区)工程和南北地下车库工程获火车头优质工程奖和海南省用户满意建筑工程称号,乐成恭和老年公寓工程被评为海南省建筑施工优质结构工程。

(章 梅)

【中铁建设集团华东工程有限公司】 2011年9月28日成立,前身是中铁建设集团华东分公司。公司机关驻江苏省昆山市花桥兆丰路8号。总经理赵先忠,党委书记方红旗。下辖9个项目部。职工280人。其中,干部110人;工人170人。技术干部77人,技术工人143人。资产总额10.56亿元。其中,固定资产净值139万元;流动资产10.55亿元。年施工能力18亿元。

2011年新签合同额22亿元,完成施工总产值9亿元,实现利润1738万元。承建的京沪高速铁路站房3标段常州北站工程获中国钢结构金奖,京沪高速铁路站房3标段项目部被授予全国五一劳动奖状,徐州新城区4号地北区工地被评为省级安全文明工地。

(章 梅)

【北京中铁装饰工程有限公司】 1999年9月成立,是集设计、施工为一体的中小型装饰施工企业,具有建筑装饰装修、建筑幕墙工程设计与施工二级,金属门窗工程专业承包三级资质。公司机关驻北京市丰台区张仪村路16号。经理赵向东,党委书记李昌盛。下辖1个设计中心、21个项目部。职工46人。其中,技术干部31人;技术工人1人。资产总额7578.69万元。其中,流动资产7548.31万元;固定资产净值30.37万元。

2011年新签合同额10960万元,完成施工总产值9870.7万元,实现利润199.38万元。 (章 梅)

【北京中铁电梯工程有限公司】 1992年成立,特种设备安装改造维修A级资质企业。公司机关驻北京市丰台区张仪村路16号。法定代表人惠文生。职工106人。其中,技术干部6人;技术工人80人。资产总额1839万元。其中,固定资产净值8万元;流动资产1831万元。

2011年新签合同额10557万元,完成企业总产值5360万元,实现利润89万元;完成电梯安装178台、电梯修理168台、电梯维保1260台。年内,公司被评为北京市五星级电梯维保企业。 (章 梅)

【北京中铁建安装工程有限公司】 2002年12月成立,起重设备安装一级资质企业。前身是中国人民解放军铁道兵独立建筑团机修连。公司机关驻北京市丰台区张仪村路16号。经理刘延泰,党委书记张荣吉。职工44人。其中,技术干部10人;技术工人32人。资产总额2344万元。其中,固定资产净值146万元;流动资产2198万元。各种型号塔吊58台,运输车辆6台,汽车吊2台,设备净值100万元,总功率7775千瓦,主要设备完好率98%、利用率86%,机械化施工程度100%。年施工能力2500万元。

2011年新签合同额2200万元,完成企业总产值2500万元,实现利润152万元。 (章 梅)

【中铁建设集团物业管理有限公司】 2009年1月成立,物业企业三级资质。公司机关驻北京市石景山区石景山路20号。法定代表人赖艳阳,党委书记张建强。负责中铁建设大厦的物业服务管理工作。

2011年被北京市石景山区评为消防安全工作先进单位、爱国卫生先进单位,中铁建设大厦获首都绿化美化花园式单位称号。7月通过质量、环境、职业健康安全管理体系认证。 (章 梅)

【重要记载】

▲1月15日 集团公司召开2011年度工作会议和反腐倡廉工作会议。

▲4月9日 中国驻巴布亚新几内亚大使汤瑛参赞一行到巴新公司驻地慰问。

▲4月12日 铁道部副部长卢春房视察集团公司参建的长春西站工程。

▲4月13日 铁道部副部长卢春房视察集团公司参建的哈尔滨西站工程。

▲同日 中国铁建非执行董事朱明暹,独立非执行董事李克成、赵广杰、吴太石在中国铁建董事、党委

副书记霍金贵陪同下,对集团公司落实中国铁建“十二五”发展规划情况进行调研。

▲4月28日　华东分公司京沪高速铁路站房3标段项目部获全国五一劳动奖状。

▲4月　集团公司铁路工程总指挥部哈尔滨西站项目部获黑龙江省五一劳动奖状。

▲4月　集团公司承建的东直门交通枢纽暨东华国际广场商务区南区工程、京沪高速铁路常州北站站房钢结构工程获中国钢结构金奖。

▲5月20日　集团公司中标华北第一座自锁式单塔悬索桥——京承高速联络线密云西统路道路3标段潮白河大桥工程。

▲6月2日　集团公司中标昆明市西山区草海北片区45、46号地块安置房工程施工总承包项目1标段45号地工程,该工程为集团公司承接的第一个BT项目。

▲6月12日　集团公司承建318米高的广西九洲国际大厦工程,这是集团公司历史上修建的最高工程。

▲6月28日　集团公司与武汉理工大学签署战略合作框架协议。

▲6月30日　集团公司召开纪念建党90周年暨创先争优活动表彰大会。

▲6月　集团公司被评为中华英才网第九届中国大学生最佳雇主建筑业。

▲7月5日　集团公司参建的哈尔滨西客站工程举行站房主体屋面钢结构封顶仪式,中共中央政治局委员、全国人大副委员长、中华全国总工会主席王兆国在黑龙江省省委书记吉炳轩、省长王宪魁等陪同下到现场视察。

▲7月18日　集团公司召开二届四次职工代表大会,审议通过集团公司《“十二五”发展战略与规划(修订版)》《工资集体协商办法》《企业补充医疗保险管理办法》《职工互助补充保险基金会章程(修正案)》《安全卫生专项集体合同(2011年本)》《女职工权益保护专项集体合同(2011年本)》等议案。

▲7月28日　集团公司增加注册资本金,由11亿元增加到13亿元。

▲7月30日　股份公司总裁赵广发视察集团公司参建的哈尔滨西站工程。

▲7月　集团公司获2010年度北京市建筑行业诚信企业称号。

▲9月28日　集团公司设立中铁建设集团华东工程有限公司。

▲9月29日　中共中央政治局委员、中共北京市委书记刘淇到市政分公司承建的永定河莲石湖2标段工程主景区参加景区开放活动。

▲9月　集团公司被评为2010年度中国铁建“四好领导班子”。

▲10月18日　集团公司与人和商业控股有限公司签订战略合作协议。

▲10月26日　集团公司设立中铁建设集团天津工程有限公司。

▲11月8日　集团公司与大地春投资有限公司签订施工总承包框架协议。

▲同日　国务院国资委第十六办事处主任金丹阳在股份公司副总裁庄尚标陪同下,视察集团公司承建的国家地理信息科技产业园工程。

▲11月9日　海南省省委书记罗保铭、省长蒋定之视察集团公司承建的三亚凤凰机场贵宾航站楼工程。

▲11月23日　股份公司总裁赵广发视察集团公司中国铁建·国际城工程。

▲11月24日　集团公司获中国企业文化竞争力十强称号,董事长汪文忠获中国企业文化建设突出贡献人物称号。

▲11月25日　股份公司董事长、党委书记孟凤朝视察集团公司承建的石家庄勒泰中心工程。

▲11月　集团公司获国务院国资委2006~2010年中央企业法制宣传教育先进单位称号。

▲11月　集团公司研发的“中铁建设集团施工技术文件管理信息系统”及“中铁建设集团科技管理信息系统”两项成果获得国家版权局计算机软件著作权。

▲11月　设备安装分公司参建的上海保利广场工程获2011年度中国建设工程鲁班奖。

▲12月15日　集团公司与深证宝能投资集团签订战略合作协议。

▲12月16日　集团公司设立中铁建设集团济南工程有限公司。

▲12月17日　国务院国资委第十六办事处主任金丹阳视察西安侨隆置业有限公司开发的中国铁建·瑞园工程。

▲12月20日　集团公司获全国文明单位、首都文明单位称号。

▲12月27日　集团公司设立中铁建设集团(海南)有限公司。

▲12月　集团公司被评为中国建筑业竞争力百强企业、全国建筑业先进企业、北京建筑行业AAA信用企业。

▲12月　集团公司董事长汪文忠获全国建筑业优秀企业家称号。　　(章　梅)

中国铁建电气化局集团有限公司

【简况】 中国铁建电气化局集团有限公司是通信、房屋建筑工程施工总承包一级,机电安装工程总承包一级,电气化、电务、电信、送变电、机电设备安装工程专业承包一级资质企业。集团公司总部驻北京市石景山区石景山路29号。前身系中铁建电气化局有限公司,由中铁十五、十七、十八局集团电务工程有限公司和中铁二十五局集团电务工程有限公司电气化分公司及柳州铁路工程有限公司电务分公司重组而成,2005年7月19日挂牌成立;2005年12月12日改为中铁建电气化局集团有限公司;2009年8月,中铁十一局集团电务工程有限公司、中铁十二局集团电气化工程有限公司主体划归集团公司管理。主要从事铁路电气化、电务、通信信号、电力和城市轨道交通、公路交通、机电设备安装、地方电信、送变电工程施工,以及高速铁路"四电"集成、接触网支柱、H型钢柱、接触线承力索、接触网零部件、钢结构的研发、生产、销售和工程设计、酒店管理、铁路新线"四电"运营维护。下辖14个控股子公司。职工9926人。其中,干部3410人;工人6256人。资产总额116.92亿元。其中,固定资产净值9.24亿元;流动资产105.22亿元;其他资产11.7亿元。机械运输设备711台(套),总功率76609.7千瓦,技术装备率2.85万元/人,动力装备率9.14千瓦/人,成新率58%,完好率88.92%,利用率82.01%。

2011年新签合同额67.4亿元,完成企业总产值140.63亿元,其中施工产值133.15亿元;实现利润5.1亿元。国有资产保值增值率135%,净资产收益率26.12%,产值利润率3.6%,资产负债率84.22%,成本费用占营业收入比重的96.41%,投资回报率71.9%,应上缴款完成率100%。人均创利52996.44元,职工年人均收入57298.76元。年内,集团公司获国家优秀QC成果3项、省部级优秀QC小组成果4项,获火车头优质工程1项、省部级优质工程2项。集团公司被评为北京市地税局、北京市国税局纳税信用A级企业和工商银行AAA级信用企业。

(邹国华)

【领导人员】

董事会

董事长	薛之桂(8月免)
	王汉林(8月任)
副董事长	张志才
	郑　斌
董事	王汉林
	张志才
	郑　斌
	冯学彬
	田恒开
	张国俊

经理层

总经理	郑　斌
副总经理	冯学彬
	张国俊(12月任)
	姜晋南
	李章锁
	郭志光
	李汝军
	寇宗乾
	万传军
	孟宪浩
	宋景奇(3月任)
总工程师	寇宗乾
总会计师	张国俊

党群领导

党委书记	张志才
党委副书记	王汉林(8月兼)
	郑　斌(兼)
	田恒开
	燕正安(3月任)
纪委书记	田恒开(兼)
工会主席	燕正安(3月任)

(杨　琼)

【工程项目指挥机构】 京石暨石武铁路客运专线河北段"四电"系统集成工程项目经理部　驻河北省石家庄市。项目经理郭志光,党工委书记王广恩。

石武铁路客运专线河南段"四电"系统集成工程SDJC-1标段项目经理部　驻河南省郑州市。项目经理郭志光,党工委书记林京闽。

石武铁路客运专线湖北段"四电"系统集成工程项目经理部　驻湖北省孝感市。项目经理兼党工委书记郭志光。

京石铁路客运专线石家庄枢纽改造工程项目经理部　驻河北省石家庄市。项目经理李春田,党工委书记朱新运。

石武铁路客运专线郑州东站SS2D-4标段"四

电”系统集成工程指挥部　驻河南省郑州市。指挥长谈强，党工委书记陈云。

宁杭铁路客运专线工程指挥部　驻浙江省湖州市。指挥长郭志光，常务副指挥长陈宝军。

汉宜铁路项目经理部　驻湖北省仙桃市。项目经理兼党工委书记宋景奇，常务副经理王培雄。

厦深铁路项目经理部　驻福建省漳州市。项目经理兼党工委书记李兵。

西宝铁路客运专线“四电”集成工程指挥部　驻陕西省西安市。指挥长郭志光，党工委书记解玉彬。

盘营铁路项目经理部　驻辽宁省盘锦市。项目经理李爱忠，党工委书记连旭兵，常务副经理王勇。

武咸铁路工程指挥部　驻湖北省武汉市。指挥长兼党工委书记陈宪祖，常务副指挥陈兆庆。

汉孝铁路项目经理部　驻湖北省武汉市江夏区江夏大道东。项目经理兼党工委书记陈宪祖，常务副经理陈兆庆。

京九铁路电气化改造工程南昌段指挥部　驻江西省赣州市。指挥长兼党工委书记李章锁，常务副指挥长岳小川。

京九铁路电气化改造工程广东段指挥部　驻广东省惠州市。指挥长兼党工委书记李章锁。

兰新铁路电气化改造工程指挥部　驻新疆维吾尔自治区乌鲁木齐市。指挥长兼党工委书记冯学彬。

兰新铁路安红段电气化改造工程项目经理部　驻甘肃省酒泉市瓜州县柳园镇。项目经理冯学彬，常务副指挥长兼党工委书记西穷。

西格铁路二线工程指挥部　驻青海省德令哈市。指挥长闫国印，党工委书记曹学仁。

广西沿海铁路工程指挥部　驻广西壮族自治区钦州市。指挥长黄国胜，党工委书记王戈辉。

遂渝铁路增建第二线站后工程指挥部　驻重庆市。指挥长兼党工委书记罗世昌。

湘桂铁路扩改工程站后Ⅰ标段工程指挥部　驻广西壮族自治区桂林市。指挥长吴克坚，党工委书记韦仁敏。

邯长铁路扩能改造工程指挥部　驻河北省邯郸市涉县。指挥长左三良，党工委书记李鹏志。

集包铁路增建第二双线工程指挥部　驻内蒙古自治区包头市。指挥长马金生，党工委书记赵春才。

中国铁建电气化局吐库指挥部　驻新疆维吾尔自治区吐鲁番市。指挥长侯绪永，党工委书记朱群峰。

天平铁路工程指挥部　驻甘肃省天水市。指挥长兼党工委书记赵广平。

漯阜铁路工程指挥部　驻河南省漯河市。指挥长任灵旺，党工委书记陈朝东。

新恩陶铁路工程指挥部　驻内蒙古自治区鄂尔多斯市伊金霍洛旗伊金霍洛镇成陵新区。指挥长陈克忠，党工委书记李怀斌。

西康铁路二线工程指挥部　驻陕西省安康市。指挥长雷云珊，党工委书记黄石头。

朔黄铁路扩能改造电气化工程指挥部　驻山西省原平市。指挥长古顺斌，党工委书记张立华。

赣韶铁路项目经理部　驻广东省南雄市。项目经理李卫华，党工委书记李桂得，常务副经理湛俊。

成都地铁2号线项目经理部　驻四川省成都市。项目经理陈杰，党工委书记陈杰。

杭州地铁1号线项目经理部　驻浙江省杭州市。项目经理王振文、李大建，党工委书记胡代信。

北京地铁6号线工程指挥部　驻北京市。指挥长侯晓俊，党工委书记王永刚。　（李欣欣）

【职工队伍】　职工9926人，其中干部3410人。干部中，女干部755人，占干部总数的22.1%；少数民族干部85人，占干部总数的2.5%；专业技术干部3257人，占干部总数的95.5%。干部学历结构：本科以上学历2314人，大专学历799人，中专及以下学历297人，分别占干部总数的67.9%、23.4%、8.7%。干部年龄结构：30以下1845人，占干部总数的54.1%；31～40岁935人，占干部总数的27.4%；41～50岁441人，占干部总数的12.9%；51岁以上189人，占干部总数的5.5%。专业技术人员中，高级职务362人，中级职务817人，初级职务2078人。干部专业结构：工程系列2479人，经济系列181人，会计系列382人，政工系列190人，其他系列25人。

工人6256人，其中女工1450人。工人中，中共党员657人，共青团员1651人，少数民族91人。工人学历结构：初中以下1198人，高中1029人，中专、技校、职高2554人，大专1209人，本科及以上266人。工人年龄结构：30岁以下3362人，31～40岁931人，41～50岁1326人，51～55岁483人，56～60岁154人。1983年以前参加工作的1383人，1984～2000年参加工作的1252人，2001年以后参加工作的3621人。获得国家职业资格证书的2800人。其中，初级工630人；中级工709人；高级工1053人；技师339人；高级技师69人。　（周丽慧　魏雪琴）

【工程施工】　2011年在建工程111项，合同投资385亿元。其中，铁路项目64项；路外工程47项。年内完成主要实物工程量：通信线路5554公里；自动闭塞6981公里，电气集中联锁道岔2055组；电力线路10766公里，变配电69座；接触网5310条公里，牵引变

电所115座;房屋建筑76752平方米。工程质量优良,一次验收合格率100%。主要工程进展情况:

京石暨石武铁路客运专线河北段“四电”系统集成工程　全长520.795公里,合同投资282309万元。合同工期2010年1月~2011年12月。主要实物工程量:接触线1380条公里,牵引变电所11座,AT所22座,分区所12座,开闭所1座,开闭兼分区所1座;电力10千伏电缆3600公里,10千伏变配电所4座;通信光、电缆1415公里,漏缆20公里,铁塔202座;信号电缆4429条公里,信号中继站33处;房屋建筑12513.77平方米。截至2011年底,完成整体工程的78%。

石武铁路客运专线河南段“四电”系统集成工程SDJC-1标段工程　全长约542公里,合同投资325446.9万元。合同工期2010年1月1日~2011年12月31日。主要实物工程量:接触线1380条公里,牵引变电所11座,AT所22座,分区所12座,开闭所1座,开闭兼分区所1座;电力10千伏电缆3600公里,10千伏变配电所4座;通信光、电缆1415公里,漏缆20公里,铁塔202座;信号电缆4429条公里,信号中继站31处;房屋建筑12513.77平方米。截至2011年底,完成整体工程的92%。

石武铁路客运专线湖北段“四电”系统集成工程SWJLII标段工程　全长146.491公里,合同投资111478万元。合同工期2010年2月1日~2011年3月31日。主要实物工程量:牵引变电所3座,AT分区所3座,AT所6座,承导线架设及悬挂调整356.624条公里;10千伏电力贯通线路365.81条公里,新建变配电所5座,改造10千伏配电所1座;通信干线光缆600公里,漏缆40.2公里,区间GSM-R基站56站,光纤直放站117个,通信铁塔83座;信号行车指挥、自动闭塞、列控系统134.033正线公里,联锁装置18联岔,微机车站分机10站,防灾系统134.033正线公里;房屋建筑5142平方米。截至2011年底,主体工程完成。

京石铁路客运专线石家庄枢纽改造工程　全长10.2公里,合同投资4035.39万元。合同工期2010年3月11日~2011年6月30日。主要实物工程量:各类接触网混凝土支柱426根,硬横跨180组(含硬横梁支柱),承导线架设193.96条公里,附加导线架设74条公里,牵引变电所1座,开闭所2座,并联点及接触网开关站3处;电力10千伏高压电缆线路263公里、低压电缆线路86.5公里;通信光电缆线路工程62公里,集群移动通信天线铁塔3处,无线列调187公里,通信设备187公里;信号电缆701.7条公里。截至2011年底,主体工程完成。

石武铁路客运专线郑州东站SS2D-4标段“四电”系统集成工程　郑州东站由两条客运专线及20条到发线及78组道岔组成,合同投资26234万元。合同工期2010年1月12日~2011年12月31日。主要实物工程量:接触网支柱安装1026根,郑州开闭所1座;郑州东站通信站、郑州东保养点、郑州通信站、郑州局调度所间的光缆线路及设备安装;既有陇海铁路通信改造工程郑州站—既有郑州东—圃田站的线路及设备施工任务;郑州东站信号楼、郑州东站站场、西南下行联络线部分(单线)、西南上行联络线部分(单线),北上行联络线(单线)、北下行联络线(单线)等线路设备安装、调试及过渡施工任务;与新郑州东牵引变电所合建动力配电所1座,新郑州东10千伏配电所1座,郑州东站及联络线高低压电缆敷设137.278条公里。截至2011年底,完成整体工程的75%。

宁杭铁路客运专线通信、信号、牵引供电及电力供电系统集成施工总承包工程　全长248.963公里,合同投资188555万元。合同工期2009年7月18日~2011年12月31日,实际开工时间2009年8月1日。主要实物工程量:通信光电缆785公里,站场通信13站;信号自闭光电缆线路1484公里,车站信号11站,轨道电路498区段,道岔101组;10千伏电力贯通线1840条公里,35千伏电力变电所1座,10千伏电力配电所4座;牵引变电所5座、AT分区所5座、AT所9座、AT所兼开闭所1座,接触网700.75条公里;房屋建筑5821平方米。截至2011年底,完成整体工程的62.94%。

汉宜铁路“四电”系统集成及相关工程　全长293.1公里,合同投资194018万元。合同工期2009年11月~2011年9月。主要实物工程量:通信光缆线路747条公里;信号联锁道岔187组;接触网823条公里;牵引变电所7座,分区所6座,开闭所2座,电力配电所5座;房屋建筑49644平方米。截至2011年底,主体工程基本完成。

厦深铁路福建段“四电”系统集成工程　全长144.16公里,合同投资110096万元。合同工期2009年9月20日~2012年12月31日。主要实物工程量:通信光电缆705.51公里,联锁道岔336组,电力架空线路41.81公里,高低压电缆线路476.9公里;变配电所12座,接触悬挂518.56条公里,牵引变电所、分区所、AT所11座,房屋建筑6609平方米。截至2011年底,完成整体工程的34%。

西宝铁路客运专线“四电”系统集成工程XBZH-1标段工程　全长137.87公里,合同投资111572万元。合同工期2010年8月20日~2012年12月31日。主要实物工程量:通信线路137.87公里;自动闭塞区间137.87公里,电气集中75联锁道岔;供电线路138.044公里,变配电所8座;接触网512.612条公里,牵引变电所3座。截至2011年底,完成整体工程的0.8%。

盘营铁路客运专线"四电"系统集成(含防灾系统)工程PYSD-1标段工程　全长89.422公里,合同投资74172.6万元。合同工期2011年1月1日~2011年11月30日。主要实物工程量:接触网251条公里;牵引变电所8座;电力线路747.20公里,站场电力1站,变配电所5座;信号电缆线路500.3公里,联锁道岔33组,车站信号7站;通信线路279.1公里,无线列调89公里,站场通信1站。截至2011年底,完成整体工程的5.2%。

武咸城际铁路"四电"系统集成工程　全长约77.04公里,合同投资56397万元。合同工期2010年9月1日~2011年10月10日。主要实物工程量:通信长途干线光缆202公里,信号正线闭塞线路154.08公里,车站11座,电气化工程承导线218.73条公里,高压电缆供电线路11.6条公里,牵引变电所2座,分区所2座,AT所3座,供电线33.6公里;电力全电缆贯通线敷设91.5公里,配电所2座,房屋建筑3694平方米。截至2011年底,完成整体工程的3.2%。

汉孝城际铁路"四电"系统集成工程　全长61.78公里,合同投资40857万元。合同工期2010年9月1日~2011年10月1日。主要实物工程量:敷设光缆240条公里,行车指挥自动闭塞、列控系统123.56公里,联锁装置33联岔,微机车站分机5座,防灾系统123.56公里;电缆贯通线敷设69.14公里,配电所2座;承导线161.15条公里,独立架空供电线路13.28条公里,高压电缆供电线路5.38条公里,牵引变电所2座;房屋建筑2522平方米。

京九铁路向塘西至东莞段电气化改造工程JJNS标段工程　全长821.525公里,合同投资406366万元。合同工期2009年11月18日~2011年10月24日,实际开工日期2009年12月1日。(1)南昌局管段全长517.984公里,合同投资256466万元。合同工期2009年12月1日~2011年11月30日,实际开工日期2009年12月1日,计划完工时间2011年12月31日。主要实物工程量:接触网1481条公里,变电所11座,分区所12座;电力电缆线路307.26公里,10千伏架空线路2.7公里,低压变电所3座,10千伏配电所7座,杆架式变台118座,箱变232座;通信长途干线光缆线路517.98公里,地区及站场光、电缆线路82.9公里,集群移动通信天线铁塔169处,通信站及中间站设备安装43站,GSM-R基站设备安装116站;信号新建计算机联锁34站场,联锁道岔690组,新(改)建自动闭塞517.984公里,新建调度集中系统(CTC)517.984公里;房屋建筑7261平方米。2011年12月30日南昌局管段接触网设备全部顺利开通。(2)广铁集团段:全长303.541公里,合同投资149900万元。合同工期706天,实际开工时间2009年12月1日,计划完工时间2012年4月28日。主要实物工程量:通信长途光缆460.74条公里,地区及站场光、电缆57条公里,集群移动通信天线铁塔120座;信号联锁道岔573组,信号电缆2030.319公里;电力线路240.23公里,变、配电所9座;接触网921.45条公里,牵引变电所7座,分区所6座;房屋建筑7969平方米。截至2011年底,完成整体工程的98%。

兰新铁路红柳河至乌西段电气化改造工程DS2标段工程　全长203.567公里,合同投资190042万元。合同工期2009年3月1日~2010年8月31日。主要实物工程量:土石方212.8万立方米,桥梁3座49.2延长米,涵洞21座409.8横延米;正线铺轨4.3公里,站线铺轨55.6公里,房建建筑40493.7平方米,车站20座;接触网812.3条公里,牵引变电所5座,分区所5座;电力线路130.8公里,变配电所14座,站场电力10站;通信线路346公里,通信站中间站设备安装18站,直放站48站;联锁道岔515组。截至2011年底,完成整体工程的58%。

兰新铁路嘉峪关至红柳河段电化改造工程　全长158.54公里,合同投资60592.27万元。合同工期2009年9月1日~2011年2月28日。主要实物工程量:通信光电缆212.83公里,中间站8站;信号电缆178公里,车站信号8站;电力变配电所2座,既有配电所及车站供电系统改造8站;接触网导线架设437.7公里,牵引变所13座。截至2011年底,完成整体工程的76.8%。

青藏铁路西宁至格尔木段增建二线XGZHH2标段工程　全长410.17公里,合同投资83697万元。合同工期2007年9月~2012年9月。主要实物工程量:通信光电缆工程410公里,站场通信、电源设备14站;自动闭塞68公里,行车指挥设备410公里;电力线路623.86公里,站场电力10站;接触导线1048条公里,供电线136.5公里,回流线819.4公里,保护线58公里,牵引变电所、分区所各11座。2011年6月29日,青藏铁路西宁至格尔木电气化铁路正式开通运营。

广西沿海铁路南宁至钦州北段、钦州北至北海段和钦州北至防城港段扩能改造工程站后"四电"系统集成及相关工程YHZH标段工程　全长260公里,合同投资164618.16万元。合同工期:南钦段2010年12月1日~2012年12月30日,钦北段2010年12月1日~2012年7月30日,钦防段2010年12月1日~2012年7月30日。主要实物工程量:车站14座;接触网803.4条公里,牵引变电所4座,分区所7座;电力线路662.6公里，变配电所1座，站场电力13站；通信线路260.3公里，通信站中间站设备安装19站，无线漏缆17公里，基站35站；联锁道岔356组；房屋建筑780平方米。截至2011年底，南钦段接触网混凝土柱组立累计818根，H型钢柱组立累计402根，敷设贯通地线累计110.18条公里。

遂渝铁路增建第二线站后工程　全长130.832公里，合同投资46502万元。合同工期2010年4月1日~2011年1月31日。主要实物工程量：敷设长途干线光、电缆174.271公里；开挖光、电缆沟18.11公里，敷设地区及站场光、电缆沟80.32公里；区间自动闭塞敷设数字信号电缆592.4公里，联锁道岔114组，站场改造6站；高压架空线路17.6公里，高压干线电缆线路210.85公里，低压电缆线路24.2公里，配电所改造4座，箱式变电站5座，站场改造6站；架设接触导线204.722公里，架设供电线48.6公里，架设回流线162.11公里；既有变电所改造2座，新建变电所1座。截至2011年底，完成整体工程的44.79%。

湘桂铁路永州至柳州段扩能改造工程站后XGZH-1标段工程　全长234.657公里，合同投资81674万元。合同工期2010年8月1日~2012年9月30日。主要实物工程量：车站10座；敷设通信光电缆791.9条公里，GSM-R移动通信72处，GSM-R基站51处，无线列调设备4处；站场10座，联锁道岔279组，敷设信号电缆1378.8公里；高压架空线路244.36公里，高压电缆线路291.72公里，变电所19座，新建、改建10千伏配电所4座；架设接触导线671.66条公里，供电线62.14条公里，回流线452H717条公里，保护线（架空地线）29.34条公里；新建牵引变电所6座。截至2011年底，完成整体工程的6.3%。

邯长铁路扩能改造工程站后III标段工程　全长218.44公里，合同投资118135.63万元。合同工期2010年9月~2012年9月。主要实物工程量：通信线路462.5公里；信号电缆线路124.93公里，车站信号26站，信号联锁道岔625组；电力线路336.6公里，配电所4座；接触网620.51条公里；牵引变电所6座。截至2011年底，完成整体工程的5.5%。

京包铁路集宁至包头段增建第二双线工程JBSD-8标段工程　全长119.6公里，合同投资55061.52万元。合同工期2009年4月1日~2011年11月30日。主要实物工程量：车站6座，接触网392.79条公里，牵引变电所3座，分区所3座；电力线路120.6公里，变配电所3座，站场电力6站；通信线路252条公里，通信站中间站设备安装7站，联锁道岔300组。截至2011年底，完成整体工程的71%。

南疆铁路吐鲁番至库尔勒段增建第二线工程DS1标段工程　全长146.76公里，合同投资42962万元。合同工期2008年6月1日~2011年3月15日。主要实物工程量：车站6座，新建牵引变电所4座，分区所4座，电力牵引调度所1座（乌鲁木齐）；新建接触网393.33条公里，接触网工区3座；新建电力变配电所2座，改造电力变配电所2座；新建电力线路251.08公里；隧道电力3座；吐鲁番车站电力电化工程。截至2011年底，完成整体工程的44.58%。

新建铁路天水至平凉线TP-ZH标段工程　全长112.425公里，合同投资40943.73万元。合同工期2009年3月26日~2012年9月26日。主要实物工程量：通信线路216.39公里，通信光电缆255.29公里，站场通信10站，无线列调9处；车站信号12站，联锁道岔204组，信号电缆243.44公里；电力线路132.8公里，变配电所2座；架设接触导线239.93条公里，牵引变电所4座。截至2011年底，完成整体工程的2%。

改建铁路漯河至阜阳增建二线工程LFSG-3标段工程　全长93.5公里，合同投资40910万元。合同工期2009年7月8日~2011年7月7日。主要实物工程量：车站4座，牵引变电所2座，分区所3座；电力调度所1座；接触网架设及调整336.4条公里，供电线架设12.27公里，回流线架设202.3公里，正馈线架设8.202公里，混凝土支柱安装3572根，钢柱安装896根，软横跨架设275组；通信敷设光缆235.84条公里，电缆112.54条公里；信号电缆敷设824.95条公里，地线敷设117公里，联锁道岔安装调试229组；电力线路228.76公里。截至2011年底，完成整体工程的72%。

新建新街至恩格阿娄至陶利庙铁路XTSG-2标段工程　全长179.8公里，合同投资35014万元。合同工期2009年7月~2011年9月。主要实物工程量：通信长途干线光缆敷设220公里，地区及站场光电缆25.7公里；电力高压架空线路、干线及站场电缆线路202.53条公里，低压电缆线路、控制电缆线路67.1条公里，电源架空线路、电缆线路35.06条公里；接触网承导线260条公里，牵引变电所4座；房屋建筑3700平方米；正线铺轨175.59公里，站线铺轨50.07公里。截至2011年底，完成整体工程的75%。

西康铁路二线站后“四电”工程XKS-03标段工程　全长61.753公里，合同投资24358万元。合同工期2009年10月1日~2012年8月30日。主要实物工程量：车站6座；接触网169条公里，牵引变电所2座，分区所3座；电力线路56公里，变配电所4座，站场电力3站；通信线路285条公里，通信站及中间站设备安装6站，无线漏缆92公里，联锁道岔70组。截至2011年底，完成整体工程的16.7%。

朔黄铁路扩能改造电气化工程SHTLGC9010标段

工程　全长256.6公里,合同投资21803.16万元。合同工期2010年5月1日~2012年12月31日。主要实物工程量:通信光缆敷设315公里;电气化接触网架设445条公里,改建牵引变电所7座,电力配电所7座,分区所6座;房屋建筑2471平方米;改造电气化车站12座。截至2011年底,完成整体工程的65.91%。

新建赣州至韶关铁路ZH-4标段电气化工程　全长179.07公里,合同投资19999万元。合同工期2010年8月16日~2012年8月17日。主要实物工程量:接触网297.36条公里,牵引变电所4座。截至2011年底,完成整体工程的39%。

成都地铁2号线接触网、环网系统工程　全长22.41公里,合同投资37918万元。合同工期2011年4月1日~2012年7月12日。一期工程主要实物工程量:汇流排架设49.82条公里,刚性接触线架设50.11条公里,刚性架空地线架设46.69条公里,承力索架设15.12条公里,接触线架设16.61条公里,架空地线架设6.12条公里;35千伏环网电缆敷设271.31条公里,直流联跳电缆敷设53.18条公里,光纤辐射90.44条公里,杂散电缆敷设42条公里。截至2011年底,完成整体工程的97%。二期工程正在进行施工调查等准备工作。

杭州地铁1号线工程车站(含区间)设备安装及设备区装修施工H标段工程　全长54公里,合同投资7747万元。实际开工日期2011年6月12日。全线设车站34座,车辆段和停车场各1座;110千伏主变电站4座。截至2011年底,完成整体工程的40%。

北京地铁6号线通信系统设备安装等工程　全长42.855公里,合同投资19717万元。合同工期2010年12月1日~2012年12月30日。主要实物工程量:控制中心1个,地下车站27座,车辆段2处。截至2011年底,完成整体工程的9.8%。　(李欣欣)

【经营管理】　市场经营重点转移。面对2011年严峻的经营环境,集团公司及时调整经营策略,奋力开拓路外市场。首次跻身杭州、昆明、长春、南京、西安等城市轨道交通市场;公路机电领域不断拓展;国家电网、新能源、房屋建筑等方面有所突破。全年新签合同额67.4亿元,路外经营比2010年实现大幅度增长,

施工生产平稳发展。2011年全部或部分开通项目24项,太中银铁路、郑西铁路客运专线西安北站、长吉城际铁路、西格铁路二线和京九铁路南昌段等工程实现全部开通,举世瞩目的沙特麦加轻轨收尾工程全面结束,2011年朝觐运营保障胜利告捷,受到股份公司高度赞扬。

安全质量有序可控。全年未发生各类重大责任事故,杜绝因公死亡、重伤事故和重大设备事故,连续7年被股份公司评为安全生产先进单位。信用评价持续向好,创优工作取得新进步。全年单位工程一次验收合格率100%,未发生任何质量事故。获省部级优质工程奖2项、中国铁建优质工程奖4项,获全国优秀质量管理小组3个、省部级优秀质量管理小组2个、中国铁建优秀质量管理小组6个,获中国铁建安全质量标准工地4个。

经济效益稳步增长。全年完成营业收入140.6亿元,实现净利润4.2亿元。通过全面推行精益化管理,着力实施"三次经营",强力推进资金、设备、物资集中管控,加大概算梳理和清欠力度,开源节流,降本增效,堵漏创效,经济运行质量持续向好,全年实现变更索赔22.6亿元,占营业收入的16.1%,平均索赔比率16.9%。

基础管理切实加强。一是集团公司重点围绕"过程管理年"深入开展季度考核工作,内控体系建设规范有效。二是工程公司、工程队建设切实加强。各工程公司结合自身实际制定出台加强工程队建设的具体办法,强化专业化工程队建设,成建制工程队覆盖集团公司所有工程项目。南方公司进入中国铁建20强工程公司,位列第9名。三是积极做好人力资源工作。全年接收高校毕业生325人,评定各级各类专业技术人员248人,鉴定职业技能人员636人,举办各类培训班169期、培训人员8471人次。四是制度建设更加规范。集团公司建立健全涵盖集团公司副职人员、部门负责人、二级单位负责人的规范有效的考核管理体系,修订完善经营管理、项目管理、安全管理、经济管理、设备物资管理、风险管理、工程队建设等方面的规章制度近30项。企业资质管理、信息化建设、贯标认证、设备调配、工程调度、物资招标、审计监督、风险防范、机关建设等工作取得很好成绩。　(邹国华)

【科技教育】　科技工作。2011年,集团公司科技研发立项103项,铜镁承力索、接触网零部件、接触网装备技术及其成套技术等研发项目取得重大进展。以京石武、宁杭为代表的铁路客运专线项目为依托研究的高速铁路接触网计算软件、"四电"施工技术深化研究课题取得重大突破,接触网计算系列软件已在石武铁路客运专线进行试验并通过检验。研制成功的接触线、承力索两项产品获得省部级新产品认定。集团公司开发工法30项,其中10项工法关键技术通过中国铁建和山西省工法关键技术的评审或鉴定,"电气化接触网上部施工工厂化预配工法"等4项工法被评为山西省二级工法,合作开发的"潮汐大流速深水裸露基岩基础施工工法"等3项工法被评为国家级工法,7项工

法被评为中国铁建优秀工法。主编完成《高速铁路电力牵引供电工程施工质量验收标准》等4项铁路行业标准,已由中国铁道出版社出版发行。年内参与IEC电能质量国际标准、接触网线材铁道行业标准制定。开发专利18项,其中发明专利3项,软件著作权1项。完成科技论文和技术总结30篇,获中国铁建优秀论文5篇。集团公司被认定为北京市高新技术企业,7家二级单位被认定为驻地省级高新技术企业。

教育培训。全年培训职工7061人次,其中培训干部2783人次,占干部总数的81.6%;培训工人4278人次,占工人总数的65.7%,有效地提高了职工队伍的整体素质。 (王振文 汪文革)

【党群工作】 党的工作。集团公司下辖基层党组织176个。其中,党委25个;党(总)支部151个。有党员2809人。(1)加强领导班子建设。以创建学习型党组织为载体,加强政治理论学习,提升领导班子的理论素养和战略思维能力。根据组织程序,对五公司、南方公司、科技公司、西安电气化制品公司、轨道交通器材公司等单位的领导班子进行考核调整,提拔处级领导干部16人,调整班子成员3人,集团公司所属各子公司领导班子成员平均年龄42.8岁。(2)深入推进创先争优活动。4月,集团公司党委在宁杭铁路客运专线施工现场召开创先争优活动经验交流会,1个工程公司、4个局指挥部和5个项目部在大会上作经验介绍;"七一"前夕,集团公司党委召开纪念建党90周年暨创先争优活动表彰大会,13个先进集体和42名优秀个人受到表彰。(3)基层组织建设。健全基层党组织设置,成立广西沿海铁路、遂渝二线、京石武河北段、湘桂扩改、成都地铁2号线和西宝铁路客运专线6个指挥部党工委;对西安电气化制品公司、轨道器材公司、康远新材料公司3个合资工厂的党群组织建设进行调研,提出指导性意见。年内,一、二、四、五公司顺利完成党委换届;南方公司成功召开第一次党代会,选举产生新一届党委、纪委领导班子。(4)宣传工作。集团公司党委在武汉召开形势任务教育专题工作会,全面部署形势任务专题教育工作;印发《正确研判形势,积极应对挑战,为全面推动集团公司持续和谐建设而努力奋斗——集团公司形势任务宣传教育提纲》,全集团公司自上而下开展大面积的形势任务专题教育活动。集团公司全年组织党委中心组理论学习6次,定期编辑出版《党委中心组学习文选》6期和《政工信息》20期。4月,参与由铁道部政治部宣传部组织的"中国铁路发展成就电气化专题"媒体集中采访活动,重点宣传集团公司施工总承包的郑西高速铁路和福厦高速铁路开通1周年的建设成就,取得良好的社会反响。2011年,集团公司在中央级和省部级、行业报刊网站发表新闻稿件和文章220篇。集团公司连续5年被《中国铁道建筑报》评为新闻报道先进单位。(5)加强党风廉政建设。扎实开展党性党风党纪教育,切实加强领导人员作风建设促进廉洁从业;继续强化效能监察,深入推进专项治理工作;严肃查办违纪违法案件,不断加大责任追究力度,切实惩治腐败行为,化解企业经营风险,最大限度保护干部,维护队伍稳定,把对企业的不利影响降到最低限度。

工会工作。集团公司工会下辖14个子(分)公司工会、69个基层工会,有工会会员10965人,专兼职工会干部78人。(1)坚持职代会制度,企业民主管理工作取得新突破。集团公司及所属单位按规范程序和要求召开职代会,履行民主评议领导干部职责。各单位民主评议领导干部106人,信任率96%以上;完善平等协商和集体合同制度,企务公开率98%,民主监督作用有效发挥。(2)以重难点工程为主战场,广泛开展"五比创五杯"劳动竞赛和"评先创模"活动,取得新成效。2011年,集团公司发放劳动竞赛奖金630余万元,表彰先进集体20个、先进个人48人;1个单位获火车头奖杯,4人获火车头奖章;1个单位获中国铁建特色工作二等奖,2个单位获中国铁建"工人先锋号"称号,1人被评为中国铁建"工人先锋号标兵"。(3)积极创新帮扶机制,抓好"三不让"承诺工作,加大元旦春节送温暖力度,集团公司筹集帮扶资金389万元,慰问重困特困职工184人次、一般困难职工92人次,慰问劳模、先进、离退休及生产一线职工600多人次;进行大病及其他疾病救助23人次,发放"金秋助学"款11万元,帮扶97人次。

共青团工作。集团公司团委下设10个二级单位团委、5个局指挥部团工委、124个团支部,建团率98%。团员2632人,35岁以下青年4090人。坚持围绕中心、服务大局的原则,以"过程管理年"为契机,加强青年思想引导,搭建青年成长平台,夯实组织建设基础,激发共青团活力,开展主题演讲比赛、青年主题实践、争创"青年文明号"、争当"青年岗位能手"、第三届"五小"成果评比、第二届"十大杰出青年"评选活动,并编发《集团公司"十大杰出青年"典型先进事迹集》和集团公司第一届、第二届青工"五小"成果汇编,在企业发展建设的实践中发挥团组织的凝聚力、战斗力和创造力。参加北京团市委组织开展的"百万青工,岗位建功"活动,设计院完成的"超细晶强化型铜镁合金接触线"项目获北京市青年创新创效大赛银奖。年内,1人获第25届北京青年五四奖章,1个集体被评为北京市五四红旗团委,1人被评为中央企业(杰出)"青年岗位能手"。 (王文山 丁艺 丁晓毅)

【第一工程有限公司】 铁路电务、电气化和公路交通(通信、监控、收费综合系统)、城市及道路照明、电信工程专业承包一级,送变电工程专业承包三级资质企业。公司机关驻河南省洛阳市白马寺镇18号。前身为中铁十五局集团电务工程有限公司,2005年7月整体划归中铁建电气化局集团有限公司,更名为中铁建电气化局集团第一工程有限公司;2011年8月改称现名。董事长、党委书记张立华,总经理李长波。下辖通信信号分公司、电力电化分公司、机械设备管理中心、员工教育培训中心、工程加工中心、通信分公司、物业管理中心、门诊部和北京、上海、济南、广州、乌鲁木齐、天津、深圳7个分公司及郑州区域经营部、北京办事处。职工1844人。其中,干部358人;工人1486人。资产总额75564万元。其中,固定资产原值9816万元、净值5491万元;流动资产69588万元。机械设备125台、仪器仪表120台、自轮运转设备49台、汽车76台,总功率15837千瓦,动力装备率8.6千瓦/人,技术装备率3.4万元/人,设备完好率96%、利用率92%。年施工能力20亿元以上。

2011年新签合同额4.4亿元,完成企业总产值201548万元,其中施工产值201375万元;实现利润2530万元。职工年人均收入41173元。产值利润率1.35%,净资产收益率63.98%,成本费用利润率0.1%,资产负债率94.89%。年内获中国铁建优质工程奖2项、优秀QC成果奖1项。 (马舟丽)

【第二工程有限公司】 铁路电务、建筑智能化、铁路电气化工程专业承包一级,机电设备安装、送变电工程专业承包三级,电力设施承装(修)四级资质企业。公司机关驻山西省太原市尖草坪区昌盛西街18号。董事长兼党委书记唐忠国,总经理钟勇。下辖物业公司、北京办事处、电气化工程分公司、通号工程分公司、4个区域经营开发部、25个工程项目部。职工1422人。其中,干部620人;工人802人。技术干部468人,技术工人468人。资产总额107509万元。其中,固定资产原值11497万元、净值6770万元;流动资产100256万元。机械设备109台(套),原值8531.8万元、净值4767.1万元,总功率16665.7千瓦,动力装备率12.33千瓦/人,技术装备率3.35万元/人,机械设备完好率97%、利用率82%。

2011年新签合同额3.8亿元,完成企业总产值213741万元,实现利润3620万元。人均创利24762元,全员劳动生产率127763元/人年,职工年人均收入45473元/人年。国有资产保值增值率86%,净资产收益率57.97%,产值利润率1.69%,总资产报酬率3.41%,资产负债率95%。年内,公司获山西省直属基层五一劳动奖状、直属基层"工人先锋号"及山西省园林小区、2010年度太原市建筑安全生产优秀单位等荣誉;获授权实用新型专利5项、山西省省级工法3项、中国铁建优秀工法5项、中国铁建科学技术奖2项,获铁道部优质工程奖1项、中国铁建优质工程奖3项。 (赵 娜)

【第三工程有限公司】 铁路电务、电气化、送变电工程专业承包一级,铁路电信工程专业承包二级,承装(修、试)电力设施三级资质企业。公司机关驻河北省高碑店市兴华北路57号。前身是始建于1967年的中国人民解放军铁道兵第一通信信号工程营,1984年1月集体转业并入铁道部后改称铁道部第十八工程局电务工程处,1999年12月脱离铁道部改称中铁第十八工程局电务工程处,2001年10月公司改制后称中铁十八局集团电务工程有限公司;2005年7月整体划转中铁建电气化局集团有限公司,更名为中铁建电气化局集团第三工程有限公司;2011年8月改称现名。董事长、总经理刘永进,党委书记修德富。下辖通信信号、电力、电气化、客运专线、海外5个专业分公司和17个项目部。职工1051人。其中,干部394人;工人657人。技术干部318人,技术工人523人。资产总额84562万元。其中,固定资产原值10296万元、净值6094万元;流动资产77985万元;无形资产365万元。机械运输设备223台(套),净值5124.14万元,总功率15626千瓦,动力装备率14.88千瓦/人,技术装备率4.88万元/人,设备完好率85%、利用率77.4%。年施工能力18亿元以上。

2011年新签合同额34979万元,完成施工产值173745万元,实现利润2293万元、净利润2202万元。人均创利2.18万元,全员劳动生产率165.63万元/人年,职工年人均收入58451元。国有资产保值增值率123.5%,净资产收益率24.94%,产值利润率1.32%,投资回报率36.7%,资产负债率90.19%。年内获中国铁建科学技术奖2项,公司被集团公司评为企业文化建设先进单位。 (焦红旗 王 旭)

【第四工程有限公司】 铁路电务、电气化、机电设备安装工程专业承包一级,建筑智能化工程专业承包二级,送变电工程专业承包三级资质企业。公司机关驻湖南省长沙市雨花区中意一路728号。2005年3月由原中铁二十五局集团电务工程有限公司电气化分公司整体划入中铁建电气化局集团公司,11月与中铁建电气化局集团第一工程有限公司所属第三分公司、第五分公司、攀枝花分公司整合重组,更名为中铁建电气化局集团第四工程有限公司;2011年8月改称现名。董事长、总经理肖勇，党委书记项昌华。下辖通信信号、电气化和交通机电安装3个分公司。职工955人，其中专业技术人员353人。资产总额72641.88万元。其中，固定资产6456.88万元；流动资产66106.76万元。机械设备及仪器仪表210台（套），总功率11103千瓦，动力装备率11.5千瓦/人，技术装备率3.6万元/人。年施工能力20亿元以上。

2011年新签合同额67663万元，完成施工产值63323.98万元，实现利润1560.21万元。职工年人均收入51830元。净资产收益率23.39%，产值利润率2.38%，资产负债率90.86%。年内，公司被湖南省及长沙市评为守合同重信用企业。（罗 昆）

【第五工程有限公司】 铁路电务、电信工程专业承包一级，铁路电气化、送变电工程专业承包二级，机电设备安装工程专业承包三级资质企业。公司机关驻四川省成都市青阳区。2005年12月15日，由原中铁二十五局集团柳州电务工程公司与中铁十五局集团电务工程公司第六分公司重组而成。董事长、党委书记吴克坚，总经理郑光荣。下辖通号一分公司、通号二分公司、电气化分公司、城轨分公司。职工984人（含内退人员）。其中，干部442人；工人542人。专业技术干部384人，技术工人477人。资产总额53149.96万元。其中，固定资产原值56757.7万元、净值3504.36万元；流动资产48010.17万元；其他资产1635.43万元。机械运输设备79台（套），原值4367.52万元、净值2633.93万元，总功率9909千瓦，动力装备率11.5千瓦/人，技术装备率3.2万元/人，设备完好率96.2%、利用率60.31%。年施工能力20亿元以上。

2011年新签合同额25789万元，完成企业总产值90689万元，其中施工产值90475万元；实现利润1480万元。人均创利1.67万元，全员劳动生产率91.51万元/人年，职工年人均收入4.52万元。国有资产保值增值率121.12%，净资产收益率21.91%，产值利润率1.64%，投资回报率20.75%，资产负债率89.26%，投资收益上缴率90%。工程质量合格率100%。年内，成都地铁1号线接触网工程获火车头优质工程奖，成都地铁项目部两项专利获授权。（梁明强）

【南方工程有限公司】 电信、铁路电务、电气化工程专业承包一级，机电设备安装专业承包三级，承装（修、试）电力设施四级资质企业。湖北省高新技术企业。公司机关驻湖北省武汉市东湖开发区佳园路17号。前身系中铁十一局集团电务工程有限公司，2009年7月划归中铁建电气化局集团公司管理，8月18日挂牌成立，更名为中铁建电气化局集团南方工程有限公司；2011年8月改称现名。董事长、党委书记陈宝军，总经理万靖。下辖7个专业分公司、4个自揽自干分公司、襄阳管理部和北京办事处。职工1443人。其中，干部656人；工人787人。专业技术干部512人，技术工人419人。资产总额167405.76万元。其中，固定资产原值11086.94万元、净值6372.07万元；流动资产159134.48万元。机械运输设备139辆（台），总功率5880千瓦，动力装备率4.1千瓦/人，技术装备率4.4万元/人，设备完好率98%、利用率96%。年施工能力30亿元以上。

2011年新签合同额70169万元，完成企业总产值240185.35万元，实现利润6120.93万元。人均创利53411.87元，全员劳动生产率20.96万元/人年，职工年人均收入47601元。国有资产保值增值率174.84%，净资产收益率61.84%，总资产回报率3.96%，产值利润率2.55%，资产负债率93.33%，应上缴款完成率100%。（方丽丽）

【北方工程有限公司】 铁路电气化、铁路电务、送变电及机电安装工程施工专业承包二级，承装（修、试）电力设施四级资质企业。公司机关驻山西省太原市万柏林区迎泽西大街369号。前身系中铁十二局集团电气化工程有限公司，2009年7月划归中铁建电气化局集团公司管理，8月18日挂牌成立，更名为中铁建电气化局集团北方工程有限公司；2011年8月改称现名。董事长兼总经理高斌文，党委书记马功民。下辖电气化、通信信号、建筑安装、送变电、城市轻轨和机电安装、计测中心6个专业分公司和15个工程项目部及广州、西安、成都、昆明4个办事处。职工1292人。其中，干部481人；工人316人。技术干部357人，技术工人256人。资产总额115354万元。其中，固定资产净值9130万元；流动资产105499万元；其他资产725万元。主要施工设备31台（套），原值6920.7万元、净值3391.6万元，总功率4256千瓦，动力装备率5.35千瓦/人，技术装备率4.26万元/人，设备完好率95.1%、利用率65.9%。年施工能力20亿元以上。

2011年新签合同额61842万元，完成企业总产值172376万元，实现利润2815万元。人均创利2.43万元，全员劳动生产率40.87万元/人年，职工年人均收入55486元。国有资产保值增值率137.88%，净资产收益率39.49%，产值利润率1.65%，资产负债率94.37%。年内，公司获国家级优秀QC成果1项、山西省优秀QC成果1项、中国铁建优秀QC成果1项，获授权实用新型专利6项，获山西省优秀工法5项；公司通过国家高新技术企业认定，被评为山西省高新技术企业和山西省纳税信用A级单位。（温 暖）

【北京京燕饭店有限公司】 驻北京市石景山区石景山路29号。系三星级涉外酒店，占地面积11706.31平方米，建筑面积36000余平方米，拥有客房269套，大小会议室8个，设有首层会议餐厅、商务餐厅和顶层阳光餐厅。总经理高砚明，党委书记隋立华。职工356人。其中，在岗职工226人；内退职工130人。

2011年，饭店完成经营收入5174万元，实现利润156万元。在岗职工年人均收入34876元。国有资产保值增值率100.34%，净资产收益率34%，主营业务利润率75.42%，资产负债率56.84%。年内，饭店被定为中央国家机关和北京市会议定点饭店，成为支持拉动消费效果明显的"北京CRD卡"入网商户，被石景山区旅游局推荐为年度拉动区经济发展经营业绩突出单位，被评为石景山区2011年重点企业。

（梅籽偲）

【西安电气化制品有限公司】 铁道部认定的铁路运输安全设备生产企业，实验室具有计量认证一级资质。公司由中铁建电气化局集团有限公司与陕西省西安市灞桥电气化电杆厂共同出资组建，于2007年4月10日在陕西西安注册成立；2010年10月与陕西省物资产业集团总公司资产重组，重组后，注册资本金增至3500万元，其中集团公司出资比例占74.375%，陕西省物产集团总公司占15%，西安灞桥电气化电杆厂占10.625%。公司机关驻陕西省渭南市华县莲花寺。董事长、总经理兼党总支书记张海军。公司占地面积174667.54平方米，厂房建筑面积50000平方米，厂区拥有铁路专用线2公里。下辖1个子公司、9个项目部。职工260人。其中，干部55人；技术工人133人。资产总额16107万元。其中，固定资产原值3336万元、净值2788万元；流动资产12148万元。机械设备130余台(套)，净值2000万元，总功率3300千瓦，动力装备率11.4千瓦/人，技术装备率3.2万元/人，设备完好率100%、利用率92%。公司拥有环形混凝土电杆生产线和电气化铁路横腹杆式预应力混凝土支柱生产线9条，钢支柱生产线1条，外协生产厂10余家，具有年产各类型混凝土支柱20万根、钢支柱5万根的生产能力。

2011年新签合同额18000万元，完成企业总产值10531万元，实现利润334万元。人均创利1.28万元，全员劳动生产率40.5万元/人年，职工年人均收入4万元。国有资产保值增值率168%，净资产收益率8%，产值利润率3.17%，投资回报率9.54%，资产负债率77%，应上缴款完成率100%。年内，公司顺利通过ISO9001质量管理体系认证，全部混凝土支柱系列产品取得铁道部生产行政许可；公司被评为西安市守合同重信用企业。

（杨平安）

【中铁建电气化局集团科技有限公司】 公司机关驻河北省高碑店市西大街建国胡同9号。前身为中国铁道建筑总公司高碑店材料总厂，2007年11月整体划入中铁建电气化局集团公司，12月改制改称现名。董事长兼总经理孙传福，党委书记宫业海。下辖H型钢柱事业部、钢铝复合导电轨事业部、物资分公司、建筑安装分公司。职工259人。其中，干部78人；工人102人。技术干部51人，技术工人35人。资产总额28280万元。其中，固定资产净值1688万元；流动资产25251万元；其他资产1341万元。机械运输设备142台(套)，净值293.48万元，总功率2761.616千瓦，动力装备率75万元/人，设备完好率75%、利用率90%。

2011年完成营业收入26330万元。其中，工业产品制造19412万元；工程施工3617万元；物流2003万元；其他1298万元。实现利润158万元。职工年人均收入30632元。国有资产保值增值率103.34%，净资产收益3.51%，产值利润率0.6%，投资回报率8.59%，资产负债率89.06%，应上缴款完成率100%。年内，公司开发的钢铝复合导电轨产品通过河北省科技厅鉴定，产品达到国内先进水平；完成的"达克罗"防腐技术在高速铁路推广应用；公司通过质量、环境和职业健康安全体系认证。

（黄婷婷）

【北京中铁建电气化设计研究院】 铁道行业工程设计乙级，铁路电气化、通信信号专业工程设计甲级资质企业。2006年6月注册成立。机关驻北京市石景山区石景山路29号京燕饭店8层。院长、党委书记寇宗乾。下辖电化分院、通号分院。职工50人。资产总额1984万元。其中，固定资产净值98万元；流动资产1874万元。具备年完成450公里既有复线改造施工图、400公里新线施工图、550公里既有复线改造前期设计、500公里新线前期设计，承接铁路及轨道交通"四电"系统省部级科研课题研究，信息化系统集成和软件开发的能力。

2011年新签合同额1588万元，实现营业收入1795万元，完成企业总产值1795万元，实现利润88万元。国有资产保值增值率100.19%，净资产收益率8.33%，产值利润率4.91%，投资回报率8.81%，资产负债率46.68%，应上缴款完成率100%。

（崔 喆）

【中铁建电气化局集团有限公司城市轨道交通分公司】 为集团公司所属分公司，独立经济实体。公司机关驻北京市石景山区石景山路29号。总经理王俊杰。职工19人。主要负责城市轨道交通工程承揽和

建设项目施工管理。（王俊杰）

【中铁建电气化局集团轨道交通器材有限公司】 2008年7月由中铁建电气化局集团有限公司和江苏省铭隆轨道交通设备有限公司共同投资组建，注册资本金7000万元人民币，集团公司占70%股份，拥有H型钢柱、接触网零部件CE认证和X探伤许可证。公司机关驻江苏省常州市武进区雪堰镇潘家工业集中区。董事长卫明博，总经理冯晓河。职工270人。资产总额38670.32万元。其中，固定资产净值17597.28万元；流动资产18178.3万元；其他资产2894.75万元。机械设备604台（套），净值8287万元，总功率8300千瓦，设备完好率98.34%、利用率80.46%。

2011年新签合同额6227.24万元，获棘轮、定位线夹等24项实用新型专利授权。（马盛宝）

【中铁建电气化局集团康远新材料有限公司】 铁路运输安全设备生产企业，准予生产和销售18种铜及铜合金接触线，14种铜及铜合金绞线；欧洲CE认证企业，公司产品可在欧盟市场销售。2010年1月1日由中铁建电气化局集团公司和江阴市电工合金有限公司共同出资成立，集团公司占51%股份。公司机关驻江苏省江阴—靖江工业园区。董事长邱正晓，总经理刘轶伦。职工121人。资产总额36323万元。其中，固定资产净值9458万元；流动资产26262万元；其他资产603万元。机械运输设备原值7193万元、净值6474万元，总功率5900千瓦，动力装备功率40.7千瓦/人，技术装备率51.4万元/人。年生产能力2万吨，具备电气化铁路5000正线公里供货能力。

2011年新签合同额30281万元，完成企业总产值24987万元，实现利润161万元。全员劳动生产率206万元/人年，职工年人均收入4.5万元。资产负债率83.6%，应上缴款完成率100%。年内，公司被评为省科技型中小企业，被授予无锡市守法诚信企业和科技创新先进单位称号。公司先后自主创新开发上引连铸连续挤压生产高强度铜镁合金接触线工艺，大大提升了产品的机械强度和导电率，提高了接触网安全系数及载流量；开发的承力索预变形生产技术，采用精密磁滞张力装置，提升了承力索绞合质量。公司获25项国家专利授权。（霍慧丽）

【新疆维管公司】 公司为非法人企业，企业资质等级为集团公司的延伸。公司机关驻新疆维吾尔自治区乌鲁木齐天津北路嘉华园小区。总经理王青勇。下辖精伊霍维管段、奎北维管段。职工484人。资产总额690.3万元。其中，固定资产原值175.27万元；流动资产518.03万元。机械设备4台（套），原值162万元。

2011年新签合同额4997万元，完成企业总产值5186万元，实现利润50.72万元。人均创利1050元，全员劳动生产率10.71万元/人年，职工年人均收入54416元。资产负债率99.91%。年内，公司参加第三届全国铁道行业职业技能竞赛获维管单位第二名。（袁吉瑞）

【重要记载】

▲1月14～15日　集团公司一届五次职工代表大会、2011年工作会、党委扩大会暨党风廉政建设工作会在北京召开。

▲4月26日　集团公司中标昆明市轨道交通工程2标段供电系统总承包工程，合同投资31366万元。

▲6月27日　集团公司中标北京地铁6号线民用通信设备安装工程，合同投资38937万元。

▲6月　中铁建电气化局集团有限公司更名为中国铁建电气化局集团有限公司。

▲7月　南方公司宁杭铁路客运专线电力项目部QC小组获全国工程建设优秀QC小组二等奖；北方公司南同蒲项目部梁强QC小组、五公司成都地铁项目QC小组获全国工程建设优秀QC小组优秀奖；南方公司叶春霞被评为2011年全国工程建设优秀QC小组活动优秀推进者。

▲11月25日　集团公司中标石武铁路客运专线河南段“四电”系统集成外资补充合同，合同投资102100万元。

▲12月6日　五公司承建的成都地铁1号线一期接触网系统采购、安装总承包工程获火车头优质工程奖。

▲12月28日　铁道部副部长卢春房视察集团公司承建的汉宜铁路客运专线工程。

▲12月　集团公司承建的北京市地铁大兴线工程获2011年度全国市政金杯示范工程奖。（邹国华）

中国铁建港航局集团有限公司

【简况】 中国铁建港航局集团有限公司（以下简称港航局）由中国铁建股份有限公司独家出资组建，注册资本金10亿元人民币，2011年8月8日在广东省珠海市正式成立，享受特区“五减一免”及土地优惠政策，是中国铁建系统唯一一家以水工建设为主业的专业化集团公司。自成立以来,港航局按照中国铁建“一年打基础,两年起好步,三年大发展,四年上台阶,五年大跨越”的发展要求,围绕建设“水工行业的领军企业”的总体发展目标,进一步确立“立足水工,多元经营,发展成为资本技术管理密集,能提供全方位服务能力的国内领先、具有国际竞争力的水工领域专业化集团公司”的总体发展战略。“十二五”期间,港航局将严格落实中国铁建的战略部署,深入推进资源整合,理顺资产关系,完成组织架构搭设,实现资质转移,确保企业平稳过渡、稳步发展。（周宏威）

【领导人员】

董事会

董事长	许四发(6月任)
副董事长	蒋汉祥(6月任)
董事	赵　峰(6月任)

监事会

监事会主席	任保义(6月任)

经理层

总经理	许四发(7月任)
副总经理	赵　峰(7月任)
	王永东(7月任)
	刘齐辉(12月任)
	金国亮(12月任)
总工程师	刘齐辉(7月兼)
总会计师	金国亮(7月兼)

党群领导

党委书记	蒋汉祥(7月任)
党委副书记	许四发(7月兼)
	任保义(8月任)
纪委书记	任保义(8月兼)
工会主席	任保义(8月兼)

（邓　景　刘　敏）

【职工队伍】 职工120人,其中干部117人。技术干部58人,占干部总数的49.6%。学历结构:研究生11人,大学本科81人,大学专科25人,高中3人。年龄结构:35岁以下40人,35～40岁30人,40～45岁25人,45岁以上25人。干部中,正高级职务2人,高级职务45人,中级职务35人。（杨少波）

【发展战略】 港航局组建之初,紧密协同中国铁建战略部署,着手制定集团公司发展战略规划。规划分析港航局的现状与发展环境,提出“立足水工,多元经营,发展成为资本、技术、管理密集,能提供全方位服务的国内领先、具有国际竞争力的水工领域专业化集团公司”的总体发展战略。围绕建设“水工行业的领军企业”的总体发展目标,“十二五”期间,大力推进投资拉动施工生产,打造核心装备,完善资源配置,锻炼职工队伍,培育企业文化,实现跨越式发展。（张现杰）

【生产经营】 2011年,集团公司坚持“诚信专业,笃学创新,规范精细,和谐发展”的经营理念,秉承中国铁建“诚信、创新永恒,精品、人品同在”的核心价值观,将创中国铁建港航局声誉作为核心,在国内水工市场,克服无资质、无业绩等困难,积极主动地开展经营活动,广布经营战线,通过精耕细作,实现零的突破;在投资市场,紧紧依靠“中国铁建”品牌,发挥自身水工专业优势,湛江东海岛项目的成功获得,为港航局未来的发展打下坚实基础;在海外市场,坚持联合具有海外经营优势的兄弟公司开展海外项目经营,充分展现港航局的水工专业优势,为今后与兄弟公司联合进行海外水工项目经营打下良好基础。（邵靓杰）

【党群工作】 组织建设。2011年10月12日,股份公司党委下发通知,决定成立中国铁建港航局集团有限公司党委,蒋汉祥、许四发、任保义、赵峰、王永东、刘齐辉、金国亮为党委委员,蒋汉祥任党委书记,许四发、任保义任党委副书记。设临时机关党委1个、临时党支部3个。

思想建设。党的十七届六中全会以后,集团公司党委结合全会精神和企业实际,以企业文化建设为主题,组织党委中心组学习。邀请中山大学EMBA教授就企业初创阶段如何抓好文化建设作专题讲座,并围绕如何打造富有特色的港航局企业文化开展讨论。

制度建设。11月4日,集团公司召开第一次党委会,审议通过党委会议事规则,认真学习“三重一大”制度,确定人事、财务管理制度制定原则;明确党委应当管什么,以及如何开展工作;党委委员进行工作分工,初步建立发挥党委政治核心作用的平台和机制。（何建林）

【并购重组】 2011年,港航局在股份公司及并购重组工作组领导下,具体负责并购重组广东省航盛建设集团有限公司,推进资质就位工作,为港航局发展创造条件。在推进并购重组过程中,港航局多次向广东省国资委党委汇报工作,赢得地方党委和政府的大力支持,省国资委要求所属广东省铁路建设投资集团有限公司支持并购重组工作。在股份公司领导的努力下,广东省省委书记汪洋对收购工作给予鼓励与支持,使得并购重组工作有效展开,实现了地方国有企业和中央企业的合作。广东省航盛建设集团有限公司约1700人，其中在职职工约700人、离退休职工约1000人。为保证队伍稳定，得到职工支持，港航局分别召开离退休人员、领导干部、中层干部、基层职工等6个座谈会，面对面地进行沟通交流。12月2日，航盛公司召开职工代表大会，会议以97%的支持率通过《中国铁建并购重组航盛公司职工安置方案》。在并购过程中编印10期简报，及时向港航局机关、基层及股份公司通报并购进程，保证并购工作公开、透明。（朱 玉）

【重要记载】

▲6月23日　中国铁建股份有限公司第二届董事会第二次会议决议同意成立中国铁建港航局有限公司，注册资本金10亿元人民币，由中国铁建股份有限公司作为唯一出资人以货币方式注入，注册地为广东省珠海市。中国铁建港航局有限公司经营范围：港口与航道工程施工；水利、水电、能源工程项目施工；桥梁工程施工；公路、市政公用工程施工；承包境外工程和境内国际招标工程；境外工程所需设备、材料出口；对外派遣实施上述工程所需劳务人员；钢结构制作、安装等，实际经营范围以工商登记机关核批为准。同意《中国铁建港航局有限公司章程》。

▲7月6日　中铁建港航局集团（珠海）有限公司设立登记资料在珠海市工商局正式受理；同日立信大华会计师事务所出具验资报告。

▲7月11日　领取集团公司营业执照，中铁建港航局集团（珠海）有限公司设立。

▲7月19日　国家工商总局名称受核内字〔2011〕第1037号《企业名称变更核准通知书》下达至珠海市工商局，中铁建港航局集团（珠海）有限公司变更为中国铁建港航局集团有限公司。

▲7月21日　注册地址由珠海市港昌路中铁大厦变更为珠海市横琴镇海河街19号507室。

▲7月22日　珠海市质量技术监督局向集团公司颁发"中华人民共和国组织机构代码证"。代码为：57966883—4。

▲8月8日　中国铁建港航局集团有限公司挂牌仪式在珠海市度假村隆重举行。

▲9月5日　中国铁建股份有限公司与广东省铁路建设投资集团有限公司签订"中国铁建股份有限公司并购重组广东省航盛集团有限公司意向书"。

▲9月8日　并购重组广东航盛建设集团有限公司联合工作组成立，第一次会议在广州市花园酒店召开，制定按12月31日前完成交易倒排工作节点的计划。

▲9月20日　中国铁建股份有限公司联合工作组在广东航盛建设集团有限公司分别召开职工座谈会与离退休职工座谈会，宣传解释并购重组事宜，得到航盛集团公司职工的热烈响应。

▲10月12日　中国铁建股份有限公司党委下发《关于成立中国共产党中国铁建港航局集团有限公司委员会的通知》（中国铁建党组〔2011〕48号文），标志着中国铁建港航局集团有限公司党委成立。

▲11月4日　中国铁建港航局集团有限公司召开第一次党委会。

▲11月18日　广东省湛江石化产业园工程破土动工。这是中国铁建与湛江市联合开发东海岛基础设施项目迈出的第一步。中共中央政治局委员、广东省省委书记汪洋与广东省委副书记、代省长朱小丹，中国铁建董事长、党委书记孟凤朝，湛江市市委书记、市人大常委会主任刘小华，湛江市委副书记、代市长王中丙共同开启工程建设启动仪。中国铁建副总裁周志亮主持开工典礼。国家部委、广东省以及湛江市相关部门领导，中国铁建机关相关部门人员和参建单位数百名职工出席开工典礼。

▲11月21日　港航局由珠海市港昌路中铁大厦迁至珠海市前山翠峰街189号珠海报业新媒体大厦办公。

▲12月2日　广东省航盛建设集团有限公司召开第一届八次职工代表大会，通过《中国铁建并购重组航盛公司职工安置方案》。

▲12月30日　中国铁建并购重组航盛公司股权转让方案、职工安置方案、资产评估报告获审批备案，经产权交易所审核同意，挂牌公告20个法定工作日后，进入摘牌程序。（刘 兵　何建林）

中国铁建房地产集团有限公司

【简况】　中铁房地产集团有限公司专门从事房地产投资与开发业务，具有房地产开发企业一级资质。主要经营房地产开发建设、商品房销售、物业管理，兼营房地产项目策划、信息咨询、技术开发以及相关建筑材料、机械电器设备等业务。集团公司总部驻北京市石景山区阜石路166号泽洋大厦。2007年4月20日，由中国铁建股份有限公司、中铁十二局集团有限公司、中铁建设集团有限公司和中铁第四勘察设计院集团有限公司共同出资组建中铁房地产开发有限公司，11月12

日更名为中铁房地产集团有限公司；2008 年 7 月，股份公司出资受让中铁十二局集团有限公司、中铁第四勘察设计院集团有限公司和中铁建设集团有限公司所持 60% 的股权，将中铁房地产集团有限公司变为股份公司的全资子公司；2008 年 8 月 18 日，股份公司以自有资金向集团公司增资，将其注册资本金由人民币 5 亿元增至 20 亿元；2011 年 4 月 14 日更名为中国铁建房地产集团有限公司；2011 年 8 月 18 日，股份公司以自有资金再次向集团公司增资，将注册资本金由人民币 20 亿元增至 70 亿元。下辖北京天太金海置业有限公司、中铁房地产集团长沙置业有限公司、中铁房地产开发（保定）有限公司、徐州中铁房地产开发有限公司、贵州中泓房地产开发有限公司、长春中铁房地产开发有限公司、中铁地产（成都）开发有限公司、中铁房地产集团（广西）有限公司、中铁嘉业（北京）投资有限公司、湖南中盛嘉业房地产开发有限公司、中铁房地产集团合肥置业有限公司、北京第六大洲房地产开发有限公司、中铁房地产集团北京丰基置业有限公司、中铁房地产集团浙江京城投资有限公司、中铁房地产集团四川有限公司、中铁房地产集团北京正达置业有限公司、中铁房地产集团广州有限公司、中铁房地产集团（天津）置业有限公司、中铁房地产集团（贵州）有限公司、中铁房地产集团北京丰昊置业有限公司、中铁房地产集团宁波京城投资有限公司、中铁房地产集团武汉有限公司、中铁房地产集团北京顺捷金海置业有限公司 23 家全资或控股子公司，上海、南京、大连、青岛 4 个筹备处。长期在岗职工 1281 人。资产总额 492.45 亿元，其中净资产 95.1 亿元。

2011 年新增计容积率建筑面积 143.48 万平方米，完成营业收入 114.46 亿元，实现利润 19.58 亿元、净利润 14.18 亿元。全员劳动生产率 255 万元/人年。国有资产保值增值率 150.5%，净资产收益率 22.57%，总资产报酬率 4.64%。（金 涛）

【领导人员】

董事会

董事长　李 黎
副董事长　吴仕岩（5 月任）
外部董事　曾庆道
　吴太石
　束克欣
　王文英
　王连印
董事　王 军（5 月退休）
　赵红鹰（5 月任）
职工董事　易善健

监事会

监事会主席　陈建军（5 月任）
监事　洪 梅
　王 彪

经理层

总经理　吴仕岩
副总经理　赵红鹰
　易善健
　梅洪亮
　申 伟
总会计师　易善健（兼）
总法律顾问　赵福明

党群领导

党委书记　王 军（5 月退休）
　李 黎（5 月任）
党委副书记　吴仕岩
　陈建军（5 月任）
纪委书记　王 军（5 月退休）
　陈建军（5 月任）
工会主席　易善健（5 月免）
　陈建军（5 月任）　（邓秋生）

【董事会工作】 集团公司第一届董事会由 9 名董事组成，其中外部董事 5 名、职工董事 1 名。董事会下设战略与投资管理委员会、审计与风险管理委员会、提名委员会、薪酬与考核委员会 4 个专门委员会。2011 年，集团公司董事会召开 12 次会议，其中正式会议 2 次、临时会议 10 次。1 月 12 日，第一次临时会议审议通过《项目公司目标绩效考核管理办法》；1 月 22 日，第二次临时会议针对集团公司成立物业服务公司的可行性研究进行专题研讨；3 月 30 日，第一次会议审议通过集团公司《2010 年度总经理工作报告》《2010 年度财务决算报告》和《2011 年度财务预算报告》，并审议批准集团公司与银行续签综合授信额度协议；6 月 21 日，第三次临时会议审议通过关于集团公司信托融资的议案；7 月 12 日，第四次临时会议审议通过参与北京大兴生物医药基地东配套 10 号地块和北京市海淀区西三旗建材城危改项目二期用地两宗土地竞拍的议案；8 月 11 日，第五次临时会议审议通过关于参与武汉市汉阳区磨山村（“城中村”改造项目）A 包地块竞买的议案；8 月 31 日，第二次会议审议通过集团公司《总经理 2011 年上半年工作报告》《2011 年上半年财务决算报告》《2011 年半年预算分析及调整报告》和关于为四川公司青秀城项目开发贷款提供全额担保的议案及关于为长春公司国际花园二期项目开发贷款提供全额担保的议案；9 月 5 日，第六次临时会议审议通过关于参与北京市门头沟区永定镇居住及F1住宅混合公建"中低价位、中小套型普通商品房"项目国有建设用地使用权竞买的议案;9月22日,第七次临时会议审议通过关于为天津公司一期项目开发贷款提供担保的议案;10月12日,第八次临时会议审议通过关于聘任佟强为董事会秘书的议案及关于下属子公司法人治理结构人选的议案;10月24日,第九次临时会议审议并原则通过关于集团公司"十二五"战略规划的议案;12月26日,第十次临时会议审议通过关于参与南宁相思湖江北大道GC2011-143地块竞买的议案、关于《中国铁建房地产集团有限公司2010年度绩效考核及绩效奖金发放方案》的议案、关于下属子公司中铁房地产集团北京顺捷金海置业有限公司法人治理结构人选的议案、关于对中铁房地产集团长沙置业有限公司增加注册资本金的议案、关于为中铁房地产集团合肥置业有限公司二期广园瑞园项目开发贷款提供阶段性信用担保的议案。（孙丽萍）

【职工队伍】 职工1281人。学历构成:研究生以上81人,大学本科644人,大专411人,中专及以下145人。年龄构成:24岁以下199人,25~29岁369人,30~34岁323人,35~39岁204人,40~44岁113人,45~49岁42人,50~54岁22人,55岁以上9人。

（韩金霜）

【经营管理】 经营工作。2011年,集团公司获取4宗土地,建设用地面积60.33万平方米(905亩),计容积率建筑面积143.48万平方米,土地成交总价款31.59亿元。其中,北京地区22.23亿元;京外城市9.36亿元。年内,集团公司开发项目23个,涉及13个城市,土地经营的目标城市达到18个。集团公司累计获取土地面积676.74万平方米(10151亩),其中建设用地面积487万平方米(7305亩),计容积率建筑面积1289万平方米,土地储备总投资280.34亿元。

财务工作。(1)制度建设。加大对会计基础工作的关注,制定集团公司《会计基础工作规范暂行细则》《财务人员岗位管理暂行办法》《税务管理暂行办法》及《开发成本核算指导性规范》,逐步完善会计制度体系,规范会计基础工作,加大标准化管理力度。(2)资金管理。面对当前不利形势,迎难而上,与多家银行多次磋商,建立良好的战略合作关系,取得光大银行总体授信额度。积极研究金融政策,多方出击,尝试新的融资方式;加大资金集中管理力度,切实提高资金的使用效率。(3)全面预算管理。从预算的合理性和可控性着手,通过月度、季度分析,及时分析预算执行中存在的问题,并积极采取有效措施,使预算真正成为企业管理的有力工具。(4)财务管理。及时编制并上报完整、准确的财务决算报表及相关报告,同时加大财务分析工作力度,通过管理报表和分析报告,向决策层及时提供完整、准确的财务信息,为决策提供有效依据。(5)税务管理。年内印发《中国铁建房地产集团有限公司税务管理暂行办法》,进一步规范集团公司税务管理行为,管理税务风险,严格遵守各项税收法规,自觉接受各级税务机关的监督检查,依法履行纳税义务。

审计管理。2011年完成审计项目17项,提交审计报告14份,提出审计建议241条,被采纳241条。其中,完成财务收支审计8项,提交审计报告5份,提出审计建议131条,被采纳131条;完成内部控制审计1项,提交审计报告1份,提出审计建议29条,被采纳29条;完成竣工项目审计2项,提交审计报告2份,提出审计建议40条,被采纳40条;完成经济责任审计1项,提交审计报告1份,提出审计建议1条,被采纳1条;完成后续审计5项,提交审计报告5份,提出审计建议40条,被采纳40条。

（闫翔宇　熊　睿　吴凌遥　谢　涛）

【土地储备】 2011年,集团公司新获取项目用地情况:

(1)贵州省贵阳市南明区G(11)13号地块兰草坝一期项目　贵州省贵阳市南明区兰草坝项目用地总面积99.99万平方米(1500亩)。2011年3月9日,集团公司通过挂牌方式,以成交总价1.106亿元竞得地块一期项目,用地面积24.73万平方米(371亩),其中建设用地面积16.8万平方米(252亩),计容积率建筑面积50.53万平方米。该项目是集团公司以代建城市基础设施置换土地资源而获取的低价土地项目。

(2)浙江省宁波市象山县大目湾新城项目23-02、03地块　浙江省宁波市象山县大目湾新城用地总面积32.15万平方米(482.25亩),由9宗地块组成。2011年6月23日,集团公司通过挂牌方式,以成交总价2.395亿元竞得项目23-02、03地块,用地面积13.3万平方米(199.5亩),计容积率建筑面积15.49万平方米。该项目为集团公司首项四线城市房地产开发项目。

(3)湖北省武汉市汉阳区磨山村A包项目　武汉市汉阳区磨山村"城中村"改造项目用地总面积166.19万平方米(2492.85亩),其中开发用地35.02万平方米(525.3亩),分A、B两包地块实施。2011年8月16日,集团公司以成交总价5.86亿元竞得A包地块,用地面积68.49万平方米(1027.35亩),其中开发用地16.16万平方米(242.4亩),计容积率建筑面积39.46万平方米。

(4)北京市门头沟区永定镇居住及F1住宅混合公建(限地价、竞房价)项目　2011年8月4日,北京市国土资源局发布《北京市"中低价位、中小套型普通商品房"门头沟永定镇居住及F1住宅混合公建项目国有建设用地使用权(限地价、竞房价)挂牌出让公告》。项目用地位于北京市门头沟区永定镇,东至规划六环路西辅路,南至在建锅炉厂南路西延线,西至西苑路。总用地面积191934平方米(287.9亩),其中建设用地面积140362平方米(210.5亩)。其中,二类居住用地(R2)面积43465平方米,计容积率建筑面积108663平方米;F1住宅混合公建用地面积96897平方米,计容积率建筑面积271312平方米。项目合计计容积率建筑面积379975平方米,其中居住用途建筑面积298581平方米,商业公建用途建筑面积81394平方米。项目用地中,居住用途建筑面积全部用于建设"中低价位、中小套型普通商品房",将优先用于满足拥有北京市户口或在北京工作、居住一定年限以上人群的自住及改善型购房需求,具体销售对象及销售办法需按照届时建设主管部门批准的有关销售方案执行,采用"限地价、竞房价"的方式挂牌出让,出让地价限定为22.2285亿元(合楼面地价5850元/平方米)。2011年9月21日,集团公司以成交总价22.22亿元竞得该宗地。

(熊　睿)

【项目建设】

中国铁建·长沙山语城

开发单位:中铁房地产集团长沙置业有限公司

地点:湖南省长沙市开福区

宗地面积:44.6万平方米(669亩)

总建筑面积:91.1万平方米

销售面积:74万平方米

物业类别:普通住宅(少量别墅)+基本生活配套(有小学、幼儿园)。

项目开发概况:2007年1月开工,分三期开发。截至2011年底,一期工程已竣工交付使用,二期工程主体结构封顶,正在进行二次结构及装修施工;三期工程计划于2012年开工。

开发期:6年,计划于2013年全部开发完成。

中国铁建·保定京南一品

开发单位:中铁房地产开发(保定)有限公司

地点:河北省保定市

宗地面积:17.87万平方米(268亩)

总建筑面积:51.1万平方米

销售面积:44万平方米

物业类别:普通住宅+基本生活配套。

项目开发概况:2009年9月开工,分两期开发。截至2011年底,一期工程已交付使用;二期工程处于单体装修施工阶段,计划2012年下半年交付使用。

开发期:4年,计划于2012年完成开发任务。

中国铁建·徐州龙域中央

开发单位:徐州中铁房地产开发有限公司

地点:江苏省徐州市新城区

宗地面积:28.6万平方米(429亩)

总建筑面积:66万平方米

销售面积:54万平方米

物业类别:普通住宅,少量生活配套(有幼儿园),33层高层住宅。

项目开发概况:2008年4月开工,分"人才家园"和"未来城"两期开发。截至2011年底,"人才家园"已竣工交付使用;"未来城"所有单体楼座及车库已竣工验收,园林工程完成70%,市政工程基本完成。

开发期:4年,计划于2011年完成开发任务。

中国铁建·贵阳国际城

开发单位:贵州中泓房地产开发有限公司

地点:贵州省贵阳市南明区

宗地面积:93.33万平方米(1400亩)

总建筑面积:225.3万平方米

销售面积:180万平方米

物业类别:普通高层住宅(少量联排别墅)+商业酒店配套。

项目开发概况:分四期开发。截至2011年底,一期工程竣工验收完成,正在进行交房工作;二期工程进入结构施工阶段;三、四期工程计划2012年开工。

开发期:7年,计划于2014年完成开发任务。

中国铁建·长春国际花园

开发单位:长春中铁房地产开发有限公司

地点:吉林省长春市汽车产业开发区

宗地面积:27.47万平方米(412亩)

总建筑面积:56.3万平方米

销售面积:46万平方米

物业类别:多层电梯住宅、普通高层住宅(有幼儿园)+配套商业。

项目开发概况:2008年9月开工,分四期开发。截至2011年底,一期工程16.8万平方米已竣工交付使用;二期工程小高层进入装修施工阶段,多层装修施工基本完成;三期工程计划2012年5月开工;四期工程预计2012年6月开工。

开发期:5年,计划于2012年完成开发任务。

中国铁建·北京原香小镇

地点:北京市房山区

宗地面积:2.45万平方米(36.75亩)

总建筑面积:22.4万平方米

销售面积:17 万平方米

物业类型:住宅

项目开发概况:2009 年 11 月开工,2011 年 3 月竣工,已交付使用。

中国铁建·成都国际城

开发单位:中铁地产(成都)开发有限公司

地点:四川省成都市龙泉驿区

宗地面积:30.73 万平方米(461 亩)

总建筑面积:126.5 万平方米

销售面积:95 万平方米

物业类别:高容积率高层住宅 + 生活配套(有 2 所幼儿园)。

项目开发概况:2009 年 10 月开工,分国际城和国际城Ⅱ开发。截至 2011 年底,国际城一期工程已移交物业,二期工程进入主体施工阶段,三期工程计划 2012 年底取得开工许可证;国际城Ⅱ工程进入主体施工阶段,计划 2012 年底竣工交付。

开发期:5 年,计划于 2012 年底完成开发任务。

中国铁建·南宁山语城

开发单位:中铁房地产集团(广西)有限公司

地点:广西省南宁市青秀区凤岭镇

宗地面积:17.33 万平方米(260 亩)

总建筑面积:42.9 万平方米

销售面积:33 万平方米

物业类别:花园洋房 + 高层住宅 + 配套商业(有幼儿园、小学)。

项目开发概况:2009 年 6 月开工,分三期开发。截至 2011 年底,一期工程 5.3 万平方米花园洋房已竣工交付;二期高层住宅工程 14 万平方米竣工验收完成,正在进行交房工作;三期 1 标段工程 1.9 万平方米已竣工交付,三期 2、3 标段工程 11.8 万平方米结构施工完成,正在装修施工,计划 2012 年竣工交付。

开发期:4 年,计划于 2012 年底全部完工。

中国铁建·长沙国际城

开发单位:湖南中盛嘉业房地产开发有限公司

地点:湖南省长沙市星沙

宗地面积:45.67 万平方米(685 亩)

总建筑面积:120 万平方米

销售面积:110 万平方米

物业类别:高层普通住宅 + 商业配套(有幼儿园、小学)。

项目开发概况:2009 年 12 月开工,分两期开发。截至 2011 年底,一期一组团已竣工交付,一期二组团竣工验收完成;二期一组团计划于 2012 年 6 月开工。

开发期:5 年,计划于 2013 年底全部完成。

中国铁建·合肥国际城

开发单位:中铁房地产集团合肥置业有限公司

地点:安徽省合肥市庐阳区

宗地面积:55.87 万平方米(838 亩)

总建筑面积:164 万平方米

销售面积:138 万平方米

物业类别:高层普通住宅(有少量别墅)+ 商业配套(有星级酒店及中学、小学、幼儿园)。

项目开发概况:2009 年 5 月开工,分两期开发,一期由旭园、广园、瑞园组成,二期由德园、和畅园、桂园组成。截至 2011 年底,一期旭园 13.5 万平方米已竣工交付;一期广园、瑞园 37.5 万平方米,瑞园已竣工交付,广园进入装修施工收尾阶段。二期德园主体结构完成,正在进行二次结构施工;和畅园、桂园结构施工中,其中德园计划 2012 年 11 月竣工交付。

开发期:6 年,计划于 2014 年底全部完成。

中国铁建·北京国际城

开发单位:北京第六大洲房地产开发有限公司

地点:北京市朝阳区来广营乡

宗地面积:19.6 万平方米(294 亩)

总建筑面积:81.4 万平方米

销售面积:61 万平方米

物业类别:高层普通住宅 + 花园洋房 + 商业办公 33 万平方米。

项目开发概况:2009 年 11 月开工,分三期开发。截至 2011 年底,一期工程 1-6 地块已竣工交付。二期工程 1-2 地块高层处于主体结构施工阶段,多层二次结构砌筑、装修施工;二期工程 1-1 地块计划 2011 年底开工。三期工程 1-10 地块一组团预计 2012 年开工。

开发期:5 年,计划于 2013 年底全部完成。

中国铁建·北京青秀城

开发单位:中铁房地产集团北京丰基置业有限公司

地点:北京市丰台区黄土岗

宗地面积:20.87 万平方米(313 亩)

总建筑面积:30 万平方米

销售面积:25 万平方米

物业类别:12 万平方米保障性住宅 +13 万平方米花园洋房 + 少量配套公建(幼儿园、小学)。

项目开发概况:2010 年 11 月开工,一次性整体开发。截至 2011 年底,装修基本完成,正在进行园林景观施工及装修质量提升工作。计划 2012 年底完工。

开发期:2 年,2012 年底交付使用。

中国铁建·杭州国际城

开发单位:中铁房地产集团浙江京城投资有限公司

地点:浙江省杭州市拱墅区

宗地面积:9.87 万平方米(148 亩)

总建筑面积:36.4 万平方米

销售面积:27 万平方米

物业类别:高档住宅 10 万平方米,商业办公 10 万平方米。

项目开发概况:2011 年 3 月开工,分三期开发。截至 2011 年底,一期工程正在结构施工中;二、三期工程计划 2012 年开工。

开发期:4 年

中国铁建·成都西派国际

开发单位:中铁房地产四川有限公司

地点:四川省成都市高新区

宗地面积:10.13 万平方米(152 亩)

总建筑面积:30.7 万平方米

销售面积:24 万平方米

物业类别:普通住宅 32 万平方米 + 商业 1.2 万平方米。

项目开发概况:2011 年 3 月开工,分三期开发。一期工程基础施工中;二期工程前期手续办理中,预计 2012 年底开工。

开发期:3 年

中国铁建·成都青秀城

开发单位:中铁房地产集团四川有限公司

地点:四川省成都市成华区

宗地面积:8 万平方米(120 亩)

总建筑面积:26 万平方米

销售面积:19 万平方米

物业类别:普通住宅 16.8 万平方米 + 商业 3 万平方米 + 幼儿园 0.28 万平方米。

项目开发概况:2011 年 5 月开工,整体性一次开发。截至 2011 年底,大部分主体工程基本完成,正在进行二次结构和装修施工;8、10、11 号楼正在主体施工,计划 2012 年底竣工交付。

开发期:4 年

中国铁建·长阳国际城

开发单位:中铁房地产北京正达置业有限公司

地点:北京市房山区

宗地面积:16.6 万平方米(249 亩)

总建筑面积:29.64 万平方米

销售面积:24 万平方米

物业类别:普通高层住宅 + 文化娱乐设施 + 托幼。

项目开发概况:2011 年 1 月开工,整体性一次开发。截至 2011 年底,主体结构完成,正在进行内外装修及市政施工,计划 2012 年竣工交付。

开发期:3 年

中国铁建·广州国际城

开发单位:中铁房地产集团广州有限公司

地点:广东省广州市荔湾区

宗地面积:6.53 万平方米(98 亩)

总建筑面积:24.9 万平方米

销售面积:18 万平方米

物业类别:高层精装修住宅 + 幼儿园。

项目开发概况:分两期开发。一期于 2011 年 3 月开工,二期于 2011 年 6 月开工。截至年底,一、二期均处于主体施工中。计划 2013 年竣工交付。

开发期:3 年

中国铁建·天津国际城

开发单位:中铁房地产集团(天津)置业有限公司

地点:天津市河北区

宗地面积:25.2 万平方米(378 亩)

总建筑面积:107.3 万平方米

销售面积:87 万平方米

物业类别:普通住宅 53.87 万平方米,酒店写字楼 12 万平方米,其他配套 25.98 万平方米。

项目开发概况:2010 年 6 月开工,分四期开发。一期工程基础施工中,二期工程计划 2012 年开工。

开发期:5 年

中国铁建·北京原香漫谷

开发单位:中铁嘉业(北京)投资有限公司

地点:北京市房山区

宗地面积:24.47 万平方米(367 亩)

总建筑面积:43 万平方米

销售面积:34 万平方米

物业类别:居住、公建。

项目开发概况:分三期开发,2011 年处于前期手续办理阶段,一期工程计划 2012 年 4 月取得施工许可证,二期工程计划 2012 年 9 月取得施工许可证。

开发期:3 年

中国铁建·北京山语城

开发单位:中铁房地产集团北京丰昊置业有限公司

地点:北京市丰台区

宗地面积:35 万平方米(525 亩)

总建筑面积:32.6 万平方米

销售面积:26.9 万平方米

物业类别:普通住宅 25 万平方米,限价房 5.8 万平方米,商业 1.26 万平方米,幼儿园 0.26 万平方米。

项目开发概况:分两期开发。截至 2011 年底,一期工程处于主体结构施工阶段,计划 2012 年竣工交付;二期工程计划于 2012 年 8 月开工。

开发期:4 年

中国铁建·贵阳兰草坝(暂定)

开发单位:中铁房地产集团(贵州)有限公司

地点:贵州省贵阳市

宗地面积:24.73万平方米(371亩)

总建筑面积:58.9万平方米

销售面积:285.9万平方米

物业类别:住宅278万平方米,商业2.5万平方米,公共配套5.1万平方米,地下建筑48.6万平方米。

项目开发概况:2011年处于前期准备阶段。

开发期:3年

中国铁建·山语城(宁波)

开发单位:中铁房地产集团宁波京城投资有限公司

地点:浙江省宁波市象山县

宗地面积:13.27万平方米(199亩)

总建筑面积:20万平方米

销售面积:15万平方米

物业类别:住宅及配套13万平方米,商业8万平方米。

项目开发概况:分两期开发,2011年处于前期准备阶段。

开发期:2年。

中国铁建·武汉国际城(暂定)

开发单位:中铁房地产集团武汉有限公司

地点:湖北省武汉市

宗地面积:68.47万平方米(1027亩)

总建筑面积:47.8万平方米

销售面积:39万平方米

物业类别:住宅38.75万平米,商业0.7万平方米。

项目开发概况:分三期开发。2011年处于前期准备阶段,一期工程计划2012年8月开工。

开发期:4年

中国铁建·梧桐苑

开发单位:中铁房地产集团北京顺捷金海置业有限公司

地点:北京市门头沟区

宗地面积:19.2万平方米(288亩)

总建筑面积:46.8万平方米

销售面积:38万平方米

物业类别:住宅混合公建。

项目开发概况:2011年处于前期准备阶段,计划2012年开工。

开发期:3年 (韩增友)

【党群工作】 2011年,集团公司有党委1个、党支部17个,党员150人。年内发展新党员7人。(1)加强领导班子建设,管控能力逐步提升。2011年,集团公司领导班子成员部分调整,新老更替,班子成员的年龄、知识结构更趋合理。为了统一思想、统一步调,集团公司党委提出要把思想统一到股份公司的战略意图、指示精神和各项要求上来,向标杆企业看齐,学习管理经验,少走弯路,保证集团公司快速发展。为应对国家宏观调控政策对市场形势的影响,解决集团公司面临的主要矛盾,集团公司党委多次组织中心组学习,先后召开专家解读新政策报告会和各地市场调研反馈信息交流会,统一思想,形成共识,不断增强领导班子把握大势、控制全局、科学决策的能力。认真组织召开民主生活会,会前召开党委会专题会议布置民主生活会事宜,分析2010年各项问题的整改情况,针对2011年广大员工提出的问题研讨制定整改措施。坚持民主集中制,董事会、党委会和总经理办公会分别集体决策"三重一大"涵盖的事项,三会之间的职责更加清晰,程序更加规范,运作更加顺畅。加强二级单位领导班子建设,年内召开5次党委会研究二级单位领导班子建设问题,完成21家子公司法人治理结构人选,明确二级单位股东代表、执行董事(董事长)、董事、监事等人员的管理职责,逐步建立起规范的法人治理结构人选提名与任免程序。(2)创先争优活动持续推进。2011年,集团公司各级党组织重点围绕领导点评、迎接建党90周年和群众评议三个环节,务求实效,扎实推进。各党支部对本单位2010年以来创先争优活动开展情况进行总结,制定2011年活动实施计划。湖南中盛、合肥置业、天津置业等党支部结合领导点评对员工进行年度考评和表彰。在迎接建党90周年创先争优环节中,集团公司党委组织党史知识竞赛,开展"党旗在我心中"主题征文活动;通过创先争优活动先进人物网,评选"十佳共产党员"10名,并开展"十佳共产党员"先进事迹宣传学习活动;召开纪念建党90周年暨"七一"表彰大会,表彰先进基层党组织2个、优秀共产党员13名和"十佳共产党员"10名。(3)宣传思想政治工作和企业文化建设。积极树立企业形象,结合项目开发的关键节点,及时对重大活动、重要事件进行宣传报道。年内通过《中国铁道建筑报》,对已实现品牌落地的重点项目和主要品牌体系的南宁风岭山语城、北京国际城、合肥国际城进行重点宣传,展示集团公司最新发展成果,丰富和渲染铁建地产的品牌感召力。全年在省部级以上媒体刊稿12篇,在《中国铁道建筑报》发表文章15篇,在中国铁建网站刊稿8篇,在集团公司内外网站刊登新闻消息430余篇。完善新闻发言人制度,加强危机公关,积极与国务院新闻办公室、新华社建立联系,较好地处理了个别突发事件。重视企业文化建设，集团公司加强品牌宣传和管理，年内隆重举办集团公司首次迎新春文艺汇演，19个单位精心自创编排了22个节目，展现了集团公司各基层单位践行“诚信、创新永恒，精品、人品同在”企业核心价值观的最新成果，丰富了企业价值观的外延。突出宣传企业价值观，集中展现集团公司三年来跨越式发展所取得的丰硕成果。努力承担中央企业的社会责任，积极参与保障房建设，集团公司被评为北京市2011年住房保障工作先进单位。(4)稳步推进反腐倡廉建设。纪检监察组织以服务企业中心工作为大局，以落实惩治和预防腐败体系工作为龙头，以完善党风廉政建设责任制为主线，突出领导人员廉洁从业、查办违法违纪案件、效能监察和源头治理四项工作重点，党风建设和反腐倡廉工作取得新成效。集团公司按照整体性、系统性、协调性、实效性的原则，把惩防体系建设同依法经营、规范管理紧密结合，与健全企业内控机制有机结合，将反腐倡廉的要求纳入管理流程和制度规范中，初步形成与企业发展同步推进的廉洁从业教育长效机制、科学系统的反腐倡廉制度体系和制约有效的权力运行监控体系。普遍以完善“三重一大”集体决策制度为重点，进一步健全企业监督管理办法。集团公司认真开展巡视和专项治理工作，堵塞漏洞，规范管理，促进各项工作高效、安全、健康开展。

工会工作。集团公司工会委员会有5名委员，均为兼职。年内制定《中铁房地产集团有限公司落实“三不让”承诺专项资金筹集和使用管理办法(试行)》和《中铁房地产集团有限公司员工互助补充保险基金会章程(试行)》。召开首届二次职工代表大会，会议听取集团公司工作报告及财务决算预算报告、业务招待费用使用情况的报告；增补23名职工代表，进一步细化并完善职代会提案的工作程序，设立职代会专门工作委员会，负责对职代会讨论的重大问题和代表的提案进行调查研究，提出建议，跟踪有关部门处理提案的情况，充分发挥职工代表在企业民主管理和民主监督中的积极作用，推进职代会的规范化进程；签订集体合同，民主评议集团公司领导班子成员。贯彻股份公司工会“哪里建工会，哪里有女职工，哪里就要建立工会女职工组织”的要求，有10名女职工的单位均建立女工委员会。

(范庆良　王彪　范昕宇　渠晓峰　陆媛媛)

【北京天太金海置业有限公司】 房地产开发四级资质企业。公司机关驻北京市西城区西直门南小街国投大厦东南角西派国际公寓1号楼。2004年6月，由中铁房地产开发有限公司和北京摩达斯投资有限公司联合出资成立。董事长申伟，总经理彭倚剑，党支部书记王晓飞。资产总额80883万元。其中，流动资产77314万元；非流动资产3569万元。

2011年实现销售收入5337.97万元，实现利润-1961.23万元。全员劳动生产率444.83万元/人年。国有资产保值增值率95.68%，净资产收益率-4.42%，产值利润率-45.18%，投资回报率-25.31%，资产负债率74.93%，应上缴款完成率100%。 (刘辰燕)

【长沙置业有限公司】 房地产开发三级资质企业。公司机关驻湖南省长沙市开福区秀峰路69号。2007年4月9日，由中铁房地产开发有限公司和北京摩达斯投资有限公司联合出资成立；2009年12月28日，股份公司下达《关于中铁房地产集团有限公司收购长沙市大联实业发展有限公司49%股权》的批复，同意收购北京摩达斯投资有限公司持有公司的49%股权；2010年10月，公司由“长沙市大联实业发展有限公司”更名为“中铁房地产集团长沙置业有限公司”。职工44人。

2011年完成企业总产值38380万元，实现利润4075万元。全员劳动生产率851万元/人年，人均创利90.56万元。国有资产保值增值率110%，净资产收益率10%，产值利润率11%，资产负债率69%。年内，公司开发的中国铁建·山语城被评为2010年中国长沙人气典范楼盘、2011年上半年长沙楼市前三甲楼盘、长沙最具幸福感的山居社区，公司被评为2011年中国(长沙)年度号召力品牌典范房企。 (李玲)

【中铁房地产开发(保定)有限公司】 2007年5月10日成立，房地产开发企业暂定资质。公司机关驻河北省保定市复兴中路999号。总经理徐才宝。职工38人。

2011年完成营业收入40922万元、销售收入906万元，实现利润7607万元、净利润6584万元。公司开发的中国铁建·京南一品先后获中国最具品牌成长力创新示范楼盘、全国优秀示范小区创建项目试点、中国人居环境金牌试点项目、保定最具建筑品质楼盘等称号。 (赵璨)

【徐州中铁房地产开发有限公司】 房地产开发二级资质企业。公司机关驻江苏省徐州市新城区中国铁建未来城营销中心3楼。2007年8月23日正式注册成立，系集团公司全资子公司。2011年6月接管南京筹备处，负责南京区域的土地经营工作。总经理田巍。职工54人。资产总额73947.9万元。其中，固定资产原值117.4万元、净值82.4万元；流动资产73865.5

万元。

2011年完成企业总产值122000万元,实现利润21500万元。全员劳动生产率2259万元/人年,人均创利398万元,职工年人均收入10.5万元。国有资产保值增值率589%,净资产收益率134%,产值利润率17.6%,应上缴款完成率101%。（陈媛媛）

【贵州中泓房地产开发有限公司】 房地产开发四级资质企业。公司机关驻贵州省贵阳市南明区太慈桥车水路11号。2007年9月28日,由集团公司和北京东和嘉业房地产开发有限公司联合出资成立。董事长、总经理兼党支部书记吴宏晋。职工96人。资产总额367986万元。其中,固定资产净值174万元;流动资产367808万元。（崔亚坤）

【中铁房地产集团(贵州)有限公司】 房地产开发企业暂定资质。公司机关驻贵州省贵阳市南明区花溪大道中断92号(后巢乡甘荫塘工业基地内)。2010年4月19日注册成立,系集团公司全资子公司。执行董事吴宏晋。职工20人。资产总额16989万元。其中,固定资产净值1万元;流动资产16981万元。

2011年,资产负债率70.71%。（崔亚坤）

【长春中铁房地产开发有限公司】 房地产开发四级资质企业。公司机关驻吉林省长春市西新经济技术开发区长沈路2488号。2007年11月,由集团公司和中铁十三局集团有限公司联合出资设立。董事长赵红鹰,总经理赵洪军。职工39人。资产总额75290万元。其中,固定资产净值106万元;流动资产75184万元。

2011年完成企业总产值13965万元,实现利润2985万元。国有资产保值增值率132.87%,产值利润率29.61%,资产负债率93.78%。公司开发的中国铁建·国际花园项目被评为长春市绿色社区、长春最具投资价值楼盘、长春地区精品建筑示范楼盘,公司被评为长春地区最具品牌影响力房地产企业。（路明）

【中铁地产(成都)开发有限公司】 房地产开发三级资质企业。公司机关驻四川省成都市龙泉驿区北泉路1188号。2008年1月14日正式注册成立,系集团公司全资子公司。执行董事、总经理兼党支部书记李兴龙。下设国际城项目部和国际城Ⅱ项目部。职工49人。资产总额251879.11万元。其中,固定资产净值105.61万元;流动资产251773.5万元。

2011年,国有资产保值增值率1087.33%,净资产收益率166.31%,产值利润率16.38%,资产负债率94.54%。（李根）

【中铁房地产集团四川有限公司】 房地产开发三级资质企业。公司机关驻四川省成都市成华区昭觉寺横路19号。2010年6月3日正式注册成立,系集团公司全资子公司。执行董事、总经理兼党支部书记李兴龙。下设国际城项目部、国际城Ⅱ项目部、青秀城项目部、西派国际项目部。职工106人。资产总额66254.78万元。

2011年实现利润-341.15万元。国有资产保值增值率93%,净资产收益率-7%,产值利润率-0.18%,投资回报率-0.5%,资产负载率98%。

（李根）

【中铁房地产集团(广西)有限公司】 房地产开发二级资质企业。公司机关驻广西壮族自治区南宁市金湖路63号金源CBD现代城C座17层1736室。2008年1月25日正式注册成立,系集团公司全资子公司。执行董事兼总经理林凤臣,党支部书记邓长斌。职工52人。资产总额111849万元。其中,固定资产净值79万元;流动资产111015万元。

2011年实现销售收入103509万元,实现利润24235万元。利润率17.56%,资产负债率81.46%。年内,公司开发的南宁中国铁建·凤岭山语城项目获广西优秀工程设计二等奖、最佳人气楼盘、南宁凤岭新地标、代言广西·影响城市地产大奖等荣誉,公司获南宁市青秀区优秀企业称号,（黄巧梅）

【中铁嘉业(北京)投资有限公司】 房地产开发三级资质企业。公司机关驻北京市城关镇兴东大街133号原香漫谷售楼处2层。2008年1月29日正式注册成立,系集团公司全资子公司。执行董事、党支部书记、总经理钟金东。职工41人。资产总额167007万元。其中,流动资产166893万元;固定资产净值114万元。

2011年,公司投入资金28982万元,完成企业总产值50926万元,实现利润966万元。人均创利24万元,全员劳动生产率1132万元/人年,职工年人均收入19万元。国有资产保值增值率24.51%,净资产收益率8.14%,产值利润率19.22%,投资回报率3.34%,资产负债率97.2%,应上缴款完成率100%。年内,公司开发的中国铁建·原香小镇项目获搜房网2011中国投资价值典范楼盘、搜弧焦点2011年业主新视角最佳口碑楼盘奖,中国铁建·原香漫谷项目被评为北京秋季房地产展示交易会最值得关注新楼盘。

（于雪芳）

【湖南中盛嘉业房地产开发有限公司】 房地产开发三级资质企业。公司机关驻湖南省长沙市经济技术开发区漓湘路与东六线交汇处中国铁建·国际城售楼部2楼。前身为湖南星沙国际物流有限公司,由集团公司和长沙经济技术开发有限公司共同出资成立,注册资本金1亿元;2008年1月11日,集团公司通过股权受让方式获得湖南星沙物流有限公司51%股份;12月16日,公司更名为湖南中盛嘉业房地产开发有限公司。董事长易善健,总经理兼党支部书记孙驿杰。职工43人。资产总额91631.23万元。其中,固定资产净值126.51万元;流动资产91504.72万元。

2011年实现销售收入43637万元,实现营业收入39442万元。国有资产保值增值率152%,资产负债率85.25%。年内,公司被评为长沙房地产开发诚信金牌企业。 （何润滋）

【中铁房地产集团合肥置业有限公司】 房地产开发三级资质企业。公司机关驻安徽省合肥市庐阳区桃源路99号。2008年6月27日正式注册成立,系集团公司全资子公司。执行董事、总经理、党支部书记铁铮。职工64人。资产总额294928万元。其中,固定资产净值1111万元;流动资产293817万元。

2011年完成销售收入141046万元,实现利润29094万元。全员劳动生产率2275万元/人年,人均创利469万元。国有资产保值增值率353%,净资产收益率89.75%,产值利润率20.62%,投资回报率20.78%,应上缴款完成率100%,资产负债率91.76%。年内,公司开发的合肥中国铁建·国际城旭园F-5号楼工程获安徽省“黄山杯”优质工程奖;合肥中国铁建·国际城广园项目获安徽省安全质量标准化示范小区称号,18栋单体工程获合肥市建筑工程优质结构奖。公司被评为2011年度合肥纳税100强单位。 （王海溶）

【北京第六大洲房地产开发有限公司】 房地产开发四级资质企业。公司机关驻北京市朝阳区来广营乡清河营村一号地。2009年9月,集团公司通过股权受让方式获得北京第六大洲房地产开发有限公司100%股份。董事长侯加海,总经理兼党支部书记宫良国。职工57人。资产总额346873万元。其中,固定资产净值306万元;流动资产344804万元。

2011年完成营业收入91854万元。国有资产保值增值率555.57%,净资产收益率138.98%,投资回报率50.63%,资产负债率84.78%。年内,公司开发的北京中国铁建·国际城项目交付业主,中国铁建·花语城项目开盘销售。 （朱　民）

【中铁房地产集团北京丰基置业有限公司】 房地产开发四级资质企业。公司机关驻北京市丰台区西四环南路101号丰台科技园创新大厦6层。2010年2月3日正式注册成立,系集团公司全资子公司。总经理徐茂义,党支部书记阙方明。职工41人。资产总额223741万元。其中,固定资产净值139万元;流动资产223457万元;其他资产145万元。

2011年,资产负债率85.34%。 （朱玉波）

【中铁房地产集团浙江京城投资有限公司】 房地产开发企业暂定资质。公司机关驻浙江省杭州市拱墅区湖州街150号5层。2010年3月30日正式注册成立,系集团公司全资子公司。下设中国铁建房地产集团宁波京城投资有限公司(以下简称宁波公司)。执行董事、总经理兼党支部书记马建军。职工86人,其中宁波公司13人。资产总额344501.63万元。其中,固定资产净值501.24万元;流动资产343362.22万元。

2011年,公司土地储备98962平方米,规划建筑面积270464平方米,实现企业总产值134833.73万元,其中杭州中国铁建·国际城项目完成施工产值31098万元。公司完成投资159902万元,其中宁波公司完成投资25068万元。职工年人均收入7.45万元。国有资产保值增值率65.95%,资产负债率99.1%。年内,公司开发的杭州中国铁建·国际城项目被评为中国高品质典范楼盘,杭州中国铁建·国际城示范区园林绿化工程被评为杭州市园林绿化工程安全文明施工标准化工地。 （王　璐　龚洪晞　张　懿）

【中铁房地产集团北京正达置业有限公司】 房地产开发企业暂定资质。公司机关驻北京市房山区长阳镇张家场村。2010年6月成立,系集团公司全资子公司。执行董事兼总经理王晓飞,党工委书记柳金平。下设前期部、工程部、规划设计部、营销部、合约部、财务部、物业部、综合部。职工32人。资产总额302836万元。其中,流动资产302571万元;非流动资产265万元。

2011年完成销售面积22.23万平方米,销售收入270400万元,实现净利润-207万元。年内,公司开发的北京中国铁建·长阳国际城项目获北京娱乐信报《D—置业》2011年地铁族最期待楼盘称号。 （韩　蕊）

【中铁房地产集团(天津)置业有限公司】 房地产开发企业暂定资质。公司机关驻天津市河北区金钟河大街与月牙河交口北侧。2010年7月15日正式注册成立,系集团公司全资子公司。执行董事、总经理、临时党支部书记任望东。职工44人。资产总额495112.26

万元。其中，固定资产 218.78 万元；流动资产 494627.19 万元。

2011 年，资产负债率 99.15%。（何 蕙）

【中铁房地产集团广州有限公司】 房地产开发企业暂定资质。公司机关驻广东省广州市荔湾区康王中路 486 号和业广场 1703 室。2010 年 7 月 28 日正式注册成立，系集团公司全资子公司。董事长彭长城，总经理李剑，党支部书记谢东方。职工 40 人。资产总额 171838 万元。其中，固定资产净值 215 万元；流动资产 171446 万元；其他资产 177 万元。

2011 年，国有资产保值增值率 75.21%，资产负债率 98%。（邓 丽）

【中铁房地产集团北京丰昊置业有限公司】 房地产开发暂定资质企业。公司机关驻北京市丰台区王佐镇西王佐村 293 号。2011 年 1 月 17 日注册成立。执行董事兼总经理代春利。职工 39 人。资产总额 190503.08 万元。其中，固定资产净值 90.83 万元；流动资产 190265.65 万元。

2011 年，资产负债率 85.54%。公司开发的中国铁建·（北京）山语城项目获 2011 北京秋季房地产展示交易会最佳人居环境模范楼盘、搜狐焦点最具区域价值楼盘、2011 新浪乐居北京地区年度最佳人居环境洋房奖等荣誉。（孟泓洁）

【中铁房地产集团武汉有限公司】 房地产开发企业暂定资质。公司机关驻湖北省武汉市汉阳区墨水湖北路特 5 号。2011 年 9 月 15 日，由集团公司与中铁第四勘察设计院集团房地产开发有限公司共同出资成立。董事长、总经理、党支部书记戴定财。职工 27 人。资产总额 35023.75 万元。其中，固定资产净值 112.25 万元；流动资产 34911.5 万元。

2011 年，公司规划开发的武汉中国铁建·国际城项目处于拆迁及策划阶段。年内，公司投入资金 5000 万元，其中集团公司投入资金 2550 万元。职工年人均收入 3.07 万元。国有资产保值增值率 99.66%，净资产收益率 -0.34%，资产负债率 85.77%。（刘 峰）

【北京顺捷金海置业有限公司】 房地产开发企业暂定资质。公司机关驻北京市石景山区八大处高科技园区实兴东街 8 号京汉大厦 301 室。2011 年 10 月 20 日注册成立，系集团公司全资子公司。执行董事申伟，总经理柳金平。职工 17 人。资产总额 231529.45 万元。固定资产净值 58.41 万元；流动资产 231465.46 万元。

2011 年，资产负债率 99.14%。公司开发的北京中国铁建·梧桐苑项目位于北京市门头沟区永定镇。（刘辰燕）

【物业公司筹备处】 物业管理二级资质企业。是接管中铁建（北京）物业管理有限公司而设立的专业机构，正处于重组阶段。筹备处机关驻北京市石景山区阜石路 166 号泽洋大厦。2011 年 5 月 24 日成立。总经理郑甘家。下辖北京、天津、保定、合肥、贵阳、成都、广州、南宁 8 家分公司及北京原香小镇、青秀城 2 个项目管理部。职工 234 人。（黄 懿）

【中国铁建房地产集团上海筹备处】 驻上海市闸北区恒丰路 218 号 24 楼。2011 年 2 月成立，负责上海市场的土地经营工作。筹备处主任倪杰。职工 6 人。（王旻敏）

【中国铁建房地产集团青岛筹备处】 驻山东省青岛市崂山区海尔路 61 号天宝国际 2-512 室。2011 年 2 月成立。筹备处主任徐莹灏。职工 5 人。（许赛臣）

【中国铁建房地产集团大连筹备处】 驻辽宁省大连市沙河口区会展路百年汇 C 座 2-111D。2011 年 7 月成立。筹备处主任高继红。职工 6 人。（高菲菲）

【重要记载】

▲1 月 17～18 日 集团公司一届二次职工代表大会暨 2011 年工作会议、党风廉政建设工作会议在北京召开。

▲2 月 14 日 集团公司决定成立青岛筹备处。

▲2 月 集团公司批准成立上海筹备处。

▲3 月 8 日 国务院国资委监事会主席李克、监事会第十六办事处副主任樊华在股份公司副总裁、总会计师兼总法律顾问庄尚标，集团公司董事长李黎、副总经理兼总会计师易善健陪同下，到集团公司合肥中国铁建·国际城项目调研。

▲3 月 9 日 集团公司通过挂牌方式以成交总价 1.106 亿元竞得贵州市南明区 G(11)13 号地块兰草坝一期项目用地。

▲3 月 31 日 集团公司与中国光大银行股份有限公司签订银企合作协议。

▲4 月 14 日 中铁房地产集团有限公司变更为中国铁建房地产集团有限公司。

▲5 月 17 日 股份公司副总裁范德在集团公司董事长李黎、总经理吴仕岩等陪同下，到北京正达置业有限公司检查指导。

▲同日 集团公司天津中国铁建·国际城商业价

值推介会在天津莱佛士酒店举行。

▲5月28日　集团公司杭州中国铁建·国际城商业广场招商品鉴会在杭州国际城项目销售展示中心召开。杭州中国铁建·国际城项目被中国城市商业网点建设管理联合会评为中国社区商业开发试点项目，并与名人名家、中国银行、外婆家、菲力伟健身等品牌商家、银行签订入驻意向协议书。

▲6月14日　国务院国资委监事会主席李克、监事会第十六办事处主任金丹阳在股份公司董事长、党委书记孟凤朝，副总裁范德、庄尚标陪同下，到集团公司北京中国铁建·国际城、花语城项目调研。

▲6月16日　集团公司以成交总价5.86亿元竞得武汉市汉阳区磨山村A包（P(2011)075号）项目用地。

▲6月17日　集团公司党委特邀中国红色管理文化专业委员会秘书长、北京军地专修学院院长王立华到集团公司机关做中国共产党党史宣讲报告。

▲6月23日　集团公司通过挂牌方式以成交总价2.395亿元竞得宁波象山大目湾新城23－02、03地块项目用地。

▲6月29日　集团公司纪念中国共产党建党90周年暨"七一"表彰大会在北京集团公司机关召开。

▲7月7日　集团公司决定成立大连筹备处。

▲8月1日　中国铁建房地产集团宁波京城投资有限公司注册成立。

▲8月16日　集团公司竞得湖北省武汉市汉阳区地块，实现落子中部城市战略规划布局。

▲8月21日　集团公司以成交总价22.22亿元竞得北京市门头沟区永定镇居住及F1住宅混合公建项目（限地价、竞房价）项目用地。

▲9月6日　股份公司党委副书记、纪委书记、监事会主席齐晓飞，副总裁周志亮到集团公司贵阳中国铁建·国际城项目检查指导。

▲9月14日　股份公司总裁赵广发、副总裁范德到集团公司北京中国铁建·青秀城项目检查指导。

▲10月11日　集团公司完成注册资本7亿元的工商备案工作。

▲10月12日　集团公司召开第一届董事会2011年度第八次临时会议，审议通过关于聘任董事会秘书的议案及关于下属20个子公司法人治理结构人选的议案。

▲10月24日　《中国铁建房地产集团有限公司"十二五"战略规划报告（草案）》经集团公司第一届董事会2011年度第9次临时会议审议并原则通过。

▲11月11日　在北京房地产业协会第五届第六次理事会上，集团公司被增补为该协会副会长单位，集团公司董事长李黎出任副会长。

▲11月15日　经集团公司2011年第24次总经理办公会议研究通过，编制《中国铁建房地产集团有限公司物业服务基本标准手册》（2011版）。

▲11月23日　中国铁建房地产工作会暨项目观摩会在北京召开。股份公司董事长、党委书记孟凤朝，总裁赵广发，副总裁范德到会并讲话。会议由股份公司副总裁、总会计师兼总法律顾问庄尚标主持。孟凤朝代表股份公司党委，感谢房地产板块业务的全体干部员工为企业转型升级、完善业务、健康发展、增强实力作出的突出贡献。赵广发充分肯定房地产板块取得的成绩。

▲12月9～10日　中国铁建非执行董事朱明暹、李克成、赵广杰、吴太石、魏伟峰在股份公司副总裁范德、董事会秘书余兴喜陪同下到集团公司调研，并实地参观考察集团公司在北京开发建设的中国铁建·青秀城、中国铁建·国际城项目。

▲12月14日　集团公司开发的中国铁建·凤岭山语城项目被评为2011绿城南宁住宅建筑新地标。

▲12月21日　集团公司被中国房地产业协会六届三次理事会增补为该协会理事、常务理事单位，集团公司董事长李黎出任理事、常务理事。

（范昕宇　张恒　刘徽）

中铁第一勘察设计院集团有限公司

【简况】　中铁第一勘察设计院集团有限公司（以下简称铁一院）是国家大型综合性勘察设计单位，持有国家颁发的工程勘察、设计、咨询、建设监理、造价咨询，地质灾害评估、灾害防治、勘查、设计、施工，环境影响评价和测绘等21项甲级资质证书；拥有国家批准的对外经济技术经营合作权。主要经营铁路、轨道交通、公路、市政、建筑等行业中的工程勘察、工程设计、工程监理、工程项目管理与评估咨询、工程总承包、岩土工程治理、环境影响评价和对外经济技术合作等项目。铁一院前身为铁道部设计局西北设计分局，1953年1月1日成立；1956年1月扩建改称铁道部设计总局第一设计院，1958年更名为铁道部第一设计院；2001年由事业单位改为科技型企业，改称铁道第一勘察设计院；2003年由铁道部划归中国铁道建筑总公司管理，2007年7月4日企业改制改称现名。1995年在全国大型综合性甲级勘察设计单位中第一个通过 ISO9001 质量体系认证;2008 年在全行业首批取得住房和城乡建设部颁发的工程设计综合甲级资质;2010 年经商务部会同住房和城乡建设部审批,取得新的对外承包工程资格证书;2009 年建立并通过中国船级社质量认证公司质量、环境、职业健康安全“三标一体”综合管理注册认证,同时获得英国皇家 UKAS 质量体系认证。铁一院机关驻陕西省西安市西影路 2 号。下辖 12 个专业设计处(院)、6 个子公司、3 个地铁项目部、12 个参(控)股公司、8 个驻外经营分支机构。在岗职工 3960 人。其中,干部 3197 人;技能工人 763 人。资产总额 46.41 亿元,其中,固定资产 4.79 亿元;流动资产 38.58 亿元;其他资产 3.03 亿元。仪器设备 1 万余台(件),机械运输设备原值 1.48 亿元、净值 5861 万元,完好率 39.6%,利用率 100%。

2011 年新签合同额 30.03 亿元,完成营业收入 29.69 亿元,实现利润 2.88 亿元。年内获国家优质工程金质奖 1 项、银质奖 1 项,全国优秀勘察奖 1 项,省部级优秀勘察设计和咨询项目一等奖 14 项、二等奖 7 项、三等奖 10 项;获国家级优秀 QC 小组成果奖 8 项、省部级优秀或一等 QC 小组成果奖 26 项,获省部级科学技术进步奖 11 项、中国工程勘察设计计算机优秀软件奖 2 项;主持铁道部科研项目 25 项、中国铁建科研项目 8 项,自主投入新开科研项目 63 项、软件开发项目 9 项;申请专利 31 项,获授权专利 19 项。铁一院被评为中央企业党建带团建工作先进单位、全国质量管理小组活动优秀企业。 (王秀梅)

【领导人员】

董事会

董事长	王争鸣
董事	王争鸣
	刘为民
	安光保
	蔡西阳(7 月任)
	刘培硕(7 月任)
职工董事	丁　力(7 月免)

监事会

监事会主席	丁　力(7 月任)
监事	丁　力(7 月任)
	方发源
	关维东(7 月任)

行政系统

院长	刘为民
副院长	安光保
	蔡西阳
	刘培硕
	周仲华(12 月任)
	朱力争
	李金城
	董　勇
	彭文盛
总工程师	彭文盛
总会计师	周仲华
院青藏铁路工程总指挥部总指挥长	魏州泉(享受院副职待遇)

党群系统

党委书记	王争鸣
党委副书记	刘为民
	丁　力
纪委书记	丁　力
工会主席	丁　力

(王秀梅)

【职工队伍】 在岗职工 3960 人。其中,主业 2199 人;各公司 1761 人。有各类干部 3197 人,技能人员 763 人。技术专业结构:教授级高级工程师 182 人,高级职务 1106 人,中级职务 1254 人,初级职务 561 人;高级技师 1 人,技师 105 人,高级工 310 人,中级工 164 人,初级工 105 人,普通工人 78 人。学历结构:博士研究生 15 人,硕士研究生 322 人,大学本科 2140 人,大学专科 684 人,中专及以下 799 人。年龄结构:30 岁及以下 734 人,31～35 岁 557 人,36～40 岁 734 人,41～45 岁 685 人,46～50 岁 776 人,51～54 岁 296 人,55 岁及以上 178 人。职工平均年龄 40.13 岁。有中国工程院院士 1 人、全国勘察设计大师 4 人,享受国家政府津贴人员 20 人(其中在职 6 人)、陕西省“三秦学者”2 人,铁道部有突出贡献专家 4 人,詹天佑铁道科技奖获得者 10 人、茅以升铁道工程师奖获得者 2 人,甘肃省优秀专家 1 人,陕西省有突出贡献专家 2 人,陕西省优秀勘察设计师 10 人,院专业技术带头人 51 人、优秀青年工程师 46 人。958 人次取得国家(行业)资格证书。其中,一级注册建筑师 14 人、二级注册建筑师 24 人;一级注册结构师 36 人、二级注册结构师 12 人;注册造价工程师 76 人;注册监理工程师 483 人;注册咨询工程师 114 人;注册一级建造师 28 人、注册二级建造师 29 人;注册环境影响评价工程师 12 人;注册环保工程师 3 人;注册安全工程师 11 人;注册岩土工程师 51 人;注册电气工程师 32 人;公用设备注册工程师 33 人。 (王秀梅)

【勘察设计】 2011 年,面对铁路建设形势发生重大变化的严峻考验，铁一院调整思路，积极应对，在确保兰新铁路第二双线、兰渝铁路、拉日铁路等国家重点工程建设的同时，开拓市场，寻求新的经营领域，以弥补较大的勘察设计任务缺口。经过艰苦努力，实现铁路、城市轨道、海外项目生产平稳较快发展。年内完成产值30亿元，其中勘察设计产值19亿元。完成勘察设计1809折算公里、1029电化折算公里，地质钻探42万米，预可行性研究3864公里、初测2540公里，可行性研究3263公里、定测981公里，初步设计1976公里、补充定测354公里、施工图设计1867公里。设计文件交付履约率98%以上。（庞福祥）

【经营管理】 市场经营。2011年新签合同641项，合同投资13.02亿元，进款9.36亿元。其中，经营系统签订合同69项，合同投资6.01亿元，进款3.48亿元。在铁一院承揽的社会项目中，轨道交通与城际铁路项目所占比重突出，城市轨道交通业务已经成为铁一院“三大支柱产业”之一。

工程承包与对外合作。年内，铁一院签订工程总承包合同34项，合同投资6.69亿元，工程总承包项目进款5.54亿元。铁一院总承包的武汉北编组站工程获第十届中国土木工程詹天佑奖，雅克拉铁路专用线工程获第五届优秀工程总承包项目铜钥匙奖。在国际市场开发中，新签阿富汗铁路建设可行性研究咨询服务合同和几内亚西芒多铁路勘探项目合同，合同投资21600万元人民币，年内国际工程项目进款3288万元人民币。

财务管理。年内，坚持依法理财、稳健理财、科学理财，以现金流管理为中心，以全面预算管理为主线，以效益管理为根本，以创造价值为目标，强化成本费用控制，提高税收筹划能力，加强财务内控管理，有效防范财务风险，推进会计基础工作标准化、财务信息化和责任成本管理精细化，发挥财务绩效考评导向作用，着力提高财会队伍素质，推动财务从传统的核算反映型向管理控制型转变，促进财务转型，建立适应铁一院特点的集团化财务管控与运行模式。2011年实现营业收入29.69亿元，比2010年减少1.86亿元；支出总额26.81亿元；实现利润2.88亿元，比2010年减少920.6万元。

审计工作。坚持履行审计监督、评价、控制和服务职能，充分发挥内部审计对经济安全、健康运行的“免疫”功能。2011年以财务审计和维修改造工程投资审计为重点，全年完成审计项目26项。其中，领导干部离任经济责任审计1项；财务收支审计5项；基建维修项目审计17项；专项审计3项。参与物资采购招标和维修改造项目监督10余项。

企业管理。2011年，为适应市场形势重大变化，铁一院加快发展方式转变，提高可持续发展能力，建立完善内控制度和母子公司管理制度，从多方面不断强化企业管理工作。2月11日下发铁一院“十二五”发展规划，通过专栏、座谈会等形式广泛宣传规划，对规划的各项发展目标进行分解落实。梳理完成制度汇编并修订部分核心管理制度。做好资质管理工作，按照资质标准，申请取得20项资质，保证了生产经营工作的正常开展；建立健全法律风险防范机制，制定印发《合同管理办法》和示范文本，法制工作三年计划设定的各项目标基本实现；修订完善股权管理的相关办法，落实子公司职工股东流动情况，做好股权、债权管理，建立健全子公司的管理档案；参加工程项目管理、工程总承包排名，铁一院在全国工程项目管理中排名第3，在全国工程勘察设计企业勘察设计收入中排名第7，在全国工程总承包中排名第55。（庞福祥）

【技术创新】 2011年，编制发布《铁一院“十二五”科技发展规划》，强化“三技治企”理念，增强自主创新能力。召开5年一次的铁一院科技大会，全面推进院科技创新工作，奖励“十一五”期间为院科技创新作出突出贡献的单位、集体和个人，论述科技创新工作所面临的形势和发展方向，提出院今后5年科技发展的重点方向和重大技术领域。获陕西省批准，铁一院筹建陕西省铁道及地下交通工程重点实验室。开发的“客运专线桥上无缝线路及岔区桥梁与道岔设计研究”等23项科研成果通过中国铁建和铁道部评审，多数成果达到国内领先或国际先进水平。年内签订铁道部科研合同4项、中国铁建科研合同6项，自主开发科研项目63项、软件开发项目9项。全年申请专利31项，获授权专利19项；获2011年度陕西省科学技术奖2项、全国计算机优秀软件奖2项、铁道部科学技术奖9项、中国铁建科学技术奖14项。（庞福祥）

【人才培养】 2011年完成各类培训12086人次。其中，计划内办班181期，培训6466人次；计划外办班141期，培训4911人次；委外培训650人次；学历学位教育59人。分别培训干部11072人次、工人1014人次。接收应届大学毕业生105人，其中博士4人、研究生67人。评聘教授级高级工程师30人、高级工程师103人、高级会计师2人、高级经济师1人、工程师161人、会计师5人、助理工程师2人、技术员2人。2人分别获全国工程勘察设计大师、陕西省突出贡献专家称号，4人获陕西省优秀设计师、3人获陕西省地质灾害应急专家称号，8人获铁一院专业技术带头人、14人获铁一院优秀青年工程师称号。（庞福祥）

【党群工作】 2011年,铁一院党委下设党(工)委10个、党组1个、党总支19个、党支部198个,其中离退休职工党支部47个。党员3587人,其中离退休党员1609人。铁一院工会下设工会6个、基层工会33个,会员3957人。铁一院团委下设团(工)委5个、团总支5个、团支部31个,团员460人。

(1)贯彻科学治企理念,推进企业发展方式转型。面对严峻的市场形势,牢牢把握由机遇型向能力型转变、建设国际型工程咨询公司的主线,通过党委中心组学习及城市轨道交通、信息化建设、咨询监理、财务工作、人才工作、科技大会等专题会议,落实"十二五"发展规划,统一干部职工认识,加快市场格局调整,贯彻"强本固基"和"三技治企"理念,积极推进能力转型。年内,城际铁路前期工作承揽118公里,地方铁路支线和专用线任务承揽1000余公里;城市轨道交通市场的支柱性作用日趋明显;海外市场拓展成绩显著,海外项目工作经验不断积累;引汉济渭特长秦岭输水隧洞开工建设,铁一院主持设计的水利项目开启新篇章。年内获国家级"四优"金、银奖各1项,省部级、中国铁建"四优"奖51项,组建全国首座铁道及地下交通工程重点实验室。

(2)坚持"三好"不放松,加强队伍能力建设。始终坚持"建好班子,管好干部,带好队伍"不放松,企业队伍素质结构进一步优化。深化"四好领导班子"创建活动,授予8个单位领导班子为2010年度铁一院"四好领导班子"称号;对32个单位领导班子及副处级以上的195名领导干部进行三年一次的综合性考核,推荐后备干部140名,对考核优秀的14名领导干部授予好干部荣誉称号;加大干部岗位交流和年轻干部的选拔任用力度,调整处职干部38人(提拔9人),提拔处副总工程师7人;高层次专家人才选树再创佳绩,1人获全国工程勘察设计大师称号,4人获陕西省第四届优秀勘察设计师称号,8人被评为铁一院第五批专业技术带头人,14人被评为铁一院第三批优秀青年工程师。

(3)党工团协调联动,促进创先争优活动深入开展。按照上级党组织的统一部署,加强创先争优活动的组织领导,形成党工共建、党建带团建的工作格局;以"质量、安全、责任、创新、奉献"等主题教育活动为载体,通过"亮身份、立誓言、践承诺"等方式,教育和引导党员立足岗位创先、扎根本职争优,将创先争优的成效体现在生产经营工作中。坚持领导点评与生产经营紧密结合的工作方法,及时解决生产经营中的突出问题,充分发挥领导干部的引领作用,总结推广创先争优活动中的好做法、好经验,促进各项工作见实效、上台阶。在建党90周年之际,隆重召开纪念建党90周年暨"双先"表彰大会,组织开展红歌大赛、重温入党誓词、书画摄影展、"爱党、爱国、爱院、爱岗"系列主题教育活动,增强全院职工的凝聚力、向心力和爱岗敬业的责任意识。铁一院党委获中央企业党建带团建工作先进单位和陕西省先进基层党组织称号,铁一院被评为陕西省地震灾区恢复重建工作先进集体、陕西省职工红丝带健康行动先进单位,电化处党总支被授予中国铁建先进基层党组织称号;铁一院副总工程师张学伏被授予陕西省优秀共产党员称号,线运处处长黄超获陕西省青年五四奖章。

(4)创新思路模式,加强宣传和保密工作。坚持把"宣传一院品牌,展示一院实力"作为宣传的主旋律,突出重点新闻、焦点事件的宣传报道,为企业发展创造和谐的舆论环境和良好的社会形象。全年在中央及省部级主流媒体播发新闻、图片、专题等60余篇(幅),其中在新华社发表稿件8篇。铁一院党建网和《铁道设计报》网络版开通,建设铁一院荣誉室,制定城市轨道交通宣传画册和精神文明创建工作专题片,编印《践行企业价值观,增强工作责任心主题演讲比赛优秀演讲稿汇编》《铁一院创先争优先进事迹选编》等反映企业文化和精神文明建设最新成果丛书,使企业文化更加深入人心,融入员工的自觉行动中。深入开展保密宣传教育,增强全员保密意识。召开年度保密工作会议,通过出台铁一院《保密工作管理细则》,制定涉及商业秘密、责任追究、信息网络、项目投标等保密规定,及时完善保密工作机制,全面提高全员对勘察设计工作保密要求的认识。

(5)强化惩防体系,促进党风廉政建设。开展第二届反腐倡廉宣传教育月活动,围绕"立足岗位,廉洁从业"的主题,进行文件学习、工作检查、研讨交流、案例宣讲、撰写论文等警示教育活动。以"制度落实检查年"为契机,加强惩防体系建设,从源头上防范腐败行为的发生。积极配合上级纪委、监察局到院巡视调研,通过院级领导班子民主测评、抽样谈话和讨论座谈,全面了解4年来院党风建设和反腐倡廉工作情况,促进纪检监察工作再上台阶,两级领导班子民主测评优良率始终保持较高水平。组织开展效能监察工作,进一步提高基层生产单位技术控制成本、质量控制成本、管理控制成本的意识,有效规范和提升管理水平。加强与上级纪委和地方各级检察机关、纪检部门的沟通联系,通过走出去、请进来等形式,提高自身的业务能力和水平,为铁一院的持续健康发展创造良好的内外环境。

(6)坚持以人为本,推进和谐企业建设。铁一院党委主动关心、引导基层单位拓展思路、转变观念,把思想工作做到实处,从源头上及时化解不稳定因素。

全院各级工团组织以能力转型为主线,以全方位服务生产经营为基点,主动融入职工工作生活。根据生产经营工作实际,结合质量安全大检查等重点工作,组织开展有特色的岗位练兵、技术交流和职工喜闻乐见的文化娱乐活动,凝聚人心,鼓舞干劲,对生产经营工作的顺利开展起到积极推动作用。铁一院工会工作在陕西省总工会年度技术经济责任指标考核中取得良好成绩,铁一院获陕西省文明单位称号。（李景平）

【新疆铁道勘察设计院有限公司】 2006年8月28日由新疆铁道勘察设计院改制而成。驻新疆维吾尔自治区乌鲁木齐市北京南路703号。董事长、院长李斌,党委书记刘岩。下辖建筑设计分院、线路运输分处、地质路基分处、桥梁隧道分处、环境设备分处、电信自控分处、工程经济分处、公路设计分处、综合设计分处、EPC管理分处、工程测绘部、工程勘探部、信息中心(文整工厂)、伊犁勘测设计处、成都勘测设计处、试验中心、铁设驾校、物业管理中心、门诊部、铁设实业发展公司。职工570人。其中,教授级高级工程师5人;高级专业技术职务116人;中级专业技术职务140人;初级专业技术职务103人。仪器设备447台(套)。

2011年,公司积极拓展新疆城市轨道交通、铁路专用线、EPC总承包三个市场,承揽竞标项目12项,完成企业总产值2.83亿元。全年完成勘测设计380折算公里,实现营业收入3.91亿元。（李景平）

【青海铁道工程勘察有限公司】 2006年9月6日由青海铁道工程勘察院改制而成。驻青海省西宁市城东区共和南路23号。执行董事、总经理马威喜,党工委书记刘德林。下辖第十一勘测设计队、工程勘探队、工程设计所、后勤管理服务中心。职工72人。其中,高级专业技术职务4人;中级专业技术职务7人;初级专业技术职务7人;技工54人。仪器设备93台(套)。

2011年完成营业收入6572万元,成本支出6478万元,实现利润94万元。（李景平）

【甘肃铁道综合工程勘察院有限公司】 2006年9月8日由铁道勘察设计院岩土工程公司改制而成。驻甘肃省兰州市城关区和政路131号。董事长、院长张巨川,党委书记李伟奇。下辖山东设计处、银川设计处、岩土工程公司、物探研究所、第五勘测设计队、第六勘测设计队、第七勘测设计队、第八勘测设计队、勘探部、勘探一队、勘探二队、机械化施工运输队。职工288人。其中,干部138人;工人143人。教授级高级工程师4人,高级专业技术职务34人,中级专业技术职务41人,初级专业技术职务37人。仪器设备595台(套)。

2011年完成格敦铁路定测、库格铁路初测、拉日铁路定测中等勘测项目18项,累计勘测1307.23公里,水准3349.8公里,测图855.9标准平方公里,挖探3342.75米,钻探8.73万米,物探30.13万个标准点,原位测试4066.7米;地方工程投标与咨询项目10项,签订外委合同9项,新签合同额3611万元,实现外委进款2524万元。（李景平）

【陕西铁道工程勘察有限公司】 2006年9月6日由陕西铁道工程勘察院改制而成。驻陕西省宝鸡市中山西路88号。董事长、总经理黄凯,党委书记侯全德。下辖勘测部、勘察部、工程承包公司(包括岩土工程部、工程管理部)、工程地质室。职工277人。其中,教授级高级工程师2人;高级专业技术职务20人;中级专业技术职务23人;初级专业技术职务39人。仪器设备539台(套)。

2011年完成测绘项目21项,初测563.74公里,定测941.69公里,补充定测762.82公里;完成钻探项目16项,浅孔钻探23.2万米,深孔1.15万米;完成原位项目10项,物探项目14项,承揽外委项目37项。全年完成营业收入1.23亿元。（李景平）

【重要记载】

▲1月7～8日　铁一院获2010年度全国文明诚信示范单位称号。

▲1月11日　铁一院总体设计的西安北客站南站房正式启用。西安北站是中国站场规模最大、连接线路最多的特大型铁路客运站。郑西、西宝、西成、大西等铁路客运专线和西银铁路、关中城际铁路将引入该站,总投资120亿元,旅客年发送量将达到6870万人,远期年发送量将达到8260万人。

▲1月19日　铁一院设计的伊宁站房装饰工程获2010年度全国建筑工程装饰设计奖。

▲1月20日　铁一院获2010年陕西省测绘行业先进集体称号,航测处处长任晓春获2010年陕西省测绘行业先进个人称号。

▲2月22日　铁一院党委十届五次全委〔扩大〕会议在陕西西安召开。会议听取并审议通过董事长、党委书记王争鸣代表院党委常委会所作的《以加快转型为主线,以创先争优为动力,为建设国际型工程咨询公司而努力》的工作报告,听取院长刘为民对行政工作的简要报告。

▲2月23日　铁一院勘察设计的宝鸡—兰州铁路客运专线项目可行性研究报告获国家发展和改革委员会正式批复。

▲2月23～24日　铁一院一届一次职工代表大

会暨2011年工作会议在陕西西安召开。

▲3月1日　在陕西省勘察设计协会四届九次理事(扩大)会上,铁一院获陕西省建筑设计行业诚信先进单位、陕西省勘察设计协会先进会员单位称号。

▲3月6日　铁一院拉日铁路指挥部在拉萨举行揭牌仪式。

▲3月14日　铁一院负责勘察设计的西安—延安铁路扩能改造工程钟家村—新丰镇段增建二线工程、改建铁路工程兰青线兰州—西宁增建第二线(青海境内)工程、新建地方铁路呼和浩特—准格尔铁路工程、石河子经济技术开发区天业铁路专用线工程被评为2011年全国生产建设项目水土保持示范工程。

▲4月6日　铁一院设计的西宁新站房开工典礼在西宁站前广场举行。西宁站是青藏铁路的起点站,位于兰青、青藏铁路及兰新铁路第二双线、西成铁路的结合处,衔接兰州、格尔木、张掖、合作四个方向,新的西宁站在原站房的基础上拆旧建新。新站房最高聚集人数12000人,为特大型铁路客运站房。

▲4月12日　经国务院批准,铁一院董事长、党委书记王争鸣享受2010年度国务院政府特殊津贴。

▲4月20日　铁一院总体设计的武汉北编组站工程获第十届中国土木工程詹天佑奖。

▲4月26日　铁一院被评为2010年度西安地区勘察设计企业信用AAAAA级。

▲4月29日　铁一院新疆院董事长兼院长李斌获开发建设新疆奖章。

▲5月3日　铁一院承担的EPC工程——中国石油塔里木油田分公司新建特种油外运雅克拉铁路专用线项目获全国工程勘察设计行业优秀工程总承包“铜钥匙”奖。

▲5月10日　铁一院获陕西省地震灾后恢复重建工作先进集体称号。

▲5月14~15日　铁一院编制的《陕西省引汉济渭调水工程秦岭隧洞总体设计报告》通过陕西省水利厅组织的专家评审。

▲6月3日　铁一院总工程师冉理获评第七批全国工程勘察设计大师。

▲6月24日　在陕西省测绘学会第九次会员代表大会上,铁一院副院长、总工程师彭文盛当选第九届理事会副理事长。

▲6月27日　铁一院被评为陕西省2010年度勘察设计企业50强。

▲6月28日　铁一院设计的喀什—和田铁路在和田火车站举行旅客列车首发仪式。喀和铁路是国家和自治区的重点工程,全长488.27公里,客运列车的通行,结束新疆和田地区不通铁路客运的历史。

▲6月29日　铁一院设计的青藏铁路西宁—格尔木增建二线电气化工程正式开通运营。

▲7月1日　庆祝中国共产党成立90周年大会在北京人民大会堂隆重举行,中共中央候补委员、铁一院副院长李金城作为以往受到表彰的全国优秀共产党员代表受邀参加会议。

▲7月8~11日　2011年度国家工程建设(勘察设计)优秀QC小组成果发布及交流表彰大会在江苏无锡举行。铁一院信息处、新疆院、电化处3个QC小组获2011年度国家工程建设(勘察设计)优秀QC小组称号。

▲7月20日　铁一院设计的陕西省引汉济渭工程项目获国家发展和改革委员会正式批复,该工程正式进入施工阶段。

▲7月22日　铁一院获全国质量管理小组活动优秀企业称号。

▲8月25日　阿富汗铁路建设可行性研究合同签约仪式在北京举行。铁一院董事长、院党委书记王争鸣和中冶集团铜锌有限公司董事长邹建辉,分别代表铁一院和中冶江铜艾娜克矿业有限公司在合同上签字。

▲9月7日　铁一院党委被授予中央企业党建带团建工作先进单位称号。

▲9月16日　铁一院总体总包设计的西安地铁2号线开通运营。这是西安建成运营的首条地铁,也是中国西北地区建成通车的第一条地铁。

▲9月26日　在2011年度陕西省第十六次优秀工程设计(建筑、市政类)和第十四次优秀工程勘察评选中,铁一院获优秀勘察奖9项、优秀设计奖4项、建筑节能单项奖1项。

▲10月8日　铁一院被授予2010年度陕西省重合同守信用企业称号。

▲10月18日　在陕西省检察机关人民监督员选任大会暨进一步加强和改进人大代表、政协委员联络工作会议上,铁一院纪委副书记、监察处长方发源被选任为陕西省人民检察院“人民监督员”。

▲10月28日　铁一院青藏铁路西格段牵引变电设计QC小组和网络维护QC小组获2011年度全国优秀质量管理小组称号。

▲11月4日　铁一院在陕西省首届职工科技节上,获职工发明创新成果金奖2项、银奖5项、铜奖3项,职工节能减排创意大赛金奖1项、银奖2项、铜奖2项,职工科技活动摄影大赛银奖1个、铜奖1个;被命名陕西省先进工作法7项,被命名陕西省职工创新工作室4个。

▲11月21日　中国勘察设计协会公布2011年度

全国优秀工程勘察设计行业奖评选结果，铁一院自主开发完成的“施工组织进度及平面布置示意图辅助设计系统”、“铁路隧道工程辅助设计系统”两项软件分获二、三等奖。

▲12 月 8 日　陕西省引汉济渭工程建设动员大会在陕西周至秦岭输水隧洞出口区举行，由铁一院设计的亚洲最长的输水隧洞全面开工建设。

▲12 月 9 日　全面总结和反映铁一院在城市轨道交通领域取得成就的宣传画册——《城市轨道交通》正式出版发行。画册分“综合实力”、“成果展示”两大部分 12 个小项，全面反映了铁一院在轨道交通建设方面的成就和实力。

▲12 月 29 日　由铁一院设计的预估算总投资 90.34 亿元、计划建设工期 4 年的新建西安北—机场铁路机场站工程在西安咸阳国际机场 T3 航站楼隆重开工。

▲12 月 30 日　铁一院李西明、陈旭、李国良、吴少海被授予陕西省优秀勘察设计师称号。　（王秀梅）

中铁第四勘察设计院集团有限公司

【简况】　中铁第四勘察设计院集团有限公司（以下简称铁四院）前身是铁道第四勘察设计院，始建于 1953 年 2 月，原隶属铁道部，2003 年 10 月划归中国铁道建筑总公司管理，2007 年 9 月 11 日改制改称现名。机关驻湖北省武汉市武昌区和平大道 745 号。铁四院拥有国家工程勘察、设计，地质灾害防治工程勘察、设计、监理，环境影响评价、测绘甲级资质，可承担多个行业的工程设计、勘察、咨询、监理和工程总承包，并具有对外经营权。2009 年入选国家发展和改革委员会委托投资咨询评估任务铁路专业咨询评估机构，连续多年位列全国勘察设计综合实力百强单位前列。下辖线路站场设计研究处、桥梁设计研究处、地质路基设计研究处、通信信号研究设计处、设备设计研究处、电气化设计研究处、城市轨道与地下工程设计研究院、建筑与城市规划设计研究院、工程经济设计处、道路交通设计研究院、环境工程设计研究处、工程勘察研究院 12 个生产单位，信息中心、图文印制中心 2 个辅助生产单位，保障服务中心、接待中心 2 个后勤保障单位，杭州分院、海南分公司、厦门分院、深圳分院 4 个驻外分公司（实体），上海分公司、广州分院、南京分院、郑州分院、合肥分公司、福州分院、南昌分公司、长沙分公司、北京分院、乌鲁木齐办事处、徐州分公司、珠海分公司 12 个驻外分公司（窗口），中铁四院集团广州设计院有限公司、中铁四院集团南宁勘察设计院有限公司、武汉铁道工程承包有限责任公司、铁四院（湖北）工程监理咨询有限公司、武汉铁四院工程咨询有限公司、武汉鸿基岩土工程院有限责任公司、武汉铁四院工程造价咨询有限公司、武汉铁四院控制爆破技术有限公司、中铁四院集团房地产开发有限公司、惠州大亚湾铁惠实业有限公司、武汉铁辰工程检测有限公司、昆明楚云交通工程设计有限公司、海峡（福建）交通工程设计公司、无锡市轨道建设设计咨询有限公司、中铁四院集团昆明工程建设投资有限公司 15 个子公司。资产总额 82.19 亿元。其中，固定资产净值 8.14 亿元；流动资产 69.64 亿元；其他资产 4.41 亿元。仪器设备 14223 台（套），机械运输设备 420 台。机械运输设备净值 7289.17 万元，总功率 46200 千瓦，动力装备率 10.79 千瓦/人，技术装备率 1.7 万元/人，设备完好率 98%、利用率 98%。

2011 年完成营业收入 40 亿元，实现利润 4.96 亿元、净利润 4.09 亿元。人均创利 11.6 万元。国有资产保值增值率 139.86%，净资产收益率 30.7%，产值利润率 12.34%，投资回报率 273.6%，资产负债率 79.97%，应上缴款完成率 100%。年内，铁四院连续第 7 次被评为湖北省最佳文明单位，获湖北省首批创新型企业、2010 年度湖北省勘察设计企业综合实力 10 强企业和湖北省、武汉市优秀企业等荣誉，被中国企业联合会、中国企业家协会评为 AAA 级信用企业，铁四院党委被中共湖北省委命名为先进基层党组织，领导班子被中国铁建评为 2010 年度“四好领导班子”。

（刘时运）

【领导人员】

董事会

董事长	蒋再秋
董事	蒋再秋
	何义斌
	王玉泽
	汤友富（11 月任）
职工董事	刘家美（11 月免）
	田要成（11 月任）

监事会

监事会主席	刘家美（11 月任）
监事	钟登柏（11 月任）
职工监事	唐　左（4 月任）

行政系统

院长　　何义斌
副院长　　汤友富
　　田要成
　　凌汉东
　　谢海林
　　张华钧
　　莫小玲
　　王玉泽(12 月任)
　　王锡和(2 月免)
　　张华钧(11 月免)
总工程师　　王玉泽
顾问　　王锡和(2 月任)
　　张华钧(11 月任)

党群系统

党委书记　　何义斌
党委副书记　　蒋再秋
纪委书记　　刘家美
工会主席　　刘家美
顾问　　孙万美(2 月退休)　(孙泽兵)

【职工队伍】 职工 4042 人。专业技术干部 3616 人,其中教授级高级工程师 215 人、高级职务 1263 人、中级职务 1418 人、初级职务 656 人。全国工程勘察设计大师 2 人,新世纪百千万人才工程国家级人选 1 人,享受国务院政府特殊津贴专家 5 人,铁道部专业技术带头人 2 人、青年科技拔尖人才 12 人,詹天佑科学技术奖获得者 3 人、詹天佑铁道科技发展基金奖获得者 9 人、茅以升铁道工程师奖获得者 3 人、湖北省青年科技奖获得者 1 人,湖北省突出贡献专家 6 人,享受湖北省政府专项津贴专家 3 人,湖北省新世纪高层次人才工程第二层次人选 5 人,武汉青年科技奖获得者 1 人,武汉市"十百千人才工程"第二层次人选 1 人,铁四院专业技术带头人 63 人、青年科技拔尖人才 108 人。712 人次取得国家各类注册资格。工人 394 人,其中高级技师 84 人、技师 206 人。　(黄绍康)

【调整结构,提升经济质量】 2011 年新签合同额 33.7 亿元,完成企业总产值 32.1 亿元,其中勘察设计产值 24.7 亿元。完成铁路勘察设计 1362 折算公里,机动钻探 159 万米。铁四院在铁路市场疲软的情况下,进一步加强轨道交通、海外、公路及市政工程等非铁路项目市场开拓与生产组织管理,轨道交通、公路及市政业务较快增长。铁路、非铁路业务合同额比例由 80：20 降至 65：35,企业主营业务结构得到优化,由以前的"铁路勘察设计"单一产品转向"路内"与"路外"市场、国内与国外市场多元发展,确保企业发展规模。

努力开拓经营。铁路建设工程勘察设计业务及时向地方铁路市场和传统区域之外转移,先后中标南疆线巴伦台至开特勒铁路、神木西至红石峡铁路和禹州至宿州铁路项目。在蒙西至华中地区铁路煤运通道项目勘察设计招标中,全线划分为 3 个标段,铁四院中标其中三门峡至荆门、岳阳至吉安两个标段。在市域铁路业务方面,先后承揽温州、南京、武汉 S1 线,其中温州 S1 线已经开工,巩固了铁四院在轨道交通研究设计中积累的先发优势。在城市轨道交通业务方面,先后承揽郑州 1 号线二期、长沙 3 号线等 6 条城市轨道交通总体总包设计项目,使铁四院总体总包的城市轨道交通工程设计项目达到 25 条,其中佛山新型轨道交通项目为国内首创,有望开辟新的业务增长点。项目前期研究工作取得新业绩,先后承揽江苏省轨道交通"十二五"规划及中长期发展规划、广东省综合交通枢纽规划和粤东城市群城际网规划,以及佛山西至机场、新塘至机场、珠海市区至机场等区域项目的前期研究工作。市政工程及公路业务承揽项目的含金量大幅提升,珠海横琴二桥为国内主跨最大的公路钢桁拱桥,重庆几江大桥开创轨道交通与市政道路同层设置的先河,温州瓯江大桥是国内第一座跨度最大的公路、铁路、轨道交通三桥合建的悬索桥,中标湄渝高速公路三明段工程设计。此外,深度参与 TBM 施工煤矿长距离斜井研究,以科技创新驱动开拓新的市场领域。

大力推进重点铁路工程勘察设计。认真落实铁道部"保在建、上必需、重配套"的要求,科学组织,加强协调,全力确保杭长、合福、赣龙、贵广等铁路项目施工图设计,以及京沪高速铁路、石武铁路客运专线、汉宜铁路等铁路项目联调联试和设计收尾工作,保证重点铁路工程建设顺利推进。2011 年,铁四院承担杭长等 57 条铁路项目设计复查、南三龙等 9 条铁路项目技术标准梳理、汉口站等 118 项铁路客站设计优化,以及沪杭等 20 条铁路项目概算清理;开展 409 项 I 类变更设计,以及郑徐、南三龙、九景衢、福平 4 条铁路项目的安全评估。年内,铁四院获全国工程建设质量管理小组活动优秀企业称号。

调整经营布局,改善经营结构。一是优化生产组织机构。重组成立城地院、建筑院和工勘院,加强责任主体意识,提高生产效率和管理效能。二是合理调整经营布局。积极进军地方铁路市场领域和西北、西南市场,在以新疆为据点的西北市场、以昆明为据点的西南市场初步站稳脚跟。本着属地化经营、竞合双赢的理念,成立海峡(福建)交通工程设计有限公司和无锡市轨道建设设计咨询有限公司。三是优化业务结构。先后召开系列专题会议,理清思路、强化对策,将咨询业务拓展到城市轨道交通市场;监理经营业务重点调整到铁路以外的市场。海外设计施工总承包迈出新步伐，中标香港地铁南港导线供电系统。签订昆明东外环中路工程投资建设合作框架协议，启动资本运营项目；房地产业务进入实质运作，株洲荷塘星城项目一期工程开发有序推进。（刘时运）

【高新技术研究】 2011年，铁四院投入近1亿元科研经费开展课题研究385项。聚焦重点领域，加大城市轨道交通线网规划、综合交通规划、物流园区设计技术研发力度；加强大型控制中心、生产配套房屋、物流园、物业开发、高铁训练段技术研究和积累；开创国内园林式车辆段、轨道交通地下停车场设计先河；接触网系统检测技术国产化难题取得突破；珠三角地区城际轨道交通网信号技术难题成功解决；快速公交系统通行能力计算方法研究填补国内科研空白。业务建设加快推进，完成5类9项43册桥梁专业通用参考图并通过审查，完成9项城市轨道交通作业指导书、技术手册编制，标准化、规范化、模块化建设取得新进展。年内，获铁道部科技进步一等奖7项、二等奖7项、三等奖4项，获全国优秀勘察设计银奖2项、全国优秀工程勘察设计行业一等奖2项，3项测绘成果分别获全国优秀测绘工程金、银奖；5项工程获中国土木工程詹天佑奖，5项工程入选"百年百项杰出土木工程"；26项成果获铁路优质工程（勘察设计）奖，47项成果获中国铁建优秀勘察设计奖；获专利授权48项。

铁四院先后与英国、瑞典、新加坡、中非等23国政府或社团组织开展高速铁路技术交流与合作。在全国工程设计创新大会上，铁四院利用会议举办的全国工程设计科技创新展览，以视频、模型、图片等形式展示铁四院总体设计并获铁道部特等奖的武广铁路客运专线，以及京沪高速铁路、宜万铁路宜昌长江大桥等一大批高新技术精品工程；在武汉市人民政府主办的首届武汉设计双年展上，铁四院展出涵盖高速铁路、复杂山区铁路、城市轨道交通、高速公路等一批体现中国一流勘察设计技术水平的大型工程项目，向社会各界充分展示了铁四院的技术实力和科技水平。（刘时运）

【开展铁路建设项目勘察设计质量安全大检查】 铁四院根据国务院和铁道部总体部署，8月及时调转工作重心，调集全院力量，按照"横向到边、纵向到底、分层管理、逐级负责"的要求，认真开展铁路建设项目勘察设计质量安全检查，配合国务院高速铁路安全检查组开展工作，对运营、在建和正在设计的48项铁路项目和171项客站项目，全面深入地进行排查整改。认真开展"三整治一提高"质量安全专项活动，积极配合开展甬温铁路"7·23"事故调查。在总结提高的基础上，完成质量环境职业健康安全管理体系文件修编工作。通过质量安全大检查，干部职工质量安全意识和责任意识明显提高，进一步夯实了质量安全基础。

（刘时运）

【一批重点工程竣工启用】 铁四院勘察设计的京沪高速铁路，以及广珠城际轨道交通、广深港铁路客运专线广州至深圳段、狮子洋隧道、南京南站、深圳北站等一批重点工程先后竣工投入运营。

2011年1月7日，广珠城际铁路建成通车。作为中国最发达城市群的城际铁路，其最大特点是车站密度大，全线144公里，设车站22座。广珠城际铁路是铁四院勘察设计的首条城际铁路，设计人员经过多方研究，确定了既不同于高速铁路又不同于地方铁路的技术标准，为其后珠三角地区多条城际铁路标准的确定积累了宝贵经验。

2011年6月30日，举世瞩目的京沪高速铁路经过三年多的建设，全线开通运营。京沪高速铁路全长1318公里，铁四院承担徐州至上海段勘察设计，线路长643公里，设计最高时速350公里。铁四院自1991年10月开始进行京沪高速铁路的前期研究设计，先后开展64项科研，成立高速动车设计室研究动车运用技术；在江苏昆山和安徽凤阳建立软土试验段和CFG桩（即水泥粉煤灰碎石桩）加固地基试验基地；成立轨道研究所，先后承担"客运专线无砟轨道国产化研究"等17项课题，开展29项科研攻关，无砟轨道国产化研究成果成功应用于工程实践。受铁道部委托，代表京沪高速铁路全线进行国际咨询。在铁道部组织下，铁四院担任主编单位，用两年时间完成了具有自主知识产权的《高速铁路设计规范》（上、下册）。在京沪高速铁路通车运营的同一天，南京南站竣工启用，上海铁路局在贺电中称赞铁四院：始终秉承"建设百年不朽工程"的理念，精心组织，精心设计，展现了铁路一流设计院的风采。

2011年12月26日，铁四院勘察设计的广深港铁路客运专线广深段通车运营。广深港铁路客运专线正线长116公里，其中广深段102公里，设计时速350公里。广深港铁路客运专线包含有铁四院设计的国内最长的水底铁路隧道——狮子洋隧道和国内首座城市地下火车站——深圳福田站等重点难点工程。

2011年3月12日，狮子洋隧道经过近5年艰苦建设全面贯通。狮子洋隧道全长10.8公里，在水下60米深处，速度目标值350公里/小时，盾构机直径超过11米，三次穿江越洋。铁四院投入近两千万元，开展了从海底高速铁路隧道的主要技术参数、结构静动力分析、综合防灾及空气动力效应等方面的研究，解决了许多工程技术难题，已申报3项国家专利。狮子洋隧道工程的建成，标志着铁四院水底隧道技术迈上新高度，成为国内少有的掌握水底隧道建设盾构法、矿山法、沉管法三大主要工艺技术设计的单位。（刘时运）

【汉宜铁路全线贯通】 2011年5月12日，武汉至宜昌铁路荆州后湖水库2号大桥最后一段T型梁平稳安放至桥墩上，历时三年建设的汉宜铁路全线架梁贯通。汉宜铁路全长293公里，设计时速200公里，穿越江汉平原腹地水网软土地区。近年来，铁四院在湖北地区勘察设计先后投入运营的高标准铁路项目有：武汉至广州铁路客运专线、合肥至武汉铁路、武汉至安康铁路增建二线、宜昌至万州铁路，以及武汉至九江铁路电气化工程。以武汉为中心的湖北“米”字形铁路网进一步完善，为湖北构建促进中部崛起重要战略支点提供了有力保证。（刘时运）

【国内首座穿越长江的地铁隧道贯通】 2011年9月22日，铁四院勘察设计的武汉轨道交通2号线越江隧道左线工程继右线之后顺利贯通。2号线越江隧道呈“S”型，其左线长3098米、右线长3085米，两线在江中相距约13米。2号线越江隧道创下五项“中国第一”：国内首座穿越长江的地铁隧道；国内盾构独头掘进最长的区间隧道，达3098米；国内埋深最大的地铁隧道，最深处46米；国内水压最高的地铁隧道，相当于5.3个大气压；国内首座在江底修建带泵房联络通道的隧道。（刘时运）

【创新企业管理，筑牢科学发展根基】 铁四院修改完善企业发展战略和“十二五”发展规划，扎实推进三项制度改革，开展岗位序列评定，完善绩效考核体系，修订产值分配办法；深入推行安全工作标准化管理，获湖北省安全生产先进单位称号；强力施行全面预算管理和责任成本管理，双管齐下开源节流降本增效，管理费用开支比2010年降低1000余万元；强化会计监督职能，财务、资金集中管理，效率大幅提高；首次开展内控制度制定与执行情况审计；落实以总法律顾问制度为核心的法律工作体系，健全全面风险管控体系；出台《集团公司信息化建设管理办法》，着力构建信息化管理骨架，实现管理信息化。在利比亚局势动荡期间，成功组织11名利比亚铁路项目部人员安全撤离，积累了国外项目应对突发事件的经验。

2011年11月11日，国家住房和城乡建设部副部长郭允冲率中国勘察设计协会、湖北省和武汉市有关部门及武汉地区11家大型设计单位领导到铁四院调研湖北省勘察设计工作，铁四院的产业化发展探索与实践得到上级领导和业界同行的充分肯定。在2011年全国企业管理创新大会上，铁四院“铁路设计院勘测设计一体化管理系统建设”获第十七届国家级企业管理现代化创新成果一等奖。（刘时运）

【发挥政治优势，建设和谐四院】 铁四院党工团各级组织发挥政治优势，大力开展形势任务教育，宣传企业“十二五”发展规划，坚定可持续发展信心。坚持把创先争优作为党组织活动主线，推进“五个基本”、“七个体系”建设，开展党员身边“三无”、创建党员先锋岗、责任区、“我是党员我承诺”等活动。组织开展庆祝中国共产党成立90周年系列活动，颂扬党的光辉历程。开展“四好领导班子”创建活动，促进干部和人才队伍建设。加强廉洁从业教育，强化检查监督，保证党风廉政建设责任制落到实处。铁四院先后被湖北省国资委授予2011年宣教月活动先进单位和效能监察工作先进单位。

大力开展文明创建活动，维护企业和谐稳定。积极推进“设计无差错、服务无缺憾”诚信建设，评选表彰铁四院“十一五”标兵，通过中央及省部媒体向社会广泛宣传铁四院勘察设计的精品工程和干部职工精神风貌。综合运用季度职工思想动态分析、信访、党群信息等手段，及时了解团队思想动态，有针对性地开展工作。

工会组织认真落实职代会制度，推进院务公开，获全国厂务公开民主管理先进单位称号；广泛开展党工共建创先争优、“建言、比武”、“争先树模”活动，组织开展“同舟共济保增长，建功立业促发展”劳动竞赛，获湖北省创先争优工作优秀单位称号；职工业余文娱活动活跃，获湖北省大型企事业体育工作先进单位称号。湖北省总工会副主席李如春率湖北省重点工程、重点产业（企业）劳动竞赛巡礼采访团，到铁四院采访武汉轨道交通工程开展勘察设计劳动竞赛的做法和经验。铁四院共青团组织积极开展青年思想状况调查，评选表彰“十佳青年”，举办设计成果汇报大赛，开展创建“青年文明号”班组、成立“青年突击队”、“五小”成果征集评比和青年技术沙龙等系列活动，丰富青年职工业余文化生活，增强了队伍凝聚力。共青团组织开展“春蕾行动”，募集26.17万元捐款，对大悟县四姑镇田河村小学进行资助。铁四院积极支援地方经济社会建设，被湖北省委省政府授予2010年度支持新农村建设试点工作先进单位。（刘时运）

【中铁四院集团广州设计院有限公司】 铁道行业铁路甲（II）级，建筑工程甲级，工程勘察专业类岩土工程甲级，铁路、建筑、岩土工程咨询甲级，市政行业（桥梁工程)专业设计及工程测量、咨询乙级资质企业;下属广东至艺工程建设监理有限公司拥有房屋建筑、铁路工程(不含电气化)监理甲级资质,公路工程监理乙级资质。公司机关驻广东省广州市共和西路6号。董事长、总经理胡丙齐,党委书记杨德洲。下辖线路所、桥隧所、建筑所、设备所、通号所、工经所、勘测公司,工程总承包设湘钢专用线项目部和英德台泥专用线项目部。职工309人,其中,正式职工204人;临时聘用人员105人。90人次获得国家技术注册资格。其中,一级注册建筑师5人;一级注册结构师10人;注册土木工程师(岩土)4人;注册公用设备工程师6人;注册电气工程师3人;注册监理工程师32人;注册造价师14人;其他注册工程师16人。资产总额6994万元。其中,固定资产原值740万元、净值295万元;流动资产6688万元。

2011年签订合同额8683万元。其中,勘测设计7153万元;工程监理1530万元。开展勘测设计项目266项,其中2010年转入项目66项;完成勘测设计项目196项,转入2012年项目70项。完成企业总产值6635万元。其中,勘测设计产值4759万元;延伸经营产值1876万元。勘测设计文件合格率100%、优良率100%、优秀率42.4%;工程监理项目合格率100%。完成营业收入10276万元,实现利润578万元、净利润391万元。净资产收益率34.81%,利润增长率-8.25%,资产负债率83.66%。 (郑四安)

【中铁四院集团南宁勘察设计院有限公司】 拥有铁路综合工程、建筑工程、岩土工程、工程测量、工程咨询、房屋建筑工程监理甲级资质,一类施工图(建筑工程)设计文件审查许可证,具有境外工程勘察设计、咨询经营资格。公司机关驻广西壮族自治区南宁市高新区高五路3号。董事长、总经理张北瑞,党委书记梁国堂。职工202人。其中,行政及技术管理干部58人;技术人员136人;技术工人8人。资产总额18052万元。其中,固定资产原值5907万元、净值4498万元;流动资产11766万元;其他资产1788万元。拥有钻机12台,GPS测绘仪器4台,全站仪8台,大型绘图仪4台。

2011年完成企业总产值14757万元,实现利润456万元。人均创利2.26万元。国有资产保值增值率101%,净资产收益率8%,产值利润率2%,资产负债率84%,投资收益上缴率100%,应上缴款完成率100%。年内获国家级优秀工程咨询成果奖、优秀工程设计奖各1项,省部级奖8项。 (黎建国)

【重要记载】

▲1月7日 广珠城际铁路建成通车。

▲1月20日 铁四院董事长蒋再秋获第九届(2010)湖北经济年度风云人物创新贡献大奖。

▲1月27日 铁四院获全国厂务公开民主管理先进单位称号。

▲2月21日 铁四院被认定为湖北省首批创新型企业。

▲2月24日 利比亚发生局势动荡后,铁四院利比亚沿海铁路项目首批回国人员一行6人到达武汉天河机场。

▲3月5日 铁四院利比亚沿海铁路项目部最后一批撤离人员回国。

▲3月9日 铁四院采用EPC模式(设计采购施工总承包)承担的中石化武汉80万吨/年乙烯项目厂内铁路开工建设。

▲3月12日 铁四院勘察设计的国内最长的水底铁路隧道——广深港铁路客运专线狮子洋隧道全面贯通。

▲3月22日 铁道部发布《关于2010年度铁路优质工程(勘察设计)奖评选结果的公告》,集团公司获工程勘察、工程设计、标准设计、软件四优奖31项,其中特等奖1项、一等奖22项、二等获5项、三等奖3项,创历史最好记录。

▲3月26日 铁四院"铁路设计院勘测设计一体化管理系统建设"获第十七届国家级企业管理现代化创新成果一等奖。

▲4月15日 铁四院进行专业调整和生产组织机构重组。撤销城市轨道交通建筑设计研究院,成立城市轨道与地下工程设计研究院、建筑与城市规划设计研究院;合并重组航空勘察处与工程勘察院,组成工程勘察研究院。

▲4月28日 中国企业联合会、中国企业家协会公布2010年企业信用评价结果,铁四院被评为AAA级信用企业。

▲4月29日 铁四院总工程师王玉泽获全国五一劳动奖章,工程勘察院获全国"工人先锋号"称号。

▲5月3日 铁四院勘察设计的武昌火车站改扩建工程、合肥至武汉铁路、武汉长江隧道工程获2010年度第十届中国土木工程詹天佑奖。

▲5月18日 铁四院被湖北省授予2010年度支持新农村建设试点工作先进单位称号。

▲5月30日 新加坡交通代表团访问铁四院。

▲6月25日 铁四院隆重召开庆祝中国共产党成立90周年大会。

▲6月29日 铁四院被评为全国工程建设质量管理小组活动优秀企业。

▲6月30日　京沪高速铁路正式开通运营。国务院总理温家宝在通车仪式前，接见铁四院总工程师王玉泽等京沪高速铁铁路建设、设计、运营单位的代表。同日，南京南站竣工启用。

▲7月5日　铁四院党委被中共湖北省委授予2009～2010年度先进基层党组织称号。

▲7月15日　铁四院获第十七届湖北省优秀企业称号，董事长蒋再秋获湖北省优秀企业家称号。

▲7月24日上午　铁四院副院长田要成带领院专家和有关专业技术人员一行14人，飞赴甬温铁路"7·23"事故现场，配合开展抢修救援工作。

▲8月12日　铁四院被评为中国铁建2010年度"四好领导班子"。

▲8月14日　铁四院召开铁路建设项目勘察设计质量安全检查工作部署会议，全面贯彻落实国务院和铁道部关于从"7·23"特大铁路交通事故中吸取教训，开展质量安全检查的精神。同时，下达《中铁第四勘察设计院集团有限公司铁路建设项目勘察设计质量安全检查工作实施方案》。

▲9月1日　铁四院被评为2009～2010年度湖北省最佳文明单位，连续第7次获此殊荣。

▲9月16日　铁四院设计的向莆铁路第一长隧——青云山隧道全线贯通。隧道为双线双洞隧道，全长22.175公里，是亚洲第五、中国第四的长大隧道。

▲9月22日　铁四院设计的武汉轨道交通2号线越江隧道左线工程继右线之后顺利贯通。

▲9月24日　英国运输大臣菲利浦·哈蒙德一行参观考察铁四院设计的广深港铁路客运专线深圳福田综合交通枢纽。

▲11月11日　国家住房和城乡建设部副部长郭允冲率中国勘察设计协会、湖北省和武汉市有关部门和武汉地区11家大型设计单位领导到铁四院调研。

▲12月2日　铁四院设计的新疆霍尔果斯铁路口岸站启用。国务院副总理张德江，哈萨克斯坦副总理伊谢克舍夫在中国和哈萨克斯坦霍尔果斯国际边境合作中心启动暨中哈铁路对接仪式上致辞，下达两国铁路对接指令。霍尔果斯铁路口岸站的启用，标志着铁四院已掌握铁路口岸站规划设计及宽窄轨兼容设计。

▲12月25日　铁四院中标蒙西至华中地区铁路煤运通道三门峡至荆门、岳阳至吉安两个标段勘察设计项目。

▲12月26日　广深港铁路客运专线广深段通车投入运营。中共中央政治局委员、广东省委书记汪洋与铁道部党组书记、部长盛光祖等出席通车庆典。

▲12月30日　铁四院勘察设计的京广铁路衡广复线大瑶山隧道、京九铁路、武汉长江隧道、武广铁路客运专线、武汉火车站5项工程入选中国土木工程学会、北京詹天佑土木工程科学技术发展基金会"百年百项杰出土木工程"。

▲12月31日　铁四院勘察设计的武汉至广州铁路客运专线武汉站、浏阳河隧道工程获2011年第十届中国土木工程詹天佑奖。　（刘时运）

中铁第五勘察设计院集团有限公司

【简况】　中铁第五勘察设计院集团有限公司（以下简称铁五院）是集工程设计、勘察、咨询、监理、检测及科研开发、设备制造、工程总承包于一体的综合性大型勘察设计企业。拥有工程设计、工程勘察综合甲级资质，并在建筑、市政、公路等行业具有15项设计、咨询、监理、地灾评估国家甲级资质和对外承包工程资质，是北京市科技研究开发机构、北京市高新技术企业和全国勘察设计百强企业之一。机关驻北京市大兴区康庄路9号。前身系中国人民解放军铁道兵科学研究所，创建于1958年10月；1984年1月1日集体转业并入铁道部，改编为铁道部工程指挥部科学技术研究所；1990年10月1日更名为铁道建筑研究设计院，2004年原哈尔滨铁路局齐齐哈尔、哈尔滨勘测设计院划转到铁五院；2005年7月1日改称铁道第五勘察设计院，2008年1月企业改制改称现名。下辖线路运输设计院、地质路基勘察设计院、桥梁设计院、四电设计院、城市轨道交通设计院、建筑设计院、市政工程设计院、工程经济设计院、环境工程设计院、应用技术研究院、工程机械研究设计院、工程咨询公司和东北勘察设计院、郑州勘察设计院及项目管理中心、试验中心、信息中心、图文中心，监理、检测、路桥、置业、机械5个全资控股子公司，上海、南昌、广州、南宁、贵阳、成都、沈阳、西安、太原、兰州、乌鲁木齐、呼和浩特12个驻外经营机构。职工1442人。资产总额84670万元。其中，净资产45358万元；固定资产原值14597万元、净值7436万元；流动资产65390万元。

集团公司不断拓展新的生产经营领域，已从单一的铁路勘测设计拓展到公路、地铁、轻轨、水底隧道、市政工程、高层建筑、机场、港口、工程总承包、工程监理等众多领域。2011年新签合同额19亿元，完成营业收入115043万元，实现利润10622万元。国有资产保值增值率137.05%,净资产收益率28.65%,产值利润率11.24%,资产负债率46.43%,应上缴款完成率100%。 (杨 青)

【领导人员】

董事会

董事长	娄德兰
副董事长	吴德增
董事	王从贵
	陈国芳
	庞建文

监事会

监事会主席	朱 霖

行政系统

院长	娄德兰
副院长	陈国芳
	庞建文
	杜寅堂
	王立新
	仇 湘
总工程师	杨岳勤
总会计师	戴建国
总法律顾问	陈国芳

党群系统

党委书记	吴德增
党委副书记	娄德兰
	王从贵
纪委书记	朱 霖
工会主席	王从贵
顾问	彭志树

(曹玉彬)

【职工队伍】 职工1442人。其中,干部1358人;工人84人。离退休职工378人。学历构成:研究生及以上318人,大学本科934人,大学专科106人,中专及以下174人。专业技术构成:教授级高级工程师48人,中高级专业技术职务784人,初级专业技术职务438人。干部中,经营管理人员253人、专业技术人员1105人,全国工程监理大师1人,享受国务院特殊津贴20人。300余人取得国家(行业)各类资格证书。 (曹玉彬)

【生产经营】 2011年,铁五院在铁路市场严重下滑的不利局面下,着力实施"全员经营、全区域覆盖、全业务跟进"的"三全"经营战略,积极开拓铁路外市场,强调大客户经营,做好项目延伸,年内签订巴准、连盐、柳林、准池、大准二九、大准九十、天赉等8项铁路勘察设计项目。全年有铁路项目73项。其中,勘察设计项目65项;施工图审核8项。有城市轨道项目28项,分布于北京、天津、杭州等18个城市。其中,配合施工项目15项;初步设计项目6项;施工图审查项目2项。有方案研究项目5项,斯里兰卡南部铁路、印尼煤矿铁路专用线、科特迪瓦铁路项目等海外项目8项。项目累计里程1613公里。在确保生产的同时,按照铁道部关于开展"铁路建设项目勘察设计质量安全检查工作"的要求,认真开展安全生产和勘察设计质量大检查,继续保持安全生产的良好态势,被评为2011年度中国铁建安全生产达标单位。 (焦莉丽)

【科技创新】 2011年,铁五院被认定为北京市企业技术中心,获北京市企业研发机构创新能力提升计划专项立项;铁五院建筑工程实验室被认定为中国铁建首批工程实验室;承担科研项目102项,其中国家级项目10项、省部级项目6项、中国铁建项目27项。开发的"高速铁路900吨简支箱梁建造成套技术与装备"科技成果获2010年度中央级建筑施工科技研发项目一等奖,主持的"武广高速铁路路基填筑质量控制参数试验研究"成果获2011年度铁道学会科学技术三等奖,参与的"铁路客运专线整孔箱梁快速预制技术"、"客运专线大跨度下承式钢管混凝土提篮式系杆拱桥施工技术"成果分别获2011年度铁道学会科学技术一、三等奖,"铁路中等高度桥墩抢修器材的研制"、"铁路混凝土拌和站建设技术研究"成果获中国铁建科学技术一、三等奖;"复杂环境深孔控制爆破安全快速施工工法"被评为2009~2010年度国家级工法。年内申报16项知识产权,其中发明专利5项、实用新型专利10项、计算机软件著作权1项,获国家授权知识产权6项,其中"全自动无砟轨道板精调机"获国家发明专利。年内,铁五院与北京市大兴区国资委合作建设高科技机械产业园区。园区建设依托铁五院在铁路客运专线和高速铁路领域机械装备研发的传统优势,自主研发无砟轨道精调设备,形成完善的集科研、设计、生产、销售、服务于一体的产业链,巩固和提升产学研合作,加速实现科技成果产业化。 (眭海清)

【综合管理】 行政管理。2011年,铁五院严格执行大宗物资设备采购办法,健全集团公司合格供方档案;加强管理创效,推进机票、低值易耗品的集中采购;完善档案管理软件,科技档案管理进一步规范。

人事劳资管理。全年通过招聘、引进、调入经营管理、专业技术人员39名,调配60余名,招收应届毕业生100余名。经职称评审,10人取得教授级高级工程师任职资格，31 人取得高级工程师任职资格，136 人取得工程师任职资格。积极宣传和推进劳务派遣用工模式，全年新增劳务派遣用工近百人。

财务管理。加强财务管理内部控制，推进规范化标准化建设，夯实会计基础工作；完善财务管理架构，强化财务管理职能；认真开展清欠工作，确保资金链安全；实施资金集中管理，防范财务风险；全面开展责任成本管理，稳定项目盈利能力，严格执行管理部门费用预算，控制管理费用增长幅度；及时应对市场环境变化，全面进行经济梳理，控制资源投入，减员增效保增长；加强资产实物管理，落实清查盘点制度，加大资产内部调剂力度，提高资产使用效率；积极应对国家税务总局发票检查，认真开展"小金库"专项治理工作；充分利用高新技术企业税收优惠政策，提高税收筹划效果；修订铁五院《生产经营绩效考核办法》，进一步完善绩效考核机制，充分调动生产单位的积极性。

技术质量管理。2011 年，铁五院按照铁道部、住房和城乡建设部和北京市规划委员会要求，组织开展建设项目勘察设计质量安全检查，对于查找出的问题均制定详细的整改措施并完善管理制度；制定勘察设计项目技术总结编制办法、自揽综合性项目技术管理暂行规定、技术质量整改通知单等技术管理规定；组织集团公司直管项目的出工准备审核、方案评审、中间检查和设计评审工作，强化重点项目现场巡检；加大项目技术质量过程集团检查，强化技术质量考核。年内通过中建协认证中心质量、环境和职业健康安全管理体系复审，获国家优质工程银质奖 1 项、省部级勘察设计咨询奖 4 项，获全国工程建设优秀 QC 小组奖 2 项、铁道部优秀 QC 小组 2 项、中国铁建优秀 QC 小组 5 项；铁五院获 2011 年度全国工程建设质量管理小组活动优秀企业称号。

纪检监察。2011 年参与委外招评标、议价和结算谈判 12 次；对 14 名中层领导人员进行任前廉洁谈话和试用期满考核，对 2 名管理失职人员进行诫勉谈话，163 人次签订廉洁从业承诺书。

审计监督。2011 年认真开展工程项目审计，防止效益流失 160 万元，挽回经济损失 34 万元。探索实施海外项目成本效益审计，防控海外项目资产安全效益风险。配合股份公司完成集团公司董事长、院长娄德兰任中经济责任审计、集团公司内控与风险管理审计、专项基金审计。

（杨　青　曹玉彬　何为锋　畦海清　李德玮）

【党群工作】 铁五院党委下辖基层党委 3 个、党总支 10 个、直属支部 6 个，党员 1019 名，其中在职党员 776 名。不断提高党建工作科学化水平，制定《中铁第五勘察设计院集团有限公司"十二五"发展规划》。为纪念建党 90 周年，开展"纪念党的生日，牢记党的历史，创先争优向党献礼""七个一"系列宣传教育活动。围绕集团公司"十二五"发展目标和生产经营中心，创新思路，丰富载体，通过院报、网站，积极开展内外宣传。重新制作企业宣传画册，编印《身边的故事》践行企业价值观故事集，不断推进企业文化建设。年内被股份公司党委推荐为中央企业第二届思想政治工作先进单位。

工会工作。2011 年，集团公司工会根据重点建设项目进展情况选择 21 个项目开展劳动竞赛，年终表彰 6 个优秀项目部、6 名优秀项目负责人、12 名先进个人。年内，1 个单位被授予中国铁建"工人先锋号"称号，1 人被授予中国铁建"工人先锋号标兵"称号。开展送温暖活动，积极解决职工实际困难；制定《铁五院"三不让"承诺管理办法》，初步建立"三不让"长效帮扶机制；制定《铁五院全民健身实施计划》，组建篮球队、排球队、足球队、羽毛球队、网球队及摄影协会、书画协会、文学艺术联合会，以队和会的形式，带动职工深入开展全民健身文体活动。

共青团工作。集团公司团委下设团总支 1 个、团支部 18 个，35 岁以下的青年职工 894 人，团员 221 人。2011 年开展"学党史、知党情、跟党走"等主题教育活动，举办"节能减排"等知识讲座，开展铁五院优秀共青团员、"青年岗位能手"评比，深化共青团重点品牌工作。（赵忻英　岳　琦　黄孝民　徐　衍）

【线路运输设计院】 院长高嵩，党总支书记赵忻英。职工 125 人。2011 年完成院内指令性项目 109 项，实现产值 9987 万元；自揽外委项目 51 项，新签合同额 10300 万元。（陈　洋）

【地质路基勘察设计院】 院长宋宇明，党总支书记李德玮。职工 109 人。2011 年完成产值约 10000 万元。（魏润平）

【桥梁设计院】 院长兼党总支书记陈铭。职工 89 人。2011 年自揽任务 34 项，新签合同额 5812 万元；完成院指令性项目 40 项，实现产值 7300 万元。

（张冬梅）

【四电设计院】 院长兼党总支书记汪吉健。职工 114 人。下设通信、信号、电力和电气化 4 个专业所及四电监理部、技术管理室、经营部、办公室。2011 年承揽勘察设计项目 150 项，完成产值 4435 万元。（李会杰）

【建筑设计院】 院长涂强，党总支书记朱霖。职工

106 人。2011 年新签合同额 5300 万元。设计的北京经济技术开发区路东区 E14R1、E14R2 地块项目获住房和城乡建设部最佳宿舍类保障性住房设计奖、2011 年中国首届保障性住房设计竞赛鼓励奖。（林　虹）

【城市轨道交通设计院】 院长党海军，党总支书记刘亚刚。职工 132 人。2011 年完成产值 1 亿余元。（王　徐）

【市政工程设计院】 院长兼党总支书记刘长勇。职工 73 人。下设道路所、桥梁所、建筑规划所、工程经济所、给排水所、勘察所。2011 年新签合同额 12886 万元，完成产值 5000 万元。（苏　和）

【工程经济设计院】 院长兼党支部书记石跃伟。职工 26 人。2011 年新签合同额 604.8 万元，完成产值 1300 万元，实现利润 430 万元。（肖佳琳）

【环境工程设计院】 2011 年 2 月，由给排水与环境工程设计院更为现名。院长兼党支部书记李嘉。职工 42 人。2011 年新签合同额 2072 万元。（宋子炜）

【技术研究院】 院长兼党总支书记徐惠纯。职工 23 人。2011 年新签合同额 464 万元。（刘　陆）

【工程机械研究设计院】 院长兼党总支书记王治斌。职工 8 人。2011 年完成球形钢支座和 180 吨/40 米公铁两用架桥机的研究设计。（王治斌）

【工程咨询公司】 总经理兼党总支书记沙文杰。2011 年新签合同额 18374.58 万元。（敬亚菱）

【东北勘察设计院】 院长王宇重，党总支书记宋宏祥。职工 281 人。2011 年新签合同额 1.56 亿元。（张翠芬）

【郑州勘察设计院】 院长孙晋东，党总支书记曹保安。职工 38 人。2011 年新签合同额 1700 万元。（刘　鑫）

【北京铁研建设监理有限责任公司】 总经理兼党总支书记李岩。职工 60 人。2011 年新签合同额 25097.54 万元，完成产值 19295.16 万元，实现利润 1212.84 万元。年内，公司被评为 2011 年度中国监理行业综合实力 100 强、2011 中国建筑业工程监理综合实力 50 强、2010～2011 年度北京市建设监理行业优秀监理单位。（魏　昕）

【北京铁五院工程试验检测有限公司】 总经理兼党总支书记王慨慷。职工 25 人。资产总额 2300 余万元。主要试验、检测仪器设备 130 余台（套）。2011 年新签合同额 3600 万元，完成产值 2600 万元。参与监测的北京地铁 6 号线被评为 2011 年度安全风险监测先进单位。（吴文辉）

【北京中铁建北方路桥工程有限公司】 总经理李树良，党总支书记杨永强。职工 338 人。2011 年新签合同额 1.02 亿元。（陈雯婷）

【北京铁兵爆破有限责任公司】 北京市公安局认定的爆破 A 级公司。职工 38 人。实验仪器设备 60 台（套）。2011 年承揽爆破任务 8 项，完成产值 9 万元。（陈雯婷）

【北京铁五院工程机械科技开发有限公司】 总经理兼党总支书记蔡泓。职工 49 人。2011 年新签合同额 1620 万元，实现产值 1266.36 万元。年内，公司开发的“全自动无砟轨道板精调机”获发明专利；公司被评为北京市高新技术企业。（郑月静）

【北京铁五院置业有限公司】 总经理兼党总支书记周德宏。职工 11 人。（杨　荟）

【重要记载】

▲1 月 15 日　铁道部副部长卢春房检查铁五院承担监理任务的沪昆铁路客运专线湖南段现场。

▲1 月 19 日　铁五院召开 2011 年工作会议、党委全委（扩大）会议和第三届第一次职工代表大会。

▲4 月 2 日　铁五院签订新建连云港—盐城铁路勘察设计合同，合同额 33800 万元。

▲5 月 13 日　铁五院签订油坊坪煤炭集运站项目合同协议书施工总承包合同，合同额 13867 万元。

▲6 月 19 日　铁五院负责勘察设计的新建衡茶吉铁路的重点工程——云阳山隧道顺利贯通。

▲6 月 22 日　铁五院参与设计的深圳市地铁 5 号线（环中线）正式开通试运营。

▲7 月 5 日　印度 ESSAR 集团国际物流主管 Nargundkar 先生一行访问铁五院。

▲8 月 19 日　斯里兰卡交通部代表团一行 5 人访问铁五院。

▲9 月 6 日　越南铁路局局长阮友胜访问铁五院。

▲9 月 16 日 铁五院在内蒙古呼伦贝尔市召开项目管理座谈暨扎尼河露天矿铁路专用线总承包项目现场观摩会。

▲9 月 16 日 西安地铁 2 号线通车试运营首发式在行政中心站举行,集团公司董事长、院长娄德兰作为设计单位代表应邀参加开通仪式。

▲10 月 12 日 铁五院签订神华集团新建巴图塔—点岱沟铁路工程勘察设计合同,合同额 10541 万元。

▲12 月 20 日 铁五院被评为全国文明单位。

▲12 月 铁五院设计的大连铁路集装箱中心站获 2011 年度国家优质工程银质奖。 (杨 青)

中铁上海设计院集团有限公司

【简况】 中铁上海设计院集团有限公司是国有大型综合甲级设计企业,也是华东地区唯一一家铁道综合甲Ⅰ级设计院。从事城市轨道交通、铁路、公路、市政领域的工程勘察设计以及工程总承包、工程监理、技术咨询等业务,拥有涵盖工程建设全过程的 8 项甲级资质和 2 项乙级资质,设有经济调查、行车、线路、路基、站场、桥梁、隧道、建筑、通信、信号、电气化、环境评价、工程经济等 30 余个专业。前身是上海铁路城市轨道交通设计研究院,始建于 1953 年,原隶属铁道部,2004 年划归中国铁道建筑总公司管理,2007 年 12 月 28 日企业改制改称现名。机关驻上海市天目中路 291 号。下辖南昌、杭州、合肥、南京、天津、工程勘察、城建设计、监理、咨询等二级单位。职工 1511 人,其中专业技术人员 970 余人。资产总额 57332.79 万元。其中,流动资产 36905.51 万元;非流动资产 20427.28 万元。

2011 年新签合同额 97181 万元,完成营业收入 63034.07 万元,实现净利润 6968.35 万元。国有资产保值增值率 126.55%,净资产收益率 21.77%,资产负债率 34.41%,总资产周转率 1.14 次。 (吝永亮)

【领导人员】

董事会

董事长	李永利
副董事长	徐增堂
董事	薛新功

行政系统

院长	薛新功
高级顾问	柳京京
副院长	喻伟巍
	刘建红
	马汉栋
总工程师	薛新功(兼)

党群系统

党委书记	徐增堂
党委副书记	李永利
	薛新功
	辛建成
纪委书记	辛建成(兼)
工会主席	辛建成(兼)

(吝永亮)

【职工队伍】 职工 1151 人。其中,专业技术人员占职工总数的 85%;高、中级以上技术职务占专业技术人员总数的 62.3%。特殊工种人员 27 人。 (舒 芳)

【铁路勘察设计项目】 新建合肥—蚌埠铁路客运专线 该铁路由合肥枢纽引出,沿淮南线并行,经淮南市至蚌埠市,正线全长 131.1 公里,设计时速 350 公里。

宁启铁路林场—南通段复线电气化工程 位于江苏省南通市境内。线路西起南通市南通东站,与拟建的沪通铁路在该站并线后连接南通方向;东经南通市经济技术开发区、通州区和海门市,至启东市(吕四),全长 94.3 公里。

新建阜阳—六安铁路 位于安徽省境内,北接淮南线袁寨站,南至宁西线分路口站,正线长 157.5 公里,是阜阳—六安—安庆—峙滩(景德镇)铁路的重要组成部分。

新建宿州—淮安江苏段铁路 宿淮线自津浦线符离集站(含)接出,经宿迁至新长线的袁北站(含),全长 210 公里。其中,江苏省境内 97 公里;安徽省境内 113 公里。

阜淮铁路淮南铁路至合肥段水蚌铁路电气化扩能改造工程 阜淮线北起袁寨站,至淮南市淮南站,线路长 114 公里。淮南线北起淮南市淮南站,向南经合肥市合肥东站、止于芜湖市芜湖东站,其中改建部分为淮南至合肥东站,线路长 98.5 公里。水蚌线位于安徽省北部,连接中国路网主骨架中京沪通道和华东铁路南北二通道,北起蚌埠市蚌埠站,南至合肥市长丰县水家湖站,线路长 60.85 公里。

皖赣铁路电气化改造工程 北起安徽省芜湖市芜湖南站,经宣城、宁国、绩溪、歙县、黄山(屯溪)、休宁、祁门进入江西省,经浮梁、景德镇、乐平、万年至贵溪,全长 540.54 公里。

芜湖至铜陵铁路扩能工程　全长72.862公里，是沿江铁路的一部分。西接铜九铁路至江西省九江市，东连宁芜铁路至南京市，在芜湖与华东二通道相交，联通宣杭、皖赣铁路。

合肥—乔司段铁路电化改造工程　包含淮南铁路（合肥东—芜湖东段）、宁芜铁路（芜湖东—芜湖南段）、皖赣铁路（芜湖南—宣城段）及宣杭铁路，总长约420公里。集团公司承担合肥—宣城（含）段约216公里的勘察设计任务。

符夹铁路扩能工程　位于安徽省北部，横跨安徽北部平原，南起宿州市京沪铁路符离集站，向西北经濉溪县、淮北市、萧县至徐州市陇海线夹河寨站，全长86.2公里。

淮安—扬州—镇江铁路　线路北起江苏省淮安市，与京杭运河、京沪高速公路并行，向南经江苏扬州市（宝应、高邮、江都），跨长江后止于江苏南部的镇江市，线路长224.23公里。　（汪文锋）

【轨道交通勘察设计项目】　2011年，集团公司先后承担上海轨道交通3号线（宝山路站—上海火车站）改造工程勘察设计总体总包、天津地铁4号线工程设计总体总包、天津地铁6号线工程车辆段和停车场设计、土建设计5标段，天津地铁4、5、6号线工程通信系统，天津地铁1号线北延伸、南延伸及刘园停车场扩建方案征集，南京地铁S7线总体总包、南京地铁3号线和宁和城际轨道交通一期工程分项标段、南昌轨道交通1号线一期工程工点设计01合同段、南昌轨道交通2号线土建4标段，上海轨道交通11号线南段工程轨道工程和通信系统（含PIS、电视监控）、信号系统、声屏障工程、调坡测量与设计，成都地铁4号线一期4JD标段通信、信号系统，成都地铁3号线分项标段、南京地铁12号线工程可行性研究及设计总体总包管理、苏州地铁4号线支线土建10标段（地下车站）、宁波轨道交通1号线二期工程SJ1206标段（土建高架区间和车站）项目。　（汪文锋）

【生产经营】　生产管理。2011年，集团公司调整业务结构，优化生产组织模式。修订集团公司《勘察设计生产组织管理办法》，改进生产组织管理。结合勘测设计一体化平台建设，有效控制生产进度。与建设指挥部加强沟通，分段制定供图计划。优化轨道交通项目投标组织模式，实现工厂化、流水线生产，满足集团公司轨道交通集中投标需求。放权让利，按照生产项目特点，将零小项目、专业单一项目纳入处级管理，集团公司只对技术关键点、大的时间节点进行协调、把关。通过放权让利，较好地调动了集团公司所属生产经营单位的积极性，单位之间的沟通协作进一步加强。

经营管理。2011年，集团公司新签合同额97181万元，比2010年增长1.4%。其中，轨道交通市场继续保持平稳增长，市政工程和总承包项目的承揽数量同比大幅增加。提前部署，明确分工，制定周密的作业计划，数据具体到每一个项目，任务分配到每一个院处、落实到每个人，每周一汇总，每旬一分析，并及时通报；推进结构转型，制定集团公司《区域经营管理办法》。细化分片分区职责，制定沟通协调制度、文件对接制度、业务对口制度。积极承揽总承包项目，促进总承包项目的科学化、规范化管理，先后制定集团公司《工程总承包经营承揽奖励暂行办法》和《工程总承包项目管理办法》。开拓大市政市场，大幅提高其市场比重。9月1日召开集团公司经营工作专题会，设定两年期限对大市政市场板块进行扶持和培育，并对大市政项目的经营承揽进行特殊奖励，出台集团公司《大市政项目经营承揽奖励暂行办法》；9月20日召开集团公司大市政项目经营研讨会，明确大市政资质所能承揽的业务范围及资质晋级、保级的具体要求，并对市政道路、排水、桥隧、房建、监理项目经营承揽的突破、区域划分等进行具体部署。努力开拓海外市场，积极跟踪项目信息，先后组织厄瓜多尔轨道交通项目考察和安哥拉车辆段、加纳西部铁路、匈牙利机场快线项目的前期研究工作。　（汪文锋）

【综合管理】　财务管理。夯实会计基础，进一步健全和完善财务规章制度。年内制定集团公司《临时出国人员费用开支标准和管理办法》《职工福利费管理办法（试行）》《存出现金保证金管理办法》。根据中国铁建和上海市税务局的要求，组织开展发票专项检查工作，对自查过程中发现的问题及时整改；积极配合税务机关对集团公司本部和监理公司自2007～2009年发票及涉税情况进行全面检查。进一步推进预算管理工作，发挥预算的引领和管控作用。加强资金集中管理，加大内部资金调剂力度，实现资金集中管理的扁平化，有效提高资金的流动性和使用效率。

审计管理。积极配合国家重点建设项目延伸审计、京沪高速铁路建设项目审计及铁路建设基金预算执行情况审计；扩展内部审计范围，开展工会主席离任经济责任审计。

科技管理。制定集团公司“十二五”科技发展规划，提出“科技强企，质量固企”理念，建立和完善技术创新体系和运行机制，加大科技研发投入，重点是铁路和轨道交通领域新技术的研发，有效提升集团公司勘察设计整体技术水平。开展科技攻关，解决“单线铁路大跨度桥梁横向稳定技术”、“高烈度地震区铁路桥梁双向减隔震技术”、“200 公里时速铁路连续 U 型梁空间抗扭设计技术”、“新旧梁体耦合连接分析技术”等设计施工难题，具有显著的科技创新性，有 3 项成果填补行业空白。年内获发明专利 2 项、实用新型专利 5 项、外观专利 2 项、软件著作权 1 项；组织铁道部《无砟轨道预制后张法预应力混凝土简支梁》等 6 项通用参考图编制，其中《时速 350 公里高速铁路无砟轨道单线简支箱梁》及配套桥墩通用参考图正式发布，填补中国高速铁路单线桥梁建设空白；与华东交通大学等联合开展的“轨道交通减振降噪关键技术的研究”科技成果达到国内领先水平，获 2011 年度国家科学技术进步二等奖；“铁路轮轨关系与振动噪声控制研究”科技成果获 2011 年度铁道科技一等奖，“焊轨基地生产线综合监控管理系统”科技成果获 2011 年度江西省科技进步二等奖；上海轨道交通 10 号线(M1 线)一期工程、上海轨道交通 7 号线工程、上海轨道交通 2 号线西延伸(中山公园—徐泾东站)工程、上海浦江镇公共交通配套工程获上海市优秀工程设计一等奖。

(常月琳　舒　芳　孙蔚芝　沈　吟)

【党群工作】 党委工作。集团公司党委面对市场的急剧变化，一是从解放思想、更新观念入手，开展三个阶段的宣传思想工作。年初通过“三会”及时分析市场形势的变化，预判潜在的危机与挑战，重点强化全员的忧患意识、市场意识、紧迫意识。年中通过“七一”大会，辩证分析机遇与挑战、优势与不足，引导大家既要看到发展大势，又要看到当前关口的极端重要性；既要看到成绩，又要看到不足和差距；既不能盲目乐观，也不能悲观失望；从而坚定攻坚克难的勇气和夺取胜利的决心。年末，深入开展调研活动，组织召开总支书记座谈会，认真梳理存在的不适应、不符合的问题，广泛征求意见，集中智慧，理清思路，引导职工以创新的思维、创新的办法去谋划发展，突破瓶颈，找准出路。二是突出责任意识，提升综合素质，不断加强队伍建设。把班子建设作为事关发展成败的关键，坚持以“四好领导班子”创建活动为载体，全力打造学习型、务实型、创新型、廉洁型的领导集体。把干部队伍建设作为保障执行的关键，严格执行干部选拔任用程序，在广泛推荐、认真考核的基础上，年内调整 4 名、提拔 5 名干部，加强干部的横向交流和多岗位锻炼。把专业技术队伍建设作为打造核心竞争力的关键，按照“控制总量，优化结构，提升能力”的总体要求，适时推进人员结构的调整。通过加强领导班子、干部队伍和专业技术队伍建设，最大限度地凝聚队伍、支撑发展。三是紧贴中心任务，着力夯实基础，彰显基层党建活力。集团公司各级党组织以“抢抓机遇、优化结构、提升水平、实现可持续发展”为主题，开展形式多样、特色鲜明的创争活动。针对发展面临的突出困难和主要矛盾，集团公司党委以座谈交流、个别谈心等方式，深入各子分公司、生产院处调研，切实摸清各单位的经营生产、队伍建设情况，听取意见建议。四是加强反腐倡廉建设，将廉业建设进一步纳入经营管理，签订廉洁从业责任书，层层落实责任。发挥党风监督员作用，加大过程监督力度。深入开展效能监察活动，提升企业管理水平。

工会工作。2006 年，集团公司建立职工代表大会制度；2010 年，所属各子分公司全部建立职工代表大会制度或职工大会制度。2010 年 2 月，集团公司提前换届。6 年来，全集团筹集“三不让”友爱互助互济基金 680 万元，救助 2415 人次 503 万元。建立平等协商和集体合同制度，成立平等协商小组，协商处理情况向职工代表大会报告。

共青团工作。2011 年，集团公司各级团委围绕重点、难点任务，广泛开展争创“青年文明号”、“青年突击队”和争当“青年岗位能手”活动，进一步凝聚青年队伍，培育团队精神。认真做好“推优”入党工作，调查分析青年思想状况，帮助、引导青年成长成才。

(吝永亮)

【南昌铁路勘测设计院有限责任公司】 由南昌铁路勘测设计院改制而成。是工程咨询甲级，建筑工程设计、市政(桥梁、道路)工程设计、测绘乙级，城市规划丙级，计算机信息系统集成四级资质企业。可承担铁路、轨道交通、市政(道路、桥梁)、建筑工程及其配套的给水排水、电力、通信、信号工程的勘测设计和相应的项目总承包、技术咨询、软件开发等业务。公司机关驻江西省南昌市工人新村二路 27 号。院长康新平，党总支书记彭跃辉。职工 249 人，其中专业技术干部 249 人。资产总额 12079 万元。其中，固定资产原值 2421 万元、净值 1434 万元；无形资产(土地使用权) 1638 万元；流动资产 8993 万元；其他资产 14 万元。

2011 年新签合同额 14017 万元，完成企业总产值 12004 万元，实现利润 1209 万元、净利润 913 万元。国有资产保值增值率 116.77%，净资产收益率 15.48%(不含少数股东权益)。年内，公司被评为江西省“十一五”重点工程建设先进单位；开发的“焊轨基地生产线综合监控管理系统”技术成果获国家实用新型专利。

(樊　成)

【杭州铁路设计院有限责任公司】 2007 年 7 月由杭州铁路设计院改制而成。铁路、建筑工程设计及工程咨询、工程总承包乙级资质企业，主要从事铁路线路、站场、桥梁、房建工程设计和建筑设计、工程咨询、工程总承包等业务。公司机关驻浙江省杭州市延安路468号浙江经贸广场综合楼B座6楼。院长钟国钢。下设综合部、计划经营部、线桥设计所和房建设计所。资产总额3215万元。其中,固定资产原值293万元、净值160万元;流动资产3007万元;其他资产48万元。

2011年新签合同额7013万元,完成企业总产值6826万元,实现利润819万元。国有资产保值增值率164.68%,净资产收益率54.29%。 (孙世畅)

【合肥铁路勘察设计院有限责任公司】 原为合肥铁路勘察设计院,2007年12月5日企业改制改称现名。铁路工程设计、建筑工程设计、工程咨询乙级,工程测绘丙级资质企业,主要从事铁路、桥梁、工业与民用建筑、通信信号、给排水、电力、市政道路、轨道交通等工程勘察设计及工程总承包、技术咨询等业务。公司驻安徽省合肥市瑶海工业园区新海大道15号中国铁建安徽大厦。院长孟磊。职工65人。下设铁道设计所、建筑设计所、市政所、经营计划部、综合管理部、工程总承包部和勘察队。

2011年新签合同额4539万元,完成企业总产值4019万元,实现利润613万元。国有资产保值增值率162%,净资产收益率44.73%。 (袁秀侠)

【上海先行建设监理有限公司】 工程监理甲级资质企业。主要从事铁路、公路、市政公用、工业与民用建筑工程,暖通、给排水工程,通信、信号及电力工程,室内外装饰、园林绿化、设备安装工程,环境保护及消防工程监理;工程检测,工程技术咨询服务。公司机关驻上海市天目中路291号。总经理何幸。下设江西分公司。专业技术人员502人。资产总额2775万元。

2011年新签合同额3026万元,完成企业总产值7004万元,实现利润653万元。净资产保值率163.13%,净资产收益率45.1%。 (贾凤丽)

【天津分院】 具有铁路、市政公用(地铁轻轨、桥隧)、建筑工程和岩土工程勘察,工程测量、监理、咨询甲级,通信、环境评价、工程总承包乙级资质。院机关驻天津市南开区卫津路18号中恺国际广场新都大厦A座15层。院长顾培龙。下设综合管理部、经营计划部、土建设计室、线路设计室、机电设计室。 (姜熙柱)

【南京设计院】 2009年3月16日由原上海铁路局南京铁路勘测设计所改制而成。主要从事铁路、轨道交通、市政领域的工程勘察设计和工程总承包、技术咨询等业务。院机关驻江苏省南京市中山北路223号建达大厦7楼。院长潘必胜。下设综合部、经营计划部、道桥工程设计所、铁道工程设计所、建筑工程设计所。职工35人。资产总额1368.92万元。其中,流动资产1262.91万元;非流动资产106万元。

2011年新签合同额2623万元,完成企业总产值2039.06万元,实现净利润319.33万元。净资产收益率144.18%,总资产周转率1.72次。 (陈应平)

【工程勘察院】 2006年由上海铁路城市轨道交通设计研究院和南昌铁路勘测设计院所属工程勘察院重组而成。具有岩土工程勘察、工程测量甲级和测绘乙级资质,主要从事城市轨道交通、高速铁路、客运专线、山区铁路等岩土工程勘察及岩土工程检测、监测,岩土工程治理、施工,公路、桥梁、工业与民用建筑等工程勘察,精密测量、测绘等业务。院机关驻上海市交通路3131号乙。院长朱锦富,党总支书记陈震华。下辖地质工程所、测绘工程所、岩土工程所。职工106人。

2011年完成企业总产值4524万元,实现净利润981万元。年内,“新建铁路合肥至蚌埠客运专线精密控制测量”成果获上海市勘察设计协会优秀勘察二等奖和全国优秀工程勘察设计行业奖工程勘察二等奖,“南京至南通段铁路电气化改造精密控制测量”成果获上海市勘察设计协会优秀勘察三等奖。 (李 帅)

【城建设计院】 2008年1月由原建筑、机务、车辆、机械设计所组建而成。院机关驻上海市天目中路267号蓝宝石大厦15楼B座。院长朱德荣。下设经营计划部、建筑所、结构所、设备所、机辆所,涵盖建筑、结构、电力、给排水、暖通空调、机务、车辆、机械8个专业。专业技术人员56人。

2011年完成企业总产值2100万元。 (施宇平)

【重要记载】

▲4月 集团公司中标南京地铁S7线工程可行性研究、勘察及设计总承包项目。

▲6月 南部非洲发展共同体议会代表团约200人赴安哥拉,考察集团公司勘测设计的本格拉铁路洛比托车站、洛比托机务段、卡通贝拉大桥和本格拉车站工程。集团公司安哥拉项目部经理龚炼陪同考察。

▲8月 集团公司获道路工程专业乙级设计和检测机构资质。

▲8月 集团公司获全国工程建设质量管理小组活动优秀企业奖。

▲8月 集团公司在上海市优秀工程勘察设计奖评选中,获上海市优秀工程设计一等奖4项,优秀工程勘察二、三等奖各1项。

▲8月　安哥拉政府分别在洛比托、本格拉、万博三地隆重举行本支线及本格拉铁洛比托至万博段全面通车典礼。桑托斯总统发表热情洋溢的讲话，高度赞誉中国铁建员工为安哥拉人民作出的杰出贡献。集团公司全体赴安员工经过四年的努力，克服重重困难，以众志成城、不屈不挠的精神，高效严谨、求真务实的业务素质，圆满完成本格拉铁路的勘测设计工作。

▲10月　集团公司编制的时速350公里高速铁路无砟轨道单线简支箱梁和配套桥墩通用参考图由铁道部经济规划研究院在全国铁路范围内公开发布，填补中国高速铁路单线桥建设的一项技术标准空白。

▲10月　集团公司杭州长睦地块铁路经济适用房项目设计方案中标。

▲10月　集团公司编制的第一本节能评估报告书——《改建铁路皖赣线电气化改造工程节能评估报告书》在北京顺利通过评审。

▲11月　集团公司羽毛球代表队在第四届"中国铁建杯"职工羽毛球比赛中获得团体赛冠军。

▲11月　集团公司4项工程咨询成果获上海市优秀工程咨询成果奖。

▲11月　集团公司中标石家庄轨道交通1号线一期工程2标段设计工作，设计范围两站两区间。

▲11月　集团公司董事长李永利当选上海市闸北区第十五届人大代表。

▲12月　集团公司合蚌精测、宁启精测两个测绘项目分别获上海市2011年度优秀工程勘察设计项目勘察类二、三等奖。

▲12月　中国人民政治协商会议上海市闸北区第十二届委员会常务委员会批准，集团公司通号处总工程师、九三学社社员孔效群担任中国人民政治协商会议上海市闸北区第十三届委员会委员。（吝永亮）

中铁物资集团有限公司

【简况】　中铁物资集团有限公司是铁道部铁路建设项目部管物资代理公司、铁路用钢轨招标代理服务商，国家发展和改革委员会批准的成品油专项供应单位，是全球最大的铁路工程物流服务商和全国第二大铁路物资供应商。主营铁路运输、建设所需的钢轨及配件、油料、火工品及大型基建项目所需钢材、水泥等相关物资，工程物流、物资仓储、配送等业务，并受铁道部委托承担部分铁路建设项目物资供应、组织和管理工作。集团公司机关驻北京市海淀区西四环中路19号。前身系中国人民解放军铁道兵后勤部物资处，1984年1月集体转业并入铁道部，改编为铁道部工程指挥部物资处；1990年3月组建中国铁道建筑总公司物资局，1999年改称中铁建物贸公司，2000年12月4日更名为中铁建物资集团有限公司，2003年企业改制改称现名。下辖16个全资子公司、3个控股子公司和4个钢厂办事处，在3家公司参股，并在重庆、大同、无锡等地设有20余个分公司和办事机构。职工2015人。资产总额126.54亿元。其中，固定资产净值2.92亿元；流动资产118.19亿元；其他资产8.35亿元。

集团公司及所属子公司全部通过质量、环境、职业健康安全管理体系认证，先后取得铁道部铁路建设用钢轨招标与采购供应代理、成品油内部批发经营、工程招标代理、民爆器材经营、部管物资招标代理和中央投资项目招标等重要经营资质，2011年获国家和北京市道路运输经营资质。集团公司与鞍钢、包钢、攀钢、武钢、河北钢铁、首钢、中国石油、中国石化、中国建材、中国远洋、中国外运、中铁山桥、中铁宝桥、南岭民爆等大型企业建立长期稳定的战略合作伙伴关系，实现国内首次销售企业与民爆骨干企业共同组建专营公司的合作；成为国内首家成功进军时速350公里百米钢轨市场的企业。先后与欧洲、中东、南亚、东南亚、东亚等地区建立了良好的业务关系。

2011年完成企业总产值242.05亿元（不含关联交易25.31亿元），实现净利润2.01亿元。全员劳动生产率1352万元/人年，人均创利11万元，职工年人均收入8.14万元。国有资产保值增值率120.39%，净资产收益率14.96%，流动资产周转率2次，投资回报率24.1%，成本费用利润率1.04%，产值利润率1.03%，资产负债率86.45%，投资收益上缴率100%，应上缴款完成率100%。年内，集团公司被评为国家5A级物流企业、全国先进生产力优秀企业，再次获全国守合同重信用企业、全国用户满意企业称号，在全国最具竞争力的物流企业50强中的排名升至第5位，继续当选中国物流与采购联合会副会长单位，并加入中国钢铁工业协会和中国城市轨道交通协会。（王　蕾）

【领导人员】

董事会

董事长	金跃良
副董事长	王　涛
董事	李锦云
职工董事	孔庆林

监事会

监事会主席	廖大球
监事	汪启帆

李景光

职工监事　刘　芳

经理层

总经理　王　涛

副总经理　张长根

熊卫东

李志群

王跃飞

唐建勇

李锦云(12月任)

总会计师　李锦云(兼)

党群领导

党委书记　金跃良

党委副书记　王　涛

孔庆林

纪委书记　孔庆林(兼)

工会主席　孔庆林(兼)　(王　蕾)

【职工队伍】 职工2015人。其中,干部1514人;工人501人。干部中,专业技术干部854人,占干部总数的56%。专业技术干部中,高级职务66人、中级职务150人、初级职务428人。工人中,专业技能人员298人,占工人总数的59%。(陈广文)

【企业经营】 2011年,集团公司面对困难形势,以"上规模、调结构、促转变、增实力、上水平"为主线,推进集中采购,发展现货贸易,加强清欠管理,保证企业正常运转。(1)资源掌控持续加强。年内,与川威、五矿、酒钢、包钢等企业签署战略合作协议,提高集团公司在西南、西北地区优势资源的掌控能力;与法国科吉富公司合作成立芜湖中铁科吉富轨道销售公司,提高集团公司铁路物资集成供应的核心竞争力;与中煤能源集团、山西煤炭运销集团、华能国际电力股份有限公司等达成实质性合作意向。成立7个区域营销管理协调组,加强与全国各地大中型资源厂商的联系沟通,强化集团公司对优势资源的掌控能力。(2)经营业绩"两升一降"。全年新签合同额504.97亿元,同比增长42.61%,完成股份公司下达指标的183.62%;产值同比增长17.9%,完成股份公司下达指标的114.86%。受外部大量拖欠、财务成本持续增高等因素影响,净利润同比下降46.79%,完成股份公司下达指标的50.25%。集团公司所属9个单位的净利润超过1000万元,其中现货贸易事业部、物贸公司(印刷公司)和部管物资事业部完成全年计划。西南公司新签合同额、华东公司营业产值分别位居集团公司首位。(3)经营结构调整优化。年内,集团公司实现经营品种、业务模式、盈利手段的多元化,企业风险应对能力提高。一是发展多项经营品种。全年除完成路内外钢轨供应55.5万吨、道岔2000余组以外,实现油料销售29.1万吨,同比增长48.5%;水泥销售100万吨,同比增长567%;煤炭销售43.5万吨,同比增长65.4%;火工品销售0.89万吨,同比增长11.3%。二是发展多元贸易模式。铁路线上料业务保持强劲。年内完成哈大、京石铁路客运专线及西康铁路二线、南广铁路等近百项国家铁路,以及朔黄铁路、酒钢专用线等地方铁路,北京、上海、广州、杭州、苏州等城市轨道项目的钢轨供应任务。工程物流业务质量提高,初步从"多中标"发展至"中好标",参与沪昆、大西、山西中南通道、津秦客运专线等大中型项目的工程物流组织供应一体化服务,全年实现产值107.27亿元。现货贸易业务发展迅速,实现产值88.81亿元,约占企业总产值的三分之一,成为集团公司新的利润增长点。国际贸易业务依托股份公司海外项目平台,掌握中国铁建系统228项在建海外项目的基本信息,成功开拓泰国、印尼等市场,在动力煤、铁矿石、沥青等进口业务上有所进展。三是发展非主营业务。北京公司(五棵松饭店)、物贸公司(印刷公司)初步实现由酒店、印刷等业务向以物资贸易为主业的转型。北京公司陆续供应沪昆客运专线、北京地铁等重点工程;成立煤炭分公司。物贸公司全年销售钢材30万吨、矿粉5万吨。四是发展加工与资本运作板块。与法国科吉富合资成立轨道销售公司,在加工板块上取得进展。以南昌红谷滩新区BT项目为起点的资本运作板块,净利润超过2500万元。(4)网络布局持续推进。先后成立新疆公司、海南公司、芜湖中铁科吉富轨道销售公司3家二级全资子公司,成都物流公司三级子公司,以及内蒙古、天津、大同、郑州等6家三级分公司,基本形成覆盖38个全国重要物流节点城市及各省会城市的经营网络格局。立项建立成都新津物流园区并进入实质性启动阶段,兰州物流园区的规划和建设工作也在进行中。(5)集中采购有效运行。组织沪昆客运专线贵州段第二批次甲控物资招标采购工作,为中国铁建系统降低成本约2亿元;组织京沪济乐高速公路BOT项目物资集中采购,节约成本约3700万元;协助股份公司首次在昆明市组织实施轨道交通3号线物资集中采购。年内,中国铁建系统所属单位通过油品公司集中采购油料15.9万吨,通过民爆公司集中采购炸药7388万吨,二者价格均低于市场价。集团公司内部完成厂家集采210万吨,集采比例达69.9%,形成批量优势和价格优势。(6)部管物资代理服务开展良好。以优质服务得到铁道部及相关业

主单位的肯定。全年累计招标成功170个包件,中标总价37.12亿元。（王 蕾）

【企业管理】（1）战略规划科学制定。根据未来5年物流行业发展趋势,结合企业自身实际环境与中国铁建"十二五"规划对物流创效板块的要求,集团公司"十二五"规划将公司定位为"综合物流产业的引领者"和"供应链服务专家",着力打造多元品种、多种市场、多种业务模式并存的大型综合物流商。（2）区域协调与集采并重。集团公司坚持在经营协调中推进集采工作,在集采工作中提升协调水平。区域协调工作在跟踪信息、促进承揽、强化协同、区域集采、二次经营等方面成绩突出。西南区域协调组促成股份公司首次参与甲控物资招标,与华北区域协调组获股份公司优秀经营单位称号。（3）清欠工作全力攻坚。成立7个清欠督导组,落实清欠责任制,并将其纳入绩效考核。股份公司召开物资集团清欠协调会议,下发正式文件,明确系统内各单位还款的时间节点。据此,应收账款总额持续下降,有效缓解资金压力,保障企业资金链不断裂。（4）人才强企。全年引进大学生143名,招聘现货贸易、工程物流等专业人才30名。组织培训179班次,参训1508人次。成立专业技术职务评审领导小组,集团公司具备工程、政工类中级职称评审资格,分别组建工程、政工系列中级专业技术资格评审委员会。及时调整专业技术职务评审推荐小组,完善经济、财会系列的推荐机制。（5）财务管理。年内,集团公司资金归集率100%,累计授信额度145亿元。（6）内部审计。年内对12家子公司领导人员进行经济责任审计,有效发挥内部审计"促进管理,提高效益"的职能作用。（王 蕾）

【党群工作】（1）加强领导班子建设。一是强化学习型领导班子建设,将学习常态化、制度化,2011年组织党委中心组学习12次,通过各种学习提升班子成员的整体素质。二是认真执行民主集中制,贯彻落实"三重一大"制度,坚持科学决策、民主决策,充分发挥班子整体功能,努力提高引领科学发展能力,集团公司领导班子被评为中国铁建"四好领导班子"。三是加强子公司领导班子建设,成立兰州公司党委及海南、新疆公司党工委,设置专职党（工）委书记;调整充实10个子公司领导班子。（2）创建学习型党组织。年内举办企业管理系列讲座及钢轨道岔业务、材料基础知识等职业技能培训,开展"党委书记谈学习创新"征文活动、全员读书活动,引导广大党员干部加强理论知识与业务技能的学习,提高理论素养与工作作风。（3）推进创先争优工作,开展纪念建党90周年庆祝活动。扎实推进创先争优活动第三阶段各项工作,认真开展民主评议党员活动,1050名党员参加学习,668名在岗党员参加评议,参评率99%。为迎接中国共产党成立90周年,开展以"歌颂党情,牢记党史,感怀党恩"为主题的"七个一"系列活动。"七一"期间,表彰一批在创先争优活动中涌现出的先进基层党组织和先进个人,促进创先争优活动进一步深入开展。（4）加强党风廉政建设,依法从严治理企业。落实党风廉政建设责任制,加强反腐倡廉制度建设,形成比较完整的党风廉政建设工作制度体系。严格落实廉政谈话制度,2011年对61名调整和新选拔的中层领导干部进行廉洁谈话,对5名有问题的领导干部进行诫勉谈话。（5）增强企业软实力,着力提升企业形象。以重大新闻事件为契机,强化宣传效果,全年对外发表稿件71篇,有效提升企业的行业知名度和社会影响力。注重媒体公关,增加宣传投入,为新闻宣传工作提供资金保障,并与行业内知名媒体缔结战略合作关系。（6）认真开展工团工作,努力构建和谐企业。集团公司召开首届一次职工代表大会,听取并审议通过各项工作报告,征集职工代表提案69条,提案处理满意率100%。共青团组织开展"践行企业价值观,提升发展软实力"演讲比赛、"追寻红色岁月,凝聚青春力量"红歌会等活动,帮扶困难青年15名,资助困难职工子女入学21名。（王 蕾）

【中铁物资集团东北有限公司】 是铁道部授权指定的铁路建设项目部管物资代理单位、国家铁路建设用钢轨指定供应商,拥有铁道部钢轨储备指定仓库和国家战备物资储备仓库。公司机关驻辽宁省沈阳市大东区东北大马路337号。其前身为中国人民解放军铁道兵后勤部东北办事处,1984年1月集体转业并入铁道部,改编为铁道部工程指挥部东北办事处;1989年更名为中国铁道建筑总公司东北办事处,2003年4月改制改称现名。董事长张宝起,总经理刘振兴,党委书记季利平。职工300人。资产总额296837万元。下设鞍山、大连、哈尔滨、内蒙古、西宁、乌鲁木齐分公司,鞍钢、包钢办事处。公司占地12万平方米,拥有4条铁路专用线和数台大型吊装设备,仓储面积10余万平方米,年吞吐能力突破150万吨。主营铁路建设所需的钢轨、道岔及配件、金属材料、建材等相关物资及工程物流、仓储物流等业务。

2011年完成企业总产值37.29亿元,实现利润1607万元。人均创利7.08万元,全员劳动生产率1643万元/人年。职工年人均收入82545元。国有资产保值增值率118.36%,净资产收益率16.82%,产值利润率3.46%,投资回报率26.78%,资产负债率

94.58%,应上缴款完成率100%。年内,公司获辽宁省流通领域现代物流示范企业和示范园区、全国制造业与物流业联动发展示范企业称号。（马丽丽）

【中铁物资集团华东有限公司】 前身为中国人民解放军铁道兵后勤部华东办事处,1984年1月集体转业并入铁道部,改编为铁道部工程指挥部华东办事处;1989年3月更名为中国铁道建筑总公司华东办事处,2003年6月企业改制改称现名。公司机关驻上海市长乐路462号。董事长、党委书记郭佳,总经理蔺建杰。职工117人。下辖上海分公司、上海铁城汽车出租有限责任公司、杭州分公司、天津分公司、南昌分公司等分支机构。

2011年完成企业总产值40.07亿元,实现利润1915.48万元,净利润1501.03万元。全员劳动生产率3059.04万元/人年,人均创利14.62万元。职工年人均收入8.8万元。国有资产保值增值率118.33%,净资产收益率17.53%,产值利润率0.34%,投资回报率1.03%,资产负债率94.02%。（侯大鹏）

【中铁物资集团中南有限公司】 2005年7月7日成立,2007年成为集团公司独资子公司。公司机关驻湖北省武汉市武昌区丁字桥路27号。法定代表人谢兴沛,总经理杨亮。职工76人。下辖郑州、青岛分公司。主营业务为金属合成材料、建筑材料贸易,机械设备、房屋租赁,金属矿、非金属矿销售,水泥、钢材、铁路设备器材销售,仓储服务及货物、技术、代理进出口业务。资产总额82863万元。其中,固定资产净值1619万元;流动资产80764万元;其他资产480万元。

2011年完成企业总产值23.25亿元,实现净利润2642.82万元。人均创利34.77万元,全员劳动生产率3059万元/人年。国有资产保值增值率140.28%,净资产收益率33.52%,产值利润率1.79%,应上缴款完成率100%。全年销售钢材34.3万吨,销售金额10.09亿元;销售钢轨13.9万吨,销售金额7.8亿元。（邓芳菲）

【中铁物资集团西北有限公司】 前身系中国人民解放军铁道兵西北办事处,1984年1月集体转业并入铁道部,改编为铁道部工程指挥部西北办事处;2003年4月企业改制改称现名。公司机关驻陕西省西安市友谊东路150号。董事长宁普选(1月免)、李庆生(1月任),党委书记刘升旗(1月任),总经理林斌。职工108人。下辖兰州分公司。主要经营铁路建设所需钢轨及配件、大型基建项目所需钢材和水泥等物资供应及服务、钢材现货贸易、部管物资代理服务、房屋租赁等业务。资产总额37124万元。其中,固定资产净值1009万元;流动资产34958万元;其他资产1156万元。

2011年完成企业总产值8.66亿元,人均创利1.38万元。职工年人均收入4.6万元。国有资产保值增值率100%,净资产收益率0.1%,资产负债率84.19%,产值利润率3.44%,投资回报率2%,应上缴款完成率100%。年内,公司获西部物流百强企业称号,被陕西省物流与采购联合会评为2011年度优秀会员单位。（张维泉）

【中铁物资集团西南有限公司】 前身系中国人民解放军铁道兵西南办事处,1984年1月集体转业并入铁道部,改编为铁道部工程指挥部西南办事处;1989年更名为中国铁道建筑总公司西南办事处,2001年企业改制改称成都中铁建西南物资有限公司;2004年划归中铁物资集团有限公司,改称现名。公司机关驻四川省成都市一环路北一段113号。主要从事铁路用钢轨集中采购代理、系统内成品油及民爆器材采购供应、铁道部部管甲供物资代理、国家重点建设项目工程物流、钢材现货贸易及货物进出口贸易业务及宾馆服务业。董事长唐建勇,党委书记许学良(8月免)、潘登华(8月任),总经理刘鹏(8月免)、唐建勇(8月任)。职工164人。下辖成都、重庆、贵阳、昆明、无锡、西安、兰州、拉萨分公司,铁西宾馆,并在桂林、南宁、合肥、南京、芜湖、张掖等地设置经营网点。固定资产净值3341万元,流动资产207243万元,其他资产3381万元。

2011年完成企业总产值37.52亿元,实现净利润74.84万元。全员劳动生产率29.41万元/人年,职工年人均收入13.36万元。国有资产保值增值率95.16%,净资产收益率0.92%,产值利润率-0.03%,资产回报率0.03%,资产负债率96.19%,应上缴款完成率100%。年内,公司被评为全国模范职工之家。（姚静陶）

【中铁物资集团华北有限公司】 2002年12月由原石家庄中铁建材料总厂改制为中铁物资集团石家庄有限公司,2007年3月更为现名。公司机关驻河北省石家庄市桥东区工人街22号。董事长兼党委书记齐卫东,总经理赵清修。职工243人。公司集物资贸易、工程物流、仓储租赁为一体,主要面向中国铁建系统和国家及地方建筑工程市场。拥有仓储库房6万余平方米。固定资产原值3235.95万元、净值1970.94万元,流动资产119133.74万元,非流动资产8745.73万元。

2011年完成企业总产值13.79亿元,实现利润

176.03万元。职工年人均收入4.03万元。国有资产保值增值率100.5%,净资产收益率0.5%,产值利润率2.05%,资产负债率88.76%。年内,公司被石家庄市桥东区政府授予2010年度地方经济突出贡献奖,被中国物流与采购联合会授予2010年全国物流企业先进称号,被河北省现代物流协会授予河北省"十一五"期间全省物流行业先进单位。（王 乐）

【中铁物资集团华南有限公司】 2004年1月成立,2006年改制为集团公司全资控股公司。公司机关驻广东省广州市越秀区东风东路745号东山紫园国际商务大厦17层。董事长、党委书记丁剑平,总经理叶海峰(4月任)。职工69人。下辖南宁分公司。主要经营工程物流、现货贸易,兼营不锈钢、煤炭业务,并涉及铁路器材相关的国际贸易。

2011年承揽任务11.82亿元,完成企业总产值11.81亿元,实现利润124.99万元。人均创利1.86万元,全员劳动生产率20.82万元/人年。职工年人均收入8.65万元。国有资产保值增值率102.17%,净资产收益率1.13%,产值利润率1.06%,资产负债率89.17%。（谢 明）

【中铁物资集团北京有限公司(五棵松饭店)】 前身系中国人民解放军铁道兵第一招待所,1984年更名为北京中铁五棵松饭店,2002年更名为北京五棵松饭店;2001年11月划归北京铁建工贸集团公司管理,2006年11月划归中铁物资集团公司管理;2007年12月企业改制改称北京五棵松饭店有限公司,2010年12月组建成立中铁物资集团北京有限公司,实行一个机构,一套班子,两块牌子。董事长王跃飞,党委书记张品,总经理陈明。正式职工97人。公司占地面积2.2万平方米。

五棵松饭店资产总额1772.88万元。其中,固定资产净值250.87万元;流动资产1488.96万元;其他资产33.06万元。2011年完成企业总产值2963.53万元,实现利润119.11万元。人均创利0.86万元,全员劳动生产率12.56万元/人年。职工年人均收入5.88万元。国有资产保值增值率106.37%,净资产收益率6.17%,产值利润率4.02%,资产负债率27.46%。年内,饭店被评为北京市海淀区消防工作先进单位、海淀区社会治安综合治理工作先进单位、海淀区安全先进单位、海淀区饮食行业协会2011年安全服务示范企业和海淀区2011年度人民武装先进单位。

北京公司于4月正式运营,开展工程物流、现货贸易和煤炭贸易经营。正式职工43人。下设煤炭分公司。资产总额32117.39万元。其中,固定资产净值11.36万元;流动资产32106.03万元。2011年完成企业总产值56357.32万元,实现利润1475.28万元。人均创利46.1万元,全员劳动生产率49.67万元/人年。职工年人均收入4.67万元。净资产收益率71.01%,产值利润率2.62%,资产负债率90.34%。（郭云婷）

【北京中铁工业有限公司】 前身为北京海石丰工业科技开发公司,2001年11月,由工厂局机关服务中心和海石丰工业科技开发公司重组而成,划归北京铁建工贸集团公司管理;2006年11月划归中铁物资集团有限公司管理,2007年7月改制改称现名。公司机关驻北京市石景山区玉泉路65号。董事长李志群,党委书记林长宝,总经理张燕峰。主营业务为工程物流、铁路线上料集成供应、现货贸易、驻厂监造等一体化物流贸易综合服务,主要服务于铁路、公路、工业与民用建筑等大型建设项目的物贸业务。下设唐山、大同、徐州经营机构,与辽宁东鑫水泥集团公司合资设立辽宁朝阳水泥销售公司。职工136人。资产总额120748.2万元。其中,固定资产净值791.85万元;流动资产117938.05万元;其他资产2018.3万元。

2011年承揽任务327819万元,完成企业总产值253373.31万元,实现利润707.61万元。人均创利6.21万元,全员劳动生产率19.52万元/人年。职工年人均收入10.5万元。国有资产保值增值率108.38%,净资产收益率7.28%,产值利润率0.28%,资产负债率93.85%,应上缴款完成率100%。公司取得北京银建资信评估中心AAA级资信企业认证,是北京市国税、地税局纳税信用A级企业。（马 川）

【北京中铁建物资贸易有限公司(印刷公司)】 是经国家新闻出版署批准的国家级书刊定点印刷企业。前身是中国人民解放军铁道兵印刷厂,1951年2月创建于朝鲜战场;1984年兵改工后为中国铁道建筑总公司机关直属单位,2002年划归北京铁建工贸集团公司管理,2006年11月划归中铁物资集团有限公司管理;2007年12月企业改制改称北京中铁建印刷有限公司,2010年11月成立北京中铁建物资贸易有限公司,实行两块牌子、一个机构的经营模式。公司机关驻北京市复兴路40号。董事长、总经理范玉峰(8月任),党委书记陈继生。下辖铁印宾馆。职工228人。2008年企业转型,发展贸易业务。主要经营钢材、矿石矿粉、焦炭、水泥、钢轨道岔销售,国际贸易,工程物资配送,加工报纸、期刊、书籍等。资产总额28749万元。其中,固定资产净值404万元;流动资产12591万元。

2011 年完成企业总产值 13 亿元，实现利润 1433 万元。人均创利 10.85 万元，全员劳动生产率 16.25 万元/人年。职工年人均收入 7.86 万元。国有资产保值增值率 195.64%，净资产收益率 22.46%，产值利润率 1.14%，投资回报率 46.52%，资产负债率 78.21%，应上缴款完成率 100%。年内，公司获北京市海淀区万寿路地区和谐劳动单位称号。（杨 娜）

【中铁物资集团港澳有限公司】 2010 年 7 月 28 日成立。公司机关驻广东省珠海市九州大道西 3026 号 11 栋。法人代表、执行董事、总经理王辉，党工委书记季军。主要经营城市轨道交通物资供应、现货贸易以及铁路物资的国际贸易。是武钢、首钢、广州市裕丰企业集团有限公司、广东韶钢松山股份有限公司、广州钢铁企业集团有限公司舞阳钢厂、安阳钢厂一级代理商。下辖珠海华铁商贸实业有限公司。职工 57 人。资产总额 28083 万元。其中，固定资产原值 2055 万元；流动资产 25637 万元；其他资产 391 万元。

2011 年完成企业总产值 49687 万元，实现净利润 1921 万元。人均创利 33.7 万元。职工年人均收入 17 万元。国有资产保值增值率 174.59%，净资产收益率 42.72%，产值利润率 5.23%，投资回报率 96.05%，资产负债率 83.99%。（蒋 柯）

【中铁物资集团新疆有限公司】 2011 年 9 月 14 日成立。公司机关驻新疆维吾尔自治区乌鲁木齐市经济技术开发区嵩山街 229 号。执行董事黄忆龙（8 月任），党工委书记肖鹏（8 月任），总经理刘立锋（8 月任）。职工 43 人。主要经营建筑材料、矿产品、铁路器材、农副产品等贸易，工程咨询、工程物流及进出口贸易等业务。资产总额 4808 万元。其中，固定资产净值 68 万元；流动资产 4740 万元。（杨 露）

【中铁物资集团南京有限公司】 2007 年 7 月 17 日成立，前身是中铁物资集团南京分公司。公司机关驻江苏省南京市鼓楼区中山路 179 号易发信息大厦 15 层 A 座。主要负责铁路建设及大型工程物资供应及服务。法人代表、总经理窦剑锋（6 月免）、郑华荣（6 月任），执行董事、党工委书记季军（6 月免）、罗世福（6 月任）。职工 36 人。资产总额 18779 万元。

2011 年完成企业总产值 19039 万元。职工年人均收入 1.87 万元。国有资产保值增值率 19.6%，净资产收益率 -134.46%，产值利润率 -13.14%，投资回报率 -84.3%，资产负债率 96.74%。（李恒衡）

【中铁物资集团兰州有限公司】 前身系兰州铁路局工程材料厂、中铁二十一局集团物资公司，2008 年划转集团公司管理；2010 年 7 月 30 日在甘肃注册，12 月 28 日正式挂牌成立。公司机关驻甘肃省兰州市西固区福利东路 68 号。主要经营铁路物资、工程物资、成品油、润滑油、润滑脂、仓储服务、装卸搬运、运输代理、机械设备租赁业务。董事长李天海（12 月免）、李景光（12 月任），总经理刘文荣（12 月任）。职工 77 人。公司拥有起重、运输设备 14 台。资产总额 7340 万元。其中，固定资产净值 406 万元；流动资产 6797 万元。

2011 年承揽任务 124922 万元，完成企业总产值 20267 万元，实现净利润 -356.47 万元。国有资本保值增值率 81.86%，投资回报率 17.8%，净资产收益率（含少数股东权益）-19.94%，资产负债率 78.08%。年内，公司被评为甘肃省 AA 级综合服务型物流企业。（孙学京）

【中铁物资集团海南有限公司】 2011 年 7 月成立。公司机关驻海南省海口市龙华区滨海大道 123-8 号信恒大厦 16 层。执行董事谢百旺（6 月任、9 月免）、陆强（9 月任），总经理褚菲（6 月任、9 月免）、谢百旺（9 月任），党工委书记陆强（10 月任）。职工 19 人。主要经营物资贸易、工程物流及资产投资，同时发展物资招标代理、钢材贸易、国际贸易和铁路器材业务。与海南省国际岛旅游开发有限公司、西环铁路、广铁集团粤海铁路有限责任公司、海南核电集团有限公司、海南省建设集团有限公司、中交集团四航局建立长期合作关系。

2011 年完成企业总产值 1606 万元。年内通过 ISO9001 国际标准质量管理体系、ISO14001 环境管理体系、OHSAS18001 职业健康安全管理体系认证。（尹 昶）

【芜湖中铁科吉富轨道销售有限公司】 2011 年 7 月成立。公司机关驻安徽省芜湖市弋江区火龙岗镇芜南路东 281 号。总经理孙东旭。职工 7 人。主要经营水泥、矿粉、钢轨、道岔以及各种铁路配件和相应的物流及仓储服务。

2011 年完成企业总产值 6699 万元，实现净利润 70 万元。年内，公司通过 ISO9001 国际标准质量管理体系、ISO14001 环境管理体系认证。（刘 晴）

【中铁物资集团铁建民爆器材专营有限公司】 由集团公司与湖南省南岭民爆器材股份有限公司共同出资组建，2006 年 10 月成立，分别占 60% 和 40% 股份。公司机关驻北京市海淀区西四环中路 19 号。主营业务为炸药、雷管、导爆索等民用爆破器材,取得北京市民爆物品销售许可证。董事长、总经理刘建军。职工 28 人。资产总额 2541 万元。其中,固定资产净值 62 万元;流动资产 2479 万元。

2011 年销售收入 7789 万元,实现利润 400 万元。人均创利 14 万元,职工年人均销售收入 278 万元。国有资产保值增值率 115.54%,净资产收益率 14.4%,产值利润率 5.14%,投资回报率 16.87%,资产负债率 20.7%,应上缴款完成率 100%。（杨 凯）

【北京中铁福斯罗技术有限公司】 2009 年 3 月 17 日,集团公司与德国福斯罗公司组建的合资公司,由集团公司控股。公司驻北京市海淀区西四环中路 19 号。主要研究开发扣件系统技术及技术转让、咨询。董事长熊卫东,总经理刘建国。职工 13 人。资产总额 1097 万元。其中,固定资产净值 125 万元;流动资产 958 万元。

2011 年完成企业总产值 330 万元,实现净利润 266 万元。人均创利 20 万元。国有资产保值增值率 47.73%,净资产收益率 15.68%,流动资产周转率 18.57%,投资回报率 70.95%,成本费用利润率 217.89%,产值利润率 107.55%,资产负债率 0.97%,应上缴款完成率 100%。（薛志辉）

【中石油铁建油品销售有限公司】 2009 年 11 月 19 日,集团公司与中国石油天然气股份有限公司组建的合资公司。公司机关驻北京市朝阳区北辰东路 8 号汇宾大厦 B-18 层。具有成品油批发及危险化学品经营许可证。主要经营铁道建设系统内汽油、柴油、润滑油、沥青等石化产品业务。董事长、法定代表人张长根,总经理杨荷。职工 15 人。资产总额 23460.2 万元。其中,固定资产净值 235.98 万元;流动资产 23300.63 万元。

2011 年完成销售收入 191869.16 万元,实现利润 6895.3 万元、净利润 5171.47 万元。人均创利 344.76 万元。国有资产保值增值率 129.03%,净资产收益率 37.93%,产值利润率 3.6%,投资回报率 51.71%,资产负债率 34.52%。（李 响）

【中铁物资集团有限公司南昌指挥部】 2010 年 12 月成立,主要负责集团公司资本运作项目——南昌市红谷滩新区市政路网工程。指挥部驻江西省南昌市红谷滩新区丰和南大道 2299 号梵顿公馆一期 1 号楼 3 单元 701 室。常务副总指挥周庆国,副总指挥陆强。职工 4 人。（王 蕾）

【重要记载】

▲1 月 20 日　集团公司首届一次职工代表大会在国家会议中心举行。

▲1 月 22 日　集团公司与四川省川威集团在北京国家会议中心签署战略合作协议,标志着双方将在钢材购销领域展开全面、纵深的战略合作。

▲3 月 13 日　中国铁建股份有限公司与河北钢铁集团有限公司在北京签署战略合作协议。集团公司董事长、党委书记金跃良代表股份公司签约。

▲3 月 18 日　集团公司与五矿发展股份有限公司在北京钓鱼台国宾馆签署战略合作协议。股份公司与中国五矿集团公司领导出席签约仪式。

▲4 月 29 日　西南公司与成都市新津县人民政府签订新津物流配售中心项目投资协议,标志着物流配售中心项目将全面进入设计、建设阶段。

▲6 月 24 日　集团公司被评为国家 5A 级综合服务型物流企业。

▲7 月 26 日　集团公司与酒泉钢铁集团在北京香格里拉饭店签署战略合作协议。

▲7 月 27 日　集团公司与包头钢铁(集团)有限责任公司在北京签署战略合作协议。

▲8 月 16 日　南昌西客站市政路网工程 U 型路通过南昌市红谷滩新区管委会的竣工验收。该期项目于 8 月底顺利完成首次回购,标志着南昌西客站市政路网工程项目取得阶段性进展,也标志着集团公司在资本运作领域迈出了实质性的一步。

▲8 月 25～26 日　集团公司总经理王涛出席中央企业青年工作会议暨中央企业青联三届一次全委会,并被提名为中央企业青年联合会第三届委员会委员。

▲8 月　集团公司连续三次获北京市建设行业诚信企业称号。

▲9 月 26 日　集团公司董事长、党委书记金跃良出席中国物流与采购联合会第五次会员代表大会,并全票当选为中国物流与采购联合会第五届理事会副会长。

▲11 月 16 日　集团公司获全国先进生产力优秀企业奖。

▲11 月 23 日　集团公司党委书记、董事长金跃良当选政协北京市海淀区第九届委员会委员。

▲12 月 18 日　集团公司董事长、党委书记金跃良获全国物流行业劳动模范奖章。

▲12 月 19 日　集团公司在 2011 年中国物流企业 50 强中排名升至第 5 位。（王 蕾）

昆明中铁大型养路机械集团有限公司

【简况】 昆明中铁大型养路机械集团有限公司是国家铁路大型养路机械生产基地、国家高新技术企业,专门从事铁路养路机械设计研发、制造和修理。前身系中国铁道建筑总公司昆明机械厂,1954 年始建于陕西宝鸡,1964 年搬迁到云南昆明,2003 年改制为国有控股公司,2008 年 3 月随中国铁建整体上市。集团公司总部驻云南省昆明市官渡区金马镇羊方旺 384 号。占地面积 59.17 万平方米。职工 1817 人。

1988 年,铁道部引进奥地利普拉塞公司技术,集团公司承担国产化任务;1990 年生产出中国第一台 08-32 捣固车,实现“零”的突破。经过 20 多年的力,集团公司已形成多个系列 40 多个品种的产品格局,其中 30 余个自主研发产品填补国内空白。获国家专利 80 项,主持制定大型养路机械铁道行业标准 30 余项。“十一五”期间,集团公司研制出厂新产品 14 个,其中 9 个为自主研发新产品。自主创新支撑企业快速发展,为中国大型养路机械打造民族品牌、走向世界创造了有利条件。截至 2011 年底,集团公司已为中国铁路提供各类大型养路机械 1600 余台,国内市场占有率 80% 以上(另有部分出口)。大型养路机械的广泛应用,为中国铁路提速扩能、保障运输安全、加速技术进步、推进工务修程修制改革,为青藏铁路和高速铁路的顺利开通、安全运营发挥了重要作用,成为中国铁路科技进步十大标志之一。

2011 年,集团公司完成工业总产值 35.04 亿元,实现营业收入 28.84 亿元,利税总额 4.17 亿元。全员劳动生产率 45.14 万元/人年,人均创利 12.37 万元。国有资产保值增值率 128.06%,产值利润率 7.48%,净资产收益率 14.37%,资产负债率 62.67%,流动资产周转率 0.84 次。 (董 志)

【领导人员】

董事会

董事长	马云昆
国有股董事	马云昆
	任延军
	杨朝凯
	江　河
	黄兆祥

监事会

成员	莫　斌
	胡　斌
	郭　云

经理层

总经理	任延军
副总经理	江　河
	黄兆祥
	孙国庆
	张　忠
	陈永祥
总工程师	胡　斌

党群领导

党委书记	马云昆
党委副书记	任延军
	杨朝凯
纪委书记	莫　斌
工会主席	杨朝凯

(董 志)

【职工队伍】 在岗职工 1817 人,其中研究生以上学历 67 人、大学本科 320 人、大专 329 人。工程技术人员 345 人,其中高级工程师 83 人、工程师 161 人、助理工程师 101 人。工人中有高级技师 49 人、技师 69 人、高级工 213 人、中级工 114 人、初级工 123 人。

(董 志)

【经营管理】 生产经营。2011 年,集团公司制造、修理大型铁路养护机械 301 台,完成工业总产值 35.04 亿元,为年计划的 100.11%,同比增长 16.8%;新签合同 25.01 亿元,为年计划的 100.04%,同比增长 22%;实现营业收入 28.84 亿元,为年计划的 100.84%,同比增长 7.09%;实现利润 2.62 亿元,净利润 2.18 亿元,为年计划的 100.5%,同比增长 9%。

科技创新。年内完成侧切式边坡清筛机方案设计和蒙古国 4 种宽轨车型技术设计。5 月,铁道部首次面向社会进行科技研发项目公开招标,集团公司中标 4 项,其中“高速铁路无砟轨道系统修复技术研究”项目,使集团公司在高速无砟轨道养护领域获得准入,抢占先机,可陆续研发高速无砟轨道板切割车、轨道板调校车、砂浆灌注车、移动综合维修车等一系列新产品。2011 年,集团公司多种车型通过铁道部组织的技术评审和行政许可审查:轨道吸污车通过样车技术审查;高效清筛机和连续式正线道岔捣固稳定车通过优化设计方案评审;除雪车通过技术方案评审,项目引起国务院的高度重视,列入国务院督办项目;铣磨车通过设计方案评审;4 种车型的生产许可、6 种车型的维修许可通过资料及现场审查，为集团公司进一步适应铁道部改革、增强企业核心竞争优势打下基础。

技术改造。集团公司产业基地最后一个项目——技术中心大楼于2011年2月开工建设；11月，大楼主体工程通过云南省工程质量监督管理站验收。工程研究中心项目完成整体规划方案编制，7月通过专家组评审，并报国家科技部申请立项。年内采购直读光谱仪、制动机试验台、三坐标测量机、制动梁荧光磁粉探伤机等设备，自主开发具有世界领先水平的稳定装置试验台，并试制成功。

安全质量。2011年是铁路发展的特殊时期，为保证和不断提高产品质量，集团公司继续坚持实施精品工程，全面深入推行质量点检控制模式。以总装分厂为示范单位，在各分厂和子公司中，全面、深入地推行点检模式，消除差距、平衡发展，实现点检控制模式在制造、修理单位全覆盖，涉及行车安全和作业性能的关键工序全覆盖。开展“大型养路机械质量年”活动，收效良好。9月在铁道部成都验收办事处开展的质量保证能力例行审核评价中，集团公司质量保证能力评定为一级。全年整车一次交验合格率达到98.89%，产品质量稳中有升。

信息化建设。2011年，集团公司实际成本管理系统与费用预算控制系统正式上线运行，ERP系统13个子系统中的12个子系统建设初步完成，标志着ERP系统建设阶段基本结束，进入全面应用阶段，有效地提升了企业的管理水平。6月，“大型铁路养护机械成套装备产品研制数字化综合集成技术开发与应用”项目通过云南省科技厅验收并获得好评。

研发体制改革。2011年，集公司实施研发体制改革，成立4个研究所，根据不同产品系列开展专业化研究开发；适时推行大项目制管理，从科技项目可行性研究、审核、立项、实施、评审、应用到结题，全生命周期负责，提高项目实施效率；创新激励机制，提高研发人员待遇，激发研发人员积极性，引入竞争机制，4个研究所之间形成“比学赶帮超”的良好氛围。

人力资源改革。2011年，集团公司全面实施组织结构和人力资源优化项目。2月完成机构调整后，本着“公开、公平、公正”的原则组织中层干部竞聘上岗，充分发扬企业民主，不断提高中层干部的主人翁意识，变“要我干”为“我要干”。5月，集团公司进一步推进人事制度改革，以采购管理部为先行试点单位进行员工竞聘上岗，随后完成财务部部分岗位、4个研究所全部岗位的竞聘上岗工作；11月完成物流中心、采购中心的机构及人员调整工作，为建立“任人唯贤、能上能下”的灵活用人机制打下基础。（董 志）

【党群工作】 2011年，集团公司党委以科学发展观为指导，以“改革年”为主题，紧紧围绕生产经营中心工作，深入开展“六比六看”创先争优活动，以建品牌的理念抓党建，加强和改进集团公司党组织建设，不断提高基层党组织的创造力、凝聚力和战斗力，确保生产秩序和员工队伍稳定。(1)深入贯彻落实胡锦涛总书记重要讲话精神，创新观念树理念，坚定信心增强危机意识，推动企业健康可持续发展。在愿景追求方面，通过开展创先争优活动，树立“二次创业”、“集团管控”和“规范运作，创先争优，快乐工作，品味人生”的理念，并将之固定为晨会的誓词；从精神状态和工作作风方面，树立“六比六看”理念；在规划布局方面，强化“调整结构促转型”和树立“立足昆明，布局全国，迈向世界”的理念；从完成任务方面，通过开展形势教育，树立“坚定信心，谋求发展，不辱使命”的理念；从行为要求方面，通过成本控制年、质量年、绿色生产等专题活动，树立“成果导向”和“零缺陷、零误差、零故障”的“三零”观念，培养“不把习惯当标准，要把标准当习惯”及“大机制造，对内是保质量，对外是保安全”的思想，强化“低碳环保”意识；从精神需求方面，集团公司党委倡导“保效益才能保稳定”、“用劳动创造财富，用双手创造幸福”的观念，教育员工重看责任，要先创造物质基础，再追求快乐生活；从发展取向方面，通过一系列科技体制机制改革措施的实施和新产品研发结构调整，培育和形成“技术是公司发展的根本”的观念，强调提高技术创新能力，提升科学研发的经济地位，肯定广大科技研发人才的发展价值。(2)为纪念建党90周年，集团公司组织“我心中的旗帜——爱国歌曲大家唱”群众性歌咏比赛，开展“歌颂党，弘扬廉政勤政”为主题的有奖征文比赛，举办“健康、安福，庆祝建党90周年”摄影书画作品展，开展“知识引导创新，学习成就未来”读书活动和“做文明昆明中铁人”活动。(3)建立健全科学民主决策制度，严格决策程序，制定集团公司《“三重一大”集体决策制度》，在议事决策上，分清董事会、党委会、经理层的职责、议事范围和接口程序。召开“以人为本，执政为民”的主题民主生活会，通过民主生活会统一思想，增进团结，拓展思路。建立党建工作联系责任制，党务负责人分别联系基层党委，分级、分类进行辅导。(4)以创先争优活动作为建设学习型党组织的强劲动力和重要载体，把建设学习型党组织作为创先争优的重要内容和基本要求，使创先争优与学习型党组织建设相互促进、密切配合、共同发展。集团公司党委利用中心组学习机会，研讨转变经济发展方式、建设质量效益型企业的思路；党委班子带头研习《羊皮卷的故事》，倡导改善心智模式、坚持不懈、珍惜今天努力工作，将“行动成功”培训引入企业，树立"成果导向、数字思维、内向思维"的思维模式。(5)围绕"二次创业"主题，深入开展"六比六看"(子分公司比发展，看谁的发展步伐快；机关职能部门比服务，看谁服务质量高；员工人人比贡献，看谁贡献大；党员干部比作为，看谁做事本领强；科技人员比创新，看谁是创新排头兵；营销队伍比业绩，看谁业绩最优异)、"五带头、五争做"(带头抓好安全生产，争做安全生产标兵；带头把好质量关，争做质量创优表率；带头敬业奉献，争做生产急先锋；带头维护稳定，争做群众贴心人；带头促进发展，争做发展驱动力)活动，全面持续深入推进创先争优，为生产经营工作提供思想源动力。(6)以"铁道兵"精神的宣贯为主线，推进企业文化建设，提升企业发展软实力。通过展板，宣传集团公司创先争优、企业文化、精益生产、质量安全、成本控制等方面的内容。精心组织上海、深圳轨道交通装备展览会参展资料，提升企业影响力。传承、弘扬"铁道兵"精神，并内化为员工的精神状态，集团公司编排的、反映"铁道兵"精神和新时代中国铁建精神的节目《穿越梦想》获铁道部二等奖。(7)深入开展反腐倡廉党风廉政建设，为企业规范运作、健康可持续发展净化环境。建立企检共建机制，坚持干部廉政谈话制度，构筑惩防并举的党风廉政责任考核体系；完善监督体系，整合监督资源，形成纪检监察、审计、法务、监事会"四位一体"的内控监督体制；强化财务管控，实施集团公司下属子分公司财务负责人直接委派制度，对受派单位生产、经营、管理等重大决策与资金运用情况进行监督；推行岗位轮换制度，降低廉政风险；强化过程监控，开展效能监察，从源头加大管控力度，推进企业规范运作，全力化解企业经营风险，最大限度维护企业的利益与发展。

工会、共青团工作。集团公司工会以抓规范化、程序化管理为重点，推进"职工小家"建设，促进队伍素质提高；抓工作创新，增强工会工作活力。共青团组织始终坚持"党建带团建"原则，坚持以人为本的理念，有针对性地加强青年员工思想政治教育，开展第二届"十大杰出青年"、"十佳青年技术工人"评选活动；以开展"青年创新之星"活动为载体，激发员工创新能力，提高员工技能；开展"当代青年核心价值体系之我见"讲座，引导广大青年员工立足本职，发挥团员青年的生力军和突击队作用；举办生活礼仪讲座、"因为爱在心中"联谊晚会，以文体活动为载体，增强员工凝聚力和向心力，推动各项工作深入开展。（董 志）

【子公司概况】 集团公司下辖昆明奥通达铁路机械有限公司、北京昆维通铁路机械化养护工程有限公司、北京瑞维通工程机械有限责任公司和唐山昆铁科技有限公司4个子公司。其中，奥通达、昆维通和瑞维通3个子公司于2010年组建。奥通达公司专门从事大机配件生产销售、大机修理和中小型机械制造等业务，完全按照市场化运作，2011年新签合同额1.85亿元，完成营业收入2.38亿元，实现净利润2347万元，并于9月通过铁道部成都验收办事处组织的质量保证能力评价审核。昆维通公司主要负责铁路线路养护施工，2011年新签合同额3140万元，完成营业收入2638万元，实现净利润65万元，并取得铁路工程施工总承包三级资质。瑞维通公司主要从事大机修理业务，2011年完成营业收入5481.96万元，实现净利润385.49万元。为向瑞维通公司修理业务提供配套服务，同时规范大型养路机械配件市场，由集团公司控股，与唐山中铁共同出资，于2011年9月注册成立唐山昆铁科技有限公司。（董 志）

【重要记载】

▲1月7日 集团公司自主研发、具有自主知识产权的新产品XMC－30钢轨铣磨车方案通过铁道部审查。

▲1月11日 集团公司产业基地技术中心办公大楼项目正式开工。

▲1月18日 集团公司自主开发生产的新产品——TXC铁路道床吸污车通过动力学性能试验。

▲1月30日 集团公司召开第二届三次职工代表大会暨2010年双先表彰大会。

▲2月18～19日 集团公司召开党委扩大会暨2011年工作会。会议听取新成立的5个子(分)公司2010年的工作情况汇报，完成中层干部竞聘上岗工作。

▲2月21日 云南省科技工作会议在昆明召开。集团公司再次被认定为云南省高新技术企业，并被设定为云南省铁路大型养路机械工程技术研究中心。

▲2月 集团公司被国家科技部认定为制造业信息化科技工程应用示范企业。

▲3月7日 具有完全自主知识产权的世界首台稳定装置高速试验台在集团公司工程研究中心试验室首次试验并获得圆满成功。

▲3月8日 集团公司生产的"铁工"牌大型养路机械再次被授予"云南名牌产品"称号。

▲4月27日 集团公司生产的HFX恒张力放线车在沪昆高速铁路的昆明东站到格以头站顺利完成动力学性能试验。

▲5月9日 全国政协常委、中华全国总工会原副主席、书记处第一书记张俊九率领的全国政协调研组一行30余人，在股份公司原董事长、党委书记李国

瑞的陪同下到集团公司考察调研。

▲5月27日　在国家商务部国际商务官员研修学院院长金旭带领下，来自巴基斯坦、菲律宾、缅甸、蒙古、越南、孟加拉、马来西亚、斯里兰卡、柬埔寨、土库曼斯坦、伊拉克、叙利亚、黎巴嫩13个国家的亚洲国家铁路建设规划及施工管理研修班官员代表团到集团公司考察。

▲6月20日　由集团公司承担，云南省机械研究设计院、昆明理工大学参与的云南省科技创新强省计划项目——"大型铁路养护机械成套装备产品研制数字化综合集成技术开发与应用"通过验收。

▲6月21日　全国人大常委会副委员会长路甬祥到集团公司考察大型养路机械的研发制造情况。

▲6月23～24日　中华全国铁路总工会在北京蓝天剧场举办"感动铁路"全路职工文艺汇演，集团公司的音乐舞蹈剧《穿越梦想》代表中国铁建参加汇演，并获得好评。

▲6月30日　集团公司隆重召开庆祝中国共产党成立90周年"两先两优"表彰大会暨歌咏比赛。

▲8月30日　2011云南百强企业排序发布会在昆明召开。集团公司以2010年营业收入26.9298亿元排名第39名，与2010年排名相比，上升了8名。

▲8月31日　由国家科技部国际合作司与云南省科技厅共同组织的"2011中国科技外交官云南行"活动的中国驻英、德、俄、波兰、澳大利亚、新加坡、以色列等国家的19位大使馆科技参赞，在云南省科技厅副厅长李树洁陪同下到集团公司参观考察。

▲9月9日　北京瑞维通公司承修的首台DC－32捣固车符合相关技术标准，通过铁道部大修首辆鉴定。

▲10月11～14日　奥地利普拉赛·陶依尔公司总经理波特奥尔先生和营销总经理科尔尼克先生率领的普拉赛·陶依尔公司高级代表团一行5人到集团公司进行友好访问。

▲10月13日　集团公司通过引进技术合作生产的EM SAT－120（GZC－120）轨道作业测量车通过铁道部评审，同意出厂。

▲11月14～18日　铁道部运输局组织专家审查组到集团公司进行大型养路机械生产许可和维修许可证的审查。

▲11月18日　股份公司总裁赵广发到集团公司调研。赵广发指出，昆明中铁近几年快速发展，良性循环，走上了正轨。他希望昆明中铁要统一思想认识，加快企业转型，看重历史责任，做优做强做大企业。

▲11月30日　集团公司被评为2010年度云南省高新技术企业销售收入30强、上缴税费30强和净利润30强。

▲12月12～14日　集团公司通过中国船级社质量认证公司质量、职业健康安全管理体系监督审核。

（董　志）

中国铁建重工集团有限公司

【简况】　中国铁建重工集团有限公司原名中铁轨道系统集团有限公司，2011年7月更为现名，是中国铁建股份有限公司在铁路跨越式发展的大背景下，于2007年5月28日组建的集轨道产品和地下工程装备产品研究、设计、制造、施工、检测为一体的大型制造业集团。集团公司产品产业定位为装备制造业，按行业性质、客户群体和产品类别划分为轨道装备和地下工程装备两大专业板块。轨道装备，重点发展道岔（含锰叉）、弹条扣件、闸瓦、轨枕、地铁管片等产品系列；地下工程装备，重点发展以全断面隧道掘进机（盾构/TBM）为龙头，以矿山法隧道机械、桩基础机械、矿用特种装备为纽带的四大系列产品。集团公司总部驻湖南省长沙市经济技术开发区东七路88号。下辖中铁株洲桥梁有限公司、中铁隆昌铁路器材有限公司、株洲中铁电气物资有限公司、中铁建钢结构有限公司、中国铁建重工集团兰州隧道装备有限公司5个子公司和中国铁建重工集团道岔分公司、制造总厂、研究设计总院等直管单位。职工4871人。资产总额43.07亿元。其中，固定资产原值11.83亿元、净值7.99亿元；流动资产28.37亿元。主要生产设备2527台，总功率84681.6千瓦，技术装备率6.9万元/人，动力装备率19.4千瓦/人。

2011年新签合同额386257万元，完成企业总产值219821万元。在岗职工年人均收入36902元。净资产收益率（含少数股东权益）21.57%，资产负债率62.72%。完成主要实物工作量：道岔981组，桥梁320孔，轨枕393622根，双块式轨枕135658根，接触网支柱10234根，工务器材1216.01万件，闸瓦28.63万件，金具8.63万件。（吴定州　邓日红　李　红　王喜桔）

【领导人员】

董事会

董事长　　刘飞香

董　事　　宋占波（3月任）

李　睿(3 月免)
王全生(7 月任)
胡少峰(7 月任)
刘华军(7 月任)

监事会

监事会主席	龚道君(7 月任)
监　事	谭光勇(7 月任)
	钟吉明(7 月任)

经理层

总经理	刘飞香
副总经理	王全生
	胡少峰(12 月任)
	刘华军
	刘海华
	龚道君(4 月免)
	贺勇军
	周海祥(4 月任)
	王守慧(4 月任)
	程永亮(4 月任)
总会计师	胡少峰
总工程师	王全生

党群领导

党委书记	宋占波(3 月任)
党委副书记	刘飞香
	龚道君(4 月任)
纪委书记	李　睿(3 月免)
	龚道君(4 月兼)
工会主席	李　睿(3 月免)
	龚道君(4 月兼)

（吴定州）

【职工队伍】 职工 4871 人。学历结构:高中(含中专、技校)及以下学历 2785 人,占职工总数的 57%;大专学历 1096 人,占职工总数的 22.5%;本科及以上学历 990 人,占职工总数的 20.5%。年龄结构:30 岁以下 1442 人,占职工总数的 30%;30~39 岁 1686 人,占职工总数的 34%;40~49 岁 1880 人,占职工总数的 36%。有专业技术人员 887 人。其中,高级职务 83 人,占职工总数的 1.7%;中级职务 329 人,占职工总数的 6.7%;初级职务 602 人,占职工总数的 12.3%。2011 年接收高校毕业生 380 人。其中,研究生 15 人;大学本科 346 人;大专 19 人。（王艳艳）

【经营管理】 2011 年,面对严峻的外部环境,集团公司上下以加快转变发展方式、调整产业结构为主线,以实行“新企直管、板块运营、要项集权、预算控制、绩效考评”的集团管控模式为重点,以产品研发和市场营销为龙头,瞄准“世界一流、国内领先”,坚定不移地发展战略性新型产业。

生产经营。2011 年,集团公司在铁路建设大部分项目停建缓建,任务需求严重不足的情况下,新签合同额 38.63 亿元,完成营业收入 17.18 亿元,实现净利润 2.52 亿元。完成各种规格道岔 1022 组,成品高锰钢辙叉 1363 个,扣件等工务器材产品 7020 万件,闸瓦 24 万件,金具产品 8 万件,轨枕 39 万根,岔枕 242 组,现场制梁 320 孔,接触网混凝土支柱 10234 根,钢支柱 3217 吨。全年组装完成盾构机 14 台,工地完成验收 11 台,其中 10 台完成贯通。

科研开发。集团公司坚持科技兴企、人才强企战略,积极推动技术进步和科技创新,企业核心竞争能力得到提升,自主创新成效显著。全年研发 60 余项地下施工装备和轨道系统产品,有 11 个科研项目获中国铁建、省部级和国家级立项与资助,其中“大直径面硬岩掘进机(TBM)关键技术研究及应用”项目被列入 2012 年国家“863”计划,“预切槽隧道成套设备关键技术研究及应用”项目被列入 2012 年国家科技支撑计划,4 项科研项目被列为省市重大科技专项项目。通过科技攻关,掌握和突破一批具有自主知识产权的核心技术,全年申请和受理专利 32 项。其中,发明专利 8 项;授权专利 25 项;授权发明专利 2 项。在核心产品和关键技术上已完全拥有自主知识产权,增强了原始创新、集成创新和引进消化吸收再创新的自主创新能力。2011 年,集团公司获中国重大技术装备首台(套)示范单位称号。

安全质量。集团公司严格遵守“安全第一,预防为主,综合治理”的方针,开展“建设质量强国,共创美好生活”的质量月活动,提高全员质量意识,规范质量管理工作。全年集团公司没有发生一起重伤以上人身安全事故、较大以上设备事故和大的质量事故,安全生产形势平稳。隆昌公司“改进螺栓直线度,满足顾客要求”QC 成果获 2010 年全国工程建设优秀质量管理小组三等奖。

企业管理。集团公司遵循集团管控与子(分)公司专业化运营相结合的管理模式,以集团重点进行技术开发、人力资源、财务、经营、设备物资和运营风险管控,子(分)公司进行生产、质量、安全、成本等责任主体的集团管控思路,加大集团管控力度。(1)人力资源管理勇于创新。根据集团公司新的发展战略定位,进行集团管控模式改革和组织架构调整,构建以“铁建重工”为核心企业和若干全资子公司组成的企业集团,形成“新企直管,板块运营,要项集权,预算控制,绩效考评”的全新管控模式和与之相适应的组织架构。制定集团公司《员工职业发展和职位层级管理办法》,规范员工职业发展通道;制定集团公司《基本薪酬模式及标准》,对集团公司机关、直管单位处级以下员工全部进行职位层级评定和工资套改;修订完善委派人员管理办法。人力资源管控体系得到较好的创新和执行。(2)财务管理规范科学。2011 年,集团公司紧紧围绕中国铁建“十二五”财务战略规划精神,认真贯彻执行国家法律、法规和各项规章制度,在推行预算管理、降低成本费用、合理调剂资金、纳税筹划等方面积极开展工作,财务集中管控初见成效。集团公司被湖南省建设银行授予 AAA 级信用企业。全年申请进口零部件减免税额度为 1.2 亿元,成功申请海关 A 类企业。(3)集中招标采购取得显著效果。为适应集团公司快速发展的需要,2011 年 6 月成立招标中心,对集团公司直管单位的物资采购实行招标管理,制定《集中招标管理办法》与《招标实施细则》,并严格贯彻实施。据统计,整体采购价格下降 5% ~10%;个别产品因品牌不同,价格下降达到 30%。(4)信息化建设稳步推进。制定集团公司信息化建设纲要和三年滚动计划,编制长沙二期扩建项目弱电工程建设规划、计划及方案设计,开展集团公司及直管单位物资“供应链”及生产制造 MRP 系统建设,完成集团公司 OA 协同办公系统调研、论证工作。 (吴定州)

【党群工作】 党的工作。(1)领导班子建设。以学习型领导班子建设为抓手,制定《推进学习型党组织建设的实施意见》等规定;创办《中心组学习导刊》,组织集团公司各级领导班子成员坚持中心组学习,进一步明晰产品产业定位,提出“二次创业”新目标。制定《加强和改进领导班子思想政治建设的意见》,促进各级领导班子的思想政治建设。集团公司领导班子被评为股份公司“四好领导班子”。(2)基层组织建设。进一步完善和加强集团公司机关与基层党组织建设,下大力推进学习型党组织建设,建设经验在中国铁建学习型党组织建设经验交流大会上作典型发言,湖南省委、国务院国资委、中央分别进行了转发。(3)干部人才建设。深入开展“建设重工当先锋,转型升级创一流”主题创先争优教育活动,加快人才队伍建设;以建党 90 周年为契机,举办“歌颂党,创先进,争优秀,促发展”为主要内容的“七个一”系列活动,提升干部人才队伍的综合素质。(4)企业文化建设。通过与专业公司合作,结合企业专业特点,对企业文化建设进行新的规划。全年组织三次大型集中式的宣传活动,先后在国家和省部级以上新闻媒体刊用稿件 60 余篇。集团公司被评为全国企业文化建设先进单位。

纪委工作。加强领导干部廉洁从业教育,通过学习《国有企业廉洁从业教育读本》、观看反腐倡廉警示教育片、剖析腐败现象产生的原因和危害,不断增强反腐倡廉的责任感和使命感。严格执行《国有企业领导人员廉洁从业若干规定》,规范企业领导人员廉洁从业行为,企业领导人员廉洁自律工作不断深化,较好地预防了企业受险、个人违纪现象的发生。积极推进效能监察工作,年内对涿州钢结构公司、株洲桥梁公司部分重点项目进行效能监察,对项目管理工作中存在的问题,提出改进措施,促进企业管理进一步加强。

工会工作。集团公司各级工会组织在坚持完善职代会制度,深化民主评议、企务公开、集体合同、维护权益、职工教育、送温暖活动,推进“三不让”承诺等工作落实的同时,大力开展“六比六创”劳动竞赛,激发广大职工的热情和干劲,促进生产经营任务的完成。株洲电气物资公司职工何铁光获“全国技术能手”称号,株洲桥梁公司总工程师刘红桃获中国铁建“三八”红旗手称号。年内,集团公司筹集送温暖资金 46.2 万元,资助困难职工子女上学 32 人,走访、慰问退休职工和伤病职工等 1834 人次。

共青团工作。集团公司各级团组织继续开展“导师带徒”、青年创新创效、选树青年典型等活动,组织“十大杰出青年”、“青年岗位能手”等评选活动。年内,集团公司副总经理程永亮被评为中国铁建第五届“十大杰出青年”,22 名青年被各级组织评为优秀共青团员、7 名团干被评为优秀共青团干部、20 名团员青年被评为“青年岗位能手”。 (谭光勇 吴定州)

【道岔分公司】 驻湖南省株洲市建设北路 487 号。总经理赵晖(7 月免)、贾延春(7 月任),党委书记赵晖(兼,7 月免)、刘志敏(7 月任)。职工 668 人。其中,技术和管理人员 97 人;生产工人 571 人(人事代理 402 人,劳务派遣 169 人,技术工人 549 人,普通工人 22 人)。资产总额 32219.02 万元。其中,固定资产净值 13740.57 万元;流动资产 14764.31 万元;无形资产及其他资产 3714.14 万元。

2011 年新签合同额 13 亿元,完成企业总产值 7.9 亿元,完成销售收入 7.88 亿元,实现净利润 2.1 亿元。全年生产道岔 981 组,其中铁路客运专线道岔 113 组;完成 12 个道岔新产品的试制与试铺;冶炼高锰钢 185 炉,浇注辙叉 1518 个;机加工辙叉 1429 个,试制高锰钢辙叉 24 种。 (刘皓 何文超)

【制造总厂】 2011 年 7 月,由中铁轨道系统集团隧道装备公司更名为中国铁建重工集团制造总厂,属集团公司直管单位,是集团公司地下工程装备产品制造、成本控制、工艺技术、安全质量和现场安装调试的责任主体,是盾构机与 TBM 机生产的总责任单位。总经理刘华军(1～6月、10～12月任)、王守慧(7～9月任),党委书记王守慧(6月免)、卢庆文(7月任)。职工575人,劳务派遣工138人。资产总额80326.9万元。其中,固定资产原值19511.7万元、净值18101.6万元;流动资产48412.2万元;其他资产13813万元。厂区占地面积47563平方米,建筑面积31603平方米,其中生产厂房26550.5平方米。主要生产设备119台,总功率6332.2千瓦,动力装备率8.13千瓦/人,技术装备率21.16万元/人,设备完好率97%、利用率70%、新度系数0.98。目前,总厂盾构生产车间及其工艺设备达到国内一流水平,是国内盾构生产能力最大、设备最全、工艺最先进的专业工厂。

2011年组装盾构机14台,工地完成验收11台,其中10台完成贯通,分别服务于长沙、西安、北京、乌鲁木齐等地,盾构最大日掘进31.5米。生产、安装90搅拌站2台,装配湿喷机16台(套),试制生产HPSD3010湿喷机1台。全年完成企业总产值44260万元,完成销售收入50994万元,实现利润11463万元。 (李兰英　张　杰)

【研究设计总院】 2011年7月成立,属集团公司直管单位。主要负责集团公司地下工程装备、轨道装备产品研发及集团公司科技管理工作。院长刘飞香,党总支书记兼副院长郑大桥。下设掘进机研究院、机械研究院、轨道装备研究院、液压技术研究院、电气技术研究院、工艺技术研究院、中心实验室、地下工程装备实验室、轨道装备实验室、科技部(总院办公室)。职工282人(不包括轨道装备研究院)。

2011年承担国家“863”计划“大直径硬岩隧道掘进机(TBM)关键技术研究及应用”项目和国家科技支撑计划“预切槽隧道施工成套设备关键技术研究及应用”项目。 (吴定州)

【兰州隧道装备有限公司】 2011年10月成立,注册地点为甘肃省兰州市永登县中川镇。主要生产盾构、隧道施工装备及工程机械、管片、轨道系列等产品。公司建设面积36.48万平方米,分两期建设。其中,一期拟建设盾构生产装配车间厂房9600平方米,管片生产车间厂房12000平方米,办公配套设施及附属配套设施11000平方米;工装设备200余台(套)。一期建设于2011年9月启动,预计2012年7月建成并投入试生产。 (谢卫国)

【中铁株洲桥梁有限公司】 混凝土预制构件及桥梁工程专业承包二级资质企业。主要生产铁路预应力混凝土T型桥梁和箱型桥梁、预应力混凝土轨枕(包括桥枕、宽轨枕、双块式轨枕、岔枕、道岔板)、地铁管片、环形预应力电杆等系列产品,以及桥梁锚具、混凝土外加剂、桥梁轨枕钢模等附属产品。前身为铁道部株洲桥梁工厂,始建于1958年6月,先后隶属长沙铁路局、铁道部基建总局、中国铁路物资总公司,2000年8月划归中国铁道建筑总公司工厂局管理,2001年11月划转中铁十一局集团公司,2007年4月划归集团公司管理。公司机关驻湖南省株洲市石峰区建设北路487号。董事长郑建华(6月免)、刘勇(6月任),党委书记刘亚平(6月免)、刘勇(6月任),总经理刘勇(6月免)、李源(6月任)。下辖混凝土制品分公司、信阳分公司、咸宁轨枕场、兰州分公司、六安分公司、新化制枕场和重庆制梁场、哈密分公司、玉门制梁场、隆回制梁场及工程公司、工业实业公司、五金钢模公司和物业公司。职工2004人。资产总额79720万元,其中固定资产原值26980万元、净值13671万元。机械运输设备925台(辆),原值10732.4万元、净值4910.8万元,总功率13721千瓦,动力装备率6.8千瓦/人,技术装备率2.45万元/人,新度系数0.46。年生产能力5亿元～6亿元。

2011年新签合同额9.16亿元,完成企业总产值2.6亿元,完成营业收入3.15亿元,实现利润125万元。全年生产各类轨枕38.8万根,岔枕242组,双块式轨枕13.5万根,箱梁185孔,T梁307孔。(张　虹)

【中铁隆昌铁路器材有限公司】 主要从事铁路工务器材、电气化接触网零部件、合成闸瓦的生产经营。具有年产各类弹条扣件1500万套,电气化接触网零部件400条公里,高、低摩机车车辆合成闸瓦100万块的能力。公司机关驻四川省内江市隆昌县外站路75号。公司前身为隆昌工务器材厂,于1967年5月筹建,1971年竣工投产,先后隶属于铁道部物资局、中国铁路物资总公司;2008年5月,工厂整体划转中国铁道建筑总公司管理;2009年9月,工厂改制改称现名。董事长、总经理张栋,党委书记李滨。职工545人。资产总额45847万元,其中固定资产净值19812万元。

公司是铁道部选定的铁道器材开发中心研究发展基地,2008年被认定为国家高新技术企业。2011年新签合同额11亿元,完成企业总产值47840万元,完成营业收入5.25亿元,实现利润4715万元。 (龙　敏)

【株洲中铁电气物资有限公司】 2008年12月由原中铁轨道系统集团电气化制品有限公司和原株洲中铁轨道系统物资有限公司联合组成。公司机关驻湖南省株洲市红旗北路附52号。董事长、总经理周海祥(1月免),执行董事姜文斌(3月任),党委书记姜文斌,总经理李晓波(3月任)。职工161人,劳务派遣167人。资产总额12615万元。其中,固定资产原值2608万元、净值1765万元;流动资产8858万元;其他资产3757万元。大型制造设备、装卸设备和仓储设备41台(套),仓储面积10万平方米,铁路专用线1.172公里,年物资吞吐能力40万吨。机械运输设备3台,净值370万元,总功率3186千瓦,动力装备率20.8千瓦/人,技术装备率2.41万元/人,设备完好率95%、利用率100%,机械化施工能力98%以上,年生产能力3.5亿元。公司有电气化制品、钢结构产品、物流、贸易、电磁线和战备物资五大专业板块。

2011年,公司被评为湖南省五星级货场,被认定为湖南省高新技术企业。 (谭丽莉)

【中铁建钢结构有限公司】 国家钢结构产品制作与安装专业承包一级资质企业,经营高层建筑钢结构、电站锅炉钢架、工业厂房钢结构及民用建筑钢结构和其他钢结构的制作与安装。始建于1969年底,前身为中国人民解放军6619工厂;1984年1月改称铁道部工程指挥部紫荆关金属结构厂;1997年更名为涿州中铁建筑金属结构总厂,隶属于中国铁道建筑总公司工厂局;2001年11月划转到中铁十八局集团公司,更名为中铁十八局集团涿州中铁建筑金属结构总厂;2003年6月企业改制更名为中铁十八局集团金属结构工程有限公司;2010年7月资产重组,划归集团公司管理更为现名。公司机关驻河北省涿州市华阳中路143号。董事长、总经理周海祥(1月免),执行董事、总经理赵孝强(1月任),党委书记石德平(1月任)。职工981人。资产总额5.41亿元。机械设备885台(套),原值18080万元、净值8707.91万元,总功率25548千瓦,动力装备率23.87千瓦/人,技术装备率4.99万元/人,设备完好率92%、利用率65%。

2011年新签合同15项2.64万吨,完成钢结构制作1.86万吨,实现企业总产值1.5亿元。国有资产保值增值率126.28%,总资产周转率0.26次,资金收益率-97.7%,资产负债率93.76%。 (何海燕 雷北雁)

【重要记载】

▲1月10日 道岔公司研制的首个地铁道岔产品在湖南株洲顺利通过业主单位组织的验收审查。标志着道岔公司正式进军城市轨道交通领域。

▲1月29日 集团公司自主研发设计制造的土压平衡盾构机“长安一号”在中铁十八局集团公司西安地铁1号线Ⅱ标段正式始发,这是继两台用于长沙复合地层的盾构机顺利掘进以来,第一台用于湖南省外其他地层的盾构机。

▲2月14日 集团公司一届四次职工代表大会暨2011年工作会在长沙召开。

▲2月18日 隧道装备公司研发的最新产品——HPS30混凝土喷射机发往四川荣昌,服务于成渝高速铁路建设。

▲2月25日 集团公司获湖南省加速推进新型工业化一等奖。

▲4月23日 集团公司研发制造的ZTE6250型复合式土压平衡盾构机、HPS3016混凝土喷射机械手被评为中国工业首台(套)重大技术装备示范项目。集团公司董事长、总经理刘飞香获2010年度中国工业经济先锋人物称号。

▲5月1日 在湖南长沙橘子洲地铁施工现场,由长沙市住房和城乡建设委员会、湖南经济电视台、金鹰955和集团公司联合举办的湖南第一台地铁建设节目——《春天里的地铁哥》精彩上演。

▲5月8日 中铁十八局集团公司与集团公司在长沙签订首台变频电驱动复合式土压平衡盾构机合作研发协议。

▲5月10日 隧道装备公司彭桂梁在“长沙工人”系列评选中获2011长沙市首届优秀技术工人称号。

▲6月28日 集团公司兰州新区高端装备制造基地开工建设。该基地是中国西北地区首座高端装备制造基地,对集团公司发展盾构产业和管片等相关机械设备,对中国铁建抓住西部大开发的重要机遇,发展壮大工业制造板块,拓展西部市场具有极其重要的意义。

▲7月28日 中铁轨道系统集团有限公司更名为中国铁建重工集团有限公司。

▲8月10日 道岔分公司生产的时速250公里的12号无砟道岔,在株洲顺利通过铁道部组织的厂内试制试铺技术审查。

▲8月17~18日 集团公司董事长、总经理刘飞香,副总经理刘华军、副总工程师兼发展规划部部长申智方参加中国铁建新疆考察团,与股份公司总裁赵广发分别会见新疆维吾尔自治区领导和乌鲁木齐市领导,双方就进一步加强战略合作等进行会谈,并达成广泛共识。

▲8月23~25日 集团公司研发制造的HPSD3010喷射机械手产品,参加在长沙举办的首届中国国际工程机械配套件博览会。

▲8月29日 中铁二十四局集团公司与集团公司签订战略合作框架协议。

▲9月8日 集团公司与重庆两江新区工业开发区签订隧道装备制造项目引进意向协议。

▲9月21日　集团公司自主研发的“湘江一号”盾构机DZ017出厂运往工地，将服务于长沙地铁2号线荣湾镇站—橘子洲站—湘江中路站区间施工。工程穿越湘江，全长1500米，是长沙首条地铁过江隧道，也是集团公司生产的盾构机首次服务于过江隧道掘进。

▲10月14日　中国城市轨道交通协会在北京举行成立大会暨第一次会员代表大会，集团公司当选中国城市轨道交通协会理事单位。

▲10月24日　中国铁建重工集团兰州隧道装备有限公司正式成立。

▲10月28日　中国铁建与神华集团签订煤矿TBM施工及装备项目合作协议，集团公司承担TBM法实验装备研发制造工作。

▲11月14日　集团公司获全国企业文化建设2011年度优秀单位称号。

▲12月25日　集团公司与中南大学共同承担的湖南省、长沙市重大科技专项项目——“复合式土压平衡盾构研制及其应用”科技成果通过湖南省科技厅组织的成果鉴定。（吴定州）

北京铁城建设监理有限责任公司

【简况】　北京铁城建设监理有限责任公司成立于1996年1月，前身是中国铁道建筑总公司建设监理分公司，1998年11月完成股份制改革，2006年9月设立董事会和监事会。公司机关驻北京市海淀区复兴路40号。下辖15个分公司、4个子公司、1个中外合资控股公司、2个事业部和46个项目监理站。公司是中国建设监理协会理事单位、北京市建设监理协会副会长单位、中国铁道工程建设协会建设监理专业委员会常务委员单位和中国设备监理协会常务理事单位、北京市人防协会理事单位，被铁道部确定为首批做强做大试点监理企业，具有铁路、市政公用、房屋建筑、人防、地质灾害防治工程及设备监理甲级，公路工程监理乙级，地基基础专项检测资质。试验、检测设备800余台（套），汽车77辆，固定资产原值4688万元。

2011年新签合同额3.2亿元，完成企业总产值26200万元，实现利润2464万元。人均创利1.29万元，职工年人均收入6.2万元。国有资产保值增值率158.96%，净资产收益率（含少数股东权益）39.64%，产值利润率9.41%，资产负债率76.24%。公司经营规模在2010年全国6106家监理企业中排名第4位，在铁路行业监理企业中排名第3位。年内，公司监理的项目1项获中国建设工程鲁班奖，1项获国家优质工程银质奖，1项获火车头优质工程一等奖，3项获浙江省“钱江杯”优质工程，1项获上海市政工程金奖，3项获北京市竣工“长城杯”金质奖。公司连续5年被北京市监理协会授予优秀监理单位称号，分别被中国铁道工程建设协会和中国设备管理协会授予先进监理单位称号，被评为全国质量信誉有保障优秀服务单位。

（龚成术）

【领导人员】

董事会

董事长	王　鉴
董事	秦正刚（7月免）
	周步科（7月免）
	贾晖东（7月任）
	敬廷银（7月任）
	李克贤（7月任）
	蔡梅群（7月任）

监事会

监事会主席	李德琛（7月免）
监事	彭长林（7月免）
	朱英爱

经理层

总经理	王　鉴（兼）
副总经理	贾晖东（兼）
	敬廷银
	李克贤
	蔡梅群（12月任）
总工程师	敬廷银（兼）
总会计师	蔡梅群（兼）

党群领导

党委书记	贾晖东
党委副书记	王　鉴
工会主席	贾晖东（兼）

（龚成术）

【主要工程项目监理机构】　京沪高速铁路监理联合体项目部　驻山东省济南市。总监理工程师李克贤。

哈大铁路客运专线监理联合体项目部　驻辽宁省营口市鲅鱼圈经济开发区。总监理工程师敬廷银。

哈大铁路客运专线鞍山监理分站　驻辽宁省鞍山市。分站长李清芳。

哈大铁路客运专线辽阳监理分站　驻辽宁省辽阳市。分站长戴刚。

哈大铁路客运专线海城监理分站　驻辽宁省海城

市。分站长呼世玺。

哈大铁路客运专线盖州监理分站　驻辽宁省盖州市。分站长张武斌。

哈大铁路客运专线四电监理分站　驻辽宁省鞍山市。分站长张春林。

郑西铁路客运专线客北环联合体监理站　驻陕西省西安市。站长宋玉库。

郑西铁路客运专线客北环联合体监理站西安北站监理站　驻陕西省西安市。总监理工程师宋玉库(兼)。

厦深铁路福建段监理项目部　驻福建省漳州市。总监理工程师刘三友。

汉宜铁路监理站　驻湖北省仙桃市。总监理工程师沈永瑰(9月免),尹肃(9月任)。

石武铁路客运专线监理站　驻湖北省大悟县。总监理工程师樊金奎。

广深港铁路客运专线监理站　驻广东省深圳市。总监理工程师韩振明。

成绵乐铁路客运专线监理项目部　驻四川省绵阳市。总监理工程师黄平原。

贵广铁路监理站　驻广西壮族自治区贺州市。总监理工程师甘平。

昌九城际铁路监理站　驻江西省南昌市。总监理工程师刘忠华。

京津城际延长线监理站　驻天津市。总监理工程师周献奇(9月免),邵福元(9月任)。

准朔铁路监理站　驻山西省忻州市。总监理工程师艾国民。

兰渝铁路3标段监理站　驻甘肃省岷县。总监理工程师方路(4月免),朱世伟(4月任)。

南昌枢纽监理站　驻江西省南昌市。总监理工程师刘占文(7月免),王亚林(7月任)。

西格铁路二线关角隧道监理站　驻青海省乌兰县。总监理工程师孙庆卫(10月免),杨多军(10月任)。

兰渝铁路13标段监理站　驻重庆市。总监理工程师梅东冬。

赣韶铁路监理站　驻广东省韶关市。总监理工程师杨世杰。

文昌清澜大桥监理部　驻海南省文昌市。总监理工程师张小平。

宁安铁路监理站　驻安徽省芜湖市。总监理工程师张校东。

兰新铁路二线西大段监理站　驻青海省西宁市。总监理工程师虞传海。

兰新铁路二线甘青段监理站　驻甘肃省嘉峪关市。总监理工程师安宁。

兰新铁路二线新疆段监理站　驻新疆维吾尔自治区哈密市。总监理工程师侯和利。

杭长铁路客运专线监理项目部　驻浙江省金华市。总监理工程师袁国忠。

云桂铁路监理项目部　驻广西壮族自治区百色市。总监理工程师王河川。

成渝铁路客运专线监理项目部　驻重庆市璧山县。总监理工程师王有鹏。

海青铁路监理站　驻山东省平度市。总监理工程师田言军。

张唐铁路监理项目部　驻河北省唐山市。总监理工程师戴刚。

津保铁路监理项目部　驻天津市。总监理工程师王彬。

山西中南部通道监理项目部　驻山西省隰县。总监理工程师杨少玉。

钦北铁路监理站　驻广西壮族自治区北海市。总监理工程师王卫华。

金普城际铁路监理站　驻辽宁省大连市。总监理工程师葛强。

深圳机场南线监理站　驻广东省深圳市。总监理工程师李继亭。

成兰铁路监理项目部　驻四川省什坊市。总监理工程师杨忠涛。

中缅油气管道第一监理部　驻云南省保山市。总监理工程师谭兴国。

中缅油气管道第二监理部　驻云南省昆明市。总监理工程师孙庆卫。

上海地铁11号线北段二期工程监理站　驻上海市。总监理工程师田言军。

昆明地铁3号线监理站　驻云南省昆明市。总监理工程师沈永瑰。

内蒙古青春塔铁路监理站　驻内蒙古自治区准格尔市。总监理工程师谢全红。　(龚成术)

【职工队伍】　公司正式在编人员71人,年平均从业人员1165人。其中,高级职称245人;中级职称521人;初级职称283人。公司注册监理人员超过1500人。其中,全国注册监理工程师140人、造价工程师29人、安全工程师50人;铁道部注册监理工程师973人、设备工程师39人、建造师42人、人防监理工程师24人;其他省部级注册监理工程师43名;185人取得各行业、省市总监理工程师证书,基本实现"专业匹配适用,技术等级适当,年龄结构适合"的人力资源初级目标。　(蒋里功)

【主要监理工程】 哈大铁路客运专线第1标段监理工程　为联合监理工程,公司为主办方。线路全长376公里,其中公司管段长172公里。西海特大桥、营海特大桥、海鞍特大桥、鞍辽特大桥、太子河特大桥、北沙河特大桥、马总屯特大桥、鞍山隧道8项工程为全线重点工程。截至2011年底,开工累计完成建安投资41亿元。年度监理信用评价为甲级,监理站被建设单位授予先进监理站称号,被中国铁建授予"工人先锋号"称号。

京沪高速铁路第Ⅲ标段监理工程　为联合监理工程,公司为主办方。线路全长266.617公里,其中公司管段长134.682公里。2011年6月30日,全线正式开通运营,以时速486.1公里的试验速度刷新中国铁路运行纪录。截至2011年底,开工累计完成建安投资10.73亿元。监理项目部获2011年度京沪高速铁路工程总指挥部"决战66天劳动竞赛优胜单位"称号。

郑西铁路客运专线西安北站监理工程　工程总建筑面积33.8万平方米,房屋建筑面积16.5万平方米,是集铁路、地铁和市政公交于一体的特大型交通枢纽,是目前亚洲在建的最大的火车站。截至2011年底,开工累计完成建安投资6.6亿元。监理站被西安铁路局授予先进监理站、西安北站工程安全生产先进集体称号。

厦深铁路福建段Ⅰ标段监理工程　为联合监理工程,重点控制性工程包括特大桥10座、隧道1座。公司被业主委托为总体监理单位,负责全线设计、监理、施工管理。截至2011年底,开工累计完成建安投资7.63亿元。总体监理办公室和监理项目部被建设单位授予优秀监理项目部、标准化建设项目部称号。

汉宜铁路Ⅱ标段监理工程　管段长74.11公里,冯家旗特大桥、湖联渠特大桥、沉湖汉江特大桥、跨天仙公路特大桥和软土路基为全线重点工程,深水基础与软基处理是控制难点。截至2011年底,开工累计完成建安投资9.45亿元。

石武铁路Ⅰ标段监理工程　管段长62.3公里,线路所经过地区水文地质复杂,桥隧比例较大,黄龙寺隧道为全线控制工程。截至2011年底,开工累计完成建安投资3.27亿元。

山西中南部通道监理工程　管段长109.5公里,南吕梁山隧道、石楼隧道、杜家庄1号隧道、隰县隧道、屈产河特大桥、站场路基为管内重难点工程。截至2011年底,开工累计完成建安投资10.54亿元。

广深港铁路客运专线站后监理工程　管段长104.6公里,包括"四电"、站房及站场工程。大跨度钢结构屋顶及悬挑结构和无柱钢结构雨棚为重点、难点工程。2011年12月26日开通运营。

贵广铁路Ⅴ标段监理工程　管段长119.42公里,桥隧比重大,喀斯特地貌发育是管段最显著特点。截至2011年底,开工累计完成建安投资12.93亿元。监理项目部被建设单位授予预防职务犯罪优胜单位、标准化监理项目部创建达标单位称号。

成绵乐铁路客运专线监理工程　管段长51.087公里。截至2011年底,开工累计完成建安投资9.8亿元。监理项目部被建设单位评为标准化监理项目部。

京津城际铁路延伸线监理工程　管段长3.35公里。截至2011年底,开工累计完成建安投资2.56亿元。

准朔铁路Ⅰ、Ⅱ标段监理工程　两个管段长大隧道多,地质条件复杂。Ⅰ标段长125.41公里,黄河特大桥、下土寨跨引黄干渠特大桥、方城2号隧道、鹰鸽山特长隧道为管段重点控制性工程。2011年9月22日,鹰鸽山特长隧道顺利贯通;10月29日,黄河特大桥主拱顺利合龙。截至2011年底,开工累计完成建安投资2.39亿元。

兰渝铁路3标段监理工程　管段长83.74公里,桥隧比例占管内总长的88.43%,重点工程14个,包括2座极高风险隧道(木寨岭隧道和纸坊隧道)和1座高风险隧道(哈达铺隧道)。截至2011年底,开工累计完成建安投资16.4亿元。

兰渝铁路13标段监理工程　管段长70.713公里,桥隧占72.9%。截至2011年底,开工累计完成建安投资13亿元。

西格铁路二线关角隧道XGJL4－2标段监理工程　隧道长32605米,为两座平行的单线隧道,是目前亚洲最长的高海拔铁路隧道,采用钻爆法施工。截至2011年底,开工累计完成27522米,占总长度的90.1%。

赣韶铁路监理工程　管段长15.251公里。腊石坝浈江特大桥、跨良村公路大桥、疏解线跨良村公路大桥、韶关浈江大桥、韶关疏解线浈江特大桥、良村隧道为管内重点工程。截至2011年底,开工累计完成建安投资2.9亿元。

宁安铁路监理工程　管段长75.5公里,桥梁比重大,隧道地质复杂,营业线及临近营业线工程较多,安全控制难度大。监理站被上海铁路局、宁安铁路公司授予标准化监理站、信息化管理先进单位和创双优活动先进单位称号。

兰新铁路二线西大段监理工程　管段长48.282公里,西宁隧道为管内控制工程。截至2011年底,开工累计完成建安投资18.2亿元。监理站被青海省总工会授予青海高原"工人先锋号"称号。

兰新铁路二线甘青段监理工程　管段长151.266

公里。截至2011年底,开工累计完成建安投资15亿元。

兰新铁路二线新疆段监理工程　管段长55.6公里。截至2011年底,开工累计完成建安投资9亿元。

杭长铁路客运专线监理工程　管段长93.66公里,联络线13.044公里,义金特大桥、金华江特大桥、汤溪特大桥为管内重难点工程。监理站被建设单位评为建功立业劳动竞赛先进单位和标准化监理站。

云桂铁路监理工程　管段长103.34公里,百东河双线特大桥、澄碧江双线特大桥、百色右江双线特大桥、六联隧道、逻皓隧道、六木屯隧道、东屯隧道、达康隧道、坡录元隧道、孟合山隧道、膨胀土路基、百色右江双线特大桥为全线重难点工程。截至2011年底,开工累计完成建安投资9.8亿元。监理项目部被中华全国铁路总工会授予火车头奖杯。

成渝铁路客运专线3标段监理工程　管段长66.146公里,新中梁山左右线隧道、新红岩隧道为管内控制性工程,大安隧道、大坪隧道为重难点工程。截至2011年底,开工累计完成建安投资3.3亿元。

海青铁路监理工程　管段长90.273公里,桥梁比重占管内线路长的20.81%。跨济青高速公路特大桥为全线控制性工程。截至2011年底,开工累计完成建安投资5.17亿元。

张唐铁路监理工程　管段长123公里,大令公跨京哈铁路特大桥、高各庄跨京沈高速公路特大桥、前冯各庄跨机场路特大桥、跨唐曹高速公路特大桥为管内重难点工程。截至2011年底,开工累计完成建安投资3.5亿元。

津保铁路监理工程　管段长42.929公里,子牙河特大桥、跨津保高速公路特大桥为管内重难点工程。截至2011年底,开工累计完成建安投资1.334亿元。

成兰铁路监理工程　管段长125.7公里,桥隧占管段长的61.6%。截至2011年底,开工累计完成建安投资1.5亿元。

钦北铁路监理工程　管段长99.474公里,丹田双线特大桥、南流江双线特大桥、钦江双线特大桥、独屋隧道为重难点工程。截至2011年底,开工累计完成建安投资2亿元。

中缅油气管道隧道监理工程　隧道42座50公里。截至2011年底,开工累计完成建安投资1149万元。

深圳机场南线监理工程　线路长4.552公里。宝安立交桥第六联钢混组合梁制作、安装及宝安大道交通疏解和管线迁改为重难点工程。

上海轨道交通11号线北段二期监理工程　线路长22.886公里,设车站13座,停车场1座。截至2011年底,开工累计完成建安投资0.8亿元。

海南文昌清澜跨海大桥监理工程　大桥长1828米,其中主桥548米、引桥1280米。主桥为(124米+300米+124米)三跨双塔双索面结合梁斜拉桥,钻石型索塔。

(龚成术)

【经营管理】　2011年,公司面对"过山车式"的市场严峻形势,迅速转变经营理念,改进经营方式,充实经营人员,调整经营目标,在紧盯铁路市场的同时,积极主动开拓地铁、机场、城市轻轨、房屋建筑等领域,经营工作难中求进,公司保持平稳发展态势。不断吸纳外部优势资源,组建全资公路子公司、水利子公司,增设珠海分公司、昆明分公司、重庆两江新区办事处。深入推进内部控制和全面风险管理,严格集中财务管控,深化责任成本管理,强化有效审计监督,完善劳动用工制度,改进薪酬分配体系,推动企业逐步向集约化、精益化管理迈进。

(龚成术)

【教育培训】　公司把人力资源开发作为企业基本战略,招人、育人、用人并举。通过员工举荐、网络招聘、参加人才招聘会等方式广招外部人才,同时严格试用期制度,着重考察实际工作能力。采取优先安排工作、晋升职务、增加工资、报销学费等措施鼓励在职员工自学成才,逐年增加骨干人员外出学习规模。年内组织监理人员培训628人次,新增国家注册监理工程师27名,其他专业国家级注册人员17名。　(龚成术)

【对外宣传】　加强重点项目、关键工程、重大动态、先进典型宣传,不断扩大公司的知名度和影响力。2011年编发《铁城监理简报》68期,刊发信息282条;网站发布新闻279篇,其中被中国铁建网站选载20篇、《中国铁道建筑报》刊载14篇、《人民铁道报》刊发2篇。

(龚成术)

【党群工作】　为纪念中国共产党成立90周年,公司党委组织"为党旗添彩,为企业增辉"和"亮身份,树形象"佩戴党徽两项主题实践活动,增强党员的责任、自律和服务意识,切实发挥党员在工作、学习和生活中先锋模范作用。加强领导班子建设,坚持民主集中制和"三重一大"集体决策制度,注重发挥领导班子成员的集体智慧,形成"团结、风正、气顺、劲足"的良好氛围。

公司工会组织着力构建和谐劳动关系,促进企业健康发展,切实维护员工合法利益,实现员工共享企业改革发展成果。加大建家建线投入,为一线职工创造良好的生产、生活条件,让职工实现体面劳动。

(田春珍)

【信息化建设】 2011年,“铁城监理信息化系统”顺利通过住房和城乡建设部验收,被授予“科学技术计划项目示范工程”,其中“工程监理系统”获得国家版权局计算机软件著作权登记,并通过铁道部科学技术信息研究所审查。 (任 军)

【信诺工程检测有限公司】 2008年9月成立。驻北京市复兴路40号。经理王正成。经营范围包括基桩完整性、承载力检测;结构混凝土厚度、密实度、内部缺陷检测及隧道衬砌厚度、密实度检测、钢筋位置测定检测。职工12人。

2011年新签检测协议210万元,完成检测合同额257万元。 (王正成)

【精诚公路公司】 2011年8月成立。驻北京市丰台区马家堡东路71号。经理李革。经营业务为工程监理和工程技术咨询。职工15人。 (王 娟)

【重庆铁城公司】 2009年9月成立。驻重庆市渝中区。经理吕联。经营业务为工程监理和工程技术咨询。 (韩宝渝)

【郑州铁城公司】 2011年9月成立。驻河南省郑州市。经理李克贤。经营业务为工程监理和工程技术咨询。 (邵晓军)

【成都分公司】 2001年7月成立。驻四川省成都市。经理阎平。经营业务为工程监理和工程技术咨询。从业人员82人,下设5个现场监理机构。

2011年完成监理费收入1325万元。 (田 源)

【南京分公司】 2004年10月成立。驻河南省郑州市。经理李克贤。经营业务为工程监理和工程技术咨询。从业人员125人,下设5个现场监理机构。

2011年完成监理费收入1202万元。 (李 凯)

【天津分公司】 前身系北京铁城建设监理有限责任公司第一分公司,2005年8月改为现名。驻北京市朝阳区。经理陆裕云。经营业务为工程监理和工程技术咨询。从业人员124人,下设5个现场监理机构。

2011年完成监理费收入1664万元。 (寇田喜)

【深圳分公司】 2007年9月成立。驻广东省深圳市。经理高建华。经营业务为工程监理和工程技术咨询。从业人员40人,下设2个现场监理机构。

2011年完成监理费收入1000万元。 (高建华)

【合肥分公司】 2008年4月成立。驻安徽省合肥市。经理袁国忠。经营业务为工程监理和工程技术咨询。从业人员100人,下设4个现场监理机构。

2011年完成监理费收入1413万元。 (李 华)

【重庆分公司】 2008年12月成立。驻重庆市渝中区。经营业务为工程监理和工程技术咨询。经理吕联。从业人员316人,下设5个现场监理机构。

2011年完成监理费收入2611万元。 (王 琴)

【电气化工程监理分公司】 2008年12月成立,2011年8月武汉事业部划归其管理。驻北京市海淀区复兴路40号。经理王亚林。经营业务为工程监理和工程技术咨询。从业人员36人,下设6个现场监理机构。资产总额630万元。

2011年完成监理费收入630万元。 (黄 琳)

【上海分公司】 2010年1月成立。驻上海市闸北区。经理沈志林。经营业务为工程监理和工程技术咨询。从业人员36人,下设4个现场监理机构。

2011年完成监理费收入1102万元。 (倪 丽)

【兰州分公司】 2010年1月成立。驻甘肃省兰州市。经理马增禄。经营业务为工程监理和工程技术咨询。从业人员23人,下设1个现场监理机构。

2011年完成监理费收入621万元。 (李玉哲)

【广州分公司】 2010年3月成立。驻广东省广州市花都区。经理张文建。经营业务为工程监理和工程技术咨询。从业人员72人,下设5个现场监理机构。

2011年完成监理费收入817万元。 (张 晶)

【建超分公司】 前身是成立于2009年4月的房建事业部,2011年8月改为现名。驻北京市海淀区复兴路甲36号。经理吴晓媛。经营业务为工程监理和工程技术咨询。从业人员28人,下设3个现场监理机构。

2011年完成监理费收入50万元。 (龚芋江)

【昆明分公司】 2011年11月成立。驻云南省昆明市。经理李韵铭。经营业务为工程监理和工程技术咨询。从业人员14人,下设3个现场监理机构。

2011年新签监理合同额2646万元。 (罗文华)

【西安事业部】 2006年3月成立。驻陕西省西安市。经理上官建芳。经营业务为工程监理和工程技术咨询。从业人员45人,下设2个现场监理机构。

2011 年完成监理费收入 590 万元。（高宏秀）

【重要记载】

▲1 月 11 日　公司监理的西安北站南站房正式启用。

▲1 月 17 日　公司取得国家质量监督检验检疫总局和国家发展和改革委员会联合颁发的设备监理甲级资质证书。

▲2 月 24 日　公司监理的甬台温铁路台州站和温州南站站房及相关工程被评为浙江省“钱江杯”优质工程。

▲2 月 25 日　公司中标成兰铁路 CLJL－1 标段监理工程，中标监理合同额 11960 万元。

▲3 月 29 日　四川省省委书记刘奇葆视察公司监理的成兰铁路 CLZQ－2 标段施工现场。

▲4 月 29 日　青海省省委书记强卫视察公司监理的兰新铁路二线西宁隧道工程。

▲5 月 19 日　公司监理的北京地铁 4 号线及宣武门站、菜市口站获北京市 2009 年度市政基础设施竣工“长城杯”金质奖。

▲5 月 23 日　铁道部副部长卢春房视察公司监理的广西沿海铁路钦北段扩能改造工程南流江双线特大桥施工现场。

▲6 月 16 日　海南省省委书记、省人大常委会主任卫留成视察公司监理的清澜跨海大桥工程。

▲6 月 30 日　公司监理的京沪高速铁路开通运营。

▲7 月 19 日　公司中标中缅油气管道工程第一、第二监理合同项，中标监理合同额 2657 万元。

▲8 月 25 日　公司兰新铁路二线西大段监理站第一监理组被授予青海高原“工人先锋号”称号。

▲11 月 8 日　公司监理的沪杭铁路客运专线嘉兴南站工程被评为浙江省“钱江杯”优质工程。

▲12 月 1 日　公司被中国铁道工程建设协会授予 2010 年度先进监理单位称号。

▲12 月 26 日　公司监理的合武铁路大别山隧道工程获中国建设工程鲁班奖。（龚成术）

中国铁建投资有限公司

【简况】　中国铁建投资有限公司（以下简称投资公司）于 2011 年 5 月 18 日在北京揭牌成立，是中国铁建股份有限公司独资设立的投资平台，注册资本金 30 亿元人民币。主营业务为投资及投资管理，主要从事国内外交通、能源、市政、城市综合体、公用事业、环保、造地工程等基础设施项目的投资、建设和经营管理，以及资源、物流、房地产、原材料、新设备、高新技术、新能源、金融等领域的投资和经营管理。公司机关驻北京市海淀区复兴路 40 号。职工 23 人。资产总额 1451102 万元。

2011 年完成营业收入 457245 万元，实现利润 29080 万元。7 月 27 日，中国铁建股份有限公司决定将中铁建山东京沪高速公路济乐有限公司、重庆渝蓉高速公路有限公司、中铁建铜冠投资有限公司、四川纳叙铁路有限公司、京广铁路客运专线河南有限公司、北京铁道大厦股权投资项目、昆明市二环改扩建工程 BT 项目、昆明禄大九宜公路 BT 项目、贵阳北二环 BT 项目、重庆鱼洞长江大桥 BT 项目、重庆成渝复线高速公路总承包项目并入投资公司管理。2011 年管理投资项目 12 项，其中接管中国铁建股份有限公司既有项目 11 项。项目分布于北京、重庆、济南、南京、湛江、昆明、贵阳、兰州等地区，涵盖高速公路、城市道路及市政工程、轨道交通、海岛综合开发等 BT、BOT、股权投资项目，以及厄瓜多尔特大型铜矿开发等项目，投资规模超过 600 亿元。（郝　迪）

【领导人员】

董事会

董事长	周志亮
董事	李　宁（3 月任）
	李振刚（3 月任）

监事会

监事	王泽泉（5 月任）

经理层

总经理	李　宁（3 月任）
副总经理	金守华（3 月任）
	李振刚（3 月任）
	谭振武（7 月任）
	王　闯（8 月任）
总会计师	王　闯（8 月任）

党群领导

党委书记	李　宁（3 月任）

（郝　迪）

【投资项目生产指挥机构】　中铁建山东京沪高速公路济乐公司　驻山东省济南市高新技术开发区天辰大街 118 号。董事长孟乔然。

中铁建铜冠投资有限公司　驻安徽省铜陵市长江西路有色大院内中铁建铜冠办公楼。董事长金守华。

重庆渝蓉高速公路有限公司　驻重庆市渝北区洪

湖东路51号财富中心C区3幢20楼。总经理刘虎军。

中铁建湛江开发有限公司　驻广东省湛江市人民大道中46号中国建设银行10层。董事长李振刚。

重庆鱼洞长江大桥建设指挥部　驻重庆市巴南区鱼洞双安街47号万友康馨苑。指挥长王闯。

中铁建贵阳工程建设指挥部　驻贵州省贵阳市金阳新区金阳大道北段武警贵阳支队招待所。指挥长琚建明,常务副指挥长兼总工程师车明吉。

中铁建成渝高速公路复线工程指挥部　驻重庆市璧山县城镇农市街30号。指挥长刘晖,常务副指挥长兼总工程郑刚。

中铁建禄大和九宜公路建设指挥部　驻云南省昆明市禄劝县秀屏路107号鸿福宾馆4楼。指挥长琚建明,常务副指挥长黄小通。

中铁建昆明市二环指挥部　驻云南省昆明市官渡区新亚洲体育城星都总部36栋5楼。指挥长琚建明。

(郝　迪)

【职工队伍】　公司机关职工23人,其中专业技术干部17人。文化结构:研究生以上学历11人,本科学历12人。年龄结构:30岁以下6人,31~40岁10人,41~50岁5人,51~59岁2人。初级职务7人,中级职务8人,高级职务8人。(郝　迪)

【经营管理】　2011年新签合同额200亿元,完成股份公司下达指标100亿元的200%;实现净利润2.76亿元,完成股份公司下达利润指标2.1亿元的131.43%。投资公司以本级经营为主,侧重经营关系的建立、经营信息的跟踪,承接股份公司资本运营部各种信息及资源。积极与各集团公司合作,信息共享、标书共编、共同参股、实现多赢。同时,投资公司积极发展与地方政府成立合资公司的经营模式,共同开发,赢利共享。经营领域重点为主业范围内的交通类BT、BOT项目和资源类项目。厄瓜多尔的铜矿项目是投资公司目前正在实施的唯一矿产领域项目。该项目的实施有利于拓宽投资公司的经营领域,为投资公司大规模投资国内外资源及能源领域积累经验。(郝　迪)

【信息跟踪】　2011年,投资公司重点跟踪项目15项,涉及国内11个省区。(郝　迪)

【市场承揽】　2011年,投资公司中标广东湛江东海岛综合开发项目。包括:首期投资建设湛江市石化产业园区30平方公里(含北部围填海工程8.82平方公里);二期投资建设湛江经济技术开发区东海岛南部约100平方公里的围填海工程,其中首期围填海面积约15平方公里,总投资300亿元。(郝　迪)

【项目管理】　2011年,投资公司管理投资项目12项。按类别分为BT、BOT项目和矿产资源类项目、股权类项目、综合开发类项目。其中,重庆鱼洞长江大桥一期、昆明二环改扩建、重庆鱼洞长江大桥二期、贵阳北二环道路、昆明禄大及九宜公路5个项目为BT项目;济乐高速公路(山东段)、成渝高速公路(重庆段)复线工程2个项目为BOT项目;厄瓜多尔铜矿项目为矿产资源类项目;纳叙铁路、北京铁道大厦、石武铁路客运专线(河南段)3个项目为股权类项目;湛江东海岛综合开发项目为综合类项目。

截至2011年底,投资公司所属在建项目总投资629.95亿元,投入资本金197.77亿元。本企业资本金累计投入103.4亿元,BT项目收到回购款26.7亿元;完成投资76.11亿元,本企业投入49.85亿元,收到BT项目回购款4.3亿元。

济乐高速公路(济南至乐陵段)项目　线路长114.872公里,另修建6条连接线49.25公里。双向6车道,设计时速120公里,总投资75.42亿元。由中国铁建股份有限公司和山东省交通运输厅公路局按股比65∶35出资,组建中铁建山东京沪高速公路济乐有限公司负责项目建设管理工作。项目设计单位为中铁第四勘察设计院集团有限公司,监理单位为山东省交通工程监理咨询公司,全线划分12个标段,施工单位分别为中铁十一、十二、十四、十六、十八、二十一、二十二、二十三、二十四局集团公司,山东省公路建设(集团)有限公司、济南通达公路工程有限公司。项目合同工期36个月,2011年10月开工,计划2014年10月竣工。截至2011年底,开工累计完成投资17.75亿元,占总投资的15.6%。

成渝高速公路复线(重庆境)项目　线路长78.63公里,双向6车道,设计时速120公里,总投资85.4亿元。由中国铁建股份有限公司和重庆高速集团按股比4∶6出资,组建重庆渝蓉高速公路有限公司负责项目建设管理工作,项目以BOT+EPC模式运作。项目设计单位为中铁第一、第五勘察设计院集团公司和重庆市交通规划勘察设计院,监理单位为北京中通公路桥梁工程咨询发展有限公司、重庆交通监理咨询有限公司,施工单位为中铁十一、十二、十三、十六、十七、十八、十九、二十、二十一、二十二、二十四局集团公司。项目合同工期42个月,2010年12月开工,计划2014年6月竣工。截至2011年底,开工累计完成投资22.87亿元,占总投资的40.8%。

湛江东海岛综合开发项目　2011年11月,由投资公司与湛江开发区合资成立中铁建湛江开发有限公司。其中,湛江经济技术开发区管委会占10%的股权;中国铁建投资有限公司占90%的股权。项目包括石化产业园区项目、南部围填海及基础设施建设。截至2011年底,石化产业园区项目开工累计完成投资2.39亿元,占总投资的2.4%;清海3185亩,占应清海面积的11%。

重庆鱼洞长江大桥一期项目　项目已于2008年12月建成通车,2008年12月收回BT回购款3.36亿元。2011年12月收回剩余回购款1.1亿元,建设及回购工作全部结束。

重庆鱼洞长江大桥二期项目　鱼洞长江大桥正桥工程分两期建设,一期主要工程为上游幅桥部分墩身,已于2008年10月31日竣工,12月26日通车运营。根据重庆市发展和改革委员会《关于鱼洞长江大桥正桥二期工程(下游幅桥)BT融资并建设总承包模式直接发包的批复》,重庆市城市建设投资公司为建设单位,中国铁建股份有限公司为BT融资建设总承包单位,中铁十七、二十三局集团公司等单位负责施工。2009年4月10日,中国铁建股份有限公司成立中国铁建鱼洞长江大桥建设指挥部,工程于2009年3月28日开工,2011年7月14日提前半个月通过竣工验收。工程合同总投资4.58亿元,2011年完成投资1.18亿元,开工累计完成投资3.76亿元。项目回购期2.5年,2011年完成回购3.2亿元,回购比例85.5%。鱼洞长江大桥工程采取多种有效的管控措施,提前竣工,不仅很好地实现了投资、安全、质量等控制目标,而且按照计划实施回购,确保了投资效益。

昆明二环改扩建项目　项目位于云南省昆明市主城区,包括昆明市二环路的南二环段和北二环段,合同投资32.6亿元,变更后的合同价为35.23亿元。2011年投入资本金4.32亿元,累计投入资金33.19亿元。累计回购本息19.09亿元,回购比例53%。项目于2009年9月28日提前3个月完成全部主体工程。该项目施工周期短,其安全、质量和项目建设管理受到各级政府的一致肯定。

贵阳北二环道路项目　线路总长12.48公里,合同工期17个月。工程于2011年9月6日完工通车。项目投资总额暂定为31.99亿元。2011年完成工程投资9.56亿元,开工累计完成投资27.76亿元。2011年投入资金8.48亿元,累计投入资金25.38亿元。回购期5年,每半年回购一次,分10次等额回购。从2011年9月7日起进入回购期。

昆明禄大、九宜公路项目　昆明市禄劝至大松树公路全长96.44公里,九乡至宜良二级公路全长33.09公里。2011年3月开工,禄大公路于12月底试通车,九宜公路于9月20日试通车。根据BT合同约定,禄大公路和九宜公路的工程费采用总价包干的形式,总投资暂定为26.44亿元。

厄瓜多尔铜矿项目　中国铁建股份有限公司与铜陵有色金属集团控股有限公司联合收购加拿大Corriente公司铜矿资源,合资成立中铁建铜冠投资有限公司,注册资本金20亿元,双方各出资50%。厄瓜多尔米拉多铜矿是中铁建铜冠投资有限公司从加拿大Corriente资源公司收购的4个铜矿资源之一,是中国铁建第一个国外特大型矿产资源类项目。

纳叙铁路项目　是四川省新建地方铁路隆昌至叙永铁路纳溪段工程,全长77.599公里,纳叙铁路概算总投资14.5亿元,资本金7.25亿元,中国铁建联合体出资1.22亿元(中国铁建本级出资7000万元,中铁十二、十五局集团公司各出资1837.5万元,中铁二十一、二十三局集团公司各出资770万元),占16.85%股份。

石武铁路客运专线(河南段)项目　为加强京广铁路客运专线河南段建设,铁道部和河南省于2007年6月16日在郑州市注册成立京广铁路客运专线河南公司。线路长506.857公里,总投资745.37亿元。中国铁建出资25亿元,占8.12%股份。2008年10月开工建设,计划2012年4月联调联试,年中通车。

北京铁道大厦项目　根据1996年铁道部要求,各铁路局和部属各大公司集资修建北京铁道大厦,总投资2.43亿元,中国铁建出资1000万元,占4.1%股份。

(郝　迪)

【重要记载】

▲5月18日　中国铁建投资有限公司在北京揭牌成立。

▲7月27日　中铁建山东京沪高速公路济乐有限公司、重庆渝蓉高速公路有限公司、中铁建铜冠投资有限公司、四川纳叙铁路有限公司、京广铁路客运专线河南有限公司、北京铁道大厦股权投资项目、昆明市二环改扩建工程BT项目、昆明禄大九宜公路BT项目、贵阳北二环BT项目、重庆鱼洞长江大桥BT项目、重庆成渝复线高速公路总承包项目并入投资公司管理。

▲11月18日　湛江石化产业园工程破土动工,中铁建湛江开发有限公司成立。

(郝　迪)

中铁建中非建设有限公司

【简况】 中铁建中非建设有限公司(以下简称中非建设)成立于2010年2月24日,注册资本金10亿元人民币。公司机关驻北京市海淀区复兴路40号。经营范围包括施工总承包、矿产勘察设计、项目投资、货物进出口,拥有中国企业境外投资证书。境外设有尼日利亚有限公司、南非办事处两个分支机构。中非建设代表中国铁建行使对中非莱基投资有限公司(以下简称中非莱基)的股东权利,通过中非莱基与尼日利亚拉各斯州政府和莱基全球投资有限公司合资并控股莱基自贸区开发公司(以下简称莱基开发)。

中非建设是中国铁建为加强和推进实现"大海外"战略,加强对尼日利亚莱基自贸区的领导,加快莱基自贸区的建设,深度立体经营以尼日利亚为龙头的非洲建筑市场而成立的。中国铁建赋予中非建设的主要职责是:负责莱基自贸区的投资、规划、开发、建设、招商、运营和管理工作;兼管非洲地区大型工程项目的追踪、报价、签约、组织实施工作;协调中国铁建在非洲地区的对外关系;协调中国铁建所属单位在非洲市场内部关系和资源集中使用度;负责矿产资源类项目的运作管理;负责中国铁建批准的在非洲地区的其他投资项目。

2011年新签合同额14.5亿元,完成营业收入3.2亿元,实现净利润1632万元。 (李颖星)

【领导人员】

董事会

董事长	陈晓星
董事	张国峰
	张文锦
	丁永华
	曹锡锐

监事会

监事会主席	于凤丽
监事	李忠心

经理层

总经理	陈晓星
副总经理	张国峰
	张文锦
	丁永华
	池长贵
总工程师	张国峰(兼)
财务总监	曹锡锐

党群领导

党委书记	陈晓星
党委委员	张国峰
	张文锦
	曹锡锐
	丁永华

(李颖星)

【职工队伍】 截至2011年12月31日,根据劳动关系主体计算,公司及纳入公司统计范围的中方员工共有115人,南非国籍员工1人。其中,与中非建设签订劳动合同69人,中非莱基11人,中非建设尼日利亚公司25人,莱基开发区公司10人。与中非建设签订劳动合同的69人中,派往中非建设尼日利亚公司17人、南非办事处1人、中非莱基5人、莱基开发区公司13人,中非建设本部33人。有专业技术职称的51人,占职工总数的74%,其中高级职称18人、中级职称18人、初级职称15人。学历结构:研究生26人,大学本科38人,大专及以下学历5人。年龄结构:30岁以下24人,31~40岁28人,41~50岁14人,51~59岁3人。 (耿诗雨)

【工程项目指挥机构】 尼日利亚 Ondu 州 Igbokoda 2.5公里公路项目 项目经理田树斌,总工程师王满亮。

尼日利亚 Ondo towe 4.3公里公路项目 项目经理管由文,副经理王留涛。 (彭 韬)

【境外工程】 莱基自贸区纬7路道路工程 合同金额405万美元,按照英国道路施工标准施工。

莱基自贸区标准厂房与仓库安装工程 合同金额359万美元,包括2栋新建标准厂房和1栋保税仓库,总建筑面积10095平方米。

尼日利亚 Ondu 州 Igbokoda 2.5公里公路项目 合同金额1871万美元。

尼日利亚 Ondo towe 4.3公里公路项目 该项目为 Ondo 镇道路改造项目第2标段,合同金额1700万美元。

尼日利亚10万公吨油库建设项目 合同金额15807万美元。 (彭 韬)

【经营工作】 中非建设以莱基自贸区开发建设、国际工程承包和商贸物流三大业务板块为经营重点,确立"高端运作、营造项目、创新管理、整合资源、属地经营”的经营理念，紧紧围绕“一个依托，两个重点，三个中心”开展经营工作，即以中国铁建外经平台为依托，重点跟踪非洲大型基础设施项目和矿产资源开发类项目，着手开拓以尼日利亚为中心的西非市场、以南非为中心的南部非洲市场和以坦桑尼亚、肯尼亚为中心的东非市场。

莱基自贸区开发建设。中非建设通过中非莱基和莱基开发，积极推进莱基自贸区的规划、开发、建设、招商、运营和管理工作。完成30平方公里总体规划调整和控制性规划编制，起步区1.5平方公里修建性规划经莱基开发董事会批准后已开始施工建设，基础设施建设不断完善，招商引资取得一定成绩。

工程承包。中非建设重点跟踪推进几内亚西芒杜矿山铁路项目、南非机车车辆改造更新项目、喀麦隆矿山铁路项目，深度重点开发尼日利亚市场。部分项目获得中国铁建的高度关注，并取得较大进展。

商贸物流。确定国际商贸业务经营模式；与中铁建设合作，开展国内钢材融资贸易合作业务；开始探索非洲矿产资源进口贸易；开展在尼日利亚机械设备销售业务。（李颖星）

【管理工作】 组织建设。加强组织体系建设并完善机构设置，根据公司发展需要，先后设立董事会秘书处、党群工作部、人力资源部，成立南非办事处、尼日利亚公司阿布贾办事处等境外机构。

整章建制。先后出台26项相关规章制度，涉及行政办公、人力资源、财务、工程建设与管理、市场开拓与经营、法律和风险管理等方面，有效加强了公司管理。

财务管理。对所属各单位、部门加大预算管理力度，建立预算批复制度。加强资金集中管理，提高资金周转率，通过开设离岸账户、建立额度审批制度和强化资金预算管理等措施，确保公司对全部海外资金的控制力。

风险管控。为防范经营风险，提高风险管控水平，公司围绕重大项目和日常经营工作，积极推进以总法律顾问制度为重点的企业法律风险防范体系建设。

安全生产。公司坚持“安全第一，预防为主”的原则，落实安全生产责任主体，加强公司安全生产管理。公司全年未发生任何安全事故。

信息化建设。为解决公司国内、国外两地办公造成的沟通困难，加大信息化建设投入，重点打造办公自动化系统，建设公司官网，有效提升信息传递效率。（高文学）

【党群工作】 党的工作。党员32人，下设机关党支部、尼日利亚公司党总支、莱基开发党支部3个基层党组织。党委班子由6人组成，设书记1人，党委委员5人。（1）领导班子建设。公司党委坚决执行上级党委部署要求，始终坚持“三重一大”与班子建设、党风建设紧密结合，坚持领导集体决策原则和公开透明的工作程序，有力促进管理工作的科学化、民主化和制度化。公司和公司党委根据发展需要，逐步制定董事会议事规则、党委议事规则、总经理工作细则和会议制度，明确和规范企业重大事项决策范围和决策程序，推动公司健康、快速、可持续发展。（2）加强学习。一是采取“以会代训”形式，在日常会议中对国内外尤其是非洲地区的政治、经济形势和走向，以及中国的国家战略进行观察与思考，强化领导班子的战略思维。二是加强培训，先后举办风险管控、项目融资等业务培训，丰富知识储备。三是注重“走出去”学习，与中国铁建所属单位和国内外先进企业沟通交流，互相学习。（3）基层党组织建设。年内先后完成3个基层党组织的选举工作，8人递交入党申请书，培养积极分子2人，评出优秀党员5人。（4）深入开展创先争优活动。公司成立创先争优活动领导小组，将创先争优活动融入到公司生产经营中，积极开展参观、学习、研讨、竞赛等活动，促进公司快速发展。

共青团工作。公司团委先后设立尼日利亚公司、中非莱基、莱基开发3个团支部，并指导各支部筹备召开第一次团员大会，选举产生各支部领导班子。

（刘英才　邹光剑）

【招聘培训】 为满足公司发展对人才的需求，公司通过网络招聘、员工推荐、系统内借调驻勤等方式广揽人才。全年接收简历3000余份，组织招聘面试21场，参加面试人员116人，招聘18人，占年度招聘计划的72%。

公司形成内部培训、系统内选派培训和外部机构培训三种方式相结合的有机体系。年内组织公司内部培训12场，159人次参训；参加股份公司系统内培训12次，19人参训。（邹光剑）

【中非建设尼日利亚有限公司】 2010年3月24日成立。主营业务为建筑。公司驻尼日利亚拉各斯尼铁大院15号。员工45人。资产总额2.1亿元。

2011年新签合同额12.9亿元，完成营业收入1.7亿元，实现利润425万元。年内，公司获尼日利亚石油、电力领域土建工程资审合格证书和Kano州B类工程建筑与土木工程承包商资质。（李颖星）

【中铁建中非建设南非办事处】 2011年9月注册成立。办事处中方人员3人，总代表贾山。主要开展市

场调研、工程承包、商贸物流等业务。 （高文学）

【重要记载】

▲1月20日　中国铁建颁布《中国铁建股份有限公司发展战略与规划（2011～2015）》，在"'十二五'发展的主要任务和措施"一章中，对莱基自贸区项目开发建设的思路和工作目标提出明确要求，莱基自贸区项目正式列入中国铁建企业发展战略与规划。

▲5月22～23日　中国铁建董事长、党委书记孟凤朝到莱基自贸区进行视察和调研。中国铁建总裁助理，中非建设董事长、党委书记兼总经理陈晓星陪同并汇报工作。

▲6月27日　经研究决定，曹锡锐兼任中铁建中非建设有限公司总法律顾问。

▲9月18日　中国铁建副总裁范德到莱基自贸区检查指导工作。

▲9月18～28日　中国铁建总裁助理、中非建设董事长兼总经理陈晓星随中国商务部副部长陈健率领的承包商会代表团出访瑞典、德国、瑞士欧洲三国，并在第四届日内瓦高层中国论坛上发表主题演讲。

▲10月20日　中国铁建总裁赵广发、副总裁周志亮在中国铁建大厦会见中国铝业股份有限公司总裁罗建川一行。双方就共同"走出去"、合作开发非洲市场等进行深入交流，并达成广泛共识。公司副总经理张文锦参加会见。

▲11月8日　中国铁建总裁赵广发在中国铁建大厦会见尼日利亚贸易投资部部长奥卢塞贡·阿甘加一行。双方就莱基自贸区建设相关事宜进行深入交流，并达成广泛共识。中国铁建副总裁周志亮，总裁助理、中非建设董事长兼总经理陈晓星参加会见。

▲11月11日　尼日利亚投资环境推荐会在北京贵宾楼饭店举行。尼日利亚贸易投资部部长奥卢塞贡·阿甘加，矿业和钢铁发展部部长穆萨·穆罕默德·萨达，中国商务部商务参赞方蔚和中国铁建总裁助理、中非建设董事长兼总经理陈晓星等出席推荐会并分别发表致词。

▲11月16～20日　尼日利亚莱基自贸区举办第二届莱基国际工程机械设备展。

▲11月25日　中国铁建副总裁扈振衣在中国铁建大厦会见南非TRANSNET及交通部、各省代表组成的代表团一行，双方就机车车辆、铁路和基础设施建设方面的合作事宜交换意见。中非建设副总经理兼总工程师张国峰参加会见。

▲11月28日　中国非洲人民友好协会第五届理事会成立大会在北京召开。中非建设董事长兼总经理陈晓星被续聘为新一届理事。

▲同日　由中铝公司、宝钢集团、中国铁建、中国港湾和中非基金联合成立的几内亚西芒杜项目中方联合体成立仪式在中铝公司举行。中国铁建副总裁周志亮、中非建设副总工程师刘宪章等出席。

▲12月23日　中国商务部对外投资和经济合作司商务参赞方蔚一行到中非建设莱基自贸区项目进行调研。

（李颖星）

诚合保险经纪有限责任公司

【简况】　诚合保险经纪有限责任公司是中国保险监督管理委员会批准成立，由中国铁建股份有限公司独家出资设立的全国性、综合性保险经纪公司。公司主营业务范围包括建筑安装工程一切险、建筑施工人员人身意外伤害险、企业财产险、机械设备险、机动车辆险、货物运输险、各类责任险等保险经纪业务。公司机关驻北京市海淀区复兴路40号中国铁建大厦。前身系中国铁道建筑总公司商业保险中心，2009年11月正式成立诚合保险经纪（北京）有限责任公司，2011年11月更为现名。下辖子公司、分公司各1个。职工42人。

2011年承揽业务365项，新签保费合同额1853亿元，新签经纪费合同收入额6700万元。完成营业收入5800万元，实现利润1200万元。 （靳浩冉）

【领导人员】

股东代表	庄尚标
董事会	
董事长	曹锡锐
董事	汤建国
	孙国富
	金守华
监事会	
监事会主席	于凤丽
监事	李忠心
职工监事	郎玉华
经理层	
总经理	汤建国
常务副总经理	张德清
副总经理	郎玉华

（靳浩冉）

【职工队伍】 职工42人。学历结构:大学本科及以上学历32人,大专10人。年龄结构:30岁以下12人,31~45岁23人,45~59岁7人。专业技术干部17人,其中高级职务4人、中级职务8人、初级职务5人。(靳浩冉)

【经营管理】 2011年,公司新签建筑安装工程一切险(附加第三者责任险)64项,人身意外伤害险137项。险种业务不断拓展,在货物运输险、职业责任险、设计责任险、校方责任险上收获业绩。调整市场经营结构,全年新签股东外市场业务21项,股东业务占比由2010年的93%调整为90%,降低3个百分点。(董化龙)

【保险资源集中管理】 保险集中管理渐次推进,服务叠加效应逐步呈现。2011年集中运作各类保险项目344项(次),涉及保险标的总造价3087亿元,新签保费合同额3.57亿元。通过集中采购,为全系统节约保费成本支出1.07亿元,比2010年节约2400万元。海外业务部就阿尔及利亚东西高速公路项目赔案,组织各方先后召开12次跨国索赔协调会议,项目承保公司已初步确认1050万美元的赔偿金额;此外海外业务部正在积极准备材料,配合中国土木工程集团公司就利比亚战乱造成的部分损失向承保公司提出索赔。2011年,公司为系统内外各单位挽回经济损失2689万元,比2010年增长152%。个别疑难僵案取得实质性突破,尤其是工程险案件结案数量和质量均有较大提升,索赔到账收入超过百万元的案件7个,仅中铁建设三亚站房台风侵袭损失一案,为该公司索回赔偿款502万元。(董化龙)

【对外合作交流】 2011年,公司更加注重外部环境建设,不断加强与有关单位进行沟通交流,为企业发展创造良好外部空间。一是大力加强区域合作机制建设。有序推进与铁路局保险代理机构的合作规划,拓展业务触角,先后与成都、武汉等铁路局保险代理机构签订合作协议,与其他路局保险代理机构的接洽按计划开展。二是积极推进战略合作规划实施,直接促成中国铁建与中国出口信用保险公司签署战略合作协议,为公司发展找到新的增长点。三是注重维护与保险公司良好合作关系,采取"走出去,请进来"方式,与保险公司频繁开展互动交流。四是高度重视与银行、财税等部门建立友好往来关系。五是妥善处理与行业监管、中介审计机构工作关系,在坚持依法治企、合规经营的基础上,加强工作对接,自觉接受监察,先后顺利通过行业治理、清理"小金库"、报表审计等专项检查。(董化龙)

【企业资质提升】 2011年,企业增资和更名计划成功实现。为扩大经营规模,提升企业综合实力,公司于2010年3月向股份公司提出增资和更名申请,公司注册资本金已由2000万元增至5000万元。2011年11月15日,公司完成更名程序,去掉地域限制,为构建真正的全国性、综合性保险中介企业迈出关键性一步。2011年,公司在中国保监会公布的国内392家保险经纪公司排名中进入前15名。(董化龙)

中铁建(北京)商务管理有限公司

【简况】 中铁建(北京)商务管理有限公司前身系北京铁建工贸集团公司,2001年11月组建;2008年1月集团公司改制改称现名。公司机关驻北京市复兴路40号。下辖中铁建(北京)物业管理有限公司、北京铁建医院、北京铁建宾馆、北京中铁建商贸中心、中铁国际航空服务有限公司、中国铁建股份有限公司机关汽车队。职工670人。

2011年,公司立足院区,打造服务品牌,积极拓展市场,培育新的经济增长点,固本强基,挖潜增效,实现平稳较快发展。全年实现营业收入16418万元。年末资产总额13186万元,负债总额10781万元,所有者权益2404.4万元。职工年平均收入5.6万元。(韩 明)

【领导人员】

董事会

董事长 周步科
董事 孙 胜

监事会

职工监事 潘吉江

经理层

总经理 周步科
副总经理 孙 胜
副总会计师 王凤丽

党群领导

党委书记 周步科
工会主席 孙 胜

(韩 明)

【职工队伍】 职工670人。其中,在岗职工297人;内部退养职工84人;退休职工289人。在岗干部157人。其中,高级职务16人;中级职务31人;初级职务35人。技术干部占在岗干部总数的52.2%。在岗工人140人。其中,高级技师10人;技师49人;高级技术工人29人;中级技术工人5人;初级技术工人1人。技术工人占在岗工人总数的67.1%。 (孙友霞)

【经营管理】 2011年,公司以"后勤保障争一流,助推铁建大发展"为目标,立足总部机关院区,扎实做好后勤服务,在物业、医疗、餐饮、票务、车辆服务等方面,拓宽范围,强化管理,努力促进服务上水平、上档次、上台阶。物业管理坚持"业主至上,科学管理",保证总部机关院区和谐有序。中国铁建大厦严格参照五星级大厦的标准管理,周到的服务得到总部机关和承租单位的认可。对外承揽北京来广营中国铁建国际城文翔苑小区的物业管理项目,物业服务走出院区、走向市场取得实质进展。医疗服务加强基础设施建设,提升信息化水平,改善就医环境,打造口腔科、中医理疗科、肛肠科等特色科室,推动管理的科学化、规范化,门诊量逐年上升,为社区居民提供了较好的医疗保障。餐饮服务以机关餐厅为重点,以努力做好总部机关的工作餐为基础,紧抓各项活动、会议用餐等活动的契机,不断提升餐饮保障服务水平。航空售票、火车票服务按照中国铁建关于因公机票集中采购的相关要求,内抓管理,外塑形象,优化服务流程,抓好政策落实,积极开拓系统内外市场,加强与各大航空公司的合作,努力为全系统搭建一流的票务平台。车辆保障服务确保安全正点,进一步建章立制,规范服务,车辆管理、使用和维护安全有序,保障了总部机关的日常办公用车服务。

强化经营工作力度,加快企业"走出去"发展战略步伐,精心培育新的经济增长点。一是巩固加强总部机关和院区市场。物业服务基础牢固,医疗服务惠民利民,餐饮服务、车辆保障服务扎实稳健,特供酒服务、航空售票服务有序推进。二是继续推进物业管理走向市场。加快对北京来广营中国铁建国际城物业服务的接管步伐,组建机构,配齐人员,编制切实可行的工作方案,为首批业主办理相关手续,各项工作逐步进入正轨,得到业主和甲方的认可。三是努力做好机票、特供酒内部集中采购业务。在中国铁建五粮液特供酒的基础上,年内又经过调研,开发古井贡8年、16年原浆特供酒,丰富特供酒的种类和档次,在系统内部初步打开市场,赢得了口碑。机票业务立足系统内部因公机票集中采购的目标定位,加强自身建设,充实人才队伍,不断扩大集中采购的覆盖面,收到较好成效。

(韩 明)

【社会事务】 认真履行中国铁道建筑总公司赋予的社会事务工作职能,年内被评为北京市义务植树先进单位、海淀区交通安全先进单位、海淀区消防安全先进单位、万寿路地区安全生产和消防工作五星单位,继续保持北京市爱国卫生红旗单位、首都绿化美化花园式单位称号。

(韩 明)

【党群工作】 2011年,公司党委紧密结合企业工作实际,以创先争优活动为契机,不断加强党建和思想政治工作。(1)认真开展创先争优活动。结合年终工作总结,对创先争优活动进行总结和点评;结合庆祝建党90周年纪念活动,进行"一先两优"总结表彰;结合领导干部和机关干部考核测评,对创先争优活动进行群众评议;结合学习贯彻胡锦涛"七一"讲话和召开党员领导干部民主生活会,开展党员公开承诺活动。(2)领导班子建设和党组织建设。党委中心组学习紧贴实际,除上级要求的学习内容外,将习近平的讲话《关键在于落实》列为学习内容,认真学习和领会。为加强干部的使用和管理,修改公司干部任用管理办法中的领导干部延期任职年限条款。招聘应届大学毕业生7人,并对32名领导干部和机关干部进行考核测评。召开党支部"四抓工作法"座谈会,具体工作做法在中国铁建《政工情况》刊载。公司表彰先进党组织6个、先进个人16名,同时有1个先进党组织、2名先进个人受股份公司党委表彰。(3)宣传思想工作和稳定工作。组织广大职工深入学习贯彻股份公司、公司工作会精神,各级组织针对职工住房改善、转岗就业和内退、退休职工中的思想波动,认真细致做好思想引导和帮困扶贫送温暖工作,保持职工队伍稳定。(4)党风建设和反腐倡廉工作。认真做好反腐倡廉工作,坚持反腐倡廉工作联席会议制度,坚持廉洁谈话和诫勉谈话教育,召开党风廉政建设座谈会,进行多种形式的警示教育。(5)工会工作。各级工会不断加强全面建设,实施工会工作目标考核办法,坚持企务公开制度,举办"五一"职工趣味运动会和"十一"文艺演出。注重做好女工工作,"三八"妇女节前开展有益女职工身心健康的活动。元旦春节期间,看望、慰问特困、重困职工及退休人员46人,发放慰问金13万元。工会工作在2011年获得多项荣誉,其中物业管理公司大厦服务中心礼仪部获全路女职工先进集体称号,铁建宾馆宋登武被中华铁路全国总工会授予火车头奖章。(6)共青团工作。各级团组织积极服务企业、服务青年,发挥青年生力军的作用,先后开展"我与祖国共奋进,我与铁建同发展"、"学党史、知党情、跟党走"、"团组织就在我身边"等系列活动,为青工成长成才搭建平台,引导青年为企业健康持续发展建功立业。年内,物业管理公司大厦服务中心礼仪部被授予中国铁建“青年文明号”称号,物业管理公司团支部被评为中国铁建五四红旗团支部,公司团委书记韩晶被评为中央企业优秀共青团干部。 (叶发卿)

【中铁建(北京)物业管理有限公司】 驻北京市海淀区复兴路40号院。为北京市物业管理二级资质企业,北京市物业管理协会会员单位。主要负责股份公司机关居民住宅和办公大厦的物业管理。总经理、执行董事、党委书记石兴国。职工(含外聘人员)396人。资产总额2253万元,负债总额1834万元,所有者权益419万元。

2011年实现营业收入4751万元。年内接管北京来广营中国铁建国际城文翔苑小区的物业服务项目;配合中国铁建房地产集团公司物业管理,相继在北京、天津、保定、合肥、贵阳、成都、南宁、广州、长沙设立9个分公司,完成招投标、注册分公司和合同备案等工作。公司被评为北京市海淀区统计工作先进单位,机关文化活动中心游泳馆被北京市体育局评为优秀体育场馆,安全保卫部受到北京市公安局内部安全保卫工作集体嘉奖。全年收到锦旗4面,表扬信30封。

(王永红)

【北京铁建医院】 驻北京市海淀区复兴路40号院。前身是中国人民解放军铁道兵司令部门诊部,为事业法人单位,系一级综合性医院、社区卫生服务站,北京市基本医疗保险定点医疗机构。主要承担院区及周边地区居民的日常门诊、体检、社区卫生医疗服务。院长张丽霞,党委书记蒋兆林。职工(含外聘人员)108人。资产总额1544万元,负债总额1230万元,所有者权益314万元。

2011年实现营业收入6050万元。医院坚持“救死扶伤,以人为本,团结和谐,科学发展”的办院方针,通过健全质量控制体系、改善就医环境、更新医疗设备、建造特色科室、开展“三好一满意”活动,医疗服务质量不断提升。年内为股份公司大院居民出诊40次、抢救危重病患者22人(次)。在海淀区卫生局社区卫生服务年中绩效考核中位列第二名,被海淀区卫生局评为妇幼保健工作先进单位,护理科获中国铁建“工人先锋号”称号。全年收到锦旗1面,表扬信7封。

(靖 争)

【北京铁建宾馆】 驻北京市海淀区复兴路40号院。前身是铁道部工程指挥部机关招待所。下辖北京中铁建第三招待所、中国铁建股份公司机关餐厅、商务中心。总经理、党委书记杨明云。职工(含外聘人员)115人。资产总额835万元,负债总额450万元,所有者权益385万元。

2011年实现营业收入1039万元。服务经营以机关餐厅为重点,努力做好总部机关日常工作餐和各类会议、大型活动公务接待餐饮服务,不断提升饭菜质量,餐饮服务水平进一步提高。 (张靖靖)

【北京中铁建商贸中心】 驻北京市海淀区复兴路40号院。主要负责五粮液(中国铁建订制)酒,古井贡8年、16年(中国铁建特供)酒营销,建筑材料租赁,物资贸易营销。总经理、党委书记李晓春。职工163人。资产总额2697万元,负债总额2306万元,所有者权益392万元。

2011年实现营业收入1013万元。认真贯彻中国铁建关于集中采购公务接待用酒的政策,为系统内部单位节约大量接待费用。全年出租管材1500余吨,管材出租率100%。 (宋兰平)

【中铁国际航空服务有限公司】 驻北京市海淀区复兴路40号。2010年7月成立。具有国际机票(一类)、国内机票(二类)代理资质。主要负责中国铁建系统内部的机票及商旅业务。执行董事、总经理、党支部书记潘吉江。职工(含外聘人员)33人。资产总额5281万元,负债总额302万元,所有者权益4979万元。

2011年实现营业收入470万元。公司秉承“快速、方便、高效、优惠”的服务理念,提供机票预订、酒店预订、免费送票、火车票预订、商旅管理等专业服务,与中国国际航空公司、中国东方航空公司、海南航空公司、中国南方航空公司、埃塞俄比亚航空公司、肯尼亚航空公司等国内外航空公司签订集团客户合作协议。

(孙友霞)

【中国铁建股份有限公司机关汽车队】 驻北京市海淀区复兴路40号。主要负责中国铁建总部机关日常办公、会议接待等车辆服务保障工作。队长王继平,党支部书记黄水祥(3月任)。职工(含外聘人员)58人。拥有大小型车51辆。资产总额248万元,负债总额76万元,所有者权益172万元。

2011年实现营业收入744万元。全年出车28900台(次),安全行驶96万公里,完成车辆修理278台(次),连续28年安全无等级事故,连续12年被授予北京市海淀区交通安全先进单位称号。 (王 婷)

中国铁建(加勒比)有限公司

【简况】 中国铁建(加勒比)有限公司(以下简称加勒比公司)2007年10月成立于特立尼达和多巴哥共和国(以下简称特多),是中国铁建股份有限公司全资子公司。公司英文全称为 China Railway Construction (Caribbean) Co., Ltd.。公司驻 No.78 Ellerslie Park, Maraval, Port of Spain, Trinidad, Trinidad and Tobago, W.I.。下辖斯卡博罗总医院项目部和天然湖沥青产品销售部。职工89人。资产总额5554万元人民币。其中,固定资产净值13万元人民币;流动资产5541万元人民币。挖掘装载机1台,原值8万美元,设备总功率74.2千瓦。

2011年,公司完成总产值1220万美元,实现利润159万美元,人均创利1.79万美元。资产保值增值率269%,净资产收益率76%。 (韩文华)

【领导人员】

董事长兼总经理	于洪忠
董事副总经理	韩文华

(韩文华)

【工程项目指挥机构】 斯卡博罗总医院项目经理部驻特立尼达和多巴哥信号山。项目经理于洪忠,承包商代表韩文华。 (韩文华)

【职工队伍】 职工89人。其中,管理技术人员19人;中国工人65人;外聘人员5人。干部17人,其中专业技术干部13人,占干部总数的76%。学历结构:本科以上学历14人,占干部总数的82%;大专学历3人,占干部总数的18%。专业技术干部中,高级职务5人,中级职务4人,初级职务4人,分别占专业技术干部的38%、31%和31%。 (韩文华)

【特立尼达和多巴哥斯卡博罗总医院工程】 业主为特多卫生部,项目管理公司为特多国家保险财产发展有限公司,中国铁建股份有限公司为总承包商,负责项目的设计、施工、设备采购和安装。加勒比公司、中铁十八局集团有限公司和中铁建设集团有限公司参加工程建设。医院占地面积196800平方米,建筑面积18690平方米,由28栋单体建筑物组成,合同投资7642万美元,包括土建部分和设备部分。2008年6月4日中标,2008年11月3日正式开工,2011年12月16日土建部分正式移交业主,计划2012年5月31日项目全面竣工并交付业主使用。一年维护保养期将于2013年5月30日结束。 (韩文华)

【经营管理】 项目跟踪与投标。2011年,加勒比公司在集中精力干好在建项目的前提下,积极与新政府高层接触,加大企业宣传和公关力度,提升公众形象,为承揽新项目打下良好基础。对之前跟踪、参与资审、投标的项目,积极与业主及相关政府部门沟通,争取新项目承揽有所突破。

经营贸易。通过项目带动相关贸易出口,同时多方寻找渠道。在中特两国政府大力支持下,在中国铁建正确领导和各部门的帮助下,经过加勒比公司员工一年多的艰苦努力,于2011年9月22日获得特多政府内阁会议的批准,同意加勒比公司成为特多湖沥青(1978)有限公司湖沥青产品在大中华区(包括中国大陆、香港、澳门和台湾)的独家销售总代理。作为第三届中国—加勒比经贸合作论坛后续成果,此次特多政府的批准,是两国政府高层重视的结果,符合两国经济发展的需要,对中特两家国有企业乃至中特两国关系的良好发展都具有深远意义。正如特多媒体9月23日援引特多能源部长兰姆纳闰先生的讲话,此次合作,将有力地促进特多湖沥青(1978)有限公司生产设备的改善,产能的提升,并为当地提供110个新的就业机会。 (韩文华)

【科技教育】 加勒比公司鼓励职工在当地参加在职教育与培训,并提供优越的学习条件,为公司持续稳定发展打下良好基础。 (韩文华)

【党的工作】 11月,经中国铁建股份有限公司机关党委批准成立加勒比公司斯卡博罗总医院项目部临时党支部。加强政治领导、发挥模范作用。党支部建在项目上,不仅使支部的战斗堡垒作用和党员的先锋模范作用得到充分发挥,而且也是促进工程项目按期完成的重要保障。项目部现有干部员工17人,其中党员9人、入党积极分子3人。为调动和激发全体人员的政治热情和施工生产积极性,支部在每月召开全体党员大会的基础上,下发"鼓励项目部全体人员积极参加党组织活动"的倡议书,激励职工爱党、爱国、爱岗的热情;激发职工大干、快干、实干的劲头;形成互帮、互学、互进的良好氛围。 (韩文华)

【重要记载】

▲6月2日 特多最高行政长官欧文·伦敦先

生,率领特多议会官员视察中国铁建承建的斯卡博罗总医院项目施工现场。伦敦先生对中国铁建为特多建设一流的医院设施所作出的卓越贡献给予高度赞扬。加勒比公司董事长、总经理于洪忠,董事副总经理韩文华、项目副经理兼总工张云飞和商务经理李东生等陪同视察。

▲6月10日　特多总理比塞萨尔女士,在前卫生部长康纳丽斯女士陪同下,率领政府部门官员视察中国铁建承建的斯卡博罗总医院项目施工现场,对中国铁建的施工质量和医院现代化程度给予充分肯定,并鼓励项目部员工同业主一道再接再厉,圆满完成医院项目的建设。加勒比公司董事长、总经理于洪忠,董事副总经理韩文华、项目副经理兼总工程师张云飞和商务经理李东生等陪同视察。

▲8月22日　特多卫生部长福亚德先生在卫生部官员陪同下,视察中国铁建承建的斯卡博罗总医院项目施工现场。福亚德先生表示,中国铁建承建的这个医院项目,是一件为特多乃至加勒比地区人民谋福祉的大事。加勒比公司董事副总经理韩文华、项目副经理兼总工张云飞和商务经理李东生等陪同视察。

▲9月13日　陪同中国国务院副总理王岐山参加第三届中国—加勒比经贸合作论坛开幕式的商务部部长陈德铭,在商务部美大司何宁司长、外事司李柏军副司长和中国驻特多大使杨优明陪同下,专程视察特立尼达沥青湖开采现场和生产车间。陈德铭部长的此次视察,有力地促进了加勒比公司与特多湖沥青(1978)有限公司之间的关于湖沥青产品销售的商务合作谈判,为最终签订销售总代理协议奠定了坚实的基础。中国土木工程集团公司董事长刘志明和加勒比公司董事副总经理韩文华等陪同视察。

▲9月14日　中国商务部部长陈德铭专程到加勒比公司负责实施的斯卡博罗总医院项目工地视察。视察期间,陈德铭部长作出重要指示:中国铁建应充分利用先机以及当地有利的社会和自然环境,利用公司积累的丰富经验和资源,立足特立尼达和多巴哥,辐射加勒比地区,开拓市场,向长久化和规模化发展。中国土木工程集团公司董事长刘志明和加勒比公司董事副总经理韩文华等陪同视察。

(韩文华)

中国铁道建设(香港)有限公司

【简况】　2000年1月27日,经对外贸易经济合作部、铁道部和中央人民政府驻香港特别行政区政府联络办公室批准,中国铁道建筑总公司在香港设立一次性项目公司——中国铁道建筑(香港)有限公司。公司组建之初,主要负责香港西部铁路4个标段工程建设项目的组织实施;2002年4月,总公司所在联合体中标香港东部铁路CC－1850合同段后,对外贸易经济合作部于2002年11月20日批准同意将中国铁道建筑(香港)有限公司转为在港永久性公司,为股份公司驻香港常设机构,直属股份公司海外事业部管理,并于2007年5月17日正式更名为中国铁道建设(香港)有限公司(以下简称中铁建香港公司)。公司驻香港九龙九广铁路红磡站红磡铁路大楼207室。注册资本金600万港元。董事总经理郝桂林。职工29人。其中,内派员工1人;英籍员工1人;香港雇员17人;深圳公司2人;公司雇佣派往沙特麦加轻轨铁路项目公司的香港雇员8人。资产总额53687万港元。其中,固定资产2221万港元。中国铁道建设(香港)有限公司以中国铁建股份公司的名义和资质承揽工程项目。经营范围:承包或分项承包铁路、公路、桥梁、隧道、水利、港口、城市轨道交通、房建等工程项目的设计、技术咨询、施工或安装;国内资源的调配及资源管理,包括与项目有关的设备、技术及物资采购和进出口贸易;重点从事香港及珠三角地区铁路、城市轨道交通、房建和其他土建工程的投标及中标工程的实施与管理;其他项目的的研究开发与经营。

2011年签订工程管理合同额44224万港元、贸易合同额3461万港元,完成营业额11780万港元,实现利润161万港元。人均创利13.4万港元,职工年人均收入77.9万港元。产值利润率1.37%,资产负债率102.3%。

(郑　重)

【领导人员】

董事总经理	郝桂林
董事	郑　重(主持日常工作)
	罗振飚

(郑　重)

【工程项目指挥机构】　826项目经理部　驻香港元朗青山公路米埔段(加州豪园和米埔新村之间)。项目

经理 Steven meredith。 （郑 重）

【职工队伍】 职工 29 人，其中专业技术干部 15 人。专业技术干部中，高级职务 5 人，中级职务 6 人，初级职务 4 人，分别占专业技术干部的 34%、40% 和 26%。

（郑 重）

【经营管理】 项目承揽与管理。(1)3 月，中铁建香港公司使用中国铁建名义组建中国铁建—新昌建筑有限公司—中铁十五局集团公司联合体中标香港港铁公司 C826 合同段广深港高速铁路隧道深圳皇岗—香港米埔段工程。中国铁建占 40% 股份。工程项目业主为香港港铁公司，合同投资 17 亿港元，合同工期 2010 年 3 月 ~ 2014 年 12 月。主要实物工程量：隧道 1490 延长米，联络通道 6 座，安装管片 1490 环。2011 年完成合同投资 6342 万美元，开工累计完成投资 11058 万美元，计划 2016 年 3 月底基本完工。(2)8 月，中铁建香港公司中标力拓大西洋铁矿有限公司几内亚西芒杜 700 公里铁路地质勘探项目，合同投资 5705 万美元，合同工期 2011 年 12 月 ~ 2013 年 5 月。

项目跟踪与投标。年内，中铁建香港公司参与力拓大西洋铁矿有限公司几内亚西芒杜 700 公里铁路地质勘探项目投标，其中包括 R/T 1009 营地及几内亚西芒多清表。参与香港地铁 KTE1020 和 SIL913 接触网和轨道工程投资。 （郑 重）

【中铁国际贸易(香港)有限公司】 驻香港九龙九广铁路红磡铁路大楼 207 室。负责铁路器材的出口贸易，出口国、地区为沙特阿拉伯、澳大利亚、德国、伊朗及香港。主要产品为钢轨、道岔和相关配件，铁路车辆配件和隧道施工车辆。公司是香港九广铁路公司认可的铁路器材供应商。 （郑 重）

【中铁建物业投资(香港)有限公司】 驻香港九龙观塘海滨道 133 号万兆丰中心 10 楼 A 室。主要负责 2010 年底在香港观塘购置的约 350 平方米的写字楼的物业管理。 （郑 重）

【深圳雷威中土建设工程有限公司】 驻广东省深圳市罗湖区新安路森威大厦雍景园 1203 室。主要负责小额出口贸易及协助中铁建香港公司和中铁国际贸易(香港)公司的业务。 （郑 重）

中国铁建股份有限公司北京培训中心

【简况】 中国铁建股份有限公司北京培训中心(中国铁建股份有限公司党校)驻北京市大兴区龙河路 16 号。前身是 1983 年 12 月组建的中国人民解放军铁道兵指挥部干部学校，1984 年 1 月集体转业并入铁道部，更名为铁道部工程指挥部干部学校；1990 年 10 月改称中国铁道建筑总公司干部学校，1991 年 1 月 1 日定名为中国铁道建筑总公司党校、干部学校；2002 年 3 月，总公司批准成立中国铁道建筑总公司北京培训中心，实行一套班子，兼有党校、干校、北京培训中心三种职能；2005 年 5 月，总公司决定将干部学校更名为管理学院；2008 年 1 月 5 日，随着中国铁建股份有限公司整体上市，更名为中国铁建股份有限公司北京培训中心；2009 年 1 月 16 日，总公司党委决定将中国铁道建筑总公司党校更名为中国铁建股份有限公司党校，实行培训中心(党校)党委领导下的主任(校长)负责制。2002 年被列入中央党校原中央企业工委分校(现中央党校国资委分校)教学管理体系，同年被列为中央国家机关会计人员继续教育培训单位。2006 年被定为中央党校在职研究教学点，2007 年被定为中国人民大学会计专业硕士教学点，2010 年被北京交通大学土木建筑工程学院设为工程项目管理硕士研究生教学点。校园占地面积 1.8 万平方米，建筑面积 1.54 万平方米。下设办公室(党委办公室)、教育培训处、教研开发处、财务处、后勤服务处 5 个部门，在岗职工 31 人。已形成同时接待 280 多名学员的办学规模。在岗职工中，本科及以上学历 23 人，专科学历 3 人；高级职务 9 人，中级职务 9 人，初级职务 1 人。 （陈登玉）

【领导干部】

主任(校长)	顾传智
副主任(副校长)	单永新
党委书记	陈继柏
党委副书记	顾传智
纪委书记	单永新(兼)
工会主席	刘爱武(兼)

（陈登玉）

【教学培训】 2011 年，学校围绕中国铁建“十二五”发展战略，始终坚持“适应企业发展要求，适应企业队伍建设,适应企业职工需求”的办学原则,构建主体培训、业务培训、专业培训和外围培训四个模块的课程体系,着力做实做强培训主业,全年完成培训任务62期,培训学员7192人次,完成产值1967.6万元。全年培训工作体现出“四个注重”:一是注重把“四实”作为保证教学质量的第一要务。从“时间落实、内容务实、考核求实、评教评学扎实”入手,聘请高校名师教授、政府资深人士和系统内部专家三结合的师资力量,实现由单一讲授式转变为政策宣贯式、研究互动式、经验交流式、案例剖析式相结合的教学新格局,充分调动“教”与“学”两个积极性,确保教育培训不走过场。二是注重把“三靠”管理作为促进培训的第一抓手。在培训中正确处理“管”与“被管”、“制度化”与“人性化”的关系,以尽职尽责作为管理工作的根本要求,以求真务实作为管理工作的根本态度,以落实制度作为管理工作的根本保障,将“建章建制靠制度管理,强化责任靠主动管理,注重过程靠环节管理”贯穿培训始终。三是注重把“三不”措施作为推进培训的第一责任。培训中认真贯彻落实上级有关规定,做到贯彻基本原则、执行规定不走样;掌握科学方法,实施培训不偏颇;严格程序流程,做到求真务实不掺假。四是注重把“三个满意”作为衡量培训成效的第一尺度。坚持“以人为本、优质服务、注重效果、严格监管”的理念,注意管理与服务的平衡,始终坚持以服务教学、服务学员为己任,以人性关怀提升管理层次,以细化服务提升管理水平,让学员和送培单位满意是培训的着力点,让上级机关满意是培训的立足点,本单位满意是培训的持续发展点,用一流教学、一流队伍、一流管理、一流服务、一流风气做好培训工作,以优质教学和服务成效取信于学员,从而实现从严管理与优质服务并举、相得益彰。 （陈登玉）

【学历教育】 中央党校在职研究生教育面向中国铁建系统内外招收处级以上干部和具有中级以上职称的专业技术人员,负责日常的教学、教务和学籍管理工作。在职研究生教育招生名额、学制、课程设置均由中央党校研究生院确定,授课教师由中央党校选派。自2006年开办以来,在职研究生教育稳步发展。截至2011年底,已经毕业的学员有243人;注册在职研究生学员204人。其中,2009级79人;2010级53人;2011级72人。

中国人民大学会计专业硕士学位(MPAcc)教育的培养对象是国民教育系列大学本科毕业、从事会计或相关领域的实际工作两年以上的会计工作人员,招生名额、学制、课程设置均由中国人民大学确定,授课教师由中国人民大学选派。2007年设立会计专业硕士学位教学点,2008年开始招生,已有49名学员获中国人民大学会计专业硕士学位,现有注册在读学员9人。

北京交通大学工程项目管理硕士研究生教育的培养对象是国民教育系列大学本科毕业、从事工程项目管理或相关领域的实际工作两年以上的工程项目管理人员,招生名额、学制、课程设置均由北京交通大学确定,授课教师由北京交通大学选派。2010年设立工程项目管理硕士研究生教学点,注册在职研究生学员52人。 （陈登玉　王爱芬　高洪勇）

【党群工作】 党务工作。校党委下设3个党支部,有党员37人。加强组织建设,强化党内民主制度。年内根据学校机构微调情况,对党支部和党小组重新进行划分,为各党支部开展活动创造更加有利的组织条件;坚持民主集中制,贯彻落实“三重一大”制度,在校机构调整、干部选拔、职工考核及1号楼改造、校大门装饰等重大事项中,实行民主决策,规范程序,阳光操作。扎实开展创先争优活动,党员公开承诺有序推进。认真落实校党委创先争优活动实施方案,全校23名在岗党员紧紧围绕学校中心工作,立足岗位职责,作出公开承诺109条,在工作中充分发挥共产党员的先锋模范作用。

纪委工作。根据股份公司纪委关于党风建设和反腐倡廉工作的总体部署,坚持围绕中心、服务大局,以构建惩防体系、建设“廉洁培训”为目标,着力在强化责任意识、完善制度机制、加强权力监督上下工夫,主动在推行“管理规范化行动”中监督制度运行管理,在推进“集中统一化行动”中实施民主监督管理,在推进“服务专业化行动”中引入劳务公司管理,确保干部职工在实际工作中“能干事、干成事、不出事”。积极推进“反腐倡廉进课堂”活动,开展上好一堂反腐倡廉辅导课、观摩一次反腐倡廉警示教育活动,较好地促进了纪检监察工作。

工会工作。校工会认真贯彻落实股份公司工会部署,以构建和谐劳动关系为宗旨,认真履行工会职责,较好地维护了职工群众的合法权益。同时,积极参与党工共建创先争优活动,团结和带领职工群众开展丰富多彩的文体娱乐活动。年内开展唱红歌、跳民舞、红色之旅、拓展训练、送温暖等活动,开展领导班子述职述廉测评、领导班子民主生活会整改措施落实情况群众满意度测评,有效地培养团队合作精神,激发职工爱校热情。 （陈登玉　单永新　刘爱武）

【重要记载】

▲1月5日　北京培训中心(党校)实施组织机构微调和人员重新定岗工作,将原有的7个部门压减为

5个部门，优化部门职能和岗位职责。

▲3月17日　股份公司董事长、党委书记孟凤朝到北京培训中心（党校）调研，指出要解放思想重质量，更新观念办好学，加强自身建设，为做优做强企业作出新贡献。

▲4月7日　国家事业单位登记管理局批准中国铁建股份有限公司北京培训中心（党校）培训业务范围变更为“政治思想教育、领导素质教育、建筑工程项目管理、工商管理和财务管理专业培训”。

▲5月10日　中国外交部副部长吕国增为中国铁建第三期高级经营管理人员培训班、中央党校国资委分校2011年春季学期中国铁建处级干部进修班学员作国际形势报告。

▲6月28日　北京培训中心（党校）召开庆祝中国共产党成立90周年暨创先争优活动专项表彰大会。

▲7月19日　国务院机关事务管理局督导组到中国铁建北京培训中心检查2011年会计人员继续教育培训情况，称赞中国铁建领导对继续教育给予了大量的投入，队伍用心、用情工作，制度健全，计划周密，资料完整，有特色、有创新、有亮点，经验值得推广和借鉴。

▲12月16日　校党委召开2011年党员民主生活会，股份公司党委副书记、副董事长、工会主席彭树贵出席会议并作重要讲话。　（陈登玉）

中铁十二局集团公司的工程测量队员正在大西铁路客运专线上冒雪测量。　（武　羽　摄）

中铁十五局集团三公司油品中心女子发油班获 2011 年河南省五一巾帼标兵岗称号。

（丛建伟 摄）

人 物

本栏责任编辑 **杨启燕**

新闻人物

【刘国志·政协北京市十一届委员会委员】 中铁二十二局集团公司董事长、党委书记,中共党员,硕士研究生学历。1954年4月出生,辽宁省开原市人。1972年12月入伍,1975～1978年进入大连工学院机械工程系学习,毕业后历任铁道兵八师后勤部修理营实习学员、铁道兵工程指挥部施工处站场电务处助理工程师、中国铁道建筑总公司工程部工程师、中国机械进出口总公司卡特彼勒产品北京综合服务部总经理兼党委书记、中国铁道建筑总公司设备部部长、中铁工程有限公司总经理、中国铁道建筑总公司国内工程公司总经理等职,是中国共产党北京市第十次代表大会代表,北京市第十一届政协委员、市政协城建环保委员会副主任。1996年被铁道部评为优秀共产党员;2002年被中华全国总工会授予火车头奖章,被评为第三届北京质量管理优秀企业家;2006年被北京市总工会授予首都劳动奖章;2008年获北京市局级领导干部优秀理论文章一等奖,被住房和城乡建设部评为抗震救灾先进个人。他带领集团公司先后参加了国内第一条客运专线——石太铁路客运专线、国内第一条海底隧道——厦门翔安海底隧道、世界规模最大的客运中心——广州新客站等一大批代表中国最高技术水平的标志性工程建设。《中国铁道建筑报》2011年1月16日第2276期第1版报道了他的先进事迹。 (万红梅)

【石明记·中国铁建杰出青年、献身企业的党员先锋、敬业奉献道德模范】 中铁十八局集团三公司原党委委员,副总经理兼兰渝、兰新铁路民和段项目经理。2010年12月21日,因病医治无效在河北省涿州市病逝,享年33岁。

石明记,满族,1977年7月出生,河北省宽城县显独石沟乡燕子峪村人。2008年5月毕业于北方交通大学交通工程专业。二级职业项目经理,中共党员。自1997年参加工作以来,先后参加顶兴公路、株六铁路新小冲隧道、渝怀铁路彭水隧道、宜万铁路、兰渝铁路、兰新铁路等工程建设,历任技术员、技术主管、衬砌队长、项目副经理、常务副经理、项目经理等职。在2008年9月担任兰渝铁路项目部经理期间,注重项目部标准化工地建设,隧道光面爆破施工工程成为全线样板工程;在安全防范和文明施工方面,受到甘肃省重点建设项目安全生产专项督察组的高度评价;多次代表集团公司参加铁路信用评价并名列前茅。2008年11月,石明记被集团公司聘任为二级职业项目经理(副处级);2010年1月被任命为三公司副总经理。2010年9月,三公司委派石明记兼任兰新铁路民和段项目经理。到任后,他始终以大局利益为重,从不计较个人得失,不负组织重托,不惧各种艰险,善于组织,勇于攻坚,科学管理,所负责的施工项目质量优良,创造了可观的经济效益和社会效益,为公司的发展作出巨大贡献。他曾先后获得中华全国铁路总工会火车头奖章,中国铁建劳动模范、优秀项目经理,集团公司先进生产者、先进个人,三公司先进生产者、优秀共产党员、优秀项目经理等荣誉。2010年12月21日,石明记终因积劳成疾不幸英年早逝。2011年4月8日,中铁十八局集团公司党委追授石明记"献身企业的党员先锋"、"创先争优模范"称号;2011年4月28日,中国铁建团委追授石明记中国铁建杰出青年称号;2011年5月4日,天津市团委追授石明记天津五四青年奖章。《中国铁道建筑报》2011年4月12日第2311期第1版、5月7日第2319期第1版分别以《忠于组织鞠躬尽瘁,献身企业义薄云天》《生命的华彩乐章》为题,详细报道了他的先进事迹。 (梁淑芳 阎世杰)

【黄昌富·时代先锋】 中铁十六局集团公司副总经理兼北京工程指挥部指挥长。中共党员,工学博士,教授级高级工程师,是中国岩土锚固工程协会常务理事、中国青年企业家协会会员、全国青联委员、铁道部青年科技专家、北京市评标专家库专家。1971年3月出生,河南省新县人。1993年7月参加工作。黄昌富先后参加北京、广州、深圳地铁及北京、天津地下直径线等国家和地方重难点工程建设,创造地铁盾构施工月成洞540米的全国企业新纪录和砂卵石地层盾构掘进1500米不换刀具纪录。黄昌富的盾构团队在施工实践中,逐步掌握从小直径盾构机到大直径盾构机施工的核心技术和配套设备选型与参数优化指标,直接推动了整个盾构机产业链条的国产化进程。黄昌富主持形成的"加泥式土压平衡盾构法隧道综合施工技术"成果获北京市科技进步三等奖,"高精度自动陀螺经纬仪及自动陀螺快速定位定向系统的研究”成果获湖南省科技进步一等奖，“北京地铁砂卵石地层盾构法施工刀具设计改造”成果获北京市经济技术创新成果奖；参与研究的“城市松散含水地层中复杂洞群浅埋暗挖施工技术”成果获国家科技进步二等奖；盾构机相关配套设备国产化改造研究成果——“盾构机国产配套设备选型与参数优化”获北京市总工会优秀合理化建议奖，“城市内大直径、长距离、高水位穿越砂卵层泥水盾构机选型”研究成果获北京市总工会经济技术创新工程优秀成果奖。先后获得全国“青年岗位能手”、全国优秀项目经理、茅以升北京青年科技奖、第八届北京市十大杰出青年、北京青年五四奖章、北京市优秀共产党员、第十一届中国青年五四奖章标兵、中央企业杰出“青年岗位能手”、中国铁建杰出人物、中国铁建十大杰出青年、全国五一劳动奖章、全国劳动模范等荣誉。作为2008奥运工程建设青年功臣，黄昌富还被推选为《建筑时报》年度人物和《中国青年》杂志封面人物。2009年10月1日，作为团中央推荐的全国优秀青年代表，登上天安门城楼观看国庆60周年庆祝活动，并参加国庆招待会，受到党和国家领导人的亲切接见。《中国铁道建筑报》2011年4月28日第2318期第1版以《永不言退的时代先锋》为题，详细报道了他的先进事迹。（邓昆仑　王立武）

【蔚东绪·山西省优秀共产党员】 中铁十七局集团公司副总工程师，中共党员，硕士学位，教授级高级工程师。1965年1月出生，山西省定襄县人。1988年7月参加工作。蔚东绪常常告诫自己，当领导不是享清福，要想当好头，必须带好头，尽职尽责干好工作是天职。2003年11月，国家重点工程宜万铁路开工建设，蔚东绪担任集团公司宜万铁路39标段工程指挥长。由于施工地段位于大巴山区，交通极为不便，再加上项目部生产指挥车少，工作用车非常紧张，他主动把指挥用车定为测量用车，自己每天徒步五六公里山路到工地现场办公，连续13个月风雨无阻。终因操劳过度导致胆囊炎复发，疼得直不起腰，到医院只打了1天吊针又跑回工地，项目职工被他的敬业精神所感动，纷纷表示一定担当责任，干好本职工作。在他的带领下，项目部领导班子被集团公司评为“四好领导班子”。宜万铁路39标段的长岭隧道是全线重点控制工程。隧道从水库下部穿越，施工风险很大。项目部依靠严控紧管、精心组织、科学施工，创出单口单洞月掘进336.2米的成绩，比计划工期提前14个月贯通，受到宜万铁路建设总指挥部通报表彰，工程施工管理经验被山西省总工会重点推广，项目部被评为铁道部2004年统计执法检查先进单位，获得山西省五一劳动奖状。2006年9月，蔚东绪担任集团公司广深港铁路客运专线2标段项目经理。工程开工后，他连续16个月坚守在工地与大家同甘共苦。2009年6月，他在胳膊骨折接受康复治疗期间，坚守施工前沿，毅然率队参加广州新客站增援战，以最短时间第一家进入增援工地。在12家增援单位中，第一个完成增援任务，受到股份公司通报表扬。2010年4～11月，蔚乐绪受命带队赴沙特参加麦加轻轨增援突击施工任务。每天在高温酷热中工作16个小时以上，提前20天完成增援任务，受到铁道部和中国铁建的高度赞誉。20多年来，蔚东绪在十几个项目上工作过，他坚守党性，严格自律，抵制各种职务犯罪。在担任集团公司广深港铁路客运专线项目经理期间，他把选择项目劳务队伍、工程分包单价核定、大宗物资采购等敏感的事情全部变成“阳光工程”，通过项目会议集体研究决定，赢得项目部班子成员的高度信任和职工群众的一致好评。他先后获得山西省五一劳动奖章、铁道部火车头奖章、山西省优秀项目经理、全国工程建设优秀项目经理等荣誉。《中国铁道建筑报》2011年5月7日第2322期第3版以《心系企业，甘于奉献》为题，详细报道了他的先进事迹。

（胡安鹏　孟庆财）

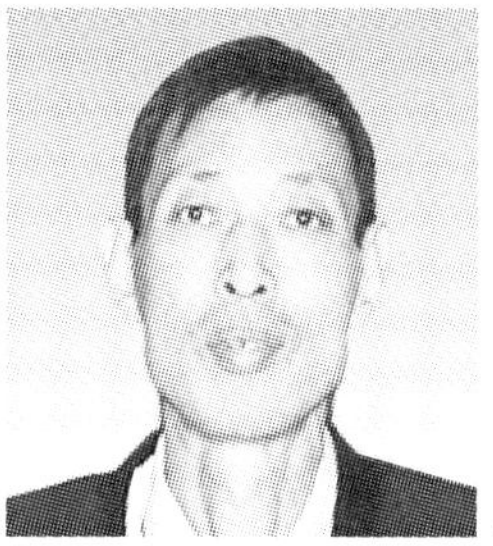

【李艳光·江西省关爱农村留守儿童优秀使者、江西省希望工程实施20周年“致敬个人”荣誉获得者】 中铁二十四局集团南昌建设有限公司职工，材料员。1952年7月出生，江西省波阳县人。1966年7月参加工作，高小文化，中共党员。从1992年5月资助第一名失学儿童开始，他便与“希望工程”结下不解之缘。20年间，李艳光用省下的16万多元，资助全国105名失学和贫困孩子。李艳光积极发动市民参与“希望工程”，募集资金达百万元。李艳光不仅在经济上资助孩子，更注重在精神上对他们的支持和引导。他像亲人一样，花了大量时间和精力给孩子们写信，邮寄课外书和学习用品，努力培养他们健全的人格，健康的心态。受资助的孩子给他写了1000多封来信，把他当作最亲的人，在书信中袒露心怀，向他倾诉内心世界。李艳光的感人事迹赢得社会广泛赞誉，先后获得第二届全国道德模范提名奖、江西省优秀共产党员、江西省首届十大道德模范、中国铁道首届十佳道德模范、铁道部火车头奖章、中国铁建劳动模范等荣誉。《中国铁道建筑报》2011年6月7日第2335期第1版、

12 月 10 日第 2415 期第 1 版报道了他的先进事迹。（孙锡仁）

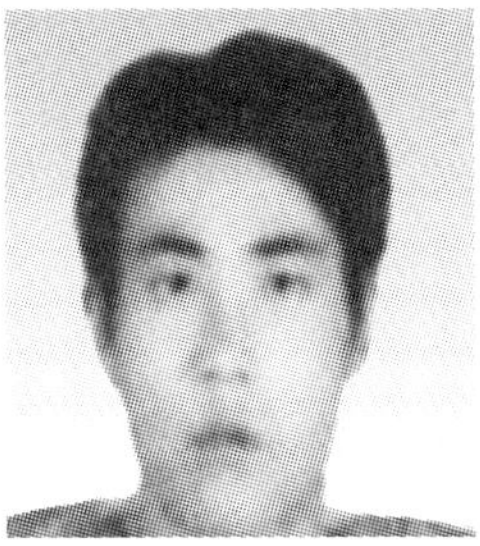

【袁增伟·湖南省杰出农民工】 1984 年 12 月 29 日出生，江苏省新沂市人，高中文化。2005 年外出务工，2008 年成为江苏住友建设有限公司电焊工，期间考取中华人民共和国特种作业操作证。2010 年 7 月担任中铁二十五局集团三公司长株潭城际铁路综合Ⅲ标段湘潭特大桥湘江段项目部劳务队技术负责人。2011 年获湖南省十大杰出青年农民工称号，记湖南省政府一等功；2011 年 10 月入选江苏省好人榜；2012 年获江苏省身边好青年称号；2012 年荣登中国好人榜。长株潭城际铁路湘潭湘江特大桥 209 ~ 305 号墩跨越湘江，工程采用双壁钢围堰施工，施工中受湘江水位季节性影响较大，专业要求极高。水中墩施工要赶在汛期来临之前，完成所有桩基础、承台施工，墩身必须出水面。作为劳务队技术负责人，袁增伟深知自己必须更加努力，以实际行动，带动其他人。为保证"4·30"水中墩如期浮出水面这一关键节点目标的顺利实现，袁增伟一天 24 小时驻守在工地现场，以工地为家，带领全体工友全力以赴，攻坚克难。筑岛围堰施工期间，他晚上住在临时搭建的帐篷里。4 台旋挖钻同时施工，钢筋笼随时需要。为确保钢筋笼成笼速度赶上施工进度要求，袁增伟利用自己特种作业技能，自己负责桥梁桩基钢筋笼的焊接工作。在他的带领下，所有钢筋笼一次成笼且质量好，赢得现场监理的高度好评。水中墩如期浮出水面，为国家避免经济损失 2000 余万元。《中国铁道建筑报》2011 年 7 月 1 日第 2346 期第 2 版报道了他的先进事迹。（罗贵业）

【李军·西藏自治区解放 60 周年感动人物】 中铁十九局集团五公司党委副书记、工会主席，中共党员，本科学历。1962 年 9 月 23 日出生，河北省张家口市人。李军在担任五公司青藏铁路项目部工会主席兼办公室主任期间，同全体员工一起奋战高原，奉献高原。在他精心组织、精心管理和细致有效的思想政治工作的作用下，职工和民工队伍稳定。4 年中，李军所在项目部有参建民工 16000 多人次，但从未发生一起民族纠纷和刑事案件，未发生一例高原病死亡事故，取得骄人业绩。在西藏期间，李军在那曲县俄玛迪格村建立文化站，创办《雪域风》报，丰富青藏铁路干部职工和驻地牧民的文化生活；出资 8000 元维修俄玛迪格小学校舍，出资 5000 元为学校孩子买新衣服和学习用品；出资 6000 多元为那曲地区小学购买课外书籍；资助两名藏族孤儿上学，并与福利院签订合同；资助家庭困难的藏族高中生，承担了高中到大学的学费。李军担任公司党委副书记、工会主席后，时刻以"身怀爱民之心，恪守为民之责，善谋富民之策，多办利民之事"鞭策自己，认真履行职责，深入基层，贴近职工，服务一线，积极为职工群众排忧解难，赢得广大员工的拥护，先后被集团公司评为优秀党务工作者，被中国铁建评为优秀党员、先进工作者、首届十佳道德模范，被中华全国铁路总工会授予火车头奖章，被西藏自治区授予感动西藏人物称号，被国务院授予全国民族团结进步模范个人称号。《中国铁道建筑报》2011 年 7 月 21 日第 2354 期第 1 版报道了他的先进事迹。（张 莹）

【赵海生·全国道德模范提名奖获得者】 中铁十七局集团五公司职工。1956 年 2 月出生，甘肃省甘谷县人。1976 年 2 月参加工作，中共党员。赵海生义务修车从 1984 年开始，自觉为大院职工家属和附近居民服务。他从每月不多的工资中挤出 50 元至 100 元购买配件、修理器具，打气筒添置了 7 把。每逢节假日和大型义务活动，他都会打着"学雷锋修车点"、"志愿服务修车点"字样的横幅，走上街头为过往群众免费修车。为方便居民，先后自备 4 辆应急自行车供大家使用。有人私下比照街上修理摊点的收费标准给赵海生算了一笔账，26 年来，他义务为公司职工修车达 120000 辆次，这还不包括义务为附近居民修车以及节假日上街为过路行人修车，如果合理收费的话，少说也能挣上 20 万元。然而，他为职工群众修车不仅分文不取，还贴补进去 2 万余元。赵海生家境非常贫困，爱人没有工作，久病在身，2008 年做过脑开颅手术；家里还有未成年的孩子和靠他赡养的老人。为了省钱多买些修车零件，他十几年没有回过甘肃老家探亲，还将女儿送回甘肃老家在农村生活了 7 年。26 年来，赵海生先后当过锅炉工、炊事员、车工、饲养员、经济民警、门卫、自行车棚管理员，无论岗位如何变换，他总是恪尽职守、无怨无悔。他先后获山西省第三届道德模范、感动山西十大杰出人物、志愿服务青年楷模、新长征突击手标兵、职工爱岗敬业职业道德标兵，首届全国杰出青年志愿者楷模、火车头奖章、铁路杰出青年，十大太原文明人、太原"践行社会主义荣辱观十大学雷锋标兵”,中国铁道杰出青年志愿者、优秀共产党员标兵、助人为乐道德模范等荣誉。2011 年 9 月,赵海生获得全国道德模范提名奖并受到中央政治局常委、中央精神文明建设指导委员会主任李长春的亲切接见。《中国铁道建筑报》2011 年 9 月 27 日第 2383 期 1 版以《行善施爱,感动天地》为题,报道了他的先进事迹。

(刘海发　孟庆财)

科 技 人 物

【冉理 · 全国工程勘察设计大师】 中铁第一勘察设计院集团公司总工程师、副院长,教授级高级工程师,中共党员。1951 年 10 月出生,山东省曹县人。1969 年参加工作,1997 年 6 月毕业于西南交通大学,2004 年 6 月获西南交通大学管理科学与工程硕士学位及学历,2001 年被评为甘肃省优秀专家,2004 年享受国务院政府特殊津贴,2005 年被评为院专业技术带头人,2009 年被评为陕西省优秀勘察设计师,2011 年被评为全国勘察设计大师。冉理从事铁路勘察设计工作 30 余年,参加和主持过数十项铁路干支线的勘测设计工作。作为铁一院总工程师,先后主持完成青藏铁路方案的研究论证并提出总体设计思路和原则,主持和参加京九铁路、兰新铁路第二双线、襄渝铁路、兰渝铁路、西南铁路等重点工程的勘察设计和技术决策工作,主持郑西、哈大、西成等高速铁路勘察设计、技术决策和科研工作,主持完成《加快西北地区铁路发展规划研究报告》《甘肃省铁路发展规划》《陕西省铁路发展规划思路》《青海铁路发展规划》等规划研究报告,对西北地区铁路网的发展和建设具有指导性作用。

(李景平)

【李文俊 · 茅以升铁道工程师奖获得者】 中铁十一局集团公司总经理助理,副总工程师,教授级高级工程师,中共党员。1963 年 8 月出生,四川省夹江县人。1985 年 7 月毕业于石家庄铁道学院桥梁工程专业,大学本科学历。李文俊先后参加渝怀铁路、沪蓉西高速公路、宜万铁路、合福铁路等国家重点工程建设,长期从事技术施工技术与项目管理工作,具有较高的专业技术和丰富的施工管理实践经验。他参与建设的歌乐山隧道、张家湾四线特大桥工程分别获 2006 年度火车头优质工程一、二等奖,集团公司宜万铁路工程指挥部被评为 2007 年度武汉铁路局优秀项目部、2008 年度铁道部宜万铁路建设指挥部宜万铁路建设优胜单位,2009 年获得火车头奖杯。他主持的“渝怀线歌乐山隧道岩溶富水区施工技术”、“马鹿箐隧道岩溶溃水风险控制及处治技术”成果获中国铁建科学技术特等奖,“72 米高填石路堤施工关键技术及质量控制研究”成果获一等奖;参与开发的“特大体量隐伏岩溶泄水消能工法”、“坡追排水、长距离管道抽淤施工工法”分别获中国铁建 2009 年度优秀工法一、二等奖;撰写的《歌乐山隧道高压富水段帷幕注浆设备研制及配套》《歌乐山隧道岩溶富水区帷幕注浆设计》《湿喷防水混凝土施工技术》《探地雷达在巷道掘进超前探测中的应用》《夹活岩特长公路隧道竖井设计及施工方法探讨》等论文在省部级以上刊物发表,取得较好的社会效益和经济效益。他本人先后获重庆市建筑业优秀项目经理、中国公路工程优秀项目经理、全国工程建设优秀项目经理、铁道部宜万铁路建设指挥部宜万铁路建设优胜个人、火车头奖章等荣誉。

(郭　琳)

【吴焕通 · 茅以升科学技术奖建造师奖获得者】 中铁十三局集团公司副总经理,教授级高级工程师,中共党员。1963 年 11 月出生,山东省蓬莱市人。1984 年 7 月毕业于石家庄铁道学院铁路隧道专业。历任助理工程师、技术室主任、副段长,处副总工程师、总工程师、副处长,局科技开发部部长、副总工程师、副总工程师兼渝怀铁路项目指挥长、总工程师、副总经理等职。近年来,吴焕通在直接指挥管理锦屏引水隧洞、京石铁路客运专线等大型重点项目的同时,全面负责集团公司的技术、科技开发及质量管理等工作。先后指导和参与哈尔滨绕城高速公路东北段天恒山隧道、宜万铁路和石太、甬台温、哈大铁路客运专线及六沾铁路二线乌蒙山 2 号隧道、天平铁路六盘山隧道、沪蓉西高速公路、松花江大顶子山航电枢纽船闸工程等重大工程的科技攻关、施工组织、质量管理等工作。他带领科技攻关组攻克渝怀铁路 9 项施工难题,开发的“软土地层铁路站场下浅埋大跨度暗挖地下通道综合施工技术”成果获吉林省2005年度科技进步二等奖,“峡谷条件下430米跨度上承式钢管混凝土拱桥综合施工技术”成果获中国公路学会科学技术奖。他本人2006年获茅以升铁道工程师奖,2007年获第五届詹天佑铁道科学技术奖中国铁建专项基金成就奖,先后被授予铁道部科技拔尖人才、第九届吉林省突出贡献中青年专业技术人才、全国建筑业科技进步与技术创新个人等称号,享受国务院政府特殊津贴。 (李升旺)

【王守慧·茅以升科学技术奖建造师奖获得者】 中铁十四局集团公司南京长江隧道常务副指挥长,大学本科,教授级高级工程师。1969年3月出生。王守慧先后主持参与多项重大险难工程建设,主持的长白公路板石岭隧道被业主誉为吉林省最好的隧道;作为项目经理主持施工的武隆隧道,被评为全线样板工程,获火车头优质工程一等奖;主持的北京地铁5号线工程获中国建设工程鲁班奖;主持的南京长江隧道工程,目前是世界上直径最大的泥水平衡盾构隧道之一,先后攻克60余项世界级技术难题,取得15项专利,其中超大断面盾构隧道管片原型应力试验被列入国家863计划,隧道不渗不漏不裂,质量达到业内领先水平,被评为全国建筑业新技术应用示范工程。撰写的《北京地铁5号线天坛东门站施工监测技术及受力特性研究》《地铁施工中对地面桥梁桩基的洞内托换》《大跨浅埋暗挖地铁车站中洞法施工安全性分析》《邻近江河深基坑降水对周围环境的影响及防治》等多篇论文在专业技术刊物上发表。王守慧参与研究的科研成果有两项获河北省科技进步奖,他本人获得铁路施工企业优秀项目经理、全国建筑施工优秀项目经理、中央企业劳动模范、江苏省五一劳动奖章、中国铁建杰出人才、南京市政府长江隧道建设有功个人等荣誉。 (刘　宁)

【赵国旗·茅以升科学技术奖建造师奖获得者】 中铁十六局集团公司副总经理,中共党员,研究生学历,教授级高级工程师。1960年9月出生,河北省大城县人。1980年9月参加工作,先后参加大秦铁路一、二期及京九、内昆、渝怀、粤海、西南、石太、贵广铁路和京福高速公路、首都机场、北京地铁等国家重难点工程建设。在京福高速公路施工中,他主持开发的“高液性粘土路基填筑施工技术”成果在全线推广应用,为国家节约大量施工成本。在石太铁路客运专线太行山隧道施工中,通过科学论证,改进施工方案和施工工艺,加强内部管理和外部协调,工程按期完成,项目部获得火车头奖杯。参建的贵广铁路全长59.25公里,地形起伏大,桥隧占73.8%,部分桥梁高墩大跨、结构复杂,施工难度非常大。赵国旗在施工中,严密组织,科学施工,工程进度、安全质量在业主检查中,一直名列前茅,项目部获得火车头奖杯。赵国旗作为集团公司专家组成员,参与主持渝怀铁路金洞隧道、旗号岭隧道“超大跨度复杂断面燕尾式隧道综合施工技术”研究,技术成果获中国铁道学会科学技术三等奖;参与的粤海铁路“南港栈桥从桩基础施工到液压设备安装和调试全过程的综合施工技术”成果获海南省科技进步一等奖;参与的“首都机场滑行道下顶进长大箱涵综合施工技术”成果获中国铁建科学技术一等奖。撰写的《预制混凝土简支箱梁施工技术》《施工企业项目管理问题研究》等多篇学术论文在专业技术刊物上发表。他本人被评为中国公路工程优秀项目经理、全国工程建设优秀项目经理,被西南交通大学聘为兼职教授。 (刘承宝)

【赵永军·茅以升科学技术奖建造师奖获得者】 中铁十六局集团五公司副总经理,中共党员,大学本科学历,高级工程师。1970年11月出生,甘肃省秦安县人。1990年7月参加工作,先后参加秦沈铁路、青藏铁路、武广高速铁路等国家重点工程建设。工作中,赵永军认真负责,兢兢业业,始终保持务实的工作作风。在秦沈铁路、青藏铁路项目管理中,现场管控到位,工程质量优良,均被树为全线标杆工点,并获得良好的经济效益,秦沈铁路工程获国家优质工程奖,青藏铁路获中国建设工程鲁班奖,赵永军被集团公司选为年轻的技术专家。中国首条高速铁路项目——武广铁路客运专线于2006年开始建设,他担任十六局集团五公司管区的项目经理,通过科研攻关,项目部成为全线第一家一次成功预制900吨箱梁、第一家进行架梁施工的单位。在梁场建设和技术准备、方案研讨期间,提出将三座制梁场合并成一座的建议被上级采纳,为企业节约投资1.5亿元,并参与研制成功国内第一台900吨轮轨式提梁机。施工中研发的“铁路客运专线大吨位双线简支梁预制安装施工技术”成果获中国铁建科学技术三等奖。王灌冲大桥连续梁是武广铁路客运专线最大跨度的连续梁，主跨125米采用悬臂现浇法施工。赵永军组织技术人员对施工方案反复审核论证、优化完善，实现按期合龙，确保了全线架梁顺利进行，撰写的论文《王灌冲大桥施工监测技术》在《铁道科学与工程学报》发表。他本人先后获得铁道部火车头奖章、武广公司优秀项目经理、湖南省株洲市文明建设先进个人、全国优秀项目经理等荣誉。2010年6月，赵永军代表中国铁建应邀参加CIOB全球建造峰会，并获杰出项目管理奖，其事迹被收录《建国60周年中国建设行业精英人物》。

（刘承宝）

【赵彦旭·茅以升科学技术奖建造师奖获得者】 中铁二十一局集团公司总工程师，高级工程师，硕士，中共党员。1972年8月出生，甘肃省人。赵彦旭先后参加兰青铁路二线、包兰铁路石嘴山车站改造、宝兰铁路二线、兰武铁路二线、兰新铁路武嘉电气化、兰新铁路客运专线兰州枢纽引入等工程建设。曾被中国铁道建设协会和中国建筑业协会评为优秀项目经理，获得中央企业知识型先进职工、全国优秀项目经理、中国铁建劳动模范等荣誉，主持开发的“隧道穿越高压富水断裂带施工技术”成果获甘肃省科技进步二等奖。撰写的《黄土砖力学特性室内试验研究》《兰新线嘉疏段湿地粉喷桩地基处理》《武嘉线无缝线路提速改造施工技术》《压实黄土土水特征曲线》《压实黄土非饱和渗透系数试验研究》等学术论文在专业技术杂志上发表；主持编写的铁道部《铁路路基工程施工安全技术规程》颁布，参与“桥梁悬浇挂蓝钢管混凝土三脚架”、“一种空气动力吸泥机”、“轮环滑杆机构”3项实用新型专利开发。

（高秋凤）

【王爱国·茅以升科学技术奖建造师奖获得者】 中铁二十二局集团公司副总经理、总工程师，教授级高级工程师，研究生学历，中共党员。1963年4月出生，山东省邹城市人。1988年7月毕业于西南交通大学。1988年7月至2005年2月，历任中铁十四局集团公司技术开发处科长、副处长、处长，十四局集团三公司总工程师；2005年3月至今，历任中铁二十二局集团公司科技部长、副总工程师、总工程师、副总经理。王爱国一直从事重难点桥梁结构工程及隧道工程施工的技术攻关和科技开发管理，先后主持参加沪杭复线嘉善段、青岛流亭互通立交、上海南翔铁路先张梁现场预制、京九铁路卫运河特大桥、浙赣铁路贵溪信江特大桥、宁波潘火互通立交桥、富春江中埠特大桥、连徐高速公路段互通立交桥、晋焦高速公路干棚大桥、秦沈铁路客运专线、滨州黄河公路大桥、东营黄河公路大桥、京津城际铁路、津秦铁路客运专线、石太铁路客运专线、广珠铁路西江特大桥、哈齐铁路客运专线松花江大桥等项目的工程管理与技术攻关工作。他被评为铁道部青年科技拔尖人才、中国铁建青年科技拔尖人才、中国铁道学会学科带头人、铁道部“六大通路建设”青年功臣，获得首届山东省青年科技创新杰出奖、中国铁建詹天佑铁道科技发展青年奖、茅以升科学技术奖建造师奖，获中国铁道学会高级会员及科技专家、北京市建设工程评标专家、北京市经济技术创新标兵等荣誉。发表论文20余篇，获省部级以上科技成果10余项。其中，近两年主持开发的“厦门翔安海底隧道综合施工技术”成果获中国铁建科学技术特等奖和北京市科学技术一等奖，“盾构先行条件下拓建地铁车站施工关键技术研究”成果获中国铁道学会科学技术二等奖和中国施工企业管理协会科学技术一等奖。

（万红梅）

【况成明·茅以升科学技术奖建造师奖获得者】 中铁二十五局集团公司副总经理，中共党员，教授级高级工程师，博士研究生。1963年4月出生，安徽省淮北市人。1981年入伍。况成明在担任二十局集团公司青藏铁路建设指挥部指挥长期间，大胆创新，科学施工，解决高寒缺氧、多年冻土、生态脆弱三大世界级难题，为青藏铁路建设作出突出贡献。2004年担任二十五局集团副总经理，他主管集团公司安全生产工作以来，施工生产安全平稳，连续6年被评为中国铁建安全生产达标单位，两次获中国铁建安全生产先进单位称号。在分管川桂区域经营开发工作中，中标贵港市同济大道下穿南广铁路立交工程和四川省松潘县红土水电站镇江关水电站工程，为集团公司打开水利水电专业市场大门。他本人先后获得茅以升铁道工程师奖、创“鲁班奖”工程项目经理、茅以升科学技术奖建造师奖等荣誉。

（罗贵业）

模范人物

【张树海·全国五一劳动奖章获得者、中国工程建设优秀(高级)职业经理人】 中铁十一局集团公司副总经理,高级工程师。1964年7月出生,陕西省商州市人。1998年7月毕业于北京理工大学建筑管理专业,本科学历。历任铁道兵战士、工程队技术员、工程队技术主管、工程队队长、项目副经理、项目经理、工程公司副总经理,工程公司董事长、总经理,集团公司副总经理等职。2009年,张树海担任十一局集团公司副总经理,分管施工生产、设备、物资、计划、统计、调度、基层建设和企业资质等工作。他积极改革完善施工指挥体制、项目运行机制、资源管控模式,充分挖掘企业资源潜力,支撑企业施工能力快速提升,2009年,集团公司实现营业收入300.2亿元,比2008年的140亿元增加了160多亿元,实现成倍增长。2010年,集团公司实现营业收入348.67亿元,比2009年增长16.15%,位列中国铁建第二名。他致力于建设多门类、高资质等级企业,集团公司有工程总承包和专业承包资质86项,劳务分包资质40项,试验资质4类31项。他十分重视设备、资产管理,企业资产总额178亿元,拥有机械设备3300台(套),其中主要施工机械1716台(套),地铁盾构设备19台(套),实现主要设备的成龙配套。2010年新增设备投资9.1亿元。他重视工程施工管理、工程创优和技术攻关工作,近年来,集团公司获中国建设工程鲁班奖、中国土木工程詹天佑奖和国家优质工程奖22项,48项工程获省部级优质工程奖,2项工程获全国十大建设科技成就奖,5项工程入选建国60周年百项精品暨经典工程,13项技术处于国际国内先进水平,获专利授权46项,省部级以上工法27项,省部级以上科技进步奖10项。集团公司及5个工程公司被评为省级高新技术企业,集团公司技术中心获批为湖北省技术中心。集团公司参建的武广铁路客运专线创造时速394公里的世界铁路第一运营速度,参建的京沪高速铁路创造时速486公里试验速度。集团公司先后获得全国文明单位、全国五一劳动奖状、全国优秀施工企业、中国优秀诚信企业、湖北省优秀企业、湖北省安全生产红旗单位、湖北省守合同重信用企业、AAA级特级信用企业以及湖北省、中国铁建"四好领导班子"等荣誉,他本人于2008年获得湖北省五一劳动奖章。

(吴　强)

【陈红兵·全国五一劳动奖章获得者】 中铁十一局集团二公司高级工程师,京沪高速铁路南京枢纽NJ-2标段项目经理,中共党员。1972年10月出生,湖北省应城市人。1995年7月毕业于湖北工学院,大学本科学历。历任队技术主管、项目工程师、项目总工程师、公司工程管理部部长等职。先后参加南昆铁路、秦沈铁路客运专线、温福铁路客运专线、京沪高速铁路等建设,发表QC成果10余项,发表科研论文20余篇。2009年,陈红兵担任公司京沪高速铁路南京枢纽项目经理。他不断优化施组,推行技术质量承包制,标段单位工程一次通过率100%。过渡段施工因具有样板示范作用,受到京沪公司全线绿牌通报表彰;洪庄大桥和大胜关长江大桥北引桥被京沪公司评为2009年度京沪全线优质样板工程;在万寿河特大桥铁跨公立交桥施工中,他将原挂篮悬灌现浇梁优化为支架现浇梁,缩短了工期,提高了工效,减少设备投入、增大了安全系数,施工成本降低了100万元。2010年,陈红兵被铁道部授予火车头奖章,2011年被中华全国总工会授予五一劳动奖章,先后获京沪高速铁路建功立业劳动竞赛先进个人、京沪高速铁路百日大干先进个人等称号。

(邵　玉)

【徐加兵·全国五一劳动奖章获得者、中国工程建设优秀(高级)职业经理人】 中铁十一局集团城市轨道工程公司执行董事、总经理,中共党员,高级工程师。1970年9月出生,湖北省天门市人。1992年毕业于北方交通大学铁道工程专业,本科学历。历任工程公司项目总工程师、项目经理,集团公司经营部副部长、副总工程师,城市轨道工程公司副总经理兼杭州地铁项目经理等职。自1992年参加工作以来,他多次参与集团公司各地铁工程项目投标方案的编制、工程施工方案的审定工作,对地下工程施工组织设计、施工方案编制和审定有着丰富的经验。在担任城市轨道工程公司副总经理兼杭州地铁项目经理期间,同时分管公司施工生产。他在盾构机穿越上软下硬地层、浅埋地层、溶洞区、珠江以及管线林立地层、房屋密集区地层等方面掌握了独到的施工方法,他负责的杭州地铁项目先后获得中华全国总工会、中国铁建、杭州市等各级奖励和荣誉近20项,为公司树立了良好的信誉。他主持的“新哨隧道病害整治施工技术”获中国铁建科学技术三等奖,“长大单线铁路隧道工厂化施工技术”获河北省科技进步二等奖、中国铁建科学技术二等奖。2008年6月任公司总经理以来,积极倡导以人为本的管理思想,致力各种资源的优化配置,有效解决了生产规模不断扩张与资源要素匮乏的矛盾,在安全质量、施工产值、任务承揽、全面建设等方面均创公司历史新高,实现了健康快速发展。2009年承揽任务28.07亿元,完成产值7.13亿元,综合产值收益率13.01%。2010年,公司开发昆明、北京、合肥、南京、宁波5个新市场,在杭州、无锡、广州3个城市实现滚动发展,市场竞争能力大幅提升。企业先后获得“安康杯”竞赛优胜单位、湖北省五一劳动奖状、湖北省文明单位、中国铁建企业文化建设先进单位等荣誉。他本人先后获得湖北省五一劳动奖章、湖北省建筑业优秀企业经理、中国铁建广州新客站施工会战先进个人等荣誉。

(雷　蕾)

【史道泉·全国五一劳动奖章获得者】　中铁十二局集团公司董事长、党委书记。1963年3月出生,山东省平阴县人。1984年6月毕业于长沙铁道兵学院,研究生学历,高级工程师。2009年4月担任集团公司董事长、党委书记。他不断优化管理,多项经济技术指标排名中国铁建系统前列,保持企业持续稳健发展。3年来,企业承揽施工任务1254亿元。其中2010年,企业承揽合同额首次突破500亿元,达到543亿元,创历史最好水平。他注重施工管理,通过深入推行标准化管理,狠抓问题管理和目标管理,坚决执行精细化管理,化解企业生产规模与要素紧张之间的矛盾。近三年,企业累计完成产值1332亿元。优质承建了京沪高速铁路、沪杭高速铁路、宜万铁路齐岳山隧道、武汉北编组站、广深港铁路客运专线等一大批具有社会影响力的工程,企业在特殊结构桥梁、长大隧道等工程的施工能力得到大幅提升。他坚持开源节流、稳健理财的理念,积极推进责任成本管理,严格执行现金预算管理,切实加强财务风险防范,保证企业经济健康运行。近三年累计上报利润20.1亿元,企业资产总额达到337亿元,有效实现了国有资产的保值增值。他大力弘扬优秀企业文化,积极组织开展“实干兴企,实干增值”企业核心价值观教育活动,提高企业的凝聚力和战斗力;他高度重视干部队伍建设,拓宽人才引进渠道,创新人才培养机制,着力推进专家队伍建设,强化干部队伍整体素质;他十分关注民生工程建设,推动薪酬制度改革,努力改善职工生活条件,促进企业和谐稳定。

(刘　高)

【杨有诗·全国五一劳动奖章获得者】　中铁十四局集团公司董事长、党委书记,高级经济师。1954年10月出生,山东省巨野县人。杨有诗在担任集团公司主管领导期间,科学管理、勇于改革、善于创新,使企业成为建筑行业快速成长的“明星企业”之一。一是锐意进取,国有资产大幅增值、经营业绩连年提升。近五年来,企业产值利润率提高280%,净资产利润率增长超过100%,技术装备率和动力装备率分别为全国建筑业企业平均水平的7倍和8倍。二是科学管理,带领职工在重难点工程建设中建功立业。杨有诗先后参加青藏铁路、京沪高速铁路、武广铁路客运专线、京津城际铁路、南水北调工程,以及国家高速公路骨干网建设,年均完成产值超过200亿元,在“保增长、扩内需”中发挥了主力军和突击队作用。三是勇于改革,摸索出富有特色、极具活力的企业发展新模式。在企业改革发展的实践中,杨有诗通过传统施工产业、资本运营项目和海外市场开发共同发力,形成产业板块全新盈利模式,先后投资运作11个投融资项目,总投资60亿元;累计承揽海外工程21项,合同额超过200亿元,成为行业“走出去”的典范。四是科技创新,为企业可持续发展培育战略技术高地。在工程技术的原始创新和集成创新中,创造了影响全国铁路和建筑施工行业的多项技术创新成果,初步形成一批具有核心竞争力和自主知识产权的高新技术和发明专利,获国家科技进步奖1项、省部级科技进步奖15项,专利39项,是山东省省级高新技术企业。十四局集团公司先后三次被评为全国优秀施工企业,获全国精神文明建设工作先进单位、对外经济技术合作先进企业称号;他本人先后被评为山东省优秀企业家、全国优秀施工企业家、全国优秀建筑业企业经理和全国优秀项目管理工作者。

(刘　宁)

【徐万鹏·全国五一劳动奖章获得者】 中铁十五局集团公司京沪高速铁路指挥部副经理，中共党员，教授级高级工程师。1967年10月出生，河南省淅川县人。先后参加南昆铁路、宜万铁路、深圳地铁等国家重点工程建设，获河南省和铁道部科技进步一等奖2项、二等奖2项，洛阳市青年科技奖2项，发表学术论文16篇。他本人获得铁道部青年科技拔尖人才、詹天佑铁道科学技术奖、中国铁建劳动模范、铁道部火车头奖章等荣誉。在京沪高速铁路施工中，徐万鹏大胆探索新的高速铁路精密测量技术，研发具有完全自主知识产权的“高速铁路板式无砟轨道精密测量系统”，技术成果达到国际领先水平，为构建中国独立的高速铁路技术体系提供了有力支持，在集团公司京沪高速铁路51公里施工管段推广应用，率先完成无砟轨道施工任务，节省测量和精调费用1600余万元，节省扣件等材料费用400余万元，无砟轨道质量获全线第一名。该项成果的部分技术已在京石、石武、哈齐、杭长、宁杭等高速铁路施工中全面推广应用。（郑凤华）

【陈炳祥·全国五一劳动奖章获得者】 中铁十六局集团公司副总工程师兼兰渝铁路项目部常务副经理，中共党员，教授级高级工程师，工程硕士。上海交通大学兼职研究员，石家庄铁道学院兼职教授，享受国务院政府特殊津贴。1968年3月出生，山东省寿光县人。1992年毕业于石家庄铁道学院。参加工作以来，陈炳祥一直从事隧道施工技术和项目管理工作。在担任湖南江垭水利枢纽项目副总工程师期间，主持研发的“大型地下厂房洞室群综合施工技术”课题，为国内类似工程施工提供了成套技术和施工经验，其中“岩锚梁施工工法”分别被评为铁道部和国家级工法，岩锚梁岩台开挖QC成果被评为国家优秀QC成果。在担任渝怀铁路项目总工程师期间，主持研发的“复杂地质条件下长大隧道快速施工技术”和“超大跨度多变断面燕尾式隧道综合施工技术”课题，开展了十多项技术应用研究，取得显著的经济效益和社会效益，大大节约了工程成本，参建的金洞隧道工程获中国建设工程鲁班奖。陈炳祥在担任集团公司石太铁路客运专线工程指挥部指挥长期间，探索并实践了扁平化的一级项目管理模式，实现项目建设资金的集中控制使用，显著降低了施工管理费用，获得较好的经济效益。2009年，陈炳祥受命全面负责集团公司兰渝铁路项目管理和决策工作。该项目工程造价约35亿元，管区内桥隧相连长达70公里，其中隧道50公里。他认真吸取以往隧道施工经验，不仅施工设备和材料全部进行招标采购，而且主动买下当地河床，自主加工地材。参加工作20年来，陈炳祥在项目组织管理上积累了丰富的经验，在国内外权威学术刊物上发表学术论文20余篇，成为铁路隧道施工领域专家；先后被评为中国铁建先进科技工作者、中国铁建和铁道部青年科技拔尖人才、北京市经济技术创新标兵，全国铁路施工企业优秀项目经理，两次获得铁道部火车头奖章，获北京市优秀共产党员称号。（刘承宝）

【张国辉·全国五一劳动奖章获得者】 中铁十六局集团公司贵广铁路工程指挥部常务副指挥长，中共党员，大学本科学历，高级工程师。1972年10月5日出生，河北省涿州市人。1996年7月参加工作。2008年12月担任集团公司贵广铁路第四项目部经理，2011年12月任集团公司贵广铁路指挥部常务副指挥长。他在担任项目经理期间，坚持以施工进度为主线，精心组织，科学管理，在安全、质量、环保和投资控制、科技创新等方面取得突出成绩。管段内全长8100米的北岭山隧道是贵广铁路广东省境内最长的一座隧道，也是全线的重点控制工程。施工中，他强化管理，落实责任，确保安全生产，先后举行安全培训32场次，培训特殊工种686人次，158人取得特殊工种岗位证书；组织制定12项安全生产规章制度，先后查出、整改1225个危险源点，保持项目安全生产的平稳势头。在工程质量管控方面，狠抓规范化施工，确保工程质量零缺陷，实现工程质量合格率100%，优良率达到95%以上。他积极组织开展“六比六看”等劳动竞赛活动，工程施工进度在全线始终保持领先位置。项目部被评为集团公司建家建线先进单位，获得铁道部火车头奖杯。他本人先后获得集团公司先进生产标兵、劳动模范、优秀项目经理，中国铁建劳动竞赛标兵、劳动竞赛优秀组织者，铁道部火车头奖章等荣誉。

（刘承宝）

【郭品云·全国五一劳动奖章获得者】 中铁十六局集团公司党委副书记,硕士研究生,高级政工师。1958 年 12 月出生,江苏省盐城市人。1976 年 2 月参加工作。自 2009 年 12 月任集团公司京沪高速铁路项目部党工委书记以来,面对繁重的施工任务、十分紧张的工期,提出“保铺轨,创信誉”目标。京沪高速铁路建设标准要求高,质量控制严,郭品云要求员工秉持“精心组织,科学管理,安全第一,质量为天”的宗旨施工。2010 年 1 月 12 日,1573 孔 900 吨箱梁顺利运架到位;10 月 6 日,29198 块Ⅱ轨道板全部灌注完成;10 月 28 日,293.875 公里长钢轨完成铺设;11 月 9 日,先导段轨道检测车到位;11 月 13 日,冷滑试验开始。特别是在枣庄至蚌埠先导段联调联试期间,牢牢抓住安全主线,员工人手一份“安全纪律警示卡”,确保联调联试安全顺利进行,被京沪高速铁路股份公司全线推广,为 2010 年 12 月 3 日“和谐号”380A 高速动车组列车在京沪高速铁路枣庄至蚌埠先导段试验运行最高时速达到 486.1 公里奠定坚实基础,并为今后联调联试积累了宝贵的经验。2010 年获得业主 80 多张绿单奖励,业主两次在十六局管区召开现场观摩会。他被京沪高速铁路股份公司评为先进个人,被山东省评为 2010 年度山东十大新闻人物。

（刘承宝）

【寇东兰·全国五一劳动奖章获得者】 中铁十七局集团六公司杭甬铁路客运专线项目二工区农民工。1984 年 11 月出生,重庆市垫江人。2007 年 7 月到十七局集团六公司工作,曾任公司广深港铁路客运专线项目二分部架子队技术员,现任六公司杭甬铁路客运专线二工区工程部调度员。她扎根工地,爱岗敬业。在公司广深港铁路客运专线项目部任资料员期间,通过精心梳理创造性地采用“大树”编辑管理法,使资料收集、整理、归档、借阅高效快捷,准确无误,将繁琐无趣的资料工作做得有声有色。她勇于探索,敢于创新。在杭甬铁路客运专线项目部任技术员期间,悉心探索,按桥墩数据间逻辑计算关系,编制了独特的统计程序,使数据计算、资料整理的工效提高了四倍,27 天优质高效整理资料 4592 盒,令人叹服。这套程序在全线推广,获集团公司科技进步奖。她责任心强,以企为家。杭甬项目 21 号门式桥墩要穿越复杂的天然气管网,周边居民密集,她坚守施工现场,几次阻止了新进场机械司机的冒然作业,避免了事故的发生。几年来,她先后为企业提合理化建议 37 条,取得大小创新成果 9 项,创造经济价值 682 万元,先后获集团公司十大杰出女职工和“青年岗位能手”称号,并获得山西省五一巾帼奖。（鲁彩琴　孟庆财）

【孔凡成·全国五一劳动奖章获得者】 中铁十八局集团隧道工程公司锦屏二级水电站引水隧洞工程项目部经理,中共党员,大专学历,工程师,国家一级建造师,特一级职业项目经理。1954 年 9 月出生,湖北省钟祥市人。1972 年 12 月参加工作。2007 年 5 月,公司中标四川省雅砻江锦屏二级水电站工程,该工程是目前世界上规模最大的水工隧洞群,施工面临埋层深、断面大、洞线长、突涌水、多断层、高应力、强岩爆等世界级技术难题。公司决定由经验丰富、擅打硬仗著称的孔凡成担任锦屏项目经理。其中 1 号引水隧洞采用直径 12.4 米 TBM 掘进,由于隧洞属于高地应力地质,应力型塌陷频发,施工一度进展缓慢。孔凡成及时组织技术攻关小组,对 TBM 进行适应性技术改造,使掘进速度提高到原来的 210%,创造单口月掘进 571 米的优异成绩。2 号引水隧洞采用钻爆法施工,克服了大涌水和岩爆等诸多难题,创造月掘进 302 米的好成绩,创下主标开工以来隧道开挖最高纪录,最先突破 3000 米,提前 12 天完成锦屏管理局的年度目标。在业主组织的多次综合检查考核中,锦屏项目部在 18 家参建单位中,获得两次第一名、3 次第二名的好成绩。当年,锦屏项目部获四川省重点工程劳动竞赛先进集体称号。他本人多次立功受奖,获全国工程建设优秀项目经理、天津市劳动模范、天津市五一劳动奖章等荣誉。

（马明明　阎世杰）

【张文卷·全国五一劳动奖章获得者】 中铁十八局集团二公司执行董事、总经理,中共党员,高级工程师。1971 年 8 月出生,1994 年 7 月毕业于阜新矿业学院测量工程专业,本科学历。2008 年 6 月,张文卷担任二公司董事长，他身体力行、率先示范，深入一线调研，针对公司实际，总结提出“科学发展，效益第一，规范管理，依法治企”的发展思路，提出转换项目管理模式、提高项目盈利水平、抓好变更索赔创效、加强人才队伍和架子队建设、注重质量狠抓承揽、集中精力抓好在建、推进责任成本管理升级、强化预控制度和债务清理、全面实施精益化管理、坚持效益与规模同步增长的指导思想。近两年，公司实现承揽50亿元，完成产值63.8亿元，实现利润1.2亿元，变更索赔7.5亿元，消化潜亏1亿元。公司获中国建设工程鲁班奖、中国土木工程詹天佑奖各1项，国家优质工程奖3项、中国电力优质工程5项。　（韦有波）

【吴忠良·全国五一劳动奖章获得者】　中铁十八局集团公司京沪高速铁路项目经理部项目经理兼党工委书记、集团公司科技管理部部长，中共党员，大学本科学历，高级工程师。1965年10月出生，河南省邓县人。自1988年7月参加工作以来，他先后参加大秦铁路、宝中铁路、铁四高速公路、沈山高速公路、京津城际、京沪高速铁路等国家重点工程建设。吴忠良在项目管理中，严格执行质量、安全、投资、进度、环保、科技创新“六位一体”保证体系以及21个管理办法；组织编制作业指导书、安全应急预案指导现场施工；对工区实行巡检、月检制，及时消除各类隐患；制定一系列工程实体评比办法和制度，使各工区明确目标、责任、奖罚，大力推进项目标准化管理。吴忠良担任京沪高速铁路项目经理后，针对京沪高速铁路施工特点，深入调查，掌控实情，及时解决现场难题。通过严密组织，精心施工，项目部攻克大跨连续梁线性控制和冬季合龙、不平衡配重平面转体施工、TLJ900吨架桥机调头施工、长轨枕埋入式道岔铺设施工、高速铁路无砟轨道综合施工等技术难题，在确保施工安全质量的基础上，高效完成各阶段施工任务，安全生产零事故，工程质量稳中有升，文明施工全面达标。吴忠良先后获得集团公司科技拔尖人才、科技带头人，火车头奖章、京沪高速铁路建设建功立业劳动竞赛先进个人、京沪高速铁路建设百日大干优秀项目经理，京沪高速铁路建设十佳科技创新标杆等荣誉。　（李庆斌　阎世杰）

【张文峰·全国五一劳动奖章获得者】　中铁二十局集团六公司沪昆铁路客运专线贵州段项目经理，中共党员，大学本科学历，高级经济师。1972年6月出生，陕西省乾县人。1992年8月参加工作。张文峰是一名政治信念坚定、管理经验丰富、施工实践深厚的青年管理者。他坚持用理念创新推动项目管理模式创新。沪昆铁路客运专线贵州段9标段工程上场后，他确立“团结拼搏奉献，全面争创第一”的奋斗目标和“以理念取胜，以快制胜，以优取胜”的管理思路，以工厂化为推手，信息化为支撑，专业化为保障，打造科学规范的施工平台，安全质量、工程进度得到全新保障，使项目上场初期以12项第一成为全线领跑者。十余年来，他以工作标准影响他人，以工作环境温暖他人，以工作业绩惠及他人。在沪昆铁路建设中倡导安居、乐业、制度、平安、成才、感恩六个家园文化理念。实施“暖人心工程”，把“三留人”工作做到位。他曾用50万元朔黄一期奖金设立“朔黄爱心基金”，济贫助学，惠及六公司员工。张文峰带领的团队先后为集团公司、子公司工程指挥部、项目部输出28名高层管理者，创样板工程19项，省部级优质工程5项、国家优质工程2项。1项工程获中国土木工程詹天佑奖。张文峰先后获中央企业“杰出青年岗位能手”、铁路施工企业优秀项目经理、陕西省优秀青年实业家、火车头奖章、中国铁建劳动模范等荣誉。他以人格魅力和敢于创造非凡事业的激情与作为，一直被广大员工拥戴和公认，被业主肯定，被市场认同。　（田普卫　刘文君）

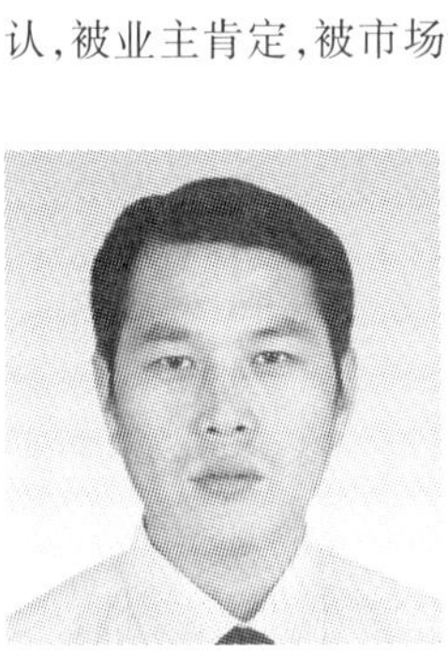

【冯建军·全国五一劳动奖章获得者】　中铁二十一局集团公司山西中南部铁路通道ZNTJ－13标段项目经理部项目经理，中共党员。1972年出生，河北省衡水市人。1995年7月毕业于石家庄铁道学院。参加工作以来，一直奋斗在施工一线，通过辛勤努力，无论是在技术岗位还是在管理岗位，均取得优异的业绩。1996年8月～2004年3月，先后在二郎山隧道施工中参与了浅埋偏压软弱围岩进洞、大管棚施工、暗河处理等重难点工程施工。开发、参与了隧道古典式洞门及引道的设计修改。针对隧道埋藏深、地应力大、不良地质多等困难，主持制定解决方案。总结完成“大跨度钢筋混凝土拱桥施工工法”。连续三年在全国公路建设质量年活动中被交通部评为全国十大优秀在建项目。2005年10月任集团公司西格铁路二线应急指挥部总工程师，完成盐岩路基填筑和混凝土结构物防腐课题的研究及施工。2006年出任集团公司福厦铁路项目部副经理，针对78孔预制箱梁改为现浇施工。但当时集团公司从没有同类型施工经验，他亲自前往温福线兄弟单位学习移动模架施工技术，仅用4个月就完成了原需7个月才能完成的箱梁现浇施工，有力地保证了全线提前贯通目标的实现，并总结出32米箱梁上行式、下行式移动造桥机施工工艺。2010年，冯建军任集团公司山西中南部铁路通道ZNTJ－13标段项目部经理，针对工程结构物分布密集，各施工专业衔接点多，制约工期因素多、施工过渡程序复杂等困难，带领项目部干部职工，发扬“不畏艰险，勇攀高峰，领先行业，创誉中外”的企业精神，深入组织开展劳动竞赛活动，有效推动各项工作的开展。在业主劳动竞赛中连续3次取得综合评比第一名，被树立为学习榜样和典型，得到业主、设计、监理、地方政府等单位的称赞。（高秋凤）

【寻明义·全国五一劳动奖章获得者】 中铁二十三局集团一公司混凝土公司工班长，中共党员，高中文化，技师。1960年3月出生，山东省费县人。自1978年12月参加工作以来，一直从事车辆设备的维修和加工工作。他刻苦学习和钻研维修技术，自费购买机械维修、汽车维修、机械加工、电气焊等大量书籍，执着地追求，使他很快成为一名精通机械设备维修和加工的知识型员工。作为内嵌技师，维修工班长，他带领团队，以其精湛的维修技术，及时排除机械设备故障，使频临报废的车辆起死回生。为保证业主的要求，以其吃苦耐劳的精神和对企业高度的责任感，及时建好拌合站，尽快投入生产，加工制作一批又一批的混凝土搅拌站的粉料储存罐，使施工生产得到顺利进行。近年来，他千方百计挖潜提效，降低成本，想方设法攻克一个个技术难关，共加工粉料罐仓100多个、储水罐30余个，加工筛沙机10余台、碎石清洗机近10台，修复旧站10余套，修复废旧车辆5台，为企业节约资金达百万元以上。寻明义和他所带领的工班是混凝土公司的一支开路先锋，先后参加10余个站点筹备建设，混凝土公司从一个小拌合站发展成年生产混凝土130余万立方的规模，任务涉及国内10余项重点工程，他所在的混凝土公司先后获得全国五一劳动奖状和国资委红旗班组荣誉，他本人获得山东省优秀共产党员和中国铁建劳动模范称号。（杨 珣）

【聂继昌·全国五一劳动奖章获得者】 中铁二十四局集团公司副总工程师兼南昌铁路工程公司总工程师，中共党员，高级工程师，国家注册投资咨询师，大学本科学历。1957年4月出生，江西省南昌市人。1982年参加工作。聂继昌长期从事工程设计、施工和技术管理工作，在公司重、大、难点工程项目的施工组织设计方案编制、审核、优化上，他善于总结经验，勇于创新，以严谨的科学态度，结合工程实际提出切实可行的施工方案，有效地降低了工程成本，保证了施工安全和工程质量，确保了合同工期的实现。在工程管理中，他为公司健全和完善现代化企业管理制度作了大量积极且卓有成效的工作。他把人作为管理对象，又把人作为管理动力。通过采取目标管理和信息反馈系统，认真执行“安全第一，预防为主”的方针，对每项工程认真组织，精心策化，充分发挥员工主观能动性，确保各项工程顺利开展。他本人获得江西省五一劳动奖章等荣誉，参与的多项工程获中国建设工程鲁班奖、江西省优质工程奖。（程绍玢）

【郭俊芳·全国五一劳动奖章获得者、2011中国优秀经济女性人物】 中国铁建电气化局集团二公司工会主席兼准东铁路二线项目经理部项目经理，中共党员，工商管理硕士。1971年1月出生，山西省临汾市人。1990年7月参加工作。自参加工作以来，先后参与包神、宝中、南昆、呼准等17条铁路通信信号工程建设。两年来，郭俊芳负责承揽任务20174万元，完成施工产值10650万元，上缴资金1020万元。她用攻坚克难的敬业精神打造出一支能征善战的铁建精英团队，用过硬的技术和优质的服务赢得业主的赞誉，巩固了内蒙古地方铁路市场，在公司经营创效、市场竞争、人才培育和区域发展方面作出突出贡献。先后获得铁道部优秀女工、山西省特级劳动模范、山西省十佳创优争先标兵、全国五一巾帼标兵等荣誉。（吴冬梅）

【王玉泽·全国五一劳动奖章获得者】 中铁第四勘察设计院集团公司副院长、总工程师，中共党员。中国勘察设计大师，铁道部高速铁路相关项目专家组成员，享受国务院政府特殊津贴。1960年5月出生，江苏省丹阳市人。1982年7月毕业于西南交通大学，工程硕士学位。王玉泽从事铁路勘测设计工作20余年，先后参加三茂铁路、京九铁路、金温铁路、广梅汕铁路、广州枢纽、郑州枢纽、皖赣铁路、京沪高速铁路等国家重点工程的勘测设计。1993年担任京沪高速铁路徐沪段总体设计负责人，主持完成的"测量精度与控制方法"、"京沪高速铁路设计暂行规定"等十多项重大科研课题，填补了中国高速铁路技术领域多项空白；主持完成的"京沪高速铁路基础工程技术标准及工程技术方案的研究"、"日本新干线地面设施保养考察报告"等科技成果，广泛应用于高速铁路和客运专线的研究设计。担任铁四院总工程师后，积极推动技术创新，大力培养高新技术人才，企业技术管理迈上新水平。王玉泽主持的项目先后有两项获得国家优秀设计金奖，1项获国家优秀设计银奖，多项获省部级优秀设计奖和科技进步奖。他曾获得十佳全国优秀科技工作者提名奖、全国优秀科技工作者、铁道部铁路专业技术带头人、湖北省五一劳动奖章、火车头奖章、全国工程勘察设计行业国庆60周年信息化突出贡献人物奖等荣誉。（李　杰）

【彭江鸿·全国五一劳动奖章获得者】 中国铁建股份有限公司包西铁路工程指挥部指挥长，中共党员，教授级高级工程师。1952年2月出生，贵州省修平县人。自1969年12月参军以来，先后参加襄渝、大秦、宝中、京九、青藏、包西等十余条铁路大干线的建设。2001年4月，作为中国新世纪四大工程之一，国家实施西部大开发战略的标志性工程，当今世界海拔最高、线路最长的高原铁路——青藏铁路开工建设，中国铁建承建591.4公里土建工程，其中约80%的线路海拔高度在4400米以上。经组织认真选拔，彭江鸿担任中铁建指挥部的常务副指挥长，全面负责公司管段内项目的建设管理工作。面对组织的信任，他不讲条件、不计代价、不顾身患严重的高血压，毅然挑起工作重担，在第一时间内赶赴工作现场并立即开展管理和组织工作。在他和参建员工的共同努力下，青藏铁路安全、优质、按期竣工，并获得国家科学技术进步特等奖、国家优质工程银质奖及中国建设工程鲁班奖等多个奖项。2008年6月，彭江鸿担任中国铁建包西铁路工程指挥部指挥长。全长646公里的包西铁路地形地质条件异常复杂，建设标准高、工期紧迫、建设压力非常大。他带领广大参建员工，在短短的两年半时间内，共完成投资240亿元。2011年1月，包西铁路建成通车，为企业的发展壮大和中国的铁路事业作出突出贡献。（杨启燕）

【黄少军·全国五一劳动奖章获得者】 中国铁建股份有限公司监事、审计监事局局长，中共党员，大学本科学历，高级会计师。1956年12月出生，江西省南城县人。1973年参加工作。黄少军作为内部审计工作的带头人，他注重提高审计工作的质量和效率，从改变运作机制入手，先后主持制定中国铁建《内部审计管理暂行办法》等管理制度；通过加强和完善审计体系建设，基本实现审计管理行为、业务操作行为、审计人员职业道德行为规范化。他不断创新审计工作方法，在抓好审计工作宏观指导管理的同时，有效整合企业审计资源，充分发挥审计的监督和管理职能；在实施审计过程中，建立审计质量控制和评审制度，不断提升审计成果质量水平，通过后续审计等方式，提高审计成果利用率，保证各项整改措施落到实处，使审计成果真正转化为效益。2010年，中国铁建再次被评为全国经济责任审计工作先进单位；2005、2008年，他两次被评为全国内部审计先进工作者。（沈晓霞）

【彭育芬·全国五一巾帼标兵】 中铁二十三局集团八公司副总工程师兼设备部长，中共党员，大学专科学历，工程师。1970年3月出生，四川省简阳市人。彭玉芬自参加工作以来，先后从事公司产品技术开发及生产、质量、设备管理等工作。在江西吉安阳明大桥任钢结构项目部副指挥长兼项目总工程师期间，查阅国内有关中承式钢管混凝土系杆拱桥资料，分析、借鉴成功的先进施工工艺和方法，熟悉设计图纸、施工规范和有关技术标准，与设计院研究、探讨设计改进等问题，制定大桥钢管拱施工工艺与检验细则。2006年吉安大桥工程获中国建设工程鲁班奖。彭育芬先后获中国铁建三八红旗手、简阳市劳动模范、四川省女职工建工立业标兵等称号。 （秦 琼）

【雷升祥·全国优秀施工企业家】 中铁十三局集团公司董事长、总经理，中共党员，桥梁与隧道工程专业硕士学位，教授级高级工程师。1965年3月出生，安徽省桐城县人。1988年7月毕业于石家庄铁道学院。他提出的资源开发、规模提升、结构调整、资本运营、人才强企五大战略，使企业经营规模突破发展瓶颈。他坚持以“经济要翻身”为目标，推行项目责任成本管理和工程项目标准化管理，不断加大财经管理力度，树立企业“三次经营”创效理念，使企业经济运行质量明显改善。实施科技兴企战略，建立企业博士后科研工作站，成立省级技术中心，企业科技创新能力持续提升。坚持相关多元发展战略，积极延伸产业链条，收购组建设计院，稳步推进房地产开发，拓展物流仓储业务，稳妥开展资本运营，培育新的经济增长点。近年来，雷升祥先后取得重大科技成果20余项，发表论文30余篇，获得铁道部有突出贡献青年专家、詹天佑青年人才奖、中央企业十大杰出青年等荣誉。集团公司被评为全国用户满意企业、全国守合同重信用企业、全国建筑业科技进步与技术创新先进企业、全国优秀施工企业。 （李升旺）

【段东明·全国优秀施工企业家】 中铁十七局集团公司董事长、党委书记。1963年11月出生，山西省盂县人。1980年9月参加工作，1986年3月入党。1984年7月毕业于石家庄铁道学院，博士，教授级高级工程师，国家一级建造师，国际职业经理人，享受国务院政府特殊津贴。在长期企业管理工作中，段东明不断创新管理理念，确定“稳健经营，管理增效”的指导原则，建立工程经营项目标前论证机制，规范投标决策程序，加强标前效益预测和风险评估，从源头上规避风险，保证项目预期收益。合理调整产业结构，实施资源整合，拓展主业链条，开辟经济增长板块。完善施工项目管理模式，建立健全企业决策机制、工程经营、施工管理、科技创新、成本控制、审计监督六大管理体系，全面推行工程项目管理责任制，积极推行“架子队”管理。推进科技进步与成果转化，成立企业技术中心，筹建博士后工作站和产学研一体化基地。推行安全质量自控体系，贯彻“质量立企，品牌兴企”战略，加强施工过程监控，注重安全质量细节管理，倡导建精品工程、和谐工程、资源节约型工程、环境友好型工程和创新型工程。树立人才强企理念，重视加强经营管理者、项目经理、专业技术人员、高技能人才队伍建设。近三年，集团公司获全国优秀施工企业、全国建筑业科技进步与技术创新先进企业、全国工程建设质量管理优秀企业等称号。段东明先后获得铁道部青年科技拔尖人才和铁路建设青年功臣、山西省五一劳动奖章、国资委劳动模范、中国优秀企业形象管理工作者等荣誉。 （贺晓荣 孟庆财）

【覃正标·全国建筑业优秀企业家】 中铁十六局集团公司董事长、党委书记，硕士研究生，教授级高级工程师。1958年5月出生，广西壮族自治区隆安县人，壮族。1976年12月参加工作。华东交通大学、西南交通大学兼职教授，全国工程硕士指导委员会委员。覃正标多年从事建筑土木工程施工技术、工程造价、概预算、经济管理、项目管理方面的研究和实践工作，积累了较多的经验，两项科研成果获得国家级奖励，并作为专家组成员，参与了洛湛铁路、黎南铁路等项目的可行性评估考察。由于工作成绩突出，多次获先进工作者、优秀共产党员、优秀管理者等称号，1998年获得首都民族团结进步奖，1999年被评为全国民族团结进步先进个人，2006年被全国工程硕士指导委员会评为有突出贡献的工程硕士，2009年被评为北京市优秀建筑企业家、中国工程建设优秀（高级）职业经理人。覃正标自2005年1月任十六局集团公司总经理、董事长以来，以“全面争第一”思想为核心的“六大理念”为指导，创新生产经营思路，以标准化管理为依托，立足企业发展现状，着眼企业持续发展能力，紧紧围绕经营承揽、工程在建、经济效益、工程队建设、企业信誉等重点工作，加强监督考核力度，解决短板问题，落实责任目标，抓好全面建设，实现企业实力快速提升。 （王启山）

【卢朋·全国建筑业优秀企业家】 中铁十七局集团公司总经理,中共党员,硕士学位,高级经济师。1974年9月出生,河北省蠡县人。1994年8月参加工作。2008年8月任十七局集团公司总经理后,坚持以做强主业、规模经营为导向,明确做盈工程项目、做强工程公司和做优集团公司的三大重点及加快企业"领先发展、安全发展、和谐发展"的三大任务,逐步完善规模与资源、路内与路外、产值与效益协调统一的经营策略。坚持"走出去"战略,全力开拓海外市场,加大海外重点项目的承揽力度。近年来,集团公司铁路、公路工程施工业绩保持稳步增长,城市轨道交通工程先后进入北京、上海、苏州、西安、武汉、长沙、宁波等十余个中心城市。同时,依靠品牌诚信经营,在安哥拉、阿尔及利亚、沙特、多米尼加等多个国家重点工程中生产经营取得新突破。加快专业化队伍建设,优化资源配置,坚持以技术引进消化再创新为重点,组织技术人员开展技术集成创新。近年来,集团公司获国家级工法8项、实用新型专利14项、国家级科技进步奖3项,集团公司连续三年被认定为山西省高新技术企业,先后获全国建筑业科技进步与科技创新先进单位、自主创新示范企业、创鲁班奖工程特别荣誉企业、全国模范劳动关系和谐企业、全国工程建设质量管理优秀企业、全国企业文化建设优秀单位、全国"安康杯"竞赛优胜单位等称号。卢朋本人先后被授予山西省五一劳动奖章、"转型跨越"山西青年五四奖章等荣誉。

(贺晓荣　孟庆财)

【杨琼东·全国建筑业优秀企业家】 中铁十七局集团建筑工程公司董事长、总经理,中共党员,研究生学历,高级工程师。1970年8月出生。杨琼东2009年担任建筑工程公司董事长、总经理。上任后,他确立"做精专业队伍,做盈工程项目,做强工程公司"的发展目标和"抓机遇、强管理、保增长、促发展"的总体思路,深化德绩并重用人机制,激活人才资源,发挥管理核心作用;强化项目绩效考核机制,调动项目人员积极性,企业收益明显提高;推行经营承揽责任机制,分片分区分责任,细化指标动态调整,经营承揽总额连年攀升;落实收入分级调节机制和收入平衡机制,深入调研,职工年收入划类分级集中管控;完善风险预控监督机制,有效控制和化解经营、财务、投资及管理风险;实施财务支出审签机制,严格落实联审联签制度,提高企业财务管控能力。2009~2010年,企业年施工产值、创利水平和职工人均收入分别实现183%、150%和38%的快速增长。推行项目标准化建设,强化精细化管理,打造出一批样板工程、精品工程,企业信誉评价大幅提升。获山西省优质工程奖1项、火车头优质工程2项、市优工程5项,获国家优秀QC成果4项,创全国安全质量标准化示范工地1个、省市级安全文明工地10个。公司被评为全国优秀施工企业、全国用户满意企业、全国"安康杯"竞赛优胜单位。杨琼东先后获得山西省建筑业企业优秀经理、山西省五一劳动奖章等荣誉。

(郝建珍　贺晓荣　孟庆财)

【汪文忠·全国建筑业优秀企业家】 中铁建设集团公司董事长、党委书记,北京市第十三届人大代表,教授级高级工程师,英国皇家特许注册建造师、特级国际职业经理人、建筑企业职业经理人。1963年8月出生,河南省信阳市人。1985年7月,长沙铁道学院工业与民用建筑专业本科毕业;1999年5月,北方交通大学工商管理硕士研究生毕业;2003年4月,北方交通大学管理科学与工程专业博士研究生毕业。2007年任集团公司董事长、党委书记以来,汪文忠注重调动和发挥全体员工的聪明才智,打造出一支领导有力、决策科学、作风民主、勤政务实的领导班子,营造了风清、气正、心齐、劲足的良好发展氛围。他提出指导企业发展的"三三"发展战略、"十二五"规划和十年中长期发展规划。他锐意变革,大胆创新,对外提出"企企"、"企校"、"企政"战略合作的经营思路,对内完善内控审计、绩效考核、风险预控、信息化建设等内部管控制度体系,营造出企业内和外顺的和谐氛围。他重视企业文化建设,提出"人格、勇气、能力"三位一体的人才理念和注重实践、注重结果、注重领导作用的管理理念等现代企业管理思想,塑造了企业特有的核心价值体系。2011年新签合同额、营业收入、利税总额、开复工面积分别是2006年的13.98倍、6.36倍、9.34倍和5.26倍。5年来,获中国建设工程鲁班奖6

项、国家优质工程奖3项、中国土木工程詹天佑奖2项，获国家科技进步二等奖1项；企业先后获得全国五一劳动奖状、全国文明单位、全国建筑业先进企业等荣誉。他本人先后获全国优秀施工企业家、中央企业劳动模范、全国推行全面质量管理30周年杰出管理者、中国企业文化建设突出贡献人物、全国企业优秀党委书记等称号。（章　梅）

【和万春·中国工程建设优秀（高级）职业经理人】 中铁十二局集团公司副总经理，中共党员，大学文化程度，高级工程师。1956年11月出生，云南省丽江市人，纳西族。1976年3月入伍。2006年4月任职以来，规范管理，顺时应变，企业施工生产有序受控。在公司施工规模逐年扩张、重难点工程不断增多，施工管理难度日益加大的情况下，他提出“位置不摆错、方案不失误、执行不走样、监管不缺位、奖惩不手软”的施工安全方针，建立以“目标管理、风险管理、动态管理”为核心的工程管理体系，坚持“高点起步，样板引路，规范作业，精细管理”的质量管理原则，施工生产系统管理取得长足进步，公司年施工产值逐年攀升。他重视专项施工能力的提升，形成“领导重视，投入保证，产研结合，层次立项，专家治理，奖励到位”的技术创新氛围。公司组织研究的下行式移动模架现浇客运专线大吨位箱梁技术日趋成熟，低矮墩身、过连续梁、水中变跨和整体过路基等特殊工况条件施工技术难题得到解决；碗扣式脚手架现浇客运专线大吨位箱梁技术进一步提升并不断完善；移动式支架现浇客运专线连续梁施工技术应用成功；连拱隧道施工能力业已形成，软弱围岩台阶法施工技术、复杂地质地形条件下隧道进洞技术要点基本掌握；薄壁空心墩翻模施工技术、连续梁挂篮悬灌技术成功推广应用。和万春先后获得火车头奖章、全国优秀施工企业家、山西省劳动模范等荣誉。（刘　高）

【陈庆海·中国工程建设优秀（高级）职业经理人】 中铁十二局集团电气化工程公司董事长、总经理，中共党员，高级工程师。1968年3月出生。1990年毕业于华东交通大学电气系电气化专业。他担任主管后，提出整合社会资源，走“管理技术型”企业转型的道路，把精力集中在产业链的高附加值部分。一是开展标准化管理，编写公司《机关标准化管理手册》《项目标准化管理手册》，经过两年的推广，公司管理水平得到大幅提高，项目基本实现标准化作业，安全质量事故得到根本性控制。二是充分整合社会资源，引入丰田公司管理汽车零部件供应商的方法，重点对劳务的素质、信誉进行考察，严把入口，把合格的劳务融入公司的管理体系，通过严管与善待，实现长期合作、共赢发展。加强经济管理，制定公司《项目经理联岗、联产、联效考核实施细则》，建立成本核算系统和考核体系。近年来，公司先后被评为全国优秀施工企业、全国守合同重信用企业、山西省优秀建筑企业、山西省百家信用示范企业。他个人获得山西省建筑施工企业优秀企业经理、山西省五一劳动奖章等荣誉。（刘　高）

【许东坤·中国工程建设优秀（高级）职业经理人】 中铁十五局集团公司董事长、总经理，中共党员，大学本科学历，教授级高级工程师。1963年5月出生，1978年10月参加工作。2006年6月担任集团公司董事长、总经理以来，加大科技投入，实施科技创新。集团公司技术中心2008年通过河南省企业技术中心认定，自主研发的高速铁路轨道板自动化生产技术、新型无砟轨道精调系统、高温沙漠铁路施工技术等科技成果达到国际领先水平，铁路桥梁悬臂灌注施工技术等达到国内同行业领先水平。先后完成科技开发项目195项，获国家级工法4项、省部级工法47项，国家级科技进步奖3项、省部级科技进步奖19项，2010年被评为河南省高新技术企业。拥有有效专利19项，其中发明专利5项。集团公司被授予洛阳市自主知识产权重点保护单位。加强项目管理，打造精品工程。制定集团公司《工程项目管理办法》和《工程队建设实施意见》，全面推行工程队管理模式，安全质量平稳可控。集团公司连续10年荣获全国“安康杯”竞赛优胜奖，2010年被评为全国首批“安康杯”竞赛示范企业，相继创造日铺轨10.688公里、500米超长无缝钢轨铺设，日架32米T型梁14孔等7项中国企业新纪录。集团公司获全国优秀施工企业、全国质量效益型先进企业、全国守合同重信用企业、全国精神文明建设工作先进单位、中央企业先进集体等称号。2010年，许东坤被评为全国首批安康企业家。（杨　超）

【李成杰·中国工程建设优秀(高级)职业经理人】 中铁十六局集团五公司执行董事兼总经理，中共党员，高级工程师，国家注册一级建造师。唐山市丰润区人大代表、政协委员。1966年1月出生，1988年毕业于石家庄铁道学院。李成杰作为一名项目管理者和施工企业管理者，敢于从管理体制、用人机制、承包办法、管理制度等方面进行大胆的改革和创新。他从事项目管理22年，摸索了一套先进的施工组织方案和项目管理经验，积累了丰富的施工管理方法，工程进度快、质量优、效益高，他管理的每项工程都能超额完成各项规定指标，兑现合同承诺，队伍建设、文明工地建设得到全面发展，创造了较好的社会效应和经济效益。担任公司总经理以来，他在经营理念上创新思路，围绕“一倍的目标，二倍的思路，三倍的措施”管理思想，狠抓生产经营工作，实行目标责任挂钩制，层层签订责任书，挂钩覆盖率100%，企业生产经营连续三年实现历史性突破。公司被评为河北省先进施工企业、经济效益30强，连续3年入选中国铁建工程公司20强，连续16年被河北省评为重合同守信用企业，获全国优秀施工企业、中央企业先进集体、首都文明单位标兵、全国安全生产优秀施工企业、河北省诚信企业等称号。（陈中华）

【王必军·中国工程建设优秀（高级）职业经理人】 中铁十九局集团五公司董事长、总经理，中共党员，工程硕士，高级工程师。1973年6月10日出生，黑龙江省海伦市人。1997年7月毕业于石家庄铁道学院。近两年来，王必军始终坚持以科学发展观统领企业全局，坚持理性经营，规范管理行为，谋划企业发展。一是明确发展方向，制定企业战略。他会同班子成员一道致力于企业发展方向的研究，明确企业价值观，制定公司“十二五”发展规划，通过宣讲，得到公司职工的认可。二是调整经营思路，实现规模经营。以市场经营为龙头，在异常严峻的经营形势面前，他积极调整经营思路，指标分解，全员参与，上下联动，形成合力。公司专业板块转型迅速，区域经营优势彰显，中标质量明显提高。三是落实三项预控，抓好在建管理。对新上项目，从落实方案、预算和管理模式联动预控入手，强化预控的理念、思维和习惯，系统策划开好篇、布好局，提升项目管控能力和目标实现能力。四是强化精细管理，提高经济质量。继续强化“二次经营”创效，深化责任成本管理，努力推行集中采购，严控非生产性费用，加大财务监管力度，提升效益质量。五是打造五大文化，提升发展动力。落实以“诚信、创新、有序、团结、和谐”为核心的理念文化，全方位贯彻各种形式的诚信，尊重和激励创新，形成有序化管理模式，恪守团队合作的基本原则，维护社会和企业稳定。六是健全考核机制，提高绩效水平。出台7项考核机制，以精准考核、狠抓奖罚为突破口，营造“靠能力竞争，凭实绩取酬，按贡献进步”的氛围。两年来，王必军先后获全国企业文化建设优秀管理者、辽宁省建筑业企业优秀经理、中国铁建“青年岗位能手”等称号。（张莹）

【苗文怀·中国工程建设优秀（高级）职业经理人】 中铁二十局集团二公司执行董事、总经理，中共党员，教授级高级工程师。1992年7月毕业于石家庄铁道学院超重运输与工程机械专业，后取得南京大学商学院EMBA研究生学位。苗文怀自2008年6月授命担任二公司董事长以来，他以坚毅的性格、坚定的信心和特有的人格力量，与新一届领导班子同舟共济，艰苦创业，带领全体员工为二公司实现再次辉煌竭尽全力。在公司管理上，他提出利用两年时间，使公司综合实力在集团公司内达到前三名，用4年时间使公司发展成为中国铁建工程公司的中上等水平。围绕工作目标，他理清思路，大胆创新，在管理机制上，快速完成机构调整、人员整合、队伍重组、公司注册和资质转换等工作，为公司迅速起步夯实基础。在经营承揽上，主动出击对接市场，修复经营网络，适时调整经营布局，加大经营网点的布设，搭建新的经营平台，经营局面相继打开。在项目管理上，制定各种项目管理制度，推行责任成本管理，落实集团公司法人管项目原则，使各工程项目实现稳步过渡和有效控制。2010年，公司经营承揽实现历史性突破，超额完成集团公司下达的经营指标；施工产值、经济收益等各项指标稳步上升，公司质量管理再上新台阶，创国家级优质工程1项、省部级优质工程3项，创省部级科技成果3项，名列中国铁建工程公司第十六强。

（王海波　刘文君）

【朱赤·中国工程建设优秀（高级）职业经理人】 中铁二十四局集团公司董事、总经理、党委副书记，教授级高级工程师。1964年12月出生，安徽省宿松县人。1987年7月毕业于石家庄铁道学院，硕士研究生，中共党员。自2010年8月担任二十四局集团公司总经理以来，朱赤自觉履行岗位职责，维护班子团结，坚持以“创新、责任、转型”为指导，积极拓展市场，优化企业结构，夯实管理基础，严格成本控制，狠抓风险管理，全局各项目工作平稳推进，经济运行基本保持平稳，企业经受住了市场的巨大挑战与严峻考验。2011年，集团公司完成营业收入150.1亿元，实现利润2.5亿元，净利润1.8亿元，净资产收益率11.8%。他本人先后获重庆市优秀市政企业经理、江西省五一劳动奖章和火车头奖章等荣誉。 （黄 健）

【陈克望·中国工程建设优秀（高级）职业经理人】 中铁二十四局集团上海铁建工程公司执行董事、总经理，硕士研究生，教授级高级工程师。1967年2月出生，湖南省醴陵市人。1993年6月参加工作。自2011年2月担任公司总经理以来，陈克望以自己深厚的专业知识底蕴，非凡的智慧和勇气，务实求变的创新思想，体现出卓越的科研、组织、管理、指挥才能，以及对项目团队的引领作用。通过他卓有成效的管理实践，公司的竞争能力和履约能力明显增强，综合实力和社会信誉显著提高。获中国建设工程鲁班奖、中国市政工程金奖、国家优质工程奖5项，省部级优质工程奖22项。公司获得上海市守合同重信用企业、上海市诚信企业、上海市文明单位、四川省建筑业先进企业、全国工程建设质量管理优秀企业、全国优秀施工企业等荣誉。他本人先后获四川省建筑业企业优秀经理、上海市重大工程立功竞赛建设功臣、上海市建设行业质量管理优秀职业经理人、全国工程建设质量管理先进工作者、中国工程建设优秀职业经理人等称号。 （孙锡仁）

【严新金·全国工程建设质量管理先进工作者】 中铁十一局集团电务工程公司党委书记，中共党员，大学本科学历，教授级高级工程师。1967年3月出生，湖北省洪湖市人。1989年毕业于北方交通大学通信专业。严新金先后参加齐海、绥佳、铁通京沪穗高速环密集波分复用传输系统工程及青藏铁路等国家重点工程建设，其中青藏铁路格拉段D3标段电力工程获2007年铁道部火车头优质工程一等奖，2009年获国家优质工程奖，为中国电气化铁路及城市轨道交通建设作出重大贡献。他在铁路工程领域从事质量技术管理工作22年，主持完成了一系列科技开发项目，获湖北省科学技术成果奖3项、中国铁建科技进步奖4项。他主持的“新建250公里/小时合宁铁路客运专线通信、信号、电力与电气化系统集成施工技术”成果获湖北省重大科学技术成果奖、2008年度中国施工企业协会科学技术创新成果奖、中国铁建科学技术一等奖。他主持编制的《铁路光伏发电系统及柴油发电站技术规范》，将作为铁道部行业标准发布。严新金先后获全国工程建设质量管理先进工作者、中央企业优秀共产党员、全国五一劳动奖章、湖北省建设工程质量管理先进工作者等荣誉。 （蔡成雄 易 婷 杨亚丽）

【金跃良·全国物流行业劳动模范】 中铁物资集团公司董事长、党委书记，中共党员，博士研究生，教授级高级工程师。1959年11月出生，江苏省江阴县人。1978年参加铁道兵。2009年任中铁物资集团公司总经理，2010年任董事长、党委书记。金跃良始终坚持外拓行业市场、扩大企业规模，内调业务结构、优化资源配置，逐步完成中铁物资集团由单纯的贸易中间商向“综合物流产业引领者”和“供应链服务专家”的战略转型。3年来，中铁物资集团公司新签合同额由2008年的137亿元增长至2011年的504亿元，产值由2008年的85亿元上升至2011年的267亿元，在中国最具竞争力物流企业50强中的排名从2008年的第15位上升至2011年的第5位，获全国诚信文明示范单位、全国先进生产力发展优秀企业等称号，2011年取得国家5A级物流企业资质认证。他本人先后获全国铁路优秀知识分子、全国优秀项目经理、企业建设功臣等称号,2011 年获全国物流行业劳动模范称号。

(周顺芬)

【王铁兵·全国内部审计先进工作者】 中国铁建股份公司审计监事局审计一处处长,中共党员,大学本科学历。1968 年 6 月出生,河北省阜平县人。近年来,为满足企业精益化管理的要求,王铁兵积极拓展审计领域,在审计监事局领导的支持下,策划并实施了股份公司系统内的第一次专项内控制度审计与专项风险审计。审计中,坚持以风险为导向,制定"抓主要风险,抓关键业务,抓业务的关键控制点"的审计策略,采取内部控制自我评价法、问卷调查法、个别访谈法等专门审计方法,通过对关键业务流程和相关制度的深入研究,对被审计单位内控制度的健全有效性进行综合评价,努力将内控审计与被审计单位的经济运行和效益实现联系起来,促进企业建立适宜的内控制度体系,保障企业持续、健康发展。作为主审,参与所属集团公司企业负责人离任经济责任审计。审计中,忠于职守,客观公正,不断总结与完善经济责任审计实施方法,科学严谨地评价被审计人员的经济责任履行情况,实事求是地披露重大问题与风险事项,有针对性地提出审计意见和建议,为企业领导人员的任用、考核和奖惩提供充分的审计依据。努力探索经济责任审计由"事后"向"事中、事前"转移,主审多项拟提拔领导人员任前经济责任审计,效果显著。在审计制度完善方面,负责起草了中国铁建《经济责任审计管理办法》和《内部控制审计暂行办法》,有效地规范了审计行为,提高了审计质量。 (沈晓霞)

【孙伟·全国内部审计先进工作者】 中铁十三局集团公司审计部部长,会计师,中共党员。1967 年 4 月出生,吉林省松原市人。1989 年 7 月毕业于石家庄铁道学院财务会计专业。近年来,孙伟带领集团公司内部审计机构和审计人员以"摸家底、揭隐患、防风险、促发展"为目标,围绕集团公司"提高项目收益和企业整体经济效益"的工作重心,认真开展对三级公司的审计以优化结构规范整顿,开展经济效益审计以加强项目成本管理提高经济效益,重点深化经济责任审计以落实管理责任制度,重点抓好财务收支审计以完善内部控制机制,努力探索风险管理审计。在审计工作中,积极探索审计工作新思路,加强审计规范化建设,提高审计报告的有用性,为企业发展作出突出贡献。3 年来,他带领集团公司审计人员累计完成审计项目 221 项,累计投入 22140 个审计工天,出具审计报告 218 份,提出审计建议 1095 条。他个人多次被中国铁建、吉林省评为审计、财务工作先进个人。

(李升旺)

【周京波·全国内部审计先进工作者】 中铁十六局集团公司审计处处长,中共党员,硕士研究生,高级会计师。1969 年 11 月出生,山东省东明县人。1992 年 7 月参加工作。自 2006 年任职以来,忠于职守,不断开拓思路,勇于奉献,积极探索和推动构建以风险为导向、以控制为主线、以治理为目标、以增值为目的的内部审计模式,注重理论联系实际,善于结合企业实际和特点,认真推行集团公司季度跟踪审计、项目部内部控制审计、企业主要管理人员廉洁从业承诺等工作方法。大力开展企业内部审计工作,提出审计意见和建议 200 多条,其中被单位采纳 179 条,挽回企业经济损失 5650 万元。推进项目规范管理,增加经济效益 820 万元;狠抓典型案例 3 起,移送检察机关 3 人,为企业的发展和管理保驾护航。他以正确的思路和认识,以扎实的工作作风和突出的工作业绩,以良好的职业道德和正派作风,增强企业对内部审计工作岗位重要性的认识,内部审计人员的地位日益提高。2008 年,集团公司被评为中国铁道内部审计先进单位,周京波被评为北京市经济技术创新标兵。 (刘承宝)

【张荣文·全国优秀新闻工作者】 中铁十一局集团公司记者站站长,中共党员,本科学历。1952 年出生,山东省济南市人。1972 年参加铁道兵。张荣文从事新闻报道工作 40 年,坚持深入实际、深入基层、深入生活、贴近群众,为企业的改革发展而讴歌,为人民群众的创造热情而秉笔,为那些默默无闻耕耘在生产一线的普通职工而赞颂。将建筑企业员工战天斗地的艰辛,注入笔端,跃然纸上,先后发表 7000 余篇计 860 余万字的文章，年年被《中国铁道建筑报》评为十佳记者，先后出版两部个人新闻作品专著、一部新闻理论专集，数百篇新闻作品在路内外报刊和新闻媒体上获奖，参与编写铁道部《铁路新闻教程》。有200多篇理论文章和经验材料，在省部级各类会议上宣读介绍，120多篇论文获优秀论文奖。他每年有四分之三的时间奔波于基层一线项目部，在排调河特大桥合龙施工时，他与职工并肩通宵奋战，采写的《“有危险我挡着”——厦蓉高速项目部共产党员建功一线》《云深不知处，把酒好放歌》等多篇消息、通讯，分别被《工人日报》《中国建设报》《人民铁道报》《中国铁道建筑报》等新闻媒体采用。他针对“农民工”这一焦点话题，采写的《大山深处的快乐“驿站”》《尊重农民工，全面加强“五同”建设》《民工荒：呼唤用工模式创新》等系列报道和评论文章在企业内外产生较大反响，提升了企业对农民工的关切度，促进了农民工劳动生活环境的改善，增强了农民工对企业的归属感和责任感。张荣文始终把培养报道人才作为自己的一项重要职责，他根据自己的切身体会撰写的《广开思路选苗子，不拘一格育“秀才”》等有关人才培养的文章，分别被《报林》《新闻天地》等媒体杂志刊登，并在铁道部新闻工作会议上作经验介绍。他培养的新闻报道骨干遍布企业各个工程项目，为新闻报道工作作出突出贡献。

（陈富春）

【孟广顺·全国建筑企业文化建设先进个人】 中铁二十一局集团公司董事长、党委书记，中共党员，高级工程师。他坚持把企业文化建设融入企业改革发展、生产经营、项目管理、队伍建设的各个方面，在实践中不断总结、完善和提高，2010年对企业文化理念进行全方位整合，制定集团公司《企业文化理念大纲》；2011年制作《企业识别系统规范暨施工现场文明标志》，明确“十四个统一”，形成规范统一的企业文化识别系统和理念系统，并通过会议宣讲、知识竞赛、讲座培训、主题演讲等形式，加大宣贯力度，形成二十一局集团公司独具特色的文化品格，为企业发展提供有力的文化引领。按照“双纳入”的原则，他把企业文化建设作为反映企业管理水平的重要内容，以加强企业管理的实际成效来衡量企业文化建设的成果，制定《项目文化建设标准及评比办法》，使考评有规可循。每年在对所属单位整体工作考评时，企业文化建设内容占20%左右，子公司每季度进行一次自查，集团公司党委每半年组织一次抽查，年底进行综合考评，对优胜单位和先进个人进行表彰，命名一批企业文化建设规范达标的项目。针对企业发展中暴露出来的矛盾和问题，在全员中树立“在生产经营管理中，企业利益高于一切，职工利益神圣不可侵犯”理念，激发全员热爱二十一局、奉献二十一局、发展二十一局，努力实现致力成为中国铁建发展最快的大型建筑企业集团的愿景目标。（高秋凤）

【崔杰·2011中国经济女性年度创新人物】 中国土木工程集团公司董事会秘书、副总经理，大学本科学历，高级工程师。1957年9月出生，1976年4月参加工作。崔杰长期致力于中国海外工程承包事业的发展，熟稔海外项目的承揽、实施与管理，是中国海外工程承包业务的专家。她先后组织、参与尼日利亚铁路修复改造、土耳其高速铁路、利比亚铁路、阿尔及利亚东西高速公路、以色列吉隆隧道等海外特大项目的考察投标、签约谈判或管理实施工作，与同事一起合力帮助中土集团屡次刷新中国对外承包工程单体合同额的最高纪录。凭借自己优异的表现，崔杰成为中国铁建系统内第一位分管经营业务的女性副总经理。

（郭子岩）

【杨海红·2011中国优秀经济女性人物】 中铁十一局集团公司经管法规部副部长，中共党员，大学本科学历，高级工程师。1970年12月出生，湖北省松滋市人。1989年7月毕业于长沙铁道学院。自2005年7月调入集团公司后，主要编制集团公司成本定额库、成本管理分析系统、劳务工序分包指导价，制定下发集团公司《验工计价管理办法》《外部劳务管理办法》《工程项目管理制度》《工程数量及材料消耗控制办法》《劳务分包合同范本》等管理制度，形成一套闭合、精细、高效的项目成本管控体系，集团公司收益水平逐年提升。2006～2011年，工程项目综合产值收益率从1.54%提高到8%左右，实现利税总额51.9亿元。因工作成绩突出，2010年被任命为经济管理部副部长。

（郭 琳）

【宋军·2011 中国优秀经济女性人物】 中铁十二局集团公司总经理助理、福建经营部部长，中共党员。1954 年 9 月出生，山东省龙口县人。1970 年 12 月入伍。在 40 年的工作生涯中，宋军忠企实干，为企业创造了丰厚的效益和良好的信誉。自 2003 年 4 月起，她担任集团公司福建经营部部长，负责福建地区的市场开发工作，在此之前，集团公司在福建的经营业绩为零。8 年里，她迎难而上，勇挑重担，用忍耐积累机会，用诚心感动业主，用实干争得信誉，8 年总计为企业承揽工程任务 70 亿元。她刻苦专研，潜心研究国家宏观经济政策，敏锐捕捉市场信息，竭力熟稔常务游戏规则，不断提升自己的大势研判、市场洞察、投标策划能力。2010 年为企业赢得铁路外任务 13 亿元；2011 年，在铁路市场急刹车的背景下，承揽铁路外项目 20 多亿元，为企业作出杰出贡献，被中国铁建授予十佳道德模范称号。她先后获得中华全国总工会先进女职工工作者、火车头奖章、山西省五一劳动奖章等荣誉。 （魏 宇）

【谢娜·2011 中国优秀经济女性人物】 中铁十二局集团电气化工程公司项目计划科科长，大学本科学历。1983 年出生，2007 年 7 月参加工作。她勤奋好学，爱岗敬业，深入学习预算知识，积极主动钻研业务，全面承担五麟焦化铁路专用线项目部竣工结算任务，在认真做好基础资料收集的同时，通过密切与相关单位的联系，积极为变更创效创造条件，项目部最终实现创效 1000 多万元。在担任忻阜高速公路机电项目部计划科科长期间，她从核准工程量、材差调整等方面入手，积极开展创效工作，保证项目部合同内工程量的全部计回，并为随后的变更创效奠定了良好的基础。受到项目部领导、同事及公司领导的好评，为青年员工作出了表率。 （唐晓明）

【裴璐辉·2011 中国优秀经济女性人物】 中铁十五局集团公司副总经理、总会计师，硕士研究生，高级会计师。1968 年 8 月 20 日出生，1989 年 7 月参加工作。2011 年，面对世界经济持续低迷、国家货币政策保持稳健、铁路建设规模陡然萎缩以及各方资金链紧绷的艰难局势，她及时申请并成功获批了 5 亿元的企业短期融资债券发行额度，保证了企业重点铁路工程项目的顺利进展。同时，继续强力推进资金集中管理，截至 2011 年底，集团公司集中资金 8.1 亿元，极大提高了资金使用效率，节约利息费用 2400 多万元。加强内部监督与风险预控，不断提高财务管控能力，2011 年制定集团公司《资金集中管理考核奖罚办法》《单位负责人绩效考核管理办法补充规定》，进一步健全集团公司财务管理及内控制度体系。税收筹划意识不断增强，2009 年集团公司取得国家高新技术企业资格认证，2011 年集团公司在享受高新企业税收优惠的基础上，又积极利用国家的相关税收优惠政策，全年享受减免企业所得税 2085 万元，实现出口退税 1670 万元，为企业节税增收作出积极贡献。 （郑凤华）

【迟宝君·2011 中国优秀经济女性人物】 中铁十六局集团北京工程公司总经济师，中共党员，高级经济师。1969 年 9 月出生，1990 年 7 月参加工作。她先后参加北京西单地铁、南昆铁路、民航总局办公楼、首都机场 1 号航站楼、首都机场专机及公务机楼等多项重点工程建设，组织或参加了 300 多个工程项目的投标报价工作，从一名普通的预算员、计划统计人员成长为建筑经济专家、公司经济管理主要领导者，是公司创立时的主要骨干之一，为公司的创新、发展作出巨大贡献。北京工程公司也从一个年产值几百万元的小公司发展为年新签合同额 60 亿元、年营业收入 16 亿元以上的中国铁建先进工程子公司，成为精益管理、成本领先的行业内标杆企业。 （张玉琴）

【蔺双平·2011 中国优秀经济女性人物】 中铁十七局集团三公司设备运输部主任科员，大学本科学历，助理工程师。1974 年 11 月出生，山西省洪洞县人。1994 年 7 月参加工作。2008 年，她竞聘到公司设备部工作。在新的工作岗位上，她以刻苦顽强、坚忍不拔的毅力不分昼夜学习钻研业务知识，成功总结出一套机械设备系统管理模式，实现设备的标准、规范、动态化管理，大大增强了公司机械设备的整体科学调配水平，减少了闲置，提高了使用效率。她先后获得中国铁建学习模范、首届十佳道德模范,山西省三八红旗手、十大杰出女职工、十佳青年技术工人、技术创新能手、五一劳动奖章,中央企业知识性先进职工标兵、成长成才身边的榜样,中华全国铁路总工会十大杰出女职工、火车头奖章,全国妇联巾帼建功标兵,全国五一劳动奖章等荣誉。

(寻红霞　孟庆财)

【马秀之·2011 中国优秀经济女性人物】 中铁十八局集团公司副总经理、总会计师兼总法律顾问。2011 年,面对复杂多变而严峻的国内外经济形势,马秀之强基固本,狠抓企业财经基础管理;多方融资,确保生产经营有序进行;强化管控,促使企业盈利水平不断提高;积极筹划,努力减轻企业税负;注重风险,积极推进企业法制建设。集团公司财经工作成绩显著,充分发挥了"聚财、理财、生财"和为企业建设、发展保驾护航的职能作用。她参与的两个研究课题分别获得河北省科技进步二等奖和集团公司科技进步奖,主持的两个研究课题均获得中国铁道财会学会会计软科学课题研究成果三等奖。马秀之多次被股份公司和集团公司评为先进生产(工作)者和优秀共产党员,被中国铁道财会学会评为先进个人,2005 年评为天津市先进会计工作者,2007 年获得天津市五一劳动奖章。(阎世杰)

【李芳·2011 中国优秀经济女性人物】 中铁二十局集团四公司总会计师,中共党员,硕士研究生,高级会计师,国家一级注册建造师。自担任集团公司总会计师以来,锐意改革,以大财务的眼光和思维,先后修订和完善了集团公司经费管理、内部审计、税务、招标、法律风险控制等内控制度,形成一套完整的财务内控体系。她主持制定详细的财务管理战略规划,通过制度和绩效评价予以实施,保持企业的平稳、健康发展,集团公司顺利通过高新技术企业认定,年均节税近 1200 万元。她坚持"现金为王"的原则,最大限度地降低成本,严控信贷规模,保持资金平衡,统筹安排,量入为出,有效保证企业生产和经营需要;加强资金预算管理,做到收入有计划,支出按规定,保证资金链的安全。在她的带领下,集团公司连续 5 年被评为中国铁建财务管理先进单位,她本人获得陕西省五一巾帼标兵、全国三八红旗手等荣誉。

(刘文君)

【李嘉·2011 中国优秀经济女性人物】 中铁第五勘察设计院集团公司环境工程设计院院长,教授级高级工程师。2006 年 2 月,李嘉作为人才引进调入铁五院。7 年来历任环设分院副院长(主持工作)兼总工程师、咨询公司副经理兼总工程师、环境工程设计院院长兼任北京大地盛景园林绿化有限公司董事长职务。她创办了环境工程设计院,并成为环保、水保专业的创建者和领军人。由于技术突出,先后被聘任为铁路建设工程招标评标专家、铁道部环保专家、国家环境保护部常聘专家、北京市工程建设招标评标专家、中国工程咨询协会专家、北京市科学技术奖评审专家等多个行业评审专家。并受铁道部委托起草修订《高速铁路静态验收技术规程(环、水保部分)》,对于高速铁路动静态的环、水保验收工作起到积极指导意义。由于成绩显著,为铁路建设环境保护事业作出积极贡献,李嘉先后获中央企业先进职工、中国铁建十佳女职工标兵、集团公司"十一五"技术贡献奖等荣誉,她带领的团队先后被评为中国铁建"工人先锋号"和集团公司先进党支部、"四好领导班子"。

(杨　青)

先进集体

【中铁十二局集团公司京沪高速铁路土建 4 标段项目经理部·全国五一劳动奖状获得单位】 十二局集团公司承建的京沪高速铁路 4 标段全长 286 公里,合同总额 170 亿元,是全线最大的标段。主要工程量:桥梁 229 公里,软土路基 40 公里,无砟道床 279 公里,铺轨 313 公里,设徐州东、宿州东、蚌埠南和定远 4 座站场。自 2008 年 1 月上场以来,项目经理部以建设世界一流高速铁路为目标,纵深推进标准化管理,不断强化质量安全管理,施工进度一直全线领先,凤阳 CFG 桩基路基试验段提前完工,管内 9 座梁场全部通过国家产品生产许可认证,无砟轨道先导试验段全线第一家通过铁道部验收,徐州东站在全线率先开始双向铺轨。工程创优和科技研发硕果累累,淮河特大桥主桥、京杭大运河 86 米 ~8 米连续框构桥等 13 项工程被评为京沪高速铁路建设样板工程,开发的"京沪高速铁路CFG桩复合地基综合技术”等3项成果获京沪高速铁路股份公司科技创新成果特等奖。项目经理部连续4次在京沪高速铁路股份公司对全线41个局级施工单位的质量信用评价中获得第一名，连续3年获得京沪高速铁路建设建功立业劳动竞赛优胜杯，被评为京沪全线的标准化项目部，并获得火车头奖杯。（唐晓明）

【中铁建设集团华东分公司京沪高速铁路站房3标段项目部·全国五一劳动奖状获得单位】 中铁建设集团华东分公司京沪高速铁路站房3标段包括京沪高速铁路苏州北站、无锡东站和常州北站3个站房工程，总建筑面积12.9万平方米。3个站房均为线正下式二台六线高架钢结构车站，需要与线下和“四电”集成工程交叉施工。项目部自2009年9月成立以来，面对交叉施工、施工空间狭小等难题，积极与地方政府、设计院、线下、“四电”集成等单位协调，编制以“三会两图一表”为核心的联合施组，制定工期节点，优化施工工艺，合理有序组织人员、材料、机械，为穿插施工、交叉作业提供强有力的技术保障。在施工过程中，项目部大力推广标准化建设，健全“目标指引、管理策划、过程控制、绩效测量”的标准工作流程，有效控制各类风险源，采用架子队管理模式，充分利用社会劳动力资源，实现项目部施工现场管理层与作业层的有机衔接和有效运作；并通过开展以提高质量为主旨的创建“党员先锋号、主人翁样板工程”和“岗位练兵”、“导师带徒”等活动，使质量意识、创先争优成为每位职工的自觉行动；项目部精心组织，周密实施，深化全过程质量控制，严格工程质量分级验收和首件认可制度，严控工艺流程，严格工装配置，严肃工班组织，严格按标准操作，严格工程质量终身负责制，确保工程建设质量“零缺陷”，在京沪高速铁路建设的安全质量检查中多次获得绿牌奖励，常州北站获2010年中国钢结构金奖（国家优质工程）。3标段项目部获得2010年京沪高速铁路建功立业劳动竞赛优胜单位、京沪高速铁路建设决战66天劳动竞赛优胜单位、火车头奖杯等荣誉。（章　梅）

【中铁二十局集团二公司·全国五一劳动奖状获得单位】 公司具有铁路、公路工程施工总承包一级，市政公用、矿山工程施工总承包三级，桥梁、隧道、公路路面、公路路基工程专业承包一级，混凝土预制构件专业承包二级资质。职工2436人，年综合施工能力40亿元以上。公司始终坚持以质量求生存，以信誉求发展，企业管理水平和综合实力不断提高。在企业改革发展过程中，公司一直跻身于全国大型先进建筑企业之列，连续5年获全国“安康杯”竞赛活动优胜企业称号，67名职工先后被授予铁道部、所在省市劳动模范及优秀项目经理、企业家称号。在科研和质量攻关方面，先后有100多项工法、工艺被评为国家及省部级科技创新成果和优秀工法、工艺，其中有14项达到国家领先水平或先进水平，58项QC成果被评为省部级优秀成果，36个QC小组被授予省部级优秀小组称号；28项工程被中国铁建评为优质样板工程，54项工程被评为铁道部优质样板工程和精品工程，获省部级优质工程奖17项、国家级优质工程6项。公司被评为全国优秀施工企业、全国工程建设质量管理优胜企业、陕西省优秀施工企业，2011年进入中国铁建工程公司20强行列。（王海波　刘文君）

【中铁十一局集团二公司·全国优秀施工企业】 公司具有公路、市政公用工程施工总承包一级，铁路工程施工总承包二级，房屋建筑工程施工总承包三级，公路路基、公路路面、桥梁、隧道、水工隧洞工程专业承包一级资质。职工2089人。连续两年进入中国铁建工程公司20强。2011年，公司完成承揽任务总额29亿元，完成企业总产值42.2亿元，实现利润6103万元。公司先后获湖北省最佳文明单位、“安康杯”竞赛优胜企业、学习型先进单位、重点工程劳动竞赛先进单位、五一劳动奖状、守合同重信用企业和全国质量安全信誉AAA级优秀施工企业、全国模范职工之家等荣誉。（邵　玉）

【中铁十一局集团建筑安装公司·全国优秀施工企业】 公司具有房屋建筑、市政公用工程施工总承包一级，铁路工程施工总承包二级，钢结构、装饰装修、机电设备安装、地基基础处理工程专业承包一级资质。年施工能力20亿元以上。近几年来，公司坚持专业发展战略，立足做大、做强、做优房建、市政板块，积极推行区域滚动经营，大力实施精细化管理、标准化建设和全面预控管理，企业的市场份额不断扩大，专业施工能力不断增强，经济运行质量不断提高，发展规模不断扩大。2011年，公司由过去的年承揽几亿元提升为45亿元，实现历史性跨越，并在兰州、西安、武汉、内蒙古、广西、昆明、贵阳等地建立比较成熟的地域市场，为今后的规模发展打下基础。公司获得全国施工企业管理先进单位、湖北省先进建筑业企业、湖北省安全生产先进单位、湖北省五一劳动奖状、湖北省精神文明单位、湖北省守合同重信用企业、中国建设银行湖北省分行AAA级信用企业等荣誉，参建的沈阳地铁工程获2011年度中国建设工程鲁班奖。（王晓颖）

【中铁十一局集团桥梁公司·全国优秀施工企业】 钢结构工程专业承包三级,桥梁工程专业承包二级,混凝土预制构件专业二级资质企业。公司以"整改理顺,提升夯实,开拓创新"的发展思路引领企业转型,探索形成具有桥梁公司特色的管理模式。在保证专业化施工能力的前提下,加强项目管理,发展特色经营,使企业实现多元化、低成本快速发展。施工产值从2006年3000多万元增长到2011年的17亿元,年营业收入增长50多倍,资产总额增长10余倍,职工年人均收入大幅度提高,公司实现地域经营向市场经营、仓储业向专业化、工厂化向工程化管理的转变。公司先后获得全国文明单位、江西省文明单位、江西省第一批高新技术企业、江西省百强企业第50强等荣誉,公司领导班子分别被中国铁建、集团公司评为优秀基层党委和"四好领导班子"。 (杨汉思)

【中铁十二局集团二公司·全国优秀施工企业】 公司是以隧道及地下工程为专项施工优势的综合性工程公司,下辖7个专业化分公司及81个工程项目部,年施工能力70亿元以上。公司积极开拓市场,强化经营管理,2010~2011年完成施工产值136.46亿元,完成路基土石方3390万立方米、隧道178018延长米、桥梁37969延长米。公司坚持科学组织,全面布局,突出重难点工程施工管理,精品工程不断涌现,承建的云南思茅至小勐养高速公路等5项工程获中国土木工程詹天佑奖;广深港铁路客运专线狮子洋隧道顺利实现盾构机零误差江中对接,攻克世界性施工难题;长平高速公路虹梯关隧道单口掘进超过6000米,创造国内长大隧道施工独头掘进的最长纪录。公司坚持科技兴企战略,4项科研成果通过省市级成果鉴定,达到国际先进、领先水平;"宜万铁路齐岳山高压富水岩溶隧道施工技术研究"成果获中国施工企业协会科技进步一等奖和中国铁建科学技术特等奖。公司不断完善安全生产预控方案和措施,建立健全全面的安全生产控制体系,率先建成中国铁建系统第一家重点工程远程视频监控系统。公司获得全国守合同重信用单位、全国"安康杯"竞赛优胜单位、山西省优秀建筑企业、山西省五一劳动奖状、山西省模范单位、江西省"十一五"重点工程建设先进施工单位等荣誉,进入中国铁建工程公司20强行列。 (肖帮伟)

【中铁十三局集团公司·全国优秀施工企业】 十三局集团公司是集施工、科研于一体的大型工程总承包企业集团。拥有28个类别的75项施工资质和6个类别的14项勘察、设计、测绘、咨询、检测资质,并具有承包境外工程和境内国际招标工程资质。企业致力于高、新、难、尖施工领域的拓展,在新型大跨度桥梁、长大隧道、深水桥梁基础、地下工程、城市轨道交通工程、高层建筑及土石方大爆破等施工领域积累了丰富的实践经验;在深水工程、特殊地质长大隧道、桥梁连续箱梁多点顶推、移动支架法造桥、桥梁悬灌浇筑、钢管拱桥、斜拉桥、复杂地质条件下的大跨度地铁、盾构地铁施工等高难项目取得国内国际领先的科技成果。企业获中国建设工程鲁班奖11项、中国土木工程詹天佑奖3项、国家优质工程奖12项、省部级优质工程奖98项,获国家级科技成果奖5项、省部级科技成果奖36项。企业被评为全国用户满意施工企业、全国诚信AAA企业、全国守合同重信用企业、全国和谐劳动关系优秀企业、全国企业文化建设优秀单位、全国模范职工之家、全国建筑业科技进步与技术创新先进企业、全国工程建设质量管理优秀企业。 (李升旺)

【中铁十五局集团公司·全国优秀施工企业】 十五局集团公司具有铁路工程施工总承包特级,公路、市政公用、水利水电、房屋建筑工程施工总承包一级,铁路铺轨架梁、隧道、桥梁、公路路面工程专业承包一级,城市轨道交通工程专业承包,地质灾害治理工程施工甲级等资质。近年来,集团公司业务范围从单一的铁路工程拓展到以工程承包、铁路运输、勘察设计、工业制造、房地产开发与资本运营、物流仓储为核心竞争力的六大板块,经营区域从国内走向海外,形成"建筑产业一体化,相关产业多元化"的良性发展格局。集团公司坚持以科技创新为先导,在关键领域形成一批拥有自主知识产权的主导产品和核心技术,增强了行业"话语权",实现技术驱动发展、技术滋养品牌、技术促进生产的目标,被评为国家高新技术企业,获中国建设工程鲁班奖21项、国家级优质工程21项、中国土木工程詹天佑奖4项、省部级优质工程118项、国家级工法4项、国家和省部级科级进步奖13项。集团公司被评为全国质量效益型先进企业、全国守合同重信用企业、全国精神文明建设工作先进单位、全国模范职工之家、中央企业先进集体,两次获得全国五一劳动奖状。

(杨 超)

【中铁十七局集团二公司·全国优秀施工企业】 近年来,公司坚持以科学发展观为指导,以建设"经营灵活、专业突出、结构合理、管理科学、技术先进、效益一流、职工富裕、和谐稳定的工程公司"为目标,以技术创新和企业文化建设为抓手,依靠多元化经营和标准化管理,加强内部控制和风险防范,走上一条持续、健康、领先、和谐的良性发展道路,取得较好的经济效益和社会效益。2009~2011年,公司完成产值170多亿元,年均产值利润率2.33%,年均产值利税率5%,年均社会贡献率12.54%。公司凭借“诚实守信、客户至上”和“依靠科技创优质、出精品,依靠质量创名牌、树形象”的经营理念,以在建工程为依托,走出一条揽干并重、以干促揽、滚动发展的良性发展道路,在高速铁路、铁路客运专线、高等级公路、长大隧道、高难度桥梁、大型市政和房屋建筑等领域体现出较强的技术优势。3年承揽各类工程50余项,签订合同额180亿元。科技创新成果丰硕,3年开发新技术20项,推广应用“四新”成果65项;获省部级以上科技成果奖18项,开发工法14项。在鱼洞长江大桥、沪蓉西高速公路龙潭河特大桥、石环高速公路东互通立交桥、京沪高速铁路北京特大桥等重难点工程施工中研发的多项技术成果达到国际先进水平;参建的遂渝铁路、京津城际铁路获中国建设工程鲁班奖和中国土木工程詹天佑奖,沪蓉西高速龙潭河特大桥、石家庄市环城公路307国道东互通立交工程获国家优质工程银质奖。公司连续3年进入中国铁建工程公司20强,获得中央企业五四红旗单位、山西省五一劳动奖状、全国模范职工之家、陕西省高新技术企业等荣誉。

（贺晓荣　孟庆财）

【中铁十八局集团四公司·全国优秀施工企业】 公司是市政公用、房屋建筑工程施工总承包一级,混凝土预制构件专业承包二级、房地产开发暂定资质企业。职工1485人。年施工生产能力30亿元以上。近年来,在新一届领导班子带领下,公司迅速走出发展低谷,扭亏为盈,各项指标全面提升,2011年进入中国铁建工程公司20强。公司以经营创收为中心,狠抓任务承揽和在建工程管理。2010年承揽任务首次突破10亿元;2011年承揽工程21项,合同总额28.67亿元。2010年完成企业总产值24.7亿元,接近前三年总和;2011年完成企业总产值突破28亿元,实现利润7509万元。公司注重科技创新和安全质量管理,连续7年实现安全生产年。2010年获国家级质量管理成果奖1项;2011年获国家级优秀QC成果一等奖1项、二等奖1项,省部级优秀QC成果5项。开发的“新型大体积混凝土桥墩抗开裂技术”、“新交通系统轨道工程施工技术研究”、“提高咬合桩成桩质量”等科技成果获国家级科技成果奖。公司获得天津市五一劳动奖状、中国铁建“青年文明号”等荣誉。（姚球太　阎世杰）

【中铁十八局集团五公司·全国优秀施工企业】 公司具有市政公用、公路、房屋建筑工程施工总承包一级,铁路工程施工总承包二级,桥梁、隧道、公路路基、水工隧洞工程专业承包一级及预拌商品混凝土专业承包二级资质。职工3648人。企业年施工能力50亿元以上。自1984年在天津引滦入津工程叫响“老虎团”、创造影响深远的“引滦精神”以来,先后征战南北,相继参建和承建青藏高原铁路、兰新铁路乌鞘岭隧道、京沪高速铁路、京津城际铁路等重点铁路工程建设。公司不断创新经营思路,坚持“经营城市,经营现场”的理念,狠抓“经营、安全、质量、变更索赔、责任成本管理、技术创新、人才队伍、财经管理、绩效考核、机关建设”十大基本点,坚定不移走区域经营、专业发展和质量效益型发展之路,基本形成以京津区域为大本营,以上海、陕西、沈阳为核心根据地的市场经营开发版图,以市政、公路、桥梁、隧道、客专铺架、轨道铺装、地铁(城轨)、黑色路面、房建、商品混凝土为专业化经营的创效板块;构铸“开战必胜、敢打善拼、身先士卒、团结奋进、吃苦奉献、勤俭节约、精细正规、科学创新”的“老虎团”精神,创建公司独特的企业文化。近5年获中国建设工程鲁班奖6项、中国土木工程詹天佑奖3项、国家优质工程奖3项、中国市政金杯奖4项。2011年进入中国铁建工程公司20强,连续3年被评为天津市优秀诚信施工企业。（金植云　阎世杰）

【中铁十九局集团三公司·全国优秀施工企业】 公司是集公路、铁路、水利、市政、房建、矿山于一体的国家综合性施工一级企业。职工2943人。年施工能力50亿元。近年来,公司树立以公路路面为品牌,以铁路、水利、市政为依托,向其他市场发展的经营思路,实现理性经营、规范经营、诚信经营。注重安全质量管理,完善项目管理,加大设备物资管理,精细预算管理,强化资金集中管理。推进精神文明建设,在公司范围内形成简洁得体、整齐划一、极具冲击力的“净、静、竞、敬”的视觉文化系统和理念。关爱并关注员工生活,增收入,保五金上缴,组织送温暖活动,不断改善小区住宅建设,促进企业和谐发展。企业获得全国公路建设先进企业、最具社会责任施工企业、世纪中国最佳品牌企业、全国质量效益型先进施工企业、全国施工企业设备管理优秀单位、全国五一劳动奖状等荣誉,连续18年被辽宁省评为特级AAA信誉企业、辽宁省重合同守信用单位。（张　莹）

【中铁十九局集团五公司·全国优秀施工企业】 公司具有房屋建筑工程施工总承包一级,公路、铁路、市政、桥梁、隧道、机场场道、预应力工程等多项资质。近两年,公司坚持走内涵式、精益化发展之路,不断抢抓发展机遇,规范管理行为,强化体系建设,加大管控力度,实现企业持续稳健发展,公司综合实力明显提升。两年内承揽工程39项,合同投资41.24亿元,完成企业总产值81.34亿元。突出专业发展能力,坚持以"自主创新,打造差异"为目标,将预制梁施工作为公司主业,走"特而专,专而精"的专业化发展路子。提高项目管控能力,积极推进项目扁平化管理,缩短管理链条,减少中间层次,形成"一级管理,两级核算"的管理体制。强化施工组织能力,深入开展工程项目标准化管理规范达标活动,坚持多措并举,严控项目的安全、质量和工期,提升项目创誉能力。公司被评为全国守合同重信用企业、中国工程社会信用AAA级企业、全国企业文化建设先进单位、全国诚信建设示范单位、辽宁省优秀建筑业企业。 (张 莹)

【中铁二十局集团一公司·全国优秀施工企业】 公司具有铁路、公路和市政综合建筑施工一级资质。职工3497人,其中专业技术人员1052人。公司拥有路基、桥涵、深水基础施工、路面摊铺、地铁隧道等40余个专业化施工队伍,年施工能力40亿元以上。近年来,公司把经营承揽主攻方向放在北京、江苏、湖南、福建等省市的城市轨道交通、市政、水利、路面和高速公路土方、隧道项目上,力争通过中标项目提升企业核心竞争力。北京京石二通道8标段、无锡市地铁1号线刘潭站配套工程、沈海复线宁德漳湾至连江浦口福州段高速公路A1标段、淮北经济开发区道路工程B标段、常溧高速6标段等技术含量较高项目的相继中标,实现了华北市场的巩固、华南市场的挺进、江苏地铁市场的滚动发展,公司区域经营战略取得明显效果。2011年承揽工程任务28亿元,完成企业总产值30.65亿元。全面加强安全、质量、科技创新管理,认真贯彻落实"安全第一、预防为主、综合治理"和"百年大计、质量第一"的方针,工程质量和安全管理有序受控,在建项目均未发生等级安全质量事故,科技创新收获丰硕,企业综合实力和核心竞争能力不断提升。公司先后获得全国先进集体、全国五一劳动奖状、全国用户满意施工企业、全国重合同守信用企业、全国施工企业设备管理优秀单位、全国工程建设优秀质量管理小组、全国质量管理先进单位、全国工程质量施工安全企业信誉AAA级优秀企业、全国模范职工之家、中国建设银行AAA级信用企业、陕西省文明单位、江苏省质量管理优秀企业等荣誉。 (黄峻梅 刘文君)

【中铁二十一局集团二公司·全国优秀施工企业】 公司具有房屋建筑、市政公用、机电安装工程施工总承包一级,铁路、公路工程施工总承包二级,水利水电工程施工总承包三级,钢结构、建筑装修装饰、地基与基础工程和消防设施专业承包一级,送变电工程专业承包二级和建筑施工企业试验甲级资质。职工2136人。年施工生产能力20亿元以上。近年来,公司参与施工的房建、铁路、公路、市政、城市轨道、水利等工程为国家和地方经济建设作出突出贡献。承建的甘肃敦煌站工程获中国建设工程鲁班奖,兰州鸿运润园工程获中国土木工程詹天佑大奖优秀住宅小区金奖,承建的30余个项目先后获得甘肃省建筑工程飞天奖、青海省建筑工程江河源杯、火车头优质工程奖;获国家专利3项、省部级科学技术奖13项、国家和省部级工法11项、省级科技示范工程1项。公司多次获甘肃省优秀建筑企业、先进单位,青海省"工人先锋号"等称号,连续10被评为甘肃省守合同重信用单位、甘肃省用户满意企业和兰州市文明单位。 (高秋凤)

【中铁二十二局集团六公司·全国优秀施工企业】 公司具有房屋建筑、市政公用工程施工总承包一级,建筑装修装饰、钢结构、消防设施、机电设备安装工程专业承包一级资质。职工2628人。年施工能力25亿元以上。公司先后承建津秦铁路客运专线、哈齐铁路客运专线,广州、沈阳、哈尔滨地铁,绥芬河环形立交桥、牡丹江客车整备库及站场改造、中央财经大学研究生公寓、保定京南一品住宅小区等工程项目,工程质量得到各级政府和建设单位的高度赞誉,获中国建设工程鲁班奖1项、国家优质工程奖1项、中国市政工程金杯奖1项、省部级优质工程奖34项。公司被评为全国用户满意施工企业、黑龙江省施工企业信用评价优秀企业,公司连续5次获全国优秀施工企业称号。

(万红梅)

【中铁二十三局集团轨道交通公司·全国优秀施工企业】 公司不断完善高位管理模式和板块经营战略,提出"板块经营不动摇,精耕细作再加强;项目为主抓滚动,公司拓展新市场;跳出行业看市场,多元谱写新篇章"的企业管理新思路,公司管理水平不断提升,企业规模不断壮大。在企业管理、科技创新等方面取得显著成绩,实现企业健康、持续、稳步发展。公司推行"五二五"项目管理,以标准化为主线展开安全质量工作。上海分公司获上海市文明场站称号,参建的成都地铁2号线一期工程被评为成都市优质结构工程;公司被评为上海市安全管理先进企业,获得四川省五一劳动奖状;公司党委被四川省国资委评为先进基层党组织。 (张蜀秦)

【中铁二十四局集团公司·全国优秀施工企业】 二十四局集团公司具有铁路工程施工总承包特级,公路、房屋建筑、市政公用工程施工总承包一级,水利水电工程施工总承包三级,桥梁、公路路基、隧道、铁路铺轨架梁工程专业承包一级和城市轨道交通工程专业承包资质,拥有对外经营权。职工12686人,其中专业技术人员5385人。企业年施工能力300亿元以上。公司高度重视新技术、新工艺的开发和应用,在长期的工程建设中积累了丰富的施工经验。在高速铁路施工、铁路既有线改造、大跨度桥梁建造、各类异型桥梁建设、铁路既有线下长大箱涵顶进、软土地基处理、长大隧道、通信、电力、信号、电气化、高速公路、高层建筑和城市轨道交通等施工领域形成了自己的特色,具有强大而雄厚的施工能力,获得多项省部级科技进步奖,国家及省部级工法及国家专利,创造多项中国企业新纪录。公司获中国建设工程鲁班奖、国家优质工程奖、中国土木工程詹天佑奖、中国市政工程金杯奖等20余项,省部级优质工程奖100余项;获得全国质量管理先进企业、全国用户满意企业、全国守合同重信用企业、全国建筑业诚信企业、中国行业100家最佳经济效益建筑企业、全国"安康杯"竞赛优胜企业、全国模范职工之家等荣誉60余项。 (孙锡仁)

【中铁二十四局集团南昌建设公司·全国优秀施工企业】 公司具有房屋建筑、市政公用工程施工总承包一级,铁路、公路工程施工总承包二级,桥梁、隧道、钢结构、机电设备安装、建筑装饰装修工程专业承包一级资质。职工1028人,其中专业技术人员418人。企业年施工能力15亿元以上。公司始终贯彻"做强房建,做优铁路,参与公路,拓展市政"的经营理念,以标准化管理为主线,以安全工程、优质工程为目标,坚持科技创新,精细管理,企业的经营规模不断扩大,企业信誉、效益连年攀升,获省部级优质工程奖50余项,多项工程获中国建设工程鲁班奖、国家优质工程奖和全国用户满意建筑工程称号。公司被评为江西省安全达标优胜单位、江西省先进施工企业、江西省优秀企业、江西省守合同重信用AAA企业、江西省文明单位。

(孙锡仁)

【中铁二十四局集团上海电务电化公司·全国优秀施工企业】 公司具有铁路电务、电气化工程专业承包一级,铁路电信工程专业承包二级资质。职工997人,其中专业技术人员422人。企业年施工能力15亿元以上。多年来,公司始终遵循"质量第一,恪守诚信,顾客至上,创造价值"的企业理念,坚持"诚信守法,追求卓越,铸就精品工程;以人为本,环保安康,构建和谐企业"的管理方针,先后参加京沪高速铁路,沪杭、沪宁、昌九城际等时速200~300公里以上的电气化工程和上海虹桥铁路枢纽等国家重点铁路电务工程建设,获中国土木工程詹天佑奖2项、省部级优质工程奖4项。公司被评为全国安全生产优秀施工企业、江西省先进企业、上海市和福建省文明单位。 (孙锡仁)

【中铁十六局集团公司·全国建筑业先进企业】 十六局集团公司具有铁路工程和房建工程施工总承包特级,公路、市政、水利水电工程施工总承包一级等资质,经营业务涵盖工程承包、勘察设计、监理、铁路运营、机械制造、酒店、房地产开发等多项领域,先后获全国技术进步先进企业、全国工程建设质量管理优秀企业、全国行业质量和质量服务诚信示范企业、全国思想政治工作优秀企业、中国企业文化建设先进单位、中国优秀诚信企业等国家和省部级荣誉,220余项工程被评为国家和省部级优质工程,其中9项获国家优质工程奖、13项获中国建设工程鲁班奖、12项获中国土木工程詹天佑奖;获国家科技进步奖5项、省部级以上工法16项。公司连续5年被北京市评为个人所得税缴纳先进企业,先后被中国建设银行、中国工商银行评定为AAA级信用企业,2010年底银行授信额度增加到240亿元。近三年,集团公司坚持以改革统揽全局,以科技创新为先导,加强基础建设,强化项目管理,承揽工程任务总额1080亿元,完成施工产值743亿元,取得了良好的经济效益和社会信誉。 (王启山)

【中铁十七局集团三公司·全国建筑业先进企业】 2011年,公司面对严峻考验,战危机、鼓干劲、强管理,充分发挥优秀企业文化的凝聚力,以"感恩、传承、发展、超越"和"求实、求新、求精、求和、求进"理念为行动指南和思想支撑,大力倡导"雷厉风行、主动负责"和"用心做事"的工作作风,以转型发展为主线,强基固本,挖潜降耗,各项工作稳中有升,取得可喜成绩。全年承揽任务30.64亿元,完成施工产值51.73亿元,实现利润6597万元。公司参建的京津城际轨道工程获中国建设工程鲁班奖;1项科技成果达到国际领先水平,5项达到国际先进水平;获中国铁道学会科技进步奖2项、河北省科技进步奖2项、中国铁建科学技术奖4项;获授权专利15项。公司多项在建工程受到媒体关注,其中被新华社、《经济日报》、《北京晚报》和《中国南水北调报》、河南卫视、人民网、三门峡电视台、三门峡日报社等新闻媒体多次报道。公司保持山西省、河北省模范单位和文明单位荣誉,是河北省重点支持的15家大型建筑业企业并享受多项优惠政策,被国资委评为思想政治工作先进单位,被授予全国公路信誉评价A级企业称号。 (宫 源 孟庆财)

【中铁二十一局集团公司·全国建筑业先进企业】 二十一局集团公司是集工程建设、科研开发、房地产开发、矿产资源开发、商贸经营于一体的国有特大型建筑施工企业集团，被胡锦涛总书记称赞为“是一支很有战斗力的队伍”。职工13000余名，其中专业技术人员5000余名。具有铁路工程施工总承包特级，公路、水利水电、房屋建筑、市政、通信、矿山工程施工总承包一级，公路路基、桥梁、隧道、铁路电务、电气化、铁路铺轨架梁、环保工程专业承包一级资质，拥有境外经营资格。年施工能力200亿元以上。先后完成60余条（项）国家铁路干线工程、5300多公里电气化铁路工程、40多条高等级公路及10余项境外铁路、公路、生活设施等工程建设，获中国建设工程鲁班奖、中国土木工程詹天佑奖和国家优质工程奖、全国百项精品工程奖30余项，省部级优质工程奖60余项。获国家及省部级科技进步奖20余项、工法30余项、专利20余项，创中国建筑施工企业新纪录6项。企业先后获得全国五一劳动奖状、全国设备管理优秀企业、全国守合同重信用企业、全国“安康杯”竞赛优胜企业等荣誉。

（高秋凤）

【中铁建设集团公司·全国建筑业先进企业】 中铁建设是全国实施卓越绩效模式先进企业、全国质量效益型先进企业，曾获得全国五一劳动奖状和全国质量管理奖。2011年率先通过房屋建筑工程施工总承包特级资质和建筑行业设计甲级资质重新就位考核。公司以“建成具有国际竞争力的综合性工程总承包商”为愿景，以发展战略引领企业科学发展、构建和谐企业，勇担社会责任，强化过程管理；以质量管理为主线，以项目管理为重点，以质量体系为保证，实施名优战略，承建国内外数百项有影响的大型工程。公司制定企业发展的“三三”发展战略、“十二五”规划和十年中长期发展规划。对外实施“企企”、“企校”、“企政”战略合作，对内完善内部审计、绩效考核、风险预控、信息化建设、成本管理、全面预算管理等企业内部管控制度体系，坚持以人为本，实现企业的内和外顺。公司注重企业文化建设，以文化凝聚人、激励人，促进企业持续、稳定、快速发展。提出“以人为本，打造受尊敬、有尊严企业”的发展理念；“没有亏损的项目，只有亏损的管理”、“没有不好的组织，只有不好的领导”、“只讲功劳，不讲苦劳”的注重实践、注重结果、注重领导作用的管理理念；“人格、勇气、能力”三位一体的人才理念和“堂堂正正做人、规规矩矩做事、清清白白从业”的廉洁理念等现代管理思想，形成企业特有的核心价值体系。2011年新签合同额、营业收入、利税总额、开复工面积分别是2006年的13.98倍、6.36倍、9.34倍和5.26倍。5年来获中国建设工程鲁班奖6项、国家优质工程奖3项、中国土木工程詹天佑奖2项、国家科技进步二等奖1项，企业知名度和美誉度大幅度提升，先后获全国建筑业科技进步与技术创新先进企业、中央企业先进集体、中国建筑业竞争力百强企业、中国企业文化竞争力十强、中国建筑业协会创鲁班奖工程特别荣誉企业、国家优质工程奖设立30周年先进单位、全国建筑业先进企业、全国文明单位等荣誉。（章 梅）

【中铁二十五局集团公司·全国科技创新先进企业】

二十五局集团公司坚持贯彻落实科学发展观，以科学理论为指导，以“强化创新，重点突破，支撑发展，引领未来”为原则，坚持自主创新与引进消化吸收再创新，建立和完善科技创新体系，不断培育和提升自主创新能力，切实提高企业核心竞争力。创建以集团公司省级企业技术中心为核心平台、以集团公司科技部为业务主管部门的科技创新体系，企业科技创新经费投入逐年增加，成功开发多项环保、节能新技术、新工艺、新设备，不断开发形成更多自主专利技术，专利技术的实施转化能力日益提高，科技创新成果显著。开发国家级工法5项、铁道部部级工法6项、广东省省级工法2项，6项科技成果获铁道部科学技术奖，25项专利获得国家专利授权，编制多项国家行业技术标准。集团公司通过广东省高新技术企业认定。（罗贵业）

【中铁十一局集团公司·全国文明单位】 近年来，十一局集团公司党委从能力建设和先进性建设入手，不断加强党的自身建设，在企业改革发展的实践中发挥政治核心作用和先锋模范作用。以抓班子建设为龙头，不断完善中心组学习制度，努力构建学习型党组织，不断提高领导班子执企能力。2010年1月，集团公司党委中心组被湖北省国资委评为先进党委中心组。以开展保持共产党员先进性教育、深入学习实践科学发展观和创先争优活动为契机，全面加强党的思想、组织和作风建设。企业文化建设通过深入扎实的持续推进，形成“理念渗透，行为养成，环境塑造，管理推进”的企业文化建设格局，不断提升企业核心竞争力。2010年12月，集团公司被评为湖北省十大优秀企业文化品牌。集团公司始终把保持和创建“全国文明单位”荣誉作为全集团的共同目标，将“全员参与文明创建，人人享受文明创建成果”的理念贯穿于创建工作全过程，不断提高全员参与文明创建的自觉性。以重难点工程为主战场，深入开展“青年突击队”、创岗建区、“五比四创”劳动竞赛等活动；以各公司、项目工作及生活区为载体，深入开展文明大院、文明部室评比活动；以提高业务工作能力为重点，开展科技攻关、岗位技术比武、“导师带徒”等活动；以推动项目全面建设为目标，开展十佳项目经理、十佳项目总工的评选活动。集团公司领导班子连续4年被评为中国铁建“四好领导班子”。集团公司获中国建设工程鲁班奖6项、国家优质工程奖7项、省部级优质工程奖80项,中国土木工程詹天佑奖6项、国家级科技进步奖1项、省部级科技进步奖70项。集团公司先后获全国五一劳动奖状、全国精神文明建设先进单位、全国优秀施工企业、中国优秀诚信企业、湖北省优秀企业、全国模范职工之家、全国质量安全管理先进单位等荣誉。

(陈富春　郭　琳)

【中铁第五勘察设计院集团公司・全国文明单位】 铁五院由科研事业单位转制为企业以后,突出思想教育,凝聚全员发展力量,先后组织开展先进性教育,解放思想大讨论、大学习,深入学习科学发展观,“克服小院思想,树立大院目标”和“创新跨越”等职工年度主题思想教育活动,收到显著效果。注重特色文化建设,积极推进学习型党组织建设,坚持中心组学习制度,加强领导班子建设,推行干部素质和能力教育,广泛开展专业技术培训,全院形成浓厚的“比、学、赶、超”学习氛围。铁五院始终以“服务建设,奉献社会”为宗旨,依法经营,照章纳税,主动在结对帮扶、助贫脱困、抗震救灾、植树造林等方面履行社会责任。既为职工创造良好的工作和生活环境,也做到了与周边环境和谐发展,树立了一个负责任的国有企业形象。

(杨　青)

【中国铁道建筑总公司审计局・全国内部审计先进集体】 2008年以来,总公司审计工作深入贯彻中央企业审计工作会议和总公司工作会议精神,认真履行职责,不断深化经济责任审计、努力探索风险管理审计与内部控制审计、深入开展财务收支审计和工程项目审计、积极配合国家审计,切实加强自身建设,取得显著成效。2008~2010年,全系统累计完成审计项目8080项,提出审计报告5903份,提出审计建议25578条,促进增收节支8429万元。一是经济责任审计深入发展。各级审计部门认真贯彻《中央企业经济责任审计暂行办法》和《总公司经济责任审计实施细则》,在认真做好企业各级负责人、主要业务部门负责人及工程项目经理任期经济责任审计的基础上,积极探索拟提拔领导干部任前经济责任审计工作,使经济责任审计由“事后”向“事中、事前”转移。审计中,把划清责任与处理问题相结合,把评价业绩与企业持续发展能力相结合,在摸家底、揭隐患的基础上,认真分析研究,提出对策建议,使经济责任审计工作成为企业持续发展、改善管理的重要手段。二是风险管理审计和内部控制审计初见成效。为促进企业管理者关注风险,提高风险管理水平,各级审计部门逐步探索风险管理审计,帮助企业发现并评价重要的风险因素,改进企业的治理程序和内部控制。在内控审计中,审计人员站在企业全面管理的角度,采取内部控制自我评价法、问卷调查法、个别访谈法等专门的审计方法,确立资金管理、责任成本管理与安全质量管理为审计的重点内容,通过对关键业务流程和相关制度的深入研究,对集团公司内控制度的健全有效性进行综合评价,最大限度地规避风险,有效发挥审计提升管理的职能作用。三是财务收支审计重点突出。结合财务收支审计工作,各级审计部门加大对财务预算执行情况的审计力度,以会计控制、预算控制和成本控制为重点,开展资产真实性和效益真实性审计,促进企业加强管理、完善制度、堵塞漏洞。四是工程项目审计深入有序。各级审计部门以责任成本为主线,将工程项目审计与项目经理的经济责任审计相结合,将前期审计、过程审计、竣工审计相结合,将查问题、堵漏洞、规范项目管理与项目责任追究制度相结合,以改善经营管理,减少经济损失,提高项目决策、管理和建设的水平。总公司先后被评为全国内部审计工作先进单位、全国经济责任审计先进单位。

(沈晓霞)

【中铁十九局集团公司审计处・全国内部审计先进集体】 十九局集团公司是国家铁路工程施工总承包特级企业,集铁路、公路、市政、工业与民用建筑等施工于一体的大型综合施工企业,资产总额50亿元。下辖10个全资子公司。集团公司董事会下设审计和财务监控委员会,负责指导和监督集团公司审计工作。集团总部和各子公司分别设立独立的内审机构,各子公司审计机构在接受本级企业主要负责人领导的同时,接受集团公司审计处的业务指导和监督。全集团专、兼职审计人员102人,其中87人具有中高级以上技术职称,7人具有国际注册内部审计师、注册会计师、注册造价工程师等职业资格。自1985年内审机构组建以来,经过20余年的发展,审计工作逐步走向成熟,摸索出一条以服务企业为中心的内部审计发展之路。3年来,全集团完成审计项目323项,完成年度计划的119%。其中,经济责任审计22项;工程项目部过程审计155项;竣工决算审计104项;基建投资审计9项;各类基金资金审计6项;经济合同审计7项;专项审计15项;审计调查5项。共提交审计报告283份,提出审计建议1122条均被采纳。审计工作在促进提高企业经营管理水平、提高经济效益、防范经营风险、促进国有资产保值增值等方面发挥了重要作用。

(张　莹)

逝世人物

【姜培敏】 原铁道兵指挥部副指挥、铁道部工程指挥部副指挥、中国铁道建筑总公司调研员，离休干部。2011年6月10日在北京病逝，享年82岁。

姜培敏，男，山东省海阳人，1930年10月出生，1945年4月参加八路军，1947年6月加入中国共产党。中华人民共和国成立前担任抗日山东胶东军区党校通讯员，山东烟台警备司令部3营8连连长，华东警备5旅14团3营8连副排长、排长。全国解放后，历任步兵一〇一师三〇二团警卫连连长、团军务股参谋，中国人民志愿军铁道工程第十师二十九团二营七连连长，铁道兵第十师四十九团司令部作战股股长、第四十六团司令部副参谋长、第四十七团司令部参谋长，第四十八团团长、副团长，第十师司令部副参谋长、副师长、师长，铁道兵指挥部副指挥（副军职），铁道部工程指挥部副指挥等职务。1994年4月离职休养。姜培敏忠于党、忠于人民，在抗日战争和解放战争中作战勇敢，荣立战功；新中国成立后，在抗美援朝战争和祖国社会主义建设中，科学指挥、精心施工，出色完成多项艰险任务，受到上级嘉奖。曾荣立二等功2次、三等功7次，1955年被授予中国人民解放奖章。（赵兰芳）

【李存乐】 中国共产党优秀党员，原铁道部第十八工程局党委书记。2011年1月14日在天津病逝，享年77岁。

李存乐，男，山东省牟平县人，1935年10月出生，1951年8月入伍参加革命工作。1955年4月加入中国共产党。1984年1月随部队集体转业并入铁道部。入伍后，先后在步兵一〇一师三〇三团、铁道兵第十师、铁道兵第一新建管理处历任战士、排长，连副政治指导员、政治指导员，政治处副主任、主任，政委等职务。1983年4月调任铁道兵第八师副政委；兵改工后，先后任铁道部第十八工程局党委副书记、书记，1995年4月改任调研员。1995年11月退休。（阎世杰）

光荣榜

【2011年度全国工程建设质量管理优秀企业】

中铁十一局集团五公司
中铁十二局集团公司
中铁十四局集团公司
中铁十五局集团公司
中铁十六局集团公司
中铁十七局集团公司
中铁二十四局集团福建铁路建设公司

【全国及省（直辖市）"安康杯"竞赛优胜企业】

全国"安康杯"竞赛优胜企业

中铁十一局集团一公司
中铁十一局城市轨道公司
中铁十二局集团公司
中铁十四局集团三公司
中铁十五局集团公司
中铁十五局集团一公司
中铁十五局集团二公司
中铁十五局集团三公司
中铁十五局集团四公司
中铁十五局集团五公司
中铁十五局集团六公司
中铁十五局集团七公司
中铁十五局集团贵州中铁路桥公司
中铁十七局集团公司
中铁十八局集团一公司
中铁十八局集团三公司
中铁二十局集团二公司
中铁二十局集团六公司
中铁二十三局集团公司
中铁二十三局集团一公司
中铁二十三局集团六公司
中国铁建电气化局集团一公司
中铁第四勘察设计院集团公司

全国"安康杯"竞赛优胜班组

中铁二十局集团一公司上海兴甬公司

全国"安康杯"竞赛优秀组织单位

中铁二十局集团公司工会权益维护部

省（直辖市）"安康杯"竞赛优胜企业

中铁十一局集团三公司
中铁十三局集团电务公司
中铁十三局集团五公司两河口水电站项目部
中铁十八局集团公司
中铁二十三局集团八公司
中铁二十三局集团七公司
中国铁建电气化局集团二公司
中铁第四勘察设计院集团通信信号研究设计处
中铁第四勘察设计院集团地质路基设计研究处

中铁第四勘察设计院集团城市轨道交通建筑设计院

中国铁建港航局集团深圳公司

陕西省“安康杯”竞赛优胜班组

中铁二十局集团路桥分公司

【省(直辖市)“工人先锋号”获得单位】

山西省“工人先锋号”获得单位

中铁十二局集团公司宁安1标段项目经理部

中铁十二局集团一公司忻阜路面项目部

中铁十二局集团建筑安装公司济南西客站工程项目经理部

中铁十二局集团建筑安装公司苏州站改造工程项目经理部

中铁十二局集团建筑安装公司西安北站工程指挥部

中铁十七局集团公司山西中南部铁路通道5标段项目经理部

中铁十七局集团四公司山西中南部铁路通道5标段项目经理部一分部

中铁十七局集团四公司山西中南部铁路通道5标段项目经理部二分部

中铁十七局集团五公司山西中南部铁路通道5标段项目经理部

中铁十七局集团建筑公司山西中南部铁路通道5标段项目经理部

中铁十七局集团公司山西中南部铁路通道20标段项目经理部

中铁十七局集团五公司山西中南部铁路通道20标段项目机运三公司

中铁十七局集团一公司山西中南部铁路通道20标段项目经理部

中铁十七局集团铺架分公司山西中南部铁路通道20标段项目测量班

中铁十七局集团电气化公司山西中南部铁路通道20标段项目经理部

中铁十七局集团公司山西中南部铁路通道20标段项目物资调配中心

江苏省“工人先锋号”获得单位

中铁十七局集团公司上海轨道交通公司苏州地铁I-TS-11标段项目经理部

贵州省“工人先锋号”获得单位

中铁二十局集团公司沪昆铁路客运专线贵州段工程指挥部

中铁二十局集团二公司沪昆铁路客运专线贵州段项目部测量班

陕西省“工人先锋号”获得单位

中铁二十局集团电气化公司锡多电务项目部

湖北省“工人先锋号”获得单位

中铁第四勘察设计院集团公司图文中心

中铁第四勘察设计院集团公司设备处机务设计研究室

【省(直辖市)五一劳动奖状获得单位】

湖北省五一劳动奖状获得单位

中铁十一局集团二公司

中铁十一局集团四公司武汉城际铁路汉孝3标段项目部

中铁十一局集团建筑安装公司

中铁十一局集团桥梁公司

湖北省五一劳动奖状获得单位

中铁第四勘察设计院集团公司工勘院

中铁第四勘察设计院集团公司线站处

中铁第四勘察设计院集团公司设备处

中铁第四勘察设计院集团公司通号处城市轨道交通研究设计所

河南省五一劳动奖状获得单位

中铁十五局集团四公司

中铁十五局集团七公司

江苏省五一劳动奖状获得单位

中铁十七局集团上海轨道交通公司应急救援队

黑龙江省五一劳动奖状获得单位

中铁二十局集团公司哈尔滨西客站项目部

中铁建设集团公司哈尔滨西客站项目部

天津市五一劳动奖状获得单位

中铁二十局集团六公司天津西站项目部

四川省五一劳动奖状获得单位

中铁二十三局集团轨道交通公司

【其他荣誉获得单位】

全国模范劳动关系和谐企业

中铁十七局集团公司

全国企业文化建设2011年度百强单位

中铁十七局集团公司

全国施工行业质量效益先进企业

中铁十七局集团五公司

国资委先进基层党组织

中国土木工程集团利比亚分公司党委

中铁十二局集团三公司党委

国资委思想政治工作先进单位

中铁十七局集团三公司

湖北省优秀企业

中铁十一局集团二公司
中铁十一局集团三公司
中铁第四勘察设计院集团公司

辽宁省优秀施工企业

中铁十三局集团三公司

山西省优秀建筑企业

中铁建设集团山西分公司

“楚天传媒大奖·年度功勋人物”奖

中铁十一局集团公司宜万铁路建设者

湖北省经济建设2011年度领军企业

中铁十一局集团公司

湖北省首届十大优秀企业文化品牌

中铁十一局集团公司

2011陕西经济百杰单位

中铁建设集团西安侨隆置业有限公司

国家优质工程奖设立30周年先进单位

中铁建设集团公司

湖北省企业精神文明建设“杰出贡献单位”

中铁十一局集团公司

陕西省经济技术创新优胜单位

中铁二十局集团五公司

广东省最佳诚信企业

中铁二十五局集团公司

广西建筑业诚信企业

中铁二十五局集团恒元建筑工程公司

山西省集体一等功荣立单位

中铁十二局集团公司
中铁十二局集团二公司阳翼高速公路L7合同段项目部
中铁十二局集团一公司太佳高速公路东段项目部
中铁十二局集团三公司太佳高速公路第三项目部

山西省集体二等功荣立单位

中铁十二局集团电气化公司忻阜机电项目部

【2011年度全国工程建设优秀项目经理】

荆　山　中铁十一局集团公司
黄才华　中铁十一局集团五公司
李书兵　中铁十一局集团建筑安装公司
程爱斌　中铁十一局集团桥梁公司
廖宏斌　中铁十一局集团桥梁公司
俞　军　中铁十一局集团桥梁公司
霍玉华　中铁十二局集团公司
郑　军　中铁十二局集团公司
郑胜允　中铁十二局集团公司
王全良　中铁十三局集团公司
张文军　中铁十三局集团一公司
刘立臣　中铁十三局集团三公司
王　焕　中铁十四局集团公司
刘立新　中铁十四局集团五公司
周建富　中铁十五局集团公司
王　军　中铁十六局集团公司
王义水　中铁十六局集团公司
胡昌玉　中铁十六局集团二公司
韩　均　中铁十六局集团五公司
李建良　中铁十七局集团公司
李永珑　中铁十七局集团公司
钟兴兵　中铁十八局集团公司
杨柳青　中铁十八局集团二公司
周海英　中铁十八局集团五公司
刁金昌　中铁十九局集团一公司
王广建　中铁二十局集团公司
姚长文　中铁二十局集团公司
胥良军　中铁二十局集团一公司
樊立跃　中铁二十局集团四公司
苗　禾　中铁二十局集团六公司
张　才　中铁二十一局集团公司
周清福　中铁二十二局集团六公司
林殿文　中铁二十二局集团六公司
王　彬　中铁二十三局集团六公司
崔纯纯　中铁二十四局集团公司
李志兵　中铁二十四局集团安徽公司
徐建平　中铁二十四局集团上海电务电化公司
马　方　中铁建设集团公司
孙向东　中铁建设集团公司
张学臣　中铁建设集团公司
刘兴晨　中国铁建电气化局集团公司
罗世昌　中国铁建电气化局集团公司
邵汉军　中国铁建电气化局集团公司

【2011年度全国建筑业企业优秀项目经理】

朱小刚　中国土木工程集团公司
宫建岗　中铁十一局集团公司
赵东华　中铁十一局集团公司
申家喜　中铁十一局集团五公司
蔡英康　中铁十二局集团建筑安装公司
付永德　中铁十二局集团电气化公司
范文远　中铁十四局集团四公司
乔培贞　中铁十四局集团三公司
王红升　中铁十五局集团公司
马中卫　中铁十五局集团公司
李　平　中铁十六局集团公司
杨永宏　中铁十七局集团五公司

刘新福　中铁十七局集团三公司
杜水波　中铁十七局集团公司
范成国　中铁十八局集团公司
张　平　中铁十八局集团公司
程跃胜　中铁十八局集团四公司
杨　强　中铁十八局集团五公司
黄　健　中铁十九局集团二公司
尚长虹　中铁十九局集团二公司
李天明　中铁二十局集团四公司
黄发跃　中铁十九局集团五公司
刘海军　中铁十九局集团矿业投资公司
王　亮　中铁二十一局集团公司
冯建军　中铁二十一局集团公司
陈小科　中铁二十一局集团五公司
孙锡寿　中铁二十二局集团五公司
周振兴　中铁二十二局哈尔滨铁路建设集团公司
柳明佳　中铁二十四局集团公司
王志刚　中铁二十四局集团公司
温裕洪　中铁二十四局集团公司
刘志勇　中铁二十四局集团安徽公司
张年胜　中铁二十四局集团南昌建设公司
黄　立　中铁二十四局集团上海电务电化公司
宋璨毅　中铁建设集团公司
刘海涛　中铁建设集团公司
杨国强　中铁建设集团公司
罗力勤　中铁建设集团公司

【2011 年度鲁班奖工程项目经理】

陶晓南　中铁十一局集团公司
王学哲　中铁十三局集团公司
沙权贤　中铁十三局集团一公司
栾昌信　中铁十四局集团三公司
仇高山　中铁十四局集团三公司
朱新华　中铁十四局集团电气化公司
汤世明　中铁十六局集团公司
曹坎嵩　中铁十八局集团公司
冯希民　中铁十八局集团公司
石召监　中铁十九局集团电务公司
高雷州　中铁二十局集团公司
于加顺　中铁二十二局集团公司
周清福　中铁二十二局集团公司
李贵山　中铁二十二局哈尔滨铁路建设集团公司
吴海旭　中铁建设集团公司

【省(直辖市)五一劳动奖章获得者】

湖北省五一劳动奖章获得者

吕　岗　中铁十一局集团公司
董中虎　中铁十一局集团一公司
刘祥发　中铁十一局集团五公司
吴　刚　中铁十一局集团电务公司
程爱斌　中铁十一局集团桥梁公司
徐加兵　中铁十一局集团城市轨道公司
肖明清　中铁第四勘察设计院集团公司副总工程师
熊朝辉　中铁第四勘察设计院集团公司副总工程师
孙　立　中铁第四勘察设计院集团公司线站处副总工程师

山西省五一劳动奖章获得者

雷　军　中铁十二局集团二公司董事长、总经理
梁建文　中铁十二局集团建筑安装公司西安北站总工程师
董宝贵　中铁十二局集团建筑安装公司苏州站改造工程项目经理部项目经理
赵承民　中铁十二局集团建筑安装公司西安北站工程指挥部副指挥兼第一项目部项目经理
程英俊　中铁十二局集团建筑安装公司西安北站工程指挥部项目总工程师
郑　军　中铁十二局集团建筑安装公司济南西站项目经理部项目经理
崔俊燕　中铁十二局集团建筑安装公司济南西站项目经理部总工程师
史建军　中铁十二局集团建筑安装公司安装分公司经理
吴万良　中铁十七局集团公司副总经理
宋志宏　中铁十七局集团公司总会计师
毕永清　中铁十七局集团二公司董事长、总经理
杨永宏　中铁十七局集团五公司董事长、总经理
杨琼东　中铁十七局集团建筑公司董事长、总经理
刘友平　中铁十七局集团公司山西中南部铁路通道 5 标段项目经理
张文田　中铁十七局集团公司山西中南部铁路通道 5 标段项目党工委书记
王海平　中铁十七局集团五公司山西中南部铁路通道 5 标段项目经理
毛承祖　中铁十七局集团公司山西中南部铁路通道 20 标段项目经理
雷志全　中铁十七局集团公司山西中南部铁路通道 20 标段项目党工委副书记
刘朝辉　中铁十七局集团公司山西中南部铁路通道 20 标段项目一分部经理

罗海鹏　中铁十七局集团公司山西中南部铁路通道20标段项目二分部经理

李熙颖　中铁十七局集团公司山西中南部铁路通道20标段项目二分部副经理

赵新华　中铁十七局集团铺架分公司副经理

秦志斌　中铁十七局集团一公司青岛项目经理

李永清　中铁十七局集团一公司青岛项目书记

史利广　中铁十七局集团一公司山平项目经理

陈前明　中铁十七局集团三公司副董事长

陈军华　中铁十七局集团三公司项目经理

夏　斌　中铁十七局集团三公司项目经理

刘盛均　中铁十七局集团四公司工会主席

杨友成　中铁十七局集团四公司项目经理

李世奇　中铁十七局集团公司成渝铁路客运专线项目二分部经理

郑　力　中铁十七局集团六公司党委书记

俞云平　中铁十七局集团六公司工会主席

林丽军　中铁十七局集团公司山西中南部铁路通道5标段项目副总工程师

黄太剑　中铁十七局集团公司山西中南部铁路通道5标段项目一分部经理

吉天林　中铁十七局集团公司山西中南部铁路通道5标段项目二分部经理

李永胜　中铁十七局集团公司山西中南部铁路通道5标段项目四分部经理

张崇良　中铁十七局集团公司山西中南部铁路通道20标段项目副经理

张跟良　中铁十七局集团公司山西中南部铁路通道20标段项目四分部经理

李玉祥　中铁十七局集团公司山西中南部铁路通道20标段物资调配中心

翟晓明　中铁十七局集团公司山西中南部铁路通道20标段项目一分部总工程师

侯　鹏　中铁十七局集团公司山西中南部铁路通道20标段项目二分部助理工程师

刘学信　中铁十七局集团一公司汉宜铁路项目总工程师

苟建宏　中铁十七局集团公司山西中南部铁路通道20标段项目一分部副经理

重庆市五一劳动奖章获得者

黄　平　中铁十七局集团四公司党委书记

辽宁省五一劳动奖章获得者

周长斌　中铁十三局集团三公司董事长兼总经理

黑龙江省五一劳动奖章获得者

苏宝伶　中铁十三局集团四公司董事长

高雷州　中铁二十局集团公司哈尔滨西客站项目部经理

天津市五一劳动奖章获得者

王长军　中铁十三局集团电务公司总经理

河南省五一劳动奖章获得者

许健赋　中铁十五局集团公司

薛学勇　中铁十五局集团公司

李　丽　中铁十五局集团公司

吴小宾　中铁十五局集团公司

四川省五一劳动奖章获得者

杨建明　中铁二十三局集团六公司哈齐项目部项目经理

【其他荣誉获得者】

全国钢结构工程优秀项目经理(建造师)

孙向东　中铁建设集团北京分公司

中国安装企业优秀项目经理

黄洪宇　中铁建设集团设备安装分公司

黄庆寿　中铁建设集团设备安装分公司

景竹溪　中铁建设集团设备安装分公司

全国工程建设质量管理先进工作者

方宏伟　中铁建设集团公司质量部部长

国家优质工程奖设立30周年先进个人

方宏伟　中铁建设集团公司质量部部长

中国企业文化建设突出贡献人物

汪文忠　中铁建设集团公司董事长、党委书记

中共澳门工委澳门地区优秀党务工作者

李法胜　中国土木工程集团公司

中央企业优秀党务工作者

农光鲜　中铁二十三局集团一公司宁道项目部党委书记

国务院国资委优秀共产党员

闫　铭　中铁十三局集团四公司

吉林省优秀共产党员标兵

臧守杰　中铁十三局集团公司副总经理

中央企业职工技能大赛优秀工作者

熊　伟　中铁二十三局集团公司人事(党委干部)部副部长

中华全国铁路总工会先进女职工个人

安锦春　中铁十三局集团培训中心主任

辽宁省巾帼建功标兵

张　韬　中铁十三局集团三公司女工委副主任

重庆市五一巾帼示范标兵

周雪梅　中铁二十三局集团六公司党委副书记、纪委书记、工会主席

吉林省国资委优秀共产党员

臧守杰　中铁十三局集团公司副总经理

尹传金　中铁十三局集团春江房地产公司总经理

葛景春　中铁十三局集团华东工程指挥部总工程师

韩文起　中铁十三局集团公司锦屏项目部副经理兼总工程师

王保国　中铁十三局集团公司兰新铁路项目部项目经理

张德伟　中铁十三局集团公司副总工程师

陕西省国资委优秀共产党员

雷卫东　中铁二十局集团一公司

四川省国资委优秀共产党员

刘牛生　中铁二十三局集团三公司执行董事兼总经理

山西省优秀共产党员

张凤鸣　中铁十七局集团公司副总经济师兼京沪高速铁路项目党工委书记

蔚东绪　中铁十七局集团公司副总工程师

四川省优秀共产党员

郭正伟　中铁二十三局集团一公司副总经理

陕西省优秀共产党员

张学伏　中铁第一勘察设计院集团公司副总工程师

云南省威信县“见义勇为英雄”

张宗义　中铁二十局集团一公司

王立君　中铁二十局集团六公司

蒙古国政府授予特殊贡献奖章获得者

李令选　中铁二十局集团公司

杨玉国　中铁二十局集团公司

侯明让　中铁二十局集团公司

惠树民　中铁二十局集团公司

薛海平　中铁二十局集团公司

全国铁路优秀新闻工作者

王学东　中铁十二局集团公司党委宣传部

王昌尧　中铁二十局集团公司党委宣传部记者站站长

天津市劳动模范

张　斌　中铁二十局集团六公司天津西站项目经理

湖北省经济建设 2011 年度领军人物

王桂林　中铁十一局集团公司董事长、党委书记

湖北省优秀企业家

赵晋华　中铁十一局集团公司总经理

王胜祖　中铁十一局集团二公司执行董事、总经理

吴　刚　中铁十一局集团电务公司执行董事、总经理

蒋再秋　中铁第四勘察设计院集团公司董事长

山东省富民兴鲁劳动奖章获得者

崔登云　中铁十五局集团南京公司

新疆维吾尔自治区开发建设新疆奖章获得者

李　斌　中铁第一勘察设计院集团公司新疆院院长

陕西省突出贡献专家

孟祥连　中铁第一勘察设计院集团公司副总工程师

陕西省优秀勘察设计师

李西明　中铁第一勘察设计院集团公司副总工程师

陈　旭　中铁第一勘察设计院集团公司副总工程师

李国良　中铁第一勘察设计院集团公司副总工程师

吴少海　中铁第一勘察设计院集团公司副总工程师

山西省一等功荣立者

黄明玉　张志安　李有生　林贤华

黄亚飞　杨俊明　汪龙兵　贾金刚

张文启　张志强　常金贵　郭　涛

王全贵　朱振民　尹玉平　张仲强

高并强　李鹏举　张慧民　崔保国

魏京强　常家兵　康志平　钟焕新

吕争魁　武　军　罗中来　任海棠

常建明　黄宏清　张　勇　朱传忠

李星虎　张正芳　柴文惠　张　波

常红锋　房　跃　张传红　韩　鹏

武虎强　杨永强　郭　娟

山西省二等功荣立者

陈效明

2011年3月30日，中国土木工程集团尼日利亚公司实验检测中心揭牌成立。（郭子岩 提供）

统计资料

本栏责任编辑　杨启燕

中国铁建系统新签合同额完成情况排名表

（2011 年度）

单　　位	承揽合同额（万元）	排名
中铁建设集团有限公司	6569895	1
中国土木工程集团有限公司	5481015	2
中铁物资集团有限公司	5049677	3
中铁十五局集团有限公司	4545164	4
中铁十九局集团有限公司	4527605	5
中铁十一局集团有限公司	3860692	6
中铁十七局集团有限公司	3826443	7
中铁十六局集团有限公司	3791513	8
中铁十四局集团有限公司	3588632	9
中铁十八局集团有限公司	3581146	10
中铁十三局集团有限公司	3423551	11
中铁十二局集团有限公司	3137489	12
中铁二十五局集团有限公司	2854810	13
中铁二十局集团有限公司	2531142	14
中铁二十三局集团有限公司	2038217	15
中铁二十一局集团有限公司	2013568	16
中铁二十二局集团有限公司	1896871	17
中铁二十四局集团有限公司	1254176	18
中国铁建房地产集团有限公司	1178251	19
中国铁建电气化局集团有限公司	867673	20
中国铁建重工集团有限公司	386257	21
中铁第四勘察设计院集团有限公司	336758	22
中铁第一勘察设计院集团有限公司	300355	23
昆明中铁大型养路机械集团有限公司	250111	24
中国铁建港航局集团有限公司	201031	25
中国铁建股份有限公司本级	174041	26
中铁第五勘察设计院集团有限公司	155391	27
中铁建中非建设有限公司	145592	28
中铁上海设计院集团有限公司	97182	29
北京铁城建设监理有限责任公司	32165	30
中铁建（北京）商务管理有限公司	15738	31
诚合保险经纪有限责任公司	5700	32

制表：荆彩萍

中国铁建系统企业总产值完成情况排名表

（2011年度）

单　　位	完成企业总产值（万元）	排名
中铁十二局集团有限公司	3459817	1
中铁十七局集团有限公司	3313600	2
中铁十八局集团有限公司	3043278	3
中铁十一局集团有限公司	2850832	4
中铁十六局集团有限公司	2829777	5
中铁十五局集团有限公司	2811263	6
中铁十四局集团有限公司	2759533	7
中铁十三局集团有限公司	2679988	8
中铁十九局集团有限公司	2488340	9
中铁二十局集团有限公司	2459100	10
中铁物资集团有限公司	2420529	11
中铁建设集团有限公司	2419309	12
中铁二十一局集团有限公司	1681857	13
中铁二十二局集团有限公司	1659023	14
中铁二十四局集团有限公司	1573889	15
中铁二十三局集团有限公司	1552735	16
中国铁建电气化局集团有限公司	1410179	17
中铁二十五局集团有限公司	1208559	18
中国铁建房地产集团有限公司	1144577	19
中国土木工程集团有限公司	719244	20
昆明中铁大型养路机械集团有限公司	350376	21
中铁第四勘察设计院集团有限公司	321270	22
中铁第一勘察设计院集团有限公司	300766	23
中国铁建重工集团有限公司	219821	24
中铁第五勘察设计院集团有限公司	123853	25
中铁上海设计院集团有限公司	95879	26
中铁建中非建设有限公司	31887	27
北京铁城建设监理有限责任公司	26181	28
中铁建（北京）商务管理有限公司	16418	29
诚合保险经纪有限责任公司	5700	30
中国铁道建设（香港）有限公司	2837	31
中国铁建股份有限公司北京培训中心	1892	32

制表：荆彩萍

中国铁建系统新签合同额完成情况统计表

（2011 年度）

单位：万元

单位 \ 数量 \ 类别	计划	内控计划	完成	其中						其中：海外	完成计划（%）	完成内控计划（%）	2010 年同期完成	同比增长（%）
				工程承包	勘察设计咨询	工业制造	物资贸易	房地产开发	其他					
合　计	55002514	65338000	68117853	58732113	758898	1196770	5771919	1407709	250445	7602911	123.8	104.3	74719829	-8.8
中国土木工程集团有限公司	1100000	2000000	5481015	5432372	3214				45429	5186758	498.3	274.1	1182895	363.4
中铁十一局集团有限公司	3600000	4000000	3860692	3823009		37684				253500	107.2	96.5	5692687	-32.2
中铁十二局集团有限公司	3600000	4000000	3137489	3061745			75744			218988	87.2	78.4	5835366	-46.2
中铁十三局集团有限公司	3000000	3500000	3423551	3358002	7857		2470		55222	26337	114.1	97.8	4134519	-17.2
中铁十四局集团有限公司	3000000	3500000	3588632	3480514				108119		637419	119.6	102.5	4641435	-22.7
中铁十五局集团有限公司	3000000	3500000	4545164	4355811			176253		13100	40000	151.5	129.9	4428482	2.6
中铁十六局集团有限公司	3600000	4000000	3791513	3773183	267		18064				105.3	94.8	4996656	-24.1
中铁十七局集团有限公司	3600000	4000000	3826443	3813765			12678			219018	106.3	95.7	5441690	-29.7
中铁十八局集团有限公司	3000000	3500000	3581146	3581146						144933	119.4	102.3	3627950	-1.3
中铁十九局集团有限公司	3600000	4000000	4527605	4527605							125.8	113.2	5433373	-16.7
中铁二十局集团有限公司	3200000	3500000	2531142	2451894		7980	55600		15668		79.1	72.3	4351207	-41.8
中铁二十一局集团有限公司	2200000	2800000	2013568	1877900		45668		90000		410000	91.5	71.9	3198519	-37.0
中铁二十二局集团有限公司	2200000	2800000	1896871	1896871							86.2	67.7	3065461	-38.1
中铁二十三局集团有限公司	2200000	2800000	2038217	1661642		376575				223371	92.6	72.8	2153914	-5.4
中铁二十四局集团有限公司	2400000	2800000	1254176	1238814		15362				15952	52.3	44.8	2943293	-57.4
中铁二十五局集团有限公司	2200000	2800000	2854810	2854810							129.8	102.0	2898100	-1.5
中铁建设集团有限公司	1850000	2400000	6569895	6173051	599		364906	31339		32718	355.1	273.7	2674751	145.6
中国铁建电气化局集团有限公司	1700000	2400000	867673	789614	1568	76491				2698	51.0	36.2	1695872	-48.8
中国铁建港航局集团有限公司			201031	201031										

续表

类别 数量 单位	计划	内控计划	完成	其中						其中：海外	完成计划（%）	完成内控计划（%）	2010年同期完成	同比增长（%）
				工程承包	勘察设计咨询	工业制造	物资贸易	房地产开发	其他					
中国铁建房地产集团有限公司	1404264	1600000	1178251					1178251			83.9	73.6	1014400	16.2
中铁第一勘察设计院集团有限公司	220000	300000	300355	49455	250900					10757	136.5	100.1	303698	-1.1
中铁第四勘察设计院集团有限公司	320000	400000	336758	70684	266074					5329	105.2	84.2	315398	6.8
中铁第五勘察设计院集团有限公司	150000	200000	155391	24156	130592	642				3584	103.6	77.7	145466	6.8
中铁上海设计院集团有限公司	100000	150000	97182	31520	65662						97.2	64.8	95820	1.4
中铁物资集团有限公司	2750000	3100000	5049677				5049677			37358	183.6	162.9	3540909	42.6
昆明中铁大型养路机械集团有限公司	250000	350000	250111			250111					100.0	71.5	204904	22.1
中国铁建重工集团有限公司	450000	500000	386257			386257				2137	85.8	77.3	484064	-20.2
北京铁城建设监理有限责任公司	40000	60000	32165		32165						80.4	53.6	50152	-35.9
中国铁建投资有限公司			2000000						2000000					
中铁建中非建设有限公司	132000	200000	145592	29477			16527		99588	132054	110.3	72.8	4917	2861.0
诚合保险经纪有限责任公司	6000	8000	5700						5700		95.0	71.3	3657	55.8
中铁建（北京）商务管理有限公司	13000	20000	15738						15738		121.1	78.7		
中国铁建股份有限公司本级	117250	150000	174041	174041							148.4	116.0	160275	8.6

注：中国铁建投资有限公司2011年新签合同额未计入总额。

制表：荆彩萍

中国铁建系统工程承包业务新签合同额完成情况统计表

（2011 年度）

单位：万元

单位 \ 数量 \ 类别	总计		铁路		公路		机场码头		水利电力		房屋建筑		城市轨道、地铁		市政		其他工程	
	项数	合同额	项数	合同额	项数	合同额	项数	合同额	项数	合同额	项数	合同额	项数	合同额	项数	合同额	项数	合同额
总　计	2470	58732113	445	13735616	441	10817719	13	101087	191	3126590	592	16362528	134	4297274	480	5636500	174	4654798
中国土木工程集团有限公司	79	5432372	8	4621168	23	194409	4	45753	3	21393	23	292952	3	157188	10	83246	5	16263
中铁十一局集团有限公司	148	3823009	16	765754	14	842149	2	8194	13	42116	36	1021360	40	957461	20	181915	7	4059
中铁十二局集团有限公司	134	3061745	17	1176867	44	1131194	2	6703	18	53238	42	554720	3	88142	5	37896	3	12985
中铁十三局集团有限公司	161	3358002	12	446582	37	1071670			10	177598	24	593811	11	278897	56	595406	11	194037
中铁十四局集团有限公司	123	3480514	6	1239014	35	896644			28	139125	13	591741	5	136455	29	424052	7	53483
中铁十五局集团有限公司	156	4355811	7	196375	60	1178533			9	232860	14	1664509	3	96365	47	842665	16	144504
中铁十六局集团有限公司	138	3773183	17	296238	24	643639	1	2312	9	185375	37	1821058	6	169724	40	364736	4	290101
中铁十七局集团有限公司	114	3813765	17	547089	43	1210032	1	8373	10	74146	18	708573	11	1176668	8	72813	6	16071
中铁十八局集团有限公司	195	3581146	11	364778	24	774084			20	107472	47	565533	10	267251	69	1428303	14	73725
中铁十九局集团有限公司	130	4527605	19	763058	19	446202	2	27051	20	127754	27	238383	14	289400	5	42921	24	2592836
中铁二十局集团有限公司	69	2451894	9	419621	17	600597			2	10267	21	339814	3	80251	11	107634	6	893710
中铁二十一局集团有限公司	176	1877900	96	447822	18	419384			5	195710	30	393812	2	39645	19	369186	6	12342
中铁二十二局集团有限公司	143	1896871	34	809973	11	168849			10	101546	33	352426	2	44470	32	191978	21	227630
中铁二十三局集团有限公司	68	1661642	12	528103	12	677902			19	55664	11	202036	3	107081	11	87968		2889
中铁二十四局集团有限公司	192	1238814	51	173867	24	208024			1	11000	18	116036	3	48010	81	628803	14	53074
中铁二十五局集团有限公司	96	2854810	40	240220	9	228718			3	1394055	26	852103	1	25421	12	107746	5	6547
中铁建设集团有限公司	185	6173051	1	67928							165	6044491			19	60632		
中国铁建电气化局集团有限公司	108	789614	48	506461	18	54142			7	21727		124	13	160804	1	1561	21	44796
中国铁建港航局集团有限公司	8	201031			3	22785	1	2701	4	175545								
中铁第一勘察设计院集团有限公司	9	49455	9	49455														
中铁第四勘察设计院集团有限公司	8	70684	7	48255	1	22429												
中铁第五勘察设计院集团有限公司	7	24156	4	7852							1	737					2	15567
中铁上海设计院集团有限公司	14	31520	4	19135							4	5204			5	7040	1	140
中铁建中非建设有限公司	8	29477			5	26332					2	3105					1	40
中国铁建股份有限公司本级	1	174041											1	174041				

制表：荆彩萍

中国铁建系统企业总产值完成情况统计表

（2011 年度）

单位：万元

数量 类别 单位	计划	企业总产值								完成年度计划（%）	2010 年同期完成	同比增长（%）
		完成	其中						其中：海外			
			施工产值	勘察设计咨询	工业制造	物资贸易	房地产开发	其他营业收入				
合计	48059627	45982309	39423243	878188	942003	2980438	1355277	403160	2088437	95.7	47986570	-4.2
中国土木工程集团有限公司	1000000	719244	668999	3895				46350	614679	71.9	745410	-3.5
中铁十一局集团有限公司	3500000	2850832	2818216		29239			3377	13794	81.5	3486682	-18.2
中铁十二局集团有限公司	3600000	3459817	3409085			43480		7252	139027	96.1	4376366	-20.9
中铁十三局集团有限公司	2400000	2679988	2648927	3149		970	25222	1720	8325	111.7	2495332	7.4
中铁十四局集团有限公司	2800000	2759533	2469473		99660		68900	121500	131775	98.6	2570369	7.4
中铁十五局集团有限公司	2400000	2811263	2747809		43381	3434		16639	144111	117.1	2714919	3.5
中铁十六局集团有限公司	2800000	2829777	2787810		5209		9586	27172	4500	101.1	2719316	4.1
中铁十七局集团有限公司	3500000	3313600	3194411	35		107704		11450	102928	94.7	3484462	-4.9
中铁十八局集团有限公司	2800000	3043278	3025681	1550	6250		5200	4597	382563	108.7	3604104	-15.6
中铁十九局集团有限公司	3400000	2488340	2485888					2452	411	73.2	3028087	-17.8
中铁二十局集团有限公司	2400000	2459100	2369391		15587	49301	8096	16725	409079	102.5	2073895	18.6
中铁二十一局集团有限公司	1850000	1681857	1681857							90.9	1815334	-7.4
中铁二十二局集团有限公司	1850000	1659023	1590739			3304	12663	52317		89.7	1871012	-11.3
中铁二十三局集团有限公司	1850000	1552735	1453889		98476			370	58703	83.9	1902834	-18.4
中铁二十四局集团有限公司	2200000	1573889	1530819		19382	6999		16689	18830	71.5	2200037	-28.5
中铁二十五局集团有限公司	1800000	1208559	1156733			39897	102	11827		67.1	1515207	-20.2
中铁建设集团有限公司	1650000	2419309	2025277	115		311885	80931	1101	19029	146.6	1746969	38.5

续表

类别 / 数量 / 单位	计划	企业总产值								完成年度计划（%）	2010年同期完成	同比增长（%）
		完成	其中						其中：海外			
			施工产值	勘察设计咨询	工业制造	物资贸易	房地产开发	其他营业收入				
中国铁建电气化局集团有限公司	1650000	1410179	1341141	1495	54622	6471		6450	1200	85.5	1646913	-14.4
中国铁建房地产集团有限公司	700000	1144577					1144577			163.5	432015	164.9
中铁第一勘察设计院集团有限公司	220000	300766		300766					2524	136.7	339503	-11.4
中铁第四勘察设计院集团有限公司	320000	321270		321270					3210	100.4	270452	18.8
中铁第五勘察设计院集团有限公司	120000	123853		123853					3000	103.2	103500	19.7
中铁上海设计院集团有限公司	100000	95879		95879						95.9	78408	22.3
中铁物资集团有限公司	2100000	2420529				2386853		33676	4090	115.3	2116278	14.4
昆明中铁大型养路机械集团有限公司	300000	350376			350376					116.8	279475	25.4
中国铁建重工集团有限公司	420000	219821			219821					52.3	321029	-31.5
北京铁城建设监理有限责任公司	36000	26181		26181						72.7	26000	0.7
中铁建中非建设有限公司	33000	31887	17098			14789			23822	96.6		
诚合保险经纪有限责任公司	6000	5700						5700		95.0	3657	55.9
中铁建（北京）商务管理有限公司	13000	16418				2514		13904		126.3	13864	18.4
中国铁道建设（香港）有限公司		2837				2837			2837		3545	
中国铁建股份有限公司北京培训中心	1550	1892						1892		122.1	1596	18.5
中国铁建股份有限公司本级	240077											

制表：荆彩萍

中国铁建施工单位建筑业总产值按类别分完成情况统计表

（2011 年度）

单位：万元

单　位	合计	铁路	公路	房屋建筑	市政	城市轨道地铁	铁路四电	水利	电力	机场	矿山	港口与航道	其他
合　计	39423243	18788344	8912385	3757321	2482752	2355271	1399724	679585	175789	52776	238433	15689	565174
中国土木工程集团有限公司	668999	218193	171620	107987	59762	98347		1950		148		4633	6359
中铁十一局集团有限公司	2818216	1509747	739580	131535	26281	357318	39986	2872		508			10389
中铁十二局集团有限公司	3409085	2000085	858194	272518	52611	127489	19004	16696	11335	7439			43714
中铁十三局集团有限公司	2648927	897126	698545	142283	449151	317687	11497	119335	3548			7158	2597
中铁十四局集团有限公司	2469473	867465	786588	148753	121355	169549	4660	167720	42174		8938	3010	149261
中铁十五局集团有限公司	2747809	938715	1319569	148307	183064	79285		40571	2331	4120	753		31094
中铁十六局集团有限公司	2787810	1323116	597115	141393	247533	334311	24398	90558		17310			12076
中铁十七局集团有限公司	3194411	1821074	998365	115809	34922	154371	4983	34154	680	8451	8926		12676
中铁十八局集团有限公司	3025681	1525623	545470	256037	398498	170686		76047	21596				31724
中铁十九局集团有限公司	2485888	1395902	366026	44895	10466	236641	8049	66726	35455		203209	888	117631
中铁二十局集团有限公司	2369391	1379445	663866	66019	130510	51457	19010	17930					41154
中铁二十一局集团有限公司	1681857	1045622	298747	153684	85081	20234	36695	6649	904		12993		21248
中铁二十二局集团有限公司	1590739	1049291	171977	120828	137301	22118	15779	16941	37362				19142
中铁二十三局集团有限公司	1453889	861207	341959	42638	73004	70962	21265	21436	5682				15736
中铁二十四局集团有限公司	1530819	858040	171722	64535	302716	75380	21950		11045	14800	3614		7017
中铁二十五局集团有限公司	1156733	784706	142442	98033	99972	23438	2913						5229
中铁建设集团有限公司	2025277	260500		1699062	63411								2304
中国铁建电气化局集团有限公司	1341141	52487	26507		7114	45998	1169535		3677				35823
中铁建中非建设有限公司	17098		14093	3005									

制表：荆彩萍

中国铁建施工单位建筑业总产值按地域分完成情况统计表

（2011 年度）

单位：万元

地域	合计	施工单位																	
		中土集团	中铁十一局	中铁十二局	中铁十三局	中铁十四局	中铁十五局	中铁十六局	中铁十七局	中铁十八局	中铁十九局	中铁二十局	中铁二十一局	中铁二十二局	中铁二十三局	中铁二十四局	中铁二十五局	中铁建设	中铁建电化局	中非建设
	39423243	668999	2818216	3409085	2648927	2469473	2747809	2787810	3194411	3025681	2485888	2369391	1681857	1590739	1453889	1530819	1156733	2025277	1341141	17098
北京	1431178	5918	10978	75571	33911	112121	8297	213514	24161	91730	80766	7721	196	75623	1323	19500		662282	7566	
天津	1020852		4109	6661	40487	49530	58914	175734	20993	460312	1914	61502		57548	2445		89	72695	7919	
河北	1883120		120777	64513	39427	297937	104532	196502	303809	92604	68832	20933	68049	154641		9866		153988	186710	
山西	2572914	1001	215378	806662	10189	96020	339813	57703	388192	175332	104282	61016	10848	17703	15932	14382	145781	90000	22680	
内蒙古	1179429		95022	62089	58742	84629	49850	87654	77299	22815	318256	38539	113720	20221	61597	30010	11066		47920	
辽宁	1058137		75496	42543	328004	53279	45664	8389	22725	22104	322483	27494	1199	20528	15958	6838	-321	50488	15266	
吉林	482394		38614	30488	130120	2021	9866			2150	64324			143428	17422		1368	38489	4104	
黑龙江	1446558		39783	12167	393555	18454	59436	124928			72397	138895		299255	226628			61060		
上海	314071		21501		13092		18253	11195	8691	28919	17370	30645	529		22984	139170		1075	647	
江苏	771293		67671	21274	41427	103562	60821	24081	85225	48977	49302	41636			43116	126437		57764		
浙江	1179499		120695	4097	88732	44605	40447	63071	258844	17057	77943	6107	2288	61493	3024	271709		40747	78640	
福建	1826723	246	33668	129089	45485	143382	161956	174551	336251	111632	78630	15344	36833	129986	55874	280236	14619	5837	73104	
江西	1680364		208124	11127	165516	68369	179678	285434	72488	82824	262646	1177		1422	32344	111781	91351	32715	73368	
山东	1175916		13650	113375	282	288571	4695	82212	114334	19304	27542	157253	72547	47224	52951	16310	18836	108422	38408	
河南	1370980		52334	3835	17037	2631	443565	65115	151755	45931	14224	27761	103623		1888	54711	99	111027	275444	
湖北	1476972	5	339844	61273	38546	85510	25128	86329	222291	234941	18905	31631		6846	70272		709	30772	223970	
湖南	1795829		167931	287663	61405	145204	109362	89007	150018	12295	11176	255751	1285	25354	141121	14644	238571	84277	765	

续表

地域	合计	施工单位																	
		中土集团	中铁十一局	中铁十二局	中铁十三局	中铁十四局	中铁十五局	中铁十六局	中铁十七局	中铁十八局	中铁十九局	中铁二十局	中铁二十一局	中铁二十二局	中铁二十三局	中铁二十四局	中铁二十五局	中铁建设	中铁建电化局	中非建设
广东	1850598	47150	130291	150388	126052	126539	151817	143979	110455	64969	53011	112623	21099	122348	157416	22462	246226	30531	33242	
广西	1611761		72931	306421	110715	115872	1683	81387	38002	151450	194348	104939	4166	104749	107503	832	162273	44556	9934	
海南	199740			2023				34817	43512	824	1298						15936	101330		
重庆	1089441		184957	146061	40156	13839	63718	55945	82050	113945	9036	37838	28680	55837	114608	63270	34463	34518	10520	
四川	1391471		132459	57862	135376	162648	148008	163918	54505	149490	45742	95639	23251	34637	84393	25379	16148	26166	35850	
贵州	1295627		93497	125498	130297	57872	41153	44438	107528	49129	3078	173901	132179	88135	105158	50339	68666	17775	6984	
云南	1253572		81513	77685	27347	40111	76468	230345	80251	170432	182786	83340	13064	54784	19801	15353	57736	7860	34696	
西藏	160918			56977					9465		38628		55848							
陕西	1908170		186889	216825	3839	2773	156244	30131	180907	218464	113765	224987	318176	47254	10872	7717	22	114521	74784	
甘肃	1062313		113418	73042	137010	1320	53068	73131	122005	67392	122871	92132	181613	5586	6370	1518	1203		10634	
青海	549161		22156	7096	47806	14914	1700	68213	100	165114	11563	35016	156922		1512				17049	
安徽	1032081		81974	210143	224921	73312	60148	25955	7482	955	57381	2985		4594	2349	220874	31655	27353		
宁夏	284819		18084	39317	40672	4302	29062	48148		4706	13830		77626						9072	
新疆	1006246		60678	68293	110454	128371	100352	37484	18145	17321	47148	73507	258116	11543	20325	13607	237		40665	
香港	34247	134					34113													
澳门	19290	17827																1463		
台湾																				
海外	2007559	596718	13794	139027	8325	131775	109998	4500	102928	382563	411	409079			58703	13874		17566	1200	17098

制表：荆彩萍

中国铁建施工单位主要实物工程量完成情况统计表

（2011 年度）

单位 \ 类别 数量	土石方（万立方米）	隧道 折合公里	隧道 座数	桥梁 折合公里	桥梁 座数	铺轨（公里） 正线公里	铺轨（公里） 站线公里	铺道岔（组）	架梁（孔）	通信、信号 通信线路（公里） 合计	通信、信号 通信线路（公里） 其中：光缆	通信、信号 自动闭塞（区间公里）	电力、电气化 供电线路（正线公里）	电力、电气化 接触网（正线公里）	公路 合计（公里）	公路 其中：高速公路	公路 其中：路面（平方米）	房屋施工面积（万平方米）	房屋竣工面积（万平方米）
合　　计	115699	1457	2725	1637	9304	3849	1105	1521	31372	7561	4690	4055	6780	5070	3699	2431	4328.2	5564.2	730.3
中国土木工程集团有限公司	1579	1.4	1	6.5	20	47.8	22.5	7	6						289.1	27	112.6	81.4	75.3
中铁十一局集团有限公司	8470	116.7	219	141.7	821	509.7	39.7	184	1584	459.0		7	442	227	192.5	180	694.0	76.9	2.1
中铁十二局集团有限公司	7496	193.1	310	159.5	552	51.2	24.8		3924	178.5			129	147	88.2	45	188.8	551.6	74.7
中铁十三局集团有限公司	7993	89.3	106	116.5	674	152.0	49.0	73	1661	382.0	367		747	28	663.3	516	825.9	340	15.0
中铁十四局集团有限公司	6921	71.6	234	131.6	683	142.4	15.3	56	711	102.3	46	2	63	11	339.0	319	270.4	114.6	
中铁十五局集团有限公司	12223	133.1	169	157.2	535	590.4	100.3	297	1258	10.5	11			5	358.4	267	560	64.9	10.4
中铁十六局集团有限公司	10801	126.8	293	137.2	1058	47.7	170.4		1970	307.7		87	226		182.3	93	26.6	160.7	13.5
中铁十七局集团有限公司	10264	161.5	224	148.9	864	164.6	62.1		2920						378.9	313	197.2	89.1	2.5
中铁十八局集团有限公司	4847	148.9	201	84.0	395	166.1	3.6	37	1112						430.9	125	471.7	253.3	86.1
中铁十九局集团有限公司	14572	92.3	172	93.3	583	478.5	65.4	149	3095	754.8	398		34		312.9	283	385.9	71.7	16.2
中铁二十局集团有限公司	8697	70.4	190	122.3	624	155.1	61.7	43	999	43.4			34	4	158.1	109	1.0	89.8	12.4
中铁二十一局集团有限公司	5939	46.2	146	51.8	530	297.4	145.3	64	1989	459.0		194	216	189	71.5	35	29.0	316.5	41.0
中铁二十二局集团有限公司	3595	53.0	98	84.2	630	658.0	105.0	111	3486	251.5	107	14	383	70	65.5	8	182.2	84.2	22.9
中铁二十三局集团有限公司	4848	70.5	136	52.2	411	133.2	52.8	222	2326	196.4	30	84	98	1	76.7	52	243.2	51.1	2.5
中铁二十四局集团有限公司	3827	43.4	88	77.7	415	220.7	110.7	278	2028	57.0	51	32	91	16	45.2	20	61.5	95.8	24.6
中铁二十五局集团有限公司	3627	39.0	139	72.2	509	33.9	76.7		2303	113.1	113	59	112	1	46.4	39	78.0	180.2	10.1
中铁建设集团有限公司																		2942	321.0
中国铁建电气化局集团有限公司										4246	3567	3576	4206	4371					

制表：荆彩萍

中国铁建施工单位主要经济技术指标完成情况统计表(一)

(2011 年度)

单位 \ 数量类别	劳动生产率					工资			竣工率				
									按竣工产值计算		按房屋竣工面积计算		
	从业人员平均人数(含外部劳务)(人)	企业总产值(万元)	按总产值计算劳动生产率(元/人)	施工产值(万元)	按施工产值计算劳动生产率(元/人)	在岗职工劳动报酬(万元)	在岗职工平均人数(人)	在岗职工平均工资(元/人)	竣工产值(万元)	竣工率(%)	房屋竣工面积(平方米)	房屋施工面积(平方米)	竣工率(%)
合计	975375	40952210	419861	39423243	404185	10552516	216756	48684	12487720	32	5564.0	730.0	13
中国土木工程集团有限公司	2921	719244	2462321	668999	2290308	278963	2772	100636	94070	14	81.4	75.3	93
中铁十一局集团有限公司	75566	2850832	377264	2818216	372948	602328	12952	46505	16231	1	76.9	2.1	3
中铁十二局集团有限公司	143959	3459817	240333	3409085	236809	807844	13253	60956	257394	8	551.6	74.7	14
中铁十三局集团有限公司	47376	2679988	565685	2648927	559128	553088	11592	47713	1235370	47	340.0	15.0	4
中铁十四局集团有限公司	55856	2759533	494044	2469473	442114	616254	13591	45343	459832	19	114.6		
中铁十五局集团有限公司	53873	2811263	521832	2747809	510053	716141	17775	40289	826648	30	64.9	10.4	16
中铁十六局集团有限公司	64326	2829777	439912	2787810	433388	1023982	19341	52944	2534726	91	160.7	13.5	8
中铁十七局集团有限公司	80600	3313600	411117	3194411	396329	869153	18035	48193	1461529	46	89.1	2.5	3
中铁十八局集团有限公司	59007	3043278	515749	3025681	512766	657867	15082	43619	1335171	44	253.3	86.1	34
中铁十九局集团有限公司	61513	2488340	404523	2485888	404124	643829	14526	44323	241670	10	71.7	16.2	23
中铁二十局集团有限公司	64461	2459100	381486	2369391	367570	678832	15201	44657	690082	29	89.8	12.4	14
中铁二十一局集团有限公司	36134	1681857	465450	1681857	465450	502039	10129	49565	243730	14	316.5	41.0	13
中铁二十二局集团有限公司	27151	1659023	611036	1590739	585886	463477	9070	51100	407907	26	84.2	22.9	27
中铁二十三局集团有限公司	45887	1552735	338382	1453889	316841	289502	11157	25948	1136302	78	51.1	2.5	5
中铁二十四局集团有限公司	50143	1573889	313880	1530819	305291	561914	11379	49382	504410	33	95.8	24.6	26
中铁二十五局集团有限公司	14346	1208559	842436	1156733	806310	430063	8070	53292	276778	24	180.2	10.1	6
中铁建设集团有限公司	67380	2419309	359054	2025277	300575	347601	4237	82039	759817	38	2942.4	321.0	11
中国铁建电气化局集团有限公司	24876	1410179	566883	1341141	539130	497568	8542	58250					
中铁建中非建设有限公司	205	31887	1555463	17098	834049	12071	52	232135	6053	35			

制表：荆彩萍

中国铁建施工单位主要经济技术指标完成情况统计表(二)

(2011年度)

单位 \ 数量 \ 类别	安全生产					主要施工机械				主要材料消耗					
										价值量(万元)			实物量		
	从业人员平均人数(不含外部劳务)(人)	死亡人数(人)	死亡率(‰)	重伤人数(人)	重伤率(‰)	施工机械总功率(千瓦)	动力装备率(千瓦/人)	机械设备净值(万元)	技术装备率(元/人)	钢材	木材	水泥	钢材(吨)	木材(立方米)	水泥(吨)
合　计	248352	15	0.06			5506482	22	2265179	91208	6889484	191651	2454374	12779233	1128933	57566491
中国土木工程集团有限公司	2921					230702	79	99804	341678	25026	719	18127	42916	66883	192833
中铁十一局集团有限公司	12952					165839	13	194799	150401	470714	14264	246032	952573	78878	5301406
中铁十二局集团有限公司	14939					496836	33	189561	126890	400757	7886	222128	838228	55135	5378414
中铁十三局集团有限公司	11604					260228	22	113989	98233	410849	41820	135545	891212	195453	5918345
中铁十四局集团有限公司	22833					688965	30	156873	68705	677450	7896	258320	156789	56982	4598656
中铁十五局集团有限公司	18668					163539	9	232628	124613	521654	11668	283050	1112292	90045	6470865
中铁十六局集团有限公司	23868					588827	25	146563	61406	443331	5316	109093	985180	34235	3118660
中铁十七局集团有限公司	18035	2	0.11			440102	24	194907	108072	677766	18574	248053	1304461	111911	5457605
中铁十八局集团有限公司	18304					691598	38	232053	126777	377902	7390	140133	760105	57776	3358791
中铁十九局集团有限公司	14526					586803	40	191963	132151	606806	3522	143610	959106	19679	3245227
中铁二十局集团有限公司	20016	11	0.55			363986	18	108576	54245	440174	9349	161224	979795	47144	3612687
中铁二十一局集团有限公司	11928	2	0.17			151248	13	60552	50765	200071	3391	118200	456795	19057	2628949
中铁二十二局集团有限公司	9614					120583	13	76338	79403	219051	1668	87502	399259	25275	1916518
中铁二十三局集团有限公司	11587					279419	24	90422	78037	230913	2581	96589	477437	14585	2091634
中铁二十四局集团有限公司	12359					53994	4	73654	59595	314284	9412	123022	627109	42299	2678830
中铁二十五局集团有限公司	10263					149790	15	61206	59638	162671	3357	54212	323106	20399	1348732
中铁建设集团有限公司	4237					6603	2	11740	27708	709151	42758	8583	1511370	192944	241839
中国铁建电气化局集团有限公司	9493					61212	6	27002	28444						
中铁建中非建设有限公司	205					6208	30	2549	124341	914	80	951	1500	253	6500

制表:荆彩萍

中国铁建所属企业投资情况综合统计表(一)

(2011 年度)

数量 类别 单位	固定资产设备购置				固定资产信息化建设		固定资产建设项目	
	计划金额(万元)	计划数量(台)	实际金额(万元)	实际数量(台)	计划投资(万元)	实际投资(万元)	计划投资(万元)	实际投资(万元)
项目投资总规模	834391	12885	409398	10625	50104	50104	431791	658150
其中:2011 年项目投资规模	667570	10480	329670	10625	18786	18786	163963	68111
2011 年本企业投资	667570	10480	329671	10625	18636	14131	163963	68111
中国土木工程集团有限公司	28900	585	41983	827	533	458		400
中铁十一局集团有限公司	44694	570	35336	494	682	579		6152
中铁十二局集团有限公司	24962	337	1676	55	353	332	645	
中铁十三局集团有限公司	23516	183	34230	224	601	499		6094
中铁十四局集团有限公司	24290	202	18314	327	416	389		
中铁十五局集团有限公司	71670	374	14033	142	221	185		
中铁十六局集团有限公司	62753	222	17118	210	485	458	5888	950
中铁十七局集团有限公司	49104	286	36689	533	346	332	2697	387
中铁十八局集团有限公司	54283	279	19743	541	523	427		3153
中铁十九局集团有限公司	57734	246	34248	275	538	489	731	942
中铁二十局集团有限公司	27212	253	3403	52	416	398	8200	4200
中铁二十一局集团有限公司	34333	404	8318	165	347	234		8004
中铁二十二局集团有限公司	28182	169	5589	87	416	412	9500	100
中铁二十三局集团有限公司	22356	105	19232	526	520	383	100	150
中铁二十四局集团有限公司	30062	159	9357	392	534	378	968	1413
中铁二十五局集团有限公司	28145	50	9950	343	239	195		

续表

类别 数量 单位	固定资产设备购置				固定资产信息化建设		固定资产建设项目	
	计划金额（万元）	计划数量（台）	实际金额（万元）	实际数量（台）	计划投资（万元）	实际投资（万元）	计划投资（万元）	实际投资（万元）
中铁建设集团有限公司	2984	60	953	44	451	343	643	729
中国铁建电气化局集团有限公司	2650	58	2115	323	726	543	10000	622
中国铁建房地产集团有限公司			1642	971	601	379		
中铁第一勘察设计院集团有限公司	2175	855	624	118	399	378		1419
中铁第四勘察设计院集团有限公司	9526	1918	1835	2398	401	320	7000	
中铁第五勘察设计院集团有限公司	2400	1064	1864	150	493	432	12000	1064
中铁上海设计院集团有限公司	1426	566	1748	705	478	289	8087	148
中铁物资集团有限公司	4334	441	2210	594	460	532	33148	8311
昆明中铁大型养路机械集团有限公司	5262	141	6525	38	1754	1653	46247	13692
中国铁建重工集团有限公司	15441	472	385	45	537	458	17339	8337
北京铁城建设监理有限责任公司	450	125	269	39	502	432		
中国铁建投资有限公司								
中铁建中非建设有限公司	8440	349						1022
中铁建（北京）商务管理有限公司	285	7	282	7	5	3		282
中国铁建股份有限公司北京培训中心					143	125	770	540
中国铁建股份有限公司总部					4517	2096		
其他								

制表：邵洪博

中国铁建所属企业投资情况综合统计表(二)

(2011 年度)

单位 \ 数量 \ 类别	特许经营项目		矿业资源		BT 项目		房地产开发		计划总投资(万元)		实际总投资(万元)	
	计划投资(万元)	实际投资(万元)	计划投资(万元)	实际投资(万元)	计划投资(万元)	实际投资(万元)	计划投资(万元)	实际投资(万元)	合计	其中:BT项目和房地产开发项目	合计	其中:BT项目和房地产开发项目
项目投资总规模	2748722	1990011	1518672	20000	1472413	4221067	9440490	11919291	16496583	10912903	19268021	
其中:2011 年项目投资规模	1195546	325611	207693	1500	785002		4170066	2700992	7208626	4955068	3444670	
2011 年本企业投资	758416	58833	68816	915	774915	565562	1708628	1648976	4160944	2315216	2686199	
中国土木工程集团有限公司	34120								63553		42841	
中铁十一局集团有限公司		6000						6974	45376		55041	
中铁十二局集团有限公司						21000			25960		23008	
中铁十三局集团有限公司							23500	29736	47617	23500	70559	
中铁十四局集团有限公司					6000	15000	10000	6762	40705	16000	40465	
中铁十五局集团有限公司							19755	10938	91647	19755	25156	
中铁十六局集团有限公司	4498				30601	30617	14400	19741	118625	45001	68884	
中铁十七局集团有限公司									52147		37408	
中铁十八局集团有限公司							39491	49987	94298	39491	73310	
中铁十九局集团有限公司									59004		35679	
中铁二十局集团有限公司							23393	22192	59221	23393	30193	
中铁二十一局集团有限公司				915			113840	263357	148520	113840	280828	
中铁二十二局集团有限公司					5067	13082	22944	19114	66109	28011	38297	
中铁二十三局集团有限公司									22976		19765	
中铁二十四局集团有限公司									31564		11148	
中铁二十五局集团有限公司								12522	28384		22667	

续表

类别 / 数量 / 单位	特许经营项目		矿业资源		BT 项目		房地产开发		计划总投资（万元）		实际总投资（万元）	
	计划投资（万元）	实际投资（万元）	计划投资（万元）	实际投资（万元）	计划投资（万元）	实际投资（万元）	计划投资（万元）	实际投资（万元）	合　计	其中：BT项目和房地产开发项目	合　计	其中：BT项目和房地产开发项目
中铁建设集团有限公司							141305	53165	145383	141305	55190	
中国铁建电气化局集团有限公司	853	1527							14229		4807	
中国铁建房地产集团有限公司							800000	1121092	800601	800000	1123113	
中铁第一勘察设计院集团有限公司									2574		2421	
中铁第四勘察设计院集团有限公司					64673	7000		33396	81601	64673	42551	
中铁第五勘察设计院集团有限公司									14893		3360	
中铁上海设计院集团有限公司									9992		2185	
中铁物资集团有限公司		3002			31849				69791	31849	14055	
昆明中铁大型养路机械集团有限公司									53263		21870	
中国铁建重工集团有限公司		28709							33316		37889	
北京铁城建设监理有限责任公司									952		701	
中国铁建投资有限公司		19595				478863					498458	
中铁建中非建设有限公司	39940								48380		1022	
中铁建(北京)商务管理有限公司									290		567	
中国铁建股份有限公司北京培训中心									913		665	
中国铁建股份有限公司总部	179005		68816		468398		500000		1220736	968398	2096	
其他	500000				168327				668327			

制表：邵洪博

中国铁建固定资产建设项目情况统计表

（2011 年度）

数量 / 类别 / 单位	项目计划总投资（万元）				2010 年底完成投资（万元）	2011 年实际投资	资金来源（万元）			2011 年底完成投资（万元）
	小计	企业自有资金	银行贷款	其他资金			企业自有资金	银行贷款	其他资金	
合计	658150	617338	17525	23287	203162	68111	68004		107	271273
中国土木工程集团有限公司	4580	4580			430	400	400			830
中铁十一局集团有限公司	36867	36867			15835	6152	6152			21987
中铁十三局集团有限公司	20491	20491				6094	6094			6094
中铁十六局集团有限公司	21945	21945			1367	950	950			2317
中铁十七局集团有限公司	3084	3084				387	387			387
中铁十八局集团有限公司	3153	2660	493			3153	3153			3153
中铁十九局集团有限公司	1535	1535				942	942			942
中铁二十局集团有限公司	37516	19379		18137	3600	4200	4200			7800
中铁二十一局集团有限公司	14373	14363	10		1513	8004	8004			9517
中铁二十二局集团有限公司	38600	38600				100	100			100
中铁二十三局集团有限公司	200	200			50	150	150			200
中铁二十四局集团有限公司	2950	2950			233	1413	1413			1646
中铁建设集团有限公司	2643	2643				729	729			729
中国铁建电气化局集团有限公司	30749	30749				622	622			622
中铁第一勘察设计院集团有限公司	26187	9165	17022			1419	1419			1419
中铁第四勘察设计院集团有限公司	74500	74500			247					247
中铁第五勘察设计院集团有限公司	27600	27600				1064	1064			1064
中铁上海设计院集团有限公司	18630	13630		5000	6801	148	148			6949
昆明中铁大型养路机械集团有限公司	138841	138841			94363	13692	13692			108055
中国铁建重工集团有限公司	88436	88436			77551	8337	8337			85888
中铁物资集团有限公司	63196	63046		150	1172	8311	8204		107	9483
中铁建中非建设有限公司	1022	1022				1022	1022			1022
中铁建（北京）商务管理有限公司	282	282				282	282			282
中国铁建股份有限公司北京培训中心	770	770				540	540			540

制表：邵洪博

中国铁建劳动工资主要指标完成情况统计表

（2011 年度）

数量 项目 指标名称	计算单位	2010 年	2011 年	比 2010 年	
				±	±%
从业人员（在岗职工＋其他从业人员）年末人数	人	265137	274961	9824	3. 71
其中：在岗职工	人	229070	241621	12551	5.48
长期职工	人	223981	236522	12541	5.60
临时职工	人	5089	5099	10	0.20
其他从业人员	人	36067	33340	-2727	-7.56
聘用的离退休人员	人	1475	1231	-244	-16.54
在岗职工和非在岗职工合计年末人数	人	276599	289294	12695	4. 59
其中：非在岗职工	人	47529	47673	144	0. 30
内部退养	人	40333	37856	-2477	-6. 14
下岗	人				
长期病、休假及其他	人	858	1297	439	51. 17
女性	人	60215	62159	1944	3. 23
建制单位外部劳务人员年末人数	人	715285	597079	-118206	-16. 53
离休退休退职人员年末人数	人	72741	74428	1687	2. 32
从业人员劳动报酬总额	万元	1200847	1396590	195743	16. 30
其中：在岗职工工资	万元	1086740	1250920	164180	15. 11
其他从业人员劳动报酬	万元	114108	145670	31562	27. 66
在岗职工工资和非在岗职工生活费总额	万元	1161128	1327026	165898	14. 29
其中：非在岗职工生活费	万元	743881	76106	1718	2. 31
建制单位外部劳务人员劳动报酬总额	万元	1901924	2225649	323726	17. 02
从业人员人均劳动报酬	元	46281	50768	4487	9. 70
其中：在岗职工人均工资	元	48848	52925	4077	8. 35
其他从业人员人均劳动报酬	元	30847	37606	6759	21. 91
非在岗职工人均生活费	元	15494	16097	603	3. 89
其中：内部退养职工	元	17045	17323	278	1. 63

制表：徐博华

中国铁建年末人员统计表

（2011 年度）

单位 \ 类别 \ 数量	从业人员年末人数	在岗职工	长期职工	临时职工	息工放假人员	其他从业人员	聘用离退休人员	零散外部劳务及其他人员	在岗职工和非在岗职工合计年末人数	非在岗职工年末人数	内部退养职工	长期病、休假及其他职工	建制单位外部劳务人员年末人数	离休退休退职人员年末人数	离休人员	退休人员	退职人员
合　计	274961	241621	236522	5099	13515	33340	1231	32109	289294	47673	37856	1297	597079	74428	902	71641	1885
中国土木工程集团有限公司	2984	2833	2588	245		151	6	145	2847	14	14			465	31	434	
中铁十一局集团有限公司	12777	12777	12777		1113				16336	3559	3484		61029	2298	7	2283	8
中铁十二局集团有限公司	15026	13375	13375		502	1651		1651	17619	4244	3700	299	82594	2769	1	2745	23
中铁十三局集团有限公司	12086	12081	10692	1389	925	5		5	15344	3263	2615	16	23049	1545	1	1416	128
中铁十四局集团有限公司	20284	12996	12863	133	749	7288	8	7280	16993	3997	2782	13	37038	4145	16	3443	686
中铁十五局集团有限公司	19375	18475	18475		2000	900		900	22426	3951	2256	128	32695	2984	109	2638	237
中铁十六局集团有限公司	23719	19283	19283		1079	4436	8	4428	21126	1843	1057	60	27901	3582	9	3430	143
中铁十七局集团有限公司	18168	18168	15444	2724	1119				21292	3124	3124		50595	1340		1315	25
中铁十八局集团有限公司	17986	15213	15213		575	2773	2	2771	18498	3285	3237	2	36010	2576	4	2519	53
中铁十九局集团有限公司	14923	14923	14747	176	1541				19253	4330	2986	15	30003	3054	5	3049	
中铁二十局集团有限公司	21300	17005	17000	5	259	4295	11	4284	19510	2505	1790	267	39687	2450	4	2264	182
中铁二十一局集团有限公司	11539	10490	10490		693	1049		1049	13136	2646	2516	91	14564	5524	65	5459	
中铁二十二局集团有限公司	10154	9622	9622		602	532	9	523	11099	1477	259	141	9789	2979	85	2886	8
中铁二十三局集团有限公司	11768	11450	11450		331	318	4	314	13979	2529	1546	90	44350	3786	72	3567	147
中铁二十四局集团有限公司	12443	11497	11497		1334	946	189	757	12686	1189	1004	110	30991	13854	132	13708	14
中铁二十五局集团有限公司	9707	8256	8245	11	242	1451	99	1352	9970	1714	1649	50	2882	7425	72	7295	58
中铁建设集团有限公司	4833	4833	4833						5076	243	243		56480	241		241	
中国铁建电气化局集团有限公司	9634	8843	8841	2	451	791	105	686	9926	1083	986	8	14324	660	3	657	
中国铁建港航局集团有限公司	77	65	65			12	1	11	65								
中国铁建房地产集团有限公司	1314	1281	1269	12		33	6	27	1281					2		2	

续表

数量类别 / 单位	从业人员年末人数	在岗职工	长期职工	临时职工	息工放假人员	其他从业人员	聘用离退休人员	零散外部劳务及其他人员	在岗职工和非在岗职工合计年末人数	非在岗职工年末人数	内部退养职工	长期病、休假及其他职工	建制单位外部劳务人员年末人数	离休退休退职人员年末人数	离休人员	退休人员	退职人员
中铁第一勘察设计院集团有限公司	4733	2193	2193			2540	98	2442	3252	1059	1053	6		3657	90	3444	123
中铁第四勘察设计院集团有限公司	4785	4042	4042			743	544	199	4337	295	295		2747	3459	103	3356	
中铁第五勘察设计院集团有限公司	2815	1552	1552			1263	20	1243	1642	90	90			397	33	364	
中铁上海设计院集团有限公司	1219	1133	1133			86	61	25	1151	18	18			479	10	469	
中铁物资集团有限公司	1914	1690	1689	1		224	10	214	2015	325	263			568	5	556	7
昆明中铁大型养路机械集团有限公司	2194	1291	1291			903		903	1362	71	71			249	1	248	
中国铁建重工集团有限公司	4576	4335	4258	77		241	13	228	4996	661	661		313	3093	27	3023	43
北京铁城建设监理有限责任公司	1165	792	772	20		373		373	792								
中国铁建投资有限公司	130	114	104	10		16		16	114				38				
中铁建中非建设有限公司	351	69	69			282		282	69								
诚合保险经纪有限责任公司	41	40	40			1		1	40								
中铁建(北京)商务管理有限公司	610	573	297	276		37	37		662	89	89			289		289	
中国铁建股份有限公司北京培训中心	51	51	33	18					56	5	4	1		23		23	
中国铁建股份有限公司机关	280	280	280						344	64	64			535	17	518	

制表:徐博华

中国铁建在岗职工和非在岗职工年末人数专项指标统计表

（2011 年度）

单位 \ 数量 \ 项目	在岗职工和非在岗职工年末人数中专业技术人员			专业技术人员中		专业技术人员技术职务				从事专业技术管理工作之外的其他管理人员	年末人数按文化程度区分							
		从事专业技术工作	从事专业技术管理工作	工程技术人员	女性	初级职务	中级职务	高级职务	无技术职务		合计	初中以下	高中	技校	中专	大专	大本	研究生
合　计	141583	100820	40763	91740	20364	71445	33142	15557	21439	9431	289294	55656	45914	17560	21358	62260	83124	3422
中国土木工程集团有限公司	932	394	538	632	51	293	302	289	48	80	2847	407	597	371	233	428	752	59
中铁十一局集团有限公司	8792	7035	1757	6068	1236	4677	1815	794	1506		16336	3574	2536	1014	1226	2441	5487	58
中铁十二局集团有限公司	9780	6351	3429	5919	822	5277	2473	891	1139		17619	3501	2920	712	1259	2019	7100	108
中铁十三局集团有限公司	6752	3996	2756	4802	972	2988	1925	920	919	311	15344	2465	3669	1437	877	2623	4232	41
中铁十四局集团有限公司	8628	5584	3044	5886	1071	4011	2211	983	1423	1006	16993	3186	2228	701	1366	3929	5463	120
中铁十五局集团有限公司	8447	6180	2267	5234	1494	4700	2011	746	990	476	22426	4832	3558	2246	1456	5693	4559	82
中铁十六局集团有限公司	12907	10155	2752	7908	1890	6142	2215	1112	3438	1013	21126	4213	4550	1192	1236	3867	5897	171
中铁十七局集团有限公司	9404	6232	3172	5003	1199	5156	1948	813	1487	328	21292	3235	3305	1126	2388	4391	6756	91
中铁十八局集团有限公司	10036	6234	3802	6436	1353	5498	1915	1092	1531	966	18498	3572	2699	774	1018	4840	5494	101
中铁十九局集团有限公司	7911	5696	2215	4717	1472	4452	1656	825	978	597	19253	3784	2900	1435	1271	5281	4534	48
中铁二十局集团有限公司	8833	6646	2187	5056	1373	4147	2174	568	1944	674	19510	3333	2877	2517	1144	4824	4741	74
中铁二十一局集团有限公司	5632	4093	1539	4011	1202	3622	1266	535	209		13136	2947	2729	626	902	3152	2733	47
中铁二十二局集团有限公司	6311	5288	1023	4406	800	3224	1099	502	1486	630	11099	2260	1539	500	646	3224	2861	69
中铁二十三局集团有限公司	6424	4517	1907	4510	1015	3899	1381	533	611	575	13979	3099	1798	1211	1179	3782	2866	44
中铁二十四局集团有限公司	5186	3668	1518	3847	540	2813	1731	361	281	593	12686	4125	2443	149	867	2365	2709	28
中铁二十五局集团有限公司	5183	3426	1757	3629	610	3071	1081	377	654	223	9970	2236	1480	190	650	2221	3174	19
中铁建设集团有限公司	2956	2525	431	2119	414	2130	593	233			5076	645	577	58	131	1009	2597	59
中国铁建电气化集团有限公司	3711	2409	1302	2366	462	1879	841	382	609	228	9926	1350	1216	377	2348	2071	2492	72
中国铁建港航局集团有限公司	57	10	47	28	1	4	20	27	6	7	65		2			11	43	9
中国铁建房地产集团有限公司	761	490	271	344	135	145	248	69	299	271	1281	25	68	9	43	411	644	81

续表

数量 项目 / 单位	在岗职工和非在岗职工年末人数中专业技术人员			专业技术人员中		专业技术人员技术职务				从事专业技术管理工作之外的其他管理人员	年末人数按文化程度区分							
		从事专业技术工作	从事专业技术管理工作	工程技术人员	女性	初级职务	中级职务	高级职务	无技术职务		合计	初中以下	高中	技校	中专	大专	大本	研究生
中铁第一勘察设计院集团有限公司	2471	2305	166	2088	397	445	1015	1008	3	10	3252	358	470	1	174	440	1504	305
中铁第四勘察设计院集团有限公司	3155	2962	193	2915	677	727	1212	1179	37	752	4337	197	184	101	192	564	2146	953
中铁第五勘察设计院集团有限公司	1562	1009	553	991	294	450	460	396	256	80	1642	15	15	20	192	143	939	318
中铁上海设计院集团有限公司	977	792	185	872	217	299	331	277	70		1151	61	48	5	33	144	718	142
中铁物资集团有限公司	755	381	374	96	131	410	162	58	125	319	2015	236	280	16	67	498	801	117
昆明中铁大型养路机械集团有限公司	596	360	236	358	123	112	216	110	158	94	1362	301	90	198	83	261	361	68
中国铁建重工集团有限公司	1985	1170	815	510	184	606	320	67	992	109	4996	1291	843	499	289	1112	918	44
北京铁城建设监理有限责任公司	792	721	71	792	198	133	355	138	166		792	23	38	68	66	400	181	16
中国铁建投资有限公司	96	50	46	60	3	9	28	36	23		114	5	4		1	24	80	
中铁建中非建设有限公司	69		69			16	20	18	15		69		1	1	1	2	38	26
诚合保险经纪有限责任公司	22	19	3			7	8	3	4	9	40		3			11	24	2
中铁建(北京)商务管理有限公司	93	55	38	15	3	34	31	16	12	72	662	317	239	6	9	43	45	3
中国铁建股份有限公司北京培训中心	23	9	14		7	1	13	9		8	56	22	5		3	3	22	1
中国铁建股份有限公司机关	344	58	286	122	18	68	66	190	20		344	41	3		8	33	213	46

制表:徐博华

中国铁建劳动报酬、生活费、工资拖欠情况统计表

（2011 年度）

单位 \ 数量 \ 项目	从业人员劳动报酬总额（万元）	在岗职工工资总额（万元）	其他从业人员劳动报酬总额（万元）	在岗职工工资和非在岗职工生活费总额（万元）	非在岗职工生活费总额（万元）	建制单位外部劳务人员劳动报酬总额（万元）	从业人员人均劳动报酬（元）	在岗职工人均工资（元）	息工放假人员人均生活费（元）	其他从业人员人均劳动报酬（元）	在岗职工和非在岗职工人均工资（生活费）（元）	非在岗职工人均生活费（元）	内部退养职工（元）	年末拖欠工资情况：被拖欠工资在岗职工人数（元）	年末拖欠工资情况：拖欠在岗职工工资总额（万元）	年末拖欠工资情况：人均拖欠工资额（元）
合　计	1396590.2	1250919.9	145670.3	1327025.9	76106.0	2225649.4	50768	52925	7445	37606	46786	16097	17323	8817	13496.7	15308
中国土木工程集团有限公司	28576.9	27896.3	680.6	27907.3	11.0		97833	100636	45678	100098	6875	6875				
中铁十一局集团有限公司	60232.8	60232.8		64812.3	4579.5	160780.1	46505	46505	8137	39112	12654	12076				
中铁十二局集团有限公司	88752.0	80784.4	7967.6	90757.8	9973.4	496848.2	59410	60956	5689	47257	51876	23511	26039			
中铁十三局集团有限公司	55385.9	55308.8	77.1	59389.3	4080.5	77327.1	47730	4771.3	6506	64250	40228	12868	13530	167	40.1	2401
中铁十四局集团有限公司	87017.4	61625.4	25392.0	68749.7	7124.3	74948.6	38110	45343	11230	27475	38974	17595	14669	1478	246.3	1666
中铁十五局集团有限公司	75479.6	71614.1	3865.5	75784.6	4170.5	91872.9	40433	40289	6696	43287	35498	11669	15982			
中铁十六局集团有限公司	119089.7	102398.2	16691.5	104979.3	2581.1	124561.5	49895	52944	9721	36871	49749	14657	15100	4282	8876.7	20730
中铁十七局集团有限公司	86915.3	86915.3		91650.7	4735.4	165716.3	48193	48193	4365		43205	14901	14901	1598	2604.6	16299
中铁十八局集团有限公司	75071.1	65786.7	9284.4	71269.9	5483.2	123541.2	41013	43619	9949	28816	38597	16208	16354			
中铁十九局集团有限公司	64382.9	64382.9		69370.4	4987.5	134228.4	44323	44323	4419		37378	12367	15234	272	245.6	9029
中铁二十局集团有限公司	80950.1	67883.2	13066.9	71456.1	3572.9	113318.2	40443	44657	7658	27138	40309	14144	17563			
中铁二十一局集团有限公司	54829.8	50203.9	4625.9	55335.8	5131.9	62313.2	45967	49565	8876	25714	42816	18361	18360			
中铁二十二局集团有限公司	48521.0	46347.7	2173.3	47586.1	1238.4	35196.2	50469	51100	6009	39950	46004	9721	12162			
中铁二十三局集团有限公司	30312.1	28950.2	1361.9	31733.0	2782.8	72230.6	26160	25948	4154	31672	23285	11262	12128	1020	1483.4	14543
中铁二十四局集团有限公司	59773.2	56191.4	3581.8	58103.8	1912.4	125729.0	48364	49382	9796	36549	45762	14510	15391			
中铁二十五局集团有限公司	50089.1	43006.3	7082.8	46313.9	3307.6	8366.8	48806	53292	12216	32297	46881	18284	18009			
中铁建设集团有限公司	34760.1	34760.1		35382.1	622.0	302153.1	82039	82039		77986	20733	20733				
中国铁建电气化集团有限公司	53485.5	49756.8	3728.7	51874.3	2117.5	42736.6	56342	58250	10876	39208	53856	19427	19828			
中国铁建港航局集团有限公司	293.1	262.6	30.5	262.6			47274	61070		16053	61070					
中国铁建房地产集团有限公司	12772.2	12633.7	138.5	12633.7			110295	112100		44677	112100					

续表

数量 / 项目 / 单位	从业人员劳动报酬总额（万元）	在岗职工工资总额（万元）	其他从业人员劳动报酬总额（万元）	在岗职工工资和非在岗职工生活费总额（万元）	非在岗职工生活费总额（万元）	建制单位外部劳务人员劳动报酬总额（万元）	从业人员人均劳动报酬（元）	在岗职工人均工资（元）	息工放假人员人均生活费（元）	其他从业人员人均劳动报酬（元）	在岗职工和非在岗职工人均工资（生活费）（元）	非在岗职工人均生活费（元）	内部退养职工（元）	年末拖欠工资情况：被拖欠工资在岗职工人数（元）	年末拖欠工资情况：拖欠在岗职工工资总额（万元）	年末拖欠工资情况：人均拖欠工资额（元）
中铁第一勘察设计院集团有限公司	46410.6	24388.1	22022.5	27362.2	2974.1		98578	112284		86840	83651	27062	27133			
中铁第四勘察设计院集团有限公司	59983.2	57629.5	2353.7	59299.3	1669.8	11400.0	125043	144290		29311	136982	49845	49845			
中铁第五勘察设计院集团有限公司	27356.7	15285.1	12071.6	15609.4	324.3		86627	102861		72199	98856	34871	34871			
中铁上海设计院集团有限公司	15094.7	14626.4	468.3	14678.3	51.9		123829	128754		56422	127085	27316	27316			
中铁物资集团有限公司	15595.9	14831.3	764.6	15649.6	818.3		85270	92928		32815	81381	25024	22982			
昆明中铁大型养路机械集团有限公司	21305.3	16680.6	4624.7	16886.9	206.3		101069	130521		55719	124627	26792	26792			
中国铁建重工集团有限公司	15070.7	14805.0	265.7	15626.7	821.7	1715.8	32466	33910		9627	31768	14859	14859			
北京铁城建设监理有限责任公司	12481.5	9745.9	2735.6	9745.9			61974	69022		45442	69022					
中国铁建投资有限公司	1551.3	1510.2	41.1	1510.2		665.6	166806	196130		25688	196130					
中铁建中非建设有限公司	1642.3	1207.1	435.2	1207.1			80112	232135		28444	232135					
诚合保险经纪有限责任公司	410.6	408.5	2.1	408.5			97762	102125		10500	102125					
中铁建（北京）商务管理有限公司	3866.2	3730.0	136.2	4175.3	445.3		67122	69202		36811	65753	46385	46385			
中国铁建股份有限公司北京培训中心	777.3	777.3		797.5	20.2		152412	152412			142411	40400	45500			
中国铁建股份有限公司机关	8354.1	8354.1		8716.3	362.2		295198	295198			248328	53265	53265			

制表：徐博华

中国铁建机械动力设备资产综合情况统计表

（2011 年度）

数量 项目 单位	职工人数	期末实有			新购		报废		大修		成新率（%）	设备总功率（千瓦）	技术装备率（万元/人）	动力装备率（千瓦/人）
		总台数	原值（万元）	净值（万元）	台数	原值（万元）	台数	原值（万元）	台数	费用（万元）				
中国土木工程集团有限公司	2360	6963	234927	111140	1823	78136	150	2271	203	1534	3.28	687339.60	698820.97	1320.26
中铁十一局集团有限公司	16336	3137	281471	194799	359	21271	457	12994	95	1365	69.21	515775.31	11.92	31.57
中铁十二局集团有限公司	16614	5726	297774	189561	615	22015	438	43456	170	760	63.70	625990.00	11.40	37.70
中铁十三局集团有限公司	13955	2541	206288	113989	224	34231	80	1811	84	2259	55.00	385493.00	8.17	27.62
中铁十四局集团有限公司	16440	3811	287748	153645	309	18885	175	4023	21	1018	53.40	463154.33	9.35	28.17
中铁十五局集团有限公司	20602	3828	300933	232628	407	20265	149	4132	37	558	77.30	453708.00	11.29	22.02
中铁十六局集团有限公司	16949	2978	328254	229252	234	32850	63	3824	25	917	70.00	753313.18	13.60	44.45
中铁十七局集团有限公司	18032	5777	318681	194907	530	42431	239	9162	59	509	61.00	534704.00	10.81	29.65
中铁十八局集团有限公司	18498	6191	364229	232053	627	34860	652	15264	85	390	63.71	787775.36	12.54	42.59
中铁十九局集团有限公司	19260	4618	327649	191968	367	35576	396	10937	99	1628	58.60	587450.00	10.00	30.50
中铁二十局集团有限公司	19516	2755	190124	108576	167	31519	164	5061	94	1396	57.10	435238.00	5.60	22.30
中铁二十一局集团有限公司	13136	3470	102302	60552	288	14875	408	7084	44	379	59.19	214538.00	4.61	16.33
中铁二十二局集团有限公司	11200	8782	135702	76338	1088	9737	378	5103	0	0.00	56.25	377110.00	6.82	33.67
中铁二十三局集团有限公司	13984	9158	151086	90422	758	30249	784	2875	31	156	59.85	279418.88	6.50	20.00
中铁二十四局集团有限公司	12686	5387	121650	73654	314	4427	382	2806	11	245	60.55	157599.07	5.81	12.42
中铁二十五局集团有限公司	8256	5723	95677	61206	599	20545	596	3204	68	422	63.97	149790.00	7.41	18.14
中铁建设集团有限公司	7826	796	19230	11740	169	5353	251	297			61.00	48300.00	1.50	6.20
中国铁建电气化局集团有限公司	8381	711	46234	26814	57	2082	19	501	44	1205	58.00	76609.70	2.85	9.14
昆明中铁大型养路机械集团有限公司	1665	1875	34864	20266	103	7895	145	479			58.13	21500.00	21.00	12.90
中国铁建重工集团有限公司	4360	2527	48255	30062	108	11624	6	829			62.30	84681.64	6.90	19.42
2011 年合计	260056	86754	3893078	2403572	9146	478826	5932	136113	1170	14741		7639488.07		

制表：张宏成

中国铁建大型施工设备综合情况统计表

（2011 年度）

项目 / 数量 / 单位	期末实有					新购				闲置			成新率	闲置率	完好率	利用率
	总台数	其中进口台数	原值（万元）	其中进口原值（万元）	净值（万元）	台数	其中进口台数	原值（万元）	其中进口原值（万元）	台数	原值（万元）	净值（万元）	（%）	（%）	（%）	（%）
中国土木工程集团有限公司	138	68	43485	13216	26169	94	55	25472	6729	84			3.00	1.00	4.00	4.00
中铁十一局集团有限公司	219	43	176823	83109	109568	19	4	15887	5688	96	63016	34585	62.00	35.64	95.10	55.00
中铁十二局集团有限公司	162	44	142159	45484	100215	13	5	8693	1846	61	50030	30080	70.50	27.60	96.40	73.10
中铁十三局集团有限公司	78	29	117397	37322	64471	7	1	27061	835	34	9523	6090	55.00	8.00	90.10	67.90
中铁十四局集团有限公司	156	51	176801	101771	100187	13	1	8470	407	101	96667	51661	56.67	54.68	92.00	40.00
中铁十五局集团有限公司	134	37	215369	148654	175838	7	2	13215	10800	15	50750	40791	81.60	24.00	95.00	91.00
中铁十六局集团有限公司	1147	180	253646	71030	152749	289	1	19501	8	18	22491	8186	61.00	1.56	98.00	93.00
中铁十七局集团有限公司	187	36	1393920	38637	89915	28	8	28044	4016	17	21885	9819	65.00	16.00	91.00	76.00
中铁十八局集团有限公司	178	68	156034	64517	110152	15	6	18200	468	33	23269	13673	70.59	14.91	92.40	86.30
中铁十九局集团有限公司	234	48	172963	22211	109611	14		20275		34	30356	22306	63.00	18.00	93.00	76.00
中铁二十局集团有限公司	72	8	59405	5614	39941	7	2	23386	720	11	6354	3583	67.20	10.70	94.50	59.80
中铁二十一局集团有限公司	120	4	48119	3871	33051	12		9491		36	11852	8992	68.69	24.63	93.20	71.00
中铁二十二局集团有限公司	62	20	41368	12910	22818	5		2105		13	7312	3362	55.00	18.00	76.00	61.00
中铁二十三局集团有限公司	64	12	53582	21913	40233	6	3	11020	9406	7	8340	5544	75.09	15.57	89.80	78.80
中铁二十四局集团有限公司	94	24	56820	9137	38032	6	2	2805	1288	14	10230	6643	66.93	18.00	96.85	75.02
中铁二十五局集团有限公司	56	7	40080	6814	30105	9		10684					75.11		94.61	82.69
中铁建设集团有限公司	6	1	3536	850	177								50.00		97.00	91.00
中国铁建电气化局集团有限公司	397	16	40927	8172	24106	13	1	1813	52	75	12767	6201	58.90	31.19	88.92	82.01
昆明中铁大型养路机械集团有限公司	33	19	17099	10681	11499	8	4	6022	3681				67.25		100.00	79.00
中国铁建重工集团有限公司	650	79	212045	57566	6027	42		11624		21			42.16	2.58	91.02	51.70
2011 年合计	4187	794	2167051	763478	1286460	607	95	263765	45944	670	424841	251516				

制表：张宏成

中国铁建设备专业人员综合情况统计表

（2011 年度）

单位 \ 数量 \ 项目	设备管理人员（人）						设备操作技术工人（人）						主要工种人数（人）			业务培训	
	总人数	其中 高级工程师	工程师	助理工程师	技术员	其他管理人员	总人数	其中 高级技师	技师	高级工	中级工	初级工	机械司机	汽车驾驶员	修理工	期数	人数
中国土木工程集团有限公司	180	8	31	10	23	65	707	24	29	100	386	173	649	927	351	28	596
中铁十一局集团有限公司	1143	60	178	430	125	350	1877	42	105	957	428	345	703	672	216	43	647
中铁十二局集团有限公司	614	35	37	183	73	286	1626	39	348	773	277	189	838	806	132	27	267
中铁十三局集团有限公司	477	33	72	98	61	213	1198	19	160	582	334	103	588	566	129	8	181
中铁十四局集团有限公司	528	40	96	143	114	135	1074	27	168	542	223	82	462	601	142	13	552
中铁十五局集团有限公司	622	34	88	208	134	158	2941	58	213	865	1263	542	1147	1182	270	9	234
中铁十六局集团有限公司	1186	68	185	407	187	330	2074	49	226	1156	394	249	1067	1013	304	18	662
中铁十七局集团有限公司	1576	33	99	175	146	385	3312	43	351	1020	1080	818	1637	1364	311	56	634
中铁十八局集团有限公司	728	39	88	152	106	343	1716	64	387	702	326	237	528	981	177	26	330
中铁十九局集团有限公司	1110	72	201	246	253	338	2684	74	276	527	933	874	950	756	193	137	1463
中铁二十局集团有限公司	636	19	93	140	101	280	1923	45	229	455	574	620	1003	888	188	21	620
中铁二十一局集团有限公司	630	15	59	95	119	342	1208	136	108	440	220	304	373	618	182	40	816
中铁二十二局集团有限公司	377	17	76	130	47	107	715	22	83	229	213	168	347	316	162	13	433
中铁二十三局集团有限公司	400	30	103	111	55	101	1314	40	218	309	405	342	776	800	219	34	622
中铁二十四局集团有限公司	817	25	124	126	42	195	1124	15	53	236	549	271	223	475	225	57	421
中铁二十五局集团有限公司	258	27	28	86	42	75	485	12	28	168	168	104	198	317	80	22	414
中铁建设集团有限公司	84	11	13	17	2	41	404	2	14	35	214	139	228	288	24	21	532
中国铁建电气化局集团有限公司	114	2	16	17	13	67	492	1	49	137	188	210	378	315	7	19	213
昆明中铁大型养路机械集团有限公司	106	5	16	40	3	42	687	36	56	247	203	131	77	5	15	5	78
中国铁建重工集团有限公司	2156	117	376	527	204	628	5221	128	501	1361	1940	1365	2227	2516	732	171	2713
2011 年合计	13742	690	1979	3341	1850	4481	32782	876	3602	10841	10318	7266	14399	15406	4059	768	12428

制表：张宏成

中国铁建房地产开发经营情况统计表

（2011 年度）

开发单位	项目名称	建设地点	规划总建筑面积（万平方米）	其中：地上建筑面积（万平方米）	项目计划总投资（万元）	2010 年底开工累计完成投资（万元）	2011 年实际完成投资（万元）	其中：企业自有资金（万元）	其中：银行贷款（万元）	其中：其他资金（万元）	2011 年实际销售面积（万平方米）	2011 年实际销售金额（万元）	2011 年实现营业收入（万元）
总　　计			2404.00	1953.0	11919291	4032325	2700992	1648976	348354	703659	177.9	1465412	1374906
中国铁建房地产集团有限公司			1596.00	1291.0	8193238	3478268	1958378	1121092	243965	593318	135.0	1178248	1163716
北京天太金海置业有限公司	北京西派国际公寓	北京	13.86	9.6	183300	183244					0.3	3874	5338
中铁房地产集团长沙置业有限公司	长沙山语城	湖南长沙	91.10	74.1	282604	126778	46459	33671	5000	7788	7.6	39953	38380
中铁房地产开发（保定）有限公司	中国铁建·京南一品	河北保定	51.10	44.3	155482	72260	65111	8432		56679	8.3	46617	40921
徐州中铁房地产开发有限公司	龙域中央	江苏徐州	66.05	55.1	151272	184302	43707	43274		433	8.3	88612	122728
贵阳中泓房地产开发有限公司	中国铁建·国际城	贵州贵阳	225.30	180.0	675750	330935	108620	72229	2821	33570	6.1	31241	100420
长春中铁房地产开发有限公司	中国铁建·国际花园	吉林长春	56.30	46.0	142465	94153	36210	35328		882	6.0	36261	13965
中铁嘉业（北京）投资有限公司	中国铁建·原香小镇	北京	22.40	17.2	134653	158454	25844	25844			1.2	13594	50926
中铁地产（成都）开发有限公司	中国铁建·国际城	四川成都	126.50	95.1	377431	183146	141880	134880	7000		14.8	80698	110068
中铁房地产集团（广西）有限公司	中国铁建·凤岭山语城	广西南宁	42.90	33.1	169206	137709	55465	44742		10723	12.0	99058	103509
湖南中盛嘉业房地产开发有限公司	中国铁建·国际城	湖南长沙	120.00	110.0	170244	57246	38632	18443	15000	5189	9.5	43680	39018
中铁房地产集团合肥置业有限公司	中国铁建·国际城	安徽合肥	164.80	137.8	492400	198293	212492	56873	38549	117070	17.1	105196	141638
北京第六大洲房地产开发有限公司	中国铁建·国际城	北京	81.40	61.4	634143	387918	76274	30774	45500		3.6	92167	191884
中铁房地产集团北京丰基置业有限公司	中国铁建·青秀城	北京	30.00	24.8	331574	241908	83819		59741	24078	9.3	163012	204921

续表

开发单位	项目名称	建设地点	规划总建筑面积（万平方米）	其中：地上建筑面积（万平方米）	项目计划总投资（万元）	2010年底开工累计完成投资（万元）	2011年实际完成投资（万元）	其中：企业自有资金（万元）	其中：银行贷款（万元）	其中：其他资金（万元）	2011年实际销售面积（万平方米）	2011年实际销售金额（万元）	2011年实现营业收入（万元）
中铁房地产集团浙江京城投资有限公司	中国铁建·杭州国际城	浙江杭州	36.40	27.2	504711	207849	144813	112953	16000	15857	0.3	6111	
中铁地产（四川）开发有限公司	中国铁建·成都西派国际	四川成都	30.72	24.1	261963	131980	13399	13399					
中铁地产（四川）开发有限公司	中国铁建·成都青秀城	四川成都	26.00	19.4	129339	51143	43579	43579			2.9	21402	
中铁房地产集团北京正达置业有限责任公司	中国铁建·长阳国际城	北京	29.64	23.5	258890	160826	79006		28354	50652	22.2	270417	
中铁房地产集团广州有限公司	中国铁建·广州国际城	广东广州	24.91	17.6	242518	137465	38428			38428			
中铁房地产集团（天津）置业有限公司	中国铁建·天津国际城	天津	107.32	86.8	1053207	432659	50277	24277	26000		0.4	4995	
中铁嘉业（北京）投资有限公司	中国铁建·原香漫谷	北京	43.03	33.74	336768		154058	154058					
中铁房地产集团北京丰昊置业有限公司	中国铁建·北京山语城	北京	32.58	26.9	341919		197894	197894			5.2	31361	
中铁房地产集团（贵州）有限公司	贵阳兰草坝（暂定）	贵州贵阳	58.93	50.5	287254		22176	22176					
中铁房地产集团宁波京城投资有限公司（暂定）	中国铁建·宁波山语城	浙江宁波	20.02	15.5	118464		25069	25069					
中铁房地产集团武汉有限公司	中国铁建·武汉国际城（暂定）	湖北武汉	47.77	39.5	308057		21197	21197					
中铁房地产集团北京顺捷金海置业有限公司	门头沟永定镇居住及F1住宅混合公建项目（暂定）	北京	46.77	38.0	449624		233969	2000		231969			
中铁十一局集团有限公司			4.23	3.55	16860		6974	6974					
重庆璧和房地产开发有限公司	中国铁建·璧河国际	重庆	4.23	3.55	16860		6974	6974					
中铁十二局集团有限公司			13.90	11.00	50000	10644	16400			16400	0.5	5092	
湖南华铁房地产有限责任公司	天天向上住宅小区	湖南长沙	13.90	11.00	50000	10644	16400			16400	0.5	5092	

续表

开发单位	项目名称	建设地点	规划总建筑面积（万平方米）	其中	项目计划总投资（万元）	2010年底开工累计完成投资（万元）	2011年实际完成投资（万元）	其中			2011年实际销售面积（万平方米）	2011年实际销售金额（万元）	2011年实现营业收入（万元）
				地上建筑面积（万平方米）				企业自有资金（万元）	银行贷款（万元）	其他资金（万元）			
中铁十三局集团有限公司			38.31	33.24	195713	29102	38125	29736	8389		1.30	19487	36487
天津市春江房地产开发有限公司	靖江雅园二期工程	天津	4.90	4.05	39213	22649	13513	5124	8389		1.32	19487	36487
黑龙江华府房地产开发有限公司	哈尔滨先锋路改造开发项目(暂定名)	黑龙江哈尔滨	18.19	16.49	80100	6453	4657	4657					
天津市春江房地产开发有限公司	中铁滨海欣城	天津	15.22	12.70	76400		19955	19955					
中铁十四局集团有限公司			112.35	89.60	588150	65950	154402	6762	95000	52640	8.61	61582	54912
青岛中铁凯华房地产开发有限公司	岸芷汀兰(东区)	山东青岛	8.37	8.37	22000	3750	10730			10730	2.92	11627	
中铁十四局集团凯华置业有限公司	岸芷汀兰(西区)	山东青岛	18.62	18.62	42000	7650	2762	2762			0.16	460	718
南京昌和房地产开发有限公司	江佑铂庭	江苏南京	26.91	21.17	155200	48200	45056		12000	33056	5.53	49495	54194
济南中铁凯华房地产开发有限公司	名山秀水	山东济南	14.17	10.45	54303	6350	1853			1853			
泰安市凯华房地产开发有限公司	泮河嘉苑	山东泰安	4.48	3.65	18000		3290	2000	1000	290			
济南庆龙置业有限公司	中国铁建·国际城	山东济南	39.80	27.34	296647		90711	2000	82000	6711			
中铁十五局集团有限公司			28.05	22.47	86600	13350	10938	10938			2.50	10415	
中铁十五局集团临沂置业有限公司	中国铁建·东来尚城	山东临沂	28.05	22.47	86600	13350	10938	10938			2.54	10415	
中铁十六局集团有限公司			41.25	36.00	115038	39027	27355	19741		7614	4.10	17410	5141
海南京博房地产有限公司	琼海京博雅居	海南琼海	9.11	9.11	26000	10800	6500	6500			1.04	6670	4600
海南京博房地产有限公司	定安怡陶园小区	海南定安	3.45	3.35	7100	2034	2971	2971			0.11	450	

续表

开发单位	项目名称	建设地点	规划总建筑面积（万平方米）	其中 地上建筑面积（万平方米）	项目计划总投资（万元）	2010年底开工累计完成投资（万元）	2011年实际完成投资（万元）	其中 企业自有资金（万元）	银行贷款（万元）	其他资金（万元）	2011年实际销售面积（万平方米）	2011年实际销售金额（万元）	2011年实现营业收入（万元）
福建省顺昌远宏房地产开发有限公司	天天花园四期	福建顺昌	15.69	12.43	32500	10735	7614			7614	2.94	10290	541
鄂尔多斯市禹人房地产开发有限公司	东方君座一期	内蒙古呼和浩特	4.90	4.70	24700	15458	5170	5170					
中铁十六局集团置业投资有限公司梧州公司	梧州红岭新区ZS—02—20号地块	广西梧州	8.10	6.41	24738		5100	5100					
中铁十八局集团有限公司			80.86	68.80	355173	57552	49987	49987			4.20	17619	13000
湖北万佳房地产开发有限公司	鄂州万佳凯旋城	湖北鄂州	26.06	25.82	69548	38681	8487	8487			4.20	17619	13000
湖北博瀚置业有限公司	武汉中北路	湖北武汉	33.80	26.00	196866	18871	41500	41500					
房地产开发有限公司	八里台	天津	21.00	17.00	88759								
中铁二十局集团有限公司			24.26	19.50	92000	44328	22192	22192			3.70	24932	8000
重庆中景置业有限公司	同景国际城Q组团	重庆	12.23	9.88	49500	11441	22079	22079			3.54	24487	
中铁二十局集团房地产开发有限公司	同景国际城F组团	重庆	2.23	1.85	9500								
中铁二十局集团房地产开发有限公司	同景国际城C组团	重庆	9.80	7.77	33000	32887	113	113			0.19	445	8000
中铁二十一局集团有限公司			213.12	165.17	1270679	128159	263357	263357			10.00	85000	
中铁二十一局集团德盛和置业有限公司	中国铁建·梧桐苑	陕西西安	33.12	25.17	190000	54460	28357	28357			10.00	85000	
中铁二十一局集团德盛和置业有限公司	中国铁建·国际城	陕西西安	180.00	140.00	1080679	73699	235000	235000					
中铁二十二局集团有限公司			28.51	24.60	136340	41480	34264	19114	1000	14150	1.10	11690	12617
黄石天方科技置业有限公司	天方百花园	湖北黄石	13.29	12.55	37058	10480	16320	1170	1000	14150	0.77	4214	12617

续表

开发单位	项目名称	建设地点	规划总建筑面积（万平方米）	其中：地上建筑面积（万平方米）	项目计划总投资（万元）	2010年底开工累计完成投资（万元）	2011年实际完成投资（万元）	其中：企业自有资金（万元）	其中：银行贷款（万元）	其中：其他资金（万元）	2011年实际销售面积（万平方米）	2011年实际销售金额（万元）	2011年实现营业收入（万元）
中铁二十二局集团第三工程有限公司	中铁海曦	福建厦门	5.79	4.62	70741	30751	9186	9186			0.35	7476	
中铁二十二局集团第三工程有限公司	中铁创新园	福建厦门	4.10	3.50	8276	248.57							
中铁二十二局重庆房地产有限公司	中铁5号	重庆	5.33	3.93	20265		8758	8758					
中铁二十五局集团有限公司			32.30	29.20	91321	18746	12522	12522				102	102
中铁二十五局集团柳州万佳房地产开发有限公司	柳州市万佳馨园	广西柳州	9.67	9.67	21000	18746					0.01	102	102
中铁二十五局集团房地产开发有限公司	柳州·金色蓝庭	广西柳州	6.58	4.96	29504		12522	12522					
中铁二十五局集团房地产开发有限公司	衡阳·金色蓝庭	湖南衡阳	16.03	14.53	40817								
中铁建设集团有限公司			154.44	129.2	573608	105719	72702	53165		19537	6.40	33835	80931
中铁建设集团中加伟业房地产有限公司	中加吉鼎住宅区1号住宅楼等16项	北京	12.34	11.28	59520	32214	25692	10225		15467	0.50	3934	80931
西安侨隆置业有限公司	中国铁建·瑞园	陕西西安	10.31	9.23	48000	15691	10917	6847		4070	1.10	7936	
中铁建设集团(信阳)房地产开发有限公司	领秀城	河南信阳	120.00	100.50	310000	37266	35796	35796			4.80	21965	
北京佳景晟房地产有限公司	石景山苹果园交通枢纽商务区J、P地块商业项目	北京	11.79	8.22	156088	20548	297	297					
中铁第四勘察设计院集团有限公司			37.00	30.00	154571		33396	33396					
中铁四院集团房地产开发有限公司	荷塘星城	湖南株洲	37.00	30.00	154571		33396	33396					

制表：赵文晴

2011 年 11 月 21 日,中国铁道建筑总公司在全系统召开视频会议,推进“铁道兵纪念馆(中国铁建展览馆)”建设工作。（刘 文 摄）

文献辑要

特载	大事记	概况	董事会工作	工程施工	海外经营 境外工程	经营管理	综合管理	科技文化	党的工作	工会 共青团	所属单位	人物	统计资料	文献辑要	附录

本栏责任编辑 杨启燕

中国铁建股份有限公司发展战略与规划
(摘 要)

(中国铁建发展〔2011〕1号)

一、企业现状与发展环境(略)

二、企业竞争力及对标分析(略)

三、发展指导思想、基本原则与发展战略

(一)发展的指导思想

以邓小平理论和"三个代表"重要思想为指导,深入贯彻落实科学发展观,按照胡锦涛总书记对中国铁建提出的"建优质工程,树企业形象"的要求,以"巩固、发展、提高、创新"为基本方针,以"转方式、调结构、促转型、上水平"为发展主线,紧紧抓住和用好国家发展战略和经济全球化深入发展的重要机遇期,转变发展思路,巩固发展规模,优化发展结构,创新发展模式,提高发展质量,促进产业转型升级,提升跨国指数,着力做强做优,实现规模与效益、结构与布局的合理匹配,进一步增强企业核心竞争力,推动企业可持续发展,将中国铁建建设成为具有国际竞争力的世界一流建筑企业。

(二)发展的基本原则

坚持发展的"八项基本原则":必须坚持建筑为本的原则,稳步提高工程承包的经营规模和盈利水平;必须大力推进产业结构战略性调整,坚持生产经营和资本运营双轮驱动、协调发展,促进经济增长向相关产业协同带动、资本运营协调拉动转变,构筑符合国家产业方向的高端、高新产业体系;必须坚持规模与效益相统一,速度与质量相匹配,实现规模与效益并重,在保持高发展速度的同时,提高发展质量;必须切实加快科技进步和创新,大力提高自主创新能力,真正走上创新驱动内生增长的发展轨道;必须全面提升企业管理水平,深入推进和落实精益管理,向管理要效益;必须深入推进企业改革,激发全方位的创新活力,不断完善有利于企业发展的体制机制;必须坚持低碳环保的发展理念,建设资源节约型、环境友好型企业;必须切实保障员工权益,坚持发展成果惠及全体员工。

(三)使命与愿景

1. 使命

建设现在,引领未来

2. 愿景

路通五洲,道行天下

(四)总体发展战略

总体发展战略:建筑为本、相关多元、一体运营、转型升级,发展成为经济实力国际领先、技术实力国际领先、竞争实力国际领先,具有高价值创造力的跨国建筑产业集团。

建筑为本——工程建筑是中国铁建的支柱产业和立足之本,也是产业结构调整、业务扩张的前提和基础。未来主要战略重点必须坚持以工程总承包业务为核心,以"创规模、强效益、树品牌"为发展重任,将传统建筑产业发展为现代建筑产业。

相关多元——充分利用中国铁建主营业务优势和企业品牌信誉,以工程建筑产业为纽带,以产业结构调整为手段,根据产业发展的周期特点,构建布局合理、功能明确、产业集聚、特点鲜明、分工协作、差异发展、低碳环保的多元化产业发展体系。

一体运营——通过产业链纵向、横向的业务拓展,构建设计与施工一体化、资本运作与相关产业运作一体化、国际与国内一体化的运营模式,加强业务协同机制和管控手段,扩大中国铁建品牌影响力,推进系统集成和优势互补,提升整体运营效率。

转型升级——坚持在发展中转型、在转型中发展的思路,全面推进八大转变,提高十种能力。八大转变:一是从依靠铁路施工建设为主向路内外多领域建设并举转变;二是从依靠工程建筑产业带动增长向依靠多元化产业协同带动发展转变;三是从规模增长目标向以结构质量效益为根本的发展目标转变;四是从以国内市场为主向海内外两个市场均衡发展转变;五是从劳动密集型向管理技术资本一体化转变;六是从依靠生产要素驱动向依靠科技进步、员工队伍素质提高、创新驱动转变;七是从粗放化、经验化发展向精益化、内涵化、集约化发展转变;八是从同质化、综合化、分散化发展向专业化、差异化、产业集中集聚化发展转变。着力提升十大能力:一是提升战略决策能力;二是提升盈利能力;三是提升市场拓展能力;四是提升资本运营能力;五是提升科技创新能力;六是提升项目管理能力;七是提升协调发展能力;八是提升内控和风险防范管控能力;九是提升兼并收购能力;十是提升总部的管控、协调、监督、服务能力。

(五)产业发展战略

1. 产业组合战略

(1)7+1产业构成

工程建筑、房地产、特许经营、工业制造、物资物流、矿产资源、金融信托保险及其他孵化的新兴产业。

(2)“1223”产业组合

按照“1223”(一个坚持、两个加快、两个推进、三个发展)产业组合思路,进行产业结构的优化与调整,加快向做强做优方向发展。

一个坚持——始终坚持以工程建筑产业为支柱产业,突出其在产业体系中的基础和牵引作用,稳步提升国内市场,快速进入水工市场,积极扩张海外市场,继续保持建筑行业领军地位。

两个加快——加快发展房地产、加快发展特许经营,使之成长为中国铁建的两个核心产业,成为企业未来的利润支撑。

两个推进——推进工业制造、物资物流等强相关产业向国内一流目标迈进。

三个发展——发展城市综合开发、环保、新能源等建设新市场;发展矿产资源产业;发展金融信托保险及有选择性进入新兴产业,使之成为新的经济增长点。

2.产业发展战略

(1)工程建筑

工程承包业务——在稳定规模的基础上稳步提高收益,提升专业化水平,统筹国内国际两个市场,形成铁路、公路、城市轨道交通、水工、市政基建、房屋建筑六大核心市场,水利电力、环保、新能源三大拓展领域的市场结构。全面提升施工管理水平,积极稳妥推进从施工总承包逐步向工程总承包转变,完善生产组织架构和管理体系,建立适应市场需要的生产体系,发挥中国铁建的集成能力。打造工程承包业务与其他业务之间的联动模式,同时发展城市综合建设业务,引领中国铁建低碳可持续发展。

勘察设计咨询业务——以铁路为核心,发展城轨、公路、市政、房建等相关勘察设计咨询业务,加强桥梁、水下隧道等相关水工市场业务的设计咨询能力,大力提升工程总承包能力,加快海外市场、特许经营项目的开拓力度,依据业务能力强弱、规模大小分别向国际型工程公司和工程咨询公司转型。

四电业务——以四电勘察设计、工程施工、产品制造和项目运营为主线,以建设国际知名的系统集成商为目标,着力提高核心技术研发能力、施工设计能力、工程总承包能力、关键设备制造能力、项目组织实施能力、系统安装、系统集成、联调联试能力。尽快缩小与先进企业的差距,形成自己的发展优势。

海外业务——转变思路、调整结构、确立全球运营的发展理念,加速实施“大海外”战略。由总部统一规划、统一管理、统一协调,建立健全海外发展体制机制,依托CRCC、CCECC两个品牌,整合海外资源,明确海外组织结构和区域核心竞争主体,发挥系统优势,以中土集团、具有海外发展能力的集团公司作为海外发展的主力军,走管控有力、扩张有序、风险可控、效益优先、发展协同的海外发展之路,实现产业输出和标准输出,逐步向跨国集团转变。

(2)房地产

通过增强房地产开发能力,完善区域布局、形成有竞争力的产品系列,积极推进与工程承包、特许经营等其他业务的协同。现阶段建立以住宅为主、商业地产开发和持有型物业并重、适度参与保障房建设的综合房地产开发模式。逐步加大商业地产的投资力度,稳步开展商业地产的项目运作、项目复制和资本运作。

(3)特许经营

以高速公路和市政基建为切入点,抓住城镇化建设机遇,加快开发城市基础设施建设综合项目;依托政府政策导向开拓国际市场,稳健投资、控制风险、确保收益;遵循“量力而行”的原则,选择投资效益好、具有稳定现金流的项目,采取独资、控股、参股等多种形式,为企业发展提供可持续性的动力。通过设立投资公司,开展特许经营、矿产资源、城市综合运营等投资性业务(除房地产业务外)。

(4)工业制造

加强自主创新,加快新产品研发,掌握核心技术,推行精益化制造,完善生产布局,建设营销网络,巩固国内市场份额。发展重型高端装备制造,打造集研发设计、生产制造、销售租赁、售后服务、信息反馈为一体的完整产业链,依托海外工程承包业务拓展国际市场,大力发展工业制造产业,使工业制造成为附加值高、竞争力强、带动力大、效益高的产业高地。

(5)物资物流

以物资物流商业为主,围绕内部市场、铁路市场、国内社会市场、国际市场四条主线,以铁路物资、能源、金属为三大核心领域,通过完善高效的物流信息化、区域化、市场化服务体系,提供一体化流通服务。以物流资源整合为手段,实现运作多功能一体化,以信息网络为支撑,发展内部市场,巩固扩大铁路市场,拓展社会市场,开辟国际市场。成为国际化的以物流贸易为核心的一体化服务提供商和铁路物资物流集成供应商。

(6)矿产资源

充分依托工程承包业务,采用工程换资源、工程换能源、合作开发、兼并收购等多种模式,投资开发国内外重点矿业,获取关键资源,积极稳妥推进矿产资源业务发展,拉动工程承包和特许经营业务,形成一定发展规模和利润贡献,逐步成为新的经济增长点。

(7)金融信托保险及其他新产业

积极发展金融信托保险及其他新兴战略产业。通过设立财务公司,开展成员企业间的贷款业务及对外融资、同业拆解、租赁、中介等业务,解决内部产品购销问题和开辟融资渠道。拓展金融信托保险相关业务,促进产融对接。积极探索未来发展的其他新兴战略产业等。

(六)组织管控战略

1. 组织定位

根据中国铁建的产业构成、生产特点、企业规模、市场布局等需要,实行三级法人(股份公司、集团公司、工程公司)管理体制。构建决策科学、定位准确、功能明确、责权清晰、协作支持、有效衔接的主体功能管理体系。股份公司定位为战略管控协调与决策中心、投资中心、财务中心、人力资源中心、资源整合调配中心、风险控制中心和新产业及新业务培育孵化中心;集团公司定位为战略执行中心、市场开发中心、生产组织监控中心、资源组织中心、利润中心、人才队伍建设中心、科技创新中心和安全质量管理中心;工程公司定位为生产经营实施中心、生产要素及资源配置中心、核算中心、成本控制中心、自主创新与成果转化中心和实用人才建设中心。

2. 管控模式

总部管控模式逐步实施由职能管理为主向事业部制管理为主转变。根据不同业务的成熟度、重要性、风险大小和管控习惯等因素采取不同的管控模式,对工程建筑、房地产、特许经营、矿产资源等业务采取战略控制型管控模式,在主要管控职能上对全系统业务实施指导和监管;对工业制造、物资物流等业务采取战略方向型管控模式,对业务和相关子公司的战略方向进行把控和统筹协调。在股份公司总部的统一领导下,不断强化各基础业务之间、各企业之间的战略产业合作,确立整体系统的整合发展战略,最大限度地提高企业价值。

(七)资源优化战略

遵循"发挥和调动股份公司、集团公司、工程公司三级管理的积极性和主动性、系统配置资源、统筹协调发展"的思路,按照"提升产业集中度、发挥资源利用效率、投入产出效益最大化"的原则,充分利用国内国际"两个市场"和"两种资源",有效促进各单位有所为有所不为,实现同质化企业的差异化发展。

1. 生产资源优化

原则上不新设立施工承包为主的综合性工程局;探索将优势工程局集团公司合并行业甲级设计院、甲级综合大型设计院合并相关工程局集团公司或工程公司,转型为以工程总承包为主的具有国际竞争力的大型集团;采取并购和相关专业重组等方式设立水工专业化集团公司;积极推进业务分散重叠、经营效率低下、资产盈利不强、资源利用效率不高、无法形成规模优势的企业和资产专业化重组;依据条件成熟度,根据综合性、专业性、区域性均衡、减少内部竞争的原则,开展将工程局调整为综合局、专业局、区域局相互协调的探索研究,逐步将部分综合性工程局通过资源重组改造改组为专业化局(桥梁局、隧道局、城市轨道交通建设局等)。

2. 海外资源优化

按照区域化、专业化、差异化的发展要求,全面梳理、评估、整顿现有海外机构,建立海外经营准入和重大项目审批制度,由股份公司按照"先入为主、资源优势、能力优势"等原则统一协调,原则上在一个国家和地区明确 1 ~ 2 家经营主体,对已走出海外以及拟走向海外的工程局的海外业务能力进行评估,不具备海外业务能力的集团公司首先应专注于国内经营。

3. 房地产资源优化

充分认识房地产行业开发周期长、资金密集、风险大的产业特点,切实以规模和效益为导向,设立房地产开发的准入门槛。年营业收入、利润和净资产收益率不达标者(标准另定),不能从事房地产开发。形成以中国铁建房地产集团公司为核心、若干集团公司的区域性房地产公司为重点,协同发展的房地产业格局,择机并购主业非房地产开发央企的资产。

4. 工业制造资源优化

进一步优化工业制造资源,形成以昆明中铁、中铁轨道、中铁建电气化局集团为骨干,各局属工业制造企业为补充的工业制造产业体系和产业布局,明确各自的发展方向和产品划分。积极拓展新的产品来源,大力扶持新的产品研发,积极并购、控股、参股相关的高端制造业企业,进一步提升工业制造的集聚效应和行业影响力。

5. 物资物流资源优化

合理布局物资物流基地和园区建设,加强和推进与央企、地方企业之间的合作,提高物流现代化水平,加快物流信息化、标准化和新技术的开发与应用。对全系统铁路专用线、仓储等物流资源进行整合,通过划转重组等方式实现物流资源的集中利用和专业运作。建设股份公司、集团公司分级物资集中采购平台。

(八)职能发展战略

1. 科技战略

实施"科技兴企"战略。根据产业经济布局和行业发展趋势,构建前瞻性和应用型相结合的"四个一批"科技战略。即:建设一批国家级和省部级研发中心、实验基地和孵化基地;研发收购一批全球领先的核心技术、高端产业、尖端产品;打造一批研发精英团队、著名商标、知名品牌;自主或集成研发一批核心关键技术。充分利用、整合子公司的科研资源及外部相关资源,采取研发联盟方式,积极开展共性研究及前瞻性的关键性应用研究。大力培育国家级技术中心、工程实验室及博士后工作站等科研机构,规范、扶持子公司技术研发机构,形成总部、子公司各具特色的技术研发体系,构造与中国铁建建筑行业地位相匹配的科技竞争优势。

2. 人力资源战略

实施“人才强企”战略。控制总量、调配资源、优化结构,提升人力资本价值,实现从传统的人事管理向人力资源管理和人力资本管理转变。构建人力资源总部服务中心,为全系统提供共享、高效的人力资源管理与服务。积极探索人力资源职能外包机制,提高管理效能,降低人力资源成本。强化人才培养能力,开展职业生涯规划,建立健全符合上市公司发展的招聘、培训、培养、使用、考核、薪酬激励体制机制等。

3. 财务战略

实施积极稳健型的财务战略,把聚财、用财、理财、生财作为财务管理的主线,把夯实基础和集中管控作为主攻方向,把财务内控与监督防范风险和资金集中管理作为着力点,把推进信息化建设作为重要支撑,把全面预算管理和责任成本管理作为手段,把提高经济效益作为出发点和落脚点,把推进财会队伍建设和财务创新作为强大动力,全面提升全系统财务管理水平。

坚持依法合规受控、稳健均衡弹性、资源配置有效、成本效益最优原则,大力提升财务核算管理能力、资金统筹能力、金融关系能力、财务控制能力、税收筹划能力、信息处理能力等六大能力,全面推进会计基础管理体系、资金集中管理体系、全面预算管理体系、责任成本管理体系、财务内部控制与管理体系、监督评价管理体系、财务信息化管理体系、税收筹划管理体系、财会队伍建设体系等财务管理体系建设,实施规范化、标准化、系统化、流程化的管理模式,财务管理能力和财务管理水平显著提高,力争达到国内一流水平。

4. 信息化战略

实施“建设与应用并举、管理与效果并进、当前与长远并融”的信息化建设战略,坚持“立足现实、着眼长远、统筹兼顾、协调发展”的信息化建设原则,按照“速赢”与“长效”兼顾的策略实施信息化,信息化达到国内同行业领先水平,有力支撑业务运营。

5. 企业文化战略

传承发扬以铁道兵光荣传统为主体的企业文化,融入以人为本、业绩为先、执行为上、实现卓越的文化因素,构建新经济时代具有中国铁建特色的、支撑国际化发展的企业核心价值观和文化体系。进一步实施文化落地建设,使企业文化与生产过程紧密结合,切实把企业文化转化为核心竞争力。

6. 兼并收购战略

实施积极的兼并收购战略。紧紧抓住国家“十二五”期间战略性新兴产业规划和各区域发展规划的实施,以及中央企业和地方国有企业改革重组的机遇,大力推进并购重组工作。坚持有利于完善产业链、创造更大的利润空间;有利于补强发展短板,提升产业价值;有利于优势互补,产生“1+1〉>2”的协同效应;有利于获得发展新业务所需的人才、技术、资质等资源要素和发展基础平台,促进新产业的快速发展;有利于取得规模效应,提升企业专业能力,参与全球并购,提高全球市场竞争力。积极争取通过相关产业链整合实现与其他央企优良资产的重组和优势互补,完善产业链条。积极利用与地方政府签订战略合作框架的平台,兼并重组相关拥有一定综合实力和比较优势的地方国有企业,选择性收购、控股一些具有战略意义的非国有企业以及具有一定影响力的海外企业等,促进多元化产业结构的调整,加快业务和市场扩张,进一步提升企业价值和国际竞争力。

(九)协同发展战略

实施高度配合、密切协同的发展战略。通过各产业、各业务板块、各单位、各区域的紧密协同配合,充分发挥各业务领域之间的协同效应,提升中国铁建的整体竞争力。建立各业务的协同经营、内部市场扶持协调机制和资源共享体系,建立业务协同经营长效机制。提高资源共享、协调配合、协同发展的针对性和有效性。构筑股份公司、各集团公司之间有效沟通、协调配合、统筹发展的平台。

四、发展规划目标

(一)远景目标

用10~15年时间,国际化和产业升级实现新的突破,2020年营业收入达到7400亿元,海外业务收入占比30%,国内工程承包以外收入占比超过50%,净利润率达到3.5%,发展成为国际领先的具有高价值创造力的跨国建筑产业集团。

(二)“十二五”发展目标(2011~2015年)

1. 总体目标

以产业结构调整和转型升级为抓手,做到“自主创新能力强、资源配置能力强、风险管控能力强、人才队伍强”及“经营业绩优、公司治理优、布局结构优、社会形象优”。公司综合实力显著增强,主要经济指标增幅位居行业前列,盈利能力明显提高,产业结构调整取得重大突破,自主创新能力明显提升,海外经营比重有较大幅度增长,体制机制更加完善,员工权益得到切实保障,企业更加和谐稳定,推进企业向做强做优深层次发展。

实现“一保两进”:

一保。保持ENR全球最大225家承包商前三强的地位,创造利润达到国际建筑企业利润率平均水平。

两进。进入世界500强前100强的行列;进入国家重点培育的30~50家具有国际竞争力的世界一流的大企业大集团。

“十二五”期间完成新签合同总额28800亿元,完成营业收入总额25700亿元,实现净利润总额550亿元。2015年净利润率达到2.5%,EVA(5%)为55.7亿元,资产规模达到4725亿元,资产负债率控制在合理水平。

2.产业结构调整目标

产业结构进一步优化升级,总体布局合理,竞争力明显增强,产业实现集约化发展,各产业对企业的贡献度有较大幅度提升。工程建筑的竞争力为世界一流;房地产进入国内行业前20名,力争进入以房地产为主业的中央企业前6名;特许经营在行业中名列前茅;培育两个营业收入过百亿的装备制造企业;钢结构力争进入行业前50名;物资物流力争进入中国服务业500强前50名、行业前3名。

到2015年,各业务营业收入和利润占比分别为:其中工程承包(国内)占65%、35.1%,工程承包(国际)占11.6%、6.3%,勘察设计咨询占1.5%、4.9%,房地产占5%、25.7%,特许经营占2.1%、12.4%,工业制造占2.6%、6.9%,物资物流占12.1%、6.4%,矿产资源占0.1%、2.3%。

3.组织结构调整目标

企业组织结构进一步优化,股份公司、集团公司、工程公司(三级公司)管理协调、功能明确、分工协作的互补性组织结构基本形成。培育形成5~7个实力雄厚、规模达数百亿、具有国际竞争力的综合性集团公司。调整和新培育形成3~5个成长性好、专业性强、带动力大的专业化集团公司,培育发展100个“专、优、特、精”的工程公司,三级公司基本实现专业化,构成差异化的组织架构。

非主业四级法人和综合性分公司整合撤并完成,管理链条进一步缩短,管理效率得到有效提升。进一步改革、调整和优化总部机构设置,三定工作进一步深入,职能转变取得明显进展,理顺关系取得明显突破,部门责任得到明显强化,机构编制得到有效控制,机关人员的素质得到明显提高,领导能力、办事能力、管控能力、协调能力、服务能力得到明显提升。形成办事高效、运转协调、行为规范、监控有力、服务到位的组织营运体系。

4.科技创新目标

科技创新体系进一步完善,科技创新能力大幅度提高,攻克一批共性关键技术,部分关键核心技术达到世界领先水平。实现科技进步奖国家级5项、省部级100项;四优设计奖国家级5项、省部级40项;中国土木工程詹天佑奖15项;专利300项,其中发明专利30项。科技对企业发展的引领作用显著增强,形成一批具有自主知识产权和较强竞争力的企业,建立国家级技术中心1个、省部级技术中心20个,建立国家级实验室1个,实现高新技术企业20家。科技投入在营业收入总值比重达到1.2%,初步建立布局合理、特点鲜明、设施完备、运转高效的科技基础条件平台,科技创新综合实力超过行业平均水平。

5.人力资源目标

培养造就“数量充足、素质优良、结构合理、专业匹配”的人才队伍。营造充满活力、更加开放的人才发展环境,建立与企业转型相适应、与国内国际业务发展相匹配的人才资源结构,人才数量和整体水平及人才国际化程度位居央企前列,员工总量得到有效控制,人才资源总量持续较快增长。到2015年,员工受高等教育比例人数达到40%以上,人才素质较大幅度提高。人才布局明显优化,人才的产业分布更趋合理,工程建筑、房地产、特许经营、工业制造、物资物流、矿产资源等重点产业人才比重明显增加,研发人才比重明显提高,工程公司和工程项目管理人才队伍得到加强。人才使用效能不断提升,人才发展体制机制取得实质性突破。重点推进和实施七大人才工程:

(1)院士、大师培养引进工程

有重点地培养引进1~2名院士,新培养3~5名国家级勘察设计大师。

(2)百千万科技创新人才工程

着眼于扩大科技人才规模和提升研发创新能力,在勘察设计、工程承包、工业制造、电气化等重点创新领域培养一批具有较高研发水平和科研组织管理能力的复合型领军人才。到2015年,着力培养和引进100名科技领军人物、1000名科技创新人才、10000名科技研发工作人员。

(3)海外实战经营管理人才培养工程

围绕“走出去”战略目标,有重点地培养一批具有海外商务能力、项目管理运作能力、语言交流能力的海外经营管理人才。到2015年,新培养海外商务人才1500人、海外项目管理人才2000人。

(4)“135”管理经营人才提升工程

着眼于提高企业现代化管理水平和经营企业能力,到2015年,新培养100名具有战略思维和全球视野、引领企业发展的集团公司高级管理人才,300名懂管理、善经营的工程公司高级经营管理人才,500名职业素养好、开拓能力强的企业优秀经营人才。

(5)注册师发展工程

培养和造就一批勇于实践、具有丰富专业知识、精通业务、敢于探索、富有职业精神的注册师人才。到2015年,新培养和引进注册建筑师100人、注册结构师100人、注册土木工程师100人、注册造价师200人、注册监理工程师200人、注册咨询工程师300人、注册建造师500人、注册安全工程师2000人和注册会计师1000人等,同时积极鼓励培养符合企业发展需求的其他各专业注册师。

(6)高技能人才培养工程

全面推行首席技师制,推广定制培养模式,培养一大批主要服务于生产一线的技术技能型、知识技能型、复合技能型、善于技术革新的科技技能型人才。到2015年首席技师达500人、高级技师3000人、技师10000人,高技能人才总量达到5万人。

(7)项目管理人才保障工程

为适应项目管理需要,确保项目管理规范化、流程化、标准化,提升项目的盈利能力,以及为集团公司、工程公司培养后备基础人才,到2015年,新培养5000名职业项目经理、8000名项目总工、5000名概预算人员、10000名项目财务管理和成本核算人员。

6. 员工权益保障目标

分配制度改革取得实效,分配关系进一步理顺,各层级和一线员工的工资收入分配体系进一步完善,员工收入与企业效益挂钩的收入增长机制、分配激励与约束机制、收入能增能减机制基本形成并发挥有效作用。工资集体协商机制、工资支付保障机制和最低工资保障制度全面推行。劳动关系和谐稳定,劳动合同签订率达到100%。员工工资增长与企业效益增长挂钩,全系统员工平均工资年平均增长率不低于10%,实现员工工资增长与企业效益同步增长。员工职业病年度发生率小于0.15‰,按时足额缴纳“五险”,社会保险、住房公积金覆盖率达到100%,具备设立企业年金条件的单位100%建立企业年金制度。

7. 投资风险控制目标

投资风险管理控制体系进一步完善,投资的制度建设、运行机制、相关政策规定进一步健全,投资方案的选择更加科学,投资决策程序更加完善,投资主动权的把握和投资应变策略的谋定能力大大提高和增强,投资组合更加趋向合理,投资收益率不低于12%。

8. 节能减排目标

到2015年,重点领域节能减排取得显著成效,新建建筑执行强制性节能标准的比例达到100%,企业万元营业收入能耗比2010年降低20%,按照“减量化、再利用、资源化”要求,资源的综合利用和循环利用水平有较大的提高。工业固体废物综合利用达到60%以上,控制和减少污染物排放,各种排放达到国家或行业的先进标准。构建低碳环保型、资源节约型、环境友好型企业。

9. 安全质量目标

坚持“安全第一、预防为主、综合治理”和“百年大计、质量第一”的方针,杜绝重、特大生产安全事故,各类生产安全事故伤亡率和考核控制指标低于国家有关规定,较大责任事故控制在5起/年以内,年度责任事故死亡控制在百亿元产值2人以内。实施“精品工程”战略,杜绝重大设计与施工质量事故,竣工交付工程质量全面达到国家标准和合同承诺要求。分项工程一次检验合格率100%、单位工程一次交验合格率100%,所有交付工程确保实现合同承诺的创优目标。争创中国建设工程鲁班奖和国家优质工程奖10项/年以上。

10. 信息化建设目标

逐步完善信息化制度与管理体系,集中开展信息化建设,建成贯通中国铁建组织体系、覆盖各产业板块的“五纵四横”九大应用平台,建立集数据、音频、视频合一的四级联通专用网络,研发应用于决策、规划、工程、经营、人事、财务管理等各类主要业务的信息化应用系统,初步形成“基础网络全联通、主要功能全覆盖、管理应用全面化”的数字化应用系统,打造“数字铁建”、“信息铁建”,信息化建设达到国内同行业领先水平。

五、“十二五”发展的主要任务和措施(略)

六、战略规划实施保障措施(略)

中国铁建股份有限公司内幕信息知情人管理制度

（中国铁建董〔2011〕200号）

第一章　总　　则

第一条　为进一步规范中国铁建股份有限公司（以下简称“公司”）的内幕信息知情人和外部信息使用人管理工作，保护公司股东、债权人及其他利益相关人员的合法权益，根据《中华人民共和国公司法》、《中华人民共和国证券法》（以下简称《证券法》）、《上市公司信息披露管理办法》（以下简称《信息披露管理办法》）、中国证监会《关于上市公司建立内幕信息知情人登记管理制度的规定》等有关法律、法规以及《上海证券交易所股票上市规则》、《香港联合交易所有限公司证券上市规则》和《中国铁建股份有限公司章程》（以下简称《公司章程》），结合公司实际，特制定本制度。

第二条　公司董事会是内幕信息的管理机构，董事会秘书负责公司内幕信息的日常管理工作。

第三条　公司董事会要保证内幕信息知情人档案真实、准确和完整，董事长为主要责任人。董事会秘书负责办理公司内幕信息知情人的登记入档事宜。

公司监事会要对内幕信息知情人登记管理制度实施情况进行监督。

第二章　内幕信息及内幕信息知情人

第四条　本制度所指内幕信息是指根据《证券法》第七十五条规定，涉及公司的经营、财务或者对公司证券及其衍生品种交易价格有重大影响的尚未公开的信息。

第五条　本制度所指内幕信息的范围包括：

（一）公司的经营方针和经营范围的重大变化；

（二）公司的重大投资行为和重大的购置财产的决定；

（三）公司订立重要合同，可能对公司的资产、负债、权益和经营成果产生重要影响；

（四）公司发生重大债务和未能清偿到期重大债务的违约情况；

（五）公司发生重大亏损或者重大损失；

（六）公司生产经营的外部条件发生的重大变化；

（七）公司的董事、1/3以上监事或者总裁发生变动；

（八）持有公司5%以上股份的股东或者实际控制人，其持有股份或者控制公司的情况发生较大变化；

（九）公司减资、合并、分立、解散及申请破产的决定；

（十）涉及公司的重大诉讼，股东大会、董事会决议被依法撤销或者宣告无效；

（十一）公司涉嫌犯罪被司法机关立案调查，公司董事、监事、高级管理人员涉嫌犯罪被司法机关采取强制措施；

（十二）公司分配股利或者增资的计划；

（十三）公司股权结构的重大变化；

（十四）公司债务担保的重大变更；

（十五）公司营业用主要资产的抵押、出售或者报废一次超过该资产的30%；

（十六）公司的董事、监事、高级管理人员的行为可能依法承担重大损害赔偿责任；

（十七）公司收购的有关方案；

（十八）适用法律和上市地证券监管规则规定的对公司证券及其衍生品种交易价格有显著影响的其他重要信息。

第六条　本制度所指内幕信息知情人，是指《证券法》第七十四条规定的有关人员，即公司内幕信息公开前能直接或者间接获取内幕信息的单位及个人，包括：

（一）公司的董事、监事、高级管理人员；

（二）持有公司5%以上股份的股东及其董事、监事、高级管理人员，公司的实际控制人及其董事、监事、高级管理人员；

（三）公司控股的公司及其董事、监事、高级管理人员；

（四）由于所任公司职务可以获取公司有关内幕信息的人员；

（五）证券监督管理机构工作人员以及由于法定职责对证券的发行、交易进行管理的其他人员；

（六）公司的保荐人、承销公司股票的证券公司、证券交易所、证券登记结算机构、证券服务机构以及承担公司财务报告审计、审阅业务的有关人员；

（七）法律、行政法规、规章以及规范性文件规定的其他内幕信息知情人员；

（八）公司证券上市地适用法律所认定的内幕信息知情人或类似概念的有关人员。

第三章　内幕信息知情人的登记备案

第七条　公司实行内幕信息知情人登记管理制

度,严格按照监管机构的要求进行内幕信息的保密管理及在内幕信息依法公开披露前的内幕信息知情人的登记管理。

第八条 在内幕信息依法公开披露前,有关责任主体应当按照本规定要求填写内幕信息知情人档案,及时记录商议筹划、论证咨询、合同订立等阶段及报告、传递、编制、决议、披露等环节的内幕信息知情人名单,及其知悉内幕信息的时间、地点、依据、方式、内容等信息。

第九条 内幕信息知情人登记备案的内容包括但不限于以下内容:

(一)内幕信息事项

内幕信息事项应采取一事一记的方式,即每份内幕信息知情人档案仅涉及一个内幕信息事项,不同内幕信息事项涉及的知情人档案应分别记录。

(二)内幕信息知情人的基本情况

填报内幕信息知情人的基本情况,包括内幕信息知情人的姓名、所在单位和(或)部门、与上市公司的关系、职务或岗位、身份证号码等。

(三)知悉内幕信息的时间、地点

知悉内幕信息的时间是指内幕信息知情人知悉或应当知悉内幕信息的第一时间。

(四)知悉内幕信息方式

填报获取内幕信息的方式,包括但不限于会谈、电话、传真、书面报告、电子邮件等。

(五)内幕信息内容

填报各内幕信息知情人所获知的内幕信息的内容,可根据需要要求内幕信息知情人添加附页进行详细说明。

(六)内幕信息所处的阶段

填报内幕信息所处阶段,包括商议筹划,论证咨询,合同订立,公司内部的报告、传递、编制、决议等。

(七)登记时间和登记人

登记时间为实际办理登记的时间,登记人为实际办理登记的人员。

第十条 内幕信息登记备案的责任主体是发生和报送内幕信息的单位或部门。按照公司关于重大信息报告的有关规定,凡具有重大信息报告义务的单位和部门,都是内幕信息登记备案的责任主体。

第十一条 内幕信息知情人登记备案的流程是:当内幕信息发生时,发生内幕信息的单位或部门应在第一时间按规定的报告程序报告公司董事会秘书局,董事会秘书局应视重要程度逐级呈报董事会秘书、董事长。内幕信息的发生和报送单位、部门应在第一时间填写内幕信息知情人档案并及时报送董事会秘书局,完整的内幕信息知情人档案的送达时间不得晚于内幕信息公开披露的时间。董事会秘书局对内幕信息知情人档案进行汇总,如按照相关规定需向监管机构报送的,董事会秘书局应按要求报送。

第十二条 公司各职能部门及各子公司、参股公司、分公司等下属单位应严格按照《中国铁建股份有限公司信息披露管理办法》及《中国铁建股份有限公司重大信息内部报告制度》等有关规定履行重大信息报告义务,按照规定程序及时报送重大信息,并严格依照本制度和公司的保密工作规定,做好内幕信息的保密工作和内幕信息知情人的登记备案。

第十三条 公司的股东、实际控制人及其关联方、证券公司、证券服务机构、律师事务所等中介机构、收购人、重大资产重组交易对方及涉及公司并对公司股价有重大影响事项的其他发起方等内幕信息知情人,应积极配合公司做好内幕信息登记管理工作,及时告知公司已发生或拟发生重大事件的内幕信息知情人情况以及内幕信息知情人变更情况,同时向公司提交内幕信息知情人档案。

(一)公司的股东、实际控制人及其关联方研究、发起涉及上市公司的重大事项,以及发生对上市公司股价有重大影响的其他事项时,应当填写本单位内幕信息知情人的档案。

(二)证券公司、证券服务机构、律师事务所等中介机构接受委托从事证券服务业务,该受托事项对公司股价有重大影响的,应当填写本机构内幕信息知情人的档案。

(三)收购人、重大资产重组交易对方以及涉及公司并对公司股价有重大影响事项的其他发起方,应当填写本单位内幕信息知情人的档案。

上述主体应当根据事项进程将内幕信息知情人档案分阶段送达公司,但完整的内幕信息知情人档案的送达时间不得晚于内幕信息公开披露的时间。内幕信息知情人档案应当按照本制度的要求进行填写。

第十四条 公司进行收购(包括导致实际控制人或第一大股东发生变更的权益变动,以及要约收购等)、重大资产重组、发行证券(包括非公开发行、配股、增发、可转换债券)、合并、分立、回购股份等重大事项,有关单位或部门除填写公司内幕信息知情人档案外,还要按照上海证券交易所的有关规定制作重大事项进程备忘录,内容包括但不限于筹划决策过程中各个关键时点的时间、参与筹划决策人员名单、筹划决策方式等。备忘录涉及的相关人员应在备忘录上签名确认。

公司进行上述所列重大事项的,要在内幕信息依法公开披露后及时将内幕信息知情人档案及重大事项进程备忘录报送上海证券交易所,并按上海证券交易所要求披露重大事项进程备忘录中的相关内容。

第十五条 在前述内幕信息首次依法公开披露后五个交易日内,公司应向上海证券交易所报送如下文件:

(一)重大事项进程备忘录。

(二)下列范围内的法人和自然人名单及相关资料。

1. 公司的董事、监事、高级管理人员;

2. 持有公司5%以上股份的股东及其董事、监事、高级管理人员(或主要负责人),公司的实际控制人及其董事、监事、高级管理人员(或主要负责人);

3. 涉及前条所述事项的公司控股的公司及其董事、监事、高级管理人员;

4. 由于所任公司职务可以获取本次内幕信息的人员,包括参与本次重大事项商议筹划、论证咨询、合同订立等阶段及报告、传递、编制、决议、披露等环节的相关人员;

5. 保荐人、证券公司、证券服务机构、律师事务所等中介机构的法定代表人(负责人)和经办人等有关人员;

6. 接收过公司报送信息的行政管理部门;

7. 中国证监会规定的其他人员;

8. 前述1~7项中自然人的配偶、子女和父母。

公司国有股东、实际控制人按照国务院国资委《关于加强上市公司国有股东内幕信息管理有关问题的通知》(国资发产权〔2011〕158号)第六项规定将内幕信息知情人档案通知公司后,公司应向上海证券交易所报送。

第十六条 公司通过上海证券交易所网站"上市公司专区"进行内幕信息知情人和进程备忘录的报送工作,同时应向上海证券交易所提交书面承诺函:保证所填报内幕信息知情人信息及重大事项进程备忘录内容的真实、准确、完整,并向全部内幕信息知情人通报了有关法律法规对内幕信息知情人的相关规定。

第十七条 对于涉及并购重组、发行证券、收购、合并、分立、回购股份、股权激励等股价敏感的内幕信息,公司要在内幕信息公开披露后5个交易日内,将相关内幕信息知情人名单报送中国证监会北京监管局,公司董事会要对备案文件的真实性、准确性、完整性作出承诺。

第十八条 公司要做好内幕信息流转环节的内幕信息知情人的登记和涉及各方内幕信息知情人档案的汇总,并及时补充完善内幕信息知情人档案信息。内幕信息知情人档案自记录(含补充完善)之日起至少保存10年。

第四章 内幕信息的保密管理

第十九条 公司内幕信息知情人在内幕信息公开前或规定时间内负有保密义务。

第二十条 公司通过签订保密协议、禁止内幕交易告知书等方式将内幕信息知情人的责任和义务告知有关人员。

(一)公司与聘请的中介机构(包括但不限于律师事务所、会计师事务所、股东登记服务机构、财经公关顾问等)签署合作协议时,应约定其保密义务或同时签订保密协议。

(二)公司进行收购(包括导致实际控制人或第一大股东发生变更的权益变动,以及要约收购等)、重大资产重组、发行证券(包括非公开发行、配股、增发、可转换债券)、合并、分立、回购股份等重大事项或公司认为有必要时,应与聘请的中介机构(包括但不限于证券公司、律师事务所、会计师事务所、资产评估机构、印刷商、财经公关顾问等)签署保密协议或在有关协议中约定其保密义务。

(三)对于本制度规定的其他内幕信息知情人,公司以送达《内幕信息知情人责任告知书》的形式书面告知内幕信息知情人的责任和义务。

上述内幕信息知情人在获得内幕信息后至信息公开披露前或规定时间内,应当按照本制度和公司保密工作规定,妥善保管涉及内幕信息的有关资料,做好内幕信息的保密管理和登记工作。

第二十一条 公司董事、监事、高级管理人员及其他内幕信息知情人应采取必要的措施,在内幕信息公开前或规定时间内,将该信息的知情者控制在最小范围内,不得以任何方式向任何单位或个人泄露尚未公开披露的信息,也不得利用该等内幕信息买卖证券,或者建议他人买卖该证券。

第二十二条 公司的股东、实际控制人不得滥用其股东权利、支配地位,不得要求公司向其提供内幕信息。

第五章 外部信息使用人管理

第二十三条 公司依据法律法规等要求向外部单位报送公司内幕信息的,该外部单位及其相关人员为公司外部信息使用人。该外部单位知悉该信息的人员即成为公司内幕信息知情人,须承担内幕信息知情人的全部义务。

第二十四条 外部单位没有明确的法律法规依据而要求公司向其报送公司内幕信息的,公司应拒绝报送。

第二十五条 公司在内幕信息披露前,按照相关法律法规政策要求需经常性向相关行政管理部门报送信息的,在报送部门、内容等未发生重大变化的情况下,可将其视为同一内幕信息事项,在同一张表格中登记行政管理部门的名称,并持续登记报送信息的时间。除上述情况外,内幕信息流转涉及到行政管理部门时,公司要按照一事一记的方式在知情人档案中登记行政管理部门的名称、接触内幕信息的原因以及知悉内幕信息的时间。

第二十六条 公司各职能部门及各子公司、参股公司、分公司等下属单位依据法律法规等要求,向外部单位报送公司内幕信息的,要按照公司关于重大信息报告的有关规定报备,并按照本制度第三章有关规定,将外部单位及相关人员作为公司内幕信息知情人进行登记备案,书面提醒外部单位及相关人员履行内幕信息知情人的义务,督促其签署内幕信息知情人责任告知书(或保密协议),及时向公司董事会秘书局报送内幕信息知情人档案以及内幕信息知情人责任告知书(或保密协议),完整的内幕信息知情人档案的送达时间不得晚于内幕信息公开披露的时间。

第二十七条 公司依据法律法规向特定外部信息使用人报送年度报告相关信息的,提供时间不早于公司业绩快报的披露时间,业绩快报的披露内容不少于向外部信息使用人提供的信息内容。

第二十八条 外部单位及相关人员不得泄漏本公司报送的内幕信息,不得利用所获取的内幕信息买卖本公司证券或建议他人买卖本公司证券。

第二十九条 外部单位及其工作人员或个人因保密不当致使前述内幕信息被泄露,应立即通知公司,公司及时向上海证券交易所报告并公告。如公司发现外部单位及其工作人员或个人因保密不当致使前述内幕信息被泄露,公司及时向上海证券交易所报告并公告。

第六章　责任追究

第三十条 内幕信息知情人发生违反本制度规定的行为,公司将视情节轻重,对责任人给予相应的处罚;触犯国家法律法规的,依法将有关责任人移交行政机关或司法机关处理。

第三十一条 公司董事、监事、高级管理人员,持股5%以上的股东、控股子公司及其董事、监事、高级管理人员,以及其他内幕信息知情人员违反本制度之规定,未履行其应承担的义务,公司应视情节追究其责任。

第三十二条 公司根据中国证监会的规定,对内幕信息知情人买卖本公司股票及其衍生品种的情况进行自查。发现内幕信息知情人进行内幕交易、泄露内幕信息或者建议他人利用内幕信息进行交易的,公司进行核实,对相关人员进行责任追究,并在2个工作日内将有关情况及处理结果报送中国证监会北京监管局。

第三十三条 对涉嫌违反信息披露事务管理制度的事项或人员,公司董事会应当指定专门机构负责调查。对违反信息披露事务管理制度或保密协议的内幕信息知情人,公司按照有关法律法规和公司制度的规定追究相关人员责任。

第七章　附　　则

第三十四条 本制度由董事会负责制订、解释和修改。

第三十五条 本制度自董事会审议通过之日起生效并实施。

中国铁建股份有限公司设备管理规定

(中国铁建设物〔2011〕139号)

第一章　总　　则

第一条 为规范企业设备管理,提高企业技术装备水平和设备投资效益,保障安全生产,增强企业核心竞争力,促进企业可持续发展,根据国家有关法律法规和规定,结合中国铁建股份有限公司实际,制定本规定。

第二条 本规定适用于中国铁建股份有限公司(以下简称股份公司)及所属各级子公司、分公司、培训中心、各级项目公司、指挥部、项目部等单位(以下简称各单位)。本规定所称设备是指在生产活动中可供长期反复使用的机械、车辆和机具等固定资产。

第三条 设备管理要遵循依靠技术进步,促进生产经营、保障安全、保护环境、节能降耗的方针。坚持设计、制造与使用相结合,维护、保养与检修相结合,修理、再制造、改造与更新相结合,闲置设备内部调剂与市场租赁相结合，技术管理与经济管理相结合，资产管理与实物管理相结合的原则。

第四条 设备管理的主要任务是：贯彻执行国家有关方针、政策、法令、条例，制定适合本单位特点的设备管理规定；通过技术、经济手段和监察措施，对设备进行综合管理，做到全面规划、合理配置、择优选购、正确使用、精心维护、科学检修、安全运行，不断改善和提高企业技术装备水平，充分发挥设备效能，实现设备寿命周期费用经济，促进设备投资效益最大化。

第二章 组织机构与职责

第五条 股份公司及所属各单位应当建立健全设备管理体系，要明确设备工作的分管领导，各级机关要设置设备管理职能机构，配备专业的设备管理和技术人员；工程项目部（指挥部）要有设备管理部门，并配备专（兼）职设备管理和技术人员。人员数量以满足工作需要为原则进行配备。

第六条 按照产权管理的原则，实行股份公司、集团公司及所属子（分）公司三级管理体制。项目部要建立健全设备使用管理机制。

第七条 设备管理部门主要工作职责。

一、股份公司设备管理部门主要职责：

1. 贯彻执行国家设备管理有关方针、政策、法令、条例；制定股份公司设备管理规章制度，并监督执行。

2. 制定股份公司设备发展规划，督导所属各单位制定设备发展规划，配合经营计划部门制定股份公司企业设备投资计划。

3. 组织股份公司的设备集中采购工作，指导、监管所属单位的设备采购工作。审核各单位设备购置申请，按程序报批。

4. 组织利用外资购置设备的有关工作。

5. 负责股份公司设备管理信息系统的建设与应用。

6. 掌握股份公司及所属各单位设备资产情况以及大型设备使用动态、技术状况，组织、协调、监管大型设备内部调剂，协调设备资产转让，定期汇总设备管理统计报表。

7. 掌握设备科技发展信息，推广新技术、新工艺、新材料、新设备，组织交流和推广“四新技术”的典型经验。

8. 组织股份公司所属各单位设备从业人员的管理知识培训和专业技能培训。

9. 部署股份公司设备检查工作并进行督查，组织参加全国性行业协会的先进表彰活动。

10. 参与企业绩效考核，并负责有关设备管理工作的考核。

11. 参与特大设备事故的调查、分析和处理。

12. 负责本部门主管的质量、环境和职业健康安全体系有关程序文件的编制、修改，并对实施情况进行检查、指导和监督。

二、集团公司设备管理部门主要职责：

1. 贯彻执行国家和股份公司设备管理有关方针、政策、法令、条例和规定，制定本单位设备管理规章制度，组织实施并监督指导。

2. 制定设备发展规划，编制上报年度固定资产投资设备购置计划及实际采购申请。

3. 参加股份公司组织的设备集中采购工作；负责股份公司集中采购范围之外的设备采购计划审批及采购工作。

4. 组织应用股份公司设备管理信息系统。

5. 全面、真实、准确、及时地掌握设备资产、主要经济技术指标等基础信息数据，负责管理设备折旧、转让、租赁、报废等工作；掌握大中型设备的使用动态、技术状况，组织闲置设备调剂，定期上报设备管理统计报表。

6. 掌握设备科技发展信息，组织推广应用新技术、新工艺、新材料、新设备；开展设备科技信息的交流与服务。

7. 组织、安排设备检查和设备管理责任目标考核，及时总结经验，表彰先进。

8. 参与重大、特大设备事故的调查、分析和处理。

9. 参与企业绩效考核，并负责有关设备管理工作的考核。

10. 组织设备管理人员和专业技术人员的业务培训；监管设备操作人员的持证上岗情况。

11. 负责本部门主管的质量、环境和职业健康安全体系有关程序文件的编制、修改，并对实施情况进行检查、指导和监督。

三、其他各单位的设备管理部门职责由其上一级管理部门制定。

第三章 设备规划与投资

第八条 股份公司及所属各单位应依据企业发展规划和生产经营业务发展的要求编制设备发展规划，设备投资应与企业发展相适应，并满足施工生产的需要；设备投入要遵循先调剂后购买的原则。

第九条 股份公司所属各单位应根据股份公司批准的年度企业投资计划中设备投资额度编制年度设备购置计划并上报股份公司，经批准后实施。

超出股份公司批准的年度设备投资额度的设备投资，仍需按照《中国铁建股份有限公司对外投资管理制度》有关规定，在对投资的必要性、可行性、收益率进行论证后，按权限逐层进行审批。

第四章　设备选型与购置

第十条　设备选型购置应当遵循“技术先进、经济合理、配套适用、安全可靠、节能环保”的原则，优先选用环保、节能设备，禁止选用国家明令淘汰的设备。

第十一条　股份公司及所属各单位设备购置实行集中采购，按照《中国铁建股份有限公司设备集中采购管理办法》执行。

大型设备和形成批量的设备采购由股份公司组织，集团公司参加；

经股份公司汇总后，未形成批量的设备经股份公司审批后由集团公司组织采购；

公务用车的配置及采购管理另行规定。

第十二条　本规定中，大中小型设备的划分标准：

大型设备——指单台价值200万元及以上的设备；

中型设备——指单台价值10万元及以上，200万元以下的设备；

小型设备——指单台价值10万元以下，并构成固定资产的设备。

第十三条　股份公司统一建立设备合格供应商信息库，公布《中国铁建合格供应商名册》，在合格供应商的范围内，通过招标方式签订合作协议或合同，提供某种设备产品及其相关服务的法人或组织，称为合作供应商，合作供应商产品目录由股份公司发布。设备采购时，必须选择合作供应商产品目录中的设备；不在合作供应商产品目录内的设备，在合格供应商产品中选择。设备合格、合作供应商的管理按中国铁建设备供应商管理有关办法执行。

第十四条　设备购置单位应根据需要，参与设备的设计与监造；大型、成套设备的制造、安装要实行监理制度。

第十五条　设备购置单位应按设备采购合同，及时组织对设备的安装、调试和验收。

第十六条　对于自制、自用的非标设备，研制单位要按照国家的有关规定进行设计和制造，办理相关手续。制造完成验收合格后，办理固定资产移交手续，再投入使用。

第五章　使用、保养与维修

第十七条　设备使用、保养、维修管理必须坚持“预防为主、养修并重”的原则。设备使用单位必须建立健全设备使用、保养、维修制度。

第十八条　设备应配备固定的合格操作人员，其中对一机多人操作的大型设备，要实行机长负责制。岩石隧道掘进机、盾构机，混凝土箱梁提、运、架设备，T梁架桥机、道砟捣固车、动力稳定车、铁路架线车、铺轨机、焊轨机（车）等成套大型设备的机长，要选择专业对口、具有大专以上学历的公司员工担任。

第十九条　设备运行的能耗应当达到国家或者行业有关节能标准，污染物排放不得超过国家或者地方的污染物排放标准。对不能达标的设备，应当限期治理。限期治理仍未达标的，应当立即停止使用并进行强制报废。对设备产生的放射性和噪声污染，应当有防护措施，使所产生的危害符合国家规定标准。

第二十条　设备保养分为日常保养、定期保养和特殊保养。保养作业应严格按照设备使用说明书的规定进行。保养实施情况应及时做好记录，并具有可追溯性。在进入冬季施工前，要严格进行设备的换季保养，采取有效的防冻、防寒措施。

第二十一条　积极推广应用设备状态监测、故障诊断技术，提高设备完好率。

第二十二条　设备修理分为检修、项修和大修。设备修理应按照修理规程和技术标准进行。

第二十三条　设备修理应优先选用高效低耗的先进维修技术，减少维修污染排放，回收利用维修废弃物料。

第二十四条　设备大修管理由设备产权单位负责，设备大修应严格办理进出厂手续。

第二十五条　闲置设备重新启用前，使用单位应当组织技术鉴定，符合技术要求后方可使用。

第六章　设备安全管理

第二十六条　设备安全管理必须遵循“安全第一，预防为主”的原则。设备使用单位必须制定设备的安全技术操作规程，经常对员工进行安全生产教育，定期组织设备安全检查。

第二十七条　设备操作人员必须熟知安全技术操作规程，严禁违章操作；设备操作人员有权拒绝执行违反设备操作规程的任何指挥或指令。

第二十八条　从事特种设备作业的人员应当按照《特种设备作业人员监督管理办法》的规定，经考核合格取得“特种设备作业人员证”，方可从事相应的作业或者管理工作。建筑起重机械安装拆卸工、起重信号工、起重司机、司索工等特种作业人员应当按照《建筑起重机械安全监督管理规定》，经建设主管部门考核合格，并取得特种作业操作资格证书后，方可上岗作业。

第二十九条　锅炉、压力容器（含气瓶）、压力管道、电梯、起重机械、场（厂）内机动车辆等特种设备以及铁路自轮运转设备和铁路营运性车辆，要严格按照

《特种设备安全监察条例》和铁路自轮运转设备相关管理规定等办理检验手续,在取得有效使用许可证后方可投入使用。

供变电设施、水工设备等应按照有关行业或系统相关规定使用。

第三十条 工程项目部或设备使用单位应加强设备施工现场的安全管理,并做到:

1. 对在用的电力变压器(站)、配电室、锅炉房、空压机房等场所,应在危险区域界外设置警告标志及围栅;在起重设备作业场所,应设置警告标志,环境复杂时应派专人警戒。

2. 凡设有安全保护装置(安全阀、熔断器、力矩限制器、限位器、警报器)及安全指示装置的施工设备,都必须定期进行检查、调校,确保安全可靠。

第三十一条 作业安全风险较大的大型设备(如铁路混凝土箱梁提、运、架设备,铁路、公路T梁架桥机,岩石隧道掘进机、盾构,50吨以上起重机等),使用单位应制定安全施工作业专项方案。

第三十二条 设备因非正常损坏,造成停机并影响正常使用的,均为设备事故。设备事故分为一般事故、重大事故、特大事故三类(设备事故引起生产安全事故按照安全部门有关规定执行,交通事故按公安交警部门有关规定执行)。凡出现下列条件之一的,即按该类设备事故处理:

1. 一般事故

(1)设备连续停机时间5天及以上;

(2)设备修复费用5万元及以上,10万元以内。

2. 重大事故

(1)设备连续停机时间15天及以上或对外造成影响的;

(2)设备修复费用10万元及以上,30万元以内。

3. 特大事故

(1)设备连续停机时间30天及以上或对外已造成严重影响的;

(2)设备修复费用30万元及以上。

修复费用只计算直接发生的人工、材料、设备租赁等费用或因事故造成报废的设备价值。

第三十三条 设备事故发生后必须保护好现场,立即抢救受伤人员,采取有效应急措施,防止事故损失扩大。同时,应迅速向上级设备部门报告。具体程序是:

一般事故——由项目部负责处理,上报工程公司业务部门备案。

重大事故——事故发生后必须及时上报工程公司,由工程公司设备部门负责处理,上报集团公司备案。

特大事故——事故发生后必须及时上报集团公司,由集团公司设备部门负责处理,上报股份公司备案。

第三十四条 设备事故的处理要遵循事故原因未查清不放过,事故责任人未受到处理不放过,员工未受到教育不放过,防范措施未落实不放过的原则。

第三十五条 设备管理部门要做好设备事故的统计、分析工作。对重复发生故障的部位和部件,应组织设备生产厂商及专业人员分析原因,并制定防范措施。

第七章 设备调剂与租赁管理

第三十六条 实行设备有偿使用制度,通过调剂、租赁、产权转让等方式,盘活设备资产,减少重复购置,提高设备投资效益。

第三十七条 股份公司对大型设备的使用地点、进退场时间、闲置状况等实行动态管理,并负责集团公司之间的大型设备的调剂与监管。

集团公司定期向股份公司上报大型设备动态信息,负责工程公司之间设备的调剂与监管,制定内部设备调剂办法,适时组织内部闲置设备的调剂。

第三十八条 各集团公司应制定设备租赁管理办法,规范设备租赁管理。

第八章 设备资产与经济管理

第三十九条 新购设备通过验收后,设备产权单位应及时根据新增设备验收记录单和购货发票办理固定资产登记,建立设备台账。

第四十条 股份公司及所属各单位都应按照中国铁建股份有限公司设备管理号码编制、使用和企业标志喷涂的规定,进行统一分类编号、喷涂企业标识。

第四十一条 设备资产应按有关规定计提折旧;各单位必须建立设备资产清查制度,定期清查,确保设备资产账账相符、账实相符。

第四十二条 对于资产账内的闲置设备,设备管理部门应会同财务、审计等部门,组织进行设备技术鉴定和资产评估,依据《中国铁建股份有限公司财务管理及内控制度》有关规定处置。

第四十三条 应建立设备封存与启封管理制度,设备未使用时间预计超过3个月的应按规定办理封存。封存的设备应指定专人定期检查、维护,保持完好状态。

第四十四条 应根据市场需求和生产经营需要,在进行充分技术经济论证的前提下,对原有设备进行技术改造。设备改造通过验收后,新增的价值应按规定办理固定资产增值手续。

第四十五条 凡符合下列条件之一的设备,应当报废：

1. 主要结构和部件损坏严重无法修复的（包括因事故及意外灾害造成严重破坏），或修复不经济的；

2. 机型陈旧、技术性能低、无利用改造价值的；

3. 能耗过大、环境污染超标，无法改造，继续使用得不偿失的；

4. 因改建、扩建工程需要，必须拆除且无利用价值的；

5. 国家已明令淘汰的。

第四十六条 设备报废应依据固定资产管理规定，并按分级管理权限逐级上报审批。大中型设备由集团公司审批，其它设备由工程公司自行审批。未提完折旧需要提前报废的设备，应按财务部门有关规定办理。

第四十七条 对免税进口设备，应严格遵守国家海关有关监管规定。在海关监管期内，不得转让、出租、质押、改变用途，转移使用地点时，应按规定报监管海关备案。

第九章 信息化与档案管理

第四十八条 股份公司负责建设应用中国铁建设备管理信息系统。

第四十九条 设备产权单位负责设备管理信息系统数据库的录入、修改，信息化系统按权限使用。

第五十条 大中型设备技术档案由设备产权单位设备管理部门负责建立、保存。设备技术档案在该设备报废处置之后方可销毁。技术档案内必需留存如下资料：

1. 产品合格证（免税进口设备还应有机电产品进口许可证、货物进口免税证明书）；

2. 采购合同原件或复印件；

3. 购货发票复印件（汽车还应有购置税发票复印件）；

4. 汽车应有车辆行驶证、机动车登记证、购置税证等产权证书复印件，特种设备以及铁路自轮运转设备、铁（公）路架桥机等应有相应的使用许可证复印件；

5. 设备外形照片；

6. 新增设备验收记录单；

7. 使用说明书、出厂检验单等随机资料；

8. 技术图纸、型式实验报告（如有）、交接记录等相关原始资料。

第十章 境外设备管理

第五十一条 各单位应根据国务院《对外承包工程管理条例》、国资委《中央企业境外国有资产监督管理暂行办法》等相关法规的规定，将境外工程项目设备管理纳入企业监督、检查、指导的范围，制定境外设备管理办法。

第五十二条 境外工程项目部要设立设备管理机构，遵循当地政策和法律法规，结合当地实际，制定管理办法并组织实施。

第五十三条 境外工程项目部要配备必要的专业设备管理人员，设备管理人员要学习、掌握工程所在国或者地区有关设备使用管理的政策和法律法规，熟悉设备进出口有关法规。

第十一章 检查、考核与奖罚

第五十四条 股份公司及所属各单位每年要有计划、有组织地开展设备检查。对检查发现的问题要及时通报并进行整改，对设备管理优秀单位和先进个人应予以表彰。

第五十五条 股份公司每两年开展一次设备管理优秀单位评比活动，并择优推荐参加全国性设备管理优秀单位和先进个人评选。

第五十六条 设备管理工作纳入企业绩效考核范围，股份公司设备物资部负责设备管理工作的考核。

第五十七条 设备完好标准：

1. 设备性能良好，各项技术指标基本达到规定标准，能满足生产工艺要求。

2. 设备运转正常，部件磨损程度不超过规定标准，各部监测仪器、仪表和安全保险装置正常、有效。

3. 各种燃料、润滑油（脂）消耗正常，无明显漏油、漏气、漏水现象，电器设施绝缘良好。

第五十八条 设备技术状态等级划分：

1. 一级设备，符合完好标准，主要精度（能力）达到原设备出厂标准。

2. 二级设备，符合完好标准。

3. 三级设备，达不到完好标准，有缺陷、带病运转或停机待修的设备。

4. 四级设备，待报废设备。

达到一、二级设备状态等级的为完好设备。

第五十九条 对设备管理较差，影响生产的单位，应限期整改。对出现下列情况之一的，对责任单位领导和直接责任人给予经济或行政处罚。

1. 设备严重失保、失修，或设备大量闲置造成浪费的；

2. 规避设备集中招标采购、越权采购或采购价格明显高于同期市场价格的；

3. 擅自拆除、停用或损坏后不及时修复设备安全保护、环保装置的；

4. 违反设备管理规定，擅自转让账内设备固定资产，或出售价格低于账面净值的；

5. 违反内部设备调剂、租赁管理规定，不服从内部调剂、租赁协调，向外承租设备价格明显偏高的。

第六十条 对违反操作规程，导致发生设备事故，造成经济损失的，应追究有关人员的责任；对隐瞒事故不报、弄虚作假的单位和个人应加重处罚，并追究领导责任。情节特别严重并构成犯罪的，应依法追究刑事责任。

第十二章 培 训

第六十一条 各级设备管理部门要协助有关部门做好设备管理和专业技术人员的教育培训工作，不断提高设备管理和专业技术人员的业务水平。

第六十二条 设备操作人员必须通过技术培训，经考核合格，取得相应的设备操作证才能上岗。因无证操作导致设备毁损或人身伤亡的，要追究有关人员的责任。

第六十三条 国家尚无规定的设备操作证由集团公司统一印制、考核、发放。

第十三章 附 则

第六十四条 股份公司所属各单位应根据本规定，结合本单位实际，制定管理办法或细则。

第六十五条 本规定自印发之日起施行。

第六十六条 本规定由中国铁建股份有限公司设备物资部负责解释。

中国铁建股份有限公司设备集中采购管理办法

（中国铁建设物〔2011〕140 号）

第一章 总 则

第一条 为规范中国铁建股份有限公司（以下简称股份公司）系统设备采购管理，充分发挥股份公司整体优势，降低设备采购成本，根据《中华人民共和国招投标法》《机电产品国际招标投标实施办法》《工程建设项目货物招标投标办法》《评标委员会和评标方法暂行规定》等国家相关法规，结合股份公司实际，制定本办法。

第二条 本办法适用于股份公司及所属各级子公司、分公司、培训中心，各级项目公司、指挥部、项目部等单位（以下简称各单位）设备和公务用车的采购管理。

第二章 机构与职责

第三条 股份公司设备采购工作按照“统一领导、两级集中”的原则，建立股份公司、集团公司设备采购管理体系。

第四条 成立股份公司设备采购领导小组，组长由股份公司主管领导担任，副组长由分管和相关领导担任，成员由机关相关部门负责人组成，负责股份公司设备集中采购工作的领导和重大事项的决策。股份公司设备物资部负责日常工作。

股份公司设立设备采购中心，负责设备集中采购具体工作。

第五条 股份公司设备物资部在集中采购工作中的职责：

1. 依据国家法律、法规、政策及股份公司有关规定，制定设备集中采购管理办法，并监督执行。发布设备采购的配套办法和实施细则。

2. 办理股份公司系统设备采购计划的审批。

3. 检查、考核设备集中采购工作。

4. 组织领导小组成员对评标结果进行审核确认。

5. 集中管理股份公司设备招标评标专家库。

6. 负责组织设备合格供应商的认定，公布《中国铁建设备合格供应商名册》，组织供应商信用评价工作。

7. 负责推进中国铁建电子商务平台在设备集中采购中的应用。

第六条 股份公司设备采购中心工作职责：

1. 根据设备招标采购的相关法律、法规和股份公司相关规定，具体组织实施设备采购工作；编制设备采购的配套办法和实施细则。

2. 编制采购方案和招标文件，组织开标、评标和合同谈判、签署等工作。

3. 负责设备合格供应商信息的收集、初评、推荐和评价工作，代表股份公司与设备供应商建立长期战略合作关系。

4. 在中国铁建电子商务平台收集、整理、发布设备集中采购相关信息，掌握常用施工设备市场价格。

5. 负责股份公司设备招标评标专家库的维护和在库专家信息更新等工作。

6. 归口办理股份公司系统设备的国际招标采购和进出口相关业务。

第七条 集团公司设备管理部门在设备集中采购工作中的职责：

1. 贯彻执行国家、股份公司设备集中采购的相关法规和办法，负责集团公司范围内设备采购工作，制定、完善集团公司设备集中采购管理办法、实施细则等规章制度。

2. 汇总、审核所属单位设备采购计划并在本级范围内先行调剂，调剂不成的及时向股份公司设备物资部提报采购申请。

3. 参加股份公司组织的设备集中招标采购，实施本级范围内的设备招标采购工作，检查设备采购合同的签署及执行情况。

4. 向股份公司推荐设备供应商，参加股份公司合作供应商选择、评价工作。

5. 向股份公司推荐设备招标评标专家，及时更新专家信息。

6. 推进中国铁建电子商务平台在设备集中采购中的应用。

7. 向股份公司设备采购中心报送股份公司组织的设备集中招标采购合同、反馈供应商履约信息。

第三章　设备集中采购管理权限

第八条 股份公司系统设备购置实行集中采购。大型设备和形成批量的设备由股份公司组织招标采购，集团公司参加，设备采购中心具体实施。经股份公司汇总审批后，未形成批量的中小型设备，由集团公司组织招标采购。

投标人必须是中国铁建设备合格供应商。

第九条 对不具备招标条件的设备采购项目，所属单位要在上报采购计划时进行说明，按照采购权限规定，经股份公司或集团公司批准后采购。

第四章　设备招标采购基本程序

第十条 大中型设备采购计划必须上报股份公司审批。

第十一条 股份公司设备物资部对各集团公司上报的大中型设备采购计划，首先组织内部调剂，无法调剂的，经批准后按采购管理权限组织采购。在同等条件下，选用内部产品。

第十二条 招标采购主要流程

1. 编制招标文件，在股份公司电子商务平台上发布招标公告，发售招标文件。

2. 处理澄清文件，抽取评标专家，组织开标、评标、编制评标报告、评标结果报审、在中国铁建电子商务平台上公示。

3. 发中标通知，并接受咨询。

4. 合同谈判、签订采购合同并留存备案。

第五章　采购资金管理

第十三条 采购单位应根据设备采购计划，制定好筹资计划，备足采购资金，并提供相应的资金证明。

第十四条 采购单位要恪守信用，认真履约，严格按照合同约定支付货款。

第十五条 集团公司负责监督所属单位采购资金支付情况，在所属单位出现支付困难，到期不能按约支付货款时，集团公司代为支付。

第十六条 股份公司对所属单位采购资金支付情况进行监控、协调。在股份公司对各集团公司授信额度内，接受集团公司代为支付的申请，代集团公司支付所属单位到期应付的货款，并按规定收取费用。

第六章　评标专家管理

第十七条 建立股份公司设备评标专家库。评标专家由各单位推荐上报，经股份公司设备采购领导小组审定通过后，进入股份公司设备招标评标专家库。

第十八条 股份公司设备物资部负责对设备招标评标专家资料进行管理，具体工作由股份公司设备采购中心完成。

第十九条 评标专家个人信息发生变化时，各单位应及时将信息变化情况告知股份公司设备采购中心。

第七章　供应商管理

第二十条 股份公司设备物资部和设备采购中心负责设备供应商管理。

第二十一条 各集团公司负责向股份公司设备物资部推荐合格供应商，设备采购中心负责合格供应商资料初审与建档，经评审后由股份公司设备物资部在中国铁建电子商务平台发布合格供应商名录。

第二十二条 实行供应商评价制度，由股份公司设备物资部定期组织有关人员对合作供应商的生产技术、产品质量、信誉、质量保证体系、生产设备装备水平、财务状况、销售业绩、售后服务等方面进行考察评价。评价不合格的，取消合作供应商资格。

第二十三条 建立供应商黑名单制度。对于违约、违规、违法的供应商，敦促其履约，并按照合同规定给予相应的经济处罚；对于严重违约、违规、违法的供应商，取消其供应商资格，并通过法律程序追究其相关法律责任并取消其合作供应商资格。

第八章　监督检查

第二十四条　股份公司依据本办法及《中国铁建股份有限公司招标监督暂行办法》（中国铁建监〔2009〕48号）、《中国铁建股份有限公司设备管理规定》（中国铁建设物〔2011〕139号），对各单位设备集中采购工作执行情况进行检查监督，有关情况在中国铁建电子商务平台上公布。

第二十五条　股份公司利用中国铁建电子商务平台，对设备市场价格、供应商产品价格和集中采购价格等信息收集整理，为监督采购价格提供参考。

第二十六条　未经股份公司批准，各单位不得擅自购买大中型设备和公务用车，不得采购中国铁建设备合格供应商名录以外设备制造商的产品。

第二十七条　股份公司设备管理部门不定期组织股份公司设备采购领导小组、设备采购中心人员，对各单位设备集中采购的机构和制度建设、人员配备、计划的报批、采购流程、采购价格、合同的履约等情况进行检查并通报。

第九章　考核奖惩

第二十八条　各单位要严格执行国家相关法规和股份公司设备采购相关规定和办法，股份公司定期通报各单位设备集中上报和采购情况，对违反设备采购相关规定、办法的单位或个人给予相应的处罚。对设备集采工作开展好的单位或个人，给予表扬和奖励。

第二十九条　股份公司将各单位设备集中采购工作相关指标纳入企业领导人绩效考核范畴，并将其作为评比“四好领导班子”的重要条件之一。

第三十条　对于在采购过程中违规、违纪、违法的行为，视情节轻重，给予相关单位和责任人相应的党纪政纪处分，构成犯罪的，移交司法机关处理。

第十章　附　　则

第三十一条　本办法自下发之日起实行。股份公司《关于印发<中国铁建设备集中招标采购管理暂行办法的通知>》（中国铁建设物〔2009〕125号）同时废止。

第三十二条　股份公司所属各单位应根据本办法，并结合本单位实际制定设备集中采购实施细则。

第三十三条　本办法由股份公司设备物资部负责解释。

中国铁建股份有限公司物资集中采购管理办法

（中国铁建设物〔2011〕144号）

第一章　总　　则

第一条　为规范采购行为，降低采购成本，保证物资质量，保障物资供应，提高股份公司整体盈利能力，根据《中华人民共和国招投标法》《工程建设项目货物招标投标办法》《评标委员会和评标方法暂行规定》等国家相关法规，结合股份公司实际，制定本办法。

第二条　股份公司及所属单位要分级负责、协调配合，充分发挥整体优势、区域优势、资源优势和中国铁建品牌效应，全面实施物资集中采购工作。

第三条　充分利用中国铁建电子商务平台，实现对计划统计、招投标、合同及供应商的信息化管理，优化采购流程，提高工作效率，共享信息资源，提升物资集中采购管理水平。

第二章　机构与职责

第四条　股份公司物资集中采购工作按照“统一领导、两级集中”的原则，建立股份公司、集团公司两级集中采购管理体系。

第五条　成立股份公司物资集中采购领导小组，组长由主管领导担任，副组长由分管及相关领导担任，成员由机关相关部门负责人组成，负责股份公司物资集中采购工作的领导和重大事项的决策，股份公司设备物资部负责日常工作。

股份公司设立物资采购中心，负责物资集中采购具体工作。

第六条　各集团公司成立物资集中采购领导小组，设备物资部门负责日常工作。集团公司设立物资采购中心，负责物资集中采购具体工作。

第七条　股份公司设备物资部主要职责：

1. 依据国家法律、法规、政策及股份公司有关规定，制定、完善物资集中采购规章制度，并监督执行。发布物资集中采购的配套办法和实施细则。

2. 负责组织、协调、检查、指导、监督、考核股份公司系统物资集中采购工作。

3. 负责选定股份公司物资合格供应商，公布《中国铁建物资合格供应商名册》，组织开展供应商评价工作。

4. 负责推进中国铁建电子商务平台在物资集中采购中的应用。

5. 负责审批集团公司物资集中采购方案。

第八条 股份公司物资采购中心主要职责：

1. 负责建立股份公司物资集中采购服务体系，配备专业人员，强化资源掌控，完善区域中心服务及保障网络。

2. 负责提供计划统计、物资采购、供应组织、质量监控等一体化服务。

3. 负责维护中国铁建物资合格供应商战略合作关系，保障物资质量合格、价格合理、供应及时、服务周到。

4. 负责收集、整理股份公司物资集中采购相关信息，并在中国铁建电子商务平台发布。

5. 负责协助开展中国铁建物资合格供应商的选择、评价工作。

6. 负责编制股份公司物资集中采购相关文件，并提供招标采购服务。

第九条 集团公司物资部门主要职责：

1. 负责制定、完善集团公司物资集中采购管理办法等规章制度。

2. 负责组织、协调、检查、指导、监督集团公司物资集中采购工作。

3. 参与股份公司合格供应商选择、评价工作；负责选定集团公司物资合格供应商，公布《集团公司物资合格供应商名册》，组织开展供应商评价工作。

4. 负责上报集团公司物资集中采购计划。

5. 负责考核集团公司所属单位物资集中采购工作。

6. 负责收集、整理、报送集团公司范围内物资集中采购信息。

第十条 集团公司物资采购中心主要职责：

1. 负责建立集团公司物资集中采购服务体系，配备专业人员，强化资源掌控，完善服务及保障网络。

2. 负责提供计划统计、物资采购、供应组织、质量监控等一体化服务。

3. 负责维护集团公司物资合格供应商合作关系，保障集采物资质量合格、价格合理、供应及时、服务周到。

4. 负责收集、整理、发布集团公司物资集中采购相关信息。

5. 负责协助开展集团公司物资合格供应商的选择、评价工作。

6. 负责编制集团公司物资集中采购文件，并提供招标采购服务。

第十一条 工程公司物资部门主要职责：

1. 负责制定、完善工程公司物资集中采购管理办法等规章制度。

2. 负责组织、协调、检查、指导、监督工程公司物资集中采购工作。

3. 参与集团公司合格供应商选择、评价工作；负责选定工程公司物资合格供应商，公布《工程公司物资合格供应商名册》，组织开展供应商评价工作。

4. 负责上报工程公司物资集中采购计划。

5. 负责考核工程公司所属项目物资集中采购工作。

6. 负责收集、整理、报送工程公司范围内物资集中采购信息。

第十二条 项目部物资部门主要职责：

1. 负责贯彻落实股份公司、集团公司物资集中采购规章制度。

2. 负责编制物资集中采购需用总计划、物资集中采购计划、技术规格书等资料，及时报送上一级物资部门，抄送股份公司物资采购区域中心。

3. 负责推荐合格供应商，参与本项目合格供应商评价工作。

4. 负责收集、整理、报送项目范围内物资集中采购信息。

第三章 物资集中采购范围及分工

第十三条 股份公司物资集中采购范围：

1. 股份公司总承包、投资项目的主要物资；

2. 同一建设项目由股份公司所属两家及以上单位承建的项目主要物资；

3. 钢材及制品（含钢绞线、钢板桩等）、水泥、钢轨、线上料、成品油、民爆器材。

第十四条 集团公司物资集中采购范围：

1. 不宜由股份公司组织集中采购的钢材及制品（含钢绞线、钢板桩等）、水泥；

2. 粉煤灰、外加剂、商品砼、防水材料、土工合成材料、锚具、锚杆、电线电缆、沥青、桥梁支座等可集中批量采购的物资；

3. 工具、电料、小型机具、劳保用品等其它物资。

第十五条 采购合同主体、组织单位的确定，详见《中国铁建物资集中采购范围及分工》（略）。

第十六条 股份公司、集团公司负责发布本级《物资集中采购目录》并动态管理。未列入目录的物资，由工程公司、项目部自行组织采购。

第十七条 建设单位对物资采购另有规定的，集团公司须将建设单位有关文件报股份公司设备物资部。

第四章 物资集中采购业务流程

第十八条 项目部按《物资集中采购目录》编制物资集中采购需用总计划、物资集中采购计划。

1. 集团公司项目部采购计划上报集团公司物资部门，抄送集团公司物资采购中心和股份公司物资采购区域中心。

2. 工程公司项目部采购计划上报工程公司物资部门，由工程公司物资部门上报集团公司物资部门，抄送集团公司物资采购中心和股份公司物资采购区域中心。

第十九条 集团公司物资采购中心根据采购计划编制集中采购方案，报集团公司物资部门审批。

1. 在股份公司物资集中采购范围内的采购方案，经集团公司物资部门审批后上报股份公司设备物资部，抄送股份公司物资采购中心。

2. 在集团公司物资集中采购范围内的采购方案，由集团公司物资部门审批，按审批意见组织实施。

第二十条 股份公司设备物资部对集团公司上报的集中采购方案进行审批，按审批意见组织实施。

第二十一条 物资集中采购使用中国铁建电子商务平台。物资集中采购结果在中国铁建电子商务平台进行公示。公示无异议后，由采购主体签订采购合同。

第五章 采购资金管理

第二十二条 采购主体应根据物资采购计划，有计划地备足采购资金，在上报采购申请时，应说明采购资金落实情况。

第二十三条 各采购合同主体应恪守信用，严格履行合同，按合同约定结算、支付货款。集团公司负责监督所属单位采购资金支付情况，在所属单位出现支付困难，到期不能按约支付货款时，集团公司代为支付。

第二十四条 股份公司对所属单位采购资金支付情况进行监控、协调。在股份公司对各集团公司授信额度内，接受集团公司代为支付的申请，代集团公司支付所属单位到期应付的货款，并按规定收取费用。

第六章 供应商管理

第二十五条 实行供应商准入制度。股份公司、集团公司物资采购中心负责接受供应商的申请，组织有关人员对供应商的技术、质量、服务、价格、供应、信誉等方面进行资格评审，拟定合格供应商建议名册，报本级物资部门审批后，发布《合格供应商名册》。

第二十六条 实行供应商评价制度。股份公司、集团公司物资采购中心协助组织有关人员对合格供应商进行定期评价，包括合格供应商的综合实力变化、产品质量以及履约服务等方面内容。评价结果报本级物资管理部门审批，实行动态管理，更新《合格供应商名册》。

第七章 监督与考核

第二十七条 股份公司依据本办法及《中国铁建股份有限公司招标监督暂行办法》，建立覆盖各级的纪检、监察、财务、审计、综合及专项检查的监督体制。

第二十八条 股份公司、集团公司两级物资采购中心及时掌握物资市场价格信息，建立物资集中采购价格预警、监督机制。

第二十九条 对于在物资集中采购过程中，出现违规、违纪、违法现象的，视情节轻重，给予相关单位和责任人相应的处罚。

第三十条 股份公司、集团公司建立覆盖各级的物资集中采购考核体系，纳入子公司负责人年度绩效考核范围。

第八章 附　　则

第三十一条 本规定自印发之日起施行。境外工程项目物资集中采购工作参照本办法。

第三十二条 股份公司所属各单位应根据本办法，并结合本单位实际制定物资集中采购实施细则。

第三十三条 本办法由中国铁建股份有限公司设备物资部负责解释。

中国铁建股份有限公司物资管理规定

（中国铁建设物〔2011〕145 号）

第一章　总　　则

第一条　物资管理是企业管理的重要组成部分，直接影响工程进度、安全、质量和效益。为加强中国铁建股份有限公司物资管理工作，提升物资综合管理水平，使物资管理制度化、规范化、标准化、信息化，保障施工生产顺利进行，提高经济和社会效益，根据国家法律法规、相关政策及上市公司有关要求，结合中国铁建股份有限公司实际，制定本规定。

第二条　物资管理业务主要包括计划管理、采购管理、供应管理、现场管理、消耗管理、资料管理、统计分析、信息化管理、监督检查等。

第三条　本规定适用于中国铁建股份有限公司（以下简称股份公司）工程承包板块企业，非工程承包板块企业，参照本规定执行。

第二章　组织机构与职责

第四条　股份公司物资管理实行统一领导，分级管理，逐级负责的管理体制。上级物资部门对下级物资部门的业务工作实施协调、检查、指导、监督、考核。

第五条　股份公司及所属各单位应建立健全物资管理体系，要明确物资工作的分管领导，各级机关要设置物资管理职能机构，工程项目部（指挥部）要有物资管理部门，合理配备专业管理人员，认真履行管理职责，充分发挥职能作用。

第六条　各级物资部门是物资管理的专业归口部门，是物资管理的具体执行者。其他有关部门按照职责分工参与物资管理工作，但不得直接单独进行物资采购。

第七条　股份公司设备物资部主要职责：

1. 贯彻执行国家物资管理有关方针、政策、法令、条例；制定股份公司物资管理规章制度，并监督执行。

2. 协调、检查、指导、监督股份公司各单位的物资管理工作。

3. 组织股份公司的物资集中采购工作，指导、监管所属单位的物资集中采购工作。

4. 参与企业绩效考核，并负责有关物资管理工作的考核。

5. 总结和推广物资管理工作经验，表彰先进典型。

6. 负责股份公司物资统计报表的汇总分析工作。

7. 负责股份公司物资管理信息系统的建设和推广应用。

8. 组织股份公司所属各单位物资管理人员的业务培训。

9. 负责本部门主管的质量、环境和职业健康安全体系有关程序文件的编制、修改，并对实施情况进行检查、指导和监督。

第八条　股份公司所属单位物资部门职责由各单位自行制定。

第三章　物资采购供应管理

第九条　各单位应按照职责分工编制并上报物资需用、采购等计划。物资需用计划编制以施工图为依据，物资采购计划编制以施工计划、库存量等为依据，并对物资需用、采购计划执行情况进行定期分析，实行动态管理。

第十条　物资采购遵循公开、公平、公正和诚实信用的原则，严格执行采购控制程序，同等条件下优先选择内部供应商。

第十一条　各单位要建立健全物资采购管理制度，明确采购管理权限，严禁越权采购。

第十二条　各单位物资集中采购工作要严格执行《中国铁建股份公司物资集中采购管理办法》等有关规定，充分发挥中国铁建电子商务平台的作用。

第十三条　加强供应商管理，建立合格供应商名册，实行供应商评价和动态管理制度。除公开招标采购外，原则上均应从合格供应商范围中进行采购。

第十四条　加强合同管理，严格按相关规定审批、签订、履行物资采购合同，做到依法合规有效。

第十五条　物资供应要提前开展所需物资的市场调查，明确关键控制点，按实际选择经济合理的供应方式，及时准确地组织实施。

第十六条　规范物资验收程序，坚持两人以上共同验收制度，配备必要的专业验收工具，按合同约定和相关规定、标准进行数量、质量验收，抓好质量控制。

第四章　物资消耗管理

第十七条　建立物资消耗管理控制体系，使物资消耗全面受控，明确核算考核对象及相关责任，并按物资责任成本节超情况对考核对象实施经济奖罚。

第十八条　确定物资合理损耗系数，准确核定需用量，建立供应台账，实行限额发料，总量控制，物资收支存做到日清月结。

第十九条 完善物资核销管理制度，定期进行物资核销和周转材料摊销。

第二十条 加强周转材料购置、租赁管理，培育和规范周转材料内部租赁市场，合理调剂闲置资源，提高周转材料利用率。

第二十一条 推广应用新技术、新产品、新工艺、新材料，积极开展物资节约、修旧利废活动，节约降耗，降低成本。

第二十二条 加强剩余物资、包装物、废旧品的回收管理，由物资部门牵头，相关部门参与共同处置。

第五章 现场物资管理

第二十三条 施工现场应合理设置与工程规模相适应的料库(棚、场)，满足物资储存需要，配备必要的搬运机具、消防器材及安全防盗等设施。

第二十四条 现场物资储存推行标准化管理，按品种、规格型号分区、分批、分类堆码、苫垫、标识，做好防盗、防火、防雨、防潮、防锈蚀等工作，保持物资完好。

第二十五条 加强易燃易爆、危险品管理，按相关规定选址建库、完备手续、安全储存、规范使用，采取有效的安全防护措施。

第二十六条 民爆器材的采购和运输严格执行国家有关规定；建立发放审批制度，验收、发放、退库手续齐全。

第二十七条 做好环境保护工作，坚持文明作业，保持现场整洁有序，做到工完料尽、场地净。

第六章 物资内业管理

第二十八条 物资业务档案主要包括计划、采购、验收、储存、发放、消耗全过程及合同管理、供应商管理等各类文件与相关资料。

第二十九条 物资业务档案要有专人负责，做好收集整理、分类归档、保管及交接工作，确保真实完整。

第三十条 各级物资部门应根据上级业务部门的要求，及时、准确、完整地完成各种统计报表工作。

第三十一条 建立完善物资管理信息系统，发挥中国铁建电子商务平台优势，规范管理行为，优化管理流程，提高工作效率，实现资源共享。

第七章 境外工程物资管理

第三十二条 各单位应根据国务院《对外承包工程管理条例》、国资委《中央企业境外国有资产监督管理暂行办法》等相关法规的规定，将境外工程物资管理工作纳入企业检查、指导、监督的范围。

第三十三条 建立境外工程物资管理体系，健全管理机构，配备必要的专业管理人员，制定管理办法，明确管理权限、工作内容及工作流程。

第三十四条 根据所在国的具体情况和境外工程采用的标准，建立健全物资保障体系，主要包括资源、价格、供应商、运输、供应组织等。

第三十五条 掌握所在国有关法律、法规、政策，熟悉国内及第三国进出口有关政策，遵守国内外有关规定，保证物资工作依法合规。

第八章 物资队伍建设

第三十六条 加强物资队伍建设，充实专业管理人员，保持物资队伍的相对稳定。坚持持证上岗制度，未经培训人员不得从事物资管理工作。

第三十七条 物资采购、爆炸物品保管等重要岗位不得临时用工；单位领导的亲属不得在本单位担任物资管理负责人。

第三十八条 加强物资岗位培训，采取委培、举办培训班、以会代训等多种方式，全面提高物资人员的综合素质和专业技能。

第三十九条 各级物资管理人员必须严格遵守国家有关法律、法规和上级的有关规章制度，严把职业操守，爱岗敬业，遵守物资工作纪律。

第九章 检查、考核与奖罚

第四十条 股份公司及所属各单位每年要有计划、有组织地开展物资检查。对检查发现的问题要及时通报并进行整改，对物资管理优秀单位和先进个人应予以表彰，股份公司每两年开展一次物资管理优秀单位评比活动。

第四十一条 物资检查工作主要内容包括物资的使用方向、采购管理、价格管理、物资质量、渠道管理、库存情况、合同管理、供应商管理等。

第四十二条 各单位根据物资检查结果，对在物资管理工作中成绩显著的有关人员进行奖励；对违反物资纪律、给企业造成经济损失的人员，按照相关规定进行处罚。

第四十三条 物资管理工作纳入企业绩效考核范围，股份公司设备物资部负责物资管理工作的考核。

第十章 附 则

第四十四条 本规定自印发之日起施行。

第四十五条 股份公司所属各单位应根据本规定，结合本单位实际，制定管理办法或实施细则。

第四十六条 本规定由中国铁建股份有限公司设备物资部负责解释。

中国铁建股份有限公司境外工程经营管理协调办法

（中国铁建国际〔2011〕13号）

第一章　总　　则

第一条　为保证股份公司系统“大海外”战略的实施和境外承包工程业务持续、稳步发展，更好地开拓境外承包工程市场，加快股份公司所属子公司（以下简称各子公司）进入和拓展国际承包工程领域，统一协调、宏观管理、指导服务股份公司境外经营业务，特制定《中国铁建股份有限公司境外工程经营管理协调办法》。

第二条　股份公司境外承包工程业务实行统一管理，股份公司国际部负责股份公司境外业务管理、协调、监督、服务工作。

第三条　境外经营业务指在中华人民共和国领域以外的经营业务，包括在香港、澳门特别行政区和台湾地区的经营业务。

第二章　管理、协调范围和内容

第四条　协调范围包括：各子公司在境外参加的各类承包工程项目及相关经营活动。

第五条　协调内容包括：市场准入、经营秩序、企业参加境外承包工程项目投（议）标的分工合作、合作策略、报价管理、业务纠纷及其他需要股份公司进行协调的事项。

第六条　各子公司进入境外市场从事经营活动（包括与中国未建交国家及敏感国家、地区或在有市场准入规定的国家、地区开展对外承包工程业务），需报股份公司批准。

第三章　市场准入协调原则

第七条　股份公司在参与境外承包工程项目时，将遵从中国对外承包工程商会《对外承包工程项目投（议）标协调办法》及《对外承包工程项目投（议）标协调办法实施细则》的相关规定。

第八条　股份公司对各子公司进入境外市场从事经营活动实行内部审批制度。各子公司从事承包工程或相关业务在任何新境外市场设立驻外机构或公司，均应事先获得股份公司发展规划部的批准。

第九条　股份公司对境外市场准入坚持下列六项原则：

1. 优势市场原则

同一国家或市场优先准入具有比较优势的单位进入该国家或市场。

2. 先入为主原则

先入是指在限定的时间内先期介入国家项目或市场。

3. 项目实施适应性原则

根据项目的特点和环境，优先准入与业务及项目适应性好的单位。

4. 有利于项目中标原则

优先准入与雇主合作已有一定实质性进展的单位。

5. 市场总量协调原则

进入同一国家、地区的单位原则上不超过3家，对于已超过3家单位的市场，将逐步规范，最终将单位数量控制在3家以内。

6. 服从协调原则

优先准入服从协调的单位。

第十条　已经进入或批准进入境外市场从事承包工程或相关业务之后，各子公司应按照年度向股份公司提交市场经营活动报告。对于已经被批准进入某一市场从事经营活动的单位，如果两年内未能承揽相应规模的项目或者在市场经营活动中出现重大失误或造成损失，股份公司将终止其在该境外市场的经营权并重新批准系统内其他申请单位进入该市场。

第四章　境外项目投（议）标协调原则

第十一条　为避免系统内多家单位在同一项目上的恶性竞争，股份公司将对国际公开招标、邀请投标、议标的大型项目（指合同额超过1亿美元和合同额在5000万美元以上且技术难度大的项目）以及中国政府提供优惠贷款、商业贷款的项目在资格预审和投标前进行内部协调。参与此类项目的单位在资格预审和投标前应报股份公司备案或得到股份公司的批准。

各子公司与股份公司系统外企业或境外公司以联营体、合包集团、内部合作、转包、分包等形式合作参与上述项目资格预审或投标，亦应得到股份公司批准后才能洽谈合作事宜并签署合作意向书。

对于仅以提供劳务方式进行合作的项目，可由各子公司自行研究确定。

第十二条　各子公司在跟踪和洽谈境外项目的初期，应向股份公司进行项目前期登记备案，股份公司按照备案的先后顺序，及时进行必要的协调。

第十三条　股份公司将根据拟参加投标单位的海外经验、商务运作能力、项目实施管理能力及资金运作能力、项目人员、设备等资源配备情况进行总体评价，并最终批准确定参加项目投标的单位和投标策略。

第十四条　股份公司批准立项后，应按照国家有关规定在商务部、中国驻外使领馆经商参处、中国对外承包工程商会等机构备案并办理各项报批手续。

第十五条　以股份公司名义运作的项目，将由股份公司国际部或授权系统内单位负责牵头组织。国际部或已经授权的系统内单位将根据项目的具体特点，与系统内其他单位协商确定合作方式。在项目投标前应向股份公司国际部提交境外项目投标许可申请表，待股份公司批准后方可开展投标工作。

第十六条　对于中小型项目，如股份公司系统内多家单位参与竞标，相关单位可向股份公司提出协调建议，股份公司将按照与大型项目相同的协调原则进行协调。

第十七条　对于项目中标后的协调，将另行发文进行规定。

第五章　协调方式与程序

第十八条　股份公司在项目协调过程中，鼓励各子公司进行自主协商，自愿达成合作协议，由股份公司监督执行。

第十九条　各子公司经自主协商没有达成一致意见的，股份公司可以根据具体情况，通过综合评估，拟定具体协调方案，经充分听取和征求有关方面意见后形成协调决定，协调决定自股份公司正式签发之日起生效。

第二十条　股份公司国际部将定期以《协调简报》的形式向各子公司通报市场准入名单和有关协调情况。

第六章　协调决定执行与申诉监督

第二十一条　股份公司做出的协调决定，各相关单位须认真执行，并接受股份公司监督。

第二十二条　各子公司须按规定将投(议)标结果和协调结果的执行情况及时报股份公司备案。股份公司通过多种方式对协调决定的执行情况进行监督和检查。任何单位和个人都有权依据事实对拒不执行协调决定的行为，向股份公司进行举报。

第七章　奖惩办法

第二十三条　对遵纪守法、经营作风良好、经营业绩突出的单位，股份公司将通过文件、网站等形式给以表扬，并优先推荐进入其他境外市场。

第二十四条　对未能按规定时间和程序进行备案及不服从协调决定、违反本协调办法的单位，股份公司一经查实，视情节给予取消评优资格、警告、通报批评、取消投标资格、限制进入等处罚；对情节严重者，股份公司将对相关责任人给予行政处罚。

第八章　附　　则

第二十五条　本办法由股份公司国际部负责解释。

第二十六条　本办法经股份公司总裁办公会通过，自 2011 年 2 月 1 日起执行。此前与本办法不一致的，以本办法为准。

2011 年中国铁道建筑总公司文件目录

文　件　号	文　　件　　标　　题
中铁建财〔2011〕1 号	中国铁道建筑总公司关于“小金库”专项治理工作情况的报告
中铁建安质〔2011〕2 号	中国铁道建筑总公司关于 2010 年安全生产工作情况的报告
中铁建财〔2011〕3 号	关于沙特麦加轻轨项目相关事项安排的报告
中铁建财〔2011〕4 号	中国铁道建筑总公司关于 2011 年度对外捐赠预算的报告
中铁建法〔2011〕5 号	中国铁道建筑总公司关于购买联通集团公司股权有关问题的请示
中铁建国际〔2011〕6 号	中国铁道建筑总公司关于境外铁路合作项目有关情况的报告
中铁建国际〔2011〕7 号	中国铁道建筑总公司关于企业“走出去”有关情况的报告

续表

文件号	文件标题
中铁建审监〔2011〕8号	关于印发《中国铁道建筑总公司“十二五”审计工作总体思路及2011年度审计项目计划》的通知
中铁建发展〔2011〕9号	关于成立中铁建资产管理有限公司的通知
中铁建国际〔2011〕10号	中国铁道建筑总公司关于利比亚应急组织机构的报告
中铁建国际〔2011〕11号	中国铁道建筑总公司关于利比亚铁路项目有关情况的报告
中铁建科设〔2011〕12号	关于报送2011年度国家科学技术奖励推荐材料的报告
中铁建经计〔2011〕13号	关于下发中国铁道建筑总公司2011年生产经营计划的通知
中铁建国际〔2011〕14号	关于迅速妥善解决撤往马耳他外派人员回国的报告
中铁建国际〔2011〕15号	关于迅速解决撤往马耳他外派人员回国的报告
中铁建财〔2011〕16号	中国铁道建筑总公司关于2011年度财务预算的报告
中铁建财〔2011〕17号	中国铁道建筑总公司关于2011年度董事会试点企业测试评价目标建设值的报告
中铁建财〔2011〕18号	关于2010年施工新技术研究与开发资金及科技研发奖励资金使用和项目进展情况的报告
中铁建科设〔2011〕19号	关于公布2010年中国铁道建筑总公司优秀工法的通知
中铁建财〔2011〕20号	中国铁道建筑总公司关于2010年度《企业年度工作报告》的报告
中铁建科设〔2011〕21号	关于公布中国铁道建筑总公司优秀科技论文的通知
中铁建发展〔2011〕22号	关于拟收购中农资源部分股权的请示
中铁建发展〔2011〕23号	关于将中国水产广州建港工程公司整体划转至中国铁道建筑总公司的请示
中铁建财〔2011〕24号	中国铁道建筑总公司关于2010年度国有资产评价项目统计情况的报告
中铁建经计〔2011〕25号	关于中铁建电气化局集团公司建设业务综合楼有关问题的请示
中铁建发展〔2011〕26号	关于中国铁建股份有限公司所属企业冠名有关问题的请示
中铁建财〔2011〕27号	中国铁道建筑总公司关于资金管理工作情况的报告
中铁建科设〔2011〕28号	关于颁发2010年度中国铁道建筑总公司科学技术奖的通知
中铁建国际〔2011〕29号	中国铁道建筑总公司关于利比亚人员撤离行动工作情况的报告
中铁建资本〔2011〕30号	关于境外合作区年度考核的请示
中铁建董〔2011〕31号	关于印发《中国铁道建筑总公司内幕信息保密管理及内幕信息知情人登记制度》的通知
中铁建财〔2011〕32号	关于利比亚南北铁路项目预付款保函延期有关问题的报告
中铁建国际〔2011〕33号	中国铁道建筑总公司关于利比亚撤离行动案例有关问题的报告
中铁建财〔2011〕34号	中国铁道建筑总公司关于主辅分离改制分流冲减国有权益的请示
中铁建财〔2011〕35号	关于印发《中国铁道建筑总公司产权管理暂行办法》的通知
中铁建国际〔2011〕36号	中国铁道建筑总公司关于沙特麦加轻轨铁路项目合同主体变更同意函有关问题的报告

续表

文　件　号	文　　件　　标　　题
中铁建国际〔2011〕37 号	中国铁道建筑总公司关于沙特麦加轻轨铁路项目对外经济合作经营资格的请示
中铁建财〔2011〕38 号	中国铁道建筑总公司关于 2011 年中央国有资本经营预算重大技术创新及产业化资金的请示
中铁建财〔2011〕39 号	中国铁道建筑总公司关于施工新技术研究与开发资金的请示
中铁建财〔2011〕40 号	中国铁道建筑总公司关于债务风险控制目标及控制方案的报告
中铁建董〔2011〕41 号	关于中国铁建董事会 2010 年度工作情况的报告
中铁建财〔2011〕42 号	中国铁道建筑总公司关于 2010 年度经营业绩考核完成情况的报告
中铁建财〔2011〕43 号	中国铁道建筑总公司关于 2010 年度财务决算的请示
中铁建财〔2011〕44 号	中国铁道建筑总公司关于 2010 年度国有资本收益的报告
中铁建财〔2011〕45 号	中国铁道建筑总公司关于 2010 年度国有资本收益的报告
中铁建战备〔2011〕46 号	关于印发《中国铁道建筑总公司国防交通物资储备基地(库)达标考核暂行管理规定》的通知
中铁建战备〔2011〕47 号	关于表彰“十一五”期间交通战备工作先进个人的通知
中铁建战备〔2011〕48 号	关于表彰“十一五”期间交通战备工作先进单位的通知
中铁建国际〔2011〕49 号	关于印发《中国铁道建筑总公司因私出国(境)管理办法》的通知
中铁建国际〔2011〕50 号	关于印发《中国铁道建筑总公司外事工作管理办法》的通知
中铁建国际〔2011〕51 号	关于印发《中国铁道建筑总公司外事工作管理办法实施细则》的通知
中铁建发展〔2011〕52 号	关于对中国长城财务公司重组改制及增资的通知
中铁建人〔2011〕53 号	中国铁道建筑总公司关于 2010 年度工效挂钩清算及 2011 年度工效挂钩方案的请示
中铁建科设〔2011〕54 号	关于 2011 年工程咨询单位资格申报工作的请示
中铁建财〔2011〕55 号	关于对外经济合作专项资金的请示
中铁建财〔2011〕56 号	中国铁道建筑总公司关于对外经济合作专项资金的请示
中铁建财〔2011〕57 号	中国铁道建筑总公司关于 2010 年度财务绩效评价工作的报告
中铁建财〔2011〕58 号	中国铁道建筑总公司关于开展“小金库”专项治理全面复查工作的报告
中铁建国际〔2011〕59 号	中国铁道建筑总公司关于利比亚铁路机构要求重返工地实施项目有关事项的报告
中铁建国际〔2011〕60 号	中国铁道建筑总公司关于利比亚铁路项目保函延期有关事项的报告
中铁建人〔2011〕61 号	中国铁道建筑总公司关于 2011 年度工资总额计划(预算)的报告
中铁建发展〔2011〕62 号	关于上报中国铁道建筑总公司“十二五”发展规划的报告
中铁建财〔2011〕63 号	中国铁道建筑总公司、中国铁道建筑总公司党委关于印发《中国铁道建筑总公司 2011 年“小金库”专项治理工作实施方案》的通知
中铁建法〔2011〕64 号	中国铁道建筑总公司关于落实法制工作三年目标情况的报告

续表

文件号	文件标题
中铁建财〔2011〕65 号	关于印发《中国铁道建筑总公司战备资产财务管理及会计核算暂行办法》的通知
中铁建董〔2011〕66 号	关于修改《中国铁道建筑总公司章程》部分条文的请示
中铁建董〔2011〕67 号	关于修改《中国铁建股份有限公司章程》部分条文的请示
中铁建国际〔2011〕68 号	中国铁道建筑总公司关于跟踪匈牙利铁路项目有关事项的请示
中铁建战备〔2011〕69 号	关于下达 2011 年战备事业费、战备科研、器材维修保养、专业保障队伍训练计划的通知
中铁建战备〔2011〕70 号	关于对中铁十三局“六四式军用梁快速拼架演练”进行表彰的通知
中铁建经计〔2011〕71 号	关于国家大型铁路养护设备昆明产业基地建设项目监督检查情况的报告
中铁建国际〔2011〕72 号	关于中土博茨瓦纳公司总经理被当局带走情况的报告
中铁建发展〔2011〕73 号	关于明确中国铁道建筑总公司战备局管理规格等机构编制事项的通知
中铁建财〔2011〕74 号	中国铁道建筑总公司关于 2011 年上半年测试评价目标执行情况的报告
中铁建财〔2011〕75 号	中国铁道建筑总公司关于 2012 年度中央企业国有资本经营预算项目预申报的报告
中铁建发展〔2011〕76 号	中国铁道建筑总公司关于上报“2011 年中央企业优秀社会责任实践”案例的报告
中铁建国际〔2011〕77 号	中国铁道建筑总公司关于沙特麦加轻轨铁路项目有关问题的请示
中铁建财〔2011〕78 号	中国铁道建筑总公司关于中国长城财务公司股权重组后续变更事项的请示
中铁建国际〔2011〕79 号	中国铁道建筑总公司关于沙特教育部 200 所学校项目实施情况的报告
中铁建国际〔2011〕80 号	中国铁道建筑总公司关于沙特麦加轻轨铁路项目变更索赔有关问题的请示
中铁建国际〔2011〕81 号	中国铁道建筑总公司关于沙特 200 所学校项目实施情况的报告
中铁建董〔2011〕82 号	关于修订《中国铁道建筑总公司章程》的通知
中铁建财〔2011〕83 号	中国铁道建筑总公司关于利比亚南北铁路项目预付款保函延期事宜的报告
中铁建国际〔2011〕84 号	关于沙特麦加轻轨项目变更索赔有关问题的请示
中铁建国际〔2011〕85 号	关于沙特麦加轻轨项目有关问题的请示
中铁建财〔2011〕86 号	关于印发《中国铁道建筑总公司资产评估机构备选库及动态管理实施办法》的通知
中铁建国际〔2011〕87 号	关于沙特麦加轻轨铁路项目开通运营准备工作有关问题的请示
中铁建国际〔2011〕88 号	关于沙特麦加轻轨铁路项目开通运营准备工作有关问题的请示
中铁建国际〔2011〕89 号	关于沙特麦加轻轨铁路项目开通运营准备工作有关问题的请示
中铁建科设〔2011〕90 号	关于印发《中国铁道建筑总公司工法管理办法》的通知
中铁建国际〔2011〕91 号	关于沙特麦加轻轨铁路项目有关事宜的请示
中铁建国际〔2011〕92 号	关于邀请尼日利亚交通部长访华的请示

续表

文件号	文件标题
中铁建财〔2011〕93号	中国铁道建筑总公司关于2011年国有资本经营预算支出计划的报告
中铁建财〔2011〕94号	关于印发《中国铁道建筑总公司境外产权管理暂行办法》的通知
中铁建财〔2011〕95号	关于再次请求协调解决原兰州铁路建设集团等单位历史遗留问题的请示
中铁建科设〔2011〕96号	关于公布中国铁道建筑总公司2011年度优秀工程勘察设计项目的通知
中铁建人〔2011〕97号	关于贯彻中央企业科技人才工作会议精神及科技人才工作情况的报告
中铁建人〔2011〕98号	中国铁道建筑总公司关于安哥拉项目工作人员感染血吸虫病有关情况的报告
中铁建国际〔2011〕99号	关于沙特麦加轻轨铁路项目最新情况的报告
中铁建财〔2011〕100号	中国铁道建筑总公司关于铁路项目资金情况的报告
中铁建财〔2011〕101号	中国铁道建筑总公司关于编报2011年度财务决算报告的通知
中铁建经计〔2011〕102号	关于当前建筑市场有关问题的报告
中铁建财〔2011〕103号	中国铁道建筑总公司关于2011年度财务决算有关事项的报告
中铁建国际〔2011〕104号	关于印发《〈中国铁道建筑总公司因私出国(境)管理办法〉实施细则》的通知
中铁建财〔2011〕105号	中国铁道建筑总公司关于"小金库"专项治理工作总结的报告
中铁建国际〔2011〕106号	中国铁道建筑总公司关于沙特麦加轻轨铁路项目变更索赔工作的请示
中铁建国际〔2011〕107号	关于邀请塞拉利昂财政部长访华的请示
中铁建财〔2011〕108号	中国铁道建筑总公司关于落实国资委经济责任审计意见整改情况的报告
中铁建法〔2011〕109号	关于报送《中国铁道建筑总公司法制工作第三个三年目标实施方案》的报告

2011年中国铁道建筑总公司党委文件目录

文件号	文件标题
中铁建党工组〔2011〕1号	关于召开中国铁道建筑总公司第一届二次职工代表大会的请示
中铁建党办〔2011〕2号	关于传达贯彻中央企业负责人会议精神的报告
中铁建党办〔2011〕3号	关于呈送《全国扶贫开发先进集体推荐审批表》的报告
中铁建党干〔2011〕4号	关于金克同志提高享受省(部)长级医疗待遇的请示
中铁建党干〔2011〕5号	关于胡昌明等三名同志提高享受副省(部)长级医疗待遇的请示
中铁建党干〔2011〕6号	关于孟广顺同志因工作原因请假的请示
中铁建党保〔2011〕7号	关于境外机构和企业保密检查的自查报告
中铁建党办〔2011〕8号	关于向国资委保密办报送密码传输网有关情况的报告

续表

文　件　号	文　　件　　标　　题
中铁建党干〔2011〕9号	关于调整政工专业职务任职资格评审领导小组和高级政工师评委名单的请示
中铁建党干〔2011〕10号	关于中国铁建召开2011年度领导干部民主生活会准备情况的报告
中铁建党宣〔2011〕11号	关于印发赵广发总裁在铁道兵纪念馆建设工作推进视频会上的讲话的通知
中铁建党办〔2011〕12号	关于送审《中国铁建股份有限公司贯彻落实"三重一大"决策制度实施办法(送审稿)》的请示

2011年中国铁建股份有限公司文件目录

文　件　号	文　　件　　标　　题
中国铁建发展〔2011〕1号	关于印发《中国铁建股份有限公司发展战略与规划》的通知
中国铁建董〔2011〕2号	关于企业信息披露工作自查自纠情况的通报
中国铁建安质〔2011〕3号	关于兑现2010年安全工作包保责任状的通知
中国铁建安质〔2011〕4号	关于表彰2010年度安全生产达标单位的通报
中国铁建发展〔2011〕5号	关于成立广西国投资产管理有限公司的通知
中国铁建财〔2011〕7号	关于印发《中国铁建股份有限公司发票审核管理办法》的通知
中国铁建发展〔2011〕8号	关于成立中国铁建投资有限公司的通知
中国铁建工管〔2011〕9号	关于印发《中国铁建股份有限公司工程项目环境保护管理办法(试行)》的通知
中国铁建财〔2011〕10号	关于加强股份公司境内直管项目部资金集中管理工作的通知
中国铁建经计〔2011〕11号	关于下达2011年生产经营计划的通知
中国铁建工管〔2011〕12号	关于表彰2010年度工程调度工作先进个人的通报
中国铁建国际〔2011〕13号	关于印发《中国铁建股份有限公司境外工程经营管理协调办法》的通知
中国铁建资本〔2011〕14号	关于印发《中国铁建股份有限公司资本运营项目投资管理暂行办法》的通知
中国铁建工管〔2011〕15号	关于表彰劳动竞赛、工人先锋号、工人先锋号标兵、劳动竞赛优秀组织者的表彰通报
中国铁建经计〔2011〕16号	关于下达2011年企业固定资产建设项目授资计划的通知
中国铁建信息〔2011〕17号	关于印发《中国铁建股份有限公司"十二五"信息化发展规划》的通知
中国铁建信息〔2011〕18号	关于印发《中国铁建股份有限公司信息化三年滚动发展规划》的通知
中国铁建信息〔2011〕19号	关于印发《中国铁建股份有限公司信息标准化规划》的通知
中国铁建信息〔2011〕20号	关于印发《中国铁建股份有限公司信息化管理办法》等15项管理办法与规范的通知
中国铁建科设〔2011〕21号	股份公司 股份公司工会关于2010年度合理化建议和技术改进项目评审结果的通报

续表

文 件 号	文 件 标 题
中国铁建人〔2011〕22 号	关于下达 2011 年职业技能鉴定计划的通知
中国铁建审监〔2011〕23 号	关于印发《中国铁建股份有限公司“十二五”审计工作思路及 2011 年度审计计划》的通知
中国铁建办〔2011〕24 号	关于印发《中国铁建年鉴》2011 年卷框架设计及编写分工的通知
中国铁建经计〔2011〕25 号	关于印发《2011 年经营计划工作要点》的通知
中国铁建办〔2011〕26 号	股份公司 股份公司党委关于印发 2011 年会议计划的通知
中国铁建办〔2011〕27 号	关于中国铁建办公系统(一期)正式运行的通知
中国铁建发展〔2011〕28 号	关于表彰资质管理先进单位暨先进个人的通报
中国铁建审监〔2011〕29 号	关于表彰 2010 年度审计工作先进单位和先进工作者的通报
中国铁建发展〔2011〕30 号	关于设立股份公司专业技术人才培养使用基地建设的通知
中国铁建设物〔2011〕31 号	关于支持钢结构产业发展有关情况的通报
中国铁建人〔2011〕32 号	关于《中国铁建股份有限公司总部机关选聘工作人员办法》等两个办法的补充规定的通知
中国铁建信息〔2011〕33 号	关于印发《2011 年信息化工作要点》的通知
中国铁建法〔2011〕34 号	关于表彰 2010 年度法律工作先进单位和法律工作先进个人的通报
中国铁建国际〔2011〕35 号	关于切实做好对外承包工程项下外派劳务管理工作的通知
中国铁建发展〔2011〕36 号	关于成立中国铁建投资有限公司筹备组的通知
中国铁建财〔2011〕37 号	关于部分应收股利转增投资的通知
中国铁建科设〔2011〕38 号	关于印发《2011 年股份公司科技工作要点》的通知
中国铁建董〔2011〕39 号	关于印发《内幕信息知情人责任告知书》的通知
中国铁建科设〔2011〕40 号	关于加强集团公司创新平台建设的指导意见
中国铁建经计〔2011〕41 号	关于解决当前铁路建设工程中费用问题的请示
中国铁建办〔2011〕42 号	关于印发股份公司机关贯彻落实一届二次职代会暨 2011 年工作会议精神分工方案的通知
中国铁建财〔2011〕43 号	关于印发《中国铁建股份有限公司股权转让管理暂行办法》的通知
中国铁建设物〔2011〕44 号	关于对“十二五”期间购买股份公司内部制造的施工装备给予财务补贴的通知
中国铁建审监〔2011〕45 号	关于落实股份公司审计工作会议精神 进一步加强审计工作的通知
中国铁建工管〔2011〕46 号	关于表彰中国铁建股份有限公司 2010 年度优秀项目经理的通报
中国铁建经计〔2011〕47 号	关于印发 2011 年企业投资计划的通知
中国铁建国际〔2011〕48 号	关于北京铁研建设监理有限责任公司申办对外承包工程经营资格证书的请示
中国铁建发展〔2011〕49 号	关于中国铁建股份有限公司所属企业名称变更有关问题的通知

续表

文件号	文件标题
中国铁建监〔2011〕50号	关于印发《中国铁建2011年效能监察工作指导意见》的通知
中国铁建发展〔2011〕51号	关于成立中国铁建禄大和九宜公路建设指挥部的通知
中国铁建设物〔2011〕52号	关于加强盾构采购管理的通知
中国铁建董〔2011〕53号	关于印发《中国铁建董事会2011年工作要点》的通知
中国铁建设物〔2011〕54号	关于开展中国铁建电子商务平台运行维护工作的通知
中国铁建发展〔2011〕55号	关于成立中国铁建财务有限公司筹备组的通知
中国铁建资本〔2011〕56号	关于印发《中国铁建股份有限公司BOT项目投资管理指引》的通知
中国铁建资本〔2011〕57号	关于印发《中国铁建股份有限公司BT项目投资管理指引》的通知
中国铁建财〔2011〕58号	关于2010年度经济运行情况的通报
中国铁建财〔2011〕59号	关于印发《中国铁建迎接北京市税务局发票使用情况检查工作方案》的通知
中国铁建人〔2011〕60号	关于做好2011年专业技术职务聘任工作的通知
中国铁建科设〔2011〕61号	关于表彰2010年科技工作先进单位和先进个人的通报
中国铁建财〔2011〕62号	关于印发《中国铁建股份有限公司机关经费管理办法》的通知
中国铁建财〔2011〕63号	关于银行存款清理检查工作情况的通报
中国铁建财〔2011〕64号	关于核定股份公司2011年度企业信贷规模的通知
中国铁建财〔2011〕65号	关于调整股份公司资金中心内部调剂款及上存款的通知
中国铁建经计〔2011〕66号	关于昆明中铁集团公司国家大型铁路养护设备昆明产业基地科研配套项目申请中央财政专项资金补助的请示
中国铁建办〔2011〕67号	关于认真贯彻胡锦涛总书记对信访工作重要讲话精神的通知
中国铁建房产〔2011〕68号	关于印发《中国铁建股份有限公司房地产开发与经营管理暂行办法》的通知
中国铁建发展〔2011〕69号	关于《印发股份公司2011年风险内控工作计划》的通知
中国铁建发展〔2011〕70号	中国铁建股份有限公司关于内部控制与风险管理领导小组组成人员等有关问题的通知
中国铁建国际〔2011〕71号	中国铁建股份有限公司关于尼日利亚交通部长访华的事宜的请示
中国铁建财〔2011〕72号	关于印发赵广发总裁、庄尚标副总裁在《2011年一季度经济运行情况通报视频会议》上讲话的通知
中国铁建审监〔2011〕73号	关于做好审计署对国家重点建设项目延伸审计配合工作的指导意见
中国铁建经计〔2011〕74号	关于贯彻落实股份公司《工程经营工作指导意见》情况的通报
中国铁建经计〔2011〕75号	关于解决包西铁路建设工程费用问题的请示
中国铁建董〔2011〕76号	关于印发《中国铁建股份有限公司董事会秘书工作制度》的通知
中国铁建法〔2011〕77号	关于印发《中国铁建股份有限公司合同法律风险管理指引(试行)》的通知

续表

文 件 号	文 件 标 题
中国铁建经计〔2011〕78 号	关于建立区域经营管理平台 加强股份公司区域经营工作的通知
中国铁建安质〔2011〕79 号	关于表彰 2011 年度中国铁建股份有限公司优秀质量管理小组的通报
中国铁建财〔2011〕80 号	关于公布 2010 年度子公司负责人绩效考核结果的通知
中国铁建财〔2011〕81 号	关于印发《中国铁建股份有限公司财务管理及内控制度》的通知
中国铁建法〔2011〕82 号	关于印发《中国铁建股份有限公司子公司负责人法制工作绩效考核实施细则(试行)》的通知
中国铁建财〔2011〕83 号	关于印发《中国铁建股份有限公司应收款项管理暂行办法》的通知
中国铁建财〔2011〕84 号	关于印发《中国铁建股份有限公司责任成本管理考核评价办法》的通知
中国铁建财〔2011〕85 号	关于印发《股份公司 2011 年度财务工作指导意见》的通知
中国铁建财〔2011〕86 号	关于 2010 年度预算执行情况的通报
中国铁建发展〔2011〕87 号	关于成立中国铁建昆明轨道交通 3 号线工程指挥部的通知
中国铁建信息〔2011〕88 号	关于成立“施工项目综合管理系统”建设领导小组和办公室的通知
中国铁建财〔2011〕89 号	关于印发《股份公司 2011 ~ 2012 年度责任成本管理工作要点》的通知
中国铁建财〔2011〕90 号	关于核定股份公司 2011 年内部担保额度的通知
中国铁建经计〔2011〕91 号	关于规范企业经营行为的通知
中国铁建人〔2011〕92 号	关于子公司负责人 2010 年度薪酬结算兑现的通知
中国铁建人〔2011〕93 号	关于聘任职业技能鉴定考评员、高级考评员和管理人员的通知
中国铁建发展〔2011〕94 号	关于印发《重大风险事件分析报告制度》的通知
中国铁建国际〔2011〕95 号	中国铁建股份有限公司关于利比亚铁路机构要求重返工地实施项目有关事宜的报告
中国铁建国际〔2011〕96 号	中国铁建股份有限公司关于利比亚铁路项目保函延期有关事宜的报告
中国铁建经计〔2011〕97 号	关于利用德国促进性贷款购置矿山采矿剥离施工设备的请示
中国铁建财〔2011〕98 号	关于《沙特麦加轻轨项目相关事项安排的协议》所涉及的企业所得税及营业税的请示
中国铁建办〔2011〕99 号	关于印发《〈中国铁建年鉴〉2011 年卷人物条目资料征集提要》的通知
中国铁建办〔2011〕100 号	关于印发《〈中国铁建年鉴〉2011 年卷图片征集提要》的通知
中国铁建设物〔2011〕101 号	关于进一步加强设备物资管理工作的通知
中国铁建信息〔2011〕102 号	关于印发《信息化绩效评价报告(2010 年度)》的通知
中国铁建发展〔2011〕103 号	关于成立股份公司应收款项清欠领导小组的通知
中国铁建发展〔2011〕104 号	关于印发《中国铁建股份有限公司 2011 年重大风险管控措施落实方案》的通知
中国铁建发展〔2011〕105 号	关于成立中国铁建港航局有限公司筹备组的通知

续表

文 件 号	文 件 标 题
中国铁建国际〔2011〕106 号	关于跟踪匈牙利铁路项目的请示
中国铁建国际〔2011〕107 号	中国铁建股份有限公司关于参与塞拉利昂基础设施一揽子项目有关情况的报告
中国铁建董〔2011〕108 号	关于中国铁建股份有限公司董事会专门委员会及工作机构的通知
中国铁建法〔2011〕109 号	关于集中清理中铁物资集团与股份公司其他内部单位间应收账款的通知
中国铁建财〔2011〕110 号	关于印发《中国铁建股份有限公司科技研发专项资助资金财务管理暂行办法(试行)》的通知
中国铁建财〔2011〕111 号	关于严格控制管理费开支的通知
中国铁建发展〔2011〕112 号	股份公司 股份公司党委关于成立中国铁建港航局有限公司的通知
中国铁建发展〔2011〕113 号	关于成立股份公司信息技术专业标准委员会的通知
中国铁建国际〔2011〕114 号	关于匈牙利铁路项目有关事项的请示
中国铁建国际〔2011〕115 号	关于匈牙利铁路项目有关情况的报告
中国铁建设物〔2011〕116 号	关于印发 2011 年下半年设备物资工业节能减排工作要点的通知
中国铁建办〔2011〕117 号	关于申报国家“863 计划”相关情况的报告
中国铁建法〔2011〕118 号	关于中铁十五局与中铁二十四局集团安徽公司内部经济纠纷协调处理的决定
中国铁建经计〔2011〕119 号	关于落实省政府“七一”高速公路协调会议精神的情况报告
中国铁建财〔2011〕120 号	关于印发《中国铁建股份有限公司财务外语培训管理办法》的通知
中国铁建发展〔2011〕121 号	关于发布 2010 年度“中国铁建工程公司 20 强”的通知
中国铁建信息〔2011〕122 号	关于印发《中国铁建信息标准编制出版规范》等 22 项信息化标准与规范的通知
中国铁建资本〔2011〕123 号	关于将本级资本运营项目并入投资公司管理的通知
中国铁建发展〔2011〕124 号	关于调整审计监事局等部门机构编制的通知
中国铁建房产〔2011〕125 号	关于参与保障性住房开发建设实施的指导意见
中国铁建经计〔2011〕126 号	关于表彰 2010 年经营工作先进单位的通报
中国铁建办〔2011〕127 号	关于印发《中国铁建股份有限公司公务接待管理暂行规定》的通知
中国铁建法〔2011〕128 号	关于印发《中国铁建开展法制宣传教育的第六个五年规划(2011 ~ 2015 年)》的通知
中国铁建董〔2011〕129 号	关于订立重要合同、协议信息报告与信息保密的通知
中国铁建财〔2011〕130 号	关于规范股份公司债券发行信息报告有关事项的通知
中国铁建财〔2011〕131 号	关于 2011 年上半年责任成本管理情况的通报
中国铁建设物〔2011〕132 号	关于利用德国促进贷款购置矿山采矿剥离施工设备的请示
中国铁建财〔2011〕133 号	关于印发《中国铁建股份有限公司“十二五”财务战略规划》的通知

续表

文件号	文件标题
中国铁建财〔2011〕134号	关于上半年清欠工作的通报
中国铁建办〔2011〕135号	关于印发《中国铁建股份有限公司系统档案全宗编号及档案单位名称代号》的通知
中国铁建房产〔2011〕136号	关于房地产项目择优选择内部施工总承包单位的通知
中国铁建办〔2011〕137号	关于表彰2010年度股份公司网络信息发布先进单位和优秀信息员的通报
中国铁建董〔2011〕138号	关于印发《中国铁建股份有限公司章程》的通知
中国铁建设物〔2011〕139号	关于印发《中国铁建股份有限公司设备管理规定》的通知
中国铁建设物〔2011〕140号	关于印发《中国铁建股份有限公司设备集中采购管理办法》的通知
中国铁建科设〔2011〕141号	关于印发《中国铁建股份有限公司“十二五”科技发展规划》的通知
中国铁建科设〔2011〕142号	关于下达2011年度科技研究开发计划项目及科技资助的通知
中国铁建办〔2011〕143号	关于印发2011年上半年股份公司经济运行分析视频会议有关领导讲话的通知
中国铁建设物〔2011〕144号	关于印发《中国铁建股份有限公司物资集中采购管理办法》的通知
中国铁建设物〔2011〕145号	关于印发《中国铁建股份有限公司物资管理规定》的通知
中国铁建财〔2011〕146号	中国铁建股份有限公司关于利比亚南北铁路项目预付款保函延期事宜的报告
中国铁建科设〔2011〕147号	中国铁建股份有限公司关于加强专利专项工作的通知
中国铁建经计〔2011〕148号	关于印发《中国铁建股份有限公司进沪企业建筑市场管理暂行办法》的通知
中国铁建财〔2011〕149号	关于进一步加强资金管理 确保资金安全的通知
中国铁建财〔2011〕150号	关于印发《中国铁建股份有限公司资产评估管理暂行办法》的通知
中国铁建经计〔2011〕151号	关于昆明草海安置房等3个项目施工任务划分和施工管理有关事项的通知
中国铁建发展〔2011〕152号	关于做好2011年度内部控制审计工作的通知
中国铁建监〔2011〕153号	关于开展使用中介承建工程项目专项检查工作的通知
中国铁建经计〔2011〕154号	关于郑西客专铁路项目建设工程费用有关问题的请示
中国铁建法〔2011〕155号	关于印发《中国铁建法律合规管理系统（LCM）应用推进行动计划》的通知
中国铁建财〔2011〕156号	关于利用德国促进贷款购置矿山采矿剥离施工设备的请示
中国铁建人〔2011〕157号	关于印发《中国铁建人力资源管理系统（HR）应用推进行动计划》的通知
中国铁建经计〔2011〕158号	关于敦煌铁路项目概算清理及工程结算问题的请示
中国铁建经计〔2011〕159号	关于决战第四季度 努力完成年度经营指标的通知
中国铁建人〔2011〕160号	关于2012年股份公司职业技能鉴定有关问题的通知
中国铁建经计〔2011〕161号	关于编报2012年生产经营计划和布置2011年统计年报工作的通知

续表

文　件　号	文　　件　　标　　题
中国铁建财〔2011〕162 号	关于印发《中国铁建股份有限公司存出现金保证金管理暂行规定》的通知
中国铁建财〔2011〕163 号	关于编报 2012 年度全面预算的通知
中国铁建审监〔2011〕164 号	关于印发《中国铁建股份有限公司内部审计人员职业道德规范》的通知
中国铁建审监〔2011〕165 号	关于印发《中国铁建股份有限公司内部审计人员后续教育管理办法》的通知
中国铁建人〔2011〕166 号	关于公布 2011 年高级技师任职资格人员名单的通知
中国铁建经计〔2011〕167 号	关于 2011 年企业固定资产投资统计和 2012 年企业固定资产投资计划有关事项的通知
中国铁建发展〔2011〕168 号	关于北京铁城建设监理有限责任公司等单位管理规格的通知
中国铁建法〔2011〕169 号	关于表彰 2006 ~ 2010 年法制宣传教育先进单位和先进个人的决定
中国铁建房产〔2011〕170 号	关于报送房地产业务 2011 年完成情况和 2012 年计划的通知
中国铁建人〔2011〕171 号	关于进一步加强企业自管社保资金管理的通知
中国铁建财〔2011〕172 号	关于表彰 2011 年度财务工作先进单位和先进个人的通报
中国铁建国际〔2011〕173 号	关于沙特麦加轻轨铁路项目最新情况的报告(商务部)
中国铁建国际〔2011〕174 号	关于沙特麦加轻轨铁路项目最新情况的报告(外交部)
中国铁建国际〔2011〕175 号	关于沙特麦加轻轨铁路项目最新情况的报告(铁道部)
中国铁建经计〔2011〕176 号	关于包西铁路工程费用有关问题的请示
中国铁建发展〔2011〕177 号	关于印发《中国铁建股份有限公司内部控制与全面风险管理办法(暂行)》的通知
中国铁建财〔2011〕178 号	关于印发《中国铁建股份有限公司子公司负责人绩效考核管理暂行办法》的通知
中国铁建财〔2011〕179 号	关于印发《中国铁建股份有限公司子公司负责人 2011 年度绩效考核实施方案》的通知
中国铁建董〔2011〕180 号	关于董事会会议议案管理有关问题的通知
中国铁建财〔2011〕181 号	关于编报 2011 年度财务决算报告的通知
中国铁建资本〔2011〕182 号	关于印发《中国铁建资本运营信息管理系统(crcc_com 应用推进行动计划》的通知
中国铁建法〔2011〕183 号	关于十四局集团与二十五局集团南方实业公司内部经济纠纷协调处理的决定
中国铁建财〔2011〕184 号	关于驻京单位因公出差实行国内机票集中采购的通知
中国铁建国际〔2011〕185 号	关于继续支持沙特麦加轻轨铁路项目的请示
中国铁建财〔2011〕186 号	关于编报 2011 年企业信贷规模统计和 2012 年信贷规模预算报表的通知
中国铁建财〔2011〕187 号	关于子公司 2010 年第四季度和 2011 年度利润分配的通知
中国铁建经计〔2011〕188 号	关于向年度经营目标冲刺的通知
中国铁建经计〔2011〕189 号	关于印发《中国铁建股份有限公司企业生产计划统计管理暂行办法》的通知

续表

文件号	文件标题
中国铁建经计〔2011〕190号	关于印发《中国铁建股份有限公司企业生产计划统计工作考核办法》的通知
中国铁建信息〔2011〕191号	关于印发《中国铁建股份有限公司信息系统帐户管理规定》的通知
中国铁建办〔2011〕192号	关于调整股份公司机关档案工作领导小组和档案鉴定领导小组成员的通知
中国铁建安质〔2011〕193号	关于表彰2011年度安全质量标准工地(车间)的通知
中国铁建安质〔2011〕194号	关于表彰2011年度中国铁建股份有限公司优质工程及质量管理先进个人的通报
中国铁建法〔2011〕195号	关于印发《中国铁建股份有限公司法制工作第三个三年目标实施方案》的通知
中国铁建发展〔2011〕196号	关于开展2011年度内部控制自我评价工作的通知
中国铁建科设〔2011〕197号	关于表彰中铁十二局集团有限公司荣获国家级技术中心的通报
中国铁建审监〔2011〕198号	关于印发《中国铁建股份有限公司内部审计工作考核评比实施办法》的通知
中国铁建办〔2011〕199号	关于印发《视频会议管理办法》的通知
中国铁建董〔2011〕200号	关于印发《中国铁建股份有限公司内幕信息知情人管理制度》的通知
中国铁建安质〔2011〕201号	关于表彰股份公司2011年度安全先进工作者的通报

2011年中国铁建股份有限公司党委文件目录

文件号	文件标题
中国铁建党组〔2011〕1号	关于做好2011年上半年创先争优活动几项重点工作的通知
中国铁建党宣〔2011〕2号	股份公司党委 股份公司关于表彰企业文化建设先进单位、优秀项目部和先进个人的决定
中国铁建党组〔2011〕3号	关于同意召开中国铁建第一届二次职工代表大会的批复
中国铁建党组〔2011〕4号	关于同意召开中国共产党中铁十七局集团有限公司第二次代表大会和党委纪委组成人员候选人预备人选的批复
中国铁建党组〔2011〕5号	关于召开中国共产党中铁十三局集团有限公司第二次代表大会和党委纪委组成人员候选人预备人选的批复
中国铁建党组〔2011〕6号	关于中共中铁十七局集团有限公司第二次代表大会和第二届党委纪委一次全会选举结果的批复
中国铁建党组〔2011〕7号	关于中铁二十一局集团有限公司党委委员补选候选人的批复
中国铁建党办〔2011〕8号	关于加强网站建设和加快信息更新的通知
中国铁建党宣〔2011〕9号	关于转发《中共中央办公厅、国务院办公厅转发〈中央宣传部、国务院国资委关于加强和改进新形势下国有及国有控股企业思想政治工作的意见〉的通知》的通知
中国铁建党办〔2011〕10号	关于转发《国资委党委关于2012年维护稳定工作的意见》的通知

续表

文件号	文件标题
中国铁建党干〔2011〕11 号	关于中国铁建股份有限公司纪委副书记事先征求意见的请示
中国铁建党办〔2011〕12 号	关于印发《工会工作调研报告》的通知
中国铁建党干〔2011〕13 号	股份公司党委 股份公司关于印发《中国铁建股份有限公司企业领导人员管理暂行办法》的通知
中国铁建党办〔2011〕14 号	关于转发孟凤朝同志在中国铁建女职工工作会议暨庆“三八”表彰会上讲话的通知
中国铁建党组〔2011〕15 号	关于中共中铁十三局集团有限公司第二次代表大会和第二届党委纪委一次全会选举结果的批复
中国铁建党纪〔2011〕16 号	转发《国资委党委关于印发王勇、郝明金和强卫东同志在中央企业反腐倡廉建设工作会议上讲话的通知》的通知
中国铁建党办〔2011〕17 号	转发中共中央纪委等六部委《关于进一步做好职工代表大会民主评议国有企业领导人员工作的意见》的通知
中国铁建党干〔2011〕18 号	关于做好 2011 年度政工专业职务评审工作的通知
中国铁建党宣〔2011〕19 号	关于开展学习黄昌富同志先进事迹活动的决定
中国铁建党组〔2011〕20 号	关于同意召开中国铁建股份有限公司一届二次职代会联席会议的批复
中国铁建党干〔2011〕21 号	关于转发国资委党委《关于齐晓飞等 3 名同志职务任免的通知》和国资委《关于彭树贵任职的通知》的通知
中国铁建党办〔2011〕22 号	关于切实做好维护稳定工作的通知
中国铁建党办〔2011〕23 号	关于股份公司党委常委工作分工的通知
中国铁建党办〔2011〕24 号	关于调整中国铁建股份有限公司维护稳定工作小组组成人员的通知
中国铁建党办〔2011〕25 号	关于调整中国铁建股份有限公司党委保密委员会组成人员的通知
中国铁建党办〔2011〕26 号	关于调整中国铁建股份有限公司国家安全和保卫领导小组的通知
中国铁建党组〔2011〕27 号	关于表彰先进基层党组织优秀共产党员和优秀党务工作者的决定
中国铁建党组〔2011〕28 号	关于调整中国铁建股份有限公司创先争优活动领导小组副组长的通知
中国铁建党组〔2011〕29 号	关于调整工会组织权益部设置有关问题的通知
中国铁建党组〔2011〕30 号	关于同意召开中国共产党中铁二十四局集团有限公司第一次代表大会和党委纪委组成人员候选人预备人选的批复
中国铁建党组〔2011〕31 号	关于同意召开中国共产党中铁二十二局集团有限公司第二次代表大会和党委纪委组成人员候选人预备人选的批复
中国铁建党宣〔2011〕32 号	关于调整中国铁建股份有限公司党建思想政治工作研究会理事会、常务理事会的通知
中国铁建党宣〔2011〕33 号	关于调整中国铁建建设学习型党组织工作协调小组的通知
中国铁建党宣〔2011〕34 号	关于调整中国铁建股份有限公司精神文明建设领导小组成员的通知
中国铁建党宣〔2011〕35 号	关于调整中国铁建股份有限公司防范和处理邪教问题领导小组组成人员的通知

续表

文 件 号	文 件 标 题
中国铁建党办〔2011〕36 号	关于转发《关于印发〈中央企业领导人员保密工作责任追究暂行规定〉的通知》的通知
中国铁建党组〔2011〕37 号	关于中共中铁二十四局集团有限公司第一次代表大会和第一届党委纪委一次全会选举结果的批复
中国铁建党组〔2011〕38 号	关于在创先争优活动中做好群众评议工作的指导意见
中国铁建党组〔2011〕39 号	关于成立中国共产党中国铁建投资有限公司委员会的通知
中国铁建党组〔2011〕40 号	股份公司党委 股份公司关于表彰 2010 年度“四好领导班子”的决定
中国铁建党宣〔2011〕41 号	关于表彰建设学习型党组织先进单位的决定
中国铁建党组〔2011〕42 号	关于增补池长贵同志为中铁建中非建设有限公司党委委员的批复
中国铁建党宣〔2011〕43 号	转发《关于认真组织观看电影〈郭明义〉、〈杨善洲〉和〈飞天〉的通知》的通知
中国铁建党组〔2011〕44 号	关于中共中铁二十二局集团有限公司第二次代表大会和第二届党委纪委一次全会选举结果的批复
中国铁建党宣〔2011〕45 号	关于表彰 2010 年度对外新闻报道先进单位的决定
中国铁建党办〔2011〕46 号	关于转发孟凤朝同志在中国铁建工会第一届女职工委员会第一次会议上讲话的通知
中国铁建党办〔2011〕47 号	关于转发中铁重工《集团公司党委 集团公司关于进一步加强和改进领导班子思想政治建设的意见》的通知
中国铁建党组〔2011〕48 号	关于成立中国共产党中国铁建港航局集团有限公司委员会的通知
中国铁建党办〔2011〕49 号	关于转发国资委办公厅国资厅发〔2011〕73 号文件的通知
中国铁建党宣〔2011〕50 号	股份公司党委 股份公司关于追授十八局集团石明记同志“敬业奉献道德模范”荣誉称号的决定
中国铁建党宣〔2011〕51 号	股份公司党委 股份公司关于表彰中国铁建第二届“十佳道德模范”的决定
中国铁建党组〔2011〕52 号	关于做好股份公司党的十八大代表候选人推荐工作的通知
中国铁建党组〔2011〕53 号	关于调整股份公司直属机关党委组成人员的通知

中铁十九局集团公司拉日铁路测量队在雪地里测量。　　（邱益庭　摄）

附　录

本栏责任编辑　**杨启燕**

“百年百项杰出土木工程”获奖工程名单

序号	工　程　名　称
铁道工程(12 项)	
1	京张铁路
2	青藏铁路
3	宝成铁路
4	成昆铁路
5	武广铁路客运专线
6	京津城际铁路(含北京南站改扩建工程)
7	南昆铁路
8	京九铁路
9	福厦铁路
10	成渝铁路
11	大秦铁路
12	兰新铁路
桥梁工程(22 项)	
13	钱塘江大桥
14	南京长江大桥
15	南京长江二桥
16	苏通长江公路大桥
17	江苏润扬长江公路大桥
18	芜湖长江大桥
19	江阴长江大桥
20	上海杨浦大桥
21	上海卢浦大桥
22	上海南浦大桥
23	武汉长江大桥
24	武汉天兴洲长江大桥
25	东海大桥

序号	工　程　名　称
26	重庆朝天门长江大桥
27	重庆菜园坝长江大桥
28	济南黄河大桥
29	厦门海沧大桥
30	香港青马大桥
31	番禺洛溪大桥
32	贵州水柏铁路北盘江大桥
33	台湾高屏溪桥
34	澳门西湾大桥
建筑工程(33 项)	
35	人民大会堂
36	国家博物馆
37	北京火车站
38	北京饭店
39	北京首都机场航空港 T3 航站楼
40	国家体育场
41	国家游泳中心
42	国家大剧院
43	国家图书馆
44	中国国际贸易中心
45	上海印钞厂老回字型印钞工房
46	上海东方明珠广播电视塔
47	上海体育场
48	上海世博会主题馆
49	上海世博会世博中心
50	上海光源国家重大科学工程
51	广州中山纪念堂

续表

序号	工　程　名　称
52	广州新白云国际机场
53	中国进出口商品交易会琶洲展馆
54	广州亚运馆
55	深圳市深港西部通道口岸
56	深圳国际贸易中心大厦
57	济南奥林匹克体育中心
58	天津博物馆
59	天津奥林匹克中心体育场
60	武汉大学 20 世纪 30 年代的早期建筑群
61	武汉火车站
62	大庆炼油厂
63	陕西法门寺合十舍利塔
64	陕西历史博物馆
65	南京中山陵
66	香港新机场客运大楼
67	香港迪士尼乐园
水利及水运工程(22 项)	
68	长江三峡水利枢纽
69	黄河小浪底水利枢纽
70	引滦入津工程
71	河南红旗渠
72	北京密云水库
73	黄河公伯峡水电站
74	四川岷江紫坪铺水利枢纽
75	江苏江都水利枢纽
76	淮河临淮岗洪水控制工程

序号	工　程　名　称
77	新疆乌鲁瓦提水利枢纽
78	东深供水改造工程
79	清江隔河岩水利枢纽及水布垭水电站
80	淮河入海水道工程
81	贵州乌江洪家渡水电站
82	长江重要堤防隐蔽工程
83	西藏满拉水利枢纽
84	淠史杭灌区
85	上海国际航运中心洋山深水港区工程
86	长江口深水航道治理工程
87	京杭运河常州市区段改线工程
88	烟大铁路轮渡工程
89	秦皇岛港煤码头工程
公路及城市公共交通工程(5 项)	
90	京津塘高速公路
91	青藏公路
92	北京地铁 1 号线
93	上海轨道交通 1 号线
94	常州快速公交系统
市政、隧道及地下工程(6 项)	
95	西气东输管道工程
96	京广铁路衡广复线大瑶山隧道
97	厦门东通道(翔安隧道)
98	乌鞘岭特长铁路隧道
99	西康铁路秦岭隧道
100	武汉长江隧道

美国《财富》2012 年度
“世界企业 500 强”前 20 名企业名单

2012 年排名	2011 年排名	公 司 名 称	营业收入（百万美元）	利润（百万美元）	国家
1	2	荷兰皇家壳牌石油公司	484489.0	30918.0	荷兰
2	3	埃克森美孚	452926.0	41060.0	美国
3	1	沃尔玛	446950.0	15699.0	美国
4	4	英国石油公司	386463.0	25700.0	英国
5	5	中国石油化工集团公司	375214.0	9452.9	中国
6	6	中国石油天然气集团公司	352338.0	16317.0	中国
7	7	国家电网公司	259141.8	5678.1	中国
8	10	雪佛龙	245621.0	26895.0	美国
9	12	康菲石油公司	237272.0	12436.0	美国
10	8	丰田汽车公司	235364.0	3591.3	日本
11	11	道达尔公司	231579.8	17069.2	法国
12	13	大众公司	221550.5	21425.5	德国
13	9	日本邮政控股公司	211018.9	5938.8	日本
14	18	嘉能可国际	186152.0	4048.0	瑞士
15	35	俄罗斯天然气工业股份公司	157830.5	44459.6	俄罗斯
16	29	意昂集团	157057.1	-3085.4	德国
17	23	埃尼石油公司	153675.5	9538.5	意大利
18	17	荷兰国际集团	150570.7	6590.7	荷兰
19	20	通用汽车公司	150276.0	9190.0	美国
20	22	三星电子	148944.4	12059.1	韩国

美国《财富》2012年度“世界企业500强”中国企业名单

序号	2012年排名	2011年排名	公司名称	营业收入（百万美元）	总部所在城市
1	5	5	中国石油化工集团公司	375214.0	北京
2	6	6	中国石油天然气集团公司	352338.0	北京
3	7	7	国家电网公司	259141.8	北京
4	43	60	鸿海精密工业股份有限公司	117514.4	台北
5	54	77	中国工商银行	109039.6	北京
6	77	108	中国建设银行	89648.2	北京
7	81	87	中国移动通信集团公司	87543.7	北京
8	84	127	中国农业银行	84802.7	北京
9	91	139	来宝集团	80732.1	香港
10	93	132	中国银行	80230.4	北京
11	100	*	中国建筑工程总公司	76023.6	北京
12	101	162	中国海洋石油总公司	75513.8	北京
13	111	105	**中国铁道建筑总公司**	71443.4	北京
14	112	95	中国中铁股份有限公司	71263.4	北京
15	113	168	中国中化集团公司	70990.1	北京
16	129	113	中国人寿保险(集团)公司	67274.0	北京
17	130	*	上海汽车集团股份有限公司	67254.8	上海
18	142	145	东风汽车集团	62910.8	武汉
19	152	149	中国南方电网有限责任公司	60538.3	广州
20	165	197	中国第一汽车集团公司	57002.9	长春
21	169	229	中国五矿集团公司	54509.1	北京
22	194	221	中国中信集团有限公司	49338.7	北京
23	197	212	宝钢集团有限公司	48916.3	上海
24	205	250	中国兵器工业集团公司	48153.9	北京
25	221	222	中国电信集团公司	45169.8	北京
26	233	246	中国华润总公司	43439.5	香港
27	234	293	神华集团	43355.9	北京
28	238	227	中国南方工业集团公司	43159.5	北京
29	242	328	中国平安保险(集团)股份有限公司	42110.3	深圳
30	246	276	中国华能集团公司	41480.6	北京
31	250	311	中国航空工业集团公司	40834.9	北京
32	258	343	中国邮政集团公司	40023.3	北京
33	269	279	河北钢铁集团	38722.4	石家庄
34	275	320	怡和集团	37967.0	香港
36	280	297	中国冶金科工集团有限公司	37612.6	北京
37	292	289	中国人民保险集团股份有限公司	36549.1	北京
38	295	326	首钢集团	36117.1	北京
39	298	331	中国铝业公司	35839.2	北京
40	298	331	中国航空油料集团公司	34352.4	北京

续表

序号	2012 年排名	2011 年排名	公　司　名　称	营业收入（百万美元）	总部所在城市
35	279	247	广达电脑	37770.3	龟山
41	321	341	武汉钢铁(集团)公司	34259.5	武汉
42	326	398	交通银行	33871.6	上海
43	330	458	冀中能源集团	33660.8	邢台
44	333	371	中国联合网络通信股份有限公司	33336.1	上海
45	337	350	台湾中油股份有限公司	32768.9	台北
46	341	405	中国国电集团公司	32580.0	北京
47	346	367	江苏沙钢集团	32096.8	张家港
48	349	430	中国铁路物资股份有限公司	31991.1	北京
49	351	352	华为投资控股有限公司	31543.4	深圳
50	362	362	和记黄埔有限公司	30022.9	香港
51	365	485	中国建筑材料集团有限公司	30021.9	北京
52	367	435	中国机械工业集团有限公司	29846.3	北京
53	369	375	中国大唐集团公司	29603.2	北京
54	370	450	联想集团	29574.4	北京
55	384	399	中国远洋运输(集团)总公司	28796.5	北京
56	390	*	中国电力建设集团有限公司	28288.6	北京
57	393	366	中粮集团有限公司	28189.7	北京
58	397	446	河南煤业化工集团有限责任公司	27919.2	郑州
59	402	475	中国化工集团公司	27706.7	北京
60	408	410	台塑石化股份有限公司	27178.6	麦寮
61	416	508	天津市物资集团总公司	26410.9	天津
62	425	408	中国电子信息产业集团有限公司	26022.5	北京
63	426	484	浙江物产集团	25833.1	杭州
64	433	504	中国华电集团公司	25270.0	北京
65	434	463	中国船舶重工集团公司	25144.5	北京
66	440	*	山东魏桥创业集团有限公司	24905.5	潍坊
67	447	*	山西煤炭运销集团有限公司	24533.4	太原
68	450	467	中国太平洋保险(集团)股份有限公司	24429.0	上海
69	451	519	中国电力投资集团公司	24399.8	北京
70	460	*	山东能源集团有限公司	24131.3	济南
71	462	*	鞍钢集团公司	24089.0	鞍山
72	468	340	仁宝电脑	23591.0	台北
73	475	688	浙江吉利控股集团	23355.7	杭州
74	483	*	绿地控股集团有限公司	22872.9	上海
75	484	*	新兴际华集团	22832.3	北京
76	490	*	开滦集团	22519.3	唐山
77	493	500	纬创集团	22408.0	台北
78	498	*	招商银行	22093.8	深圳

注:表中 2011 年排名名次标 * 的为 2012 年首次入选或 2011 年未入选企业。

2012 年度全球最大 225 家承包商中国企业排名表

序号	排序		公司名称
	2012 年	2011 年	
1	1	2	中国中铁股份有限公司
2	2	1	**中国铁建股份有限公司**
3	3	3	中国建筑工程总公司
4	5	5	中国交通建设集团有限公司
5	9	7	中国冶金科工集团公司
6	14	15	中国水利水电建设集团公司
7	16	20	上海建工(集团)总公司
8	35	37	中国东方电气集团公司
9	38	42	中国化学工程集团公司
10	42	53	中国葛洲坝集团有限公司
11	45	52	浙江省建设投资集团有限公司
12	50	* *	北京建工集团
13	53	54	中国机械工业集团公司
14	56	74	青岛建设集团公司
15	61	88	山东电力基本建设总公司
16	65	94	安徽建工集团有限公司
17	69	51	中国石油工程建设(集团)公司
18	70	68	云南建工集团有限公司
19	72	66	中国石油天然气管道局
20	79	85	南通三建集团有限公司
21	81	* *	中国通用技术(集团)控股有限责任公司
22	91	90	中国寰球工程公司
23	95	105	中原石油对外经济贸易总公司
24	97	75	中信建设有限责任公司
25	115	125	山东电力建设第三工程公司
26	117	130	上海电气集团有限公司
27	120	123	江苏南通六建集团有限公司
28	127	143	新疆北新建筑工程(集团)有限公司
29	134	109	中国石化工程公司
30	136	136	南通建工集团股份有限公司
31	143	161	沈阳远大铝业工程有限公司
32	157	177	中国江苏国际经济技术合作公司
33	167	153	中国电力工程顾问集团公司
34	179	* *	中钢设备有限公司
35	180	196	泛华建设集团有限公司
36	185	170	**中国土木工程集团有限公司**
37	188	217	中国武夷实业股份有限公司
38	192	219	中国海外经济合作总公司
39	194	* *	中国水利电力对外公司
40	215	192	哈尔滨电站工程有限公司
41	217	221	中国地质工程集团公司

注:表中 2011 年排名名次标 * * 的为 2012 年首次入选或 2011 年未入选企业。

2012年度国际最大225家承包商中国企业排名表

序号	排序		公司名称
	2011年	2010年	
1	10	11	中国交通建设股份有限公司
2	22	20	中国建筑股份有限公司
3	23	24	中国水利水电建设集团公司
4	24	26	中国机械工业集团公司
5	30	29	**中国铁建股份有限公司**
5	39	33	中国中铁股份有限公司
7	42	61	中国冶金科工集团有限公司
8	46	32	中信建设有限责任公司
9	48	27	中国石油工程建设公司
10	53	58	山东电力建设第三工程公司
11	62	71	中国葛洲坝集团股份有限公司
12	64	100	山东电力基本建设总公司
13	67	78	上海电气集团股份有限公司
14	77	92	中国化学工程股份有限公司
15	80	83	中国东方电气集团有限公司
16	86	54	上海建工(集团)总公司
17	89	* *	中国通用技术(集团)控股有限责任公司
18	91	86	**中国土木工程集团有限公司**
19	92	115	中国水利电力对外公司
20	93	112	中地海外建设有限责任公司
21	97	95	哈尔滨电气国际工程有限责任公司
22	99	118	中国石化集团中原石油勘探局
23	104	127	青建集团股份公司
24	114	83	中国石化工程建设公司
25	117	125	中国江苏国际经济技术合作公司
26	123	89	中国石油天然气管道局
27	125	176	中国万宝工程公司

续表

序号	排　序		公　　司　　名　　称
	2011 年	2010 年	
28	127	129	中国地质工程集团公司
29	131	145	中国大连国际经济技术合作集团有限公司
30	141	155	安徽省外经建设(集团)有限公司
31	145	168	沈阳远大铝业工程有限公司
32	146	113	北京建工集团有限责任公司
33	151	154	中国河南国际合作集团有限公司
34	155	177	中国中原对外工程有限公司
35	157	163	新疆北新建设工程(集团)有限责任公司
36	159	183	中国江西国际经济技术合作公司
37	164	193	中国武夷实业股份有限公司
38	166	187	泛华建设集团有限公司
39	169	158	中国寰球工程公司
40	171	170	安徽建工集团有限公司
41	184	＊＊	江西中煤建设集团有限公司
42	190	205	中鼎国际工程有限责任公司
43	195	213	浙江省建设投资集团有限公司
44	199	＊＊	中国电子进出口总公司
45	203	203	中国石油天然气管道工程有限公司
46	205	202	江苏南通三建集团有限公司
47	208	220	云南建工集团有限公司
48	209	200	南通建工集团股份有限公司
49	215	＊＊	江苏南通六建建设集团有限公司
50	219	＊＊	中钢设备有限公司
51	221	＊＊	中国石化集团上海工程有限公司
52	225	＊＊	威海国际经济技术合作股份有限公司

注:表中2011年排名名次标＊＊的为2012年首次入选或2011年未入选企业。

2012年中国企业500强名单

名次	企业名称	营业收入(百万元)	名次	企业名称	营业收入(百万元)
1	中国石油化工股份有限公司	2505683	50	中国东方航空股份有限公司	83975
2	中国石油天然气股份有限公司	2003843	51	珠海格力电器股份有限公司	83517
3	中国移动有限公司	555038	52	上海建工集团股份有限公司	82857
4	中国建筑股份有限公司	482837	53	中国民生银行股份有限公司	82368
5	中国工商银行股份有限公司	475214	54	中信泰富有限公司	81750
6	中国中铁股份有限公司	460720	55	中国南车股份有限公司	80711
7	中国铁建股份有限公司	457366	56	上海物资贸易股份有限公司	80572
8	上海汽车集团股份有限公司	434804	57	厦门建发股份有限公司	80254
9	中国建设银行股份有限公司	397090	58	中国建材股份有限公司	80226
10	中国人寿保险股份有限公司	385388	59	中信银行股份有限公司	76948
11	中国农业银行股份有限公司	377731	60	中国长城计算机深圳股份有限公司	76468
12	中国银行股份有限公司	328166	61	湖南华菱钢铁股份有限公司	73859
13	中国交通建设股份有限公司	295370	62	青岛海尔股份有限公司	73663
14	中国平安保险(集团)股份有限公司	248915	63	大唐国际发电股份有限公司	72382
15	中国电信股份有限公司	245041	64	万科企业股份有限公司	71783
16	中国冶金科工股份有限公司	230178	65	新希望六和股份有限公司	71640
17	宝山钢铁股份有限公司	222857	66	铜陵有色金属集团股份有限公司	70741
18	中国联合网络通信股份有限公司	215519	67	山煤国际能源集团股份有限公司	69761
19	中国神华能源股份有限公司	208197	68	冠捷科技有限公司	69675
20	中国海洋石油有限公司	198630	69	中国远洋控股股份有限公司	68908
21	联想集团有限公司	186415	70	上海电气集团股份有限公司	68302
22	五矿发展股份有限公司	162053	71	上海浦东发展银行股份有限公司	67918
23	中国太平洋保险(集团)股份有限公司	157934	72	中国粮油控股有限公司	66908
24	中国铝业股份有限公司	145874	73	中国国际海运集装箱(集团)股份有限公司	64125
25	中国人民财产保险股份有限公司	137091	74	国美电器控股有限公司	62917
26	华能国际电力股份有限公司	133421	75	恒大地产集团有限公司	62396
27	河北钢铁股份有限公司	133344	76	TCL集团股份有限公司	60834
28	东风汽车集团股份有限公司	132482	77	潍柴动力股份有限公司	60019
29	交通银行股份有限公司	126956	78	兴业银行股份有限公司	59870
30	江西铜业股份有限公司	117641	79	中铁二局股份有限公司	59521
31	中国旺旺控股有限公司	117578	80	中国船舶重工股份有限公司	58045
32	中国水利水电建设股份有限公司	113471	81	庞大汽贸集团股份有限公司	55455
33	新华人寿保险股份有限公司	109209	82	中化国际(控股)股份有限公司	55291
34	国药控股股份有限公司	102225	83	甘肃酒钢集团宏兴钢铁股份有限公司	55153
35	武汉钢铁股份有限公司	101058	84	上海医药集团股份有限公司	54900
36	中国国际航空股份有限公司	97139	85	神州数码控股有限公司	54699
37	山西太钢不锈钢股份有限公司	96220	86	华电国际电力股份有限公司	54491
38	招商银行股份有限公司	96157	87	中国通信服务股份有限公司	53830
39	中国石化上海石油化工股份有限公司	95601	88	中芯国际集成电路制造有限公司	52651
40	长城科技股份有限公司	95103	89	攀钢集团钢铁钒钛股份有限公司	52559
41	苏宁电器股份有限公司	93889	90	新兴铸管股份有限公司	52528
42	广东美的电器股份有限公司	93108	91	华域汽车系统股份有限公司	52299
43	中国南方航空股份有限公司	92707	92	四川长虹电器股份有限公司	52003
44	鞍钢股份有限公司	90423	93	北汽福田汽车股份有限公司	51646
45	中国北车股份有限公司	89353	94	华润电力控股有限公司	50882
46	华润创业有限公司	89310	95	国机汽车股份有限公司	50821
47	中国中煤能源股份有限公司	88872	96	三一重工股份有限公司	50776
48	马鞍山钢铁股份有限公司	86842	97	中国中材股份有限公司	50751
49	中兴通讯股份有限公司	86254	98	阳泉煤业(集团)股份有限公司	50720

名次	企业名称	营业收入（百万元）
99	国电电力发展股份有限公司	50558
100	本钢板材股份有限公司	50432
101	海尔电器集团有限公司	49917
102	比亚迪股份有限公司	48827
103	兖州煤业股份有限公司	48768
104	安徽海螺水泥股份有限公司	48654
105	保利房地产（集团）股份有限公司	47036
106	上海友谊集团股份有限公司	47015
107	中国葛洲坝集团股份有限公司	46540
108	中联重科股份有限公司	46323
109	中国光大银行股份有限公司	46073
110	厦门国贸集团股份有限公司	45631
111	大秦铁路股份有限公司	45007
112	复星国际有限公司	44824
113	中国外运股份有限公司	43629
114	中国太平保险控股有限公司	43602
115	中国化学工程股份有限公司	43538
116	东方电气股份有限公司	42917
117	内蒙古包钢钢联股份有限公司	42815
118	柳州钢铁股份有限公司	42391
119	新余钢铁股份有限公司	40228
120	紫金矿业集团股份有限公司	39764
121	中国海外发展有限公司	39552
122	山东黄金矿业股份有限公司	39415
123	南京钢铁股份有限公司	38565
124	大昌行集团有限公司	37773
125	河南双汇投资发展股份有限公司	37615
126	冀中能源股份有限公司	37569
127	辽宁华锦通达化工股份有限公司	37557
128	内蒙古伊利实业集团股份有限公司	37451
129	中国蒙牛乳业有限公司	37442
130	浙江物产中大元通集团股份有限公司	36919
131	中国重汽（香港）有限公司	36817
132	中化化肥控股有限公司	36723
133	云南铜业股份有限公司	35243
134	碧桂园控股有限公司	34746
135	中国金属再生资源（控股）有限公司	34281
136	福建省厦门象屿股份有限公司	33934
137	华夏银行股份有限公司	33544
138	中金黄金股份有限公司	33144
139	徐工集团工程机械股份有限公司	32971
140	一汽轿车股份有限公司	32653
141	山东钢铁股份有限公司	32185
142	恒逸石化股份有限公司	31513
143	连云港如意集团股份有限公司	31318
144	中信资源控股有限公司	31290
145	河南神火煤电股份有限公司	30699
146	安徽江淮汽车股份有限公司	30474
147	大商股份有限公司	30404
148	山西西山煤电股份有限公司	30372
149	联华超市股份有限公司	30140
150	长城汽车股份有限公司	30089
151	芜湖港储运股份有限公司	30055

名次	企业名称	营业收入（百万元）
152	安阳钢铁股份有限公司	29768
153	深圳发展银行股份有限公司	29643
154	华润置地有限公司	29117
155	百丽国际控股有限公司	28949
156	北京金隅股份有限公司	28745
157	中国船舶工业股份有限公司	28699
158	哈尔滨电气股份有限公司	28588
159	腾讯控股有限公司	28548
160	中海集装箱运输股份有限公司	28281
161	新疆八一钢铁股份有限公司	27951
162	广州富力地产股份有限公司	27398
163	TCL 多媒体科技控股有限公司	27171
164	重庆长安汽车股份有限公司	26552
165	海南航空股份有限公司	26273
166	世茂房地产控股有限公司	26044
167	中国中材国际工程股份有限公司	25098
168	平顶山天安煤业股份有限公司	25069
169	中信证券股份有限公司	25033
170	重庆百货大楼股份有限公司	25012
171	九州通医药集团股份有限公司	24839
172	北京控股有限公司	24815
173	湖南有色金属股份有限公司	24648
174	玖龙纸业（控股）有限公司	24428
175	天音通信控股股份有限公司	24162
176	龙湖地产有限公司	24120
177	金地（集团）股份有限公司	23919
178	荣盛石化股份有限公司	23873
179	南方建材股份有限公司	23861
180	重庆钢铁股份有限公司	23533
181	青岛海信电器股份有限公司	23524
182	中储发展股份有限公司	23413
183	青岛啤酒股份有限公司	23158
184	雅居乐地产控股有限公司	22968
185	广东韶钢松山股份有限公司	22874
186	申能股份有限公司	22837
187	中国食品有限公司	22769
188	山西潞安环保能源开发股份有限公司	22426
189	杭州钢铁股份有限公司	22326
190	绿城中国控股有限公司	22064
191	上海国际港务（集团）股份有限公司	21779
192	国投电力控股股份有限公司	21704
193	创维数码控股有限公司	21454
194	东风汽车股份有限公司	21393
195	西部矿业股份有限公司	21273
196	中国雨润食品集团有限公司	21271
197	老凤祥股份有限公司	21126
198	吉利汽车控股有限公司	21064
199	同方股份有限公司	20962
200	北京银行股份有限公司	20728
201	中国长江电力股份有限公司	20700
202	宜宾五粮液股份有限公司	20351
203	中国石化仪征化纤股份有限公司	20180
204	桐昆集团股份有限公司	20118

名次	企业名称	营业收入(百万元)	名次	企业名称	营业收入(百万元)
205	远洋地产控股有限公司	19942	258	大同煤业股份有限公司	14418
206	尚德太阳能电力有限公司	19826	259	深圳能源集团股份有限公司	14387
207	昆仑能源有限公司	19678	260	凌源钢铁股份有限公司	14308
208	开滦能源化工股份有限公司	19534	261	上海隧道工程股份有限公司	14192
209	际华集团股份有限公司	19506	262	五矿资源有限公司	14048
210	福建三钢闽光股份有限公司	19282	263	中百控股集团股份有限公司	13864
211	上海振华重工(集团)股份有限公司	19129	264	烟台万华聚氨酯股份有限公司	13662
212	华润水泥控股有限公司	18931	265	内蒙古鄂尔多斯资源股份有限公司	13632
213	厦门金龙汽车集团股份有限公司	18925	266	江西赛维 LDK 太阳能高科技有限公司(美国)	13596
214	中海油田服务股份有限公司	18906	267	龙元建设集团股份有限公司	13496
215	国电科技环保集团股份有限公司	18759	268	江苏宏图高科技股份有限公司	13493
216	深圳市中金岭南有色金属股份有限公司	18669	269	哈药集团股份有限公司	13487
217	深圳长城开发科技股份有限公司	18630	270	方大特钢科技股份有限公司	13334
218	海信科龙电器股份有限公司	18489	271	中国建筑国际集团有限公司	13334
219	贵州茅台酒股份有限公司	18402	272	黑龙江北大荒农业股份有限公司	13333
220	特变电工股份有限公司	18165	273	山东南山铝业股份有限公司	13328
221	广西柳工机械股份有限公司	17878	274	河南中孚实业股份有限公司	13186
222	湖北宜化化工股份有限公司	17765	275	天津港发展控股有限公司	13159
223	山东晨鸣纸业集团股份有限公司	17747	276	天虹商场股份有限公司	13036
224	永辉超市股份有限公司	17732	277	上海实业控股有限公司	12976
225	江铃汽车股份有限公司	17457	278	中国航空科技工业股份有限公司	12945
226	上海电力股份有限公司	17376	279	常州天合光能有限公司	12904
227	深圳华侨城股份有限公司	17324	280	深圳市爱施德股份有限公司	12875
228	首长国际企业有限公司	17321	281	新疆金风科技股份有限公司	12843
229	南京医药股份有限公司	17172	282	云南锡业股份有限公司	12842
230	保利协鑫能源控股有限公司	16935	283	中国龙工控股有限公司	12778
231	郑州宇通客车股份有限公司	16932	284	京东方科技集团股份有限公司	12741
232	中国山水水泥集团有限公司	16862	285	江苏洋河酒厂股份有限公司	12741
233	北京王府井百货(集团)股份有限公司	16761	286	武汉武商集团股份有限公司	12734
234	上海豫园旅游商城股份有限公司	16604	287	天津港股份有限公司	12723
235	北京物美商业集团股份有限公司	16541	288	环旭电子股份有限公司	12708
236	中国电力国际发展有限公司	16300	289	中国国旅股份有限公司	12695
237	康佳集团股份有限公司	16218	290	上海锦江国际酒店(集团)股份有限公司	12664
238	龙源电力集团股份有限公司	16191	291	华新水泥股份有限公司	12638
239	宝业集团股份有限公司	16191	292	大连华锐重工集团股份有限公司	12608
240	比亚迪电子(国际)有限公司	16084	293	北京首钢股份有限公司	12516
241	中石化冠德控股有限公司	15961	294	江苏中南建设集团股份有限公司	12303
242	唐山冀东水泥股份有限公司	15728	295	中海发展股份有限公司	12291
243	东方国际创业股份有限公司	15655	296	北京燕京啤酒股份有限公司	12137
244	郑州煤电股份有限公司	15587	297	华北制药股份有限公司	12137
245	魏桥纺织股份有限公司	15512	298	人人乐连锁商业集团股份有限公司	12092
246	玉柴国际有限公司	15444	299	天地科技股份有限公司	12009
247	神马实业股份有限公司	15265	300	厦门厦工机械股份有限公司	11992
248	国药集团一致药业股份有限公司	15130	301	理文造纸有限公司	11988
249	招商局地产控股股份有限公司	15111	302	广东海大集团股份有限公司	11976
250	江苏沙钢股份有限公司	15001	303	阿特斯太阳能有限公司	11965
251	厦门信达股份有限公司	14773	304	厦门钨业股份有限公司	11910
252	山推工程机械股份有限公司	14702	305	浙江海亮股份有限公司	11878
253	广深铁路股份有限公司	14691	306	光明乳业股份有限公司	11789
254	英利绿色能源控股有限公司	14678	307	株洲冶炼集团股份有限公司	11723
255	广东电力发展股份有限公司	14620	308	吉林亚泰(集团)股份有限公司	11700
256	上海机电股份有限公司	14502	309	北京首商集团股份有限公司	11688
257	百度公司	14501	310	河南豫光金铅股份有限公司	11668

名次	企业名称	营业收入(百万元)
311	通威股份有限公司	11601
312	金发科技股份有限公司	11547
313	航天信息股份有限公司	11540
314	雅戈尔集团股份有限公司	11539
315	内蒙古包钢稀土(集团)高科技股份有限公司	11528
316	保利(香港)投资有限公司	11462
317	北京华联综合超市股份有限公司	11450
318	蓝星化工新材料股份有限公司	11395
319	第一拖拉机股份有限公司	11338
320	华润燃气控股有限公司	11313
321	云南白药集团股份有限公司	11312
322	中国西电电气股份有限公司	11250
323	海马汽车集团股份有限公司	11214
324	华东医药股份有限公司	11131
325	三普药业股份有限公司	10995
326	广州汽车集团股份有限公司	10984
327	无锡小天鹅股份有限公司	10976
328	五菱汽车集团控股有限公司	10963
329	双钱集团股份有限公司	10927
330	银座集团股份有限公司	10907
331	浙江栋梁新材股份有限公司	10874
332	佳兆业集团控股有限公司	10843
333	广州发展实业控股集团股份有限公司	10818
334	晶澳太阳能有限公司	10733
335	江西正邦科技股份有限公司	10690
336	重庆农村商业银行股份有限公司	10677
337	重庆机电股份有限公司	10575
338	海南天然橡胶产业集团股份有限公司	10528
339	深圳中航集团股份有限公司	10504
340	上海申华控股股份有限公司	10468
341	华锐风电科技(集团)股份有限公司	10436
342	太原重工股份有限公司	10326
343	中国忠旺控股有限公司	10324
344	经纬纺织机械股份有限公司	10251
345	唐山三友化工股份有限公司	10240
346	风神轮胎股份有限公司	10230
347	苏州金螳螂建筑装饰股份有限公司	10145
348	合景泰富地产控股有限公司	10137
349	云南云天化股份有限公司	10117
350	沈阳化工股份有限公司	10092
351	上海大屯能源股份有限公司	10081
352	中国有色金属建设股份有限公司	10017
353	天津一汽夏利汽车股份有限公司	9954
354	上海美特斯邦威服饰股份有限公司	9945
355	金科地产集团股份有限公司	9866
356	大唐华银电力股份有限公司	9837
357	中海石油化学股份有限公司	9773
358	华电能源股份有限公司	9739
359	福耀玻璃工业集团股份有限公司	9689
360	辽宁成大股份有限公司	9664
361	金融街控股股份有限公司	9637
362	沈阳机床股份有限公司	9611
363	山东华泰纸业股份有限公司	9609
364	湖北能源集团股份有限公司	9608
365	铜陵精达特种电磁线股份有限公司	9604
366	越秀地产股份有限公司	9569
367	内蒙古亿利能源股份有限公司	9537
368	河南大有能源股份有限公司	9502
369	荣盛房地产发展股份有限公司	9502
370	志高控股有限公司	9364
371	山东恒邦冶炼股份有限公司	9349
372	冠城大通股份有限公司	9320
373	鲁西化工集团股份有限公司	9316
374	海通证券股份有限公司	9293
375	大冶特殊钢股份有限公司	9262
376	北京京客隆商业集团股份有限公司	9179
377	河南众品食业股份有限公司	9175
378	北京首都开发股份有限公司	9042
379	合肥美菱股份有限公司	9004
380	仁恒置地集团有限公司	8987
381	李宁有限公司	8931
382	安踏体育用品有限公司	8910
383	西安飞机国际航空制造股份有限公司	8865
384	山东太阳纸业股份有限公司	8762
385	云南云维股份有限公司	8756
386	中国第一重型机械股份公司	8749
387	宁波建工股份有限公司	8676
388	TCL 通讯科技控股有限公司	8672
389	中远国际控股有限公司	8644
390	力帆实业(集团)股份有限公司	8630
391	上海外高桥保税区开发股份有限公司	8579
392	瑞安房地产有限公司	8573
393	合肥百货大楼集团股份有限公司	8551
394	浙江英特集团股份有限公司	8526
395	安徽辉隆农资集团股份有限公司	8481
396	步步高商业连锁股份有限公司	8439
397	泸州老窖股份有限公司	8428
398	中青旅控股股份有限公司	8421
399	庆铃汽车股份有限公司	8313
400	安徽恒源煤电股份有限公司	8312
401	广州广船国际股份有限公司	8296
402	浙江正泰电器股份有限公司	8288
403	新疆天山水泥股份有限公司	8278
404	中国南玻集团股份有限公司	8271
405	浙江龙盛集团股份有限公司	8229
406	上海紫江企业集团股份有限公司	8228
407	浙江巨化股份有限公司	8212
408	西宁特殊钢股份有限公司	8208
409	上海海立(集团)股份有限公司	8178
410	万向钱潮股份有限公司	8173
411	深圳市燃气集团股份有限公司	8112
412	郑州煤矿机械集团股份有限公司	8060
413	国投新集能源股份有限公司	8056
414	云南铝业股份有限公司	8006
415	宁波银行股份有限公司	7966
416	波司登国际控股有限公司	7934

名次	企业名称	营业收入(百万元)
417	航天通信控股集团股份有限公司	7912
418	国电长源电力股份有限公司	7908
419	北京大北农科技集团股份有限公司	7836
420	华夏幸福基业投资开发股份有限公司	7790
421	浙江森马服饰股份有限公司	7761
422	山西焦化股份有限公司	7753
423	招商局国际有限公司	7707
424	山东金正大生态工程股份有限公司	7627
425	山西兰花科技创业股份有限公司	7608
426	北京顺鑫农业股份有限公司	7580
427	贵州轮胎股份有限公司	7536
428	山东海化股份有限公司	7534
429	江苏汇鸿股份有限公司	7470
430	贵州盘江精煤股份有限公司	7465
431	南京银行股份有限公司	7463
432	江苏宁沪高速公路股份有限公司	7401
433	中粮生物化学(安徽)股份有限公司	7401
434	晶科能源控股有限公司	7385
435	海洋石油工程股份有限公司	7385
436	金堆城钼业股份有限公司	7333
437	大亚科技股份有限公司	7313
438	网易公司	7291
439	中国高速传动设备集团有限公司	7276
440	中国医药保健品股份有限公司	7269
441	浙江亚厦装饰股份有限公司	7253
442	内蒙古蒙电华能热电股份有限公司	7233
443	二重集团(德阳)重型装备股份有限公司	7220
444	浙江东方集团股份有限公司	7211
445	广州市广百股份有限公司	7185
446	中工国际工程股份有限公司	7175
447	海润光伏科技股份有限公司	7132
448	浙江苏泊尔股份有限公司	7126
449	新疆中泰化学(集团)股份有限公司	7122
450	无锡商业大厦大东方股份有限公司	7094
451	烽火通信科技股份有限公司	7052
452	株洲南车时代电气股份有限公司	7045
453	国药集团药业股份有限公司	7042
454	云南煤业能源股份有限公司	7028
455	深圳市怡亚通供应链股份有限公司	7025
456	宁波港股份有限公司	6983
457	长春一汽富维汽车零部件股份有限公司	6981
458	中文天地出版传媒股份有限公司	6981
459	岳阳林纸股份有限公司	6965
460	长春欧亚集团股份有限公司	6958
461	北京昊华能源股份有限公司	6951
462	港中旅华贸国际物流股份有限公司	6946
463	宝胜科技创新股份有限公司	6935
464	浙江沪杭甬高速公路股份有限公司	6913
465	葫芦岛锌业股份有限公司	6899
466	梅花生物科技集团股份有限公司	6866
467	华菱星马汽车(集团)股份有限公司	6854
468	中集安瑞科控股有限公司	6812
469	西安航空动力股份有限公司	6806
470	青海盐湖工业股份有限公司	6778
471	广州东凌粮油股份有限公司	6723
472	四川路桥建设股份有限公司	6716
473	首创置业股份有限公司	6707
474	江苏亨通光电股份有限公司	6689
475	新湖中宝股份有限公司	6688
476	上海申达股份有限公司	6646
477	龙建路桥股份有限公司	6608
478	南京中央商场(集团)股份有限公司	6579
479	河南明泰铝业股份有限公司	6573
480	天士力制药集团股份有限公司	6570
481	湖北兴发化工集团股份有限公司	6569
482	上海交运股份有限公司	6547
483	内蒙古霍林河露天煤业股份有限公司	6502
484	华晨中国汽车控股有限公司	6490
485	嘉凯城集团股份有限公司	6485
486	阿里巴巴网络有限公司	6447
487	文峰大世界连锁发展股份有限公司	6442
488	韩华新能源有限公司	6416
489	赛轮股份有限公司	6390
490	重庆太极实业(集团)股份有限公司	6386
491	华润双鹤药业股份有限公司	6383
492	青岛双星股份有限公司	6315
493	云南驰宏锌锗股份有限公司	6315
494	安徽合力股份有限公司	6291
495	辽宁曙光汽车集团股份有限公司	6248
496	湘潭电机股份有限公司	6248
497	华泰证券股份有限公司	6230
498	方正科技集团股份有限公司	6222
499	北京首都国际机场股份有限公司	6215
500	昱辉光能公司	6208

中国铁建所属单位名录

单 位 名 称	地 址	电 话	邮政编码
中国土木工程集团有限公司	北京市海淀区北蜂窝4号	010－63263392	100038
北京中土大厦	北京市海淀区北蜂窝6号	010－63260860	100038
中土凯明工程咨询有限公司	北京市海淀区北蜂窝8号中雅大厦B座10层	010－63435030	100038
中土国际贸易有限公司	北京市宣武门西大街大成广场28号7门11层1108室	010－63600930～42	100053
北京中铁建总国际经贸有限公司	北京市海淀区北蜂窝6号	010－51843894	100038
中土集团公司轨道工程公司	北京市顺义区李遂镇葛代子新村1号	010－51848284	101313
广州中土实业发展有限公司	广东省广州市环市西路135号	020－86661050	510010
上海中土实业有限公司	上海市共和新路666号	021－56623777	200070
中国土木工程集团珠海分公司	广东省珠海市吉大石花东路58号28栋6座	0756－3222650	519015
海南基冠房地产开发(香港)有限公司	海南省海口市大同路25号华发大厦B座502室	0898－66526568	570102
中土集团福州勘察设计研究院有限公司	福建省福州市晋安区茶园街道沁园支路41号	0591－87051157	350013
中土尼日利亚有限公司	Airport Road, Behind Dantata Quarry, 2nd Junction, off Galadima Village, Abuja P. O. BOX 6667 WUSE ABUJA NIGERIA	09－5242023	
中土东非有限公司	坦桑尼亚达累斯萨拉姆市邮政信箱4083	00255－22－2851129	
中国土木工程博茨瓦纳有限公司	博茨瓦纳哈伯罗内市特鲁昆	00267－3925332	
中土赞比亚有限公司	PLOT 3796, NGWEREWA CLOSE, OFF KWACHA ROAD, OLYMPIA PARK, LUSAKA。 邮政地址:P. O. BOX 36186, LUSAKA, ZAMBIA。	00260－211293461 00260－211293462	
中国土木阿尔及利亚有限公司	阿尔及尔市,El－Achour区,Oued Romane街,Ouahrani 70号	00213－21307103－111	
中土集团公司阿联酋代表处	阿拉伯联合酋长国阿布扎比市43076号邮箱	00971－2－6459417	
中土集团俄罗斯有限公司	Room 310"B", 154 Lenin Str. YuZhno_sokhalinsk 693000, Russia	007－42－42464758	52514
中国土木工程集团有限公司利比亚分公司	利比亚的黎波里Gargash街邮政信箱1409	00218－21－4834600	
中国土木工程集团有限公司沙特分公司	No. 8 Humaidan shuw Street SulaimaniaDist, P. O. Box:99861 Riyadh 11625 KSA	00966－1－4608288	
中国土木工程集团(香港)有限公司	香港九龙尖沙咀漆咸道南39号铁路大厦23楼	00852－22718899	
中国土木工程(澳门)有限公司	澳门新口岸北京街怡德商业中心15楼E、F座	00853－28781160	
中铁(澳门)有限公司	澳门友谊大马路南方大厦1楼JLMNO座	00853－28706416	
中土巴西国际商业有限公司	Rua. Prof. Artur Ramos, 241/cj. 91, Jardim Paulistano CEP 01454－011, Sao Paulo－SP	0055－11－38127068	
中土集团公司日本代表处	NAGAMINE BILDG, 7F 2－12－13, SHINKAWA CHUO－KU, TOKYO 104－0033, JAPAN	0081－3－35535065	
中土集团公司(波兰)有限公司	波兰华沙德拉夫斯卡大街17号	0048－22－8223062	
中国铁建土耳其安卡拉分公司	629. Sokak, Villa 3. Funda Beyazevler Sitesi, Oran 06500 Ankara, Turkey	0090－312－4911130/29	
土铁项目欧洲代表处	德国法兰克福60431海波林大街62号	0049－69－520148	

续表

单 位 名 称	地 址	电 话	邮政编码
中铁十一局集团有限公司	湖北省武汉市武昌区中山路347号	027－88710617	430071
国际部	湖北省武汉市武昌区中山路347号中铁大厦1905室	027－88710681	430063
第一工程有限公司	湖北省襄樊市航空路73号	0710－3712139	441104
第二工程有限公司	湖北省十堰市白浪中路99号	0719－8362010	442013
第三工程有限公司	湖北省十堰市武当路15号	0719－8763791	441300
第四工程有限公司	湖北省武汉市东湖开发区华光大道21号	027－87586437	430074
第五工程有限公司	重庆市沙坪坝区新桥新村71号	023－89065226	400037
第六工程有限公司	湖北省襄樊市七里河路2号	0710－3718609	441003
电务工程有限公司	湖北省武汉市东湖开发区佳园路19号	027－87570805	430074
建筑安装工程有限公司	湖北省襄阳市长虹北路3号	0710－3719250	441057
桥梁工程有限公司	江西省鹰潭市南站路24号	0701－7027093	335003
城市轨道工程有限公司	湖北省武汉市东湖开发区佳园路23号	027－87201501	430074
北京办事处	北京市海淀区羊坊店东路19号	010－63988099	100038
东南指挥部	福建省福州市北环中路2号屏山苑C座1405室	0591－87735892	350003
中南指挥部	武汉市武昌区中山路347号中铁大厦	027－88710951	430071
华南指挥部	广东省广州市天河区东方一路华港花园豪情湾A座3003	020－38783380	510630
新疆指挥部	新疆维吾尔族自治区乌鲁木齐市新市区四平路文光尚都3单元1001室	0991－6630975	834000
川渝藏指挥部	四川省成都市成华区建设路2号首创爱这城9栋2单元902室	028－87621693	610051
云贵指挥部	贵州省贵阳市云岩区市北路123号关刀岩黔灵半山小区B5栋2单元402室	0851－6751059	550000
西北指挥部	陕西省西安市南二环东段141号新亚大厦1302室	029－82235838	710054
内蒙指挥部	内蒙古自治区呼和浩特市新城区赛马场北路琦琳北辰2栋1单元5楼东户	0471－6504820	010051
北方指挥部	山西省太原市杏花岭区旱西门街多地尔花园A座二单元1502号	0351－3523337	030001
华东指挥部	上海市普陀区远景路97弄58号2401室	021－63067353	200061
东北指挥部	辽宁省沈阳市沈河区市府大路356号恒运豪庭2－1－28－1	024－31973537	110011
襄樊管理部	湖北省襄樊市七里河路2号	027－3718400	441003
房地产开发公司	湖北省武汉市武昌区中山路347号	027－88710663	430071
中铁十二局集团有限公司	山西省太原市西矿街130号	0351－2653114	030024
第一工程有限公司	山西省临汾市育红路9号	0357－3128231	041000
第二工程有限公司	山西省太原市小店区人民南路19号	0351－6355010	030032
第三工程有限公司	山西省太原市万柏林区西线街39号	0351－6356010	030024
第四工程有限公司	陕西省西安市未央区徐家湾红旗东路3号	029－86584806	710021
建筑安装工程有限公司	山西省太原市迎泽西大街169号	0351－6354192	030024
电气化工程有限公司	山西省太原市万柏林区西线街19号	0351－6356545	030024
第七工程有限公司	湖南省长沙市天心区友谊路202号	0731－85585548	410004
市政工程有限公司	广东省珠海市情侣南路158号海愉半岛花园2栋4单元1105室	0756－3233506	519015
铁路养护工程有限公司	西藏自治区拉萨市经济技术开发区林琼岗路13－1号	0891－6869712	850000
海南振海工程有限公司	海南省海口市面前坡东村1号	0898－36630208	570206
物资公司	山西省太原市万柏林区西线街27号	0351－6356551	030024

续表

单 位 名 称	地 址	电 话	邮政编码
铁道大厦	山西省太原市迎泽西大街 143 号	0351 – 6353765	030024
中心医院	山西省太原市西矿街 182 号	0351 – 6354145	030053
铁路工程学校	湖南省湘潭市广技路 58 号	0732 – 58281074	411100
兴城疗养院	辽宁省兴城市兴海北路 103 号	0429 – 3919478	125100
广州工程指挥部	广东省广州市天河区中山大道建中路 5 号 9 层	020 – 85558258	510665
华东工程指挥部	上海市闵行区鹤庆路 66 号	021 – 54710423	200240
西北工程指挥部(陕西工程公司)	陕西省西安市未央路 125 号第 5 国际 A 座 17 层	029 – 82126558	710018
川渝工程指挥部	四川省成都市武侯区广福桥正街 5 号 7 层	028 – 85099545	610041
云贵工程指挥部	云南省昆明市国贸路 577 号	0871 – 7183879	650200
北京办事处	北京市宣武区马连道南街 1 号楼 A 栋 2207 房间	010 – 63478128	100055
中铁十三局集团有限公司	天津市空港经济区环河北路 80 号空港商务园东区 E6 栋	022 – 84861226	300308
第一工程有限公司	辽宁省大连市沙河口区沙跃街 9 号	0411 – 62838201	116033
第二工程有限公司	广东省深圳市盐田区东海大道盐田港 9 号小区中铁大厦	0755 – 25288114	518083
第三工程有限公司	辽宁省沈阳市东陵区方家栏路 60 号	024 – 24202435	110043
第四工程有限公司	黑龙江省哈尔滨市道外区先锋路 459 号	0451 – 55188210	150008
第五工程有限公司	四川省成都市新都区学院东路 289 号	028 – 83961732	610500
第六工程公司	吉林省长春市二道区岭东路 2216 号	0431 – 86161068	130033
电务工程有限公司	天津市河东区新开路 46 号冠福大厦 12 层	022 – 60895971	300011
天津工程科技有限公司	天津市空港经济区中心大道与西二道交汇华盈大厦 6 楼	022 – 58211211	300308
吉林省现代城建轨道交通勘察设计院有限公司	天津市东丽区华明产业园 EOD 总部港	022 – 58237908	300300
天津春江房地产开发有限公司	天津市河北区望海楼北里 30 号	022 – 26360835	300143
深圳市中铁达实业公司	广东省深圳市盐田区盐田港后方陆域 6 号区中铁达物流大厦	0755 – 25206299	518083
赣州铁龙实业公司	江西省赣州市八一四大道南段铁龙大酒店	0797 – 8159099	341000
物业管理分公司	吉林省长春市二道区岭东路 2138 号	0431 – 86161114	130033
中铁十三局技师学院	吉林省长春市兴隆山镇	0431 – 86165313	130102
西北工程指挥部	甘肃省兰州市城关区张掖路 1 号保利大厦 B 座 5 楼	0931 – 8479719	730030
华东工程指挥部	上海市宝山区岭南路 1115 号中铁大厦 16 楼	021 – 36527696	200435
新疆工程指挥部	新疆维吾尔自治区乌鲁木齐市新市区鲤鱼山路 12 号汇展园小区南 3 号楼 4 单 402 号	0991 – 6652901	830054
皖江工程指挥部	安徽省合肥市滨湖新区徽州大道世纪金源国际公寓 2905 室	0551 – 2933229	230061
内蒙工程指挥部	内蒙古自治区呼和浩特市新城区胜利西路美新花园		010050
陕西工程指挥部	陕西省西安市莲湖区南二环西段 397 号	029 – 84237759	710075
重庆工程指挥部	重庆市渝北区洪湖东路财富中心 B4 栋三单元 16 – 4 室		401120
南方工程指挥部	贵阳市金阳新区金阳北路 2 号金元国际 21 栋 1 – 8 – 1 室		550008
北京办事处	北京市石景山区玉泉西里二区远洋山水 31 楼 8 单元 202 号	010 – 88609844	100040
中铁十四局集团有限公司	山东省济南市和平路 1 号	0531 – 88386449	250014
第一工程发展有限公司	山东省日照市海曲东路 66 号	0633 – 2285916	276826
第二工程有限公司	山东省泰安市东岳大道西首	0538 – 2183456	271000
第三工程有限公司	山东省兖州市北环城路 16 号	0537 – 83493230	271200
第四工程有限公司	山东省济南市英雄山路 267 号	0531 – 82516869	250002

续表

单 位 名 称	地 址	电 话	邮政编码
隧道工程有限公司	山东省济南市十六里河镇兴隆山庄	0531－88387001	250002
第五工程有限公司	山东省兖州市北站	0537－3638015	272017
电气化工程有限公司	山东省济南市和平路16号	0531－88385366	250014
北京中铁房山桥梁有限公司	北京市房山区阎村镇房山科技工业园区燕房园8号	010－51882869	102400
山东凯华置业有限公司	山东省济南市和平路16号	0531－88385800	250014
山东铁正工程试验检测中心有限公司	山东省济南市和平路16号	0513－88386413	250014
水利水电工程分公司	山东省济南市历下区中润世纪广场A3座18号楼10层	0531－88386697	250014
建筑安装工程分公司	山东省济南市二环东路3966号东环国际广场B座3层	0531－82516088	250100
北京工程指挥部	北京市海淀区阜城路115号	010－88120700	100039
青岛工程指挥部	山东省青岛市高科园香港东路254号	0532－8889627	266061
成都工程指挥部	四川省成都市高新区芳草街36号瑞升大厦A座15层	028－85122509	610041
西安工程指挥部	陕西省西安市未央路199号基业大厦7层	029－86402366	710021
广州工程指挥部	广东省广州市白云区光辉街48号1203室	020－26271565	510430
海外工程分公司	山东省济南市和平路16号	0531－8385631	250014
职工教育培训中心	山东省济南市十六里河镇兴隆山庄	0531－88387263	250002
物业管理中心	山东省济南市和平路1号	0531－88385175	250014
交通战备办公室	山东省济南市和平路1号	0531－88386637	250014
中铁十五局集团有限公司	河南省洛阳市四通路2号	0379－62637114	471013
第一工程有限公司	陕西省西安市经济技术开发区凤城二路13号	029－62689130	710018
第二工程有限公司	河南省焦作市工业路518号	0391－2589888	454003
第三工程有限公司	河南省洛阳市火车西站	0379－62688438	471041
第四工程有限公司	河南省郑州市二七区新圃东街117号	0371－67055019	450052
第五工程有限公司	河南省洛阳市瀍河区买家街123号院	0379－62639114	471002
第六工程有限公司	河南省洛阳市邙山路4号院	0379－62631640	471013
第七工程有限公司	河南省洛阳市洛常路6号院	0379－62631065	471002
贵州路桥工程有限公司	贵州省都匀市北工区	0854－8326123	558004
成都建设工程有限公司	四川省成都市郫县犀浦镇珠江东街16号	028－87847202	611731
西北工程有限公司	陕西省西安市柿园路1号	029－62661856	710048
河南置业有限公司	河南省郑州市航海路197号索克世纪大厦9楼	0371－87553035	450000
四川建筑勘察设计有限公司	四川省宜宾市岳武里14号	0831－8221117	644000
城市交通公司	广东省深圳市宝安区民治街道梅龙路皇嘉梅陇公馆	0755－29366996	518131
国际工程公司	北京市朝阳区百子湾西里金海商富中心A座20层	010－59572623	100124
华北公司	北京市石景山区重聚路聚兴园小区1号楼三单元	010－52630677	100040
华东公司	上海市闵行区莘沥路232号	021－64921100	201100
华南公司	广东省深圳市宝安区阳光海花园3C222室	0755－2917873	518101
中南公司	湖北省武汉市武昌区友谊大道特1号友谊国际小区6栋1单元	027－88703059	430060
西南公司	云南省昆明市福景路38号	0871－8052558	650228
南京公司	江苏省南京市江宁开发区将军大道129号2幢108室	025－85437406	211100
新疆公司	新疆维吾尔自治区乌鲁木齐市青海路123号	0991－7881962	830011
天津公司	天津市经济技术开发区洞庭路122号	022－25325252	300457

续表

单 位 名 称	地 址	电 话	邮政编码
济阳迎宾黄河大桥有限公司	山东省济阳县经二路73号	0531－84225799	251400
职工培训中心	河南省洛阳市邙山路1号院	0379－63697521	471013
中铁十六局集团有限公司	北京市朝阳区红松园北里2号	010－84311177	100018
第一工程有限公司	北京市顺义区府前东街15号	010－69424859	101300
第二工程有限公司	天津市河东区万新村三区	022－24370961	300162
第三工程有限公司	浙江省湖州市湖东路288号	0572－2096966	313000
第四工程有限公司	北京市怀柔区迎宾中路2号	010－51045424	101400
第五工程有限公司	河北省唐山市丰润区光华道2号	0315－3082351	064000
北京轨道交通工程建设有限公司	北京市通州区新华大街226号	010－69525837	101100
铁运工程有限公司	河北省高碑店市兴华北路17号	0312－5591013	074000
路桥工程有限公司	北京市密云县新北路29号	010－69080800	101500
电务工程有限公司	北京市朝阳区楼梓庄皮村北巷甲2号	010－51884197	100018
北京工程有限公司	北京市朝阳区红松园北里2号	010－51884760	100018
北京工程指挥部	北京市朝阳区西大望路19号金港国际2号楼	010－87755336	100124
广州工程指挥部	广东省广州市天河区黄埔大道中157号801室	020－85525611	510655
粤海工程指挥部	海南省海口市龙昆南路鸿基花园B1栋	0898－66534478	570206
重庆工程指挥部	重庆市洋河中路望海花园C3座14－6	023－67852831	400020
福州工程指挥部	福建省福州市五一中路47号	0591－83399100	350005
厦门工程指挥部	福建省厦门市莲岳路152号新华大厦8楼	0592－53929016	361012
云南工程指挥部	云南省昆明市官渡区新亚洲体育城星都总部基地08栋	0871－7187348	650214
宁夏工程指挥部	宁夏回族自治区银川市黄河中路恒泰大厦19楼	0951－5056926	750001
四川工程指挥部	四川省成都市金牛区西体北路8号附1号	028－87662608	610031
南京工程指挥部	江苏省南京市瑞金路大清河长发东村一栋	025－84624438	210016
顺昌工程指挥部	福建省顺昌县	0599－7822611	353200
湖南工程指挥部	湖南省长沙市芙蓉区龙柏路69号	0731－84734981	410001
铁龙物资公司	北京市朝阳区红松园北里2号	010－51883618	100018
京博公司	海南省琼海市人民路412号	0898－62831212	571400
神朔铁路运营部	陕西省神木县神木北站	010－51883237	719316
中铁十七局集团有限公司	山西省太原市平阳路84号	0351－7257114	030006
第一工程有限公司	山西省太原市小店区人民北路18号	0351－7093970	030032
第二工程有限公司	陕西省西安市咸宁中路55号	029－62827210	710043
第三工程有限公司	河北省石家庄市中山西路	0311－83986582	050081
第四工程有限公司	重庆市北部高新区洪湖西路18号上丁企业公园25栋	023－67030811	401121
第五工程有限公司	山西省太原市小店区人民北路20号	0351－2620114	030032
第六工程有限公司	福建省福州市连江中路181号中铁大厦	0591－3662081	350014
建筑工程有限公司	山西省太原市学府街387号	0351－7233915	030006
电气化工程有限公司	山西省太原市高新区高新街32号	0351－7026348	030006
上海轨道交通工程有限公司	上海市浦东新区张杨路1515弄16号	021－68554723	200135
铺架公司	山西省太原市平阳路84号	0351－7258941	030006
物资有限公司	山西省太原市迎新街南2巷1号	0351－3252633	030008
山西锌兴工程检测有限公司	山西省太原市平阳路西一巷17号	0351－7258527	030012

续表

单 位 名 称	地 址	电 话	邮政编码
房地产开发有限公司	山西省太原市平阳路西一巷17号	0351－7257842	030012
勘察设计院	山西省太原市平阳路西一巷17号	0351－7257427	030012
物业管理中心	山西省太原市平阳路84号	0351－7258316	030006
中心医院	山西省太原市小店区人民北路19号	0351－7259800	030032
中铁十八局集团有限公司	天津市河西区大沽南路1519号	022－60282114	300222
国际工程有限公司	天津市河西区大沽南路中铁十八局办公大楼	022－60282748	300222
第一工程有限公司	河北省涿州市冠云路86号	0312－3686966	072750
第二工程有限公司	河北省唐山市丰润区光华道8号	0315－7763222	063030
第三工程有限公司	河北省涿州市冠云路	0312－3686114	072750
第四工程有限公司	天津市汉沽区大丰路98号	022－67182220	300480
第五工程有限公司	天津市塘沽区新北路3199号	022－25216507	300450
第六工程有限公司	天津市河西区大沽南路中铁十八局院内	022－60282685	300222
建筑安装工程有限公司	河北省高碑店市迎宾路	0312－2918221	074000
北京中铁大都工程有限公司	北京市大兴区西红门镇	010－60243246	100076
房地产开发有限公司	天津市河西区大沽南路中铁十八局办公大楼	022－60283031	300222
隧道工程公司	四川省重庆市北碚区蔡家岗镇凤栖路六号2幢	023－60310378	400700
轨道交通工程有限公司	广西壮族自治区南宁市青秀区金洲路31号城市杰作23层	0771－2380180	530021
路桥工程公司	河北省涿州市大石桥	0312－3893900	072750
勘察设计院(原科研设计院)	天津市河西区大沽南路中铁十八局办公大楼	022－28187974	300222
物业管理公司	天津市河西区大沽南路中铁十八局院内	022－60282472	300222
中铁十九局集团有限公司	北京市经济技术开发区荣华南路19号	010－59819114	100176
第一工程有限公司	辽宁省辽阳市白塔区卫国路138号	0419－2324114	111000
第二工程有限公司	辽宁省辽阳市白塔区和平路17号	0419－2327210	111000
第三工程有限公司	辽宁省沈阳市沈北新区沈北路76－27A号	024－66679269	100136
第五工程有限公司	辽宁省大连市金州区拥政街586号	0411－82163715	116000
第六工程有限公司	江苏省无锡市凤翔路987号(凤加创业园)	0510－83109698	214045
第七工程有限公司	广东省珠海市拱北港昌路111号中铁大厦	0756－8180416	519020
电务工程有限公司	北京市大兴区西红门新建服装开发区金服大街13号	010－57550018	100076
轨道交通有限公司	北京市顺义区林河经济开发区林河大街16号	010－57477798	101300
房地产开发有限公司	辽宁省辽阳市白塔区和平路17号	0419－2327005	111000
矿业投资有限公司	北京市丰台区莲怡园东路风荷曲苑3号楼	010－52730878	100161
国际建设分公司	北京市亦庄经济技术开发区西环南路26号院8号楼	010－67817857	100176
辽阳基地	辽宁省辽阳市白塔区和平路17号	0419－2327940	111000
计量测试中心	辽宁省辽阳市白塔区和平路17号	0419－2327082	111000
物资总公司	辽宁省辽阳市白塔区和平路17号	0419－2327498	111000
职工中心医院	辽宁省辽阳市白塔区卫国路75号	0419－2327160	111000
西南指挥部	重庆市渝中区菜袁路209号新东福花园紫烟阁10－1	0877－3806011	400016
西北指挥部	陕西省榆林市神木县大保当镇	0912－8632160	719302
东北指挥部	辽宁省沈阳市和平区五里河城A座14楼	024－31501023	110004
华东指挥部	上海市静安区康定路211号艺海大厦3楼	021－52131855	200041
华南指挥部	广西壮族自治区南宁市五象广场东方曼哈顿2403号	0771－5532717	530012

续表

单位名称	地址	电话	邮政编码
北京指挥部	北京市石景山区鲁谷大道聚兴园3号楼2单元102室		100040
东南指挥部	江西省萍乡市经济开发区郑和路9号		337000
华北指挥部	天津市南开区阳光壹佰新城东南侧浅水湾花园33-2	022-83739957	300100
中原指挥部	河南省郑州市经水区未来大道6号未来花园B座701		450008
中铁二十局集团有限公司	陕西省西安市太华北路89号	029-82153333	710016
第一工程有限公司	江苏省苏州市新区大同路10号	0512-66160328	215151
第二工程有限公司	北京市海淀区西四环北路158号慧科大厦12层	010-88591336	100142
第三工程有限公司	重庆市渝北区黄山大道中段5号水星科技发展中心	023-61808839	401121
第四工程有限公司	山东省青岛市东海东路89号	0532-88017020	266061
第五工程有限公司	云南省昆明市官渡区国贸路星河明居A幢附属楼	0871-7176649	650200
第六工程有限公司	陕西省西安市辛家庙康新路	029-62600206	710032
电气化工程有限公司	陕西省西安市高新区新型工业园企业壹号公园6号	029-62680920	710119
房地产开发有限公司	重庆市南岸区江南大道19号城市之光30楼	023-62962309	400060
西安工程机械有限公司	陕西省西安市辛家庙康新路	029-86714578	710032
陕西物资有限公司	陕西省西安市华清东路125号	029-82320372	710032
兰州商贸有限公司	甘肃省兰州市张掖路250号时代广场9楼	0931-4903591	730030
路桥分公司	陕西省西安市太华北路89号	029-82153890	710016
技工学校	陕西省渭南市向阳北街245号	0913-2167628	714000
咸阳基地管理处	陕西省咸阳市文林路	029-33785467	712000
西安基地管理处	陕西省西安市太华北路89号	029-82152759	710016
乐山基地	四川省乐山市人民西路281号	0833-2113790	614000
东南工程指挥部	上海市闸北区中华新路469号905室	021-61234690	200070
西南工程指挥部	四川省成都市高新区天府大道北段20号高新国际广场B座401号	028-85315100	610041
华北工程指挥部	北京市海淀区板井路世纪金源大饭店6单元8D	010-88464965	100097
西北工程指挥部	陕西省西安市太华北路89号	029-82152621	710016
中原工程指挥部	湖北省武汉市武昌区徐东大街武青四干道临28号爱家国际华城17-1-2301室	027-88253515	430080
海外工程指挥部	陕西省西安市太华北路89号	029-82153510	710016
海外工程保障中心	上海市宝山区友谊路318号5号楼	021-56782099	201900
中铁二十一局集团有限公司	甘肃省兰州市城关区和平路63号	0931-4924727	730000
第一工程有限公司	新疆维吾尔自治区乌鲁木齐市河南西路12号	0991-7924437	830011
第二工程有限公司	甘肃省兰州市城关区和平路63号	0931-4952187	730000
第三工程有限公司	陕西省咸阳市迎宾大道	029-33784008	712000
第四工程有限公司	陕西省西安市高新区唐延路中段洛克大厦8、9楼	029-68593506	710065
第五工程有限公司	甘肃省兰州市火车站南路189号	0931-4958689	730000
第六工程有限公司	北京市经济技术开发区科创十四街99号33幢A座	010-58872110	101111
电务电化工程有限公司	甘肃省兰州市城关区红山根西村148号	0931-4937395	730000
路桥工程有限公司	陕西省西安市高新区唐延路37乙号洛克大厦	029-68593626-602	710065
德盛和置业有限公司	陕西省西安市雁南五路曲江文化商务会所6层	029-85567281	710061
中铁建投有限公司	甘肃省兰州市安宁区莫高大道26号	0931-7704704	730070
甘肃房地产开发公司	甘肃省兰州市安宁区莫高大道26号	0931-7704704	730070

续表

单 位 名 称	地 址	电 话	邮政编码
中铁二十二局集团有限公司	北京市石景山区石景山路35号	010－51889839	100043
第一工程有限公司	北京市石景山区鲁谷路74号	010－51889913	100040
第二工程有限公司	北京市石景山区石景山路35号	010－51886517	100043
第三工程有限公司	福建省厦门市观音山国际商务运营中心11号楼22层	0592－5536927	361008
第四工程有限公司	河北省高碑店市和平路39号	0312－2823016	074000
第五工程有限公司	重庆市渝中区大坪正街140号2栋1单元10－6号	023－68573556	400042
第六工程有限公司	黑龙江省哈尔滨市南岗区下夹树街128号	0451－86424637	150006
哈尔滨铁路建设集团有限责任公司	黑龙江省哈尔滨市南岗区西大直街113号	0451－86422547	150006
电气化工程有限公司	北京市丰台区太平桥路15号尚西商务中心3层	010－63379259	100073
北京天瑞机械设备有限公司	北京市海淀区复兴路40号	010－51889787	100855
天瑞泰投资有限公司	北京市石景山区石景山路35号	010－51887445	100043
深圳分公司	广东省深圳市罗湖区新安路森威大厦雍景园12楼	0755－82357420	518002
铁路运营指挥部	北京市海淀区复兴路40号	010－51888752	100855
中铁二十三局集团有限公司	四川省成都市二环路西二段10－1号	028－68311110	610072
第一工程有限公司	山东省日照市黄海路65号	0633－8626706	276826
第二工程有限公司	黑龙江省齐齐哈尔市铁锋区站前大街256号	0452－2924257	161000
第三工程有限公司	四川省成都市温江区天府街中段336号	028－67230000	611130
第四工程有限公司	四川省成都市东门街84号	028－83389372	610031
第六工程有限公司	重庆市渝中区嘉滨路118号	023－63037128	400012
第八工程有限公司	四川省成都市青羊工业集中发展区G区8栋AB座	028－68618100	610092
轨道交通工程有限公司	上海市浦东新区惠南镇城南路335号	021－68038111	201300
川东水泥有限公司	四川省达州市渠县三汇镇	0818－7887828	635209
电务工程有限公司	天津市南开区密云一支路燕宇花园45号	022－27531522	300112
中铁二十四局集团有限公司	上海市会文路2号	021－51221317	200071
安徽工程有限公司	安徽省合肥市新海大道15号	0551－2124910	230001
江苏工程有限公司	江苏省南京市玄武区板仓街9号C区1号楼	025－85437820	210042
上海铁建工程有限公司	上海市共和新路911号	021－51231157	200070
浙江工程有限公司	浙江省杭州市江城路692号	0571－87806165	310009
福建铁路建设有限公司	福建省福州市火车站沁园路77号	0591－87577551	350013
南昌铁路工程有限公司	江西省南昌市二七南路109号	0791－7022857	330002
新余工程有限公司	江西省新余市铁兴路216号	0790－6968255	338025
南昌建设有限公司	江西省南昌市二七南路116号	0791－6110683	330002
上海电务电化有限公司	上海市天目中路585号新梅大厦18F	021－51226558	200070
贵溪桥梁厂有限公司	江西省贵溪市柏里大道	0701－3773371	335400
鹰潭设备安装工程有限公司	江西省鹰潭市环城东路105号	0701－6447216	335000
上海房地产开发有限公司	上海市民德路20号	021－51223735	200071
路桥分公司	上海市秣陵路80号华象大楼15F	021－51236006	200070
轨道交通分公司	上海市虬江路1000号聚源大厦10F	021－51223097	200071
中铁二十五局集团有限公司	广东省广州市中山一路55号	020－61327005	510600
第一工程有限公司	广东省广州市越秀区桂花岗东2号	020－61353016	510405

续表

单 位 名 称	地 址	电 话	邮政编码
第二工程有限公司	湖南省衡阳市珠晖区乐群里166号	0734－2523457	421002
第三工程有限公司	湖南省长沙市人民中路职院街129号	0731－2636687	410001
第四工程有限公司	广西壮族自治区柳州市和平路138号	0772－3924927	545007
第五工程有限公司	山东省青岛市苗岭路29号山东高速大厦10－11楼	0532－89098013	266061
第六工程有限公司	广西壮族自治区柳州市红岩路二区75号	0772－3926659	545007
电务工程有限公司	广东省广州市共和西路8号	020－61327499	510600
建筑安装工程有限公司	广东省广州市共和西路8号	020－61339022	510600
房地产开发有限公司	广东省广州市中山一路55号	020－61327005	510600
轨道交通工程有限公司	广东省广州市中山一路55号	020－61327005	510600
南方实业开发有限公司	广东省广州市共和西路8号	020－61323737	510600
广州铁诚工程质量检测有限公司	广东省广州市共和西路8号	020－61324447	510600
西北分公司	陕西省西安市碑林区火炬路1号企图时代大厦12层B区	029－88130672	710043
中铁建设集团有限公司	北京市石景山区石景山路20号	010－51885010	100131
北京分公司	北京市石景山区石景山路20号	010－51885128	100131
天津分公司	天津市河东区华兴道6号	022－24326670	300450
西安分公司	陕西省西安市高新区高新四路17号	029－87939848	710075
山西分公司	山西省太原市南沙河北沿岸295号	0351－4083059	030001
郑州分公司	河南省郑州市金水区东明路187号	0371－68107080	450008
武汉分公司	湖北省武汉市硚口区古田二路南泥湾大道65－71号汇丰企业总部1号楼A座504	027－83592836	430035
长沙分公司	湖南省长沙市开福区秀峰路69号山语城会所	0731－85229261	410210
广东分公司	广东省珠海市拱北迎宾大道西侧御花园乾清阁7层D	0756－8119401	519020
海南分公司	海南洋浦吉浦路怡园小区2幢2单元204室	0898－68575317	570125
济南分公司	山东省济南市历山路122号	0531－87586029	250014
华东分公司	上海市闵行区莘松路855号第一幢三楼A区	021－34687677	201103
南宁分公司	广西壮族自治区南宁市青秀区民族大道131号航洋国际2号2811号	0771－3196977	530022
昆明分公司	云南省昆明市西山区豆腐营小区3－19－3幢304号	0871－8103425	650100
中铁建设集团房地产开发有限公司	北京市石景山区石景山路20号	010－51812904	100131
铁路工程总指挥部	北京市石景山区石景山路20号	010－51885657	100131
海外工程分公司	北京市石景山区石景山路20号	010－51885043	100131
工程资源分公司	北京市丰台区南苑西营房甲5号院	010－52252285	100076
建筑设计院	北京市石景山区石景山路20号	010－51885084	100131
设备安装分公司	北京市丰台区张仪村路16号	010－51885165	100040
装饰分公司	北京市丰台区张仪村路16号	010－51885423	100040
市政工程分公司	北京市丰台区张仪村路16号	010－51885153	100040
北京中铁建工物资有限公司	北京市丰台区张仪村路16号	010－51885211	100040
商品混凝土分公司	北京市丰台区张仪村路16号	010－51885172	100040
模板架构件加工租赁中心	北京市丰台区张仪村路16号	010－51885508	100040
设备租赁分公司	北京市丰台区张仪村路16号	010－51885232	100040
北京中铁电梯工程有限公司	北京市丰台区张仪村路16号	010－51885201	100040
房产膳食服务管理中心	北京市石景山区石景山路20号	010－51885414	100131

续表

单 位 名 称	地 址	电 话	邮政编码
中国铁建电气化局集团有限公司	北京市石景山区石景山路29号	010-88779813	100043
第一工程有限公司	河南省洛阳市白马寺镇18号	0379-62630033	471013
第二工程有限公司	山西省太原市尖草坪区昌盛西街18号	0351-3258099	030023
第三工程有限公司	河北省高碑店市兴华北路57号	0312-7932801	074000
第四工程有限公司	湖南省长沙市雨花区中意一路728号	0731-85627012	410116
第五工程有限公司	四川省成都市青阳区成飞大道青阳工业总部基地N区12栋	028-81726003	610091
南方工程有限公司	湖北省武汉市东湖开发区佳园路17号	027-51129200	430074
北方工程有限公司	山西省太原市迎泽西大街369号	0351-6354026	030053
北京京燕饭店有限公司	北京市石景山区石景山路29号	010-68876666	100043
西安电气化制品有限公司	陕西省渭南市华县莲花寺	0913-4810300	714101
科技有限公司	河北省高碑店市西大街建国胡同9号	0312-7938502	074013
北京中铁建电气化设计研究院	北京市石景山区石景山路29号京燕饭店8层	010-88779906	100043
城市轨道交通分公司	北京市石景山区石景山路29号	010-88779952	100043
轨道交通器材有限公司	江苏省常州市武进区雪堰镇潘家工业集中区	0519-86547055	213179
康远新材料有限公司	江苏省江阴—靖江工业园区	0523-84609066	214521
新疆维管公司	新疆维吾尔族自治区乌鲁木齐市天津北路234号嘉华园小区北区5号楼2单元202室	0992-7326109	830010
中国铁建港航局集团有限公司	广东省珠海市前山翠峰街189号	0756-6250000	519000
第一工程分公司	广东省珠海市前山翠峰街189号	0756-6252602	519000
第二工程分公司	浙江省宁波市鄞州区首南街道泰康中路558号宁波商会国贸中心A楼10楼	0574-89069059	315194
船舶工程分公司	广东省珠海市前山翠峰街189号	0756-6250000	519000
航务工程分公司	广东省广州市番禺区南村兴南大道118号	020-84567003	511442
路桥工程分公司	广东省广州市番禺区南村兴南大道118号	020-84567041	511442
第三工程有限公司	辽宁省大连市甘井子区希贤路29号弘泰大厦407室		116085
轨道交通工程有限公司	广东省广州市番禺区南村兴南大道118号	020-84565788	511442
岩土工程有限公司	广东省广州市番禺区南村兴南大道118号	020-84564033	511442
钢结构工程有限公司	广东省广州市番禺区南村兴南大道118号	020-84567329	511442
北京办事处	北京市石景山区玉泉西里一区远洋沁山水2-2-902	010-68646560	100040
华中办事处	湖北省武汉市江岸区中山大道1632号21座402	027-82889788	430010
西南办事处	重庆市渝北区松石支路468号洋河龙山D区13栋2单元13-1	023-67578991	401147
澳门办事处	澳门友谊大马路1023号南方大厦1楼N座		
中国铁建房地产集团有限公司	北京市海淀区复兴路40号中国铁建大厦B座	010-52689999	100855
北京天太金海置业有限公司	北京市西城区国投大厦东南角西派公寓1号楼	010-66116689	100043
中铁房地产集团长沙置业有限公司	湖南省长沙市开福区秀峰路69号山语城会所3楼	0731-84849200	410210
中铁房地产开发(保定)有限公司	河北省保定市复兴中路999号	0312-5907906	071051
贵州中泓房地产开发有限公司	贵州省贵阳市南明区太慈桥车水路11号	0851-5505188	550007
中铁地产(成都)开发有限公司	四川省成都市龙泉驿区北泉路1188号	028-84867208	610100
中铁房地产集团(广西)有限公司	广西壮族自治区南宁市金湖路63号金源CBD现代城C座17层1736号	0771-2829988	530111
湖南中盛嘉业房地产开发有限公司	湖南省长沙市经济技术开发区漓湘路与东六线交汇处中国铁建·国际城售楼部2楼	0731-4023296	410100

续表

单 位 名 称	地 址	电 话	邮政编码
中铁房地产集团合肥置业有限公司	安徽省合肥市庐阳区桃源路99号	0551－5661988	230041
北京第六大洲房地产开发有限公司	北京市朝阳区来广营乡清河营村1号地	010－84912792	100012
中铁房地产集团北京丰基置业有限公司	北京市丰台区西四环南路101号丰台科技园创新大厦6层	010－63720216	100070
中铁房地产集团浙江京城投资有限公司	浙江省杭州市拱墅区湖州街150号5F	0571－88297918	310015
中铁房地产集团(贵州)有限公司	贵州省贵阳市南明区花溪大道中段92号	0851－5505188	550007
中铁房地产集团北京正达置业有限公司	北京市房山区长阳镇长周路与长阳大街(长杨路)交汇处西北角	010－80368198	102401
中铁房地产集团广州有限公司	广东省广州市荔湾区康王中路486号和业广场1703室	020－81237200	510140
中铁房地产集团四川有限公司	四川省成都市龙泉驿区北泉路1188号	028－84867208	610100
中铁房地产集团北京丰昊置业有限公司	北京市丰台区王佐镇西王佐村293号	010－83391566	100074
中铁房地产集团(贵州)有限公司	贵州省贵阳市南明区花溪大道中断92号	0851－5505188	550003
中铁房地产集团宁波京城投资有限公司	浙江省宁波市象山县丹阳路558号财富中心主楼24楼2403室	0574－89502619	315700
中铁房地产集团武汉有限公司	湖北省武汉市汉阳区墨水湖北路特5号	027－84779822	430050
中铁房地产集团北京顺捷金海置业有限公司	北京市石景山区八大处高科技园区实兴东街8号京汉大厦301室	010－56918888	100041
中铁建(北京)物业管理有限公司	北京市石景山区阜石路166号	010－88908207	100043
上海筹备处	上海市闸北区恒丰路218号24楼	021－51603445 8023	200070
南京筹备处	江苏省南京市玄武区中山东路300号长发中心B幢1106	025－58931167	210002
青岛筹备处	山东省青岛市崂山区海尔路61号天宝国际2－512室		266101
大连筹备处	辽宁省大连市沙河口区会展路百年汇C座2－111D	0411－84990967	116032
中铁第一勘察设计院集团有限公司	陕西省西安市西影路2号	055－65021(路)	710043
新疆铁路勘察设计院有限公司	新疆维吾尔自治区乌鲁木齐市北京南路703号	073－56021(路)	830011
青海铁道工程勘察有限责任公司	青海省西宁市共和南路23号	075－92227(路)	810007
甘肃铁道综合工程勘察院有限公司	甘肃省兰州市民主西路35号	071－34733(路)	730000
陕西铁道工程勘察有限公司	陕西省宝鸡市中山西路88号	017－22123(路)	721001
甘肃综合铁道工程承包有限责任公司	甘肃省兰州市和政路127号	071－34597(路)	730000
甘肃铁一院工程监理有限责任公司	甘肃省兰州市和政路127号	071－33053(路)	730000
西安铁一院工程咨询监理有限责任公司	陕西省西安市西影路2号	055－49011(路)	710043
甘肃格瑞生态技术有限公司	陕西省西安市西影路2号	055－49064(路)	710043
甘肃环通工程试验检测有限公司	甘肃省兰州市和政路131号	071－33676(路)	730000
甘肃宏图文印有限公司	陕西省西安市西影路2号	055－49068(路)	710043
中铁第四勘察设计院集团有限公司	湖北省武汉市武昌区和平大道745号	027－86812844	430063
线路站场设计研究处	湖北省武汉市武昌区和平大道745号	027－86816139	430063
桥梁设计研究处	湖北省武汉市武昌区和平大道745号	027－86811470	430063
地质路基设计研究处	湖北省武汉市武昌区和平大道745号	027－51155953	430063

续表

单 位 名 称	地 址	电 话	邮政编码
航空勘察处	湖北省武汉市武昌区和平大道745号	027－51156015	430063
设备设计研究处	湖北省武汉市武昌区和平大道745号	027－86814195	430063
通信信号设计研究处	湖北省武汉市武昌区和平大道745号	027－51155236	430063
电气化设计研究处	湖北省武汉市武昌区和平大道745号	027－86814200	430063
工程经济设计处	湖北省武汉市武昌区和平大道745号	027－51155305	430063
环境工程设计研究处	湖北省武汉市武昌区和平大道745号	027－51156234	430063
城市轨道交通建筑设计研究院	湖北省武汉市武昌区和平大道745号	027－51155288	430063
道路交通设计研究院	湖北省武汉市武昌区和平大道745号	027－51156792	430063
工程勘察院	湖北省武汉市洪山区铁机村	027－51156248	430063
信息中心	湖北省武汉市武昌区和平大道745号	027－86811459	430063
图文印制中心	湖北省武汉市武昌区和平大道745号	027－86814198	430063
保障服务中心	湖北省武汉市武昌区和平大道745号	027－51155657	430063
接待中心	湖北省武汉市武昌区和平大道745号	027－51155080	430063
杭州分院	浙江省杭州市江干区彭埠镇	0571－86493110	310021
海南分院	海南省海口市和平南路78号宁屯大厦11层	0898－65337543	570203
厦门分院	福建省厦门市金培南二路1号	0592－3822125	361004
深圳分院	广东省深圳市南山区学府路荟芳园D栋5楼	0755－26530649	518054
上海分公司	上海市广灵四路24号开隆大厦甲7层	021－65608347	200083
广州分院	广东省广州市广花二路85号矿泉游泳场	020－61358689	510400
上海分院	上海市广灵四路24号甲7层	021－55390252	200083
南京分院	江苏省南京市中央路399号天正国际广场6栋15楼	025－84585248	210016
郑州分院	河南省郑州火车站架桥机院内	053－54020(路)	450052
合肥分院	安徽省合肥市新站开发区高阳路东	0482－25433(路)	230011
福州分院	福建省福州市北环路沁园新村3栋3103号	0591－87595548	350013
南昌分公司	江西省南昌市井冈山大道1328号青峰花园酒店	0791－2060498	330000
长沙分公司	湖南省长沙市袁家岭五一大道253号湘域中央2号楼32层	073－88152889	410011
北京分院	北京市海淀区小马厂华天大厦11楼	010－63325104	100039
苏州设计院	江苏省苏州市新区青石路500号	0512－68139639	215009
无锡设计院	江苏省无锡市青扬路99号数码大厦601室	0510－80217758	214001
中铁四院集团广州设计院有限公司	广东省广州市共和西路6号	020－61322417	510600
中铁四院集团南宁勘察设计院有限公司	广西壮族自治区南宁市高新区高新五路3号	0771－2722157	530003
武汉铁道工程承包有限责任公司	湖北省武汉市武昌区和平大道745号	027－86715014	430063
铁四院(湖北)工程监理咨询有限公司	湖北省武汉市武昌区和平大道745号	027－86811518	430063
武汉铁四院工程咨询有限公司	湖北省武汉市武昌区和平大道745号	027－51156952	430063
武汉鸿基岩土工程院有限责任公司	湖北省武汉市武昌区和平大道745号	027－51155953	430063
武汉铁四院工程造价咨询有限公司	湖北省武汉市武昌区和平大道745号	027－51155305	430063

续表

单　位　名　称	地　　址	电　　话	邮政编码
武汉铁四院控制爆破技术有限公司	湖北省武汉市武昌区和平大道745号	027－51155512	430063
中铁四院集团房地产开发有限公司	湖北省武汉市武昌区和平大道745号	027－51155729	430063
惠州大亚湾铁惠实业有限公司	广东省惠州市惠阳区人民六路锦珠花园B栋502号	0752－3362178	516211
武汉铁辰工程检测有限公司	湖北省武汉市武昌区和平大道745号	027－51155407	430063
昆明楚云交通工程设计有限公司	云南省昆明市世纪城国际商务中心2号楼19层	0871－8273284	650247
中铁第五勘察设计院集团有限公司	北京市大兴区康庄路9号	010－51011506	102600
线路运输设计院	北京市大兴区康庄路9号	010－51011110	102600
地质路基勘察设计院	北京市大兴区康庄路9号	010－51011689	102600
桥梁设计院	北京市大兴区康庄路9号	010－51011569	102600
四电设计院	北京市大兴区康庄路9号	010－51011265	102600
城市轨道交通设计院	北京市大兴区康庄路9号	010－51011227	102600
建筑设计院	北京市大兴区康庄路9号	010－51011589	102600
市政工程设计院	北京市大兴区康庄路9号	010－51011584	102600
工程经济设计院	北京市大兴区康庄路9号	010－51011269	102600
环境工程设计院	北京市大兴区康庄路9号	010－51011180	102600
应用技术研究院	北京市大兴区康庄路9号	010－51011159	102600
工程机械研究设计院	北京市大兴区康庄路9号	010－51011751	102600
工程咨询公司	北京市大兴区康庄路9号	010－51011660	102600
东北勘察设计分院	黑龙江省哈尔滨市南岗区西大直街119号	0451－86424957	150006
郑州勘察设计院	河南省郑州市高新区翠竹街1号总部企业基地100号楼	0371－86628312	450003
北京铁研建设监理有限责任公司	北京市大兴区康庄路9号	010－51011278	102600
北京铁五院工程试验检测有限公司	北京市大兴区康庄路9号	010－51011217	102600
北京中铁建北方路桥工程有限公司	北京市大兴区康庄路9号	010－51011679	102600
北京铁五院工程机械有限公司	北京市大兴区康庄路9号	010－51129802	102600
北京铁五院置业公司	北京市大兴区康庄路9号	010－51011179	102600
中铁上海设计院集团有限公司	上海市天目中路291号	021－51225147	200070
南昌铁路勘测设计院有限责任公司	江西省南昌市工人新村二路27号	0791－7021157	330002
合肥铁路勘察设计院有限责任公司	安徽省合肥市瑶海工业园区新海大道15号	0551－2123581	230011
杭州铁路设计院有限责任公司	浙江省杭州市延安路468号省经贸大厦B座6楼	0571－56735530	310006
上海先行建设监理有限公司	上海市天目中路291号	021－63818678	200070
上海铁路局工程咨询有限责任公司	上海市天目中路291号	021－63179645	200070
南京设计院	江苏省南京市中山北路223号建达大厦7楼	025－85835799	210009
天津分院	天津市南开区卫津路18号中恺国际广场A座1503室	022－27776863	300073
中铁物资集团有限公司	北京市海淀区西四环中路19号	010－51881098	100143
东北有限公司	辽宁省沈阳市东北大马路337号	024－88204558	110044

续表

单　位　名　称	地　　址	电　　话	邮政编码
华东有限公司	上海市长乐路462号	021－62172358	200020
中南有限公司	湖北省武汉市武昌区丁字桥路25号	027－87929851	430070
西北有限公司	陕西省西安市友谊东路150号	029－82258491	710054
西南有限公司	四川省成都市一环路北一段113号	028－87664714	610031
华北有限公司	河北省石家庄市工人街22号	0311－85364898	050000
华南有限公司	广东省广州市越秀区东风东路745号东山紫园国际商务大厦17楼	020－38880314	510610
北京有限公司(五棵松饭店)	北京市海淀区西四环中路19号五棵松饭店	010－51881188	100143
北京中铁工业有限公司	北京市石景山区玉泉路65号	010－88688618	100040
北京中铁建物资贸易有限公司(北京中铁建印刷有限公司)	北京市海淀区复兴路40号	010－51888248	100855
南京有限公司	江苏省南京市中山路179号易发信息大厦15楼A、B座	025－51862837	210008
港澳有限公司	广东省珠海市九州大道西3026号11栋	0756－8624006	519070
兰州有限公司	甘肃省兰州市西固区福利东路68号	0931－3940628	730060
中铁物资集团海南有限公司	海南省海口市龙华区滨海大道123－8号16层	0898－68556963	570125
中铁物资集团新疆有限公司	新疆维吾尔自治区乌鲁木齐经济技术开发区中亚南路81号	0991－3691093	830026
芜湖中铁科吉富轨道销售有限公司	安徽省芜湖市弋江区火龙岗镇芜南路东281号	0553－8312033	241131
铁建民爆器材专营有限公司	北京市海淀区西四环中路19号	010－51873806	100143
中石油铁建油品销售有限公司	北京市朝阳区北辰东路8号汇宾大厦B－18层	010－84989896	100101
北京中铁福斯罗技术有限公司	北京市海淀区西四环中路19号218房间	010－51881070	100143
鞍钢办事处	辽宁省鞍山市铁东区对炉街30－9号	0412－6331638	114041
包钢办事处	内蒙古自治区包头市昆区民族东路香港花园景秀苑10栋55号	0472－5919167	014010
攀钢办事处	四川省攀枝花市炳草岗大街泰隆大厦14楼	0812－3359028	617300
武钢办事处	湖北省武汉市武昌区丁字桥25号	027－87129886	430070
昆明中铁大型养路机械集团有限公司	云南省昆明市东郊杨方旺384号	0871－3831998	650215
昆明奥通达铁路机械有限公司	云南省昆明市东郊杨方旺384号	0871－5388007	650215
北京瑞维通工程机械有限公司	北京市房山区大件路1－7号	010－59735836	102400
北京昆维通铁路机械化工程有限公司	北京市房山区大件路1－7号	010－59735819	102400
唐山昆铁科技有限公司	河北省唐山市南堡开发区唐曹高速连接线以东4号路北侧	0315－7230179	063305
中国铁建重工集团有限公司	湖南省长沙市经济技术开发区东七路88号	0731－84071801	410100
道岔分公司	湖南省株洲市建设北路	0731－84071806	412005
制造总厂	湖南省长沙市经济技术开发区东七路88号	0731－84071860	410100
研究设计总院	湖南省长沙市经济技术开发区东七路88号	0731－84071884	410100
兰州隧道装备有限公司	甘肃省兰州市永登县兰州新区纬三路	0931－8258008	730087
中铁株洲桥梁有限公司	湖南省株洲市建设北路487号	0731－28372019	412005
中铁隆昌工务器材有限公司	四川省隆昌县金鹅镇外站路75号	0832－5166500	642150
株洲中铁电气物资有限公司	湖南省株洲市田心北站路81号	0731－22681288	412001

续表

单　位　名　称	地　　址	电　　话	邮政编码
中铁建钢结构有限公司	河北省涿州市华阳中路143号	0312－3853972	072750
北京铁城建设监理有限责任公司	北京市海淀区复兴路40号	010－51886957	100855
信诺工程检测有限公司	北京市海淀区复兴路40号	010－52689365	100855
重庆铁城公司	重庆市渝中区上清寺环球广场15楼F户	023－86362370	400015
天津分公司	北京市朝阳区红松园2号	010－51883750	100018
南京分公司	河南省洛阳市四通路2号	0379－62637873	471013
成都分公司	四川成都市通惠门路3号锦都2幢2单元0904号	028－66663176	610015
合肥分公司	安徽省合肥市蒙城北路板桥商住楼1－802室	0551－5695162	230041
深圳分公司	广东省深圳市福田区侨香路香格丽苑C幢13A02	0755－28536274	518034
电气化分公司	北京市复兴路40号	010－51886938	100855
重庆分公司	重庆市渝中区上清寺环球广场15楼F户	023－86362370	400015
上海分公司	上海市闸北区延长中路775号如家酒店3楼303－304室	021－66309270	200070
武汉事业部	湖北省武汉市东湖开发区关山大道519号长城.坐标城C区8栋1－4－401		430223
西安事业部	陕西省西安市未央区龙首北路西段9号航天新都B座1单元1205室	029－86222033	710014
房建事业部	北京市海淀区阜成路42号院中裕商务花园6号C－401		100036
公路事业部	北京市丰台区马家堡东路71号立业大厦1303	010－67569191	100070
中国铁建投资有限公司	北京市复兴路40号中国铁建大厦B座	010－52689571	100855
中铁建山东京沪高速公路济乐公司	山东省济南市高薪技术开发区天辰大街118号	0531－89703607	250101
中铁建铜冠投资有限公司	安徽省铜陵市长江西路有色大院内中铁建铜冠办公楼	0562－5860496	244000
重庆渝蓉高速公路有限公司	重庆市渝北区洪湖东路51号财富中心C区3幢20楼	023－63027273	401121
中铁建湛江开发有限公司	广东省湛江市人民大道中46号中国建设银行10层	0759－3377009	524000
重庆鱼洞长江大桥建设指挥部	重庆市巴南区鱼洞双安街47号万友康馨苑		401321
中铁建贵阳工程建设指挥部	贵州省贵阳市金阳新区金阳大道北段武警贵阳支队招待所	0851－4138238	550088
中铁建成渝高速公路复线工程指挥部	重庆市璧山县城镇农市街30号	023－85296399	402760
中铁建禄大和九宜公路建设指挥部	云南省昆明市禄劝县秀屏路107号鸿福宾馆4楼	0871－3549867	650214
中铁建昆明市二环指挥部	云南省昆明市官渡区新亚洲体育城星都总部36栋5楼	0871－3560775	650214
中国铁建财务有限公司	北京市复兴路40号中国铁建大厦10层东	010－52689029	100855
中铁建中非建设有限公司	北京市复兴路40号中国铁建大厦8层	010－52689601	100855
诚合保险经纪有限责任公司	北京市复兴路40号中国铁建大厦8层东	010－52689665	100855
佳实德保险公估有限责任公司	北京市海淀区复兴路40号中国铁建大厦8层东	010－52689666	100855
诚合保险经纪有限责任公司湖北分公司	湖北省武汉市武昌区中山路377号中铁大厦26层	15202737376	430071
中铁建(北京)商务管理有限公司	北京市复兴路40号75号楼5层	010－51888421	100039
中铁建(北京)物业管理有限公司	北京市复兴路40号	010－51887649	100039
北京铁建宾馆	北京市复兴路40号	010－51888114	100039
北京铁建医院	北京市复兴路40号	010－51888417	100039

续表

单位名称	地址	电话	邮政编码
北京中铁建商贸中心	北京市复兴路40号	010－51887115	100039
中铁国际航空服务有限公司	北京市复兴路40号	010－52689222	100855
中国铁建股份有限公司机关汽车队	北京市复兴路40号	010－51886212	100039
中国铁建(加勒比)有限公司	No. 78 Ellerslie Park, Maraval, Port－of－Spain, Trinidad and Tobago, west Indies	1868－6222074	
中国铁道建设(香港)有限公司	香港九龙港铁红磡站港铁红磡大楼207室	852－27749886	
中国铁建股份有限公司北京培训中心(党校)	北京市大兴区龙河路16号	010－69296634	102600
中国铁道建筑报社	北京市复兴路40号	010－51887497	100855
中国铁建沙特麦加轻轨项目公司		00966－26531348	21474
中国铁建上海代表处	上海市共和新路666号中土大厦22楼	021－36399708	200070
中国铁建云南指挥部	云南省昆明市官渡区星都总部基地36栋	0871－3574667	650214
中国铁建川渝指挥部	重庆市渝北区洪湖东路55号财富中心19栋	023－67912619	401120
中国铁建北京区域指挥部	北京市复兴路40号中国铁建大厦4层	010－52688772	100855
中国铁建广州区域指挥部	广东省广州市中山一路55号	020－61335366	510600
中国铁建阿尔及利亚项目经理部		00213－21565711	16000
中国铁建包西铁路工程指挥部(协调小组)	陕西省延安市东关街百姓家园1406号	0911－2118278	716000
中国铁建玉树地震灾后重建指挥部	青海省玉树州玉树县西杭路	0976－8823732	815000
中国铁建昆明新机场快速公交工程指挥部	云南省昆明市官渡区新亚洲体育城星都总部36栋3楼	0871－3574667	650214
中国铁建昆明轨道交通3号线工程指挥部	云南省昆明市盘龙区王旗营路77号金领地大厦1502室	0871－5893899	650224
青岛地铁2号线工程指挥部(青岛分公司)	山东省青岛市崂山区海口路260号	0532－88010033	266061

索　　引

使用说明

1. 本索引采用内容分析索引法编制。除大事记外，年鉴中有实质检索意义的内容均予以标引，以便检索使用。

2. 本索引基本上按汉语拼音音序排列。具体排列方法如下：以数字开头的，排在最前面；汉字标目按首字的音序、音调依次排列，首字相同时，则以第二个字排序，并依此类推。

3. 索引标目后的数字，表示检索内容所在的年鉴正文页码；数字后面的英文字母 a、b，表示年鉴正文中的栏别，组合在一起即指该页码及左、右两个版面区域。年鉴中用表格、图片反映的内容，则在索引标目后面用括号注明（表）、（图）字，以区别于文字标目。

4. 为反映索引款目间的隶属关系，对于二级标目，采取在上一级标目下缩二格的形式编排，之下再按汉语拼音音序、音调排列。

0～9

A

B

C

E

F

G

H

J

K

L

M

N

P

Q

R

S

T

W

(王彦祥　毋栋　编制)